炎陵年鉴

YAN LING NIAN JIAN

2019

炎陵县人民政府 主办
炎陵县档案馆
（炎陵县党史和县志研究室） 主编

方志出版社
Publishing House of Local Records

图书在版编目（CIP）数据

炎陵年鉴. 2019 / 炎陵县档案馆(炎陵县党史和县志研究室)
—北京：方志出版社，2019. 11
ISBN 978－7－5144－3994－6

Ⅰ. ①炎… Ⅱ. ①炎… Ⅲ. ①炎陵县—2019—年鉴
Ⅳ. ①Z526. 44

中国版本图书馆CIP数据核字(2020)第006292号

炎 陵 年 鉴(2019)

编　　者：炎陵县档案馆(炎陵县党史和县志研究室)
责任编辑：刘方圆

出 版 者：方志出版社
地址　北京市朝阳区潘家园东里9号(国家方志馆4层)
邮编　100021
网址　http：//www.fzph.org
发　　行：方志出版社图书经销中心
电话(010)67110500
经　　销：各地新华书店
印　　刷：株洲美彩印务中心

开　　本：889×1194　1/16
印　　张：31
字　　数：615千字
版　　次：2019年11月第1版　　2019年11月第1次印刷
印　　数：0001—1000册

ISBN 978－7－5144－3994－6　　定价：300.00元

炎陵县地方志编纂委员会

炎陵年鉴编辑部

主　　编	周新桃
副 主 编	张晓艳　兰清萍
总　　纂	周新桃
编辑校对	张国伟　杨　琦
工作人员	邓小文　尹志霞　方序良　杨友萍
	王泽义　于　稳

编辑说明

一、《炎陵年鉴（2019）》是炎陵县人民政府主办，炎陵县档案馆(炎陵县党史和县志研究室）组织编纂的地方综合年鉴。全书以马克思列宁主义、毛泽东思想、邓小平理论、“三个代表”重要思想、科学发展观、习近平新时代中国特色社会主义思想为指导，坚持辩证唯物主义和历史唯物主义的立场、观点和方法，全面、系统、翔实地记载了2018年炎陵县改革开放、经济发展、社会进步等方面的基本情况和最新成就，展示炎陵县社会主义现代化建设的崭新风貌，为各级领导决策提供参考依据，为社会各界了解炎陵、建设炎陵提供新的信息，是一部重要的工具书和资料库。

二、本卷为创刊以来的第19卷，他采用条目式记事体，分类编纂，基本结构为类目、分目、条目三个层次。全书共设26个类目，主要设有特载、综述、大事记、专辑、中国共产党炎陵县委员会、炎陵县人民代表大会及其常务委员会、炎陵县人民政府、中国人民政治协商会议炎陵县委员会、社会团体、法治、军事、综合经济与管理、工业、农业·林业、交通·邮电、商贸服务、城乡建设、财政·金融、教育、文化·传媒、医疗·卫生、乡·镇·场、人物、荣誉谱、县党政及各部门单位负责人名录、附录。

三、本卷“县党政及各部门单位负责人名录”条目中所列名录均由各单位提供，组织部审核，部分驻炎陵单位领导名录由单位提供，均以2018年1月1日至12月31日任职为准。所刊照片为各单位提供，照片摄影不再署名。

四、本卷所刊稿件，由各单位撰供、各单位领导审查，炎陵县档案馆(炎陵县党史和县志研究室）修改编辑，地方志编纂委员会审定。

五、大事记中符号“△”表示同上日。

炎陵名片

中国最具幸福感县级城市
全国卫生县城
全国文化先进县
中国深呼吸小城十佳县
全国最美生态旅游示范县
中国黄桃之乡
全国电子商务进农村示范县
美丽中国示范县
湖南省文明县城

湖南省平安县
湖南省社会主义新农村建设先进县
湖南省特色文化旅游产业重点县
湖南省全面小康推进工作前十位县
全国重点文物保护单位——炎帝陵
海峡两岸交流基地——炎帝陵
国家级自然保护区、国家森林公园、国家AAAA级旅游景区——神农谷
全国红色旅游经典景区——红军标语博物馆

老百姓宜居乐地

田心里风景

高速互通

树抱石美景

湖南最高峰——酃峰

珠帘瀑布

桃花朵朵

云上大院

2018年5月9日，省委常委、省委宣传部部长蔡振红一行到炎陵调研

2018年5月15日，省委常委、省委组织部部长王少峰到炎陵调研

2018年5月15日，省委常委、省委政法委书记黄关春到炎陵调研

2018年6月6日，省委常委、省委统战部部长黄兰香到炎陵开展脱贫攻坚督查调研

2018年7月24日，省委常委、省国资委党委书记张剑飞到炎陵沭水调研

2018年10月20日，省委常委、省纪委书记傅奎到炎陵调研

2018年6月7日，中国妇幼保健协会终身荣誉会长张文康一行到炎陵调研妇幼健康工作

2018年4月3日，市委书记毛腾飞到炎陵调研

2018年12月20日，市委副书记、市长阳卫国到炎陵调研脱贫攻坚工作

2018年1月9日，县委常务会议

2018年1月13日，县第十七届人民代表大会第三次会议举行第二次全体会议

2018年1月11日，政协炎陵县第九届委员会第三次会议

2018年1月25日，安全生产工作推进会

2018年2月11日，炎陵县第十七届人民政府第15次常务会议

2018年2月12日，武装工作会议

2018年2月23日，县委理论学习中心组2018年第一次集中（扩大）学习

2018年3月2日，省委第一巡视组巡视炎陵县工作动员会议

2018年3月9日，全县三八妇女节表彰工作会

2018年3月14日，党务工作会议

2018年3月14日，炎陵县第十二届纪委第三次全体会议

2018年3月14日，统战工作会议

2018年3月14日，全县组织工作会议

2018年3月14日，政法工作会议

2018年4月27日，召开庆五一暨县总工会第十三届委员会第二次全体会议

2018年6月14日，贫困县退出国务院专项评估检查组到炎陵县对接会

2018年1月9日，思凯乐炎陵户外产业园项目签约仪式

2018年4月4日，万阳红现代农业科技产业园茶叶生产线项目竣工仪式

2018年2月25日，戊戌年湖南炎帝生物工程有限公司炎帝陵祭祖典礼暨公益助学活动在炎帝陵举行

2018年4月2日，戊戌年清明炎陵县社会各界祭祀炎帝陵典礼

2018年3月18日，2018湖南 · 炎陵第三届桃花节

2018年8月20日，第一个医师节颁奖晚会

2018年4月4日，圣宝龙电动车炎陵产业园项目奠基仪式

2018年4月4日，炎陵大道二期工程项目开工仪式

2018年6月9日，戊戌年万魔声学恭祝炎帝神农氏诞辰祭祖典礼在炎陵举行

2018年6月15日，2018年安全生产月宣传咨询日活动

2018年5月24日，健康人生、绿色无毒禁毒活动

2018年9月19日，中国农民丰收节湖南主题活动炎陵分会场

2018年7月24日，“炎陵特产”亮相上海 “桃醉”湘品入沪

2018年7月23日，炎陵县2018年黄桃大会

2018年11月29日，市政协副主席、县委书记黄诗燕和县委副书记、县长文专文到北京参加万魔声学新技术发布会

2018年11月26日，青石冈旅游开发有限责任公司成立庆典暨2018年冬笋节

炎陵县学习十九大建设新乡村“三下乡”活动走进鹿原

2018年1月22日，市政协副主席、县委书记黄诗燕在大院调研工作

2018年2月7日，市政协副主席、县委书记黄诗燕大源村走访慰问贫困户

2018年2月21日，市政协副主席、县委书记黄诗燕春节慰问环卫工和交警人员

2018年3月21日，市政协副主席、县委书记黄诗燕到十都镇瓜寮村调研脱贫攻坚工作

018年2月7日，县委副书记、县长文专文到鹿原慰问贫困学生

2018年2月9日，县委副书记、县长文专文在督察安全生产工作

2018年3月7日，县委副书记、县长文专文赴鹿原镇玉江村调研脱贫攻坚工作

2018年4月4日，县委副书记、县长文专文在生产车间调研

船行乡新农村建设集中安置房

沔渡镇洞里村危房改建

中村瑶族乡新农村建设集中安置房

炎陵金紫峰粮油开发有限责任公司为社员及贫困户免费发放肥料

2018年炎陵县东风油茶种植专业合作社分红喜庆

科技扶贫，农技师黄远太给平湖村村民授课黄桃病虫害防治

炎陵县产业扶贫示范点，大源村稻鳅生态种养示范基地

船形乡高路村脱贫新修村道

发挥志愿服务，助力脱贫攻坚

湖南省美丽乡村示范村——天平村

星潮村文化长廊

电力扶贫，农网改造

船形乡高路村文体广场

洣泉书院

炎帝陵阙门

神农园

水口桥头江家

水口叶家祠

水口朱家祠

中村周家祠

陆军步兵学院学员到水口叶家祠进行革命传统教育

株洲市特殊教育学校2018年神农谷研学活动

炎陵旅游江西推介会

炎陵旅游云南推介会

火星龙

2018年6月27日，北京汽车红动中国——走进红色革命老区炎陵

2018年5月17日，霞阳镇龙上村举行集体婚礼

炎陵旅游民俗文化

央视2018年“广告精准扶贫”启动

创意七彩谷

目　　录

特　载

贯彻新思想 开启新征程 全面建设美丽幸福新炎陵 ……… 1
政府工作报告 …… 13
炎陵县人民代表大会常务委员会工作报告 …… 26
中国人民政治协商会议炎陵县第九届委员会常务委员会工作报告 …… 33

综　述

行政区划 …… 40
概况 …… 40
表1　2018年年末炎陵县行政区划统计表 …… 40

人口状况 …… 41
概况 …… 41

气候特点 …… 41
概况 …… 41
暴雨洪涝 …… 41
高温热害 …… 41
大风 …… 41

水文状况 …… 42
概况 …… 42
表2　2018年各雨量站降雨量情况对照表 …… 42
水质状况 …… 42
表3　水质状况表 …… 43

环境质量状况 …… 43
概况 …… 43
空气环境质量 …… 43
地表水环境质量 …… 43
饮用水环境质量 …… 44
声环境质量 …… 44
土壤环境质量 …… 44

国民经济和社会发展 …… 44
综合 …… 44
农业 …… 44
工业和建筑业 …… 45
固定资产投资 …… 45
国内贸易和旅游 …… 45
招商引资 …… 45
交通、邮电 …… 46
财政、金融和保险 …… 46
教育和科学技术 …… 46
文化、卫生和体育 …… 46
资源、环境和安全生产 …… 46

大事记

2018年炎陵大事记 …… 48
1月 …… 48
2月 …… 49
3月 …… 49
4月 …… 49
5月 …… 50
6月 …… 50
7月 …… 51
8月 …… 51
9月 …… 52
10月 …… 52
11月 …… 52
12月 …… 53

专 辑

坚持“大走访” 同心摘“穷帽” …… 54

打好“两场硬仗” 实现全面脱贫 …… 57

中国共产党炎陵县委员会

综 述 …… 68
概述 …… 68
县委常委会议 …… 68
中国共产党炎陵县第十二届委员会第五次全体(扩大)会议 … 70
脱贫攻坚 …… 71
产业项目 …… 71
改革开放 …… 72
生态建设 …… 72
民生改善 …… 73
基层党建 …… 74

纪检监察 …… 74
概况 …… 74
监察体制改革 …… 75
县纪委全会 …… 75
优化政治生态 …… 75
抓实作风建设 …… 76
推进审查调查 …… 76
完善监督体系 …… 76
强化自身建设 …… 77

县委办公室 …… 77
概况 …… 77
政治建设 …… 77
参政设谋 …… 77
强化服务 …… 78
督查督办 …… 78
自身建设 …… 78
表4 炎发文件归档目录(一) …… 79
表5 炎发文件归档目录(二) …… 80
表6 炎发文件归档目录(三) …… 81
表7 炎发文件归档目录(四) …… 83
表8 炎发文件归档目录(五) …… 85

组 织 …… 89
概况 …… 89
基层党建 …… 89
干部管理 …… 89
人才建设 …… 90
自身建设 …… 90
党性教育基地建设 …… 90
省委巡视检查 …… 91

宣 传 …… 91
概况 …… 91
理论学习宣传 …… 91
对外新闻宣传 …… 92
精神文明创建 …… 92
县域文化建设 …… 92
脱贫攻坚 …… 93

统 战 …… 93
概况 …… 93
同心工程 …… 93
党外代表人士队伍建设 …… 94
非公经济统战工作 …… 94
民族宗教工作 …… 94
对台工作 …… 94
侨务工作 …… 95

机构编制 …… 95
概况 …… 95
机构编制管理 …… 95
机构改革 …… 95
事业单位登记管理 …… 95
网上名称管理 …… 96
行政审批制度改革 …… 96

老干局 …… 96
概况 …… 96
经济待遇 …… 97
政治待遇 …… 97
离退休干部党组织建设 …… 97
涉老机构 …… 98
老干部活动 …… 99
脱贫攻坚工作 …… 99

信 访 …… 99
概况 …… 99
源头治理 …… 100
信访改革 …… 100
创新机制 …… 100

脱贫攻坚 …… 100

巡　察 …… 101
概况 …… 101
制度保障 …… 101
队伍建设 …… 101
利剑高悬 …… 101
成果运用 …… 101

档案史志 …… 102
概况 …… 102
档案规范化整理 …… 102
档案业务指导和培训工作 …… 102
档案行政执法 …… 102
公务及民生档案工作 …… 102
启动档案信息化建设 …… 103
《炎陵县志》进入评审阶段 …… 103
《炎陵年鉴(2018)》公开出版 …… 103
完成《湖南乡镇简志·株洲市卷》组稿 …… 103
党史编研工作 …… 103
《纪念何孟雄诞辰120周年文集》编纂出版 …… 104
党建工作 …… 104
扶贫工作 …… 104

县委党校(行政学校) …… 104
概况 …… 104
干部教育培训 …… 104
脱贫攻坚 …… 105
教学科研 …… 105
完善党校办学条件 …… 106
承办株洲市理论研讨会 …… 106

炎陵县人民代表大会及其常务委员会

综　述 …… 107
概述 …… 107
炎陵县第十七届人民代表大会第三次会议 …… 107
炎陵县第十七届人大常委会会议 …… 107
依法行使人事任免权 …… 108
受理群众来信来访 …… 108
司法公正炎陵行 …… 109
人大代表建议、批评和意见督办 …… 109
坚持代表联系群众制度 …… 109
开展专项工作监督 …… 109

炎陵县人民政府

综　述 …… 110
概述 …… 110
县政府常务会议 …… 110
脱贫攻坚取得新胜利 …… 112
产业项目建设取得新成效 …… 113
城乡面貌取得新变化 …… 114
改革开放取得新突破 …… 115
民生事业取得新成果 …… 115

县政府办公室 …… 116
概况 …… 116
综合调研 …… 117
办文办会 …… 117
政务督查 …… 117
应急管理 …… 117
机关党建 …… 118
脱贫攻坚 …… 118
队伍建设 …… 118

2018年县人民政府、政府办重要文件标目 …… 118

政务服务 …… 122
概况 …… 122
推行“最多跑一次”改革 …… 122
政务公开 …… 122
优化环境 …… 123
网站宣传 …… 123
县长热线 …… 123
县长热线平台升级改造 …… 123
电子政务 …… 124
脱贫攻坚 …… 124

民　政 …… 124
概况 …… 124
社会保障兜底 …… 124
优抚安置 …… 125
社会救助 …… 125
救灾救济 …… 125
社会事务管理 …… 125
基层政权建设 …… 125
慈善工作 …… 126
婚姻登记 …… 126
老龄工作 …… 126

老区开发 …… 126

中国人民政治协商会议炎陵县委员会

综　述 …… 127
概述 …… 127
政协炎陵县九届三次会议 …… 127
县政协常委会议 …… 127
政治协商 …… 128
民主监督 …… 129
参政议政 …… 129
委派民主监督小组工作会议 …… 129
委员接待日活动 …… 129
专题视察调研活动 …… 130
学习考察 …… 130
参加市政协提案协商座谈会 …… 130
专题学习研讨 …… 130
第二期委员培训班 …… 131
重点提案督办 …… 131
在全省政协系统党的建设工作座谈会上交流 …… 131
《炎陵扶贫故事》征文颁奖暨座谈会 …… 131
脱贫攻坚 …… 131
能力建设 …… 131
政协宣传 …… 132
上下联动 …… 132
党建工作 …… 132

社会团体

工　会 …… 133
概况 …… 133
深化工会改革创新 …… 133
组织建设 …… 133
项目化帮扶 …… 133
服务职工 …… 133
劳模管理及表彰工作 …… 134
开展文体技能系列活动 …… 134
开展脱贫攻坚联村包户帮扶活动 …… 134

共青团 …… 134
概况 …… 134
共青团炎陵县第十九次代表大会 …… 135
团组织、少先队工作 …… 135
青年就业创业 …… 135
希望工程 …… 135
志愿服务 …… 135
青少年思想道德教育 …… 136
新媒体建设 …… 136

妇　联 …… 136
概况 …… 136
县第十五次妇女代表大会 …… 136
妇女政治思想教育工作 …… 137
脱贫帮扶工作 …… 137
妇女健康检查 …… 137
关爱妇女和留守儿童 …… 137
妇女维护权益 …… 137
家庭建设巾帼建功活动 …… 138

科　协 …… 138
概况 …… 138
科普宣传教育 …… 138
科技培训活动 …… 138
青少年科技创新比赛 …… 139
基层科普惠农行动 …… 139
深化系统改革工作 …… 139
炎陵县科协第八次代表大会 …… 139
科技助力精准扶贫 …… 139

工商联 …… 140
概况 …… 140
宣传教育工作 …… 140
经济联络工作 …… 140
服务民企工作 …… 140
脱贫攻坚工作 …… 140
非公企业综合党委工作 …… 141

文　联 …… 141
概况 …… 141
文艺创作 …… 141
文艺活动 …… 142
文艺阵地建设 …… 142
文艺队伍建设 …… 142

计生协会 …… 142
概况 …… 142
代管全县计划生育工作 …… 143
首次实现政府买单 …… 143
计生保险创历史新高 …… 143
村民自治 …… 143
计生帮扶 …… 143

宣传教育 …… 144

残 联 …… 144
概况 …… 144
落实政策,加大康复救助力度 …… 144
加大残疾人教育扶助力度 …… 144
落实残疾人精准扶贫工作 …… 144
开展各类培训和创业扶持项目 …… 145

红十字会 …… 145
概况 …… 145
志愿服务 …… 145
项目工作 …… 146
扶贫工作 …… 146

炎帝(炎陵)文化研究会 …… 147
概况 …… 147
炎帝文化期刊编写 …… 147

个私协会 …… 147
概况 …… 147

电商协会 …… 147
概况 …… 147
电子商务培训 …… 148
维权服务 …… 148
为会员提供服务 …… 148

法 治

政法及综治 …… 149
概况 …… 149
开展扫黑除恶 …… 149
平安炎陵建设 …… 150
维护社会稳定 …… 150
法治炎陵建设 …… 150
政法队伍建设 …… 150

公 安 …… 151
概况 …… 151
维稳保安 …… 151
精准打防 …… 151
安全管理 …… 152
夯基提质 …… 152
队伍强能 …… 153
惠民利民 …… 153
破获一起串通投标案 …… 153
合成作战破获“7·28”吸贩毒团伙案件 …… 153
合成作战快速破获一起重大诈骗案件 …… 154
刑侦大队破获一起电信诈骗案件 …… 154
刑侦大队成功破获炎陵县首例非法吸收公众存款案 …… 154
开展扫黑除恶专项斗争 …… 155

交 警 …… 155
概况 …… 155
政治建警 …… 155
事故预防 …… 156
秩序整治 …… 156
服务民生 …… 156
合成共治 …… 156
表 9 2018 年全县机动车辆统计表 …… 157
表 10 2018 年全县机动车驾驶员统计表 …… 157

消 防 …… 157
概况 …… 157
抢险救援 …… 157
消防监督 …… 158
消防宣传 …… 158
军事训练 …… 158
装备管理 …… 158
消防服务 …… 159

森林公安 …… 159
概况 …… 159
执法办案 …… 159
严厉打击破坏森林和野生动植物资源违法犯罪 …… 159

检 察 …… 160
概况 …… 160
全力服务大局,履行检察职能 …… 160
维护社会稳定,助力平安炎陵 …… 160
焦聚主责主业,强化法律监督 …… 161
实行检务公开,规范司法公信 …… 161
落实从严治检,打造检察铁军 …… 161
表 11 2018 年县检察院打击刑事犯罪情况 …… 162

法 院 …… 162
概况 …… 162
服务大局 …… 162
维护稳定 …… 162
司法为民 …… 163
决胜执行难 …… 163

司法改革 …… 163
从严治院 …… 163

司法行政 …… 163
概况 …… 163
人民调解 …… 163
法治宣传 …… 164
特殊人群管理 …… 164
法律服务 …… 164
中心工作 …… 164

军　事

人民武装 …… 165
概况 …… 165
召开党管武装工作会议 …… 165
思想政治建设 …… 165
党管武装工作 …… 166
军事训练 …… 166
国防动员 …… 166
民兵整组 …… 167
国防教育 …… 167
脱贫攻坚 …… 168
服务保障工作 …… 168
安全稳定工作 …… 168
宣布新政委任职命令 …… 168
洣泉书院授牌 …… 168
步兵学院到炎陵开展现地教学活动 …… 169
湖南省军区党委班子一行到炎陵开展开放式学习教育活动 …… 169

武装警察 …… 170
概况 …… 170
组织建设 …… 170
思想政治建设 …… 170
执勤处突训练 …… 171
拥政爱民 …… 171

人民防空 …… 171
概况 …… 171
宣传教育 …… 171
行政征收 …… 171
指挥通信 …… 171
党建工作 …… 172

综合经济与管理

发展和改革 …… 173
概况 …… 173
规划编制 …… 173
经济运行监测 …… 173
项目争取 …… 173
项目建设 …… 174
项目稽察 …… 174
价费管理 …… 174
价格监督检查 …… 174
脱贫攻坚工作 …… 175
“两型”社会建设 …… 175

审　计 …… 175
概况 …… 175
促进规范管理 …… 176
脱贫攻坚专项检查 …… 176
领导干部经济责任、离任、任中审计 …… 176
规范投资管理 …… 176
保障民生利益 …… 176
完成上级部门交办审计任务 …… 177
加强队伍建设 …… 177
提升部门效能 …… 177

统　计 …… 177
概况 …… 177
统计工作 …… 178
统计服务 …… 178
炎陵县第四次经济普查工作 …… 179
人民生活和社会保障 …… 179

经济社会调查 …… 179
概况 …… 179
城乡住户调查 …… 180
贫困监测调查 …… 180
罗霄山片区区域发展与扶贫攻坚调查 …… 180

民爆物资管理 …… 180
概况 …… 180
民爆器材经营管理 …… 181
安全管理 …… 181

人力资源和社会保障 …… 181
概况 …… 181

城乡就业创业 …………………………………… 181
社会保险 ………………………………………… 182
人事人才 ………………………………………… 182
工资福利 ………………………………………… 183
劳动者权益维护 ………………………………… 183

国土资源管理 ………………………………… 184
概况 ……………………………………………… 184
保障发展 ………………………………………… 184
耕地保护 ………………………………………… 184
执法监察 ………………………………………… 184
地灾防治 ………………………………………… 184
服务民生 ………………………………………… 185
增减挂钩 ………………………………………… 185
最多跑一次改革 ………………………………… 185
党建工作 ………………………………………… 185

安全生产监督管理 …………………………… 186
概况 ……………………………………………… 186
强化责任落实 …………………………………… 186
加强能力建设 …………………………………… 186
严厉打非治违 …………………………………… 186
强化监管执法 …………………………………… 187
脱贫攻坚 ………………………………………… 187
党风廉政建设 …………………………………… 187

食品药品工商质量监督管理 ………………… 187
概况 ……………………………………………… 187
推进商事制度改革 ……………………………… 187
加强市场全程监管 ……………………………… 188
维护消费者合法权益 …………………………… 189
党建和扶贫工作 ………………………………… 189

市场管理服务 ………………………………… 190
概况 ……………………………………………… 190
综合治理 ………………………………………… 190
脱贫攻坚 ………………………………………… 190
落实提案 ………………………………………… 190
市场管理 ………………………………………… 190

工　业

九龙工业园 …………………………………… 191
概况 ……………………………………………… 191
湖南全康电子科技有限公司落户炎陵工业集中区 … 191
圣宝龙电动车炎陵产业园项目正式开工 ……… 192
炎陵工业集中区首创“产学研”协作协同模式 ……… 192
思凯乐户外产业园项目落户炎陵工业集中区 ……… 192
表12　2018年九龙工业园主要企业一览表 ………… 192

经济科技信息化 ……………………………… 196
概况 ……………………………………………… 196
工业经济 ………………………………………… 196
项目招商 ………………………………………… 196
企业服务 ………………………………………… 197
党务党风建设 …………………………………… 197
表13　2018年工业总值前50规模工业企业名单 … 198

企业选介 ……………………………………… 200
株洲市万昌纺织有限公司 ……………………… 200
湖南东信集团炎陵纺织有限公司 ……………… 200
湖南国声声学科技股份有限公司 ……………… 200
株洲江钨博大硬面材料有限公司 ……………… 201
湖南金石新材料有限公司 ……………………… 201
炎陵县神农生态茶叶有限责任公司 …………… 201
炎陵县湘福园食品有限责任公司 ……………… 202

发　电 ………………………………………… 202
概况 ……………………………………………… 202
安全生产 ………………………………………… 203
项目建设 ………………………………………… 203
党建工作 ………………………………………… 203
脱贫攻坚工作 …………………………………… 204
群团工作 ………………………………………… 204

供　电 ………………………………………… 204
概况 ……………………………………………… 204
安全生产 ………………………………………… 205
电网建设 ………………………………………… 205
机制改革 ………………………………………… 205
党建工作 ………………………………………… 205
精准扶贫 ………………………………………… 206
表14-1　2018年炎陵县销售电价表 …………… 206
表14-2　2018年炎陵县销售电价表 …………… 207
表14-3　2018年炎陵县销售电价表 …………… 207
表14-4　2018年炎陵县销售电价表 …………… 208

农业·林业

农　业 ……………………………………… 209
概况 ……………………………………………… 209
产业发展 ………………………………………… 209

项目建设 …… 210
品牌创建 …… 211
农技推广 …… 211
其他工作 …… 211
党建工作 …… 212
表15 2018年(湘A302S)农作物生产情况汇总表 …… 213
表16 2018年(湘A303S)蔬菜及特种作物生产情况汇总表 …… 214
表17 2018年(湘A306S)茶叶、水果及食用坚果生产情况汇总表 …… 215
表18 2018年株洲农业产业化市级以上龙头企业 …… 216

畜牧兽医水产业 …… 217
概况 …… 217
养殖业发展 …… 217
重大疫病防控 …… 217
动物卫生监督执法 …… 218
养殖业安全生产监管 …… 218
渔政管理 …… 218
养殖业污染治理 …… 219
养殖业扶贫攻坚 …… 219
表19 2018年全县养殖业生产情况表 …… 220

农机管理 …… 220
概况 …… 220
购置补贴 …… 220
农机推广·学员培训·安全教育 …… 221
农机安全监理 …… 221
民生100 …… 221

农村经济管理 …… 221
概况 …… 221
农村承包地确权登记颁证工作 …… 222
农村集体产权制度改革工作 …… 222
土地流转 …… 222
新型经营主体 …… 222
农民减负 …… 223

林　业 …… 223
概况 …… 223
绿化造林 …… 223
资源管理 …… 224
脱贫攻坚 …… 224
项目攻坚 …… 225
安全生产 …… 225
林权改革 …… 225

桃源洞自然保护区管理局 神农谷国家森林公园管理局 …… 226
概况 …… 226
资源保护 …… 226
环境问题整改 …… 226
脱贫攻坚 …… 227
项目建设 …… 227
生态旅游 …… 228
旅游产品 …… 228

湘山森林公园(园林绿化) …… 228
概况 …… 228
城区绿化美化 …… 228
公园景区综合开发建设 …… 229
公园生态保护和环境整治 …… 229
景区旅游安全生产管理 …… 229

水利水电 …… 229
概况 …… 229
项目建设 …… 230
河长制工作 …… 230
防汛抗旱工作 …… 231
水生态文明建设 …… 231
水行政执法 …… 231
安全生产工作 …… 231
党建工作 …… 231
作风建设 …… 232
水利扶贫工作 …… 232
水土保持工作 …… 232
表20 全县前50家发电企业名单 …… 233

水　文 …… 234
概况 …… 234
水文服务 …… 234
水资源服务 …… 234
河长制工作 …… 234
开展应急监测演练 …… 234

河东灌区管理局 …… 235
概况 …… 235
安全运行 …… 235
防汛抗旱 …… 235
项目建设 …… 235
支部建设 …… 235
脱贫攻坚 …… 235

气　象 …… 236

概况 …… 236
大气探测 …… 236
气象服务 …… 236
安全生产监管 …… 236
党建工作 …… 236

扶贫开发 …… 237
概况 …… 237
实现脱贫摘帽 …… 237
减贫工作 …… 237
基础管理 …… 237
问题整改落实 …… 237
帮扶工作 …… 238
风险防控 …… 238

交通·邮电

交通管理 …… 239
概况 …… 239
交通基础设施建设 …… 239
农村公路“建管养”建设 …… 239
行业管理 …… 240
安全生产、综合治理工作 …… 240
交通行业文明建设 …… 240
表21　炎陵县个体户物流企业名单 …… 241

公路管养 …… 242
概况 …… 242
公路养护 …… 242
路政治超 …… 243
公路建设 …… 243
安全生产 …… 243
脱贫攻坚 …… 243

交通建设质量安全监督 …… 243
概况 …… 243
交通质量安全监督 …… 244

公路客运 …… 244
概况 …… 244
生产经营 …… 244
公交运营 …… 244
安全管理 …… 244
内部管理 …… 245

铁路运输 …… 245
概况 …… 245

邮　政 …… 245
概况 …… 245
业务发展 …… 245
代理金融 …… 245
快递包裹 …… 245
渠道平台 …… 246
普遍服务 …… 246
党建工作 …… 246

电　信 …… 246
概况 …… 246
脱贫攻坚工作 …… 247
精品网络打造 …… 247
服务质量提升 …… 247
精品窗口打造 …… 247

移　动 …… 247
概况 …… 247
党建工作 …… 247
精准扶贫 …… 248
网络规模 …… 248
宽带发展 …… 248
优质服务 …… 248

联　通 …… 248
概况 …… 248
通信扶贫 …… 248
网络优化 …… 248
客户服务 …… 249

商贸服务

商务粮食 …… 250
概况 …… 250
商务招商 …… 250
电子商务 …… 251
内外贸易 …… 251
粮食管理 …… 252
表22　2018年炎陵县电商企业名单 …… 253

电子商务企业(公司)选介 …… 254
湖南福来喜鹅业有限责任公司 …… 254
炎陵搜农电子商务有限公司 …… 254

供销合作 …… 255
概况 …… 255
建立监事会机构 …… 255
土地托管工作 …… 255
惠农综合服务工程 …… 255
加强社有资产监管 …… 255
农产品开发 …… 255
脱贫攻坚工作 …… 255

烟草专卖 …… 256
概况 …… 256
党建工作 …… 256
营销工作 …… 256
专卖管理工作 …… 257
基础管理工作 …… 257

石油供应 …… 257
概况 …… 257

盐业管理 …… 258
概况 …… 258
宣传活动 …… 258
规范经营秩序 …… 258

非公有制经济 …… 258
概况 …… 258
表 23　炎陵县 2018 年私营企业统计表 …… 259
表 24　炎陵县 2018 年个体工商户情况统计表 …… 261
表 25　农民专业合作社登记管理情况统计表 …… 263

城乡建设

住房和城乡规划建设 …… 264
概况 …… 264
脱贫攻坚 …… 264
规划管理 …… 264
基础设施 …… 264
乡村建设 …… 265
行业监管 …… 265
作风效能 …… 265
表 26　2018 年度竣工验收项目一览表 …… 266

城市建设投资经营 …… 269
概况 …… 269
项目建设 …… 269
压减政府债务 …… 269
扶贫工作 …… 269
平台建设 …… 270

房地产管理 …… 270
概况 …… 270
房地产市场 …… 270
民生工程 …… 271
产业项目建设 …… 271
脱贫攻坚 …… 271
安全生产 …… 271
支部“五化”创建 …… 271
房地产开发项目 …… 271
表 27　2018 年炎陵县房地产开发项目情况一览表 …… 272

住房公积金管理 …… 273
概况 …… 273
队伍建设 …… 273
政策调整 …… 273
系统升级 …… 273
服务便民 …… 273
脱贫攻坚 …… 274

城市管理和行政执法 …… 274
概况 …… 274
城市管理执法体制改革 …… 274
城市管理行政执法 …… 274
脱贫攻坚巩固提升 …… 275
精神文明和民主法治 …… 275
基层党建 …… 276

环境保护 …… 276
概况 …… 276
环保督察 …… 277
污染防治攻坚战 …… 277
环境管理 …… 277
污染源普查 …… 277
环境监管执法 …… 277
生态保护 …… 277
法制建设与宣传教育 …… 278
环境监测 …… 278

环境卫生管理 …… 278
概况 …… 278
设施建设 …… 278
作业模式 …… 278
清扫保洁 …… 278

环卫收费 …… 279
垃圾清运 …… 279
道路清洗 …… 279
垃圾处理 …… 279
党建工作 …… 279

自来水生产和供应 …… 279
概况 …… 279
现行水价 …… 279
表 28　2018 年各项生产任务及经济指标完成情况表 …… 280
生产管理 …… 280
供水服务 …… 280
管网建设 …… 280

财政·金融

财　政 …… 281
概况 …… 281
公共预算收支 …… 281
财政收入 …… 281
民生保障 …… 281
服务“三大攻坚战” …… 282
服务产业项目建设 …… 282
财政改革 …… 282

国家税务 …… 282
概况 …… 282
征管工作 …… 283
纳税服务 …… 283
廉政建设 …… 283
党建工作 …… 283
脱贫攻坚 …… 284

地方税务 …… 284
概况 …… 284
税收征管 …… 284
税种管理 …… 284
纳税服务 …… 284
稽查评估 …… 285
党建扶贫 …… 285
文化展厅 …… 285

税　务 …… 285
概况 …… 285
组织收入 …… 286
机构改革 …… 286
税收法治 …… 286
优化服务 …… 286
队伍融合 …… 287
党风廉政 …… 287
扶贫工作 …… 287

中国工商银行股份有限公司炎陵支行 …… 288
概况 …… 288
优质服务 …… 288
营销成效 …… 288
金融网络化 …… 288
金融扶贫 …… 288
党建工作 …… 289

中国建设银行炎陵支行 …… 289
概况 …… 289
普惠金融 …… 289
金融扶贫 …… 290
零售优先 …… 290
金融科技 …… 290

中国农业银行股份有限公司炎陵县支行 …… 290
概况 …… 290
党建引领 …… 291
脱贫攻坚 …… 291
队伍建设 …… 291
风险防控 …… 292
人文关怀 …… 292

中国邮政储蓄银行炎陵县支行 …… 292
概况 …… 292
党建引领 …… 292
金融运行 …… 293
内控管理 …… 293
队伍建设 …… 293
服务管理 …… 293

湖南炎陵农村商业银行 …… 293
概况 …… 293
资金组织 …… 294
信贷业务 …… 294
精准扶贫 …… 294
业务创新 …… 295
清非压降工作 …… 295
村镇银行开业 …… 295
文明创建和企业文化 …… 295

中国人民财产保险 …… 296
概况 …… 296
业务发展 …… 296
县域经济建设 …… 296
合规经营 …… 296

中国人寿保险 …… 296
概况 …… 296
业务发展 …… 297
队伍发展 …… 297
完善管理　诚信经营 …… 297
笃守信用　理赔迅速 …… 297
精准脱贫　攻坚克难 …… 297
科技成果　服务优越 …… 297
特别专线 …… 297

中华联合财产保险 …… 298
概况 …… 298
业务情况 …… 298

教　育

综　述 …… 299
概况 …… 299
完善办学条件 …… 299
学前教育 …… 300
中小学教育 …… 300
职业及成人教育 …… 300
特殊教育 …… 301
民办教育 …… 301
队伍建设 …… 301
教研教改 …… 301
教育扶贫 …… 302
党建与思政教育 …… 302
财务工作 …… 303
教育宣传 …… 303

炎陵县第一中学 …… 303
概况 …… 303
人才培养 …… 303
队伍建设 …… 303
特色德育 …… 304
教学教研 …… 304
精准扶贫 …… 305
网络督导评估 …… 305
基础设施建设 …… 305

炎陵县职业技术学校 …… 305
概况 …… 305
中职教育 …… 306
职业培训 …… 307
电大教育 …… 307

炎陵中学 …… 307
概况 …… 307
队伍建设 …… 307
德育工作 …… 307
教学教研 …… 308
体艺特色 …… 308
打造炎帝文化,创建校园品牌 …… 309
基础设施建设 …… 309

九年义务教育名校选介 …… 309

垄溪乡学校 …… 309
概况 …… 309
办学条件完善 …… 309
办学成绩 …… 309

民办教育名校选介 …… 310

炎陵县洣泉学校 …… 310
概况 …… 310
办学理念及成绩特色 …… 310

文化·传媒

旅游和文体广电新闻出版 …… 311
概况 …… 311
精准扶贫 …… 311
文化惠民 …… 311
文化活动 …… 311
遗产保护 …… 312
体育工作 …… 312
旅游项目建设 …… 312
旅游宣传营销 …… 312
旅游行业监管 …… 313

旅游景点选介 …… 313

红军标语博物馆 …… 313
概况 …… 313
红军标语博物馆 …… 313

沭泉书院 …… 313
江家试馆 …… 314
接龙桥战斗旧址 …… 314

云上大院 …… 314
概况 …… 314
铁瓦仙 …… 314
龟龙窝 …… 315
东坑飞瀑 …… 315
杜鹃花海 …… 315
白鹇谷 …… 316
英烈亭 …… 316
铁头太子 …… 316
茶盐古道 …… 316
赵公亭 …… 317
知青印记 …… 317

炎帝陵管理 …… 317
概况 …… 317
管理提升 …… 318
设施完善 …… 318
营销创新 …… 318
文化丰富 …… 318
炎帝陵景区创 AAAAA 级旅游景区 …… 318
重点工作任务全面完成 …… 319
基础工作齐头并进 …… 319
党建工作 …… 319

炎帝陵项目开发 …… 320

湖南炎帝盛世旅游发展有限公司 …… 320
概况 …… 320
项目攻坚 …… 320
旅游开发 …… 320

旅游项目开发 …… 321

湖南天韵旅游发展有限公司 …… 321
概况 …… 321
项目建设 …… 321
计划开工项目 …… 321
项目策划 …… 321
精准扶贫 …… 322

湖南神农洞天旅游开发有限公司 …… 322
概况 …… 322

文化执法 …… 323
概况 …… 323
网吧、KTV 娱乐场所专项整治 …… 323
出版物市场清理 …… 323
平安文化市场 …… 323
“扫黄打非”工作 …… 323
脱贫攻坚 …… 323

文物管理 …… 324
概况 …… 324
精准扶贫 …… 324
项目创建 …… 324
文物保护 …… 324
参观接待 …… 324
文博宣传 …… 325
作风建设 …… 325

图书发行 …… 325
概况 …… 325
教材发行 …… 325
政治理论读物发行 …… 325
脱贫攻坚 …… 326
党建 …… 326

广播电视 …… 326
概况 …… 326
新闻宣传 …… 327
栏目活动 …… 327
媒体融合 …… 328
脱贫攻坚 …… 328
事业建设 …… 328
队伍建设 …… 329

医疗·卫生

卫生和计划生育 …… 330
概况 …… 330
推进医卫体制改革 …… 330
公卫项目服务 …… 331
民生实事项目 …… 332
计划生育转型发展 …… 332
爱国卫生运动 …… 333
系统文化建设 …… 334
医卫人才培养 …… 334
医卫重点建设项目 …… 334
健康扶贫工程 …… 334

皮肤病防治 …… 335

卫生计生综合执法监督 …… 335
概况 …… 335
公共场所监督 …… 335
医疗卫生监督 …… 335
学校卫生监督 …… 336
计划生育工作 …… 336
职能设置 …… 336
执法检查整改 …… 336

城乡居民医疗保险管理服务 …… 337
概况 …… 337
医疗保险 …… 338
生育保险 …… 338
工伤保险 …… 338
重大事件 …… 338
健康扶贫 …… 339

疾病预防控制 …… 339
概况 …… 339
传染病疫情管理 …… 340
突发公共卫生事件应急处置 …… 340
霍乱防治 …… 340
人禽流感防治 …… 341
流行性出血热防治与监测 …… 341
手足口病监测 …… 341
学生营养监测 …… 342
慢性非传染病管理 …… 342
寄生虫、地方病防治 …… 342
免疫规划 …… 343
结核病控制 …… 343
艾滋病防治 …… 343
健康教育 …… 343
卫生监测 …… 344
职业卫生监测 …… 344
预防性体检 …… 344
项目建设 …… 345
脱贫攻坚和党建 …… 345

炎陵县人民医院 …… 346
概况 …… 346
公立医院改革 …… 346
专科人才队伍建设 …… 346
作风建设 …… 347
规范医疗行为 …… 347
公共卫生服务 …… 347
党建工作 …… 348
专项巡察整改工作 …… 348
脱贫攻坚工作 …… 348
医疗安全和综治维稳工作 …… 348
文化宣传工作 …… 349

炎陵县中医院 …… 349
概况 …… 349
主要指标完成情况 …… 349
医疗质量管理 …… 350
护理质量管理 …… 350
重点专科建设 …… 350
医联体建设 …… 350
医疗安全 …… 351
人才队伍建设 …… 351
服务能力建设 …… 351
党建工作 …… 351
脱贫攻坚 …… 352
新中医院建设 …… 353
中心工作 …… 353

妇幼保健 …… 353
概况 …… 353
重点工作 …… 354
省重点民生“100”实事项目 …… 355
公立医院改革 …… 355
精准扶贫 …… 355
项目建设 …… 355
安全生产 …… 355
党务工作和作风建设 …… 356

炎陵县民康医院 …… 356
概况 …… 356

乡·镇·场

霞阳镇 …… 357
概况 …… 357
脱贫攻坚 …… 357
项目攻坚 …… 357
民生事业 …… 357
基础设施 …… 358
综治维稳 …… 358
基层党建 …… 358
表 29 霞阳镇 2018 年各村(居委会)基本情况一览表 … 359

鹿原镇 …… 360
概况 …… 360
脱贫攻坚 …… 360
产业项目建设 …… 360
民生工程 …… 360
基层党建 …… 361
农业生产 …… 361
表30 鹿原镇2018年各村(居委会)基本情况一览表 …… 362

水口镇 …… 363
概况 …… 363
脱贫攻坚 …… 363
项目建设 …… 363
民生事业 …… 364
综治维稳 …… 364
基层党建 …… 364
表31 水口镇2018年各村(居委会)基本情况一览表 …… 365

沔渡镇 …… 365
概况 …… 365
脱贫攻坚 …… 366
项目建设 …… 366
乡村振兴 …… 366
生态建设 …… 367
社会事业 …… 367
基层党建 …… 367
表32 沔渡镇2018年各村(居委会)基本情况一览表 …… 368

十都镇 …… 369
概况 …… 369
党的建设 …… 369
经济发展 …… 369
脱贫攻坚 …… 369
产业项目 …… 370
民生实事 …… 370
政府效能 …… 370
表33 十都镇2018年各村(居委会)基本情况一览表 …… 371

船形乡 …… 372
概况 …… 372
基础设施 …… 372
脱贫攻坚 …… 372
项目攻坚 …… 373
基层党建 …… 373
民生实事 …… 373
综治维稳 …… 374
表34 船形乡2018年各村基本情况一览表 …… 374

垄溪乡 …… 375
概况 …… 375
项目建设 …… 375
脱贫工作 …… 375
民生保障 …… 375
基层组织建设 …… 376
人居环境 …… 376
综治维稳 …… 377
表35 垄溪乡2018年各村基本情况一览表 …… 377

中村瑶族乡 …… 377
概况 …… 377
脱贫攻坚 …… 378
项目建设 …… 378
生态环境 …… 378
社会事业 …… 378
基层党建 …… 379
表36 中村瑶族乡2018年各村基本情况一览表 …… 379

下村乡 …… 380
概况 …… 380
脱贫攻坚 …… 380
基层党建 …… 380
产业发展 …… 380
城乡建设 …… 381
社会事业 …… 381
表37 下村乡2018年各村基本情况一览表 …… 381

策源乡 …… 382
概况 …… 382
脱贫攻坚有成效 …… 382
项目建设有突破 …… 382
乡村环境有新貌 …… 383
幸福指数有保障 …… 383
党的建设有提升 …… 383
表38 策源乡2018年各村基本情况一览表 …… 384

大院农(林)场 …… 384
概况 …… 384
高山乌龙茶荣获全国奖项 …… 385
重点项目建设 …… 385
产业转型升级 …… 385
农垦改革 …… 385
为民办实事 …… 386

脱贫攻坚 …… 386
着力经济发展 …… 386
文化生活 …… 386
云锦杜鹃花节 …… 387
“云上大院”项目签约 …… 387

青石冈国有林场 …… 387
概况 …… 387
林政管理 …… 388
脱贫攻坚 …… 388
项目建设 …… 388

人 物

表 39 2018 年获评高级专业技术人员表 …… 389
表 40 2018 年获省、部及厅级以上奖励先进个人 …… 390

先进人物简介 …… 391
2018 年获评“全国人民调解工作先进个人”——邱春珍 …… 391

荣誉谱

省文明建设先进单位和文明家庭 …… 392
市文明建设先进集体 …… 392
县文明建设先进集体和先进个人 …… 392

离退休干部宣传工作先进单位 …… 393
全省离退休干部宣传工作先进单位 …… 393

社会管理综合治理工作先进单位(乡镇) …… 393
市政法工作先进个人 …… 393
市维护稳定工作先进个人 …… 393
综治工作先进单位(16 个) …… 393
维稳工作先进单位(16 个) …… 393
综治维稳工作先进个人(30 个) …… 394
表 41 2018 年炎陵县政法系统获国家省市级以上表彰单位、个人情况表 …… 394
表 42 2018 年炎陵县农业系统获省市级以上表彰单位、个人情况表 …… 397

市安全生产工作先进个人 …… 397

教育工作先进单位和个人 …… 397

表 43 2018 年炎陵县教育局获省市级以上表彰单位情况表 …… 397
株洲市“先进教育工作者” …… 398
株洲市“优秀教师” …… 398
炎陵县“第三届敬业奉献道德模范” …… 398
炎陵县 2018 年“十大杰出教师” …… 398
表 44 2018 年炎陵县教育局获省市级以上表彰单位情况表 …… 399

2018 年县第三十七届青少年科技创新大赛一等奖、优秀科技辅导员奖、优秀组织奖获奖名单 …… 399
表 45 项目类一等奖 …… 399
表 46 实践活动一等奖 …… 400
表 47 科幻画一等奖 …… 400
优秀科技辅导员奖 …… 401
优秀组织奖 …… 401

2018 年县在市第三十八届青少年科技创新大赛一等奖、二等奖、三等奖、科技辅导员奖、优秀科技教师奖、优秀组织奖获奖名单 …… 401
表 48 创新成果 …… 401
表 49 实践活动 …… 402
表 50 科幻画 …… 402
表 51 科技创意 …… 403
表 52 科技辅导员项目 …… 403
优秀科技教师奖 …… 403
优秀组织奖 …… 403

2018 年炎陵县在省第三十九届青少年科技创新大赛的获奖名单 …… 404
表 53 科技辅导员项目 …… 404

县党、政及各部门、单位负责人名录

中共炎陵县委及其工作部门负责人 …… 405
中共炎陵县委员会 …… 405
县委候补委员 …… 406
中共炎陵县纪律检查委员会 …… 406
监察委员会 …… 406
巡察办 …… 406
巡察组 …… 406
县委办公室 …… 407
改革办 …… 407
政研室 …… 407
县直机关工委 …… 407
保密局 …… 407
机要局 …… 407
接待办 …… 407

组织部 …… 407
宣传部 …… 407
统战部 …… 407
台湾工作办公室(县人民政府台湾事务办公室) …… 407
归国华侨联合会 …… 407
政法委 …… 407
综治办 …… 408
维稳办 …… 408
县委防范和处理邪教问题领导小组办公室 …… 408
机构编制委员会办公室(县事业单位登记管理局) …… 408
信访局 …… 408
老干部局 …… 408
档案史志局 …… 408
党校(行政学校) …… 408

炎陵县第十七届人民代表大会常委会、常委会工作机构负责人 …… 408
县人大常委会 …… 408
县人大常委会办公室 …… 409
财政经济(预算)委员会 …… 409
教育科技文化卫生工作委员会 …… 409
选举任免联络工作委员会 …… 409
农村工作委员会 …… 409
法制委员会(内务司法工作委员会) …… 409
城乡建设环境资源保护委员会 …… 409

炎陵县人民政府及工作部门负责人 …… 409
县人民政府 …… 409
县政府办公室 …… 409
统计局 …… 410
市场服务中心 …… 410
发展和改革局 …… 410
“两型社会”建设综合配套改革领导小组办公室 …… 410
教育局 …… 410
经济科技信息化和商务粮食局 …… 410
公安局 …… 410
交警大队 …… 410
民政局 …… 410
慈善总会办公室 …… 410
老龄工作委员会办公室 …… 410
司法局 …… 411
财政局 …… 411
非税收入征收管理局 …… 411
国库集中支付核算中心 …… 411
农业综合开发办公室 …… 411
人力资源和社会保障局 …… 411
社会劳动保险事业管理局 …… 411
机关事业社会保险局 …… 411
城乡居民医疗保险管理服务中心 …… 411
城乡居民养老保险局 …… 411
人力资源服务中心 …… 411
国土资源局 …… 411
环境保护局 …… 411
住房和城乡建设规划局 …… 411
房产管理局 …… 412
自来水公司(供水中心) …… 412
园林绿化管理局(湘山森林公园管理局) …… 412
城市管理和行政执法局 …… 412
城市管理行政执法大队 …… 412
城市环境卫生管理处 …… 412
交通运输局 …… 412
道路运输管理所 …… 412
农村公路管理站 …… 412
公路局 …… 412
农业局(农村工作办公室) …… 412
农村能源领导小组办公室 …… 413
湖南省农业广播电视学校炎陵县分校 …… 413
农村经济管理服务站 …… 413
畜牧兽医水产局 …… 413
农业机械管理局 …… 413
林业局 …… 413
森林公安局 …… 413
水利水电局 …… 413
移民局 …… 413
水土保持局 …… 413
水利水电建设投资有限责任公司 …… 413
河东灌区管理局 …… 413
旅游和文体广电新闻出版局(县版权局) …… 413
文化市场综合执法大队 …… 414
文物局 …… 414
红军标语博物馆 …… 414
中国工农红军革命活动炎陵纪念馆 …… 414
广播电视台 …… 414
卫生和计划生育局 …… 414
卫生计生综合执法监督局 …… 414
计划生育协会 …… 414
审计局 …… 414
食品药品工商质量监督管理局 …… 414
食品药品和质量技术检验检测所 …… 415
安全生产监督管理局 …… 415
民爆器材经营有限责任公司 …… 415
人民防空办公室 …… 415

炎帝陵管理局 …… 415
桃源洞自然保护区管理局(神农谷国家森林公园管理局) …… 415
政务服务中心 …… 415
供销联社 …… 415
扶贫开发办公室 …… 415
城市建设投资经营有限责任公司 …… 415

政协炎陵县九届委员会及机关负责人 …… 415
中共政协炎陵县委员会党组 …… 415
政协炎陵县委员会 …… 416
政协炎陵县委员会办公室 …… 416
提案工作委员会 …… 416
经济科技委员会 …… 416
学习文史委员会 …… 416
联谊法制群团委员会 …… 416

县人民法院、人民检察院负责人 …… 416
人民法院 …… 416
检察院 …… 417

各民主党派、群众团体负责人 …… 417
总工会 …… 417
共青团炎陵县委 …… 417
妇女联合会 …… 417
工商业联合会第十三届执行委员会 …… 417
总商会 …… 417
残疾人联合会 …… 417
科学技术协会 …… 417
红十字会 …… 418
文学艺术界联合会 …… 418
炎帝(炎陵)文化研究会 …… 418
个私协会 …… 418
电商协会 …… 418

省、市驻炎陵机构负责人 …… 418
国税局 …… 418
地税局 …… 418
交通建设质量安全监督局 …… 418
烟草专卖局(分公司) …… 418
国网湖南省电力有限公司炎陵县供电分公司 …… 418
中国电信股份有限公司炎陵分公司 …… 419
中国移动通信集团湖南有限公司株洲市炎陵县分公司 …… 419
中国联通网络通信有限公司炎陵分公司 …… 419
中国邮政集团公司湖南省炎陵县分公司 …… 419
气象局 …… 419
水文水资源局 …… 419
湘运集团炎陵分公司 …… 419
中石化炎陵石油分公司 …… 419
湖南省新华书店有限责任公司炎陵县分公司 …… 419
盐务公司(湖南省轻工盐业集团有限责任公司炎陵支公司、湖南盐业股份有限公司炎陵县分公司) …… 419
中国建设银行炎陵支行 …… 419
湖南炎陵农村商业银行 …… 419
中国工商银行股份有限公司炎陵支行 …… 420
中国农业银行股份有限公司炎陵县支行 …… 420
中国邮政储蓄银行炎陵县支行 …… 420
中国人寿炎陵支公司 …… 420
中国人保财险炎陵支公司 …… 420
中联财保炎陵支公司 …… 420
中国铁路南昌局集团有限公司炎陵车站 …… 420
株洲市住房公积金管理中心炎陵县管理部 …… 420

县委、县政府派出机构 …… 420
九龙工业园管委会 …… 420

公司负责人 …… 421
炎帝盛世旅游发展有限公司 …… 421
湖南天韵旅游发展有限公司 …… 421
湖南神农洞天旅游开发有限公司 …… 421

学校、医院负责人 …… 421
炎陵县第一中学 …… 421
炎陵中学 …… 421
炎陵县职业技术学校 …… 421
人民医院 …… 421
中医院 …… 421
疾病预防控制中心 …… 421
妇幼保健计划生育服务中心 …… 421
皮肤病防治所 …… 421

乡镇、场负责人 …… 421
霞阳镇 …… 421
鹿原镇 …… 422
水口镇 …… 422
沔渡镇 …… 422
十都镇 …… 422
船形乡 …… 423
垄溪乡 …… 423
中村瑶族乡 …… 423
下村乡 …… 423
策源乡 …… 423
大院农(林)场 …… 424

青石冈国有林场 …………………………………… 424

附　录

文件选登 …………………………………………… 425
中共炎陵县委关于深入学习贯彻党的十九大精神全面建设美丽幸福新炎陵的决定炎发〔2018〕1 号 …… 425
中共炎陵县委炎陵县人民政府关于脱贫摘帽和巩固提升的实施意见炎发〔2018〕4 号 ………………… 435
关于规范不动产注销登记工作的通知炎政办发〔2018〕5 号 ……………………………………………… 447
附件 1　申请办理不动产灭失及权利人放弃不动产权利的不动产注销登记应提交的材料 ……………… 450
附件 2　申请办理依法征收收回不动产注销登记应提交的材料 ………………………………………… 450
附件 3　申请办理收回国有土地使用权应提交的材料 … 451
附件 4　申请办理不动产权属证书作废公告应提交的材料 ……………………………………………… 451
附件 5　不动产注销登记说明 ……………………… 452
表 54 …………………………………………………… 452
附件 6　不动产权证书作废公告 …………………… 452
表 55 …………………………………………………… 452
附件 7　授权委托书 ………………………………… 453
附件 8　表 56　征地拆迁交地通知单 ……………… 454
关于印发《炎陵县 2018 年度发展林业生产和生态补偿脱贫巩固提升实施方案》的通知炎政办发〔2018〕20 号 … 455
附件 1　表 57　2018 年度发展林业产业和生态补偿脱贫巩固提升项目安排表 ……………………… 458
附件 2　表 58　2018 年度建档立卡贫困户营造林奖补竣工验收单 …………………………………… 459
附件 3　表 59　2018 年度建档立卡贫困户营造林奖补汇总表 ………………………………………… 460
附件 4　表 60　2018 年度林区道路建设和维护项目安排表 …………………………………………… 461

统计表 …………………………………………… 462

表 61　炎陵县 2018 年主要经济指标完成情况表 …… 462
表 62　2018 年度炎陵县上缴税金 100 万元以上的企事业单位一览表 ……………………………… 463

便民服务 ………………………………………… 465

表 63　旅客列车时刻表 …………………………… 465
表 64　炎陵汽车中心站长途班次时刻表 ………… 466

索　引 …………………………………………… 468

彩页目录

炎陵名片 …… 6
醉美炎陵 …… 8
领导关怀 …… 12
重要会议 …… 16
重要活动 …… 20
扶贫攻坚 …… 26
文化旅游 …… 32
湖南省炎陵县人民武装部 …… 41
中共炎陵县纪律检查委员会 …… 42
炎陵县委办公室 …… 43
中共炎陵县委组织部 …… 44
中共炎陵县委宣传部 …… 45
中共炎陵县委统一战线工作部 …… 46
中共炎陵县委政法委员会 …… 47
炎陵县人民代表大会常务委员会 …… 48
政协炎陵县委员会 …… 50
炎陵县人民政府办公室 …… 52
炎陵县委党校(行政学校) …… 53
炎陵县九龙工业园管理委员会 …… 54
炎陵县妇幼保健计划生育服务中心 …… 56
炎陵县气象局 …… 58
国网湖南省电力有限公司炎陵县供电分公司 …… 60
炎陵县霞阳镇人民政府 …… 62
炎陵县水口镇人民政府 …… 64
炎陵县十都镇人民政府 …… 66
炎陵县船形乡人民政府 …… 68
炎陵县垄溪乡人民政府 …… 70
炎陵县中村瑶族乡人民政府 …… 72
湖南省炎陵县青石冈国有林场 …… 74
炎陵县人民检察院 …… 75
炎陵县人民法院 …… 76
炎陵县统计局 …… 77
炎陵县市场监督管理局 …… 78
炎陵县应急管理局 …… 79
炎陵县文化旅游广电体育局 …… 80
湖南神农洞天旅游开发有限公司 …… 81
炎陵县红军标语博物馆 …… 82
炎陵县图书馆 …… 83
炎陵县文化体育中心 …… 84
炎陵县职业技术学校 …… 85
炎陵县垄溪乡学校 …… 86
炎陵县人民医院 …… 87
炎陵县中医医院 …… 88
炎陵县民康医院 …… 89
炎陵县烟草专卖局(分公司) …… 90
中国农业银行股份有限公司株洲分行 …… 91
中国工商银行炎陵县支行 …… 92
中国人民财产保险股份有限公司炎陵支公司 …… 93
中国电信股份有限公司炎陵分公司 …… 94
株洲高力新材料有限公司 …… 95
株洲龟龙窝观光生态茶园有限责任公司 …… 96

特　　载

贯彻新思想　开启新征程
全面建设美丽幸福新炎陵

——在县委十二届四次全会暨经济工作会上的讲话

市政协副主席、县委书记　黄诗燕

2017 年 12 月 29 日

同志们：

这次会议的主要任务是，贯彻落实党的十九大和中央、省委、市委经济工作会议精神，总结 2017 年工作，部署 2018 年工作，动员全县上下贯彻新思想、开启新征程，全面建设美丽幸福新炎陵。

下面，我代表县委常委会，讲四点意见。

一、新时代新业绩

2017 年，是稳打稳扎的一年、决战决胜的一年、书写历史的一年。讲稳打稳扎，今年大事、喜事特别多，每一件都扎扎实实、圆圆满满；讲决战决胜，全面脱贫攻坚战、全面小康决胜战“两场硬仗”胜利在望；讲书写历史，脱贫摘帽、同步小康，财政收入突破 10 亿元大关，产业发展从量变到质变，“炎陵”品牌影响力再上新台阶，一系列标志性的重大突破将载入炎陵史册。

（一）经济运行稳中向好。努力克服经济下行压力，经济运行好于预期。一是增长速度平稳。预计全年实现 GDP72.74 亿元，增长 8%；固定资产投资 115.52 亿元，增长 10%；社会消费品零售总额 22.62 亿元，增长 11.5%；一般公共预算总收入 10.72 亿元，增长 8.3%；城镇居民人均可支配收入 26699 元，增长 8.5%；农村居民人均可支配收入 8098 元，增长 10%。二是质量效益提升。预计财政收入占 GDP 比重达 14.7%、金融机构存贷比达 71.6%、全面小康实现程度达 96% 以上。经济结构逐步调优，三次产业结构比为 7.3∶53.6∶39.1，三产业比重同比提升 1.7 个百分点。三是发展后劲增强。把握政策、区位、环境等优势，引进了一批技术含量高、经济效益好、发展潜力大、带动能力强的优质项目。其中，欧科亿公司总部迁至炎陵，国声声学6月签约、8月投产，预计全年分别实现产值4.1亿元、8000万元，开创了项目落地“炎陵速度”。

（二）脱贫摘帽实现在望。兑现“军令状”，吹响“冲锋号”，有望今年脱贫摘帽。一是坚守底线，扎实推进。把底线思维贯穿始终，严格执行标准、履行程序，确保扶贫工作务实、脱贫过程扎实、脱贫结果真实。抓实脱贫攻坚突出问题集中整改，全县建档立卡贫困人口调整为7158户23839人。2014年以来累计脱贫6658户22901人，其中今年脱贫2913户9163人，贫困发生率降至0.58%，贫困村全部退出。“三率一度”全面达标，启动贫困县摘帽程序，顺利通过省、市验收核查，即将迎来国务院专项评估检查。二是突出重点，冲刺挺进。大力实施“七个一批”“六大工程”，突出抓好重点指标任务的推进落实。突出抓增收达标，巩固产业扶贫成效，算清收入账，针对致贫原因实行“精准滴灌”，确保达到脱贫标准；突出抓住房保障，完成易地扶贫搬迁工程1250户4013人、农村贫困对象安居工程2060户、农村土坯房集中整治工程6122户，实现贫困群众安全住房全覆盖；突出抓教育扶贫，全面落实“一提高两降低”，义务教育入学率100%、巩固率99.2%、建档立卡贫困学生辍学率为0，解决因贫失学、因贫辍学和因学致贫问题；突出抓健康扶贫，落实贫困人口医疗“六重保障”，抓好“因病致贫、因病返贫”人员分类管理、分类救治，解决因病致贫、因病返贫问题；突出抓“吃穿不愁”，按照“缺什么补什么、少什么送什么”的要求，加大帮扶力度，有效保障贫困户吃、穿等基本需求；突出抓“两个完善”，扎实推进“六大工程”，确保贫困村基础设施和公共服务全面达标；突出抓资金管理，统筹整合财政涉农资金3.24亿元，确保筹得足、用得准、管得严；突出抓基础工作，发扬“工匠精神”，下足“绣花”功夫，确保基础数据、基础资料、基础档案准确规范。三是严督实考，加压奋进。加强督查考核，压实“五个责任”，67名市县领导“包乡镇”，148个工作队404名工作队员“包村”，3636名干部“包户”，实现帮扶工作队和帮扶干部“两个全覆盖”。深入开展“四走访四包干三签字” “三同五好”等主题活动，群众认可度明显提升。

（三）项目建设持续推进。深入开展“项目攻坚年”活动，项目建设意识更强、氛围更浓、效果更好。一是狠抓项目策划。策划包装项目82个，申报中央、省预算内投资项目54个，争取项目资金6亿元。二是狠抓项目保障。完成项目融资2.27亿元，批回土地61.33公顷，新增城区储备土地11.2顷，征地75.6顷，拆迁房屋56栋(处)。三是狠抓项目推进。56个县重点项目，已开工48个，开工率85.7%，10个项目竣工投产；33个市重点项目，17个新建项目、6个续建项目全部开工，2个前期项目转化为开工项目、8个前期项目加快推进，在全市率先完成指令性计划。

（四）主导产业提质增效。大力振兴实体经济，主导产业发展质量和效益显著提升。一是文化旅游“升档”。全域旅游示范区创建有序推进，获评全省旅游产业发展十佳县，炎帝陵创AAAAA通过景观质量评审，红军标语博物馆创AAAA、云上大院创AAA通过验收，神农谷旅游服务中心建成投入使用，红军标语博物馆被列入第5批全国爱国主义教育示范基地。成功举办丁酉年“祭祀炎帝陵”典礼、2017年湖南夏季乡村旅游节等大型节会活动。预计全年完成旅游总收入44.5亿元，增长30%。二是生态工业“增效”。园区基础设施不断完善，一批重大项目相继竣工投产。新投产工业企业7家，新增规模工业企业9家，预计全年完成规模工业增加值29.2亿元，增长6.5%；工业税收1.7亿元，增长22%。三是绿色农业“提质”。“一带八基地”提质发展，其中“炎陵黄桃”总产量8400吨，总产值2.8亿元，入选央视“国家品牌计划——广告精准扶贫”项目；“炎陵茶叶”获国家级、省级金奖10个，参加“湖南商品中东展示中心”展出。列入全省农村一、二、三产业融合发展试点县。新增专业合作社65家、家庭农场13家、专业大户12家、市级以上龙头企业2家。新增“三品一标”认证8个，建成农产品标准化基地12个。以“企业帮扶年”活动助推产业发展，帮扶100家重点企业，办结各类问题104个。搭建“助保贷”平台，为11家企业发放贷款8770万元。

（五）改革创新不断深化。坚持“不抢跑、不乱跑、跟好跑、鼓劲跑”，积极推动改革创新，发展活力持续释放，发展后劲不断增强。一是全面改革出“新招”。深化供给侧结构性改革，为企业减税8000余万元、降费350万元，“三去一降一补”任务较好完成。深化“放管服”改革，完成“三清单一目录”动态调整。政务服务中心搬迁新址，入驻窗口单位23家，审批服务事项平均提速三分之一。深化财税体制改革，预决算信息全面公开，实施国库集中支付改革，建立以单一账户体系为基础的国库管理制度。深化农村综合改革，实行农村集体土地“三权分置”，推进承包经营权确权颁证，耕地流转面积达7.68万亩。发挥供销系统资产和网络优势，建成乡镇、村惠民综合服务中心10个，完成土地托管6500亩。深化商事制度改革，落实“三证合一、一照一码”、注册资本认缴制，新增内资企业288户、个体工商户1014户。深化医药卫生体制改革，实施药物采购“两票制”，分级诊疗和居民健康卡发行应用获全省推介。公务用车制度改革、投融资体制改革等稳步推进。二是对外开放谋“新路”。新签约重大招商项目9个，外贸“破零”企业6家，海关工作站注册企业31家。引进全省首家县级园区新材料检测站。成立我县首家跨省异地商会——广东省湖南炎陵商会。三是创新创业见“新效”。大力开展创业培训，新增创业主体1400个。全国电子商务进农村综合示范县通过验收，电商产业园入驻企业53家，建成农村电商服务站128个，电商交易额4.5亿元。3家企业通过国家高新技术企业评审认定。

（六）民生保障更加充分。把改善民生、增进福祉作为出发点和落脚点，群众获得感更多，民生支出达14亿元，占财政总支出的73.7%。一是生态环境更美。全面落实河长制，出台河库综合整治“三年计划”。坚守耕地保护红线，连续18年占补平衡。立案查处环境违法案件22起，中央环保督察组交办转办问题办结率100%，环保“三同时”执行率100%，完成黄标车淘汰任务，环境质量综合指数排名全省前列、全市第一。二是交通体系更顺。投资2.15亿元,扎实推进干线公路、农村公路和站场建设,形成联通内外、覆盖城乡的交通路网。三是文化教育更优。现代公共文化服务体系示范区创建通过省验收,建成10个乡镇综合文化站、95个村(社区)综合文化服务中心。举办水口连队建党90周年座谈会等大型文化活动17次。龙渣村获评"中国少数民族特色村寨"。新建、改造校舍1.85万平方米,启动一批村级公立幼儿园建设,纳入全省贫困地区中小学校建设项目县。"中小学学科教研基地社区"被中央电化教育馆评为"优秀精品专题教育社区",义务教育大班额率降至6.86%。四是医疗服务更好。家庭医生签约服务体系日益完善,医联体建设进展顺利。县人民医院与市中心医院合作取得明显成效,外转患者下降26.8%。县域就医环境逐步改善,医疗服务能力不断提升,群众就医负担明显减轻。五是城乡统筹更实。严把规划审批关,控违拆违1.4万平方米。康乐大道一期、炎陵大道一期、神农大道延伸段改造建成通车,井冈东路提质改造等项目进展顺利。新建和改造污水管网3公里、供水管网16.67公里、燃气管网4.21公里。通过国家卫生县城第二次复审,再次荣获省文明县城荣誉称号。霞阳镇星潮村获评全国文明村镇。六是社会大局更稳。"民生100"工程顺利完成目标任务。零就业家庭动态援助100%,城镇登记失业率控制在4.5%以内。社保征缴扩面,基金规范运作、安全完整,城乡低保应保尽保。"棚改"进展顺利,货币化安置237户,续建公租房120套。加强安全生产执法,立案调查66起,责令停产停业整顿29家。食品安全得到有效保障,多项指标处于省市领先地位。发案率大幅下降,破案率大幅上升,连续13年保持"省平安县"称号。信访"三无县"创建获全省推介。

(七)管党治党全面从严。层层落实责任,推动全面从严治党向纵深发展。一是学习教育"踏实"。加强意识形态工作,全面推进"两学一做"学习教育常态化制度化,深入学习宣传贯彻党的十九大精神,习近平新时代中国特色社会主义思想在炎陵落地生根、开花结果。二是基层基础"扎实"。开展"基层党建提升年"活动,120个村、9个社区完成换届选举。新设立"两新"综合(行业)党委17个,新组建"两新"党组织73家。完成89个村级服务平台规范化建设,村级组织运转经费提高至14万—20万元/年,社区工作经费提高至25万元/年,村主干报酬提高至1.5万—1.8万元/年。创建炎陵党性教育基地。全面完成工会、妇联、共青团换届。注重在脱贫攻坚、项目建设等"主战场"发现、培养和检验干部,调整干部3批次219人。三是监督执纪"严实"。认真落实全面从严治党的主体责任和监督责任,深入推进"雁过拔毛"式腐败问题和"治陋习、树新风"专项整治。县纪委派驻机构全覆盖,成立县委巡察办和巡察组,开展3轮巡察。监察体制改革有序推进。强化纪律审查,立案153件,结案163件,党纪政纪处分159人。

一年来,我们众志成城、砥砺奋进,各方面工作再创佳绩。这是市委、市政府坚强领导的结果,是县委、县人大、县政府、县政协几套班子凝心聚力的结果,是全县党员干部群众真抓实干的结果。在肯定成绩的同时,也要清醒地看到面临的挑战和存在的不足：一是思想观念需要进一步转变。少数干部群众缺乏创新意识，习惯于墨守成规，对新观念、新事物接受不快，新形势下抓产业项目的意识不强、办法不多。二是发展还不够充分。全县经济指标均量较高，但总量仍然偏小，核心竞争力仍然不强。人才总量不够、增量不足、质量不优的问题比较突出。三是社会矛盾仍然较多。经济体制、社会结构、利益格局等面临深刻调整，各类矛盾、问题时有发生，影响社会大局的和谐稳定。四是干部作风还需不断改进。有的干部学习上一知半解、浅尝辄止，工作上拖延推诿、瞻前顾后，担当精神和执行能力不足。对这些问题，我们要高度重视，采取有效措施，切实加以解决。

二、新时代新要求

2018 年，是改革开放 40 周年，是贯彻落实党的十九大精神的开局之年，是决胜全面建成小康社会的关键之年，要顺应新时代、谋划新目标、落实新要求。

（一）顺应新时代。中国特色社会主义已经进入新时代，经济发展也进入了新时代。一要把握新内涵。我们所处的新时代，是承前启后、继往开来、在新的历史条件下继续夺取中国特色社会主义伟大胜利的时代，是决胜全面建成小康社会、进而全面建设社会主义现代化强国的时代，是全国各族人民团结奋斗、不断创造美好生活、逐步实现全体人民共同富裕的时代，是全体中华儿女勠力同心、奋力实现中华民族伟大复兴中国梦的时代，是我国日益走近世界舞台中央、不断为人类作出更大贡献的时代。二要把握新特征。从全国看，新时代社会主要矛盾已经转化为人民日益增长的美好生活需要和不平衡不充分的发展之间的矛盾，基本特征就是我国经济已由高速增长阶段转向高质量发展阶段。从炎陵看，主要是发展不充分，仍处于“少年”阶段，“骨架”基本成形但“肌肉”还不够健壮，“精力”充沛但“体力”不足，必须把求“强”与求“大”结合起来，把高质量发展与中高速增长结合起来。三要把握新机遇、新挑战。中央部署的“三大攻坚战”，对炎陵来说，既是挑战、更是机遇。防范化解重大风险攻坚战，既在一定程度上制约了地方政府融资举债，更为经济社会健康发展一路保驾护航；精准扶贫攻坚战，既对脱贫措施和成效提出了更高更严的要求，更为贫困地区后发赶超积蓄了力量、创造了条件；污染防治攻坚战，既以“霹雳手段”淘汰一批企业和项目，在一定程度上放慢发展的脚步，更以“菩萨心肠”改善环境质量、提升幸福指数，让发展的脚步更加踏实、稳健、可持续。

（二）谋划新目标。进入新时代，落实到炎陵，就是开启“三个新阶段”：一是脱贫攻坚巩固提升新阶段。全面脱贫既是攻坚战，更是持久战，必须持续发力、久久为功。脱贫“摘帽”后，继续以脱贫攻坚巩固提升为主战场，巩固成效、提升质量，实现由扶贫转向开发，由立足当前转向着眼长远，由解决贫困群众生产生活的基本需求转向建立贫困群众持续增收致富的体制机制，厚积薄发、“弱鸟先飞”，昂首阔步走进新时代。二是建成更高水平全面小康新阶段。我县全面小康总体实现程度 2014—2015 年连续两年在全省 51 个三类县中排名第一，预计 2017 年将全面达到三类县全面小康验收标准。要进一步发挥优势、补足短板,在三类县小康达标的基础上,建成更高水平的全面小康,扬鞭奋蹄走进新时代。三是开启基本现代化新阶段。以提前实现全面脱贫、全面小康为新起点,充分发挥自身优势,落实创新引领、开放崛起战略,全面加快经济社会发展,意气风发走进新时代。立足“三个新阶段”,2018年,全县工作的总体要求是“贯彻新思想、建设新炎陵”。经济增长预期目标为8.5%,规模工业增加值增长7.5%,一般公共预算收入增长7%,固定资产投资增长12%,城镇居民人均可支配收入增长8.5%,农村居民人均可支配收入增长9%,完成市下达的节能减排等约束性指标。

(三)*落实新要求*。进入新时代,要结合炎陵实际贯彻落实好中央和省、市作出的新部署、提出的新要求,正确处理“六个关系”:一是保持战略定力,正确处理“继承”与“创新”的关系。近年来,县委审时度势,作出了一系列决策部署。比如,以“建设美丽幸福新炎陵”为总目标,以“加快转型升级”为总战略,实施绿色崛起、产业振兴、开放带动、民生优先、实干兴县“五大战略”,以“项目攻坚”为总战场,打好旅游升温、园区攻坚、城镇提质“三大战役”,以文化旅游、生态工业、绿色农业“三大主导产业”为总抓手,以人民满意为总标准,以改进干部作风为总火力,守住“绿水青山”、望着“金山银山”,等等。实践证明,这些决策既符合十九大精神和中央、省委、市委要求,又符合炎陵实际和人民期盼,取得了很好的成效。要保持战略定力,不折腾、不懈怠、不犹豫,继续坚定不移地向前推进。二是坚持稳中求进,正确处理“稳”与“进”的关系。“稳”是基础、是前提,要体现在稳增长上;“进”是目标、是方向,要体现结构上的进、效益上的进、后劲上的进、体制上的进,在进的基础上奋力争先。既反对消极应付、不思进取,又反对冲动蛮干、急于求成,该稳的稳住、该进的进好。三是坚持高质量发展,正确处理“质”与“量”的关系。实现高质量发展,是党的十九大和中央经济工作会议提出的明确要求。“质”,就是贯彻新理念,坚持以质量和效益为中心,以抓改革为重点推动动力变革、以优服务为重点推动效率变革、以促创新为重点推动质量变革。“量”,就是立足炎陵实际,既要提质,又要保速,既要解决“好与坏”“快与慢”的问题,又要解决“有与无”“多与少”的问题,通过持续中高速增长,做大总量、提高质量。四是坚持改革开放,正确处理“内力”与“外力”的关系。“内力”,就是立足自身、苦练内功,向全面深化改革要动力。“外力”,就是面向外界、扩大开放。牢固树立“无外不快、无外不强”的意识,下决心抓好招商引资,借助外部资本、技术、人才、管理、市场等要素加快发展。五是坚持绿色崛起,正确处理“保护”与“开发”的关系。既要加强环境保护,守住老祖宗留下的“绿水青山”,又不能“守着金碗讨饭吃”,长期“一穷二白”。要发展绿色产业,创造“金山银山”,在保护中开发、在开发中保护。六是坚持底线思维,正确处理“底线”与“高线”的关系。坚守脱贫底线,确保脱贫摘帽通过“国考”;坚守安全稳定底线,确保不发生重大安全事故和重大群体性事件;坚守环保底线,确保环境质量综合指数稳居全省前列；坚守民生底线，健全基本民生保障安全网。在坚守底线的基础上，建成更高水平的全面小康，进而开启基本现代化新征程。

三、新时代新任务

2018年，全县工作的指导思想是：全面贯彻党的十九大精神，以习近平新时代中国特色社会主义思想为指导，坚持“稳中求进、进中争先”工作总基调，坚持高质量发展和“三个定位”要求，坚持创新引领、开放崛起战略，坚持以脱贫攻坚巩固提升和产业项目建设为主战场，切实保障和改善民生，切实维护社会大局稳定，切实加强党的领导，全面建设美丽幸福新炎陵。重点是开展“七大行动”。

（一）*脱贫攻坚巩固提升大行动*。脱贫摘帽胜利在望，但“行百里者半九十”，要继续咬紧牙关、埋头苦干，踢好“临门一脚”，确保“国考”一举成功。一是抓对标保摘帽。把脱贫验收“国考”标准牢牢抓在手上，围绕关键环节认真开展“回头看”。特别是要扎实抓好省、市验收核查组和第三方评估组反馈问题的整改，一项一项、一个问题一个问题落实到位。统筹把握“三率一度”，关注重点指标、重点区域和重点人群，着力补短板、强弱项、打基础，以更大的决心、更实的举措解决好实际问题，不断提升群众认可度，确保脱贫摘帽万无一失。二是抓巩固促提升。实施“十大巩固提升工程”，帮助未脱贫人口尽快脱贫，确保已脱贫人口不返贫、可持续、能致富。精准管理巩固提升工程，抓好贫困人口精准识别和动态管理，真正做到应退尽退、应纳尽纳、应扶尽扶。产业扶贫巩固提升工程，促进特色产业扩容、提质、增效，进一步完善利益联结机制，每户贫困户至少有1个扶贫经济组织或1名“能人”带动，至少参与1个产业项目开发。就业扶贫巩固提升工程，注重解决结构性就业矛盾，开展就业援助、公益性岗位开发、技能培训，帮助贫困群众稳定就业、稳步增收。安居扶贫巩固提升工程，抓好易地搬迁、农村安居、危旧房整治“三大工程”后续帮扶，让困难群众既安居又乐业。生态扶贫巩固提升工程，引导贫困群众参与国家退耕还林还草、天然林保护、防护林建设等重大生态治理工程，提高受益水平。教育扶贫巩固提升工程，扩大普惠性教育受益面，大力发展职业教育，提高贫困人口文化素质和贫困家庭劳动力技能。健康扶贫巩固提升工程，全面提升医疗服务能力、医疗保障水平、公共卫生服务，健全贫困人口基本医疗综合保障体系，遏制因病致贫、因病返贫。社保扶贫巩固提升工程，统筹社会救助体系建设，促进扶贫开发与社会保障有效衔接，充分保障稳定脱贫。基础设施和公共服务巩固提升工程，进一步完善交通、水利、电力、通讯、物流、人居环境、文化服务，建设美丽乡村。农村基层党建巩固提升工程，提高保障水平、优化队伍结构、提升能力素质，把农村党组织建成引领群众奔小康的坚强堡垒。三是抓考核严问责。落实好中办、国办通知要求，进一步加强贫困村驻村工作队选派管理。充分发挥督查、考核、问责的“指挥棒”作用，坚决兑现“五个凡是”和“五个不论”，有功者一律“论功行赏”，有过者一律“明正典刑”。以背水一战的决心、志在必得的信心，披荆斩棘、高歌猛进，夺取最后胜利。

(二)产业项目建设大行动。牢固树立“抓工作就要抓发展、抓发展就要抓项目、抓项目就要抓产业项目”的理念,千方百计谋产业、推项目,促进一二三产业融合发展、大中小项目遍地开花。解决好“四个问题”:一是“搞什么产业”的问题。绿色是炎陵的“底色”“底气”“底子”,要围绕绿色抓产业,做到“点绿成金”。做强生态工业,形成动力之“源”;做优文化旅游,打造腾飞之“翼”;做实绿色农业,筑牢发展之“本”。二是“在哪里搞产业”的问题。突出“园区”,抓产业布局,形成新材料、纺织服饰、电子信息、旅游文创等产业集群;抓项目布局,巩固提升老项目,引进建设新项目,精心打造欧科亿产业园、国声声学产业园、圣宝龙电动车产业园等一批重大项目;抓基础设施布局,推进产城融合,做活土地文章,加快推进园区供水、供电、道路、污水处理、信息通讯等配套基础设施建设,增强园区承载能力。突出“景区”,构建“一心一环三大板块”,加快推进炎帝陵、神农谷景区提质改造,完成酃峰、笔架峰、湘山公园等景区综合开发,确保国家全域旅游示范区、炎帝陵国家AAAAA级旅游景区创建成功。全方位延伸产业链条,形成“处处是景点”“全民闹旅游”的生动局面。突出“山区”,围绕“一带八基地”发展绿色农业,产业布局上注重主次分明,地域布局上注重因地制宜,规模布局上注重总量适度,不搞无序的“一拥而上”。突出“城区”,以县城为中心,大力发展现代服务业,让游客进得来、留得住、住得下、吃得好、玩得欢。发挥电商优势,带动主导产业线上、线下同步繁荣。三是“怎么搞产业”的问题。坚持问题导向,着力破解制约产业项目建设的瓶颈和难题。抓品牌建设。坚持“创品牌”与“护品牌”并重,推动同类品牌向强势品牌聚集和整合。生态工业方面,要支持欧科亿、国声等“旗舰”企业做大做强,形成附加值高、竞争力强的优质品牌。文化旅游方面,要打好炎帝牌、红色牌、生态牌,打造精品线路,加强宣传营销,不断扩大影响力。绿色农业方面,要培育龙头企业、发展精深加工,打响“炎陵”总品牌,增强核心竞争力。抓项目融资。“防范化解重大风险攻坚战”对促进金融和实体经济、金融和房地产、金融体系内部良性循环提出了更加严格的要求,要多管齐下拓展融资渠道、增强融资能力,为产业项目建设注入“源头活水”。抓用地保障。加强土地报批,清理闲置土地,既做大“增量”,又盘活“存量”,加快征地拆迁,集中开展“清零”行动,充分保障产业项目建设用地。抓环境优化。自然环境上,要立足生态优势,发展低污染、低能耗的绿色产业。政务环境上,要树立“产业项目至上”的理念,“多设路标、不设路障”,在简化审批流程、提高办事效率、加强全程跟踪上下功夫。社会环境上,依法打击一切阻挠妨碍产业项目建设的人和事,打造投资“高地”。四是“谁来搞产业”的问题。抓产业项目,人是决定因素,要着力打造四支队伍,为产业项目建设提供人才支撑。产业干部队伍。把各个层级的干部更加合理地配置到产业项目建设主战场,建立“能者上、庸者让、劣者汰”的流动机制,把想干产业、会干产业、干得成产业的干部选拔出来,把不想干产业、不会干产业、干不成产业的干部调整下去。企业家队伍。要特别善待企业家,建设一支优秀的、稳定的企业家队伍。“千军易得、一将难求”，一个优秀企业家的成长，往往伴随着无数的挫折与失败，凝聚着无数的经验与智慧。他们有的精通技术，有的擅长销售，有的善于管理，既是“专才”，也是“全才”，特别值得我们尊敬与爱护。企业员工队伍。统筹抓好各类人才的培养引进，围绕促进劳动者就业和满足企业用工需求，大力发展“订单式”教育，为产业项目建设源源不断地输送高素质员工。服务保障队伍。全县各级干部要树立“精准、舍得、执着”的理念，按照“不叫不到、随叫随到、服务周到”的要求，增强服务能力，提升服务水平。

（三）开放对接大行动。以大开放促进大发展，落实“五大对接行动”，下更大决心、用更大气力、发展更高层次的开放型经济。一是注重以特色产业招商。围绕优势和短板，招在点子上、引来“金凤凰”。要以“园”招商，引进一家企业、配套一条产业链、聚集一个产业群；以“景”招商，引进战略投资者，带动文化旅游跨越式发展；以“绿”招商，推动绿色农产品走出大山、走向全国、走进千家万户；以“城”招商，建设一批特色城镇、主题公园、城市综合体。二是注重以特定对象招商。对接“大企业”，以“500强”企业、上市企业、高新技术企业等为招商重点，增强针对性、提高成功率。对接“新平台”，以广东省湖南炎陵商会等民间团体为媒介，着力“引老乡、回故乡、建家乡”。对接“新丝路”，发挥好海关工作站作用，支持企业“走出去”，大力发展对外贸易。对接“大城市”，营造良好的营商环境，加强与“长三角”“珠三角”等经济发达地区的沟通对接。三是注重以特强队伍招商。突出领导招商，发挥各级领导干部的信息和人脉资源优势，与重点目标“高频”“无缝”对接；突出专业招商，抽调精干力量组建招商小分队，围绕重点对象进行招商；突出以商招商，“老板招老板”，引进一个、带来一群。各级干部要在其位、谋其政，尽其责、成其事，层层压实招商引资责任。四是注重以特惠政策招商。认真研究中央、省、市和周边地区招商引资政策，出台一系列既符合大政方针、又符合炎陵实际，能吸引投资的优惠措施，形成比较优势。

（四）乡村振兴大行动。按照“产业兴旺、生态宜居、乡风文明、治理有效、生活富裕”的总要求实施乡村振兴战略，补足小康“短板”，推进乡村现代化。一是乡村产业要“旺”起来。加快建设以精细农业为特色的优质农副产品供应基地，形成“产地生态、产品绿色、产业融合、产出高效”的现代农业发展新格局。二是乡村环境要“美”起来。实施农村“双改”，以“整洁、美丽、和谐、宜居”为目标，推进20个美丽乡村示范村建设。培育“美丽”经济，建设乡村综合体、村落风景区，打造美丽村庄、美丽庭院、美丽田园，使之成为农民的宜居家园、市民的生态乐园。改善农村居住环境，集中整治闲置、废弃、空心破败的农村土坯房。推进农村环境综合治理，大力实施农村“厕所革命”，提高农户厕所污水处理率或资源化利用率。三是乡村文化要“火”起来。按照“看得见山、望得见水、记得住乡愁”的要求，保护和开发利用好历史文化村落和非物质文化遗产，留住传统文化的原始风貌和生态肌理。完善乡村文化设施，丰富群众文化生活，努力革除陈规陋习，积极传播正能量,让乡村更加文明、健康,更有乡土味、休闲味、历史味。四是乡村治理要“强”起来。健全党领导下法治、自治和德治相结合的乡村治理体系,培养造就一支懂农业、爱农村、帮农民的乡村干部队伍,搭建各类人才、新乡贤与乡村社会有机结合的平台。五是乡村生活要“富”起来。引导城镇消费向农村延伸,鼓励工商资本下乡,支持返乡农民创业。积极探索“资源变资产、资金变股金、农民变股东”等发展模式,引导和帮助农民与龙头企业、经济合作组织建立更加紧密的利益联结机制,让农民的“钱袋子”更充实。

(五)城镇提质大行动。增强城镇基础功能,改善城镇人居环境,扎实推进以人为核心的新型城镇化。一是抓规划,让城镇布局更优。按照“一心两区多点”的空间布局,加快构建以新型城镇化规划为统领,城市总体规划、专项规划、城市设计、控制性详细规划、村镇规划等为支撑的规划体系,做到规划“一张图”,县域全覆盖,为实现高质量的城镇化提供根本遵循。二是抓建设,让城镇容量更大。围绕“山水园林旅游城市”定位,加快火车站片区、草坪河片区建设,推进炎陵大道二期、康乐大道二期建设,做大县城“骨架”,增强辐射带动能力。实施城市“双修”,加快给排水管网、污水处理设施、天然气利用、旧城改造等项目建设。要在小城镇建设上取得新突破,推进鹿原人文特色小镇、沔渡客家文化小镇、中村黄桃小镇建设,完成下村省际边界口子镇建设。三是抓管理,让城镇品位更高。理顺机制,提高效能,打造“智慧城管”。建设县城绿色照明系统,扎实开展车辆停放、占道经营等专项整治,加强标识标牌设置和监管。加大控违拆违力度,重点打击影响重点项目建设和群众反响强烈的违法乱建行为。

(六)民生改善大行动。坚持发展为了人民、发展依靠人民、发展成果由人民共享,在发展中保障和改善民生。幼有所育、学有所教方面,办好学前教育,重视特殊教育,加快推进公立幼儿园建设。加大教育投入,扎实推进城乡义务教育一体化。优化学校布局,全力改善办学条件,抓好“芙蓉学校”等项目建设,不断提升教育现代化薄弱指标。切实回应老百姓关切的热点问题,下大力气解决好中小学生课外负担重和“择校热”“大班额”等突出问题。抓好农村教师公费定向培养,保障和提高教师待遇。坚持让教育回归常识、回归本分、回归初心、回归梦想,不断提高教育质量。劳有所得方面,把稳定和扩大就业放在更加突出的位置,抓好高校毕业生、农民工就业,大力援助残疾人、低保对象、零就业家庭等困难群体就业。重视解决农民工工资拖欠问题,建立健全长效机制,确保农民工“汗水钱”及时足额发放。病有所医方面,全力打造“健康炎陵”,健全分级诊疗体系,创新公立医院管理模式,加强卫计人才队伍建设,建成县中医院、县疾控中心、县妇幼保健计划生育服务中心。完善医疗保险制度,推行以病种付费为主的医保支付方式。老有所养方面,完善社会保障体系,落实全民参保计划,确保基金安全规范运行。加强机构养老服务和社区居家养老服务的监督管理,推进养老服务体系建设。住有所居方面,扎实推进城镇棚户区改造、农村土坯房集中整治工程，增加有效住房供给。弱有所扶方面，统筹城乡社会救助体系，完善最低生活保障制度，兜牢困难群众的托底保障网。同时，把综治信访维稳、安全生产、食品安全等工作牢牢“抓在手上”，建设更高水平的“平安炎陵”，继续保持“省平安县”荣誉。构建覆盖城乡、便捷高效的现代公共文化服务体系，实现村级综合文化服务中心全覆盖。

（七）环境保护大行动。尊重自然、顺应自然、保护自然，打造山水林田湖“生命共同体”。一要强化生态保护。牢固树立“绿水青山就是金山银山”的理念，像爱护自己的眼睛一样爱护好生态环境，实现生产方式、生活方式、消费方式的绿色化。严格执行“党政同责”“一岗双责”“终身追责”，层层落实环境保护责任。抓好国家重点生态功能区县域生态环境质量考核，完成生态红线划定后续工作，抓好自然保护区、风景名胜区等生态保护。二要强化监管执法。完成第二次污染源普查，加强污染减排项目监管，引导企业发展循环经济，督促企业稳定运行治污设施，实现污染物达标排放。实行“一证式”管理，加大环保执法力度，严肃查处环境违法行为。推行“双随机一公开”，认真开展涉重涉危、医疗废物、化工、饮用水水源、红砖、畜禽养殖等专项检查，在案件查处打击上取得新突破。三要强化综合治理。全面推行“河长制”，深入开展湘江保护与治理“第二个三年行动计划”，突出抓好水污染防治、不达标水体治理、垃圾综合治理、水域岸线保护等重点任务。坚决落实“气十条”“水十条”“土十条”，确保环境质量综合指数稳居全省前列。

四、新时代新气象

“不要人夸颜色好，只留清气满乾坤”。我们要把全面从严治党的螺丝拧得更紧，从美好政治生态的“清气”中凝聚强大动力，以新气象、新作为拥抱新时代。

（一）高扬正气。坚持以习近平新时代中国特色社会主义思想为指导，高扬伟大旗帜，筑牢思想基础，不断强化“四个意识”。一要强化政治意识。坚持正确的政治方向和政治立场，把讲政治的要求落实到方方面面。深入开展“不忘初心、牢记使命”主题教育，学懂新思想的基本内容、基本方略、内在逻辑，从新思想中汲取养分。要把意识形态作为党的建设和政权建设的重要内容，纳入重要议事日程。二要强化大局意识。党政军民学、东西南北中，党是统领一切的。县委发挥好总揽全局、协调各方的作用，人大、政府、政协、人武部要始终坚持党的领导，全县各级各部门要围绕中心、服务大局、找准定位、积极履职，形成和衷共济的“大合唱”局面。三要强化核心意识。坚决维护习近平总书记的核心地位，坚决维护党中央权威和集中统一领导，任何工作都要以贯彻党中央决策部署为前提，从思想上、政治上、情感上、行动上高度认同。四要强化看齐意识。坚持向党中央看齐、向习近平总书记看齐、向党的理念和路线方针政策看齐，坚定不移地以党的旗帜为旗帜、以党的方向为方向、以党的意志为意志。

（二）紧接地气。“问渠哪得清如许，为有源头活水来”，紧接地气，才能更有人气。要把人民对美好生活的向往，作为我们的奋斗目标。一要“脚勤”。经常深入千家万户,与老百姓同吃一锅饭、同住一间房、同耕一片田,多听群众的笑声、哭声、叫声、骂声。与群众打成一片、连成一体,彻底消除衙门习气。二要“心诚”。带着真情实意,设身处地为群众着想,实事求是为群众解决困难。把政策讲透、把道理说清,耐心细致地做好解释沟通,赢得群众的理解和信任。三要“手快”。从老百姓关心的点滴小事做起,让群众真切感受到温暖和关怀。针对群众反映强烈的突出问题,要抓早、抓小,一项一项抓紧解决。

(三)增强底气。党员姓“党”、干部姓“干”,要着力打造全面过硬的基层党组织,培养选拔想干事、会干事、敢干事的干部。一要夯实基础。树立“抓好党建就是最大政绩”的理念,层层压实管党治党的政治责任。统筹推进各领域党建,基层党组织设置上要从单位向区域延伸、从传统领域向新兴领域延伸、从实体向网络延伸,形成分布广泛、完善严密、富有活力的基层党组织体系。落实好主题党日、“两学一做”学习教育、“三会一课”等基础制度,开展好党员公开承诺、无职党员设岗定责、党员量化积分管理等基础活动。推动党建与经济建设、文化建设、社会建设、生态文明建设等深度融合,创建独具特色的党建品牌。二要提升能力。大兴学习和调查研究之风,不断完善知识结构,钻研实际问题,培养专业思维、专业素养、专业方法,不断增强“八种本领”,不断提高适应新时代、落实新部署、实现新目标的能力。三要干事担当。干部的天职是干事,干部的价值在担当,要始终保持时不我待的干劲、不甘人后的拼劲、勇往直前的闯劲、百折不挠的韧劲。要贯彻“六重六用”导向,把富有激情、能谋善断,敢于担当、善于执行,业务精湛、作风扎实的好干部选出来、用起来。既要从严教育和管理干部,又要落实“三个区分开来”,旗帜鲜明为敢于担当、踏实做事、不谋私利的干部撑腰鼓劲。

(四)涵养清气。加强党风廉政建设,以优良的党风政风引领民风社风。一要压实治党之责。管党治党,重在落实责任,关键是把党委的主体责任扛起来、压下去、紧到位。工作开展到哪里、党风廉政建设的责任就延伸到哪里,把责任层层传递到每一个基层党支部。二要严纠不正之风。全面完成监察体制改革任务,充分发挥巡察和派驻监督作用,坚持抓早抓小、抓细抓常,把纪律挺在前面。开启全天候监督“探照灯”,形成正风肃纪、严查严管的常态化,把权力关进制度的“笼子”。三要高悬反腐之剑。始终对腐败保持高压态势,从发生在群众身边的腐败问题抓起,坚持有腐必反、有贪必惩、有案必查、违纪必究,重点查处不收敛不收手、问题线索反映集中、群众反映强烈的干部,努力营造风清气正的政治生态。

同志们,蓝图催人奋进,前景无限光明。让我们更加紧密地团结在以习近平同志为核心的党中央周围,在市委的坚强领导下,高举习近平新时代中国特色社会主义思想伟大旗帜,不忘初心、牢记使命,扬帆破浪、砥砺奋进,努力开创全面脱贫、全面小康、全面建设美丽幸福新炎陵的优异成绩,奋力谱写无愧于党、无愧于人民、无愧于新时代的辉煌篇章!

政府工作报告

——在炎陵县第十七届人民代表大会第三次会议上的讲话

县长 文专文

2018年1月13日

各位代表：

现在，我代表县人民政府向大会报告工作，请予审议，并请各位政协委员提出意见。

一、2017年工作回顾

过去一年，是我县发展历史上极不平凡、极有成效的一年。我们坚持以习近平新时代中国特色社会主义思想为指引，认真贯彻落实新发展理念，在县委的坚强领导下，面对经济下行压力加大、脱贫攻坚任务艰巨等复杂局面，团结带领全县人民，真抓实干，克难奋进，全面做好稳增长、促改革、调结构、惠民生、防风险各项工作，全县经济平稳健康发展，社会大局和谐稳定，实现了新一届政府的良好开局。预计全县GDP增长8%，固定资产投资增长10%，社会消费品零售总额增长11.5%，城乡居民人均可支配收入分别增长8.5%、10%；一般公共预算收入增长8.3%；人均居民储蓄余额28750元，增长13.8%。

（一）财政收入迈上十亿元新台阶。坚持把财源建设作为经济工作的“第一任务”，出台《培植有效财源促进财政增收的办法》，抓招商、推项目、强帮扶，财政收入迈上十亿元新台阶，达到10.72亿元，税收占财政收入比重达到61%，比上年提高6.4个百分点。

招商引资有新成效。调优配强招商队伍，出台招商引资考核奖励办法，深入开展政策招商、精准招商、以商招商和产业链招商，引进了欧科亿、万魔声学、神农百草园、圣宝龙电动车等一批大项目、好项目，合同引资49.71亿元。特别是抢抓国家支持贫困地区企业优先上市“IPO绿色通道”的政策机遇，成功引进2家预备上市企业，株洲欧科亿数控精密刀具股份有限公司将总部搬迁至炎陵，4月开始投产，实现产值4.6亿元，缴纳税收2800万元，成为我县第一家税收超过2000万元的制造类工业企业；深圳万魔声学在炎陵投资成立湖南国声声学科技股份有限公司，3月洽谈，6月签约，8月投产，实现产值1.2亿元，缴纳税收400余万元，安排就业超过500人。

项目建设有新成效。持续开展“项目攻坚年”活动，策划包装项目82个，申报中央、省预算内投资项目54个，争取项目资金6亿元。市重点项目开工25个，完成投资38.97亿元。县重点项目开工49个，完成投资19.86亿元。迈龙新材料、S205大和塘至沔渡公路、S207草坪至大院公路、湘山公园综合开发等项目开工建设，炎帝陵华夏广场、城市防洪工程、电子商务产业园等项目投入使用或竣工投产，中医院、妇幼保健计生服务中心整体搬迁等项目加快推进。

企业帮扶有新成效。深入开展“企业帮扶年”活动，48名县级领导、48家帮扶责任单位对口联系帮扶100家企业，开展送知识、送法律等20项主题活动，收集整理各类问题104个，办理满意率83.9%。新增中小企业贷款4.94亿元，其中通过“助保贷”平台发放贷款8770万元。

（二）脱贫攻坚取得决定性成效。认真贯彻落实党中央国务院关于脱贫攻坚的决策部署和省委省政府、市委市政府的系列工作要求，全县动员，全力以赴，着力在扶贫对象精准、项目安排精准、资金使用精准、措施到户精准、因村派人精准和脱贫成效精准上下功夫。全年有2913户9163名建档立卡贫困人口实现稳定脱贫，37个贫困村退出，系统贫困发生率下降至0.58%，顺利通过市级初审、省级核查和第三方评估。

精准实施“七个一批”。发展产业带动6861户21889名贫困人口实现稳定增收。新增农村贫困劳动力转移就业696人，开发各类农村公益性岗位599个。4456户贫困户享受生态保护脱贫政策，发放生态补偿资金627万元。农村社会保障兜底政策覆盖315户548人，标准提高到每人每月280元，实现扶贫和低保“两线”融合。坚持“六定”举措，1459户4669人通过易地扶贫搬迁搬入新居。全面落实“一提高两降低”，建档立卡贫困学生资助实现全覆盖，发放教育资助473.95万元，义务教育入学率达到100%、巩固率达到99.2%，建档立卡贫困学生因贫辍学率为零，教育扶贫工作经验获全省推介。落实贫困人口医疗“六重保障”，3221名“因病致贫、因病返贫”人员得到分类管理、分类救治。

大力推进“六大工程”。建设国省干线31公里、重要县乡道路36公里，完成窄路加宽工程44公里、边界断头路45公里、整村推进公路66公里。建成农村饮水安全工程41个，巩固提升9477名贫困人口饮水安全。贫困村实现宽带、2G—4G网络全覆盖，35个贫困村完成电网升级改造，51个贫困村光伏电站全部建成并实现并网发电。投入资金1.4亿元，实施2060户贫困对象农村安居工程和6122户农村危旧土坯房集中整治工程，5632名贫困人口搬入新居。贫困村综合文化服务中心实现全覆盖。着力打造“神奇湘东”文化生态旅游精品线路，创建旅游扶贫电商村20个、旅游扶贫示范村10个。

全面落实帮扶责任。出台《压实工作责任决战脱贫攻坚的若干意见》，认真落实县扶贫开发领导小组的统筹责任，县级领导的“一岗双责”，乡镇党委政府、村支“两委”的主体责任，帮扶单位、驻村工作队、结对帮扶干部的帮扶责任，“七个一批”“六大工程”牵头部门和行业单位的行业责任。67名市县领导“包乡镇”，148个工作队404名工作队员“包村”，3636名结对帮扶干部“包户”。深入开展“大走访、暖民心，大排查、补短板”和“四走访四包干三签字”等主题活动，帮助贫困群众实现“微心愿”12550个。统筹整合财政涉农资金3.24亿元，实施帮扶项目386个，新增金融扶贫小额信贷2421万元，扶贫经济组织贷款余额3086万元。

（三）产业发展呈现良好势头。

生态工业持续壮大。新增规模以上工业企业、资质等级建筑企业、限额以上批零住餐企业、规模以上服务业企业27家。预计规模工业增加值增长7.5%。完成工业税收1.91亿元，增长36.4%，创历史最好水平。顺华锂业、春华锂业、一品松禽蛋加工等7个项目投产。园区基础设施不断完善，九龙工业集中区污水处理厂、九龙总部科技孵化中心投入使用。

文化旅游加速发展。创建国家全域旅游示范区工作有序推进。炎帝陵创建国家AAAAA级旅游景区通过景观质量评审，完成投资1.89亿元，11个项目开工、8个项目竣工，景区管理水平进一步提升。神农谷旅游服务中心投入使用，十都至南流道路完成提质改造。红军标语博物馆成功创建国家AAAA级旅游景区，云上大院成功创建国家AAA级旅游景区。成功举办丁酉年“祭祀炎帝陵”典礼、2017年湖南夏季乡村旅游节等大型节会活动。获评“湖南省旅游产业发展十佳县”，红军标语博物馆和中国工农红军革命活动纪念馆获评“全国爱国主义教育示范基地”。

绿色农业提质扩面。“一带八基地”不断壮大，炎陵黄桃总产量8400吨，产值2.8亿元，1319户4325名贫困人口直接受益，发展黄桃产业促进精准脱贫的做法获湖南卫视推介；获评“湖南十大农业区域公用品牌”，入选央视“国家品牌计划——广告精准扶贫”项目，品牌影响力不断扩大。炎陵茶叶获国家、省级茶叶评比金奖10个，炎陵红茶进入“湖南商品中东展示中心”现场推介。新增专业合作社65家、家庭农场13家、专业大户12家、省级示范合作社8家。新增“三品一标”农产品认证8个，建成农产品标准化基地12个，申报现代农业特色产业园省级示范园2家，成功入选全省农村一、二、三产业融合发展试点县。大力发展“互联网+”，全国电子商务进农村综合示范县顺利通过验收，电商产业园入驻企业53家，建成农村电商服务站128个，实现电商交易额4.5亿元，电子商务进农村的经验获全国推介。

（四）城乡面貌发生显著变化。

县城扩容提质步伐加快。“多规合一”试点工作基本完成，县城控制性详规加快编制，控违拆违1.4万余平方米。炎陵大道一期、康乐大道一期、神农大道延伸段建成通车，井冈东路提质改造、石玉路建设基本完工，炎陵大道二期和康乐大道二期全面启动。城区雨污分流改造进展顺利，县城污水处理厂提标改造工程开工建设。城市给排水管网及配套设施建设加快推进，新增、改造供水管网16.67公里。成功引进天然气利用工程项目，新建、改造市政燃气管网4.21公里，新增城镇管输天然气用户1027户。

乡村面貌不断改善。投资1.99亿元实施农田水利建设，新修防渗渠道27.4公里，疏浚河道沟渠13.6公里，除险加固水库9座。新建村镇供水工程26处、农村饮用水源保护工程70余处。下村省际边界口子镇项目开工建设，中村瑶族乡梅岗村等9个美丽宜居乡村示范村建设加快推进，霞阳镇星潮村获评“全国文明村镇”。

生态环境持续向好。生态保护红线划定和农村环境综合整治整县推进工作全面完成。建立县乡村三级河长体系,完成湘江保护和治理项目10个。坚守耕地保护红线,连续18年实现占补平衡。完成造林绿化1466.67公顷。实施减排项目3个,减排二氧化硫22.4吨,黄标车淘汰完成率100%。中央环保督察组交办转办问题办结率100%,环境质量综合指数排名全省前列、全市第一。

(五)改革开放释放新的活力。

重点改革取得突破。深化供给侧结构性改革,为企业减税8000余万元,降费350万元,出台《进一步促进房地产健康发展的六条措施》。深化财政管理体制改革,国库集中支付制度改革顺利实施,建立以单一账户体系为基础的国库管理制度,预决算信息全面公开。农村综合改革进一步深化,耕地流转5120公顷。推进供销合作社综合改革,建成乡镇、村惠民综合服务中心10个,完成土地托管433.33公顷。开展城乡建设用地增减挂钩工作,完成第一批13.47公顷复垦任务。医药卫生体制、统计管理体制、综合执法体制、商事制度、公务用车制度、机关事业单位工作人员养老保险制度、五险统一征缴、职务与职级并行等改革全面推进。

发展环境持续优化。深入推进简政放权、放管结合、优化服务工作,加快行政许可标准化建设。取消县本级行政许可事项10项,梳理公布行政许可事项180项,全面清理规范中介服务事项65项、公共服务事项256项,权责清单动态管理制度逐步建立。新政务服务中心投入使用,政务服务条件得到明显改善,老百姓办事更加方便快捷,电子政务外网和互联网实现"两网合一",审批服务事项平均提速三分之一。

对外开放成效显著。成立广东省湖南炎陵商会。开展省级出口食品农产品质量安全示范区创建工作,与湖南省质检院成功签约合作共建全省首家县级园区新材料检测站。实现"外贸破零"企业6家,3家企业通过国家高新技术企业评审认定。预计完成内联引资19.82亿元,实际利用外资2600万美元,外贸进出口总额2200万美元。

(六)人民生活得到明显改善。全年民生支出15.09亿元,占一般公共预算支出比重的77.3%。预计全面小康总体实现程度达到96%。

社会保障不断加强。60项"民生100"工程指标全面完成。新增创业主体1279户,城镇就业1400人,农村劳动力转移就业1406人。实施全民参保登记计划,全年征缴各项社会保险基金4.2亿元。企业退休人员养老金连续13年提高,城乡居民基础养老金最低标准提高到每人每月85元。全面完成农村低保认定清理整顿工作,城乡低保应保尽保。建设公租房120套,完成城市棚户区改造货币化安置237户。

社会事业全面进步。完成3所义务教育学校标准化建设和4所薄弱学校改造,启动8所村级公办幼儿园建设,纳入全省贫困地区义务教育"芙蓉学校"建设项目县,炎陵中小学科教研基地社区被中央电化教育馆评为"优秀精品专题教育社区"。县级公立医院综合改革成效明显,分级诊疗和居民健康卡发行应用工作获全省推介;与株洲市中心医院成功开展医疗合作,县人民医院年度外转病人下降26.8%;成功通过国家卫生县城第二次复审。开展惠民演艺活动114场，成功举办纪念水口连队建党90周年、“欢乐潇湘”“罗霄放歌”等大型活动17场，建成乡镇综合文化站10个、村（社区）综合文化服务中心95个，全省公共文化服务体系示范区创建通过验收；再次获评湖南省文明县城，中村瑶族乡获评“湖南省经典文化村镇”，龙渣村获评“中国少数民族特色村寨”。

社会大局和谐稳定。安全生产形势平稳可控。食品药品安全监管持续加强。法治炎陵建设深入推进。防汛抗旱、森林防火、动物防疫等工作扎实有效。深入开展侦破打击、交通违法“百日会战”和“三打”大行动，全县刑事发案总量下降39%，连续13年保持“省平安县”称号。信访工作实现“无进京越级访、无大规模集访、无因信访问题负面舆论炒作”的“三无”工作目标。

（七）政府自身建设得到全面加强。认真学习贯彻党的十九大精神。认真落实全面从严治党“两个责任”，严格执行中央、省委、市委和县委关于改进作风的各项规定。坚持重大问题向县委报告，认真执行人大及其常委会的决议决定，自觉在县人大、县政协及社会各界监督下开展工作。办理人大代表建议68件、政协委员提案72件，办结率、见面率和满意率均为100%。积极推进政府信息公开和政务公开，县长热线和“马上就办、真抓实干”热线有效整合，认真办理了一大批群众咨询、建议和投诉，县长热线办结率、“马上就办、真抓实干”热线办结率、承办“12345”市长热线办结率均为100%。完成“互联网＋监督”平台建设，实现省市县乡村网上监督互联互通。

同时，国防动员、工会、共青团、妇女儿童、残联、人防、档案、粮食、广播电视、气象、水文、烟草、外事侨务等各项工作都有新进步。

各位代表！事非经过不知难，一年辛苦不寻常。成绩的取得，是市委、市政府和县委坚强领导的结果，是县人大、县政协监督支持的结果，是广大干部群众顽强拼搏的结果，是社会各界关心支持的结果。在此，我代表县人民政府，向辛勤工作在全县各条战线的广大干部群众，向各位人大代表、政协委员，向各民主党派、工商联、无党派人士和人民团体，向驻炎部队官兵、公安政法干警以及省市驻炎单位，向离退休的老领导、老同志，向所有关心支持炎陵发展的各界朋友，表示崇高的敬意和衷心的感谢！

在总结成绩的同时，我们也清醒看到，经济社会发展中还存在一些困难和问题。一是思想解放的力度不够，少数干部因循守旧、抱残守缺，创造性推进工作的办法还不多。二是在经济下行压力加大的情况下，发展实体经济、推进转型升级的任务十分艰巨。三是人民日益增长的美好生活需要和不平衡不充分的发展之间的矛盾突出，社会矛盾叠加凸显，维护社会安全稳定的压力加大。四是少数干部抓工作的拼劲、狠劲、韧劲还不够，作风不实，效率不高，执行力不强。对此，我们将高度重视，采取有力措施，切实加以解决。

二、2018年工作安排

2018年是全面贯彻落实党的十九大精神的开局之年，是改革开放40周年，也是实施“十三五”规划承上启下的关键一年。做好全年各项工作，具有十分重要的意义。综观发展大势,我们仍处于大有可为的重要战略机遇期。从发展面临的新形势看,我国经济发展长期向好的基本面没有变,特别是党的十九大的胜利召开,提出一系列新理念新思想新战略,出台一系列重大方针政策,为经济持续增长注入了强大动能,"时"和"势"总体于我有利。从我县所处的历史方位看,实现脱贫摘帽、建成全面小康社会胜利在望,即将进入脱贫攻坚巩固提升、建成更高水平全面小康、开启基本现代化的新阶段,政策叠加效应更加明显,改革红利持续释放,发展后劲和内生动力不断增强。只要我们保持定力,坚定信心,踏实务实,苦干巧干,就一定能够乘势而上,取得新的更大成绩。

今年政府工作的指导思想是:全面贯彻党的十九大精神和中央、省委、市委、县委经济工作会议精神,以习近平新时代中国特色社会主义思想为指导,按照"贯彻新思想、建设新炎陵"总体要求,坚持"稳中求进、进中争先"工作总基调,坚持高质量发展和"三个定位"要求,坚持创新引领、开放崛起战略,坚持以脱贫攻坚巩固提升和产业项目建设为主战场,切实保障和改善民生,切实维护社会大局稳定,全面建设美丽幸福新炎陵。

今年全县经济社会发展的主要预期目标是:GDP 增长 8.5%,规模工业增加值增长 7.5%,一般公共预算收入增长 7%,固定资产投资增长 12%,城镇居民人均可支配收入增长 8.5%,农村居民人均可支配收入增长 9%,完成市下达的节能减排等约束性指标。

围绕今年的指导思想和目标要求,我们将重点抓好六个方面的工作:

(一)全力打好"三大攻坚战"

打赢脱贫攻坚战。全力以赴确保一举通过国家核查和第三方评估,实现贫困县摘帽。围绕市级初审、省级核查和第三方评估反馈的问题,严格对照贫困人口脱贫、贫困村退出、贫困县摘帽标准,深入开展"回头看",完善整改措施,确保整改到位;进一步做好基础数据、基础资料、基础档案的整理完善;聚焦综合贫困发生率、漏评率、错退率和群众认可度等重点任务,聚焦偏远村、边界村、基础薄弱村等重点区域,聚焦低保户、大病重病户、残疾户、重灾户、移民户等重点人群,进一步夯实"两不愁、三保障"基础,统筹解决非贫困村、非贫困户反映的突出问题,不断增强群众获得感和满意度。

全力以赴实施"十大巩固提升工程",落实"四个不摘、四个只增不减"要求,确保已脱贫人口不返贫、可持续、能致富。实施精准管理巩固提升工程,进一步抓好贫困人口精准识别、退出的动态管理;实施产业扶贫巩固提升工程,进一步完善利益联结机制,促进贫困群众持续稳定增收;实施就业扶贫巩固提升工程,进一步开展就业援助、公益性岗位开发、技能培训,帮助贫困群众稳定就业;实施安居扶贫巩固提升工程,进一步抓好易地扶贫搬迁、贫困对象农村安居工程和农村危旧土坯房集中整治工程对象的帮扶增收,让困难群众既安居又乐业;实施生态扶贫巩固提升工程,引导贫困群众参与国家退耕还林还草、天然林保护、防护林建设等重大生态治理工程,进一步提高贫困人口受益水平;实施教育扶贫巩固提升工程,进一步提高贫困人口文化素质和贫困家庭劳动力技能，从源头上阻断贫困代际传递；实施健康扶贫巩固提升工程，健全贫困人口基本医疗综合保障体系，遏制因病致贫、因病返贫；实施社保扶贫巩固提升工程，进一步发挥社会保障对脱贫攻坚的托底作用；实施基础设施和公共服务巩固提升工程，进一步完善交通、水利、电力、通讯、物流、人居环境、文化服务，结合美丽乡村建设，打造一批脱贫攻坚示范村；实施农村基层组织巩固提升工程，优化队伍结构，提升能力素质，提高保障水平。

全力以赴压实脱贫攻坚工作责任，严格落实中办、国办《关于进一步加强贫困村驻村工作队选派管理工作的指导意见》，进一步增强帮扶成效；强化宣传引导，注重扶贫同“扶志”“扶智”相结合，进一步激发贫困群众的内生动力；强化资金保障，进一步加大财政扶贫资金统筹整合力度，加强扶贫资金项目监督管理；强化督查考核，严格兑现奖惩，以结果导向来检验评价脱贫攻坚工作的实际成效。

打好防范化解重大风险攻坚战。着力防范政府性债务风险，清理核查存量债务，严格控制新增债务，科学制定偿债计划；推进政府融资平台市场化转型，积极引入社会资本参与建设。着力防范金融风险，严厉打击非法集资、逃废金融债务等违法违规金融活动；严密防控不良资产风险、民间借贷风险、互联网金融风险；降低不良贷款率。着力防范安全稳定风险，严格落实安全生产“一单四制”和事前问责规定，继续开展“企业主体责任年”活动，坚决防范和遏制各类安全生产事故发生；加强食品药品安全监管，创建全省食品安全示范县，让人民吃得放心；全力做好农民工工资保障工作；紧盯重点领域矛盾，推动信访矛盾在法制轨道上依法、公平、合理解决；加快“综治中心＋网格化＋雪亮工程”的一体化综合平台建设，提高预测预警预防能力，严厉打击各类违法犯罪行为，着力降压发案，巩固提升“平安炎陵”建设成果。

打好污染防治攻坚战。进一步提升生态发展水平，牢固树立“绿水青山就是金山银山”的理念，全面落实国家级生态功能区规划要求，实行最严格的生态环境保护制度，层层落实环境保护责任；全面启动生态红线勘界定标工作；严格落实“绿盾 2017”专项行动工作要求，不断提升桃源洞国家级自然保护区保护与管理水平。进一步强化环境综合治理，持续实施大气污染防治行动，重点整治建筑施工扬尘、餐饮油烟污染和露天烧烤；全力推动河长制取得实效，深入开展湘江保护和治理“第二个三年行动计划”，建立健全河道水域巡查制度、生态基流保障制度，加强河道保水、保洁，打击非法采沙，加强饮用水源地保护；强化土壤污染治理，全面完成第二次全国污染源普查工作，全面关停禁养区畜禽养殖场，启动国土绿化行动。进一步加强环境监管执法，认真开展涉重涉危、医疗废物、化工等行业专项检查，加大环保执法力度，严肃查处环境违法行为；完善大气、水、土壤环境质量监测体系，严把项目审批关，确保全县环境质量综合指数稳居全省前列。

（二）深入开展“产业项目建设年”活动

狠抓招商引资。坚持把招商引资作为经济工作的“第一菜单”，依托“沪洽周”等各类平台,充分发挥广东省湖南炎陵商会等民间团体的作用，营造全民招商的良好氛围,大力开展精准招商、领导招商、专业招商、以商招商和产业链招商，着力引进一批带动性强、成长性好、关联度高的大项目和大企业,力争引进亿元以上项目10个。进一步完善招商引资政策措施，加强专业招商队伍建设,以钉钉子精神抓项目引进。

发展绿色产业。进一步提升生态工业发展水平,加强园区平台建设,完善园区管理体制,提升园区综合承载能力;完成创业园电力增容,启动“双电源”建设;完成九龙湖商贸配套中心、创业园污水处理厂等工程;新增规模以上工业企业10家；深化企业帮扶,支持欧科亿、国声声学等企业上市,努力打造以欧科亿和今成钽铌为核心的新材料产业、以国声声学为核心的声学产业、以思凯乐为核心的户外服饰产业、以银太和东信纺织为核心的纺织产业、以圣宝龙为核心的电动车产业。

进一步提升文化旅游产业发展水平,全力创建国家全域旅游示范区、炎帝陵国家AAAAA级旅游景区；加快推进神农谷景区扩容提质,加快梨树洲、酃峰、笔架峰、湘山公园等景区景点建设;加快乡村旅游扶贫重点村建设,完成“神奇湘东”文化生态旅游精品线路建设;深度挖掘红色资源,打造炎陵党性教育基地；深化景区标准化建设成果,扎实推进景区游步道、停车场、旅游星级厕所等基础设施建设,完善游客咨询、标识标牌等公共服务设施，提升景区配套服务能力;做好新媒体宣传,加强主要客源地城市旅游专场推介,发挥车友会、驴友会、摄友会的作用，不断提升炎陵旅游知名度和影响力;加强与井冈山、衡山以及珠三角等周边区域的合作,建立资源互享、政策互惠、信息互通的旅游合作发展新格局。

进一步提升绿色农业发展水平,更高水平推进“一带八基地”建设,维护好、宣传好、发展好“炎陵黄桃”品牌,全力推进“国家品牌计划——广告精准扶贫”项目,加强标准园建设,推进果品分级,进一步提升黄桃品质,鼓励和扶持产业链条延伸,提高产品附加值;整合炎陵茶叶品牌资源,加大宣传力度,做响炎陵绿色生态品牌,积极创建国家地理标志;提升炎陵白鹅产业化水平,积极创建省现代农业产业集聚区;培育竹木加工企业,打造新的绿色经济增长点;完善农产品防伪溯源系统，保障农产品质量安全;大力推进农村电子商务发展,构建农村电子商务平台和智慧农业平台,创新农产品营销模式,拓宽销售渠道。

加快项目建设。狠抓项目策划,围绕“园区、景区、山区、城区”,抢抓政策机遇,精心策划开发一批重点项目。完善项目前期工作机制,做实做细规划、用地、环评、立项、招投标等前期工作,加快推进项目落地。启动圣宝龙电动车产业园、炎陵纺织产业园、住宅产业化工程、S207鹿原至船形公路等项目建设;加快推进欧科亿二期、国声声学产业园、今成钽铌二期、神农洞天美丽乡村建设、神农中医药文化纪念馆、金紫仙风电场、S205大和塘至沔渡公路、S207草坪至大院公路等项目建设;完成迈龙新材料、兴泰新材料、新材料检测中心、炎帝陵国家级风景名胜区保护暨创建国家AAAAA级旅游景区等项目建设。

强化要素保障。抓好项目融资,拓宽融资渠道,加强银企合作,积极争取项目资金,广泛吸引民间投资,破解企业融资难题。抓好用地保障,强化土地储备和用地报批,加快征地拆迁,大力推进城乡建设用地增减挂钩工作,保障项目建设用地需求。抓好人才支撑,着力打造产业干部、企业家、企业员工、服务保障四支队伍。抓好环境优化,落实上级产业扶持政策,完善相关产业配套政策,兑现已出台政策;加强跟踪服务,进一步优化项目建设审批程序,畅通项目审批“绿色通道”,围绕企业需求提供快速化、精准化、一站式服务;规范涉企检查行为,加大对强买强卖、阻工揽工等违法行为打击力度,切实维护企业合法权益。

(三)大力实施乡村振兴战略

构建现代农业产业体系。深化农业供给侧结构性改革,调整优化农业产业、产品布局结构,加快构建现代农业产业体系。进一步培育专业大户、家庭农场、农民专业合作社、农业龙头企业等新型农业经营主体,构建多种形式的规模经营。加强农业标准体系建设,新增县级农业特色产业园标准化种养示范基地4个,新增“三品一标”认证6个以上。加快农业科技示范园建设,提升科技展示、产研互动、示范带动功能。完善农业保险制度,增强农业抵御自然风险的能力。加快推进全省农村一、二、三产业融合发展试点县建设,大力推进农业与二、三产业融合发展,提升农业产业质量和效益。

夯实农业发展基础。贯彻实施《株洲市农村村庄规划建设管理条例》。推进高标准农田建设,启动地力提升工程,不断提高农业产能;实施“农村双改”行动,抓好美丽乡村建设,谋划集循环农业、休闲农业、农事体验、旅游观光于一体的田园综合体建设,打造美丽乡村示范点20个。扎实抓好以“厕所革命”为重点,以农村垃圾、污水治理和村容村貌为主攻方向的农村环境综合整治,启动建制乡污水处理厂建设,确保建制镇污水处理厂正常运行。加快推进梨树洲通景公路、沔渡至石洲资源产业路建设,加快25户以上自然村通畅工程建设,深入开展“四好农村路”创建活动。

创新乡村治理体系。创新基层民主管理模式,健全党领导下自治、法治和德治相结合的乡村治理体系,加大村务、政务、党务公开,强化基层干部监督管理。加强道德建设和法制教育,在全社会大力倡导“勤劳致富、和睦邻里、孝老爱亲”的公序良俗。加强“三农”工作队伍建设,选好管好农村基层组织带头人,扶持一批乡村工匠,培养造就一支懂农业、爱农村、爱农民的“三农”工作队伍。鼓励农民和返乡下乡人员创业,开发农业农村资源。

(四)加快推进城镇建设扩容提质

突出规划引领。深化“多规合一”,加快构建以新型城镇化规划为统领,城市总体规划、控制性详细规划、专项规划、村镇规划为主要内容的城乡规划体系,优化“一心两区多点”城乡空间布局,做到规划“一张图”、县域全覆盖,为实现高质量的新型城镇化提供根本遵循。加快推进鹿原、沔渡和中村特色小镇建设,初步形成“一镇一品”。

提升城镇品质。全力开展“城市双修”,抓好旧城区提质改造工程。推进炎陵大道二期和康乐大道二期建设,启动主干道景观提质改造。加快公共停车场建设,缓解城区停车难问题。开展居民小区违章建筑、房屋质量、物业纠纷、电梯安全等综合治理,加强小区物业规范化管理。大力推广绿色建筑、装配式建筑。加快城市给水管网及配套设施建设,完成城市居民供水工程,城镇公共供水普及率达到100%。推进"气化炎陵",加快天然气利用工程建设,县城燃气普及率达到75%以上。加快学校、机关旱厕改造,启动城镇排水设施建设改造工程,推进老城区雨污分流管网改造,县城污水处理率达到90%以上。

加强精细管理。推进数字化城管系统建设,加强网格管理,提升城市管理精细化水平。加大违法建设查处力度。加快推进绿色节能照明建设。加强户外广告、渣土运输管理。加强对学校、商场、农贸市场及周边人流集中区域的管理。强化市容保洁,推进城区环境清扫保洁作业公司化运营,推进城市管理再上新台阶。

(五)全力推进改革开放

深化重点领域改革。深入推进供给侧结构性改革,全力激活土地市场,积极发展旅游地产、养老地产等新业态。深化财政管理体制改革,建立规范透明、标准科学、约束有力的预算制度,合理划分财政事权和支出责任,加强财政专项资金绩效评估。深化"放管服"改革,深入开展减证便民专项行动,加强权责清单动态调整。全面推进"最多跑一次"改革,加快建成互通共享的网上政务服务平台,让群众和企业办事更加便捷。深化农村土地制度改革,全面完成农村土地承包经营权确权登记颁证工作,完善农村土地"三权"分置制度,稳步推进农村集体产权制度改革。进一步抓好不动产登记制度改革,推动不动产登记延伸到乡镇。深化商事制度改革,全面实施"多证合一、一照一码"登记制度,加强事中事后监管。深化医药卫生体制、城市管理和综合执法体制、供销合作社、"两型"社会建设配套等各项改革。积极推进药品流通领域改革、公立医院薪酬制度改革。

提升开放发展水平。落实"五大对接行动",推动更深层次更高水平的对外开放。支持企业开展科技创新,促进科技成果转化。推进质量强县,大力发展优质农产品出口贸易,加强与出入境检验检疫部门的对接合作,积极创建省级出口食品农产品质量安全示范区。充分发挥株洲海关炎陵工作站作用,加强政策引导和业务指导,着力培育新型外贸进出口企业,引导更多的企业走向国际市场。转变外贸发展方式,扩大对外贸易规模,力争实现外贸进出口总额2500万美元以上。

(六)切实保障和改善民生

坚持教育优先。加大教育投入,统筹推进县域内城乡教育一体化发展。办好学前教育,加快推进公立幼儿园建设,建成农村幼儿园9个。继续实施农村薄弱学校改造工程,加快推进标准化学校和教育信息化建设。加快城区学校布局调整,加大城区和城区周边学位调控力度,全力推进"芙蓉学校"建设,下大力气解决"择校热""大班额""师资荒"等突出问题。坚持立德树人,全面提高教育教学质量。加强教师队伍建设,加大公费定向师范生培养力度,保障和提高教师待遇。

建设健康炎陵。大力发展健康产业,传承发展中医药事业。进一步加强与株洲市中心医院的医疗合作，探索建立县域医疗共同体，全力推行分级诊疗，提升县域内患者就诊率。进一步做实家庭医生签约服务。加强医院特色专科和重点专科以及全科医生队伍建设，加大学科带头人后备人才和本土化医卫人才培养力度。加快建成中医院、妇幼保健计生服务中心和疾控中心。

强化社会保障。深入实施“民生100”工程，不断满足人民日益增长的美好生活需要。落实就业政策，开展职业技能和创业培训，实现更高质量和更充分就业。以全民参保为目标，扩大社会保险覆盖面，不断完善社会保障体系。加强养老服务机构和社区居家养老服务的监督管理，推进养老服务体系建设。继续推进城市棚户区改造和危旧房改造，保障困难群体住房安全。统筹城乡社会救助体系，完善最低生活保障制度。

发展文体事业。大力开展全民健身和全民阅读，配套建设10个乡村文体广场；继续举办“罗霄放歌”“全民健身月”等系列群众文体活动，抓好公益演出、公共文化场所免费开放、群众体育设施建设等文化惠民工程。

同时，深入开展“七五”普法，全面推进法治炎陵建设。推进档案数字化建设。扎实开展第四次全国经济普查工作。发挥工、青、妇等群团组织作用，落实党的民族宗教、外事侨务、对台政策。加强国防动员、国防教育、人民防空、双拥建设和优抚安置工作，支持驻炎部队建设，推进军民融合发展。

各位代表！新时代、新使命对政府工作提出了新的更高要求，我们将以建设“学习型、法治型、效能型、服务型、廉洁型”政府为目标，增强“四个意识”，提高政治站位，坚定不移执行党的路线方针政策，坚决服从县委的领导和安排，依法接受人大法律监督和工作监督，自觉接受政协民主监督和社会公众监督，把加强自身建设摆在更加突出的位置，不断增强政府公信力和执行力。一是坚持以学为先。对照“八种本领”要求，深入学习贯彻党的十九大精神，认真学习政策法规、经济管理、科学技术、社会治理等方面知识，不断提高运用法治思维和法治手段发展经济、化解矛盾、破解难题的能力。二是坚持务实为民。持续开展“马上就办、真抓实干”活动，实施“五问工作法”，推进政府工作项目化、清单化，加强政务督查，集中精力狠抓各项决策部署的落实。坚持从群众最不满意的问题入手，从群众最期盼的地方做起，围绕就业、住房、教育、医疗等领域，办好有力度更有温度的民生实事，真正让群众看到变化、得到实惠、感到满意，树立起言必信、行必果的良好政风。三是坚持清廉为本。严格落实全面从严治党主体责任，严格遵守党风廉政建设各项规定。扎实开展“不忘初心、牢记使命”主题教育，推进“两学一做”学习教育常态化制度化。加大对项目建设、脱贫攻坚、国有资产等领域的全程跟踪审计，强化政府权力运行监督，真正做到干部清正、政府清廉、政治清明。

各位代表！站在新起点、迈进新时代、开启新征程，让我们更加紧密地团结在以习近平同志为核心的党中央周围，坚持以党的十九大精神为指引，在市委、市政府和县委的坚强领导下，紧紧依靠全县人民，不忘初心、牢记使命，锐意进取、埋头苦干，为全面建设美丽幸福新炎陵而努力奋斗！

名词解释

1. 助保贷(P3):地方政府和银行共同筛选企业组成“中小微企业池”,由政府提供的风险补偿资金和企业缴纳的助保金共同组成“助保金池”作为风险缓释方式的信贷业务。

2. 七个一批(P3):发展特色产业脱贫一批、实施易地扶贫搬迁脱贫一批、引导劳务输出脱贫一批、结合生态保护脱贫一批、着力加强教育脱贫一批、开展医疗保险和救助脱贫一批、实施保障兜底脱贫一批。

3. 六定(P3):易地扶贫搬迁实行定户、定点、定标、定期、定责、定业等办法。

4. 一提高两降低(P3):提高贫困学生入学率,降低贫困学生辍学率、降低贫困学生上学负担。

5. 六重保障(P3):基本医疗保障、大病保险制度、民政医疗救助、“扶贫特惠保”、特殊医疗救助、便民医疗服务保障。

6. 六大工程(P3):交通扶贫工程、水利扶贫工程、电力光伏扶贫工程、农村危旧房改造和环境整治工程、文化体育等公共服务扶贫工程、乡村旅游扶贫工程。

7. 一带八基地(P5):“一带”即炎帝线生态休闲农业风光带,“八基地”即炎陵白鹅、有机茶叶、无公害蔬菜、特色水果、笋竹林、药材林、油茶林、花卉苗木基地。

8. 三品一标(P5):无公害农产品、绿色食品、有机农产品和农产品地理标志。

9. 多规合一(P6):将国民经济和社会发展规划、城乡规划、土地利用规划、生态环境保护规划等多个规划融合到一个区域上,实现一个市县一本规划、一张蓝图,解决现有各类规划自成体系、内容冲突、缺乏衔接等问题。

10. 外贸破零(P7):进出口实绩为零的外贸备案企业、有外贸潜力的内贸企业实现进出口零的突破。

11. 芙蓉学校(P8):省政府支持40个武陵山、罗霄山集中连片特困县和国家级贫困县建一所标准化学校,统一命名为“芙蓉学校”。

12. 两个责任(P9):指在落实党风廉政建设责任制过程中,党委负主体责任,纪委负监督责任。

13. 三个定位(P11):以炎帝文化为特征的生态旅游强县的发展定位、罗霄山脉湘赣边界旅游中心的区域定位、山水园林旅游城市的城市定位。

14. 两不愁、三保障(P11):“两不愁”即不愁吃、不愁穿,“三保障”即基本医疗、义务教育、住房安全有保障。

15. 四个不摘、四个只增不减(P12):“四个不摘”即摘帽不摘责任、摘帽不摘政策、摘帽不摘帮扶、摘帽不摘监管,“四个只增不减”即工作力度只增不减、资金投入只增不减、政策支持只增不减、帮扶力度只增不减。

16. 一单四制(P13):建立重大事故隐患清单;实行交办制,对事故隐患逐一下发交办通知,明确治理责任单位;实行台账制,对整改主体、监管责任、整改任务、整改时限等建立台账;实行销号制,通过验收即予销号,不整治到位不销号;实行通报制,将隐患排查整治情况对内通报,有的在媒体予以公布,接受社会监督。

17. “绿盾2017”专项行动(P13):“绿盾2017”国家级自然保护区监督检查专项行动。

18. 农村双改(P17):2018—2020年进一步加强农村房屋改造和农村人居环境改善工作。

19. 四好农村路(P17):建好、管好、护好、运营好农村公路。

20. 一心两区多点(P18):以县城为中心,以炎帝陵风景区、神农谷度假区"两区"为支撑,以建制镇为延伸。

21. 城市双修(P18):生态修复、城市修补。

22. 放管服(P19):简政放权、放管结合、优化服务。

23. "三权"分置(P19):所有权、承包权、经营权分置。

24. 五大对接行动(P19):对接500强提升产业链、对接"新丝路"推动"走出去"、对接"自贸区"提升大平台、对接"湘商会"建设新家乡、对接"北上广"优化大环境。

25. 四个意识(P21):政治意识、大局意识、核心意识、看齐意识。

26. 八种本领(P21):学习本领、政治领导本领、改革创新本领、科学发展本领、依法执政本领、群众工作本领、狠抓落实本领、驾驭风险本领。

27. 五问工作法(P22):每个单位、每个干部围绕"马上就办、真抓实干"活动要求,从本月做了哪些工作、采取了什么措施、有什么工作成效、有哪些不足之处、下一步怎么改进等五个方面开展自查自纠。

28. 两学一做(P22):学党章党规、学系列讲话,做合格党员。

炎陵县人民代表大会常务委员会工作报告

——在炎陵县第十七届人民代表大会第三次会议上

县人大常委会主任 戴诗平

2018年1月13日

各位代表:

我受炎陵县第十七届人民代表大会常务委员会委托,向大会报告工作,请予审议。

2017年,是党的十九大召开之年,是县第十七届人大常委会履职的开局之年,是实施“十三五”规划的重要一年。一年来,县人大常委会在县委的正确领导下,认真贯彻落实党的十八大、十九大精神,围绕市委人大工作会议要点,立足全县工作大局,坚持党的领导、人民当家作主、依法治国有机统一,不忘初心,开拓进取,深入践行为民宗旨,认真履行法定职权,在促进科学发展、推进依法治县等方面作出了新的贡献,实现了新一届人大常委会的良好开局。

一、坚持党的领导,服务大局更加扎实有效

牢固树立“四个意识”,始终把坚持党的领导,贯彻党的路线、方针、政策贯穿于人大依法履职的全过程,紧跟县委决策部署,紧扣全县工作中心,议大事、抓重点、求实效,全力服务县域经济社会发展。

依法行使重大事项决定权。常委会始终注重围绕县委决策来谋划、部署、开展人大工作,准确把握人大工作的切入点、结合点和着力点,适时围绕党委重大决策、政府重点工作、人民群众关注的热点难点作出决议、决定。全年共召开主任会议12次、常委会会议7次,听取、审议“一府两院”工作报告和其他专项工作报告24次,共作出《关于深入开展“七五普法”,推进法治炎陵建设的决议》等决议、决定9项。

依法行使人事任免权。坚持党管干部和人大依法任免的有机统一,按照《组织法》《选举法》等有关法律法规要求,严格执行党委考察提名、任前法律考试、供职发言、投票表决、颁发任命书、向宪法宣誓的程序和制度。全年依法任免国家工作人员74人次,其中:任命副县长3名,人大常委会委办主任、副主任13名,新一届县政府组成部门负责人24名,县检察院工作人员1名,完成县法院首批入额法官职务报备及有关工作人员任免9名,免职国家工作人员24名,实现了党委意图与人民意志的有机结合,为炎陵经济社会发展提供了可靠的组织保障和人才支持。

积极服务全县重点工作。主动服从县委

统一安排和调度，坚持人大常委会各项工作与县委部署方向一致、步调一致，在脱贫攻坚、项目攻坚、园区建设等重点工作中勇于担当，发挥作用。县人大常委会统一思想，集中智慧，坚持把脱贫攻坚工作作为最大的政治任务和民生工程来抓，常委会正副主任6人都深入各帮扶责任村扎实开展精准扶贫工作。常委会机关安排驻村工作队员4名，深入新龙村推进实施“七个一批”“六大工程”帮扶措施。全年提供帮扶资金199.5万元，其中慰问建档立卡贫困户资金3.5万元，村集体经济发展启动资金16万元，基础设施项目建设资金180万元。共硬化村组、入户道路8公里，新修林道20公里。通过精准扶贫，新龙村集体经济不断壮大，困难群众收入水平极大提高，产业发展初显成效，基础设施不断完善，村容村貌焕然一新。

二、坚持紧扣中心，监督工作更加务实有效

认真贯彻依法治国基本方略，依法行使监督职权，做到正确监督、有效监督，推进和保障“一府两院”依法行政、公正司法。

紧扣经济抓监督。认真贯彻实施新《预算法》等法律法规，立足炎陵财政和经济运行特点，提高财政经济监督工作的针对性、实用性和规范性，依法做好预决算审查、国民经济和社会发展计划审查等工作，开展财税、部门预算编制等工作调研，加强对预算草案编制的前期介入，重点审查重大支出、重大投资安排，确保了县级预算草案基本实现了全口径，预算执行到位率大幅提高，预算编报质量明显提升。着重在经济增长、转型升级、项目建设、民生改善等方面提出要求，促进计划编制的科学性和完整性。听取了2017年新增财力资金安排的报告、2017年新增债券资金安排的报告，注意跟踪监督，增强预算执行约束力，推进国库集中支付制度改革。听取和审议同级审计工作报告，跟踪督促问题整改落实，积极推进阳光审计。

紧扣发展抓监督。结合“企业帮扶年”活动，开展《中小企业促进法》综合执法检查，成立5个检查组，分别深入10个乡镇和22个重点单位，采取听汇报、走访座谈、实地检查等方式，对我县贯彻实施《中华人民共和国中小企业促进法》和《湖南省实施〈中华人民共和国中小企业促进法〉办法》等法律法规的情况进行检查。配合省、市人大开展《湖南省农村扶贫开发条例》执法检查工作，听取县人民政府贯彻实施《湖南省农村扶贫开发条例》的情况汇报，为县政府进一步加强精准扶贫工作提供了有力支持和积极参考。听取了《我县培育壮大农业经营主体工作的情况汇报》，围绕推动现代农业改革发展提出了一系列意见建议。

紧扣法治抓监督。开展“司法公正炎陵行”活动，让人民群众在每一个司法案件中都感受到公平正义。听取法、检两院工作情况汇报，推动司法机关建立健全公正、高效、权威的司法工作体制机制，提升司法公信力。开展人大代表听审评议法院庭审案件活动，组织37名人大代表听审法院公开审理的案件5起，提出建议，充分发挥了代表在司法监督工作中的积极作用，取得了良好的法律效果和社会效果。听取和审议我县贯彻实施《反家庭暴力法》等法律法规实施情况的汇报。听取和审议了县人民政府关于“六五”普法规划实施情况的汇报和“七五”普法工作安排,作出了《关于开展第七个五年法治宣传教育的决议》。认真开展规范性文件备案审查工作,全年共收到报备规范性文件33件,有效维护了法制权威和统一。

紧扣民生抓监督。坚持“人大工作为人民”的理念,通过深入了解社情民意,密切关注民生民利,让监督工作更加明明白白、实实在在。继续开展“三湘农民健康行”“三湘农产品质量安全行”“民族团结进步行”等活动,将保障民生、维护民利作为监督工作主线,采取专题调研、专项视察等方式,推动惠民政策落地,民生实事落实。认真把握保障民生的新要求,积极助推以就业、就学、就医等为重点的社会事业健康发展,督促解决公共服务领域存在的突出矛盾和问题,使广大人民群众拥有更好的生活保障,享受更多的发展成果。听取《我县贯彻实施〈义务教育法〉工作情况汇报》。听取上年度《食品安全法》综合执法检查审议意见整改落实情况的汇报,确保审议意见整改落实到位,切实保障人民群众“舌尖上”的安全。组织县人大常委会组成人员深入城区各学校,开展城区教育布局调整专项工作视察,就城区教育布局不合理、学位严重缺乏、师资配置滞后等问题提出意见建议,着力推动解决百姓反映强烈的城区就学难问题。努力探索增强人大信访工作实效的途径,常委会组成人员以身作则,认真受理群众来信来访,并按照“分级负责,归口办理”的原则,督促“一府两院”及时研究解决。一年来,共接待群众来访124人(次),受理群众来信22件,全部进行了及时转办,并对部分重大信访案件进行了跟踪督办,有效促进了群众合理诉求问题的解决。

紧扣生态抓监督。以“环保世纪行”活动为重点,组织相关单位积极开展生态、环境建设相关法律法规的宣传教育活动。配合市人大常委会深入开展《株洲市城市综合管理条例》立法调研。立足于美丽乡村建设,持续开展《株洲市农村村庄规划建设管理条例》监督工作,在沔渡镇、鹿原镇开展试点工作,并听取了《炎陵县农村村庄规划建设管理和城市总体规划执行工作的情况汇报》。通过维护建设规划的严肃性和加强生态环境保护的监督,保障了相关法律法规的正确实施,为提升炎陵人居环境和生态环境质量发挥了积极作用。

三、坚持主体地位,代表履职更加规范有序

人大代表是人民代表大会的主体,是人大工作的源动力。2017年,接受县人大代表辞职13名,并组织补选县十七届人大代表工作,依法选举产生县人大代表12名。常委会着力在增强人大代表意识,提高代表履职能力上下功夫,积极创新工作、创优服务,大力支持和保障代表依法履职。

着力提升代表履职能力。进一步增强代表的履职意识和提升代表的履职能力,将代表学习与代表履职有机的融合起来。举办县人大代表学习培训会,邀请省、市人大工作专家作专题辅导,人大代表、人大工作人员300余人参会。各乡镇也分别组织了代表培训活动。组织驻炎市人大代表和乡镇人大主席到浙江大学参加提升代表履职能力培训。

全年向各级代表发放培训书籍1000余册。通过学习培训,代表进一步加深了对人民代表大会这一根本政治制度的认识和理解,增强了代表意识,强化了责任感,提升了履职能力。

认真办理代表意见建议。认真落实人大代表建议、批评和意见督办工作。县十七届人大二次会议期间,共收到代表建议、批评和意见72件,所提建议全部办结,其中一部分得到了较好的解决,如刘洪波等11位代表关于加大对基层卫生院财政经费投入的建议,得到了县财政局、卫计局等承办部门的高度重视,对代表提出的问题进行了专题调研,并提出了解决问题的具体办法,代表对该建议件的办理表示满意。72件建议中,已经解决或基本解决的26件,占总数的36.1%;正在解决或列入规划逐步解决的44件,占总数的61.1%;因目前条件限制或其他原因需以后解决的2件,占总数的2.8%。代表们对72件建议办理情况进行了反馈,满意的达到72件,占总数的100%。

积极搭建代表履职平台。继续开展争创"先进代表小组"和"代表履职先进个人"活动,积极宣传推介先进典型。完善代表工作室建设,在功能上进行优化,在内容上进行更新,使人大代表工作室成为了加强人大代表与人民群众联系的桥梁纽带。积极组织开展省、市、县代表活动,分别以炎帝陵创建国家AAAAA级旅游景区、九龙工业园和中小企业创业园发展情况为主题,开展代表集中视察2次。各级人大代表小组开展活动13次,有力推动了代表履职。定期开展代表走访工作,组织代表参与执法检查、专题调研等活动10余次,为代表履职和联系选民提供了平台。

四、坚持提升效能,自身建设更加深入扎实

立足"内强素质、外树形象",切实加强常委会及机关队伍自身建设,不断提升服务发展、服务群众的能力。

注重思想作风建设。推进"两学一做"学习教育常态化、制度化,强化学习,剖析问题,撰写心得,加强整改,提升了履职干事、廉政自律的自觉性。坚持从严管理,健全完善干部教育、管理、监督、讲评机制,切实加大廉政教育力度。组织学习《宪法》《组织法》《选举法》《中国共产党纪律处分条例》《中国共产党问责条例》以及领导干部违反"中央八项规定"的有关通报,组织观看《永远在路上》《镜鉴》等宣传教育片,努力树立为民、务实、清廉的人大队伍形象。

密切上下联系指导。深入开展以常委会组成人员联系代表、代表联系选民为主要内容的"双联"活动。为加强对乡镇人大工作的指导,将依法召开代表大会、代表工作、监督工作、宣传工作、文书档案管理、人大主席工作等内容纳入乡镇人大工作目标考核,以分值的形式对各项工作进行量化评估考核,并对先进单位和个人予以表彰。定期组织乡镇人大工作交流活动,有力加强了县乡人大工作联系互动,提升了服务基层、服务群众的水平和实效。一年来,各乡镇人大主席团认真开展了专项工作评议、代表视察、建议督办等活动,积极参与县人大常委会组织的视察、调研等活动,各项工作扎实有效、亮点纷呈,在履行人大职权、服务全县发展大局上付出了辛勤的努力。

加强队伍管理建设。通过《炎陵县人民代表大会常务委员会议事规则》，进一步规范了常委会议事、行文等各项工作的具体要求，全面提升常委会机关整体工作效能。加强机关文化建设和履职能力建设，完善机关管理制度，做到以制度管权、管人、管事，使机关管理运行规范。组织机关干部认真学习党的十九大精神和习近平总书记系列重要讲话精神，提升人大机关队伍政治素质。密切常委会与基层代表、人民群众的联系，着力营造和谐共事的“家”的氛围，增强了人大队伍的凝聚力、创造力和战斗力。

各位代表，一年来，常委会围绕届初确定的工作目标和要求，务实创新，团结进取，取得了较好的工作成效，实现了开好局、起好步的预期目标。这是县委正确领导的结果，是全体代表和全县广大人大工作者共同努力的结果，是“一府两院”及其工作部门全力支持配合的结果，更是全县人民关心信任的结果。在此，我谨代表县人大常委会，表示崇高的敬意和衷心的感谢！

在看到成绩的同时，我们也清醒地认识到，常委会工作与炎陵的发展形势要求、人民群众的期待、宪法法律赋予的职责还存在差距。主要是：监督工作的实效还有待增强；代表建议督办工作还需改进；加强和创新人大工作方面还需加强等。在今后的工作中，我们将虚心听取意见，切实加以改进，努力使人大工作更加贴近于百姓的要求，更加显效于炎陵的发展。

各位代表，党的十九大指出，“人民代表大会制度是坚持党的领导、人民当家作主、依法治国有机统一的根本政治制度安排，必须长期坚持、不断完善。要支持和保证人民通过人民代表大会行使国家权力。发挥人大及其常委会在立法工作中的主导作用，健全人大组织制度和工作制度，支持和保证人大依法行使立法权、监督权、决定权、任免权，更好发挥人大代表作用，使各级人大及其常委会成为全面担负起宪法法律赋予的各项职责的工作机关，成为同人民群众保持密切联系的代表机关。完善人大专门委员会设置，优化人大常委会和专门委员会组成人员结构。”习近平总书记指出，“人民对美好生活的向往，就是我们的奋斗目标。”“中国梦，归根到底是人民的梦，必须紧紧依靠人民来实现，必须不断为人民造福。”进入新时代，人民群众对民主法治有新要求新期盼，人大工作要有新气象新作为。人大及其常委会要紧紧围绕党的十九大提出的目标任务，全面担负起宪法法律赋予的各项职责，为实现新时代依法治国，为全面建设美丽幸福新炎陵作出新的贡献。

各位代表，2018年，是我们贯彻党的十九大精神的开局之年，是实施“十三五”规划承上启下的关键一年。做好2018年的人大工作，要全面贯彻党的十九大精神，以习近平新时代中国特色社会主义思想为指导，紧扣“贯彻新思想、建设新炎陵”总体要求，坚持党的领导、人民当家作主、依法治国有机统一，在中共炎陵县委的领导下，认真履行好宪法和法律赋予的各项职权，充分发挥地方国家权力机关的职能作用，努力为决战全面脱贫、决胜全面小康，全面建设美丽幸福新炎陵作出新的贡献。重点做好以下四方面工作：

一、切实加强党的领导。贯彻落实党的十九大精神，坚持党的领导、人民当家作主和依法治国的有机统一。要强化“四个意识”，坚定“四个自信”，自觉在思想上政治上行动上同党中央保持高度一致。自觉把人大工作置于党的坚强领导之下，紧紧围绕县委重大决策部署，勇于担当，努力作为，以改革创新精神、法治思维方式开展人大工作。严格请示报告制度，人大工作中的重大问题和重要事项，及时向县委请示报告，确保与县委思想同心、政治同向、行动同步。对县委的重大决策部署，做到既坚决带头贯彻执行，又注重按法律程序，将其转化为全县人民的共同意志。围绕事关人民群众切身利益的重大问题，深入开展调查研究，适时作出决议决定。坚持党管干部与人大依法任免干部相统一。依法坚持人事任免的相关程序，认真实施宪法宣誓制度，探索建立干部任前审查和任后监督机制。

二、切实加强依法监督。坚持支持与监督并重，把握监督重点，使人大监督更有力度、更具深度、更富实效，为县域发展提供更优的服务和更大的支持。加强财政经济工作监督。加强全口径预决算审查和监督工作，促进政府依法理财、民主理财、阳光理财。加强对政府性债务管理的监督，守住不发生系统性金融风险的底线。加强监察体制改革监督。认真落实中央关于国家监察体制改革的决策部署，根据全国人大常委会《关于在全国各地推开国家监察体制改革试点工作的决定》，精心组织实施，从人大工作层面保证改革工作积极稳妥、依法有序推进。加强民生工作监督。不断满足人民群众对美好生活的向往，重点听取学前教育、医疗卫生服务、住房保障等工作情况汇报。督促实施乡村振兴战略，继续开展“三湘农民健康行”“三湘农产品质量安全行”“民族团结进步行”“三湘环保世纪行”等活动，重点加强污染防治监督，强化和践行绿水青山就是金山银山的理念，打造生态安全、生活宜居的美丽炎陵。加强司法和法律监督。配合市人大做好《炎陵县千年鸟道保护条例》立法调研，听取《禁毒法》《人民调解法》《农产品质量安全法》等法律法规贯彻实施情况汇报。不断加强工作的透明度，突出有效监督，努力提高监督工作的权威性和公信力。

三、切实加强代表工作。认真贯彻落实《中共株洲市委关于进一步加强和改进新形势下人大代表工作的意见》，不断创新代表履职机制，发挥代表主体作用。进一步完善代表履职平台。有计划地组织代表参加政情通报、检查、视察、调研等活动，建立代表接待选民日制度，完善代表联系群众工作室建设，拓展代表参与人大常委会工作广度与深度，加强“双联”工作，为代表履职搭建平台、创造条件。进一步加强代表履职服务。建立代表依法履职的保障机制，做好服务，确保代表参加学习培训、依法开展履职活动等权利得到保障。进一步强化代表履职成效。加强议案、建议督办力度，不断完善重点建议督办机制，提高代表议案、建议的办结率和落实率，逐步实现由答复型办理向解决型办理转变。探索建立健全代表述职制度、评价制度，代表参与活动、撰写建议等方面的考核机制，全面调动、保护和激发代表的履职热情。

四、切实加强自身建设。坚决贯彻中央、省委、市委和县委的重大决策部署。持之以恒加强自身建设，增强为民履职意识，提高依法履职实效。认真学习贯彻习近平新时代中国特色社会主义思想，学习人民代表大会制度理论和宪法法律，学习经济、政治、文化、社会、生态文明等各方面的知识，切实提升依法履职能力。加强机关作风建设，密切与人民群众的联系，始终把群众呼声作为第一信号、把群众需要作为第一选择、把造福群众作为第一追求、把群众满意作为第一标准，始终与群众面对面、心连心。自觉接受人民监督，把人民赋予的神圣权力全部用在为人民服务的至高事业上。加强与乡镇人大的联系，提升乡镇人大工作水平，共同推进全县人大工作创新发展。

各位代表，面向新时代、迈步新征程，我们责任重大、使命光荣，让我们紧密团结在以习近平总书记为核心的党中央周围，在县委的领导下，不忘初心，牢记使命，为谱写新时代炎陵县人大工作新篇章、全面建设美丽幸福新炎陵而不懈奋斗！

中国人民政治协商会议
炎陵县第九届委员会常务委员会工作报告

——在政协炎陵县第九届委员会第三次会议上的讲话

政协炎陵县第九届委员会主席　欧阳鹏志

2018年1月12日

各位委员，同志们：

现在，我代表政协炎陵县第九届委员会常务委员会，向大会报告2017年工作，对2018年工作作出安排，请各位委员审议，并请列席会议的同志提出意见。

2017年县政协工作回顾

在中共炎陵县委的坚强领导下，2017年县政协按照县委“决战全面脱贫，决胜全面小康”的总体要求，坚持团结和民主两大主题，认真履行政治协商、民主监督、参政议政职能，为助推全面建设美丽幸福新炎陵作出了积极贡献。

一、以履职为民为根本，助推县域发展

（一）围绕发展大局，积极“参”事

1．提案献计。县政协九届二次会议期间共收到提案101件，其中立案79件，并案11件。立案率78.2%。作来信12件，转社情民意3件，留待参考7件。提案内容涉及特色产业、重点项目、脱贫攻坚、民生事业等各个方面。关于炎陵黄桃“保品质保品牌”的建议、关于加强城区停车场规划建设的建议2件提案被列为重点提案，分别得到市政协副主席、县委书记黄诗燕同志，县长文专文同志的批示。此外，关于进一步改善我县中小学办学条件的建议，关于加强我县红色旅游资源开发管理的建议，关于加强水污染防治工作的建议，关于进一步提高我县医疗水平的建议等提案均具有较高的参考价值。

2．大会献策。县政协九届二次会议上有7名委员作大会发言，发言内容涉及绿色农业、生态工业、文化旅游、城市建设与管理等方面，抓住了热点，突出了重点，关注了焦点，反映了群众呼声。比如注入炎陵文化内涵提升旅游城市气质、关于加快我县生态工业发展的建议、关于加强城区停车场规划建设的建议、关于破解城建项目建设供地瓶颈的建议等发言，引起县委县政府的高度重视。又如在联组讨论时，委员们认真协商“一府两院”等工作报告，提出了许多有价值的意见建议。关于加强村庄规划建设和管理的建议、关于人才工作的建议、关于进一步改善教育环境提高教育质量的建议等，这些建议既有针对性,又有可操作性。

3. 调研献智。6月底县政协组织部分政协委员就易地扶贫搬迁工作开展了专题视察,10月就全县医疗卫生人才队伍建设进行专题调研,分别形成专题视察报告和专题调研报告,提出视察调研建议。就易地扶贫搬迁问题,提出要考虑搬迁户入住新房后续“老业”谋“新业”问题,注重集中安置区和当地产业融合发展的建议;要因地制宜,培育主导产业的建议。关于医疗卫生人才队伍建设的问题,建议从加快政策对接,落实人员编制,建立完善人才定向培养机制、财政保障机制、医患纠纷处理机制,营造尊医重卫的良好氛围等方面入手,着力解决目前我县医疗卫生人才队伍建设中存在的主要问题,得到县委组织部高度重视。此外还配合市政协开展“项目攻坚年”工作、分级诊疗、红色历史文化保护、优化非公经济发展法治环境等多个课题的调研活动。

(二)围绕党政所需,积极“商”事

1. 专题协商。以专题协商的形式协商提案办理。在办理提案的过程中,提案委与相关承办单位进行沟通协商,共同研究办理措施,并以多种形式进行跟踪了解情况,督促办理进度。为提高提案办理质量,县政协商请县政府分管领导牵头,专门召开1号重点提案、2号重点提案办理督办会。同时注重发挥政协委员的作用,采取走访调研、承办单位与委员见面等形式进行协商沟通,听取委员对落实提案建议的意见。

2. 会议协商。全会协商。在县政协九届二次全会上,县政协委员认真协商讨论“一府两院”等工作报告。对政府工作报告提出的重点工作、重点项目、重点任务、主要经济指标及工作措施等内容,进行充分协商讨论,提出很多建设性的建议意见。比如提出要整合各方面力量坚决打赢脱贫攻坚战、扶贫过程要注重扶智和扶志、整治涉农资金“缩水走样”问题、加强科技型人才的培育和引进、充分挖掘红色文化旅游资源等诸多好的建议。常委会议协商。县政协常委会两次专题听取县政府政情通报,一次专题听取“两院”工作情况通报。就产业发展、项目建设、民生事业等有关问题进行重点协商,提出了一些针对性较强的建议和意见。

3. 界别协商。各界别根据自身特色,充分发挥委员优势和专长,就全县经济社会发展重点工作开展协商活动。工会界别组织委员到金融部门开展调研活动,就如何发挥金融系统的优势,助力脱贫攻坚,服务县域经济社会发展的问题进行调研协商;经济界别就如何进一步规范城区三大市场经营管理秩序的问题与有关部门进行调研协调,提出了解决办法,形成了协商意见。其他各界别以不同的形式开展“微调研”“微协商”活动,对于助推经济发展和社会进步发挥了积极作用。

(三)围绕群众所盼,积极“督”事

加大民主监督力度,提高民主监督质量,增强民主监督实效,县政协委派3个民主监督小组分别到卫计局、水利水电局、民政局开展民主监督工作。每个民主监督小组由一个界别牵头,界别组组长担任民主监督小组组长,并以适当的程序和方式对受派单位履行民主监督职责。各民主监督小组向受派单位送达了《民主监督建议书》,相关受派单位积极办理落实，一些问题及时得到了解决，有效促进了部门工作。

（四）围绕重点任务，积极“干”事

1. 全力参与脱贫攻坚工作。按照县委的统一部署，县政协主席会议成员参加联乡（镇）联村工作，帮助乡镇、村、组及贫困户解决实际问题。一名副主席还直接参与易地扶贫搬迁工作。在驻村帮扶工作中，县政协机关全体干部职工到沔渡镇上老村开展结对扶贫工作，并争取各方支持硬化了村组道路，新修了林道，实施2个组的亮化工程和5个组的饮水工程，扶持发展了蜜蜂养殖产业。

2. 认真开展“三个一”扶贫行动。按照省市政协的统一部署，动员和引导全县广大政协委员积极投身参与“三个一”扶贫行动，以实际行动帮助困难户脱贫。135名县政协委员结对帮扶159户贫困家庭，帮助增收98万元、帮助就业87人，资助贫困学生35名。各界别分别组织政协委员开展走访慰问活动，为贫困户送去帮扶资金、衣服、棉被、粮油等生活物资。

3. 着力服务重点项目推进。县政协主席会议成员针对所联系重点项目在推进过程中存在的问题，积极协调并提出建议。炎陵大道建设项目，在实施过程中存在征拆、腾地难的问题，县政协商请县政府分管领导及时组织相关部门单位到项目现场进行督查调研，研究项目推进具体措施。县政协主席会议成员联系的其他重点项目也都取得较好的进展。

4. 积极开展“企业帮扶”活动。县政协联系湖南东信集团炎陵纺织有限公司、株洲金瑞锌材有限责任公司和炎陵盛发木业3个重点企业，在了解企业发展情况的基础上，制定了“企业帮扶年”活动工作方案。株洲金瑞锌材有限责任公司反映的“公司周边水泥厂过马路水泥涵洞堵塞，暴雨天积水严重，倒流进厂”“公司进口道路两侧路灯部分不亮”问题和湖南东信集团炎陵纺织有限公司反映的“企业生活垃圾无地方处理”问题都得到及时有效解决。

二、以坚持团结和民主为主题，助推和谐炎陵建设

（一）做好凝心聚力工作。积极宣传党的政策主张，做好凝聚人心、团结力量的工作，把界别群众团结在党的周围，促进社会大团结、大联合，调动一切积极因素，为全县决战全面脱贫、决胜全面小康，建设美丽幸福新炎陵做贡献。

（二）广泛联系各界群众。倾听群众呼声，反映群众意愿，让社会各界形成畅所欲言、民主和谐、生动活泼的氛围，让参加政协的各界代表人士，就全县政治、经济、文化和社会生活中的重大问题能够推心置腹、肝胆相照，充分发表意见，为县委、县政府科学民主决策建言献策。

（三）发挥桥梁纽带作用。努力把县委、县政府的决策主张转化为社会各界的自觉行动。围绕群众普遍关注的各类问题，耐心做好释疑解惑的工作，引导群众正确对待经济社会发展过程中的矛盾问题，为发展营造良好氛围。尤其针对脱贫攻坚过程中存在的问题和矛盾，一方面耐心听取群众的意见，一方面细致做好群众工作，理顺群众情绪。

三、以形式创新为抓手，助推履职成果

转化

(一)开展“委员接待日”活动。制定了“委员接待日”活动实施方案,从2017年起每年开展2—3次“委员接待日”活动,每次接待一个界别的委员,当面听取委员的建议意见。2017年开展了两次委员接待日活动。委员们的建议按程序由县政府进行了交办,部分建议办理取得较好效果。关于改善城南小学教学楼厕所的建议,县教育局及时认真地进行了办理落实,暑期已对学校厕所实施了维修改造,同时学校安排人员每天对厕所进行消毒、冲洗。关于解决城区小学“大班额”问题的建议,关于完善县城公交站点管理的建议,县交通、城管、住建、交警等部门协同配合,在炎陵中路农贸市场路段两端200米范围重设了4个公交停靠专位,并督促湘运公交公司加强对中巴车在城区行车的规范管理。

(二)开展“微建议”试点工作。县委办、县政府办印发了县政协微建议试点工作办法,通过省政协云平台创新微建议提交和办理方式。自9月份启动以来,已收到委员提交的微建议37条,采用15条。县政府对7条微建议作出了批示,其中关于修复坎坪路延伸段人行道边下水道盖板的建议、关于湘山公园路灯要按季节变化调整开启时间的建议、关于延长县城公交车营运时间的建议等,专文县长批示后,均得到及时很好的落实。

四、以抓好队伍为基础,强化政协自身建设

(一)抓学习培训,提高素质

举办政协委员培训班。聘请省政协提案委领导就政协业务工作作专题讲课,同时,根据省政协安排、委员履职需要,选派委员和机关干部赴浙大等高校培训学习,提高了政协委员对政协工作的认识和履职能力。

(二)抓交流互动,开阔视野

1. 上下联动。全国政协文教卫体委领导牵头,组织部分奥运冠军来炎开展“送体育下基层”活动;省、市政协就文史研究、项目攻坚、分级诊疗、基础教育等课题来炎进行调研,通过这些活动,加强了上下工作联动,促进了工作。

2. 横向流动。广东、广西、常德、怀化等省内外10余个政协考察调研组来炎考察炎陵黄桃产业、文化旅游、生态保护、小城镇建设、脱贫攻坚等工作。县政协组织机关干部先后到茶陵、攸县等地学习政协工作等先进经验。

3. 内部互动。县政协委办与界别之间、界别与界别之间、委员与委员之间的联系不断加强,互通情况、互相学习,交流了履职经验。

(三)抓考核管理,打造过硬队伍

1. 加强界别工作指导。为进一步突出界别特色,发挥界别作用,出台了进一步加强界别工作的指导意见和界别工作考核办法,各界别工作有新的起色。经济界别委员到大院调研特色农业产业发展情况,形成专题调研报告;科技界别委员到“中国流动科技馆”湖南巡展炎陵站开展专题参观体验活动;工会界别委员到鲁坑小学开展帮扶慰问留守儿童活动;文体新闻界别委员到隆昌烟花爆竹厂走访调研,为关停企业转型升级建言献策,农林界别委员到自源村开展黄桃种植和电商技术培训等等。

2. 加强委员考核管理。制定了县政协委员履职考核办法,重点考核“五个一”,即参加一次调研视察活动;提交一件提案;报送一条社情民意;参加一次公益活动;撰写一篇发言材料,实行目标量化考核,让委员履职有方向、有重点、有目标。

3. 加强专委会建设。建立专委会对口联系界别和工作部门制度,加强专委会与界别和部门的联系,指导界别工作并参与相关界别活动;视察调研、委员接待日活动等相关活动由专委会牵头组织,着力提高专委会的履职能力。

各位委员,县政协一年来的各项工作,较好地完成了县政协九届二次会议确定的各项任务,较好地体现了政协工作的效果和影响。这是县委总揽全局、加强领导,县政府高度重视、大力支持的结果,是各部门积极配合的结果,是全体政协委员、政协工作者团结协作、忠实履职的结果。在此,我代表县政协常委会,向大家表示最诚挚、最衷心的感谢!

在充分肯定成绩的同时,我们也清醒地看到,与新形势新任务的要求相对照,和政协组织肩负的责任相比较,工作还存在不足。比如界别作用发挥不够,部分界别活动开展不是很经常;少数委员履职意识不强等。这些问题都有待今后认真研究,切实加以改进。

2018 年县政协工作安排

2018 年县政协工作的指导思想是:深入学习贯彻党的十九大精神,坚持以习近平新时代中国特色社会主义思想为指导,坚持党的集中统一领导,牢固树立“四个意识”,坚持在县委的坚强领导下,按照县委十二届四次全会的安排部署,围绕中心,服务大局,把握新时代要求,努力有新作为,为全面建设美丽幸福新炎陵作出新的贡献。主要做好以下几个方面工作:

一、在服务发展上要有新作为

(一)全力以赴做好脱贫攻坚工作。发挥好政协优势,团结一切可以团结的凝聚力量,倡导参加单位、广大委员、各界人士对照脱贫攻坚目标任务,为打赢脱贫攻坚战尽职履责。政协委员既要“坐而论”,动员和组织政协委员积极为脱贫摘帽鼓与呼、献计献策,发出好声音,更要“起而行”,撸起袖子深入脱贫攻坚第一线开展脱贫攻坚工作。要积极宣传脱贫攻坚的政策措施,多做理顺情绪、化解矛盾的工作;要积极指导贫困村、贫困户发展产业,增强困难群众自身造血功能。当前,脱贫攻坚已进入冲刺的最后阶段,政协组织和全体政协委员要保持清醒的政治头脑、严谨细致的工作作风,尽心、尽责、尽力,扎扎实实做好脱贫攻坚迎国检各项工作,为全县脱贫摘帽一举成功贡献力量。

(二)继续服务重点项目建设。围绕县委十二届四次全会确定的目标任务、工作重点,找准政协履职的切入点,积极开展履职活动。对联系的项目要深入调研,掌握情况,精心指导,强力推进,确保所联系项目落地、落实、落细。围绕全县重点项目建设要选准选好课题,积极组织政协委员有针对性地开展视察调研活动,多献睿智之言,谋务实之策,助推项目建设。

(三)深入开展企业帮扶工作。加强与联系企业的沟通交流,及时掌握企业经营状况、存在的实际困难和问题,了解企业的愿望和诉求,落实帮扶责任,以“马上就办”的务实作风,想办法、出主意,真心为企业排忧解难,为企业持续发展创造良好的外部环境。

二、在关注民生上要有新作为

(一)加强委员与群众的联系。切实发挥政协委员联系群众的桥梁纽带作用。要通过委员团结和联系广大群众,为全面脱贫、全面小康,全面建设美丽幸福新炎陵汇聚更大力量。要切实增强群众观念和服务意识,以全县大局为重,以民生关切为念,深入界别群众和基层群众之中,多做雪中送炭、扶贫济困的工作,多做春风化雨、解疑释惑的工作,自觉做党的政策宣传者、群众利益维护者、社会和谐促进者,让广大人民群众感到政协委员时时在身边。支持政协委员反映群众诉求。

(二)加强社情民意反映。反映社情民意是政协履职的一个重要方式,广大政协委员要结合自身工作深入群众,进农村、进企业、进社区,广泛吸纳民意,倾听呼声,了解实情,获得第一手鲜活的信息,并及时反映,引起党政领导的重视,促成问题的解决。社情民意工作要开阔视野,既要反映大事,也要关注小事,既要反映面上的一般性问题,也要反映深层次的问题。

(三)注重解决百姓关注的问题。要充分利用多种履职形式,组织委员积极参政议政,建言献策,特别要围绕“党政所需,群众所盼”发出好声音,真正做到参政参到点子上,议政议到关键处。进一步完善大会发言、联组发言、常委会发言办理方式,进一步规范社情民意信息、微建议、委员接待日委员建议的办理程序,使委员履职更加有效,确保委员有发声,部门有回应。进一步探索政协民主监督的有效形式,充分发挥政协民主监督在助推全县经济发展、民生改善、社会稳定中的作用,继续把委派民主监督小组作为开展民主监督的主要形式,使政协民主监督更富于针对性、有效性,助推群众关注问题的及时有效解决。

三、在能力建设上要有新作为

(一)加强思想建设。把全面、准确、深入学习贯彻党的十九大精神,作为当前及今后一段时期的首要政治任务。全县政协组织和政协委员要按照县委的统一部署,坚定不移地以习近平新时代中国特色社会主义思想武装头脑,以中共十九大精神来确保政协工作方向,指导政协工作实践,努力把党的主张转化成政协组织和全体政协委员的思想政治共识,使政协工作始终坚持在党的集中统一领导下进行。

(二)严格队伍管理。加强委员的理论和业务培训,努力提高全体政协委员的政治、业务素质。要积极组织委员参加履职活动,发挥委员作用。不断强化委员的政协意识和履职意识。继续坚持界别工作考核和委员履职考核制度。严格机关干部管理。加强县政协机关队伍建设,把提升素质、严肃纪律、改进作风,作为自身建设的重点。

(三)创新履职形式。积极推进“微建议”工作。管理好、利用好政协云平台,构建政协委员履职新平台。县政协各专委会要加强微建议工作的指导，让政协委员主动关注身边群众反映的问题，通过提交微建议的形式，促使问题及时有效地得到解决。继续开展“委员接待日”活动。有计划地安排2—3个界别参加“委员接待日”活动。

（四）搞好文史工作。认真开展文史资料的挖掘、收集、整理工作。启动“炎陵地方特色文化丛书”编撰工作，从2018—2021年每年完成一卷编撰任务，分别为《炎陵地名》《炎陵风物》《炎陵民俗》《炎陵百年图库》。2018年要完成《炎陵地名》的编撰任务。县政协委员要发挥自身专长和联系广泛的优势，广泛收集整理文史资料，为继承和弘扬炎陵地方特色文化发挥应有的作用。继续搞好《我的扶贫故事》征文工作。

各位委员、同志们，让我们在中共炎陵县委的坚强领导下，深入学习贯彻党的十九大精神，以习近平新时代中国特色社会主义思想为指导，认真履行政协三大职能，按照县委十二届四次全会确定的目标任务和“四个坚持”的总要求，把握履职重点，注重履职实效，积极投身于“七大行动”之中，为决战全面脱贫、决胜全面小康，全面建设美丽幸福新炎陵创造新业绩，展示新作为，开创新局面！

综　述

行政区划

【概况】 2018年年底,全县辖5个乡(其中1个民族乡),5个镇,1个农场,1个社会事务管理局,120个村,1442个村民小组,9个居委会,140个居民小组，另大院农场有4个生产队。 (邝旭华)

2018年年末炎陵县行政区划统计表

表1

名称	乡	民族乡	镇	村民委员会	村民小组	居民委员会	居民小组
霞阳镇	—	—	1	20	240	5	107
沔渡镇	—	—	1	14	167	1	4
十都镇	—	—	1	12	146	1	5
垄溪乡	1	—	—	8	95	—	—
水口镇	—	—	1	12	170	1	9
中村瑶族乡	—	1	—	12	134	—	—
下村乡	1	—	—	8	88	—	—
策源乡	1	—	—	7	67	—	—
鹿原镇	—	—	1	21	264	1	15
船形乡	1	—	—	6	71	—	—
全县合计	4	1	5	120	1442	9	140

人口状况

【概况】 年末全县常住人口20.39万人。年末全县户籍总人口19.3万人，其中城镇人口5.7万人，乡村人口13.6万人；人口出生率9.69‰，死亡率7.13‰，人口自然增长率2.56‰。 （谭宇晨）

气候特点

【概况】 2018年，气温正常，降水偏多，日照偏多。

2018年，平均气温17.7℃，与常年持平，属气温正常年份。2月13日稳定通过8℃，3月10日稳定通过11℃。全年日最高气温≥35℃的日数有48天。年极端最高气温37.1℃，出现在7月18日，年极端最低气温—5.5℃，出现在2月6日。气温的年内变化为3月、5月、9月偏高外，2月、4月、11月、12月基本持平，其余各月均偏低。2018年炎陵县月平均气温在5.5℃(1月)—27.1℃(7月)之间。

2018年，炎陵县年降水量为1690.6毫米，较常年偏多100.2毫米，较上年偏多78.8毫米，全年雨日为189天，较常年偏多4天。全年暴雨日数有4天，年最大日降水量为67.7毫米，出现在6月7日。从各月降水量看;8月、10月、11月、12月明显偏多，其中11月较历年偏多144.4毫米;2月、4月明显偏少，其中4月较历年偏少118.4毫米。

2018年，炎陵县年日照时数为1640.7小时，较常年偏多80.7小时，较上年偏多184.9小时，属于偏多年份。从各月日照时数来看，2月、3月、4月、5月、8月偏多较明显，其中3月较历年偏多66.6小时;1月、11月、12月较历年明显偏少，其中12月较历年偏少93.7小时。

【暴雨洪涝】 全年暴雨日数有4天，分别出现在3月5日（60.8毫米）、6月7日(67.7毫米)、8月31日（51.6毫米）、11月15日(52.0毫米)。6月7日，暴雨造成十都、大院、策源、中村等乡镇不同程度受灾。据统计，全县农作物受灾110公顷，房屋倒塌5户16间，房屋受损7户17间，房屋进水15户，道路塌方96处，长1000余米，直接经济损失1200余万元，其中农业经济损失570余万元。

【高温热害】 2018年，共出现气温≥35℃的高温日数48天；全年共出现了两次高温期:5月15日—21日连续7天、6月25日—30日连续6天，日最高温≥35° C，达到轻度高温热害标准。

【大风】 2018年，共出现5次大风天气过程，分别出现在分别出现在3月4日、5日、14日，5月18日，7月11日、23日，8月15日。极大风速达分别为18.8米/秒、23.3米/秒、20.0米/秒、18.7米/秒、22.0米/秒、17.5米/秒、19.3米/秒。 （张秋红）

水文状况

【概况】 2018年，炎陵水文站全年最高水位88.53米，最大流量275立方米/秒，均发生在6月7日。最低水位86.14米，最小流量4.31立方米/秒，均发生在4月2日。年径流量7.717亿立方米。年降水总量1671毫米，降水日数183天，最大日降水量66.0毫米，发生在6月6日。年水面蒸发总量636.05毫米，最大日蒸发量4.3毫米，发生在6月28日。最小日蒸发量0.1毫米，发生在12月15日。

2018年各雨量站降雨量情况对照表

表2

雨量站	年降水量(毫米)	年降水日数(天)	最大日雨量(毫米)/(发生日期)
深渡	1919.00	168	94.5(9.11)
船形	1825.00	183	62.5(6.16)
下村	1888.00	184	80.0(6.13)
水口	1736.50	163	68.5(6.12)
梨树洲	1919.50	165	105.0(6.17)
打鸟坳	2165.00	185	99.5(6.13)
塘垅	2100.00	186	71.0(8.16)
青石岗	2018.80	194	107.5(6.16)
密花	1785.00	162	97.5(6.16)
十都	1842.00	183	66.0(9.10)
狮头	1561.00	191	84.5(3.17)

【水质状况】 2018年在全县主要江河上布设水质监测站5个，分别为河漠水的碧江苗圃、炎陵水文站，斜濑水的大桥头、船形双江口，洣水干流的坪形站，监测河长共149.8公里。在监测河段，用单因子评价法评价（粪大肠菌群不参与评价），斜濑水汛期、非汛期、全年水质均为Ⅱ类、Ⅲ类；河漠水汛期、非汛期、全年水质均为Ⅲ类、Ⅱ类；洣水干流　汛期、非汛期、全年的水质均为Ⅲ类Ⅱ类。全县Ⅱ类、Ⅲ类河长占总评价河长汛期、非汛期全年均为100%。（黎常煌）

水质状况表

表 3

序号	河流	所在行政区域	所在水功能区名称	监测段面	水质目标	水质类别												达标率
						1 月	2 月	3 月	4 月	5 月	6 月	7 月	8 月	9 月	10 月	11 月	12 月	
1	涞水	炎陵县	河漠水炎陵县饮用水源区	碧江苗圃	Ⅱ	Ⅱ	Ⅱ	Ⅱ	Ⅱ	Ⅱ	Ⅱ	Ⅱ	Ⅱ	Ⅱ	Ⅱ	Ⅱ	Ⅱ	100
2			河漠水碧江—下西江洲保留区	炎陵	Ⅲ	Ⅱ	Ⅲ	Ⅲ	Ⅱ	Ⅱ	Ⅲ	Ⅱ	Ⅲ	Ⅱ	Ⅱ	Ⅲ	Ⅲ	100
3			洣水炎陵—茶陵保留区	坪形	Ⅲ	Ⅱ	Ⅲ	Ⅲ	Ⅲ	Ⅲ	Ⅱ	Ⅱ	Ⅲ	Ⅲ	Ⅱ	Ⅱ	Ⅱ	100
4			洣水炎陵—茶陵保留区	大桥头	Ⅲ	Ⅱ	Ⅲ	Ⅲ	Ⅱ	Ⅱ	Ⅱ	Ⅱ	Ⅱ	Ⅱ	Ⅲ	Ⅰ	Ⅱ	100
5			洣水炎陵源头水保护区	船形双江口	Ⅱ	Ⅰ	Ⅰ	Ⅱ	Ⅱ	Ⅱ	Ⅱ	Ⅱ	Ⅱ	Ⅱ	Ⅱ	Ⅰ	Ⅰ	100

环境质量状况

【概况】 2018 年，环境空气质量优良天数达到 353 天，优良率 96.7%，比上年同期提高 2.5 个百分点，PM2.5、PM10 分别为 25、39 微克 / 立方米，比上年同期分别下降 21.9% 和 23.5%，空气质量排名全省第二、株洲市第一，地表水、声环境质量全面达到功能区划标准，饮用水源水质达标率 100%。土壤污染地块安全利用率和污泥无害化处置率分别达到 90%和 95%以上。

【空气环境质量】 2018 年，全年监测天数为 365 天，良好以上的天数为 353 天，空气质量优良率 96.7%，其中优的天数 223 天，占 61.1%，良的天数 130 天，占 35.6%。县环境空气质量优良，已达到《环境空气质量标准》二级标准以上，非常适合居住、养生，是旅游休闲的绝佳胜地。

【地表水环境质量】 2018 年，全年地表水监测分析项目共 26 项，其中 21 项参与评价的监测分析项目的年均值均未出现超标现象，也未出现单次超标。晏公潭断面、太和断面全年的监测项目均达到了《地表水环境质量标准》(GB3838—2002) 中Ⅱ类水质标准。

【饮用水环境质量】 2018年,泵房断面64个分析项目,其中有标准限值且参与评价的项目59个。参与评价的监测分析项目年平均值均未出现超标现象,也未出现单次超标,均达到了《地表水环境质量标准》GB3838—2002中Ⅱ类水质标准。

【声环境质量】 2018年,声环境质量全面达到功能区划标准。进行了首次噪声功能区划分,已完成专家评审。

【土壤环境质量】 2018年,全县造林绿化2713.33公顷、义务植树53.4万株,森林覆盖率保持83.55%以上。规范处置、安全转移危险废物4600余吨,污染地块安全利用率和污泥无害化处置率分别达到90%和95%以上。

(唐国军 李明勇)

国民经济和社会发展

2018年,在县委、县政府的正确领导下,全县上下认真贯彻落实市委、县委经济工作会议精神,全面建设美丽幸福新炎陵,坚持"稳中求进"工作总基调,实现了全县经济运行总体平稳。

【综合】 初步核算,2018年实现全县生产总值75.2亿元,按可比价计算,比上年增长7.5%。从三次产业看,其中,第一产业增加值10.6亿元,增长3.6%;第二产业增加值完成29.0亿元,增长6.7%,其中工业增加值24.5亿元,增长7.0%;第三产业增加值35.6亿元,增长9.9%,其中交通运输仓储邮政业、批发和零售业、住宿和餐饮业、金融业、房地产业分别增长1.9%、3.7%、6.9%、4.8%、9.1%。按常住人口计算,人均地区生产总值36838元。

全县三次产业结构由上年的14.3∶41.5∶44.2调整为14.1∶38.6∶47.3。其中,第一产业比重下降0.2个百分点,第二产业比重下降2.9个百分点,第三产业比重上升3.1个百分点。工业增加值占地区生产总值的比重为32.6%,较上年下降3.0个百分点。第一、二、三产业对经济增长的贡献率分别为5.6%、44.1%和50.3%。

【农业】 全县农林牧渔业及服务业增加值10.6亿元,比上年增长3.6%。其中,农业增加值4.3亿元,增长3.4%;林业增加值4.7亿元,增长3.8%;牧业增加值1.4亿元,增长4.2%;渔业增加值0.11亿元,增长3.2%;农林牧渔服务业增加值0.52亿元,增长9.0%。

全县粮食播种面积1.37万公顷,比上年下降2.3%;棉花种植面积0.003万公顷,比上年增长13.8%;油料种植面积0.20万公顷,比上年下降4.5%;蔬菜种植面积0.30万公顷,比上年下降0.6%。

全县粮食总产量8.8万吨,比上年增长2.2%,棉花产量74吨,比上年增长10.5%,油料产量3136吨,下降1.3%,茶叶产量295吨,增长8.5%,水果产量36188吨,增长

44.8%,蔬菜产量91753吨,增长0.3%。猪、牛、羊肉类产量6238吨,增长5.4%,禽蛋产量850吨,增长2.3%。

【工业和建筑业】 全县规模工业企业104家。其中亿元产值企业13家。全县实现工业增加值24.5亿元,增长7.0%,其中规模工业增加值21.8亿元,增长7.5%。规模工业增加值占全部工业增加值的比重达88.8%。工业拉动GDP增长3.1个百分点,对经济增长的贡献率为41.4%。

全县规模工业统计的主要工业产品产量中,发电量8.2亿千瓦时,下降5.2%;纱3.8万吨,增长13.1%;水泥12.1万吨,下降22.8%;人造板16.9万立方米,下降7.8%;玻璃纤维1.6万吨,增长1.1%;铁合金0.5万吨,增长22.3%。

规模工业企业实现主营业务收入76.8亿元,比上年增长18.8%;实现利润总额3.2亿元,增长27.4%;实现利税达5.7亿元,增长16.5%。

全县建筑业增加值4.6亿元,增长10.0%。资质等级建筑业总产值9.6亿元,比上年增长20.5%;房屋建筑施工面积91.1万平方米,增长31.4%;房屋竣工面积44.6万平方米,下降1.8%。

【固定资产投资】 全县固定资产投资比上年增长7.8%。国有投资下降51.4%,非国有投资增长43.4%。第一产业完成固定资产投资增长7.3%,第二产业完成固定资产投资增长126.9%,第三产业完成固定资产投资下降19.1%。高新技术产业投资增长36.9%;民生工程投资增长40.5%;基础设施投资下降43.7%。

全县施工项目个数165个,比上年增长20.4%。其中,投资亿元以上的项目27个,增长8.0%。亿元以上项目实际完成投资13.2亿元,占全部项目投资的比重为41.4%;在建市重点项目35个,本年完成投资21.5亿元。

全县房地产开发投资3.1亿元,比上年增长26.4%。商品房销售面积11.1万平方米,增长53.7%。其中,住宅销售面积10.9万平方米,增长64.7%。商品房销售额4.0亿元,增长100.8%。其中,住宅销售额3.9亿元,增长122.6%。

【国内贸易和旅游】 全县社会消费品零售总额24.7亿元,比上年增长9.9%。按城乡分,城镇零售额20.8亿元,增长9.9%;乡村零售额3.99亿元,增长9.7%。在限额以上企业商品零售额中,粮油、食品类、烟酒类比上年增长26.3%,服装、鞋帽、针纺织品类增长9.7%,化妆品类下降1.5%,日用品类下降3.0%,文化办公用品类增长24.8%,五金、电料类增长4.8%,汽车类增长11.8%。

全县共接待国内游客687.1万人次,比上年增长11.3%;接待境外入境游客0.26万人次。实现旅游总收入53.2亿元,增长13.0%,其中国内旅游收入53.1亿元,增长13.0%。

【招商引资】 全县引进亿元以上项目10个,亿元以上项目实际到位资金2.54亿元。实际利用内资金额24.4亿元,增长18.1%。

【交通、邮电】 全县公路运输总周转量3.94亿吨公里,比上年增长3.6%。其中,货物周转量3.91亿吨公里,增长4.0%。旅客周转量0.32亿人公里,下降11.0%。

年末全县汽车保有量1.4万辆,比上年增长17.4%;本年新注册汽车0.24万辆,增长11.8%;年末私人轿车保有量0.7万辆,增长19.5%。

全县邮电业务总量1.18亿元,增长4.4%。其中,邮政业务总量0.27亿元,增长22.1%;电信业务总量0.91亿元,下降0.3%。年末固定电话用户2.0万户,下降1.8%;移动电话用户14.9万户,增长4.6%。

【财政、金融和保险】 全县公共财政预算收入5.8亿元,比上年下降46.2%。其中,税收收入4.8亿元,下降26.5%;非税收入0.96亿元,下降77.0%。地方财政收入3.2亿元,下降58.8%。全县公共财政预算支出17.8亿元,下降8.6%。其中,教育、文化体育与传媒、医疗卫生与计划生育支出分别增长8.4%、—22.5%、4.5%。

年末全县金融机构各项存款余额87.97亿元,比上年增长5.7%。其中,储蓄存款64.5亿元;非金融企业存款14.9亿元。各项贷款余额62.4亿元,比上年增长11.1%。其中短期贷款13.97亿元;中长期贷款18.8亿元;票据融资0.03亿元。全县存贷比为70.9%,较上年同期增长3.4个百分点。

全县全年保险收入1.62亿元,比上年增长17.3%。其中寿保费收入1.17亿元,增长15.1%;财险保费收入0.45亿元,增长23.5%。理赔支出0.51亿元,增长14.7%。

【教育和科学技术】 全县有各级各类教育机构81个,其中公办教育机构44个,民办教育机构37个。全县在校学生26309人,比上年增长0.3%。其中普通中小学生20829人,增长2.8%;中等职业学校383人,下降15.1%;幼儿园5097人,下降7.8%。全县专任教师1568人。全年共发国家奖学金、助学金144.1万元,资助贫困学生1403人。

全年全县实现高新技术产业总产值25.9亿元,增长48.3%;实现高新技术产业增加值6.2亿元,增长47.5%。全县科技机构1家。专利申请161件,比上年增长96.3%。授权专利89件,比上年增长56.0%,其中发明专利授权2件。

【文化、卫生和体育】 年末全县艺术表演团体1个,群众艺术馆、文化馆1个,公共图书馆2个,博物馆、纪念馆2个。电视台1座。有线电视用户1.43万人。年末广播综合人口覆盖率100%,年末电视综合人口覆盖率达100%。

全县体育场地365个,体育馆1座,经常参加体育锻炼人数6.8万人。开展全民健身项目24项次。

全县卫生机构(包括村卫生室)192个。其中,医院、卫生院19个,妇幼保健院(所、站)1个,专科疾病防治院(所、站)1个。医院和卫生院拥有床位总数811张。卫生技术人员1033人,其中,执业医师和执业助理医师478人,注册护士403人。

【资源、环境和安全生产】 全县已发现矿种24种,探明资源储量的矿种18种,其中能源矿产1种;金属矿产9种;非金属矿产6种;水气矿产2种。实施地质勘查项目(含续作项目)9个。

全县设立城市污水处理率达91.5%。城市生活垃圾无害化处理率达100%。实际监测的地表水断面中，达到Ⅲ类标准的比重为100%。已批准建设自然保护区1个,面积2.38万公顷。年末实有封山育林面积0.89万公顷。森林覆盖率达83.49%。

初步核算,全县规模工业综合能源消费量5.6万吨标准煤，比上年增长10.5%,其中,六大高耗能行业综合能源消费量3.9万吨标准煤,增长6.5%。全年空气优良以上天数353天,质量优良率达96.7%。

全年共发生各类安全生产事故2起,比上年减少3起;死亡2人。亿元GDP生产安全事故死亡人数0.02人/亿元。全年发生道路交通事故1起,比上年减少4起。道路交通万车死亡率0.6人/万辆。　（陈晓坚）

大事记

2018年炎陵大事记

1月

3日，红军标语博物馆通过国家AAAA级旅游景区验收。

9日，中共炎陵县委常委会召开会议，审议《炎陵县人民代表大会常务委员会工作报告（送审稿）》《政府工作报告（送审稿）》《政协炎陵县第九届委员会常务委员会工作报告（送审稿）》，并就2018年县人大、政协“两会”筹备工作进行专题研究。

△北京思凯乐旅游用品有限公司与炎陵县签约，投资5亿元在炎陵中小企业创业园建户外产业园项目。项目包括：生产工厂、仓储物流中心、户外主题博物馆、户外主题公园小镇。

10日，湖南省绿化委员会、省林业厅主办寻找“湖南树王”活动，炎陵县有6棵古树上榜，炎帝陵公祭广场左前方罗汉松获评“湖南最美古树”。

11—13日，政协炎陵县第九届委员会第三次会议在鄢峰宾馆召开。大会应到委员134人，请假8人，实到126人。市政协副主席、县委书记黄诗燕，县委副书记、县长文专文分别在大会幕式和闭幕式上作重要讲话，县政协主席欧阳鹏志代表第九届委员会常务委员会向大会作工作报告。

12—14日，县十七届人民代表大会第三次会议在县城召开。县人大代表161人（2人请假）、在职副县级以上领导出席会议，不是代表的副科级以上单位主要负责人列席会议。会议听取了“一府两院”工作报告。会议明确2018年工作总体要求“贯彻新思想、建设新炎陵”，坚持“稳中求进、进中争先”工作总基调。成立炎陵县监察委员会，选举文斌为县监察委员会主任。

18日，市政协副主席、县委书记黄诗燕，县委副书记、县长文专文，县委副书记饶祥明，县人大常委会主任戴诗平，县政协主席欧阳鹏志等县四套班子领导对城区教育工作开展专题调研，并现场办公，研究县芙蓉学校选址工作。

19日，炎陵县监察委员会正式挂牌成立。

△炎陵县举办学习贯彻中共十九大精神集中轮训班。

27日，炎陵县召开专题工作会议，部署防寒抗冰灾工作。

28日，在龙渣村举行“中国少数民族特

色村寨”授牌仪式。

△船形乡学校学生方雨波发明的“贴心水桶”、陈欣发明的“菜刀安全阀”在第七届全国校园发明创意大赛获金奖。

2月

2日，炎陵县第一个24小时自助图书馆正式对外开放。

△株洲市2018年文化科技卫生“三下乡”集中示范活动在炎陵县举行。

27日，炎陵县召开全县三级干部会议暨脱贫攻坚工作推进会。市政协副主席、县委书记黄诗燕作大会主题报告，县委副书记、县长文专文作脱贫攻坚工作报告，县委副书记饶祥明主持会议。

3月

2日，省委第一巡视组巡视炎陵县工作动员会召开。

9日，炎陵县获评“湖南省现代公共文化服务体系示范区”。

△副省长吴桂英到炎帝陵、鹿原镇湖田村卫生室调研文化、教育、卫生工作，指示要持续深化医药卫生体制改革，精准实施健康扶贫。

12日，炎陵县船形乡农业农机推广服务站获评全国五星乡镇农技推广机构。

△炎陵县获2017年度全省养殖业工作目标管理考核先进县。

16日，中国燃气控股有限公司与炎陵县签约“气化村镇”燃气项目合作协议。年内完成鹿原、沔渡、中村等3个乡镇天然气工程基础建设。

18日，“天上仙桃　炎陵黄桃”—湖南炎陵第三届桃花节开幕。

△炎陵县顺利通过国家卫生县城第二次复审。

26日，炎陵黄桃入选中央电视台“国家品牌计划—广告精准扶贫”项目。6月23日炎陵黄桃在CCTV一套、二套、三套、四套、七套、八套、九套、十三套等8个最有影响力频道的公益广告黄金时段播出，播出时间一直持续到7月31日。

29日，炎陵县被正式授牌省级现代公共文化服务体系示范区。

4月

2日，戊戌年清明炎陵县社会各界祭祀炎帝陵典礼活动在炎帝陵举行。祭祖典礼由中共炎陵县委、炎陵县人民政府主办，县委副书记、县长文专文担任主祭人，全县几千人参加谒陵。

3日，市委书记、市人大常委会主任毛腾飞到炎陵调研春耕备耕、产业项目建设、企业生产等工作。

△炎陵县举行2018年“产业项目建设年”活动，重点项目圣宝龙电动车、炎陵大道二期工程、万阳红现代农业科技产业园茶叶生产线等3个项目在九龙经开区正式开工，合计投资6.6亿元。

△炎陵县举办“我们的节日·清明·缅怀革命先烈传承革命精神”群众性纪念活动。

10—11日，中国社会科学院数量经济

与技术经济研究所资源经济研究室主任、研究员张友国率调研组到炎陵就“推进基本公共服务均等共享研究”主题进行国情调研。

11—13 日,2018 年中国国际电子商务博览会暨首届数字贸易博览在浙江义乌国际博览中心举行,炎陵县搜农电子商务有限公司、湖南一品松禽蛋制品有限公司、炎陵县湘福园、湖南福来喜鹅业有限责任公司等数十家炎陵电商企业参会。

15 日,炎陵大院农场主办“相约大院·云上赏花”2018 年炎陵县云上大院·云锦杜鹃花节。

15—16 日,市委副书记、市长阳卫国到炎陵县霞阳镇龙上村、潘家村开展“深入贫困地区解决群众问题”专题调研。

18 日, 炎陵县十都镇洋岐畲族村举行“三月三”畲族文化节。

21 日,炎陵县获评“全国十佳生态文明城市”。

24 日, 生态环境部规划财务司副司长雪琳率调研组到炎陵开展协调推进生态环境保护和脱贫攻坚工作专题调研。

5 月

8 日,炎陵县举行纪念“五四”运动 99 周年暨“青春好声音”青年论坛活动。

8—9 日,省委常委、宣传部部长蔡振红在炎陵县调研宣传思想文化工作。

14—15 日,省委常委、省委组织部部长王少锋一行到炎陵调研基层党建和脱贫攻坚工作。

15—16 日,省委常委、省委政法委书记黄关春检查督导炎陵县防汛工作、调研政法基层基础工作。

16 日,市委副书记、市长阳卫国到炎陵县督查脱贫攻坚工作,要求补齐短板确保通过国检验收。

17 日, 炎陵县工业集中区在长沙正式签约广东东莞全康电子科技有限投资建设项目。项目总投资 10 亿元,建成承接小米和湖南国声声学等公司关联方智能科技产品生产线。

25 日,“绿专委”秘书长、中国低碳网总编刘奇平一行到炎陵开展交流座谈。

25—27 日, 生态环境部督查组到炎陵开展饮用水水源地专项督查。

30 日, 省扶贫办副主任贺丽君到炎陵开展脱贫摘帽评估验收业务指导。

6 月

2 日,东莞台商子弟学校教职工和学生代表在炎帝陵隆重举行“戊戌年恭祝炎帝神农氏千秋圣诞祭祀大典”。

5—7 日,省委常委、省委统战部部长黄兰香到炎陵开展脱贫攻坚督查调研。

7 日, 炎陵县境内突降暴雨, 降雨量 67.7 毫米。106 国道水口镇木湾村路段发生山体塌方。大院、策源、中村等乡镇不同程度受灾。全县农作物受灾 110 公顷,房屋倒塌 5 户 16 间, 房屋受损 7 户 17 间, 房屋进水 15 户,道路塌方 96 处,长 1000 余米,直接经济损失 1200 余万元。

7—8 日, 中国妇幼保健协会终身荣誉会长张文康、中国妇幼保健协会会长陈资全一行到炎调研妇幼健康工作，现场考察妇幼保健计划生育服务中心整体搬迁项目。湖南省政协副主席欧阳斌、湖南省卫生计生委主任、党组书记陈小春，株洲市政协副主席周雪辉、株洲市政府副秘书长董小平陪同。

8日，中国国民党中央常务委员、世界客属总会理事长、京明照明集团董事长范成连到炎陵交流客家文化活动。

15日，脱贫工作国家验收组到炎陵县检查验收农村脱贫情况（国检）。鹿原镇上村村得满分过检。全县一次性过检。

20日，中共炎陵县委常委会召开会议，听取贫困县退出国务院专项评估炎陵县现场检查验收相关情况汇报，专题研究部署后阶段脱贫攻坚巩固提升工作。

7月

5日，副市长黄芳率市政府调研组到炎陵调研炎帝陵创建国家AAAAA级旅游景区工作。

19日，炎陵黄桃在湖南省进出口检验检疫局经检验检疫合格，从长沙黄花机场出口新加坡。炎陵黄桃首次出口国外。

23日，炎陵县在中村瑶族乡平乐村举行2018年黄桃大会。

23—24日，省委常委、省国资委党委书记、洣水流域省级河长张剑飞在洣水发源地炎陵县巡查洣水流域，部署下一阶段洣水流域河长制工作。

24日，炎陵县在“沪洽周”上成功签约碧桂园房地产项目。

25日，中共炎陵县委常委会召开会议，研究部署省委第一巡视组反馈意见整改工作。

29日，县委常委召开专题研究部署会，在全县推行“最多跑一次”工作。

30日，炎陵县被评为2017年度全省健康扶贫先进县，名列全省第三名。

8月

1日，炎陵黄桃入选“红网精准扶贫品推公益行动”第二批10个贫困县扶贫产品。

△炎陵县全面启动健康扶贫“一站式”结算服务。

3日，县委召开十二届五次全体（扩大）会议，县委副书记、县长文专文主持会议，市政协副主席、县委书记黄诗燕作《谋求新作为展现新担当奋力推动高质量发展》主题报告，动员全县上下立足新时代，谋求新作为，展现新担当，奋力推动高质量发展，全面完成全年目标任务。

△炎陵县脱贫攻坚工作。2018年2月，以最低的贫困发生率、最高的群众认可度通过省检查。6月，以错退和漏评“零反馈”通过“国检”。8月3日，经省政府批准脱贫摘帽。全县累计脱贫6633户、22881人，54个贫困村全部退出，贫困发生率由2014年建档立卡时的16.57%降至0.6%。

6日，省人民政府正式发文批准炎陵县脱贫摘帽。

19日，“戊戌年中医药界共祭药祖炎帝神农典礼”在炎陵县炎帝陵隆重举行。

23日，株洲海关统计炎陵县外贸出口突破1亿元。

30—31 日,智米科技创始人、小米科技副总裁余安兵,上海西屋电器有限公司总裁雷刚,东莞市全康电子科技有限公司董事长邵春友一行到炎陵考察湖南全康智能智造产业园项目。

31 日,炎陵县发现湖南省最大、最古老的刺楸树,俗称“枫树”。经省林科所研究人员鉴定树龄在 300 年以上。

9 月

7 日,“文明潇湘，景区偕行”2018 湖南等级旅游景区文明旅游践行活动在炎陵县炎帝陵景区启动。

12 日，炎陵洣溪茗峰茶叶在澳大利亚第三届澳洲“金树叶”茶叶评比中获 1 银 1 铜奖。

19 日，第九届秋收起义系列纪念馆(地)工作协作会在炎举行。

△2018 首届中国农民丰收节湖南主题活动炎陵分会场庆祝活动在炎帝陵举行。

△炎陵黄桃将作为湖南省特色农产品的唯一代表，亮相央视 CCTV—1 综合频道首届中国农民丰收节特别节目《丰收了》。

27 日,炎陵黄桃荣获“第二届中国(长沙)优质果品博览会产品金奖”。

27—28 日，省政协副主席张大方在炎陵开展“全面两孩政策实施后鼓励按政策生育的制度体系和社会环境建设”专题调研。

10 月

10 日,国声声学获 2018 年“创客中国”创新创业大赛总决赛优胜奖。

15 日,“诗意炎陵”丛书出版,丛书共 9 本,由北方联合出版社结集出版,入选新湖湘文艺书库,面向全国新华书店经销。

16 日,中共炎陵县委常委会召开会议,听取炎陵县脱贫摘帽总结表彰暨巩固提升动员大会筹备情况。

16—17 日,谷仓创业学院联合创始人、CEO 洪华率考察团到炎陵开展投资考察。

20 日,省委常委、省纪委书记、省监委主任傅奎一行到炎陵调研纪检监察工作。

22 日,炎陵入选中国田园美邑 200 佳。

23 日，炎陵县洣泉书院被命名为第五批湖南省国防教育示范基地。

△炎陵县图书馆获评国家一级图书馆。

24—25 日，甘肃省政协副主席郭天康一行到炎陵考察始祖文化、红色文化挖掘、保护和传承工作。

11 月

1—2 日，中国国民党前副主席陈镇湘一行到炎陵县祭祖考察。

2 日,株洲市委、市政府在炎陵县举行海外侨胞故乡行——走进湖南炎陵活动餐叙会。

3 日,戊戌年海外华侨华人炎帝陵祭祖典礼在炎隆重举行。此次活动由湖南省归国华侨联合会主办，株洲市归国华侨联合会、炎陵县人民政府承办,吸引了海内外社会各界人士数百人参加祭祖典礼,共同缅怀始祖炎帝神农氏。

4 日,在广州举行的炎帝神农中药论坛

(中药企业负责人高峰论坛)上,炎陵神农中医药文化纪念馆建设与发展作为重要议题被推介。

6日,炎陵县在《小康》杂志社联合国家信息中心"寻找幸福百强县"调查中位列第80位,入选"2018中国幸福百强县"。

8日,炎陵神农中医药文化纪念馆入选湖南省第二批省级中医药文化宣传教育基地创建单位。

△炎帝陵获"湖南省十大文化地标"之首。

23日,炎陵县获评"全省县域旅游经济增长质量前十、增长效率前十"。

26日,炎陵县在十都镇青石岗村举办首届"冬笋节",大批省内外游客参与体验。

29日,炎陵县通过农村土地确权省级验收。

12月

11日,省军区司令员毕毅,省委常委、省军区政治委员冯毅,副司令员陈博,副政委喻军、许凤元等省军区党委班子成员在炎陵开展开放式学习活动。参观了中村八担丘、周家祠、水口叶家祠和红军标语博物馆等红色文化教育基地。

14日,中国国际电视台英语新闻频道在《直播中国》节目中播出"走进大美炎陵、走进炎帝陵"。

16—17日,共青团炎陵县第十九次代表大会召开。

19日,炎陵县召开第十五次妇女代表大会。

△炎陵县新的社会阶层人士联谊会(简称"炎陵县新联会")第一届会员大会暨成立大会召开。

20日,市委副书记、市长阳卫国到炎陵县霞阳镇、沔渡镇调研脱贫攻坚工作,并看望慰问建档立卡贫困户。

27日,炎陵县签约引进炎陵硬质合金数控刀具产业园、湖南云上大院森林旅游休闲康养综合产业项目,合计引资70亿元。其中,株洲欧科亿数控精密刀具股份有限公司投资10亿元在县中小企业园建硬质合金数控刀具产业园及研发中心。云上大院项目预计总投资60亿元,建"游客服务中心、艺术主题街、森林康养酒店"等。

△县委召开经济工作会议,全面总结2018年经济工作,科学谋划2019年经济工作。

28日,湘银集团举办助力同心美丽乡村建设活动暨20周年庆典大会,捐资100万元支持炎陵基础教育事业发展。

29日,省生态环境质量考核现场核查组到炎陵考核国家重点生态功能区县域生态环境质量。

△炎陵县连续14年获评湖南省平安县。

△邱春珍获"全国人民调解工作先进个人"称号。

专　辑

坚持"大走访"　同心摘"穷帽"

——摘自省委办公厅《工作情况交流》第2期

市政协副主席、县委书记　黄诗燕

2018年5月

炎陵属于罗霄山连片特困地区，是全省首批脱贫摘帽的5个"国考县"之一，辖10个乡镇、120个行政村，总人口20.42万人。原有建档立卡贫困人口7158户23839人，贫困发生率14.8%，贫困村54个。该县突出抓好"大走访"，在干部群众之间架起一座"连心桥"，形成了同心协力摘"穷帽"的生动局面，脱贫摘帽取得决定性进展。2017年底，经省验收核查和第三方评估认定，全县错退率为0，漏评率0.37%，综合贫困发生率0.9%，群众满意度98.5%，贫困村全部退出。

一、坚持"面对面"，做到全面走访与重点走访相结合。发动全县党员干部开展"大走访"，"面对面"听取群众意见、建议、诉求。一是"两个覆盖"普遍访。贫困村、非贫困村帮扶工作队全覆盖，向54个贫困村、66个非贫困村选派148支工作队、404名队员；贫困户、非贫困户结对帮扶干部全覆盖，向7158户建档立卡贫困户选派3636名干部，兼顾所在村非贫困户。二是"五类对象"重点访。在"地毯式"走访基础上，由县、乡、村干部和工作队员、结对帮扶干部负责，针对清退户、临界户、争贫赖贫户、矛盾意见户、老上访户等重点对象开展集中走访。2017年，累计走访"五类对象"8200余人次，少数"钉子户"反复走访20多次，化解矛盾纠纷1200余件，涉贫信访量下降63%。三是"分级包干"深入访。县委书记、县长走访全县所有贫困村和联系村所有贫困户，其他县级领导走访联系乡镇所有贫困村、非贫困村和联系村所有贫困户；乡镇党政主要领导走访本辖区所有贫困户；村支"两委"和帮扶工作队员走访全村所有农户；行业扶贫部门干部职工走访本行业扶贫政策覆盖的所有贫困户。2017年，67名市县领导牵头，各级干部以"包乡镇包村包户"方式开展"大走访"21.46万人次。其中，市政协副主席、县委书记黄诗燕走访10个乡镇、76个村、308户贫困户。

二、坚持“心贴心”,做到交心与交友相结合。开展“大走访”,关键是用真心换真情,通过“同吃同住同劳动”等方式,和群众倾心交流、做真朋友。一是说“百姓话”。印发脱贫攻坚《工作手册》《口袋书》《政策告知书》等4万余份,组织“以会代训”120余场,学习扶贫政策和群众工作知识。干部走村串户用的是群众语言,没了“场面话”,少了“外行话”,老百姓自然而然产生了亲近感。二是进“百姓家”。帮扶干部按照融洽好感情、宣讲落实好政策、核算好收入、实现好“微心愿”、清洁好环境卫生的要求,每年与贫困群众“同吃同住同劳动”5次以上,“零距离” 摸清群众“家底”、感受群众喜怒哀乐。干部自带食材,和群众一起生火做饭、同桌就餐,成为最动人、最亮丽的“风景线”。三是办“百姓事”。按照“贫困户所需、帮扶干部所能”,每月帮贫困户实现1个以上“微心愿”。2017年,全县开展“同吃同住同劳动”18196人次,帮群众实现“微心愿”12250个。霞阳镇大源村曾昭华老人一席话道出了群众的心声:“以前觉得领导离我们好远,现在工作队员三天两头和我们拉家常,又是问又是做,比自家亲人还亲。”沔渡镇狮头村贫困户刘世衍听说省脱贫摘帽验收核查组要来村里,难掩激动之情,连夜写下一首14行98字的打油诗,“上级派下工作队,帮助我家来脱贫;工作同志很负责,经常来往踏上门……”,表达了对帮扶干部的充分认可。

三、坚持“实打实”,做到守底线与促提升相结合。“大走访”目的是“实打实”解决问题,既要守底线,确保实现“一超过两不愁三保障”;又要促提升,想方设法满足群众合理需求。一是紧盯“票子”。算清收入账,针对致贫原因实行“精准滴灌”,引导和帮助贫困户创业就业,增加收入。全县通过文化旅游业带动2112名贫困人口人均年增收1.8万元,生态工业带动2386名贫困人口人均年增收2.5万元,绿色农业带动6096户18846名贫困人口户均年增收6800元。中村瑶族乡平乐村朱圣洪原来是远近闻名的“赤贫户”,在帮扶干部帮助下种植黄桃,年收入超过10万元,一家人过上了好日子。二是紧盯“房子”。通过“大走访”对农村住房“大摸底”,分类施策、分步实施、挂图作战,扎实推进“三大工程”。完成1250户易地扶贫搬迁工程、2060户贫困对象农村安居工程、6122户农村危旧土坯房集中整治工程,实现安全住房全覆盖。垄溪乡坂溪村易地扶贫搬迁户李成生搬迁新居后,用一副对联抒发感恩之情和美好憧憬:“欣逢盛世精准扶贫党建新宅焕秀色,乐享好日真心济困民振雄略满春风。”三是紧盯“孩子”。落实教育扶贫政策,做到精准资助“一个不漏”、控辍保学“一个不失”、条件改善“一所不差”。重点关注帮扶对象中的学龄人口特别是留守儿童,适时给予思想疏导、情感关怀和物资帮助,确保贫困户子女无1人因贫辍学、因学致贫。四是紧盯“身子”。走访2924名建档立卡“因病致贫、因病返贫”人员,以点带面抓好健康扶贫,落实基本医疗、大病保险、医疗救助、综合保险、特殊医疗、便民服务“六重保障”。五是紧盯“样子”。围绕“脱贫要有脱贫的样子”,整体上,以“六大工程”着力提升贫困村基础设施和公共服务水平;个体上,募集社会扶贫资金1640万元,重点用于满足群众“微心愿”，改善生产生活条件，提振“精气神”。

四、坚持“硬碰硬”，做到定责和追责相结合。以铁的责任、铁的纪律为“大走访”提供保障，凝心聚力打赢脱贫摘帽这场“硬仗中的硬仗”。一是“知责”，全面压实“五个责任”。　压实县扶贫开发领导小组的统筹责任，县级领导“一岗双责”的领导责任，乡镇党委、政府和村支“两委”的一线主体责任，帮扶单位、帮扶工作队、结对帮扶干部的帮扶责任，行业扶贫部门的行业责任，形成纵向到底、横向到边的责任体系。二是“尽责”，严格执行“五项制度”。学习制度上，集中学习与个人自学相结合、定期测试与随机抽查相结合；考勤制度上，实行痕迹管理、对接管理，领导干部每年下基层走访调研2个月以上，帮扶工作队员驻村时间每月20天以上、每年200天以上，结对帮扶干部每月入户2次以上、每次不少于1天；问诊制度上，分乡镇分村召开碰头会，对排查的问题进行诊断和整改；督查制度上，县成立5个小组，采取“四不两直”方式开展督查巡查；考核制度上，做到“一月一通报、一季一评比、年终总考评”。2017年，开展专项督查50批次，督办整改问题935条，表彰奖励48个先进单位、82名先进个人。三是“问责”，坚决兑现“五个不论”。履职不力、影响大局的，不论年龄老少、不论职务高低、不论资历深浅、不论贡献大小、不论口碑好坏，一律从严处理。近两年，全县立案查处“雁过拔毛”式腐败问题92件，纪律处分92人；立案查处扶贫领域腐败问题43件，纪律处分43人，组织处理52人，召回和替换帮扶队员8人，产生了强大的震慑作用。

打好“两场硬仗” 实现全面脱贫

——关于炎陵县脱贫攻坚巩固提升的探索与思考

全省“抓重点补短板强弱项”大调研活动二等奖

市政协副主席、炎陵县委书记 黄诗燕

2018年12月

习近平总书记指出：“到2020年现行标准下农村贫困人口全部脱贫、贫困县全部摘帽，是我们党立下的军令状。”全面脱贫既是攻坚战，更是持久战。今年来，我率相关县领导和部门负责人组成调研组，围绕“脱贫攻坚巩固提升”课题，深入全县10个乡镇、54个贫困村、22个非贫困村、308户贫困户、255户非贫困户，采取听汇报、查资料、看现场、入户走访、问卷调查、召开座谈会等方式开展调研。通过调研，我们掌握了第一手资料，进行了一些积极的探索和思考。

打好“攻坚战”，关键是解决“四个问题”

炎陵于2012年纳入罗霄山集中连片特殊困难地区，是全省2017年计划脱贫摘帽的5个“国检”县之一。建档立卡贫困人口7152户23858人，2014—2017年累计脱贫6633户22881人，54个贫困村全部退出，贫困发生率从16.57%降至0.6%。经过长期努力，炎陵脱贫摘帽取得决定性胜利，2017年12月，通过市级初审；2018年2月，通过省级核查；2018年6月，接受贫困县退出国务院专项评估检查。我们围绕“四个问题”，精准施策，定向发力，取得了显著成效。

一、脱“贫”——关键是发展绿色产业

“贫”字从象形看，就是一分钱还得掰成两半花，主要就是收入不够，钱财不足。要脱“贫”，关键是发展产业、增加收入，让老百姓的腰包鼓起来。

（一）解决“发展什么产业”的问题。炎陵最大的优势是生态品牌，最大的希望是绿色发展。但长期以来，老百姓“守着金碗要饭吃”，不知脱贫路在何方。我们立足生态优势，坚持绿色发展，构建了以绿色农业、生态工业、文化旅游为主导的产业体系。一是激发“内力”，做优绿色农业。炎陵生态环境优美，老百姓乡土家园情结浓重，特别适宜发展绿色农业。我们看到，有意愿、有能力的农户大多数积极参与产业开发并从中受益，从2011年起开始建设的“一带八基地”正日益成为群众脱贫致富的“主阵地”，带动6548户21701名贫困人口，户均年增收6800元。其中，“炎陵黄桃”入选“国家地理标志证明

商标”和“湖南十大农业(区域公用)品牌”，获央视“国家品牌计划”支持。中村瑶族乡平乐村贫困户朱圣洪是全家唯一劳动力，往年全靠种植0.4公顷稻田艰辛度日。在驻村工作队帮扶下种植0.53公顷黄桃，近3年年均收入超过10万元，1个劳力养活了全家人。目前，女儿正在求学，全家也住进了新房，生活水平稳步提升。二是巧借“外力”，做强生态工业。依托丰富的小水电资源及其形成的优惠电价优势，我们大力巩固老企业、引进新企业，生态工业从“短腿”慢慢变成了优势。炎陵工业集中区进入全省园区综合排名20强，入园企业135家，安置就业1.4万余人，带动2692名贫困人口人均年增收2.5万元。其中，2017年依托贫困县企业IPO上市“绿色通道”政策机遇，引进的欧科亿、国声声学2家预备上市企业，吸纳了大批贫困劳动力在家门口就业，成为“输血式”扶贫与“造血式”扶贫相结合的成功典范。三是深挖“潜力”，做大文化旅游。炎陵文化底蕴深厚，旅游资源丰富，众多村民依托炎帝陵、神农谷、红军标语博物馆等主要景区和旅游环线，积极参与文化旅游产业开发，覆盖2112名贫困人口，人均年增收1.8万元。策源乡梨树洲村平均海拔1450米，常年平均气温10℃—15℃，年平均舒适期120多天，拥有湖南第一峰、高山云海、高山草甸、云锦杜鹃、天然冰臼群等景点。村民依托优质旅游资源发展“农家乐”，成功创建“湖南省旅游名村”，仅乡村旅游一项，年人均可增收2万多元。

(二)解决“以什么方式发展产业”的问题。采取多种帮扶形式，引导贫困群众发展产业。一是直接帮扶。我们深感，缺资金是贫困户发展产业的第一道“关卡”。县财政完善“一揽子”以奖代扶政策，投入2.09亿元发展生产资金，实现贫困村、贫困户产业帮扶全覆盖。二是委托帮扶。部分没有能力直接参与产业开发的贫困户，通过委托帮扶分享到了产业发展成果。县扶贫办与福来喜公司、农商行、乡、村、贫困户签订“六方协议”，将430万元贫困户小额信贷资金统一委托给福来喜公司发展酃县白鹅养殖，贫困户按不低于10%的比例分成，户均年增收4000元以上。三是股份合作。对于自身有资金、资源和一定经营管理能力的贫困户来说，股份合作是更适合的方式。他们选择了以资金、土地、山林、水面等作价入股，与企业、合作社等结成利益共同体。比如，金紫峰粮油公司以“公司+基地+农户”方式发展油茶746.67公顷，吸纳89户、356名贫困人口以油茶林折价或直接投资等方式入股，参与公司经营，户均年增收3000元以上。

(三)解决“用什么机制保障产业发展”的问题。我们着眼于可持续发展，理顺体制机制，为贫困群众发展产业提供坚强保障。一是政府引导。县财政克服可用财力不足的困难，每年安排资金用于发展生产。二是市场主导。运用市场化手段，鼓励兴办经济实体，积极培育农村专业合作社、家庭农场、专业大户、龙头企业。三是“两老”为主体。注重发挥“老板”和“老百姓”两方面积极性，5607户17267名贫困人口与117家扶贫经济组织建立利益联结关系，占全县贫困人口总数的72.4%。

二、治“穷”——关键是激发内生动力

“穷”字从象形看，就是劳“力”趴在洞

"穴"下，直不起腰、抬不起头。打好"攻坚战"，必须激发群众的内生动力，让他们的心热起来、腰直起来、手动起来。

（一）扶"志"，让穷人不再志短。从我们抽样调查的情况看，贫困群众致贫原因中"失志型贫困"占36.5%。因此，我们既重视物质上的帮扶，更重视思想上的激励，引导和帮助群众从精神上立起来、强起来、硬起来。霞阳镇龙上村的王新文，女儿远嫁江西，自己腰部受伤无法外出务工，没有稳定收入来源，一度对生活失去了信心。纳入建档立卡贫困户后，他又产生了"倚着墙根晒太阳、等着政府送小康"的心态。在结对干部的长期帮助下，他重拾信心，村里成立油茶合作社种植高产油茶林时，他以自家0.87公顷山林入股，每年享受固定分红，平日里还在合作社务工，日子有了奔头。

（二）"扶智"，让贫困不再传递。贫困常常与愚昧相伴相生，贫困家庭往往陷入"低人力资本投入—低就业—低收入—低人力资本投入"的恶性循环。我们突出抓好教育扶贫，彻底阻断贫困的"代际传递"。一是抓实精准资助。开展"千名教师扶贫大走访"活动，通过教师进村入户比对确认建档立卡贫困学生信息。学生资助政策和各项免费政策得到全面落实，建档立卡贫困学生资助全覆盖。二是抓实控辍保学。近5年来，全县建档立卡贫困学生无1人因贫辍学。以前有的农村学生初中没读完就外出打工的现象已经完全绝迹了。三是抓实条件改善。我们每到一个村，看到村里最漂亮的房子几乎都是学校。群众自豪地说，现在农村学校各方面条件都比以前好了许多，感觉比城里学校也差不了多少。

（三）"扶技"，让群众不再苦熬。紧贴市场需求，切实加强贫困人口职业技能培训，实现"培训一人、转移一人、就业一人、脱贫一户"的目标。一是抓就业援助扶贫。过去，有的贫困户苦于信息闭塞导致就业无门。近年来，我们大力开展就业援助扶贫，全县农村贫困劳动力转移就业6738人，占53%。霞阳镇石玉村邓家垄组贫困户邓艳红，原本在广东务工，收入低、离家远，非常艰辛。2018年春节返乡，参加短期技能后经县人社局介绍进入国声公司务工，月工资2900余元，企业缴纳"五险"。通过就业扶贫，既有稳定收入，又就近照顾正在上初中的儿子和年迈的公公婆婆，为稳定脱贫打下坚实基础。二是抓技能培训扶贫。结合市场需求，免费培训农村贫困劳动力和"两后生"，确保缺技术的贫困户至少掌握1门致富技能。三是抓公益性岗位扶贫。开发生态护林员、生态管护员、乡村保洁员等公益性岗位728个，月工资400—1500元不等，定向使用贫困劳动力。

三、解"困"——关键是精准落实保障

"困"字从象形看，就是苗木四面被束缚，始终无法长大成林。解"困"，必须精准落实扶贫政策，打破框框，解除束缚，让群众普遍受益。

（一）精准落实住房安全保障。全面摸清"家底"，扎实推进"三大工程"，确保贫困群众无1人因住房问题影响脱贫。一是易地扶贫搬迁工程。我们坚持定户、定点、定标、定期、定责、定业的"六定"举措，高质量完成易地扶贫搬迁任务1250户4013人。走进垄溪乡坂溪村坎下组建档立卡贫困户李成生家

中,我们还能看到他享受易地扶贫搬迁政策迁入新居当天写下的对联:“欣逢盛世精准扶贫党建新宅焕秀色,乐享好日真心济困民振雄略满春风”。二是贫困对象农村安居工程。按照“分类摸底、分类施策、分步推进”的思路,完成农村危房改造8327户,其中2017年纳入贫困对象农村安居工程的2543户。三是农村土坯房集中整治工程。完成6122户农村土坯房集中整治,拆除5366栋闲置、废弃、空心破败的农村土坯房。以前遍地断瓦残垣的衰败景象一去不复返了,取而代之的是干净整洁、井然有序的新农村,做到了“脱贫有脱贫的样子”。

(二)精准落实生态补偿保障。既有效保护生态环境,又让贫困群众实现就业、增加收入。一是生态管护参与。选聘建档立卡贫困人口就近转化为生态护林员,实现从采伐森林到保护森林获得稳定收益的角色转换。垄溪乡龙溪村垒头组贫困户罗秉乾,妻子患有类风湿病,残疾多年,生活不能自理,家庭十分困难。2016年底罗秉乾受聘担任生态护林员,管护630.07公顷山林,从未发生过森林火灾和破坏森林资源等现象,被评为优秀生态护林员,全家稳定脱贫。二是生态效益直补。对建档立卡贫困户省级以上生态公益林按国家、省级补偿标准提标40%,参与退耕还林项目建设的按国家补助标准提标25%。三是生态产业奖补。带动贫困户发展林业生产,种植、抚育和垦复面积达2240公顷。建成和维护林道230公里。实施国有林场委托帮扶,每年为8个贫困村的贫困群众提供稳定分红。

(三)精准落实医疗保障。针对农村因病致贫、因病返贫问题较为突出的实际情况,我们着力构建了贫困人口医疗“六重保障”。一是基本医疗保障。建档立卡贫困户和贫困村城乡居民基本医保参保率100%,贫困人口个人缴费部分由政府全额补贴,贫困人口住院就医费用报销比例提高10%。二是大病保险保障。建档立卡贫困人口、特困人员、城乡低保对象大病保险补偿起付线降低50%。三是医疗救助保障。建档立卡贫困人口中的非低保对象合规住院费用救助比例提高至20%,低保对象县内住院自付费用按70%、县级以上或异地就医按50%救助。四是综合保险保障。为建档立卡贫困人口购买60元/人的“扶贫特惠保”。五是特殊医疗保障。对各类医保支付和医疗救助后仍有较大困难的贫困对象进行特殊医疗救助。2017年,全县建档立卡贫困患者住院费用实际报销比例均达80%以上。六是便民服务保障。对3484名“因病致贫、因病返贫”人员实行分类管理、分类救治。村卫生室全覆盖,组建16个全科医师团队实行贫困户签约服务。贫困人口全部纳入重特大疾病救助范围,实行“先诊疗、后付费”及“一站式”结算服务。霞阳镇大源村贫困户邬春发,因患双侧股骨头缺血性坏死丧失劳动力致贫。2016年,他接受双侧髋关节人工置换术,住院费用累计6万余元。享受健康扶贫各项保障政策后,报销比例达93.8%。手术后,他恢复了劳动能力,积极发展种养业。2017年,他养殖鸡、鸭、兔等近2000只,放养鱼苗1000余尾,种植水果0.23公顷,家庭人均收入5315元,实现了“治愈一人,增加一个劳动力,解决一户贫困户脱贫”。

（四）精准落实兜底保障。实行农村最低生活保障制度兜底脱贫，做到“应保尽保、应兜尽兜”。为了解兜底保障政策实施情况，我们专程走访了十都镇良田村石屋组兜底户朱兰平。她今年53岁，丧偶，患有心脏病和甲亢，每月需药费100多元。大儿子幼时走失至今未归，小儿子早年也因病去世，目前孤身一人，因房屋倒塌，寄居在娘家。2016年10月起享受240元/月的兜底保障金，2017年又搬进了政府帮建的新房，基本生活得到有效保障。

（五）精准落实“两个完善”保障。为使脱贫攻坚惠农政策“组合拳”惠及全体群众，我们大力实施“六大工程”，着力提升贫困村基础设施和公共服务水平。一是交通扶贫工程。完成国省干线公路提质改造161.51公里，农村公路建设808.22公里，危桥、渡改桥25座，客运站场建设224处。二是水利扶贫工程。解决农村饮水安全77466人，完成小农水重点县建设及面上农田水利项目190处，治理水土流失面积22.37平方公里，河道治理37.28公里，小型病险水库除险加固22座。三是通信和电力、光伏扶贫工程。实施“光网村”建设和“电信普遍服务”项目，完成54个贫困村农网升级改造和光伏电站建设。四是农村环境综合整治扶贫工程。实施农村环境综合整治整县推进，重点解决水、垃圾、厕所的问题。五是文化扶贫工程。建成乡镇综合文化站10个、村级综合文化服务中心103个，人均文体设施面积2.07㎡。六是乡村旅游扶贫工程。大力发展乡村旅游，39个贫困村纳入全国旅游扶贫重点村，全县乡村旅游接待游客100万人次，综合收入3亿元。策源乡竹园村地理位置偏远，基础设施薄弱，近年来投入565万元实施“六大工程”，硬化村道12公里，新修林道8公里，安保工程2公里，形成3条环线联通10个村民小组；建成集中供水工程4个，确保全村群众饮水安全；改建村级组织活动场所和村卫生室；安装太阳能路灯80盏；新建装机50千瓦光伏电站1座，村集体经济年增收4万元以上。走进竹园村，我们看到的都是老百姓发自内心的笑脸。

通过实地调研，我们深深感到，几年来，全县城乡面貌发生巨大变化，农民生活水平稳步提高，产业更旺了，就业更稳了，住房更舒适了，环境更优美了，入学更充分了，就医更便捷了，社保更健全了，交通更方便了，饮水更安全了，文化更丰富了，经济收入更高了，基层组织更强了，老百姓更满意了。

四、担“责”——关键是“身入”“心入”“深入”

“责”字从象形看，就是“用荆条抽打，逼迫归还钱贝”。可以说，贫困是发展的“欠账”，脱贫的责任就是抽打我们的“荆条”。我们始终以脱贫攻坚为头等大事、首要责任、第一民生、苦战硬仗，全面压实县委、县政府和县扶贫开发领导小组的统筹责任，县级领导“一岗双责”的领导责任，乡镇、村的一线主体责任，帮扶单位、工作队和结对干部的帮扶责任，行业扶贫部门的行业责任等“五个责任”，做到“身入”“心入”“深入”。

（一）“身入”。发动全县党员干部开展“大走访”“面对面”听取群众意见、建议、诉求。一是“两个覆盖”普遍访。贫困村、非贫困村帮扶工作队全覆盖，向54个贫困村、66

个非贫困村选派148支工作队、404名队员;贫困户、非贫困户结对帮扶干部全覆盖,向7152户建档立卡贫困户选派3636名干部,兼顾所在村非贫困户。二是"五类对象"重点访。在"地毯式"走访基础上,由县、乡、村干部和工作队员、结对帮扶干部负责,针对清退户、临界户、争贫赖贫户、矛盾意见户、老上访户等重点对象开展集中走访。三是"分级包干"深入访。县委书记、县长走访全县所有贫困村和联系村所有贫困户,其他县级领导走访联系乡镇所有贫困村、非贫困村和联系村所有贫困户;乡镇党政主要领导走访本辖区所有贫困户;村支"两委"和帮扶工作队员走访全村所有农户;行业扶贫部门干部职工走访本行业扶贫政策覆盖的所有贫困户。67名市县领导牵头,各级干部开展"大走访"21.46万人次。霞阳镇大源村曾昭华老人一席话道出了群众的心声:"以前觉得领导离我们好远,现在工作队员三天两头和我们拉家常,又是问又是做,比自家亲人还亲。"

(二)"心入"。用真心换真情,通过"同吃同住同劳动"等方式,和群众倾心交流、做真朋友。首先,做到多说"百姓话"。印发脱贫攻坚《工作手册》《口袋书》《政策告知书》等4万余份,组织"以会代训"120余场,学习扶贫政策和群众工作知识。干部走村串户用的是群众语言,没了"场面话",少了"外行话",老百姓自然而然产生了亲近感。其次,做到常进"百姓家"。帮扶干部按照融洽好感情、宣讲落实好政策、核算好收入、实现好"微心愿"、清洁好环境卫生的要求,每年与贫困群众"同吃同住同劳动"5次以上,"零距离"摸清群众"家底"、感受群众喜怒哀乐。干部自带食材,和群众一起生火做饭、同桌就餐,成为最动人、最亮丽的"风景线"。

(三)"深入"。注重"实打实"解决问题,既守住底线,确保实现"一超过两不愁三保障";又促进提升,想方设法满足群众合理需求。按照"贫困户所需、帮扶干部所能",每月帮贫困户实现1个以上"微心愿"。累计开展"三同五好"2.28万人次,帮助贫困户实现"微心愿"1.52万个。沔渡镇狮头村贫困户刘世衍听说省脱贫摘帽验收核查组要来村里,难掩激动之情,连夜写下一首14行98字的打油诗,"上级派下工作队,帮助我家来脱贫;工作同志很负责,经常来往踏上门……"详细列举了自家和乡邻们受益的内容,表达了对帮扶成效的充分认可。

在脱贫攻坚工作中,我们严格执行"五个不论"的问责机制,对因履职不到位影响全县脱贫攻坚大局的干部,不论年龄老少、不论职务高低、不论资历深浅、不论贡献大小、不论口碑好坏,一律从严从重处理。2016年以来,立案查处152件,党政纪处分125人,组织处理206人。

打好"持久战",关键是处理"五种关系"

炎陵脱贫摘帽胜利在望,但我们深知,精准扶贫永远在路上。摘下"贫困帽",并不意味着一劳永逸,仍需着力解决一系列困难和问题。一是着力解决剩余未脱贫人口脱贫的问题。经多年努力,绝大多数贫困人口实现脱贫,剩余未脱贫人口多为年老、残疾、长期丧失劳动力等各种因素叠加导致的复合型贫困户，属于“坚中之坚”。要确保这部分深度贫困人口和各种原因新增、返贫的贫困人口于2020年前实现全面脱贫，还需进一步努力。二是着力解决贫困户脱贫内生动力不足的问题。贫困人口中有的属于“失志型贫困”，存在“靠着墙根晒太阳、等着政府送小康”的消极心态。自身不长志气，必定扶而不起，帮而不富，助而不强，甚至越扶越穷。三是着力解决部分农村基层党组织作用发挥不充分的问题。部分农村基层党组织战斗堡垒作用发挥不够充分，有的基层干部对脱贫攻坚缺乏深入思考，就党建抓党建、就扶贫抓扶贫，导致资源整合难、机制不顺畅。

后期，我们将持续抓好精准管理、产业扶贫、就业扶贫、安居扶贫、生态扶贫、教育扶贫、健康扶贫、社保扶贫、基础设施和公共服务、基层党建“十大巩固提升工程”，为建成更高水平全面小康社会奠定坚实基础。关键是正确处理“五种关系”，巩固脱贫成果，提升发展质量。

一、正确处理“点”与“面”的关系

“点”，就是继续加强对贫困村、贫困户的个体帮扶，确保已脱贫人口不返贫、未脱贫人口快脱贫；“面”，就是扎实推进乡村振兴战略实施，支持非贫困村、非贫困户加快发展。

（一）进一步巩固“点”。我们深知，扶贫工作没有何止符，对贫困村、贫困户不但要“扶上马”，还需再“送一程”。根据贫困人口变动情况做好动态调整，确保应纳尽纳、应扶尽扶、应清尽清、应退尽退。建立残疾人户、移民户、重灾户、大病重病户等信息台账，重点关注其中的非建档立卡户，符合条件的严格按程序纳入。实时监测已脱贫户，确属返贫的及时作返贫处理。加强信息数据分析监测，核实核准、更新完善贫困户基本信息，确保各方面相互衔接一致，实现数据互通、资源共享。针对未脱贫户，根据其致贫原因和脱贫需求，因户施策、分类扶持，尽快实现“一超过、两不愁、三保障”；针对已脱贫户，继续落实扶贫政策，确保稳定持续增收，防止边脱贫、边返贫；针对已退出贫困村，继续增加投入完善基础设施和公共服务，确保稳定高质量达标退出。

（二）进一步提升“面”。在调研中，我们感到有些非贫困村、非贫困户发展也还存在一定的差距，必须引起高度重视。要按照“产业兴旺、生态宜居、乡风文明、治理有效、生活富裕”的总要求，实施乡村振兴战略，统筹推进非贫困村、非贫困户发展，让脱贫成果惠及全体群众。实施农村“双改”，以“整洁、美丽、和谐、宜居”为目标，突出抓好美丽乡村示范村建设。培育“美丽”经济，建设乡村综合体、村落风景区，打造美丽村庄、美丽庭院、美丽田园。改善农村居住环境，集中整治闲置、废弃、空心破败的农村土坯房。推进农村环境综合治理，提高农户厕所污水处理或资源化利用率。引导城镇消费向农村延伸，鼓励工商资本下乡，支持返乡农民创业。

二、正确处理“近”与“远”的关系

“近”，就是稳定增收、脱贫摘帽；“远”，就是实现更高收入、创造美好生活。归根结底，还是要发展产业、扩大就业。

（一）围绕产业抓巩固提升。我们的产业扶贫成效明显，得到了上级领导和干部群众广泛认可，下一步，要继续抓好特色产业扩

容、提质、增效,进一步完善利益联结机制,促进贫困群众持续稳定增收。一是推进绿色农业提质。以"一带八基地"为抓手,优先发展黄桃、茶叶、白鹅、笋竹林,做到主次分明、因地制宜。促进农旅融合、农工融合,发展农村电子商务和仓储物流,做大做强"鹅一哥"等特色餐饮连锁。叫响"炎陵"总品牌,保护好"炎陵白鹅""炎陵黄桃"等特色品牌。培育壮大种养大户、家庭农场、农民专业合作社、龙头企业等新型经营主体,进一步完善利益联结机制,确保每户贫困户至少有 1 个扶贫经济组织或 1 名产业发展能人带动,至少参与 1 个产业项目开发。二是推进生态工业扩容。大力发展新材料、旅游文创等重点产业,培育电子信息、商贸流通、装备制造、新能源新技术等新兴产业,改造提升纺织服饰等传统产业。支持欧科亿、国声声学等企业上市,努力打造以欧科亿和今成钽铌为核心的新材料产业、以国声为核心的声学产业、以思凯乐为核心的户外装备产业、以银太和东信为核心的纺织服饰产业、以圣宝龙为核心的电动车产业,引进一批规模大、效益好、核心竞争力强的优质企业。鼓励和引导企业通过直接捐款捐物、进村入户开展结对帮扶、面向贫困劳动力提供就业岗位等方式,积极参与脱贫攻坚巩固提升。三是推进文化旅游增效。创建中国乡村旅游创客示范基地,将十都、沔渡、鹿原、中村等乡镇打造成风情文化旅游小镇、少数民族村寨和"黄桃小镇"。创建全域旅游示范县、旅游扶贫示范县,积极发展休闲农业、森林康养等新兴业态,做大做强做优"农家乐""采摘乐""乡村旅馆"等市场主体。

(二)围绕就业抓巩固提升。进一步帮助贫困群众稳定就业、稳步增收,为彻底摆脱贫困、实现小康打牢经济基础。一是深入开展就业援助。对贫困劳动力就业现状和需求进行动态更新,抓好职业介绍、政策咨询、扶贫招聘等就业援助活动,积极搭建供需对接平台,促进转移就业和稳定就业。二是深入开展公益设岗。每年为贫困劳动力提供公益性岗位 300 个以上,加强动态跟踪和规范管理。三是深入开展技能培训。每年完成贫困劳动力培训 500 人,确保有培训需求的贫困劳动力至少参加 1 次职业技能培训或实用技术培训,至少掌握 1 门致富技能。四是深入开展劳务协作。广泛搜集适合贫困劳动力的岗位信息,建立跨区域、常态化的岗位信息共享和发布机制,引导更多贫困劳动力参与劳务协作实现转移就业。五是深入开展创业扶持。安排有创业意愿、具备一定创业条件的贫困劳动力免费参加创业培训,为符合条件的贫困劳动力发放创业担保贴息贷款。

(三)围绕生态抓巩固提升。炎陵是生态大县,应当逐步提高贫困人口生态补偿标准,改善生产经营条件,促进农林产业发展,让群众不再"守着金碗要饭吃"。一是保持生态扶贫政策稳定和适度扩面。持续降低农林业生产经营成本,增加贫困人口林业收入,转移贫困人口就业。每村安排生态护林员 2 名以上,让贫困人口在保护生态环境的同时,获得稳定收益。对生态保护要求高的区域内的贫困人口,通过移民搬迁改善居住环境和发展条件。二是突出抓好林业产业扶贫。引导有意愿、有劳动力的脱贫户发展产业,加快推进林产品加工企业转型升级,重点培育2—5家笋竹产品加工企业。三是促进林业新兴产业与扶贫的深度融合。结合集体林权制度改革,促进森林生态旅游、林下经济、林业碳汇、森林康养与扶贫的融合。打造2个以上省级森林康养基地，培育一批“森林人家”,帮助林农特别是贫困人口分享生态保护红利。

三、正确处理“内”与“外”的关系

“内”,就是倡导自力更生,激发内生动力;“外”,就是“脱贫不脱政策”,继续确保各项扶贫政策落到实处。

(一)激发“内力”。贫困群众是脱贫攻坚的对象,更是脱贫致富的主体,必须把他们的积极性、主动性、创造性调动起来,从根本上杜绝“等靠要”“干部干、群众看”等不合理现象。一是坚持宣传引导。向贫困群众讲清扶贫的标准和目标,讲清精准扶贫、精准脱贫的政策和程序,讲清产业扶贫、健康扶贫、教育扶贫、易地搬迁和危房改造、就业扶贫、金融扶贫、社保扶贫等各项扶贫措施的内容和要求,讲清项目申报的程序,讲清贫困户退出的标准,做到家喻户晓、人人皆知。二是坚持群众参与。扶贫要同扶志、扶智、扶技结合起来,培育其自力更生、自主脱贫的志气和本领。扶志,就是要引导群众树立自力更生、脱贫光荣的理念和志向,鼓励他们通过辛勤劳动、发展产业、靠自己的努力脱贫致富,实现由“要我脱贫”到“我要脱贫”的转变。扶智,就是对贫困户子女加大教育资助力度，不让贫困家庭孩子输在起跑线上,阻断贫困代际传递。扶技,就是加强科技知识、市场知识、劳动技能等方面的培训,提高贫困群众脱贫致富能力,是实现由“输血式”扶贫向“造血式”扶贫转变。三是坚持典型引路。及时总结提炼、宣传推介脱贫致富先进典型,用身边事教育身边人,让贫困群众学有榜样、赶有方向。教育引导群众抵制陈规陋习,树立勤俭节约光荣、孝敬老人光荣、家庭和谐光荣、脱贫致富光荣的社会风尚。

(二)保持“外力”。按照工作力度只增不减、资金投入只增不减、政策支持只增不减、帮扶力度只增不减的要求，继续强化保障,促进稳定脱贫。一是确保“住有所居”。通过“产业带动”和“经济组织带动”相结合,健全易地扶贫搬迁“九大发展区、依托工业园”助民增收机制，落实好老房拆除和宅基地复垦。继续以原贫困村为主战场,以建档立卡贫困户、低保户、农村分散供养特困人员、贫困残疾人家庭为重点对象,以消除新出现的农村贫困户危房为主要目标,抓好农村安居暨土坯房整治后续帮扶。二是确保“学有所教”。办好每所学校,教好每个学生,温暖每户家庭，提高贫困家庭子女受教育水平,遏制贫困代际传递。完成“全面薄改”收官,建成“芙蓉学校”,全面消除“大班额”,确保建档立卡贫困户适龄人口接受完整的三年学前教育、九年义务教育和高中阶段教育。三是确保“病有所医”。加强贫困人口基本医疗综合保障体系建设，建立解决因病致贫、因病返贫问题的长效机制。确保每个乡镇有1所标准化卫生院、每个村有1所标准化村卫生室和1名乡村医生、实现“小病不出村,常见病不出乡”,县域内就诊率达90%。每年培养一批乡村医生本土化人才和医学专业大学生,充实到各基层医疗卫生单位。支持和引导社会慈善力量参与医疗救助,着重加大对一般农户的救治力度。四是确保“弱有所扶”。统筹社会救助体系建设,促进扶贫开发与社会保障有效衔接,充分发挥农村低保等社会救助制度在稳定脱贫中的保障作用。健全特困人员救助供养制度和临时救助制度,推动专项救助向低收入群众适当延伸,逐步形成梯度救助格局。通过政府购买服务等方式,加强对“三留守”人员的生产扶持、生活救助、心理疏导。推进农村社区日间照料中心建设,提升农村特困人员供养服务机构托底保障能力和服务水平。完善贫困残疾人关爱服务体系,健全困难残疾人生活补贴和重度残疾人护理补贴制度。

四、正确处理“软”与“硬”的关系

“软”,就是乡风要更文明;“硬”,就是基础设施和公共服务要更完善。坚持“软硬兼施”,开启农村现代化新征程。

(一)“软”件要更优。着力培育文明乡风、良好家风、淳朴民风,不断提高乡村社会文明程度。一是加强道德建设。以社会主义核心价值观为引领,坚持教育引导、实践养成、制度保障三管齐下,采取符合农村特点的有效方式,大力弘扬民族精神和时代精神。挖掘农村传统道德教育资源,推进社会公德、职业道德、家庭美德、个人品德建设。推进诚信建设,强化农民的社会责任意识、规则意识、集体意识、主人翁意识。二是加强文化传承。深入挖掘炎帝文化、红色文化、民俗文化中蕴含的优秀思想观念、人文精神、道德规范,充分发挥其在凝聚人心、教化群众、淳化民风中的重要作用。划定乡村历史文化保护线,保护好文物古迹、传统村落、民族村寨、传统建筑、农业遗迹。支持农村地区优秀戏曲曲艺、少数民族文化、客家文化等传承发展。三是加强移风易俗。广泛开展文明村镇、星级文明户、文明家庭等群众性精神文明创建活动。遏制大操大办、厚葬薄养、人情攀比等陈规陋习。加强无神论宣传教育,丰富农民群众精神文化生活,抵制封建迷信活动。深化农村殡葬改革,加强农村科普工作,提高农民科学文化素养。

(二)“硬”件要更实。进一步抓好“六大工程”巩固提升,不断完善农村基础设施和公共服务。一是提升交通设施。突出抓好干线公路和“四好农村公路”建设,建成S349江西遂川营盘圩至中村圩、S207炎帝陵至资兴汤市七里公路,实现所有乡镇通二级以上公路、30分钟上高速,自然村、组基本通水泥(沥青)公路,村道以上道路基本实现安全防护全覆盖,基本消灭村道以上道路危桥,切实抓好农村公路建成后的管理、养护和运营。二是提升水利设施。巩固农村饮水安全,按照“村村通自来水、户户饮放心水”的要求,采取新建、扩建、配套、改造、联网等措施,全面提升农村供水的保证率。推进贫困村小型水利工程改造提升,小农水项目、面上“五小”水利项目向贫困村倾斜,着力解决贫困村农田灌溉“最后一公里”问题。加强农民用水管水组织能力建设,引导群众积极参与运行管理。开展水环境整治,加强贫困地区饮用水源地水质监测和保护,提高水生态保护与修复能力,改善贫困村水生态环境。新建或改建一批水源工程,加快完成贫困村病险水库防渗加固,提高贫困村蓄水抗旱能力。三是提升电力和通信设施。继续推进行政村电网升级改造,提升电网供电能力和供电质量，彻底解决“低电压”“卡脖子”现象。支持贫困村开发清洁能源，因地制宜发展沼气、小水电等可再生能源分散供能。有序推进光伏扶贫，鼓励建设分布式光伏电站。加快乡村宽带网络建设，实现所有行政村光纤网络和4G网络有效覆盖。四是提升物流网络。推进贫困村邮政基础设施建设，全面实现“乡乡设所、村村通邮”。充分发挥各级供销合作社网络优势，积极推进“工业品下乡”和“农产品进城”。完善贫困村快递揽收配送网点，利用村委会、供销超市等公共服务平台开展农村快递服务，实现“村村通快递”。五是提升人居环境。大力推进农村“厕所革命”，加快建设乡级集中式污水处理站。继续开展农村饮用水源保护、生活污水和垃圾处理、畜禽养殖污染治理、农村面源污染治理、乱埋乱葬等整治，着力改善农村人居环境。所有行政村生活垃圾治理达到“五有标准”，普遍建立村庄保洁制度，逐步完善村内道路照明等必要的配套公共设施。六是提升文化服务。加快建设贫困村综合文化服务中心，建立公共数字文化服务平台，完善乡、村两级文化阵地运行长效机制。构筑“天天有活动”“周周有演出”“月月有竞赛”的群众性文化活动体系，为低收入群体提供更多免费或低价文化服务。建设千人文化志愿者队伍、业余民间文艺团队，配齐配强乡镇综合文化站专干，全面提高从业人员的业务素质。

五、正确处理“上”与“下”的关系

“上”，就是加强后期帮扶；“下”，就是加强基层党建。坚持“上下联动”，为脱贫攻坚巩固提升奠定组织基础。

（一）“上”的力度要更大。坚持机制不变、责任不松、队伍不撤、结对不散、标准不降、投入不减，继续抓好驻村帮扶和结对帮扶，做到“两个确保、两个全覆盖”，即确保全县120个行政村驻村帮扶工作队覆盖，不减1支工作队、不减1名驻村队员；确保全县建档立卡贫困户结对帮扶全覆盖，3636名结对帮扶干部继续开展结对帮扶，及时为新增贫困人员充实调整好结对帮扶力量。实施“双培双带”工程，努力把致富能人培养成党员干部、把党员干部发展成致富能人，通过示范引领、先富带后富，带动村级快速发展、带领群众快速致富。

（二）“下”的基础要更实。推进农村综合服务平台提质，进一步完善“五室一站一中心”。逐年提高经费保障标准，确保1万元/村的服务群众专项经费足额及时到位，村主干年报酬达到农村居民人均可支配收入2倍以上，离任村主干困难生活补助标准逐步提升。加强村级班子队伍建设，特别注重调优配强村党组织书记。从严从实培养发展党员，从优从先培养后备干部，为村级发展储备人才力量。深入开展“两学一做”“不忘初心、牢记使命”等主题活动，落实好“三会一课”等党内基本制度。加强理论学习、实践锻炼，推动基层干部管理能力上水平、服务质量上档次。抓好“十佳村党支部”“十佳村干部”“先进基层党组织”“优秀共产党员”评选，营造良好的干事创业氛围。

中国共产党炎陵县委员会

综　述

【概述】 2018年，中共炎陵县委辖基层党(工)委21个、党总支68个、党支部503个，共产党员11051人，年内发展党员121名。全县全年GDP达到75.2亿元，增长7.5%；社会消费品零售总额24.75亿元，增长9.9%；固定资产投资63.95亿元，增长7.8%；规模工业增加值27.77亿元，增长7.5；一般公共预算收入税收占比83.35%，同比提高22个百分点；城镇居民人均可支配收入28537元，增长7.5%；农村居民人均可支配收入8882元，增长9.4%；金融机构存贷比70.9%。经省政府批准，顺利实现脱贫摘帽。获“中国幸福百强县”“全国十佳生态文明城市”“全国十佳生态休闲旅游城市”“中国田园美邑200佳”“全省现代公共文化服务体系示范区”“全省县域旅游经济增长质量前十、增长效率前十”“省文明县城”“省平安县”等美誉。

【县委常委会议】 2018年，炎陵县共召开县委常委会议20次。

1月9日，审议《炎陵县人民代表大会常务委员会工作报告（送审稿)》《政府工作报告（送审稿)》《政协炎陵县第九届委员会常务委员会工作报告(送审稿)》等相关工作报告。并就2018年县人大、政协“两会”筹备、重点项目建设、机构编制等相关工作进行专题研究。

2月12日，传达学习株洲市第十二届纪委第三次全体会议、全市脱贫攻坚会议精神。并就脱贫攻坚巩固提升、产业项目建设、乡村振兴、安全生产、环境保护、扫黑除恶专项行动、全县三级干部大会筹备等有关工作进行专题研究。

2月26日，审议关于落实中央八项规定精神实施办法、县委相关工作规则等文件。并就党委意识形态工作、党风廉政主体责任工作进行专题研究。

3月7日，传达学习习近平总书记在四川精准脱贫攻坚战座谈会上的讲话精神和汪洋副总理在基层扶贫干部座谈会上的讲话精神。贯彻学习《中国共产党党组工作条例(试行)》，专题听取县人大、县政府、县政协和县“两院”党组2017年工作情况汇报。

3月13日，传达学习市委农村工作会

议精神、全市农村农业工作座谈会精神、市党务工作会议精神，安排部署全县党务工作。传达落实全市“产业项目建设年”工作会议精神,安排部署全县“产业项目建设年”活动等工作。

3月30日,专题研究财政涉农资金、扶贫资金统筹整合使用、政府性债务、有关编制工作,听取戊戌年清明炎陵县社会各界祭祀炎帝陵活动筹备情况和湖南全康电子科技有限公司情况汇报。

4月20日,传达学习市委常委(扩大)会议精神和《中共湖南省委湖南省人民政府印发〈关于开展违反中央八项规定精神突出问题专项治理工作方案〉的通知》文件精神,分写研究当前经济形势和下阶段经济工作,听取省委第一巡视组交办的信访件办理情况汇报。

4月23日，进一步研究开展违反中央八项规定精神突出问题专项治理和抓好省委巡视组交办问题整改工作。

4月27日，传达学习全省扶贫工作暨作风建设年动员大会精神,专题研究开展扶贫领域作风问题专项治理和进一步规范公务用车管理工作。

5月22日，传达学习习近平总书记在深入推动长江经济带发展座谈会和全国生态环境保护大会上的重要讲话精神,研究部署炎陵县贯彻落实工作。传达学习全省2018年脱贫摘帽县脱贫工作调度推进会,全国、省、市金融工作会等会议精神。专题研究脱贫攻坚、农村土地承包经营权确权登记颁证和农村集体产权制度改革、防范和化解政府债务风险压减政府性投资项目、开展“对接北上广优化大环境”等五大行动、计划生育、安全生产、扫黑除恶专项斗争、统一战线等工作。

6月20日，听取贫困县退出国务院专项评估炎陵县现场检查验收相关情况汇报，专题研究部署后阶段脱贫攻坚巩固提升工作。

6月28日，传达学习全省市州委书记视频会议和市委常委(扩大)会议精神。听取中央、省委巡视组交办信访件办理情况汇报。专题分析研究全县上半年经济形势和“双过半”、防范化解重大风险、财政“三保”、意识形态、脱贫攻坚巩固提升等工作。

6月29日，专题研究部署“最多跑一次”改革、环境污染防治、安全生产等工作。

7月25日，研究部署省委第一巡视组反馈意见整改工作、环境保护和污染防治、桃源洞国家级自然保护区小水电开发专项整改、打击非法河道采砂、盛发木业搬迁拆除等工作。

8月2日,组织学习习近平总书记对湖南工作重要讲话指示精神、全省改善农村人居环境工作会议精神、市委第十二届六次全会暨2018年产业项目建设年“看、学、议”活动精神、市意识形态专项巡视反馈问题整改部署会精神。并就经济工作形势分析和产业项目建设、招商引资考核、县委十二届五次全会筹备、基层党建、绩效考核等工作进行专题研究。

9月17日，组织学习全国和全省组织工作会议精神、习近平总书记在全国教育大会上的重要讲话精神及《中华人民共和国监察法》《中国共产党纪律处分条例》《中国共产党党内监督条例》《关于新形势下党内政治生活若干准则》等相关文件精神。并就洞庭湖区下塞湖矮围问题、巡视整改等工作进行专题研究。

9月30日，贯彻学习全国宣传思想工作会议精神、全市改善农村人居环境工作会议精神。并就全县扫黑除恶、当前经济情况等工作进行专题研究。

10月16日，听取炎陵县脱贫摘帽总结表彰暨巩固提升动员大会筹备情况、2017年炎陵县驻村帮扶工作队员和结对帮扶责任人脱贫攻坚绩效考核工作情况、炎陵县经济运行情况的汇报，专题研究脱贫攻坚巩固提升、当前经济形势、深化机构改革等工作。

11月9日，传达学习全省深入学习贯彻习近平总书记精准扶贫工作重要论述大会、全省深化机构改革培训会议精神和《中共湖南省委办公厅湖南省人民政府办公厅关于禁止利用领导干部职权或者职务上的影响"提篮子"谋取私利的规定》《中共湖南省委办公厅湖南省人民政府办公厅关于一些地方政绩观存在偏差以及搞形象工程等引发政府债务风险问题的通报》文件精神，并就市重点工作绩效评估指标落实情况、脱贫攻坚迎省年度考核、加快园区转型升级和创新发展、禁毒、群团组织改革和换届、宗教、2018年财政预算调整情况、公务用车编制配备更新标准和使用管理情况、基层党建、村(居)"两委"成员违纪违法涉黑涉恶问题专项排查整顿、2017年科级领导干部年度考核等次评定情况、机构改革、安全生产等相关工作进行专题研究。

12月11日，传达学习开放强省暨湘南湘西承接产业转移示范区建设推进大会、全市宣传思想工作暨网信工作会议精神、全市党委办公室主任会议精神，并就信访维稳、人才建设、机构改革、绩效考核等相关工作进行专题研究。

【中国共产党炎陵县第十二届委员会第五次全体(扩大)会议】 8月3日，召开中国共产党炎陵县第十二届委员会第五次全体(扩大)会议，市政协副主席、县委书记黄诗燕作《谋求新作为展现新担当奋力推动高质量发展》主题报告，县委副书记、县长文专文主持会议。会议指出，上半年，全县上下坚持以习近平新时代中国特色社会主义思想为指引，紧紧围绕"两大主战场"，扎实开展"七大行动"，各项工作取得良好成效。会议强调，下半年要认真做好"稳就业、稳金融、稳外贸、稳外资、稳投资、稳预期"工作，把高质量发展的要求落实到脱贫攻坚巩固提升上，落实到产业项目建设上，落实到生态环境保护上，落实到全面深化改革上，落实到推进新型城镇化上，落实到保障和改善民生上，确保全面完成全年各项目标任务。会议要求，要围绕铸"魂"、亮"剑"、强"基"、用"才"、聚"气"、壮"骨"，建设全面过硬的高质量队伍。县委十二届委员会委员，候补委员，纪委委员，不是县委委员、县委候补委员的在职副县级以上领导，各乡镇、场、局主要负责人，县直副科以上单位、省直驻炎机构主要负责人，县党代表中的部分基层一线代表，部分企业主要负责人列席会议。

【脱贫攻坚】 脱贫攻坚取得载入史册的胜利,2018年2月以最低的贫困发生率、最高的群众认可度通过省核查,6月以错退和漏评“零反馈”通过“国检”,8月3日经省政府批准脱贫摘帽。同时,认真做好“巩固”“提升”两篇文章,圆满完成年度减贫任务,67户154人稳定脱贫,贫困发生率降至0.54%,顺利通过脱贫成效省级考核和全国省际交叉考核。主要做好“五字”文章。一是驱“贫”。以发展绿色产业为关键,通过直接帮扶、委托帮扶、股份合作,4301户贫困户与117家扶贫经济组织建立利益联结关系,具备发展意愿和能力的贫困人口均通过参与产业开发直接受益。二是治“穷”。“扶志”,加强思想教育和正向激励,帮助贫困户从精神上立起来、强起来、硬起来;“扶智”,突出抓教育扶贫,义务教育入学率100%、巩固率98.5%,3665名建档立卡贫困学生无1人因贫辍学;“扶技”,抓好贫困人口职业技能培训和创业示范带头人培训,农村贫困劳动力转移就业6658人,占59.5%。三是解“困”。建好“房子”,完成易地搬迁1234户4013人,农村危房改造8327户,农村土坯房整治6122户,拆除闲置废弃、空心破败的农村土坯房5366栋;养好“身子”,构建贫困人口医疗“六重保障”,贫困患者县内住院报销比例85%以上,5452人纳入国家健康管理系统,获评“全省健康扶贫先进县”;兜牢“底子”,农村低保兜底294户516人,做到应保尽保、应兜尽兜。四是提“质”。深入推进“六大工程”,交通更通畅了、饮水更安全了、网络更发达了、环境更优美了、文化更丰富了、旅游更兴旺了,农村基础设施和公共服务水平全面提升。五是担“责”。压实“五个责任”,严守“五项制度”,兑现“五个不论”。开展“三同五好”2.59万人次,实现“微心愿”2.16万个,“大走访”经验获省委《工作情况交流》推介。

【产业项目】 “产业项目建设年”重点项目开工60个、竣工16个,新增“四上”企业19家,市认定重点项目开工率81.8%、竣工率200%。一是以“炎帝陵创AAAAA”为标志,文化旅游迎来新起点。炎帝陵创AAAAA进入冲刺阶段,9月通过省旅发委现场检查,10月向国家文化和旅游部申报验收,即将迎来“国检”。炎帝陵入选“湖南十大文化地标”榜首,国家全域旅游示范区创建、神农谷景区扩容提质、神奇湘东精品线路、湘山公园开发等加速推进,洣泉书院成为省国防教育示范基地。引进浩创集团,投资60亿元打造湖南云上大院森林旅游休闲康养项目。成功举办戊戌年清明祭祀炎帝陵典礼、2018湖南等级景区文明旅游践行启动仪式等活动。预计接待游客662.11万人,旅游总收入50.85亿元,分别增长7.8%、8.2%。二是以“欧科亿、国声、全康落地”为标志,生态工业开创新天地。扎实推进一批生态工业项目,其中投资10亿元以上项目3个,欧科亿总部迁入炎陵,全力打造炎陵欧科亿硬质合金数控刀具产业园;国声声学产业园一期建成生产线36条,安置就业近2000人;全康智能家电一期建成生产线16条,生产的智能暖风机、电风扇投放市场后供不应求。圣宝龙电动汽车产业园、北京思凯乐户外服饰产业园、淳雅铝业等项目进展顺利,顺华锂业、今成钽铌二期、迈龙新材料、兴泰新材料等项目竣工投产。建成国家级“星创天地”2个、省级“星创天地”3个，高新技术企业9家,申请发明专利18件。预计规模工业增加值增长7.5%,工业投资、技改投资、高新技术产业投资分别增长108.2%、172.8%、56.9%。三是以“炎陵黄桃成为国家品牌和走出国门”为标志,绿色农业放飞新希望。“一带八基地”亮点纷呈,“炎陵黄桃”种植3400公顷,挂果1466.77公顷,产量2.3万吨,产值5.2亿元,入选“国家品牌计划”,实现出口“零突破”,省外销售占55%,线上销售占68.5%,获中国(长沙)优质果品博览会金奖,入选“中国果品区域公用品牌价值榜”,品牌价值1.56亿元。炎陵红茶获“国饮杯”“亚太杯”5个奖项,“万阳红”入选“丝绸之路”国际合作论坛指定产品。

【改革开放】 打破桎梏、扫除藩篱,闯出一条充满生机的康庄大道。一是进一步解放思想。在改革开放春风吹拂下,炎陵人民既打开“山门”,也敞开“心门”,市场意识、竞争意识、创新意识、进取意识不断强化。二是进一步深化改革。以供给侧结构性改革为主线,9个领域25项重点改革扎实推进。深化“最多跑一次”改革,3批857项审批服务事项实现“最多跑一次”,提速办结4万件,“减证便民”取消证明175项。深化机构改革,按照“两对应”“三规范”“四统筹”要求,结合实际出台改革方案。深化群团组织改革,落实“强三性、去四化”,群团组织调整机构编制,配强领导班子,优化代表结构,强化工作保障。深化监察体制改革,完成县监委组建和人员转隶,实现对行使公权力的公职人员监察全覆盖。深化农村综合改革,完成土地确权登记,“省检”排名全市第一;积极推进农村耕地“二区”划定,成为全市完成省定任务的两县之一;完成120个村清产核资。深化供销合作社改革，建成供销惠民综合服务中心25家,新增土地托管846.67公顷。深化商事制度改革,推行“证照分离、多证合一”“简易注销”等措施,新设市场主体1202户。深化社会事业改革,推行就医“一卡通”和复合型支付方式,县二级以上公立医疗机构异地就医即时结算,“五险”统一征缴。三是进一步扩大开放。深入经济发达地区,积极参与“沪洽周”、全国民营企业携手助推中部崛起大会等招商活动。签约引进项目21个,合同引资43.78亿元，内联引资18.33亿元，增长17.9%。组织企业参加国际展会,依托海关工作站支持外贸发展,进出口企业备案42家,外贸实绩企业12家，预计完成进出口总额3000万美元,增长33.3%。

【生态建设】 既保护生态环境,落实“绿水青山就是金山银山”,又提升生态环境,推动“绿水青山变成金山银山”。一是自然环境更优。积极配合中央和省环保督察,全面完成交办件整改落实。打好“蓝天保卫战”。推进工业企业治理,大力开展渣土、扬尘、尾矿库、固体废物等专项整治,空气质量优良率96.7%,优于国家二级标准,排名全省第二、全市第一。打好“碧水防御战”。完善“河长制”体系,实施湘江保护和治理“第二个三年行动计划”，完成县城饮用水源地环境问题专项整治，园区污水处理厂建成运行,全县地表水体和饮用水源水质优于国家二类标准，达标率100%。打好“净土持久战”。落实“绿盾2018”行动和自然保护地大检查，桃源洞完成198个问题点位整改，在全国自然保护区管理评估中评为“优秀”。开展污染源普查，实施节能减排，建成病死畜禽无害化处理中心，关停禁养区养殖场(户)67家。开展重金属污染耕地修复治理和“大棚房”整治，完成116.13公顷土地种植结构调整，遏制耕地非农化蔓延污染土地现象，人工造林1466.67公顷连续19年耕地占补平衡。二是城镇环境更好。按照“一心两区多点”布局，推进“多规合一”。实施城市“双修”，新改建供水供气管网12公里，生活污水处理设施建设加快推进。炎陵大道二期开工，康乐大道二期加快推进，井冈东路景观提质改造基本完成。完成城乡建设用地增减挂钩97公顷，实现收入2.66亿元。开展市容市貌“五大整治”，完成城市照明路灯节能升级改造。三是乡村环境更美。开展农村人居环境整治三年行动，创建美丽乡村省级示范村3个、市级示范村5个，以点带面推进乡村振兴。完成农村公路提质改造244公里，干线公路提质改造32公里。实施“小康用电示范县”工程，新改建输电线路271公里。完成农村饮水安全提质改造，自来水普及率乡镇达100%、行政村达91.7%。实施“农村双改”，启动“厕所革命”，完成重点区域旱厕摸底，推进道路和集聚区美化亮化。市级以上龙头企业增至19家，发展农民专业合作社582家(其中省级及以上示范社8家)、家庭农场112家、专业大户185户。

【民生改善】 以群众满意为第一标准，“民生100”全面或超额完成，民生支出占一般公共预算支出比重达81.49%。一是社会保障有力。社保扩面征缴，城乡低保标准提高到每月430元和300元且应保尽保，351户住房困难家庭享受租赁补贴，完成城市棚户区改造820户。新增创业主体1194户、城乡就业和再就业4027人，零就业家庭动态援助率100%，城镇登记失业率3.5%以内。二是社会事业繁荣。文化事业方面，建成首家24小时自助图书馆，新(改)建村级综合文化服务中心20个，放映公益电影2432场，完成演艺惠民送戏下乡146场，安装“户户通”3390套。成功举办首届农民丰收节炎陵分会场等活动，县广播电视台跻身“全国百佳县级广播电视台”，县图书馆获评“国家一级图书馆”。教育事业方面，省重点工程“芙蓉学校”开工，建成义务教育薄弱学校项目19个，城乡办学条件不断改善。落实划片招生、学位派位、学校布局调整，完成消除大班额年度任务。加强特殊教育，三类残疾儿童入学率98.7%。获评“全市高中学业水平考试先进县”，鹿原中学入选“中国青少年创新教育实践基地”。卫计事业方面，加快医联体建设，形成三级对口帮扶模式，县域内就诊率85%。全面实施药品采购“两票制”，有效控制医疗费用不合理增长。优化计生服务，符合政策生育率96.82%。县中医院、县妇幼保健计划生育服务中心、县疾控中心项目基本建成，沔渡中心卫生院获评全国“群众满意乡镇卫生院”。三是社会大局稳定。打好防范化解重大风险攻坚战，消化存量债务1.25亿元，政府债务严格控制在省下达限额内。

严厉打击非法集资,成功创建“省级金融安全区”。扫黑除恶专项斗争初战告捷,打掉黑恶犯罪集团(团伙)4个,破案38起,抓获犯罪嫌疑人40余人,连续14年保持“省平安县”荣誉。创建信访“三无县”成效显著,获评全省“三调联动解纠纷”先进集体,是全市唯一实现特护期零登记零非访零进京的县市区。强化监管执法,全年未发生较大以上安全生产事故。

【基层党建】 牢记“抓好党建就是最大政绩”,增强攻坚克难的“底气”。一是抓实理论舆论。深入学习贯彻习近平新时代中国特色社会主义思想和中共十九大精神,增强“四个意识”,坚定“四个自信”,做到“两个坚决维护”。加强党对意识形态工作的领导,出台《党委(党组)意识形态工作责任制实施细则》,唱响“主旋律”、坚守“主阵地”、服务“主战场”。组织12次县委中心组专题学习、3次大型集中学习、100余场集中宣讲、545场微宣讲和巡回宣讲,党性教育基地参训80批3600余人次。二是抓牢基层基础。培训党务干部5期700余人,储备村级后备干部396人,613名村(社区)干部联审“体检”。调整干部3批次109人,56名干部晋升职级。招录和引进各类人才295人,选派科技特派员95人。推进90个村级综合服务平台规范化建设,创建100个“五化”党支部示范点,摸排整顿28个软弱涣散党组织。成立10个农村青年人才党支部,56个村启动“党建+智慧乡村”,5169户农村党员家庭挂牌“亮身份”。基本消除集体经济收入“空白村”,村(社区)经费提高到17万—35万元,村主干年报酬增加3000元以上。构建大统战格局,成立新的社会阶层人士联谊会,扎实推进“同心工程”。三是抓严整改整治。以省委巡视整改为契机,将全面从严治党持续引向深入。省委巡视组反馈的5个方面33个问题和意识形态3个问题完成整改,35批342件信访件办结回复,出台规章制度36项。开展“两项治理”,自查自纠违反中央八项规定精神问题129起,查处扶贫领域腐败和作风问题120件,查处“四风”问题415件。强化纪律审查,立案172件,结案164件,党纪政务处分159人。完成2轮巡察,正在进行第6轮巡察。切实加强审计监督,实施审计项目65个。（陈歆波）

纪检监察

【概况】 中国共产党炎陵县纪律检查委员会、炎陵县监察委员会机关共有干部职工59人(其中委机关42人,派驻机构17人),内设办公室、组织部、党风政风监督室、信访室、案件监督管理室、第一纪检监察室、第二纪检监察室、第三纪检监察室、第四纪检监察室、案件审理室共10个职能科室,挂靠机构有县领导干部廉洁自律工作办公室、县责任制领导小组办公室和县作风建设领导小组办公室。派驻纪检监察组7个,二级机构1个(县廉政教育中心)。

2018年,全县各级纪检监察组织以习近平新时代中国特色社会主义思想为指导,深入贯彻落实中共十九大精神,按照中央纪委二次全会和省、市纪委全会部署,坚持稳中求进总基调，聚焦主业主责，提高政治站位，严格管理党员干部，重拳出击惩治腐败，为营造炎陵山清水秀政治生态，全面建设美丽幸福新炎陵提供坚强保障。

【监察体制改革】 2018 年 1 月 14 日，炎陵县第十七届人民代表大会第三次会议选举文斌为县监察委员会主任；1 月 15 日，县第十七届人民代表大会常务委员会第八次会议任命县监察委员会副主任、县监察委员会委员。随后，炎陵县监察委员会正式挂牌，并召开县纪委、县监委干部大会。本次监察体制改革，撤销县监察局、县检察院反贪污贿赂、反渎职侵权、预防职务犯罪等部门，新增纪检监察室 1 个；县检察机关转隶人员 8 人、划转编制 11 个。县纪委、监委合署办公，共同设立综合部门、信访部门、案件监督管理部门、案件审理部门、执纪监督部门、审查调查部门等 10 个内设机构，形成内设机构相互协调、相互制约的工作机制。改革后，监督执纪部门的机构数、编制数分别占总数的 80%、71%；全县监察对象由原来的 5134 人增加到 9343 人，实现对公权力监督的全覆盖，监督体系更加完善、反腐败机制更加顺畅。

【县纪委全会】 2018 年 3 月 14 日，炎陵县召开县第十二届纪委第三次全体会议，主要任务是深入贯彻中共十九大、中央纪委二次全会和省、市纪委全会精神，安排部署全县 2018 年纪检监察工作，市政协副主席、县委书记黄诗燕出席会议并讲话，县委副书记、县长文专文主持会议，县委常委、纪委书记、监委主任文斌代表县纪委常委会作了题为《坚定不移推进全面从严治党，为全面建设美丽幸福新炎陵提供坚强保障》的工作报告。

【优化政治生态】 充分发挥监督专责机关职能作用，强化监督检查，确保重大决策部署的贯彻落实。突出提高政治站位。始终把“两个维护”作为特殊历史使命和重大政治责任，加强对学习贯彻落实中共十九大精神、上级重大决策部署和决定情况的监督检查，查处违反政治纪律和政治规矩问题 3 件。突出廉政宣传教育。组织参加第二届“清风株洲”廉洁文化创作活动，更新县“清风长廊”2 期 58 个专版，在电台、影院刊播廉政专题片和广告 800 余条，在市级以上媒体发表反映炎陵县纪检监察工作信息稿件 500 余篇。突出压实工作责任。督促各级党组织落实主体责任，班子成员履行“一岗双责”。县纪委先后 24 次召开纪委常委会议，学习传达要求、抓好贯彻落实，每季度开展责任落实情况交叉督查。紧盯“关键少数”，督促执行党内监督各项制度，查处“两个责任”落实不力的相关领导 84 人；县级领导开展谈话提醒 3464 人次。突出做好巡视整改。认真配合省委巡视，按时办理中央和省委巡视组交办问题线索 35 批次 342 件。紧紧围绕巡视组要求和县委的安排部署，集中时间、精力抓好巡视整改，组织开展巡视整改督查 4 轮；牵头整改 15 个问题，配合整改 9 个问题，立案 29 人，移送司法机关审查起诉 3 人，组织处理 29 人。

【抓实作风建设】 驰而不息、严格执纪，打好作风建设持久战。八项规定精神得到较好落实。严格落实中央八项规定及其实施细则精神，坚决执行省委省政府“约法三章”，深入开展突出问题专项治理。成立9个监督检查组，开展为期一个月的监督检查。纠正全县自查中发现的问题129起，查处“4·20”后违规配备使用办公用房1起。扶贫领域问题得到有效治理。以扶贫领域腐败和作风问题专项治理统揽工作全局，助力脱贫攻坚，立案查处扶贫领域腐败和作风问题案件120件，给予党政纪处分118人，组织处理189人，追缴违纪违法资金301.3436万元，上交财政资金278.9767万元，退还群众资金22.19万元。日常监督效能得到明显提升。结合重要时间节点，持之以恒纠“四风”，开展专项督查24次，查处问题415个，问责704人。印发典型案例28期，通报曝光86人次。以专项竞赛方式抓好各类专项整治，查处违规征订教辅材料问题12件，纪律处分6人，组织处理6人，追缴资金5.77万元；查处国家公职人员违规参与涉矿等经营性活动3人，纪律处分3人，组织处理1人。推进“互联网+监督”平台建设，通过数据对比，发现并核查问题线索622条，问责13人。

【推进审查调查】 坚持无禁区、全覆盖、零容忍，不断巩固反腐败斗争压倒性态势。着力查处违纪违法问题。畅通信访举报渠道，严格落实初信初访首办责任，县本级共收到业务内信访举报88件（巡视组移交除外），同比下降45%。处置反映问题线索825件，立案172件（含科级干部47人），结案164件，给予党纪政务处分159人，经立案审查未给予党纪政纪处分，只给予组织处理的5人；移送司法机关4人，留置1人，挽回经济损失463.93万元。着力提升案件工作质量。完成执纪审查标准谈话室建设，严格落实审查调查安全有关规定，办案人员“零违纪”和办案安全“零事故”；充分发挥案件审理小组的作用，严把关口，依规依纪依法定性量纪。着力开展扫黑除恶斗争。贯彻落实中央和省、市扫黑除恶专项斗争的决策部署，把扫黑除恶和基层“拍蝇”结合起来，深入开展涉黑涉恶腐败和“保护伞”问题线索“大起底”，逐案过筛、扩线深挖，排查涉黑涉恶腐败问题线索5条。

【完善监督体系】 深化巡察、派驻改革，健全监督体系，创新监督方法，提高监督效能。巡察监督作用充分发挥。进一步配齐配强巡察办、巡察组工作人员；建立巡察人员库，统筹安排专题培训；出台《巡察人员管理暂行办法》等一系列制度方案，建立与纪检监察、组织、审计等部门的工作协调机制，保障巡察的正常展开。年内，县委开展巡察3轮，巡察单位19个（含二级机构），发现问题35个，立案55人。基层工作合力切实增强。制定《关于进一步加强乡镇纪委工作的意见》《派驻纪检组管理办法（试行）》，强化对基层纪检组织的管理。深化片区协作，以3个片区纪检协作站为依托，将派驻纪检组与片区纪检协作站“捆绑”运行，由领导班子成员和机关内设机构联系指导，联合开展监督检查和查处问责。通过协作运行，基层纪检组织工作效能明显提升，乡镇纪委和派驻机构全部消除纪律审查“空白点”，全年立案100件。

【强化自身建设】 落实“打铁必须自身硬”要求，从教育、监督、管理入手，倾力打造素质过硬的执纪“铁军”。以竞赛提升本领。深化纪检监察干部“百分制”量化考评和重点工作预安销号，基层纪检监察组织负责人按季述职并接受评议。倡导“全员办案，人人参与”，实行“案子、稿子、专项整治”业务竞赛，实施“按季评星”，用先进引领创先争优，营造良好干事创业氛围。以严管体现厚爱。加强教育培训，强化理论武装，增强政治定力，提高能力水平。开展纪检监察干部“大家访”全覆盖，树良好家风，筑廉洁防线。强化内控机制建设，认真执行监督执纪工作规则、“十不准”禁令，主动接受各方面的监督。坚持刀刃向内，立案查处纪检监察干部违纪违法问题5件，处分5人。以活动展现风貌。切实抓好机关党建和文化建设，机关支部列入全县党支部“五化”建设示范点。组织开展丰富多彩的文体活动，荣获全市“清风株洲杯”篮球赛冠军等奖项；组织“庆国庆·做最美纪检人”文艺晚会、全县党纪法规知识竞赛等活动，队伍凝聚力和战斗力不断增强。

（邱新平）

县委办公室

【概况】 中共炎陵县委办公室，挂中共炎陵县委机要局、炎陵县国家密码管理局、中共炎陵县直属机关工作委员会、中共炎陵县委全面深化改革领导小组办公室牌子，内设8个职能科室局(委)，即综合信息科、秘书科、行政科、督查室(对外称中共炎陵县委督查室)、政研室(对外称中共炎陵县委政研室)、保密局（对外称中共炎陵县委保密委员会、县国家保密局)、县直机关工委办公室、政绩考核办。

【政治建设】 坚持以习近平新时代中国特色社会主义思想为指导，深入学习贯彻习近平总书记对党办工作“五个坚持”重要指示和全国、省、市党委秘书长(主任)会议精神，牢固树立“四个意识”，忠诚践行“两个维护”，全力推动党中央和省、市、县委各项决策部署落地见效。自觉以配合省委巡视作为党办工作的重要政治任务，把思想和行动统一到扎实推进巡视相关工作中，积极做好协调，加强督促调度，牵头按时按质完成省委巡视反馈问题的整改任务。

【参政设谋】 着重在综调、文稿、信息三个方面发力。注重调研。全面开展 “抓重点补短板强弱项”大调研活动，形成调研报告83篇。其中，诗燕书记《打好“两场硬仗”实现全面脱贫》调研报告获全省二等奖，为全市10个县市区唯一。突出文稿。组织撰稿的《坚持“大走访”同心摘“穷帽”》在省委《工作情况交流》刊发，进行全省推介。撰写领导署名文章、讲话文稿、汇报材料等综合文稿200余篇，在脱贫国检评估验收、省委巡视整改、省市主要领导调研视察等重大工作中，准确全面反映炎陵经济社会发展情况。抓实信息。

全年向省市报送党委信息450余条，紧急应急信息全年无漏报、错报、迟报。

【强化服务】 突出抓好“五有”。统筹协调有方，健全“四办”联系会议制度，坚持对县级领导、乡镇一把手实行“三管理”制度，全年共统筹领导活动166次。办文办会有序，严格做好整治“文山会海”、严控检查考核情况自查自纠工作，全年共审改、核发文件164份，以党委、政府名义召开的全县性会议得到有效控制。机要保密有为，加快党委政府电子政务内网建设，在全市率先通过电子政务内网分级保护工程验收，密电管理全年实现“无事故、无差错、无错情”。接待服务有质，累计接待各级来宾152批次3600余人次，成功接待傅奎、黄关春、黄兰香、王少峰、蔡振红、张剑飞、毛腾飞、阳卫国等省市主要领导到炎陵调研考察、指导工作。后勤保障有力，完成县委办公楼维修改造工程，完善财务管理制度，加快建设节约型机关。

【督查督办】 充分发挥“马办”牵头抓总作用。开通县级督查督办网络平台，重大督办事项实现网上流转、全过程监控、实时催办，以“五个紧扣”，杜绝重复督查、多头督查的现象。紧扣中心工作，加强对全县重大会议落实、脱贫攻坚、项目建设等工作的督促督查，确保各项工作平稳有序；紧扣领导批示，全年办理领导批示件663份，上级领导批示件办结率100%；紧扣群众诉求，热线、平台共受理问题反映96起，办理回访满意度100%；紧扣“两个全面”，9个领域25项重点改革任务扎实推进，全面小康指标得分稳步提升；紧扣绩效考核，完成2017年度绩效考核评估，有效对接推进2018绩效评估工作。

【自身建设】 按照“靠得住、有本事、过得硬”要求，加强党办队伍建设。抓学习。结合“两学一做”学习教育常态化制度化建设，大力开展“不忘初心、牢记使命”教育，扎实开展“主题党日”活动，坚持微信汇报周工作总结、每月集体学习，有效强化党办队伍的政治素养和综合能力。抓队伍。加强干部培养，做好人才梯队建设，通过高层次人才引进和公开招考招录2名年轻干部充实队伍，4名干部得到交流提拔。抓形象。要求所有党办人员全面参与脱贫攻坚结对帮扶，推动干部走向基层，推动学习走向常态，展示党办干部素质形象。 （陈歆波）

炎发文件归档目录(一)

表 4

序号	文号	题　名	备注
1	炎发〔2018〕1 号	关于深入学习贯彻党的十九大精神全面建设美丽幸福新炎陵的决定	—
2	炎发〔2018〕2 号	关于表彰 2017 年度全县文明建设先进集体和先进个人的决定	—
3	炎发〔2018〕3 号	关于实施乡村振兴战略的意见	—
4	炎发〔2018〕4 号	关于脱贫摘帽和巩固提升的实施意见	—
5	炎发〔2018〕5 号	印发《中共炎陵县委关于进一步贯彻落实中央八项规定精神的实施办法》的通知	秘密
6	炎发〔2018〕6 号	关于印发《炎陵县扫黑除恶专项斗争工作方案》的通知	秘密
7	炎发〔2018〕7 号	印发《炎陵县关于开展违反中央八项规定精神突出问题专项治理的工作方案》的通知	—
8	炎发〔2018〕8 号	关于转发《中共湖南省委　湖南省人民政府关于开展扶贫领域作风问题专项治理工作的通知》的通知	—
9	炎发〔2018〕9 号	关于印发《中共炎陵县常委会 2018 年工作要点》的通知	—
10	炎发〔2018〕10 号	关于进一步加强和改进新形势下县乡人大代表工作的意见	—
11	炎发〔2018〕11 号	关于落实全面两孩政策完善计划生育服务和目标管理责任制的实施办法	—
12	炎发〔2018〕12 号	印发《炎陵县关于深入推进城市管理和综合执法体制改革的实施方案》的通知	—
13	炎发〔2018〕13 号	关于印发《炎陵县人才行动计划》的通知	—
14	炎发〔2018〕14 号	印发《关于贯彻落实省委第一巡视组反馈意见的整改方案》的通知	—
15	炎发〔2018〕15 号	印发《落实省委〈关于中央第八巡视组反馈意见的整改方案〉的实施方案》《落实市委〈关于省委第一巡视组反馈问题的整改方案〉的实施方案》的通知	—
16	炎发〔2018〕16 号	关于同意中共炎陵县国家税务局、地方税务局联合委员会改设中共国家税务总局炎陵县税务局委员会的批复	—
17	炎发〔2018〕17 号	关于炎陵县隐性债务化解方案	—
18	炎发〔2018〕18 号	关于打赢脱贫攻坚战三年行动的实施意见	—
19	炎发〔2018〕19 号	关于印发《炎陵县推进安全生产领域改革发展的实施意见》的通知	—
20	炎发〔2018〕20 号	关于落实食品安全党政同责的实施意见	—
21	炎发〔2018〕21 号	关于进一步加快园区转型升级和创新发展的若干意见	—
22	炎发〔2018〕22 号	关于全面加强生态环境保护坚决打好污染防治攻坚战的实施意见	—

炎发文件归档目录(二)

表 5

序号	文号	题　名	备注
1	炎委〔2018〕1 号	关于召开县委常委班子专题民主生活会的请示	—
2	炎委〔2018〕2 号	关于印发《中国共产党炎陵县委员会工作规则》的通知	—
3	炎委〔2018〕3 号	关于印发《中共炎陵县委全会工作规则》的通知	—
4	炎委〔2018〕4 号	关于印发《中共炎陵县委常委会工作规则》的通知	—
5	炎委〔2018〕5 号	关于加强常委会自身建设的意见	—
6	炎委〔2018〕6 号	关于印发《张迎春、赖馨正在省委第一巡视组巡视炎陵县工作动员会议上的讲话和黄诗燕同志的表态发言》的通知	—
7	炎委〔2018〕7 号	关于炎陵智能家电系列产品生产项目有关事项的请示	—
8	炎委〔2018〕8 号	关于 2017 年工作情况的报告	—
9	炎委〔2018〕9 号	关于批转《炎陵县 2018 年党员干部教育培训计划》的通知	—
10	炎委〔2018〕10 号	关于印发《炎陵县党外代表人士选拔使用工作意见》的通知	—
11	炎委〔2018〕11 号	关于严格履行电力改革协议约定继续实行炎陵县工业用电价格优惠政策的请示	—
12	炎委〔2018〕12 号	关于炎陵县草坪河片区 1 号地块拍卖出让等有关事项的情况汇报	—
13	炎委〔2018〕13 号	关于 2018 年上半年工作情况的报告	—
14	炎委〔2018〕14 号	关于中央巡视组反馈意见整改情况的报告	—
15	炎委〔2018〕15 号	关于何美存、吴先德违纪案处分意见的请示	—
16	炎委〔2018〕16 号	关于省委第一巡视组向市委反馈意见涉及炎陵县问题整改情况的报告	—
17	炎委〔2018〕17 号	关于巡视整改进展情况的报告	—

炎发文件归档目录(三)

表 6

序号	文号	题　　名	备注
1	炎委干〔2018〕1 号	关于炎陵县监察委员会主任候选人的建议名单	—
2	炎委干〔2018〕2 号	关于补选炎陵县第十七届人民代表大会常务委员会委员候选人的建议名单	—
3	炎委干〔2018〕3 号	关于炎陵县第十七届人民代表大会三个专门委员会主任委员、副主任委员、委员候选人的建议名单	—
4	炎委干〔2018〕4 号	关于提名欧阳波等同志任职通知	—
5	炎委干〔2018〕5 号	关于霍霖等同志退休的通知	—
6	炎委干〔2018〕6 号	关于周三发等同志退休的通知	—
7	炎委干〔2018〕7 号	关于夏胜利等同志职务任免的通知	—
8	炎委干〔2018〕8 号	关于提名古兢兢等同志职务任免的通知	—
9	炎委干〔2018〕9 号	关于提名余杰等同志职务任免的通知	—
10	炎委干〔2018〕10 号	关于提名胡爱萍同志任职的通知	—
11	炎委干〔2018〕11 号	关于提名刘娟同志任职的通知	—
12	炎委干〔2018〕12 号	关于提名吴伟等同志任职的通知	—
13	炎委干〔2018〕13 号	关于中共炎陵县国家税务局委员会换届选举结果的批复	—
14	炎委干〔2018〕14 号	关于刘文锦等同志退休的通知	—
15	炎委干〔2018〕15 号	关于县部分乡镇人民代表大会补选结果的通知	—
16	炎委干〔2018〕16 号	关于陈英洪等同志退休的通知	—
17	炎委干〔2018〕17 号	关于周忠东同志免职的通知	—
18	炎委干〔2018〕18 号	关于免去欧阳波等同志职务的通知	—
19	炎委干〔2018〕19 号	关于提名免去唐东、唐巧锋同志职务的通知	—
20	炎委干〔2018〕20 号	关于资晓莺等同志退休的通知	—
21	炎委干〔2018〕21 号	关于肖路云等同志退休的通知	—
22	炎委干〔2018〕22 号	关于提名免去欧阳波同志职务的通知	—

续表 6

序号	文号	题　　名	备注
23	炎委干〔2018〕23 号	关于提名免去周红　朱礼军同志职务的通知	—
24	炎委干〔2018〕24 号	关于刘爱平同志退休的通知	—
25	炎委干〔2018〕25 号	关于吴晓云等同志退休的通知	—
26	炎委干〔2018〕26 号	关于唐之乐同志退休的通知	—
27	炎委干〔2018〕27 号	关于刘晓华同志退休的通知	—
28	炎委干〔2018〕28 号	关于提名吴新勇等同志职务任免的通知	—
29	炎委干〔2018〕29 号	关于邱新平等同志职务任免的通知	—
30	炎委干〔2018〕30 号	关于提名免去李芳林同志职务的通知	—
31	炎委干〔2018〕31 号	关于提名杨丽晴等同志职务任免的通知	—
32	炎委干〔2018〕32 号	关于纠正尹志强等同志任职的决定	—
33	炎委干〔2018〕33 号	关于纠正颜小平　张腾升同志任职的决定	—
34	炎委干〔2018〕34 号	关于明确欧庆红同志职务的通知	—
35	炎委干〔2018〕35 号	关于相关人员职务相应更名的通知	—
36	炎委干〔2018〕36 号	关于李义辉同志任职的通知	—
37	炎委干〔2018〕37 号	关于肖学菊同志退休的通知	—
38	炎委干〔2018〕38 号	关于朱建华等同志退休的通知	—
39	炎委干〔2018〕39 号	关于廖明智　叶茂同志职务任免的通知	—
40	炎委干〔2018〕40 号	关于霞阳镇　十都镇人民代表大会补选结果的通知	—
41	炎委干〔2018〕41 号	关于尹婉容等同志退休的通知	—
42	炎委干〔2018〕42 号	关于共青团炎陵县第十九届委员会常委、书记、副书记候选人建议名单的通知	—
43	炎委干〔2018〕43 号	关于炎陵县妇女联合会第十五届执行委员会常委、主席、副主席候选人建议名单的通知	—
44	炎委干〔2018〕44 号	关于炎陵县科学技术协会第八届委员会常委、主席、副主席候选人建议名单的通知	—
45	炎委干〔2018〕45 号	关于张文敏等同志退休的通知	—

炎发文件归档目录(四)

表 7

序号	文号	题 名	备注
1	炎办发〔2018〕1 号	关于转发《中共湖南省委办公厅 湖南省人民政府办公厅关于做好雨雪冰冻天气防范应对工作的通知》通知	—
2	炎办发〔2018〕2 号	关于进一步加强乡镇国土规划建设管理职能的实施意见	—
3	炎办发〔2018〕3 号	关于转发《中共湖南省委办公厅关于做好低温雨雪冰冻天气防范应对工作的通知》的通知	—
4	炎办发〔2018〕4 号	关于印发《炎陵县 2018 年“产业项目建设年”活动实施方案》的通知	—
5	炎办发〔2018〕5 号	关于印发《大兴调查研究之风深入开展“抓重点补短板强弱项”大调研活动实施方案》的通知	—
6	炎办发〔2018〕6 号	关于印发《炎陵县县管非领导职务干部管理办法(试行)》的通知	—
7	炎办发〔2018〕7 号	关于印发《炎陵县任用干部看党建实施办法(试行)的通知》	—
8	炎办发〔2018〕8 号	关于印发《炎陵县基层党组织“组织力提升工程”实施方案》的通知	—
9	炎办发〔2018〕9 号	关于印发《2018 年炎陵县“创新社会治理,打造平安乡镇”季度竞赛活动方案》的通知	—
10	炎办发〔2018〕10 号	关于印发炎陵县 2018 年“产业项目建设年”活动重点项目的通知	—
11	炎办发〔2018〕11 号	关于转发《中共湖南省委办公厅 湖南省人民政府办公厅关于进一步整治“文山会海”和检查考核过多过滥问题的通知》的通知	—
12	炎办发〔2018〕12 号	关于印发《中央巡视组和省委巡巡视组交办群众身边问题件办理工作方案》的通知	—
13	炎办发〔2018〕13 号	关于印发《炎陵县妇联改革实施方案》的通知	秘密
14	炎办发〔2018〕14 号	关于完善农村土地所有权承包权经营权分置办法的实施意见	—
15	炎办发〔2018〕15 号	关于印发《炎陵县总工会深化改革实施方案》的通知	秘密
16	炎办发〔2018〕16 号	关于印发《共青团炎陵县委改革实施方案》的通知	秘密
17	炎办发〔2018〕17 号	关于印发《炎陵县科协系统深化改革实施方案》的通知	秘密
18	炎办发〔2018〕18 号	关于印发《炎陵县机关事业单位临聘人员管理办法》的通知	—
19	炎办发〔2018〕19 号	关于做好 2018—2020 年全县脱贫攻坚驻村帮扶和结对帮扶工作的意见	—
20	炎办发〔2018〕20 号	关于转发《中共湖南省委办公厅 湖南省人民政府办公厅印发〈关于禁止利用领导干部职权或者职务上的影响“提篮子”谋取私利的规定〉的通知》的通知	—
21	炎办发〔2018〕21 号	关于印发《炎陵县村级集体经济消薄三年行动计划(2018—2020 年)》的通知	—
22	炎办发〔2018〕22 号	关于印发《炎陵县村(居)“两委”成员违纪违法涉黑涉恶问题整改方案》的通知	秘密

续表 7

序号	文号	题　　名	备注
23	炎办发〔2018〕23 号	关于成立园区发展工作领导小组的通知	—
24	炎办发〔2018〕24 号	关于印发《炎陵县园区升级三年行动方案(2018—2020 年)》的通知	—
25	炎办发〔2018〕25 号	关于落实《株洲市园区工作考核办法(2018 年)》相关工作的通知	—
26	炎办发〔2018〕26 号	关于印发《炎陵县公务用车编制配备、更新标准和使用管理办法》的通知	—
27	炎办发〔2018〕27 号	关于印发《炎陵县公务用车购置审批流程》的通知	—
28	炎办发〔2018〕29 号	关于印发《炎陵县投融资平台公司转型体制改革方案》的通知	28 号空号
29	炎办发〔2018〕30 号	关于印发《炎陵县投融资平台公司转型整合实施方案》的通知	—

炎发文件归档目录(五)

表8

序号	文号	题　　名	备注
1	炎办〔2018〕1号	关于做好2017年度县委常委班子民主生活会会前征求意见工作的通知	—
2	炎办〔2018〕2号	关于成立炎陵县芙蓉学校建设工作领导小组的通知	—
3	炎办〔2018〕3号	关于印发《炎陵县芙蓉学校建设方案》的通知	—
4	炎办〔2018〕4号	关于做好2006年以前档案移交进馆的通知	—
5	炎办〔2018〕5号	关于做好《炎陵年鉴(2018版)》编纂发行的通知	—
6	炎办〔2018〕6号	关于在全县开展领导干部定期接待群众来访的通知	—
7	炎办〔2018〕7号	关于印发《2017—2021年县委巡察工作规划》的通知	—
8	炎办〔2018〕8号	关于印发《炎陵县档案接收征集办法》的通知	—
9	炎办〔2018〕9号	关于表彰2017年度综治、维稳、“三打八创”工作先进单位和先进个人的通报	—
10	炎办〔2018〕10号	关于表彰2017年度“十佳村党组织”、“十佳村干部”的通报	—
11	炎办〔2018〕11号	关于成立炎陵县实施乡村振兴战略领导小组的通知	—
12	炎办〔2018〕12号	关于印发《2018年炎陵县美丽宜居乡村联点安排表》的通知	—
13	炎办〔2018〕13号	关于2017年度“项目攻坚年”活动等工作考核结果的通报	—
14	炎办〔2018〕14号	关于2017年度全县人口与计划生育评估与奖惩情况的通报	—
15	炎办〔2018〕15号	关于2017年度全县财政收支完成情况及乡镇园区财税目标管理考核结果的通报	—
16	炎办〔2018〕16号	关于印发《炎陵县安全生产“百日大检查”工作方案》的通知	—
17	炎办〔2018〕17号	关于印发《炎陵县委县政府领导安全生产工作责任清单》《炎陵县县直有关部门安全生产责任清单》《炎陵县生产经营企业安全生产主体责任清单》的通知	—
18	炎办〔2018〕18号	关于印发《加强基层安全生产网格化监督促进打击非法生产经营行为工作方案》的通知	—
19	炎办〔2018〕19号	关于成立打击非法生产经营建设行为领导小组的通知	—
20	炎办〔2018〕20号	关于印发《中共炎陵县委常委会2018年党风廉政建设主体责任分工和任务分解》的通知	—
21	炎办〔2018〕21号	关于开展党政机关办公用房专项自查自纠工作的通知	—
22	炎办〔2018〕22号	关于进一步深入做好全县驻村帮扶、结对帮扶工作的通知	—

续表 8

序号	文号	题　　名	备注
23	炎办〔2018〕23 号	关于印发《请示报告工作制度》的通知	—
24	炎办〔2018〕24 号	关于印发《炎陵县基层党建工作考核评估办法》的通知	—
25	炎办〔2018〕25 号	关于成立炎陵县政府性债务管理工作领导小组的通知	—
26	炎办〔2018〕26 号	关于进一步规范公务用车管理的通知	—
27	炎办〔2018〕27 号	关于开展清理规范创建示范活动工作的通知	—
28	炎办〔2018〕28 号	关于成立炎陵县“最多跑一次”改革工作领导小组的通知	—
29	炎办〔2018〕29 号	关于印发《炎陵县落实中央八项规定精神情况监督检查方案》的通知	—
30	炎办〔2018〕30 号	关于成立县扶贫领域作风问题专项治理工作领导小组的通知	—
31	炎办〔2018〕31 号	关于印发《炎陵县扶贫领域作风问题专项治理任务分解表》的通知	—
32	炎办〔2018〕32 号	关于成立炎陵县迎接贫困县退出国家专项评估检查工作领导小组的通知	—
33	炎办〔2018〕33 号	关于印发《炎陵县迎接贫困县退出国家专项评估检查工作方案》的通知	—
34	炎办〔2018〕34 号	关于继续实施县委常委与党外代表人士联谊交友的通知	—
35	炎办〔2018〕35 号	关于印发《炎陵县建立健全村务监督委员会实施方案》的通知	—
36	炎办〔2018〕36 号	关于印发《中共炎陵县委全面深化改革领导小组 2018 年工作要点及责任分工》的通知	—
37	炎办〔2018〕37 号	关于成立湖南全康智能家电项目建设指挥部的通知	—
38	炎办〔2018〕38 号	关于印发《炎陵县“对接北上广优化大环境”行动实施方案》和 4 各行动计划的通知	—
39	炎办〔2018〕39 号	关于对中村瑶族乡等单位计划生育工作实行“一票否决”的通报	—
40	炎办〔2018〕40 号	关于成立炎陵县农村集体产权制定改革工作领导小组的通知	—
41	炎办〔2018〕41 号	关于印发《炎陵县农村集体产权制度改革工作实施方案》的通知	—
42	炎办〔2018〕42 号	印发《关于建立对失信被执行人联合惩戒机制的实施意见》的通知	—
43	炎办〔2018〕43 号	印发《关于基本解决执行难问题的意见》的通知	—
44	炎办〔2018〕44 号	关于成立国税地税征管体制改革专项组的通知	—
45	炎办〔2018〕45 号	印发《关于在全县全面推行“最多跑一次”改革的实施方案》的通知	—
46	炎办〔2018〕46 号	关于印发《炎陵县配合省环境保护督察总体工作方案》的通知	—

续表 8

序号	文号	题　　名	备注
47	炎办〔2018〕47 号	关于印发《炎陵县污染防治攻坚战 2018 年污染治理项目任务清单》的通知	—
48	炎办〔2018〕48 号	关于印发《炎陵县环境保护工作责任规定》的通知	—
49	炎办〔2018〕49 号	关于印发《炎陵县打好污染防治攻坚战加强生态环境保护三年行动方案（2018—2020）》的通知	—
50	炎办〔2018〕50 号	关于印发《炎陵县 2018 年“民生 100”工程实施方案》的通知	—
51	炎办〔2018〕51 号	关于印发《炎陵县电子商务进农村工作调整方案》的通知	—
52	炎办〔2018〕52 号	关于省委第一巡视组反馈问题“虚增财政收入”的调整方案	—
53	炎办〔2018〕53 号	印发《关于严控政府性债务增长着力防范化解政府性债务风险的实施办法》的通知	—
54	炎办〔2018〕54 号	关于印发《党的十九大信访维稳工作考核表彰通报》的通知	—
55	炎办〔2018〕55 号	关于 2017 年度绩效考核结果的通报	—
56	炎办〔2018〕56 号	关于印发《炎陵县 2018 年重点工作绩效评估实施方案》的通知	—
57	炎办〔2018〕57 号	关于印发《炎陵县 2018 年市重点工作绩效评估指标任务分解表》的通知	—
58	炎办〔2018〕58 号	关于印发《炎陵县招商引资工作考核办法（2018—2020 年）》的通知	—
59	炎办〔2018〕59 号	关于印发《炎陵县 2018 年度人口和计划生育工作考核评估方案》的通知	—
60	炎办〔2018〕60 号	关于转发《中共湖南省委办公厅　关于认真学习贯彻〈中国共产党纪律处分条例〉的通知》的通知	—
61	炎办〔2018〕61 号	关于“虚增财政收入”问题整改的专项报告	—
62	炎办〔2018〕62 号	印发《关于围绕三大攻坚战解决群众突出问题的实施方案》的通知	秘密
63	炎办〔2018〕63 号	关于印发《炎陵县机关事业单位借调人员管理办法（试行）》的通知	—
64	炎办〔2018〕64 号	关于表彰炎陵县脱贫攻坚先进单位和先进个人的决定	—
65	炎办〔2018〕65 号	关于印发《炎陵县配合中央生态环境保护督察“回头看”协调联络工作方案》的通知	—
66	炎办〔2018〕66 号	关于成立县委深化机构改革领导小组的通知	—
67	炎办〔2018〕67 号	关于做好提高县电视节目覆盖率工作的通知	—
68	炎办〔2018〕68 号	印发《关于开展“两代表一委员”工作室建设的实施方案》的通知	—
69	炎办〔2018〕69 号	关于建立意识形态工作联席会议制度的通知	秘密
70	炎办〔2018〕70 号	关于印发《炎陵县开展信访维稳工作“三无”单位创建活动的实施方案》的通知	—

续表 8

序号	文号	题　名	备注
71	炎办〔2018〕71 号	关于印发《炎陵县 2018 年财税工作目标管理考核办法》的通知	—
72	炎办〔2018〕72 号	关于印发《炎陵县贯彻落实湖南省环境保护督察反馈意见整改方案》的通知	—
73	炎办〔2018〕73 号	关于调整炎陵县河长制工作委员会组成人员的通知	—
74	炎办〔2018〕74 号	关于完善信访工作联席会议机制的通知	—
75	炎办〔2018〕75 号	关于认真学习贯彻《中国共产党支部工作条例(试行)》的通知	—

组 织

【概况】 2018年县委组织部在编17人，内设办公室（研究室）、干部一科（公务员管理办公室）、干部二科、干部信息科、组织科、党代表联络工作办公室，下设县党员教育中心、县基层党建工作办公室、县公开选拔领导干部工作办公室、县党性教育基地（炎陵干部学院），归口管理单位有县委党校、县委老干部局。

2018年，全县组织工作坚决贯彻中共十九大精神，坚持以习近平新时代中国特色社会主义思想为指导，全面落实新时代党的建设总要求，以党的政治建设为统领，统筹推进领导班子和干部队伍建设、基层党组织和党员队伍建设、人才队伍建设，提高政治站位，履行政治责任，强化政治担当，着力推动组织工作高质量发展，为全面建设美丽幸福新炎陵提供坚强的组织保证。

【基层党建】 实施“四大行动”，提升基层组织力。实施“铸魂”行动，深入学习贯彻习近平新时代中国特色社会主义思想和中共十九大精神，推进“两学一做”学习教育常态化制度化；实施“强基”行动，印发《任用干部看党建实施办法》和《基层党建工作考核评估办法》，制定基层党组织书记抓党建“五类”责任清单，党建考评实行“一奖罚三挂钩”；实施“聚能”行动，新成立“两新”党支部40个，党建指导员选派全覆盖，积极推动党代表、人大代表、政协委员联合驻室，凝聚工作合力；实施“领航”行动，坚持党建领航脱贫攻坚、乡村振兴、产业项目建设，3636名党员干部与7218户贫困户结对帮扶，党员先锋模范作用在服务中心、服务重点、服务发展上充分展现。抓实“四项建设”，提升支部凝聚力。推进党支部“五化”建设，结合全市“1+10”系列文件，完成100个示范点建设；推进村级综合服务平台建设，完成90个村级综合服务平台规范化建设；推进村级远程教育站点规范化建设，全县124个村（社区）远程教育站点全部联接光纤网络；推进乡风文明建设，构建支委、村委、议事委员会、监督委员会“四位一体”村级治理新模式。开展“三项整顿”，提升班子战斗力。开展村（居）“两委”班子运行情况排查调研，培养村级后备干部396名；开展软弱涣散党组织整顿，整顿软弱涣散党组织28个；开展村（居）“两委”成员违纪违法涉黑涉恶问题排查整顿，对全县613名在职村（社区）干部进行“十联审”。突出“三个创新”，提升党建影响力。推出农村党员人才创业贷款项目，支持农村党员致富带头人创新创业，提供5万—50万元的低息信用贷款，受理贷款申请60余笔，授信放款600余万元；打破传统的支部设置，推出“3个1+1”活动模式和“双建、双培、双转”六步工作法，成立了10个农村青年人才党支部，吸引了500余名青年参与培训交流；启动“党建+智慧乡村”项目，形成了集村级形象展示、村务公开、村民交流、产品销售为一体的重要平台。

【干部管理】 干部培养多管齐下。扎实做好年轻干部培养选拔工作，选派“80后”科级干部到信访局锻炼，分批次地安排优秀年轻干部到“两办”、组织部等综合部门跟班学习。通过公开考试竞争选拔62名学员，扎实做好2018年县中青班培训工作。干部识别精准科学。深入全县各单位开展干部谈心谈话和调研座谈,全方位、多角度增强对领导班子和领导干部个人的熟悉了解。进一步完善公务员信息采集统计工作和干部人事档案专项审核工作,档案资料更加齐全、档案信息更加准确。干部选拔从严从实。贯彻市委“六重六用”用人导向,着眼于优化班子结构、配强脱贫攻坚力量、解决遗留问题,共调整干部3批次109人,其中,调任9人,提拔重用21人。干部管理严管厚爱。出台《炎陵县县管非领导职务干部管理办法(试行)》《炎陵县机关事业单位借调人员管理办法(试行)》,完成新一批56名公务员职务与职级并行工作。认真开展对“三大攻坚战”先进典型和广大干部的激励关怀工作,建立干部容错纠错机制,对照容错情形,精心组织梳理排查。

【人才建设】 促进人才集聚。出台《炎陵县人才行动计划》,引进党政各类人才145人,企业本科以上人才150余人,择优选取20名在校大学生到县内相关单位参加暑期社会实践。提高人才素质。做好对上挂职培训、对外合作培训和对内实用培训工作,选派70余名领导干部到省、市委党校参加培训学习,举办各类主体培训班15期,培训学员1800余人。激发人才活力。坚持培育企业创新创业的意识和技能,鼓励企业参与各类比赛,促进科技成果转化。坚持引导科技特派员等科技专家深入基层一线开展科技帮扶和服务,取得了比较明显的成效。优化人才服务。建立领导联系人才制度,促进人才工作发展。充分利用县内主流媒体大力宣传人才政策、人才事迹和工作经验,积极向省市推荐县人才工作创新举措,营造了炎陵县人才干事创业的良好氛围。完成二期人才公寓48套住房的配套设施建设。

【自身建设】 加强政治建设。扎实开展责任教育、廉政教育、保密教育,抓实了关键环节,形成长效机制。机关支部严格组织生活,积极创建“五化”示范支部。培养专业能力。每月编印一期《组工干部辅导读本》,每季刊载一册《炎陵县组工文萃》。全年在《中国组织人事报》《湖南日报》《株洲日报》等中央省、市主流媒体发表宣传稿件50余篇,上报组织系统内网信息60余编,株洲组工网、炎陵县人民政府门户网等网站刊载新闻稿件150余篇,牵头制作的《从红军标语中寻找初心》《“支部建在连上”的追寻与遵循》入选全省党性教育第一批精品课。锤炼优良作风。坚持月例会制度,及时交流工作中遇到的问题,形成了勤勉高效好作风。开展组工干部联系党建示范点创建工作,积极开展结对帮扶,每月走访结对贫困户不少于两次,开展“三同五好”活动,增进群众感情。

【党性教育基地建设】 在全市率先成立炎陵县党性教育基地(炎陵干部学院),建成1个教学总部和17个教学点,精心打磨30余堂精品课程,涵盖理论教学、情景教学、激情教学、访谈教学、体验教学、现场教学等系列,先后承办了北京大兴区委党校、北汽集团、广东省清远市佛冈县委统战部、湖南工业大学和各县市区组织的党性教育培训班176期8470人次,取得了良好的培训效果,得到了省委、市委组织部的高度认可和高度关注，湖南日报、株洲日报等媒体对炎陵依托红色资源开展党性教育进行了专题报道。

【省委巡视检查】 2018年3月2—5月31日，省委第一巡视组对炎陵县开展了选人用人工作专项检查。坚持以习近平巡视工作思想为根本遵循，把配合做好省委巡视选人用人专项检查作为全年干部工作的重中之重。巡视组进驻前，对照清单，将有关名册、干部任免审批表、会议记录等资料逐项准备到位；巡视期间，对指出的情况和问题，做到第一时间就有回应和落实，及时做好了问题解释、情况说明和资料提供工作。针对巡视组交办的选人用人问题，迅速开展调查核实和整改落实，积极与省、市委组织部请示、沟通、衔接，在规定期限内完成整改，整改成效得到了省委巡视组和省、市委组织部的肯定和认可。 （曾宪志）

宣　传

【概况】 2018年，县委宣传部在编16人，内设办公室、理教科、新闻科，隶属县委宣传部管理单位有县文联、县文明办、县委外宣办（县政府新闻办）。

2018年，全县宣传思想文化工作在县委的坚强领导下，坚持以习近平新时代中国特色社会主义思想为指导，深入学习宣传贯彻中共十九大精神，紧扣全县工作大局，主动作为，创新有为，各项工作亮点纷呈，为全面建设美丽幸福新炎陵提供有力的思想保证、精神动力、舆论环境和文化支撑。

【理论学习宣传】 严格落实意识形态主体责任制。意识形态工作"四个责任"落实到位，"四个纳入""四个一同"执行到位，对意识形态领域的管理持续加强，保持意识形态工作的良好态势。出台《炎陵县党委（党组）意识形态工作责任制实施细则》《落实党委（党组）意识形态工作责任制操作流程》《炎陵县党委（党组）意识形态工作责任制考核办法》等文件，对意识形态责任制进行明确，对落实责任制进行规范，对考核问责进行细化量化；落实县委常委会主体责任、县委书记第一责任人责任，将意识形态工作纳入议事日程、纳入党建工作责任制、纳入党的纪律监督检查范围、纳入领导班子和领导干部目标管理；县委常委会专题研究意识形态工作5次，对意识形态工作提出"高度重视、把握方向、落实制度、强化责任"四项要求；全年共召开意识形态领域情况分析研判会2次，进行情况分析研判及工作部署；先后成功处置华声在线、红网"百姓呼声"等论坛帖吧42条涉炎舆情，办理市网信办交办的涉炎舆情18条，营造清朗网络空间。持续掀起学习宣传贯彻习近平新时代中国特色社会主义思想和中共十九大精神的热潮，推动新思想天天见、天天新、天天深。县委理论学习中心组完成10次集中学习，新思想心得体会、微心得在省专报、《株洲日报》专栏刊发文章7篇，数量为全市最多。组织大型集中学习2次，参学人员达到800余人，新思想理论书籍《习近平谈治国理政》第一、第二卷读本及《新时代面对面》《社会主义有点潮》

等理论读物,尤其是《习近平总书记系列重要讲话读本》、新《中国共产党章程》和十九大报告、文件等做到全县党员干部人手一套。通过开展“三下乡”活动,设立“新思想理论书籍”专柜,网站、电视、微信、“村村响”开设专栏,创作音乐快板《十九大精神谱新篇》、客家小戏《护印》等文艺作品,全方位、多层次推动新思想在炎陵往“深里走”“实里走”“心里走”。

【对外新闻宣传】 炎陵黄桃成功入选中央电视台“国家品牌计划”项目,在央视8个频道持续播出39天,提升炎陵知名度,树立炎陵黄桃品牌,全年共销售2.3万吨,是2017年的2.7倍,推动炎陵黄桃实现由产品向商品、地方向国家、区域向国际、经济向文化转变。举办炎帝陵系列祭祖、第三届桃花节、云锦杜鹃花节、“三月三”民俗文化节等主题宣传活动,带动旅游产业发展。炎帝陵获评“湖南省十大文化地标”之首,中国国际电视台《直播中国》栏目走进炎帝陵,将炎帝文化和炎陵优美风景向全世界100多个国家和地区直播。全年在省级以上媒体上稿205篇,央媒省媒密集推介“炎陵经验”,做响脱贫攻坚、产业项目建设等一批重大主题宣传。人民网刊载《神话与历史间的炎帝陵》、《经济日报》报道《湖南炎陵打造我国首个声学文化生态圈》、《湖南日报》头版报道《双轮驱动摘穷帽》等新闻和专题报道,对炎陵进行重点推介;《株洲日报》头版头条推出的《说好群众话　解好群众难》介绍炎陵县开展“三走访三签字”的成功经验获全省推介。

【精神文明创建】 推动社会主义核心价值观落细、落小、落实,顺利通过省级文明城市文明程度指数测评,继续保持“省级文明县城”称号。深化乡风文明建设,在龙上村举办“幸福鹊桥”集体婚礼,市委副书记、市长阳卫国担任证婚人,在当地传为佳话。围绕重要时间节点和传统节日,由各级文明单位承办“舞龙赏灯闹元宵”主题活动、“粽叶飘香、情系端午”志愿服务活动和“我们的节日·清明·缅怀英雄烈士　传承烈士精神”等主题活动。指导各级文明单位组建志愿者服务队,开展“关爱他人、关爱社会、关爱自然”志愿服务行动。全年累计参加服务志愿者2000余人次,捐赠物资100余万元。发挥榜样的示范作用,基层优秀教师罗新旭等7人获评炎陵县第三届道德模范荣誉称号,其中敬业奉献模范张祥发获评株洲市道德模范提名奖;推荐见义勇为好人周艳荣登湖南好人榜;湖南卫视、经视先后播出养路工张爱平夫妇、护林员陈扬胜先进事迹。

【县域文化建设】 成功创建省级现代公共文化服务体系示范区,10个乡镇均建成独立的综合文化站,全县124个行政村(社区)建成村(社区)综合文化服务中心103个,实现县、乡、村三级均等化发展,建成首家24小时图书室,文化基础设施更加完善。成功举办株洲市2018年文化科技卫生“三下乡”集中示范活动,全年累计开展惠民演艺活动146场,放映公益电影2432场;开展“欢乐潇湘·欢乐炎陵”群众美术、书法、摄影作品联展、“我的书屋·我的梦”征文和讲故事比赛,经典民族歌剧《洪湖赤卫队》演出。小戏《黄桃情缘》代表株洲市参加第六届湖南艺术节,获得“三湘群星奖”银奖。全面完成红军标语博物馆创国家AAAA级旅游景区项目。本土诗人创作并结集出版的“诗意炎陵”丛书(共9本)入选“书香中国”、新湖湘文艺书库。

【脱贫攻坚】 县委宣传部为船形乡水垅村帮扶后盾单位,全村现有建档立卡贫困户56户、190人。2018年,单位继续派出两名正科级干部驻村开展帮扶工作,全身心投入驻村帮扶和“国检”迎检工作,与村支两委制定脱贫巩固提升计划,落实扶贫政策措施;宣传部机关全体干部职工结对帮扶贫困户2—4户,开展“三同五好”活动,帮助结对户解决生产生活具体问题。村容村貌焕然一新,生产生活条件不断改善。全村115栋(户)杉皮屋顶土坯房改盖机制平瓦,村民住房告别杉皮屋;160栋(户)土坯房得到修缮加固,老百姓住上安全房;19户无房和危房拆除户建设砖混新居或在城镇购房安置,过上幸福生活;年内先后三次邀请高级农技专家进村培训,向贫困户发放产业发展奖补资金17.56万元,油茶、笋竹、黄桃、养蜂等产业发展加快;总投资400万元的同睦至水垅7公里村道完成全程路基建设并启动水泥硬化工程;投入资金130万元的通信信号塔投入使用,网络覆盖不断扩大;“国检”一举成功、巩固提升全面推进、群众认可度不断提高。

(陈　聪)

统　战

【概况】 2018年,县委统战部全面落实中央、省市县关于统一战线的系列决策部署,积极服务中心大局,充分展示新气象新作为。成功举办了以“坚定信念跟党走,同心共筑中国梦”为主题的全县统一战线学习宣传贯彻中共十九大精神知识竞赛活动。《创新电商模式,服务中心大局》获评2018年度全市统战工作实践创新成果奖。荣获全市“党外人士‘学报告、争先进’主题微演说竞赛”优秀组织奖、全市统战信息工作先进单位。

县委统战部加挂台办(正科级)和侨办(副科级)牌子,2018年2月,增设了党外知识分子管理服务中心为所属事业单位,增加事业编制3名;3月,增设了侨联(正科级、财务未独立);10月,配备人员,与统战部合署办公,在岗11人。

【同心工程】 2018年,着力在乡村振兴、产业扶贫、教育扶贫上下功夫,“同心工程”成果斐然。一是围绕乡村振兴出实招。下发了《炎陵县统一战线深化同心美丽乡村创建助力乡村振兴战略实施行动方案(2018—2020年)》,成功创建霞阳镇星潮村、中村瑶族乡龙潭村、十都镇洋岐畲族村、鹿原镇塘旺村4个县级“同心美丽乡村”,积极引导星潮村开展市级“同心美丽乡村”创建。二是围绕产业扶贫办实事。支持黄桃、肉牛产业扶贫,向省委统战部争取40万元“万企帮万村”精准扶贫行动奖补资金。三是围绕教育扶贫求实效。统筹推进香港“阅读·梦飞翔”项目,2018年建成4所“阅读·梦飞翔”图书馆。利用“一家一”助学就业·同心温暖工程资助100名炎陵职校贫困学子40万元;“泛海助学”行动帮扶30名建档立卡贫困大学新生15万元。

【党外代表人士队伍建设】 2018年，党外代表人士队伍机制建设推陈出新，率先在全市出台了《关于印发〈炎陵县党外代表人士选拔使用工作意见〉的通知》(炎委〔2018〕10号)，使炎陵县党外代表人士选拔使用工作向制度化、规范化迈出了新步伐。选送处级后备干部、副科级优秀党外干部参加省市培训班，促使交流党外干部4人，1人被任命为政府工作部门正职。进一步加强了新的社会阶层人士队伍建设，组织成立炎陵县新的社会阶层人士联谊会，召开新联会成立大会和第一届会员大会，发布《新联会成立大会宣言》，拍摄《炎陵县新的社会阶层人士统战工作宣传片》，扩大了"朋友圈"。

【非公经济统战工作】 2018年，非公经济统战工作更加有为。一是促进非公经济发展。参与引进全康科技智能电器项目、思凯乐户外产业园、炎陵硬质合金数控刀具产业园、湖南云上大院森林旅游休闲康养综合产业项目，全年参与引资签约项目投资达85亿元；为今成钽铌、金泰铋业、盈泰科技、金紫仙风电、诺忒光电科技等企业解决项目推进、融资等方面难题，不断推动企业做强做大。二是促进非公人士成长。大力引导广东省湖南炎陵商会企业家回家乡建家乡；将国声声学、福来喜鹅业、万阳红茶叶的企业负责人列为县委常委联谊交友对象，开通企业家建言直通车。

【民族宗教工作】 2018年，民族工作结出硕果，宗教领域和谐稳定。一是民族宗教领域支持投入力度进一步加大。引导广东省炎陵商会、省民宗委对十都镇洋岐畲族村创建"同心美丽乡村"进行建设筹划，并拨付10万元作为创建资金。向省佛慈基金会争取资金10万元帮扶资金用于洋岐畲族村基础设施建设，向省民宗委争取专项资金15万元用于团苍仙观(铁瓦仙)、湘山寺危房改造。二是少数民族文化进一步发扬传承。中村瑶族乡龙渣村正式挂牌"中国少数民族特色村寨"，成功举办瑶族文化艺术表演活动，持续开展"三月三"畲族文化节活动。三是宗教管理进一步规范。深入开展全县宗教工作自查，建立了工作台账，明确责任单位和责任人，限时进行逐项整改，牵头整改"七一教会"私设聚会点、观音寺违建等问题。开展宗教场所"五进五好"活动，首次在两个宗教场所升起国旗。印发《关于进一步做好基层宗教工作的通知》，全面夯实宗教工作"三级网络两级责任"制，继续保持全县宗教领域和谐稳定大局。

【对台工作】 2018年，炎帝文化品牌在对台统战工作上的作用愈加明显。一是"同根情"交流活动不断拓展。先后成功举办东莞台商子弟学校、台湾万魔声学恭祝炎帝神农氏圣诞祭祖典礼；11月1日—2日，中国国民党前副主席陈镇湘一行专程到炎陵拜祖谒陵，并写下"炎帝神威，祖佑两岸"的良好祝愿。二是炎帝神农文化影响不断扩大。起草关于高位推动设立"炎帝神农文化节"的有关建议，得到省、市统战系统领导重视和支持，省台办已明确将文化节列入届次化举办，先从省级推动，逐步扩大影响。三是交流基地建设不断加强。炎帝陵海峡两岸交流纪念广场建设已基本完工。这将成为两岸交流新的里程碑。

【侨务工作】 侨联机构成立并实质运转，开展全县侨情摸底工作。2018 年 11 月 2—3 日，举办戊戌年海外华侨华人炎帝陵祭祖典礼，此次活动吸引了美国、加拿大、老挝等 40 个国家和地区的近 150 位侨领侨胞参加。（叶钰莹）

机构编制

【概况】 炎陵县机构编制委员会办公室（炎陵县事业单位登记管理局）核定行政编制 8 名，在编 5 人；设置内设机构 3 个：综合组、事业单位登记组、行政审批制度改革组。下设事业单位炎陵县机构编制信息中心，股级，公益一类，核定全额拨款事业编制 2 名，在编 2 人。2018 年，炎陵县机构编制委员会办公室评为县文明建设先进单位和县优化经济环境工作红旗单位。

【机构编制管理】 1. 动态管理机构编制工作。坚持“严格把关、总量控制、盘活存量、优化结构、动态调整、有增有减”原则，采取“职能有转有变、机构有设有撤、编制有增有减、人员有进有出”动态管理办法，运用“中央机构和人员编制核查信息系统”和“湖南省机构编制综合管理系统”，对全县机构、编制、人员实名制数据库进行动态管理，做到“四清”（机构清、编制清、领导职数清、实有人员清）。2.加强“控编减编”工作。继续落实联合管控制度，会同县财政局、县人社局对全县工资统发人员进行核对，核准财政人员供养情况。认真落实空编使用核准制度。从严从紧审核 2018 年度编制使用计划，共计核准下达编制使用计划 238 名。通过“把入口、疏出口、盘存量、优结构”等途径，稳步推进消化超编人员工作，超编单位和绝对超编人数与 2017 年相比均有减少。财政供养人员与 2012 年底相比只减不增。3.开展机构编制工作执行情况专项督察。4 月，结合市编办要求，对各乡镇、县直机关各单位机构编制工作执行情况进行专项督察，对存在的机构编制问题开展查、纠，填报《问题整改台账》，明确整改措施、整改时限及整改责任人。

【机构改革】 1. 完成全县纪检监察体制改革和巡察机构改革。明确县纪委派驻监督机构和巡察机构的设置和人员编制等事项，新设立 7 个县纪委监委派驻纪检监察组（均为副科级），撤销县监察局 1 个正科级机构和县人民检察院反贪贿赂局、职务犯罪预防科 2 个副科级机构；做好纪检监察体制改革人员划转工作。2.推进全县城市管理执法体制改革。通过调研、反复征求意见，起草县城管执法体制改革方案。3.落实全县党政群机构改革。成立县委深化机构改革领导小组，制定工作方案，进行调研、摸底，稳步推进机构改革工作，按要求完成改革的各项工作。

【事业单位登记管理】 1. 登记管理业务提效增速。继续开展事业单位法人年度报告公示工作，应参加公示的 195 家单位全部报送审核,并按要求予以公示,公示率100%。完成事业单位法人设立登记1家、变更登记79家、注销登记9家。2.事业单位监管规范到位。按照“双随机一公开”原则,随机抽取9家事业单位法人进行核查, 及时发现问题,积极开展整改。3.统一社会信用代码管理有序开展。对全县统一社会信用代码证登载信息实行动态监管,及时督促相关单位及时办理信息变更业务。4.事业单位法定代表人培训成功举办。10月,组织138家县直和乡镇事业单位法定代表人参加培训,进一步提升事业单位法定代表人的法人代表意识和改革意识、政策理论水平和管理水平及公共服务能力。

【网上名称管理】 按照中央、省、市统一部署,进一步规范各单位网站开办审核、资格复核和网站标识管理工作,在全县党政群机关、事业单位中文域名注册和网站挂标全覆盖的基础上,对中文域名信息和网站标识监管实施动态化管理。将网上名称管理和实名制管理、事业单位登记管理相结合,及时准确对全县374个政务和公益机构中文域名信息和网站管理信息进行调整。

【行政审批制度改革】 1.继续开展“减证便民”专项行动。联合相关单位开展落实“减证便民”工作检查,督促各(村)社区、各相关单位贯彻落实“减证便民”专项行动要求,及时修改办事程序,落实文件精神。2.扎实推进“最多跑一次”改革工作。成立县“最多跑一次”改革工作领导小组,下设办公室,从各单位抽调人员集中办公, 全力推进改革工作。制定出台方案,全面梳理群众和企业到政府办事“最多跑一次”事项并对外发布。3.全面实施“互联网+政务服务”工作。根据省市要求,组织全县各相关单位开展政务服务事项引用和实施清单录入工作,共计引用录入政务服务事项2257项, 实施清单的填报率和发布率均达到100%, 政务服务事项的网上可办率达到99.07%;与此同时,积极推进政务外网全覆盖。4.推进行政审批“两集中、两到位”改革工作。在全县推进“两集中两到位”改革工作,已基本实现行政审批职能整合并进驻县政务服务中心或分中心。5.推进乡镇简政放权便民服务工作。县审改办下发《关于推进乡镇简政放权便民服务工作的实施意见》,委托下放一批行政审批事项,在全县推进乡镇便民服务工作;对各乡镇进行乡镇便民服务工作落实情况调查和督促指导,要求各乡镇规范便民服务中心建设,按国务院、省、市要求开展集中服务,逐步实现全县政务服务事项“就近办”。　　(唐林波)

老干局

【概况】 2018年中共炎陵县委老干部局负责管理的离休干部15人, 县处级退休干部74人,副科以上退休干部718人。全局在编在岗人员6名,内设办公室、离退休干部管理股、老干活动中心,负责联系指导县关心下一代工作委员会、老年大学、老年保健协会、老年书画协会工作。

2018年成立中共炎陵县委离退休干部工作委员会,罗乐任中共炎陵县委离退休干部工作委员会书记；刘建平任中共炎陵县委离退休干部工作委员会专职副书记；李龙龙、雷伯茂任中共炎陵县委离退休干部工作委员会副书记(兼)；陈跃玲、潘敏、曾志坚、唐荣跃、赵传剑、钟定军、孟祥东任炎陵县离退休干部工作委员会委员(兼)。负责指导全县离退休干部党组织思想政治建设、组织建设、制度建设和作风建设，发挥离退休干部党组织战斗堡垒作用和党员先锋模范作用。获2018年度全省离退休干部宣传工作先进单位，获2017年度文明建设先进单位。

【经济待遇】 政策性的待遇全面落实到位。老干部的离休金、津补贴、医药费发放问题是老干部最关心、最直接、最现实的利益问题，2018年，县老干部局进一步加强与财政、医保及老干部所在单位的联系沟通，健全老干部“三费”的财政保障机制，提高机制运行质量，老干部的经济待遇都得到很好的落实，实现老干部的离休金、津补贴、医药费全部由县财政保障。老干部遗孀生活补贴和建国初期参加工作退休干部的生活补贴及医药费全部落实到位。非政策性的待遇想方设法落实到位。针对炎陵县困难离休干部及困难离休干部遗孀，研究制定《炎陵县困难离休干部及离休干部遗孀帮扶机制管理办法》，对全县生活特别困难的离休干部和遗孀进行走访慰问，切实将党和政府的关怀与温暖送到他们身边，实现老干部经济待遇稳中有增。

【政治待遇】 为让老干部共享改革发展成果，县老干部局紧紧围绕老干部“六个一”工作目标落实各项政治待遇。一是搞好一次形势报告会。2018年，在新春佳节来临之际，县委、县政府举办一次高规格老干部形势报告会，县委黄诗燕书记亲自向老干部通报全县经济建设与社会发展情况，并与老干部一起共进晚餐，共话发展大计。二是搞好一次学习考察活动。2018年10月，县老干局组织全县副处级以上退休干部和离休干部代表到茶陵开展红色文化教育，并视察茶陵县严塘镇万樟林园的建设情况，老干部提出：希望炎陵县也能学习借鉴茶陵县的先进经验和做法，把炎陵建设成宜居乐园，幸福家园。三是搞好一次健康体检。2018年6月，组织全县离休干部及副县级以上退休的领导在县人民医院进行一次健康检查，深得老干部赞同。四是搞好一次建言献策活动。10月，在纪念中华人民共和国改革开放40周年活动中，县老干局组织老干部代表开展“忆往昔、说发展、谈变化、献良策”活动，老干部根据自己的亲身经历，畅所欲言，谈出了自豪感、谈出了向心力、谈出了正能量，提出许多宝贵的意见建议，得到株洲市委老干部局的赞许。五是开展一次大走访活动。炎陵县老干局坚持“六必访”制度，即老干部生病住院必访、重要寿辰必访、新春佳节必访、矛盾纠纷必访、生活困难必访，丧葬大事必访，2018年走访老干部100余人次，加强与老干部的联系，密切与老干部的关系，解决了老干部的实际困难。通过开展各种老干部政治活动，实现老干部政治待遇稳中有增。

【离退休干部党组织建设】 炎陵县有离退休党支部47个，离退休党员1180名。县离退休干部党工委一是抓组织建设。2018年，组织届满的县财政局、经科商粮局、畜牧水产局、旅游文体局、霞阳镇等退休支部成功进行换届和补选，选优配强支部班子，把那些思想觉悟高、党性观念强、工作作风实，在老干部中有影响力、身体健康的老干部选入支部班子中，增强离退休党支部的凝聚力和战斗力。二是抓典型引领。根据“五好”党支部标准，在离退休党支部中开展争创示范离退休党支部活动，着力打造一批战斗力强的离退休党支部。县国税局离退休党支部成功创建为株洲市示范离退休党支部。县税务局离退休支部根据市委要求，成功创建为“五化”党支部。在退休党员中开展“传承红色基因、争做时代新人”和学习姜开斌先进事迹的主题活动，组织离退休党员学典范，谈感想，写心得，讴歌时代楷模、争做时代典范，增强老同志的“四个意识”。三是抓经费保障。根据湘办〔2017〕32号和炎办〔2017〕62号文件精神，从基本组织、基本队伍、基本活动、基本制度、基本保障入手，切实把组织力标准和政治功能要求落实到组织建设的各个方面。按照离退休干部党支部书记200元/月，支部委员150元/月的标准，落实45位支部书记和104位支部委员的工作补贴314400元，激励老干部干事创业的积极性。

【涉老机构】 2018年，县关工委工作主要从抓班子、抓队伍、抓活动、抓典型、抓协调着手。一是组织广大“五老”深入学习贯彻宣传习近平总书记对关心下一代工作重要讲话指示精神，号召青少年做建设美丽幸福新炎陵的践行者。二是深化青少年的社会主义核心价值体系教育。利用重大节日和重要纪念日，开展“清明忆先烈，传承民族魂”祭扫活动；利用炎陵县是红色老区、爱国主义教育基地多的优势，组织青少年2500余人次到红军标语博物馆、水口叶家祠开展社会主义核心价值教育；发扬“五老”宣讲团、报告团的作用，开展传承中华民族传统美德的教育。开展青少年普法教育活动。继续推进第三届“关爱明天、普法先行”青少年普法教育活动，大力推进“零犯罪学校”“零犯罪社区(村)”“青少年普法教育示范区” 创建活动。开展巡回演讲18场次，受教育学生达1万余人次。三是着力为青少年做好事办实事。①为脱贫攻坚工作献智出力。动员组织“五老” 人员对炎陵县54个贫困村的青少年进行跟踪服务。②开展“一对一”结对帮扶工作。在全县范围内精选出105名情况特殊、困难特别的青少年，组织“五老”建立老牵少“一对一”精准帮扶对子。③抓示范点创建。大力开展 “留守儿童之家”“心理辅导室”等关爱场所规范化、规模化建设。④关爱“五失”青少年。全县推荐40名失足、失管、失业、失学、失亲“五失”青少年作为市关爱帮扶对象。县财政给以50万元资金作为关爱基金放在县财政，每年下拨5万元作用于救助“五失”青少年，今年秋季给10名“五失”青少年，每人发放500—2000元现金，实现应帮尽帮。

老年保健协会：坚持协会服务老年健康，促进社会和谐的立会宗旨，开展“三伏贴”义诊义治活动，受益老干部达500余人；编辑《炎陵保健》期刊2期和编印科学保健宣传手册《炎陵保健》丛书之五《老年人心理保健》,免费分发给全县离休干部、副处级以上退休干部和离退休支部;举办老年保健知识讲座2期。

老年大学:2018年老年大学开设时政班、声乐班、舞蹈班、器乐班、太极拳班、门球班、书画班、电脑班、艺术团、保健等10个专业,共13个班,在校学员达663人。组织学员参加《阳光志愿者爱心协会》,先后走访老红军、老战士,慰问船形乡水垅村贫困孤儿刘思祥和陈勇旗,自愿捐款4650元,资助贫困家庭学生,开展送温暖活动。

老年书画协会:2018年,县老年(老干部)书画协会以大力推进全县书画艺术的繁荣发展为己任,开展各类老有所为、陶冶情操书画艺术活动。一是加强组织建设。做到“五有”,有机构、有队伍、有经费、有场所、有牌子。新发展会员20余人,会员人数达80余人。二是着力书画培训。坚持每周星期三开展日常培训学习,激发学员的学习热情;坚持聘请县内外有关名人开展集中培训讲课,有效地提高会员的书画艺术水平。全年开班4期书画绘画各2期。三是活动交流。开展“2018年迎新年送春联活动”,书写春联600余幅。邀请县书画协会会长张建云、秘书长林国勇到协会指导交流书画艺术,协会同志和县书画协会的同人一起学习交流。动员会员先后参加全县税法知识书法竞赛活动,2018年“欢乐潇湘　欢乐株洲”群众美术书法摄影活动,“楷圣故里——本月圣书堂”湖南省首届楷书大赛,株洲市纪委举办的“书写大妹株洲,弘扬清风正”书画创造展览活动等多个活动,10余人作品获奖或入展。

【老干部活动】 为丰富老干部的精神文化生活,县老干局组织老干部开展各类文艺体育活动。一是开展老干部运动会。10月,举办炎陵县第三届老干部运动会。二是开展“宣传十九大　点赞新炎陵”系列活动。三是开展学先进、赶先进、争先进活动。

【脱贫攻坚工作】 县老干局对口帮扶鹿原镇鳌头村,2018年末,贫困人口从2014年的25户81人减少到3户9人。县老干局一班人,认真学习国家惠农方针政策,耐心向群众宣传、讲解,引导他们转变思想观念,选择符合自身发展的增收路子。通过与“村两委”干部、村民代表沟通和开展入户走访工作,全面掌握村情民意,理清工作思路,制定扶贫工作计划。全村新修水泥路,接通自来水、加强农网改造、实现通信全覆盖。

(周燕艳)

信　访

【概况】 炎陵县信访局内设办公室和办信室,下设信访接待中心,2017年定编9人,其中行政编5名(改非2人),事业编4名。

炎陵县信访局进一步畅通信访渠道,创新信访工作机制,认真开展信访维稳各项工作,及时就地解决群众反映的各类突出问题,信访秩序规范有序,为全县经济社会高质量发展创造良好的县域环境。2018年,炎陵县信访局荣获全省信访工作基础业务“百佳业务规范单位”,全省“三调联动　防控风险促发展”专项调解活动先进集体,全省“平安”单位,全市信访工作目标管理考核先进单位,全市信访维稳工作“三无”单位创建活动上半年考核县市组第一、下半年第二,全市信访工作“四大攻坚”活动考核排名第一,全市信访工作“双向规范”活动之全年信访事项办理“五率”指标考核排名第一,2018年全国“两会”特护期市级信访维稳工作先进单位等荣誉。

【源头治理】 2018年,炎陵县大力开展信访工作“三无”单位创建活动和“四大攻坚”活动,并明确“三无”创建延伸到村(居委会)一级。全年共接待群众来信来访共516批。来访409批1582人次(集体访81批1090人次),其中本级来访371批1527人次(集体访80批1085人次)、到市6批11人次、赴省28批40人次(集体访1批5人次)、进京4批4人次(均劝返成功)。来信107件,其中本级来信26件、上级转送及交办来信81件(其中省长信箱13件,国家投诉网12件,省投诉网2件,国家信访局转办5件,省信访局转办30件,市信访局转办13件,中央巡视组交办4件,市“四大攻坚”重点领域交办2件)。信访事项及时受理率99.3%,按期办结率97%,群众满意率98.6%。2018年炎陵县是全市唯一无进京到非接待场所上访的县。

【信访改革】 一是建章立制,完善联合处访。实行县级领导坐班接访制度、领导包案制度,明确党委书记为组长,其他党政领导和各部门领导为成员的信访工作联席会议,落实“四大攻坚”工作要求,化解处理重点信访问题30起。全国“两会”特护期间,县级领导每天轮流坐镇信访局视频接访室,开门接访、主动约访19批26人次,当场化解矛盾纠纷17起。二是大力宣传,引导依法信访。开展“信访法治建设年宣传月”活动和“网上信访5周年宣传月”活动,利用公众号、微信、微博、工作群等媒体,通过悬挂横幅、设置展板、现场讲解等形式,大力宣传《信访条例》,发放信访宣传册2万余份。三是落实“双向”规范,化解疑难信访。一方面依法规范信访工作,由县信访局牵头,组织12个乡镇(场、局)和相关涉访单位,开展信访基础业务培训,每季下发政务督查通报,对全县信访形势和信访业务办理不规范的单位予以通报。另一方面依法规范信访行为,积极引导群众正确认识信访权利和实现权益的途径,提高群众知法、守法、用法意识。

【创新机制】 炎陵县信访局积极探索“五级处访”机制,规范信访事项处理程序,大大减少重复上访、越级上访发生,信访总量大幅度下降,连续五年获评省、市信访工作先进单位。2018年11月,县信访局局长唐刘玉在《人民信访》发表《全员力量齐参与“五级处访”解难题》。

【脱贫攻坚】 始终把脱贫攻坚作为一项重中之重的政治任务来抓,按照要求每位帮扶干部结对帮扶5户建档立卡贫困户,驻村帮扶队长年驻村,帮扶干部每月到贫困户中至少走访1—2次,同吃同住同劳动开展驻村帮扶工作,全力以赴脱贫攻坚迎国检。10月,规范在全县脱贫攻坚摘帽总结表彰大会

上，获脱贫攻坚先进帮扶工作队。（彭　暾）

巡　察

【概况】 中共炎陵县委巡察工作领导小组办公室（以下简称县委巡察办）是中共炎陵县委巡察工作领导小组日常办事机构，是县委工作机关，为正科级，列党委序列，设在中共炎陵县纪律检查委员会，核定行政编制3名，其中主任职数（正科级）1名，副主任职数（副科级）1名。县委设2个巡察组，分别为中共炎陵县委第一巡察组和中共炎陵县委第二巡察组，2个巡察组各核定正科级领导职数（组长）1名，副科级领导职数（副组长）1名，行政编制4名，人员编制从中共炎陵县纪律检查委员会机关调剂。

【制度保障】 结合巡察工作实际，加强配套制度建设，先后出台《2018年县委巡察工作要点》《炎陵县巡察人员管理暂行办法》《十二届县委第四轮巡察总体方案》《十二届县委第五轮巡察总体方案》《十二届县委第六轮巡察总体方案》《关于印发〈十二届县委第四轮巡察工作实施方案〉的通知》《关于印发〈十二届县委第五轮巡察工作实施方案〉的通知》《关于开展县委第六轮巡察有关事项的通知》等一系列制度规定，进一步提高巡察工作制度化、规范化、科学化水平，为优质、高效开展巡察工作夯实基础，为不断推进巡察工作向纵深发展提供有力保障。

【队伍建设】 为进一步加强巡察干部队伍建设，巡察办组织33名巡察干部参加全市巡察干部主体调训班，通过调训，巡察干部的理论和业务水平得到提高，干部履职能力得到增强。同时，巡察办在每次开展巡察工作之前，均对全体巡察干部进行培训，不仅从业务上对巡察干部进行指导，更重要的是在政治上提出忠诚、干净、担当、自律的要求，严格政治纪律和政治规矩，自觉做到坚守巡察工作底线，不越党纪政纪“红线”，不碰法律法规“高压线”。

【利剑高悬】 2018年共计开展三轮巡察，第四轮巡察以上下联动异地交叉方式，株洲县委第一巡察组常规巡察炎陵县城管局党组，炎陵县委第二巡察组常规巡察芦淞区城管局党组。第五轮采取“一托二”方式，县委第一、二巡察组对县林业局、卫计局党委开展常规巡察，对县人民医院党总支、园林绿化局党支部开展“四风”专项巡察，对县民政局党组、供销社党委开展巡察整改督查。第六轮采取上下联动与异地交叉相结合方式，炎陵县委第一巡察组常规巡察醴陵市农业局党委，炎陵县委第二巡察组常规巡察炎陵县委宣传部、县广播电视台党组织，渌口区委第一巡察组常规巡察炎陵县农业局党委，巡察共计发现问题118条，移交问题线索35条。通过调查、初核，现已立案8人，给予党纪政务处分8人，组织处理10余人。通过巡察，基层党组织和党员干部全面从严治党的紧迫感和责任感不断增强，党员领导干部的党章党规党纪意识全面提升。

【成果运用】 坚持把巡察整改工作作为全

面从严治党的重要抓手,紧盯巡察整改不放松,扎实做好巡察“后半篇文章”。在每轮巡察反馈之后,督促被巡察单位两个月限期内完成巡察整改。针对发现的问题,被巡察单位及时召开专题会议研究,分门别类建立台账,逐项逐条制定整改措施,明确具体责任人和整改时限,确保事事有着落、件件有回音。通过巡察,促使被巡察单位进一步加强党风廉政建设的思想自觉和行动自觉,权力运行更加规范有序,管理制度得以健全完善,干部职工的工作作风也有明显好转。

(李莉虹)

档案史志

【概况】 2018年,档案史志局定编11人,实际在岗人数15人,其中临聘人员5人。内退1人,退休13人。内设办公室、史志股、档案业务股3个股室。县档案馆库房面积1589平方米,档案排架长749米,馆藏档案4.8万卷,其中开放档案2.6万卷。年内,累计接待档案查阅488人次,调阅档案1326卷,提供各种证明788份,提供各种文字资料近28万字,为全县经济建设、编史修志、落实政策、机关查考、调解纠纷等提供第一手资料。

2018年,档案史志局被湖南省档案局、湖南教育报刊集团联合授予“2018年全省档案宣传工作先进集体”称号。

【档案规范化整理】 2018年,县委县政府下发《关于做好2006年以前档案移交进馆的通知》,通知对各机关单位形成的文件资料提出具体要求,严格按照统一业务标准分类、组卷、排列、编号等规范化操作,按时按质移交进馆,全年接收单位移交的文书档案533盒。沔渡镇在档案史志局业务指导下,档案示范乡镇创建工作于11月27日顺利通过株洲市档案局验收。

【档案业务指导和培训工作】 上半年,对沔渡镇、统战部、政协、神农洞天旅游有限公司等单位基层档案人员进行跟班业务指导和培训,不断提高档案工作者的业务水平和管理能力。10月8日,县委组织部下发《关于举办2018年档案管理业务培训班的通知》。10月11—12日,培训班在县委党校如期举行,全县各乡镇、县直各单位、驻炎单位共106名档案管理业务人员参加培训,邀请株洲市档案局有关业务专家进行授课讲座,系统的培训有关档案管理的法律法规、档案文件的收集整理等知识。培训班创新培训模式,对参培人员进行知识测试,力求达到最佳培训效果。

【档案行政执法】 5月,县委县政府两办联合下发《关于开展档案执法专项检查的通知》,县档案史志局从6月开始加强对各级各类档案的监督、检查与指导工作,对各乡镇、各机关单位开展档案行政执法检查,至11月初,完成对全县100多家单位的档案执法检查。

【公务及民生档案工作】 一是明确专人负责加强与县委办、政府办、电视台和政务中心等部门的联络，完成县委书记、县长公务活动档案建档工作。二是民生档案建档工作。指导和督促人力资源和社会保障局、卫生和计划生育局、民政局、国土资源局、县住房和城乡规划建设局、农业局、林业局等单位加强对居民社保、健康、计划生育、低保、婚姻、保障房建房、土地承包及流转、林权、退耕还林等各类民生档案的收集整理归档，形成完整、系统的民生档案。

【启动档案信息化建设】 炎陵县人民政府第十七届第11次常务会议明确炎陵县数字档案馆从2018年起分3年建设，建设经费由县财政局据实核算，纳入年度财政预算。2018年，完成软件、硬件采购和馆藏部分全宗案卷、卷内目录数据库的建设，为实现馆藏目录计算机检索奠定基础。

【《炎陵县志》进入评审阶段】 2018年，《炎陵县志》进入评审阶段。县志编辑部完成初稿分纂和分篇、章的审稿，主编对全志进行总纂。11月13日，县委政府两办在档案史志局召开县志编纂工作会，县委政府领导听取编辑部成员的工作汇报，并调整主编由黄建林担任。

【《炎陵年鉴(2018)》公开出版】 2018年2月，县委、县政府办公室文件下发《关于做好2018年版炎陵年鉴编纂发行工作的通知》。6月，完成撰稿、收稿工作并于年底实现公开出版。全书分为25个总类，共56.5万字，并向县直机关、镇、村、企业征集彩版72版，照片360张，内文28.5印张，宣传报道县委、县政府的中心工作彩版48版240张。

【完成《湖南乡镇简志·株洲市卷》组稿】 按照《湖南乡镇简志·株洲市卷》编辑方案的要求，结合炎陵县实际，档案史志局完成资料编写提交，并参与评审稿的省级评审工作，在省级评审会上作代表发言。

【党史编研工作】 一是推进《中国共产党炎陵县历史》正本第三卷(1978—2017)编纂工作。8月7日县委办组织召开党史编纂工作会议，确定以购买劳务方式外包初稿编写，全书共5篇23章，40万字，10月至12月初稿编写完成60%。二是抓紧《湖湘红色基因文库》工作。根据中共湖南省委决定启动《湖湘红色基因文库》编纂工作要求，炎陵县编纂任务是新编《炎陵县革命斗争史》，该编目提纲已提交省审核，初稿编写以委托购买劳务方式聘期相关专家组稿，年底完成纂稿提交。配合其他县市合作编纂《湘赣革命根据地》《井冈山的革命斗争》，为其他20余部书目提供涉及炎陵县资料。组织开展《红色印迹》资料收集，按红色手迹、红色诗词、红色遗址三类整理提交。三是按要求完成《株洲党史人物大典》，及时补充人物稿件和相关资料。四是完成株洲市委组织部、株洲市委党史办编写的《大家一起读—株洲革命先辈初心》一书的撰稿任务。根据市委组织部、市委党史办的要求，编纂炎陵县50个红色小故事。五是联系沟通县委办按时完成《跨越之路——株洲改革开放40年》炎陵县撰稿任务。六是配合县纪委组织好“传承优秀家规家训·涵养良好家教家风”活动，完成家规、家训、家书征集。

【《纪念何孟雄诞辰120周年文集》编纂出版】 为纪念何孟雄诞辰120周年，档案史志局牵头编印出版《纪念何孟雄诞辰120周年文集》，全书共收录9位专家学者13篇作品7万余字。该书于6月底完稿成书。

【党建工作】 一是以加强学习为抓手，不断提升党员干部思想政治水平。结合部门实际，每季度组织一次业务学习讲座。严格党员教育、规范党费收缴、党员组织关系转移、党员会议记录、集中理论学习等制度、开展民主评议党员活动。组织邀请党组书记讲党课，撰写个人学习心得体会等形式开展党员教育及评议。完善党内激励关怀帮扶机制。加大对生活困难党员的帮扶力度，帮助解决工作和生活中的实际困难。严格落实“三会一课”制度。按要求组织召开支委会和党员大会、党员民主生活会。二是以制度建设为根本，提升机关党建工作整体水平。按时开展主题党日活动；认真开展党员积分管理；加强对党员干部作风建设教育。围绕“八项规定”把作风建设的要求渗透到党员教育、管理、监督的各个环节。补选支部委员1人，处置不合格党员2名。三是以夯实基础工作为平台，推动党建工作顺利开展。建立健全党员各项管理台账，及时收集完善资料，填写好纪实本。积极开展党员干部脱贫攻坚结对帮扶活动。利用“一进二访”“三同五好”契机，安排全局党员“一对一”结对帮扶，认真填写好《结对帮扶工作手册》，因户施策，因人施技，帮助引导贫困户走向特色产业、劳务输出、危旧房改造及易地搬迁、大病救助、助学扶贫等脱贫渠道。在9月21—26日县委组织部开展的全县2018年第三次基层党建调查核实工作中，得分排名位居29个县直单位第二名，并获得4000元奖励。

【扶贫工作】 档案史志局为上村村帮扶工作的队长单位，队员单位有东风中学。档案史志局成立扶贫工作领导小组、确立队长、队员；明确职责范围，确立帮扶工作重点；长期驻村，组织帮扶人员上门上户和贫困户开展“三同五好”活动，向村民宣传扶贫政策，调动全局形成帮扶合力，营造脱贫致富良好氛围；帮助贫困户转变观念、开拓思路，增强发展致富的信心，发挥脱贫的主观能动性。改善帮扶村基础设施。全年共筹措资金140余万元，完善村级公共服务和基础设施；投资60万元，对周坪组2000米组道进行水泥硬化；投资12万元新修水渠2300米；投资3万元新修林道580米；争取生态修复项目资金绿化村主干道1000米。 （方序良）

县委党校(行政学校)

【概况】 2018年，县委党校(行政学校)定编17人（含炎帝文化研究会办公室定编5人），在职在岗共有12人。内设机构有办公室、科研室、教务室、对外培训联络室、财务室、行政后勤组。

【干部教育培训】 2018年，共举办各类干部培训班14期，培训总人数1409人次。同时，在培训内容，形式，教学方式方法方面努力探索，取得新的突破与成绩。一是紧扣时代主题，打造精品课程。加强基层理论和时政形势教育，推出“十九大精神”“习近平新时代中国特色社会主义思想”“乡村振兴”等3个系列，10余个专题。突出理论教育和党性教育，主体理论课程和党性课程占主体班的70%以上，开设专题党性教育。中青班组织学员深入农村、企业、机关调研，组织学员到十都镇敬老院献爱心，到县反邪教教育基地、万寿宫、廉政教育基地接受党性教育，开展“大城管”体验式教学活动，服务基层，送课下乡。组织教员到机关、企事业单位、乡镇、村组、社区宣讲十九大精神“乡村振兴”“红色讲堂”等专题教学40余场次。精心组织中青年干部培训班赴浙江大学进行为期一周的异地教学；二是积极落实领导干部上党课制度。2018年，县委书记、县长、县委副书记、纪委书记、组织部部长、宣传部部长、统战部部长、县委办主任等领导为学员讲授《青年干部要当教育的表率》《中国书法之美》《围绕中心　服务大局，努力做好宣传思想工作》等专题课程；三是邀请专家教授为学员授课。结合主体班特点与要求，邀请中南大学、湘潭大学教授，井冈山干部学院教授，市委党校校长赖建明、校长黄夏先等12位教授及本市兄弟县级党校2位教师，省市妇联4名优秀专业讲师为学员授课，获得学员的一致好评；四是打造传统文化和红色文化宣传教育课题。与县党性教育基地联合，聘请北京汇智博纳教育科技有限公司长期指导，进行教学课题研发，开发系列本土文化精品教学专题，如《弘扬炎帝文化，凝聚民族精神》《红土圣地　家国情怀》《毛委员在炎陵》《革命先驱何孟雄》《从三湾改编到水口连队建党》《从炎陵红军标语中探寻初心》等。本校教师开发的地方文化教学专题以及党的理论政策教学专题成为炎陵县党性教育基地重点课程，2018年已为全省各地市县党员干部作讲座20余堂次；五是科研成果转化为精品微视频教育片。刘声华的《真正的英雄何孟雄》帮助株洲市纪委制作《“清风株洲”电视专栏第43期——英雄夫妻何孟雄与缪伯英》和炎陵县委组织部拍摄的微视频专题片《何孟雄》《炎陵红军标语特点及其启示》，协助县委组织部、县广播电视台拍摄专题片《从红军标语中寻找初心》。

【脱贫攻坚】 学校派出以副校长万莉萍为队长，对外联络室主任戴诗杜为队员的扶贫工作队，全脱产驻村扶贫，联系村为鹿原镇金紫峰村。金紫峰村全村296户939人，建档立卡户47户，党校结对帮扶25户，每位教职工对接一至五户贫困户，到2018年底剩有贫困户3户4人，贫困发生率降至0.43%，完成贫困村脱贫目标，顺利通过国家脱贫考核检查。2017—2018年，党校荣获扶贫先进单位称号，万莉萍获评市扶贫先进工作队员。

【教学科研】 一是完善科研管理制度，科研激励机制有新局面。2018年，县委党校完善《优秀科研成果奖励办法》，明确科研规划管理的指导思想、目标要求、工作措施和经费保障等重要内容，使县委党校的科研规划管理纳入规范化、制度化管理的轨道。真正建立起科研工作的长效激励机制,努力达到科研工作“四个高层次”的要求,即课题立项高层次、论文发表高层次、成果获奖高层次、参与交流高层次。二是申省题、研县情,科研效能有新突破。县委党校坚持以炎陵文化为特色研究领域,围绕县域经济社会发展设置“发展黄桃产业问题调研课题”“炎陵县基层党员干事创业内动力调查”“脱贫攻坚巩固提升问题调研课题”等3个校本课题,刘声华的论文《何孟雄意义启示》入选何孟雄诞辰一百二十周年纪念论文集;饶秋花撰写的论文《不忘初心 大力弘扬炎帝“五大”精神》入选“第六届中部六省炎黄文化论坛论文集”;周利娟撰写的论文《炎陵红色文化的主要特点及时代价值》在报刊荟萃杂志论文评选活动中,被评为全国优秀论文一等奖,并发表于《报刊荟萃》杂志2018年9月刊。组织教员深入基层调查研究,完成《基层党员干部干事创业动力因素调查分析——以炎陵县干部为例》《油茶产业发展现状分析及对策初探——以炎陵县鹿原镇为例》《加快发展生态特色农业产业 助力炎陵乡村振兴》《以习近平科学思维方法和工作方法为引领提高基层党建工作水平》《红色经典音乐对于讲好中国故事的意义》《酃县赤卫队在井冈山革命根据地的历史作用》等多篇论文的撰写工作,得到县委、县政府相关部门的重视,践行为县域经济和社会事业发展服务的宗旨。在多篇论文中,罗绍吉、谭忠诚的《酃县赤卫队在井冈山革命根据地的历史作用》、万莉萍的《加快发展生态特色农业产业 助力炎陵乡村振兴》获株洲市党校系统理论研讨会一等奖;刘声华的《以习近平科学思维方法和工作方法为引领提高基层党建工作水平》、陈莉莉的《油茶产业发展现状分析及对策初探——以炎陵县鹿原镇为例》获株洲市党校系统理论研讨会二等奖;周利娟的《红色经典音乐对于讲好中国故事的意义》、李亦君的《基层党员干事创业动力因素调查分析——以炎陵县干部为例》获株洲市委党校系统理论研讨会三等奖。三是科研交流领域有新成果。围绕县域红色资源共撰写论文、调研报告10余篇。县委党校多次把论文研究成果与教学结合起来,实现“教学出题、科研解题;答案进课堂、成果促发展”。其中《真正的英雄何孟雄》《挖掘炎陵红色资源打造党性教育课堂——毛泽东炎陵革命首创活动解析》等转化为“学习何孟雄做忠诚担当的共产党人”“毛委员在炎陵”等课程。这些研究成果都走进课堂,在党校主体班及县内外单位党组织上课活动中得到广泛应用。

【完善党校办学条件】 利用政府投资近100万元提质改造三间教室和食堂,添置空调、投影仪、音响、课桌、厨房设备和餐具。投资500万元,学员宿舍楼建设已完成前期工作,进入招投标阶段。

【承办株洲市理论研讨会】 根据株洲市委党校的指示,2018年株洲市理论研讨会由中共炎陵县委党校承办,县委党校高度重视,积极筹备会议,本次会议的举行进一步增进与兄弟党校的学术交流,提升县委党校科研和教学影响力,为学术研究的发展奠定良好基础。

(陈莉莉)

炎陵县人民代表大会及其常务委员会

综 述

【概述】 2018年，炎陵县人民代表大会及其常务委员会在坚持把习近平新时代中国特色社会主义思想作为县人大工作的“根”和“魂”，全面贯彻中共十九大和十九届二中、三中全会精神，服从服务全县改革发展稳定大局，认真行使宪法法律赋予的职权，较好地完成年初确定的工作目标。始终注重围绕县委决策来谋划、部署、开展人大工作，准确把握人大工作的切入点、结合点和着力点，适时围绕党委重大决策、政府重点工作、人民群众关注的热点难点作出决议、决定。全年共召开主任会议12次、常委会会议7次，听取、审议“一府两院”工作报告和其他专项工作报告25次，作出相关决议决定12项。

【炎陵县第十七届人民代表大会第三次会议】 2018年1月12—14日(农历十一月廿六—廿八日)在县城举行。会议听取和审查县人大常委会工作报告、炎陵县人民政府工作报告、县人民法院工作报告、县人民检察院工作报告；审查和批准炎陵县2017年国民经济和社会发展计划执行情况的报告及2018年国民经济和社会发展计划草案、炎陵县2017年预算执行情况的报告和2018年预算草案、县人民代表大会设立三个专门委员会的议案报告；审查炎陵县2017年环境状况和环境保护目标完成情况的报告；选举炎陵县监察委员会主任；补选炎陵县第十七届人民代表大会常务委员会委员；通过炎陵县第十七届人民代表大会各专门委员会主任委员、副主任委员、委员人选；审议通过有关决议、决定等。(黄子奎)

【炎陵县第十七届人大常委会会议】 1月15日，炎陵县第十七届人民代表大会常务委员会召开第8次会议。县人大常委会主任戴诗平出席，县纪委书记文斌列席会议。会议审议通过《炎陵县人民代表大会常务委员会关于炎陵县监察委员会副主任、委员任免和宪法宣誓程序的决定（草案)》； 会议表决通过有关人事任免，任命欧阳波等3名为炎陵县监察委员会副主任、罗建群等5为炎陵县监察委员会委员。

3月21日，炎陵县第十七届人民代表

大会常务委员会召开第9次会议。县人大常委会主任戴诗平出席,县委副书记、县长文专文列席会议。会议表决通过有关人事任免,会议还对县十七届人大三次会议期间的代表建议进行交办,审议通过县人大常委会2018年工作要点。

6月29日,炎陵县第十七届人大常委会第10次会议召开。县人大常委会主任戴诗平参加。会议听取并审议《株洲市农村村庄规划建设管理条例》在炎陵县实施情况汇报、县人民政府贯彻落实《株洲市人民政府关于大力发展养老服务业的实施意见》情况报告,审议通过《炎陵县人民代表大会代表履职考核管理办法》《关于加强县人民检察院提起公益诉讼工作的决定》。

8月7日,炎陵县第十七届人大常委会第11次会议召开。县委副书记、县长文专文列席会议,县人大常委会主任戴诗平主持会议。会议听取县人民政府2018年上半年政情报告。

9月20日上午,炎陵县第十七届人大常委会第12次会议召开。县人大常委会主任戴诗平参加。常务副县长夏胜利列席会议。审议批准县本级2017年财政决算批复,听取2017年财政同级审工作报告、2018年1—6月计划、预算执行情况报告、炎陵县2018年新增债券资金安排的报告、县人民法院、县人民检察院上半年工作报告、炎陵县“七五”普法决议落实情况汇报、炎陵县贯彻实施《株洲市城市综合管理条例》情况汇报,审议通过《关于“产业项目建设”专项工作监督的实施方案(草案)》,听取并审议炎陵县城市总体规划2016年、2017年执行情况汇报。

11月29日上午,炎陵县第十七届人大常委会第12次会议召开。县人大常委会主任戴诗平参加。会议听取并审议炎陵县城市总体规划2016年、2017年执行情况汇报,办理县十七届人大三次会议代表建议、批评和意见办理情况汇报,听取并审议2018年预算调整情况的报告,审查批准预算调整方案。会议还通过人事任免事项,作出关于批准2018年财政预算调整方案的决议、炎陵县人民检察院第二批入额检察官职务的报备的决定、接受黄亮文辞去株洲市第十五届人民代表大会代表职务的决定。

12月29日上午,炎陵县第十七届人大常委会第14次会议召开。县人大常委会主任戴诗平参加。会议补选章文才为市人大代表。(陈建军)

【依法行使人事任免权】 坚持党管干部原则,认真做好人事任免工作,按照法定程序,全年依法任免国家机关工作人员29人次。为配合做好县监察委员会的组建工作,在县十七届人大三次会议闭幕后,立即召开常委会,通过县监察委员会3名副主任、5名委员的任命。坚持对事关全县改革发展稳定大局的重大事项进行重点监督,并作出相关决议决定12项,把县委的主张通过人大的法定程序变成全县人民的共同意志和自觉行动。(黄子奎)

【受理群众来信来访】 按照信访制度改革的要求,不断创新新形势下人大信访工作方式方法。加强涉法涉诉信访件的办理,用心用情办好来信来访，推动解决人民群众的操心事、烦心事，努力化解社会矛盾，维护社会和谐稳定。全年共办理群众来信来访 23 人(件)次。

（陈建军）

【司法公正炎陵行】 针对司法体制改革的新形势，切实加强对“两院”工作的监督，听取和审议刑事审判工作、民事行政检察工作情况报告，开展法官、检察官队伍建设调研，督促落实司法为民理念，切实维护社会公平正义。继续深化代表听审评议活动，全年共组织 36 名人大代表听审首例公益诉讼案、首例扫黑除恶案件等 5 起法院公开审理的案件，助推司法公平公正。建立规范性文件备案审查衔接联动机制，严格按照“有件必备、有备必审、有错必纠”的原则，全年共报备规范性文件 28 件，其中县政府报备 9 件，政府办报备 17 件，政府部门报备 2 件。报备率、及时率和规范率均达到 100%。

（彭佩春）

【人大代表建议、批评和意见督办】 县十七届人大三次会议期间共收到代表提出建议 67 件，从中选择 12 件由常委会正、副主任重点督办。67 件建议中，已经解决或基本解决的 13 件，占 19.4%；正在解决或列入规划逐步解决的 48 件，占 71.6%；因条件限制或其他原因目前不能解决的 6 件，占 8.9%。代表们对建议办理满意的 66 件，基本满意的 1 件。

【坚持代表联系群众制度】 常委会坚持把优化服务作为充分发挥代表作用、保障人民当家作主的重要工作来抓，在密切联系群众上下功夫，在畅通社情民意反映渠道上做文章，推进代表联系人民群众工作深入开展。常委会组成人员分片走访基层代表，组织 50 余名县人大代表向选民述职，代表普遍联系群众，让群众的呼声得到及时回应。

（李芳林）

【开展专项工作监督】 县人大常委会按照县委“产业项目建设年”活动要求，开展对服务工业企业相关单位工作情况的专项工作监督，由常委会领导带队，走访全县各乡镇、县直相关部门、105 家企业，发出征求意见函 110 份，设立举报意见箱，共收集意见建议 127 条，将意见建议原汁原味地进行反馈，并开展专题询问，取得较好的效果。

（黄子奎）

炎陵县人民政府

综　述

【概述】 2018年是改革开放40周年。按照省委省政府、市委市政府工作安排,在县委的坚强领导下,紧紧围绕“两大主战场”,全力打好“三大攻坚战”,稳中求进、精准发力,迎难而上、锐意进取,迈出了高质量发展坚实步伐。全县地区生产总值增长7.5%,固定资产投资增长7.8%,社会消费品零售总额增长9.9%,城乡居民人均可支配收入分别增长7.5%、9.4%,税收占一般公共预算收入比重达到83.35%,金融机构存贷比70.9%。

【县政府常务会议】 2018年,炎陵县政府召开常务会议13次。

1月8日,会议听取关于《2018年政府工作报告(讨论稿)》《炎陵县2017年国民经济和社会发展计划情况与2018年计划(草案)的(讨论稿)》《炎陵县2017年环境状况和环境目标任务完成情况的报告(征求意见稿)》《炎陵县2017年财政预算执行情况及2018年财政收支预算(草案)建议》等有关情况汇报,审议并原则通过上述工作报告。会议还研究了其他事项,安排部署了当前重点工作。

1月25日,会议听取关于2018年《政府工作报告》工作目标和任务分解、芙蓉学校项目、农民工工资监督工作等有关情况汇报,原则同意2018年《政府工作报告》工作目标和任务分解及《炎陵县芙蓉学校建设方案(建议稿)》《炎陵县迎接2017年度保障农民工工资支付工作考核责任清单》等。

2月11日,会议组织学习全市脱贫攻坚工作会议精神,听取关于安全生产、2018年“产业项目建设年”活动、乡村振兴战略、2017年度“项目攻坚年”活动等有关情况的汇报,原则同意《炎陵县脱贫摘帽和巩固提升实施意见(草案)》《炎陵县委县政府领导安全生产工作责任清单(送审稿)》《炎陵县县直有关部门安全生产责任清单(送审稿)》《炎陵县生产经营企业安全生产主体责任清单(送审稿)》《炎陵县2018年“产业项目建设年”活动方案(建议稿)》《实施乡村振兴战略开启农业农村基本现代化新征程的意见(草案)》等,会议还研究了其他事项,安排部署了当前重点工作。

3月8日,听取关于炎陵县法治政府建设、《炎陵县政府投资管理办法(试行)》起草、城市管理和综合执法体制改革等有关情况的汇报,原则同意《炎陵县政府投资管理办法(试行)》《关于深入推进城市管理和综合执法体制改革实施方案》等，会议还研究了其他事项，安排部署了当前重点工作。

3月19日，会议专题研究全康智能家电系列产品生产项目招商工作，原则同意炎陵县九龙工业园管委会和投资方协商拟定的全康智能家电系列产品生产项目合同文本。

3月29日，会议组织学习全市安全生产工作会议精神，听取关于2018年财政涉农资金统筹整合使用、加强政府性债务管理、生态保护红线划定等有关情况的汇报，原则同意《炎陵县2018年财政涉农资金统筹整合使用方案（草案）》《炎陵县第二次全国污染源普查实施方案（草案）》等，会议还研究了其他事项，安排部署了当前重点工作。

4月26日，会议组织学习全市安全生产工作电视电话会议精神，听取关于进一步规范公务用车管理、炎陵县"对接北上广优化大环境"等五大行动、完善计划生育服务和目标管理责任制、2018年政府投资项目调整工作等有关情况的汇报，原则同意《关于进一步规范公务用车管理有关事项的通知(送审稿)》《炎陵县"对接北上广优化大环境"行动实施方案(送审稿)》《炎陵县关于落实全面两孩政策完善计划生育服务和目标管理责任制的实施办法（草案）》《炎陵县2018年招商引资工作考核办法（讨论稿）》《炎陵县农村集体产权制度改革工作实施方案（送审稿）》《关于完善农村土地所有权承包权经营权分置办法的实施意见(送审稿)》《2018年炎陵县政府投资项目调整计划表(送审稿)》等，会议还研究了其他事项，安排部署了当前重点工作。

5月31日，会议听取关于炎帝陵创建国家AAAAA级旅游景区、消除义务教育大班额、电子商务进农村、消防工作等有关情况的汇报，原则同意《炎陵县消除义务教育大班额专项行动方案（草案)》《炎陵县电子商务进农村工作调整方案(送审稿)》《炎陵县空气质量提升方案(征求意见稿)》等，会议还研究了其他事项，安排部署了当前重点工作。

6月21日，会议专题研究东莞全康电子科技有限公司炎陵智能家电系列产品生产项目引进落地工作，原则同意炎陵县九龙工业园管委会和投资方协商拟定的东莞全康电子科技有限公司炎陵智能家电系列产品生产项目投资合作协议补充合同文本。

7月24日，会议专题研究污染防治攻坚有关工作，听取关于饮水水源地保护、城镇污水处理设施建设、城镇生活垃圾处理工作等有关情况的汇报，原则同意《炎陵县污染防治攻坚战2018年污染治理项目任务清单(建议稿)》《炎陵县2018年禁养区畜禽养殖场关停工作方案（代拟稿)》《炎陵桃源洞国家级自然保护区小水电开发专项整改实施方案（讨论稿)》《炎陵县河道采砂规划(2018—2020年)(讨论稿)》等，会议还研究了黑臭水体整治、入河口排污口治理和露天开采非金属矿山管理的等工作，安排部署了当前重点工作。

9月29日，会议组织学习全市改善农村人居环境工作会议精神、《湖南省人民政府关于同意茶陵县等5县脱贫摘帽的批复》(湘政函〔2018〕76号)等，听取了关于2018年1—8月全县经济运行情况、全县第二批

"最多跑一次"事项公布、扫黑除恶等工作有关情况的汇报,原则同意县扶贫办提交的脱贫攻坚巩固提升下阶段工作安排及《炎陵县县本级群众和企业到政府办事"最多跑一次"事项清单(第二批)(送审稿)》《2017年度主任科员以下非领导职务人员提请记三等功名单(建议)》《2017年度主任科员以下非领导职务人员提请嘉奖名单(建议)》等,会议还研究了其他事项,安排部署了当前的重点工作。

11月8日,会议组织学习全省深入学习贯彻习近平总书记精准扶贫工作重要论述大会会议精神,听取了关于园区改革和发展、2018年财政预算调整、全县禁毒工作等有关情况的汇报,原则同意《关于成立园区发展工作领导小组的通知(送审稿)》《2018年炎陵县财政预算调整工作方案(审议稿)》等,会议还研究了其他事项,安排部署了当前重点工作。

12月21日,会议听取关于2017年科级领导干部年度考核、城市管理和行政执法、公安交通管理、国土资源、教育工作等有关情况的汇报,原则同意《2017年度科级领导干部提请记三等功人员名单(建议)》《2017年度科级领导干部提请嘉奖人员名单(建议)》《关于促进城区学前教育健康发展的实施办法(草案)》《炎陵县教师周转房建设实施方案(草案)》《炎陵县人民政府关于贯彻落实〈湖南省人民政府关于进一步加强地质灾害防治工作的意见〉重点工作分工的通知(送审稿)》《炎陵县县本级群众和企业到政府办事"最多跑一次"事项清单(第三批)(送审稿)》《炎陵县投融资平台公司转型体制改革方案(审议稿)》《炎陵县投融资平台公司转型整合实施方案(审议稿)》等,会议还研究了其他事项,安排部署了当前重点工作。

【脱贫攻坚取得新胜利】 脱贫摘帽一举成功。认真贯彻落实习近平总书记精准扶贫工作重要论述,切实扛起脱贫攻坚重大政治责任。严格对照贫困人口脱贫、贫困村退出、贫困县摘帽标准,紧扣"两不愁、三保障""七个一批""六大工程"等重点任务,聚焦综合贫困发生率、漏评率、错退率和群众认可度等重点指标,落实"六个精准"要求,建档立卡贫困人口稳定实现不愁吃、不愁穿,读书、看病、住房安全得到持续有力保障,水电路网等突出短板加快补齐,基础设施和公共服务领域主要指标明显提升、整体面貌发生明显变化,发展产业脱贫取得显著成效。全县累计脱贫6633户22881人,54个贫困村全部退出,贫困发生率由2014年建档立卡时的16.57%降至0.6%。2018年2月,在全省5个同类县中,以贫困发生率最低和群众认可度最高通过省级核查;2018年6月,以错退、漏评"零反馈"通过国家专项评估检查;2018年8月,省人民政府正式发文批准脱贫摘帽,千百年来的绝对贫困问题历史性地得到了解决。巩固提升持续推进。继续保持脱贫摘帽的冲劲和韧劲,制定打赢脱贫攻坚战三年行动实施意见,落实"四个不摘"工作要求,全力巩固已退出贫困村和已脱贫人口不返贫、不掉队。脱贫基础更加稳固。财政专项扶贫资金79%用于产业扶贫,72%的贫困人口与扶贫经济组织建立利益联结关系,群众参与产业开发积极性更高、途径更多、效益更好。建设扶贫车间17家，开发农村公益性岗位248个，实现农村贫困劳动力转移就业6658人。脱贫保障更加有力。统筹整合财政涉农资金1.82亿元，县本级投入资金1.29亿元，进一步加强贫困村、非贫困村基础设施和公共服务体系建设。政策性资助建档立卡贫困学生6427人次439.4万元，社会性资助家庭困难学生2505人次355万元，建档立卡贫困学生因贫失学率为零。贫困人口健康扶贫“六重保障”进一步完善，全县所有建档立卡贫困患者县域内住院实际报销比例平均达到89%。易地扶贫搬迁、贫困对象农村安居工程、农村危旧土坯房集中整治成效进一步巩固。脱贫举措更加坚实。扎实抓好扶贫对象动态调整，系统数据质量排名全省前列。推动扶贫与扶志、扶智相结合，动员1165名贫困群众参与以工代赈类项目，评选奖励贫困户“脱贫之星”519名，贫困群众内生动力不断增强。调整优化120个驻村帮扶工作队和3641名结对帮扶干部，继续压实脱贫攻坚“五个责任”，深入推进扶贫领域作风建设。圆满完成年度减贫任务，67户154人实现稳定脱贫，贫困发生率进一步下降至0.54%，顺利通过脱贫成效省级考核和全国省际交叉考核。

【产业项目建设取得新成效】 深入开展“产业项目建设年”活动，引进项目23个，合同引资额113.78亿元，其中10亿元以上项目3个，5亿元以上项目4个。县“产业项目建设年”重点项目开工62个、竣工12个，市认定重点项目开竣工项目完成率113%。在全市“产业项目建设年”考核中被评为先进。文化旅游量质齐升。全力推进国家全域旅游示范区创建。严格对照国家AAAAA级旅游景区创建标准，强力推进炎帝陵国家AAAAA级旅游景区创建工作，完成交通、游览、安全、环卫、邮电等五大类设施39个项目建设，景区功能和服务质量明显提升，景区面貌发生了巨大变化，2018年9月通过省旅发委初评验收，2018年10月向国家文化和旅游部申报验收，2019年1月接受国家文化和旅游部检查。炎帝陵荣登“湖南省十大文化地标”之首。神农谷景区扩容提质完成投资9000万元，祈福景点、彩石峡谷等项目投入运营。红色培训、研学等业态进一步发展，县党性教育基地承办培训班176期8470人次，炎帝陵、红军标语博物馆、洣泉书院和纪念馆入选湖南省中小学生研学实践教育基地。湘山公园、云上大院、“神奇湘东”等项目建设加速推进。成功举办戊戌年清明祭祀炎帝陵典礼、湖南炎陵第三届桃花节、黄桃大会、云锦杜鹃花节、“中国旅游日”主题宣传等旅游节会活动，获评“全国十佳生态休闲旅游城市”“全国十佳生态文明城市”，县域旅游经济增长质量和增长效率位列全省前十，游客接待量和旅游总收入分别增长7.8%、8.2%。生态工业来势喜人。工业集中区污水处理厂、公租房三期投入使用，园区承载能力进一步增强。欧科亿实现产值近6亿元，纳税3100万元，高端数控精密刀具销量稳居全国前列；国声声学实现产值8亿元，安排就业2100余人，纳税1700万元，作为“小巨人”企业代表被湖南卫视《新闻联播》专题报道，TWS真无线立体智能耳机获2018年“创客中国”创新创业大赛全省一等奖、全国总决赛优胜奖;全康智能家电建成生产线16条。银太、万昌、东信、今成钽铌等老企业改造提升,顺华锂业、迈龙新材料、兴泰新材料等一批项目竣工或投产,圣宝龙电动车、思凯乐、淳雅铝业等一批项目加快推进。6家企业获评省级高新技术企业。建成国家级星创天地2个、省级星创天地3个。引进科技创新人才13名。申请发明专利18件。规模工业增加值增长7.5%;工业税收占全县税收总收入的比重达到38.3%,同比增加12个百分点;新增“四上”企业19家。绿色农业蓬勃发展。炎陵黄桃种植面积3400公顷,产量2.3万吨,实现产值5.2亿元,带动4784户14152名贫困人口人均增收8800元以上;争取央视“国家品牌计划——广告精准扶贫”项目支持,炎陵黄桃广告在中央电视台八个频道、多个时段连续播出38天;历史性地走出国门,出口新加坡、阿联酋等国家和地区;开办炎陵黄桃天猫、京东旗舰店,线上销售比例达到68.5%;荣获“第二届中国(长沙)优质果品博览会产品金奖”;入选2018年中国果品区域公用品牌价值榜,品牌价值1.56亿元;实现了从自然经济向商品经济、从区域品牌向国家品牌、从国内市场向国际市场、从经济现象向文化现象的“四个转变”。炎陵红茶获“国饮杯”“亚太杯”奖项5个,“万阳红”入选“丝绸之路”国际合作论坛指定产品。炎陵白鹅获评“全市十大农业区域公用品牌”,产业链条不断延伸,逐步实现养殖、加工、销售和餐饮融合发展。“一带八基地”不断壮大,新扩特色水果800公顷、改扩建茶叶300公顷,发展白鹅220万羽。新认证“三品一标”农产品12个,新建市级规范化农产品基地3个。

【城乡面貌取得新变化】 城镇提质加速推进。深化“多规合一”成果运用,严格规划审批制度,审批通过项目规划方案16个。碧桂园、亿都等知名房企进驻,炎陵碧桂园、亿都·九里晴川、天和东郡等项目开工建设,房地产市场保持平稳健康发展。井冈东路提质改造、石玉路建设全面完工。新建和改造供水管网3.2公里、市政燃气管网8.7公里,新增城镇管输天然气用户1096户。实现环卫作业公司化运作,新增城区清扫保洁面积5.4万平方米,启动城区生活垃圾分类试点工作,城区垃圾无害化处理率100%。拆违控违3780平方米。启动智慧照明控制系统建设,基本完成城市道路照明节能改造工程,新建、改造城区路灯2800余盏。乡村振兴有序实施。开展农村人居环境和“大棚房”整治,扎实推进23个美丽乡村示范村建设。投资1.25亿元完成自然村通水泥路244.5公里,投资1.89亿元基本完成S205大和塘至沔渡公路、S207草坪至大院公路建设。投资3738万元实施“小康用电示范县”工程,新改建输电线路271公里。启动“厕所革命”。农村饮水安全不断提质,乡镇自来水普及率100%,行政村自来水普及率91.7%。贯彻实施《株洲市农村村庄规划建设管理条例》,农村建房更加规范。加大村务、政务、党务公开力度,完成全县村务公开栏规范化建设。生态环境稳定向好。全力打好污染防治攻坚战,制定污染防治攻坚战三年行动计划,修订完善环境保护工作职责规定。提升环保能力建设,病死畜禽无害化集中处理中心投入使用，城区污水管网提质改造、乡镇污水处理厂等项目加速推进。狠抓建筑扬尘、车辆尾气、工业废气、餐饮油烟治理，PM2.5、PM10 分别下降 21.9%、23.5%，县环境空气质量优良率 96.7%，排名全省第二、全市第一。建立健全县乡村三级“河长制”体系，落实水资源管理“三条红线”，全面关停禁养区所有畜禽养殖场，完成县城饮用水源地环境问题整改，全县地表水体和饮用水源水质优于国家二类标准、达标率 100%。完善生态保护红线划定方案。坚守耕地保护红线，连续 19 年实现占补平衡。完成农业种植结构调整 116 公顷，造林绿化 2713.33 公顷。全面完成“绿盾”专项行动与省环保督察问题整改销号，中央环保督察“回头看”交办转办问题办结率 100%。

【改革开放取得新突破】 各项改革稳步推进。深化供给侧结构性改革，全面落实“营改增”等减税降费政策，为企业减负近 1 亿元。深化农村综合改革，全面完成农村集体产权制度改革清产核资工作，农村土地承包经营权确权登记办证工作获评省级“优秀”等次。推进供销综合改革，建设供销惠民服务中心 25 家，完成土地托管面积 846.67 公顷。完成城乡建设用地增减挂钩面积 96.33 公顷，实现增减挂钩节余指标交易收入 2.66 亿元。全面推行“最多跑一次”改革，857 项行政权力、公共服务事项实现只跑一次或者一次不跑。落实“减证便民”措施，取消证明事项 175 项。全面推行“多证合一”“证照分离”改革，企业开办时间缩短至 3 个工作日以内，办结时限为全省最短。深化城管综合执法体制改革，完成 173 项行政处罚权移交。医药卫生体制、统计管理体制、财政体制等各项改革稳步推进。开放水平不断提升。按照“走出去、引进来”的思路，成功举办万魔声学产业布局大会，积极参与“沪洽周”、全国民营企业携手助推中部崛起大会、万魔声学新技术发布会等活动。充分发挥株洲海关炎陵工作站作用，全程免费为企业办理进出口权备案、海关注册、电子口岸等手续，支持企业发展对外贸易。全县外贸进出口企业备案 42 家，新增“外贸破零”企业 3 家、外贸实绩企业 12 家，进出口总额增长 27.3%。

【民生事业取得新成果】 民生保障切实加强。全力以赴“保工资、保运转、保基本民生”，全年民生支出占一般公共预算支出比重达 81.49%。56 项“民生 100”工程指标全面完成。8 项社保扩面，征缴社保基金 4.05 亿元，发放待遇 4.62 亿元。新增创业主体 1194 户、城镇就业 1680 人、农村劳动力转移就业 1643 人，零就业家庭动态援助率 100%，城镇登记失业率控制在 3.5%以内。最低生活保障、特困供养、残疾人“两项补贴”、优抚安置、救灾救济等政策全面落实。退役军人和其他优抚对象信息采集顺利完成。为 351 户住房困难家庭发放租赁补贴，完成城市棚户区改造 820 户。社会事业全面发展。省重点工程“芙蓉学校”项目开工建设，完成义务教育薄弱学校改造项目 19 个，购买普惠园位 2500 个；城乡教育布局调整进一步优化，落实阳光招生、划片招生等措施，新增学位 1440 个，完成消除义务教育大班额年度任务；鹿原中学入选“中国青少年创新教育实践基地”。县中医院、县妇幼保健计划生育服务中心和县疾控中心基本建成；医联体建设进程加快，县域内患者就诊率达85%，县级医院年度外转病人下降24%，看病难、看病贵得到缓解；获评“株洲市2017—2018年度无偿献血先进县”“全省人口和计划生育工作良好县”，沔渡镇卫生院获评全国“群众满意的乡镇卫生院”。建成首家24小时图书室，免费放映公益电影2434场，安装广播电视户户通3390套；获评“湖南省现代公共文化服务体系示范区”，鹿原镇西草坪村入选“中国传统村落名录”，县广播电视台获评“改革开放四十年全国百佳县级广播电视台”，县图书馆再次获评国家一级图书馆，洣泉书院入选“湖南省国防教育示范基地”，戏曲《黄桃情缘》荣获第六届湖南艺术节“三湘群星奖”。社会大局和谐稳定。全力打好防范化解重大风险攻坚战，积极化解政府性债务，推进平台公司市场化转型，“停缓调撤”项目30个，消化债务存量1.24亿元，政府性负债风险总体平稳可控。县域金融生态评估综合成绩排名全省前列，获省级“金融安全区创建工作达标单位”专项奖励。严格落实安全生产地方党政领导责任规定和“三个必须”要求，深化“企业主体责任年”活动，组织执法活动3000余次，立案调查127起，安全生产形势持续向好。加大食品药品执法巡查力度，食品药品安全“零事故”。防汛抗旱、森林防火、非洲猪瘟防控等工作扎实有效。积极妥善化解信访积案和矛盾纠纷，依法及时解决群众合理诉求，创建信访工作“三无”县成效显著，获评全省“三调联动解纠纷”先进集体。扎实开展扫黑除恶专项斗争，扫除黑恶犯罪团伙4个，破获黑恶案件38起，近3年刑事发案率下降51.4%，连续14年保持“省平安县”称号。

县政府办公室

【概况】 县政府办公室是协助县政府领导处理政府日常工作的行政机构，内设秘书组、行政组、财经金融组、综合调研组、督查室(对外称县人民政府督查室)、法制组(行政审批组)、应急管理工作组(县政府总值班室)等7个组室。有县人民政府法制办公室、县人民政府金融工作办公室2个正科级挂牌机构和县民族宗教局1个副科级挂牌机构。县人民政府办公室机关核定行政编制35名，机关后勤编制6名。核定领导职数7名：县政府办主任(正科级)1名、县政府办副主任(副科级)3名、县政府法制办公室副主任(副科级)1名、县政府金融工作办公室副主任(副科级)1名、县民族宗教局专职副局长(副科级)1名。所属事业单位3个，其中：县市场服务中心，副科级自收自支事业单位，核定自收自支事业编制18名，核定领导职数主任(副科级)1名；县人民政府招待所(炎陵县炎陵宾馆)，副科级自收自支事业单位，核定自收自支事业编制35名，核定领导职数总经理(副科级)1名；县人民政府经济信息中心，股级全额拨款事业单位，核定全额拨款事业编制6名。县政府办公室主要职能为：负责县政府办文办会、综合协调、政务督查、应急管理、信访接待、金融、建议提案办理、依法行政、民族宗教等工作,以及办理领导交办的其他工作。

【综合调研】 着眼全局,服从全局,服务协调水平进一步提高。政府办公室作为政府的综合服务协调性部门,以高度负责的态度对待每一项工作,当好“参谋”这一角色。一是理清思路,明确调研重点。始终把调研工作的着力点放在为领导决策和决策实施的服务上,紧紧围绕全县经济社会发展大局、县政府重大工作部署及各阶段难点工作展开,及时将有价值的信息整理成书面调研材料呈报县政府领导,为政府科学决策提供了可靠的依据。二是精益求精,提高文稿质量。起草综合材料时,做到把握上级政策精神,把握工作要点、疑点、难点和重点,文稿起草做到贴近领导思路、把握领导意图。在重要文件、大型会议领导讲话起草时,组织资料人员共同讨论,对每一句话仔细推敲,确保材料质量。

【办文办会】 一是严格办文。建立健全复印、登记、传阅等制度,加强文件的可追溯性。充分利用网络互联网等现代化信息技术办理公文,积极探索“互联网 + 公文办公”这一新模式,提高工作效率,推广电子公文、无纸化公文,实现公文办理的智能化、环保化。严格按制度按程序办文,控制公文制发数量与质量,全年以政府和政府办名义共发文314个,发文数量较上年下降8.72%。做好归档与保密,全年共处理上级到文1576份,县本级到文293份,公文均按时存档、移交,按规定清退和销毁。二是细心办会,以会辅政,不断提高办会水平,各类会议力求节约务实。认真做好县政府常务会议、县政府全体(扩大)会议、县政府党组(扩大)会、县政府专题性工作会议等会议以及上级召开的电视电话会议的安排、组织和服务工作。树立“细节决定成败”的办会理念,坚持高质量承办会务。2018年,共组织会议667次,有效地保证了县政府决策事项及政务工作的贯彻落实和正常开展。

【政务督查】 当好“监督员”。采取定期督查、专项督查、集中督查等形式,使政府的每一项决策、重点工作、领导批示均落到实处。明确督查重点,突出抓好每一年的政府工作报告、领导批示、重点建设项目等方面的督查。组织开展《政府工作报告》、政府常务会、县长办公会议议定事项等专项督查活动,跟踪督查,了解情况,找准问题,分析对策,提出建议,做到批一项、转一项、办一项,并及时反馈,不拖沓、不懈怠,有力保证了政府政令的畅通和重点工程的顺利进行。

【应急管理】 进一步建立健全了各类专项应急指挥部和应急管理组织领导工作体系,进一步完善应急预案体系,全面系统制定各种应急预案将应急管理工作落到实处,责任明确到人。严格落实24小时专人值班制度,尤其节假日、汛期等特殊时期,关键岗位必须在职在岗,确保各种突发事件得到快速高效处置。2018年,在县委、县政府的坚强领导下,有序、高效地处置了包括低温雨雪天气、各地防汛事件等各类突发事件,最大限度减少损失,确保人民群众生命财产安全,维护了社会稳定。

【机关党建】 提高政治站位,常态化制度化开展“两学一做”学习教育,严格落实“三会一课”制度。全年共召开支部党员大会5次、支委会15次、党小组会12次、主题党日12次,讲党课4次。通过召开党员大会、组织生活会、主题党日活动、发放相关书籍等形式组织全体党员先后学习了中共十九大精神、习近平新时代中国特色社会主义思想、党章、党规、准则、条例和习近平总书记系列重要讲话精神等。组织全体党员开展了十九大精神和党建业务知识测试,其中得分90分以上15人。积极开展学习研讨。2018年,围绕“学习贯彻党的十九大精神”“学习新思想,展现新作为”“贯彻习近平总书记重要指示精神”“学习黄群等四位先进事迹”和“深化‘两学一做’学习教育”等主题开展了4次专题学习研讨,党员在会上充分交流了学习心得,并结合工作实际发表意见建议。2018年,支部还完成了1名入党积极分子推荐、新一届支部委员会候选人初步人选推荐。通过一系列举措,有效提高了办公室党员干部的思想认识、政治素养和党性修养,进一步增强了“四个意识”,坚定了“四个自信”。

【脱贫攻坚】 根据县委、县政府的统一安排部署,县政府办为鹿原镇玉江村、澎溪村脱贫攻坚帮扶联村单位。立足两村客观实际,调整优化驻村帮扶力量,按照“一村一队”总体要求,开展新一轮驻村帮扶和结对帮扶调整工作,明确办公室的每一位干部职工帮扶1—5户贫困户,确保驻村帮扶和结对帮扶全覆盖,并根据各贫困户实际,分别采取相应帮扶措施,及时解决贫困群众最现实、最关心、最直接的问题。以精准扶贫精准脱贫为基本方略,凝心聚力、奋力攻坚,精心谋划、精准发力,全力推动了“七个一批”“六大工程”行动。脱贫成效稳步提升,被评为“炎陵县脱贫攻坚先进驻村帮扶单位”,多人次获“炎陵县脱贫攻坚先进个人”光荣称号。

【队伍建设】 一是加强干部学习和培训。强化理论武装,始终把习近平中国特色社会主义思想和中共十九大精神学习放在首要位置;强化业务学习,组织开展会文处理,会议会务等专题学习,参加了省、市举办的相关工作的业务培训等,开阔眼界,提升各项业务知识水平。二是加强廉政建设。开展经常性党风廉政建设教育,把廉政建设纳入制度化轨道,不定期检查,加强干部的监督检查。

(刘延平)

2018年县人民政府、政府办重要文件标目

炎政发〔2018〕1号 炎陵县人民政府关于印发2018年《政府工作报告》工作目标和任务分解表的通知

炎政发〔2018〕2号 炎陵县人民政府关于印发《炎陵县加强困境儿童保障工作实施方案》的通知

炎政发〔2018〕3号 炎陵县人民政府关于转发湖南省人民政府令第288号的通知

炎政发〔2018〕4号　炎陵县人民政府关于下达2018年度集体(个人)森林采伐限额的通知

炎政发〔2018〕5号　炎陵县人民政府关于印发《炎陵县政府投资管理办法（试行)》的通知

炎政发〔2018〕6号　炎陵县人民政府关于下达2018年财政预算收支计划的通知

炎政发〔2018〕7号　炎陵县人民政府关于公布实施炎陵县城镇基准地价更新成果的通知

炎政发〔2018〕8号　炎陵县人民政府关于做好第四次全国经济普查工作的通知

炎政发〔2018〕9号　炎陵县人民政府关于公布县级文物保护单位名单的通知

炎政发〔2018〕10号　炎陵县人民政府关于聘请法律顾问的通知

炎政办发〔2018〕1号　炎陵县人民政府办公室关于全力做好2018年全县春运工作的通知

炎政办发〔2018〕2号　炎陵县人民政府办公室关于印发《炎陵县“四好农村路”建设工作实施方案》的通知

炎政办发〔2018〕3号　炎陵县人民政府办公室关于进一步做好工程建设项目招投标工作的通知

炎政办发〔2018〕4号　炎陵县人民政府办公室关于做好禁火期间森林防火工作的通知

炎政办发〔2018〕5号　炎陵县人民政府办公室关于规范不动产注销登记工作的通知

炎政办发〔2018〕6号　炎陵县人民政府办公室关于印发《炎陵县2018年度耕地补充计划方案》的通知

炎政办发〔2018〕7号　炎陵县人民政府办公室关于印发《炎陵县防汛抗旱应急预案》的通知

炎政办发〔2018〕8号　炎陵县人民政府办公室关于印发《炎陵县2018年种植结构调整工作实施方案》的通知

炎政办发〔2018〕9号　炎陵县人民政府办公室转关于印发《炎陵桃源洞国家级自然保护区内农村村(居)民建房监管实施细则》的通知

炎政办发〔2018〕10号　炎陵县人民政府办公室关于印发《炎陵县农村广播“村村响”工程运行维护与管理暂行办法》的通知

炎政办发〔2018〕11号　炎陵县人民政府办公室关于关于印发《炎陵县2017年度土地矿产卫生执法监督检查工作方案》的通知

炎政办发〔2018〕12号　炎陵县人民政府办公室关于印发《炎陵县2018年度地质灾害防治方案》的通知

炎政办发〔2018〕13号　炎陵县人民政府办公室关于印发《炎陵县2018年就业扶贫巩固提升实施方案》的通知

炎政办发〔2018〕14号　炎陵县人民政府办公室关于印发《炎陵县乡镇村庄规划建设管理行政审批暂行办法》的通知

炎政办发〔2018〕15号　炎陵县人民政府办公室关于下达2018年财政涉农资金统筹整合使用第一批项目资金的通知

炎政办发〔2018〕16号　炎陵县人民政府办公室关于印发《炎陵县2旅游突发事件应急预案》的通知

炎政办发〔2018〕17号 炎陵县人民政府办公室关于印发《炎陵县科级扶贫工作方案》的通知

炎政办发〔2018〕18号 炎陵县人民政府办公室关于印发《炎陵县炎陵县“绿盾2018”自然保护区监督检查专项行动工作方案》的通知

炎政办发〔2018〕19号 炎陵县人民政府办公室关于做好全县最低生活保障、特困人员救助供养和残疾人“两项补贴”工作的通知

炎政办发〔2018〕20号 炎陵县人民政府办公室关于印发《炎陵县2018年度发展林业生产和生态补偿脱贫巩固提升实施方案》的通知

炎政办发〔2018〕21号 炎陵县人民政府办公室关于印发《炎陵县消除义务教育大班额专项行动实施方案》的通知

炎政办发〔2018〕22号 炎陵县人民政府办公室关于印发《炎陵县2018年安全生产考核方案》的通知

炎政办发〔2018〕23号 炎陵县人民政府办公室关于印发《炎陵县生态环境隐患大排查大整治“百日攻坚”行动方案》的通知

炎政办发〔2018〕24号 炎陵县人民政府办公室关于印发《2018年度县政府常务会议学法计划》的通知

炎政办发〔2018〕25号 炎陵县人民政府办公室关于公布炎陵县县本级群众和企业到政府办事“最多跑一次”事项清单(第一批)的通知

炎政办发〔2018〕26号 炎陵县人民政府办公室关于加强古树名木保护工作的通知

炎政办发〔2018〕27号 炎陵县人民政府办公室关于印发《炎陵县河道采砂管理办法》的通知

炎政办发〔2018〕28号 炎陵县人民政府办公室关于印发《炎陵县河道采砂规划(2018—2020年)》的通知

炎政办发〔2018〕29号 炎陵县人民政府办公室关于印发《炎陵县打击非法采砂专项整治行动实施方案》的通知

炎政办发〔2018〕30号 炎陵县人民政府办公室关于印发《炎陵县健康扶贫“一站式”结算实施方案》的通知

炎政办发〔2018〕31号 炎陵县人民政府办公室关于认真做好闲置扶贫资金清查整改及2018年扶贫资金拨付工作的紧急通知

炎政办发〔2018〕32号 炎陵县人民政府办公室关于印发《炎陵县养殖污染防治与养殖废弃物资源化综合利用三年行动工作方案(2018—2020年)》的通知

炎政办发〔2018〕33号 炎陵县人民政府办公室关于印发《炎陵县2018年禁养区畜禽养殖场关停工作方案》的通知

炎政办发〔2018〕34号 炎陵县人民政府办公室关于印发《炎陵县养殖业发展三年规划(2018—2020年)》的通知

炎政办发〔2018〕35号 炎陵县人民政府办公室关于印发《炎陵县2018年气象防灾减灾工作考核方案》的通知

炎政办发〔2018〕36号 炎陵县人民政府办公室关于印发《炎陵县殡葬领域突出问题专项整治行动实施方案》的通知

炎政办发〔2018〕37号 炎陵县人民政府办公室关于进一步加强财政收入管理严

肃财经纪律的通知

炎政办发〔2018〕38 号 炎陵县人民政府办公室关于印发《炎陵县土地违法违规行为专项整治行动工作方案》的通知

炎政办发〔2018〕39 号 炎陵县人民政府办公室关于下达 2018 年财政涉农资金统筹整合使用第二批项目资金的通知

炎政办发〔2018〕40 号 炎陵县人民政府办公室关于印发《炎陵县“四好农村路”示范乡镇创建考评办法》《炎陵县农村公路“群众性养护体系”建设实施方案》的通知

炎政办发〔2018〕41 号 炎陵县人民政府办公室关于印发《炎陵县水稻生产功能区和油菜籽生产保护区划定实施方案》的通知

炎政办发〔2018〕42 号 炎陵县人民政府办公室关于印发《炎陵县“民生 100”扶持建设现代农机合作社实施方案》和《炎陵县“民生 100” 农村机耕道新建维修改造项目实施方案》的通知

炎政办发〔2018〕43 号 炎陵县人民政府办公室关于印发《炎陵县 2019 年度城乡居民医疗保险参保缴费工作方案》的通知

炎政办发〔2018〕44 号 炎陵县人民政府办公室关于公布炎陵县县本级群众和企业到政府办事“最多跑一次”事项清单(第二批)的通知

炎政办发〔2018〕45 号 炎陵县人民政府办公室关于印发《炎陵县退役军人和其他优抚对象信息采集工作实施方案》的通知

炎政办发〔2018〕46 号 炎陵县人民政府办公室关于印发《炎陵县为烈属、军属和退役军人等家庭悬挂光荣牌工作实施方案》的通知

炎政办发〔2018〕47 号 炎陵县人民政府办公室关于印发《炎陵县推进医疗联合体建设和发展的实施方案》的通知

炎政办发〔2018〕48 号 炎陵县人民政府办公室关于印发《炎陵县防治慢性病中长期规划(2018—2025 年)》的通知

炎政办发〔2018〕49 号 炎陵县人民政府办公室关于开展建档立卡贫困人口生态护林员 2018 年度考核、续聘和补充选聘工作的通知

炎政办发〔2018〕50 号 炎陵县人民政府办公室关于下达 2018 年财政涉农资金统筹整合使用第三批项目资金的通知

炎政办发〔2018〕51 号 炎陵县人民政府办公室关于印发《炎陵县农村劳务经纪人管理办法》的通知

炎政办发〔2018〕52 号 转发《湖南省人民政府办公室关于进一步加强村庄建设的意见(试行)》的通知

炎政办发〔2018〕53 号 炎陵县人民政府办公室关于印发《炎陵县城区生活垃圾试点分类工作实施方案》的通知

炎政办发〔2018〕54 号 炎陵县人民政府办公室关于印发《炎陵县突发公共卫生事件应急预案》和《炎陵县流感大流行应急预案》的通知

炎政办发〔2018〕55 号 炎陵县人民政府办公室关于印发《炎陵县烟草制品零售店合理布局规划》的通知

炎政办发〔2018〕56 号 转发《株洲市人民政府办公室印发〈关于进一步压缩企业办公时间实施方案〉的通知》的通知

炎政办发〔2018〕57 号 转发《湖南省

人民政府办公室关于全面推开“证照分离”改革的通知》的通知

炎政办发〔2018〕58号　炎陵县人民政府办公室关于下达2018年财政涉农资金统筹整合使用第四批项目资金的通知

炎政办发〔2018〕59号　炎陵县人民政府办公室关于公布炎陵县县本级群众和企业到政府办事“最多跑一次”事项清单(第三批)的通知

炎政办发〔2018〕60号　炎陵县人民政府办公室关于印发《炎陵县贫困村自供区农网改造升级实施方案》的通知

政务服务

【概况】　县政务服务中心是正科级政府直属事业单位,配备主任1名、副主任2名,共有全额拨款事业编制17名(其中2名为九龙工业园办证专属)。主要承担政务服务、政务公开、优化环境、电子政务、县长热线、县政府网站和新闻网站新闻宣传等职能。内设办公室、窗口业务审批股、电子政务管理股、政务公开股、优化经济发展环境股、县长热线室、新闻采编室等七个股室。2018年度,获县文明建设先进单位、县优化经济发展环境红旗单位等荣誉。

【推行“最多跑一次”改革】　2018年,按照省市县要求,启动“最多跑一次”改革工作,取得初步成效。一是完成事项清理。政务服务中心汇同县“跑改办”组织各部门完成县本级行政许可、行政给付、行政奖励、行政确认、行政征收、行政裁决、其他行政权力、公共服务事项的梳理2253项,所有进入平台实施事项均按规范控制在4个流程以内。梳理公布“最多跑一次”事项目录共计857项。二是清理窗口收费项目。对进驻中心的全部收费项目进行清理核查,按照最新文件要求,进一步规范收费项目、收费标准、收费依据并上墙公示,确保收费项目标准准确无误。三是推动不动产登记和商事登记领域改革。在不动产登记领域,推行国土、税务、房产联合办公,实现不动产交易登记一体化,从而彻底扭转不动产交易登记“分头管、分段批、多门办”的复杂局面;在工商登记领域,实施“多证合一、一照一码”登记改革,全部流程设定为一审、一核、发证三个环节,企业开办时间压缩在三个工作日以内。窗口全年共受理、办结审批服务项目43754件(含分中心),均提速提效办结。

【政务公开】　2018年,县政务公开办强化内容保障,规范公开内容,拓宽公开载体,力促全县政务公开工作再上新台阶。一是强化内容保障。通过县政府网站、广播、电视、微博、微信、公开栏、电子屏、文件、会议等渠道,以财政预算决算和“三公”经费、重点项目建设、环境保护、精准扶贫、食品药品安全等领域为重点,主动公开政府信息30000余条,其中在县政府网站上公开政府信息12065条。二是推进政府网站集约化建设。在县政府网站上开设45个部门子站,确定子站栏目名称、更新标准及信息维护人员,全面提升政府网站的权威性和影响力。三是拓宽政务服务投诉渠道。全年共开展线上线下推广活动3次,引导企业和办事群众参与“国家政务服务投诉与建议”“群众办事百项堵点疏解行动”和“我为国务院大督查提建议”的留言征集活动。

【优化环境】 2018年,县优化办以开展“产业项目建设年”活动为契机,狠抓环境优化工作。一是推进“对接北上广优化大环境”行动。年初,起草下发《炎陵县“对接北上广优化大环境”行动实施方案》,每季度填报炎陵县《对接“北上广”优化大环境行动导则》重点任务台账。7月,召开工作推进会,进一步部署相关工作。全县审批环境、成本环境、信用环境、法治环境、人才环境和服务环境进一步优化。二是组织各窗口单位和服务行业开展作风专项整治工作。制定首问负责制度、限时办结制度、责任追究制度、一次性告知制度、窗口AB岗工作制度、窗口工作人员行为规范等一系列窗口工作制度,提升窗口服务质量。三是规范涉企检查。严格实行涉企检查报批备案,推行涉企检查“双随机一公开”制度,企业“宁静日”得以实现。四是不折不扣落实惠企政策。落实工商登记制度改革,实行“五证合一”,规范工作流程;落实收费减免政策,对招商引资入园企业厂房、办公设施建设报建收费落实减免优惠政策;严格执行省市收费减免政策,按减免项目及时落实到位,切实降低企业成本负担。五是协调处理企业和项目建设矛盾纠纷。设立投诉举报电话专线,建立企业QQ群和优化环境微信服务平台,多渠道受理投诉举报。全年受理涉及企业供电、企业用工、农民工工资和交通运输等方面的诉求10余件,均得以快速处理。

【网站宣传】 2018年,县政府网站和县新闻网站围绕县委、县政府的重点工作做好做优网站新闻宣传工作。一是全县重点工作报道及时准确。编发全县各单位通讯员来稿,并开辟20余个专栏重点宣传。全年共采编新闻动态1846篇,其中炎陵新闻733篇,乡镇动态441篇,部门动态672篇。二是积极向上发稿。在红网上稿355篇,在新华网、凤凰网、新浪网等全国知名网站上稿500余篇,并按照红网总站的要求,及时做好国家、省重大新闻转载工作。三是深入挖掘典型。推出《“产业项目建设年”专题“炎陵速度”背后的故事　国声声学2个月完成从项目签约到投产见效》《脱贫路上我争先 “合作社”助金紫峰山民脱贫》等系列专题报道。

【县长热线】 2018年,县长热线办共接听群众电话3603个,共受理群众反映有效事项2527件(含领导信箱),办结率100%,群众满意率达99.72%。共承办市长热线(信箱)429件,办结429件。在市长热线考核评比中,炎陵县第一季度工单办理工作在全市10个县市区中排名第一;第二、三、四季度在全市5个县市区中分别排名第二、第一、第一。共接听“马上就办”热线电话20个,当场答复2个,受理交办18个。3月,还启动县长、副县长、乡镇政府及县直有关单位负责人接听县长热线活动,共接听群众电话129个,均得到妥善解决。

【县长热线平台升级改造】 2018年12月,

按照省市要求对炎陵县县长热线平台进行升级改造,并与省市"12345"热线平台成功对接。对接后可实现网上交办、数据共享,正式纳入全省电子政务外网系统,接受省市电子监察系统全程监控。

【电子政务】 2018年,炎陵县从网络线路上建成覆盖县、乡的"互联网+政务服务"一体化平台,全县所有乡镇、政府部门、学校、社区等96个接入点可接入,可直接使用全省统建平台。及时协调处理电子政务外网故障,做好"互联网+监督"系统部门与人员的账号维护。强化政府网站的运维管理和内容保障,每月落实省政府门户网站"答卷"专栏信息,及时完成市对县政府网站监测问题的整改。

【脱贫攻坚】 县政务服务中心对口帮扶水口镇青林村,共有建档立卡贫困户38户137人。单位委派工作队驻村开展脱贫攻坚工作,单位全体干部为帮扶责任人,开展结对帮扶。至2018年末,已有33户128人脱贫退出,贫困发生率为1.01%,村级收入有稳固的来源,村级公共服务设施明显改善,顺利通过县、市、省和国家的评估验收,成功摘掉贫困村帽子。 (郑蓉凡)

民 政

【概况】 县民政局是政府主管救灾救济、优抚安置、社会救助、基层民主政治建设、社会组织、地名区划、社会福利等社会行政事务的职能部门。下设6个事业单位,其中2个副科级全额拨款事业单位:县慈善会办公室、县老龄工作委员会办公室;3个股级事业单位:殡葬管理大队、烈士陵园管理处、福利彩票销售管理中心;4个职能股室:综合办公室(行政审批)、优抚安置股、社会事务股、社会救助股(救灾救济股)。全局在编在岗工作人员31人。

2018年,全县民政系统围绕全县大局,大力推动民政事业改革创新,全面完成各项目标任务和困难群众的保障工作,发挥民政在民生保障中的兜底作用,为炎陵县脱贫攻坚做出贡献。2018年,县民政局获评县"文明建设先进单位""脱贫攻坚驻村帮扶先进单位""维稳工作先进单位""计划生育先进单位"等荣誉称号。

【社会保障兜底】 促力脱贫攻坚。一是做实兜底保障。精准认定对象,提高保障水平,充分发挥农村低保制度在打赢脱贫攻坚战中的兜底保障作用,织密织牢困难群众基本生活保障网,为炎陵县通过国检、成功脱贫摘帽作出应有的贡献。2018年,全县农村低保对象1326户2882人(其中社会保障兜底对象294户516人)。农村低保保障标准由2017年的280元/月提高到300元/月,月人均救助水平由2017年的169元/月提高到174元/月,社会保障兜底对象按300元/月的标准全额发放。全年发放农村低保资金731万元(其中社会保障兜底对象206万元)。二是做好驻村帮扶。县民政局派2个驻村帮扶工作队,和27名帮扶工作人员,深入沔渡镇石坝村、长江村,联系112户贫困户,制定有针对性的帮扶措施,全面完成精准扶贫和结对帮扶工作任务，局筹集帮扶资金52.35万元,完善两村的公共服务基础设施,促两村脱贫摘帽。

【优抚安置】 全面完成退役士兵安置工作,做好涉军维稳对象的稳控工作,是全市少有的无涉军维稳对象进京赴省到市上访县。得到上级的充分肯定,为创建平安和谐炎陵做出贡献。双拥优抚安置:一是及时为优抚对象调高抚恤补助标准，全年下拨优抚资金1800万元。二是为重点优抚对象排忧解难。全县1155名重点优抚对象全部参加城乡居民医疗保险,为重点优抚对象解决大病医疗救助金。三是退伍安置有序开展。四是积极支持国防与军队机构改革。五是开展全县退役军人和其他优抚对象信息采集和悬挂光荣牌工作,夯实退役军人工作基础。

【社会救助】 城乡低保“应保尽保、应退应退”。一是提高最低保障标准和救助水平。城市低保标准提高到430元/月,救助水平提高到322元/月。2018年，全县城市低保663户1197人，发放城市低保资金554万元。二是特困供养,基本保障。城市和农村特困供养人员基本生活标准分别不低于6720元/年和4800元/年，特困供养683户709人,全年发放资金405万元。残疾人两项补贴提高到55元/人·月,惠及3218人,发放资金195万元。三是医疗救助方便群众。四是临时救助,救急难有实效。

【救灾救济】 救灾救济工作扎实有效推进。一是广泛开展春节走访送温暖活动。走访慰问社会特困户、受灾户等各类对象3400余人。二是做好冬令春荒救助工作。发放冬春救助资金150万元，共救助困难群众2200余人。保质保量完成9户灾后民房恢复重建。为全县住户投保。三是积极推进炎陵县防灾减灾救灾体制机制改革。中村瑶族乡梅岗村成功创建为“省级综合减灾示范社区”。

【社会事务管理】 社会事务管理服务能力显著提升。一是稳步推进社会组织登记管理,全县社会组织72个,其中公益类社会组织6个,行业协会、商会16个,民办非企业42个。建立社会组织孵化基地,培育社会组织8家。二是切实落实孤儿生活保障制度,对核定的散居孤儿按季度及时足额发放每月1000元的孤儿生活保障费，促进困境儿童保障工作的有效开展。三是全面启动地名图、录、典、志的编撰工作,推动地名普查成果转化。四开展殡葬突出问题专项整治行动,制定出台专项整治文件,成立炎陵县殡葬领域突出问题专项整治行动领导小组,抽调人员组建工作专班，按照属地管理原则，开展摸排,建立台账对重点领域治理进行安排部署。推动移风易俗,有力促进乡风文明。五是在全县10个乡镇全面建立社会工作服务站,通过政府购买服务,提升基层民政服务能力。

【基层政权建设】 村务公开“亮栏行动”。全县120个村全部重新规范建设村务公开栏，建立内容更新管理长效机制，促进基层自治、法治、德治融合发展。

【慈善工作】 助力脱贫攻坚，发挥慈善作为。一是开展大病救助项目,为因患心脏病、脑血管疾病、肿瘤疾病、白血病、器官移植等患重大疾病的贫困户实施救助。二是开展“大爱株洲.金秋助学”的活动,资助考取一本以上贫困大学生 8 人,每人每年得到5000元资助。三是春节向贫困户送去大米、油等慰问物资约 3 万余元。四是大力推进慈善超市建设,新增南区社区慈善超市 1 家,长期、及时为困难群众解决部分生活困难。五是积极争取上级项目资金,向中华慈善总会争取到“中慈爱心图书室”项目,向城南小学、船形学校等 10 所学校共计捐赠图书 3.7 万册,价值 100 万余元;争取到炎陵县烟草分公司定向捐赠款 27 万元，分别定向捐赠给十都镇黄上村、沔渡镇泮坑村、沔渡镇大江村、南区社区等,用于产业扶贫、基础设施建设、扶贫帮困慰问等。

【婚姻登记】 宣传贯彻《中华人民共和国婚姻法》,全年办理结婚登记 854 对,离婚登记 357 对,补领结婚登记 100 对,补领离婚登记 12 对。办理合格率 100%。婚姻服务人性化、亲情化。

【老龄工作】 为炎陵县符合条件的 2220 名“五类”老年人购买意外伤害保险。基本养老服务补贴按每人每月 40 元发放，覆盖率达100%。80—99 岁高龄老人生活补贴提标扩面,90—99 周岁的高龄老人生活补贴标准为 100 元 / 月,80—89 周岁的高龄老人生活补贴为 50 元 / 月,为符合条件的 4418 位老人发放高龄补贴 273 万元。发放百岁老人长寿津贴 5.3 万元。

【老区开发】 以促进老区经济发展为中心,积极向上争取老区扶贫开发资金。扶持炎陵县长江村道路建设项目、炎陵县十都镇瓜寮村黄桃种植项目、炎陵县生态农业开发中心高山蔬菜种植项目、炎陵县心农翠冠梨种植专业合作社 4 个项目,共 12 万元。严格项目资金管理,老区建设专项资金使用规范。

(张友珍)

中国人民政治协商会议炎陵县委员会

综　述

【概述】 2018年，政协炎陵县委员会内设"一办四委"5个机构。2018年3月，增设政协炎陵县委员会办公室信息中心，增加全额事业编制1名。共有行政编制13名，机关后勤事业编制1名，全额拨款事业编制1名。辞免委员3名，增补委员3名，共有县政协委员134名。每个专委会增加5名县政协委员为专委会兼职委员。

2018年，在中共炎陵县委的坚强领导下，县政协深入贯彻习近平新时代中国特色社会主义思想和中共十九大精神，牢牢把握团结和民主两大主题，谋求新作为，展现新担当，紧紧围绕"两个主战场"、打好"三大攻坚战"，积极履行政协三大职能，为助推炎陵高质量发展，作出了积极贡献。

【政协炎陵县九届三次会议】 1月11日下午至13日下午，政协炎陵县九届三次会议在鄢峰宾馆召开，大会应到委员134名，因事请假8名，实到126名。市政协副主席、县委书记黄诗燕，县委副书记、县长文专文分别在大会开幕式和闭幕式上作重要讲话。县政协主席欧阳鹏志代表政协炎陵县第九届委员会常务委员会向大会作工作报告，县政协副主席黄建林代表政协炎陵县第九届委员会常务委员会作提案工作情况报告，7名委员作大会发言。会议期间，市政协副主席、县委书记黄诗燕参加第一联组（经济、特邀、工商界别）讨论。县委副书记、县长文专文参加第二联组（农林、科技、民宗台侨界别）讨论。全体委员列席了县人大十七届三次会议，听取并协商了"一府两院"等工作报告。会议期间，共收到委员提案113件，立案78件。通过了《关于政协炎陵县第九届委员会第三次会议政治决议》《关于政协常委会工作报告的决议》《关于提案工作报告的决议》。

【县政协常委会议】 1月13日，县政协主席欧阳鹏志在鄢峰宾馆3号楼五楼会议室主持召开九届县政协第8次常委会议。会议听取了界别组长汇报各组讨论情况；协商通过补选办法（草案）、补选九届县政协常务委员候选人名单、总监票人、监票人建议名单（草案）、本次大会各项决议（草案）。县领导彭志、黄建林、谭芳林、刘留燕、唐瑜云、邱华丽参加会议。

3月23日，县政协主席欧阳鹏志在政协机关一楼会议室主持召开政协炎陵县第九届委员会第9次会议。会议学习了《中华人民共和国宪法修正案》和《中国人民政治协商会议章程修正案》，审议并原则通过了县政协常委会工作规则(草案)、县政协委员会履职管理通报制度(草案),会议表决通过了相关人事任免。

县领导黄建林、谭芳林、刘留燕、唐瑜云、邱华丽参加。

7月30日，县政协主席欧阳鹏志在政协机关一楼会议室主持召开政协炎陵县第九届委员会常务委员会第10次会议。会议通报了2018年上半年县政协工作情况,县政协各委办、各界别分别汇报了2018年上半年工作情况。县领导黄建林、谭芳林、刘留燕、唐瑜云、邱华丽参加。

8月3日,县政协主席欧阳鹏志在鄢峰宾馆3号楼五楼会议室主持召开政协炎陵县第九届委员会常务委员会第11次会议。会议学习传达了县委十二届五次全会主要精神，听取了县纪委监委关于2018年上半年全县党风廉政建设情况通报,县人民政府关于2018年上半年全县经济社会发展情况通报,县人民政府关于县政协九届三次会议委员提案办理情况通报。县领导黄建林、谭芳林、刘留燕、唐瑜云、邱华丽参加。

10月12日,县政协主席欧阳鹏志在鄢峰宾馆3号楼五楼会议室主持召开政协炎陵县第九届委员会常务委员会第12次会议。会议学习了中办发〔2018〕48号文件《关于加强新时代人民政协党的建设工作的若干意见》，传达贯彻了全省政协系统党建工作会议主要精神。会议还协商讨论了全县产业发展推进情况调研报告。县领导黄建林、谭芳林、刘留燕、唐瑜云、邱华丽参加。

【政治协商】 全会协商。在县政协九届三次全会上,欧阳友诚、戴勇、黄志华、周福平、盘闻、廖烨、张和生7位县政协委员作大会发言;联组讨论会上有94名县政协委员发言。这些发言内容涉及经济社会发展的方方面面,紧扣产业项目、脱贫攻坚、乡村振兴、人才队伍、民生事业等事关全局和群众关心关注的问题,提出了很多好的意见建议。委员们与县委县政府领导和各有关部门领导进行面对面互动协商,委员许多建议得到积极回应。专委会对口协商。开展提案办理工作专题对口协商。《对炎陵县文化旅游扶贫的思考与建议》《关于办好学前教育的建议》2件提案分别得到县委书记、县长批示,并确定为重点提案。为推动重点提案办理落实,带动面上提案办理工作,县政协提案工作委员会商县政府办召开重点提案办理协商会,提案所提建议有关承办、会办单位与县政协提案工作委员会、提案人对口协商,取得较好效果。常委会议专题协商。全年县政协召开政协常委会议5次，其中2次会议分别围绕产业项目建设、脱贫攻坚中的重要问题,与有关部门开展协商。政协常委会议半年听取了“一府一委两院”政情通报,围绕全县经济社会发展中的重要部署、重大问题开展协商建言,提出了一些中肯的意见建议。

【民主监督】 监督形式。一是委派民主监督小组。以界别为单位组建民主监督小组，分别派驻到县林业局、县住建局、县经科商粮局开展民主监督工作，各民主监督小组在充分调研的基础上，提出意见批评建议并组织对受派单位全年工作情况和民主监督意见批评建议办理情况进行民主评议测评。二是委派民主监督员。先后委派13名县政协委员以民主监督员的身份参加县法院、县检察院、县司法局、县发改局开展的相关活动。三是开展视察监督活动。组织部分县政协委员就炎帝陵创建国家AAAAA级旅游景区开展专题视察，从如何推进项目建设，加快创建进度等方面提出了意见批评建议。向县委县政府报送了专题视察报告和专题调研报告，得到县委县政府主要领导批示，要求有关部门认真研究落实意见建议。监督内容。围绕县委县政府的重要工作部署，选择事关全县经济社会发展的重要领域、重点工作、重大活动和重要民生开展民主监督。监督效果。在开展民主监督过程中，注重把握群众关注的实际问题，工作推进中的难点问题，深入调研走访，掌握第一手情况，提出有针对性、可操作性的意见批评建议。县政协第二民主监督小组派驻林业局开展民主监督工作，提出了"加大笋竹产业开发力度的建议"，并组织部分委员到福建永安、江西弋阳学习考察，形成笋竹林产业发展考察报告，向县委县政府报送考察报告，得到县委县政府主要领导批示。

【参政议政】 委员建言献策得到县委县政府高度重视，得到部门单位的积极回应，为助推炎陵发展发挥了积极作用。委员提案建议。县政协九届三次会议委员提案内容广泛，针对性和操作性较强，重点关注脱贫攻坚巩固提升、产业项目建设、文化旅游、工业转型升级、生态环境建设、农村基础设施建设等方面。委员接待日活动建议。全年开展两次委员接待日活动，县政府对委员提出的意见建议进行现场交办，相关部门单位当场作表态发言，承诺限时办理到位并回复办理结果。其中有8件委员建议得到县委主要领导批示。委员调研建议。县政协组织部分县政协委员分5个调研小组就产业项目建设推进情况开展专题调研，写出专题调研报告，得到县委县政府主要领导批示，相关部门高度重视，积极采纳，认真办理。

【委派民主监督小组工作会议】 3月16日，县政协召开委派民主监督小组工作会议。县政协主席欧阳鹏志参加并讲话。会议宣读了《县政协2018年度委派民主监督小组工作方案》，以界别为单位组建3个民主监督小组，分别派驻县林业局、县住建局、县经科商粮局开展民主监督工作。受派单位负责人和民主监督小组组长作表态发言。县政协副主席黄建林、谭芳林、刘留燕、邱华丽参加。

【委员接待日活动】 4月13日上午，县政协开展第三次"委员接待日"活动，听取妇联界别委员意见和建议。县政协主席欧阳鹏志及主席会议其他成员参加。委员们围绕天然气价格、停车场、河道垃圾处理等民生问题，积极建言献策；政府办负责人现场对委员建议进行了交办；与会相关部门负责人作了回应表态发言。县委副书记饶祥明参加并讲话。9月27日上午,县政协开展第四次“委员接待日”活动,听取民宗台侨界别委员对全县经济社会发展的意见和建议。县政协主席欧阳鹏志、县委常委、常务副县长夏胜利参加。县政府办负责人现场对第三次“委员接待日”委员建议意见办理情况进行通报，并对本次委员提出的意见建议现场交办，与会相关部门负责人作了回应表态发言。

【专题视察调研活动】 5月10日上午,县政协开展炎帝陵创建国家级AAAAA旅游景区视察活动。政协委员们先后视察了炎帝陵景区在建项目,详细了解了项目工程建设进度。座谈会上,炎帝陵管理局及相关单位负责人汇报了当前炎帝陵创建AAAAA工作情况，县政协委员们提出了意见建议。县政协主席欧阳鹏志要求后段工作把握重点,对标抓短板,对表抓进度,对单抓整改,对上抓衔接,确保炎帝陵景区创建AAAAA级旅游景区一举成功。9月21日下午,县政协在前期派出5个调研小组深入开展调研的基础上,召开“产业项目建设推进情况专题调研”座谈会,县发改局等6个单位主要负责人汇报了2018年产业项目推进情况,并就项目建设过程中存在的问题提出对策建议。政协5个调研小组分别汇报分组调研情况。

【学习考察】 10月29日—11月6日期间，县政协组织部分县政协委员分成三个学习考察组,分赴福建省永安市、江西省弋阳县,郴州市嘉禾县、临武县,衡阳市衡阳县等地考察学习笋竹产业发展和“政协云”管理使用工作先进经验。

【参加市政协提案协商座谈会】 5月16日,市政协召开提案协商座谈会,就市政协委员欧阳鹏志、吴爱清、王友文联名提交的“关于策划建设株洲到炎陵城际轨道交通的建议”的提案办理情况进行协商座谈,县政协主席欧阳鹏志应邀参加会议并发言。该提案建议提质改造醴茶铁路,规划一条从株洲到炎陵县,贯通醴陵市、攸县、茶陵县、炎陵县的城际铁路，增强对县域的辐射带动功能。委员们认为,建设城际铁路有利于株洲整合旅游资源,打造全域旅游示范区,有效补充长株潭城际交通,带动株洲南四县市发展。市发改、交通等部门汇报了提案办理有关情况。市政协主席蔡溪就提案办理工作指出,要提高站位,全力以赴做好各项前期工作;要深入调研,进一步细化完善相关方案,使其更具前瞻性和可操作性;要强化部门联动,积极争取上级部门政策资金支持,力争项目早日启动建设。

【专题学习研讨】 7月19日，县政协召开学习习近平总书记关于加强和改进人民政协工作的重要思想理论研讨会。县政协主席欧阳鹏志参加。各委办、部分县政协委员交流了学习心得体会。会议表彰了8篇优秀研讨论文。县政协副主席黄建林、谭芳林、刘留燕、唐瑜云、邱华丽参加。

【第二期委员培训班】 9月13日上午，政协炎陵县第九届委员会举办第二期委员培训班。邀请市政协研究室主任何全明、省政协办公厅副处长刘琳波分别就《习近平总书记关于加强和改进人民政协工作的重要思想》、政协云的管理和使用进行了专题辅导。全体县政协委员，部分党政部门、单位具体负责政协提案和微建议办理工作的人员共230余人参加培训。

【重点提案督办】 9月19日，县政协召开九届三次会议第2号重点提案督办会议，提案办理单位、会办单位、提案人和部分政协委员参加。会议听取2号重点提案办理情况汇报，开展协商座谈，就推动提案办理落实提出了建议。县政协主席欧阳鹏志出席会议并讲话，副县长沈红星参加。9月27日，县政协召开政协炎陵县九届三次会议第1号重点提案督办会议。县政协主席欧阳鹏志参加。牵头办理单位县旅游和文体广新局负责人、其他会办单位主要负责人作了提案办理工作情况汇报。会议对提案办理工作提出了建议和意见。县领导陈黎明、黄建林、霍志刚参加。

【在全省政协系统党的建设工作座谈会上交流】 9月26日，省政协党组书记、主席李微微主持召开全省政协系统党的建设工作座谈会，县政协党组党建工作情况在座谈会上交流。县政协党组书记、主席欧阳鹏志参加会议。

【《炎陵扶贫故事》征文颁奖暨座谈会】 12月26日上午，县政协召开《炎陵扶贫故事》征文颁奖暨座谈会，对获奖部分代表进行了颁奖。《炎陵扶贫故事》征文活动共收到文稿180篇，116篇作品获得优秀奖，收录136篇作品结集成《炎陵扶贫故事》以县内准印书号出版。

【脱贫攻坚】 县政协领导每人联系一个乡镇和一个村，开展联点帮扶工作。县政协机关派出工作队到沔渡镇上老村开展驻村帮扶，机关全体干部每人结对1—3户贫困户，结对干部按照县委县政府的统一要求，积极开展“三同五好”活动。组织县政协委员服务全县脱贫摘帽，结对帮扶252户贫困户，帮扶人口869人，其中248户已按期实现稳定脱贫。

【能力建设】 提高委员履职能力。举办第二期政协委员培训班，以政协云管理和使用、微建议工作为学习专题，聘请省市政协专家授课。组织部分政协委员到省内有关县市政协学习先进工作经验，开阔视野，提升履职能力。完善县政协委员履职考核办法，乡镇政协联络负责人考核办法，对委员履职情况实行一季一通报，充分调动委员履职积极性和履职责任感。提高界别履职能力。加强对界别工作的联系指导，完善县政协界别工作考核办法，制定政协云使用管理考核办法，委员履职重点进一步明确，履职方式进一步规范，履职积极性进一步提高。强化界别的组织化程度，指导界别经常性以界别为单位开展界别调研、视察等履职活动和公益活动。提高专委会履职能力。充实专委会人员力量，每个专委会增加5名县政协委员兼专委会委员。召开了县政协委办工作座谈会。充分发挥专委会的基础性作用和广泛联系界别、委员和群众的桥梁纽带作用。充分发挥政协机关在文史工作中的作用,为真实记录决战决胜脱贫攻坚这段不平凡的历史,编撰了《炎陵扶贫故事》;为挖掘整理炎陵地方特色文化,编撰了炎陵文史第九辑《炎陵地名》;启动了《炎陵风物》编撰工作。

【政协宣传】 全年在各级各类媒体上稿229篇,其中省级媒体上稿27篇;《扶贫路上见担当——炎陵县脱贫摘帽的政协力量》在省政协《湘声报》1—2版刊登;《黄桃熟了,农民富了——炎陵县产业扶贫摘了“贫困帽”》在省政协刊物《文史博览·人物》发表。

【上下联动】 筹备并参与了省市政协系列调研视察活动。主要有省政协副主席张大方一行调研“全面两孩政策实施后鼓励按政策生育的制度体系和社会环境的建设”;省政协副主席贺安杰一行调研“炎陵县政协提案工作”;甘肃省政协副主席郭天康一行考察“始祖文化、红色文化挖掘、保护和传承工作”;广东省云浮市副主席万木林一行考察学习“政协委员履职管理工作、生态文化建设情况”;市政协党组副书记、副主席余明刚专题调研“习近平总书记关于加强和改进人民政协工作重要理论研讨活动”;市政协副主席朱庸靖一行到炎陵县视察“特色城镇建设工作落实情况”。

【党建工作】 落实党建责任。党组专题研究党建工作4次,专题听取机关支部工作汇报2次,加强对支部党建工作的指导,不断提升机关支部建设科学化水平。落实党建工作。抓好机关支部“五化”创建工作,按期开好高质量党组民主生活会和支部组织生活会,严格落实“三会一课”制度,坚持每月开展集中学习和主题党日活动,党组成员、支部书记给机关党员讲党课。开展党员积分管理,持续加强党员党性教育、纪律作风建设。落实党风廉政建设要求。将党风廉政建设责任进行分解,落实党组主体责任和领导干部“一岗双责”。常态化开展谈心谈话活动,健全各项制度,用制度管人管事。

(谭德斌　胡爱萍)

社会团体

工　会

【概况】 2018年，县总工会定编7人，实有13人。内设机构办公室、经济和权益保障部和基层和网宣部。全县有基层工会组织180个，工会会员22815人。

【深化工会改革创新】 充分发挥工会组织维护、建设、参与、教育四项基本职能，践行“贴近中心促发展、贴近职工办实事、贴近基层搞服务”的工作理念，围绕工会机构设置、职能转换和工作方式创新，结合炎陵县工作实际，切实推动工会深化改革工作，2018年县委出台《炎陵县总工会深化改革实施方案》（炎办发〔2018〕15号）文件，各项改革措施顺利实施，优化县总工会领导班子配备，调整机关内设机构及职能，健全职工服务体系。

【组织建设】 下发《关于开展全县基层工会组织建设情况调查摸底工作的通知》，指导基层单位新建工会委员会10家，协助基层工会补选、换届40家，完成101个单位的工会法人证书登记工作。选送基层工会干部赴省、市参加工会业务培训15人次，举办工会主席培训班培训工会干部100余人。

【项目化帮扶】 “春送岗位”，联合人社局、九龙工业园搭建就业平台，就业1500多人；“夏送清凉”，为高温作业职工送去防暑药品和物资568份，价值3万多元；“秋送助学”发放助学资金1.9万元，资助5名困难职工子女上大学；“冬送温暖”，走访慰问困难职工和农民工659人，为职工送去米、油等物资和慰问金共计30余万元。

【服务职工】 深入开展困难职工普查，建立18名全国级困难职工档案、6名省级困难职工档案和4名地市级困难职工档案。组织全县第五期职工医疗互助活动共有155个单位7306人，其中女职工3028人参加特殊疾病保障活动。上缴医疗互助金46.8万元，全年为广大职工发放职工医疗互助补助金21.2万元，为女职工发放特殊疾病保障补助金1万元。实施“一户一产业工人”培养工程，炎陵黄桃“一户一产业工人”培养工程荣获省优秀项目奖，奖励资金10万元。联合有关部门制定《炎陵县尘肺病农民工基本医疗救治救助工作实施方案》，落实有关救助政策。会同县劳动仲裁委调解并处理职工（农民工）劳动争议案件20件，有效地维护职工

(农民工)合法权益,稳定企业职工稳定。与县法院等部门组织观看《知心法官》国产电影,为推进平安炎陵,法制炎陵建设发挥作用。与安监局联合下发《关于开展2018年度全县“安康杯”竞赛活动的通知》,引导企业树立科学发展、安全发展理念。开展工资集体协商质量提升三年行动计划,抓实工资集体协商,推行厂务公开民主管理,推动工资集体协商程序、内容和履约规范化建设。

【劳模管理及表彰工作】 2018年“五一”期间,召开庆祝“五一”国际劳动节暨县总工会第十三届委员会第二次全体(扩大)会议。评选表彰10个工会工作先进单位、10名工会工作先进个人、3个模范职工之家、3个工人先锋号、5名“最美班组长”、12名“最美职工”。在县电视台开辟《中国梦·劳动美》专题栏目,分五期宣传报道部分受表彰的先进集体和先进个人事迹,大力弘扬劳模精神、劳动精神和工匠精神。对全县市级以上劳模基本生活状况摸底调查,慰问离退休高龄劳模9人送去慰问金9000元。7月中旬,组织全县42名劳模到县人民医院进行体检,选派6名全国、省、市劳模赴全总职工疗养中心参加疗休养活动。

【开展文体技能系列活动】 唱响劳动光荣主旋律,在国声声学、神农瓷业等企业广泛开展劳动竞赛,引领广大职工立足岗位比学赶超、敬业奉献。9月初,举办“炎陵之恋·缘来在这里”关爱单身职工联谊主题活动。吸引全县机关、企事业单位的80余名男女单身职工前来参加,最后共有十对男女现场牵手成功;9月下旬,县总工会牵头举办的南片乡镇职工“工惠杯”联谊赛,共有4支代表队、约70余人参赛,分别决出篮球比赛和拔河比赛一等奖1名、二等奖1名、三等奖2名;12月,从基层工会选派20名职工组建炎陵县工间操队伍代表株洲市参加全省工间操比赛,荣获团体三等奖。通过组队参赛,丰富职工的文化生活,营造积极向上、团结拼搏的团队文化,增强工会组织的凝聚力。

【开展脱贫攻坚联村包户帮扶活动】 2018年,扎实做好脱贫攻坚及巩固提升工作。全县工会系统参与扶贫的干部达50多人。县总机关先后联系2个贫困村,选派能力强、作风实的2名得力干部担任驻村队长和队员,机关全体干部每人结对帮扶2—3户贫困户。驻村工作扎实有效,机关投入资金15万元,贫困村特色产业、“七个一批”政策全覆盖、“六大工程”全面落实,村基础设施建设明显改善,村民生活水平显著提高,脱贫攻坚成效显著。扶贫队长张石华获评“市扶贫之星”的荣誉称号,驻村工作队被评为株洲市先进工作队。 (凡思诗)

共青团

【概况】 2018年,共青团炎陵县委有编制数4人,下辖乡镇,副科以上单位和九龙经开区二级团组织77个,其中团委30个、团总支16个、团支部283个。团干部632人,团员8487名,新发展团员650名,35岁以下青年80256名。团县委带领团结全县各级团组织深入学习宣传贯彻中共十九大精神和习近平新时代中国特色社会主义思想，围绕县委重大决策部署，把握党的共青团和青年的共青团“两个定位”，充分发挥党联系青年的桥梁和纽带作用，大力实施“青”字号工程，充分发挥共青团的生力军和突击队作用，扎实推进团的各项工作，完成团的各项任务。

【共青团炎陵县第十九次代表大会】 12月16—17日，共青团炎陵县第十九次代表大会召开，会议选举产生共青团炎陵县第十九届委员会委员、常委、书记和副书记。大会应到代表128人，实到代表116人，符合共青团章程。在一系列的会议中，全县机关、企事业、学校和农村的代表们听取并审议通过共青团炎陵县第十八届委员会工作报告，选举产生共青团炎陵县第十九届委员会(29人)及其常务委员会(9人)。钟典华当选为共青团炎陵县第十九届委员会书记，罗李翠、朱楚岳、谭韬三位分别当选为副书记、挂职副书记、兼职副书记。

【团组织、少先队工作】 制定“1+2+3”工作思路，即突出“党建带团建”的重点，打造“线上”信息交流平台和“线下”活动实践平台，培育致富能手、先进青年和基层骨干等青年群体。乡镇青年之家实体化工作，要坚持以下重点，将“写在纸上”的方案转化成“落在实处”的组织，确保乡镇青年之家发挥实际作用。5月18日，集中开展为期三天的业务知识培训，以团的重点工作为主要内容，切实提高新时期下广大团干部对共青团工作的认识和把握。加强少先队基础建设。一是以推进少先队活动体系建设为重点，在所有县直小学课表和教学实践中落实每周1课时少先队活动课程。二是加强对辅导员队伍的培训和管理。举办少先队辅导员培训班，围绕团的十八大会议精神、《少先队辅导员工作纲要》进行全面培训，进一步提高少先队辅导员的理论和业务水平。

【青年就业创业】 一是搭建创业平台。依托青年创业协会和农村青年致富带头人协会，选好创业协会负责人和农村青年创业致富领头雁。打造一支能创业，创实业的青年创客队伍，努力培养一批扎根农村、致力农业的青年致富带头人。二是教育培训。配合县人社局积极开展SYB和GYB培训，不断丰富培训项目。联合县职业技术学校开展电子商务培训，不断提高青年创新创业技能。

【希望工程】 联系湖南炎帝生物工程有限公司继续开展“百年树人，福旺炎陵”公益助学行动，让资助人与500个贫困孩子一对一帮扶；做好上级青基会希望工程各项工作。开展“一元捐”活动，全县27所学校共募得28399元爱心款项，缓解56位建档立卡贫困户学子求学困难；为罗刘亮申报“华融湘江银行绿色助学活动”项目，获3000元助学资金；为钟美琪等4人申报“芙蓉学子大型公益活动”资助，均获5000元助学资金，为曾麒麟等4人申报“湘窖·我的大学梦”公益活动，均获5000元助学资金终圆大学梦。

【志愿服务】 2018年，服务各类活动12余场,一是集中开展“青春暖冬行”“学雷锋树新风”等志愿服务活动,号召全县各级、各直属团组织开展清洁生活环境、“我与爸妈零距离”慰问留守儿童、关爱聋哑儿童等各具特色的志愿活动,参加人员达220余人;二是积极组织志愿者为“清明炎帝陵公祭典礼”“万魔声学炎帝陵公祭典礼”“农民丰收节庆典”等活动提供志愿服务,各志愿者协会以“热心奉献、弘扬正气”为宗旨,发扬“奉献、友爱、互助、进步”的青年志愿者精神,本着服务社会的原则,充分发挥自身优势,开展社会各种公益事业的服务。

【青少年思想道德教育】 1.深入学习贯彻各级会议精神。团县委积极组织基层团组织、团干部和团员代表集中学习中共十九大、十九届一中、二中、三中全会精神及习近平总书记系列重要讲话精神和中央、省、市、县群团工作会议精神,在全县共青团系统和全县青年中积极开展“青年大学习”活动。2018年,团县委累计组织“青年大学习”集中学习活动5次,参与人数累计300余人次;各乡镇、基层团组织分别组织“青年大学习”集中学习80余次,覆盖人数达2400余人。2.开展系列主题教育活动。开展“天天雷锋日,人人志愿者”“清明·祭英烈”“五四主题团日”“十百万千·向毒品说不”等一系列主题教育实践活动,引导广大青少年为实现中华民族伟大复兴的“中国梦”奉献青春、贡献智慧和力量,并利用电视、广播、报纸、手机报、微博、微信公众号等媒体进行宣传。累计开展主题活动13次,覆盖人数达1700余人,间接覆盖人数3000余人。

【新媒体建设】 深化共青团网络新媒体工作。继续做大做强“炎陵共青团”微信、微博,完善共青团网络工作队伍,深入开展线上线下活动,鲜明有力发声,提升团属微信、微博阵地内容质量,增强传播力和影响力,使网络新媒体成为青少年思想引领的主阵地。

(刘　莎)

妇　联

【概况】 2018年,县妇联定编4人,内设办公室,加挂炎陵县政府妇儿工委办公室和维权办公室牌子。全县12个乡镇(场、局)妇女联合会,129村(社区)妇联,78个机关单位妇委会(含女职工委员会)。

2018年度,县妇联获评株洲市妇女工作“红旗单位”、湖南省“两癌”免费检查重点民生实事项目先进集体、湖南省“知心屋”项目先进集体等荣誉称号。

【县第十五次妇女代表大会】 2018年12月18—19日,召开炎陵县第十五次妇女代表大会。会上,县妇联主席刘金艳代表县妇联第十四届执委作题为《不忘初心　砥砺向前　团结动员广大妇女　为建设美丽幸福新炎陵而努力奋斗》的工作报告。会议选举产生县妇联第十五届执委会常委、主席、副主席,通过县妇联第十五次妇女代表大会工作报告的决议。县委副书记饶祥明、市妇联副主席李昱出席会议并讲话。

【妇女政治思想教育工作】 炎陵县妇联成立宣讲团开展十九大和中国妇女十二大精神大宣讲活动76次，覆盖22000余人次，发放中国妇女十二大精神宣传折页1500余份，将党的声音和主张润物无声地传播在妇女群众心中。依托网站、微信、“她代表”工作室等多种新媒体形式，把中共十九大和中国妇女十二大精神转化为妇女群众爱看爱听爱参与的精神产品。利用微信和QQ建立以个人名字命名的“她代表”工作群(室)2169个，覆盖总人数89340，“键对键”为妇女群众解决实事202件，宣传中共十九大精神和妇女儿童新思想、新政策10300余人次。4月份，积极组织县乡村三级妇联干部前往茶陵参加市妇联组织的基层妇联改革专题培训，11月举办炎陵县2018年基层妇联执委培训班。

【脱贫帮扶工作】 2018年，作为脱贫攻坚巩固提升工作队长单位，结对帮扶水口镇官仓下村贫困户33户96人。同时，在全县开展巾帼脱贫攻坚行动，深入各村宣传扶贫政策5000余人次，结对帮扶贫困户800余户。继续大力推行小额担保贷款政策，共发放妇女小额担保贷款1028万元。

【妇女健康检查】 妇联、卫计等部门，齐心推动全县妇女健康民生项目，截至10月，炎陵县共完成农村适龄妇女“两癌”免费检查8835人，累计完成占年目标的100.4%，乡村妇联开启“入户接—蹲点服—送到家”一站式服务获得市“两癌”专项督查组点赞。

2018年，为20名建档立卡“两癌”贫困妇女争取到中央和省级财政专项彩票公益金20.6万元的救助；为8名贫困母亲争取到中国妇女发展基金会“贫困母亲一对一帮扶”项目资助3.1万元；举办“健康与美丽同行”女性健康知识讲座，对接“关爱女性健康助力巾帼脱贫”活动，为500名建档立卡贫困女性购买“湘女关爱保”，解决贫困妇女重疾、意外风险的保障问题。

【关爱妇女和留守儿童】 2018年，募集爱心款资助贫困生154人21万元，救助贫困妇女儿童129名10.72万元。关爱留守儿童心理健康的“知心屋”项目获评湖南省“知心屋”项目先进集体。大力实施《心理咨询师三年培训计划》，邀请心理咨询专家团队培训心理教师100余名，完善全县农村留守儿童关爱服务体系建设。积极打造多个儿童之家，向省妇联争取到10万元资金用于乡村儿童之家建设。

【妇女维护权益】 一是做好源头保障。积极推动《中华人民共和国反家庭暴力法》的贯彻实施，促推防治家庭暴力告诫制度和人身安全保护令制度落地，2018年1月发出全县首份《家庭暴力告诫书》，2018年10月发出全县第一张人身安全保护令。大力推动实施新一轮妇女儿童发展规划全面如期达标，开展“两个规划”中期评估，56项监测指标中47项已达标，达标率83.93%。二是做活维权服务，积极探索婚姻家庭纠纷调解大格局，继续组织基层妇联主席在县婚姻调解委员会——“等等吧”坐班轮训。接待和处理群众来信来访来电112件次，满意率100%。举办以“建设法治中国·巾帼在行动”为主题的普法宣传主题活动13次。

【家庭建设巾帼建功活动】 大力弘扬家风建设。开展以“牵妈妈的手”为主题的竞选活动,通过图片或短视频配文字说明的形式展现优良家风。树立青年妇女的“勤俭持家、珍惜荣誉、传承优良,抢比赶超”的作风。5月,组织全县妇女代表、优秀家庭代表130人参加“最美家庭·幸福株洲”主题巡讲活动。征集“家规”“家训”107条和“家书”25封,其中4篇“家书”获评株洲市“家书优秀作品”。评选全县“最美家庭”10户、“书香家庭”10户。推荐刘阳芹家庭获评株洲市“最美家庭”、刘欠平获评株洲市“最美女性”、刘云花获评株洲市“最美娘家人”。培育家教理念。大力实施“儿童快乐家园”“知心屋”和“稻花香”读书会等妇联金字牌项目,创建市级“稻花香读书会”项目4个,县级“稻花香读书会”学习小组10个,培养35名“稻花香”读书会志愿者,12个乡镇(场、局)、129个村(社区)2800余个家庭受益。继续深入“巾帼建功”活动,神农谷管理局游客服务中心获评湖南省“巾帼文明岗”,积极培育“妇”字号科技示范基地4个,大力推荐妇女同胞参与“春风送岗位”招聘会,成功推荐102名女性实现就业。

(李小艳)

科　协

【概况】 2018年,县科协定编2人,内设办公室、科普部(加挂学会部牌子)2个股室。全县共有县级学会8个,乡镇科协10个,社区科协4个,业务挂靠农村专业技术协会13个,会员总计2228人。2018年,县科协荣获全市第38届青少年科技创新大赛优秀组织奖,炎陵县科协开展的科普进校园活动获评为全国科普日(湖南)表现突出活动。

【科普宣传教育】 2018年,共组织开展科技咨询活动8次,咨询人数1200余人次;举办科技活动周、科普宣传日等大型科普活动5次,参与人数1600余人;举办和组织技术培训班3次,培训人数近200人;设立科普e站3个,农村中学科技馆1个,全年参加活动人数2000余人;在县广播电视台开设《科普在线》电视专栏节目,每个星期播放30分钟,全年播放科技节目1440分钟。

【科技培训活动】 一是到驻村帮扶村举办黄桃柰李种植技术培训班,3月9日,联系县农学会农艺师2人到红星桥村开展送科技下乡活动,参加培训人员138人,其中建档立卡贫困户52人,现场免费发放《炎陵黄桃栽培技术》200本。二是组织人员参加市农村基层科普人员培训班。10月17—10月19日,组织全县5名农村专业技术协会负责人、农村科普示范基地负责人、农村科技示范户、农村科普带头人及相关工作人员代表,参加为期3天的2018年株洲市农村基层科普人员培训班学习。三是组织全县科技指导老师参加市科技教育工作培训班。11月1—11月3日,组织全县18名科技指导老师,参加为期3天的2018年株洲市中小学科技教师与科技教育工作者培训班学习。

同时,11 月 1 日还组织 18 名科技指导老师到省科技馆参观学习。

【青少年科技创新比赛】 2018 年 1 月,县科协联合县教育局、县环保局举办“炎陵县第三十七届青少年科技创新大赛”, 共收集参赛作品 263 件。其中:项目类 54 件,实践活动类 7 件,科幻画类 198 件,创意类 4 件。评审委员会最终评选出 4 个项目一等奖 46 项、二等奖 73 项,优秀组织奖 3 个、优秀科技辅导员 6 名。2—3 月,组织 4 个项目一等奖选手参加市 38 届、省 39 届青少年科技创新大赛。获省三等奖 3 项,获市一等奖的 7 项、二等奖的 9 项、三等奖的 14 项;县科协获市优秀组织奖,船形乡学校罗新旭老师荣获市优秀科技老师称号。

【基层科普惠农行动】 申报市级科普惠农项目 1 个,获得奖补资金 10 万元,即中村乡梅岗茶叶种植协会荣获株洲市先进农村专业技术协会奖补项目; 创建 8 个市级先进,其中:霞阳镇南区社区居委会被授予“株洲市科普示范社区”称号,炎陵县船形高路村果蔬种植协会等 3 个协会被授予“株洲市先进农村专业技术协会”称号,水口镇源垅牲猪养殖协会等 2 个基地被授予“株洲市农村科普示范基地”称号,刘智媛、曾昭群 2 人并被授予“株洲市农村科普带头人”称号。评选表彰一批县级科普工作先进,对在农村科普工作中表现突出的 4 个优秀农技协、6 个示范基地和 26 名科普带头人给予表彰和奖励,发放奖金 5 万元。

【深化系统改革工作】 按照省市科协要求,群团组织改革争取在年底全面完成。5 月,县科协参照省市方案将《炎陵县科协系统深化改革实施方案(草案)》制定出来,并提请县委改革办汇报讨论。8 月 7 日,在县群团系统深化改革工作座谈会上, 向县委改革领导小组汇报科协系统改革工作进度情况。10 月 19 日,《炎陵县科协系统深化改革实施方案》通过印发。11 月 9 日,改革实施方案中牵涉的科普经费、人员编制、设立党组、换届等问题,都已提请县委常委会议讨论通过。

【炎陵县科协第八次代表大会】 2018 年 12 月 21 日, 炎陵县科协召开县科协第八次代表大会,大会选举产生县科协第八届主席 1 名、副主席 3 名、常务委员 11 名和委员 29 名,其中副主席 3 名包含专、兼、挂各 1 名。开幕式上, 县委副书记饶祥明代表县委、县人大、县政府、县政协对大会的召开表示热烈的祝贺,并作重要讲话。县领导张金华、陈黎明、谭芳林出席开幕式。

【科技助力精准扶贫】 2018 年, 县科协通过整合各类科技科普资源,广泛动员广大科技工作者,开展一系列面向农村贫困农民的科技助力精准扶贫工作, 并取得一定成效。一是组织有保障。全体干部每人结队帮扶 5 户, 抽调队长 1 名脱产驻村开展扶贫工作。二是资金帮扶有力度。为支持红星桥村脱贫,投入科技助力精准扶贫资助项目资金 5 万元。三是科技帮扶到位。组织送科技下乡活动,现场传授种植技术,并发放各种实用技术资料。组织土专家15名、农技协及合作社3个参与科技扶贫实名服务,对接建档立卡贫困户31户101人。6月18日,被国检抽中的红星桥村顺利通过检查。 (金映红)

工商联

【概况】 2018年,工商联机关在职人员3人,退休4人。异地商会1家,团体会员3个,企业会员107家,个人会员202人。2018年,工商联紧紧围绕县委、县政府工作中心,充分发挥桥梁、纽带和助手作用,积极引导非公经济健康发展和非公人士健康成长,为县域经济发展服务,竭力投入脱贫攻坚工作,圆满完成全年工作任务。

【宣传教育工作】 注重平台建设。通过非公人士QQ群、微信群,及时发布经济运行动态和企业重大活动,积极宣传党的方针、政策,加强非公经济人士之间的交流和沟通。大力推进银企合作,与工商银行、农村商业银行、邮储银行等驻炎银信部门开展了形式多样的银企对接活动,积极为企业融资贷款牵线搭桥。加强教育培训。1月3日,特邀请市委党校党建部主任、副教授刘玉盐老师为非公经济代表人士讲授《高举伟大旗帜,实现伟大梦想》党课,宣传贯彻中共十九大精神,提升非公经济人士的政治素质和政治觉悟。发挥引导作用。竭力引导非公人士树立良好的社会形象。引导非公人大代表和政协委员在化解社会矛盾,维护社会稳定方面,坚持以身作则,发挥表率作用。兼职副主席陈小真入选株洲电视台《株洲市改革开放40年大型策划报道》,展示了炎陵非公人士良好形象。深入开展“万企联村、共同发展”活动,引导非公经济人士弘扬 “扶贫济困、乐善好施、发展企业、回馈社会”的“光彩精神”,积极承担社会责任。引导非公有制人士积极撰写提案、议案,积极履职,做好参政议政工作,为炎陵经济社会发展出谋划策、献计出力。

【经济联络工作】 加强对外联络。积极发挥广东省湖南炎陵商会的地域优势,组织炎陵企业家到广东学习、考察、取经,学习发达地区的经营管理理念、模式、方法。并邀请商会企业到炎陵考察,结合炎陵实际寻求项目合作契机。

【服务民企工作】 继续开展节日送问候、生日送祝福、平安送健康、法律送援助等人文关怀“四送”活动。3月,组织执委以上企业会员在株洲市“美年大健康”开展健康常规体检。别具心裁推出“企业沙龙”活动,即每季度由1—2名老板牵头,自拟活动主题,自选活动内容,自创活动形式,引导非公经济人士相互借鉴学习。坚持走访企业,加强联系沟通,为企业招聘员工,提升管理水平方面出谋划策,竭力帮助企业解决实际困难。

【脱贫攻坚工作】 2018年,为确保国家脱贫验收顺利通过,工商联全力投入脱贫攻坚工作,克服单位小人员少经费有限的实际困难,积极投身脱贫攻坚工作,严格按照县委统一安排部署，对全村 65 户贫困户实行“一帮一”结对帮扶。充分利用“七个一批”和“六大工程”扶贫政策，根据各贫困户不同情况，因户施策制定帮扶措施。充分发挥工商联优势，引导非公有制经济人士积极参与脱贫攻坚战，形成帮扶合力，圆满完成脱贫攻坚工作任务。

【非公企业综合党委工作】 开展县工商联直属会员单位党建工作摸底，建立非公党建台账；指导执委以上会员企业的党建工作；加强对直属支部株洲炎能科技开发有限责任公司的指导，确保“三会一课”、组织生活会、民主评议党员、主题党日等活动有序开展，进一步夯实支部基础工作。（张利艳）

文联

【概况】 2018 年，炎陵县文联下设 13 个协会（院）和 1 个乡镇文联，即作家协会、美术工作者协会、书法家协会、摄影工作者协会、音乐工作者协会、舞蹈工作者协会、民间文艺工作者协会、戏剧曲艺工作者协会、诗词楹联协会、文艺志愿者协会、新钢笔画协会、花鸟画协会、炎陵书画院和十都镇文联。

炎陵县文联深入学习贯彻习近平新时代中国特色社会主义文艺思想，紧紧围绕举旗帜、聚民心、育新人、兴文化、展形象的使命任务，坚持以人民为中心的创作导向，坚持“二为”方向和“双百”方针，进一步解放思想，求真务实，守正创新，为促进全县文艺事业的繁荣和发展作出应有的贡献。

【文艺创作】 2018 年，汇集黄建中、黄建林、萧学菊、罗富余、欧阳建平、张初育、肖家辉、徐进等炎陵本土诗人精品力作的“诗意炎陵”丛书（共 9 册）由北方联合出版传媒（集团）股份有限公司万卷出版公司出版，并入选“书香中国”新湖湘文艺书库，面向全国发行。90 后青年诗人罗玉珍 2018 年蜚声中国诗坛，《诗刊》（2018 年第 8 期）“每月诗星”栏目，重点推出她的组诗《不知其名的神性》。90 后校园作家朱凌慧的小说《蒲公英有双隐形的翅膀》发表于《湖南文学》（2018 年第 5 期）；钟春生的《战火映日月，炎陵土地红——井冈山革命根据地湘赣革命根据地论文集》由团结出版社出版；欧阳建平的诗词作品在第四届中国百诗百联大赛中获优秀奖；刘青崧的散文《龙行天下万年长》获得第四届“中华情”全国诗歌散文联赛金奖。艺术创作方面，花鼓小戏《黄桃情缘》获“三湘群星奖”银奖；谭立军的硬笔书法获第二届“笔墨先锋杯”全国硬笔书法大赛成人组特等奖；张广奎的书法作品在庆祝改革开放四十周年全军书法作品展中入展；谢和连的书法作品在“全国农民书法大赛”中入展；张建云的书法作品获湖南省政法系统书法大赛一等奖；尹桂杨的书法作品、何佳的摄影作品获 2018 年湖南省“欢乐潇湘”群众美术、书法、摄影活动二等奖。积极服务全县中心工作。深入群众，投入实践，挖掘和宣传一批在脱贫攻坚中涌现出来的可歌可泣的人物及事迹，创作成优秀“扶贫故事”“炎陵好故事”在《株洲日报》《文艺窗》等刊物刊发。

据不完全统计,2018年全县文艺工作者和爱好者,在市级以上媒体刊物或市以上有关单位举办的文艺活动中发表(或展出、演出、播出、获奖)各类文艺作品(节目)300余件。

【文艺活动】 2018年,县文联围绕全县发展大局,组织开展一系列丰富多彩的文艺活动。围绕中心开展主题活动。结合脱贫攻坚、乡村振兴等重点工作,深入基层、走村入户,以艺术的表现形式,将习近平新时代中国特色社会主义思想、中共十九大精神、脱贫攻坚和文艺惠民等政策,生动形象地传递到老百姓当中,让文艺的春风吹进千家万户。承办"欢乐潇湘·欢乐炎陵"群众美术书法摄影活动、"书写大美炎陵·弘扬清风正气" 文学书画创作展览等大型活动。组织开展文化"六进"(进机关、进农村、进学校、进企业、进社区、进景区)系列活动:与机关文化相结合,举办中国·炎陵"文物杯"诗词楹联大赛、税法宣传书法大赛等活动;与企业文化相结合,开展首届"红木杯"青少年书法大赛、诗茶吟诵会等活动;与校园文化相结合,开展书法名家进校园、传诵经典进校园活动;与旅游文化相结合,开展炎帝陵创AAAAA文化景亭的绘制、炎陵百年以上古树拍摄等创作活动。加强横向联络与交流,做到"请进来,走出去",组织县书协参加国家、省、市举办的大型书法展赛活动,各协会与井冈山、桂东、茶陵、耒阳等兄弟县市进行采风、创作交流;为省文化厅、省文联组织的"油画名家走进炎陵"、湖南山水画家到炎陵写生等活动搞好联络服务。通过开展丰富多彩、形式多样的文艺活动,有效实现"内聚人心,外树形象"。

【文艺阵地建设】 2018年,县文联主办的《神农风》文艺期刊以"弘扬炎帝文化,繁荣老区文艺"为己任,为广大文艺工作者和爱好者提供一个展示和历练的平台,为宣传炎陵、讲好炎陵故事起到很好的推介作用,成为展现炎陵形象的平台和窗口。截至2018年底,《神农风》共出刊36期。

【文艺队伍建设】 县文联努力加强所属各协会和乡镇文联的组织、队伍建设。及时把热爱文艺事业、富有创作潜力的文艺新秀吸收到各协会之中。积极推荐文艺工作者和爱好者加入全国、省、市各文艺家协会。2018年,推荐加入省作家协会2人,加入省书法家协会5人,加入市摄影家协会2人。目前,县文联所属各协会和乡镇文联共有会员600多人。其中,国家级各文艺家协会会员15人,湖南省各文艺家协会会员50余人,株洲市各文艺家协会会员90余人,形成一支德艺双馨、成果斐然的文艺队伍。

(刘青崧)

计生协会

【概况】 炎陵县计生协会成立于1988年。2018年炎陵县有计生协会组织131个,会员17179人,占全县总人口的8.5%,骨干会员2576人。2018年,炎陵县计划生育协会围绕全县卫生计生工作,发挥群团组织优势,积极开展各项工作,为推进炎陵县卫生计生事业持续健康发展，提高人口素质，统筹解决人口问题，促进人口长期均衡发展发挥了重要作用。2018年，被省计划生育协会评为先进单位。

【代管全县计划生育工作】 县委根据工作需要，将2018年全县计划生育工作交给县计生协会代管，使计生协会工作与卫计工作同研究、同部署、同检查、同考核。截至计生考核月9月底，全县出生人口2355人，符合政策生育率为96.82%；出生性别比为106.22；完成各类节育措施767例，避孕药具用药人数为6392人，综合避孕节育措施到位率为85.63%；完成国家免费孕前优生健康检查目标人群2010例，覆盖率100.5%。早孕随访率100%，妊娠随访率100%；期内违法生育已立案数为374例，其中违法生育多孩案件数为213例，期内征收社会抚养费146339元。2018年，在全省年度绩效考核中被省委、省政府评为“良好”考核等次，实现了县委、县政府年初提出的“进类进位”目标。

【首次实现政府买单】 经过多方争取，2018年炎陵县的计划生育家庭系列保险全部由县人民政府出资购买，投保对象为独生子女户、双女户、失独家庭、独生子女伤残家庭、计划生育手术并发症对象、计生特困家庭等6类人员。炎陵县人民政府第十七届第19次常务会议决定，把购买计划生育家庭系列保险每年纳入财政预算，据实拨付投保。

【计生保险创历史新高】 截至2018年12月底，全县计划生育系列保险突破61万元，其中计生群众自愿投保金额达到34.2万元、政府买单21万元、健康保险2.43万元、住院护理保险3.34万元，比上年同期的27.83万元增长119.04%，创炎陵县计生系列保险保费入库历史最高水平。全年共计理赔86例，理赔金额25.28万元，理赔率达41.46%。

【村民自治】 出台了计生基层群众自治示范创建方案，下发了考核实施细则和考核细则，把示范村创建工作纳入了计生和计生协会考核评估内容。精心指导各乡镇和村结合现行计生政策，在经过村民代表和户主的广泛酝酿与讨论的基础上，对原村民自治章程进行了修改，通过了新的《村(居)民自治公约》，规范了各项规章制度，与村民签订了计划生育合同。县计生协会出资为各村印制《村民自治公约》5万份全部发放至村民手中。

【计生帮扶】 春节期间，县计生协会出资9.65万元对全县193名失独家庭、独生子女伤残家庭、手术并发症人员进行了慰问；建立了计生特殊家庭联系人制度，乡镇和村计生协会对计生特殊家庭在节日、生日和重病期间上门走访慰问，帮助他们解决生活中的实际困难；“5·29”会员活动日，县计生协会组织会员和志愿者共30多人到中村瑶族乡龙潭村失独家庭钟冬桃果园开展黄桃套袋帮扶活动，并送去帮扶资金4万元；为贫困母亲李林花送去慰问金1000元、为患重病的计生工作者谭水华争取“小善举、大爱心”人口健康福利基金5000元；及时宣传和贯彻落实湖南省计划生育协会关于计生特殊家庭重病大病住院护理补贴的惠民政策,截至2018年12月,全县共有32人获得38900元的住院护理补贴资金。2018年,计生协继续在鹿原镇柳山村驻村帮扶,县计生协会先后下拨扶贫资金10万元用于该村的扶贫工作。县计生协会每位干部职工结对帮扶贫困户3—4户，全村有43户共166个贫困对象,目前已有40户159人脱贫摘帽,接受了省市和国务院的脱贫验收。

【宣传教育】 2018年，全县各计生协会开展了走访慰问计生特殊家庭、关爱留守儿童和流动人口、举办生殖健康知识讲座、宣传全面两孩政策、文艺会演、名医义诊等多种形式的宣传教育活动。共发放宣传资料2000余份,接受群众咨询问诊280余人次,免费发放计生避孕药具300余份,免费发放印制计生宣传围裙1000余条。同时,加强舆论宣传,积极向新闻媒体投稿,正面宣传计生协会工作。截至12月,被省级以上媒体采用信息32篇，其中国家级采用2篇,《湖南大众卫生报》采用1篇。 （唐秀红）

残 联

【概况】 炎陵县残疾人联合会现有工作人员7人,其中残疾人1人。县残联组建盲人协会、聋人协会、肢残人协会、智力残疾人及亲友协会、精神残疾人及亲友协会。乡(镇)有残联,村、社区居委会有残协。全县共有持证残疾人4375人。全县乡(镇) 、村(社区居委会)现有残疾人专职委员100人。

【落实政策，加大康复救助力度】 对0—6岁参加市级以上残联系统指定的康复治疗项目的儿童提供每月200元的生活补助，2018年预计有18名儿童家庭受益；选送2名0—6岁听力残疾儿童在省级医院进行免费人工耳蜗手术;为有需求的残疾人和贫困户提供康复服务和辅助器具免费适配服务,共有90多名残疾人和160多名贫困户领取轮椅与助听器等辅助器具，总价值达15万元。落实和开展残疾人精神病患者医疗救助工作,将全县208名贫困精神病患者纳入免费服药项目,补助标准为500元/年·人,救助金额达10.4万元。

【加大残疾人教育扶助力度】 为48名高中阶段残疾学生或残疾家庭子女申报共5.36万元的省级助学金;为8名残疾大学生或残疾子女大学生申报2.4万元的助学金;将全县318名残疾学生或残疾子女学生纳入助学项目，每学年通学生发放300元助学金,寄宿生发放500元助学金,全年共发放助学金13.38万元。

【落实残疾人精准扶贫工作】 推进残联系统“连千村帮万户”扶贫工程。结合党建帮扶和脱贫攻坚工作,将残联联系村即下村乡小横溪村定为帮扶村，共为12户残疾家庭解决生产生活方面的困难,帮扶资金达1.2万元。为改善残疾人的居住环境,方便残疾人的生活起居，全年共为28名残疾人家庭实施无障碍改造，平均补贴标准为8000元/户，补贴金额达22.4万元。为332名肢体残疾人申报机动车燃油补贴，标准为260元/人/年，补贴金额达8.632万元。协助民政局开民两项补贴的资料审核工作。全年共有1953名重度残疾人享受护理补贴，1265名困难残疾人享受生活补贴，补贴金额约达190.841万元。从2018年起，炎陵县严格按照《湖南省实施〈中华人民共和国残疾人保障法〉办法》第三十二条的规定，由政府为重度残疾人代缴最低缴费档次的城乡居民养老保险（100元/人·年）和医疗保险（220元/人·年）。据统计，全年共为554名非低保的重度残疾人缴纳城乡居民养老保险，缴费金额达5.54万元；为879名非低保非建档立卡重度残疾人缴纳城乡居民医疗保险，缴费金额达19.338万元。（低保重度残疾人的养老保险和医疗保险已由民政局代缴，建档立卡重度残疾人的医疗保险已由政府代缴。）

【开展各类培训和创业扶持项目】 2018年开展种养技能和创业就业技能类培训共5期，137人次，培训经费达29.28万元。为26名贫困残疾人落实创业扶持和创业提升项目，共发放扶持资金23万元。落实城乡残疾人创业扶持项目。全年共为20名残疾人提供创业扶持，发放扶持资金20万元；精准实施民生100工程——阳光增收计划项目，优先安排建档立卡贫困残疾人参加实用技术培训，为炎陵县58名残疾人进行为期一周的种养技术培训，同时为他们提供总价6.96万元的生产物资支持，并对他们进行后期跟踪技术服务。为炎陵县30名贫困残疾人家庭提供为期一周的养蜂技术培训，同时为他们提供价值3.6万元的蜂种。炎陵县共有5人被评为市级阳光致富示范户或阳光致富带头人，发放奖励资金1.3万元，共带动50余名贫困残疾家庭脱贫致富。 （房　盈）

红十字会

【概况】 炎陵县红十字会为正科级法人单位，机构编制3人，其中领导职数2人，科员1人。基层红十字会49个，会员5300余人。志愿者团队3个，登记在册志愿者队员185人。

县红十字会依《中华人民共和国红十字会法》从事人道主义工作，主要开展“三救”“三献”工作和健康教育培训、应急救护培训、宣传和依法参与、推动无偿献血、志愿服务、改善人居生存环境建设等人道关怀活动；协助当地政府开展扶贫驻村等中心工作。2018年，接受捐赠物资价值15万元。特殊群体关爱物资价值8万元。免费对全县民众眼科筛查350余人，白内障复明手术160余例，皮肤病义诊200余人，减免医疗费用17万元。

【志愿服务】 开展红十字救护员培训。整合资源，利用党校、医院、社区教学平台，组织三期200余名应急救护技能培训，重点培训“心肺复苏、创伤救护、常见急症、意外伤害、突发事件”的基本知识与基本操作技能，培养100名合格救护员，提高炎陵县民众自救互救能力。

组织志愿者入单位、进乡镇、访企业，进行无偿献血知识宣传和团体献血服务工作，联系乡镇开展献血活动4次，全年开展相关活动30余次，发放宣传资料2万份，协助完成本年度全县献血任务，获株洲市无偿献血先进县称号。积极开展造血干细胞捐献和遗体、器官捐献工作。加大造血干细胞捐献工作和遗体器官捐赠工作的宣传力度，耐心解答相关咨询，本年度已有1人向红十字会表达遗体捐献意愿。

组织株洲市中心医院与炎陵县人民医院医疗志愿者队伍开展“光明行动”。对全县建档立卡贫困老人眼病筛查350余人，白内障复明手术160余例，免除医疗费用17万余元。在乡镇开展2次贫困人群皮肤病义诊义治活动，义诊200余人，发放卫生健康宣传资料3000余份，免费发放卫生用品300余份。

持续关心龙景山麻风病人的生活，争取资金3万元，为麻风病友购买各项生活物资。协助株洲市红十字会联系爱心企业，对水口镇青林村进行帮扶，共计发放慰问金、物资8万余元。开展节日慰问送温暖等活动。深入到乡镇、麻风病防治所、社区、学校、贫困家庭开展节日慰问活动，共发放慰问金及慰问物资价值4万余元。开展志愿走访活动，组织志愿者对大病求助家庭进行查实走访，联系人道救助渠道，协助申报救助10户。

【项目工作】 为探索实施红十字会“自我造血”机制，红十字会经过调研，制定《炎西村红十字生计林博爱家园项目可行性报告》和项目申请书，向省红十字会申请，争取到湖南省博爱家园援建项目资金15万元，开展一系列硬件与软件建设。该项目为省红十字会生计扶助项目的探索性援助模式，由炎陵县红十字会、九龙管委会炎西村以及炎陵县陌上桑农业发展有限公司共同完成11.67公顷新型杜仲种植基地建设。已经完成基地土地流转、平整、树苗种植等主要硬件工作，省红十字会的项目款已经拨付到位。并在炎西村实施项目的软件建设，建立基层红十字组织；建立炎西村志愿者队伍，并对志愿者以及当地群众进行健康教育、易受损性分析、应急救护等培训，已完成项目资料收集、项目资金的决算、审核、炎西村弱势群体帮扶等工作。该生计项目接受贫困户就业40余人，年人均务工收入7000余元，产业扶贫效果明显。

【扶贫工作】 按照县委县政府要求红十字会在只有3名工作人员情况下，2018年仍派出驻村工作队员2人。工作队员在履行单位工作的同时，还全年驻村开展脱贫攻坚工作，责任人月月到户走访、帮扶。认真、扎实地开展精准识别、突出问题整改、扶贫政策宣讲到户、产业帮扶到户、爱心送医、爱心助学、爱心慰问、爱心促销贫困户农产品等工作。开展西片贫困户白内障筛查工作。建立到户帮扶措施和户政策受益项目台账。达到“一超过、两不愁、三保障”的目标。全面落实“六大工程”与“七个一批”的扶贫政策，确保县扶贫政策和工程项目的落实完成。并落实完成后盾单位争取的援建项目:柳山村卫生室改扩建项目、基层计生能力基础建设项目、村文化墙建设项目等。顺利完成上级扶贫工作达标验收任务。目前仍驻村继续落实扶贫政策,以产业与就业帮扶为重点,巩固扶贫成果,探索建立长效扶贫机制。

(段凌智)

炎帝(炎陵)文化研究会

【概况】 炎帝文化研究会,属社会民间团体,为中华炎黄文化研究会团体会员单位,业务主管单位为炎帝陵管理局,现有会员110人,团体会员单位5个。研究会坚持以炎帝文化研究为中心,带动县域文化研究,服务经济社会大局。

投入资金对办公场所装修改造,添置办公用品,改变炎陵县炎帝文化研究会长期无固定办公场所的状况。主要会员参与《炎陵县志》《炎陵县地名志》《炎陵县地名词典》的编纂工作。2018年10月,会长周公尽瘁修志、惫极心卒、良师玉殒、百身莫赎,众会员自撰挽文诗词百余,孝堂飘素,泣也、痛哉。11月召开常务理事会,推举唐青平担任会长。同月朱建军、谭伟平等会员参加中华炎黄文化研究会在江西省鹰潭市举行“第六届中部六省炎黄文化论坛”。

【炎帝文化期刊编写】 炎帝文化研究会主要载体为《炎帝文化》期刊,每年编写一期。2018年编写《炎陵文化》26期,设炎帝陵祭祀、情系炎陵、文化论坛、炎陵史料、人物、风采、风情、文艺等八个栏目,收集整理文史资料。

(向丽娜)

个私协会

【概况】 2018年,协会积极响应县委、县政府号召开展扶贫攻坚工作,对鹿原镇东风村11户特困户进行对口帮扶,给予资金物质技术帮助。

个私协会党支部有党员49人,开展了庆“七一”主题党日活动,评选谭丰岚等10位优秀共产党员。

个私协会办公室每月发《炎陵县个私简报》一期,收集信息,服务会员。协会协助会员依法维权,开展银企合作,年内为会员代理诉讼18次,挽回经济损失280万元。

(罗伶书)

电商协会

【概况】 2018年,炎陵县电子商务协会,会长任金伟,执行会长邓锋,单位会员58家,个人会员9家,在上级主管部门的领导下,依据协会章程,积极开展工作,以“互联网+”为助力,强力推进农村电子商务精准扶贫,促使其与文化旅游、特色农业深度融合,加快了百姓脱贫致富步伐,走出一条“互联网+文化旅游+特色农业”电商扶贫的好路子,为炎陵县的电子商务发展做出贡献。

炎陵县电子商务协会大力开展组织建设,网络全县分散的从事电商的企业事业单位和个人以及其他经济组织,会员单位由最初的五六家迅速增加到目前的67家。

【电子商务培训】 开展电子商务培训工作,在主管部门县商务局的指导下,协会以推动电子商务培训为主,带动全县电子商务的发展,共开展电子商务培训20多期,共有1500余人接受协会组织的电商培训。2018年4月,协会协助商务局举办八期炎陵黄桃"一县一品"电商进农村培训,为炎陵黄桃线上销售和品质把控打下了良好的基础。5月,协会组织PS电商培训班。

【维权服务】 7—8月,协会协助炎陵黄桃产业办对"炎陵黄桃"国家地理标志证明商标产品授权及线下水果市场商标维权,线上授权维权。采取淘宝、京东等网络店铺授权经营,并对侵权的店铺联合相关部门进行维权。在省知识产权局、市县工商局的支持下,针对侵犯炎陵黄桃商标权的800多个链接进行了投诉维权。

【为会员提供服务】 2018年,在协会公众号为会员制作会员Logo墙,并在每一篇文章后面展示。在炎陵县电子商务协会公众号,为会员提供免费制作会员单位公司简介、会员招聘、会员新闻等。协会为会员单位及电商从业者提供免费的资源对接,多次组织团购活动。组织会员行业探讨沙龙活动7次;组织电商从业者赴杭州阿里巴巴游学活动1次;组织会员单位国学研修班培训1次。

(李中英)

法　治

政法及综治

【概况】 县委政法委是县委领导政法工作的职能部门，加挂县综治办、县维稳办、县委610办、县国安办四块牌子，共有机关行政编制8名，事业编4名，内设办公室(加挂政工室牌子)、执法监督室2个职能股室。综治办、防范办、维稳办、国安办(维稳办兼)为常设议事协调机构的办事机构。2018年底，县委政法委在职11人，退休7人。

2018年，全县社会大局持续和谐稳定，连续14年保持省“平安县”称号，县司法局获评全国“人民调解宣传工作先进单位”，水口司法所长邱春珍荣获全国“人民调解工作先进个人”。

【开展扫黑除恶】 2018年1月23日，中央政法委召开全国扫黑除恶专项斗争电视电话会议，全国扫黑除恶专项斗争开始。炎陵县紧紧围绕“有黑扫黑、有恶除恶、有乱治乱”的总体要求，全党动员，全民参与，全警行动，全力推进。一是高规格强化领导。成立炎陵县扫黑除恶专项斗争领导小组，市政协副主席、炎陵县委书记黄诗燕任组长，县委副书记、县长文专文任第一副组长，政法、纪委监委、组织、宣传及公检法司主要负责人等10人任副组长，设立一办六组工作专班。二是高站位安排部署。县委常委会议、县政府常务会议多次专题研究部署扫黑除恶工作，明确县财政安排扫黑除恶专项工作经费。2018年3月14日，召开炎陵县委政法工作暨扫黑除恶专项斗争会议，下发《炎陵县扫黑除恶专项斗争工作方案》(炎发〔2018〕6号)，统筹推进扫黑除恶工作。三是全覆盖宣传发动。举办全县扫黑除恶业务培训，开展“扫黑除恶”大宣讲，张贴《关于依法严厉打击黑恶势力违法犯罪通告》，设立“巨无霸”大型户外宣传广告5处，悬挂横幅200余条，印发《扫黑除恶战报》14万余份，向社会公布30个治乱典型案例，在县广电台开辟“扫黑除恶——治乱进行时”专栏，定期发布治乱典型案例。四是多部门协调联动。各乡镇均设立扫黑除恶举报箱并公布举报电话。县扫黑办在全县开展“扫黑除恶”问卷调查，经梳理归纳为非法高利放贷、强揽工程等9类问题，并对调查问卷反映出来的有价值线索进行摸排核实。县纪委监委开展涉黑涉恶腐败和“保护伞”问题线索“大起底”，全面梳理排查公职人员涉黑涉恶腐败问题。县委宣传部紧紧围绕“扫黑除恶”宣传重心，采写《炎陵开展扫黑除恶集中行动》等新闻报道近20余条，为扫黑除恶工作营造良好的舆论氛围。县司法局开展法制宣传，健全完善律师代理涉黑涉恶案件报告制度。五是强严打整治“收网”。打掉陈某良涉恶势力犯罪团伙1个,破案6起,逮捕9人,2018年12月26日公开审判陈某良涉恶势力犯罪团伙。针对群众反映强烈的九大治安乱源进行专项整治,破获吸贩毒刑案16起,批捕乱源案件(非法持枪、寻衅滋事、开设赌场、引诱容留介绍卖淫、非法吸收公众存款、危险驾驶、毒品犯罪等)27案52人,起诉乱源案件40案53人。

【平安炎陵建设】 以政治安全和人民安宁为宗旨,着力构建点、线、面一体,人防、物防、技防相结合的治安防控体系。一是巩固老办法。把常态化防控作为重中之重,持续推动十大平安创建活动和“小年连大年”平安劝导周等活动，打造精细化社会治理格局。二是用活新手段。优化警力部署,用好用强“城市快警”“一村一辅警”网格化管理与社区治安义务巡逻，强化联值联守联动,打通城乡警务“最后一公里”;增强科技应用,加强综治中心、网格化管理中心、雪亮工程、人流监测、人脸识别、物联网等智能技术布建使用,提升精准查控效能。三是平安广宣传。在全县中小学校开展“我给爸妈讲平安”主题演讲、征文、微视频制作竞赛系列活动;精心筹办“向毒品说‘不！’”“十百千万”等禁毒创建活动。政法各单位全年共推送信息报道300余条，在炎陵电视台发稿130条,印发“平安炎陵”特刊70000余份,开展法制宣传活动240余场，解答涉法咨询4000余人次。

【维护社会稳定】 一是特护期维稳。全年所有特护期、重点期做到“四个没有发生”(没有发生大的案事件,没有发生大的群体性事件,没有发生重大舆情事件,没有发生重大交通、消防等案事件),实现零进京、零非访、零登记目标。二是矛盾调解促和谐。受理调解各类民间纠纷1251件，调解成功1248件，调解成功率99.8%，办理法援案件334件,未发生“民转刑”案件。三是涉稳涉突强稳控。圆满完成炎帝陵祭祖等30余场次大型活动安保维稳任务，积极稳妥处置化解10余起信访维稳突发问题。

【法治炎陵建设】 一是大力开展普法宣传。以“法治建设年”、“12·4”宪法宣传日等活动为契机,深入推进普法宣传教育。二是加大案件执结力度。县法院公布失信被执行人427名,司法拘留4人,召开执行兑现大会,现场集中兑现1146余万元执行款，执行和审判综合绩效均居全省法院先进行列。三是依法规范信访秩序。依法打击处理2起缠访闹访事件，依法化解涉法涉诉信访案件10余起。

【政法队伍建设】 一是政治建警强队伍。持续推进“两学一做”“牢记使命,不忘初心”等主题教育活动,树牢“四个意识”,坚定“四个自信”,坚决做到“两个维护”。二是从严治警带队伍。抓好《中国共产党廉洁自律准则》《中国共产党纪律处分条例》的学习贯彻,全年公安干警违法违纪零记录,县检察院连续

22年无涉检类上访，连续40年无冤假错案记录，连续40年无检察队伍及家属违法犯罪记录。三是服务发展抓队伍。助力脱贫攻坚惠民生，调处涉企纠纷促发展。持续开展“两进两联两创”活动，政法机关班子成员牵头包片，全体干警参与，进集市集中宣传、进网格走访，联系重点企业、联系基层群众，争创“人民满意政法干警”、争创“人民满意政法服务窗口单位”。（唐新春）

公 安

【概况】 炎陵县公安局内设指挥中心、政工监督室、纪检监察室、警务保障室、法制大队、监管大队、刑侦大队、治安大队、国保大队、人口与出入境管理大队、网络安全保卫和视频侦察大队、巡特警大队、禁毒大队、交警大队（正科级独立预算单位），设霞阳派出所、沔渡派出所、神农谷派出所、垄溪派出所、水口派出所、红星桥派出所、三河派出所、炎帝陵派出所8个派出机构。专项编制195人（含交警），实际在岗民警181人（含交警），职工1人。2018年，炎陵县公安局在市局和县委、县政府的正确领导下，以“学精神、控风险、守底线、补短板、严纪律”为总原则，以省厅“十大重点任务”“十大重点指标”和市局部署的“六大”组合拳为总任务，全力打好安保维稳、扫黑除恶、集打斗争、夯基固本、队伍强能硬仗，确保社会大局持续稳定，治安形势平稳可控，各项工作稳步推进，公安工作整体呈现“发案下降、破案上升”的良好态势和“横比进位、纵比跨越”的喜人局面，摘得全市公安机关工作绩效及队伍建设评估先进单位桂冠。炎陵县公安局获评全市公安机关党风廉政建设先进单位、全市文明单位、全市政法工作先进单位、全县综治工作先进单位、安全生产先进单位、脱贫攻坚先进单位等殊荣。

【维稳保安】 收集研判情报信息452条，及时发现处理网上有害信息53条，取缔基督教非法宗教组织1个，消除各类涉稳隐患苗头78起，化解各类矛盾纠纷2546起，办结各类信访投诉事项132起，圆满完成各级“两会”、春节、清明、“三考”、“桃花节”、科技“三下乡”、戊戌年万魔声学恭祝炎帝神农氏诞辰祭祖典礼、省委巡视组在炎巡视、脱贫摘帽国检等一系列活动安保任务30余场次。健全巩固“大排查、大研判、大管控”机制，依托风险隐患排查管控系统和重点人员“一体化”管控系统，滚动摸排、动态管控，督促落实重点人员“五包一”措施，确保重点对象“管得牢、盯得死”，全年实现所有特护期重点人员“零上访、零滋事”。加强反恐维稳，部署“清流2018”行动和反恐目标基础摸排行动，开展反恐联合演练，核查管控关注人员60人次，全部落实“五见”措施。开展安保维稳“百日会战”，扎实落实大巡防、大管控、大整治“三大措施”，见警率进一步提高，群众安全感更有保障。

【精准打防】 2018年，刑事发案301起，同比2017年继续下降5.05%，发案连续三年大幅下降，提前超额实现市局提出的“三年下降30%”的目标值，为全市压发案作出贡献。采取超常规战斗模式,整合警力,优化调配,合力开展侦破打击攻坚,破案率突破50%大关,达到50.17%,刑拘120人、逮捕82人,移诉121人,刑拘、逮捕、移诉打击处理数同比分别上升100%、70.8%、19.8%,破获涉案资金达3000余万元的林某非法吸收公众存款案,侦办赵某玉涉嫌串通投标罪案件,追缴违法所得1000余万元。参与侦办市局"8·30"专案,得到市局肯定。成功打掉毒品犯罪团伙2个,其中摧毁一个跨湘赣两省吸贩毒团伙,禁毒打击处理数同比大幅上升。打掉陈某良涉恶犯罪集团、段某平涉恶性质团伙,卢某权恶势力团伙;摧毁谭某华黑社会组织("10·29"专案),为全市4起扫黑案之一,扫黑除恶超出预期目标,得到各级高度肯定。

【安全管理】 深入贯彻落实"放管服"改革,车管所落实"四个减免",实现18类简单业务"一证即办",普通业务一窗通办,民生100工程(道路监管云)建设井井有条;扎实推进重点车辆及驾驶人源头隐患清零,重大交通事故隐患治理严格实行"一单四制";以"集打斗争"冬春攻势、夏秋攻势,农村交通安全"百日集中整治"和交通秩序"集中攻坚"等专项行动为载体,持续组织交通秩序专项整治。共开展专项整治行动46次,查处交通违法45000余起,扣留机动车1352辆,查处酒后驾驶74起(其中醉驾19起),涉牌涉证1232起。交通违法行政拘留10人,刑事立案19起20人,逮捕2人,破案19起,移诉16起17人,实现交通安全形势可控,稳中有降,特别是涉及摩托车的事故,同比下降50%,交通事故死亡人数大幅下降。延伸农村交管,在全县126个村明确交通安全劝导员256名,设立交通安全劝导站,开展农村派出所参与交通管理改革,强化派出所管理交通的职能,水口派出所交警中队挂牌成立,授予其公安交通管理执法权。在春运,节假日、农村赶集、护学等秩序维护中,各派出所民辅警、村辅警发挥积极重要的作用。加强消防安全宣传、灭火救援、隐患排查、专项治理等工作。接警起数、抢救被困人员、抢救财产价值数分别同比上升15.4%、200%、72.2%。下发责令改正通知书1843份、下发行政处罚决定书52份、临时查封38起、"三停"20家,拘留2人。共发生火灾32起,死亡0人,受伤1人。加强危爆管理。检查涉危涉爆单位60余家次,发现并整改安全隐患20处,下发整改通知书8份,查处某矿业公司违规储存爆炸物品案件一起。加强安全监管,监管场所创造连续安全无事故记录。

【夯基提质】 启动"派出所建设三年行动计划",霞阳派出所新建纳入中央预算内投资项目,投资345.6万元,现已完成项目选址。推动6个派出所提质改造和看守所维修立项获批。推进派出所"五小"工程建设,完成8个派出所的休息用房建设,达到7个农村派出所"一人一房一床"、1个城区派出所"一人一床"。持续推进科技强警手段建设,部署人脸识别系统6套,整合资源建成人脸数据库,在嫌疑人员车辆查询、核查比对、轨迹跟踪、人脸识别、布控上固化技战法,实现预警更精准、布控更高效。积极参与构建

"1+X"网格化管理模式,综治中心、网格化管理中心、雪亮工程管理中心竣工。稳步推进"一标三实"信息采集,采集率、及时率、准确率均达到95%以上。全力推进摩托车、电动车"两车"物联网防控系统建设,完成防盗登记安装5000余台,"两车" 案件发案保持低发。推进"一村一辅警"和"城市快警"建设,全县配备驻村辅警129名,组建"城市快警"队伍,建设"城市快警"驻守点1个,配备警用巡逻摩托车6台。

【队伍强能】 全力抓好政治建警系列工作,全警的政治意识、大局意识进一步强化。加强党建工作,推选交警、刑侦、水口派出所三个党支部争创市"五化"建设示范支部。丰富警营文化,组建县局篮球队、马拉松队、乒乓球队、羽毛球队,开展"政治建警杯"职工篮球赛,在全县篮球比赛中获得"亚军",精心筹划参加全市政治建警知识抢答赛摘得桂冠。坚持开展谈心谈话,坚决用好监督执纪"四种形态",全年保持民警、辅警严重违法违纪"零记录"。

【惠民利民】 在抓公安本职工作的同时全力做好联系点脱贫摘帽迎国检工作,所联系村均顺利通过脱贫摘帽 "国检", 县局获评"全县脱贫攻坚工作先进单位"称号,局党委联系点下村乡鄢峰村扶贫队被评为全市先进扶贫工作队。全力服务全县脱贫攻坚大局,查处干扰扶贫寻衅滋事、殴打他人案件2起,利用微信传播扶贫虚假信息抹黑扶贫成效案件1起,行政拘留2人,教育训诫30余人,有力维护扶贫秩序,得到县委、县政府的高度肯定。全力推进"放管服"改革和"最多跑一次"改革,优化窗口服务,推广运用"湖南公安服务平台", 群众获得感更强,满意度更高。森林公安紧扣维护县域生态资源安全职责推进各项工作,森林刑事案件查办数排名全省第二,特别是"2·7"涉众型特大滥伐林木案件成功破获,森林公安工作继续保持全省第一方阵, 连续多年获得全省优秀,各项工作数据全市第一。

【破获一起串通投标案】 2018年6月14日,炎陵县公安局接到炎陵县监察委在调查赵某玉涉嫌行贿罪的过程中发现赵某玉涉嫌串通投标的线索函。接到协助调查函后,炎陵县公安局党委高度重视,立即从刑侦大队、各派出所抽调共计8名警力成立"6·14"专案组联合炎陵县监察委侦办赵某玉涉嫌串通投标案、行贿案。此次办案是炎陵县公安局和炎陵县监察委第一次联合办案,专案组成员克服经验不足、涉案人员复杂、取证难度大等困难,攻坚克难,经过数月的艰苦奋战,成功破获案件,并成功追缴违法所得一千余万元。

【合成作战破获"7·28"吸贩毒团伙案件】 2018年7月27日,霞阳派出所在办理一起行政案件中发现,违法行为人段某身上携带几包疑似冰毒和麻古。案情重大,局党委高度重视,立即抽调精干警力成立"7·28"贩卖毒品案专案组开展侦查。次日,专案组在炎陵一举将段某的主要下线,涉嫌贩卖毒品的赖某、凌某抓获。通过大量审讯、研判,发现该案上线为江西籍的一名女子,下线涉案人员有20余人。专案组决定先围绕毒品上线来源开展工作。8月3日,专案组掌握段某的上线杨某的行动轨迹,立即组织抓捕人员到江西省吉安市进行抓捕,在当地警方的配合下,对杨某的住址、社会关系等情况进行系统摸排,8月7日抓捕时机成熟,民警一举将杨某抓获,当场缴获冰毒20余克。8月20日,县局进行统一收网行动,陆续抓获涉毒人员11人。至此,成功摧毁一跨省吸贩毒团伙,破获涉毒案件6起、刑事拘留11人,行政拘留4人,其中强制戒毒1人,缴获毒品30余克。

【合成作战快速破获一起重大诈骗案件】 2018年8月22日14时许,罗某某在炎陵县霞阳镇被诈骗16万现金。接报后,副县长、局长谭红波,县政府副调研员、政委谭小武就案件侦破作出指示。局党委委员、副局长张朝安迅速组织刑侦、网侦、霞阳所等单位相关人员开展侦破工作。一是立即启动重大案件侦查合成作战机制;二是以视频侦察为快速突破口,确定嫌疑人,寻找破案线索;三是认真细致做好现场勘查与外围调查取证工作,收集破案线索、固定犯罪证据;四是情报导侦,做好数据分析,快速同步上案,为确定犯罪嫌疑人以及抓捕工作创造有利条件。8月22日晚,图侦组发现车牌号为粤S63XXX的车辆有重大嫌疑,根据视频追踪确定驾驶员系祁阳籍唐某斌。根据人像比对和情报信息研判,发现祁阳籍高危人员唐某雄(诈骗前科人员)在2018年7月、8月多次乘车往返炎陵、祁阳等地,且唐某雄的活动轨迹与犯罪嫌疑人使用的假冒身份、外围调查情况高度吻合,具有重大作案嫌疑。8月23日,研究部署嫌疑人抓捕工作。8月25日,根据数据分析、情报导侦,确定犯罪嫌疑人唐某雄在长沙以及乘坐火车回祁阳的可疑轨迹。经过布控,8月25日14时许,在K9001次列车上将犯罪嫌疑人唐某雄抓获。随后,又在祁阳县犯罪嫌疑人唐某斌家中将唐某斌抓获归,快速破获该起重大诈骗案,并追回大部分赃款,

【刑侦大队破获一起电信诈骗案件】 2017年11月,刑侦大队接到黄某报警称其被人以淘宝刷单的形式诈骗40多万元。接警后,刑侦大队民警拓展思路,深入调查取证,并向株洲市公安局刑侦支队寻求支持。通过大量艰苦侦查工作,最终锁定其中一名嫌疑人张某盟,并将张某盟列为网上逃犯。2018年4月1日,在河北省青县公安机关的协助下,刑侦大队将犯罪嫌疑人张某盟成功抓获。

【刑侦大队成功破获炎陵县首例非法吸收公众存款案】 2018年,多名群众到炎陵县公安局刑侦大队报案称林某、余某夫妻俩以资金周转和承包工程项目为由,向株洲市和炎陵县几十人大量借款,涉及借款资金巨大。为维护炎陵县经济秩序,预防群体性事件发生,惩处违法犯罪活动,炎陵县公安局高度重视,抽调以刑侦大队为主的精干警力立即开展侦查。经过多月的调查取证,于2月7日将犯罪嫌疑人林某、余某抓获归案。经审讯查明,林某、余某夫妻俩以资金周转和承包工程项目为幌子,非法

吸收公众存款约3100万元，涉及受害人50余人。

【开展扫黑除恶专项斗争】 党中央国务院部署扫黑除恶专项斗争，炎陵县公安局立足职责，发挥打击主力作用，按照“有黑扫黑、无黑除恶、无恶治乱、无乱强基”的原则，着力强化线索摸排、侦查经营、专案攻坚和重点整治等措施，实现良好开局。2018年8月，根据上级巡视反馈人民群众反响强烈的情况线索，结合炎陵县实际，在全县公安机关组织开展集中打击整治涉高利贷套路贷非法讨债类违法犯罪行动，明确组织领导、整治重点、整治措施、力量安排，集中时间、集中警力，以此为突破口推进扫黑除恶专项斗争。截至12月底，成立“10·29”专案组，侦办谭某华黑社会组织犯罪案件。该组织成员31人，抓获27人，呈现违法犯罪案（事）件131起，破获刑事案件47起，10·29专案为全市4起扫黑案之一，受到省市领导的高度肯定和县内外群众的点赞。打掉陈某恶势力犯罪集团1个，破案6起，逮捕10人，并于2018年12月26日公开审判陈某恶势力犯罪集团；打掉段某涉恶团伙1个，破案4起，抓获3人；打掉卢某恶势力犯罪集团1个，破案6起，抓获6人。（石太祯）

交 警

【概况】 2018年，县交警大队共有在岗民警34人，（5人县公安局编制），退休民警12人。内设办公室（科技所）、车管所、法宣室、事故处理中队和一、二、三、四4个执勤中队。交警大队在县委、县政府及市交警支队、县局党委的正确领导下，围绕“建一流队伍，创一流业绩，树一流形象”的目标，抓队伍正规化建设，加强科技强警建设，完善交通安全设施，强化事故预防，创新服务能力，全力稳定道路交通安全形势，切实保障全县道路交通安全畅通，交管工作取得显著成绩，得到县委、县政府、上级公安机关和全县广大人民群众的广泛赞誉。获“全市政治建警暨优秀警队创建工作先进集体”“全市道路交通安全宣传工作优秀单位”“全县脱贫攻坚先进单位”“全县文明建设先进单位”“全县安全生产先进单位”“全县维稳工作先进单位”等荣誉称号。

【政治建警】 县交警大队以“八有”工作法为抓手，以“五好”为标准，大力推进优秀警队创建。大队党支部通过“五化”达标验收。1人荣立三等功，4人被评为嘉奖，辅警罗郭成、曹伟龙遇见火灾“逆流而上”冲进火场救人救物，市交警支队号召全市公安交警系统向曹伟龙、罗郭成学习。开展党风廉政建设，全面落实从严治警支委主体责任、纪委监督责任和领导干部“一岗双责”责任。举办“政治建警”培训班，邀请华南农大张丰清教授，原省交警总队副总队长张德松授课。以专项活动为抓手，积极开展队伍隐患排查和谈心谈话活动，全年共开展各类谈心谈话34人次，开展早勤督察和纪律作风督察180余次，通报处理12人次，1名多次违纪的辅警被末位淘汰。

【事故预防】 2018年，全县交通管理接处警共1494起(其中道路交通事故警情1308起,交通疏导186起),死人交通事故8起、死亡11人、受伤198人、直接经济财产损失19.755万元(统计上报事故12起、死亡1人、受伤16人、财产损失6800元)与上年同期相比死亡人数下降35%、受伤人数上升4%、财产损失下降35%。1月24日,在S205线炎陵县十都镇小江村路段发生一起死亡4人的较大道路交通事故;1月31日，成功侦破"1·29"致1人死亡肇事逃逸交通事故。

【秩序整治】 县交警大队在全县范围内开展道路交通安全大排查大管控大整治行动,对重点企业、重点车辆、重点人员全面进行摸排,登记造册,做到"底清数明",对逾期未检验、未报废的重点车辆进行"清零",达到清除隐患;集中力量开展易引发严重后果事故违法行为大整治。春运、"两节"、"两会"安保完成后，大队又按照全省统一部署,4月1—7月9日，在全县组织开展农村道路交通秩序百日集中整治行动。9月1日起至10月31日,在全县开展农村交通安全"集中攻坚"专项行动。9月21—12月31日开展城市交通秩序攻坚集中整治行动。2018年11月10—2019年1月20日,在全县集中开展国省道交通秩序集中整治。针对酒驾发生的特殊时期，大队不间断开展夜查整治行动，共开展酒驾整治行动56次，出动警力392人次。期间,查处交通违法49393起,其中现场查处4818起,扣留机动车1355辆,查处酒后驾驶74起(其中醉驾19起),客运车超员10起,涉牌涉证1103起。共行政拘留10人,刑事受案20起21人,刑事立案19起20人(其中危险驾驶罪13人),逮捕2人,破案19起，移诉16起17人。通过加强路面管控,实现交通安全形势可控,稳中有降。特别是涉及摩托车的事故,同比下降50%,仅死亡7人。

【服务民生】 积极推进"最多跑一次"改革,继续深化"放管服"改革,车管部门落实"四个减免",实现18类简单业务"一证即办",普通业务一窗通办,全面开通25项公安交管互联网上服务事项;八类重点车辆管理、满分教育、警务调查工作长期处于领先位置。实现道路交通事故"交管12123"APP在线快处快赔,实行"警保联动"新模式,全县交通管理服务标准进一步得到提升。10月10日,在水口镇举办摩托车上牌、考证等工作,前来考证的群众达1000余人。2018年,交警大队共办理机动车注册登记4163辆,其中小型汽车1673辆，摩托车2233辆;受理培训摩托车驾驶人619人,组织汽车科目一考试1960人,满分学习525人。至2018年底,炎陵县拥有机动车27297辆(其中汽车13598辆，摩托车13464辆)，驾驶员32279人(其中汽车25262人,摩托车12715人)。

【合成共治】 按照政府主导、部门协作、社会联动、共享共治的工作原则,积极推动协同共治。在全县126个村明确交通安全劝导员256名，开展农村交通安全劝导培训讲座,设立交通安全劝导站;严格落实重大事故隐患治理"一单四制"制度,建立道路交通安全隐患排查治理长效机制,落实企业主体责任，向湘运、鑫发、东升客运公司等企业送达“隐患整改通知书”39份；积极探索公安警务机制改革，强化“一警多能”“一警多用”，“炎陵县公安局水口派出所交警中队”挂牌成立，承担下村乡、策源乡公安交通管理职责，并按照权责相宜的原则，授予其公安交通管理执法权；开展农村派出所参与交通管理改革，强化派出所管理交通的职能。积极开展“平安农村”“大喇叭”宣传工程，全方位做好交通安全诱导服务，发送安全提示短信24500条。约谈4家安全隐患运输企业，依托双微平台及时发布各类交通动态信息，开展4次“一直播”活动，“炎陵公安交警”官方微信发布文明交通常识、交通管理动态等共98期133条。（何 华）

2018年全县机动车辆统计表

表9　　单位：台

总数	新车上户	汽车					低速车	摩托车		
		合计	大客	大货	小客	小货		合计	二、三轮	轻便
48355	5086	14775	118	99	13087	1471	222	33358	33299	59

说明：此统计不包括在农机局注册上户的机动车数，新车上户已包括在总数内

2018年全县机动车驾驶员统计表

表10　　单位：人

总数	新增驾驶员	A1证(含A1D、A1E)	A2证	A3证	B1(含B1D、B1E)B2证(含B2D、B2E)	C1(含C1D、C1E)/C2证(C2D、C2E)	C4、D证	E证	农机转入C3、C4证
36719	3788	210	1916	10	909	21108	2545	9749	272

说明：此统计不包括在农机局培训领证的机动车驾驶员人数，新增驾驶员已包括在总数内

消 防

【概况】 2018年，炎陵县消防大队共有干部8名，战士18人，政府专职消防员9人，消防文员6人，执勤消防车6台，执法车2台，生活保障车1台。全县消防安全重点单位共63家，其中国家机关6家，广播通信单位4家，文物保护单位2家，人员密集场所38家，化危品企业13家。

【抢险救援】 2018年，炎陵县大队接警出动64次，出动车辆125台次，出动警力775人次，抢险被困人员12人，疏散被困人员108人，抢救财产价值592.3余万元。

【消防监督】 年初,县政府召开全县消防工作会议,安排部署2018年消防工作任务。年内,县委、县政府领导带队检查消防工作7次,部门联合执法20余次。大队约谈消防服务机构、电动自行车销售和维修单位、易燃易爆和危险化学品单位、消防安全重点单位负责人60余次。

大队一方面始终保持对火灾隐患的高压整治态势,大队共检查社会单位2514家,发现火灾隐患或违法行为3982处,督促整改火灾隐患或违法行为3953处,下发《责令改正通知书》1883份,行政处罚53家,临时查封39家,责令"三停"21家,罚款54.325万元,拘留2人。另一方面始终紧盯区域性火灾隐患整治,组织开展电动自行车、电气火灾和消防车通道专项整治,解决突出问题。紧盯人员密集、易燃易爆、"三合一"、群租房、老旧住宅和文物古建筑等场所,加强集中整治和常态监管,消除一批火灾隐患。依托政府重大隐患"一单四制"督办制度,对2家重大火灾隐患单位进行集中挂牌、曝光,并建立隐患清单,实行交办制、台账制、销号制、通报制管理。

【消防宣传】 2018年,大队积极向政府争取26万元专项经费政府购买"消防安全宣传教育培训"服务外包,由第三方服务机构深入辖区重点单位、养老院和党政机关开展消防宣传大培训大宣传活动。同时,大队多策并举强化消防宣传,针对火灾易发时段,采取入户宣传,集中展示等方式,利用微信推送、大型户外电子屏播放等方式,提醒广大民众用火用电的安全,进一步提高全民消防安全意识。结合"5·12"防灾减灾日、"119消防宣传月"等活动,组织志愿者到农村和基层开展消防宣传,扎实开展消防宣传进社区、进学校、进企业、进农村社区活动。组织2期消防控制室操作人员培训,培训人数79次人次,有效增强社会单位消防宣传教育师资力量。组织开展消防站开放日活动,辖区多所学校、幼儿园和企业先后30次到炎陵县消防大队所属消防站参观见学,取得良好的社会宣传效果。

【军事训练】 强化队伍建设,全面提升灭火救援能力。根据辖区火灾形势和特点,加强"六熟悉"和人员密集场所、高层建筑、易燃易爆场所的实战演练,突出抓好辖区情况"六熟悉"和实战演练,组织道路水源熟悉30余次,开展重点单位演练60余次,修订完善数字化预案30份,同时完善集消防、环保、卫生、医疗等专业为一体的灭火应急救援专家组,进一步提升全县综合应急救援工作整体水平。联合公安、安监、供水、供电、通信、医疗救护、交通运输等部门开展综合应急救援演练,及时根据辖区道路、水源和重点单位内部变化情况修订消防水源手册和灭火作战预案,使所有执勤人员对辖区情况做到"底数清、情况明、预案熟",切实赢得灭火救援工作的主动权。

【装备管理】 开展爱装、管装、用装教育,明确装备管理职责、工作流程,降低装备损耗,提高装备熟悉水平。组织装备培训与操作,加强装备效能测试和成果应用,适时抽查装备应用考核。推行装备"日检查、周维护、月保养”制度，交接班、车场日逐人逐项做好登记备案。

【消防服务】 在消防站设立警务接待中心、政务中心设立消防业务接待窗口，张贴有关消防安全的法律法规，公开办事程序，大力推行微笑服务，接待社会单位办理消防设计备案、消防审核业务，接待群众举报和咨询。全年共办理消防设计审核6件，验收4件、消防设计备案6件、验收备案6件，安检业务2件。按照每月一小训、每季一大训、半年一集训的原则，采取请进来、沉下去的方式，开展基层派出所消防业务指导工作，明确派出所消防安全工作职责和操作流程，提升基层派出所消防监督工作整体水平。

（张 蝶）

森林公安

【概况】 2018年，炎陵县森林公安局共有干部职工52人，其中在职38人，退休14人。局内设办公室（政工监督室）、法制工作室、警务保障室及刑侦、治安、防火3个中队，下辖炎帝陵、桃源洞、水口、沔渡4个森林公安派出所。

全年共接处警288起，查处各类涉林案件225起。其中：立刑事案件77起、破刑事案件66起，刑拘6人，逮捕3人，取保候审35人，移送起诉38起。查处林业行政案件155起，治安案件4起，林业行政处罚147人，出动警力4400余人次，出动执法执勤车辆1100余台次，为国家和人民群众挽回经济损失500余万元。

随着国家生态文明体制改革、建设美丽中国“四项举措”的大力推进，以及炎陵县三年减伐措施的实施，采伐指标锐减，滥伐林木类案件呈高增长趋势。

【执法办案】 2018年，沔渡镇狮头村短冲组“寨背山场”滥伐林木案，是炎陵县森林公安局侦办的最大的滥伐林木案。该案全组21户集体涉案，涉案人员多，涉案林木材积数量特别大。共立刑事案57起、破刑事案57起、刑事拘留4人、逮捕2人、取保候审24人、移送起诉20人。

在该系列滥伐林木案中，炎陵县森林公安局依法扣押了山场内尚未出山的涉案林木材积508.0943立方米，并委托炎陵县林权管理服务中心对扣押的涉案杉木进行了公开竞卖，竞卖所得款已上缴炎陵县财政局。另已查实有17户村民已售卖涉案杉木材积共计1093.797立方米，炎陵县森林公安局将依法追缴违法所得。

【严厉打击破坏森林和野生动植物资源违法犯罪】 在省市统一部署安排下，炎陵县结合自身实际，成立了专项打击行动领导小组，在全县范围内组织开展“打击处理流通领域无证运输、非法收购木材等违法行为专项行动”。扎实推进炎陵县林业局“春雷2018”专项行动、全市森林公安机关开展“绿剑2018”专项打击行动，重点打击毁林开垦、非法占用林地、滥伐林木、乱捕滥猎野生动物、非法采挖野生植物等违法犯罪行为。在专项行动中炎陵县森林公安局共侦破刑事案件 57 起、刑拘 4 人,逮捕 3 人,取保候审 35 人,移送起诉 38 起。查处林业行政案件 100 余起,治安案件 4 起,林业行政处罚 123 人,出动警力 3400 余人次,出动执法执勤车辆 800 余台次,为国家和人民群众挽回经济损失 400 余万元。 (胡雅婷)

检 察

【概况】 2018 年,炎陵县人民检察院编制数为 37 人,实际在编人数为 33 人。内设机构有侦查监督科、公诉科、民事行政检察科、检察技术科、监所检察科、控告申诉科、司法警察大队、政工科、办公室、案件管理中心、林业检察科。

2018 年,按照“贯彻新思想,建设新炎陵”的工作主题,紧扣“脱贫攻坚巩固提升、产业项目建设”两大主战场,聚焦检察主责主业,以强化法律监督为根本,深化改革创新为动力,加强队伍建设为抓手,为全面建设幸福美丽新炎陵提供强有力的司法保障。2018 年顺利通过省级文明标兵单位复审,被提名为全国检察机关先进集体,队伍建设接受《检察日报》专访报道。继续保持综治工作先进单位等荣誉,涌现一批先进典型,市级先进 1 人,市院、县级先进集体 4 个、县级先进个人 2 个、县级嘉奖 2 人。

【全力服务大局,履行检察职能】 建立检察官联系重大项目、重点企业机制,安排院班子成员分别负责对接服务企业帮扶和项目帮扶工作。坚持“除虫护花”工作原则,认真落实省委政法委、省检察院关于办理涉企案件的相关规定。严厉打击破坏市场经济秩序、侵害企业合法权益、妨害重点工程和项目建设的各类犯罪案件 2 件 3 人。积极保护生态环境和食品药品安全,依法保护炎陵青山绿水和人民群众合法权益。成立驻“河长办”检察联络室,进一步完善法律监督机制。深化破坏环境资源犯罪专项立案监督活动、食品药品安全领域和环境资源保护监管领域行政执法专项检察监督活动,依法办理生态资源保护类案件 29 件 31 人。积极响应县委“决战全面脱贫、决胜全面小康”号召,组织全院 31 名干警与中洞村 62 户建档立卡户进行“一对一”结对帮扶。全村完成公路建设 7.27 公里总投资 260 万元;完成林道建设 13 公里总投资 40 万元;建成 3.33 公顷的粽叶种植基地;争取专项资金 50 万元进行便民服务中心的改造等,实现各项基层设施建设新突破,该村贫困发生率从原来的 20%下降至 0.46%,如期退出贫困村序列。

【维护社会稳定,助力平安炎陵】 2018 年,严厉打击各类犯罪,助推“平安炎陵”建设。全年共受理提请逮捕案件 65 件 108 人,同比分别上升 62.5%和 100%;批准逮捕 51 件 85 人,同比分别上升 75.86%和 117.95%;受理公安机关及监察机关移送审查起诉案件 114 件 157 人,同比分别上升 28.09%和 26.61%;起诉 89 件 120 人,同比分别上升 12.66%和 7.14%。深入开展扫黑除恶专项斗争,依法批捕涉恶案件 6 件 9 人,非法持枪、寻衅滋事、危险驾驶等乱源案件 34 件 62 人;组成由检察长唐厚雄牵头的公诉团队,集中力量审查起诉陈某良涉恶犯罪集团案件(1案9人)。积极化解涉法涉诉矛盾,办理司法救助3件3人。加强便民服务和法治校园建设,全面运行“12309检察服务中心”,创新开展“流动检察室”巡访活动,深入乡镇、学校、企业等,开展下访巡访、宣传调研、法律监督等,打通服务群众的“最后一公里”,年内共开展巡访宣传10余次,发放各类宣传资料1500份,新增微信公众号关注200余人,收集法律监督线索5条,群众反响良好。

【焦聚主责主业,强化法律监督】 加强立案监督和侦查活动监督,守护好检察机关防范冤假错案的第一道防线,全年共立案监督8件22人,纠正漏捕5人,成功追捕3件5人,提出纠正违法意见16件;提出抗诉2件;对刑事侦查活动中的违法情形提出《纠正违法通知书》16件,发出书面检察建议8件。补短板、强弱项,着力强化民事行政监督能力水平,进一步加大对民事行政诉讼的监督力度,认真落实县人大常委会《关于加强县人民检察院公益诉讼工作的决定》,全力拓展公益诉讼,多方位畅通案件线索来源,突出执行监督效果,共办理各类民事行政检察案件45件。其中,办理督促履职案件4件,对民行执法活动案件5件,不支持起诉案件4件,对审判程序违法监督案件8件,申请监督案件13件(其中提出抗诉1件),作出不支持监督申请决定案件12件。办理公益诉讼案件11件,其中1件为全市首例在食品中违法添加有毒有害物品的刑事附带民事公益诉讼案件,被告人通过媒体当庭认罪并向社会公众致歉。扎实开展羁押必要性审查、监外执行、减刑假释暂予监外执行、财产刑执行、指定居所监视居住执行、社区矫正人员出入境管控等8个专项检察监督工作。共向刑事执行机关发出《纠正违法通知书》20件、检察建议17件,采纳和纠正率均为100%;共立羁押必要性审查案件20件,提出变更强制措施建议9件,采纳建议6件,采纳率66.67%;受理在押人员控告申诉6件,切实维护在押人员合法权益。

【实行检务公开,规范司法公信】 推进规范司法行为专项整治工作,健全人民监督员工作机制。牢固树立监督者更要接受监督的意识,开展“检察开放日”、“走进12309,检察牵你手”为民服务新体验活动等,邀请人大代表、政协委员、人民监督员等出席,进一步强化检务公开,以公开促公正。充分利用“一网两微一端”平台,向社会公开发布信息199条,利用案件信息公开平台向社会发布重大案件信息24件,程序性案件信息706件,法律文书378件,不断提高检察工作透明度和知晓率。

【落实从严治检,打造检察铁军】 积极应对全面从严治党、从严治检的新形势、新要求、新挑战,进一步强化政治纪律、政治规矩,严肃党内政治生活。制定《2018年党组中心组学习计划》和《2018年政治理论学习计划》,以深化党组中心组学习带动队伍学习教育,切实把好检察工作意识形态关,不断夯实干警“四个意识”,坚定“四个自信”,自觉践行“两个坚决维护”。全力创先创优,制定《推进检察工作创优创新发展的实施意见》，努力培养更多的炎检品牌，助推检察工作创新创优发展。以“监督能力建设年”活动为契机，量身定做监督能力培训计划，通过组织开展或参与教育培训、参观学习、业务竞赛、岗位练兵等方式，牢固树立“四个监督”理念，提升干警业务工作水平，增强监督质效。建立“检察业务夜校”，落实“检察官教检察官”，开展检察业务技能培训。大力实施文化育检工程，建立“党建＋文明创建”“互联网＋文明创建”新模式，进一步凝聚人心、增强活力，推动工作。认真落实省委巡视组、市院暗访组检查出的问题整改，并作为株洲市检察院党组巡察组巡视巡察的第一站，积极主动配合为期一月的巡察工作开展，不断完善自身规章制度，努力营造团结向上、干事创业、风清气正的工作氛围。（谭　琼）

2018 年县检察院打击刑事犯罪情况

表 11

类别 / 年度	批准逮捕	不批准逮捕	起诉	不起诉
2018	52 件 86 人	14 件 23 人	92 件 129 人	17 件 20 人

法　院

【概况】 2018 年，炎陵县人民法院有中央政法编制 63 人，在岗在编人员 56 人。县法院坚持以习近平新时代中国特色社会主义思想为指导，深入学习贯彻中共十九大精神，紧紧围绕“努力让人民群众在每一个司法案件中感受到公平正义”目标，忠实履行审判职责，各项工作都取得新进展。全年共受理各类案件 1892 件，审执结 1842 件，结案率达 97.36%，在全省 125 个基层法院中排名第二、全市排名第一。

【服务大局】 认真做好服务和保障“三大攻坚战”，全年派驻工作队和 51 名结对帮扶干警在中村瑶族乡龙井村全力参与扶贫工作；4 月起开展保护“母亲河”专项集中审判执行的“春雷行动”，审结各类环境资源案件 37 件；采取有力司法手段，为金融机构收回不良贷款 3900 多万元；采取灵活多变执行措施，促使湖南中冠房地产公司变现归还炎陵县城投公司债务 3000 万元，服务和保障县域经济发展。

【维护稳定】 12 月 29 日，公开开庭审理宣判以陈先良为首要分子的 9 名被告人犯寻衅滋事罪、非法拘禁罪涉恶势力犯罪集团案件，深入推进“扫黑除恶”专项斗争；5 月 10 日判令生产销售有毒有害食品犯罪的被告人卢某当庭通过电视媒体向广大消费者道歉；妥善审结社会影响大、涉众型犯罪的“1·24”重大交通肇事案和沔渡镇狮头村滥伐林木系列案；相继开展“在职党员进社区”“文明劝导”“信访法治宣传月”“两进两联两创”等各项活动，积极参与社会管理综合治理，切实做好综治维稳工作。

【司法为民】 依法采取有力措施，处理弘玉陶瓷、中冠房地产、水连山投资置业、启诚硅业等企业多起涉民工工资案件，先后为500多名农民工追回360多万元劳务工资。全年共受理民商事案件1295件，审结1271件，民商事案件调解、撤诉案共876件，调撤率达到66%，服判息诉率达96%。优化诉讼便民举措，运用流动法庭，深入山区巡回办案，依法开展诉讼费缓减免工作，共为经济困难的当事人缓减免诉讼费65万元。

【决胜执行难】 7月6日，县委、县政府以“两办”名义下发要求各相关部门大力支持法院解决执行难的两个文件(《关于建立对失信被执行人联合惩戒机制的实施意见》和《关于基本解决执行难问题的意见》)；8月，县委召集全县40多家单位召开全县执行联动联席会议，并将配合法院执行工作情况纳入年底各单位综治考核范围，在全县形成标本兼治、综合治理解决执行难的工作格局。

【司法改革】 全面落实司法责任制，扎实开展“规范执法年”活动，积极推进司法体制综合配套改革，全面推进院领导带头办案常态化，2018年，院长办案25件，3名副院长共办案108件，分别占员额法官人均办案数的25%和37%；全面深化司法公开，深入推进司法公开“四大平台”建设，开展网络庭审直播活动，举办“法院开放日”活动，组织开展“代表委员走进法院零距离监督”专项活动；员额法官人均办案97件，同比增长75%，司法绩效位居全省法院先进行列。

【从严治院】 坚持以党建带队建，结合推进“两学一做”学习教育常态化制度化，深入开展“不忘初心，牢记使命”主题教育和“大学习、大讨论”活动，落实“三会一课”等组织生活制度，扎实开展每月一次的主题党日活动，认真开展“作风纪律建设年”活动，组织法官参加各类培训，持续推进司法能力建设，锻造专业法官队伍。(*唐梦蓉　曾寿南*)

司法行政

【概况】 2018年，炎陵县司法局有机关政法专项编制19个，全额事业编制5个，公证处差额事业编制3个，基层司法所政法专项编制20个，机关在编21人(其中事业编制3人)，司法所在编18人。机关工作机构1个(办公室)，内设政工室(法规股)、计划财务装备股、法制宣传教育股(法建办)、基层工作股、社区矫正工作管理股5个职能股室，法律援助中心1个、公证处1个，派出机构司法所11个，律师事务所3个，司法鉴定所1个，法律服务所1个。

【人民调解】 充分发挥三调联动、湘赣边界联防联调机制，扎实开展“四查四防化纠纷·千乡万村创四无”专项调解活动，努力实现矛盾不上交。受理各类民间纠纷1251件，调解成功1248件，调解成功率达99.7%，共计开展各类矛盾排查4758次，预防矛盾纠纷

757件,辖区内未发生“民转刑”案件。全面落实人民调解案件“以奖代补”制度,奖励案件487件,奖励资金10480元,奖励政策极大地激发基层人民调解员的积极性。炎陵县司法局获评“全国人民调解宣传先进单位”,水口司法所长邱春珍获评“全省优秀人民调解员”和“全国人民调解先进工作者”。

【法治宣传】 抓住“七五”普法承上启下转折点,扎实开展元旦春节“送法下乡”、4月税法宣传书法比赛、9月青少年法治宣传教育周活动,组织28个普法成员单位开展“12·4”国家宪法日暨“宪法宣传周”普法活动。邀请湘潭大学法学院教授开展法治讲座,给全体在职副县级以上领导、县直相关单位主要负责人深刻解读宪法精神。全县4933人参加并顺利通过网上学法考试,参考率100%,合格率100%。投入近40万元建成县级法治文化广场,扎实开展法治创建工作,梅岗村获评湖南省第八批“民主法治示范村”。全年共组织开展各类法治宣传活动240余场次,解答法律咨询4000余人次,印发各类宣传资料6万多份。

【特殊人群管理】 全年累计接收社区服刑人员38人,解除矫正43人,在册服刑人员档案齐全、规范,没有出现脱管、漏管现象。集中开展全国“两会”期间特殊人群监管安全隐患大排查活动、全县社区矫正工作巡查暨“防脱管”专项活动。与株洲市博弘社会工作服务中心签订政府购买合作协议,出资4万元购买社区矫正服务,定期开展社区服务、教育学习、心理咨询、走访等,取得良好的效果。落实“为了花朵的微笑”佳祥助学项目,为困难服刑人员家庭的12名未成年子女提供每人2000元的助学金,神农瓷业刑满释放人员过渡性安置基地挂牌成立,拓宽帮扶渠道。

【法律服务】 建立完善覆盖城乡的公共法律服务体系,建成乡镇、村级公共法律服务工作站点129个、“法润三湘”公共法律服务志愿点1300个,建成率100%,使公共法律服务真正延伸到基层。组织律师、法律服务工作者、公证员服务全县中心工作,律师事务所、基层法律服务所办理诉讼案件189件,避免、挽回经济损失384万元,公证处办理国内公证事项341件,涉外公证事项22项。法律援助工作继续列为“民生100”项目之一,全年共办理法律援助案件344件,超额完成工作任务,有效维护特殊困难群体的合法权益。

【中心工作】 狠抓“扫黑除恶专项”斗争工作。集中开展社区矫正扫黑除恶专项活动,排查涉黑涉恶线索;投入5万元进行专题宣传,开展“扫黑除恶”大宣讲,引导广大群众通过法律手段维护自己的合法权益、踊跃揭发黑恶势力违法犯罪线索。常抓精准扶贫工作。选优配强驻村工作队和帮扶队员,出资10万元支持村级产业发展,确保人力、财力保障到位。积极推进良田大桥建设和低垅通组道路建设,及时解决群众的实际困难。细抓产业项目建设工作。组织湘山、武超2家律所10名律师开展民营企业法治体检专项活动,对影响企业发展和项目建设的不安定因素,依法协调、及时处理到位,切实维护企业和职工的合法权益。 (廖风云)

军　事

人民武装

【概况】 2018年，人武部党委认真贯彻省军区、军分区两级党委全会精神和县委、县政府决策部署，始终坚持以习近平新时代中国特色社会主义思想为指导，认真贯彻落实中共十九大精神和习近平强军思想，以“不忘初心、牢记使命”“传承红色基因、担当强军重任”两个主题教育为牵引，围绕“聚焦强军目标，聚力应急应战，不断开创国防动员和后备力量建设新局面”的工作目标，以抓好经常性基础性工作落实为突破口，求真务实，真抓实干，圆满完成了征兵、军事训练、宣传教育、双拥工作、扶贫攻坚、指导基层、服务保障等任务，人武部被军分区评为安全管理先进单位。

【召开党管武装工作会议】 2月12日，在炎陵县人武部会议室组织召开炎陵县武装工作会议暨党管武装工作书记述职会议，市政协副主席、县委书记、县人武部党委第一书记黄诗燕，县委副书记、县长文专文，县委常委、组织部部长刘继承，县委常委、常务副县长夏胜利，县人武部政委张建武、副部长谭运平等领导出席会议，各乡（镇）党委书记、九龙经开区管委会书记、林业局局长、各乡（镇、区、局）武装部长、干事、县人武部全体干部等60余人参加会议。会议由县委副书记、县长文专文主持，共有五项议程：一是县委常委、组织部部长刘继承传达省委杜家毫书记、市委毛腾飞书记在省军区、军分区党委全会上的讲话精神；二是县委常委、常委副县长夏胜利宣读2017年度武装工作先进单位、优秀专武干部、武装工作先进个人表彰通报；三是鹿原镇、垄溪乡党委书记作党管武装工作述职；四是县人武部政委张建武同志作武装工作报告；五是市政协副主席、县委书记、县人武部第一书记黄诗燕同志讲话。

【思想政治建设】 坚持把思想理论武装、保持高度一致，作为首要政治任务紧抓不放。抓理论学习。把中共十九大精神学习宣传贯彻，作为首要政治任务和头等大事，着眼“学懂弄通”“关键要实”的要求，通过分专题学、个人自学、研讨交流等方式，全面系统掌握思想精髓和核心要义；真学深悟习主席强军思想，组织干部通读《习近平谈治国理政》《习近平论强军兴军》，切实学出初心使命、学出唯实作风;扎实开展民兵学习宣讲习近平新时代中国特色社会主义思想活动,宣传普及党的创新理论。抓思想教育。组织“传承红色基因、担当强军重任”主题教育和党委中心组带机关专题理论学习,认真抓了全国“两会”精神的传达学习;同步参加军委国防动员部“三个一线”(一线指挥部、一线战斗堡垒、一线带兵人)专题培训;积极推进“两学一做”学习教育常态化制度化,凝聚强军兴军正能量;认真贯彻《加强民兵思想政治教育的意见》,加大民兵思想政治工作力度。抓班子队伍。依据《党委工作条例》,规范党委工作运行,突出抓了民主集中制建设,提升党委班子集体领导、科学决策水平;选准配强专武干部和民兵骨干队伍,完善奖惩机制,加强绩效考核,开展创先争优活动,激发干事创业热情。抓经常性教育。每天利用交班会的时机,在认真学习上级通报事故案件的基础上,及时的展开随机性的教育,进一步澄清模糊认识,筑牢思想根基;对社会热点问题,积极做出正面引导;注重掌握干部职工的思想脉搏,认真落实谈心交心制度,积极做好一人一事的思想工作,大力营造扎根老区、奉献老区的浓厚氛围。

【党管武装工作】 县委、县政府对武装工作和国防动员建设高度重视,党管武装制度规范落实,国防动员职责有效履行,书记、县长对军事重点工作和重要事项关注多要求高,为加强人武建设提供了坚强有力的机制保障和组织保证。在脱贫攻坚任务重、财力并不宽松的情况下,全力保障武装建设和征兵工作。县委书记春节、八一期间,坚持带领地方四大家主要领导到驻军单位进行走访慰问。人武部认真履行县委“军事部”职能,积极参与脱贫攻坚、文明创建、企业帮扶等工作,助力推动地方经济社会建设。

【军事训练】 坚决落实习近平主席开训动员训令,把备战打仗作为工作重心,按照新职能新使命,规范战备秩序,修订战备方案,开展战备训练,提升战备建设水平。2月,修订完善了国防动员、支援保障、日常战备、非战争军事行动4类方案,落实了重大节日和敏感时期的战备教育和战备值班制度,确保了战备工作落实。按照“实岗实地实训”要求,4月10—14日,在茶陵青年电站组织了一期民兵应急分队冲锋舟专业集训,进一步强化了战备观念、应急意识、遂行任务能力,按实战化要求落实了民兵应急连的集结点验。4月17日,区分“八个步骤”,对炎陵县民兵应急连进行点验,确保了人员、装备、器材符合应急应战要求;7月底,完成了民兵应急分队训练任务,8月,完成了工程抢修分队训练任务,确保了人员、时间、内容、质量“四落实”。同时,抓好现役干部训练、首长机关作业实施。

【国防动员】 为落实“党委主导、军队主筹、国动委主管、政府主抓、部门(企业)主办”的动员要求,年初根据军地机构人员调整变化,及时健全完善国防动员领导机构,修订国动委工作规则和成员单位工作职责。认真落实全市基层武装阵地正规化建设会议精神，对照改革部署和建设样板，结合炎陵县实际，扎实抓好了武装阵地建设和兵役登记工作。3月，部领导采取分片包干的办法，对各乡镇兵役登记工作进行了现地督导，截至3月底，全县兵役登记率100%。采取电视讲话、手机短信、广告屏滚动播放、流动宣传车等举措，全力深化征兵宣传，广泛宣传征兵政策规定，充分调动适龄青年应征入伍积极性主动性，引导广大适龄青年踊跃报名参军。完成了应征报名适龄青年上站参加体检，组织政治考核，8月31日召开了定兵会议，围绕“五率”考评抓征兵，坚决守住廉洁征兵这条底线，按照公平、集体择优定兵原则，在体检、政考双合格基础上，依据学历由高至低，依次定兵。确保圆满完成年度征兵任务。

【民兵整组】 围绕“编为战”“编为用”的要求，严格落实军分区下发民兵组织整顿工作指示精神，联合县卫计局、县公安局和各乡镇武装部召开了民兵潜力调整摸底部署会，抓住在外高校就读和务工经商人员返乡之际，从纵横两面和卫计局、公安局、基层武装部三线全面展开民兵潜力调查。军分区民兵调整改革整顿会议召开后，2月12日组织召开了炎陵县民兵整组工作会议，成立了以常务副县长夏胜利为组长的民兵整组工作领导小组，联合县政府下发了（人武〔2018〕8号）《关于做好2018年民兵整顿工作》的指示，全面部署安排了民兵整组和兵役登记任务，明确了时间节点和具体要求；利用电视、广播、标语、横幅等载体进行广泛宣传发动，悬挂民兵整组横幅50余条，张贴兵役登记公告600多份。在编组对象上，突出拳头力量建设，重点抓好县民兵应急连和各乡镇民兵应急排队伍建设；在编组内容上，突出三个关键环节，重点抓好结合资源分任务、围绕精干建队伍和通过点验检实效。在前期充分调查基础上，将县政府直属单位、霞阳镇和九龙经济开发区3个资源丰富地区作为重点编组方块，把专业对口、在位率和科技含量较高企事业单位作为重点编组对象，把集结点验人员在位情况作为检验编组实效的重要环节，确保把兵编精、编顺、编实。

【国防教育】 全面加强国防教育，抓好国防教育融入基础教育和培训体系，联合教育部门为全县中小学配发补充《国防教育读本》，将国防教育纳入教学考评范围。在全县开展学习国防法规、宣传国防知识活动，推动国防教育宣传片进影院、国防教育影片进乡村、社区，在电视台、网络等媒体开设国防教育专栏，积极探索政府和社会相结合拓宽国防教育渠道的方法路子。积极利用“七一”建党、“八一”建军、“9·3”抗战胜利纪念日、全民国防教育日等重要时段，结合民兵集中训练、集体开会等时机，组织民兵应急连、各民兵专业分队、专武干部、民兵开展红色教育、国防宣讲活动，多次组织民兵参观红军标语博物馆、连队建党旧址等红色场馆，举办国防知识讲座，开展民兵入队宣誓等主题教育活动，切实增强了民兵投身训练、遂行任务的积极性主动性，持续深化民兵宣讲活动在基层遍地开花。

【脱贫攻坚】 县委、县政府赋予驻军3个村的扶贫任务,由县人武部牵头负责。县人武部与县武警中队、消防大队多次召开专题会议,反复学习领会习近平主席指示精神和一系列帮扶政策,认清重大意义,加强组织领导,明确扶贫任务,建立帮扶机制,确保工作到位、督查到位、整改到位;从基础设施、产业发展、村容建设等方面入手,着力改善生产生活条件,抓好贫困村整村推进建设。改善和提高了村民的生产、生活、教育、医疗、卫生环境等,确保了贫困真正受益,全面提升乡道、村道质量,完成了新修道路3公里,道路硬化5.5公里,道路扩宽0.5公里,解决安全用水,网络、户户通、广播全覆盖80%,建设了农家书屋、综合文化服务中心,完成了农田改造、生活垃圾处理、改厕730户,达到上级验收标准;县人武部会同武警中队和消防大队相关帮扶责任人,坚持每月到结对帮扶贫困村走访调查1次以上,走村入户了解情况,与帮扶对象同吃、同住、同劳动,实实在在为困难群众排忧解难,先后2次组织官兵到帮扶村进行村容村貌整治,进一步提高了群众的满意度认可度,顺利通过国检验收。

【服务保障工作】 坚决完成县委县政府赋予的扶贫攻坚、抢险救灾、应急处突等任务,运用自身优势,发挥突击作用。继续开展"双带双促"活动,引导退役军人参与家乡建设、带头维护稳定。抓好军地平安创建。进一步完善军人军属法律援助工作站建设,维护军人军属合法权益;协调做好军人抚恤优待工作,落实退役士兵优待优抚政策;采取定期走访慰问、送喜报上门等形式,营造尊重军人、关心军属、热爱军队、支持国防的社会氛围。

【安全稳定工作】 始终把安全工作作为全局性、基础性、长期性的工作紧抓不放。召开安全形势分析会学习上级文件、研判存在风险、明确具体责任。健全安全组织、规范运行制度,自上而下逐级签订责任状。扎实开展"条令月"活动,将安全法规常识、典型案例编印成"口袋书"反复学习。将上级在安全工作中检查出的问题拉纲列条,明确时限及时抓好整改,扎实开展了"重大安全隐患问题整治""打击整治枪爆违法犯罪""百日安全活动",各种安全隐患有效排除;严格落实大项活动安全风险评估,单位保持了高度安全稳定。

【宣布新政委任职命令】 8月13日,株洲军分区李波司令员带工作组到炎陵县人武部宣布新任政委谭运平任职命令和原政委张建武调离岗位命令,并组织工作交接,县委副书记、县长文专文,县委常委、常务副县长夏胜利,县人武部部长罗赛辉等领导参会,人武部全体干部职工、各乡(镇)专武干部约40人参加会议。

【洣泉书院授牌】 10月23日上午8时,第五批湖南省国防教育基地洣泉书院授牌仪式在炎陵县红军标语博物馆景区举行。湖南省军区政治工作局副主任、省国教办主任谭柏林,株洲军分区政治处主任、市国教办主任欧阳权,县委副书记饶祥明,县委常委、宣传部部长杨慧，县人武部政委谭运平出席仪式，这是炎陵县又一红色景点获评全民国防教育基地。洣泉书院是一座始建于宋嘉定年间的古代学府。1928 年 4月，毛泽东率工农革命军攻克酃县城，将团部设在洣泉书院，毛泽东在这里住宿和办公。2013年，洣泉书院被公布为国家重点文物保护单位，2017 年被授予全国爱国主义教育示范基地。全民国防教育基地是传承红色基因的灵魂工程、战略工程，炎陵县坚持“以文化人、以文育人”，充分利用自身资源优势，发挥鉴古知今、资政育人、服务社会功能，做好国防文化的挖掘和弘扬工作，打造面向全社会的国防教育大课堂。2018 年，炎陵县人武部立足红色资源优势，强化使命担当，注重管理服务、注重挖掘整理、注重宣传普及，大力发扬优良传统，传承红色基因，当好国防教育的学习者、宣传者和实践者，迎来众多部队官兵、干部群众、学生等前来学习红色文化，接受思想政治教育和国防教育，营造人人关心国防、人人支持国防的浓厚氛围。

【步兵学院到炎陵开展现地教学活动】 10 月 30 日，陆军步兵学院组织 2017 级高等教育、优秀士兵保送学员和 2018 级分流转轨、国防生学员等，赴炎陵县开展现地教学参观活动。人武部积极参与活动协调，政委谭运平全程跟随保障，协调县文化旅游局派人现地保障，对各点场地衔接、活动流程、现地教学参观提出科学合理建议。认真细致协调对接，学院提出需求的教学参观点，安排机关干部现地对接，协调教学、参观、停车场地等，开设专用快速通道，安排 5 名形象气质好、精通红色故事的讲解员全程讲解，协调保障好饮水饮食等。确保活动安全顺利，协调交警疏通道路，在红军标语博物馆、洣泉书院、水口叶家祠连队建党旧址、中村插牌分田地各点分别组织 10 名基干民兵担任志愿者，担负参观活动现场引导和场地保障。负责此次活动的陆军步兵学院副院长徐金华少将表示，到革命的发源地现地参观教学，就是为了让学员们感受历史熏陶，锻造坚强品质，学好用好革命精神，弘扬传承革命传统，担当起强国强军的历史责任。

【湖南省军区党委班子一行到炎陵开展开放式学习教育活动】 12 月 11 日，省军区党委班子成员在炎陵开展红色革命教育活动。省军区司令员毕毅、政委冯毅、副司令员陈博、副政委喻军和许凤元，省军区办公室主任胡代松一行，参观了毛泽东第一次给部队上政治课旧址——中村八担丘、中国工农革命军第一军第一师师部旧址——周家祠、第一次“连队建党”旧址——水口叶家祠等革命遗迹和红军标语博物馆。在一条条鲜活的红军标语、一幅幅泛黄的历史照片、一段段回忆录中追寻共产党人的初心；结合省军区党委理论学习中心组带机关第四专题教育，贯彻全面从严治党、全面从严治军要求，锻造坚强党性和过硬作风；从革命旧址、遗址中感受毛泽东、朱德等老一辈无产阶级革命家在那段艰苦卓绝的峥嵘岁月，深度了解革命先辈夺取中国革命胜利而做出的艰难探索，省军区党委班子成员充分接受红色洗礼,沐浴红色雨露,进行了一次深刻的红色革命思想升华;同时也是号召全体党员干部要不忘初心、坚定信心、维护核心,始终做到立足本职履职尽责,通过岗位实践为强国强军事业尽心出力。（兰陈军）

武装警察

【概况】 中国人民武装警察部队炎陵中队,主要担负炎陵县看守所外围武装警戒和处置突发事件、反恐怖及抢险救援等任务。中队地址为炎陵县霞阳镇北门垅121号。2018年,中队党支部以建设一支听党指挥、能打胜仗、作风优良的现代化武装警察力量为目标,始终坚持依法治军、从严治军方针,完成了上级交给的各项工作任务,为确保炎陵县社会治安稳定和人民美好生活做出了积极贡献。2018年,中队被武警部队表彰为基层建设标兵中队,荣立集体一等功,中队党支部被总队评为先进基层党组织。中队长王飞荣立个人二等功,指导员康永田、班长龙东升、吴章明、战士邢益文分别荣立三等功。

【组织建设】 党指向哪里就打到哪里,是“水口建党”宣示的信仰初心,也是加强新时代党的领导和党的建设工作命脉所在。2018年,中队赓续“水口建党”血脉基因,着力建强党支部战斗堡垒,打造全面过硬中队。将党的创新理论武装与红色基因传承融为一体,把学习习近平强军思想作为政治生活主题、经常性教育主课,扎实推进“两学一做”学习教育常态化制度化。第一堂党课、战士入党宣誓、“七一”建党纪念日,都依托连队建党旧址水口镇叶家祠、红军标语博物馆等重温“支部建在连上”原则。深刻领悟毛主席利用战斗间隙与战士谈心、要求党员每周过一次组织生活等蕴含的党建方法,始终把抓好党建作为最大政绩,以认真较真精神落实七项组织生活制度。科学制定“7+2”规划,即党支部工作、党支部学习培训、党课教育、党员发展、主题党日活动、军人委员会工作和团支部工作等7个计划,民主评议党员、民主生活会2个方案,并像遵守法律、执行军纪那样抓落实,从不因任务影响、人员不齐踩虚踩空,做到了党员问题不出小组、干部问题不出支部,营造了齐心干事的浓厚氛围,中队党支部连续19年被评为先进基层党组织。

【思想政治建设】 中队以铸就官兵“铁一般信仰、铁一般信念”为目标,充分运用驻地红色文化资源搞好思想政治建设,从革命传统中汲取养分,铸牢官兵的思想之魂。深刻领会开展“传承红色基因、担当强军重任”主题教育的重大意义,充分发挥驻地红色资源在传承红色基因中的重要作用,把主题教育课堂搬入驻地红色教育基地,嵌入战场、融入战位,自觉让红色基因进入灵魂世界,进一步坚定强军信念。广泛开展“学红色历史、讲红色故事、唱红色歌曲、看红色影视、读红色书籍、写红色格言、做红色传人”七项“红色”活动,营造浓厚的红色文化学习氛围。人手编印一本《红色故事读本》,使每名官兵都会讲红色故事,会话英雄历史。

【执勤处突训练】 中队组织官兵重温红军在炎陵打响的接龙桥阻击战、虎爪歼灭战、酃城攻克战等重要战斗历程,把红军用生命换取革命胜利的崇高精神融入练兵备战、按纲建队、扶贫攻坚具体实践,催生勇往直前、勇挑重担的血性虎气,淬炼“累不倒”“压不垮”的顽强作风,圆满完成了上级交给的各项任务。中队应急班参加支队比武荣获第一名的好成绩,战士邢益文参加总队通信比武获战士组第一名,参加支队搏击比赛获冠亚军。全年担负武装押解、城市武装巡逻等临时勤务 26 起,动用兵力 216 人/次,受到上级领导、地方党委政府以及用兵单位的肯定和好评。

【拥政爱民】 中队积极开展拥政爱民活动,参与县城义务劳动 5 次,与县文化馆举办共庆“八一”军民联欢晚会。春运期间,义务为湘运汽车站旅客送茶水、提行李等。在扶贫帮困活动上,中队官兵始终保持爱民助民的优良传统,与炎陵县一中特困特优学生结成对子,官兵自发捐款,每人资助 2000 余元,帮助其完成学业。与炎陵县鹿源镇金紫峰村 6 户贫困户结成对子,全年走访 20 余次,为他们脱贫建言献策、沟通协调、捐钱捐物。经常到敬老院看望老人,帮助老人打扫卫生,与老人拉家常,彰显了军民鱼水情深。

（康永田）

人民防空

【概况】 炎陵县人民防空办公室编制数 4 人,实际在编人数 4 人。2018 年,在县委、县政府和省市人防办的正确领导下,实行“长期准备、重点建设、平战结合”的方针,坚持与经济建设协调发展、与城市建设相结合的原则,严格行政执法,组织人防工程建设,完善人防警报设施,开展人民防空宣传教育,普及人民防空知识技能,为全县经济社会发展保驾护航。

【宣传教育】 开展人防知识宣传“五进”活动,普及人民防空知识及技能。5 月 12 日,在县城中心商贸区步行街举行防空防灾应急宣传活动,免费发放《防空防灾应急知识手册》书籍 1500 余本。为全县 15 所乡镇中学免费配送自制《防空防灾应急救援手册》6000 余本。

【行政征收】 深入贯彻、落实《中华人民共和国人民防空法》和《湖南省实施〈中华人民共和国防空法〉办法》。积极参加上级人防办组织的各类业务培训。按照“最多跑一次”的要求,认真做好行政事项审批的编制和梳理,完成政务 + 互联网行政审批和服务事项的录入。严格人防行政审批,人防工程取得“零”结建突破,全年批复三个项目建防空地下室。

【指挥通信】 围绕军事斗争准备和“两防一体化”建设的需要,为提高应对和强化不同突发事件背景条件下的快速反应和应急处置能力,定期做好机动指挥车和全县防空警报器的维护和检查。完成防空警报控制终端系统建设,落实市办指挥通信训练要求,保持4G单兵和视频系统的日常通信联络。11月10日参加市人防办组织的指挥通信跨区演练活动。11月1日,在炎陵中学成功举行人防警报试鸣和人员疏散演练,参演师生1500余人,城区内防空警报器鸣响率和音响覆盖率均达到100%。

【党建工作】 2018年,人防办党支部切实履行党建工作主体责任,紧紧围绕学习贯彻中共十九大精神,落实新时代党的建设总要求,坚持把党的建设工作作为头等大事来抓。深入开展"两学一做"学习教育常态化制度化专题教育。规范党内组织生活,认真组织召开专题组织生活会开展党员民主评议,全年召开党员大会6次,支委会12次,讲党课4次。结合人防工作实际开展以人防宣传教育、服务党员群众,学习先进榜样等为主题的12次主题党日活动。及时足额收缴党费,严格党员积分管理,开展在职党员进社区活动。以群众为基石,党员结对助推脱贫攻坚。 (罗建林)

综合经济与管理

发展和改革

【概况】 2018年，县发展和改革局紧紧围绕全县发展大局，认真履行工作职责，主动作为，攻坚克难，全面落实县委、县政府各项部署和安排，全力服务经济社会发展，各项工作取得较好的成效。2018年，获评株洲市“产业项目建设年”活动先进县市区、2017—2018年度全省价格认定工作先进机构、县“产业项目建设年”活动三等奖、县维稳工作先进单位、县优化经济环境工作先进单位。

炎陵县发展和改革局内设4个职能股室：办公室、计划综合股、重大项目建设管理股、价格股；直属机构1个：价格监督检查局；下属副科级单位1个：两型社会建设综合配套改革领导小组办公室；下属股级单位3个：节能监察办公室、以工代赈办公室、价格认证中心；局机关工会委员会1个。全局在职人员27人。县发展和改革局对外可使用县物价局名称开展工作，不再保留县物价局牌子。

【规划编制】 对2017年全县经济社会发展和2018年发展趋势进行认真总结、分析、研究的基础上，科学制定《2018年国民经济和社会发展计划》，经县人大会议审议通过，确定2018年全县发展的框架、方向和重点。

【经济运行监测】 密切跟踪国家政策投资动向和县内主要经济指标变化，坚持一月一调度，一季一分析，保持对形势的敏感性，主动把握全县经济运行态势。积极围绕县委、县政府重大部署，紧跟国家和省、市重大发展战略，加强调查研究。

【项目争取】 强化“项目发起人”的角色，把握国家罗霄山连片特困地区扶贫开发县、比照国家实施西部大开发等政策，突出炎陵县特色和优势组织申报项目，主动加强与上对接，力争更多的项目进入国家和省、市的“笼子”。2018年，策划包装项目126个，其中申报2018年中央、省预算内资金项目47个。争取到位保障性住房配套基础设施、炎陵县城市道路照明改造项目、“神奇湘东”文化生态旅游精品线路建设等11个项目、争取到位中央、省预算内建设资金7886万元。拟申报2019年中央、省预算内资金项目17个，项目总投资5.32亿元，拟申报中央、省预算内资金2.63亿元。全年共完成项目立项342个，其中审批类114个，核准类61个，备案类167个。完成招投标核准项目116个，总投资34331.715万元，其中公开招标项目11个，总投资24786.38万元；

邀请招标项目105个,总投资9545.335万元。

【项目建设】 扎实推进“产业项目建设年”活动,把项目作为稳增长、调结构、惠民生的第一抓手,落实“产业项目建设年”活动牵头单位责任,做好项目建设的牵头、协调工作,推进项目建设。炎陵县列入市“产业项目建设年”活动重点建设项目42个,总投资176.1亿元、年度计划投资30.7亿元(产业和配套项目)。按市编制计划分为重大产业项目18个、重大科技创新项目1个、重大产品创新项目1个、引进“500强”企业2个、重大产业项目引进落地6个、配套项目14个、引进科技人才8名(引进落地7人、市级实施1人);按项目性质分为新建项目12个、续建项目16个、竣工项目5个、前期推进项目6个、前期研究项目3个。其中新建项目12个、续建项目16个、竣工项目5个、前期推进项目6个、前期研究项目3个。已开工建设项目38个,开工率90%,竣工投产项目8个。列入县重点项目86个,其中计划新开工项目39个,续建项目20个,竣工项目21个,前期推进、研究项目6个。开工建设项目60个,其中新开工项目26个,续建项目16个,拟竣工项目16个,前期推进、研究项目2个,开工率70%;未开工建设项目26个,占年度计划的30%。主动参与安炎天然气管道建设项目,牵头做好“神奇湘东”项目建设27个。项目建设的推动是确保固定资产投资的稳步增长。在投资压力巨大的情况下,通过加强项目调度,协调组织申报,确保固定资产投资在困境下迎头赶上,保持增长。全县固定资产投资比上年增长7.8%。国有投资下降51.4%,非国有投资增长43.4%。第一产业完成固定资产投资增长7.3%,第二产业完成固定资产投资增长126.9%,第三产业完成固定资产投资下降19.1%。高新技术产业投资增长36.9%;民生工程投资增长40.5%;基础设施投资下降43.7%。“四上”企业申报任务提早完成。GDP支撑指标“服务业营业收入”的申报增长32.6%,超计划完成并在全市处于前列。

【项目稽察】 对中央、省预算内投资项目实施“一月一调度,一季一督查”,到项目现场查看、督促。根据《关于进一步加快2016—2017年中央预算内投资项目建设进度的通知》《关于对2018年度部分重大产业项目进行专项稽察的通知》等文件开展专项稽察、联合稽察。如对全县2016年、2017年中央、省预算内投资的疾控中心业务用房、炎陵中学运动场等项目进行专项稽察。

【价费管理】 对全县35个单位2017年度行政事业性收费情况进行审核,涉及收费金额2581.27万元。取消8项、放开2项经营服务性收费,梳理炎陵县2018年版政府定价的经营服务收费目录清单。切实做好转供电环节加价清理规范工作,确保商业用电降价政策不折不扣地落实到终端用户。开展景区门票价格、水资源费、殡葬服务价格、养老服务收费、医药价格、教育收费督查、基层医疗卫生机构医疗服务价格调研。

【价格监督检查】 结合炎帝陵创国家AAAAA级旅游景区建设活动,开展旅游景区价格监督检查,完善炎帝陵和神农谷两大景区的门票价格公示制度,落实旅游景区停车场收费、饭店、农家乐、宾馆住宿、商铺摊位等经营商品和服务的明码标价工作。重点开展环保国土部门的检查。开展全县殡葬领域收费专项检查,打击不明码标价和价格欺诈行为。对全县13所养老机构水电气价格开展专项检查,处理价格举报交办的举报13起,县长热线移交的投诉和举报4起。

【脱贫攻坚工作】 在全面完成易地扶贫搬迁建设任务的基础上,按照脱贫攻坚巩固提升的总体要求和省易地扶贫搬迁的工作要求,为确保按政策执行到位,全面整改各类问题,严防搬迁"后遗症"。建立定期巡查管控制度,确保建设任务完成后原有问题不反弹,新的问题不出现。制定全县易地扶贫搬迁巡查工作方案,以搬迁入住、房屋加建、超标准装修、功能房使用、工程质量、产业发展等作为巡查重点,组织上门巡查。制定《炎陵县易地扶贫搬迁自查自纠专项行动工作方案》,反复组织开展自查自纠,全面整改出现的问题,一般性的问题个别分散解决到位,重难点问题组织力量集中整改到位。确保省对县的易地扶贫搬迁全覆盖大巡查、问题整改大巡查、年度考核顺利通过。按照县委、县政府"七个一批"的总体要求,狠抓帮扶村中村瑶族乡龙潭村的脱贫摘帽工作,顺利通过国家专项评估检查。每月组织全局干部进村入户,与帮扶对象开展"三同五好"活动,帮助帮扶对象解决实际困难和问题,充分落实各项政策,得到帮扶对象的充分认可。

【"两型"社会建设】 紧扣"两型"社会建设改革第三阶段目标任务,以"两型"改革为主线,创新推进方式,狠抓经验成果集成,进一步放大示范效应,努力打造可复制、可推广的"两型"现实样板。加强"两型"宣传教育,讲好"两型"故事、宣传典型、带动面上拓展,借助媒体、活动等,加大"两型"价值观宣传力度,树立创新、协调、绿色、开放、共享的发展理念,倡导勤俭节约的社会风尚。

(吕　舟)

审　计

【概况】 2018年,炎陵县审计局紧扣县委县政府中心工作,依法履行审计监督职责,突出重点,开拓创新,锐意进取,在促进政策落实、推动改革发展、规范权力运行、维护经济秩序等方面发挥重要作用。全年,共完成审计项目65个,其中预算执行审计6个,经责审计6个,专项审计5个,政府投资项目结算审计48个,审计查处违规违纪金额157.79万元,上缴财政59.52万元,审核政府投资工程造价53529万元,核减造价3426万元,提出审计建议86条,审计移送问题线索1个,审计专题汇报2篇。

2018年末,全局在职干部职工19人,其中党员15人,大专以上文化程度19人,法律、经济、工程类专业17人,具有中级以上职称11人,初级以上职称4人。内设办公室、法制股、经济责任审计股(对外称经济责任审计局)、财政企业审计股、行政事业审计股等5个机构,二级机构1个,即炎陵县建设项目审计中心。单位被评为2018年全市审计工作目标管理优秀单位等荣誉称号。

【促进规范管理】　坚持以财政审计为重点，全面深化本级财政预算执行审计。以加强财政管理、完善预算制度、规范资金分配、提高财政资金使用绩效为目标，县审计局对2017年县本级财政预算的批准和执行及调整变动情况、预算收支的组织完成情况和地方税收征管及结构情况进行全面审计；关注重点部门和扶贫领域的财政性资金管理使用情况。着力在预算执行、预算编制、国库管理等方面揭露问题，并从体制机制层面分析原因，对政府债务结构及风险防控提出审计建议。预算执行审计结果和审计工作情况及时向县人大常委会、县政府进行报告，为进一步推动财政资金规范管理高效使用发挥重要作用。

【脱贫攻坚专项检查】　5—6月，审计局联合财政、住建部门抽调15人组成检查组，对全县10个乡镇的扶贫领域农村“两个工程”(安居工程)开展专项检查，着重审查各责任单位政策措施落实情况，核实补助对象是否精准、程序是否完善、资金管理是否规范。对检查发现的问题，提出审计建议，督促相关责任单位落实整改，为脱贫摘帽顺利通过“国检”奠定基础。8月，集全局审计力量组织开展全县2017年度扶贫领域建设项目专项审计调查，旨在全面摸清扶贫项目建设管理、资金拨付情况，并及时揭露存在的问题，为进一步巩固提升扶贫成果发挥积极作用。

【领导干部经济责任、离任、任中审计】　为认真贯彻落实中央两办《规定》及实施细则，县审计局不断深化领导干部经济责任审计，坚持离任审计和任中审计相对结合，加大任中审计比重，并积极探索领导干部自然资源资产离任审计，突出对重点部门、单位及关键岗位的领导干部的审计。2018年，完成鹿原镇、水利水电局、统计局、政务中心、科协等5个单位主要领导干部经济责任审计和1个自然资源资产离任(任中)审计项目，着力审计党员领导干部任期内履行经济责任情况、权力运行情况、廉政建设情况和生态环境保护情况，以审计监督引导领导干部树立正确的权力观和政绩观，为组织部门考察任用干部提供参考依据。

【规范投资管理】　县审计局坚持把政府投资项目作为审计监督的重点，以工程造价结算为抓手，以规范建设程序为目标，实行重大项目跟踪审计，突出对工程量的真实性、招投标过程合法性、工程施工许可完备情况、施工单位套用定额情况和工程绩效等方面进行审计。2018年，完成宣传文化体育中心工程、草坪公租房工程、异地扶贫集中安置工程、电子公共服务中心工程等项目结算审计58个，核减工程造价3426万元。针对存在的问题提出审计建议16条。通过审计有效控制工程建设中的高估冒算、随意变更、损失浪费等不良现象，促进政府投资项目建设效益不断提升。

【保障民生利益】　牢固树立“民本审计”观念，县审计局切实加强对民生专项资金的审计监督力度。2018年，完成2017年度保障性住房工程、城乡居民医疗保险基金、救灾扶贫资金、教育等专项资金的审计。重点对专项资金的归集、管理、使用的合法性、效益性进行客观评价，并针对审计过程中发现专项资金管理不规范、挤占滞留的问题及时揭露和提出建议，促进健全完善管理制度，有效保障专项资金的安全运行。专项审计为推动经济社会发展、维护群众利益、促进社会和谐稳定发挥积极作用。

【完成上级部门交办审计任务】 为切实防范化解政府债务风险，科学整合投融资平台公司资产资源，推动投融资公司向现代化企业转型改革，根据省市的要求，县审计局2018年6月对炎陵县7家投融资平台公司的政府债务余额进一步梳理核实，分类建立债务台账，厘清政府负担的债务和平台公司的债务，并对各投融资平台公司进行清产核资。审计调查结果为推动机构改革和宏观决策发挥重要作用。

【加强队伍建设】 一是加强党风廉政建设。成立廉政建设领导小组，签订党风廉政建设责任书，突出责任传导，形成一级管一级，层层负责机制。强化廉政教育，增强审计干部的廉政意识和纪律观念。二是加强组织建设。积极推进“两学一做”学习教育常态化、制度化，对照“五化”标准，逐步规范基层组织建设，增强基层组织的凝聚力、战斗力。全力推进脱贫攻坚工作。严格落实“一对一”结对帮扶制度和“三包”要求，坚持每月不少于2次进村入户，帮助贫困户排难解忧，实现“微心愿”。全年，县审计局资助联系村基础设施建设5万余元，资助贫困户发展产业3.7万元，帮扶成效显著。三是加强队伍建设。抓作风提效能，坚持把纪律和规矩挺在前面，严格执行考勤、首问责任、限时办结、审计“八不准”等各项纪律制度，努力锻造一支作风过硬的审计队伍。抓学习提素质，坚持以政治思想理论武装审计干部头脑，突出学习党的政策方针、政治理论，牢固树立“四个意识”，坚定“四个自信”。坚持“请进来、走出去”“外借力、内生力”多种形式培训学模式，加大对审计干部培训力度。全年，外派学习6人次，集中培训19天，网络培训班学习11人次，审计干部的综合素质明显提高。

【提升部门效能】 2018年，全县各内审机构能认真落实《内部审计规定》和《内部审计准则》，不断规范内审计工作程序，切实抓好审计准备、审计实施、审计报告等重要关口，较好地保证内审质量，规避审计风险，在维护单位财产安全，推进廉政建设，促进提升公共资金使用效益等方面发挥重要作用。全年共完成内审项目57个，审计总金额3795.96万元，查出违规金额85万元，核减基建工程款306万元，促进单位增收节支523万元。

（罗球干）

统　计

【概况】 2018年，县委、县政府明确县统计局为正科级独立核算的行政单位，下设一局两中心，明确调查中心和普查中心为副科机构，核定编制17人，在编在岗15人。2018年度，获炎陵县文明建设先进单位、产业项目建设年先进单位等荣誉。

为进一步明确各部门工作职责,县人民政府制定并出台炎政发1号文件《关于印发2018年〈政府工作报告工作目标和任务分解表的通知〉》,具体细化各责任单位年度目标任务,坚持实事求是、科学合理和公平公正的原则,认真进行考核,考核结果纳入全县政绩考核。在深化机构改革的大形势下,炎陵县统计局不断加强统计基层基础工作,积极推进统计改革创新,进一步提升基层统计能力,强化社会化统计功能,推进建设质量可靠、数据协调、组织合理、运行高效的统计体系,为全面推动县域经济转型升级,实现又好又快发展,奠定坚实基础;同时突出工作重点,对于健全机构队伍、明确工作职责、制定完善统计制度,县委政府、部门、乡镇、企业分别采取切实有效的针对措施,找准工作重心,确保加强统计基层基础工作顺利推进。

【统计工作】 一是为县委、县政府制订政策、编制国民经济和社会发展规划提供统计资料,向县委、县政府及其有关部门提供统计信息和咨询建议。二是统一核定、管理、公布全县经济、社会和科技的基本统计资料,定期发布国民经济和社会发展统计公报及有关普查和专项调查公报,发布社会经济统计信息。三是组织开展全县农业、工业、能源、投资、消费、服务业等29项专项统计业务工作。四是组织协调全县179家四上企业联网直报工作。五是名录管理申报工作,协调完成上级和县委、县政府交办的其他各项调查任务。六是参与、协调全县政绩考核、经济发展考核、县域经济考核、小康社会考核、民生100工程考核和固定资产投资考核等各项考核工作。七是组织开展经济普查工作。八是积极推进业务各项统计改革。

【统计服务】 一是依托政策支持。2018年,继续按照县人民政府下发的《关于加强统计工作的通知》《关于加强企业统计工作的通知》等文件,各乡镇、县直各经济管理部门不断建立和健全与工作相适应的统计机构,配备专兼职统计人员,规模以上工业企业,限额以上商业企业和资质上以建筑企业要配备专职或兼职统计员。二是完善统计管理制度。按照《中华人民共和国统计法》和《湖南省统计管理条例》的要求,建立统计登记,加强对单位及个体工商户和固定资产投资新开工项目统计备案登记,定期开展统计基本单位清查,掌握统计调查总体。三是加强统计业务工作制度。推行相关专业报表“双签”签收制度,开展统计数据质量评估。四是建立统计考核制度。建立县本级综合考核制度。县对乡镇统计站的统计考核制度等。转发《株洲市统计工作规范》,分别制定《乡镇统计站建设考核办法》《联网直报部门考核要求办法》。通过各种工作制度的约束,加强政府统计部门对部门统计的指导和管理,增强统计业务工作的整体性、协调性和互补性,实现统计数据采集、审核、加工、管理各环节的规范化管理,初步实现统计原始记录、统计报表、统计台账的规范化、档案化管理。实现统计信息资源共享,促进统计工作质量和效率的提高。五是鼓励企业“小升规”。县域内规模以下中小微企业升级成为规模以上企业或成立当年直接成为规模以上企业的,经申报认定后，一次性奖励企业法人代表1万元。六是坚持依法统计。为贯彻落实习近平总书记等中央、省、市领导对统计工作的重要批示精神，先后组织召开全县统计工作会议、统计局干部职工会议，层层传达各级领导的指示精神，要求各级各部门严格执行“四不准”（不准代报企业报表、不准修改直报数据、不准下达目标任务、不准调度企业数据）工作纪律，并认真组织开展统计执法检查活动，严肃查处拒报、漏报、虚报、瞒报统计数据的违法行为，确保统计数据真实、准确、可靠。

【炎陵县第四次经济普查工作】 炎陵县第四次全国经济普查清查阶段工作全面完成。按照第四次全国经济普查方案的总体要求，炎陵县的经济普查单位清查工作在上级经济普查办公室的指导下，在县委县政府的领导下，经过各级政府经济普查办公室和全体普查人员的共同努力，基本完成对一、二、三产业的法人单位、产业活动单位和二、三产业的个体经营户的清查登记、审核、编码、录入查询修改、数据处理和汇总等工作。本次清查共登记2255户单位，其中法人单位1927户，产业活动单位328户，个体户户数为9990户。

【人民生活和社会保障】 全县居民人均可支配收入17377元，比上年增长8.8%，其中城镇居民人均可支配收入28537元，比上年增长7.5%。农村居民人均可支配收入8882元，比上年增长9.4%。全县人均住房使用面积68.7平方米，居民人均文化娱乐服务消费支出2162元，家庭人均消费支出13850元。

全县新增城镇就业人员0.17万人，比上年增长20.0%。年末全县城镇职工养老保险参保人数（企业＋机关事业）人数2.0万人，其中职工人数1.26万人，离退休人员0.74万人，增长9.2%。参加城乡居民基本医疗保险的人数16.65万人，其中参加城镇职工基本医疗保险人数1.4万人，增长8.5%，职工人数0.83万人，增长12.5%，离退休人员0.56万人，增长3.1%。参加工伤保险人数1.56万人；参加生育保险人数0.83万人；参加失业保险人数1.4万人。城市低保对象月人均补助322元，农村低保对象月人均补助174元。发放城镇居民最低生活保障经费0.0554亿元，发放农村居民最低生活保障经费0.0731亿元。年末各类收养性社会福利单位床位数571张，收养各类人员198人。全年销售社会福利彩票0.1347亿元。巩固提升0.68万人的饮水安全问题。开工棚户区改造820套。 （谭宇晨）

经济社会调查

【概况】 自2013年更名为炎陵县经济社会调查中心以来，业务主要包括：城乡住户调查、贫困监测调查、罗霄山片区区域发展与扶贫攻坚调查、畜禽监测调查、县级粮食产量抽样调查、规模以下工业调查、规模以下服务业抽样调查、新设立小微企业和个体户跟踪调查及各项其他调查工作。县调查中心以加强基础工作和提高统计数据质量为中心，使调查网点的样本源头数据更真实，确保调查样本的代表性。县调查队员定期进点入户对记账户进行记账辅导和检查，分月收集调查资料进行审核、编码、数据录入,分月、季、年整理汇总,准确及时完成月、季、年报上报任务,核定计算全县年度城乡居民可支配收入的数据。调查中心加强与相关部门的联系,及时切实做好炎陵县贫困监测调查、罗霄山片区区域发展与扶贫攻坚调查、畜禽监测调查、县级粮食产量抽样调查、规模以下工业调查、规模以下服务业抽样调查、新设立小微企业和个体户跟踪调查。

【城乡住户调查】 自2013年城乡一体化以来,炎陵县调查网点分布不变,全县120户住户调查网点分布在垄溪乡龙溪村,霞阳镇潘家村,霞阳镇北区居委会010小区和020小区,霞阳镇南区居委会047小区和011小区,中村瑶族乡心田村,水口镇水西村、青林村、协成村,沔渡镇长江村,十都镇黄上村。因每套样本调查时限为期五年,2017年底炎陵县住户调查点进行了大样本轮换,调查网点全部更换,全县120户住户调查网点分布在霞阳镇东区居委会、南区居委会、西区居委会和北区居委会,水口镇协成村,十都镇车溪村,鹿原镇洣西村、玉江村、红光村,策源乡上洞村,下村乡同乐村、鹫峰村。开展住户调查主要是调查住户的家庭基本情况、收入与支出、生产与销售、现金收支、粮食收支、实物生产与消费、商品购买等方面的所有内容,抽中的记账户承担对上述事项所发生的数据在规定的账本上进行记录,当日发生的当日登记。2018年,炎陵县调查户常住人口为398人。城乡居民人均可支配收入17377元,城乡居民人均生活消费支出13850元,城乡居民人均现住房建筑面积68.7平方米。其中,城镇居民人均可支配收入28537元,城镇居民人均生活消费支出20825元,城镇居民家庭人均现住房建筑面积56.8平方米;农村居民人均可支配收入8882元,农村居民人均生活消费支出8541元,农村居民家庭人均现住房建筑面积77.8平方米。居民文教娱乐服务人均消费支出2162元。

【贫困监测调查】 贫困监测调查自2013年起开展这项工作,全部数据来源于住户调查中的所有农村点,因每套样本调查时限为期五年,2017年底炎陵县住户调查点进行了大样本轮换,调查网点全部更换,全县120户住户调查网点分布在霞阳镇东区居委会、南区居委会、西区居委会和北区居委会,水口镇协成村,十都镇车溪村,鹿原镇洣西村、玉江村、红光村,策源乡上洞村,下村乡同乐村、鹫峰村。2018年调查数据为:农村居民人均可支配收入8882元,农村居民人均生活消费支出8541元,农村居民家庭人均现住房建筑面积77.8平方米。

【罗霄山片区区域发展与扶贫攻坚调查】 罗霄山片区区域发展与扶贫攻坚调查自2013年开展这项工作以来,县统计局、调查中心主动与相关部门联系,本着实事求是的原则做好这项工作,每年都按要求圆满完成罗霄山片区区域发展与扶贫攻坚调查工作。

(肖海霞)

民爆物资管理

【概况】 炎陵县民爆器材经营有限责任公

司属于国有控股企业。公司以“安全第一、预防为主、综合治理”为理念，公司内设经理室、业务股、财务股和仓储股，在职职工7人。

【民爆器材经营管理】 2018年销售工业炸药118吨，销售工业管11.3万发，实现销售收入182万元，利润亏损3万元。造成公司销售减少的主要原因：炎陵县的工农业生产建设项目减少，石场、矿业安全检查不达标几乎关停，从而导致公司的销售业务大幅下滑。2018年，为财政代收水土保持设施补偿费10万元。

【安全管理】 安全是民爆器材公司赖以生存发展的根本。公司员工牢固树立“安全是头等大事、安全是自己的事”的安全理念。抓安全生产工作，落实安全生产责任。致力加强安全管理方面：

1. 进一步完善和落实公司各项安全制度，并层层签订安全生产责任书，做到制度面前人人平等。

2.积极组织员工参加市区危货司机、押运员、保管员、安全员等职业安全再教育培训，做到人人有证，持证上岗。

3.加强安全应急措施管理，组织全体员工参加安全应急救援演练3次。

4.加强仓库安全隐患设施建设，投入8万元对仓库监控进行升级，并安装了库区围墙周围报警装置。

5. 聘请炎陵县气象局对公司仓库进行每年再次的防雷电检测，及时更换消防器材，做好安全事故预防工作。

6. 认真贯彻全国安全生产生产电视电话会议精神，深入开展百日安全生产大检查和“回头看”工作，积极配合省市县组织的安全生产大检查，并认真做好安全生产自查、自检工作，通过一系列安全生产检查和考评，有效推动公司安全生产的稳定发展，实现连续16年无安全责任事故。 （唐永红）

人力资源和社会保障

【概况】 炎陵县人力资源和社会保障局下设6个副科级二级机构：社会劳动保险事业管理局、机关事业社会保险局、城乡居民医保管理服务中心、劳动就业管理局、城乡居民养老保险局、人力资源服务中心；4个股级事业单位：霞阳社区劳动保障服务站、劳动就业培训中心、事业单位管理中心、劳动监察大队（2018年3月设立）；9个内设机构：办公室、计划财务股、基金监督股、法规与社会保险股、劳动关系股、专业技术人员管理股、工资福利股、公务员管理办公室、城乡居民医保股。全局共有编制69个，其中行政编12个、行政后勤编2个、参照公务员管理编30个、全额拨款事业编19个、自收自支事业编6个；在编在岗工作人员53人。

【城乡就业创业】 2018年，全面落实更加积极的就业政策，确保就业目标全面完成、就业大局总体稳定、就业质量稳步提升。新增城镇就业1680人；失业人员再就业554人；就业困难对象再就业150人；新增创业主体1194户，带动城乡就业3104人，其中城镇就业1676人；新增农村劳动力转移就业1643人，新增贫困劳动力转移就业553

人;为186人发放创业担保贷款1823万元;扶持高校毕业生微创业11人;城镇登记失业率0.65%,控制在3.5%以内;职业技能培训累计培训929人,其中贫困劳动力790人,贫困家庭“两后生”技能培训42人;失业保险累计征缴131.24万元,参保人数1.37万人;零就业家庭动态援助100%。继续牵头抓好就业扶贫,制定《炎陵县2018年就业扶贫巩固提升实施方案》,全年开发援助农村贫困劳动力的公益性岗位248个,落实公益性岗位补助资金307.97万元。在县内外举办扶贫专场招聘会29场,提供就业岗位3000余个。全县累计转移就业贫困劳动力6658人,占总贫困劳动力的59.52%,占农村贫困劳动力总数的59.52%,其中2018年新增转移就业643人;2018年累计拨付就业扶贫资金744.66万元,就业扶贫工作超额完成了省市下达的目标任务,顺利通过了国家、省、市、县的年终考核。

【社会保险】 2018年,抓好《中华人民共和国社会保险法》贯彻实施,继续扩大养老、医疗、生育、工伤、失业等社会保险覆盖范围,全县社会保险工作稳中有进,实现了社会保障更可靠,经办服务更便民,基金运行更安全。企业养老保险新增参保2229人,机关事业养老保险在职参保4847人,城乡居民养老保险参保9.4万人,城乡居民医疗保险参保16.4万人,城镇职工医疗保险参保1.39万人,工伤保险参保1.56万人,生育保险参保8316人,失业保险参保1.365万人,八项社会保险累计征缴基金4.36亿元,按时足额为6.7万人次发放待遇4.58亿元。企业退休人员基本养老金连续第14年调整,调整后企业退休职工养老金人均增加118.5元/月。城乡居民养老保险基础养老金上调至103元/月。按照省市统一部署,全力推进机关事业养老保险制度改革,2018年9月份起,对2014年10月以后退休的人员(中人)全部按改革后的退休待遇计发办法进行了待遇核定,标志着有炎陵县机关事业单位养老保险制度改革政策得以全面落地,并启动了机关事业单位养老保险原试点期间个人缴费清理工作。以“数据多跑路、群众少跑路”为目标,全面落实“最多跑一次”改革,梳理涉及人社局的所有群众和企业到政府办事事项99项目,实现“最多跑一次”事项83项。加强社保经办能力建设,优化异地就医住院医疗费用直接结算工作,有力保障异地就医结算系统畅通。启动健康扶贫“一站式”结算系统,实现炎陵县建档立卡贫困人口在县域内健康扶贫“一站式”即时结算。严格执行基金内控监督制度和监督领导责任制度,落实一事双岗双审,抓好基金安全教育,开展基金安全检查,各项基金规范安全完整运行。

【人事人才】 2018年,落实“人才兴县”战略,精心聚才育才。2017年,协助市人社局为炎陵县招录公务员(含公安院校定向招录)57人,招聘事业单位工作人员67人。2018年,安置退伍士官3人,转业军官1人。完成特岗教师转正录用5人,公费定向师范毕业生录用6人。围绕经济社会发展需要,加强人事管理服务。按期完成了2018年度公务员、参照公务员的统计工作,完成县直行政单位公务员、参照公务员信息采集工作，共采集整理786人信息。强化公务员管理和事业单位管理，举办培训初任公务员和新聘事业单位人员培训班，培训80人。为实现岗位设置工作无纸化办公，合理推行岗位设置等业务在线申报办理，2018年完成人事管理软件上线培训工作，全县事业单位基本安装启用百菲特系统，并组织进行统一培训。做好2017年度政府机关主任科员以下非领导职务人员4293人的年度考核工作，评定优秀等次662人，称职（合格）等次3469人，基本称职（基本合格）以下43人，试用期不定等次119人，优秀中给予记三等功的54人，嘉奖人员608人。认真做好职称评聘服务，申报评审高级职称25人，中级职称35人，主持评聘初级职称87人。

【工资福利】 全面落实了行政机关、企事业单位人员的工资福利待遇，2018年累计办理机关事业单位各类工资变动、退休审批等1.3万余人次，办理企业职工退休审批798人，企业退休职工工资调整6857人次，人均养老金提高118.5元/月，提资力度为5.97%，调整后炎陵县企业退休职工月平均工资达到2102元，企业参保人员养老金实现"十四连涨"；按照湘政办发〔2018〕80号文件规定对机关事业在职人员工资标准从2018年7月起进行了调整；配合机关社保局为2014年10月以后的退休人员核对按养老保险制度改革要求进行新老办法对比计发的退休费。认真开展工资集体协商工作，全县共有156家企业签订工资集体协商专项合同，覆盖职工8600余人，其中区域性集体合同7个，行业性集体合同4个，单独协商企业1家，50人以上的企业进行了单独的补充协议，建制企业数占建会企业数的96%。

【劳动者权益维护】 大力宣传劳动保障法律法规，先后组织开展了"12333"全国统一咨询日、"构建和谐劳动关系主题宣传活动"、"12·4"法制宣传日等集中宣传活动，通过宣传资料、政府网站、现场咨询等载体，深入宣传贯彻劳动保障法律法规，有效增强企业的依法用工意识和劳动者的依法维权意识。不断加强劳动保障监察执法，开展了劳动用工书面审查、日常巡查、整顿人力资源市场秩序、农民工工资支付专项检查、建筑领域农民工工资支付情况摸排等执法行动，检查用人单位61家，对部分发现问题的企业及项目均予以指出，并督促整改，没有发现严重违反劳动保障法律法规的现象。狠抓农民工工资治欠保支工作，逐步推进农民工工资发放实名制管理及分账管理工作，规范了农民工工资监管及发放工作。建立了"两节期间"定期通报等保障制度，完善了农民工劳动报酬保证金制度，召开农民工工资监管会议2次，圆满完成2018年保障农民工工资支付考核工作。2018年，为1160余名农民工落实工资待遇960余万元。规范做好工伤认定、劳动能力鉴定审批工作。2018年，共受理工伤认定申请案件87起，协助完成劳动能力鉴定59起。

2018年，立案受理劳动争议仲裁案件23起，其中工资待遇、经济补偿争议案件21起，工伤待遇案件2起，共涉及金额25万元，审结23件，结案率100%。 （陈邝娜）

国土资源管理

【概况】 2018年，炎陵县国土资源局有内设股室和二级机构共10个：办公室、计财股、耕保整理股、规划用地股、地环矿管股、测绘信息中心、执法监察大队、土地储备中心、土地征收安置所、不动产登记中心;派出机构10个:霞阳中心所、鹿原中心所、沔渡中心所、中村中心所、水口中心所、十都中心所、船形站、下村站、垄溪站、策源站。全局共有在编在岗人员117人。

炎陵县国土资源局围绕“保护土地资源、保障科学发展”总思路,按照“建设美丽幸福新炎陵”总目标,认真履行国土资源部门的职能职责,突出重点,把握关键,强化措施,狠抓落实,圆满完成全年既定任务,多项工作实现新的突破,得到市局和县委、县政府的充分肯定和高度评价。县局荣获炎陵县2018年度“产业项目建设年”活动一等奖、招商引资工作一等奖、优化经济发展环境考核红旗单位、安全生产工作先进单位、综治工作先进单位、脱贫攻坚先进单位、组织工作先进单位等荣誉，并荣获株洲市2018年度文明单位称号。

【保障发展】 全年共批回建设用地18个，面积57公顷,保障芙蓉学校、康乐大道(二期)续建、炎陵大道(二期)续建、炎帝陵风景名胜区生态停车场建设等一批项目的用地需求,有力促进全县“产业项目建设年”活动开展。加大招商引资力度,引进株洲亿都、碧桂园等知名房企,激活土地市场。全年出让土地29.47公顷，出让金总价款2.46亿元，较上年增加64%。全部完成集体土地完成征拆面积85.18公顷，占市考核任务的108.8%,拆迁集体土地上房屋11栋(处),占市考核任务的100%，征收国有土地上房屋面积4004平方米,占市考核任务的202%。

【耕地保护】 推进土地开发项目建设。2018年,实施土地开发项目5个,投资额836.75万元,新增耕地50.36公顷,其中水田30.97公顷、旱土19.39公顷；实施旱改水项目5个,投资额841.73万元,规模69.83公顷,其中新增耕地(水田)53.2公顷。确保全县连续19年实现耕地占补平衡。

【执法监察】 建立健全“三级”巡查机制及动态监测网络，全年共开展执法巡查117次,出动执法人员人415人次,立案查处违法案件12起,办结12起,办结率100%。认真落实国家土地督察武汉局整改意见,违法用地查处、闲置土地处置、低效工业用地盘活、旱改水承诺兑现等整改任务全面完成。结合省市县矿山督查、巡查和环保督查工作对矿山进行不定期巡查，健全预警监控机制,切实消除安全隐患。开展安全生产打非治违“百日行动”,共关停非法采石场9个。

【地灾防治】 坚持“以防为主、防治结合”的方针,强化群测群防,巡查治理。与各乡镇签订责任书,进一步明确工作责任。全县138处地质灾害隐患点落实监测责任人、监测员。强化雨前巡查、雨中核查、雨后复查,坚持汛期24小时值班制度。加大灾害治理力度，投资313万元的鹿原天星泥石流治理项目、投资170万元的霞阳草坪滑坡灾害应急处置项目均已动工建设。通过及时发布信息、加强巡排查、加强值班值守、科学指导防灾救灾、实施项目治理等措施，确保人民群众的生命财产安全。

【服务民生】 扎实做好脱贫攻坚。局干部职工与策源乡荣塘村、平湖村贫困户"一对一"帮扶全覆盖，派驻2个驻村帮扶工作队，工作成效明显，顺利通过国家脱贫验收，局驻平湖村工作队被评为脱贫攻坚先进驻村帮扶工作队。加强基层所建设。按照"提升能力、服务群众、树立形象"的工作原则，突出"不动产登记窗口延伸到乡镇"这一具体便民举措，扎实推进示范性国土所建设，切实做到便民服务阵地下移。沔渡中心所被列为全省13所能力建设国土示范所之一。服务农民建房。共审批农民建房380户，总面积49400平方米(其中耕地面积19760平方米);办理拆迁安置74户，其中集体土地安置47户、国有土地安置27户。办理设施农用地备案6宗，总面积0.93公顷。办好来信来访。共受理信访事件65件(其中"12336"电话举报1件，信访局交办6件，县长热线22件，市长热线36件)，全部处理完毕，办结率为100%。

【增减挂钩】 抢抓机遇，用好用活用足政策，把城乡建设用地增减挂钩工作与易地扶贫搬迁、农村安居工程、农村危旧土坯房集中整治工程有机结合，扎实推进脱贫攻坚工作。完成2017年度增减挂钩项目面积85.8公顷，其中水田16.05公顷、旱土33.21公顷、其他农用地36.53公顷。2018年度，炎陵县增减挂钩项目设计面积125.27公顷。累计实现增减挂钩节余指标交易收入2.66亿元。

【最多跑一次改革】 全力推动不动产登记"最多跑一次"的改革，整合受理窗口、精简优化流程，规范审批行为，切实做到"让数据多跑腿，让群众少跑路"。2018年10月26日，炎陵县不动产登记大厅全部实现"一窗受理"，一宗不动产登记业务办理时间平均提速70%左右。县域区内国有建设用地使用权及房屋所有权相关登记业务共计35项，已实现不动产登记事项"最多跑一次"94%以上，深受广大群众的赞誉。不动产登记中心全年共登簿4856件，发放不动产权证书1630件，不动产登记证明2435件，查封61件，解封53件，注销677件，处理不动产纠纷10起，协助调解林权纠纷6起。开具不动产无房证明、抵押等证明、协助法院查询等共1266份。

【党建工作】 深化理想信念教育。高度重视意识形态工作，梳理抓好意识形态工作的思路，增强忧患意识、政治意识，增强做好意识形态工作的主动意识和主体意识。抓好党风廉政建设。认真落实党风廉政"一岗双责"，层层签订2018年党风廉政建设责任书，有针对性的形成党风廉政建设和反腐败工作任务分工表，落实责任领导。积极开展"提篮子"专项整顿、扫黑除恶工作，取得较好成效。牢牢抓住全面从严治党，按照"五化"要求扎实开展党建工作标准化建设，坚持"三会一课"制度，深入推进"两学一做"学习教育常态化制度化，进一步激发全局党员干部奋发进取、干事创业的精神,为国土事业健康和谐发展提供坚强组织保障。积极吸纳优秀工作者加入党员队伍,年内预备党员转正3名。　（潘成文）

安全生产监督管理

【概况】 2018年，炎陵县安全生产监督管理局内设办公室、安全生产综合监管股(加挂行政审批股)、职业安全健康监督管理股,共有在编在岗人员11人，其中行政编制6名,全额事业编制5名。全县未发生较大以上事故,共发生事故2起,死亡2人,其中道路交通事故1起,死亡1人,工贸行业事故1起,死亡1人,其他行业未发生事故。

【强化责任落实】 一是领导责任。严格执行并落实安全生产“党政同责、一岗双责”“一票否决”和领导干部带队检查安全生产工作等制度;组织全县各级干部学习《地方党政领导干部安全生产责任制规定》;建立县委、县政府领导和部门及企业安全生产责任清单。二是乡镇和部门监管责任。层层签订安全生产责任状，对乡镇和部门实施季度考核、点评、通报制,严格奖惩,督促安全生产各项工作落实到位；严格安全生产责任追究,全年因安全生产工作不力被事前问责8人。三是企业主体责任。开展“落实企业安全生产主体责任年活动”，以隐患自查自改月报工作为抓手,督促企业围绕“一必须五到位”(企业必须依法生产经营，做到安全责任、管理、投入、培训和应急救援“五到位”),全面落实《湖南省生产经营单位安全生产主体责任规定》，建立全过程安全生产和职业健康管理制度,依法依规构建以全员安全生产责任制等“十项制度”为重点的企业安全生产主体责任体系。

【加强能力建设】 一是推动乡镇、部门安全生产工作落实。以季度考核为抓手,督促乡镇安监站及九龙工业园安监机构落实安全生产工作软、硬件设施。二是强力抓好安全生产宣传教育培训。加强《中华人民共和国安全生产法》等安全生产法律法规知识的宣传;广泛宣传和发动广大人民群众举报非法违法问题,在全县规模企业、街道、社区、村委会醒目位置张贴“12350”举报电话宣传挂图372张,公路旁设立大型广告牌4个。加大《湖南省生产经营单位安全生产主体责任规定》宣传力度,邀请省、市专家到炎陵举办培训班,发放口袋书300册,组织149名企业负责人参加培训考试,同时,制作、张贴大型挂图300张,张贴于每个乡镇和生产经营单位。三是建立基层安全生产网格。建立以乡镇为片区、以村(社区)为基本网格的125个基层安全生产网格，明确网格员的职责。四是充实完善打非机构。经县委常委会议、县政府常务会议审议通过,重新成立打非工作领导小组,充实县打非办,建立打非联合机制和联系会议制度。五开展安全生产示范创建。督促乡镇按照有关要求创建省、市安全生产示范乡镇,提升乡镇安全监管能力和水平,强化基层安全生产基础。

【严厉打非治违】 县委、县政府加强打非组织领导，进一步明确打非领导及成员，充实打非办。2 月初至 4 月底，组织开展一次为期百天的“打非治违百日行动”，全县共检查生产经营单位 867 家次，排查安全隐患 424 处，责令产停业整顿企业 20 家，实施行政处罚 66.6 万元。

【强化监管执法】 加强对全县各重点行业领域的安全生产大检查，开展岁末年初、“一节两会”、节后复工复产、汛期、高温季节、“五一”、国庆等重点时段和节点安全生产大检查、“落实企业安全生产主体责任年”活动和“强执法防事故”专项行动，至 2018 年 12 月，全县共组织执法活动 3847 次，出动执法人员 12006 人次，检查生产经营单位 4668 家次，立案调查 200 起，实施经济处罚 116.86 万元，责任停产整顿 29 家，取缔关闭 4 家。持之以恒抓实高危行业企业和工贸行业企业安全生产隐患自查自改月报工作，积极推行安全隐患政企互动排查模式。对查出的安全隐患实行“一单四制”管理，2018 年共排查上报重大事故隐患 103 个，年度内销号 97 个。

【脱贫攻坚】 按照县委、县政府部署安排，认真抓好结对帮扶，搞好“三同五好”，做到建档立卡结对帮扶贫困户户户无意见、人人感党恩。同时，大力落实县委、县政府各项扶贫措施和政策，积极开展大走访，帮助群众发展茶叶、笋竹、油茶等产业，特别是老百姓关心的道路交通、通信得到有效的改进，受到老百姓的好评。在 2018 年的脱贫摘帽国检中，得到第三方评估单位的肯定，工作队也受到市级表彰。

【党风廉政建设】 开展违反中央八项规定精神突出问题等专项治理工作，按时缴纳党费、实行党员积分制，开展支部主题党日活动 12 次，党员大会 10 余次，在职党员进社区活动 2 次，班子领导讲党课 4 次。开展党支部“五化”建设实施。 （潘颖丽）

食品药品工商质量监督管理

【概况】 炎陵县食品药品工商质量监督管理局，加挂炎陵县食品安全委员会办公室、炎陵县食品药品监督管理局的牌子；设二级事业机构一个。在 10 个乡镇成立了 5 个食品药品工商质量监督管理所。领导班子为 1 正 5 副，内设股室（队、所、中心）21 个，下属副科级事业机构 1 个，即炎陵县食品药品和质量技术检验检测所。2018 年，共有在编在岗人员 98 人，其中行政编制人员 70 名、事业编制人员 21 名、自筹编制人员 2 名，工勤人员 5 名；另有聘用人员 5 名；退休人员 46 名。全局干部职工平均年龄 48 岁。研究生学历人员 2 人，大学本科人员 34 人，专科学历人员 53 人，专科以下学历人员 9 人。女干部 27 人，共产党员 72 人。

【推进商事制度改革】 1. 实施“最多跑一次”改革。在全县率先梳理出台事项清单，启动“最多跑一次”改革。创新举措，进一步简化流程，整合审批材料，优化审批服务。目前全局 458 个主项 528 个子项事项 100%实现

“最多跑一次”，其中15个事项实现“零上门”。“最多跑一次”改革取得了突出的成效。得到市跑办的高度肯定。2. 推进行政审批“两集中、两到位”。行政审批“两集中、两到位”政务服务新模式正式运行，将涉及12个股室的44项商事登记事项纳入“两集中、两到位”范畴，实行“前台综合受理、后台分类审批、统一窗口出件”的登记服务模式。截至2018年12月25日，全县共新设各类市场主体1202户，比上年同期增加9%。新设内资市场主体215户，专业合作社70户、个体工商户927户。办理动产抵押登记25件，融资金额56917万元。3.宽进严管，企业年报工作落实。2018年，炎陵县企业年报率92.12%，个体户年报率95.79%，农专年报率94.61%，居全市第一，全省领先。4.实行双随机、双告知制度，事中事后监管新模式启动。在企业监管抽查中全面实行“双随机”制度，将随机抽查的结果纳入市场主体的社会信用记录，并在企业信用信息系统予以公示，构建“一处违法，处处受限”的联合惩戒机制。目前，“双随机、双告知”监管模式已初步显现成效，企业自律更加主动。

【加强市场全程监管】 1. 强化食品药品药械安全监管。一是深化专项整治，解决安全突出问题。组织开展2018年中小学校园及周边“食品安全护苗行动”、网络食品安全“清网行动”、学校食品安全风险隐患排查、食用油、农村食品无证经营、工地食堂、“两节一会”、“双考”、端午期间食品安全、查处取缔无证无照经营工作、旅游景区、性保健品、药品流通环节、护老行动等专项整治行动等专项整治工作，累计检查经营单位2300余户次，下达责令改正通知书80余份。二是宣教活动广泛开展。通过“3·15”消费者宣传日等宣传活动，对食品安全、药品、医疗器械保健食品和化妆品安全典型经验和知识进行广泛宣传，发放宣传资料60000余份。三是做好食品风险监测及监督抽检工作，按市县食品风险监测及监督抽检计划，共完成食品安全监督抽检240批次；已在炎陵县门户网发布食用农产品抽检信息240批次，公示合格率100%。四是积极开展食品生产企业风险分等分级和餐饮业量化分级工作，对全县的18家获 S C 证食品生产企业中的10家单位进行了风险分等分级和量化分级工作，并将评定结果在企业经营场所的明显位置挂牌公示。五是全力做好“云锦杜鹃花节”“万魔声学公司祭祖炎帝诞辰典礼”等重大活动餐饮服务食品安全保障。六是加强行政许可工作，做好证后监管。对全县学校食堂、单位食堂、大型餐饮单位、大型超市及食品生产小作坊的行政许可工作，严格按许可程序从严许可，2018年共发（换）食品经营许可证535张，湖南省食品生产加工小作坊生产许可证7张。七是严格执法，查处违法行为。立案调查食品违法案件17起，结案17起，罚没款25余万元。查处药品器械违法案件28件，结案28起，罚没款20万余元，待移交案件3起。通过严格执法，全年炎陵县没有发生食品药品安全事故。2.加强特种设备安全监管。一是开展日常巡查与专项整治相结合。开展“两节”安全检查、节后企业复工复产安全检查、气瓶安全专项治理检查、电梯安全专项治理工作、“五一”旅游市场检查、暑期旅游市场专项检查、场内专用机动车辆专项整治、“安全生产月”专项检查等特种设备安全综合检查47次，共检查使用单位119家，各类特种设备360台，填写《特种设备现场安全检查记录》177份，下发《特种设备安全监察指令书》35份，发现事故隐患3处，现场查封设备2台，立案查处案件3起。二是召开全县特种设备安全工作会议，与119家使用单位签订《特种设备安全目标管理责任书》。三是联系市特检中心对21台锅炉、16台压力容器、194台电梯进行检验。通过严格监管，全年没有发生特种设备安全生产事故。

【维护消费者合法权益】 2018年，共受理消费者投诉77件，为消费者挽回经济损失17.9万余元，接待来访和咨询1292人次。发放各类宣传资料30000余份。

1.着力保护品牌。联合株洲市工商局赴杭州阿里巴巴公司总部协调维权“炎陵黄桃”商标被侵权事件。在阿里巴巴总部进行“炎陵黄桃”市场溯源净化处理。将使用“比炎陵黄桃甜”“比炎陵黄桃更好吃”等词语诋毁“炎陵黄桃”品牌声誉的、使用“非炎陵黄桃”来傍“炎陵黄桃”品牌的、使用“黄桃炎陵”与“炎陵黄桃”构成近似的100多家店家下达整改通知，不整改的直接关闭。从根本上有效遏止侵权行为，维护炎陵县人民群众的合法权益。

2. 组织开展不正当竞争行为查处专项行动。对炎陵县小水电行业主管部门涉嫌强制交易行为展开调查，共走访20户水力发电企业，制作调查材料6份，并将已掌握的案情上报市局。结合炎陵县实际情况，坚决打击在市场交易活动中给予、收受回扣和假借促销费、广告费、劳务费、科研费等各种名义的商业贿赂行为，加强对重点行业、重点单位、重点环节的督办，依法查办商业贿赂案件。

3.加强各项市场专项治理。开展“两烟”市场专项整治、“市场利剑”专项行动和重点区域整治。重点开展建材产品“市场利剑”行动。以钢铝型材、建筑钢材、电线电缆、细木工板、油漆涂料、建筑扣件、塑料管件、塑胶跑道、防水卷材等为重点产品，严查假冒名牌、偷工减料、“低中劣供”、“瘦身缩水”、“阴阳配比”、有毒有害物质超标等违法行为。

4. 做好标准化和计量工作。为县内68家企业、个体工商户的强制检定计量器具进行备案。共检定计量器具126台件，其中周期检定燃油加油机165台次，血压计38台，压力表205块，电子地中衡10台，衡器368台，天平26台，砝码、增砣203个。用于贸易结算、安全防护、医疗卫生、环境监测的强制检定计量器具周期强检率达到100%，合格率达到99%。组织全县零售商品定量包装净含量监督检验5批次。接受食用油、大米、包装饮用水、酱腌菜、茶叶、工业氯酸钾等产品的委托检验共45批次。

【党建和扶贫工作】 2018年，完成机关支部的换届工作；完善退休支部和机关第一、第二支部的阵地建设；完善全县党建基础档案；指导支部开展标准化建设；党员教育常抓不懈；作风继续保持优良；干部队伍稳定有序；干事创业氛围浓厚。

扶贫工作是食品药品工商质量监督管理局一项政治工作任务。在结对帮扶的6个村中,在迎国检中有2个被抽到,均以优异的成绩通过。 (刘俊鸣)

市场管理服务

【概况】 炎陵县市场服务中心是经县委、县政府批准成立的副科级公益二类事业单位,办公地址:炎陵县炎陵中路45号,(湘赣边贸市场三楼)。单位内设综合股、综治股、市场管理一股、市场管理二股。中心现有三个城区市场和一个地下停车场,既湘赣边贸市场、炎陵坎坪市场、东区临时市场、金天地地下停车场。二个乡镇市场,既沔渡农贸市场、鹿原农贸市场。主要职能负责市场的物业管理、市场规划、开发和维修及场内治安、消防与公共卫生等。现有在编人员21人。

【综合治理】 2018年,市场服务中心一直遵循"安全第一、预防为主、综合治理"的方针,加大对安全生产的综合管理力度,组织检查160余次,出动检查人员640人(次)。定期开展了边贸市场安全隐患大巡查,2018年对边贸市场一楼门店装修加强了监管力度;清除了市场内屋面存在隐患的瓦片;拆除了年久失修的鹿原市场厂棚,消除了一个重大安全隐患。在农残检测方面,市场中心每周对入市的蔬菜进行随机抽样检测,目前为止,共检测抽查100余次,1400多批次,中心对检测后的结果及时在公示栏公布,对发现问题的超标蔬菜督促商户进行下架处理,让市民买上放心蔬菜,2018年没有发生安全生产事故。

【脱贫攻坚】 2018年,炎陵县市场服务中心按照"单位到村、干部到户、责任到人、措施到位"的要求,切实做到结对帮扶"全覆盖、不漏户",按照要求市场服务中心帮扶人员每个月入户两次以上开展帮扶,填写手册,宣传脱贫政策,帮助贫困户解决困难,提供就业,想方设法增收脱贫,同时开展"三同五好"活动,通过一系列的措施,获得贫困户的认可和好评,顺利通过了各级检查。

【落实提案】 针对政协提案内容,市场中心积极运作,在1月启动了金天地停车场的装饰装修,并在2月8日正式投入使用,目前金天地停车场共有车位105个,每天有大量车辆在场内停放,金天地停车场的启用对市场周边停车难起到了积极缓解作用。

【市场管理】 市场中心积极推进农贸市场的规范管理,安排市场一股负责边贸市场的监督管理,市管二股负责坎坪市场的全面管理,通过明确分工,细化责任,各责任区人员对占道经营、乱搭篷布、乱摆乱放等行为进行长效治理和整顿,加大了市场日常卫生管理,督促保洁人员做好保洁,通过这些措施让群众有个良好的购物环境,保持了市场的良好面貌,顺利地通过了省环保督查回头看和省文明县城的检查。 (刘海燕 刘程辉)

工　业

九龙工业园

【概况】 炎陵工业集中区（九龙工业园）于2012年11月由湖南省人民政府批复为省级工业园区，辖区面积46.3平方公里，其中规划建设面积10.67平方公里，空间布局为一区两园（“一区”即九龙经开区，“两园”即九龙工业园和中小企业创业园）。园区发展定位为“产业新城、城市新区、产城融合”，主导产业为纺织服饰、新材料、电子信息。截至2018年底，入区企业达到149家，投产企业105家，规模以上企业达到78家，占全县规模以上企业总数的75%，东信棉业、银太纺织、江钨博大等3家规模企业进入株洲市工业100强。

2018年，实现技工贸总收入132亿元，同比增长11.9%；完成固定资产投资32亿元，同比增长11.6%；完成工业增加值22亿元，同比增长12.5%；入库税收1.6亿元；新增规模以上企业5家。

炎陵工业集中区先后获评湖南省棉纺织产业基地、省级综合性高技术产业基地、湖南省承接产业转移特色园区。特别是近年来随着国声声学、欧科亿数控刀具、全康智能家电等拟IPO企业入园，智能声学产业园、智能家电产业园、新能源电动车产业园、超硬材料产业园、纺织产业园等“园中园”渐成规模，主特产业日臻明晰，大项目、好项目支撑日趋强劲，高质量发展特质日益凸显。园区已成为炎陵县县域经济高质量发展主阵地和增长极。

【湖南全康电子科技有限公司落户炎陵工业集中区】 5月17日，炎陵工业集中区在长沙正式签约全康智能电器项目。该项目由广东东莞全康电子科技有限公司投资建设，项目建设内容为承接小米科技有限公司、湖南国声声学科技股份有限公司及其关联方智能家电系列产品生产。项目主营产品和服务包括智能电热器、智能电吹风、智能除湿器、智能电视机、智能马桶盖、智能净化器、智能空调等20余个智能家居家电产品的研发和生产。项目总投资10亿元，计划总占地13.33公顷。项目分三期建设，一期项目已于2018年10月投产，产值9500万元；二期项目计划2019年6月底建成投产；三期项目将于2023年前全部完成。该项目2020年预计产值35亿元以上，员工达到1200人以上，2023年前建成湖南全康智能智造产业园，预计产值100亿元以上。随着该项目进驻炎陵县，将带来产品配套的包材、喷粉、发热丝及有关智能制造电子模组项目进入九龙工业园，将进一步提升园区品位和总量，经济和社会效益十分巨大。

【圣宝龙电动车炎陵产业园项目正式开工】 4月3日上午,作为2018年“产业项目建设年”重点项目之一的圣宝龙电动车炎陵产业园项目举行开工仪式,标志该项目正式动工建设。该项目由湖北华鑫(圣宝龙)集团有限公司投资兴建,项目落户于炎陵工业集中区西园,规划面积10公顷,其中一期占地3.33公顷,项目总投资6亿元,一期投资1.5亿元左右。项目拟建设现代化大型电动车产业园,配备国内先进的生产流水线及完备的检测设备,新上多条生产线,达产后可实现年产电动车30万辆以上,产值6亿元以上,可实现税收1000万元以上,就业200人左右。还将带动电池、电机等产业链相关配套企业入园,最终形成现代化大型电动车产业园。

【炎陵工业集中区首创“产学研”协作协同模式】 2018年,湖南泰鼎新材料有限公司通过和中南大学粉末冶金研究所合作,首创炎陵集中区“产学研”模式,其合作产品在金刚石复合片制造业打破欧美等西方国家在高端产品上的垄断，达到国内同行业先进水平。该“产学研”协作协同模式的成功开创,为园区企业提高科技水平创造了良好途径,将有效推进企业发展和园区转型升级。

【思凯乐户外产业园项目落户炎陵工业集中区】 1月9日下午，炎陵县举行思凯乐炎陵户外产业园项目签约仪式。市政协副主席、县委书记黄诗燕,县委副书记、县长文专文,北京思凯乐旅游用品有限公司创始人曾韦出席签约仪式。该项目落户于炎陵工业集中区的中小企业创业园，计划分8年建成,总投资5亿元。2018年1月至2019年12月,建成生产工厂、仓储物流及部分基础办公设施,建立思凯乐电商运营团队和思凯乐电商运营中心,打造以思凯乐主体商品为核心的物流中心。2020年1月至2025年12月,建成思凯乐户外产业园,包括户外产业园区拓展、户外主题公园小镇、户外主题博物馆及多功能展示厅配套帐篷酒店设施、VR科技体验中心。 (周丽艳)

2018年九龙工业园主要企业一览表

表12　　产业园区详细名称:炎陵工业集中区

企业名称	统一社会信用代码(组织机构代码)	入园时间(年月)	主要产品	备注
湖南福来喜鹅业有限公司	666306882	2007年6月	鹅产品加工	—
株洲炎能科技开发有限公司	755848499	2003年11月	机械电子设备、建筑材料	—
炎陵冠龙金刚石材料有限公司	788024840	2006年6月	石墨粉	—
株洲欧科亿数控精密刀具股份有限公司	MA4PNNKW4	2016年11月	高性能硬质合金制品	—
株洲玖琪电子科技有限公司	320650096	2014年11月	电子元件	—

续表 12

企业名称	统一社会信用代码（组织机构代码）	入园时间(年月)	主要产品	备注
株洲市潭龙益友新材料有限公司	329424626	2014 年 2 月	石墨及碳素用品制造	—
株洲科锐钨钢新材料有限公司	33842787X	2015 年 5 月	硬质合金制品	—
湖南宇邦磁材有限公司	355521331	2015 年 9 月	电子工业专用设备制造	—
炎陵县盛发木业有限责任公司	572209889	2004 年 2 月	木片加工	—
炎陵县今成钽铌有限公司	582799755	2011 年 3 月	钽条	—
株洲华斯盛高科材料有限公司	587044853	2012 年 12 月	硬质合金、碳化物生产	—
株洲鸿达实业有限公司	698592035	2010 年 1 月	硬质合金、碳化物生产	—
炎陵欧科亿数控精密刀具有限公司	MA4PNNKW4	2018 年 6 月	高性能硬质合金制品	—
株洲天伦纺织有限责任公司	745938319	2003 年 5 月	生产化纤纱	—
炎陵县金兴木业有限责任公司	57221264X	2005 年 6 月	木片加工	—
湖南潭龙聚鑫超硬材料科技有限公司	678027127	2007 年 8 月	生产石墨粉	—
炎陵天力新材料有限公司	053865390	2012 年 8 月	生产人造金刚石	—
炎陵永兴超硬材料有限公司	053886159	2012 年 9 月	人造金刚石及制品生产	—
炎陵勋邦电子有限公司	062206135	2013 年 4 月	电子元件及组件制造	—
炎陵振盛木业有限公司	07059449X	2013 年 6 月	木地板、板材、木方	—
株洲宗义电子科技有限公司	098048327	2014 年 4 月	电子真空器件制造	—
湖南瑞丰磁电科技有限公司	553000465	2010 年 3 月	生产磁性材料	—
炎陵县创美发饰有限公司	557606042	2010 年 1 月	假发生产、销售	—
炎陵县宏大金属颜料有限公司	559535276	2010 年 8 月	铝银粉	—
炎陵县昊坤硬质材料有限公司	565913034	2010 年 11 月	碳化钨	—
炎陵柏高制衣有限公司	567684431	2011 年 11 月	纺织服装制造、销售	—
株洲长宇炭素有限公司	574307925	2011 年 5 月	石墨加工	—
炎陵和泰混凝土有限公司	584916097	2011 年 10 月	混凝土生产、销售	—
株洲金瑞锌材有限责任公司	587019113	2011 年 12 月	锌锭	—
炎陵县湘潭申鑫电机制造有限公司	59328882X	2012 年 4 月	电机生产、销售	—
株洲龙港玻钎有限公司	616610800	1997 年 4 月	生产玻纤纱	—

续表 12

企业名称	统一社会信用代码（组织机构代码）	入园时间(年月)	主要产品	备注
炎陵银太纺织有限公司	661650924	2007 年 4 月	棉纱、化纤纱	—
炎陵县华耀塑编厂	661667240	2007 年 6 月	生产塑料编织袋	—
株洲广源硬质材料有限公司	661686943	2007 年 6 月	硬质材料加工生产	—
株洲江钨博大硬面材料有限公司	666313038	2009 年 9 月	钨制品	—
株洲市万昌纺织有限公司	67075109X	2008 年 3 月	生产涤纶纱	—
株洲耀华玻璃纤维制品有限公司	673561590	2008 年 4 月	生产玻璃纤维	—
湖南东信集团炎陵纺织有限公司	682828269	2008 年 7 月	生产棉纱	—
炎陵县时代新材料有限公司	689523871	2010 年 6 月	铬加工	—
炎陵县富源矿业有限责任公司	74316564X	2002 年 9 月	生产萤石粉	—
炎陵县长兴水泥厂	750648105	2003 年 7 月	水泥制造	—
炎陵金锐新材料有限公司	755820664	2003 年 11 月	生产人造金刚石	—
炎陵县嘉新实业有限公司	755829650	2003 年 11 月	五金制品	—
株洲市永茂电子有限公司	779007993	2005 年 8 月	电子元件	—
炎陵华宇稀有金属制造有限公司	785369341	2006 年 4 月	其他钽加工材	—
湖南亮健扬声器磁体有限公司	785399807	2006 年 4 月	生产扬声器磁体	—
株洲高力新材料有限公司	788006220	2006 年 7 月	贵重金属加工	—
株洲托谱硬质合金材料有限公司	790311224	2006 年 6 月	钽铌固溶体、CK 料	—
炎陵宏大磁电有限公司	792362148	2006 年 8 月	生产电磁体	—
炎陵日东钨钼制品有限责任公司	792388380	2006 年 8 月	钨制品	—
炎陵县华丰塑业有限公司	794718347	2006 年 11 月	塑料制品	—
株洲华驰材料有限公司	796860478	2006 年 12 月	钨制品	—
株洲华南塑业有限公司	799146245	2006 年 12 月	塑料编织袋	—
株洲市德信磁电科技有限公司	053860725	2012 年 9 月	电子元件及组件制造	—
炎陵县港鑫新材料有限公司	095913100	2014 年 3 月	生产铝粉	—
湖南曙光灵峰钨钼材料有限公司	559542652	2009 年 12 月	钨钼生产、销售	—
湖南金石新材料有限公司	587039616	2011 年 8 月	碳—碳复合材料生产销售	—

续表 12

企业名称	统一社会信用代码（组织机构代码）	入园时间（年月）	主要产品	备注
湖南泰鼎新材料有限责任公司	077175095	2013 年 9 月	硬质合金材料	—
湖南顺华锂业有限公司	MA4L5MAE9	2016 年 7 月	碳酸锂制品	—
株洲春华新材料科技有限责任公司	MA4LANGQ5	2017 年 1 月	碳酸锂制品	—
株洲达茵新材料有限公司	MA4PLTQE0	2018 年 6 月	橡胶制品开发、玻璃纤维制品	—
株洲润达电子有限公司	320562264	2014 年 10 月	数据线、电子连接器生产	—
湖南诺忒光电科技发展有限公司	320677977	2015 年 2 月	量子灯及休闲家具	—
湖南一品松禽蛋制品有限公司	329373902	2015 年 1 月	蛋制品加工	—
炎陵县洪源塑胶有限公司	329376601	2015 年 1 月	雨伞、雨骨、雨伞配件生产	—
湖南维可达数控装备有限公司	MA4L1D0T1	2015 年 3 月	数控机床、精密仪器	—
湖南国声声学科技股份有限公司	MA4LUNTA6	2017 年 6 月	声学制品	—
湖南全康电子科技有限公司	MA4P9GFW7	2017 年 11 月	电子、金属、家用电器	—
炎陵兴泰新材料有限公司	MA4L79AP4	2016 年 11 月	硬质合金材料	—
炎陵县恒达瓷业有限责任公司	765608878	2004 年 8 月	生产瓷器	—
湖南华盛化工有限公司	668593547	2007 年 8 月	生产高氯钾	—
炎陵县神农瓷业有限责任公司	745941841	2002 年 10 月	生产日用陶瓷	—
炎陵县南都木业厂	L12721481	2004 年 7 月	木片加工	—
炎陵县永丰陶瓷有限责任公司	707258080	1999 年 2 月	生产陶瓷	—
湖南炎帝酒业有限公司	717094585	2000 年 6 月	白酒生产	—
湖南绿达新材料有限公司	790310782	2006 年 6 月	木片加工	—
炎陵县福祥复合材料制品厂	L10969205	2018 年 3 月	生产玻璃纤维制品	—
炎陵恒鑫毛刷制品有限公司	593277848	2011 年 3 月	毛刷制品	—

经济科技信息化

【概况】 2018年，经科商粮局有干部职工60人，其中在岗60人，离退休86人，自收自支2人，专技人员中副高职称1人、中级职称2人。

【工业经济】 2018年，全县完成规模工业总产值77.2亿元，同比增长15.6%，完成规模工业增加值21.8亿元；完成工业企业实缴税金1.8亿元，同比增长6.8%；全县工业用电总量达到4.1亿千瓦时，与上年同期持平。完成社会消费品零售总额24.9亿元，同比增长10.1%。2018年，集中力量主攻“高、尖、新”产业，着力引进关联项目，延伸产业链，产业聚集度进一步增强。一是以国声声学、欧科亿为首的企业掌握着业内高尖技术，如国声声学的万魔TWS智能耳机等，月产值达7000万元以上。欧科亿的数控精密刀具技术领先，畅销国内外，年产值超过5个亿，其主打刀片产品占据国内20%以上的市场。二是以今成钽铌、高力新材料、江钨博大、日东钨钼等为首的新材料企业产值同比增长均在40%以上。特别是今成钽铌2018年又新增铌生产线，年产值突破1.6亿元，同比增长63%以上，虽然下半年受中美关系影响，但总体增长依然可观。三是以国声声学为基础关联引进一系列项目，如全康电子智能家电等，全康电子生产的暖风机目前进入销售旺季，预计产值超3000万元。四是新项目发展顺利。全康电子、兴泰新材料、顺华锂业等企业相继投产；申报规模工业企业6家，其中新建新投产企业4家，小升规2家；全县申报限额以上社零企业7家，其中零售6家，餐饮1家。都将成为炎陵县经济新的增长点。五是狠抓高新技术企业发展培育工作，积极组织顺华锂业、宇邦磁材、高力新材、万昌纺织、国声声学、鸿达实业等6家企业申报高新技术企业，现已全部获得省高新技术企业称号。全年组织科技类中央、省、市各级项目申报各类专题6项；组织和推荐中村瑶族乡申报科技部科技创新典型乡镇。

【项目招商】 2018年，按照“产业项目建设年”活动部署，加快实施项目带动战略，以大项目带动大投入，以大投入带动大发展。全县开发储备项目22个，签约项目21个，合同引资额43.78亿元，完成内联引资18.33亿元，完成全年目标任务的77.05%，同比增长17.92%。抓质量，招商引进精品企业。2018年，积极对接500强，分别邀请小米智能科技有限公司考察智能家电项目；深圳海王药业集团考察中药材基地项目，北京东方园林公司、中惠旅集团、北京国投信达集团到炎陵考察全域旅游项目；上海新城投资集团到炎陵考察城市综合体项目，全康智能家电项目“全国民营企业携手助推中部崛起大会”上正式签约；北京思凯乐旅游服装有限公司(炎商企业)投资5亿元，将在中小企业创业园打造一个“户外创新工场”；小米智能家电项目(500强企业)投资10亿元，占地6.67公顷，将承接小米智能科技、万魔声学、国声声学公司关联一系列的智能家电系列产品；投资5亿元的九龙工业园高端铝型材项目，已完成注册及环评工作，准备施工，预计投产后年产值超10亿元，税收3000万元以上。促投产，新项目全面发力。2018年，炎陵县已开工14个项目，其中，国声声学完成投资5000多万元，完成标准厂房、耳机生产线、米热项目生产线建设，产品展示厅等附属工程正在施工；小米智能家电项目正在进行厂房车间装修；欧科亿二期购置13.33公顷土地已完成土地平整和部分厂房砼桩施工；今成钽铌二期主体厂房和主要附属工程已完成，正在安装消防设施；思凯乐户外产业园正在进行厂房配套设施建设；九龙高温合金项目正在建设标准厂房；圣宝龙电动车项目标准厂房正在建设中；顺华锂业项目已正式投入生产。高产杜仲种植观光与深加工项目已完成公司注册立项、66.67公顷杜仲种植；新奥燃气项目已铺设城市管网55公里；人造金刚石项目已完成厂房建设、新上生产线及设备安装，正式投产。

【企业服务】 2018年，积极按照上级要求做好国家、省、市各类项目30多个，为企业争取各类项目资金1000多万元，较好地缓解企业项目建设资金不足的问题。信息帮扶有良效。通过“炎陵实体企业家工作群”微信群，及时发布相关的惠企政策信息、各种培训信息、项目申报信息，企业招聘、产品推介、寻求帮助、投诉问题等，全年共发布各类有效信息400余条，企业需求信息60余条，较好地增强政企之间服务与被服务关系，促进企业的稳定发展。促进外贸有突破。2018年实现外贸破零企业3家，外贸实绩企业达12家。累计帮助10家企业办理外贸备案、3家企业外贸变更，目前炎陵县外贸企业已达42家。积极组织企业参加美、俄等地的大型国际展会；成功举办万魔声学产业布局大会。

【党务党风建设】 局党组紧紧抓住落实党建责任这个“牛鼻子”，强化责任意识，把党建作为全局中心工作统筹谋划，召开局党组扩大会议，专题研究党建工作。党组班子成员自觉过好双重组织生活，积极参加支部学习和讨论。制定《2018年度理论学习中心组学习计划》，通过集中专题培训、个人交流学习、组织观看党员领导干部违纪违法典型案警示片、参观警示教育基地、开办“道德讲堂”等方式，使党员干部受到深刻教育。扎实推进“两学一做”学习教育常态化和制度化。制订《党组2018年工作要点》《2018年党风廉政建设主体责任分工和任务分解》《2018年度党风廉政建设工作计划》等文件，要求局党组在学习中率先垂范，先后4次召开党组中心组专题学习会议，认真组织学习中共十九大精神及《中国共产党章程》《中国共产党廉洁自律准则》《中国共产党纪律处分条例》等重要文件和习近平总书记重要讲话，严格落实“三会一课”“主题党日”等制度。年初，认真抓好2017年度民主生活会的顺利完成，制定《2018年党建工作计划》《党员学习计划》，并严格按计划开展活动。印发《党支部“五化”示范创建实施方案》，党组书记上党课专题辅导，党员领导干部带头(听)讲党课；每月定期开展主题党日活动，专题传达中央、省、县组织工作会议会议精神，开展学习十九大精神、“学习新思想、展现新作为”、向“黄群、宋月才、姜开斌、王继才”学习活动专题研讨;结合工作实际,组织党员干部以自学、集中学习、聘请县委宣讲团成员集中宣讲等形式学党章党规、开展红色讲堂、红色教育体验、重温入党誓词、党员公开承诺、佩戴党徽等活动。落实"一岗双责",修订完善各项工作制度,营造风清气正的新风气,实现经济建设和精神文明建设双提升,综合治理与文明创建等工作齐头并进的新局面。积极开展志愿服务、党员在身边服务等活动。组织干部职工踊跃参加义务献血,组织深入帮扶村开展"结对帮扶""双联双促""帮扶大走访"等活动,局机关支部与帮扶村支部联合开展"主题党日"活动2次、十九大报告专题学习1次;全年党组书记、党组成员、支部书记及邀请县纪委为机关支部讲党课8次。严格按照《中国共产党章程》规定,规范收缴2018年党费,圆满完成党费专项管理工作。开展"七一"优秀共产党员评选表彰和困难党员干部慰问活动;认真抓好发展党员工作,严格发展对象标准,2018年成功吸收两名成为预备党员。

(王治国)

2018年工业总值前50规模工业企业名单

表13

序号	企业名称	工业总产值(万元)	实缴税金(万元)	从业人员(人)
1	湖南国声声学科技股份有限公司	632060	1661	1700
2	株洲欧科亿数控精密刀具股份有限公司	526342	2878	673
3	炎陵县今成钽铌有限公司	325632	778	95
4	炎陵银太纺织有限公司	282132	491	665
5	湖南东信集团炎陵纺织有限公司	280149	731	624
6	株洲市万昌纺织有限公司	167727	337	369
7	株洲江钨博大硬面材料有限公司	127270	667	134
8	株洲高力新材料有限公司	117977	355	67
9	炎陵县富源矿业有限责任公司	116237	102	112
10	株洲龙港玻纤有限公司	114913	52	96
11	炎陵县华耀塑编厂	114161	42	92
12	株洲长宇炭素有限公司	114085	67	45
13	炎陵县金兴木业有限责任公司	107546	21	64
14	株洲华南塑业有限公司	97876	64	73
15	湖南华盛化工有限公司	97695	24	25
16	炎陵县嘉新实业有限公司	94981	23	258

续表 13

序号	企业名称	工业总产值（万元）	实缴税金（万元）	从业人员（人）
17	株洲炎帝玻纤有限公司	94512	24	107
18	株洲市德信磁电科技有限公司	94414	19	35
19	炎陵日东钨钼制品有限责任公司	93788	127	42
20	炎陵县永丰陶瓷有限责任公司	93781	0	95
21	炎陵县盛发木业有限责任公司	93778	56	152
22	炎陵县恒达瓷业有限责任公司	93330	13	486
23	炎陵县神农瓷业有限责任公司	93063	33	278
24	炎陵县华丰塑业有限公司	92081	4	93
25	炎陵县南都木业厂	91393	3	136
26	炎陵阿尔发冶金化工有限责任公司	90222	0	85
27	炎陵县湘顺硅业有限责任公司	87181	0	85
28	炎陵欧科亿数控精密刀具有限公司	86851	134	182
29	炎陵宏大磁电有限公司	85303	24	35
30	株洲市潭龙益友新材料有限公司	84343.21	152	70
31	株洲金瑞锌材有限责任公司	81218	131	91
32	湖南福来喜鹅业有限公司	81055.82	17	180
33	炎陵县船行化工有限责任公司	80352	105	67
34	炎陵县仙女竹业有限责任公司	75224	0	134
35	株洲华斯盛高科材料有限公司	70795	135	49
36	株洲玖琪电子科技有限公司	69241	38	91
37	株洲华驰材料有限公司	67632	147	50
38	湖南顺华锂业有限公司	64565	8	53
39	炎陵晁鑫硅业有限责任公司	63869	4	60
40	湖南泰鼎新材料有限责任公司	62285	15	57
41	炎陵松鑫炭素有限公司	61206	64	40
42	炎陵县紫鑫矿业新型墙体材料有限公司	59050	1	46
43	株洲鸿达实业有限公司	57141	278	29

续表 13

序号	企业名称	工业总产值(万元)	实缴税金(万元)	从业人员(人)
44	炎陵县港鑫新材料有限公司	56740	48	86
45	株洲炎能科技开发有限公司	56536	262	75
46	炎陵县兴丰矿业有限公司	56263	362	61
47	株洲科锐钨钢新材料有限公司	55837	16	15
48	湖南宇邦磁材有限公司	55455	39	105
49	株洲春华新材料科技有限责任公司	55342	0	16
50	湖南瑞丰磁电科技有限公司	52942	0	100

企业选介

【株洲市万昌纺织有限公司】 该企业由广东佛山佳利隆有限公司陈汉佳、陈潮生父子投资,于2006年8月签订招商引资合同,引资规模8万锭。2007年4月正式建厂,占地4.53公顷,注册资本1000万元。项目分三期建设,第一期3万锭生产规模,投资3500万元,于2008年4月正式投产;第二期5万锭生产规模,总投资6000万元,已于2011年3月正式投产;第三期建设正在规划当中。主要产品为纯棉纱、涤棉混纺纱、线,主要生产设备选型上海128—FL(1008锭)细纱机。该企业为进入炎陵县发展纺织企业中设备较为先进企业。

【湖南东信集团炎陵纺织有限公司】 于2004年12月签订招商引资合同,合同引资1.8亿元,注册资本金5000万元,占地6.87公顷,绿化面积666平方米,厂房面积3万多平方米,办公和员工宿舍面积2200平方米。东信棉业于2009年5月底正式投产,生产的主要产品为精梳纯棉纱、普梳纱、线等,产品技术含量高,远销国内外,深受新、老客户的青睐。东信棉业是目前纺织行业技术含量最高的企业。该企业生产设备从意大利、瑞士进口,主要设备的装备水平达到世界领先水平。目前拥进口设备200多台套,拥有3.8万锭高档精梳纱生产线,日产量达40吨,年产量为14000吨左右,现以解决炎陵县580人就业,吸收贫困劳动力50人,累计缴税收8000多万元。

【湖南国声声学科技股份有限公司】 2017年6月18日签约落户炎陵,项目占地15.33公顷。项目拟在炎陵建成声学产业园,设立声学博物馆和声学国际会议研究中心,打造炎陵“音乐小镇”。项目按声学产品分类规划建设声学产业基地,分两期建设,一期于2020年完成,包括模具、注塑、金属加工、喇叭、线材、组装等生产制造区,研发中心、测试中心等功能区；二期于2026年完成，包括学校，声学博物馆等，园区周边建成以声学为主题的音乐小镇。公司依托声学产业园，致力于弘扬中国文化，为全球的声学品牌商提供一站式的声学研产销服务。截至2018年底现有流水线23条，员工总数1700多人，贫困人员占比17%。炎陵本地员工占比95%，完成不含税销售收入近6亿元，纳税2300多万元，完成投资2亿元。

【株洲江钨博大硬面材料有限公司】 该公司为江西稀有稀土金属钨业集团公司与原株洲博大硬面材料有限公司合股投资建设。2006年8月，原株洲博大硬面材料有限公司斥资3000万元进入九龙工业园兴办硬面材料生产项目。2007年6月，株洲博大公司引进江西江钨集团合股组建株洲江钨博大硬面材料有限公司。公司占地1.2公顷，注册资本金3021万元，2007年8月正式建成投产，主要生产难熔金属粉末、热喷涂粉末，铸造炭化钨、结晶钨粉等硬面材料，产品主要应用于航空航天、石油钻探等多方面领域，产品出口欧美。该企业系钨制品下游产品生产项目，该公司为国内硬面材料行业品种齐全、规模较大生产厂家，其中结晶钨粉占国内市场40%份额。

【湖南金石新材料有限公司】 该项目由浙江余姚晶英电弧坩埚有限公司投资， 项目一、二期投资总计2.3亿元，属高新技术、高新技术产品的“双高”型企业项目，占地3.33公顷。项目将新建厂房、办公楼、热处理工房、库房面积达20000平方米，新增热加工、坯体制备、机械加工等仪器设备达100台套。所生产的碳—碳复合热场材料属新能源、新材料产业，广泛应用于太阳能光伏产业、国防军工、航空航天、轨道交通、汽车及工程机械、风电、船舶等领域，完全符合“两型”产业发展要求。截至2018年底，年主营业务收入5717万元，纳税300多万元。

（周丽艳）

【炎陵县神农生态茶叶有限责任公司】 公司成立于2009年，注册资本1000万元，法定代表人（公司董事长）龙辉平，公司拥有员工399人（含季节性临时用工），其中：大学以上文化程度的5人，大中专技术人员6名。

公司属下万阳山生态旅游电子商务有限公司成立于2016年，注册资本200万元。株洲市万阳红农特产开发公司成立于2017年，注册资本600万元。公司实行“企业＋合作社＋基地＋加农户＋市场”的经营模式，是集茶叶种植、加工、包装和销售为一体的省级农业产业化龙头企业，“湖南省茶叶科技创新十强企业”，也是炎陵县“脱贫攻坚”产业委托扶贫单位。

2018年，公司逐步形成炎陵首个规模达253.33公顷的优质茶产业基地。新建成的炎陵红茶加工厂及配套设施建筑面积2000平方米和万阳红科技实验大楼1000平方米，公司年加工干茶能力达到100吨，公司2018年销售收入已达1506.56万元。

公司是一家集茶叶种植、加工、销售、休闲观光为一体的民营科技型省级农业产业化龙头企业。以公司+基地+合作社+农户+市场的经营模式。公司自有茶叶基地面积83.33公顷,合作社、农户有茶园面积170公顷,均已种植四年以上,开始进入盛产期。茶园主要分布在大院农场、龙渣乡、霞阳镇、十都镇、沔渡等地,公司按保护价(20—50元/公斤)收购合作社、农户茶叶鲜叶进行加工,产品由公司负责对外销售。销售渠道以实体专卖店及电商线上批发、零售结合,以老带新,回头客的方式拓展业务,以生态绿色产品品质取胜。目前,市场以湖南省内为主,珠三角、长三角、京津冀等省外都有销售。

2018年,公司晋升为湖南省省级农业产业化龙头企业,是株洲市茶叶行业唯一的省级农业产业化龙头企业。是湖南省科技创新"十强"茶企、炎陵县最大的茶叶企业。2013年12月,成为湖南省茶叶协会理事单位。

2018年,公司投入200万元流动资金,通过茶叶销售网络和客户,销售炎陵黄桃5.1万公斤,总额363.42万元,其中帮助34户贫困户(119人)户均销售1500公斤、增收2.2万元、人均增收4000多元。(朱尚发)

【炎陵县湘福园食品有限责任公司】 公司坐落于华夏始祖炎帝神农氏的安寝之地—株洲市炎陵县九龙工业园,公司立足炎陵县,以宣传炎帝精神,推广炎陵特色为己任。秉承"绿色健康、品质优先、顾客至上、诚信为本"的企业文化,践行"产品质量为基础、消费市场为导向"的营销理念。

公司成立于2016年1月,注册资金600万元,2018年实现生产总值450万元,是炎陵县农副产品加工、销售重点企业。

公司下设食品加工厂、蔬菜种植专业合作社、电子商务公司、食品商业联盟超市。精心打造的"湘福园"牌枸杞、孜然辣酱,"世纪红"牌农家腐乳等产品,选用本地天然绿色农副产品为原料,以传统农家制作工艺调制而成。产品绿色环保、原汁原味、清辣爽口。具有开胃健脾、祛风防寒、美容养颜之功效。以其独特的炎陵乡土风味而深受消费者青睐,是居家旅行、馈赠亲友之佳品。

2018年1月,公司股东自筹资金共计350万元,启动建设"湘福园食品加工"建设项目,新建生产用厂房1000平方米、冷库仓库360平方米、综合办公楼726平方米、员工生活用房245平方米,新建200吨食品冷藏库,购置智能生产线一条,预计2019年6月投产。工程预算总投资1000万元。

2018年,被县政府纳入"一带八基地"实施企业,被县爱心协会授予"爱心企业"称号。(曾光武)

发 电

【概况】 县水利水电建设投资有限责任公司设有办公室、人力资源部、财务部、技术项目部、职工教育部、承包电站业务部、安装维修部等7个职能部门,管辖水口、筷子篓、罗浮江、策源乡等电站和红星桥小水电代燃料有限责任公司、佳顺新能源科技开发有限责任公司,水力发电总装机2.829万千瓦,光伏发电总装机1960千峰瓦。2018年,公司完成发电量9101.9万千瓦时,实现收入3183.8万元,缴纳税款158.7万元。子公司红星桥代燃料有限责任公司全年完成发电量1539.6万千瓦时,实现收入451万元,实现税收15.5万元。公司固定资产原值16612.82万元,净值12962.52万元,资产总计23624.78万元。年末职工总数598人,其中在岗383人,退休139人;高级技术职称2人,中级技术职称57人,初级技术职称283人;中共党员129人。

【安全生产】 公司时刻绷紧安全弦,处处严把安全关,加强电站劳动纪律督查,层层落实安全生产责任。狠抓职工业务技能培训,不断提升职工业务水平,通过开展安全生产大检查和设备巡查等工作及时发现设备隐患并予处理,确保设备完好率。截至2018年12月底,水口电站连续安全运行8760天,筷子篓电站连续安全运行7526天。

【项目建设】 完成水口、罗浮江电站增效扩容改造项目。2018年底,水口、罗浮江电站增效扩容改造项目基本完成,设备运行良好,顺利通过机组启动验收。水口、罗浮江电站增效扩容改造项目于2016年4月启动。改造后,罗浮江电站总装机容量为1500千瓦,增容300千瓦;水口电站总装机容量为18150千瓦,增容1800千瓦。水口电站改造自动化程度高、技术难度大、施工条件复杂、进度要求紧迫,在省、市、县相关部门的高度重视和大力支持下,公司上下团结一心,攻坚克难,顺利完成110千伏升压站、35千伏主变、5台发电机组及附属设备、高低压屏柜和电站综合自动化等所有机电设备的更新改造。通过改造,水口电站机组效率、水能利用率、自动化程度和可靠率明显提高,降低运行维护成本,企业效益进一步提高,为实现公司可持续发展提供强有力保障,是公司发展史上的重要里程碑。

光伏扶贫项目经营良好。公司代管的天平、九龙两座光伏电站设备运行稳定。2018年,天平、九龙两电站分别完成发电量67万千瓦时、117万千瓦时,向31个贫困村共支付发电收益70余万元,确保项目贫困村集体经济收益按时到位,为脱贫攻坚工作做出积极贡献。

完成水口镇自源村农网改造工程。水口镇自源村周家等三个组的居民用电网络陈旧老化,存在极大的安全隐患,且严重威胁该村用电安全和水口电站6.3千伏母线运行安全及近区用电安全,亟须进行改造。通过争取,自源村周家等三个组的农网改造纳入炎陵县电力扶贫项目并安排项目资金40万元,由公司负责实施,3月底全面完成此项农网改造工程。

【党建工作】 一是保障工作经费,将党建工作经费列入公司经费预算,确保每名党员年均活动经费不低于200元。二是严格发展新党员,2018年发展预备党员3名,预备党员转正2名。三是按时开展支部主题党日活动、上党课、收缴党费、党员积分管理等工作。四是召开专题民主生活会和组织生活会。

【脱贫攻坚工作】 按照县委脱贫攻坚工作要求和部署，公司成立三支驻村工作队,工作队克服工作任务繁重等困难,积极开展脱贫攻坚各项工作。6月,下村乡同乐村抽为国家评估验收检查村，帮扶责任人积极迎检,顺利通过国家评估验收检查。10月,按照县委脱贫攻坚巩固提升工作要求和部署,公司脱贫攻坚联系村调整为鹿原镇东风村、下村乡坳头村、水口镇下垅村。公司对新一轮驻村帮扶工作统筹安排、优化调配,进一步强化帮扶力量,明确帮扶责任,夯实帮扶基础。2018年,公司为扶贫联系村解决帮扶经费7万元，为贫困户送去慰问金4万元,同时妥善解决驻村工作队车辆费用和帮扶责任人待遇等问题。

【群团工作】 一是积极维护职工权益,及时为职工排忧解难，解决生活中的实际困难。2018年，为6名困难职工申报2018年度全国级困难职工并获得批准,慰问公司困难职工25名、困难党员7人,看望住院职工32人次。二是组织在岗与内退、退休职工进行健康体检。三是选拔四名业务骨干参加株洲市总工会、株洲市人社局组织的株洲市电力变电运维和变电检修专业技能竞赛,推荐两名技术骨干参加株洲市第一届“石峰杯”轨道交通产业暨全国和省第六届职工职业技能大赛,取得运检、运维及个人三个三等奖的好成绩。四是积极开展推优工作,水口电站获株洲市“工人先锋号”称号。五是开展“送清凉”活动,为公司在岗职工送上防暑物资。 (彭 思 凌鹏飞)

供 电

【概况】 2018年，县网拥有并网电站151座,装机容量23.4万千瓦。全县小水电站年发电量81526万千瓦时，光伏发电客户108户年发电量404万千瓦时，年供电量54057千瓦时，销售电量50003万千瓦时。供电公司有全民性质的职工231人,其中在岗202人,内退离岗5人;农电工117人;劳务派遣工36人。在岗人员中拥有高级技术职称10人,中级技术职称55人,初级技术职称112人;技师17人,高级工56人,中级工67人,初级工23人;硕士研究生及以上学历3人,大学本科学历44人,大学专科学历115人,中专及以下学历40人。完成固定资产投资6314万元,综合线损率7.50%,台区线损率4.36%，台区同期线损合格率95.88%,最大负荷11.43万千瓦、最大日用电量213.57万千瓦时;上缴税金4955.16万元,实现利润—4732.64万元;职工劳动生产率34.7057万元/人·年；人才当量密度1.0195,同比提高0.0077。公司机关设置职能部门6个(综合管理部、财务资产部、安全监察质量部、发展建设部、配网办和电力调度控制分中心)、业务机构2个(运维检修部、营销部),下辖8个班组、13个变电站。2018年10月1日公司机关设置职能部门8个〔综合管理部、党建工作部(监察部)、党委组织部(人力资源部)、财务资产部、安全监察质量部、发展建设部、配网办和供电服务指挥中心〕、业务机构2个(运维检修部、营销部),下辖9个班组、15个变电站、1个开关站。

【安全生产】　公司认真执行“落实安全主体责任年”实施方案，制定完善公司安全履职责任清单，每月开展安全履职述职，明确各级安全责任。加大安全教育、现场稽查、隐患缺陷排查整治力度，全年稽查955个作业现场，查处违章47起，考核各类人员113人次，考核金额3.25万元，安全秩序管控良好。率先开展安全诊断工作，排查和交办问题清单36项，帮助提升安全管理水平。加强应急能力建设，开展5次各类应急培训和演练，提高应对突发事件处置能力。积极应对2轮冰冻灾害天气，出动应急抢修人员443人次，车辆100台次，保障炎陵电网安全稳定运行和生产生活正常供电。

【电网建设】　抓住省公司“三年电网建设行动计划”契机，完成主网“十三五”规划和配网10千伏目标网架修编，110千伏湘山变和35千伏石洲变全面启动前期。深化配网办职能作用，实行配网规划、项目需求、可研、设计全流程管控，配网项目需求储备完成1.2亿元，完成农网建设投资5574.18万元。率先启动小康用电示范县工程并完成90%的工程量。截至2018年底，共改造老旧线路41.511千米，处理安全隐患78处，农村10千伏线路互联率从48%提升至54%，重过载10千伏线路比例从20%下降至15%，重过载配变比例从10%下降至6%，配电自动化覆盖率从50%提升至100%。完成35千伏河南线、35千伏龙渣变等大修技改项目；完成配网春节保电、10千伏线路砍青和80%台区砍青等任务。高质量完成源头数据治理，获省公司好评。

【机制改革】　通过双向选择、专场招聘向市县公司输送人员22人，优化单位用工配置均衡度。加强人员交流，援藏3人，1人到市公司、3人到公司挂职(岗)锻炼。开展新进员工轮岗跟班，实施“职业导师制”。鼓励员工通过学习提升素质，经考试合格3人从后勤转岗到一线工作。成立湘能农电服务公司炎陵分公司，率先完成供电服务员工工资套改工作，规范农服公司运作。聚力“规范化、集团化、市场化、实体化、精益化”，推进集体企业规范发展，明晰监管办法，厘清“四种关系”，集团化运作体系初步形成。

【党建工作】　认真落实“旗帜领航·三年登高”计划，全面推进党委和党支部标准化建设工作，达标率均为100%。坚持抓党建从工作出发，抓工作从党建入手，实施旗帜领航“党建+双降”“联学联创”等工作，全年开展“党建+双降”活动30余次、“联学联创”5次，共有82名党员参与“三亮三比三无”活动。深化“六有”服务型党组织建设，全年党员服务队总服务量950人次，架起党与人民群众的连心桥。制定落实党风廉政建设“两个责任”清单，认真落实巡察审计问题58项的整改工作，已完成整改资料佐证53项；运用监督执纪“四种形态”问责21人次。加强企业文化建设，筑牢共同的思想基础和价值追求，积极创建省文明单位；全面推进新时代企业文化建设工作，2个班组成功通过市公司企业文化建设“百千万”工程示范点验收。

【精准扶贫】 公司32名党员积极参与106户贫困户的结对帮扶,为改善贫困村基础设施争取政府项目资金60余万元,积极推介旅游项目并帮助售卖黄桃3万余公斤,收入30余万元。投资163.71万元主动服务光伏扶贫配套接入项目,支付上网电费114.37万元,助力炎陵县顺利实现脱贫摘帽。公司荣获“炎陵县2017—2018年脱贫攻坚先进单位”,3名干部职工获得“脱贫攻坚先进个人”荣誉称号。

(刘　珍)

2018年炎陵县销售电价表

表14-1　启用时间:2018年1月1日　　单位:元/千瓦时、元/千瓦·月、元/千伏安·月

用电类别	电度电价及基金附加合计					基本电价	
	不满1千伏	1—10千伏	35千伏	110千伏	220千伏	容量	需量
一、大工业用电	—	0.6437	0.6147	0.5867	0.5627	20	30
其中:炎陵大工业用电_工业园	—	0.5068	0.4736	—	—	17.7	25.4
炎陵大工业用电_纺织企业	—	0.4729	0.4426	—	—	17.7	25.4
炎陵大工业用电_自来水	—	0.5396	0.526	—	—	17.7	25.4
二、一般工商业及其他用电	0.855	0.835	0.815	0.795	—	—	—
三、居民生活用电	0.588	0.573	0.563	—	—	—	—
四、农业生产用电	0.5487	0.5287	0.5087	0.4887	—	—	—
贫困县排灌用电	0.4117	0.4017	0.3917	—	—	—	—

2018年炎陵县销售电价表

表14–2　启用时间:2018年4月1日　　单位:元/千瓦时、元/千瓦·月、元/千伏安·月

用电类别	电度电价及基金附加合计					基本电价	
	不满1千伏	1—10千伏	35千伏	110千伏	220千伏	容量	需量
一、大工业用电	—	0.6437	0.6147	0.5867	0.5627	20.00	30.00
其中:炎陵大工业用电_工业园	—	0.5068	0.4736	—	—	17.70	25.40
炎陵大工业用电_纺织企业	—	0.4729	0.4426	—	—	17.70	25.40
炎陵大工业用电_自来水	—	0.5396	0.5260	—	—	17.70	25.40
二、一般工商业及其他用电	0.8280	0.8080	0.7880	0.7680	—	—	—
三、居民生活用电	0.5880	0.5730	0.5630	—	—	—	—
四、农业生产用电	0.5487	0.5287	0.5087	0.4887	—	—	—
贫困县排灌用电	0.4117	0.4017	0.3917	—	—	—	—

2018年炎陵县销售电价表

表14–3　启用时间:2018年5月1日至7月1日　　单位:元/千瓦时、元/千瓦·月、元/千伏安·月

用电类别	电度电价及基金附加合计					基本电价	
	不满1千伏	1—10千伏	35千伏	110千伏	220千伏	容量	需量
一、大工业用电	—	0.6437	0.6147	0.5867	0.5627	20.00	30.00
其中:炎陵大工业用电_工业园	—	0.5068	0.4736	—	—	17.70	25.40
炎陵大工业用电_纺织企业	—	0.4729	0.4426	—	—	17.70	25.40
炎陵大工业用电_自来水	—	0.5396	0.5260	—	—	17.70	25.40
二、一般工商业及其他用电	0.8030	0.7830	0.7630	0.7430	—	—	—
三、居民生活用电	0.5880	0.5730	0.5630	—	—	—	—
四、农业生产用电	0.5487	0.5287	0.5087	0.4887	—	—	—
贫困县排灌用电	0.4117	0.4017	0.3917	—	—	—	—

说明:根据《湖南省发展和改革委员会关于进一步降低一般工商业电价有关问题的通知》(湘发改价商〔2018〕601号)要求,一般工商业目录电价进行本年度第二、三轮降价调整,自2018年5月1日起,省电网一般工商业及其他用电输配电价及目录电价下调2.3分/千瓦时。自2018年7月1日起,调整大工业用电、一般工商业及其他用电、居民生活用电、农业生产用电和趸售用电目录电度电价、基金及附加水平。一是大工业用电、居民生活用电、农业生产用电和趸售用电目录电价水平维持不变,降低基金及附加水平、相应提高价内电度电价。二是一般工商业及其他用电目录电价下调0.2分/千瓦时。

2018年炎陵县销售电价表

表14-4 启用时间:2018年9月1日 单位:元/千瓦时、元/千瓦·月、元/千伏安·月

用电类别	电度电价及基金附加合计					基本电价	
	不满1千伏	1—10千伏	35千伏	110千伏	220千伏	容量	需量
一、大工业用电	—	0.6437	0.6147	0.5867	0.5627	20.00	30.00
其中:炎陵大工业用电_工业园	—	0.5068	0.4736	—	—	17.70	25.40
炎陵大工业用电_纺织企业	—	0.4729	0.4426	—	—	17.70	25.40
炎陵大工业用电_自来水	—	0.5396	0.5260	—	—	17.70	25.40
二、一般工商业及其他用电	0.7690	0.7490	0.7290	0.7090	—	—	—
三、居民生活用电	0.5880	0.5730	0.5630	—	—	—	—
四、农业生产用电	0.5487	0.5287	0.5087	0.4887	—	—	—
贫困县排灌用电	0.4117	0.4017	0.3917	—	—	—	—

农业·林业

农　业

【概况】 2018 年，农业局有干部职工 152 人，其中在岗 74 人，离岗休息 8 人，离退休 55 人，自收自支 15 人，有高级农艺师 8 人，农艺师 20 人，助理级专技人员 14 人。

“炎陵黄桃”获株洲市农业品牌建设突出贡献奖，炎陵县农业局获 2018 年度全省农民(素质)教育培训工作先进单位、全省农村承包地确权登记颁证工作先进单位、迎接国家卫生县城工作先进单位称号。

【产业发展】 立足生态资源优势，做足特色文章，构建以黄桃、茶叶、白鹅为主导，以农村电商为辅助的产业体系和一、二、三产业融合发展的产业格局。全县共有 653333 公顷优质稻、213333 公顷油菜、5733.33 公顷特色水果、866.67 公顷无公害蔬菜、346.67 公顷茶叶、208.96 万羽家禽(其中 150 万羽酃县白鹅)，从事微商、电商销售的人员超过 6000 人、快递企业 37 家。

2018 年 6、7 月间，炎陵黄桃在中央 1、2、3、4、7、8、9、13 等 8 个频道滚动播出。中央电视台的热播，带动炎陵黄桃的热销，引起社会的热议。突出节会营销平台，在举办桃花节、黄桃大会、邮政营销启动大会、开园品桃会等一系列重大节会活动的同时，分别在广州、长沙召开炎陵黄桃专题推介会，赴上海参加“湘品入沪”推介会。2018 年，获中国(长沙)优质果品博览会金奖，在“2018 中国果品区域公用品牌价值榜”中“炎陵黄桃”品牌价值达到 1.56 亿元，是首次、唯一入选“中国果品区域公用品牌价值榜”的“桃”品，在 2018 年入选的全国 121 个果品区域公用品牌中一枝独秀。2018 年“炎陵黄桃”实现“四个上升”，即由自然经济上升到商品经济，由区域品牌上升到国家品牌，由国内市场上升到国际市场，由经济活动上升到文化现象。

炎陵红茶 2018 年入选湖红标准样，代表湖南株洲参加杭州国际茶叶博览会，产品在第四届国饮杯全国茶叶评比中获一等奖，第十二届中茶杯全国名优茶评比获一等奖，第三届亚太茶茗大奖获金奖，第十六届中国国际农产品交易会暨第二十届中国中部(湖南)农业博览会产品金奖。“万阳红”茶叶获得阿联酋的经营许可证，走出国门，产品在中茶杯、国饮杯全国茶叶评比中屡获金奖，万阳红品牌获湖南省著名商标，被丝绸之路国际合作论坛确定为指定产品，被湖南省商务厅推荐为一带一路名优产品。

2018 年，通过推行“企业 + 专业合作社 + 基地 + 农户”的农业产业化扶贫模式，不断创新帮扶思路，带动种养贫困户脱贫致富。共发展黄桃 403.2 公顷，茶叶 30 公顷，蔬菜67.47

公顷,粮食作物646.47公顷,油菜等其他经济作物241.67公顷;发展牲猪5788头,牛羊3580头,家禽25.2万羽,白鹅1419只,综合种养3333公顷,水产品4.39公顷,蜜蜂430箱;发展药材、花卉、苗木等304.33公顷,采摘油茶2.24万公斤,鲜笋75.7万公斤,砍伐用材林79.7万方。据统计,全县正在发展特色产业的贫困人口有6096户18846人。全县加入合作经济组织以及与其建立利益联结关系的贫困户5607户17267人,占全县贫困人口的72.37%。

【项目建设】 1.农村一、二、三产业融合。重点支持“农业+”产业融合体系,做好做实一、二、三产业融合试点。通过“农工”“农商”“农旅”结合,融入精致农业、观光农业、高效农业、互联网+农业等多个现代农业元素,让“农业种植成为致富的风景,成为乡村旅游的载体”。项在十都、霞阳、中村、下村等4个乡镇,建立以炎陵黄桃为基础的一、二、三产业融合试点项目。改扩造炎陵黄桃基地156.67公顷;新建十都镇、中村乡、下村乡水果批发市场3个,电商平台3个;新建炎陵黄桃加工厂房6000平方米,设备15台(套),总投资5200万元。2.美丽乡村建设。2018年,按市美丽乡村建设规划,炎陵县共有23个村进行美丽乡村建设,其中省市级创建10个村,县本级标准创建13个村。全年实施基础设施类项目56个,产业类项目17个,社会公益类项目7个,共投入财政资金2880万元,吸纳社会投入和自筹资金7190万元。目前长江村、西草坪村已申报市级示范村。一是狠抓产业建设。按乡村振兴中产业兴旺要求,动员各示范村实行“一乡一业”、“一村一品”战略,大力发展特色水果、生态旅游、竹木工艺制品等特色产业,带动村民就业,增加村集体经济收入。二是狠抓环境整治。广泛开展“三清四改”工作,全面实施旱厕改造,整治空心破败房,实行道路、聚集区美化亮化工程,各示范村面貌明显改观。三是完善便民项目实施。各示范村根据各村情况启动村道扩宽、村道绿化,完善自来水管网建设,搭建文化广场,安装太阳能路灯,通信网络进村入户。四是推行文化活动。挖掘本土文化、客家文化,开展民俗旅游,推广本土美食;举办全民健身活动,丰富村民业余生活;简办红白喜事,杜绝铺张浪费,形成良好农村氛围。五是加强基层管理。提高村党支部、村委会管事办事能力,形成基层团结、高效干事氛围;加强基层平安创建,营造安全和谐生活环境。3.产业项目。县农业局完成固定资产投资13742万元,向上争资2041万元。重点项目包括农村一、二、三产业融合试点项目、特色水果基地、高山生态茶叶基地和炎陵黄桃精深加工项目前期研究。特色水果基地、高山生态茶叶基地2个续建项目完成年度任务并申报开工;一、二、三产业融合项目完成全部建设任务并申报竣工;黄桃精深加工项目较好完成项目前期研究,为下一步打造炎陵黄桃产业园,延伸产业链奠定坚实基础。在十都、垄溪、策源、水口、霞阳、中村、下村等乡镇新扩黄桃基地533.33公顷;柰李和猕猴桃等特色水果基地266.67公顷;落实特色水果绿色防控70公顷,开展技术培训35期。在霞阳、十都等乡镇新建、改扩建茶叶生产面积300公顷,石子坝茶园新建一条茶叶生产加工生产线及配套附属设施已完工并开始生产茶叶,可年生产干茶 100 吨。

【品牌创建】 2018 年,组织人员在长沙红星农产品市场开展打假活动,对 180 户电商网络平台进行授权,在有关部门的支持下,组织专门人员远赴杭州阿里巴巴总部,取消侵犯炎陵黄桃商标权的 100 多个链接。同时,整顿农业投入品市场,帮桃农把关,规范农资市场。进一步完善覆盖县、乡两级的全县农产品质量安全监测检测体系,对绿色食品"从田间到餐桌"进行全程质量控制。继续完善"满天星点亮中国"农产品防伪溯源计划及炎陵县农产品溯源平台建设及维护,扩大参与企业的范围,提升二维码的认知度。截至目前该平台已有 38 个产品,46 家机构进入系统,到目前,全县有家农业企业与合作社 15 个基地申报绿色食品认证,面积 3400 公顷,涵盖所有黄桃种植区。委托第三方检测公司定量检测黄桃样品 35 批次,合格率 100%。设立 2 个黄桃专业市场,加强景区、景点摊位管理,让消费者买得放心、吃得安心,有效地维护"炎陵黄桃"品牌。

修改《炎陵黄桃果品分级标准》编写《黄桃优质栽培技术歌》6000 余份,以浅显易懂的群众语言达到广泛传播和应用的效果。下达《关于加强套袋前后果园管理的紧急通知》《关于应对不良天气的紧急通知》。2018 年,黄桃品质大幅度提升,固形物含量普遍在 12%以上,果形周正、色呈金黄、味有浓香。

【农技推广】 1.种植结构调整。2018 年,全县 12 个点位全部退出水稻生产,已有 8 个点位种植玉米、高粱、大豆等旱粮作物,计划秋冬季种植油菜;1 个点位养殖龙虾,虾池已完成开挖;2 个点位正在抓紧翻耕,计划种植秋玉米、油菜;1 个点位计划种植油菜。有 11 个点位由农业公司、合作社、家庭农场等各类经营主体与村组农户对接,签订流转合同,实现整体流转;有 1 个点位由于面临征收而由农户自行调整种植瓜果蔬菜。2.提高农技服务水平。全面清查整顿农药经营,推进农药、化肥减量行动,真正实现负增长。积极推动绿肥种植,推广土壤改良和水肥一体化示范等技术措施。推广秸秆还田技术 10266.67 公顷,测土配方施肥技术覆盖 12333.33 公顷,种植绿肥 2800 公顷,改良酸性土壤 746.67 公顷,示范推广水肥一体化技术 100 公顷,调减化肥施用总量 220.2 吨,其中减氮 205.2 吨,畜禽粪便等有机养分还田率从 54.2%提高到 56.1%,主要农作物化肥利用率由 36.7%提高到 38.9%。有针对性地开展实用技术培训和服务,年举办各类实用技术培训班 158 多期,培训 12142 人次,发放各类技术资料 5.2 万份,使全县 70%以上的农户掌握 1—2 门实用技术,培训转移就业率达到 85%以上。农广校圆满完成新型职业农民后续跟踪帮扶工作,有力的提高炎陵县贫困劳动力的造血功能。

【其他工作】 1.农业综合改革稳步推进。一是农村土地承包经营权确权登记颁证。自 2015 年 6 月炎陵县全面启动农村承包地经营权确权登记颁证工作,对全县 120 个行政村、1442 个村民小组、3.8 万户开展农村土地承包经营权确权登记工作,历经三年已基本完成确权任务。综合考评获全市第一。二是农村集体产权制度改革。全面完成机构成立、宣传发动工作。成立工作领导小组,制定系列相关文件,开展宣传发动、组织培训等工作。全面完成清产核资工作。目前,炎陵县清产核资工作已全面完成,正在整理数据和资料迎接省市的验收。整个改革进度始终保持在全市五县四区前列。2.民生工程提高民生水平。农业局共承担“民生100”工程中的5个项目,目前新建规范化农产品基地3个、建设农产品溯源点1个,新认证“三品一标”农产品12个,蔬菜等主要农产品检测合格率99.91%,年抽检农产品17038批次。3.严格要求推进两区划定。出台“两区”划定工作实施方案,成立“两区”划定工作领导小组,召开领导小组成员联席会议。严格按照规定落实任务,在省市通报中成绩优秀,系株洲市完成该项任务的二县之一。抓好质量安全监管。4.实施农林产业奖扶强力推动发展。为进一步夯实农业农村经济发展基础,深化农业供给侧结构性改革,奠定乡村振兴基础,县财政安排整合资金540万元,用于“一带八基地”农林产业发展,对全县建档立卡贫困户、县内扶贫经济合作组织、县内农民专业合作组织、农产品开发公司、企业及农村种养户进行精准奖扶。共奖扶县级农业特色产业园5个,茶旅融合项目3个,水果茶叶基地改造项目5个,农产品加工项目2个,评选水果茶叶金牌销售各3个,等等,目前项目验收和资金拨付已全部完成。5.举办“三农”主题活动弘扬炎陵文化。以桃花节、黄桃大会,农民丰收节为载体向社会宣传炎陵农业和炎陵文化,传播正能量,展示农村新面貌,传承农耕文明,传递重农崇农的价值取向。开展炎陵县“十佳新时代乡贤”推荐评选活动。6. 文明建设实现突破提振精气神。党建引领,文明创建。通过党性教育和文明行动,提振农业干部精气神,赋予农业部门新内涵,激发农业干部干事创业新动能。获株洲市文明建设“标兵单位”和道德讲堂建设“先进单位”。7.落实驻村帮扶强化责任。农业局驻下村小横溪村、云里村和清溪村安排结对人员47人,投入帮扶资金37万元,较好完成驻村帮扶工作,得到办点领导和乡镇的认可。

【党建工作】 1.抓实党员干部教育培训。县农业局持续用力推动“两学一做”学习教育常态化制度化,利用“专题研讨”“十九大精神巡回宣讲”“红色讲堂”“道德讲堂”和“党课”等载体深入学习贯彻习近平新时代中国特色社会主义思想和中共十九大精神,召开局党委会12次、理论中心组学习3次、党课3次、支部主题党日活动12次,党员干部学习20余次。2.全面推进党支部“五化”建设。成立“五化”建设指导员队伍,党委班子成员每人联系1个党支部,每位班子成员分别到联系党支部指导3次以上,宣讲党课1次。召开基层党建培训会议2次,一把手到软弱涣散党支部督查和指导党建工作6次。严格落实“三会一课”、主题党日活动、谈心谈话、组织生活会等党内各项制度。3.加强党员管理。积极培养新鲜血液,已吸收3名预备党员,发展2名入党积极分子;为肯定成绩,激励先进,“七一”期间,对22名优秀共产党员和9名优秀党务工作者予以表彰;对生活困难群众、老党员和老干部开展系列走访慰问活动,慰问达38人次,为他们带去党组织的关怀。 (段　骁)

2018年(湘A302S)农作物生产情况汇总表

表15

指标名称	代码	播种面积(亩)	单产(公斤/亩)	产量(吨)
甲	乙	1	2	3
农作物总播种面积	01	324694	564	183223
一、粮食作物	02	206059	428	88258
(一)谷物	03	156383	486	76073
1.稻谷	04	145471	499	72588
(1)早稻	05	25	400	10
(2)中稻与一季晚稻	08	145446	499	72578
3.玉米	16	10343	320	3310
4.高粱	17	569	308	175
(二)豆类	25	17815	169	3003
1.大豆	26	13314	173	2302
2.绿豆	27	981	180	177
3.蚕豌豆	28	1866	144	269
5.其他杂豆	30	1654	154	255
(三)薯类	31	31861	288	9182
1.甘薯	32	24566	255	6264
2.马铃薯	33	7295	400	2918
二、油料	35	30648	102	3136
1.花生	36	5516	195	1075
2.油菜籽	37	25110	82	2059
3.芝麻	38	22	91	2
三、棉花	41	512	145	74
六、烟叶	48	28	714	20
2.晒(土)烟	50	28	714	20
七、中草药材	51	11629	120	1390
八、蔬菜(含菜用瓜)	52	45481	2017	91735
九、瓜果类	53	2621	2134	5592
(1)西瓜	54	2420	2070	5010
(2)香瓜(甜瓜)	55	191	2644	505
(3)草莓播种	56	10	7700	77
十、其他农作物播种面积	58	27716	—	—
2.青饲料播种面积	60	15867	—	—
4.绿肥播种面积	62	11849	—	—

2018 年(湘 A303S)蔬菜及特种作物生产情况汇总表

表 16

指标名称	代码	播种面积(亩)	单产(公斤/亩)	产量(吨)
甲	乙	1	2	3
一、蔬菜及食用菌	1	45481	2017	91735
(一)叶菜类	2	12181	1991	24256
其中:芹菜	3	5700	1970	11230
油菜	4	2700	2240	6047
菠菜	5	3300	1902	6278
(二)白菜类	6	10200	1962	20010
其中:大白菜	7	10200	1962	20010
(三)甘蓝类	8	900	3288	2959
其中:卷心菜(结球甘蓝)	9	900	3288	2959
(四)根茎类	10	4200	2151	9036
其中:白萝卜	11	2100	2310	4852
胡萝卜	12	1200	1594	1913
生姜	13	900	2331	2098
(五)瓜菜类	15	4950	2383	11798
其中:黄瓜	16	2850	2544	7250
南瓜	17	1350	2180	2943
冬瓜	18	750	2140	1605
(六)豆类(菜用)	19	1950	2790	5441
其中:豇豆	20	900	2588	2329
四季豆	21	1050	2964	3112
(七)茄果类	22	3450	2334	8053
其中:茄子	23	1800	2038	3668
辣椒	24	1050	3590	3770
西红柿	25	600	1025	615
(八)葱蒜类	26	1350	1135	1532
其中:大葱	27	450	1004	452
蒜头	28	900	1200	1080
(九)水生菜类	29	600	1320	792
其中:莲藕	30	600	1320	792
(十)其他蔬菜	31	5700	1328	7568
(十一)食用菌	32	—	—	290
1.干品	33	—	—	235
其中:香菇	34	—	—	152
黑木耳	35	—	—	45
2.鲜品	36	—	—	55
其中:蘑菇	37	—	—	55
花卉种植面积	38	4664	—	
盆栽观赏植物(包括盆景)(单位:盆)	40	—	—	40315
香料原料	41	—	—	10
其中:花椒	42	—	—	10

2018年(湘A306S)茶叶、水果及食用坚果生产情况汇总表

表17

指标名称	计量单位	代码	本期	上期	差额	增长
甲	乙	丙	1	2	3	4
一、茶叶产量	吨	01	295	272	23	8.5
绿茶	吨	02	182	190	—8	—4.2
红茶	吨	04	113	82	31	37.8
二、水果产量	吨	09	36188	24075	12113	50.3
(一)园林水果	吨	10	30596	18483	12113	65.5
1.柑橘类水果	吨	11	2360	2420	—60	—2.5
柑	吨	12	1228	1115	113	10.1
橘	吨	13	462	572	—110	—19.2
橙	吨	14	350	563	—213	—37.8
柚	吨	15	320	170	150	88.2
2.梨	吨	16	1840	1073	767	71.5
其中:雪花梨	吨	17	510	500	10	2.0
鸭梨	吨	18	599	573	26	4.5
3.其他水果	吨	19	26396	14990	11406	76.1
桃	吨	20	25234	12038	13196	109.6
猕猴桃	吨	21	622	44	578	1313.6
葡萄	吨	23	486	490	—4	—0.8
枣(干枣应折成鲜枣)	吨	24	54	47	7	14.9
(二)瓜果类水果(西瓜、甜瓜、草莓等)	吨	28	5592	5592	—	—
三、食用坚果产量	吨	29	620	520	100	19.2
板栗	吨	31	620	520	100	19.2
四、年末茶园面积	亩	34	12300	7200	5100	70.8
其中:本年采摘	亩	35	7200	5850	1350	23.1
五、年末果园面积	亩	36	74700	52650	22050	41.9
其中:梨园	亩	37	5200	4950	250	5.1
柑橘园	亩	38	10800	10800		—
桃园	亩	39	51000	30000	21000	70.0
猕猴桃园	亩	40	2100	1950	150	7.7
葡萄园	亩	41	850	900	—50	—5.6
其他果园	亩	42	4750	—	4750	—

2018年株洲农业产业化市级以上龙头企业

表18　填报单位:农业产业化指导科

序号	地区	企业名称	法人代表姓名	联系方式	等级
1	炎陵县	湖南福来喜鹅业有限责任公司	廖定胜	13907419178	省级
2	炎陵县	湖南绿达新材料有限公司	陈月英	13974111028	省级
3	炎陵县	炎陵县耕夫子农产品开发有限责任公司	宋旭	13902945709	省级
4	炎陵县	炎陵县神农生态茶叶有限公司	龙辉平	13974187187	省级
1	炎陵县	炎陵县惠农果业开发有限公司	段新红	15886302113	市级
2	炎陵县	炎陵红心猕猴桃种植专业合作社	钟永建	13973390166	市级
3	炎陵县	神风肉联品有限公司	廖震瑜	13055131551	市级
4	炎陵县	炎陵县神农生态茶叶有限公司	龙辉平	13974187187	市级
5	炎陵县	炎陵县神炎春茶业有限公司	何国武	13332554488	市级
6	炎陵县	炎陵县鑫发科技农林开发有限责任公司	谢亮	15973330230	市级
7	炎陵县	炎陵县沔渡镇九都蔬菜种植专业合作社	尹武清	13203366777	市级
8	炎陵县	炎陵县洣溪峰茶叶加工厂	许华平	13975332826	市级
9	炎陵县	炎陵县粮油有限责任公司	段江霞	13973306873	市级
10	炎陵县	炎陵县盛发木业有限责任公司	李佳财	13907419268	市级
11	炎陵县	炎陵振盛木业有限公司	王金明	13378033688	市级
12	炎陵县	炎陵县霞阳板业有限责任公司	汪志明	13487735608	市级
13	炎陵县	炎陵金紫峰粮油开发有限责任公司	张湘军	13107035789	市级
14	炎陵县	炎陵县三好果业开发有限责任公司	邓超登	13107008505	市级
15	炎陵县	炎陵县艾香坊客家特色食品开发有限责任公司	张立峰	18873368568	市级
16	炎陵县	湖南丰农生态农业有限公司	黎湘林	13786338626	市级
17	炎陵县	株洲集云生态实业有限公司	傅乐平	18169337871	市级

畜牧兽医水产业

【概况】 2018年，县畜牧兽医水产局积极开展养殖业项目建设、养殖业污染治理、重大动物疫病防控、非洲猪瘟防控、动物卫生监督执法、养殖业安全生产监管、渔政管理执法等各项工作，确保全年未发生重大动物疫情和养殖业生产安全事故，全县养殖业保持健康稳定发展。年末，全局核定编制数69人，实有人数60人。内设二级机构县动物卫生监督所(加挂渔政站、动物疫病预防控制中心牌子)、县畜牧水产服务中心、县生猪定点屠宰办。所属事业单位10个(含10个乡镇动物防疫和畜牧水产技术推广服务站)。

【养殖业发展】 一是认真组织2018年度项目申报与项目建设工作。成功组织申报渔业燃油补贴用于渔业生产发展项目1个，争取到位项目资金30万元；南方现代草地畜牧业推进行动项目1个，争取项目资金150万元；组织实施2015年、2016年渔业燃油补助用于渔业生产发展项目2个；株洲市养殖业专项项目4个；池塘标准化改造项目1个；稻田综合种养项目1个。并认真指导和监督各项目实施。二是全力推进炎陵白鹅产业建设。结合炎陵县实际认真制定支持白鹅产业发展配套政策，加快落实炎陵县白鹅产业发展及配套体系建设。2018年，共计投资5200万元，扩建4500平方米冷鲜鹅加工车间、600平方米冷藏库、400平方米急冻库；新建白鹅养殖基地1个；新开设鹅肉特色餐饮连锁店2家；在白鹅养殖基地种植猕猴桃133.33公顷、黄桃100公顷、牧草66.67公顷。全年发展炎陵白鹅159.37万羽，其中出笼100.44万羽。三是大力发展稻田综合种养项目。开办专题技术培训班一期，组织稻田综合种养专业户70余人参训，通过技术与项目支持大力推广稻田综合种养，2018年全县已发展稻田养虾、鱼、泥鳅、鸭等共66.67公顷。

【重大疫病防控】 一是切实做好春秋防控工作。认真落实防控责任制和责任追究制，扎实开展春秋免疫工作，确保重大动物疫病免疫密度达到95%以上，免疫效果评估抗体合格率达75%以上。强化应急管理，严格疫苗使用，有效开展疫病免疫监测，加强人畜共患病防控，确保炎陵县2018年无重大动物疫情发生。二是切实做好非洲猪瘟防控。1.全面监测排查疫情。从8月9日起，各乡镇每天对全县养猪场（户）、屠宰场进行排查，每日按时上报至县畜牧兽医水产局汇总，经排查目前炎陵县未发现生猪不明原因死亡或可疑病例。2.从10月25日起全县暂停生猪及其产品跨县调运。在全县各交通要道入口分别设立非洲猪瘟防控临时检查消毒站，共设3个县级点（省际交界要道)、5个乡镇点(县际交界要道)、6个协查点(县内高速收费站出入口)，切实加强与各乡镇人民政府、公安、交警、高速交警、林业、交通等部门联防联控，共同派人值守，严格落实“24小时值班制”，严格查证验物，认真做好对过往运载生猪及生猪产品车辆的监督、检查、消毒和登记等工作，形成全县防控包围圈。3.全面禁用餐厨垃圾。从 10 月 24 日起炎陵县全面严禁使用餐厨垃圾(泔水)饲喂生猪。对全县所有餐厨垃圾(泔水)喂养生猪养殖户进行排查,严禁餐厨垃圾(泔水)进入养殖环节,切断通过餐厨垃圾(泔水)传播疫病链条,指导养殖户改用配合饲料喂猪,并与各餐饮单位、养殖户分别签订不提供、不使用泔水和餐厨剩余物承诺书,并进行每日督查汇总,对存在的问题及时整改到位。

【动物卫生监督执法】 一是对全县规模养殖场、屠宰场进行全面的监督检查,重点检查各监管对象的动物防疫条件、各项制度的建立和执行情况、是否违法违规生产经营等情况,共出动执法人员 180 余人次,共对 210 余家动物养殖及动物产品生产、加工场所进行监督检查,全年共查处违法案件 12 起,并及时通过湖南省动物卫生监督信息平台上传监管信息。二是为防止病死畜禽及其产品进入屠宰、流通、加工等环节,加强无害化处理监管力度,监督规模养殖场及屠宰场无害化处理病死生猪 965 头。三是全面完成县病死畜禽无害化处理中心项目建设。通过 2018 年的努力,现已全面完成中心建设和 5 个病死畜禽收集点建设,并已经投入试运行。

【养殖业安全生产监管】 一是开展“瘦肉精”专项整治行动。每季度不定期对规模养殖场和养殖户进行抽样检测。第一关对规模养殖场和养殖专业户生产过程中抽检;第二关对产地检疫抽检;第三关对定点屠宰场进场待宰生猪抽检。2018 年全县共抽检“瘦肉精”尿样 3716 头份,其中抽检生猪尿样 3611 头份,牛羊尿样 105 头份,抽检结果阴性率为 100%。二是规范养殖投入品。清查非法兽药、饲料产品和规范养殖过程,对饲料经营店、兽药店、养殖企业进行检查,对养殖环节检查兽药采购、存储、使用全过程。积极开展无公害认证工作,全年完成“三品一标”认证企业 3 家初审工作,较好地实现企业优质优价、消费者放心、安心的目标。三是强化养殖业安全生产检查。根据县安全生产委员会相关要求,组织落实养殖场(户)、渔船主、企业安全生产主体责任,加强行业安全生产监管职责。每季度对进行安全隐患排查整治和纠正违规违章行为,并进一步完善生产事故及险情应急救援预案,做到安全生产防患于未然。

【渔政管理】 一是开展不定期的执法检查。开启严厉打击非法捕捞行为,切实加强渔业资源保护,开展清理整治违规渔具专项行动和违法捕捞专项治理工作。根据制定的渔政执法值班表每晚对全县各条主干河流进行巡查,共查处电、毒鱼案件 3 起,依法处理 4 人,有力的打击破坏渔业资源的违法行为,有效的保护炎陵县渔业资源和渔业生产环境。二是开展增殖放流活动。为改善炎陵县水域生态环境,增殖鱼类资源,提高鱼类品质和产量,6 月份开展“养护渔业资源,创建生态文明”为主题的水生生物增殖放流活动,在斜濑水、河漠水、沔水等水域共投放草鱼、鲤鱼等各类鱼种 380 万尾,进一步促进渔业可持续发展。

【养殖业污染治理】 一是全面推进禁养区畜禽养殖场关停工作。按照县政府有关全县畜禽养殖“三区”(禁养区、限养区、适养区)划分方案,参考周边县市区禁养区关停关停措施与奖补标准,结合炎陵县禁养区畜禽养殖场实际情况,代拟制定《炎陵县2018年禁养区畜禽养殖场关停工作方案》和《关于实施禁养区畜禽养殖场关停的通告》,截至2018年12月底,已全面关停48家。二是开展养殖业污染治理设施建设和养殖废弃物资源化利用。代拟制定《炎陵县养殖污染防治与养殖废弃物资源化综合利用三年行动工作方案》。采取以奖代补激励措施推进规模养殖场粪污处理配套设施进一步完善,有针对性的引导、督促畜禽养殖场搞好污染治理设施建设及养殖废弃物资源化利用。至年末全县规模养殖场粪污处理设施装备配套率达92%、畜禽养殖废弃物资源化利用率达76%。

【养殖业扶贫攻坚】 一是养殖技术帮扶。开展养殖业扶贫技术服务全覆盖行动,通过建立技术人员包村联户机制、创新养殖扶贫技术服务方式、开展养殖技术培训等方式。统筹和动员各类养殖技术资源,确保每个贫困村、涉养贫困户都有技术人员负责,广泛开展多层次、多渠道、多形式的技术服务,提高贫困劳动人口的养殖技能,为养殖扶贫提供强力技术支撑。二是项目资金帮扶。通过“政府引导”“产业带动”“企业+农户”“合作社+农户”等多种方式,引导和支持养殖经济组织带动贫困人口合理利用当地资源,通过直接帮扶、委托帮扶等方式,带动扶贫对象实现增收脱贫和可持续发展。全县投放到养殖业的扶贫资金在2000万元以上。惠及贫困户2571户,贫困人口8203人。仅福来喜鹅业公司就接收产业扶贫资金916万元,帮扶带动贫困人口达到2500余人。贫困户利用扶贫贴息贷款入股到养殖业扶贫经济组织,享受每年10%的分红。全县共有8家养殖企业吸纳152户贫困户入股,入股资金506万元,每年为贫困户增加收入50.6万元。其中,福来喜鹅业公司吸纳115户贫困户的小额信贷资金365万元,贫困户年终可分红36.5万元,户均3172.9元。 (郭惠斌)

2018 年全县养殖业生产情况表

表 19　　单位：万头、万只、吨、万元

年份		2018	
产品名称		数量	比上年增减（%）
生猪	出栏	7.95	4.47
	存栏	4.35	6.1
牛	出栏	0.24	4.35
	存栏	0.6	4.6
羊	出栏	1.07	4.9
	存栏	0.99	—
家禽	出栏	86.34	5.01
	存栏	58.82	0.96
蛋品		850.2	2.33
水产品		1330.77	6.9
牧业产值		14082	4.2
渔业产值		1072	3.2

农机管理

【概况】 炎陵县农业机械管理局内设 4 个职能股室：局办公室、计财股、业务管理股、教育培训股，下设农机安全监理所、农业机械技术推广站，管理拖拉机驾驶培训学校和全县 10 个乡镇农机站。局机关 13 人，农机安全监理所 6 人，农机推广站 5 人。

2018 年，围绕“服务三农”和农业增效农民增收为目标，按照县委、县政府“关于实施乡村振兴战略，开启农业农村基本现代化新征程的意见”的决策部署，坚持科学谋划，周密安排，力求实效，推动农机化各项事业全面发展。全县农机总动力达 39505 台 /201612 千瓦。

2018 年，炎陵县建立炎陵县首家废旧农机具报废更新点。成功申报省现代农机合作社 1 家，争取奖扶资金 20 万元。创建省“平安农机”示范乡镇 1 个，示范村 5 个。

【购置补贴】 2018 年，新一轮的农机购置补贴暨《湖南省 2018—2020 年农业机械购置补贴实施方案》发布后，炎陵县农业机械

湖南省炎陵县人民武装部

2018年2月16日，市政协副主席、县委书记黄诗燕同县委政府人大政协班子成员开展春节慰问活动

2018年4月12日，组织开展抗洪抢险集训

2018年5月10日，省军区副政委许凤元到炎陵检查指导工作参观红军标语博物馆

2018年9月3日，纪念“9·3”抗战胜利主题教育活动

2018年9月6日，省军区司令毕毅到炎陵指导工作

2018年9月10日，新兵入伍欢送大会

2018年12月10日，省军区常委班子到炎陵进行开放式学习活动合影

中共炎陵县纪律检查委员会

2018年10月20日，省委常委、省纪委书记、省监委主任傅奎到炎陵调研

2018年1月19日，炎陵县监察委员会挂牌

2018年3月14日，炎陵县第十二届纪委三次全会召开

2018年9月28日，举办“庆国庆·做最美纪检人”文艺晚会

2018年10月24日，举办全县纪检监察干部业务培训

2018年11月6日，荣获第二届“清风株洲杯”篮球赛冠军

炎陵县委办公室

2018年3月26日，县委办支部召开年度组织生活会

2018年11月29日，党课活动

2018年5月25日，脱贫攻坚巩固提升行动之人居环境整治

2018年9月27日，在职党员进社区开展环境整治

2018年7月5日，县委办支部集中观看反腐倡廉影片《决不饶恕》

2018年11月29日，县委办支部在秋收起义纪念馆开展党性教育活动

2018年12月7日，在职党员进社区宣讲

中共炎陵县委组织部

2018年7月21日，组织部支部开展主题党日活动

2018年3月17日，全县组织系统开展责任教育、廉政教育、保密教育

2018年7月23日，市党代表第五代表组开展视察调研

2018年8月3日，召开基层党建重点任务推进会

2018年6月27日，开展“北京汽车　红动中国”大型红色教育活动

中共炎陵县委宣传部

2018年5月8日至9日，省委常委、宣传部部长蔡振红到炎陵调研宣传思想文化工作

2018年3月26日，县委常委、宣传部部长杨慧在中央电视台“国家品牌计划——广告精准扶贫”项目湖南推介产品发布会上发言

2018年2月2日，2018年株洲市文化科技卫生“三下乡”集中示范活动在炎陵举行

2018年1月3日，“学习宣传十九大 建设美丽新炎陵”文化惠民活动正式启动

2018年，炎陵黄桃入选央视“国家品牌计划——广告精准扶贫”项目

2018年5月16日，炎陵县霞阳镇龙上村集体婚礼

2018年8月31日，“书写大美炎陵·弘扬清风正气”书法、美术优秀作品展

2018年7月1日，宣传部机关支部主题党日活动

2018年4月3日，“我们的节日·清明·缅怀革命先烈·传承革命精神”主题活动

中共炎陵县委统一战线工作部

2018年3月14日，全县统战工作会议

2018年6月9日，戊戌年台湾万魔声学恭祝炎帝神农氏诞辰祭祖典礼——合唱《祭炎帝》

2018年11月2日至3日，戊戌年海外华侨华人炎帝陵祭祖典礼

2018年12月19日，炎陵县新的社会阶层人士联谊会第一届会员大会暨成立大会

2018年9月26日，湖南省统一战线“泛海助学行动”炎陵县捐助仪式

2018年9月29日，炎陵县统一战线“坚定信念跟党走，同心共筑中国梦”党的十九大精神知识竞赛活动

中共炎陵县委政法委员会

2018年6月5日，市扫黑除恶督查组现场调研督查

2018年6月5日，向市扫黑办督查组汇报扫黑除恶专项斗争工作

2018年4月1日，县委常委、政法委书记谭新林主持召开下村乡第5次脱贫攻坚调度会

2018年3月14日，县委政法工作暨扫黑除恶专项斗争会议现场

2018年7月5日，召开扫黑除恶专项斗争业务培训

炎陵县人民代表大会常务委员会

2018年3月29日，县人大常委会主任戴诗平到县康乐大道项目实地考察

2018年8月7日，县人大常委会第11次会议

2018年9月28日，县人大常委会2018年“产业项目建设”专项工作监督动员大会

2018年12月12日，县人大常委会主任戴诗平与扶贫户座谈

2018年12月26日，县人大常委会关于“产业项目建设”工作专题询问

2018年12月29日，县十七届人大常委会第14次会议投票现场

2018年10月17日，县人大常委会机关党支部党员进社区活动

2018年11月30日，县人大常委会副主任廖子强参加宪法日活动

2018年5月25日，县人大常委会副主任张金华到鹿原镇柳山村开展扶贫工作

2018年9月3日，县人大常委会副主任吴先德参加县人大机关支部组织生活会

2018年12月26日，县人大常委会副主任曾宪昌参加“产业项目建设”专题询问会议

2018年11月17日，县人大常委会副主任刘福贵到国声企业考察

政协炎陵县委员会

2018年5月14日，市政协副主席朱庸靖到瑶寨调研

2018年12月3日，县政协党组会议专题研究党建工作

2018年6月6日，县政协主席欧阳鹏志与贫困户座谈

2018年3月16日，县政协委派民主监督小组工作会议

2018年1月12日，政协炎陵县第九届委员会第三次会议开幕会 2018年5月10日，炎帝陵创建国家AAAAA旅游景区视察活动座谈会

2018年8月8日，县政协副主席谭芳林参加党代表活动

2018年9月12日，县政协副主席黄建林到垄溪乡调查地名

2018年7月6日，县政协副主席唐瑜云（兼）走访企业

2018年8月3日，县政协副主席（兼）刘留燕与人保公司负责人给贫困户兑现扶贫特惠保资金

2018年12月4日，县政协副主席（兼）、人防办主任邱华丽关心贫困学子

炎陵县人民政府办公室

2018年11月15日，县委副书记、县长文专文走访贫困户

2018年7月31日，政府办机关党支部大会

2018年11月15日，政府办在澎溪村开展扶贫工作

2018年7月31日，政府办机关党支部7月份主题党日活动

2018年1月31日，政府办机关党支部1月份主题党日活动

炎陵县委党校（行政学校）

校　长　罗绍吉

炎帝文化调研

厦门大学培训

开展主题党日活动

2018年11月19日，浙江大学炎陵县中青年干部专题研修班

2018年7月，扶贫队长万莉萍了解贫困户住房安全保障情况

炎陵县九龙工业园管理委员会

2018年1月9日，思凯乐户外产业园项目签约仪式

2018年4月25日，党工委书记何美存上门入户慰问困难群

2018年8月22日，国声车间现场

2018年8月20日，欧科亿产品展厅

2018年4月3日，圣宝龙电动车炎陵产业园项目开工仪式

018年10月12日，管委会主任周桥梁在查看项目建设现场

2018年5月11日，新时代党员群众教育培训讲习所开讲

2018年10月15日，湖南全康电子科技有限公司

2018年，湖南泰鼎新材料有限公司和中南大学粉末冶金研究所合作，首创了“产学研”协作协同模式

2018年9月17日，园区标准厂房

炎陵县妇幼保健计划生育服务中心

县四大家领导到中心视察工作

中心启动仪式

中心主任（院长） 邹艳文

团结务实的行政队伍

业务大楼揭牌启动仪式

新建业务大楼及单位职工

新建业务大楼正式启用仪式现场

2018年湖南省“兩癌”檢查重點民生實事項目先進個人——鄒艷文

邹艳文，女，1970年10月出生，中共党员，县第七届、第八届政协委员。1989年12月参加工作；2008年9月-12月赴四川理县参加“5.12”汶川大地震湖南省第二批抗震救灾援建灾后重建工作，同年被湖南省人民政府授予三等功；2010年1月-2012年10月任霞阳镇卫生院院长，在任期间管理霞阳镇卫生院获“全省乡镇卫生院综合目标管理”先进单位，邹艳文被评为株洲市“优秀卫生院长”。2012年10月-2016年2月任县妇幼保健院院长，2013、2014年单位被评为株洲市综合目标管理先进单位，2016年3月-至今任县妇幼保健计划生育服务中心主任。在任期间积极向上争取到中央预算内投资项目资金540万元用于妇幼保健院业务大楼易址新建，新建业务大楼2019年10月17日正式投入使用。2016年单位被评为县妇女工作先进单位，2017、2018年分别被评为县精神文明建设先进单位，其个人分别于2013年、2018年被评为炎陵县“产业项目建设年”先进个人，2016年、2017年分别获县“三八红旗手”称号，2018年评为优秀等次。

2018年炎陵县妇幼保健计划生育服务中心获株洲市农村适龄妇女“两癌”免费筛查项目工作先进单位荣誉称号，邹艳文因在项目实施中工作成绩突出，被评为湖南省“两癌”检查重点民生实事项目先进个人。其工作成绩突出主要体现在以下几个方面：

1、组织协调，强化管理：邹艳文把民生实事作为全县妇幼健康工作的重中之重，按照“一手抓进度、一手抓质量”的运行原则，积极加强与各级责任单位的协调与配合，积极献言建策，为“两癌”项目的顺利开展打下了坚实的基础；积极争取“两癌”筛查配套资金和检查设备，服务于百姓，并确保专款专用，做到廉洁自律。

2、创新宣传动员模式：利用网络和新闻媒体广泛动员宣传，邹艳文还亲自带队利用精准扶贫入户帮扶和健康扶贫大走访下乡时挨家挨户发放宣传资料，2016至2018年炎陵县发放宣传资料6万余份，真正做到了惠民政策家喻户晓，适龄妇女由过去不了解不知晓政策到积极主动要求接受检查，切实提高了群众知晓率。

3、实施新举措，贴心服务，深得民心：为方便偏远山区的妇女能更方便接受检查，邹艳文统一协调安排下乡筛查时间，组织单位医疗技术骨干团队携带检查设备下到各乡镇村进行检查，让老百姓在家门口就可以享受优质服务。对边远乡镇查出的阳性患者派车接送进行免费复查和进一步诊断，对确诊患者及时进行治疗并纳入大病救治。

自2016年炎陵县正式启动省重大民生实事农村适龄妇女免费“两癌”筛查工作，2016年-2018年炎陵县共计完成农村适龄妇女免费两癌筛查23465人（目标任务数22958人），超额完成507人；三年共查出宫颈原位癌10人，宫颈浸润癌6人，乳腺原位癌5人，乳腺浸润性癌14人，均已得到相应的检查治疗。通过“两癌”免费筛查的顺利实施，对适龄妇女乳腺癌、宫颈癌做到早发现早诊断早治疗，老百姓真正受益。

炎帝陵开展革命传统教育

精准扶贫慰问贫困户

对口帮扶村十都镇低垅村精准扶贫会议

炎陵县气象局

县委副书记、县长文专文，副县长杨红兵在气象站召开滑坡隐患治理现场会

副县长盘晓文、杨红兵在局帮扶村水西村指导脱贫攻坚和人居环境整治工作

局服务人员在果园开展黄桃观测

局开展集中业务理论学习

农业气象服务人员到黄桃园观测黄桃花期

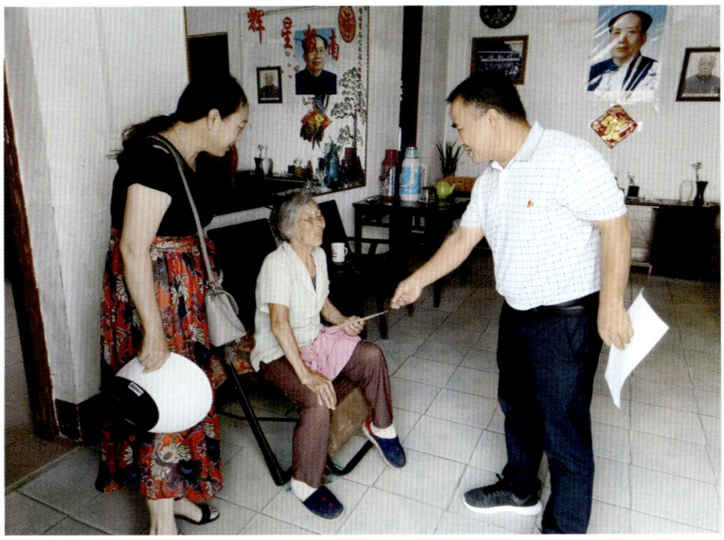
局党支部开展在职党员进社区慰问困难群众

气象业务人员集中进行操作技能培训

工作人员进行区域自动气象站维护

县气象局干部职工参加义务植树活动

气象安全生产科普宣传进企业

气象局举办“元宵灯谜会”活动庆新春

国网湖南省电力有限公司炎陵县供电分公司

“心系扶贫国网情深”爱心捐款仪式

霞阳供电服务站成立

冰灾抢险恢复受损电力线路

员工无偿献血

炎陵第四届桃花节保电

新型缴费方式推广

砥砺前行的全新领导班子

共产党服务扶贫村植树

国网炎陵县供电公司支援西藏扎囊县供电有限责任公司人员合影

升国旗

炎陵县霞阳镇人民政府

2018年4月17日，市委副书记、市长阳卫国调研脱贫攻坚工作

2018年11月2日，市委宣传部长聂方红到潘家村精准扶贫产业基地调研

2018年11月6日，市政协副主席、县委书记黄诗燕看望大源村建档立卡贫困户

市政协副主席、县委书记黄诗燕到大源村调研农村人居环境整治工作

农村党员冬春训开班

镇机关新时代文明实践活动

“城乡统筹 幸福炎陵”大行动
——登记小区居民需求

2018年4月8日，县委副书记、县长文专文到石子坝村调研茶叶产业发展

镇党委书记尹志峰到颜家村走访

镇长吴新勇调研特色产业发展

2018年5月16日，龙上村集体婚礼

霞阳镇第六届人民代表大会第六次会议

家庭医生签约服务

霞阳镇庆祝“三八”妇女节活动

2018年10月，荣获株洲市脱贫攻坚先进乡镇

炎陵县水口镇人民政府

省党建研究会副会长、省委巡视组原组长、省委组织部原副部长郭树人到水口镇开展重点课题调研

2018年3月15日，副市长杨胜跃到水口镇青林村调研指导工作

市委组织部副部长周琪带队到镇开展基层党建“看学议”活动

市政协副主席、县委书记黄诗燕到水口镇巡河

县委副书记、县长文专文到水口镇湘情水渔业养殖有限公司调研指导工作

县委常委、常务副县长夏胜利到水口镇指导“不忘初心　牢记使命”主题教育工作

团结务实的领导班子

桥头江家

叶家祠军队现场教学

部分荣誉

朱家祠

镇党委书记　张志勇

镇　长　刘芳平

水稻种植

马铃薯基地

中华鲟养殖基地

小龙虾基地

羊肚菌基地

香菇基地

炎陵县十都镇人民政府

2018年3月21日，市政协副主席、县委书记黄诗燕到十都镇瓜寮村调研脱贫攻坚

市政协副主席、县委书记黄诗燕到十都调研工作

镇党委书记刘晓斌到青石岗村调研脱贫攻坚工作

2018年11月，镇长郭远宁走访贫困户

镇政府大院

镇党委书记刘晓斌、镇长郭远宁夜晚巡河

镇党委书记刘晓斌、镇长郭远宁查看“十瓜线”道路新修情况

十都镇庆祝中国共产党成立98周年暨“七一”表彰大会

2018年10月24日，脱贫攻坚巩固提升推进会

农村人居环境整治工作推进会

2018年10月25日，扫黑除恶专项斗争集体谈话会

“不忘初心　牢记使命”主题教育党委书记讲党课

集镇区环境整治行动

部分荣誉证书

炎陵县船形乡人民政府

乡党委书记　罗剑锋

乡　长　张　圣

船形乡党员冬训

干部群众参加植树活动

团结务实的领导班子

开展非洲猪瘟防控

送戏曲进万村

白茶加工

花卉基地

新生村采茶忙

炎陵县垄溪乡人民政府

副市长、市公安局党组(党委)书记、局长李晓葵，县委副书记、县长文专文到乡指导工作

乡领导班子在红军标语博物馆开展“不忘初心 牢记使命”主题教育

县委副书记饶祥明，副县长陈黎明到乡指导工作

香港道德会到乡开展爱心羽绒服捐赠活动

植树活动

集镇区环境卫生整治

“展巾帼风采·创最美庭院”入户评比挂

参加“走红军走过的路 徒步穿越大相西”活动

在集镇区开展征兵宣传活动

“不忘初心　牢记使命”革命传统教育活动

乡党委书记徐永前走访贫困户

重温入党誓词

集中收看庆祝建国70周年系列活动

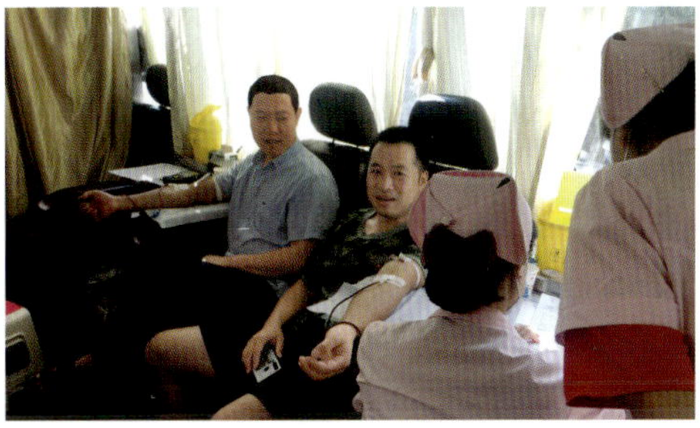

无偿献血活动

在乡敬老院开展“爱驻夕阳　关爱老人”活动

“美丽新荃溪　文明健康行”文体活动

乡政府机关一角

仙坪村石头长城

炎陵县中村瑶族乡人民政府

2018年7月17日，株洲市政协副主席、县委书记黄诗燕到瑶乡调研指导工作

2018年11月28日，副市长谭可敏到梅岗村调研指导工作

2018年1月28日，龙渣村特色村寨授牌仪式

2018年11月23日，龙渣村瑶族传统文化演出

千亩黄桃园

乡党委书记谭湘东走访贫困户

乡长欧阳剑走访慰问困难群众

2018年7月23日，2018年黄桃大会直播

2018年3月8日，炎陵县第三届桃花节

龙潭村龙昇鹅业

130年树龄银杏古树

桃花盛开

中村瑶族乡田园风光

湖南省炎陵县青石冈国有林场

场 长 吉小军

两委领导班子

省局领导检查德促项目建设

场长吉小军与贫困户交流谈心

为安康村捐赠图书

庆五一职工趣味运动会

2018年7月4日，速生丰产林基地

2018年8月28日，珍贵树种之楠木林

2018年5月11日，郁郁葱葱的生态公益林

炎陵县人民检察院

2018年11月8日，检察长走访企业

2018年2月6日，党支部慰问困难党员

2018年5月25日，信访法制宣传月活动

2018年6月5日，检察开放日活动

2018年6月7日，团支部组织“一元捐”助学活动

2018年1月24日，沔渡中洞村帮扶对象李福亮送来感谢锦旗

2018年10月16日，重阳节敬老院慰问

炎陵县人民法院

2018年11月2日，县法院院长开庭审理涉环境资源类刑事案件

2018年8月17日，县法院召开集中执行兑现大会暨新闻发布会

2018年9月26日，县法院在明德小学开展“送法进校园”活动

2018年12月29日，县法院公开开庭审理宣判了一起涉恶案件

2018年5月4日，县法院邀请人大代表、政协委员参加座谈会并参观执行指挥中心

2018年9月26日，县法院助推“扫黑除恶”专项斗争走进学生家长的视野

2018年5月10日，县法院公开开庭审理炎陵县首例公益诉讼案

炎陵县统计局

党组书记、局长　罗亚敏

团结务实的领导班子

县经济形势和统计工作调研座谈会

劳动力调查和《统计法》宣传

帮扶村贫困户发放鸡鸭种苗

第四次全国经济普查大调查

统计月报和手册

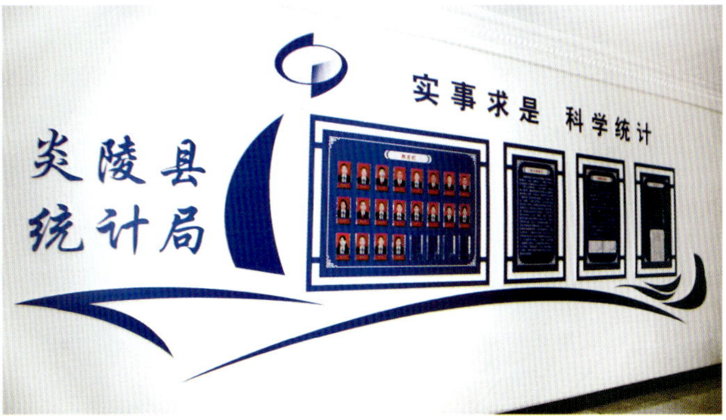

文化墙

炎陵县市场监督管理局

市政协副主席、县委书记黄诗燕、县长文专文调研食品安全工作

挂牌成立

局机关支部开展党员主题党日教育活动

县食品安全工作暨整治食品安全问题联合行动推进会

特种设备执法检查

学校食堂食品安全检查

挂牌成立合影

炎陵县应急管理局

2018年7月13日，全县安全生产工作会议

2018年7月2日，安全生产网格化培训

2018年7月13日，传达贯彻进一步加强当前安全防范紧急通知精神会议

2018年8月3日，工贸培训

2018年12月4日，安监局开展法治宣传活动

炎陵县文化旅游广电体育局

已亥年海峡两岸炎帝陵祭祀大典

成功举办“欢乐潇湘·幸福炎陵”炎陵县庆祝中华人民共和国成立70周年文艺晚会

云锦杜鹃花节

2018年2月8日，全县首家24小时图书馆开馆仪式

开展走红军走过的路-穿越大湘西 走进大湘东活动

赴昆明参加中国国际旅游交易博览会

湖南神农洞天旅游开发有限公司

甲水门票站

丛林小溪

湖南神农洞天旅游开发有限公司于2016年9月1日经市国资委正式批复成立，现注册资本1亿元，其中：株洲国有资产投资控股集团有限公司出资7000万元，占股70%；湖南天韵旅游发展有限公司出资3000万元，占股30%。

公司本部内设综合管理部、财务管理部、工程管理部、项目前期部、营销策划部、景区运营部等6个部门、酒管分公司和全资子公司——湖南神农洞天房地产开发有限公司，拥有一支蓬勃向上、团结进取、勇于创新的高素质员工队伍。

目前，公司拥有炎陵神农谷景区35年开发、经营权，拥有南流土地194亩、炎陵网挂049号土地112亩的开发权。当前，公司累计完成投资3.6亿元。当前，神农湾酒店建设项目已试营业；十都镇至南流6.5公里道路提质改造工程已顺利通车；景区提质改造工程已完成景区部分建筑外墙粉刷、护栏改造修补、甲水门票站道闸升级改造、石板滩塌方处支护、神农湾酒店引水工程、树抱石祈福平台、丛林穿越、瀑降、溯溪、飞拉达等项目；珠帘山庄、换乘站点、旅游厕所、康养步道等项目正在开展前期工作；南流游客服务中心已投入使用，部分停车场已投入使用，南流服务区与景区之间已于2018年7月正式开通了区间换乘，景区的运营日趋规范。

同时，公司通过组建旅游运营团队，搭建旅游运营平台，建立特色运营模式，树立品牌形象，寻求对外扩张，并与集团内部各行业优势资源联动，对吃、住、行相关旅游资源进行整合，积极开拓旅游产业，争取为集团旅游板块上市奠定坚实的基础。

酒店全景

酒店夜景

神农谷游客服务中心

炎陵县红军标语博物馆

中共炎陵县委常委会组成人员到红军标语博物馆开展“不忘初心、牢记使命”主题教育活动

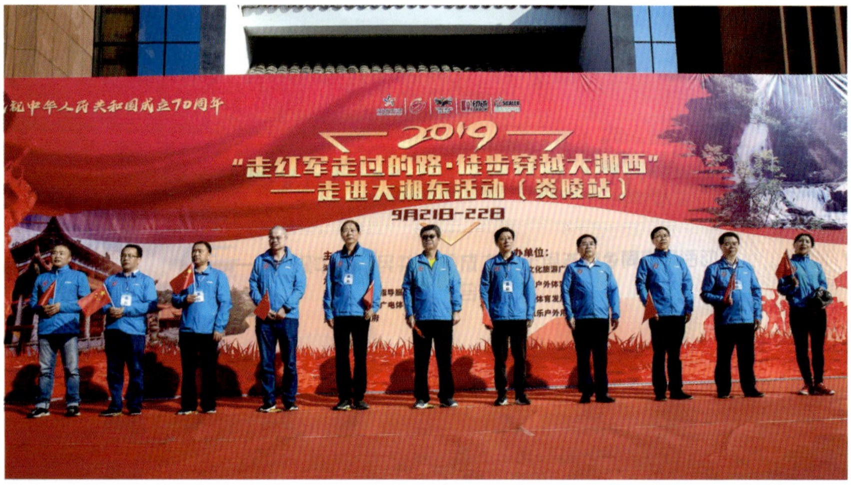

“走红军走过的路 · 徒步穿越大湘西”——走进大湘东活动（炎陵站）启动仪式在红军标语博物馆开展

中共炎陵县委宣传部和红军标语博物馆共同组织开展“我运动、我快乐”趣味运动会

中国人民解放军陆军步兵学院一行750余人，到红军标语博物馆进行现场教学活动

“壮丽70年 奋斗新时代‘影像湖南 · 炎陵县’”活动启动仪式在红军标语博物馆开展

炎陵县图书馆

馆　长　刘晓明

图书馆全体干部职工

报刊阅览室

庆祝建国七十周年暨国学亲子诵读会开班典礼在县图书馆举行

24小时自助图书馆

图书馆大

炎陵县文化体育中心

主任　吴佳武

中心全体职工

“轮冰111”全国青少年短道速度轮滑巡回赛(炎陵站)暨炎陵县首届速度轮滑邀请赛

体校校长　陈笑春

书画展

2018年，炎陵县羽毛球国家二级裁判员培训班

2018年8月18日，中心举办乒乓球赛

文化体育中心

炎陵县职业技术学校

炎陵职校“庆元旦 迎新年”

团结务实的领导班子

炎陵职校春季开学典礼

湖南“一家一”助学就业·同心温暖工程捐赠仪式

株洲市中职学校“文明风采”合唱比赛

学校教学楼

炎陵县垄溪乡学校

校运会开幕式彩旗方队

学生课余活动 跳绳

学生课余活动 打乒乓球

少年宫活动 科学实验

校运会开幕式

少年宫活动 围棋

校运会开幕式腰鼓队表演

投入使用、集各类功能教室于一体的学校综合楼

设施完备、管理规范的学校公办中心幼儿园

落叶无声浅浅秋 逝水无痕浅浅流 校园的黄昏温馨美好

炎陵县人民医院

县四大家主要领导调研医院工作

主题教育

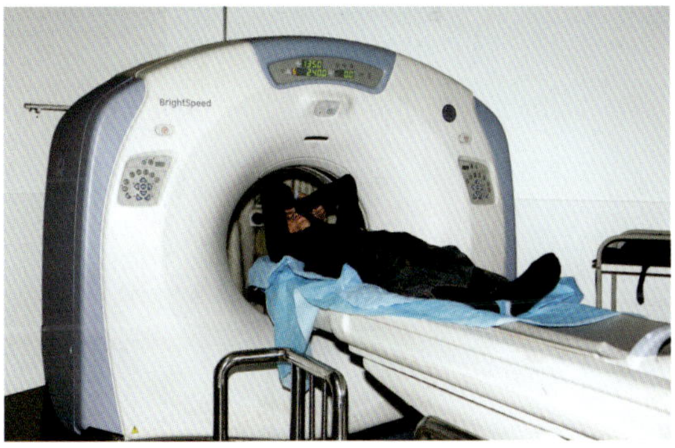

多排CT

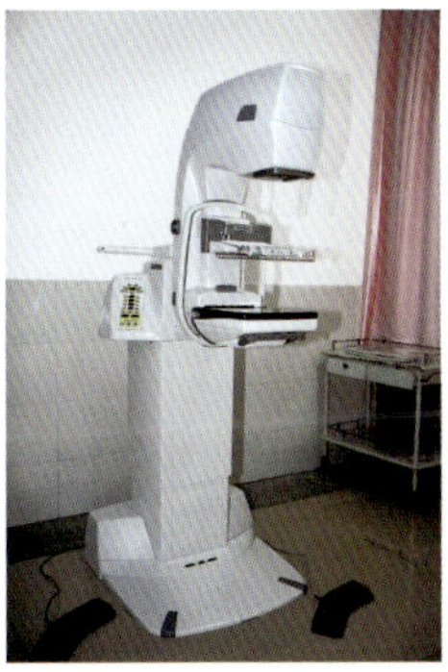

钼钯设备

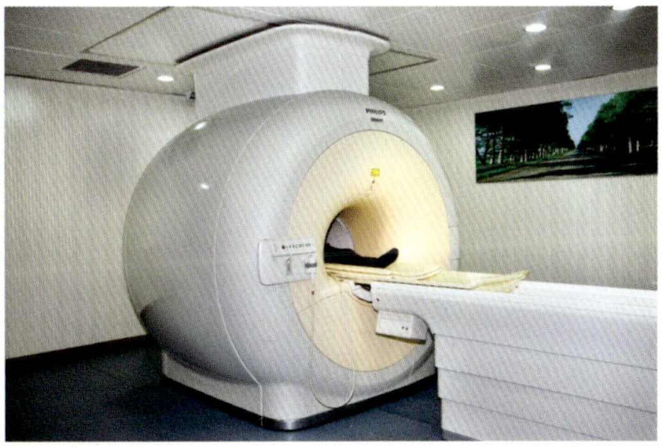

磁共振设备

门诊大楼

炎陵县中医医院

市政协副主席、县委书记黄诗燕慰问医务工作人员

团结务实的领导班子

医院新址正式运行现场

主题教育安排部署会

帮扶队员开展三同五好

业务培训

医院全景

炎陵县民康医院

扶贫中采访医院负责人龙秋生

2018年8月7日，炎陵县征兵体检

2018年6月14日，民康医院扶贫受到炎陵新闻报导

民康医院开展义诊服务

炎陵县烟草专卖局（分公司）

湖南省烟草专卖局（公司）党组书记、局长、总经理樊剑峰带队深入炎陵县调研市场

县局（分公司）党组书记、局长、经理王广福安排部署员工诚信体系建设工作

县局（分公司）党组书记、局长、经理王广福深入洋坑村开展扶贫“微心愿”活动

县局机关支部书记李创深入脱贫帮扶村洋坑村开展主题教育联学专题党课

联合县公安、市监等多部门开展市场检查

联合县消防队、农业局、物价局等多部门开展”3·15“国际消费者权益日宣传活动

深入洋坑村开展“美丽乡村”活动

中国农业银行股份有限公司株洲分行

团结务实的领导班子

行　长　王宗林

营业部指导党建工作

宽敞明亮的服务大厅

办公大楼

霞阳分理处服务大厅

中国工商银行炎陵县支行

行 长 袁 艳

炎陵支行党支部党日活动

炎陵支行全行员工大会

行长袁艳慰问困难职工

老干座谈会

外景

宽敞明亮的大厅

中国人民财产保险股份有限公司炎陵支公司

宽敞明亮的服务大厅

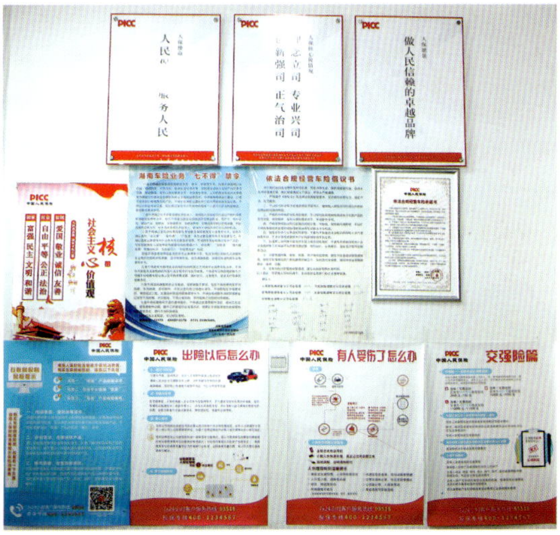

企业文化

公司大楼

中国电信股份有限公司炎陵分公司

炎陵电信分公司组织开展“庆祝新中国成立70周年——同升国旗同唱国歌”活动

炎陵电信分公司深入各村各户搭建村级监控平台及智慧村务平台，打造平安智慧乡村，提升村民的安全感和幸福感

致力精品网络建设，提升服务能力

应急抢险保障，确保全县网络畅通

株洲高力新材料有限公司

市政协副主席、县委书记黄诗燕书记到公司了解生产经营及安全生产情况

中国有色金属工业协会副秘书长胡德勇，中色（宁夏）东方集团有限公司总经理李春光，东方钽业总经理姜滨到公司进行调研

株洲高力新材料有限公司(FIR)（以下简称高力公司）是一家专业生产钽铌金属的冶炼加工企业，自2006年4月27日在株洲市炎陵县九龙工业园成立至今已有10多年历史。2015年11月，国有法人广东广晟稀有金属光电新材料有限公司吸收合并进来后，彻底打通了我司的上游供应链。现我司外资股东经营钽铌矿产，国有股东从化钽铌冶炼厂经营上游氧化物和钽粉，高力经营钽铌金属及深加工产品，前端供应链的打通，使公司实力得到进一步的增强，业已成为钽铌行业具有非常完整链条的一家中外合资的国有控股企业。公司注册资本307.6923万元。

高力公司独立经营，拥有自营进出口权。多年来，高力公司本着“科学管理，科技兴企，以质树誉，以优取胜”的原则，致力于加工生产出客户满意的产品，现今公司生产的产品主要有钽系列：钽条、钽锭、钽板、各种钽制品及钽制件；铌系列：铌条、铌锭、铌板和各种铌制品及铌制件，其他系列：钽铌固熔体钽钨、铌钨、铌镍等钽铌高温合金。

高力公司现有设备为电子轰击炉两台、冷等静压机一台、超高温真空垂熔炉十台，高温真空还原炉四台，真空氢化脱氢炉三台，电动螺旋压力机一台、数控铣床、数控车床、大型二辊轧机两台、四辊轧机一台、钠还原系统三套等，厂房面积2000余平方米。

高力公司的产品主要用于航空航天、电子材料及化工防腐等领域。

公司大门

高真空烧结炉

数控电动螺旋压力机

钽锭

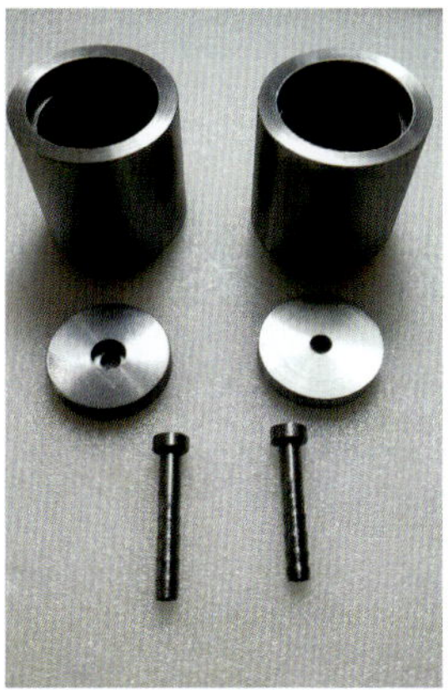

钽制件

高纯钽板坯

钽加热器

钽加热器制品

株洲龟龙窝观光生态茶园有限责任公司

总经理　古勝潭

精制红茶成品

2018年5月，晒茶

株洲龟龙窝观光生态茶园有限责任公司

商标授权使用企业

（本次授权有效期：2019年10月26日至2020年10月26日）

湖南省红茶产业发展促进会
二〇一九年十月

湖南红茶商标授权使用企业

2018年5月，凉茶

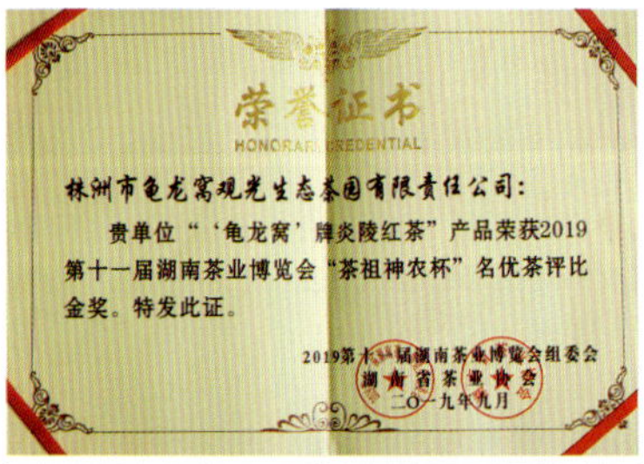

荣誉证书

株洲市龟龙窝观光生态茶园有限责任公司：

贵单位“‘龟龙窝’牌炎陵红茶”产品荣获2019第十一届湖南茶业博览会“茶祖神农杯”名优茶评比金奖。特发此证。

2019第十一届湖南茶业博览会组委会
湖南省茶业协会
二〇一九年九月

荣誉证书

2018年5月，采茶

茶园美景

管理局就该项工作进行了专门部署。共完成购置补贴资金69.635万元。全年共办理各类补贴农机具235台，受益农户263户，国补资金使用结算率完成97.77%。

【农机推广·学员培训·安全教育】 全年推广新增各类农用机械共340余台，其中烘干机4台、插秧机3台、油菜精量联合直播机4台、收获机械14台、耕整地机械235台。机手教育年活动培训120人；水稻和油菜技术培训191人；新型职业农民培育跟踪服务举办4期共122人；手扶式插秧机维修现场教学8次；开办2期拖拉机及大型农机具驾驶培训班，参训学员45人全部结业，并考取了驾驶证书。在安全生产活动月和各项专项整治活动中，共发放教材及宣传资料2500余份，悬挂横幅11条，宣传板报6块，为炎陵农机发展夯实人才基础。

【农机安全监理】 一是抓源头管理，集中送检下乡，组织人员在东、南、西三个片区开展拖拉机及牌证管理机械的年度检验工作，全年拖拉机年检145台，参加年检拖拉机交强险缴纳100%，与机手签订《农机安全生产责任书》145份。办理拖拉机及收割机新车上户18台，驾驶员换发证14人，考试农机驾驶操作人员47人。二是开展专项行动，加强与交警、治超等部门协作，组织了春季安全生产、打非治违、农村道路交通秩序百日整治、强执法防事故等专项行动54次，发放各类安全宣传资料4000余份，共检查拖拉机156台次，纠正违章42人次，罚款7800元，整改隐患18台次。三是压实安全监管责任，继续完善健全领导包片、干部职工包乡镇的工作制度，增强乡镇农机员“属地管理”责任感，扎实开展安全生产大排查大管控大整治和报废、灭失、长期脱检拖拉机专项清查工作。四是开展平安创建工作，霞阳镇三河华丰农机合作创建市级平安农机示范合作社，鹿原镇人民政府创建省级平安农机示范乡镇。

【民生100】 根据2018年“民生100”工程任务，炎陵县农业机械管理局承担扶持农机合作社3家和机耕道建设300公里等两个项目建设。在实施过程中，一方面认真按照市“民生100”工程建设要求，指导乡镇完成机耕道建设任务，全县10个乡镇完成新建、维修机耕道314公里，同时向市局争取市级示范机耕道项目2个；另一方面加强对农机合作社建设帮扶工作，对合作社实行政策倾斜和业务指导，选取3家农机合作社实施油菜机械化直播项目，给予适当作业补贴，积极帮助合作社申报省市项目，成功申报省级现代农机专业合作社1家、省级示范现代农机合作社1家和市农机合作社特色社1家。2018年，炎陵县有农机专业合作组织18家，其中新注册2家，合作社作业面积2066.67公顷，全年实现营业收入1000多万元。

（叶利华）

农村经济管理

【概况】 炎陵县农村经济管理服务站是县

农业局授权负责全县农村经济管理、监督、指导具有行政管理职能的事业机构。主要职能是农村土地承包及流转管理、农民负担监督管理和指导农民专业合作经济组织等。单位编制为5名，在职干部2人。2018年,炎陵县农村经济管理服务站坚持以农业发展、农村稳定和农民增收为主线,突出农村经济监管,农村承包地确权登记颁证和农村集体产权制度改革重点，狠抓各项工作落实,认真履行服务职能，较好的完成各项工作任务。2018年,炎陵县被评为全省农村承包地确权登记颁证工作先进单位。

【农村承包地确权登记颁证工作】 自2015年炎陵县全面启动农村承包地确权登记颁证工作,完成对全县120个行政村、1442个村民小组、3.74万户农户13340公顷土地的承包经营权确权登记颁证工作,11月以93.6分的成绩通过省确权办的验收,获评全省农村承包地确权登记颁证工作先进单位。全面完成确权登记颁证工作为全县开展农村集体产权制度改革工作打下坚实的基础,维护农村的和谐和稳定。

【农村集体产权制度改革工作】 炎陵县农村集体产权制度改革在全面贯彻领会中央和省、市相关会议、文件精神的基础上,广泛调研论证,通过组织发动、清产核资、确认成员身份、推进股份制改革等工作步骤积极稳妥推进。2018年,全面完成机构成立、宣传发动和清产核资工作。改革进度保持在全市五县四区前列。

【土地流转】 县农村实行家庭承包经营的农户4.13万户，承包耕地面积13440公顷。全县耕地流转面积达6093公顷，涉及农户1.69万户,分别占承包面积的45.3%和承包户数的40.9%。其中,大部流向农户和合作社,分别为3086公顷和2567公顷,分别占流转面积的50.6%和42.1%。已签订流转合同8695份。全县实现规模经营的耕地面积达2462.4公顷,占家庭土地承包总面积的18.3%。全县乡镇已建成土地纠纷调解委员会，部分村建成村级土地流转调解中心,逐步建成县、乡、村三级土地纠纷调解仲裁体系。

【新型经营主体】 做好村级集体经济发展规划，基本实现清除经营性收入为零的“空壳村”,制定《炎陵县村级集体经济消薄三年行动计划(2018—2020年)》,巩固之前发展成果,向上级部门争取村级集体经济省级奖励资金30万元。做好炎陵县农民专业合作社、家庭农场、专业大户扶持、申报工作,到年末,炎陵县共注册农民专业合作582家,培育家庭农场102家,专业大户185户，市级以上龙头企业19家。其中,新增国家级示范社2家,新增市级龙头企业2家,农民专业合作社138家,家庭农场2家,专业大户23户;培育市级示范社5家,市级家庭农场4家。对历年的农民合作社进行清理认定,清理出5家列入国家企业信息公示系统经营异常合作社。以农民专业合作社为主的新型经营主体发展迅速,势头良好。

【农民减负】 做好农民负担(监督)明白卡的发放工作,2018 年全县共发放农民负担(监督)明白卡 50000 份。8 月,在开展涉农乱收费乱摊派专项整治的同时对中央财政支持农村土地承包经营纠纷调解仲裁基础设施建设项目、省级村集体经济发展奖励资金、省级农民专业合作组织发展专项和家庭农场“万户工程”开展清查。资金到位、使用、监管情况良好。对涉及农村征地拆迁项目按政策执行、补偿安置、资金分配使用情况开展全面排查。通过开展专项治理有效遏制违法违规征地拆迁,切实维护农民群众利益。

(李惜花)

林 业

【概况】 2018 年底, 林业局共有干部职工 532 人,其中在职 262 人,退休 255 人。林业专业技术人员 171 人,其中中级以上专业技术职务人员 91 人, 初级专业技术人员 84 人。局机关设职能股室 5 个,分别为办公室、政工股、计财股、法制股、业务股;管理的单位有:副科级单位 5 个(县森林公安局、县木材检查总站、县林业执法大队、县木材行业管理办公室、县林权管理服务中心);股级全额拨款事业单位 22 个 (县林业调查规划设计队、县森林资源管理站、县政务服务中心林业办证室、县营林工作站、县绿化委员会办公室、县森林防火指挥部办公室、县野生动植物保护站、县霞阳林业管理站、县沔渡林业管理站、县十都林业管理站、县水口林业管理站、县鹿原林业管理站、县龙溪林业管理站、县石洲林业管理站、县策源林业管理站、县船形林业管理站、县三河林业管理站、县东风林业管理站、县中村林业管理站、县下村林业管理站、县龙渣林业管理站、县平乐林业管理站); 股级差额拨款事业单位 3 个(县桃源洞国有林场、县湘山林场、县林业科学研究所); 股级自收自支事业单位 3 个(县福利垅林场、县黄茅墩林场、县桃源洞山庄);归口管理的单位 2 个(县青石冈国有林场、县大院国有林场)。其他管理的单位:碧江苗圃,原下属股级事业单位,2003 年改革成企业。

2018 年, 林业局紧紧围绕打好三大攻坚战,扎实开展工作,着力提升城乡环境,加快产业发展,生态建设、资源管理、产业富民等方面都取得了新成绩,迈上了新台阶。全县林地面积 17.31 万公顷, 活立木蓄积量 1168.57 万立方米,森林覆盖率 83.49%。

【绿化造林】 2018 年, 紧紧围绕建设生态炎陵的总体要求,造管并举,切实改善森林环境,提升森林生态品质。全县共完成人工造林 1466.7 公顷、退化防护林改造 2000 公顷、封山育林面积 333.3 公顷、森林抚育面积 5333.3 公顷、低产低效林改造面积 2000 公顷、义务植树 56 万株。完成了全县 4000 余株古树名木挂牌工作。以建设“湖南森林康养示范基地”为契机,按照“适地适树,点、线、面相结合”的原则,契合旅游线路,重点改造大院林场游步道周边的森林景观,积极打造炎陵森林康养品牌。此外,把“秀美村庄”建设与乡村旅游相结合,全面推进炎帝陵 AAAAA 景区创建、通道绿化和“美丽乡村”示范点建设,打造乡村旅游品牌,着力提升生态景观品质。

【资源管理】 2018年,落实森林资源双增目标责任制,以森林限额采伐和林地管理为核心,坚持改革创新,突出服务为民,强化规范管理,全面推进生态炎陵建设。持续实施“三年禁伐减伐行动”,严格采伐限额管理,强化采伐源头管理,全年下达采伐限额4.46万立方米,比上年度减少9100立方米。进一步加强林地保护和利用,加大依法治林力度,保持资源管护高压态势。进一步强化森林资源监管,积极开展2018春雷行动、绿盾行动、环保督查和自然保护地大检查专项行动,严厉打击涉林犯罪行为。全年查处各类林业行政案件88起,处理100余人。坚持以“预防为主、科学治理、依法监管,强化责任”的方针,切实保护野生动植物资源,建设完善野生动植物及候鸟保护站2处,做好秋冬季候鸟迁徙守护工作,确保候鸟安全迁徙。认真贯彻《中华人民共和国野生动植物保护法》和《湖南省野生动植物保护条例》,认真组织爱鸟周法律法规宣传,提升人民群众爱鸟护鸟意识。建立健全病虫害预测预报网络体系,及时发布炎陵县的疫情动态,做好全县松材线虫病等林业有害生物长期性普查和防控外来有害生物等植物检疫工作。

【脱贫攻坚】 2018年,林业局围绕县委、县政府脱贫攻坚巩固提升总体目标要求,充分发挥林业行业优势,结合落实省市林业主管部门林业精准扶贫政策和具体项目,复制推广以往年度发展林业生产和生态补偿脱贫项目实施的良好经验,主动和扶贫办、财政局对接,科学制定年度生态补偿脱贫巩固提升实施方案,试点开展生态修复,改善生态环境,继续提高贫困人口生态补偿标准,改善农林业生产条件,鼓励贫困人口发展林业产业和参与生态管护,实施方案涵盖生态产业奖补、林业基础设施建设、生态效益直补、生态管护参与、生态修复受益等五个类别。年度统筹整合资金1109万元,全县所有营造林工程项目计划,优先安排具备条件的扶贫对象户实施。(一)生态效益直补。对全县享有的省级以上生态公益林补助的建档立卡贫困户,在国家、省级标准(14.5元/亩)基础提标40%(5.8元/亩)进行补助。(二)生态产业奖补。1.对全县建档立卡贫困户垦复油茶1亩以上的按300元/亩,垦复笋竹林1亩以上的按照200元/亩,森林抚育1亩以上的按150元/亩进行奖补;2.对全县建档立卡贫困户珍稀树种林苗培育、花卉苗木培育、育苗1亩以上按照400元/亩,新造林(含用材林、油茶林、经济林等)1亩以上按照400元/亩进行奖补;3. 对全县建档立卡贫困户种植良种油茶苗木按照100元/亩进行追加奖补;4. 建档立卡贫困户营造林项目应在8月20日前完成,每户补贴金额不超过5000元。(三)生态护林员补助。将符合条件的建档立卡贫困人口转化为生态护林员,按照1万元/人/年标准发放劳务费。(四)生态修复受益项目。在国有林场开展以迹地和裸露山地造林、森林抚育,以及自然生长和人工促进的生态修复工程试点。项目总面积92.27公顷,投资金额200万元。(五)林业基础设施建设项目。在全县26个行政村,2个国有林业单位实施建设和维护47.8公里林区道路,根据建设难易程度,补助标准分别为3万元/公里和1万元/公里。2018年,全县有7065户(次)建档立卡贫困户从生态扶贫项目中受益。林业局党委把扶贫工作作为一项严肃的政治任务和头等大事,党员干部切实提高政治站位,林业局党委16个基层党支部参与精准扶贫,140名党员干部与395户贫困户进行结对帮扶。

【项目攻坚】 认真落实项目建设责任制,明确职责,倒排工期,确保林业局牵头承担的4个建设项目(湘山公园景区综合开发、高产杜仲种植观光与深加工项目、油茶林示范提质增效、笋竹林示范提质增效)件件有人抓、事事有人管。一是着力推进项目建设。湘山公园景区综合开发项目年度计划投资3000万元,完成3150万元。二是全力推进社会投资项目。杜仲高效林业立体开发及房车露营项目年度计划投资4000万元,已种植杜仲面积133.33公顷,完成投资5600万元。笋竹林示范提质增效项目,年度计划投资1000万元,完成投资额1100万元。油茶林示范提质增效项目,年度计划投资1000万元,完成投资额1200万元。三是努力申报上级项目。申报退耕还林、天然林保护、森林碳汇、中德财政合作等项目。林业产业建设目标围绕“2+4”进行,“2”即笋竹林开发及加工、油茶2个传统产业,“4”即森林康养、碳汇经济、林权转让、林下经济4个林业新业态产业。

【安全生产】 森林防火。全面落实乡镇行政首长负责制、林业部门分工责任制和管护承包责任制,确保责任、宣传、设施、督查和处置“五个到位”。严格按照“大宣传、大培训、大排查”活动要求,强化责任落实,广泛宣传发动,严抓火源管理,严格考核问责,全县森林防火工作有了根本性转变,各级领导森林防火工作重视程度全面提升,干部群众森林防火意识普遍增强,森林火灾较往年同期明显减少。全县共接警34次,出警102人次,发生一般森林火灾4起,过火面积1.68公顷,全县受害森林面积0.68公顷,占全县有林面积的0.004‰,控制在国家、省市规定的0.9‰范围内。全县没有发生重、特大森林火灾和人员伤亡事故。安全生产实现零事故。严格按照“一单四制”制度推动重大事故隐患治理,及时制定了炎陵县林业安全生产大排查工作实施方案,全面排查整治林业系统各类事故隐患和问题,建立重大事故隐患清单,并对重大事故隐患治理任务实行交办制、台账制、销号制、通报制管理。

【林权改革】 2018年,全面深化林权制度改革。一是积极调处山林纠纷。全年调解办结山林纠纷案件13起,调处纠纷面积246.7公顷。全年接待群众因各种矛盾来信来访76人次,答复回复群众73人次,回复率96%,化解各类信访问题42起。二是全面整合不动产中心统一登记职能,将全县的林权登记电子信息数据,纸质档案资料全部完全移交到县国土局不动产登记中心。三是推进以前尚未完成首次勘测调查的零星山林林权调查确权,组织乡镇林业站开展勘测调查林地581宗地,勘测调查面积59.1公顷。四是推进配套改革,规范林权流转。办理林地林权流转审核审批28起,宗地28宗,面积1987.8公顷,收取林权交易服务费1.56万元。组织公开挂牌举行林木权拍卖交易2起,材积1307.349立方米,交易额78.65万元。五是加快林业专业合作社、林下经济基地建设。积极组织涉林专业合作社申报国家农民合作社林业专业示范社、省级农民林业专业合作社示范社和省级林下经济示范基地。（梁林强）

桃源洞自然保护区管理局
神农谷国家森林公园管理局

【概况】 2018年末,在职干部职工22人,内设办公室、资源保护科、科研宣教科、基建规划科、生态旅游科、社会事务科,下辖有桃源洞山庄。

【资源保护】 1.保护区的日常巡护。坚持以落实护林防火目标管理责任状为主线,制定森林火灾事故应急预案,完善各项护林防火措施,聘请生态护林员(建档立卡贫困户)12名,生态公益林护林员6名,分片区实行24小时巡护巡查值班制度;组建一只50多人的义务扑火队,森林消防队伍日益壮大。2.野生动植物资源管护。一是大力宣传野生动植物保护的法律法规,通过流动宣传车、宣传展板、手册等进行野生动植物、生态环境保护宣传活动,向广大种植、养殖户、经营单位上门宣传野生动植物保护的有关规定;二是进一步加强野生动植物的经营利用管理,保护区的野生动物驯养和经营利用明显减少,目前辖区仅存1家石蛙养殖场;三是加大巡护巡查力度,累计开展检查4次,及时发现并查处违法、违规经营利用野生动植物活动;四是通过重点地带布控、专人看守、要道设卡、全面巡逻等手段,严控建设项目征、占用林地,严查非法挖沙、取土、采石等破坏林地植被行为,违法占地和破坏林地植被现象得到有效遏制;五是进一步健全公益林管理档案,加强保护区生态公益林数据核查,对全区生态效益补偿基金进行数据核查,配合有关部门调解公益林纠纷33.33公顷,确保公益林管护率、补偿基金发放到位率100%;六是配合县林业局开展桃源洞自然保护区功能区调整和确界工作,目前正在广泛征求涉及自然保护区各乡镇、(农)林场及行政村(组)的意见和建议。3.宣教科研工作。利用“爱鸟周”“国际生物多样性日”“世界环境日”等重大节日,先后到十都小学、策源学校、中村瑶族学校通过集中宣传、展板展示、现场答题、扫微信赢奖品、拉横幅、发放宣传单等形式,宣传爱鸟护鸟、保护生态资源。

【环境问题整改】 桃源洞国家级自然保护区在国家“绿盾行动”专项巡查共发现问题98处(包含中央、省级环保督查、卫星遥感和督查自查发现的问题),其中2013—2016年2月卫星遥感反馈疑似问题75处,2016年2月至12月卫星遥感反馈疑似问题7处,督查和自查16处。经实地核查,这些问题共有7处在保护区之外，保护区内实际共有91处，主要是农民建房17处、旅游设施3处、能源设施13处、村组道路交通设施6处、废弃工矿用地类2处、其他类问题(村委楼、农家乐等)41处，自然现象的变化16处。炎陵县委、县政府高度重视保护区生态环境问题整改工作，严格按照国家“绿盾行动”和省市环保督察工作要求，制定整改工作方案，实行“拉条挂账、整改销号”，明确工作任务，压实工作责任，目前已按照原有的整改标准和要求，98处点位全部完成整改并销号。

【脱贫攻坚】 根据县委、县政府召开的精准扶贫会议精神，严格按照相关程序和方法推进工作。制定《桃源洞管理局2018年脱贫攻坚工作实施方案》，更新完善扶贫计划。4月，在十都镇召开“大走访、抓落实、促提升”专项行动调度会议后，制定具体的走访方案，精心组织21名结对帮扶人，对神农谷村(71户)和青石岗村(30户)共计101户贫困户进行结对帮扶，各帮扶责任人每月至少进村3次。通过做细、做实以下几方面工作，顺利通过国家验收，两村贫困发生率均降低至0.3%。

1.查缺补漏，完善资料。通过入户摸排，不断完善“一户一档”及“精准扶贫手册”资料，严格按照相关要求，《帮扶手册》及时发放到贫困户手中、《政策告知书》上墙；组织人员对《帮扶手册》《脱贫台账》及《帮扶联系卡》进行全面核查认真开展“回头看”，及时更正完善扶贫信息。

2.认真整改，重点走访。扶贫工作队与村支两委严格按照标准开展相关整改工作，完善所有佐证材料，要求数据真实翔实有效，填写规范，并将整改后的情况上报并做好说明。

3.积极交流，发展产业。充分发挥神农谷村在特色产业、自然和旅游资源等方面的“比较优势”，发展青石岗村在竹林改造的规模，培育并提升其内源发展能力，推动全村农业产业转型升级，不断增强“造血”功能。神农谷村建成标准化茶园0.67公顷、竹荪基地20公顷、高山黄桃基地22.73公顷、猕猴桃基地1.67公顷，各种规格农家乐46户；青石岗村帮助贫困户发展笋竹林67.25公顷、黄桃种植2公顷、猕猴桃0.63公顷、养蜂25箱。

4.完善设施，加快建设。神农谷村投资50余万元用于道路新建及拓宽，完成7个蓄水池建设，向上争资132万元用于基础设施建设，新建3座通信信号塔，计划投资500万元新建村级活动中心；青石岗村投资22000元帮助贫困户解决饮用水，拓宽硬化公路10.77公里，争取资金352.4万元，新建通讯塔3座，争取村部建设资金40万元。

【项目建设】 神农湾酒店建设项目已完成主体工程，室内装饰正在进行扫尾工程，园林景观已完成55%；神农谷(南流)旅游服务中心现已投入运营，其附属停车场工程A、B地块已投入使用，C地块已完成水稳层，D、E地块土方铺填完成40%；十都镇至南流6.5公里道路提质改造工程已顺利通车，正在进行竣工验收；景区提质改造工程已完成景区部分建筑外墙粉刷、护栏改造修补、甲水门票站道闸升级改造、石板滩塌方处支护、神农湾酒店引水工程、树抱石祈福平台、丛林穿越、瀑降、溯溪、飞拉达等项目；换乘站点、旅游厕所、康养步道等项目正在开展前期工作；珠帘山庄危房改造及装修建设项目已完成项目立项及招标核准，正在启动勘察设计等前期工作。自然保护区二期基础设施建设项目已完成楠木坝、大院、梨树洲管理站和竹头下、青石岗、梁桥、梨树洲管理点的主体建设。界碑界桩、巡护步道、生物防火林带等项目顺利推进，基本完成建设任务。

【生态旅游】 完成《炎陵神农谷国家森林公园总体规划(2017—2025)》与《湖南炎陵神农谷国家森林公园森林康养基地试点示范基地建设专项规划》编制，完成《湖南桃源洞国家级自然保护区生物多样性综合科考报告》，完成神农谷国家级森林公园科普宣教中心设计的审核，完成游客服务中心一期建设及景区AAAAA标准标识标牌的改造设计安装、垃圾箱配备、农家乐标识标牌整顿清理，启动景区环保车换乘服务，拓展户外真人CS对抗体验、户外攀岩、“飞拉达”等新的旅游项目，举办湖南省中小学生神农谷研学活动。通过省林业厅对森林公园经营管理工作的考核，全年神农谷景区共接待游客25.5万人次。

【旅游产品】 一是祈福景点、彩石峡谷、研学旅游线路、丛林穿越、溯溪、瀑降、飞拉达等项目投入运营，康养步道、科普宣教中心、古老仙景点、换乘车站点、珠帘山庄改造工程即将启动建设，谋划石水江民宿改造、红色军事拓展、南流酒店群等一批前期项目。二是开展研学活动，神农谷景区已获批为株洲市首批中小学生社会实践基地，完成省级中小学生社会实践基地申报，2018年累计接待研学团队5000余人次。三是原创神农氏IP形象，开发神农洞天“不老泉”矿泉水和神农谷国家森林公园“空气罐头”等亮点产品，特色服装、手机壳、明信片、雨伞、手机壳、陶瓷杯等文创产品，黄桃、奈李、辣酱等本地特色农产品。

(邱　鹏)

湘山森林公园(园林绿化)

【概况】 炎陵县湘山森林公园管理局、炎陵县园林绿化管理局实行“两块牌子一套人马”管理模式，为全额拨款副科级事业单位，局机关定编13人。下设办公室、绿化股、管护股、计财股4个股室。下辖县林业科学研究所(差额拨款事业单位)和国营碧江苗圃(企业单位)2个生产单位。

2018年，炎陵县湘山森林公园(园林绿化)管理局突出抓好城区绿化养护管理，公园景区项目建设和旅游服务，园内环境整治，大力积极推进县城生态文明和全域旅游示范区建设；开展精准扶贫，有效推进全县贫困县脱贫摘帽；加强队伍建设，机关作风明显改善；森林公园和城区园林绿化管理工作取得新的成绩。湘山森林公园全年接待游客10.8万人次，比上年增长10%。

【城区绿化美化】 2018年，园林绿化管理工作围绕巩固“全国文明县城”“国家卫生县城”创建成果，坚持绿化与景观并重，建设与管理齐抓，进一步加强城区绿化建设和科学管护，促进城市生态文明建设。完成重大节日期间对县城中心广场、文体中心广场、凌云桥、霞阳桥和乡村旅游节期间炎帝陵大殿、炎帝陵广场等重要场所花卉摆放及灯饰装饰，共摆放花卉 75836 盆（株），悬挂灯笼 6 组。组织实施相思河绿化提质改造工程，坎坪路绿化景观工程，东山二期绿化提质工程，黄沙垅河段绿化提质工程，继续实施解放路延伸段绿化提质、县“四大家”绿化提质改造、县城街道行道树树池树围提质、县城无物业住宅小区绿化带清菜地等绿化提质改造项目。县城绿化总面积达到 275833 平方米，行道树总数 17478 株。

【公园景区综合开发建设】 湘山公园景区综合开发项目是炎陵县创建“全域旅游示范区”的一个旅游开发重点公益性项目，用地面积 69623 平方米，以新建双江广场、双江口吊桥、碧江栈道、百草大道为主要内容，整个项目总投资 3000 万元，项目建设分四个标段施工，2018 年完成一期一标（双江广场、碧江栈道等）90%，一期二标（停车场、旅游公厕等）70%。

【公园生态保护和环境整治】 2018 年，湘山森林公园管理局坚持园内生态保护和环境整治两手抓。一手抓园内生态保护。组织专人对各景点流动巡逻，落实园内森林防火、防盗措施，地质灾害预防，以及防止园内乱栽乱种等破坏生态环境的现象发生。一手抓园内环境整治。重点整治碧江苗圃生活污水、垃圾，进一步清了县城自来水水源，进一步完善卫生基础设施，建设卫生公厕。建立卫生保洁制度，在安排专职保洁人员日常保洁外，还实行每周星期一和星期五全局在岗人员开展环境卫生整治行动。

【景区旅游安全生产管理】 2018 年湘山森林公园管理局树立安全无小事，责任重于山的思想，坚持预防为主，安全第一的方针，进一步加强公园旅游安全生产管理，成立由局长邓小军任组长，有关人员为成员的领导小组。通过开展经常性安全隐患排查，落实安全保障，建立 24 小时值班值班制度，加强安全巡查、森林防火和突发事件处置等工作，全年无安全责任事故发生。（彭贵平）

水利水电

【概况】 主管全县水利行政工作，综合编制全县水利水电事业发展的中长期规划和年度计划，并组织实施。扎实推进民生水利水电工作，认真实施民生水利水电工程，突出优化水资源配置，保障防洪安全、饮水安全和水生态安全，为全县国民经济和社会发展提供可靠的水利水电支撑和保障。

炎陵县水利局现有编制 47 人（其中自筹自支 2 人），在编干部职工 47 人。其中副科级以上干部 17 人，高级技术职称 4 人，中级技术职称 14 人。内设办公室、计财内审股、农村饮水安全管理股、河道管理股、政策法规股等5个股室站；二级机构有移民局(参公单位)、水土保持局两个副科级单位。所属事业单位7个:县水利水电综合服务站、县水利水电勘测设计室、县水政监察大队、县防汛抗旱指挥部办公室、县抗旱服务队、县水利水电管理站、河长制工作委员会办公室。下辖企、事业单位2个:水利水电建设有限责任公司和县河东灌区管理局。

【项目建设】 2018年，共投入水利水电建设项目资金5002万元,其中中央资金2342万元,省级资金562万元,市级226万元,县级扶贫整合资金1872万元。一是农村饮水安全提质改造工程。全面完成2017年农村饮水安全巩固提升建设任务、农村饮水安全巩固提升工程验收工作。二是水利设施和小型农田水利设施项目。计划总投资441万元,项目已全面开工,工程进展顺利。三是病险水库加固项目。县扶贫办2017年安排3座病险水库除险加固项目已全部完工。2018年,安排6座病险水库除险加固任务,总投资254万元,项目已全面开工,现已完成主体工程项目。四是农村水电增效扩容工程。中央资金196万元，省级资金101万元继续完成水口、黄石、河东、罗浮江、长远(判官岭)电站、十都(双陵)电站等6座水电站增效扩容改造。五是启动中小河流治理斜濑水炎陵县二期治理工程(新生河段)投资1600万元,2018年安排500万元,目前已完成招投标,正在筹备开工;沔水二期治理工程(炎陵县河段)投资2000万元,2018年安排450万元,财政预算评审中。六是实施山洪预警非工程措施建设工程,总投资380万元,正在招投标中。同时,全力配合做好城市建设、园区及景区建设等县重点项目建设各项工作。

【河长制工作】 一是责任体系不断健全。严格实行“一河一长”，对全县53条主要河流、40座水库进行划界摸底，明确行政区域,坚决禁止“有河无长”,“多河一长”或“一河多长”的现象,实现河流河长全覆盖,截至12月上旬,县级巡河人次60次,乡级河长巡河3105次,村级河长巡河5220次。二是专项治理不断推进。“僵尸船”整治方面,对全县境内船只进行全面的排查摸底、登记造册,没有发现“僵尸船”。重点排污源整治方面，制定《炎陵县重点排污源整治实施方案》，对自然保护区等敏感水域内入河排污口进行全面排查，对不符合排放要求的依法予以关停。河道采砂整治方面,重新修订《炎陵县河道采砂规划（2018—2020)》和《炎陵县河道采砂管理办法》，科学划分禁采区、可采区和保留区。制订《炎陵县打击非法采砂专项整治行动实施方案》,开展为期四个月的专项整治，使炎陵县采砂秩序得到进一步的规范。“清四乱”整治方面,先后印发《炎陵县开展河库“清四乱”专项行动方案》《炎陵县开展河库“清七乱”专项行动方案》，一河一策编制工作正在有条不紊地开展。饮用水水源地保护方面。公布全县饮用水源地名录，制定并实施县级重要水源地保护规划。依法清理城区饮用水水源保护区内违法建筑和排污口，全县安全饮水保障水平得到不断提升。典型县、样板河创建方面。制定创建实施方案,对创建标准进行细化、量化，确定沔水作为县级样板河进行申报创建。

【防汛抗旱工作】 召开县防汛抗旱指挥部成员单位会议，与各乡镇（场局）签订防汛抗旱工作责任书；重新编制或修订防汛抗旱各种预案，开展两次水库备汛检查，并对山洪预警系统进行全面维护，确保安全度汛。

【水生态文明建设】 一是水环境治理有序开展。认真落实中央环保督查和省有关文件要求，积极抓好涉保护区小水电站的整改，出台《炎陵桃源洞国家级自然保护区小水电开发专项整改实施方案》，目前已经完成“一站一册”报告的编制工作，并联合其他单位部门开展多次联合督查，重点加强生态放流人工监管工作。二是水资源管理不断提升。在严格取水许可和入河排污口整治工作的同时，着重开展河道保洁和河道采砂整治工作。认真做好水资源费收缴，开展尾欠清理行动，2018 年共收缴水资源费尾欠 103 万元，收取水资源费 220 余万元。

【水行政执法】 建立水行政事项联审会议制度，进一步规范涉水行政许可，同时加强涉水违法事件打击力度。全年回复处理县长热线反映问题 129 件，水政监察大队河道巡查 320 余次，联合执法 60 余次，下达责令停止水事违法行为通知书 65 份，限期停业整改 19 起，非法水事立案 7 起（已结案 6 起），追缴罚款 7.4 万元，查封违规砂场 8 家，拆除非法砂场 5 家。对全县所有挖砂、采砂船只进行全面封停、管制，2018 年，乱采乱挖现象得到遏制，采砂秩序规范有序。

【安全生产工作】 采取班子成员包乡镇负责制，严格落实安全生产责任，进一步完善安全生产管理机制，实行“党政同责，一岗双责、失职追责”制度，从组织上确保安全生产责任制的落实。开展重点时段“地毯式”安全生产大检查。全年共开展安全生产大排查、大整治活动 9 次，确保工程项目建设和 40 座水库运行正常，全县 145 座小水电站在确保安全的前提下效益得到提升，全县涉水安全形势平稳。

【党建工作】 一是压实党建责任。建立各级党组织书记履行“第一责任人”职责，党员班子成员肩负“一岗双责”职责的责任体系，坚持把党建工作与业务工作同部署、同落实、同考核。二是年初组织召开党建工作专题会议，安排部署年度党建工作重点任务，层层签订党建工作责任书和党风廉政建设责任书。三是开展十九大精神宣讲活动，及时下发《十九大精神宣讲方案》，党员班子成员给基层党员干部上党课 9 次，并外请专家集中授课。四是严格执行《党员发展工作制度》，发展党员 4 名，按期转正党员 3 名。五是认真召开组织生活会，全体党员深入查摆自身存在的问题和不足，并建立问题台账，明确整改措施和整改时限。六是认真开展年度党员民主评议，严格程序和要求，党员民主评议开展扎实有效。七是严格执行党费标准，全体党员均按时足额缴纳党费。八是坚持党务公开制度，落实党员对党内事务的知情权、参与权和监督权。九是组织党员干部开展庆“七一”、体验式教育、在职党员进社区等经常性主题党日活动,建立党员积分管理台账。通过党建工作的开展,进一步坚定信念,弘扬正能量。全体党员党性得到加强,干事创业氛围得到提升。

【作风建设】 一是协助县纪委监委开展国家公职人员参与涉矿等经营性活动专项整治的工作。二是以“两个自查自纠”为抓手,全面推进“雁过拔毛”式腐败问题专项治理工作。三是按照省、市、县纪委的统一安排部署,水利水电局全面开展自查自纠工作,对违规公款吃喝、违规发放金补贴或奖金福利、违规操办婚丧喜庆、违规收受礼品礼金、参赌涉赌、吸毒涉毒等方面进行全面自查,对发现的问题及时整改。

【水利扶贫工作】 针对炎陵县农村饮水现状,对全县饮水安全需求进行摸排,合理申报炎陵县2018年农村饮水安全工程,目前县已下达饮水安全计划资金418万元。在做好行业帮扶的同时,全力做好对口帮扶工作。派出2个扶贫工作队5名扶贫工作队员,负责沔渡镇狮头村、九都村驻村帮扶工作,安排60名干部职工与126户建档立卡户进行“一对一”结对帮扶,按单位包村、干部包户、帮扶到户、责任到人的“双包双到”要求,压实结对帮扶责任,着力提升联系帮扶的贫困村和贫困户的“造血”发展能力。

【水土保持工作】 规范行政审批程序,严格执行一次性告知制度,加强项目监管,狠抓工程质量和进度,水保宣传、业务培训常抓不懈。积极征收水土保持补偿费,做到应收尽收,完成收费28万元。 (林国勇)

全县前50家发电企业名单

表20 单位:千瓦

序号	电站名称	装机容	序号	电站名称	装机容
1	水口电站	16350	26	泷湖电站	1890
2	新生电站	12000	27	密花电站	1890
3	洋溪电站	7500	28	太和塘电站	1890
4	红星桥电站	6600	29	岭下电站	1890
5	深渡电站	6400	30	大风垅电站	1890
6	小湾电站	5000	31	白石墩电站	1890
7	梨树洲电站	5000	32	月形电站	1890
8	嘉恒电站	4200	33	银新电站	1660
9	湘源电站	3830	34	黄石电站	1600
10	筷子篓电站	3750	35	平湖电站	1600
11	下坪电站	3630	36	龙潭电站	1600
12	洋东电站	3250	37	大水电站	1600
13	石禾坪电站	3200	38	鲁坑电站	1600
14	青山下电站	3200	39	桐模电站	1580
15	月洲湾电站	3000	40	茅坪电站	1570
16	淞江电站	3000	41	横雾电站	1530
17	大院电站	2500	42	青石岗电站	1500
18	木湾电站	2400	43	牛夹电站	1500
19	双奎电站	2400	44	双泷电站	1500
20	龙珠电站	2040	45	大横溪电站	1500
21	上洞电站	2000	46	云里二级电站	1500
22	开成电站	2000	47	竹园电站	1500
23	石桥电站	2000	48	龙坡电站	1500
24	乐富电站	2000	49	凉山电站	1500
25	长远电站	2000	50	策源电站	1500

水 文

【概况】 县水文水资源局（五里牌水文站）现有正式职工5名。负责炎陵县的主要干流及支流(河漠水、斜濑水、沔水)的水文勘测、水环境监测及水文情报预报等相关工作,实行水文部门与地方政府双重管理。目前在河漠水和斜濑水上设有水文监测站点,其中五里牌水文站是湘东山区代表站,属国家二类精度站。测验项目有水位、流量、降水、蒸发、墒情、水质监测等。在炎帝陵、湘山寺、沔渡设立水文站。在深渡、船形、下村、水口、梨树洲、打鸟坳、塘垅、青石岗、密花、十都、狮头设有委托雨量站。在平乐、龙渣、炎山、战备设有无人监测雨量站点。在水口、中村设有水位、雨量一体站。

【水文服务】 一、全面做好水文服务工作,通过短信平台和移动平台,洪水期间坚持每小时向县防指成员单位和县委和县政府领导发送一次雨水情短信,对洪水进行准确预报,为抗灾救灾指挥决策提供依据,为减轻洪灾损失发挥很大效益。二、在洪水期间,通过炎陵县防办、炎陵水文局微信公众平台发布重要水文信息和预警信息。及时向沔水、斜濑水、河漠水沿岸群众提供实时雨、水情信息,平息沿岸群众恐慌心情。高质的水文服务得到社会的认同,满足人民群众对水文信息的需求。

【水资源服务】 县水文局编制《2018年炎陵县水资源公报》,按规范要求做好10个监测断面水质取样、送检工作,按月编制《水资源质量状况通报》报送县委县政府及有关单位。2018年，水文水资源局对全县5公里以上且集雨面积10平方公里的27条河流进行一次取样，对全县1个入河排污口进行4次水质监测。对全县的农村饮水工程进行水质检测,保证千吨万人以上的农饮工程全覆盖,并报送《炎陵县农村安全饮水水质检测通报》。

【河长制工作】 炎陵县人民政府常务会议通过“炎陵县河长制实施方案”,成立包括炎陵水文局在内的河长制工作委员会。炎陵水文局局务会传达关于县河长制工作委员会成员单位职责的有关精神，县水文局职责主要包括：负责管理所辖范围内江河干流及支流的水资源分析评价、水环境监测,参与防洪调度，组织实施突发性水污染事件应急监测方案；协助水行政主管部门实施水资源的统一管理、开发和保护。参与实施取水许可、水资源论证、水生态水环境评价、防洪影响评价、水土保持方案编制等工作。同时也宣布河长制工作相关考核办法和奖惩措施。

【开展应急监测演练】 为响应株洲水文水资源勘测局号召提高水文职工在暴雨洪水等突发水事件中的监测应急能力。炎陵水文局应急队在炎帝陵水文站开展应急监测演练。演练内容主要有水库溃堤应急监测、流量测验、大断面测量、水位观测等。应急监测演练提升应急监测队员对新技术、新设备的掌握程度，增强突发情况下的应急监测能力，提高水文应急抢测实战化水平，为更好地服务地方经济社会发展、有效应对各类突发水事件的应急监测奠定坚实基础。

（黎常煌）

河东灌区管理局

【概况】 2018年末，共有干部职工97人，其中在职73人，离退休24人；中级职称8人，初级职称21人。全局内设二站二股一室一所（黄石电站、河东电站、政工股、计财股、办公室、渠道管理所）。主干渠总长为25千米，过水流量4.053立方米/秒，设计灌溉面积3733.33公顷，灌溉范围为霞阳、鹿原两镇12个村。灌区内基础设施有：小（一）型水库——炎山水库（库容120万立方米），小（二）型水库一座——岩穴口水库（库容11万立方米），水坡坝3处；水电站2座，总装机2400千瓦，2018年共完成生产总值160余万元。

【安全运行】 高度重视渠道、水库与电站的安全运行工作，年初下达各项目标任务，要求渠管工作人员每天巡渠并报告水情水位，科学合理调配好水源；要求电站运行值班人员严格遵守操作规程和值班纪律，做到及时发现安全隐患及时处理。2018年，渠道、水库与两电站运行平稳，未发生一起安全责任事故。

【防汛抗旱】 牢固树立防大汛、抗大旱的思想。一是落实防汛责任，制定可行的预案。二是加强渠道与水库的管理，做到汛期24小时值班制。三是做好防汛物资储备工作。四是认真搞好冬修工作，做好渠道险工险段维修及全线清淤扫障工作。为灌区的工农业生产和人民的日常用水提供保障。

【项目建设】 一是圆满完成河东灌区节水配套改造项目。2016年争取到河东中型灌区节水配套改造项目资金1437万元，主要对主干渠道14千米险工险段进行除险加固等改造，项目于2016年11月动工建设，于2018年4月底已基本完成。二是抓好河东、黄石电站增效扩容项目。由于两电站机组设备严重老化，存在较大的安全隐患，于2016年争取到上级资金192万元，对河东电站2号机组及黄石电站1—3号机组进行增效扩容改造，于2018年5月开始安装调试，7月全部投入运行。

【支部建设】 一是严格落实“三会一课”制度。坚持每月至少召开1次支部委员会议，每季度至少召开1次全体党员会议、讲好1次党课，全面推行党支部工作纪实。二是严格执行主题党日制度。将每月第一周的星期五作为主题党日，组织党员集中开展学习讨论、民主议事、实地参观、帮扶慰问、环境整治等活动。三是规范党员管理。进一步完善和规范党员信息管理，严格执行党员积分管理制度，强化党员发展工作，2018年吸收1名发展对象为中共预备党员。

【脱贫攻坚】 2018年，继续以党建为龙头，按照县委对脱贫攻坚工作的统一安排部署，全力以赴抓好结对帮扶村鹿原镇天星村的脱贫攻坚工作,制订工作计划,指导基层党建工作,督促检查驻村帮扶工作队的工作情况,并且局机关全体干部职工均安排五户建档立卡贫困户进行结对帮扶,积极开展“三同五好”活动,解决群众实际困难。在2018年6月的国检中,圆满完成迎检工作,确保贫困户按期脱贫、贫困县如期退出。为巩固帮扶成效,目前帮扶工作仍有序开展。

(朱　杰)

气　象

【概况】 县气象局内设办公室、防灾减灾科,下设县气象台(含国家气象观测站)和气象服务中心。2018年末,在职人员13人,其中专业技术人员10人。承担本区域气象业务、气象观测站24小时观测并上传实时数据任务,负责气象探测环境保护工作,管理和维护30个区域自动气象站的运行,负责炎陵山区气候调查工作;承担防汛抗旱有关工作,实时向全县发布灾害性天气气象预警信息,每天向全县发布天气预报和森林火险等级预报;组织管理和实施辖区内人工影响天气作业;负责气象领域安全生产监督管理工作,管理全县系留氢气球的施放工作、职责领域内的防雷安全管理等工作。气象工作实行以气象部门为主的双重领导体制。

【大气探测】 2018年,炎陵国家气象站地面测报错情率0.0‰,全年基础业务运行平稳,无重大装备事故,气象站数据传输及时率99.95%,可用率99.93%。建成新的综合气象业务平面,对气象站观测场进行应急改造,安装第二套新型自动气象站设备。2018年4月,炎陵国家气象站被中国气象局发文认定为“中国百年气象站”。

【气象服务】 2018年,炎陵县共出现4次暴雨,暴雨预报准确及时,专题服务材料及时报送县委、县政府、县防指及相关部门,及时发布气象预警信息,为各级各部门提前防范做好气象服务,效果比较明显,全年无气象服务责任性事故和重大失误。2018年,共发布气象专题服务28期,通过手机向决策服务用户发送短信4000余条,通过预警短信平台发布预警信息2.7万人次,联合国土资源局发布山洪地质灾害预警短信2.6万人次。积极开展气象为农服务,圆满完成年度中央财政“三农”气象服务专项建设任务,指导水口、垄溪两个乡镇均成功创建湖南省气象防灾减灾标准化乡镇。

【安全生产监管】 由局领导带队,对全县的防雷重点企业进行防雷安全检查,共检查单位37家,对检查中发现的问题和隐患下达整改通知书共28份,强化督促整改力度,有效遏制防雷安全生产事故。全年炎陵县无气象领域安全生产责任事故。积极主动实施“民生100”农村中小学校舍防雷工程项目,完成5所学校的校舍防雷工程建设任务。

【党建工作】 县气象局党支部主动申报创

建炎陵县支部“五化”建设示范点和湖南省气象部门支部“五化”建设示范点，支部获评“湖南省气象部门基层党组织建设示范点”，1名党员被湖南省气象局党组评为“湖南省气象部门党员先锋模范”。在株洲市气象部门党建知识竞赛中，县气象局支部代表队获得第一名。积极开展2次在职党员进社区活动，认领“关护困难留守儿童”和“关护困难家庭”两项活动，使留守困难儿童和困难家庭感受到党的关怀。（潘秀丽）

扶贫开发

【概况】 炎陵县扶贫开发办公室是县政府授权的主管扶贫开发的参公事业单位，内设综合股、项目股、财务股3个职能股室，2018年末，在编人员8人。2018年，获县文明建设先进单位等荣誉。

【实现脱贫摘帽】 2018年6月，经过国务院专项评估检查组6天的专项评估检查，共对我县10个乡镇的28个行政村(其中贫困村18个、非贫困村10个）进行了抽查，对126个村民小组进行了普查，共实地调查1405户，访谈座谈县乡干部31人、村干部106人，征求了14名县乡人大代表和政协委员意见，评估检查结果反馈我县综合贫困发生率0.6%，漏评率和错退率均为0，群众认可度为92.75%。8月3日，经省人民政府批复，同意炎陵县脱贫摘帽。

【减贫工作】 2018年省市下达炎陵县的减贫任务为150人，按照贫困退出程序和标准，在乡村两级完成评议、核实、公示的基础上，组织相关部门组成县贫困退出复核工作组对所有拟脱贫户进行入户核查，经市贫困退出验收核查组对拟脱贫户抽查并同意，县人民政府对达到脱贫标准的67户154人批准退出并公告，达标完成2018年度脱贫任务。

【基础管理】 按照“应纳尽纳、应退尽退”的原则，2018年新纳入29户65人，返贫14户27人，标识“不再享受政策”19户59人，自然增加102人，自然减少175人，全县调整后建档立卡贫困人口6508户21539人；多次与乡镇、行业部门比对核实，完成扶贫系统3万条问题数据的清洗，位居全省县市区系统数据质量排名前列；顺利完成贫困户位置信息采集试点工作，得到国扶办充分肯定。全面规范完善贫困户“一户一档”、扶贫手册、县乡村三级档案资料，确保信息一致、逻辑合理；全面核查挂图作战、到户政策告知书、会议记录、公示照片等基础资料，确保内容完善、更新及时、档案完整。

【问题整改落实】 坚持问题导向，对国扶办考核评估司反馈的3个问题，省委第一巡视组反馈的2个问题，中央第八巡视组反馈5个方面37个问题，国家脱贫攻坚督查组反馈的5个方面13个问题，国务院“我为大督查提建议”网民留言反馈的23条问题，2017年度省级预算执行和其他财政财务收支审计反馈的4个方面17个问题，认真进行梳理，举一反三，制定整改方案，建立整改清单和整改台账,明确整改责任,细化整改任务,逐项逐条销号,做到"问题不查清不放过、整改不到位不放过、成效不符合要求不放过",国家、省反馈的95个问题、市反馈的331个问题和县自查自纠的327个问题已全面整改到位。

【帮扶工作】 继续安排120支驻村帮扶工作队和3641名结对帮扶干部"两个全覆盖";继续派出第一书记,并适时选派一批年轻干部到驻村帮扶工作队伍中去,充实帮扶力量。继续深入开展"四走访四包干三签字""三同五好"活动,强化驻村帮扶和结对帮扶的月考勤和年度考核,确保帮扶工作的延续性。

【风险防控】 妥善处理各类信访问题,营造脱贫攻坚良好氛围。2018年,及时办结省扶贫"12317"等涉贫信访舆情共80件100人次,接访县内群众来电来访60件75人次,均认真接访,妥善回复。健全脱贫攻坚项目库建设,出台《县级脱贫攻坚项目库建设实施细则》,已完成2018年脱贫攻坚项目库。严格防范金融小额信贷,信贷逾期率始终控制在1%以下,全县累计到期贷款1252笔2936万元,逾期5笔16.84万元,逾期率0.57%。 (钟 勇)

交通·邮电

交通管理

【概况】 2018年，县交通运输局在职人数43人（含原公路站编制人员10人在内，原公路站因机构改革于2016年12月编制划转到炎陵县公路局路政大队），离退休人数22人。党员人数61人(含顺达公司支部)。共管养省、县、乡、村道1464.21公里，其中列养1464.21公里，常养183.529公里。农村公路列养率达100%，常养里程省县道100%、乡道75%、村道60%，年末路况优良率89%以上。共有客运企业3家，二级客运站场2个，五级农村客运站10个，客运招呼站246个，客运班线31条，客运车辆84台；出租车公司1家，车辆20台；公交公司1家，车辆14台；货车89台，共1065吨；驾校4家，车辆81台；在册维修企业12家。

2018年，县交通运输局被市交通运输局评为"株洲市交通系统安全目标管理优秀单位"，被县委、县政府评为"2018年度安全生产工作先进单位"，被县委、县政府评为2017—2018脱贫攻坚先进单位。

【交通基础设施建设】 交通扶贫建设。2018年共实施交通基础设施建设项目6个，总投资2.85亿元，受益村75个(贫困村43个)，受益人口10.1万人（贫困人口1.57万人)。干线公路建设。省道S205、S207提质改造31.618公里，总投资2.23亿元，2018年投资1.56亿元。农村公路基础设施建设。省道S205塘田至船形、Y507同乐至大横溪、X178沿南至西垅等三条普通公路安保设施建设共32.691公里，预算总投资为817.7万元，受益村7个（贫困村4个)，受益人口5226人（贫困人口873人)。危桥改造共5座分别是下村大桥、石狮岩桥、大坑梁桥、育才桥、柒树下桥总投资1025.9万元，受益村4个(贫困村3个)，受益人口5412人(贫困人口811人)。农村公路提质改造(25户100人以上自然村通水泥沥青公路建设)共244.48公里，总投资1.1亿元，受益村60个(贫困村34个)，受益人口87561人。

投资17.5万元建设农村客运招呼站7个，已完工并投入使用。

【农村公路"建管养"建设】 认真贯彻落实习近平总书记对农村公路"建好、管好、护好、运营好"的重要指示精神，制定《炎陵县"四好农村路"建设工作实施方案》(炎政办发〔2018〕2号文件)、《炎陵县"四好农村路"示范乡镇创建考评办法和"群众性养护体系”建设实施方案》(炎政办发〔2018〕40号文件),确保全县农村公路路况水平总体稳定;开展水毁抢修工作,确保人民群众出行安全,共投入抢险人员200余人次,铲车130余台次,挖机50余台次,渣土车50余辆,清运土石方2000余立方米,设立警示标志标牌200余块。

【行业管理】 2018年,共审验营运车辆326辆,审验率100%,客货运从业人员继续再教育培训314人次,新增一、二类维修企业3家。安全运送春运旅客306.3万人。开展道路运输安全生产打非治违“百日行动”,出动执法人员210人次,检查客、货运输车辆100余辆次,纠正违章40余起,罚没收入3.08万元,全省道路运输安全“隐患清零”考评炎陵县名列全省第五。开通衡阳东站至炎帝陵景区的旅游专线巴士。全力协助做好“非洲猪瘟”疫情应急处置工作,安排专人24小时设点值班。

【安全生产、综合治理工作】 严格实行综治维稳工作目标管理,成立以局长为组长的12个综治维稳工作小组,坚持每季度召开一次站、所、企业有关单位综治维稳工作列会,重大活动和节假日实行24小时值班制度,全年无违法乱纪行为,无行政诉讼和民事诉讼,无公路“三乱”行为。继续开展“道路运输安全年”“六大行动”“监管执法年”以及“安全生产月”活动。强化目标管理考核,与相关站、所、企业100%签订安全生产责任状,组织道路交通安全隐患大排查和道路运输安全“隐患清零”行动,整改率必须达100%,开展执法行动74次,派出检查组23个、检查人员290人次,悬挂宣传横幅11条,张贴标语70余张,派发宣传资料3000余份,创办宣传栏6块。荣获2018年炎陵县安委会季度考核二季度第三名,三季度第二名的好成绩。

【交通行业文明建设】 继续深入党建帮扶活动,抽派43名党员干部,分别到霞阳大源村、潘家村,水口木湾村,策源梨树洲村4个村开展结对帮扶活动,共投资帮扶项目100余万元。坚持挺纪在前,落实党风廉政“两个责任”,推进党风廉政建设和反腐败工作责任的落实,工程均实行“三合同制”,定期或不定期开展廉政教育和观看反腐警示教育片,筑牢廉政防线,保持党的纯洁性、先进性,严肃党的组织生活,落实“三会一课”、红色讲堂、道德讲堂等基本制度,定期开展支部党日活动,领导干部带头讲党课,营造“努力提高修养、争做合格党员”浓厚氛围。深入开展“马上就办、真抓实干”,做到一月一预安、一月一小结、一月一讲评,确保各项工作落到实处。

(钟建莉)

炎陵县个体户物流企业名单

表 21

名称	经营场所	经营者	经营范围
炎陵县叁陆玖王超志物流中心	湖南省株洲市炎陵县霞阳镇炎陵东路	王超志	普通货物装卸、搬运服务。（依法须经批准的项目，经相关部门批准后方可开展经营活动）
炎陵县飞飞物流部	湖南省株洲市炎陵县霞阳镇炎陵中路	张桥飞	普通货物道路运输服务；货物装卸、搬运服务。（依法须经批准的项目，经相关部门批准后方可开展经营活动）
炎陵县炎广物流部	湖南省株洲市炎陵县霞阳镇井冈西路 53 号	唐智鼎	普通货物道路运输服务；货物装卸、搬运服务；租车服务。（依法须经批准的项目，经相关部门批准后方可开展经营活动）
炎陵县天运物流部	湖南省株洲市炎陵县霞阳镇炎陵中路	段积平	货物装卸、搬运服务。（依法须经批准的项目，经相关部门批准后方可开展经营活动）
炎陵县炎郴物流部	湖南省株洲市炎陵县霞阳镇洣泉路 117 号	张唐艳	货物装卸、搬运、仓储服务；物流管理服务。（依法须经批准的项目，经相关部门批准后方可开展经营活动）
炎陵县鸿运货运物流部	湖南省株洲市炎陵县霞阳镇苏洲路信用联社边	陈　琳	货物配载服务；物流信息咨询服务。（依法须经批准的项目，经相关部门批准后方可开展经营活动）
炎陵县御标物流信息部	炎陵县霞阳镇坎坪路	陈芳群	货物配载服务；物流信息咨询服务。（依法须经批准的项目，经相关部门批准后方可开展经营活动）
炎陵县沔渡镇平顺物流货运点	湖南省炎陵县沔渡镇仓背村	杨堂平	普通货物道路运输服务。（依法须经批准的项目，经相关部门批准后方可开展经营活动）
炎陵县广炎物流	炎陵县霞阳镇神农大道（天华商业门面 130 室）	石吉文	货物运输服务。（依法须经批准的项目，经相关部门批准后方可开展经营活动）
炎陵县安能物流第二营运部	炎陵县霞阳镇和顺家园	霍张里	普通道路货物运输服务。（依法须经批准的项目，经相关部门批准后方可开展经营活动）
炎陵县老伟物流服务中心	炎陵县霞阳镇神农大道华联二小区 9 栋	王志伟	物流配送、仓储、货物装卸服务。（以上经营范围涉及许可经营项目的，应在取得有关部门的许可后方可经营）
炎陵县张记物流中心	湖南省炎陵县霞阳镇石潮村鱼子湾 8 栋 1 号	张勇	普通道路货物运输服务。（以上经营范围涉及许可经营项目的，应在取得有关部门的许可后方可经营）
炎陵县诚信物流信息部	湖南省炎陵县霞阳镇霞阳路东山明珠 17 栋	陈福全	货物配载服务；物流信息咨询服务。（以上经营范围涉及许可经营项目的，应在取得有关部门的许可后方可经营）

续表 21

名称	经营场所	经营者	经营范围
炎陵县安能物流第一营运部	湖南省炎陵县霞阳镇和顺家园	刘政军	普通道路货物运输服务。(以上经营范围涉及许可经营项目的,应在取得有关部门的许可后方可经营)
炎陵县兄弟物流中心	湖南省炎陵县霞阳镇文化南路(汽车队)	黄智刚	装卸搬运、货物仓储、物流服务。(以上经营范围涉及许可经营项目的,应在取得有关部门的许可后方可经营)
炎陵县天成物流中心	湖南省炎陵县霞阳镇文化路52号(汽车队院内)	霍成园	装卸搬运、货物仓储、物流服务。(以上经营范围涉及许可经营项目的,应在取得有关部门的许可后方可经营)
炎陵县沔渡镇运发物流站	湖南省炎陵县沔渡镇苍背村砖下组	邹立强	普通货物道路运输。(以上经营范围涉及许可经营项目的,应在取得有关部门的许可后方可经营)
炎陵县香菊物流站	湖南省炎陵县霞阳镇井冈东路金鑫花苑内	罗香菊	物流、运输服务。(以上经营范围涉及许可经营项目的,应在取得有关部门的许可后方可经营)
炎陵县天天物流部	湖南省炎陵县霞阳镇炎陵东路七小区	曾　军	物流服务、货物仓储卸载搬运。(以上经营范围涉及许可经营项目的,应在取得有关部门的许可后方可经营)
炎陵县鸣昊通物流站	炎陵县霞阳镇洣泉路117号	张黄华	物流服务。(以上经营范围涉及许可经营项目的,应在取得有关部门的许可后方可经营)
炎陵县富香物流五十九站	炎陵县霞阳镇炎陵东路	周冬初	货物配载服务。(以上经营范围涉及许可经营项目的,应在取得有关部门的许可后方可经营)

公路管养

【概况】 2018年，县公路局在职职工102人,退休职工71人,担负着炎陵县境内3条国道、5条省道,共177.860公里公路的养护和管理任务。内设8个职能股室,下辖县公路养护中心、县路政管理大队。获2018年度全市公路系统目标管理考核优胜单位、炎陵县安全生产先进单位。

【公路养护】 2018年，养护工作以提高公路服务水平为目标,做好普通公路的预防性养护和全面养护。全年共计完成路面修补1200平方米、清挖水沟18600米,路肩割草500公里次,清理灌丛178公里,绿化修枝148公里,铲挖路肩6300平方米,砌筑挡土墙230立方米,新建涵洞2道,增设道路警示标志36处,标线1100平方米,整理沿线路容路貌320人次。国省干线优良率达到93.273%。做好汛期和雨雪冰冻天气等特殊时段的公路应急抢险工作,中央电视台两次六个栏目对县公路局公路保畅应急抢险工作进行报道。全年共计抢险84次,投入人员1500人次,消耗融雪剂120吨,动用机械台班467台班,清理塌方33800立方米,投入抢险资金95万元。还完成国道106线横溪江桥的危桥加固工程。S205线K71+398m—K81+635m段(现X064线塘田至桐木段)安全生命防护工程目已完成招投标程序。

【路政治超】 2018年度,大力开展公路路域环境综合治理活动,共计处理水沟堵塞1起,污染路面10起,清理非公路标牌、横幅共130块(条),堆物放料70处,下达《责令改正通知书》30份;行政处罚2起,罚没款0.4万元,行政处理1起,收取公路赔偿费0.37万元,行政许可1起,收取公路补偿费0.1万元;结案率均到达100%。路域环境整治成为常态化、规范化。全年共计检查大型载重车辆22489辆,查处超限超载车辆67辆,处罚金额7.2万元,卸载货物301.68吨;强制恢复改装改型车辆20余台,交警扣分96分。基本将超限率控制在3‰以内。

【公路建设】 炎陵县康乐大道一期工程(原外环路一期工程)路面抗滑桩、人行道施工已完工,完成产值约3500万元。攸县S345项目扫尾工作全部完成,完成产值约5000万元。

【安全生产】 安全生产形势持续稳定,在全县二季度、三季度安全生产工作考核排名连续第一。全年投入安全隐患整改经费共计57万元,开展领导带队33次,安全监督检查45次,自查发现安全隐患78处,隐患整改销号100%;完成上级督办、交办重大事故隐患“一单四制”10单,已全部销号。

【脱贫攻坚】 局党总支多次组织开展对贫困户家庭42户和困难老党员2名进行走访慰问,送去大米、食油等慰问品以及慰问金4500余元;组织在职党员对上洞村沿线路面进行清扫。对新结对帮扶村水口镇木湾村,安排驻村帮扶工作队队长,明确结对帮扶责任人,部署当前脱贫攻坚工作任务,走访入户,熟悉情况,建立感情。全年,县公路局对两个帮扶村拨付扶贫资金共计65000余元。

(陈博宇)

交通建设质量安全监督

【概况】 县交通建设质量安全监督局隶市交通运输局二级机构,正科级事业单位。有干部职工7人(退休3人),内设4个股室:综合股、工程质量监督股、工程安全监督股、工程检测监理股。主要职能为贯彻执行国家、省、市有关交通建设质量安全监督的法律、法规和方针政策。负责本区农村公路、农村公路小型桥梁新改建、改造工程的质量安全监督管理;组织对受监项目进行交(竣)工鉴定检测;查处受监项目违反交通建设质量安全行为。协助市质安处参与本区域内干线公路,重点工程,大、中型桥梁建设项目的质量安全监督管理;协助市质安处参与本区域建设项目质量安全事故的调查,参与区域内监理、施工、试验检测机构与人员的资质管理工作。对市质安处监管项目的受监、检测、鉴定申请、辖区内监理、检测人员职业资格申报等重点工作环节进行初步审查,审查合格并签署意见后报市质安处统一办理。办公场所为霞阳镇霞阳路13号。

【交通质量安全监督】 2018年，按照交通主管部门赋予的职责与授权,认真配合协助市处搞好干线公路工程项目的监督检查。完成和落实好各项阶段性活动的工作目标和要求,全力促进炎陵县农村公路建设、危桥改造、生命安全防护工程项目整体质量上水平、上台阶。

炎陵县交通建设质量安全监督局对全县通自然村水砼(沥青)路面、通畅公路、边界路、通景路、断头路、窄加宽、危桥改造等项目近300公里,其中危桥改造4座进行质量安全监督和验收。整体工程受监率达到100%交竣工验收抽检率达到100%。

炎陵县交通建设质量安全局对农村工路建设项目要求“七公开、平安工地”进行公开公示。对农村工路建设存在施工质量、施工安全等问题依法依规对施工单位进行处罚，分别下达了《责令限期整改通知书书》《停工通知》《复工通知》为“四好农村公路”建设,品质工程,平安工地建设奠定了良好的基础。（陈　刚）

公路客运

【概况】 湘运集团炎陵客运分公司是专业从事道路旅客运输的民营股份制企业,下辖六个科室和炎陵汽车中心站、公汽分公司、西站修理厂等部门,现有在册员工53名。拥有各类客运车辆65台，其中班线客运车辆51台、城市公交车辆14台;吸纳社会车辆进站营运50台;日发班次211个,日均发送旅客人数3000人次；开行炎陵至深圳、珠海、广州、温州、赣州、长沙、株洲、湘潭、衡阳、郴州以及县内各乡镇等各类客运班线31条;2018年度完成客运量19万人次，上交国家各种税金59.45万元,被评为株洲市“春运工作先进单位”。

【生产经营】 一是抓主营业务，巩固客运生产，更新车辆2台，更新资金70余万元;二是对经济效益较差班线的车辆结构进行调整,减少成本开支;三是全力稳定三产经营,想方设法四处开源,在经济环境普遍恶劣的非常时期,三产收入与同期相比仅微降。

【公交运营】 严格按照行业主管部门核定的线路及班次时间营运,14台公交车全部投入营运。同时根据人民群众的需求,将1路线终点站由炎帝陵牌坊延伸到炎西村;对3路车进行班线调整;对5路车增加发车频率;积极与炎陵县的工业大厂“国声”公司进行协调沟通,争取到接送员工上下班;同时为全县8000余名持有老年证的老年人提供免费乘车服务。

【安全管理】 一是注重加大安全教育投入,强化从业人员安全教育培训。做到逢会必讲安全,坚持“警钟常鸣，警示常记，警戒常守”,提高从业人员安全业务素养、安全法规常识。二是开展多项安全竞赛,增强全员安全意识和安全责任心；三是坚持从实际出发，狠抓安全管理制度、法规和职责的落实，把“压速纠违”落实到具体行动上。全司营运车辆65台，全年安全行驶800余万公里，发生一般行车安全事故1起，安全指数为：肇事频率3.03次／百车年；受伤频率3.03次／百车年；死亡率0人次／百车年，无站场、工业、消防安全责任事故，安全形势保持整体良好。

【内部管理】 对各部门继续沿用效益考核办法。根据“确定任务、费用包干、超收提成、欠收自负”的原则，对各部门实行费用与效益、收入和成本、应收与实收考核，有效调动全司员工的工作积极性，提高企业的经济效益。 （唐红苗）

铁路运输

【概况】 炎陵火车站位于湖南省株洲市炎陵县霞阳镇境内，车站中心里程位于吉衡线147公里945米处，隶属中国铁路南昌局集团有限公司宜春车务段管辖。现有职工24人，设站长、副站长各1人。车站按技术性质为中间站，按业务性质为客、货运站。车站等级为四等站，主要办理列车的到发、会让及旅客的到达和发送业务。2014年7月1日开通运营以来，经过多次调整，现最高日办理营业客车7趟，可直达上海、长春、长沙、昆明、南宁、广州、南昌等地。2018年，炎陵站客运发送旅客情况：发送80000人，到达40000人。 （易文辉）

邮　政

【概况】 炎陵县邮政分公司机关设有职能部室两个，即综合办公室和市场营销部。2018年底，在岗人员94人，其中正式职工55人、劳务工39人。按专业属性设代理金融、渠道、包裹快递、文化传媒、网运投递、安全稽查等6个专业台席，由市场营销部集中管理。所有网点均直属县分公司统一调度和业务管理。分公司各邮政网点为炎陵当地党、政、军、群提供广泛的普遍服务业务及提供特殊服务工作（机要通信）。

【业务发展】 2018年，炎陵县邮政分公司贯彻落实“一体两翼”经营发展战略，围绕“发展”这个主题，积极服务当地政府，推进服务体系建设工作。以问题为导向，有效转变经营观念，推动全司收入高质量发展，截至12月，炎陵县分公司累计完成进度108.80%，累计增幅24.28%。

【代理金融】 分公司领导班子带领全体干部职工，贯彻“金融强则邮政强、金融快则邮政快、金融好则邮政好”的发展理念，重点突出金融业务的发展。截至2018年12月底，炎陵邮政分公司储蓄完成收入累计进度93.06%。代理保险完成收入进度115.83%。

【快递包裹】 在炎陵县委、县政府召集寄递企业开会研讨之后，决心举全公司之力打好炎陵黄桃扶贫攻坚战役。2018年，黄桃寄递同比增幅 50.8%,占市场主导地位,线上线下共计销售黄桃 6 万件。在金融服务方面,针对黄桃代收点绑定绿卡微信收款,直接、全覆盖服务所有果农,为炎陵黄桃产业提供金融服务。寄递完成年累计进度 184.67%,收入规模在全市 16 个单位中列第三位,完成年累计进度在全市 16 个单位中列第一位。其中在寄递业务百日会战竞赛中,县分公司完成累计进度 143.97%,在全市 16 个单位中列第二位。电子面单使用率不断提升,全年电子面单使用率达到 99.8%。欠费管理不断规范,2018 年彻底消灭 1 个月以上账期欠费。

【渠道平台】 截至 2017 年 12 月 31 日渠道平台批销额完成收入 130.54 万元,其中自营批销额收入 106 万元,完成进度 79.10%。招商效果明显,全县入驻商家 6 个,在线产品 165 种,代购 3200 笔,邮乐小店新增 86 个,累计建点 150 个,完成建点计划的 100%。

【普遍服务】 炎陵分公司通过企业的服务督察人员和寄递事业部的运管部人员合并办公,实行一人管控所有指标,做到每日调出指标通报并点评和督导,一人检查“8S”现场卫生、物品摆放、投递现场检查及所有的服务。全县条码平信投递信息反馈率、给据邮件信息及时上网率、农村妥投信息实时反馈率以上指标都高于达标指标,排名全市第一;平信收寄、汇兑开办情况所有网点均达 100%,通过加大管控后 4 月、5 月签到签退率达到 100%;其他各项投递指标全部高于全市水平,排名第一;党报党刊城区实现当日见报,乡镇全部实现隔日见报。

【党建工作】 2018 年,炎陵分公司对口扶贫单位是沔渡镇长江村,分公司选派 25 名党员干部下基层,通过一帮一联明确党员干部责任,确保全村 32 户建档立卡贫困户不漏一户一人。2018 年,炎陵分公司“五一”“七一”“十一”与村支部联合组织党员活动日,与村贫困户同吃、同住、同劳动。强化党员的模范带头作用,2018 年“双十一”炎陵分公司杨建武总经理带队组织 8 位党员奔赴醴陵清水井邮件处中心,战斗在包裹快递处理最前沿。12 月 8 日,炎陵分公司以“爱家乡、回家乡、建家乡”为主题,组织党员干部赴广东东莞走访慰问炎陵籍外出务工人员,带去他们家中留守老人、留守儿童录制的小视频。 (李竹梅)

电 信

【概况】 2018 年,炎陵电信分公司现有在岗合同制员工 46 人,派遣制员工 35 人,退休退养员工 30 人,其中党员 26 人。设综合办公室、渠道销售部、网络运营部 3 个职能部室;下设 6 个班组,即政企分部、商圈渠道、农村渠道、城区综合维护分部、城区装维分部、炎帝陵综合维护分部、沔渡综合维护分部、水口综合维护分部;1 个城市支局;3 个农村支局,即炎帝陵支局、沔渡支局、水口支局。2018 年,主营业务收入完成 2606 万元。

【脱贫攻坚工作】 2018年，炎陵电信分公司继续抓实扶贫工作，明确了一名工作责任心强、工作务实的党员作为扶贫专干，抽调了11名工作能力突出的党员干部进行脱贫结对帮扶。同时每月至少组织党员干部开展两次帮扶活动，包括上门走访了解情况、“同吃同住同劳动”、节前慰问等活动，圆满完成了脱贫攻坚工作任务。

【精品网络打造】 2018年，炎陵电信分公司着力打造精品网络，大力建设光网和4G基站，光网宽带行政村覆盖率和4G行政村覆盖率均达到了99.17%。完成了炎帝陵景区内的4G建设，实现了景区4G全覆盖，并完成了景区内杆路搬迁、景区内及沿线零乱杆路整治工程。

【服务质量提升】 2018年，为进一步提升服务质量，炎陵电信分公司向用户承诺——农村24小时装机、修障，城区八小时装机、修障，慢必赔；真宽带、真速率、低必赔；老用户免费提速；新装用户免费调测无线WiFi；7×24小时在线服务。全年光纤宽带/ITV用户的装移机及时率达到了99.80%，修障及时率均达到了98.90%。

【精品窗口打造】 2018年，炎陵电信分公司着力打造精品窗口，对县城自营厅及三河、鹿原、沔渡、水口等几个大乡镇的营业厅进行了大规模的改造。 （张 琼）

移 动

【概况】 中国移动通信集团湖南有限公司株洲市炎陵县分公司，2018年底，共有员工44人，其中上市员工30人，劳务工5人，退休员工9人。分公司下设综合部、市场部、网络部、城区营业部及水口、鹿原、沔渡3个乡镇营业部。2018年，分公司围绕县域社会经济发展的总体目标，以改善民生为宗旨，网络质量、优质服务两手抓。补强县城、加大农村基础通信设施及信息化建设力度，着力推进中高端企业上云、中小微企业信息化拓展，全面助力脱贫攻坚工作。分公司业务收入完成全年计划的97.6%。

【党建工作】 2018年，分公司党支部认真学习贯彻执行中共十九大精神，全面深入抓党建强队伍、抓党建促发展。抓入党积极分子的培养，指定培养人和责任人，定期组织集中学习，提高入党积极分子的思想素质和理论知识，为党支部增加新鲜血液、壮大支部力量奠定基础。树立“以发展成果检验工作成效”的党建观、“以人民为中心”的群众观和“求真务实”的业绩观，重点从抓思想、抓组织、抓文化等抓好“六好”党支部建设，充分发挥党支部的战斗堡垒作用，积极推动企业发展嵌入当地社会经济发展：全面助力政府打造创新创业园“135”工程；信息化服务全面落地；助力文化旅游炎帝陵创AAAAA景区信息化服务；助力“炎陵黄桃”品牌、“一村一品”、“一乡一特”133.33公顷产业基地移动信号的全面覆盖；响应“数字乡村”“光纤入户”号召行政村宽带覆盖。

【精准扶贫】 分公司组织全体员工投入精准扶贫工作。炎陵县霞阳镇吉利村是分公司对口帮扶村,共有贫困户35户,分公司抽调11名工作能力强的党员干部开展对口入户帮扶工作。2018年,对全县精准扶贫共投入2117万元,其中无线基础通信设施建设投入1150万元,有线宽带设施建设800万元,5万元用于帮助吉利村恢复灾后设施建设,80万元用于全县贫困户老人通信服务费,另投入8600台智能老人机。

【网络规模】 2018年,在抓好全面网络覆盖的同时,重点聚焦农村区域通信基础设施建设,促进通信普遍服务,清除信息鸿沟,改善民生环境。截至2018年底,全县共有基站达799个,行业绝对领先,全县120个行政村4G通达率100%。

【宽带发展】 2018年,分公司加大农村有线宽带建设力度,实现县城和14个乡镇及城乡接合部实现无缝隙覆盖,完成102个村组的光宽带深覆盖,其中包括48个贫困村的光宽带能力建设,为通信扶贫提供有力支撑。光纤到户,120个行政村有线宽带覆盖率96%,其中贫困村宽带覆盖率92%。为炎陵县经济社会发展提供良好的通信环境。

【优质服务】 分公司进一步创新服务方法、改善服务设施、优化服务环境,服务网点50多个,遍布全县所有乡镇,确保客户随时随地能享受到优质高效的窗口服务;网络全县799个无线基站遍布所有乡镇村组,100M宽带服务到村到户,均确保了良好的信号覆盖。同时运行实行7×24小时监控,确保发现问题及时解决,全面提升客户感知;服务当地社会咨询,认真对待、及时给予回复,确保客户满意;敢于承担社会责任,积极参与各项社会活动,分公司为炎帝陵祭祖、平乐黄桃节、大院杜鹃花节等大型活动增开大型应急通信车6次,确保通信畅通,既巩固了良好的企业形象,也持续赢得了良好的社会口碑。 (张丽红)

联　通

【概况】 中国联通炎陵县分公司下设综合业务支撑部、市场部、政企客户部、运行维护部、宽固及融合业务部等5个部门,共有员工80多名,遍布城区及各乡镇的业务代理网点近30家。

【通信扶贫】 积极响应政府扶贫号召,做好通信网络保障,在2018年已完成全部行政村的光网覆盖。其中中村瑶族乡龙渣村属炎陵联通结对帮扶村,分公司领导高度重视,以解决群众实际困难为出发点,捐助资金数万元用于村里各方面建设,有效的解决村民饮水、安全、交通等问题。

【网络优化】 县分公司一直注重加强网络建设,尤其是最近两年,相继在原有基站的基础上增加最新功能的设备,重点解决边远山区、村组移动信号弱和无信号、重点工程施工现场的信号覆盖情况，新增4G基站38个，加强信号覆盖，信号覆盖率达到95%以上。加强品牌服务，继续改善神农谷、梨树洲、炎帝陵景区及附近的通信现状，并对景区附近的基站进行优化，全年项目投资达到135万元。

【客户服务】 以服务产品为抓手，以渠道服务质量为聚焦点，以服务特色的线上活动，为本地用户的有效运营提供保障，推进客户感知度，规范营销行为，制定《固网装维服务标准化手册》《移网用户服务指南》《大客户维系感知》等制度，围绕用户满意度为核心，提升网络能力为驱动，实现客户感知全面提升，以党建促发展、以党建促脱贫为主题的互动活动，确保客户感知，主动融入不断完善网络的覆盖。（曾文裕）

商贸服务

商务粮食

【概况】 2018年，经科商粮局有干部职工55人，其中在岗55人，离退休86人，专技人员中副高职称1人。

【商务招商】 1. 主要指标完成情况。2018年，全县开发储备项目37个，签约重大产业项目23个，合同引资额113.78亿元，完成内联引资23.9亿元，完成全年目标任务的104%，同比增长17.12%。2.招商工作稳步推进。2018年，全县签约重大项目23个，合同引资额113.78亿元，其中亿元以上项目10个。北京思凯乐旅游服装有限公司（湘商企业）投资5亿元，在县中小企业创业园打造一个“户外创新工场”；由中国中燃能源有限公司投资1亿元“气化村镇”燃气项目，将建设3座气化站（储配站），10座瓶组气化站，100座调压柜，10个客服中心，管输天然气覆盖10个乡镇集中建成区。2018年，完成鹿原、沔渡、中村等3个特色乡镇天然气工程基础建设；投资1亿元神农白茶现代农业科技产业园项目，开发建设生态农业休闲观光、标准化茶叶基地、现代化苗木繁殖基地等综合项目；投资10亿元小米智能家电项目（500强企业），占地6.67公顷，承接小米智能科技、万魔声学科技公司、国声声学公司关联智能家电系列产品。投资4.78亿元的炎陵碧桂园房地产项目，于6月27日以4300万元竞拍得到3万平方米土地，7月24日在沪洽周签约；投资5亿元的九龙工业园区高端铝型材项目，投产后年效益产值10亿元以及税收3000万元以上。完成在炎注册手续及环评工作；投资1亿元的高温合金项目，一期正在建设标准厂房、办公楼；9月20日，签约投资10亿元的亿都九里晴川城市高端精品商住项目，已完成在炎公司注册，正在进行楼盘建设中。12月18日，分别签约60亿元的大院康养项目、10亿元的欧科亿数控精密刀具产业园项目。

2018年，全县开工项目14个，分别为纺织产业园、圣宝龙电动车、高产杜仲种植观光与深加工、国声声学产业园、小米智能家电项目、思凯乐户外产业园项目、顺华锂业生产线建设、今成钽铌二期、迈龙新材料生产基地、欧科亿二期、天然气利用工程项目、神农白茶现代产业园、碧桂园、亿都房产项目，其中，国声声学产业园项目完成投资8500万元，完成标准厂房建设和6条耳机生产线、1条米热项目生产线建设，正在进行产品展示室、实验室、消音室、员工文体设施的建设(篮球场、健身室、图书室)等附属工程建设,总投资10亿元小米智能家电项目正在进行米暖第二条生产线建设;欧科亿二期已购置土地13.33公顷,现已开工进行厂房建设中;今成钽铌二期主体厂房已建成,消防设施已完成,正在进行场内路面硬化工作;总投资5亿元的思凯乐户外产业园项目,已完成厂区内部道路硬化工作,厂房外围墙、大门及门卫室正在建设中;总投资2亿元的高产杜仲项目,完成杜仲种植86.67公顷;投资1亿元的天然气利用工程项目,全年完成投资8500万元,城市燃气管网铺设60公里;投资1.3亿元的迈龙新材料项目,准备投入生产;投资6亿元的圣宝龙电动车项目,完成土地平整、规划设计和环评报建工作,标准厂房正在建设中;投资1亿元的神农白茶现代产业园项目,在船形乡新生村、船形村、乌鸦仙等地新扩种神农白茶16公顷,新建茶叶加工厂1.07公顷征地工作与乡政府洽谈中;投资5000万元的顺华锂业项目,项目已竣工;碧桂园、亿都房地产项目楼盘正在建设中。

2018年,炎陵县按照"产业项目建设年"要求,积极对接500强,书记、人大常委会主任、县长、政协主席多次带队赴北京、上海、深圳、杭州等地,推介项目,对接招商,先后拜访小米智能科技有限公司、北京国投信达集团、东方园林公司、海王药业集团、碧桂园房地产公司、深圳万魔声学科技有限公司、东莞全康电子科技有限公司、欧科亿硬质合金有限公司等重要客商,搜集有效招商信息260余条,对接客商400人次。

【电子商务】 2018年,全县电子商务共投入资金2238万元,打造县级电商产业园和电商扶贫中心,有10家扶贫经济组织、68家电商企业签约入驻电商产业园,建成128个农村电商服务站,贫困村覆盖率100%,覆盖贫困人口11783人,实现农产品网络销售额3亿元以上。全县黄桃2.3万吨,由电商微商销售的黄桃产品1.3万吨,占总产量的68.5%。全县通过省商务厅认定电商示范企业10家,淘宝网上黄桃销售链接由2017年的50余个上升到500余个,淘宝、京东旗舰店首年开店,销售总单数超过35000单。微商户由3000多户跃升到6000多户;组织35场电商培训班,参加培训5000余人次。为提升炎陵县电商领域农产品销售标准化和品牌化水平、促进"农商互联"工作的进程,4月,邀请三位经验丰富的电商业主、直销经营大户和黄桃产业管理人员下到3个黄桃主产乡镇的8个村开展产业扶贫——炎陵黄桃"一县一品"为主题的电商进农村知识培训班。6月,组织全县黄桃种植户、电商企业代表、农村电商服务站负责人、微商创业者以及从业者召开炎陵黄桃线上线下销售暨"电商扶贫小店"培训推广会。

【内外贸易】 2018年,进出口总额2866万美元,同比增长27.3%。其中,外贸出口2779万美元,同比增长23.9%,外贸进口87万美元,同比增长989.9%。批发业零售3676万元,同比增长7.5%,零售业零售总额189455万元,同比增长9.5%。

【粮食管理】 2018年，炎陵县经济科技信息化和商务粮食局归属政府工作部门。局机关内设12个股室，其中涉粮股室2个(粮食调控、军供与储备监督股和粮食行业发展与质量监测股)，下设炎陵县神农粮油有限责任公司。主要职责是为全县粮食生产者、经营者、消费者构建一个管而不死、活而不乱的经营平台。在收购环节：要求从事粮食收购的经营企业和粮食经营户，必须进行粮食收购资格申请，通过县级粮食行政主管部门许可，方能从事粮食收购活动。在收购现场必须公示粮食品种、质量标准、收购价格，接受社会监督。在储存环节：做到"两符""三专""四落实"。"两符"是指账账相符、账实相符，"三专"是指专仓储存、专人保管、专账记载，"四落实"是指数量落实、质量落实、品种落实、地点落实。确保库存数量真实、质量良好、储存安全。在销售环节：政策性粮食出库必须做到政令畅通，出库方根据买方与湖南省粮食批发市场签订的《粮食购销合同》及《粮食出库通知单》，如期、如数、如质组织出库。特别是镉含量超标的粮食出库，由湖南粮食集团派出专人实行全程监管，严禁镉含量超标的粮食流入口粮市场。

马安山粮库是炎陵县粮食收储中心，承担省级和县级储备粮代储代管任务，现有省级储备粮5000吨，县级储备粮2000吨。受中央储备粮株洲直属库的委托收购承储最低收购价粮9477吨。为提升中心智能粮库功能，2018年度国家投资113万元，在马安山粮库库区内安装47个摄像头。对14个仓廒安装粮情监测电子测温系统。对P16和P17仓安装空调。

严格执行国家粮食购销政策，2018年全县收购原粮10708吨，其中：国有粮食企业省级储备粮轮换收购1488吨。粮食收购过程中严格执行国家粮食政策，推行"公开承诺服务"，没有出现"打白条"、抬级抬价、压级压价等坑农现象。在贯彻执行国家粮食收购政策上，做到执行政策不走样，服务措施不缩水，达到政府放心、售粮农户满意的良好效果。在做好收购的同时，全县共销售粮食10536吨。 (杨新明)

2018年炎陵县电商企业名单

表22

序号	姓　　名	性别	职务	单位名称
1	刘铁荣	男	总经理	炎陵县耕夫子农产品开发有限责任公司
2	廖振瑜	男	总经理	湖南福来喜鹅业有限责任公司
3	任金伟	男	会　长	湖南炎黄智慧电子商务有限公司
4	任金伟	男	总经理	湖南一品松禽蛋制品有限公司
5	张建良	男	总经理	炎陵返本归真电子商务有限公司
6	龙辉平	男	总经理	炎陵神农生态茶叶有限责任公司
7	王良洪	男	总经理	炎陵搜农电子商务有限公司
8	曾光武	男	总经理	炎陵县湘福园食品有限责任公司
9	张湘军	男	总经理	炎陵县金紫峰粮油开发有限责任公司
10	张立峰	男	总经理	炎陵县艾香坊客家特色食品开发有限责任公司
11	黄华平	男	总经理	湖南顿牛网络科技有限公司
12	黄华平	男	总经理	炎陵县神龙竹木制品有限公司
13	罗泽文	男	总经理	炎陵县山垅盛强水果种植专业合作社
14	邝卫华	男	总经理	炎陵王子黄桃种植专业合作社
15	邓运成	男	总经理	炎陵县神农源果蔬种植专业合作社
16	黄李辉	男	总经理	炎陵智慧乡村开发团队
17	李秋媛	女	总经理	湖南炎陵乡李太太农家菜有限责任公司
18	戴诗宾	男	总经理	炎陵县陶醉天下黄桃种植专业合作社
19	何茂富	男	总经理	炎陵县众创电子商务有限公司
20	朱程浩	男	总经理	炎陵水云间农产品开发有限责任公司
21	尹辉平	男	总经理	炎陵县乡野汇电子商务有限公司
22	黄玉华	男	总经理	炎陵县全友家居
23	张　辉	男	总经理	炎陵县沔渡镇梅岭竹工艺品厂
24	陈安辉	男	总经理	炎陵县橙意满满产品销售店
25	邱宇珩	男	总经理	炎陵鑫龙电子商务有限责任公司
26	邓　锋	男	执行会长	炎陵县电商协会

电子商务企业(公司)选介

【湖南福来喜鹅业有限责任公司】 公司2007年成立，是一家集炎陵(酃县)白鹅资源保种、种苗繁育、基地饲养、屠宰深加工及餐饮连锁于一体的省级农业产业化龙头企业。依托炎陵(酃县)白鹅优质品种资源和炎陵县独特的生态环境优势。坚持炎陵白鹅食青草、饮山泉、放牧饲养的标准化生产，打造炎陵白鹅从基地到餐桌原生态产业链。公司建成一个占地9.73公顷的国家级炎陵(酃县)白鹅资源保种场、拥有30台智能化设备的种苗孵化场、2个共计占地46.67公顷，年出笼达30万羽的商品鹅标准化养殖基地、一个占地面积达35000平方米年鹅肉食品加工能力达300万只的加工厂。2016年，在长沙成立“鹅一哥”特色餐饮管理公司，有11个鹅肉特色餐饮店。炎陵白鹅产业实现从养殖、加工、销售和餐饮一、二、三产业深度融合发展。

2018年，公司发展白鹅310万只，屠宰加工白鹅200万只，实现销售收入2.3亿元。有“鹅行天下”省著名商标，有“鹅醉一哥”“廖氏卤神”注册商标的餐饮企业品牌。有炎陵(酃县)白鹅中华人民共和国农产品地理标志，酃县白鹅国家级资源保种场等公用品牌。2012年，公司通过ISO 9001质量体系认证，2013年通过清洁生产认证，2018年酃县白鹅获株洲市区域公共品牌，2018年酃县白鹅通过无公害产品质量认证。公司有“鹅行天下”品牌冷鲜、冰鲜、熟食三大系列46个单品，产品销售网络遍布省内各地级城市和珠三角等市场。

全县白鹅主导产业的发展，坚持政府引导、企业主导的原则，通过龙头企业公司+合作社+农户的经营模式，由龙头企业与合作社、农户签订订单农业供销合同，并提供种苗、饲料、技术和保护价回收等一系列服务，确保合作社与农户的养殖效益，解决合作社与农户养鹅缺资金、少技术、愁销售的困惑。同时龙头企业产品加工增值后对年出笼达1万只以上合作社和养殖大户按每只成鹅年终给予1元以上的二次分红，建立企业与合作社和农户紧密利益联接机制。产业发展形成以企业为龙头、合作社为纽带、农户为基础的共同体。主导产业对接精准扶贫，2018年帮扶全县5563个贫困人口，帮扶贫困人口增加纯收800万元，安排就业500人。为全县实现全面脱贫发挥积极的作用。 (罗小云)

【炎陵搜农电子商务有限公司】 炎陵搜农电子商务有限公司成立于2015年7月，注册资本200万元，公司位于湖南省株洲市炎陵县，搜农坊是全国首家体验式特色农产品购物平台。公司2017年7月成立太姑仙水果种植专业合作社，合作社黄桃种植面积333.33公顷，猕猴桃种植面积20公顷。黄桃年产值达到1200吨。公司采取公司+基地+合作社+农户的模式经营，公司致力于提供特色农产品的电子商务服务，品类包括特色水果、干货等40余种特色农产品，渠道包含电子商务、团购、专卖店、直营店等多种方式。2018年，在海关办理了出口备案。7月，出口黄桃到新加坡。炎陵黄桃第一次完成对

外出口贸易业务，是真正意义上的实现本地电商跨境贸易。（王良洪）

供销合作

【概况】 炎陵县供销合作社联合社贯彻落实中央、省、市、县关于深化供销合作社综合改革文件精神，创新服务方式，拓宽服务领域，加快基层组织建设，夯实为农服务基础，创新体制机制，构建“双线”运行体系，同时处理企业改制遗留问题，切实维护全系统的稳定大局。2018 年末，炎陵县供销合作社联合社机关在岗人员 14 人，内设机构有办公室、政工人事股、财务股、业务股、物业股、商业行业管理办公室。全系统企业在册干部职工 634 人，离退休人员 719 人，拥有资产总额 2725.9 万元（固定资产账面价值）。2018 年，炎陵县供销联社荣获株洲市供销系统综合业绩考核二等奖。

【建立监事会机构】 2018 年 10 月，县人民政府正式任命县供销合作社联合社监事会主任，县级供销合作社成为理事会、监事会机构健全的组织。

【土地托管工作】 坚持为农服务，进一步破解“谁来种地”“地怎么种”的问题，着力创新土地托管服务新模式，提供新服务，2018 年市委、市政府下达县“民生 100”工程新增土地托管面积任务为 600 公顷，实际完成土地托管面积 847.26 公顷。

【惠农综合服务工程】 充分发挥供销合作社经营网络优势和服务平台优势，加快构建生产合作、供销合作、信用合作“三位一体”和县、乡、村上下贯通的惠农综合服务体系，2018 年建设供销惠民综合服务中心 3 家、服务社 22 家，完成市委、市政府下达的“民生 100”任务。12 月底，经县政府同意，由社下属农村现代流通网络建设服务有限公司注资成立“炎陵县供销惠民服务有限公司”。

【加强社有资产监管】 切实加强社有资产监管，2018 年，县社成立社有资产清理工作小组，派出专人、专车抓好社有资产确权工作，列出每宗资产确权的时间进度表，做好查找历史档案资料、公示等环节工作，跟紧国土、房产测评、测绘工作，办理好资产过户手续。

【农产品开发】 4 月，带领炎陵县神农茗茶种植专业合作社参加湖南省茶祖节，推销“万阳红”等炎陵县特色茶叶。9 月，与县黄桃办、县黄桃产业协会携“炎陵黄桃”参加 2018 年第四届中国果业品牌大会、第二届中国（长沙）优质果品博览会、第二届全国果业扶贫大会暨贫困地区果品产销对接会，“炎陵黄桃”入选 2018 年中国果品区域公用品牌价值榜，价值达 1.56 亿元，是唯一入榜的“桃品”，荣获第二届中国（长沙）优质果品博览会产品金奖。

【脱贫攻坚工作】 确保工作经费、严格执行制度、落实精准帮扶，2018 年 6 月，办点村桃村、自源村脱贫攻坚工作顺利通过国家第

三方评估检查。两个村的帮扶工作队都被评为市先进驻村帮扶队,县社被评为“县先进驻村帮扶单位”。 (陈艳红)

烟草专卖

【概况】 2018年,炎陵县烟草专卖局(分公司)高举习近平新时代中国特色社会主义思想伟大旗帜,坚持稳中求进工作总基调,深入贯彻“1326”工作理念,团结一心,奋发实干,为推进社会经济高质量发展作出贡献。全年完成卷烟销量7401箱;完成销额(含税)21447万元,同比增长3.04%;单箱均价28978元,同比增长3.49%;税收1550万元,同比下降2.43%。单位内设客户服务分部、专卖监督管理股、综合室、安全保卫室、办公室五个部门,2018年末在册职工32人。

2018年,获株洲市文明标兵单位、炎陵县基层党建考核一等奖;1人获评株洲市“脱贫攻坚先进个人”,1个QC课题获烟草系统国家局二等奖;2篇政研论文分获烟草系统国家局二等奖、一等奖。

【党建工作】 完成脱贫攻坚阶段性目标,扶贫驻点黄上村、泮坑村顺利通过国家验收和省里检查,实现脱贫摘帽;完成第四轮人力资源改革,风清气正的政治生态得到全面巩固。一是拧紧思想建党“总开关”。深入学习贯彻习近平新时代中国特色社会主义思想和十九大精神,制定党建学习计划,严格落实“三会一课”制度,积极开展党员承诺、结对共建、脱贫攻坚、先锋党员评比、重温入党誓词等实践活动,推进“两学一做”学习教育常态化制度化。二是筑牢组织建设“主阵地”。强化支部核心作用,围绕“五化”建设标准,建立“1234”工作法打造“立学笃行”的党建品牌,充分发挥各部门“党员先锋队”在突破重点工作、攻坚任务、短板项目上的表率作用。三是激活“党建+”工作“新引擎”。坚持以党建带群团建设,将群团工作纳入党建工作总体部署,开展职工兴趣小组、“七一”红色观影、重阳节退休干部茶话会、妇女节春游等活动,完成全市系统“五四”青年骨干文化轮训班暨联谊会承办工作。四是打好廉政建设“持久战”。严格落实“两个责任”和中央八项规定要求,狠抓作风建设、监督执纪和巡视整改,认领省局巡查问题整改46个,问责10人次,清理腾退办公用房11.59平方米。

【营销工作】 积极探索市场营销管理新方式,筑牢“小组+”平台,自律互助小组覆盖率达到100%。一是营销管理不断增强。组建自律互助小组52个,实施“城网+农网”片区划分和“两员联合”的市场管理模式,推行“大组长+小组长”的联合小组管理机制,搭建“113”小组运行策略建议库,小组活动自主率达到67%。构建客户经理“五个一”内训模式和“212”工作法,有效解决偏远分散小组服务问题。二是品牌培育成效显著。积极争创品牌培育十佳县级分公司,构建以“532”培育策略库为内核的“111”新品培育模式,5个重点培育品牌覆盖率均达到20%以上,月均再购率达到90%以上。三是终端建设持续升级。组织小组团购降低店面建设成本，改造升级12个“小组之家”，建设新终端21户，选点打造11个品牌旗舰示范店。明确小组建设5个标准，深入实施客户能力“5+5”建设工程，开展小组终端建设培训、特色陈列竞赛、优秀小组及组员评比表彰等活动，客户平均盈利率增幅近8个百分点，客户获得感和经营信心显著提升。

【专卖管理工作】 紧扣市场监管关键，深入推进打假打私、真烟治非、大户治理、行政许可四项重点工作，实现卷烟市场规范有序。一是打假打私取得重大突破。坚持“建机制、堵源头、打团伙、管市场”的工作方针，强化案件线索排查侦破与协作能力，查处各类违法案件79起，登记保存违法卷烟104万支，涉烟案值57万元。二是真烟治非迈出坚实步伐。加强对边界市场、物流集散地等重点市场监管和物流运输、高速路口等重点领域监控。瞄准“网上销售”和“线下物流”两个战场，建立辖区快递物流企业台账，实行稽查员一对一负责制，查处快递烟案47起。重拳出击开展大户治理，以“裁剪枝叶”为主要措施，清理代开户87户。三是依法行政营造良好环境。认真贯彻“放管服”改革要求，坚持“宽进严管”原则，完成零售点合理布局规划的调整，全年办理新证148户、延续575户，清理僵尸户15户，停业9户，注销39户，有效维护市场经营秩序。严格执行“APCD”工作法和“双随机一公开”制度，辖区市场净化率进一步提升。

【基础管理工作】 制定办公室配置布局标准，完成办公楼改造7处、院内布局设计草图及食堂维修改造。有序推进甩箱式物流转运场地、和一636门店、交流干部用房等项目的后续工作。有效解决两个历史遗留问题，顺利推进门卫及老食堂安全隐患改造，完成院内关键土地部分的权属变更办理。坚持安全第一、依法管企的发展理念，全年实现安全责任零事故、法律纠纷零事件。在关键岗位设置AB角，做好人才储备。加强青年员工培养，建立以“主任讲制度、员工讲知识”+兴趣小组活动为主要内容的“学习活动日”制度，完善部门绩效考核、贡献绩效考核方案和二次分配制度，制定局长特别奖励事项制。组建跨部门跨专业的攻关小组6个，其中写作小组成绩突出，多项获奖。

（廖晨希）

石油供应

【概况】 2018年，中石化炎陵石油分公司有加油站14座，聘任制员工65人，实现成品油零售9680吨。销售额0.86亿元。年内投资700余万元对所属广场、三河、红星、十都四个加油站进行改造，以更环保、更安全、更现代化的理念提升加油站服务功能。年末成品油零售价分别是：92#汽油6.41元/升；95#汽油6.81元/升；98#汽油7.61元/升；0#车用柴油6.11元/升。全年安全事故为零，积极开展油非互动工作，2018年实现非油销售700多万元，方便客户，稳定市场。

（黄建文）

盐业管理

【概况】 2018年,盐业公司在职3人,退休9人。负责炎陵20万人口的加碘食盐和各类工业用盐的供应和炎陵行政区域盐业市场的稽查管理工作。全年销售各类盐675吨,其中销售加碘小包盐502吨;销售加碘大包盐51.1吨;销售工业盐121吨;销售非盐商品2.4万元。炎陵县盐业公司坚持以人为本,构建和谐社会为目标,加大宣传力度,提高市民识别假盐的能力,拒绝假盐的毅力,确保炎陵人民食用合格碘盐。

【宣传活动】 在"3·15"消费者权益日,盐业公司利用新闻媒体宣传的广泛性,在炎陵县政府指定的宣传地(体育广场)设立宣传点,制作车厢宣传板在县内流动宣传。2018年,不合格的外省盐大量流入市场,造成盐业市场的混乱。导致盐业公司正规盐的销量日渐下滑。所以,为保障炎陵县人民的身体健康,盐业公司于"5·15"防治碘缺乏病宣传日以"食用合格碘盐,预防碘缺乏病"的主题进行广宣。通过发放传单、板报展示、入户调查等一系列宣传活动,提高群众对合格加碘盐的识别能力,此举受到广大市民的热烈咨询,同时引发炎陵媒体的关注并采访报道,取得了良好的舆论宣传和监督作用。

【规范经营秩序】 2018年,盐业公司坚持下乡到点,送货到店的原则加强终端网络建设,督促盐与非盐两翼发展,明确与网络经营户双方的责、权、利,相对保持了市场稳定。

(李　莎)

非公有制经济

【概况】 2018年,炎陵县把非公有制经济作为稳步发展、惠民生的重要主措,开展"企业帮扶年"和"项目攻坚年"活动,促进企业做大做强。全县共有市场主体8413家,其中2018年新增新登记内资企业有300户,个体工商户972户,农民专业合作社75户,分别比上年增长6.8%、6.4%、—14.8%。优质高效的商事服务,激发县域市场活力,助推项目攻坚、脱贫攻坚和经济发展。

炎陵县2018年私营企业统计表

表23

行业代码	行业分类	机器编号	期末实有									有限责任公司				本期注销		
			合计					城镇				法人独资						
			户数（户）	其中：分支机构	投资者人数(人)	雇工人数（人）	注册资本（出资金额）（万元）	户数（户）	投资者人数(人)	雇工人数（人）	注册资本（出资金额）（万元）	户数（户）	投资者人数(人)	雇工人数(人)	注册资本（万元）	户数（户）	其中：城镇	注册资本（出资金额）（万元）
甲	乙	丙	1	2	3	4	5	6	7	8	9	51	52	53	54	61	62	63
合　计		1	1181	105	3998	247	595543.36	714	1757	139	433658.34	12	11	0	64145.00	58	40	10923.00
A	农、林、牧、渔业	2	157	0	490	48	78201.99	76	214	22	44659.99	0	0	0	0.00	7	6	2578.00
05	农、林、牧、渔服务业	3	16	0	50	0	8518.00	11	28	0	7808.00	0	0	0	0.00	3	3	450.00
B	采矿业	4	14	1	30	25	5915.00	7	17	0	3170.00	0	0	0	0.00	0	0	0.00
11	开采辅助活动	5	0	0	0	0	0.00	0	0	0	0.00	0	0	0	0.00	0	0	0.00
C	制造业	6	226	3	654	98	145381.91	111	271	90	89700.58	5	5	0	11595.00	9	2	1615.00
43	金属制品、机械和设备修理业	7	1	0	3	0	2000.00	1	3	0	2000.00	0	0	0	0.00	0	0	0.00
D	电力、热力、燃气及水生产和供应业	8	164	11	1729	28	46169.09	39	404	1	31435.47	1	1	0	850.00	3	1	50.00
E	建筑业	9	61	14	94	8	27472.00	53	83	8	26072.00	1	1	0	800.00	2	2	300.00
F	批发和零售业	10	177	8	337	11	35834.57	130	240	3	27643.00	1	1	0	50.00	15	10	1430.00
G	交通运输、仓储和邮政业	11	39	9	56	6	6969.00	33	51	0	5839.00	1	0	0	0.00	1	1	90.00
H	住宿和餐饮业	12	25	1	46	1	6391.00	20	32	1	5891.00	0	0	0	0.00	1	1	10.00
I	信息传输、软件和信息技术服务业	13	40	5	66	4	9647.00	33	52	4	7937.00	0	0	0	0.00	3	3	830.00
J	金融业	14	28	24	9	0	11288.00	10	9	0	11288.00	0	0	0	0.00	0	0	0.00
K	房地产业	15	46	5	79	0	63926.00	42	69	0	62545.00	1	1	0	800.00	2	2	1800.00
L	租赁和商务服务业	16	103	11	216	6	101101.70	84	178	6	94211.20	2	2	0	50050.00	7	7	290.00
M	科学研究和技术服务业	17	39	7	70	0	27136.10	29	48	0	6996.10	0	0	0	0.00	1	1	1680.00

续表 23

行业代码	行业分类	机器编号	期末实有									有限责任公司				本期注销		
			合计					城镇				法人独资						
			户数(户)	其中:分支机构	投资者人数(人)	雇工人数(人)	注册资本(出资金额)(万元)	户数(户)	投资者人数(人)	雇工人数(人)	注册资本(出资金额)(万元)	户数(户)	投资者人数(人)	雇工人数(人)	注册资本(万元)	户数(户)	其中:城镇	注册资本(出资金额)(万元)
甲	乙	丙	1	2	3	4	5	6	7	8	9	51	52	53	54	61	62	63
N	水利、环境和公共设施管理业	18	17	3	32	0	19400.00	11	21	0	8900.00	0	0	0	0.00	0	0	0.00
O	居民服务、修理和其他服务业	19	22	2	31	0	2645.00	21	27	0	1645.00	0	0	0	0.00	5	3	140.00
P	教育	20	6	1	15	0	1630.00	4	8	0	1010.00	0	0	0	0.00	2	1	110.00
Q	卫生和社会工作	21	2	0	15	8	3500.00	1	10	0	2500.00	0	0	0	0.00	0	0	0.00
R	文化、体育和娱乐业	22	15	0	29	4	2935.00	10	23	4	2215.00	0	0	0	0.00	0	0	0.00
	其他	23	0	0	0	0	0.00	0	0	0	0.00	0	0	0	0.00	0	0	0.00
补充资料:		24	1.本期吊销 0 户,其中城镇 0 户															
补充资料:		25	2.吊销后本期注销 4 户,其中城镇 4 户															
补充资料:		26	3.本期安置下岗失业人员 0 人,其中投资开办私营企业的 0 人;到私营企业从业的 0 人															
补充资料:		27	4.本期高校毕业生从事私营经济 0 人,其中投资开办私营企业的 0 人;到私营企业从业的 0 人															
补充资料:		28	5.期末实有私营企业集团 1 户															
补充资料:		29	6.本期出口创汇私营企业 0 户,出口创汇折合人民币 0 万元															
补充资料:		30	7.期末实有注册资本 100 万—500 万元 375 户,500 万—1000 万元 146 户,1000 万—1 亿元 150 户,亿元以上 8 户															
补充资料:		31	8.查处违反登记管理法规 0 件,罚款 0 万元,没收非法所得 0 万元															
补充资料:		32	9.移送司法机关 0 件,移送人数 0 人															

负责人:

炎陵县2018年个体工商户情况统计表

表24

行业代码	行业分类	机器编号	期末实有						其中:本期登记			本期注销(户)	
			合计			其中:城镇							
			户数(户)	从业人员(人)	资金数额(万元)	户数(户)	从业人员(人)	资金数额(万元)	户数(户)	从业人员(人)	资金数额(万元)	合计	其中:城镇
甲	乙	丙	1	2	3	4	5	6	7	8	9	10	11
合计		1	6580	7597	87565.15	5090	5698	69910.93	966	1193	16989.50	207	170
A	农、林、牧、渔业	2	129	284	8316.40	67	180	5312.40	20	35	1115.00	2	2
05	农、林、牧、渔服务业	3	4	4	740.00	1	1	260.00	0	0	0.00	0	0
B	采矿业	4	20	17	1810.00	8	10	840.00	3	7	350.00	0	0
11	开采辅助活动	5	0	0	0.00	0	0	0.00	0	0	0.00	0	0
C	制造业	6	424	1187	9051.00	297	611	5770.50	45	100	875.20	9	8
43	金属制品、机械和设备修理业	7	7	7	96.50	6	6	79.50	0	0	0.00	1	1
D	电力、热力、燃气及水生产和供应业	8	24	29	381.00	14	18	190.80	2	3	46.00	0	0
E	建筑业	9	19	19	433.00	19	19	433.00	3	3	35.00	0	0
F	批发和零售业	10	3967	3895	43554.44	3089	3159	37832.77	505	582	8426.70	122	97
G	交通运输、仓储和邮政业	11	102	115	1500.30	70	70	1080.00	27	28	420.00	3	3
H	住宿和餐饮业	12	1081	1221	12890.71	825	900	9828.91	204	262	2880.30	41	36
I	信息传输、软件和信息技术服务业	13	111	119	989.50	84	95	826.70	12	16	214.00	5	5
J	金融业	14	3	3	20.00	2	2	15.00	0	0	0.00	0	0
K	房地产业	15	0	0	0.00	0	0	0.00	0	0	0.00	0	0

续表 24

行业代码	行业分类	机器编号	期末实有						其中:本期登记			本期注销(户)	
			合计			其中:城镇							
			户数(户)	从业人员(人)	资金数额(万元)	户数(户)	从业人员(人)	资金数额(万元)	户数(户)	从业人员(人)	资金数额(万元)	合计	其中:城镇
甲	乙	丙	1	2	3	4	5	6	7	8	9	10	11
L	租赁和商务服务业	16	74	84	1365.50	70	80	1145.50	16	24	595.00	5	5
M	科学研究和技术服务业	17	0	0	0.00	0	0	0.00	0	0	0.00	0	0
N	水利、环境和公共设施管理业	18	1	1	10.00	1	1	10.00	1	1	10.00	0	0
O	居民服务、修理和其他服务业	19	584	576	5927.30	507	510	5549.35	116	120	1702.30	18	14
P	教育	20	12	12	221.00	12	12	221.00	8	8	168.00	0	0
Q	卫生和社会工作	21	12	12	199.00	11	11	194.00	2	2	57.00	1	0
R	文化、体育和娱乐业	22	17	23	896.00	14	20	661.00	2	2	95.00	1	0
	其他	23	0	0	0.00	0	0	0.00	0	0	0.00	0	0
补充资料:		24	1.本期吊销 0 户,其中城镇 0 户										
		25	2.吊销后本期注销 0 户,其中城镇 0 户										
		26	3.本期安置下岗失业人员 0 人,其中持就业失业登记证申办个体工商户 0 人,享受地方再就业优惠政策 0 人										
		27	落实国家和地方再就业优惠政策免收工商管理行政性收费 0 万元,其中落实国家再就业优惠政策免收 0 万元										
		28	4.本期高校毕业生从事个体经济 2 人,其中申办个体工商户 0 人;免收工商管理行政性收费 0万元										
		29	5.查处违反登记管理法规 0 件,罚款 0 万元,没收非法所得 0 万元										
		30	6.移送司法机关 0 件,移送人数 0 人										

负责人:　　　　填表人:　　　　填报日期:

农民专业合作社登记管理情况统计表

表 25　　　　　　　　　　　　　　　　　　　　　　　　　单位:户、万元、个

项目	机器编号	合计	按业务范围分(户)									出资总额	出资方式(万元)						成员总数	按成员类别分(个)								
			农业生产资料的购买	农产品销售	农产品加工	农产品运输	农产品贮藏	与农业生产经营有关的技术、信息等服务	种植业	养殖业	其他		货币出资额	非货币出资额	100-500万元	500—1000万元	1000万元-1亿元	1亿元以上		农民成员	非农民成员	企业单位成员	事业单位成员	社会团体成员	50—100人	100-500人	500-1000人	1000人以上
甲	乙	1	2	3	4	5	6	7	8	9	10	11	12	13	14	15	16	17	18	19	20	21	22	23	24	25	26	27
期末实有	1	589	0	1	24	0	0	0	414	103	47	76029.42	76029.42	0.00	209	12	11	0	5271	5170	85	14	2	0	9	2	0	0
其中:分支机构	2	0	0	0	0	0	0	0	0	0	0	—	—	—	—	—	—	—	—	—	—	—	—	—	—	—	—	—
本期登记	3	75	0	0	1	0	0	0	54	11	9	5131.20	5131.20	0.00	27	0	0	0	571	553	17	1	—	0	1	0	0	0
其中:分支机构	4	0	0	0	0	0	0	0	0	0	0	—	—	—	—	—	—	—	—	—	—	—	—	—	—	—	—	—
补充资料:	5	1.本期注销登记 7 户,其中分支机构 0 户																										
	6	2.本期设立登记涉及登记前置许可的 0 户,其中分支机构 0 户																										
	7	3.《条例》实施前已在工商部门登记的,本期按条例规范登记的 0 户																										
	8	4.查处违反登记管理法规 0 件,罚款 0 万元,没收非法所得 0 万元,吊销营业执照 0 户																										
	9	5.移送司法机关 0 件,移送人数 0 人																										

负责人:　　　　　　　　　　　　　　　　　　　　　　　　填表人:

城乡建设

住房和城乡规划建设

【概况】 2018年末,住建局机关班子成员6人,在编在职干部职工41人,离退休20人,党员27人。内设机构包括办公室、政策法规股、财务内审股、规划管理股、村镇建设管理股等5个股室,所属事业单位有房产局(正科单位)、园林绿化局(副科单位)、供水中心(副科单位)、建工室、质安站、公用事业办、市政办、规划设计室、试验室等,下属企业包括建筑设计室和建筑工程公司,管理县城污水处理厂。住房和城乡规划建设局承担的职责职能概括起来主要是四大块:一是城乡规划管理。包括规划编制设计、规划审批和管理、"一书四证"审核、规划实施和执法等。二是建筑市场管理。包括施工图审查、招投标、工程预算、造价、报建、质量安全监督和职业技能培训等。三是市政公用设施建设管理。包括市政道路、供水、燃气及液化气、排污排水等设施的建设和管理。四是村镇和住房建设管理。包括农村危房(土坯房)改造、城市棚户区改造、新型城镇化建设等。

【脱贫攻坚】 抓农村危旧房改造行业扶贫和驻村结对帮扶,确保各项政策和措施落到实处。完成全县疑似危房核查鉴定、贫困对象农村安居工程竣工验收、危房改造行业扶贫"回头看"等重点工作任务,确保农村安居工程的质量和标准,确保资金拨付使用安全有效,为全县脱贫摘帽打坚实基础。继续保持驻村和结对帮扶人员不变、力度不减、投入更大,压实压紧驻村帮扶和结对帮扶责任, 真心真情真力开展结对帮扶工作,在市初审、省核查和国检中没出现漏评、错评和错退现象,也无意见反馈。

【规划管理】 按照城乡一体化的要求,深入贯彻落实城乡规划法,严把建设项目"一书两证",全年核发项目选址意见书3份,建设用地规划许可证138份,建设工程规划许可证161份,指导核发乡村建设规划许可证447本,顺利完成城乡规划各项目标任务。加强城乡规划编制,完成霞阳城区、九龙经济技术开发区控制性详细规划方案阶段专家审查,及修建性详规44项,规划条件14项,道路施工规划9项。召开9次规委会,评审通过16个重大项目规划。

【基础设施】 围绕"山水园林旅游城市"定位,大力开展项目攻坚和城镇提质。完成井冈东路景观提质改造及炎陵大道一期和康乐大道一期扫尾工程，启动炎陵大道二期和康乐大道二期建设，进入道路路基清表。采用PPP模式，实施城镇生活污水处理设施及配套管网建设，县污水处理厂提标改造工程已完成土建部分80%工程量，及设备、仪器仪表和自动化控制系统招投标工作。城市供水管网改造建设进展顺利，完成老城区供水管网改造2000米，新建东城区供水管网1200米。天然气利用工程加快推进，新建和改造天然气利用工程管网8.7公里。

【乡村建设】 结合乡村振兴战略，以“农村双改”为抓手，突出美丽乡村建设。完成农村土坯房集中整治扫尾工程，共整治农村危旧土坯房6122户，按照“一户一宅”政策，拆除闲置、废弃、空心破败的农村土坯房5366栋。引进中燃签约炎陵“气化村镇”项目。实施建制乡污水处理设施建设，完成5个乡污水处理厂建设项目可研、土地预审、规划选址、环评批复。组织申报鹿原西草坪村列入中国传统村落名录，完成鹿原镇三口河黑臭水体整治并销号。

【行业监管】 抓建筑市场监管和建筑产业发展，确保建筑行业安全平稳可控，发展持续有效。实行巡查制度，及时有效发现和制止违法违章建设，联合查处违章建筑案件8起。坚守安全红线，通过日常检查与专项检查相结合，监督与教育相结合，整改与处罚相结合，下发整改通知书58份，排查整改安全隐患438条，全年未发生质量安全生产事故。支持建筑产业发展，成功引进碧桂园和亿都等知名房企进驻炎陵，培训农村建筑工匠170余人。

【作风效能】 按照“马上就办、真抓实干”的要求，坚持问题导向，坚持依法行政，引导教育机关干部职工进一步转变工作作风，优化办事程序，提升服务效率，着力解决群众反映的突出问题。全年办理群众来信来访12件，承办马上就办5件、市长热线35件、县长热线172件、领导信箱4件，主办人大代表建议7件，政协委员提案9件，微建议6件，调解矛盾纠纷20余起。加快推动“最多跑一次”改革进程，梳理群众和企业到政府办事事项107项，进一步简化办事流程，实行审批一条龙、服务一站式行政审批工作新机制，真正实现简政放权、便民惠民。

（范建宇）

2018年度竣工验收项目一览表

表26

序号	编号	项目名称	建筑规模（平方米）	工程造价（万元）	施工单位	竣工验收时间
1	201801	炎帝陵游客服务中心商业长廊工程	—	638.6	茶陵县金大建筑有限责任公司	2018.01.12
2	201802	东方雅苑1#楼	6751.77	500.67	湖南昌华建设集团有限公司	2018.01.22
3	201803	东方雅苑2#楼	8082.39	599.34	湖南昌华建设集团有限公司	2018.01.22
4	201804	污水截污干管改造工程	2966.43	379.34	湖南君鹏建设工程有限公司	2018.01.24
5	201805	龙溪学校水塔及校园水管网	—	14.77	湖南恒凯建设工程有限公司	2018.01.24
6	201806	北辰景溪住宅小区15#栋	3895.28	388.28	湖南昌华建设集团有限公司	2018.02.09
7	201807	北辰景溪住宅小区16#栋	3884.68	387.22	湖南昌华建设集团有限公司	2018.02.09
8	201808	北辰景溪住宅小区17#栋	3884.68	387.22	湖南昌华建设集团有限公司	2018.02.09
9	201809	北辰景溪住宅小区2#栋	2210.5	232.85	湖南昌华建设集团有限公司	2018.02.09
10	201810	北辰景溪住宅小区3#栋	2571.44	269.56	湖南昌华建设集团有限公司	2018.02.09
11	201811	炎陵县草坪片区B、C、D、E道路工程	—	660.3	株洲市政建设有限公司	2018.04.03
12	201812	北辰景溪住宅小区7#栋	5109.13	509.32	湖南昌华建设集团有限公司	2018.02.09
13	201813	桃源洞自然保护区二期基础设施青石冈管理点	95.81	20.24	湖南恒凯建设工程有限公司	2018.05.14
14	201814	十都镇学校厕所	251.8	45.37	炎陵县建筑工程公司	2018.06.11
15	201815	垄溪乡学校教师周转房	1252	196.55	炎陵县建筑工程公司	2018.06.11
16	201816	桃源洞自然保护区二期基础设施梨树洲管理点	728.8	117.77	炎陵县建筑工程公司	2018.06.14
17	201817	桃源洞自然保护区二期基础设施大院管理点	457.8	70.67	湖南君鹏建设工程有限公司	2018.06.14
18	201818	桃源洞自然保护区二期基础设施良桥管理点	146.7	25.08	湖南君鹏建设工程有限公司	2018.06.14
19	201819	政务中心搬迁改造工程	—	205.29	湖南君鹏建设工程有限公司	2018.06.15
20	201820	船形乡易地扶贫搬迁集中安置区	1250	154.39	湖南君鹏建设工程有限公司	2018.07.05

续表 26

序号	编号	项目名称	建筑规模（平方米）	工程造价（万元）	施工单位	竣工验收时间
21	201821	霞阳镇易地扶贫搬迁集中安置区	775	99.17	湖南安顺建设工程有限公司	2018.07.05
22	201822	鹿原镇易地扶贫搬迁集中安置区	11300	163.04	湖南恒凯建设工程有限公司	2018.07.05
23	201823	鹿原镇易地扶贫搬迁集中安置区基础设施		79.23	湖南润辰景观建设有限公司	2018.07.05
24	201824	策源乡易地扶贫搬迁集中安置房	1050	129.01	湖南恒凯建设工程有限公司	2018.07.05
25	201825	水口镇易地扶贫搬迁集中安置房	525	66.85	湖南恒立建设工程有限公司	2018.07.05
26	201826	沔渡镇中学学生食堂	879.11	176.14	炎陵县建筑工程公司	2018.07.12
27	201827	中村瑶族乡易地扶贫搬迁集中安置房	875	108.88	湖南恒凯建设工程有限公司	2018.07.12
28	201828	炎陵县第一中学教学综合楼	2352.55	270.65	湖南良林建设工程有限公司	2018.07.16
29	201829	十都镇易地扶贫搬迁集中安置房	1550	188.85	湖南昊龙建设有限公司	2018.07.20
30	201830	鑫林·接龙里小区 1 号楼	2380.98	156.14	炎陵湘泰建筑工程有限责任公司	2018.07.26
31	201831	鑫林·接龙里小区 2 号楼	5680.12	380.86	炎陵湘泰建筑工程有限责任公司	2018.07.26
32	201832—1	水口华联商业广场 1# 楼	2651.89	184.04	湖南昌华建设集团有限公司	2018.07.30
33	201832—2	水口华联商业广场 2# 楼	2457.01	170.51	湖南昌华建设集团有限公司	2018.07.30
34	201832—3	水口华联商业广场 3# 楼	2118.68	147.03	湖南昌华建设集团有限公司	2018.07.30
35	201832—4	水口华联商业广场 4# 楼	2561.8	177.77	湖南昌华建设集团有限公司	2018.07.30
36	201832—5	水口华联商业广场 5# 楼	3144.93	218.25	湖南昌华建设集团有限公司	2018.07.30
37	201832—6	水口华联商业广场 6# 楼	872.15	60.52	湖南昌华建设集团有限公司	2018.07.30
38	201833	策源乡学校教师周转房工程	572.8	69.59	炎陵县建筑工程公司	2018.7.23
39	201834	公安局业务用房改扩建(项目)工程	7423.73	1029.11	株洲鑫通建设有限公司	2018.08.14
40	201835	中小创业园公共租赁住房二期	7500.4	660	攸县第一建筑工程有限公司	2018.08.15
41	201836	金花村楼下组挡土墙工程		184.06	湖南润辰景观建设有限公司	2018.08.16

续表 26

序号	编号	项目名称	建筑规模（平方米）	工程造价（万元）	施工单位	竣工验收时间
42	201837	炎陵中学厕所	435	74.59	炎陵县建筑工程公司	2018.08.20
43	201838	炎陵县龙溪乡易地扶贫搬迁集中安置区工程	1350	139.05	湖南省凌华建设有限公司	2018.08.21
44	201839	炎陵县易地扶贫搬迁县级集中安置区安置房工程	5025	561.06	张家界华宇建筑工程有限责任公司	2018.8.21
45	201840	炎陵县沔渡林业管理站标准化建设项目	265.12	32	湖南君鹏建设工程有限公司	2018.8.29
46	201841	图书馆维修改造工程	2560	67.85	株洲市第八建筑工程有限公司	2018.09.07
47	201842	北辰景溪住宅小区 4# 栋	2570.44	269.56	湖南昌华建设集团有限公司	2018.09.07
48	201843	北辰景溪住宅小区 8# 栋	2517.12	250.91	湖南昌华建设集团有限公司	2018.09.07
49	201844	北辰景溪住宅小区 9# 栋	3993.02	417.43	湖南昌华建设集团有限公司	2018.09.07
50	201845	鹿原镇玉江村幼儿园教学楼	360	62.51	炎陵县建筑工程公司	2018.10.17
51	201846	桃源洞自然保护区林业棚户区 1# 栋	3602	334.2	株洲星天建筑有限公司	2018.10.25
52	201847	桃源洞自然保护区林业棚户区 1# 栋	2375.9	220.44	株洲星天建筑有限公司	2018.10.25
53	201848	金天地停车场装饰装修工程	3145.6	49.76	湖南恒凯建设工程有限公司	2018.11.09
54	201849	沔渡镇公租房配套基础设施	—	195.2	湖南君鹏建设工程有限公司	2018.11.13
55	201850	神农大道延伸段拓宽改造工程	—	823.19	湖南鸿腾建设工程有限公司	2018.11.14
56	201851	中村瑶族乡卫生院业务用房	874	68	炎陵县建筑工程公司	2018.11.14
57	201852	国土局办公楼修缮工程	修缮 480M2 扩建 265.34M2	187.43	炎陵县建筑工程公司	2018.11.19
58	201853	国土局办公用房外墙及屋面维修工程	修缮 5420M2	178.73	炎陵县建筑工程公司	2018.11.19
59	201854	沔渡镇公共租赁住房	3220.75	486.03	湖南吉鑫建设有限公司	2018.11.21
60	201855	明德小学部扩建一期土方和挡土墙工程	—	32.8	炎陵县建筑工程公司	2018.11.26
61	201856	沔渡镇石洲学校教学点挡土墙一期工程	—	78.37	炎陵县建筑工程公司	2018.11.26
62	201857	大院教学点运动场挡土墙等附属工程	—	58.71	炎陵县建筑工程公司	2018.11.26

续表 26

序号	编号	项目名称	建筑规模（平方米）	工程造价（万元）	施工单位	竣工验收时间
63	201858	鹿原镇人民政府机关食堂新建工程	901.65	118.88	湖南湘立建设工程有限公司	2018.12.03
64	201859	创业园职工宿舍 A 栋工程	6119.2	43.9	炎陵县建筑工程公司	2018.12.05
65	201860	朝阳村幼儿园教学楼工程	230.57	48.2	湖南君鹏建设工程有限公司	2018.12.05
66	201861	炎帝陵风景名胜区华夏广场工程	修理间、长廊164.21M2 绿化48416.15M2	2359.44	湖南云田园林市政建设集团有限公司	2018.12.21
67	201862	鹿原镇东风学校教学综合楼工程	1061	140.67	炎陵湘泰建筑工程有限责任公司	2018.12.27
68	201863	炎陵县霞阳镇太和村给水管道和道路建设工程	—	—	湖南君鹏建设工程有限公司	2018.12.30
69	201864	炎陵县霞阳镇太和村污水处理工程	—	—	湖南君鹏建设工程有限公司	2018.12.30

城市建设投资经营

【概况】 炎陵县城市建设投资经营有限责任公司成立于2005年9月，注册资本20000万元，与炎陵县国有资产经营公司，“两块牌子、一套人马、合署办公”。公司内设综合部、投资和发展部、融资部。现有在职职工 10 人，其中临聘人员 5 人。

【项目建设】 2018 年，公司承担城区基础设施建设项目 12 个，总投资 3.11 亿元，农村基础设施建设项目 133 个，总投资 1.37 亿元，农村交通建设项目 2 个，总投资 1.57 亿元，易地扶贫搬迁项目 13 个，总投资 1.64 亿元，专项建设基金项目 5 个，总投资 1.6 亿元。2018 年累计拨付项目建设资金 4.51 亿元，切实保障项目建设资金需要，有力的促推项目建设。

【压减政府债务】 根据湘财综〔2017〕92号、湘财债管〔2018〕7 号文件，2018 年 4 月 7 日，省财政厅关于压减投资项目，切实做好甄别核实地方性债务有关工作的紧急通知要求等文件精神，按照县财政的要求炎陵县城市建设投资经营有限责任公司认真清理、仔细甄别存量债务，根据债务类别和属性，向政府申请“停、缓、调、撤”一批在建项目，并筹措资金归还霞阳旅游基础设施项目和城市供水建设项目专项建设基金 9000 万元。核减易地扶贫搬迁同步搬迁项目 3.9 亿元投资规模，切实压减政府债务，降低地方财政债务风险。

【扶贫工作】 加强项目协调，巩固搬迁成果。自 2016 年 3 月，炎陵县全面启动易地扶贫搬迁项目建设，新建易地扶贫搬迁集中安置区项目 11 个，分散安置项目 1 个，公司按照县委、县政府和项目指挥部的要求，全力做好资金保障工作，共筹集资金 22874.1 万元,累计完成资金拨付14530万元,拨付比例95%。根据易地扶贫搬迁银行报账工作的要求,到乡镇到村到户,指导协助报账资料的组织、整理、上报,集中安置区竣工结算审计等工作。同时进一步摸清县集中安置区安置户的生产生活情况,及时调整建设方案,完善生产生活基础设施,切实解决安置户的实际困难,真正做到搬得出稳得住能致富,巩固易地扶贫搬迁成果。按照公司年度工作任务,公司负责沔渡镇大江村驻村帮扶工作,2018年,公司按照县扶贫领导小组工作安排,压实帮扶责任,做好帮扶工作。安排帮扶工作队常驻联系村,组织指导落实帮扶工作。公司全体员工,支部全体党员,点对点、户对户、一对一结对帮扶,严格按照“三同五好”结对帮扶工作要求,对照脱贫标准,认真梳理排查,完善帮扶资料,贯彻扶贫政策,落实帮扶措施,累计进村入户开展帮扶活动720余人次。同时,安排帮扶资金5万元,组织协调项目资金200余万元,完善村基础设施,切实提高群众满意度和幸福感。努力打好脱贫攻坚战。

【平台建设】 根据省委巡视组对公司巡视工作中提出的“公车改革不到位不彻底”的问题和整改工作要求,公司认真对照整改工作清单,进一步完善公车管理办法,出台《炎陵县公务用车综合服务平台管理实施细则》,设置固定停车位,喷绘公务用车统一标识,完善司勤人员聘用,建立和完善公车管理和调配系统,实现公务用车管理的集中停放、统一管理、统筹调度,建立健全县快捷公务用车服务有限公司运营方案、职责及规章制度及工资管理制度,切实加强公车管理。

（唐永红）

房地产管理

【概况】 县房产管理局是县人民政府授权主管全县房产事业的正科级事业单位。2018年末在职职工35人。局机关内设股室6个,即党政办(信息化办)、住房办、财务股(政工室)、测绘队、脱贫攻坚办、总工办;下属二级机构6个,即炎陵县房产权属与市场管理处、炎陵县房地产开发和物业管理办公室(加挂:炎陵县国有土地上房屋征收管理办公室及维修资金管理中心牌子)、炎陵县住宅室内装饰装修办公室、炎陵县房地产综合开发公司、炎陵县公房管理所、炎陵县白蚁防治所(加挂:炎陵县房屋安全鉴定办公室牌子)。

2018年,在县委、县政府的正确领导下,县房产局积极贯彻落实房产法律法规及政策,认真履行房产管理职能职责,紧扣“去库存、促发展、优服务、保稳定、强党建”的工作总要求,房产管理工作稳健发展。年末,派驻同睦村驻村帮扶工作队获市先进;综治维稳、人口与计划生育综合治理等获县先进单位奖励。

【房地产市场】 全年开发企业完成房地产开发投资3.05亿元,同比增长88%;新建房屋施工面积8.35万平方米,同比增长5%;商品房销售面积18.8万平方米,同比增长75%;完成销售额6.96亿元,同比增长65%;商品房销售均价为3708元/平方米(含住宅和商铺),同比下降5%,住宅销售均价为

3361 元 / 平方米，同比增长 14%；商业销售均价为 7154 元 / 平方米。新开工有炎陵碧桂园、九里晴川、金域茗苑、华苑农贸商业住宅综合体等项目，现已核发预售许可证 21 本，预售面积 17 万平方米。

【民生工程】 2018 年，省市下达炎陵县城市棚户区改造任务为 1100 套，其中改(扩、翻)890 套，货币化补偿安置 210 套，中央和省级城镇保障性住房安居工程专项资金 2435 万元。后市房产局根据炎陵县实际情况调整为 820 套，其中 91 套为货币补偿项目。东片区改扩翻一、二期 729 套项目 9.39 万平方米，总投资 2082 万元，全部完成开工任务；货币化补偿项目东片区二期 91 套，建筑面积 0.8 万平方米，总投资 273 万元，已完成拆除任务，资金已经拨付到位。2018 年，发放住房困难补贴保障家庭 351 户、655 人，共 53.3 万元，完成任务的 100%。

【产业项目建设】 一是配合相关部门做好县重点房地产项目的服务，推动全县房地产市场健康发展。其中天和东郡完成主体竣工。亿都九里晴川完成 9 号栋商业主体，7 号栋主体 12 层，2、6 号栋主体 3 层，3 号栋主体 1 层，1、5 号栋完成正负零，8 号栋完成桩基础。华苑农贸商业住宅综合体完成 1、2、3 号栋开工。炎陵碧桂园完成 3 栋商品房项目主体工程开工，其中两栋完成 4 层主体。金域名苑小高层进入内外粉刷，低层开工 5 栋，完工 2 栋基础工程。二是完成神农大道延伸段绿化工程验收移交，规范和顺家园的日常管理。三是国有土地上房屋征收市对县年度考核任务为 2000 平方米，签约面积已完成 4004 平方米，占任务的 200%，已拆除面积 2300 平方米，占任务的 115%。

【脱贫攻坚】 2018 年，房产局结对帮扶为船形乡同睦村黄洞片区，纳入精准脱贫建档立卡户共 46 户 124 人。局领导班子带头落实结对帮扶责任制，派驻工作队驻村帮扶，扎实开展“三同、五好”活动，把时间表、任务书、路线图落到实处，确保贫困户脱贫，国务院验收顺利通过。

【安全生产】 上半年，与县内各开发企业、物业企业、下属二级机构签订 2018 年安全生产责任状，制定单位安全生产“一岗双责”等系列文件，组织行业安全隐患排查共 16 次，组织收看湖南省安全生产警示教育片。按时报送安全生产打非治违 10 天一报、月报等报表。二季度安全生产工作考核获第六名奖励。

【支部“五化”创建】 2018 年，房产局机关党支部被县委组织部列为全县基层 100 个党支部“五化”创建示范点之一，8 月中旬，局党组、机关支部召开专题会议，研究党支部“五化”建设有关方案文件，统筹部署机关支部的创建工作，对照支部“五化”建设标准和验收标准开展自查，制订实施方案，完成阵地规范化建设，于 12 月迎接县组织部验收，年度党建获评“好”的等次。

【房地产开发项目】 2018 年底，炎陵县房地产开发项目 10 个(详见表 28)。

（张红波　孟金巍）

2018年炎陵县房地产开发项目情况一览表

表27

序号	企业名称	项目名称	栋号	项目用地面积（m²）	项目建设规模（m²）	项目投资			开工时间	联系人
						项目计划总投资（万元）	项目累计完成投资（万元）	2019年计划投资（万元）		
1	株洲鑫林房地产开发有限公司	湘酃院	1、2、3栋	6747.8	11286	1819	1819	0	2015.12	唐宏一
2	株洲市泰安房地产开发有限公司	泰安星城	1、2、3、5栋	7200.1	16553.3	3500	2900	600	2017.01	唐凌峰
3	炎陵碧桂园房地产开发有限公司	炎陵碧桂园	1—3栋、A栋综合楼	31951.35	106850.96	38300	10000	20000	2018.06	唐华健
4	炎陵县亿都房地产开发有限责任公司	亿都·九里晴川	1.2.3.5.6.7.8.9.S1.S2.S3	31376.8	103091.34	27163	9535	15000	2018.07	张红秀
5	炎陵天和房地产综合开发公司	天和东郡	1—4栋	9288.67	28390.77	9000	9000	0	2017.02	谢晶
6	炎陵县鑫发房地产综合开发有限责任公司	金鑫苑商住小区二期（金鑫苑1栋）	1栋	995	5284.74	1500	900	600	2018.07	谢素玉
7	湖南中冠房地产开发有限公司	华苑生态小区	1#—26#	35625.4	69067.2	8288	1947	3108	2014.05	李国鑫
8	株洲市东山房地产开发有限公司	北辰景溪	13、14栋	1284	16044	4332	3898	434	2017.01	陈立
9	株洲湘裕投资有限公司	金域名苑	1.2.3.5.	2538	15680	4390	2690	1700	2017.08	李坚
10	湖南中冠房地产开发有限公司	华苑农贸商业住宅综合体	1—7号栋	66382	161637.14	19395	5750	7370	2018.03	李国鑫

住房公积金管理

【概况】 2018年，株洲市住房公积金管理中心炎陵县管理部在市中心党组的坚强领导下，在县领导的关心下，以及各部门的协助下，深入贯彻落实中共十九大精神，围绕年度目标任务，以“一切为了缴存人”为宗旨，保障各项工作顺利开展。完成重点任务——“民生100”工程工作，全年新增缴存职工491人，超额完成“民生100”工程工作任务。

2018年，全年归集住房公积金11000万元，同比增长5.97%，归集额继续保持良好增长态势；各类提取住房公积金3987万元，同比下降12.51%；发放住房公积金个人贷款2106万元，同比增长14.77%；年末个贷逾期率为零，呆账率、资金违规操作率均为零。

至2018年底，全县共有289个单位的13393名职工建立住房公积金制度，累计归集住房公积金7.78亿元，归集余额4.14亿元；累计为职工购建房等提取使用住房公积金13717.76万元；累计发放住房公积金贷款3085户，个贷总额3.61亿元，个贷余额1.35亿元。

3月，被评为炎陵县“巾帼文明岗”。10月，鹭峰村被炎陵县评为“脱贫攻坚先进村”。

【队伍建设】 牢固树立“抓好党建就是最大的政绩”理念，认真学习党支部工作条例，做好基层党建工作。落实好主题党日、“两学一做”学习教育、“三会一课”三项基础制度，以党支部“五化”建设为主线，推进党支部标准化规范化建设。一是坚持党组织各项制度，履行好领导干部的职责，落实好党风廉政建设主体责任，采取负责人带头学习、带头贡献、带头团结，形成团结一心、工作协调、风正气顺的局面，奠定管理部的组织基础。二是加强管理部职工的思想道德建设，组织观看反腐倡廉电影《绝不饶恕》。建立健全制度，以增强服务意识、提高工作效率为重点，鼓励全体职工参加各种形式的培训。

【政策调整】 为加强住房公积金业务管理，规范住房公积金业务，先后调整住房公积金贷款及提取政策，以进一步加强住房公积金政策调控力度，有效防控个贷率过高带来的资金流动性风险，确保资金整体运行安全，切实维护广大缴存职工的合法权益。

【系统升级】 一是业务系统更新升级。实现资金系统直接走账，减少中间环节，提高资金到账速度，资金实现当场到账。二是网厅业务全面上线。努力解决“业务临柜办、网上零办理”的历史难点。单位专管员直接在网厅就能进行账户转移、基数调整、资金入账等业务，真正实现“不跑路”。

【服务便民】 一是推动“最多跑一次”改革，坚持以人民为中心，“让信息多跑路、让群众少跑腿”的改革思路，坚定不移地推进各项改革措施落地生根，按照“减材料、减环节、减时限”的要求，深化“精简”和“优化”，实现5项事项100%“最多跑一次”，让更多的办事群众有更多的获得感。不断优化整合业务流程，实现住房公积金提取、贷款等业务一站式办结。二是提取业务取消收取纸质资料。只需提供所有资料原件扫描办理。三是开展业务培训。管理部员工参加市中心组织开展的业务培训活动，牢固掌握业务知识，不让群众跑“冤枉路”。四是开展上门服务。为行动不便的办事群众提供上门服务。

【脱贫攻坚】　为全面贯彻落实县委、县政府脱贫攻坚工作部署，全体职工投入到脱贫攻坚主战场。在下村乡鹭峰村开展脱贫攻坚工作，派专人驻村帮扶，其他人员结对帮扶，进行产业扶贫、教育扶贫，为全面脱贫奠定良好的基础。6月18日，鹭峰村一举通过国家专项评估检查，实现脱贫摘帽。10月起，派专人驻村，开展脱贫攻坚巩固提升工作。

（张　婧）

城市管理和行政执法

【概况】　2018年，县城管局在编在岗人员52名(不含县环境卫生管理处、县园林绿化管理局人员)。9月，根据《中共炎陵县委　炎陵县人民政府印发〈炎陵县关于深入推进城市管理和综合执法体制改革的实施方案〉的通知》(炎发〔2018〕12号)文件精神，炎陵县城市管理和行政执法局更名为炎陵县城市管理和综合执法局（以下简称“县城管局”)，列入炎陵县人民政府工作部门，主管全县城市管理和综合执法工作。下设机构包括县城市管理综合执法大队、县环境卫生管理处、县城市管理监督指挥中心、县园林绿化管理局(县湘山森林公园管理局)、县城市照明和户外广告管理处、县市政工程维护处。办公地点设在炎陵县霞阳镇井冈东路95号。在县城区域炎陵路与苏州路交汇处、霞阳路与炎陵路交汇处、解放路与洣泉路交汇处、神农大道与霞阳路交汇处分别设有一个城管执法中队。年末，县城管局荣获县文明建设先进单位、县优化经济环境工作先进单位、县安全生产工作先进单位、县维稳工作先进单位等多项荣誉。

【城市管理执法体制改革】　2018年，是炎陵县城市管理执法体制改革之年。明确目标任务，把握时间节点，稳步推进城市管理执法体制改革工作高效落实。制定出台《中共炎陵县委　炎陵县人民政府印发〈炎陵县关于深入推进城市管理和综合执法体制改革的实施方案〉的通知》(炎发〔2018〕12号)文件，全面完成执法制式服装和标志标识换发，全部接管了住建113项、房产55项、规划4项的行政处罚权和交警的1项行政处罚权，成建制接管了市政、园林两个机构和人员，明确了数字城管建设方案、协管员数量和待遇、执法装备配置等。

【城市管理行政执法】　抓好条例的贯彻实施。根据市、县人大相关工作要求，抓好《株洲市城市综合管理条例》(以下简称“条例”)的贯彻实施工作。统筹成立“炎陵县条例贯彻实施工作领导小组”，制订实施方案，召开了全县性的动员大会和培训宣传会，条例测试全部良好以上，开展了条例“六进”(进机关、进企业、进市场、进工地、进社区、进学校)等宣传活动，加大条例在管理执法中的运用，全年办案347件(其中一般程序案件132件)。通过一系列举措，条例在执行和知晓率上大幅提高，得到了县人大常委会主任及委员们的高度肯定，发挥了条例对城市管理执法体制改革的引领和规范作用。

全力抓好市容环境卫生提质升级。随着县城扩容提质步伐加快，重点抓好“五大”整治行动。户外广告治理取得明显成效，共拆除违规、破损大型户外广告1572平方米。持续打好“蓝天保卫”攻坚战，取缔了户外烧烤摊点，规范了学校周边环境，有效控制了道路扬尘。全力配合做好“非洲猪瘟”的防控工作。切实保障城区生活垃圾无害化处理率达到100%，生活垃圾污水达到一级排放标准，垃圾场被省里评为“一级”。全面推进网格管理，将城市管理、社会管理和公共服务事项纳入网格化管理，做到“事事有人干、人人有事干，路路有人管、人人有路管”。强化环卫保洁，全面实行城区清扫保洁作业公司化运营。城区生活垃圾日产日清超60吨。新接管康乐大道、炎陵东路延伸段、南进城口、兴民路、石玉村主干道等道路清扫保洁，新增面积5.4万平方米，总清扫保洁面积达到142万平方米，确保了饮用水源的卫生环境。

全力保障“省文”迎检测评。以“问题和目标”为导向，全局动员，上下齐心，紧扣标准，精准发力，切实做好“省文”迎检工作。“全员上岗，十四小时工作制，百次巡回保洁，万步巡查劝导”，是“省文”检查期间城管执法队员和环卫工人的真实写照。多措并举，全面助力“省文”测评迎检工作再次顺利通过，打造了一个干净、整洁、文明、有序的“炎陵形象”。

切实保障和改善民生。搞好城市管理工作，就是保障和改善民生。深入实施“民生100”工程，建成了炎陵县智慧照明控制系统，完成城区路灯的节能改造，节能率达40%以上，亮化率达99%以上。完成“炎帝陵牌坊至炎帝陵游客服务中心太阳能路灯安装工程”项目，共新装太阳能路灯320盏。全面梳理、公布群众和企业办事“最多跑一次”事项9项，进一步压缩审批时限，简化审批流程，行政审批全部进驻县政务服务中心。坚持以“人民为中心”的发展思想，有序管理年货、瓜果、苗木、早(夜)市摊点等，积极主动统筹协调做好2018年“炎陵黄桃专业市场”的管理和服务工作，促进了产业、带动了就业、维护了秩序。全年无信访、无安全生产事故。

【脱贫攻坚巩固提升】 全局动员，全力以赴，着力在扶贫对象精准、项目安排精准、资金使用精准、措施到户精准、因村派人精准和脱贫成效精准上下功夫，确保县城管局所帮扶的3个行政村顺利通过国家扶贫验收评估，并通过了脱贫验收、异地搬迁、“河长制”等省、市验收核查，助力全县成功脱贫摘帽。

【精神文明和民主法治】 倡导城市管理志愿服务，组织开展多形式、常态化的志愿服务活动。以2018年“中青班”62名学员为对象，以“城市管理新思路：‘大城管’格局下部门联动，共同抓好城市管理”为主题，开展为期两天的体验式教学活动。办理人大代表建议3件、政协委员提案10件。积极推进政府信息公开和政务公开，县长热线和“马上就办、真抓实干”热线有效整合，认真办理一大批群众建议和投诉，县长热线办结率、“马上就办、真抓实干”热线办结率均为100%。完善“互联网+监督”“城管局网站”“微信公众号”等平台建设。加强对城市管理工作的宣传报道，营造理性、积极的舆论氛围，及时回应社会关注的热点难点。全年在省级媒体上稿12篇（条），在市级媒体上稿9篇（条），在县级媒体上稿46篇（条），在湖南都市晚间、湖南卫视、法治湖南网、“红星云”、红网、株洲新闻网、株洲文明网、《城建监察》、炎陵新闻、县政府网等媒体上稿67篇（条）。

【基层党建】　完成巡察整改工作。3月22日—5月21日，株洲县委第一巡察组对县城管局党组开展为期两个月的巡察工作。针对巡察组反馈的4个方面11个问题，局党组高度重视，在第一时间组织召开局党组（扩大）会议和专题民主生活会，专题研究部署，全面落实整改，对账销号，并建章立制。巡察整改工作于9月20日完成，得到县纪委认可。实施“四大行动”，基层组织力明显提升。大力实施“铸魂、强基、聚能、领航”四大行动，推动党的基层组织建设全面进步、全面过硬。始终把政治理论学习作为首要政治任务来抓。深入开展学习贯彻习近平新时代中国特色社会主义思想和中共十九大精神，推进“两学一做”常态化制度化，实现“新思想”全员学习、全面覆盖。强化责任担当，全面落实局党组、党（总）支部抓党建工作的主体责任和党组书记、党（总）支部书记抓党建工作的第一责任。健全拓展基层党组织联系党员、服务群众的制度和渠道，汇聚起强大工作能量。切实抓好“抓党建促服务”工作。在城管岗亭设置完善了4个“党员示范岗”“学雷锋志愿服务岗”，“零距离”联系服务群众，为群众解决问题和做好事上百件，受益上万人，增进了与人民群众的感情。

抓实“三项建设”，基层凝聚力明显提升。重点围绕“政治坚定、组织健全、队伍过硬、机制完善、服务优良、保障有力”的总体目标，按照“夯实基础、巩固提升、全面达标、分步实施”总体要求，有序推进基层党支部“五化”建设。召开党组（扩大）会议20次，局中心组集中学习8次，局党组定期召开各支部述职评议会。通过系列举措，明晰了党组的责任内容、制定工作的相关制度、明确追责的相关情形，统一思想认识，把党建工作摆上全局工作的重要位置，坚持“四个纳入”，压紧压实“四大责任”，切实肩负起抓意识形态工作的重大政治责任。全局上下没有发现在意识形态领域存在问题的人和事。进一步提高政治站位，聚焦中心工作，以建设新时代全域化更高水平文明县城为目标，持续巩固提升“文明单位”“青年文明号”等创建工作。重视做好党建带群团工作，发挥工会、共青团、妇联等群团组织作用。加大关怀关爱力度，真心实意帮助困难职工、困难群众和困难党员解决具体问题。丰富文化体育生活，开展好各类丰富多彩、健康向上的文体活动。　（何文军）

环境保护

【概况】　2018年，炎陵县环境保护工作以中共十九大精神为指引，认真贯彻落实全国、全省、全市环境保护工作会议精神，树立和践行绿水青山就是金山银山的理念，坚持高质量发展，紧扣改善环境质量这一核心，统筹推进“碧水蓝天”“青山净土”行动,污染防治攻坚战取得阶段性成果。环保局获评县“文明建设先进单位”。环保局内设4个行政股室:办公室、法制股、管理股、生态科技股;下属三个事业单位:环境监察大队、环境监测站、环保咨询服务部。2018年末,在职人员23人,退休9人。全局有专业技术人员12人,其中工程师5人,助理工程师7人。

【环保督察】 全力做好配合工作,狠抓问题的整改。中央环保督察和“回头看”交办的问题全部办结。出台了《炎陵县配合省环境保护督察工作总体方案》,成立了配合环保督察工作办公室,设立综合协调等8个专项工作小组,省环保督察信访件、交办件和督办件全部完成整改。

【污染防治攻坚战】 推进工业企业治理项目实施,开展移动线源防治,联合开展机动车尾气排放路检,开展生活面源防治,启动VOCS排放摸底调查工作,建立健全重污染天气应急预案,开展扬尘污染防治,打赢蓝天保卫战;开展湘江保护和治理“第二个三年行动计划”,全面落实“河长制”环保职责,推进县城饮用水水源地专项整治,加快工业园污水集中处理设施建设,加强畜禽养殖场现场执法检查,打好碧水保卫战;推进农村环境综合整治,完成重点企业及土壤污染地块排查和信息录入工作,开展“绿盾2018”及自然保护地监督检查专项行动,抓好桃源洞国家级自然保护区环保问题整改落实,全力配合“清废行动2018”,加大县内固体废物的排查与整治力度,及时消除环境安全隐患,推进净土保卫战。

【环境管理】 按照建设项目审批五个一律不批的原则,严把建设项目审批关,严格执行环评制度,分类管理、分类审批。全年审批报告表15个,报告书4个,现状评价备案1个,对12个备案项目进行审查,否决项目2个。建设项目环境影响评价执行率100%。

【污染源普查】 共清查工业源1325家,入河排污口30个,集中式污染治理设施单位43家。确定入户工业源262家、入河口30家、移动源16家、生活源120家、集中式污染处理设施单位6家,完成入户调查和污染源数据录入工作。

【环境监管执法】 开展饮用水水源地环境保护、长江经济带固体废物大排查、长江经济带化工污染专项整治、工业污染源全面达标排放工作、环境安全大检查、安全生产打非治违百日行动等专项行动,全年共出动检查人员500余人次,下达现场监察文书135份,整改文书40余份。共转运危险废物4600余吨。共处置医废60余吨。依法按程序对全县工业企业排污许可证换、发、注销、年审共30份。纳入环境统计40家工业企业排污许可证持证率达100%。对8起环境违法行为立案查处,关停拆除1家、取缔1家。加强对新扩改建项目进行事中、事后监督检查,完成突发事件环境应急预案编制评审和备案。认真对待群众环境诉求,全年接受环境污染投诉90余件,做到事事有回复,件件有着落,处理率100%,回复率100%。

【生态保护】 严格落实省人民政府颁发的

《湖南省生态保护红线》要求。启动“三线一单”编制工作。做实国家重点生态功能区考核工作，获得国家转移支付资金4700多万元，生态环境得到有效保障。

【法制建设与宣传教育】 推进依法行政，聘请法律顾问。按时网上填报行政处罚案件。下达现场监察文书135份，整改文书40余份。对8起环境违法行为立案查处，关停拆除1家、取缔1家。组织做好“6·5”世界环境日宣传活动，制定宣传方案，开展宣传，取得良好社会效益。全年报送各类信息70余条，其中，市级媒体采用50余条，省级媒体采用30余条。做好环保专网联通和维护工作，按时高质量开好每次视频会议。

【环境监测】 开展大气、水质、噪声的常规监测，全年共获得有效监测数据4000多个。空气自动站实现与省站联网、并实时向社会公布数据。空气质量优良天数353，优良率达96.7%，全省排名第二、株洲市排名第一。具备饮用水水源地29项监测能力，每月对三个水质断面进行环境质量监测，并在政府公众信息网上发布水质信息。国家重点监控企业(县污水处理厂)自行监测公布率达到100%。污染源(县污水处理厂、垃圾填埋场)自动在线监控数据传输有效率达到100%。

(李明勇)

环境卫生管理

【概况】 2018年，县环卫处在上级部门的正确领导和关心下，以“补短板，求特色，抓长效”为目标，深化改革创新，完善长效管理，全面提升服务半径和质量。全体干部职工锐意进取，认真履职，较好地完成上级交办的各项工作任务，确保城区卫生稳中有升。单位获株洲市“2018年度城市管理先进单位”等荣誉称号，环卫工人高其梅被评为株洲市“十佳城市美容师”。2018年末，炎陵县环卫处共有工作人员390人，其中在职正式职工25人，退休职工37人，临聘人员328人。

【设施建设】 年内，启用山水星城中转站公厕，采购垃圾桶300个，对城区破旧垃圾桶和果皮箱进行更换，设施设备完好率达98%。推进城区“公厕革命”，制定《炎陵县城区“公厕革命”工作实施方案》，对旧公厕进行改造升级，安装仪表镜、增设男厕小便器隔板、设置儿童小便器、完善残疾人公厕设施，添置五金挂衣钩等，与建设、规划等部门函接，确定新建公厕的选址、占地面积和建设标准。

【作业模式】 年内，将城区清扫保洁划分为七个标段，加上城区垃圾清运、道路清洗、公厕和中转站管理、设施设备维护管理全部对外招标，由公司承包，实行公司化运作，环卫作业模式实行个人承包向公司化运营的转变。相较于个人承包，公司化在专业程度、管理经验、综合实力等方面具有明显优势，新公司发挥鲶鱼效应，激励环卫队伍创先争优，促进环境卫生质量再提升。

【清扫保洁】 年内，接管南进城口、兴民路、石玉村主道等清扫保洁，新增面积5万平米，清扫保洁总面积达到142万平方米，聘用清扫保洁人员275人。

【环卫收费】 按照《炎陵县城市生活垃圾处理收费管理实施办法》相关规定，环卫收费工作有条不紊开展，生活垃圾处理费应收尽收，全年完成生活垃圾处理费征缴316.3万元，其中水费代征97万元，政务中心代征151.8万元，收费人员上门收取67.5万元。

【垃圾清运】 加强垃圾收集点巡查，发现满溢情况，及时通知司机清运，杜绝垃圾满溢现象，确保生活垃圾“日产日清”。开展有偿代运服务，帮助创业园区13家企业解决垃圾倾倒困难的问题。全年清运垃圾2.33万吨，清运率100%。

【道路清洗】 加大清洗力度，增加1台洒水车对城区主干道进行夜间机械冲洗，加强道路清洗统筹安排和质量考核，落实主次干道每月清洗不低于4次和清洗作业质量要求，进一步洁净道路。

【垃圾处理】 加强运营公司监管，落实无害化处理作业标准，2018年无害化处理生活垃圾2.33万吨，处理率100%，渗滤液处理排放达国家标准。做实中央、省、市环保督查工作，对照反馈清单，狠抓工作落实，垃圾场在环保督查考核中名列前茅，等级评定被评为一级，全市仅两家。

【党建工作】 落实主题党日、“三会一课”、民主评议、组织生活等组织生活制度，高质量完成规定动作，党建活动主题鲜明，组织生活经常化、常态化，党员参加积极性明显提高。继续抓好脱贫攻坚，巩固脱贫攻坚成果，选派1人驻村，安排9名党员与贫困户结对，开展“三同五好”活动，宣传扶贫政策，跟进政策落实，让符合条件的贫困户都能享受政策上的扶持，避免贫困户返贫。

（陈　林）

自来水生产和供应

【概况】 炎陵县自来水公司（供水中心）为县住房和城乡规划建设局下属自收自支管理的公益性事业单位，内设部门有办公室、财务室、水厂、水质监测站、稽查维修调度中心、安装分公司、生技办、水费收缴中心、水表计量授权检定站。2018年，共有在编人员42人，聘用人员21人，退休人员30人。至年末，日均供水量达1.47万立方米，自来水用户1.7万户，供应人口月4.6万人，城区自来水普及率99%；DN100以上的供水主管网约56公里，供水区域面积约6.2平方公里。

【现行水价】 2013年5月开始施行现行水价，水价中用水类型分为居民生活用水、非居民生活用水（含行政事业性用水、工业企业用水、经营服务用水）、特种行业用水三类，并实行阶梯水价，第一阶梯水价为：居民生活用水2.02元/立方米、非居民生活用水3.03元/立方米、特种行业用水8.16元/立方米（均不含代征的垃圾处理费、污水处理费和水资源费）。

2018 年各项生产任务及经济指标完成情况表

表 28

各项指标 \ 年份	2018 年
安全优质供水(天)	365
完成供水总量(万立方米)	537.43
水质综合合格率(%)	100
年总收入(万元)	1142
上缴国家税金(万元)	51.44
新增用户(户)	1690

【生产管理】 安全生产是供水工作的重点，生产的每个环节都直接影响供水质量和安全。加大投入，对水厂相关设备进行技改，做好设备的维护、保养，保证设备正常运行；严格做好自检项目的检测，按要求定期检测管网末稍水和水质全分析；按照县环委会的统一部署，对承担的城市水源地保护问题整改工作，积极作为，投入资金建设围栏，设置标识标牌，保证水源地源水的安全。各项措施，保证了全年安全优质供水。

【供水服务】 为了提升服务水平，让用户享受到更便捷的供水服务，公司积极探索“智慧水务”供水企业管理平台的建设，投入财力完善网上水费缴费系统，连接支付宝、天天掌柜等金融平台；健全对外社会服务承诺制度、用户回访制度和县长热线回复制度，及时维修管网漏损，全年完成用户报修上门维修服务达 570 次，完成直径 63 以上主管网、闸阀、消防栓等抢修 30 余次，处理县长热线、“马上就办”热线等 43 单。

【管网建设】 2018 年的重点工作是 2018“产业项目建设年”活动重点项目“城市供水管网建设”，项目中的老城区供水管网改造建设工程全面完成；东城区给水管网建设一期工程完工；正积极推进北门垅水厂改扩建工程。城区管网建设，已完成铁路下安置区主管道工程、炎陵大道邝家组安置区给水工程、九龙经开区炎西村给水安装工程、华苑生态城小区给水主管道安装工程等；住宅小区管网建设已经完成东山明珠小区 21 栋给水安装工程、瀚森壹号公馆小区给水安装工程、天河东郡小区等。2018 年，安装分公司荣获县总工会“工人先锋号”优秀班组集体的表彰。 (赵铁华)

财政·金融

财 政

【概况】 2018年年底，县财政系统在岗干部职工105人。其中:局机关62人,乡镇财政所43人。退休人员31人(其中:局机关30人,乡镇财政所6人)。机关内设办公室(信息中心)、政工股、综合规划股(行政审批股)、预算股、国库股(工资统发中心)、农业股、社会保障股、财政监督检查股(法规股)、会计管理股、经济建设股、行教文政法股、国有资产管理股、政府采购管理办公室13个股室,下属非税收入征收管理局、乡镇财政服务中心、国库集中支付核算中心、农业综合开发办公室、财源建设资金管理办公室(财政投资评审中心)5个事业单位和10个乡镇财政所。

【公共预算收支】 2018年，全县一般公共预算地方收入32048万元,加上上级补助收入117031万元，转贷省财政代理发行地方政府债券收入18483万元，上年结余收入12654万元，调入预算稳定调节基金33005万元,调入资金12739万元,构成一般预算收入总计225960万元。全县一般公共预算支出177970万元，加上解支出3250万元，债券还本支出9083万元，安排预算稳定调节基金23045万元,构成一般公共预算支出总计213348万元。2018年，全县一般公共预算收入总计和支出总计相抵,年终结转下年支出12612万元。

【财政收入】 面对经济下行压力加大、大规模减税降费和压减非税收入的多重挑战,县财政部门迎难而上,综合施策,实现收入质量大幅提高。一是大力培源。2018年欧科亿实现税收2932万元，同比增长15.71%,国声声学实现税收1634万元。二是盘活土地市场。2018年,县本级实现土地收入1.87亿元，实现土地增减挂收入1.77亿元。三是大力压减非税收入。全年压减非税收入32539万元，税收收入占一般公共预算收入的比重达83.35%,同比提升22个百分点。

【民生保障】 面对尖锐的财政收支矛盾,县财政部门不断优化支出次序，调整支出结构,坚决落实关于“保工资、保运转、保民生”决策部署，确保全县公职人员工资正常发放、机关正常运转以及社会保障等重点支出,为维护社会大局稳定提供财政支持。全年民生支出14.5亿元，占一般公共预算支出的比重为81.49%,同比提高4个百分点，其中教育支出26820万元，同比增长8.42%;社会保障和就业支出22037万元,同比增长9.6%;医疗卫生支出18078万元,同比增长4.45%。科学技术支出 4649万元,同比增长17.43%。通过“一卡通”发放惠农补贴共67项,金额9132万元。

【服务“三大攻坚战”】 县财政部门全力以赴,为“三大攻坚战”持续有序开展提供资金保障。一是支持打好防范化解重大风险攻坚战。坚持量财办事的原则,牢牢守住资金不断链和不发生系统性风险的底线,2018年消化存量债务1.24亿元，还本付息9083万元,政府性债务控制在省政府下达的限额内,风险总体平稳可控。二是支持打好精准脱贫攻坚战。共计投入3.11亿元,其中统筹整合1.82亿财政涉农资金，集中发力补短板；县本级筹措资金1.29亿元用于“两房”工程和易地扶贫搬迁、医疗、教育和养老保险等。三是支持打好污染防治攻坚战。投入9117万元，用于农村环境整治、城区污水提质改造、垃圾处理等环保支出。

【服务产业项目建设】 一是支持园区建设。坚持以“产业项目建设年”为抓手,投入1.06亿元,支持九龙工业园和中小企业创业园产业项目建设,引进一批大项目、好项目。二是支持实体经济发展。全面落实减税降费政策,全年减税近1亿元。三是支持景区建设。投入1.09亿元，积极支持炎帝陵和神农谷景区建设。

【财政改革】 一是不断深化预决算信息公开。坚持以“公开为常态,不公开是例外”为原则,不断细化公开内容,规范公开渠道,将公开透明贯穿预决算及“三公经费”公开的全过程,主动接受社会监督。二是启动预算执行动态监控机制。为深化国库集中支付改革,有效防范财政资金支付风险,将财政监督关口前移,提升财政监管水平,2018年11月启动预算执行动态监控机制。三是加强绩效管理。加大全县项目预算绩效评价工作力度,建立评价结果与预算编制和财政管理政策相结合的工作机制,强化绩效评价结果应用，促进部门从整体上提升绩效管理水平，提高财政资金使用效益。 （陈锦佳）

国家税务

【概况】 原炎陵县国家税务局共有干部职工97人，其中在职干部69人，离退休28人。下辖10个内设科室、2个派出机构、1个直属机构和1个事业单位，担负着全县10个乡镇的国税征收管理工作。2018年,县局坚持以习近平新时代中国特色社会主义重要思想为指导，紧紧围绕组织收入中心,强征管、优服务、抓党建、促改革,采取多项措施深挖潜力、内添动力,确保各项工作落实落细、有序推进。7月20日,国家税务总局炎陵县税务局正式挂牌成立,标志着原县国税局与原县地税局正式合并。

【征管工作】 不断加强事中、事后管理,及时掌握新增纳税人户数及税收状况,及时清理漏征漏管户、非正常户;进一步加强欠税管理,大力压缩陈欠;狠抓税务稽查和纳税评估,以木材加工业、采矿业、化学制造业、房地产等行业为重点,大力开展税收专项检查和税收专项整治;深入持久的开展打击发票违法犯罪活动,形成稽查评估的震慑力。

【纳税服务】 以纳税人需求为导向,针对办税服务的痛点、堵点、难点,优化办税流程、创新办税方式,不断提升纳税服务质效。一是优化税收营商环境,提高纳税人满意度。落实"最多跑一次"和新办纳税人套餐服务,推进办税便利化;联合县地税局开展"问症于企、问需于企、问税于企"活动,共走访纳税人 1116 户。二是加强税法宣传,多形式开展税法宣传月活动。在九龙工业园开展"创响三湘　税励园区"活动,助力"大众创业万众创新";开展"纳税服务日"主题活动,邀请纳税人实地体验全程网上办服务和自助办税服务;开展"税法进校园"主题活动,走进炎陵一中为 200 多名高中生举办税法知识普及讲座;开展"电子办税零距离体验"宣传周活动,使纳税人"多走网路,少走马路"。三是落实推进"一厅通办",解决纳税人"两头跑"问题。落实"一窗一人一机双系统办税"服务模式,除二手房、车购税外,均已实现国地税业务"一厅通办"。四是推动诚信体系建设,营造依法纳税氛围,认真开展纳税信用等级评定工作,落实诚信激励措施,引导树立诚实守信的价值导向。

【廉政建设】 严格按照上级纪检监察部门工作部署,深入落实"两个责任",把纪律挺在前面,推动全面从严治党不断向纵深发展。一是加强组织领导,全面贯彻部署,在年初召开从严治党工作会议,把全局的思想和行动统一到中央精神和县委、县政府全面推进从严治党各项要求上来。二是开展经常性警示教育活动,通过抓专题研究、抓廉政学习、抓警示教育,引导党员干部汲取正能量,形成风清气正、崇廉尚实、干事创业的热情。三是践行"四种形态",抓好监督执纪。认真开展违反中央八项规定精神突出问题专项治理、扶贫领域腐败和作风问题专项治理、税收执法监察和一案双查,积极履行监督执纪的主责主业,进一步推动监督执纪工作取得新成效。

【党建工作】 坚持党建引领税收,以习近平新时代中国特色社会主义思想为引领,深入学习贯彻中共十九大精神,积极推进"两学一做"学习教育常态化制度化,按照市局党委和县委要求,以党支部"五化"建设为抓手,强化理论武装,夯实基层基础,牢固树立"四个意识",坚定"四个自信",着力加强党的思想、组织、作风和制度建设,进一步提高县局党建工作科学化水平,为实现税收工作现代化发展提供坚强的政治和组织保障。强化经常性教育,规范开展主题党日、"三会一课"等学习活动,激发党员干部队伍和基层党组织活力,激励新时代新担当新作为。2018 年,县局离退休党支部获评株洲市示范离退休干部党支部。

【脱贫攻坚】 县局严格按照县委县政府提出的脱贫攻坚巩固大行动相关要求,把“国检”标准牢牢抓在手上,切实发挥基层党组织战斗堡垒作用,在承担税务部门主业的同时,把脱贫攻坚作为一项重大政治任务来抓,做好后盾单位结队帮扶工作。全局党员干部凝心聚力、不辞辛苦、攻坚克难,以高度的责任感完成脱贫攻坚各项任务,高路、水南、星潮3个联点帮扶村建档立卡贫困户从108户下降到12户,贫困人口累计减少271人。产业发展更加规范、村级基础设施建设更加完善、教育、医疗等社会保障覆盖更加全面、党建基础更加夯实,文化生活逐渐丰富,扶贫成效渐次彰显。(郭揽月　黎明丽)

地方税务

【概况】 原炎陵县地方税务局有干部职工78人,其中在职干部63人。内设办公室、税政管理科、征管和科技发展科(信息中心)、收入规划核算科、财务管理科、人事教育科、监察审计室,设有两个直属行政机构——税务稽查局、办税服务中心,3个派出机构——第一税务分局(纳税评估管理办公室)、第二税务分局、第三税务分局,负责全县地方各项税种、基(费)金的征收管理。全局有党支部5个,团总支1个,设置工会。在市局党委和县委县政府的坚强领导下,县局紧扣收入目标和改革要求,真抓实干、主动作为,确保内部运行平稳、外部衔接顺畅,实现征管体制改革和组织收入工作“两不误、两促进”。根据国务院机构改革方案的相关要求以及税务总局的改革部署,7月20日,县地方税务局与县国家税务局正式合并成为国家税务总局炎陵县税务局。

【税收征管】 开展国地税合作,落实税收管理科学化、精细化要求,征管基础不断夯实,征管质效稳步提升;做实国地税合作,与县国税局推进共建办税服务厅,实现“互设窗口”,即国、地税分别向各自的办税服务厅派出人员、设置窗口;做强综合治税,做细风险管理,做优纳税服务,全力推动征管转型。1—6月,国税窗口代征入库地方税费214.42万元,乡镇委托代征入库地方税费168.8万元,地税为国税代征入库租赁增值税款20.83万元,邮政窗口代征入库地方税费14.03万元。

【税种管理】 强化企业所得税汇算清缴,完成2017年度136户纳税人的企业所得税年度汇算清缴任务。抓实个人所得税管理,全年共受理年所得12万元以上纳税人自行申报户155人,同比增长16.54%,申报的年所得额合计3740.30万元,同比增长24.93%。抓好环境保护税开征工作,与县环保局密切配合,及时交接企业信息、摸清税源底子,实现数据共享、信息互通。加强对外宣传,细化辅导培训,为实现环境保护费改税平稳落地打下坚实基础。1—6月,在金三系统登记录入的环保税纳税人共计91户,入库税款10.17万元。

【纳税服务】 推进国地税业务“一厅通办”,

落实办税事项“最多跑一次”要求，切实减轻纳税人办税负担，解决纳税人“两头跑”问题，做到“机构合并、服务先行”，纳税人满意度获得较大提升；开展“三问”活动，班子成员带头分组组织税务干部深入企业，共走访纳税人1116户，征集有效意见73条，同时联合县国税局成功举办“两代表一委员”税企座谈会；围绕“优化税收营商环境 助力经济高质量发展”主题联合县国税局启动税收宣传进园区、进校园、书法大赛、邀请纳税人及学生体验办税等一系列宣传活动，多方位、多角度宣传税收，取得良好效果；借助税收宣传和下户走访的契机，向广大纳税人大力宣传“税收信用”的概念，普及更多的纳税信用等级评价知识，引导纳税人更加重视依法纳税、诚信纳税，提高税法遵从。2017年度，纳入信用等级评价范围的企业增加到1097户，其中参评1074户（联合评价成功1068户），同比增长151%。信用等级为A级的纳税人101户，同比增长677%，纳税人对信用等级的关注程度显著提高。

【稽查评估】 坚持依法稽查、精准稽查、高效稽查，进一步规范税收征收秩序，堵塞征管漏洞，加大惩处力度。截至6月，稽查办结案件6件，入库各项收入25.45万元（其中税款20.47万元、罚款0.18万元、滞纳金4.8万元）；在应对上级推送重点风险任务的同时，结合现有业务特点和税源管理现状，着力开展教育、医疗等行政事业单位专项纳税评估工作，累计补缴税款100.34万元。坚持在服务中执法，把优化服务体现在依法治税中，促使纳税人依法规范纳税。

【党建扶贫】 充分发挥基层党组织的战斗堡垒作用，将党建贯穿于税收业务工作的全过程，促进党的建设与税收业务融合共生。全面落实从严治党，严格落实组织生活制度，开展系列党建活动，党员学习教育，树立“四个意识”，促使广大党员干部积极支持改革、拥护改革、投身改革。认真对照县委县政府的要求，做好扶贫迎国检的各项基础工作，全局党员干部努力克服任务重，时间紧的压力，着力在制度保障、基础工作、群众满意度上下功夫，特殊时期主动放弃休假，全力投入扶贫攻坚工作，驻村队员严格按照工作要求，站好扶贫岗；帮扶责任人走访到户，仔细核对帮扶资料，及时查漏补缺，完成四个联点责任村的脱贫任务。

【文化展厅】 机构合并之际，县局以历年文明创建成果为基础，组织打造炎陵地税文化展厅，于6月正式落成。展厅采用图文并茂的方式展现县地税局从1994年—2018年的发展历程，增强全体干部职工的自豪感和凝聚力，传承和发扬“景炎乐奉、兴税为民”的炎陵地税精神，鼓舞全局干部“不忘来时路，继续向远方。”

（黎明丽）

税　务

【概况】 国家税务总局炎陵县税务局于2018年7月20日正式挂牌成立，由原县国税局和原县地税局合并组成，内设办公室、法制股、税政股、征收管理股、税源管理股、纳税服务股、税收风险管理股、社会保险和非税收入股、信息中心、收入核算股、财务管理股、人事教育股、机关党委(党建工作股)、纪检组,设有4个派出机构——第一税务分局、第二税务分局、鹿原税务所、水口税务所,负责全县各税种、基(费)金的征收管理。全局有党支部6个,团委会、工会、妇委会等群团组织健全。共有干部职工175人,其中在职干部131人。县局获评“2018年度炎陵县社会管理综合治理先进单位”“2017—2018年度脱贫攻坚先进单位”。

【组织收入】 面对经济下行压力加大、机构改革等多项任务叠加的严峻考验,县局围绕组织收入中心,坚持依法治税。加大组织收入工作力度,提高风险防范意识,充分发挥风险评估力量,努力挖潜增收。全年累计组织入库各项收入51566.1万元,纯税收收入49634.5万元。

【机构改革】 严格按照上级党委的工作要求,按照税务总局的统一部署,全力落实各项改革工作和年度目标任务,落实“三定”暂行规定、社保费和非税收入征管职责划转等改革主攻战的阶段性胜利,国地税征管体制改革平稳落地。社保费和非税收入征管职责划转稳步进行,完成人员进驻社保部门跟班学习,开展社保职责划转专题培训5场次,社保数据清理8批次共5816条,修改补录数据1408条,实现机关事业单位社保(机关养老、医疗)和城乡居民养老的平稳划转。推进个税改革,开展个税专题培训17场,培训覆盖面达100%,做好自然人税收管理系统扣缴客户端推广上线工作,客户端安装率、使用率达100%。

【税收法治】 县局不断加强事中、事后管理,及时掌握新增纳税人户数及税收状况,及时清理漏征漏管户、非正常户;以木材加工业、小水电、房地产、建筑安装等行业为重点,大力开展税收专项检查和税收专项整治;开展“虚开虚抵”打击发票违法犯罪专项整治核查行动,采取系列措施扎实推进依法治税。开展企业失信“黑名单”摸底活动,实现由“失信守信一个样”向“让守信者一路畅通、让失信者寸步难行”转变,对“黑名单”当事人实施多领域、跨部门的联合惩戒,强力震慑涉税违法行为。

【优化服务】 围绕“优化税收营商环境 助力经济高质量发展”主题,全面落实“机构改革、服务先行”要求,县局把服务提效列为“三大提质”行动之一,通过提升服务质效,持续优化税收营商环境。认真贯彻落实小微企业、高新技术企业、研发费加计扣除、固定资产加速折旧、减免税企业优惠政策备案等各项税收优惠政策,深化增值税改革,做好税率调整工作,全力服务大众创业、万众创新。2018年,全局共享受增值税税收减免税6662.4万元,其中享受小微企业增值税优惠政策的纳税人累计16569户次(不含零申报户),享受增值税优惠2221.5万元;开展纳税培训,全年共开展17次实体纳税人学堂,涉及纳税信用等级管理及奖惩措施、增值税发票勾选认证、个体税收征管、企业所得税汇算清缴、深化增值税改革、自然人扣缴客户端、个人所得税最新政策等内容，参训纳税人达1100余户次。

【队伍融合】 新机构成立，县局围绕事合规范、人合互融、力合倍增、心合默契，开展广泛的谈心谈话活动，促进干部对机构改革加深理解，为改革奠定思想基础。以争创“省文明标兵单位”为契机，大力弘扬干部攻坚克难、履职担当精神。致力于解决干部工作生活实际需求，重新扩建干部食堂，8月31日，干部食堂正式运行；9月20日，以“一家人　一起动　齐快乐”为主题的第一届职工运动会拉开帷幕，展现新税务风采；“八一”、“十一”、重阳节等专题座谈活动相继开展；11月26日，成立工青妇等群团组织，搭建好干部融合交流平台，组织开展篮球、排球、瑜伽、读书等兴趣小组，以文化软实力凝聚向心力提升队伍战斗力。结合市局素质培训专题活动，开展业务培训50余场，涉及环保税、个人所得税新政、社会保险与非税收入、增值税等税收业务。同时为加强干部业务融合，通过岗位交叉安排，使原国税、地税人员都能在短时间内迅速完成税收业务互帮互学，提升业务水平。鼓励干部积极报考三师，提升自身文化素养，2018年有4名干部通过全科考试顺利取得税务师职业资格证书。

【党风廉政】 党建促税收，引领“新发展”。“三定”落实到位后，县局根据机构、人员设置情况组建6个党支部（其中退休党支部1个），各支部均按要求完成换届选举。加强政治理论学习，开展学十九大报告、十九大精神专题培训等多种形式活动，营造学习十九大精神的浓厚氛围，开展“旗帜鲜明讲政治”系列勤廉党课，加强党员之家阵地建设。积极争创“五化”党支部示范点，县局机关支部顺利完成创建验收。落实市局“从严治队建设年”活动，着力做好党风廉政建设。结合改革实际，把旗帜鲜明讲政治落实到党的领导、党的建设和税收事业持续发展中。领导班子模范带头，强化自身建设，严格执行党委工作条例，落实党委议事规则，坚持民主集中制，发挥党委的核心作用。依法依规履职责，压实两个责任，纪检部门强化执纪问责。按季度召开依法行政领导小组工作会议，规范行政执法行为，组织执法监察和执法督察，对简政放权、商事制度改革、权责清单制度、加强事中事后监管以及改进和优化政府服务等工作落实情况进行自查，组织130名干部参加学法考试，通过率100%。

【扶贫工作】 10月，根据县委县政府的调整部署，县局结对帮扶责任村调整为中村瑶族乡康乐村、鑫山村、船形乡高路村的帮扶队长单位，鹿原镇天星村的队员单位，扶贫工作队员及帮扶责任人也进行一定的调整。全体成员在原有基础上，不断巩固前期扶贫工作成果，努力在“巩固”“提升”两篇文章上下功夫。及时深入调整后的帮扶责任村，摸清村情民情，定期走访入户。

（黎明丽　郭揽月）

中国工商银行股份有限公司炎陵支行

【概况】 2018年，炎陵县支行认真贯彻落实市分行党委及炎陵县委、县政府的工作部署，围绕“依法合规经营 科学稳健发展”的经营理念，突出“从严治党、从严治行”这条主线，围绕挖潜降本控险增效，重点抓好“两个宣战”，经全行员工的共同努力，各项工作取得较好的成绩。年末，全行各项存款余额11402万元，比年初净增3036万元；其中储蓄存款时点余额9144万元，时点净增1948万元；对公存款余额2220万元，比年初净增1087万元；各项贷款余额合计19214万元。2018年末，下辖支行营业部；内设营业部、业务部、办公室。在职员工14人。

【优质服务】 1.节假日等业务高峰期，积极联系人民银行、押运公司等单位，确保营业时间充足，全员取消轮休与双休，实现大堂无缝对接排班。2.成立金融服务小分队、外拓小分队，掀起春天行动的营销热潮。3.建立党员示范岗，按季授予竞赛优胜部门流动红旗。

【营销成效】 2018年，为拼抢市场份额，组织多次全行性营销，班子成员带头组织全行员工，进入商户，利用周末休息时间进行密集的特约商户营销，充分发挥炎陵支行特约商户POS机具及二维码支付的优势。大力推广炎陵支行电商平台融e购业务的发展。利用炎陵支行电子银行业务的领先水平，推动个人电子银行及企业网上银行业务；每周二、五通过晨会和网点负责人例会确定本周的营销计划，总结上周营销成绩。

【金融网络化】 1.以渠道建设为抓手，着力推进金融服务。大力推进炎陵支行电子银行产品，融e联、融e行、融e购、e生活，利用炎陵支行网金产品及一键绑卡等项目有效延伸服务触角，扩大服务覆盖面，为持卡人提供查询、取款、转账、消费、缴费等金融服务。2.自助服务机具+新兴电子支付。为满足客户的支付结算需求，做好代收电费等工作，多渠道布放自助终端设备，逐步改善结算渠道少、金融产品单一的现状。3.推进小微金融贷款业务，主推的小企业网络循环贷款具备各方面的优势，有利于企业降低财务成本，合理安排生产资金，实现银企双银，同时跟踪配套炎陵支行企业网上银行业务，开通企业财务室代发工资，大大便利企业的财务工作，也加强银企互联的沟通协作，实现银企双赢。

【金融扶贫】 1.加大金融扶贫工作，扶持农民增收脱困。按照县委县政府的工作要求，炎陵支行对接扶贫点炎陵县中村乡心田村，逐户摸底走访，了解困难群众的需求，依托中村乡特殊的地理环境以及生态特色，响应县委县政府产业扶贫的精神，炎陵支行认真履行职责，派专员驻点扶贫村，成批次推进产业扶贫资金的逐户到位，取得良好的效果。2.加强与政府、保险公司、担保公司多方合作，扩大信贷投放量。引入“政府增信”机制，发挥财政资金对金融资金的引导和撬动效能，缓解“三农”和小微企业“融资难、融资贵”问题；采集新型农业经营经营主体的客户资料，进行归类整理建档，建立营销名单库，实施精准贷款营销。

【党建工作】 2018年，炎陵支行开展“四风”问题整治情况“回头看”工作，全面回顾、总结、分析和梳理群众路线教育实践活动、“三严三实”教育、“从严治党、从严治行”等基础性专项工作，认真落实中央八项规定精神和省市两级行党委作风建设的规定。对员工行为排查进行常态化管理，防微杜渐；对新提拔的中层干部进行任前廉政谈话，发送廉政提示函；对全体中层干部进行集体廉政约谈；在传统节日等重要时间节点，通过廉政短信，重申廉政纪律要求，抓早抓小，进行提醒提示。（凌　洁　谭群祥）

中国建设银行炎陵支行

【概况】 2018年炎陵支行在市分行党委的正确领导下，在炎陵县委、县政府的亲切关怀和大力支持下，按照分行战略部署：坚持党建引领，固本强基，强化内控，健全机制，零售优先，务实创新，做品质、树品牌，承担大行责任，全力服务实体经济，推动建设银行由大行向强行高质量发展。2018年末，炎陵支行在职员工16人，党员5人，营业网点1个，自助银行网点2个。

2018年炎陵支行主要指标：2018年12月末，一般性存款时点余额60570万元，比年初净增7938万元。其中对公时点存款余额21785万元，比年初新增2681万元，个人时点存款余额38785万元，比年初新增5257万元。各项贷款48505万元，其中对公贷款36608万元，个人贷款（含信用卡）11896万元，贷款不良额(个贷)93万元，不良率为0.19%，无对公不良贷款。实现中间业务收入139万元，利润总额1205万元。

负债业务稳定增长。信贷资产质量得到完善，及时退出预警客户诺忒光机电小企业贷款680万元，有效规避经营风险。精神文明创建活动取得好成绩。2018年，获株洲市妇女联合会颁发的“株洲市巾帼文明岗”光荣称号。

【普惠金融】 2018年，普惠金融对社会事业和人民生活具有重大意义和深远影响，通过发展普惠金融，为炎陵县实实在在解决一些社会痛点、民生难点问题，是作为国有大行理应主动承担的社会责任和使命。炎陵建行主动参与，逐一上门走访企业，把普惠金融服务送上门。解决小微企业融资难、融资贵的老难题，通过企业缴税(云税贷)、电费缴纳(云电贷)、账户流水(薪金贷)、工资代发(结算云贷)等大数据，提供信用贷款支持，利率最低可做到人行基准利率(5%左右)，有效的解决企业的融资难、融资贵的问题。做好园区企业综合金融服务。服务好“大、高、优”企业是建设银行的传统优势，对县重点企业国声声学、欧科亿、今成钽铌等重点优质企业，炎陵建行持续做好综合金融服务，为国声声学、欧科亿提供账户结算、工资代发、企业上市金融服务等，为今成钽铌提供账户结算、外汇业务以及正在申报的授信方案。

【金融扶贫】 发挥党建引领作用,推进党建和精准扶贫融合。大国大战略,大行大责任。建设银行作为中央金融企业,长期坚持积极担负社会责任,扎实推进金融精准扶贫工作。建设银行专门制订《中国建设银行"十三五"金融扶贫工作规划》,明确以移动金融覆盖、电商扶贫先行、信贷扶贫创新、普惠金融延伸等商业可持续模式推动精准扶贫。建行炎陵支行结队帮扶点为鹿原镇炎陵村,帮扶对象是43户建档立卡贫困户、贫困人口159人。开展建行善融商务电商扶贫,推进精准扶贫战略落地,推广贫困地区优质特色农副产品。炎陵县耕夫子农产品开发有限责任公司入驻建行善融商务平台,为该公司促销黄桃等特色农产品提供良好的销售平台。

【零售优先】 突出个人金融服务。炎陵建行做好品牌宣传,树品牌、聚人气,把好的服务宣传出去,把好的产品宣传出去,把国有大行的品牌宣传出去。对网点大堂、自助银行等进行全新布置,置放便民服务卡,钱袋等小物件,设立并完善"劳动者港湾",从服务细节处入手,最大限度让客户体验到建行的用心服务。在对个人客户的消费信贷支持方面,2018年全县个人快贷业务完成金额3600万元,新增额名列全市第一,较好地满足炎陵老百姓的消费需求。

【金融科技】 株洲建行利用"株洲党建"党费收缴管理信息系统,进行系统搭建,将运用互联网技术和信息化手段服务炎陵县党建工作,提高党建工作质量和科学化水平。系统搭建完成,实现党建工作业务完整覆盖、模块自由定制、金融服务支撑、整合多方联动的服务特色。炎陵建行主动申请加强农村金融服务,搭建"银行+村党组织"的"银村"服务模式,通过建设银行"金湘通"产品,实现开卡、转账、取款、缴费等一系列综合服务功能,打通金融服务最后一公里,为村民提供安全、方便、快捷的金融服务。建设银行金湘通服务机具布设已达180台,为众多乡村地区老百姓做好炎陵建行的延伸服务。

(扶利新)

中国农业银行股份有限公司炎陵县支行

【概况】 2018年,中国农业银行股份有限公司炎陵县支行认真贯彻落实市分行党委及炎陵县委政府的工作部署,立足实际、真抓实干,围绕"从严治党、从严治行"这条主线,强党建、活队伍、谋创新、夯基础,经过全行员工的共同努力,各项工作取得较好的成绩。

年末,各项存款余额11.2亿元,其中储蓄存款余额7.9亿元,较年初净增5600万元,同比多增5500万元,增量市场份额排名第二。各项贷款余额　9.97亿元,比年初净增1.66亿元。实现中间业务收入650万元,实现营业收入3642万元。

2018年末,炎陵农行在职员工59人。下辖营业部、城区分理处、霞阳分理处、鹿原分理处4个营业网点；1个自助银行；内设综合管理部、运营财会部、公司业务部（含对公资产团队）、个人金融部（含零售资产团队、渠道业务团队）5个职能部室；在内部控制上，保持安全运营无事故。

【党建引领】 一是压实“两个责任”。制定2018年度党建工作考核评价方案和党风廉政建设责任制考核方案，将“两个责任”和“一岗双责”落实到综合绩效考核中。与网点、部门负责人签订《党风廉政建设及内控案防责任书》，细化分解党的建设、廉政建设工作任务，从机制上保证党委主体责任的落实。二是抓好支部建设。广泛开展创建“党员示范岗”活动，发挥网点党支部的战斗堡垒和先锋模范作用。支行班子挂点网点建立党建联系点，强化支部党建引领作用。三是推进党风廉政建设。深入推进警示教育，切实增强规矩意识和纪律意识；改进机关员工作风，制定支行机关员工劳动纪律管理办法，有针对性解决员工队伍中作风散漫、工作漂浮的突出问题。

【脱贫攻坚】 一是开展定点扶贫工作。13名党员与鹿原镇西塘村56户建档立卡贫困户（178人）进行结对帮扶。各帮扶责任人到贫困户家中，了解其生产和生活情况，帮助制订脱贫措施，通过“一进二访”、“三同五好”、爱心助学、产业帮扶等措施，2018年6月顺利通过脱贫攻坚国检验收。二是开展金融扶贫工作。以党员为骨干力量成立“金融扶贫先锋队”，深入到全县特色产业乡镇，逐村、逐户进行调查。访民生、问需求。大力支持新型农业经营主体经营发展，新型农业主体贷款户达到95户，余额7833万元，比年初净增2561万元。推广应用“养老贷”、惠农E贷“黄桃贷”等特色三农信贷新产品，全年共投放“黄桃贷”特色农户贷款47笔，金额542万元。通过对特色产业的帮扶，支持和带动贫困户增收。精准扶贫贷款比年初净增2944万元，带动贫困人口增长944人。三是抓服务延伸。定期到金融扶贫服务站和惠农服务点开展巡检、业务培训和服务，布放扫码机具。不定期在金融扶贫服务站开展宣传金融扶贫政策和金融知识活动，得到农户的好评。

【队伍建设】 一是搭建平台，加快人才培养。组织中层后备干部选拔，建立中层后备干部储备库，储备后备干部9人。提拔使用5人，其中正职2人，副职3人。同时营造鲜明的用人选人导向，鼓励新入行大学生员工到基层一线多岗位锻炼，确保每个网点要有一名大学生。对于年龄偏大的5名员工，根据个人所长安排合适的岗位，开展针对性的续航培训和考核，继续发挥其工作热情。二是树立榜样，突出引领作用。大力弘扬工作中涌现出来的先进个人，以典型引路，在全行全面掀起“争先创优”热潮，敬业奉献标兵余长勇上榜湖南分行“感动农行”人物，荣获株洲市银行业协会“优秀客户经理”称号。在全行青年员工中开展“农行给我岗位，我为农行献言”为主题的征文评比活动，引导青年员工“爱岗敬业、忠于职守”。

【风险防控】　一是加强运营基础管理。关注不同时期案件及违规问题的新特点、新动向,结合内外部案防形势,综合分析,针对性确定风险排查方向和内容。加强"三个环节"管理,严把"五个关口",力促网点上传业务资料的真实性、合规性和完整性,防范柜面风险。2018年,在网点运营管理创建"三化三铁"活动中,创建"三铁"网点1个,"良好"网点3个,良好率达100%。二是推动"三线一网格"提升工作。强化履职能力,围绕株洲分行"三线一网格"管理模式提升实施工作计划及任务分解表,细化工作任务、完成时限、责任人员、实行销号管理。常态抓细员工行为管理,组织开展员工征信专项排查工作、员工行为排查"回头看"工作。重点核查办理3张以上信用卡、大额贷款和大额对外担保的员工,同时鼓励员工充分揭示员工异常行为的预警线索。三是加强安全管理。对全行的报警器主机进行更换,增加烟感报警系统,对网点的消防器材进行更换、现金区后窗进行封闭、收银槽增加钢板进行防护。开展安全学习、案例教育,消防培训,通过多途径、多形式的学习教育活动开展,增强全行员工安防意识。有针对性地进行防抢、防恐、防暴、消防等各项预案演练,有效提升全员安防技能,为全行生产经营平安运行提供坚实保障。

【人文关怀】　一是认真做好走访慰问工作。对全行困难员工进行上门走访慰问,解决实际困难,做好政策解释,全年无集体上访事件,维护稳定的发展环境。二是继续加强"五小"建设。投入20万元,完成支行机关院内后坪和球场的改造,给青年员工宿舍、机关食堂、网点食堂增添设施,为全行员工提供舒适的工作和生活环境,真心实意地为基层员工做好事、办实事、解难事,不断增强员工的认同感和满意度。三是关注关心问题员工。发现员工异常思想行为,工作态度消极情况,及时予以谈心谈话,家访关爱员工,进一步夯实案防基础管理。　（谭林平）

中国邮政储蓄银行炎陵县支行

【概况】　2018年,中国邮政储蓄银行炎陵县支行下辖2个支行,8个邮政代理网点、7个邮政手工网点。炎陵县支行内设2个部门,即综合管理部、综合业务部,现有从业人员30人。年末自营网点各项存款余额4.06亿元,较上年净增2828万元;各项贷款余额3.11亿元,较上年净增5206万元;存贷比76.69%。

【党建引领】　一是严格履行"一岗双责"要求,与所辖单位签订落实全面从严治党要求主体责任书。二是持续抓好党风廉政建设。在元旦、春节、中秋等重大节日前夕,进行节前廉政提醒。巩固落实中央八项规定精神,加强纪律建设。三是主动担当扶贫重任。从2016年起,炎陵县支行与炎陵村村支部共建扶贫工作,与炎陵村37户贫困户进行"一对一"的精准帮扶,定期走访贫困户,脱贫35户。

【金融运行】 2018年，炎陵县支行坚守零售战略，坚持转型发展。一是做好普惠金融生态版图经营模式。至2018年末，贷款结余3.11亿元，年净增5206万元。二是支持地方特色产业。2018年，向当地特色高山水果产业发放贷款120笔，金额1108万元，扩大种植面积133.33公顷，增加产值2000余万元。为当地农家乐发放贷款40余笔，金额600万元。三是个人金融业务精准营销。至2018年末，个人存款结存余额3.25亿元，年增2311万元。

【内控管理】 一是继续推进市场乱象整治工作。把主动防范化解金融风险放在更加重要的位置，建立问题台账、工作底稿，逐一落实整改，明确时限、责任到人，推动整治市场乱象向纵深发展。二是加强内控管理，坚持两手抓。年初与各部室、二级支行负责人签订案防责任书，层层压实案防责任。2018年实现全年零案件。三是坚守资产质量生命线不放松。严把新增贷款及信用卡质量关，控制逾期增量。

【队伍建设】 开展精细化管理。一是竞聘上岗，发挥潜力最大化。对全行员工进行定岗定编管理，竞聘上岗。通过公开公平的竞聘，进一步盘活人员，提升工作效率。二是根据市分行员工岗薪月度绩效考核办法，制定全员绩效考核办法，并深入推行二级支行损益核算，充分体现多劳多得，不劳不得。三是做好网点人员业务能力提升，对业务办理流程实行管控，做到服务规范化。

【服务管理】 为落实“人民邮政为人民”服务宗旨，切实提高邮政服务质量，炎陵县支行积极贯彻执行市分行党委提出的“四办”（马上办、上门办、网上办、一次办）的金融服务承诺，全面加强网点服务规范化建设，简化业务流程，提高办事效率，为客户提供专业的优质服务。 （李鄢梅）

湖南炎陵农村商业银行

【概况】 2018年，湖南炎陵农村商业银行下辖1个营业部和霞阳、城南、九龙、水口、三河、十都、沔渡、鹿原等8个支行及龙溪、石洲、策源、下村、中村、平乐、龙渣、船形、塘田、东风、三口、下关、龙井、井冈路等14个分理处，总行内设党政办公室、董事会办公室、财务管理部、业务管理部、风险管理部、金融市场部、人力资源部、稽核审计部、合规管理部、科技电子银行部、纪检监察室、保卫部等12个职能部室。全行在职员工262人，具有中级专业技术职称8人，初级专业技术职称73人，退休人员63人。

2018年末，炎陵农商银行各项存款余额55.6亿元，比年初净增3.9亿元，完成年度净增任务的115.52%；各项贷款余额42.47亿元，比年初净增4.1亿元，完成年度净增任务的136.67%。累放各项贷款35.21亿元，累收31.08亿元，存贷比例为76.38%。实现经营利润2.45亿元，实现净利润1.08亿元，年度缴税6082万元，连续7年成为全县第一纳税大户。2018年，完成“湖南省文明标兵单位”复核相关工作，顺利保留“湖南省文明标兵单位”荣誉称号。先后荣获“炎陵县2017—2018脱贫攻坚先进单位”“株洲市五四红旗团委”“湖南省农村信用社联合社等级考核先进单位”“全国十佳普惠金融农商银行”等荣誉称号。

【资金组织】 一是建立考核激励机制。总行与各部室、各网点负责人签订业务经营等责任状，年度各项任务及早分配到各网点，建立存款净增工效挂钩奖罚机制，开展特色营销活动和资金竞赛活动，营造出“人人都使劲，个个都出力”的资金组织氛围。二是抓好重点项目对接。紧紧围绕县委、县政府经济发展规划，抓好全县重点项目、产业项目、基础设施项目、民生项目等对接工作。截至2018年末，全行财政国库存款余额为6.77亿元，政府机关财政类账户在全行开户比例达到82.22%。三是加大企业走访力度。开展“访客户、问需求、优服务”专项活动，实现评级授信、业务营销、信贷需求、业务宣传、客户回访及信用村建设等“六个”全覆盖。全年共计走访单位(企业)1351家，收集新企业注册信息307户，新增对公账户260个，新增对公存款1.5亿元。截至2018年末，企业类客户在全行开户率达86%。四是狠抓个人客户拓展。以“两扫五进”外拓营销活动为抓手，扎实开展揽储工作。全年累计开展外拓营销活动418次，营销存款1.24亿元，维护存款23.52亿元。截至2018年末，全县97%的居民(农民)在炎陵农商银行开立个人账户，达到人手一张以上该行银行卡(存折)的效果。

【信贷业务】 一是做好评级授信。对37520户农户进行信用等级评定，授信金额24.59亿元，授信面达96%，贷款面达27%;对4334户个体工商户进行信用等级评定，授信金额9.71亿元，授信面达83%，贷款面达21%；对410户小微企业进行信用等级评定，授信金额36.48亿元，授信面达44%，贷款面达42%。二是推进精准营销。认真总结前期网格化精准营销经验，有针对性地制定网格化精准营销方案，在风险可控的前提下，全面开展营销推广。做好宣传发动工作，在LED显示屏、广告机等媒体上播放商户评级授信业务的相关内容，统一印制商户评级授信、福祥便民卡产品的宣传资料，提高商户对福祥便民卡业务的认知度。三是支持小微企业。支持新农村建设项目和九龙工业园、中小企业创业园小微企业发展，有力推动县域经济发展。截至2018年末，全行小微企业贷款余额36.72亿元，比年初净增3.6亿元，增速10.87%，全面完成小微企业“三个不低于”任务指标。全行小微企业贷款不良率仅为1.80%，控制在2%之内。小微企业贷款平均利率为6.62%，低于株洲市农村中小金融机构小微企业贷款平均利率，全面完成小微企业“两增两控”考核指标，成为全市完成“两增两控”考核指标的两家银行之一。

【精准扶贫】 一是稳步推进贷款发放。截至2018年末，共计对建档立卡的6540户贫困农户进行评级授信，评级授信面达100%，有效授信贫困农户数5859户，授信额2.14亿元，有效授信面达89.59%。累计支持贫困农户贷款户数1556户，贫困农户小额信用贷款余额5681万元，有力推动贫困农户小额信用贷款的全面实施，真正做到扶真贫、真扶贫。二是发力扶贫产业项目。炎陵农商银行信贷支持的金融扶贫产业项目共计8户，累放贷款8000万元，贷款余额3773万元，有效地解决信贷需求，推动扶贫经济组织的快速发展。三是作为青林村、康乐村的后盾单位，近三年给予帮扶资金89.63万元，用于拓宽村组干道、村组基础设施建设和解决贫困户实际困难等。持续开展“党员与贫困农户（商户）结对帮扶”活动。近三年全行党员共计为帮扶农户捐款15.6万余元。

【业务创新】 一是践行普惠金融政策。炎陵农商银行已在全县各乡村建立助农金融服务站（助农金融服务终端）91个，覆盖全县98%的行政村。建成金融扶贫服务站、助农取款服务站和农村电商服务站等“三站合一”融合共建43个，打造农民家门口的“便民银行”，真正把普惠金融落到实处。二是大力推广扫码支付。充分借助微信公众号、电影院广告及县电视台等媒体，大力宣传扫码支付业务，截至2018年末，全行“福祥e支付”业务累计交易金额突破1.22亿元，交易笔数突破40.22万笔。“天天掌柜”多项指标均位居株洲市农商银行系统前列。三是创新金融市场业务。9月5日，炎陵农商银行成功上线X—Bond现券匿名点击业务，为加强流动性管理增添新的渠道，提升债券业务的交易水平和活跃程度。

【清非压降工作】 年初邀请专业的培训机构进行指导，开展不良贷款“清收风暴”活动，5天时间共现金收回不良贷款本息182万元。同时，全行加强贷款时效管理，依法起诉清收不良贷款，2018年共起诉92户，标的金额8925.32万元；申请执行案件65起，执行收回3410.1万元，曝光被执失信人员名单112案、涉案人员232人，有力打击“老赖”们的嚣张气焰。

【村镇银行开业】 4月，炎陵农商银行作为主发起行的道县、蓝山两家村镇银行正式开业运营，两家村镇银行充分调动全体员工的积极性，通过开展对公存款、个人揽储、代发工资补贴、住房按揭贷款等有效营销，实现两行存款双过亿的良好发展态势。

【文明创建和企业文化】 2018年，炎陵农商银行大力推进文明创建和企业文化建设，完成全行23个网点的门楣招牌改造，开展基层营业网点“五小”建设、标杆网点建设及“人性化服务在柜台闪光”等活动，优质文明服务迈上新台阶。一是加强企业文化建设。“三八”妇女节，组织全行女员工开展户外拓展主题活动。“五四”青年节，举办“迎五一·庆五四”业务技能比武。11月，举办炎陵县第一届“农商行”杯老年人门球比赛。参加炎陵县篮球比赛、全市农商银行气排球比赛等活动。参加全县社会各界祭祀炎帝陵典礼、“我们的节日·清明”等主题活动，践行社会主义核心价值观。二是深化文明创建。7月，邀请株洲市“道德讲堂”总堂到全行举办宣讲会，邀请县委宣传部副部长谭伟平、株洲市委讲师团主任许志汉进行现场授课,进一步提高员工的政治思想觉悟。三是主动履行社会责任,开展“3·15”金融消费者权益日、“防范非法集资”、“6·14”信用记录关爱日等宣传教育活动,组织金融服务志愿者到霞阳镇敬老院看望慰问老人,为困难群众送温暖。四是先后冠名举办的“农商行杯·我给爸妈讲平安”演讲大赛、“农商行”杯欢乐跑等活动,提高炎陵农商银行的知名度和美誉度。

(杨桂华)

中国人民财产保险

【概况】 中国人民财产保险股份有限公司(PICC　P&C,简称“中国人保”,下同)是经国务院同意、中国保监会批准,于2003年7月由中国人民保险集团公司发起设立的、亚洲最大的财产保险公司,注册资本122.5598亿元。其前身是1949年10月20日经中国人民银行报政务院财经委员会批准成立的中国人民保险公司,公司类型为副部级央企、国有控股公司。2018年,公司凭借强大实力跻身世界500强企业第117位,亚洲排名稳居第一。炎陵支公司现有员工28人,营销员230人,支公司拥有专业的承保队伍,设立独立的农险部门、理赔分部,下辖水口、鹿原2家“三农”服务部。

【业务发展】 支公司从承保、理赔、财务三个方面,强化内控管理,深化精细管控,支公司经营效益实现健康稳定的发展。2018年完成保险费收入2440万元,直接赔款992万元,其中车险保费收入1688万元,直接赔款505.38万元;非车险保费收入368万元,直接赔款59.32万元;农险保费收入332万元,赔款166.86万元。在县域财险市场始终占据主导地位。

【县域经济建设】 支公司积极参加县委、县政府安排的各项社会公益事业,其中把脱贫攻坚工作作为支公司一项重要任务,成立扶贫工作队,长期入驻扶贫村,全力做好2018年扶贫工作。2018年,支公司缴税284万元,同比去年增长15%,行业排名第一,为县财政税收增长做出较大贡献。

【合规经营】 承保、理赔、财务三大关键环节风险管控到位,严格遵守依法合规底线要求,常态化抓好防灾防损工作。开展“恪尽职守、提质提效”理赔活动,全面加强理赔队伍建设,规范理赔实务操作。积极贯彻落实中央“八项规定”和上级公司纪检工作要求,加强党风廉政建设,坚持依法合规经营。不忘初心,方得始终;使命不改,伟志不移。人保财险炎陵支公司始终坚持“人民保险,服务于民”的宗旨,专注服务71年,专业实力保驾护航。

(郭许辉)

中国人寿保险

【概况】 炎陵支公司内设经理室、综合管理部(办公室)、客户服务中心、个险销售部、团体业务部、银行保险部6个部门,有管理人员及内勤27人，下辖沔渡、水口、鹿原3个中心营销服务部，1个独立的售后服务团队——收展部，有专业保险营销人员400余人。

【业务发展】 2018年，支公司牢牢把握“转型升级、快速发展”主基调，实现短险经营考核排名全市第一；首年期交保费排名全市第二的好成绩，截至12月实现首年标保705.29万元，达成年度目标的81.45%；实现首年期交1924.15万元，达成年度目标的105.13%；实现保障型保费410.32万元，达成年度目标的64.87%；实现十年期保费771.43万元，达成年度目标的71.98%；实现短期险保费534.27万元，达成年度目标的118.99%；业务转型升级，稳步发展。

【队伍发展】 从2014年年初在册人力139人发展到2018年在册人力424人，实现跨越式的大发展；成功进行转型升级。

【完善管理　诚信经营】 按照人民银行和总公司要求，中国人寿炎陵支公司于2018年10月，组织开展主题为2018年“金融知识普及月金融知识进万家”暨“提升金融素养争做金融好网民”的反洗钱宣传月活动。主动向顾客宣导保险知识和洗钱犯罪，通过开展活动，让老百姓彻底的认识保险，认识中国人寿。5月，参加县委县政府组织的大型“非法集资”宣传活动。

【笃守信用　理赔迅速】 坚持“忠诚服务，笃守信誉”的职业道德和“主动、迅速、合理、准确”的赔付原则。据统计2018年赔付达到2692.31万元。其中：死亡给付50.63万元，医疗给付79.87万元，赔款支出316.69万元，满期给付1778.82万元。

【精准脱贫　攻坚克难】 贯彻落实县委县政府的工作要求，公司认真组织帮扶责任人入户走访，落实“五包”责任，协助完成危房改造3户，异地搬迁6户，共计11户、29人脱贫。完成村级道路改扩建、自来水饮水安全工程、道路护栏安装、农电改造等工作。在上级公司的统一部署，组织全体职工开展扶贫捐款，捐款金额达40余万元。

【科技成果　服务优越】 推行国寿E服务，引导伙伴帮助客户安装使用云助理、国寿E店、E宝账、随行E门店、空中投保、关注中国人寿电子平台从而更完善、更快捷、更有效提升服务质量与品质，进而拓宽服务内涵和外延，做好自动投保、快速理赔、自动回执核销回访、投诉处理等基础服务工作。

【特别专线】 公司积极承担企业社会责任，响应政府号召，助力健康脱贫，创新惠民保险服务。2017—2018年，中国人寿炎陵支公司为全县8000余户建档立卡贫困户提供“特惠保”服务，理赔款高达88%。为更好地提供惠民保险服务，中国人寿炎陵支公司依托大病保险系统，全面开展“一站式”理赔直付服务，并组建一支专职服务团队，进村入户宣传惠民保险政策，全面帮忙客户办理理赔，让贫困户足不出户当天到账，立马享受到国家各项惠民保险政策。（戴贵阳）

中华联合财产保险

【概况】 中华联合财产保险股份有限公司炎陵县支公司现有签约员工 10 人，设有经理室、业务科、综合科。

炎陵县支公司的业务范围涵盖财产保险、人身保险、涉外保险业务、国家政策性保险业务等各项保险业务，以专业的技术、丰富的经验为客户提供不同险种的投保、风险查勘及咨询服务，全方位地满足当地社会各界的保险保障需求。

【业务情况】 2018 年，炎陵支公司完成 1843 万元保费，理赔支出 1035 万元。2018 年，承保全县 86666.67 公顷公益林保险，商品林保险。2018 年，积极参加精准扶贫工作，做好扶贫驻村联点工作，做好精准扶贫小额贷款信用保证保险，特别是承保全县黄桃特色农业保险，炎陵黄桃已成为炎陵扶贫支柱产业，公司为打造“炎陵黄桃”这一品牌保驾护航，为炎陵精准扶贫事业贡献自己的力量。承保全县安全生产责任险，为炎陵县的安全生产提供保障。2018 年，中标全县的城乡居民意外伤害险，赔付城乡居民 700 多万元的意外伤害赔款，不断提高服务水平，深化与政府部门的合作，积极参与医保改革试点工作。

（谭毓敏）

教　育

综　述

【概况】 炎陵县教育局内设党政办公室、党建办公室、安全民幼股、计财股、监审股、政工股、教育股、发展建设股、学生资助中心、招生考试办公室、勤管装备办公室、教研室、教育督导室、教育工会、学生社会实践教育基地共15个股室，机关工作人员63人。全县公办中小学27所，中等职业学校1所，公办幼儿园16所，民办教育机构68个。

2018年，炎陵县县委、县政府出台《炎陵县教师周转房建设实施方案》（炎政办发〔2018〕15号）、《炎陵县消除义务教育大班额专项行动实施方案》（炎政办发〔2018〕年21号）等地方性文件，炎陵教育荣获“湖南省生源地信用助学贷款县级学生资助管理中心优秀单位”“湖南省农村留守儿童心理健康辅导中心项目先进集体”“湖南省工间操比赛三等奖”“株洲市高中学业水平考试先进县市”“株洲市教育扶贫工作先进单位”“炎陵县产业项目建设年活动二等奖”“炎陵县人口与计划生育综合治理工作模范单位”“炎陵县统战工作先进单位”“炎陵县办公室工作优秀单位”等荣誉，教育局机关驻水口镇桃村、炎陵县第一中学驻鹿原镇天堂村工作队被评为株洲市驻村帮扶先进工作队，炎陵县因地制宜大力发展教育被《湖南教育》（总第975期）深度报道并刊发卷首语推介。

【完善办学条件】 推进芙蓉学校建设。炎陵县芙蓉学校建设项目被列入2018年湖南省重点工程，总投资1.388亿元，省政府支持3000万元，年内完成县级配套资金4000万元，10月正式开工建设。完善学校基础设施。投入1011万元，完成船形乡学校学生食堂、沔渡镇中学学生食堂、垄溪乡学校综合楼、鹿原镇东风学校综合楼、中村瑶族乡民族学校塑胶运动场、鹿原镇玉江村幼儿园、策源乡朝阳村幼儿园等新建工程，新建总面积12431平方米。改善师生生活条件。投入305万元，完成农村学校教师周转房建设项目2个、周转房48套，全县“三通三有”教师周转房增至605套。投入60余万元，完成水口镇中学、中村瑶族乡民族学校、策源乡学校3所学生食堂安全改造。加强物防技防建设。投入9.86万元，更新全县校车监控设备，建成校车4G智能监控平台。投入9.84万元，完成校园内交通安全警示标志标线规划建设。落实学生用车补贴25万元，为全县义务教育学生购买乘坐交通工具意外伤害保险30万元。提升教育信息化水平。投入302万元,更新添置教学设备7000件套,建成网络联校3个。建成"中慈爱心图书室"项目学校10所、"阅读·梦飞翔"新开馆项目学校4所。

【学前教育】 全县幼儿园59所(公办16所、民办43所),在园幼儿5741人,学前三年教育毛入园率90.20%,公办园及民办普惠园在园幼儿占比71.43%。推进村级公办园建设,增加公办园园位1030个。实施政府"奖补"。以政府"奖补"形式,鼓励社会力量或个人新办城区较高标准民办幼儿园,新增城区民办幼儿园2所、园位480个。落实政府购买服务。完成购买民办普惠性幼儿园园位2500个,新增民办普惠性幼儿园4所,民办普惠性幼儿园增至25所。

【中小学教育】 全县中小学29所(普高2所、初中8所、小学10所、九年一贯制9所),村级小学教学点9个,在校中小学生20815人(普高2430人、初中5254人、小学13131人),义务教育入学率100%、巩固率98.5%,"三类残疾儿童"入学率98.6%,高中阶段教育毛入学率97.8%,建档立卡贫困学生辍学率为"0"。实施招生调整。出台《炎陵县教育局关于调整2018年秋季城区小学招生的工作方案》《炎陵县2018年秋季城区小学招生指南》,调整城区小学招生区划,实施划片招生和学位派位,控制城南小学规模,招生工作平稳。化解义务教育大班额。盘活炎陵中学、洣泉学校资源,建成明德小学2号楼、垄溪乡学校综合楼,扩充学位1440个,消除大班额12个。全县义务教育教学班474个,大班额18个,大班额率降至3.8%,获省政府奖补1000万元。实施特色创建。炎陵县第一中学、十都镇中学获评"株洲市文明校园"称号。水口镇中学荣获第三届湖南省农村留守儿童心理健康辅导中心项目(知心屋)先进集体奖。炎陵中学、明德小学被授予株洲市"炎帝文化进校园实验学校"。推动创新教育。在第十四届宋庆龄少年儿童发明大赛中,鹿原镇中学学生李文的发明"防走失多功能老人手镯"荣获优秀创意奖。在第七届全国校园发明创意大赛上,船形乡学校学生方雨波、陈欣的发明"贴心打水桶""菜刀安全阀"分别获金奖。在中国青少年创造力大赛第14届全国总决赛上,船形乡学校学生范冰冰、方雨波的发明"3D歪歪量角器""双桶异步冲水箱"获发明类金奖,陈欣同学的"实验用型小龙头"获铜奖。规范办学行为。规范教辅材料征订,教辅征订总册数、总金额大幅减少。加强学校食堂管理,开展不定期督查,落实学校行政陪餐制度,发现和整改一批现实问题,学生、家长满意度有效提升。

【职业及成人教育】 炎陵县中等职业技术学校在校学生381人,中职学业水平考试公共基础合格率100%、专业基础普测合格率100%、学生技能抽考合格率100%,学考全市排名第八。实施中职教育条件攻坚。炎陵县中等职业技术学校恢复独立校园,获得株洲市职业教育攻坚奖励资金10万元、湖南省职业教育攻坚项目资金500万元。全年落实资金551万元,新建和改造校舍6233平方米,添置实训设备4套。与欧科亿等民营企业开设合作班,产教融合水平进一步提升。统筹发挥职教中心职能。炎陵县中等职业技术学校配合县人力资源和社会保障局开发黄桃、电商、旅游、养殖等实用技术，完成农村贫困劳动力和两后生技能培训547人次。

【特殊教育】 炎陵县教育局联合县残疾人联合会，完成适龄残疾儿童少年信息普查。按每名特教生6000元标准保障特殊教育经费，落实随班就读、送教上门和特校就读，全县适龄残疾儿童少年入学率98.6%。

【民办教育】 全县具备合格资质民办培训机构23所、民办中小学2所、民办幼儿园43所。联合相关职能部门出动执法人员69人次，排查出校外培训机构32所，发放整改通知书30份，约谈培训机构负责人24人次，下达停业通知书6份，取缔校外培训机构6所，停业整改3所，校外培训机构专项治理成效初显。

【队伍建设】 全县在编在岗中小学教师1379人。其中，男681人，女698人；研究生学历7人，大学本科842人，大学专科470人；高级职称教师274人，中级职称教师605人。优化充实师资队伍。公开招聘教师29人，公费定向师范生上岗6人，争取农硕士生4人、支教教师13人，特岗转正入编5人。送培公费定向师范生44人，预算安排公费定向师范生培训费24.84万元。申报成立株洲市特级教师工作站1个（炎陵一中），完成国培、省培、市培计划1247人。大力彰显正向激励。表彰奖励“十佳教师”等县级优秀教师200人（“十佳”每人奖励1万元），奖励及慰问资金近100万元。推送谭苏梅、罗志菲、陈传良3名“株洲最美乡村教师”，19名优秀乡村教师获得株洲市教育基金会奖励，820名（在职256名）教师获得“从教30年以上乡村老教师”荣誉证书。保障落实教师待遇。兑现2018年人才津贴、乡镇工作津贴、班主任津贴、绩效工资、体检费、车旅费、第十三个月工资、一个月医疗垫底补助等，全县教师“五险一金”和大病统筹、医疗补助、职业年金等均按规定基数和标准缴纳。

【教研教改】 回归教育本真。出台《教育局住校督查工作方案》《中小学教学常规管理指导意见》，成立驻校督查工作领导小组，抓实常规管理，落实教学常规。落实教改行动。完成初中语文、道德与法治、历史和小学语文、道德与法治统编教材培训。株洲市教科院、芦淞区“XYZ导师团”对口炎陵县开展小学数学“种子教师”培养。组织高中教师到华南师范大学开展“新高考改革适应性研修培训”。邀请全国小学语文名师刘发建到炎陵开展教改讲座。积极以赛促研。在株洲市高中信息技术教师综合素养大赛中，张锦程老师获得一等奖，沈竟夫、李航老师均获二等奖，炎陵县获优秀组织奖。在株洲市第八届中小学美术教师基本功比赛中，盘诗彬老师荣获中学组一等奖。在株洲市初中生物、化学专题教学比赛中，段颖、何沁老师分别获得一等奖。在株洲市初中英语、物理青年教师教学比赛中，罗丽婷、陈砚华老师分别荣获一、二等奖。在株洲市初中历史、幼师技能教学比赛中，唐燕、王艳玲老师分别获得二等奖。着力以研提质。2018年,全县有省级教研课题12个、市级教研课题5个、市级“乡村教研水平提升项目校”5所。全县中考1552人,录取普高847人,考录公费师范生44人。高考实际参考457人,本科上线368人(600分以上11人)。炎陵县第一中学学考一次性合格率99.08%,再获全市先进。

【教育扶贫】 持续实施“千名教师扶贫大走访”行动,共识别建档立卡贫困学生春季3802人、秋季3665人,没有家庭贫困学生因贫辍学失学。落实各项资助、免费政策。2018年,全县共落实各项资助和免费政策资金2956.64万元,家庭经济困难学生受益全覆盖。其中,政策性资助学前至高中各学段建档立卡贫困学生6427人共439.42万元,政策性资助学前至高中非建档立卡贫困学生4897人共306.83万元,争取社会力量资助学前至高中家庭困难学生2505人共355.19万元。免除义务教育阶段所有学生教材费225.45万元、学杂费1426.69万元,免除中职所有学生学杂费96.36万元,免除义务教育阶段建档立卡贫困学生教辅材料费30.1万元,免除普通高中建档立卡贫困学生学杂费50.86万元、教材费9.39万元、教辅材料费16.35万元。落实大学生资助政策。发放大学生生源地信用助学贷款395人共314.11万元,落实普通高校毕业生基层就业学费补偿52人次共24.65万元,落实“金秋助学”78人共38万元,落实“泛海助学”30人共15万元,发放大一新生入学补助47人共2.55万元。争取教育基金会奖助。争取株洲市教育基金会奖助资金12.47万元。其中,“春晖、春蚕、春蕾”奖71人共9.34万元,“教育精准扶贫”资助贫困学生32人共3.07万元,“华晨科教创新奖”12人共1.2万元,“爱烛行动”5人共3万元,“株洲最美乡村教师”(含提名奖)3人共2万元,“孺子牛、加油站”8人共1.0万元,省教育基金会“育才”行动8人共2.2万元。教育局、沔渡镇学校、中村瑶族乡平乐学校获评“2018年度株洲市教育扶贫先进单位”。

【党建与思政教育】 2018年,中共炎陵县教育局党委所辖党组织(支部)30个,党员728人。落实十九大及全国教育大会精神宣讲。印发“十九大精神口袋书”800本,邀请专家库成员主讲红色讲堂3期,重点开展十九大精神集中学习、主题班会和学习测试“三个一”进校园活动。邀请株洲市教育局宣讲团成员到炎作全国教育大会精神宣讲报告,教育局党委宣讲团成员深入学校开展全国教育大会精神宣讲16场次。推进支部“五化”建设。坚持“党的一切工作到支部”导向,成立“教育社会组织联合党支部”,教育局机关、湘山实验学校、炎陵县中等职业技术学校、鹿原镇学校、船形乡学校、沔渡镇学校、十都镇学校、水口镇学校共8个党支部率先创建成为支部“五化”建设示范点。强化思政教育和党风廉政建设。聚焦懒散思维、惯性思维和随意思维,强化纪律意识、程序意识和规矩意识,落实中央八项规定及省市县有关实施细则,持续推进“四风”问题、教辅材料问题、食堂问题等专项整治,严肃执纪问责,提醒谈话6人次,组织处理15人次,立案处分19人次。

【财务工作】 2018年，结转上年度教育系统政府性债务总量929.41万元，化解701.81万元，化解率75.51%。全年教育总投入2.73亿元，完成“产业项目建设年”争资任务4831万元，完成固定资产投入4552万元。

【教育宣传】 坚持正确导向，上稿涉炎教育正面新闻报道省级28篇、市级27篇，《炎陵：市教育基金会调研教育公益》获“株洲市教育公益好新闻奖”。联合《湖南教育》《科教新报》先后完成“喜迎十九大　教育看变化”“改革开放40周年看教育”主题采访。

（谭新立）

炎陵县第一中学

【概况】 炎陵县第一中学现有34个教学班，在校学生1620人；在岗教职工163人，中共党员60人，专任教师140人，其中特级教师1人，历届市级学科带头人共11人，正高级教师1人，高级教师54人，一级教师72人，专任教师中具有研究生学历6人，学历合格率为100%。2018年，全体师生不忘初心，砥砺奋进，学校荣获迎接国家卫生县城复审工作先进单位、文明建设先进单位、学校管理工作综合考核一等奖、党建工作先进单位、计划生育工作先进单位、县共青团工作“红旗团委”、市脱贫攻坚先进单位、株洲市文明校园等十余项荣誉。

【人才培养】 学校积极贯彻落实新课程新高考理念，以培养学科核心素养引导教育教学改革，落实立德树人根本任务，大力实施“党建+”工程，引领学校科学发展。继续推进优生培养工程，安排骨干教师开展个性化辅导，培养拔尖人才，冲刺双一流大学。落实行政联系班级、假期联系学生等制度，开展“古·红·绿”特色德育系列活动，整合全校资源，倡导全员育人，教育教学质量稳步提升。2018年高考学考实现新突破，高考一本上线81人，600分以上11人（文科4人，理科7人），一本上线和600分以上人数均创历史新高。凌方勇、唐宇航、贺谭涛等一大批优秀学子被华中科技大学、哈尔滨工业大学、四川大学等双一流高校录取。学考一次性合格率达99.08%，连续多年位居省市前列。学生积极参加学科竞赛活动，5人获国家奖，20人获省级奖，238人获市级奖。

【队伍建设】 学校深入贯彻落实十九大精神和全国教育大会精神，以习近平新时代中国特色社会主义思想为指引，大力弘扬高尚师德，组织开展师德标兵评选、学十九大演讲比赛、道德讲堂等师德师风专题教育活动，不断健全师德师风建设长效机制，努力建设新时代高素质教师队伍。

为适应新时代，对接新高考，学校加大师资培训力度，以教师专业素养促教学质量提升。全年共安排教师参加各级各类培训1200多人次，组织120多位专任教师赴广州开展新课程新高考改革专题培训；举办第三届教师专业素养大赛暨党员岗位技能竞赛活动；邀请华南师大陈友芳教授开展新高考新课程专题讲座；邀请数学名师白涛教授为师生开展专题讲座；2018年下期组织全体文化科任老师参加新高考改革网络研修与线下培训。通过“走出去与请进来”，促使全体教师不断更新教育教学理念，提升专业能力与素养。同时加强学科领军教师和骨干教师培养，唐巨南等4位教师入选市百名学科领军教师培养计划，黄丽等20位教师获评炎陵县第三届骨干教师。广大教师立足岗位、钻研业务、潜心育人，从中涌现出一批师德高尚、技艺高超的典型。朱剑鸣获评县师德标兵；段磐石等7位获评县教育系统优秀党务工作者和优秀共产党员；刘建钧获评株洲市先进教育工作者，蒋湘江获评株洲市优秀教师，叶昌奇等22位教师获评“县杰出教师、县优秀教师”。

【特色德育】　学校坚持育人为本，德育为先。强化德育品牌建设。将炎帝文化、红色文化、生态文化与学校德育有机融合，开展一系列主题德育活动。组织学生参加戊戌年炎帝陵祭祖大典；开展“重走红军路，20公里毅行”、“参观红标馆，祭扫烈士墓”、学雷锋志愿者服务等活动，让“古·红·绿”文化在实践中得以传承创新。《株洲日报》以《炎陵一中打造传承传统文化主阵地》为题，湖南教育以《巧借县域文化升级学校德育——炎陵县第一中学“古·红·绿”德育建设侧记》为题报道该校在新课程背景下创新德育形式的新成果。德育活动注重实效。深入开展学十九大系列教育活动，举办2018年高考学考百日冲刺、高三成人宣誓仪式、社会主义核心价值观主题演讲比赛。成功举办2018年体育节、艺术节，各年级组织开展篮球赛、足球赛、拔河比赛等活动，丰富学生课余生活，释放学习压力，提升综合素养。重视学生心理健康。心理健康教育中心策划开展心理健康专题讲座、高考考前心理辅导、高三“动力刺激”心理调适、“5·25”心理健康教育周、心理剧创作与表演大赛等活动，2018年接待个体咨询55人次，举办团体辅导30余次。2018年，学校被评为湖南省教育学会中小学心理健康教育教学研究专业委员会理事单位。全体学生在活动体验和社会实践中系统地接受爱国教育、公德教育、民族精神教育、感恩教育、礼仪教育和诚信教育，树立起正确的世界观、人生观和价值观。2018年，有338人次获评省、市、县、校“三好”学生和优秀学生干部。

【教学教研】　学校坚持以教研促教改，以教改促教学的工作思路，强化名师带动，以点带面，提升整体教研水平。鼓励全体教师参加各级各类教研活动，钻研教材教法，推进课堂改革。开展高效课堂教学研讨，各教研组、备课组强化集体备课、组织集体磨课，以培养学科核心素养贯穿课堂教学。2018年全校共举办视导公开课、高效课堂研讨课、学科带头人示范课、新引进教师汇报课、新星杯教学竞赛课等共计193节；全体教师利用课余加强教学研究，共撰写教育教学论文、教学随笔182篇，公开发表专著2本，论文10篇，13篇论文获省市级奖；59人次在省、市级在线备课、网络晒课、教学比武活动中获奖，其中国家一等奖1项、省、市一等奖9项。“十三五”省级重点课题进入中期研究阶段，市高中语文课程基地建设有序推进，5月，株洲市特级教师工作站驻炎陵一中站正式挂牌，11月成功举办“教师发展·课堂教学素养提升”专项研修活动。

【精准扶贫】 学校高度重视扶贫助学工作，设有学生资助中心和教育扶贫办公室，成立以校长为组长的扶贫领导小组。按照脱贫攻坚总体部署和要求，做实学生资助工作，促进教育公平。2018年，组织开展“全员家访”活动，全校100多名教师走访286户建档立卡户，确保建档立卡贫困生资助全覆盖、无遗漏。共有1900余人次获国家助学、金秋助学、炎帝生物助学、海外教育基金及社会爱心人士等各项资助，资助金额累计达266.5万元。

【网络督导评估】 学校高度重视省网络督导评估工作，按照省教育督导委员会专家网络督导评估组的要求，每月及时上传督导随访资料。2018年，学校上传各类资料731条，专家留言7条，学校按时答复13条，专家满意度100%。专家组对学校的办学理念、班子管理能力、校园文化建设、“古·红·绿”特色德育、安全维稳等工作予以充分肯定，改善办学硬件条件，进一步提升教学质量，加大教师队伍建设力度，进一步提升在职教师学历水平。学校针对专家建议，迅速制定方案，分工明确，限时整改。

【基础设施建设】 2018年，县委县政府为改善学校办学条件给予大力支持，一次性为学校化解银行债务456万元。为加快提升学校现代化办学水平，适应新高考改革及“市文明校园”“生态文明校园”创建要求，县财政累计拨付资金300多万元对学校硬件提质改造，学习办公条件不断优化。完成逸夫楼升级改造、高三办公室独立卡座安装、教学区花园绿化，实现教室紫外线消毒灯全覆盖；全年新增纸质图书1721册，新建计算机机房一间，对陈旧网络服务器及无线网络设备进行全面更新，提升学校信息化水平；完成食堂煤改气工程建设，对学生床位进行升级更换，校门卫、学生宿舍实现社会化管理；学校新建路、读报园、科教楼门前道路更加通畅，田径场及体育设施器材更加完备，学校重大项目新学生宿舍楼和体艺楼建设稳步推进。（魏本洪）

炎陵县职业技术学校

【概况】 炎陵县职业技术学校承担着全县中等职业教育、职业技能培训、电大学历教育、社区学院教育和教师培训工作。学校占地面积16797平方米，建筑面积12063平方米。现有教学楼、实训楼、学生宿舍、学生食堂各1栋、250米塑胶运动场1个；现有计算机房5间、计算机288台，多媒体教室15间；现有多功能电子电器、音视频、制冷、钢琴电子琴、形体训练、美术、实训客房、实训餐厅、汽车修理、电器维修部等20个校内实训场所。2018年，投入80余万元改造学生宿舍、学生食堂、教师办公室、校园文化建设，完善学生住宿条件、学生就餐条件、教师办公条件，美化校园。学校现有在职正式教师49人（其中男35人，女14人，其中党员21人），外聘专业教师3人。专任教师42人，其中公共课教师22人，专业教师20人（“双师型”教师12人）。研究生学历1人，本科45人,专科3人。中高16人,中一20人,中二9人,中三2人。有省学科带头人1人,市学科带头人1人,市优秀教师2名。退休教师25人(其中党员15人)。2018年,被评为株洲市电大站点办学优秀站点、湖南省中小学教师网络研修工作先进单位、湖南省“一家一”助学就业同心温暖工程实施先进单位、职业培训先进单位、教育系统“五星级”党支部。

【中职教育】 学校围绕“以德树人、以特立校、从严治校、开放办学”的工作思路,创新教育理念,加强队伍建设,强化优质服务,提升校园文化品位,改善办学条件,强力推进教学改革,增强中职办学的吸引力,着力构建和谐校园,平安校园,快乐校园。科学研判,明确发展方向。中职开设计算机应用(对口高考)、计算机平面设计、电子电器、旅游服务、汽车修理、音乐(学前教育)等6个专业。抓好对口升学,制定高考班月考、早晚自习、教研、奖励等特殊措施。加强内引外联,强推校企合作,联系国声声学、株洲市各幼儿园、株洲马自达4S店、长沙晓光汽车模具厂等企事业单位搞好各专业各类实习。联系知名和成熟企业,全面推行校企合作办学,增强内涵建设,与欧科亿公司开设欧科亿班,开展深度合作。重视实训,增强中职特色。在完成县教育局“优秀课堂”“教学能手”评选等规定动作外,学校组织参加全市语数教学质量普测抽测、专业技能抽考和技能大赛,抽测、抽考合格率均为100%;技能大赛唐亮明老师获信息化办公市二等奖,刘剑老师获电子产品设计与制作市三等奖。学校高度重视学生实训,建设专业负责人管理体系,完善实训室设备条件和人员充实,举行弘扬工匠精神签名活动和设立宣传栏,制定专业培养暨实习计划,选优实习合作单位。以“博爱博学实在实干”为校训,加强日常管理,早起、守时、爱锻炼、爱动手,培养企业文化、企业精神和职业道德;以创建省示范“青年之家”为龙头,开展社团活动,真正做到人人入社团,周周有活动。参加省市文明风采大赛,在建制班合唱比赛中荣获市二等奖、省三等奖,学校首次获优秀组织奖。充分彰显中职生特色和活力的学生活动,提素质、涨精神;加强心理咨询、法制教育、家庭教育和纪律约束,转化不良行为学生,维护社会稳定。搞好资助,落实各级政策。一是不折不扣执行国家的职业教育扶助政策(中职学生全部免除学费、全部享受国家助学金、建档立卡贫困户子女78人全部申报成功享受“雨露计划”),2018年共发放国家助学金48.8万元,学生免学费90万元。二是19人延续享受每年3000元的炎帝生物助学金。三是省中华职教社2014—2018连续5年通过湖南“一家一”助学就业·同心温暖工程共资助学生500名,每生4000元。学校强化服务意识,保障学生就业。学校先对就业企业进行实地考察、对比,然后分别召开学生会议和家长会议征求意见,签订相关就业协议后,学校护送学生进企业,并留驻教师陪护学生半月,确保毕业生就业稳定,毕业生就业率实现了100%的工作目标。在2018年全市16所中职学校内涵建设综合考核中排名第八,彻底摆脱了长期落后的局面。

【职业培训】 学校发挥社区学院和县职教中心牵头学校的作用，围绕民生办实事，开展职业技能培训，2018年完成“两后生”培训1期35人，贫困劳动力培训7期547人，财政局支农培训1期97人，为县域社会经济发展和精准扶贫作出了重要贡献。

【电大教育】 炎陵县电大工作站是教育部直属的中央电大下设的基层站点，是炎陵县唯一成教阵地，而且在办学规模、队伍构建、系统建设、导学质量、管理水平、办学行为和社会效益方面均有创新提升，是株洲市两所省示范性县级电大工作站之一。2018年，新招学员168人（其中农民大学生39人），学员人口比率远高于全省平均水平。着手打造农民大学生的黄桃种植、白鹅养殖、畜牧兽医类市级实习实训基地。坚持“能力为主，需要为准，够用为度，考教相依，学用结合”的理念，不断提升教学管理整体水平和效率，提高教学质量。（谭小锋）

炎陵中学

【概况】 校园占地面积16.4万平方米。2018年，全校有教学班59个，其中初中21个，小学38个；在校学生3065人，其中初中1048人，小学2017人；在岗教师163人。学校是炎帝文化进校园实验学校、东莞台商子弟学校友谊学校、湖南第一师范学院实验学校；国家级校园足球特色学校；省级“阅读梦飞翔”优秀学校；市级素质教育示范学校；全县学校年度综合考核先进单位；小学教学质量名列全县前茅，中考5A人数、普高上线人数均居县公立学校第一；湖南省教育科学“十三五”规划省级资助课题《炎帝文化的途径与策略研究》成功立项。

【队伍建设】 加强党建工作，稳固战斗堡垒。根据局党建工作要求，坚持一条主线——学习贯彻十九大精神为主线；强化四个坚持——坚持规矩纪律，坚持规范严格，坚持先锋引领，坚持责任担当。加强师德师风建设，树立炎中教师队伍形象，做到师者解惑、智者授法、仁者施爱的和谐统一。对教师师德量化考核细则，考核结果作为教职工评优选先、职称评定、兑现奖惩、绩效工资考核等重要依据之一。开展榜样引领、骨干引路、书香引领的活动。通过系列活动，全校教师不断提升业务能力，都有感恩的心态、锐进的姿态、向上的状态，为炎陵中学打造了忠诚党的教育事业、崇尚学术、追求卓越，爱岗敬业，无私奉献的优良作风。学校现有市级百优教师和学科带头人8人，县级杰出教师9人。

【德育工作】 学校秉承立德树人的办学思想，重视学生安全德育工作。聘请法制副校长、校外辅导员到校进行安全教育讲座。安全警示到处都有，定期发放学生安全告家长书。严格值班、巡查、住寝、门卫管理制度，对学生勤跟勤管，不留安全空档。完善安全设施建设，加强校园设施安全隐患排查，防微杜渐。抓好养成教育，组织全校学生学习《中小学生日常行为规范》，开展“文明之星”评选活动，通过校容校貌整理，宿舍内务卫生整理,检查监督、评比促进学生良好习惯的养成。抓好学校常规。加强学生日常行为习惯检查监督,发挥学生会的作用,及时检查、反馈,以检促进。在学校营造“学礼仪,讲文明,懂礼貌”的氛围,打造和谐校园环境。精心准备每周一的升旗仪式,使每次升旗让学生受到一次品德教育。根据班级日常管理积分,采取周通报、月评比、期奖励方式。重视学生的心理健康教育。安排心理老师做好学生的心理疏导,创设良好的课堂氛围和保证学生的心理健康发展的人文环境,多管齐下,保障心理健康教育活动的正常化、规范化,促进学生的身心全面和谐健康发展。家校沟通精密配合。家校工作做到“五个一”,每天发动一些家长到学校自愿值班,每周发放一张家校联系卡,每月召开一次家长会,每月发放一封告家长书,每期安排一次全员家访,每期落实一次家长开放日。由政教处牵头,全方位和家长沟通,取得家长的大力支持,形成家长志愿者队伍,每天参与学生自习课管理,通过家校联手,促进家校互相理解、互相配合,学校的教育教学管理更上一个新台阶。

【教学教研】 2018年9月,株洲市景弘中学韩立双副校长一行四人“国培计划”送培炎陵中学活动,活动由县教师培训中心组织,分四次开展,共八天。炎陵中学全校师生及外校30多位教学骨干参加活动,是炎陵中学规模最大的一次教师全员培训活动。活动主题是“一三六课堂模式”的课堂教学改革,一即以学生为中心,三即以自由、开放、创新为核心理念,六即以学前反馈、目标导入、自助探究、合作交流、展示提升、达标检测为六大教学环节,融培养学生仪式感、合作精神、探索精神为一体。第一次学生常规培训,对七年级学生为期一天的“一三六课堂模式”学生行为习惯,语言表达、书写行为、合作探究要求等全程培训。进行“独学—对学—组学—小展示—大展示”,课堂流程的了解学习。第二次教师教学培训,韩立双副校长、田凯主任分别为教师作《导学案的编写与使用》《学习小组的建立建设》《一三六课堂模式流程的解说》的专题讲座,对教师的教学进行了辅导景弘中学田凯主任进行一堂生物教学“模式”示范课,运用不同的教材处理方式和不同的教法,导学案的巧妙运用。第三次教师课堂诊断,景弘中学四位资深国培教育专家分别对学校英语、语文课堂教学进行诊断。第四次准备总结推广。专家肯定了学校的课改成功,表示相信此项课改一定可以在全县内推广,让全县各校的课改实验工作在原有的基础上有所发展,从而达到提高教学质量目的。

【体艺特色】 为了活跃校园文化生活,培养学生创新、实践能力,全面开展素质教育,体艺科技培训,学校根据学生爱好成立跆拳道、散打、武术操、篮球、科技创新、书法、美术、音乐、钢琴等兴趣小组培训班,保证每位学生至少2项健身锻炼的体育技能和1项艺术技能。安排专业老师实行“一天两训”,“一对一”辅导。每年音、体、美特长生参加中考名列全县前茅,每年科技创新竞赛均获县一等奖。为推进校园足球发展,凸显学校足球工作特色,11月,炎陵中学初中部举办首届校园学生足球赛,比赛历时三周,采用八人制比赛规则，共有十二支球队参赛，比赛采取淘汰赛制。通过全校师生的努力，顺利完成比赛，极大的提高学校足球运动水平，成为全县足球运动开展的最好的一个学校。

【打造炎帝文化，创建校园品牌】 为弘扬炎帝精神，中华民族优秀的传统文化，学校打造炎帝文化进校园示范校，此项工作铺开，湖南省炎帝基金会朱建军教授作专门的炎帝知识讲座，成立文化研究室，开展征文、征联比赛，建设好了怀德堂，编写了校本教材，开展唱《炎帝颂》、跳《八佾舞》等活动开展得有声有色。受到县委政府的高度重视。10月，杨胜跃、黄诗燕等市领导到学校授牌。

【基础设施建设】 2018年，投入300万元，新建小学部第三栋教学楼，在建筑主体工程。中学部400米田径运动场全面铺设塑胶工程正式招标，预计2019年下半年投入使用。教研基地建设引领全县，学校有初中数学和历史、中小学美术、小学数学四个学科教研基地，四个学科基地都被评为先进基地。（万 虹）

九年义务教育名校选介

垄溪乡学校

【概况】 垄溪乡学校地处炎陵县东南郊区，距县城8公里，创办于1955年2月，原名为“太平岭小学”，现有规模定型于2004年，由原垄溪乡中学、垄溪乡中心小学和14所村小合并而成。学校占地面积43542平方米，是炎陵县规模最大的九年一贯制学校。有教学班19个，在校学生887人（中学部341人、小学部546人），生源以垄溪乡辖区为主，来自下村乡、鹿原镇、霞阳镇及县城区等地的学生百余人。有教职工60人，其中，市级学科带头人3人，县学科基地主持人3人，县级教学能手28人，县级骨干教师10人，县“十大杰出教师”5人。

【办学条件完善】 环境优雅，办学条件日益完善。现有教学楼3栋，所有教室均配齐标准课桌椅、班班通多媒体等设施。有学生宿舍3栋，分男生寝室、女生寝室、低龄寝室，低龄寝室配备热水供应、洗衣机、烘干机、卫生间等设施设备。有综合大楼1栋，图书馆、仪器室、实验室、电脑室、音乐室、美术室、少年宫活动室、综合性大教室等功能教室配置齐全。有6跑道400米塑胶环形运动场1个，足球场绿草如茵，篮球场、羽毛球场、跳高跳远场地一应俱全。有学生食堂1栋，配备标准餐桌，能容纳400人用餐。有“阅读·梦飞翔”图书馆两个，图书种类较多，是学生最喜欢去的地方。有教师宿舍2栋，统一配置床铺、书桌、热水器。

【办学成绩】 健康优质，办学质量持续领先。学校崇尚“内求质量，外树形象”的办学理念，以“勤学、守纪、求实、创新”为校训，以“正己、爱生、敬业、奉献”为师训，以“身心健康，知书识礼，主动发展，自我完善” 为培养目标，先后被评为“全国青少年校园足球特色学校”“湖南省生态文明学校”“湖南省义务教育合格学校”“湖南省示范性家长学校”“株洲市平安校园”“株洲市绿色学校”“株洲市‘两型’建设先进单位”“株洲市‘十佳’职工书屋”“株洲市快乐德育示范学校”。2008年至今,连续10年荣获“炎陵县学校年度工作综合考核先进单位”,课题研究《农村中小学留守学生的教育研究》获株洲市“十一五”教育课题研究奖。2012年,初中毕业会考成绩全县排名首位,并进入全市169所中学的前十名行列。

民办教育名校选介

炎陵县洣泉学校

【概况】 洣泉学校位于炎陵县霞阳镇北环路2号,是炎陵县唯一一所民办走读制初中学校。学校总投资200余万元,占地面积6408平方米(生均19.42平方米),校舍建筑面积3031平方米(生均9.18平方米)。现有教职员工22人,其中,专任教师21人。办学规模为教学班6个,学生330人。

历史沿革及办学体制。洣泉学校是一所自愿联合举办的民办学校。2007年,洣泉学校购得原县教育局房产为教学场地并正式创办。2008年,因县纪检委办公需要,学校整体搬迁至炎陵县湘山实验学校大楼,租赁该大楼左侧一至五楼为教学用房,租用该校运动场地及实验室、计算机室、阅览室、图书馆等功能教室。学校为每位教师配备手提电脑,每间教室都安装电子白板,实现网络“班班通”,教学设施设备基本完善。学校机构设置健全,规章制度完善。校委会为学校合法决策机构,实行校委会领导下的校长负责制(首任校长为炎陵县第一中学退休教师刘鸿祺),下设党支部、教导处、团委、工会等职能机构,德育、教学、教研、招生、安全等职责明确,教育教学管理规范。

【办学理念及成绩特色】 办校12年,学校始终坚持“立足成才、追求成功”的办学理念和“人本育英、和谐兴校”的办学宗旨,践行“严慈、严明、严谨”的教风和“求真、求精、求新”的学风,办学成绩优异,办学特色初显,在株洲市享有较高的名气,得到家长和社会的一致认可。2008年,学校成为“株洲市民办教育协会第四届常务理事单位”;2011年,被评为“炎陵县民办教育优秀单位”“全国青少年五好公民主题教育活动示范学校”;2012年,获评“炎陵县规范汉子书写教育特色学校”“株洲市民办教育工作先进单位”;2013年,被评为“炎陵县民办教育教学管理先进单位”“全国青少年五好公民主题教育活动示范学校”;2014年,荣获“炎陵县义务教育阶段教学质量突出单位”称号;2015年,获评“炎陵县民办学校教学质量优秀单位”“株洲市空军青少年航空学校优秀生源基地”;2016年,获“湖南省首届青少年国学大赛株洲赛区复赛三等奖”;2017年,获“株洲市初中理、化、生学生实验操作比赛二等奖”;2018年,被评为“炎陵县初中学业水平考试综合考核优秀单位”“炎陵县初中教学质量考核先进单位”“株洲市优秀民办学校”“株洲市空军青少年航空学校优质生源基地”。

(谭新立)

文化·传媒

旅游和文体广电新闻出版

【概况】 2018年，炎陵县旅游和文体广电新闻出版局紧紧围绕“123”(一个目标两大工程三项创建)工作部署，即瞄准文化旅游强县的工作目标，完成文化、旅游两大扶贫工程，实施全域旅游示范县、湖南省现代公共文化服务体系示范区、炎帝陵国家AAAAA级景区三大创建活动，团结干事、奋力进取、完成既定目标，获评省现代公共文化服务体系示范区、全国十佳生态文明城市、全国十佳生态休闲旅游城市，炎陵县精神文化建设先进单位等荣誉称号。

【精准扶贫】 脱贫攻坚稳扎稳打。在脱贫攻坚巩固提升战中，县旅游和文体广电新闻出版局获2017—2018年脱贫攻坚先进单位，考核分数列全县第一名。同时，系统内有2人获市级先进，4人获县级先进。

乡村旅游扶贫工程。一是建设大院农场、梨树洲村等9个村级游客服务中心。二是支持家庭旅馆和特色民宿建设，通过摸底，遴选12户特色民宿参加“神奇湘东”特色民宿的建设评定。三是完成县内旅游标识标牌建设，共设立31牌。文化扶贫工程。一是大力实施文化民生工程。开展送戏、送电影、送文体设施等文化惠民活动。二是加强文化人才培养。继续实施“三区”人才支持计划，选派22名文化志愿者到村里帮扶结对，指导村综合文化服务中心建设、队伍培训及文化活动开展。结对帮扶严格按照扶贫工作要求，积极开展“大走访、抓落实、促提升”活动。

【文化惠民】 文化基础设施更为完善。图书馆、策源乡综合文化站、中村瑶族乡综合文化站得到修缮，村级综合文化服务中心建成率达96%。为老百姓安装广播电视户户通3390套。建成全县首家24小时图书室，面积30平方米，藏书3000余册，设有电子书借阅机、报刊机。老百姓大课堂活动继续开展，今年，共开展活动50多场次。

【文化活动】 开展“欢乐潇湘·欢乐炎陵”美术、书法、摄影作品展、“我的书屋·我的梦”征文和讲故事比赛，经典民族歌剧《洪湖赤卫队》演出。群众自发组织的各类活动丰富多彩：翠群村、红光村分别举办春节联欢会，洋岐畲族村举办“三月三”文化节，西草坪村开展庆“五一”文艺会演、玉江村开展文化扶贫文艺会演，夏馆村、坎坪村分别组织“金秋十月庆国庆”联欢活动等。编创小戏《黄桃情缘》代表株洲市参加第六届湖南艺术节,获“三湘群星奖”银奖。

【遗产保护】 在湖南十大文化地标推选活动中炎帝陵位列榜首。洣泉书院被评为湖南省国防教育示范基地。文物保护形成“申报一批、落地一批、开工一批、竣工一批”的良性发展局面。成功申报洣泉书院展示利用、白蚁防治、消防安防项目,何孟雄故居修缮工程以及江家试馆消防安防项目。红军标语博物馆陈展提质改造项目进入实施阶段。文物管理全面加强,实现全县文物安全零事故。创新文博宣传。举办第九届秋收起义系列纪念馆(地)工作协作会,井冈山革命博物馆、文家市会师纪念馆、“八七”会议纪念馆等3个省16个馆的代表汇聚炎陵共同研讨文博发展新思路。

非遗保护工作,开展相关项目申报、培训和非遗进校园、演出活动。通过专家遴选和评定,共申报一个非遗代表性项目和三位传承人,其中,尹秉华获评省级非遗代表性传承人。炎陵中学和明德小学被授予“炎帝文化进校园实验学校”。分别到平岗、水南、梅岗、龙渣等村开展非遗展演和宣传活动10余场。

【体育工作】 举办首届“健康湖南”全民运动会炎陵赛区活动。活动共设广场舞、围棋、门球、羽毛球、乒乓球、中国象棋、篮球7个大项16个小项,历时1个多月,2000多人参与。积极开展文体中心免费低收费开放工作。继续在全县开展免费国民体质检测。全县体彩销售达420余万元。竞技体育方面,组织炎陵籍青少年运动员参加省第十三届运动会,获8金6银6铜的较好成绩。

【旅游项目建设】 以炎帝陵、神农谷、红军标语博物馆三个景区集群为依托。加快推进炎陵旅游公共服务基础设施建设、炎帝陵创国家AAAAA级景区、神农洞天美丽乡村建设、湘山公园景区综合开发、鄙峰景区综合开发、云上大院景区开发和“神奇湘东”项目建设。炎帝陵创国家AAAAA级景区工程所有项目建设基本完工,已向国家旅发委报送创建材料,待验收。湘山公园景区综合开发工程基本完成双江口广场、碧江栈道、生态停车场、旅游厕所等项目。“神奇湘东”项目中9个村级游客服务中心建设全面启动,设计、预算、财评、招标等程序基本完成。

【旅游宣传营销】 成功举办株洲旅游“春节七天乐”首场活动,在湖南经视等媒体强势宣传炎陵旅游。开展“神农赐福·桃花运来”为主题的第三届桃花节活动、云上大院·云锦杜鹃花节。承办2018湖南等级旅游景区文明旅游践行活动启动仪式,协助办好戊戌年万魔声学恭祝炎帝神农氏诞辰祭祖典礼及万魔智能产业布局大会。

强化新媒体营销。微信、微博、网站发表信息近百篇,通过微信群、朋友圈扩散,阅读量过100万次。广告宣传同步跟进。在长沙大型社区推出电梯广告,在社区电梯内通过图文并茂的形式宣传炎陵旅游。与中国电信合作推出旅游落地短信,凡进入炎陵境内的电信用户都能收到炎陵旅游宣传短信。组织参加赣西四县(市)旅游专场推介会、上海旅游推介会、湖南国际旅游节、湖南旅游长株潭(北京)专场推介会、湖南旅游产业博览会,宣传推广炎陵丰富的旅游资源和旅游文创产品。开发“研学之旅”“红色党性教育之旅”等线路。

【旅游行业监管】 积极开展住宿与餐饮业的摸排与监管。全县有宾馆 20 余家,农家乐 280 余家,完成“小升规”1 家,“个转企”1 家。旅游质量监督管理工作常抓不懈,完成 A 级景区和星级宾馆复核。强化旅游安全管理,认真开展旅游安全知识宣传,积极落实旅游安全监管责任;联合交通、消防等相关部门深入各景区、宾馆、农家乐进行安全执法大检查,将发现的问题及时通报,认真落实整改,现实旅游安全零事故。

(周原芷　钟定军)

旅游景点选介

红军标语博物馆

【概况】 红军标语博物馆景区是国家 AAAA 级旅游景区、第二批全国红色旅游经典景区、首批湖南红色旅游点,是炎陵红色旅游文化的集中地和核心地,位于炎陵县霞阳镇新市街。景区由全国首家红军标语博物馆、中国工农红军革命活动炎陵纪念馆、接龙桥战斗旧址、红军标语楼——江家试馆等多个景点组成,总占地面积 1.5 万平方米。

【红军标语博物馆】 位于湖南省株洲市炎陵县霞阳镇新市街,是全国首家以红军标语为陈列主题的专题博物馆。馆内设有“红色印记”6 个基本陈列室,客观真实地展示了井冈山革命根据地、湘赣革命根据地和游击战时期,工农红军、地方武装、苏维埃政权以及群团组织等,书写标语动员群众、组织群众、武装群众,分化打击敌人的斗争历史。

自 2011 年 6 月建成开馆以来,博物馆先后被评为全国爱国主义教育示范基地、全国社会科学普及基地、湖南省思想政治教育基地、湖南省全民国防教育基地、湖南省廉政文化教育基地、湖南省中小学生研学教育实践基地、中国人民解放军国防科学技术大学当代革命军人核心价值观培育基地、中国人民解放军陆军步兵学院传统教育基地、广州军区革命传统教育基地、中国井冈山干部学院现场教学点等荣誉称号。

【洣泉书院】 是中国工农革命军第一军第一师第一团团部旧址,全国重点文物保护单位,建筑面积 1485.9 平方米。洣泉书院始建于宋代,坐北朝南,砖木结构,硬山顶,封火山墙,为清代同治年间江南祠堂建筑风格。它以南北为建筑中轴线,东西两厢房对称,两厢为学生号舍,有大小房间 58 间。建筑中轴设有大门、讲堂、大成殿三进,整个书院古色古香,文化气息浓厚。1928 年,毛泽东率领工农革命军到炎陵,将此地设为工农革命军第一军第一师第一团的团部。1971 年,成立“中国工农红军革命活动炎陵纪念馆”。现为全国爱国主义教育示范基地、湖南省思想政治教育基地、湖南省全民国防教育基地、湖南省廉政文化教育基地、中国人民解放军国防科学技术大学当代革命军人核心价值观培育基地、中国井冈山干部学院现场教学点。

【江家试馆】 原为清代李良珍私人住宅，后被江姓族人买下作旅社。该建筑系土木结构，阴阳瓦顶，硬山顶屋面，上下两层，建筑面积413平方米。1932年，李天柱、王震率中国工农红军湘赣独立第一师到炎陵县城，在江家试馆内外墙壁上写下大量革命标语。红军走后，当地群众用石灰水黄泥浆把标语掩盖保护起来。1970年，当人们在对江家试馆墙壁进行技术处理后，被掩盖的51条(组)标语奇迹般的显露出来。江家试馆被当地百姓称为红军标语楼。

【接龙桥战斗旧址】 接龙桥位于炎陵县城西大门之处，横跨坂溪水，南北走向，南连湘山，北接106国道，是炎陵县城西连南北的交通要道。接龙桥建于清咸丰元年(1851年)，系一座双孔石拱桥，麻石结构，全桥两拱一墩，历史悠久，建筑工艺独特。1928年4月，毛泽东率工农革命军在此桥击溃湘敌一团，有力掩护朱德、陈毅部队向井冈山转移，为朱毛第一次会面和两军胜利会师创造条件。

(张　莹)

云上大院

【概况】 湖南云上大院景区位于湖南省株洲市炎陵县东南边陲，罗霄山脉中段万洋山西侧，是两省三县相交之地，东接江西遂川，南与策源乡相邻，西、北与十都镇和江西井冈山市交界。景区海拔560—1880米，总面积88.93平方公里。年平均气温12.6℃，最高气温不超过29℃，素有“小庐山”之称。

境内旅游资源类型丰富，涉及八大主类中的19个亚类，34个基本类型，73个旅游资源单体。拥有世界上面积最大的野生云锦杜鹃花林、湖南省最大的高山湿地、湖南省自然落差最高的瀑布、湖南省最早发现的冷杉群落、湖南省最高的高山茶园等特色资源。其中有五级旅游资源——大院瀑布群落；四级、三级旅游资源众多，包括盐茶古道、高山茶园、高山湿地等。景区内森林覆盖率达96.6%，负氧离子浓度高，有“亚洲第一氧吧”之美誉。境内野生动植物物种多样，重点保护植物品类繁多：有世界珍稀植物品种如南方红豆杉、南方铁杉、三尖杉等，还有以大院地域名而载入世界植物志书的大院冷杉、大院石栎、大院花楸、大院榛等。境内水鹿、娃娃鱼、猕猴等动物在各个瀑布群自由迁徙。云上大院，还是一块红色沃土，是井冈山革命根据地的重要组成部分，具有独特的红色文化。景区已形成铁瓦仙、龟龙窝、东坑飞瀑、杜鹃花海、白鹇谷、英烈亭、铁头太子墓、盐茶古道、赵公亭、知青印记等十大景观。

秀美大院，春花秋叶、夏凉冬雪、险秀静雅、云海壮阔、飞瀑流泉、奇花异木，环境优雅得天独厚，风景怡人令人赞叹，融红、古、绿为一体，是科考科普、旅游观光、休闲度假、养生养老、红色教育的综合型旅游景区。

【铁瓦仙】 又名团苍仙。据炎陵县文物管理局专家考证，始建于唐德宗贞元二十年(803

年），距今已有1200多年历史。清乾隆版《酃县志》记："铁瓦仙，在县东七十里，海拔1700多米，为邑脉分支处。石岩突悬约数仞，云木郁葱，四面缭绕，升高望远苍苍焉，茫无涯际，故名团苍……真神仙窟宅也。"相传铁瓦仙因山高风大，初建时屋顶的树皮、茅草等往往被风掀掉，后道观屋顶皆覆铁瓦，故而得名。铁瓦由各地信士捐献，尺寸并不统一。相传铁瓦有800多片，最大的一片铁瓦是宋朝浙江信士王陵昌敬献，长75厘米、宽45厘米，重12.5千克。岁月更迭，目前铁瓦残存不过百余片。铁瓦仙还建有财神、观音、三皇、三真等大殿，山顶建有观景台，是求仙问道、远眺山海、静观日出日落和云海的好去处。

【龟龙窝】 位于大院海拔1600—1800米的罗霄山脉中段，因万阳山主峰像条逶迤的巨龙俯卧在众多的峰峦之间，而山峦浑圆、平缓极像一个个龟壳，故称龟龙窝。山峦中央有一处高山湿地形成的湖泊，湖水清澈，是高山冷水鱼，天鹅、野鸭等珍稀候鸟们的天堂。龟龙窝可登高揽胜，清品茗茶，体验茶事，还可观看壮美的罗霄日出、云海等景观。

龟龙窝常年云雾缭绕，环境优美，有优越独特的地理、气候和自然生态条件，特别适合茶叶的生长。2001年，台商古胜潭等从阿里山引进乌龙茶，在龟龙窝新建茶园。目前，龟龙窝茶园是湖南省海拔最高、生态最好的茶园之一。2016年，大院龟龙窝生态茶园获评"湖南十大最美茶园"，其出产的高山乌龙茶、红茶享誉全国和东南亚，多次获得全国"中茶杯""国饮杯"及国际"亚太杯"等名优茶评比特等奖、金奖等多项大奖。

【东坑飞瀑】 云上大院景区地势陡峭，自然落差极大，形成众多的跌水和瀑布，其中以东坑飞瀑（又名神农飞瀑）最为著名，瀑布落差达235.2米，堪称"湖南第一高瀑布"，瀑布成三叠下泻，蓝天、青山、绿树间，似一道白练当空飘落，又如一条白色巨龙飞身下潭。春夏时节，水量剧增，如天河奔泻，气势磅礴，一级撞击一级，惊心动魄；枯水季节，一线瀑布水雾迷蒙，如轻纱薄绢，曼妙无比。隆冬时节，飞流结成冰瀑，形成一个瑰丽的水晶世界。2015年4月，湖南省重要地质遗迹资源调查成果汇报会上宣布，东坑瀑布上榜湖南23处中最具代表性地质遗迹。

东坑瀑布景点位于原始森林边缘，红豆杉、福建柏等古树参天，空气负氧离子高，河水清澈激荡，乱石俯卧如狮如虎，是户外戏水、有氧健身运动的理想之地。同时，东坑瀑布旁边有一条崎岖艰险的小道与井冈山荆竹山景区相连，据传当年毛泽东第一次上井冈山便是由这条小道秘密抵达荆竹山雷打石，后来两地百姓给这条小路取名为"毛泽东小道"。

【杜鹃花海】 人间四月芳菲尽，大院杜鹃始盛开。云上大院景区是有名的杜鹃花之乡，每年3月底开始，各色杜鹃花次第开放，一直延续到6月底。景区杜鹃种类已发现云锦、毛锦、鹿角、紫薇、猴头、大白、长蕊、岭南、满山红等杜鹃名品，其中云锦杜鹃最多且最为名贵，景区内原生云锦杜鹃花群落面积约1733.33公顷,主要分布在龟龙窝至平水山大片的原始森林中，是中国面积最大，保存最完整的群落，为中国特有的珍稀树种,树龄逾百年的云锦杜鹃有5000余株。

云锦杜鹃以“苍干如松柏,花姿若牡丹”而成为《中国高等植物图鉴》中记载的377种杜鹃花中的佼佼者。云锦杜鹃每年七月孕蕾,到第二年四月开花,就像人十月怀胎。盛开时花大如碗,灿若云霞,所以叫云锦杜鹃。观赏云锦花海最佳地点位于江西坳、赵公亭、白鹇谷、龟龙窝等地。

【白鹇谷】 白鹇谷因白鹇得名,是一条由7处瀑布链接而成的原始峡谷,是国家二级重点保护动物白鹇、小鲵等的乐园。白鹇是雉科鹇属的鸟类,又名银鸡、银雉、越鸟、越禽、白雉。体态娴雅、外观美丽。雄鸟上体和两翅白色,密布黑纹。羽冠和下体都是灰蓝色。尾长,中央尾羽近纯白色,外侧尾羽具黑色波纹,它在林中疾走时,从远处望去,很像披着白色长“斗篷”，被风吹开露出灰蓝色的内衣。清代五品文官官服上的鸟图像就是白鹇。李白曾有诗《赠黄山胡公求白鹇》大赞白鹇:“请以双白璧,买君双白鹇。白鹇白如锦,白雪耻容颜。照影玉潭里,刷毛琪树间。夜栖寒月静,朝步落花闲。我愿得此鸟,玩之坐碧山。胡公能辄赠,笼寄野人还。”

溯白鹇谷溪流而上,峡谷清幽,一路枝藤蔓延、古木参天,溪瀑连绵,时有白鹇翩翩飞过,婉转音啼,空涧回音,偶见小鲵、山蟹在潭底追逐觅食,野趣横生,物我两忘,因此白鹇谷也叫忘忧谷。

【英烈亭】 云上大院,是一块革命先烈用鲜血浇灌的沃土，井冈山革命根据地的重要组成部分,酃县(现炎陵县)第一个工农兵政府诞生在大院,1927—1928年中共酃县县委也设在大院,是湘赣苏区最早的游击区,是王震、张平化、周里等革命前辈工作战斗过的地方。第二次国内革命战争时期,大院牺牲700多名革命干部和革命群众,英雄的大院儿女为巩固和发展红色苏区做出不可磨灭的贡献。

1929年1月，蒋介石调集湘赣两省25个团的兵力,对井冈山革命根据地进行第三次会剿,湘吴尚部经八面山、桃源洞分三路包围大院,对革命人士进行大屠杀,酃县第一届工农兵政府主席徐顶燕和妇女部部长周亚水在这次战斗中壮烈牺牲,惨遭枪杀于马鞍形。为纪念、缅怀革命先烈,1990年,经酃县(今称炎陵县)人民政府同意,大院农场在此修建大院革命烈士纪念群。纪念群保护范围总面积36万平方米，附属文物有十九烈士牺牲旧址、烈士墓和英烈亭等革命纪念设施。2008年12月,“大院革命烈士墓”被株洲市人民政府批准为市级文物保护单位。

【铁头太子】 “炎陵五子”之一,姓氏生卒年月不详。其父为元末义军首领,据团苍山为王,因其武功高强,人称　“铁头太子”。铁头太子劫富济贫,守护相邻,威震湘赣边界,率乡民习武强身,三天一小练,七日一大练,小院、大院因谐音得地名。后为朝廷剿杀,割走头颅,乡民感其侠义、勇武,铸铁头续其身,葬小院园敦仙。

【茶盐古道】 茶盐古道,古称官道,始建于清康熙二年，是一条连接湘赣粤三省的交通要道。2014 年 12 月，被列为湖南省株洲市市级文物保护单位中交通文化遗产之一。古道西起湖南炎陵石洲，东连江西井冈山长坪、遂川大汾。古道穿越罗霄山脉万亩云锦杜鹃林和万年高山湿地，沿途山峦连绵，林木秀美，泉溪潺潺，空气负氧离子含量极高。至上竹子溜分道，北往江西坳，南往赵公亭。光绪九年，大院首富成启昌等先民，首倡捐资修缮古道，雇石匠百人，历时三载，采上亿石板、石块，架桥九十九座，重铺三尺古道三百余里。此后，湘赣两省交通便捷，商旅繁盛，大院渐成湘赣粤枢纽。炎陵先人肩挑手提茶叶、药材、笋干等土特产品运往江西、广东，再运回食盐、铁器等物资。

【赵公亭】 赵公亭地处湖南、江西两省交界处，亭由石块砌成，长 5 米，宽 4 米，湘赣茶盐古道穿亭而过，内供道教财神赵公明。相传秦时赵公明得道于终南山，能驱雷掣电，除瘟禳灾，主持公道，求财如意，被道教尊为“正一玄坛元帅”。据《遂川县地名志》载，此亭始建于清乾隆年间（1736—1795 年）。亭中有二石碑，一为清道光三年（1823 年）重修功德碑，一为 1996 年“经湘赣两省信士共商修亭”记事、功德碑，上记载：“1929 年朱德、刘伯承将军等领导的工农红军曾途经此亭休息数时。”

赵公亭位于层峦叠嶂之中，远望云海逶迤，近观竹浪澎湃，脚踏老枝衰草，手抚古树青苔，加之漫山遍野的奇花异卉、秀木嘉果，可谓千里秀色尽收眼底，万古沧桑横亘天地，实乃集自然生态、人文古迹、红色记忆于一体之浑然妙境，令人如醉如痴，遐想万千。

【知青印记】 1963—1978 年，湖南醴陵、湘潭、株洲、长沙等地部分知青分批上山下乡到大院，15 年的峥嵘岁月里，共计 260 余位知青参与大院的开发建设，他们战天斗地飞洒汗水，奉献热血青春，为大院的早期建设作出不可磨灭的贡献和留下不可忘却的人生轨迹。原在大院的棚下、大坝、大路坑、新田村、大院街等多处均建有简易住所，目前仅残存大院知青街一处。每年仍有大批当年下放至此的知青及知青的后人到这片热土寻访故人，追忆往事，感触那段激情澎湃的岁月。 （卢姣梅　段成辉）

炎帝陵管理

【概况】 2018 年，炎帝陵管理局编制核定数 43 个，领导职数 10 名，局长 1 名（副处级）、副局长 3 名（正科级）、科长（主任）6 名（副科级），下设办公室、旅游开发科、资源管理科、文物保护科、风景名胜管理科、安全保卫科 6 个职能科室。现有事业单位工作人员 42 人（含湖南炎帝盛世旅游发展有限公司董事长 1 人），其中：管理人员 33 人，工勤人员 9 人；干部身份人员 25 人，工人身份人员 17 人；副处级 1 人，正科级 5 人，副科级 5 人，一般干部职工 31 人；女性 17 人，男性 25 人。炎陵县炎帝陵管理局在县委、县政府的正确领导下，以创建国家 AAAAA 级旅游景区为抓手，突出抓好脱贫攻坚、项目攻坚、旅游开发、祭祀接待等工作,取得较好的成效。

【管理提升】 明确提出质量口号、质量方针、质量目标,聘请北京创景天下规划院为景区实施标准化服务体系建设,对景区所有岗位科学划分,制定明确的职责和管理制度。强化质量、营销、导游、安全、卫生、环保、统计业务培训演练,建立员工晨会制度,集中培训28次2240多人次,分散培训100多场次。员工实现统一着装、挂牌上岗、微笑服务、规范服务。景区实现禁止吸烟、禁燃非环保香、鞭炮烟花,环境全面整治,管线、电力设施设备、空调外机隐蔽处理,垃圾日产日清。导游服务水平不断提高。旅游购物场所管理规范。特殊人群服务完善。官方网站、微信公众号内容丰富。建成数字虚拟景区,实现网上游览。多次邀请旅游专家到景区模拟检查、指导提升。

【设施完善】 狠抓交通、游览、设施、环卫、邮电设施建设,建成环保观光车道6.1公里,新建五谷桥、古乐桥、鹿原桥头生态停车场、停车场总面积46881平方米,停车位达1031个,购置观光游览车15辆。新建味草亭、飞香亭、福泉亭、幸福栈道等景点景观;修复洗药池、鹿原亭、白鹭亭、金沙亭等景观;按国际标准规范建设旅游标识系统。安装摄像头300个,实现闭路监控。配备干粉灭火器100个,消防箱10个,水带2000米。设立医务室和警务室。新建旅游厕所8座、改造2座,厕位达353个。新建垃圾回收站3座、安装垃圾箱290多个,安装污水处理设备7套。实现移动电话信号和WiFi景区全覆盖。

【营销创新】 认真做好旅游接待工作,成功举办株洲“春节七天乐”——百名金童玉女拜祖祈福、戊戌年清明炎陵县社会各界祭祀炎帝陵典礼、戊戌年荷塘区社会各界祭祀炎帝陵典礼、戊戌年万魔声学恭祝炎帝神农氏诞辰祭祖典礼、首届中国农民丰收节祭祀炎帝陵、戊戌年海外华侨华人炎帝陵祭祖典礼、两岸中医药从业者共祭药祖神农等系列活动。认真开展活动、合作、产品、媒体、登门营销,与井冈山、衡阳、萍乡等周边地市多家旅行社以及驴妈妈、美团、携程等多家线上平台签订合作协议。精心打造商业长廊,丰富旅游商品。到各县市区和部分市直部门登门拜访主要负责人,开展营销活动。加强媒体宣传,中国国际电视台《直播中国》通过微博、推特、脸书等平台全英语向全球直播炎帝陵。《人民日报》(海外版)报道《海外侨领侨胞湖南公祭炎帝》;《人民日报》客户端刊登《神话与历史间的炎帝陵冲刺5A景区,古老圣地焕新颜》专稿。

【文化丰富】 邀请县内炎帝文化研究专家到景区专题调研文化提升工作。制作悬挂楹联20幅,炎帝文化宣传画150多幅,镌刻文化宣传石碑22块。推出的“民俗文化展演”、“炎帝陵祭典”表演、研学课堂受到游客的喜爱。

【炎帝陵景区创AAAAA级旅游景区】 一是编制《炎帝陵景区创AAAAA级旅游景区申报文本》逐级申报。县、市、省旅游部门现场检查，高度评价景区的变化，并审核推荐景区。10月份，景区向国家文化和旅游部上报申报材料，等待国家文化和旅游部审核、暗访、明察。二是项目建设。炎帝陵风景名胜区暨创AAAAA项目完成洣水栈道、五谷桥及古乐桥、环卫设施、鹿原桥头停车场、皇山景点及消防通道、炎陵至柳山村村级公路、扬钱洲环保车道项目建设；推进《炎帝陵国家级风景名胜区总体规划2016—2030》和《炎帝陵国家级风景名胜区炎帝陵寝浏览区详细规划》实施。炎陵神农中医药文化纪念馆项目于6月下旬开工建设，已完成土地平整。加强项目资金争取，争取到省政府AAAAA创建项目建设资金1000万元，国家文物局炎帝际白蚁综合防治项目经费307万元。三是招商引资。组织开展景区开发及配套设施建设项目专题招商活动2次，包装百姓朝宗广场及奉圣寺两个项目。

【重点工作任务全面完成】 1. 考核指标圆满完成。完成固定资产投资17493万元，占任务的148%；争取资金1347万元，占任务的417%；完成土地出让收入1572.32万元，占任务100%。2.创先争优有新的成绩。2018年景区成功入选“湖南省十大文化地标”，被评为“湖南省十大平安景区”“湖南省文明先进单位”“湖南省绿化先进单位”和“株洲市两型示范景区”。3.脱贫攻坚顺利推进。认真做好天堂村和塘旺村的驻村帮扶工作，圆满完成脱贫攻坚工作任务。其中天堂村的驻村帮扶工作队在全市脱贫攻坚工作考核中排名前列，被评为先进单位。

【基础工作齐头并进】 1.安全生产。安全生产责任层层落实到位，专题培训和实地消防演练全面覆盖。经常对安全防护设施进行查验，将安全隐患及时排查。特别是在节假日、旅游旺季、防火、防汛高危期加大安全巡查力度，全年实现“无火灾事故、无安全事故、无治安案件、无重大纠纷、无游客投诉、无违法违纪”现象的良好发展局面。2.资源管理。配齐专职森林防火队伍，加强森林防火宣传、巡查，一年两次对皇山防火带进行清理。抓好景区文物、水体、动植物等风景资源的管理和保护，做好景区绿化保洁、设施维修，确保景区整洁美观。加强树木保护，邀请县林业局专业人员对景区古树进行鉴定和挂牌，对圣德林树木进行施肥、杀虫。3.风景名胜管理。认真做好风景名胜法律法规宣传。扎实推进《炎帝陵风景名胜区总体规划》上报工作，省世界遗产和风景名胜管理中心在景区组织召开《炎帝陵风景名胜区总体规划(2018—2035)》范围调整专家论证会，聘请中南林科大专家到景区开展珍稀动植物科考，完成总规资料补充，配合做好中央环保督察工作及“绿盾2018”自然保护地监督专项检查，完成炎帝陵景区生态保护红线的划定。4.文物保护与利用。抓好文物工程项目实施，完成炎帝陵文物修缮、消防、安防工程，争取并实施炎帝陵白蚁防治工程，正在争取炎帝陵综合防雷工程项目；加大文物保护力度，确保景区文物万无一失，做到文物安全零事故；加强文物日常管理工作，提升景区文化内涵。

【党建工作】 认真履行党建工作职责，认真抓好党支部“五化”建设示范点，落实“三会一课”制度，全年召开党员大会16次、支委会14次、讲党课5次，开展民主生活会1次、组织生活会2次及民主评议党员。按时开展支部“主题党日”“党员进社区”活动。认真抓好理论学习,通过集中学习、领导干部在线学习、掌上株洲学习等方式重点学习《中国共产党章程》、十九大精神、习近平新时代中国特色社会主义新思想、中国共产党纪律处分条例等内容。落实党风廉政主体责任,做好干部廉政教育、开展廉政谈话活动,狠抓作风建设,干部队伍风清气正。

（黄　敏）

炎帝陵项目开发

湖南炎帝盛世旅游发展有限公司

【概况】 湖南炎帝盛世旅游发展有限公司经炎陵县人民政府批准,于2012年11月8日设立的国有独资有限责任公司。公司注册资本1.2亿元,经营范围:炎帝陵旅游景区景点项目的策划、投资和经营;旅游综合开发、土地开发整理;房地产开发经营;大型旅游基础设施建设;旅游信息咨询及旅游服务;旅游产品(含炎帝文化纪念品)的开发与销售;文化体育服务;旅游市场开拓及营销;景区对外宣传等。公司内设行政综合部、计划财务部、项目招商部、营销经营部、旅游接待部、旅游管理部6个职能部门,共有干部职工68人。

【项目攻坚】 2018年,全力推进炎帝陵AAAAA级旅游景区的创建工作，共完成固定资产投资1.03亿元,建成华夏广场、洣水栈道、洗药池、五谷桥、古乐桥等景点,完善入口游客服务中心、商业长廊、阙门生态停车场、鹿原桥头停车场、景区内部游步道、扬钱洲环保车道、星级厕所(8个)、无障碍通道、安消防工程、电瓶车道、智慧监控系统、旅游标识标牌等配套设施,实现景区封闭式管理,增加游客休憩设施,协助管理局对陵区重点文物进行修缮与维护。12月,景区顺利通过国家旅游局组织的创AAAAA级旅游景区明检,得到专家们的一致认可。

【旅游开发】 一是精心搞好祭祖活动。全年举办体验式研学祭祖活动30余场，完成大型祭祀活动11批次，承办戊戌年清明炎陵县社会各界祭祀炎帝陵典礼、两岸中医药从业者共祭药祖神农、首届中国农民丰收节祭祀炎帝陵活动、戊戌年海外华侨华人炎帝陵祭祖典礼活动等重要祭祀活动。二是大力开展景区宣传。开设炎帝文化、廉政文化研学课堂,接待研学团队1.1万余人次;开展“炎帝民俗展演”活动,邀请游客参与体验式祭祖;在省内主要高速公路沿线设置大型户外广告牌,在长沙的地铁通道、社区电梯等人流密集区域,对景区进行视频宣传。三是全力开拓旅游市场。组建旅游营销团队,分赴北京、上海、长沙、醴陵、株洲、萍乡、宜春、新余等地开展系列旅游推介活动，与30余家旅行社签订合作协议,不断提高炎帝陵的知名度和美誉度。四是全面提高经营收入。全年共接待游客28.88万人次，门票收入1137.5万元,同比增长10.1%,实现旅游综合收入1706万元。

（霍志芳）

旅游项目开发

湖南天韵旅游发展有限公司

【概况】 湖南天韵旅游发展有限公司是经炎陵县人民政府于2012年11月8日批准，由国资部门出资成立的国有独资有限公司。公司注册资金1.5亿元，于2013年2月25日正式挂牌运营。公司主要经营业务包括旅游景区景点建设、生态旅游综合开发、房地产、大型旅游基础设施建设、旅游信息咨询服务等。神农谷景区为公司参股经营的主要经营项目。神农谷又名桃源洞，为国家级自然保护区、国家森林公园、国家AAAA级旅游景区、国家生态旅游示范区。先后获评国家科普教育基地、中国森林氧吧、湖南生态文明教育基地、2017年湖南省最佳旅游避暑胜地，并被列入世界自然与文化双遗产预备名录。公司机关设置职能部门5个(行政综合部、项目经营部、计划开发部、财务室、人力资源部)。公司现有员工23人(其中旅行社4人)。

【项目建设】 神农谷旅游服务区项目，计划投资2.0817亿元。项目一期主要建设内容为：游客服务中心、停车场及相关市政基础设施建设。规划用地面积128178平方米，其中公共停车场占地面积57192.8平方米，道路及其他基础设施占地34420平方米，游客服务中心占地面积7050平方米，建筑面积3380.8平方米目前已完成投资约7300万元。(1)游客服务中心建设项目现已全面完工，并于2018年6月28日组织各有关单位进行竣工验收，现已全面投入使用。(2)游客服务中心配套生态停车场建设项目于2018年10月，该项目土方已完成70%，共计30984.5平方米；该项目建设工程已完成50%。现已部分投入运营使用。项目二期总占地面积为61548.6平方米。2018年3月底，已完成挂牌出让工作，并由神农洞天公司拍得。该项目后期建设将交由神农洞天公司建设。天韵公司将及时进行督促工作。

神农谷旅游服务区高压线迁移工程。该项目分为10千伏杆迁项目和35千伏杆迁项目，工程于2017年7月启动，截至2018年10月，35千伏杆迁项目已全面完工，并进行竣工验收。

神农谷村主干道道路改造工程，该项目于2018年6月初启动，6月底全面完工，现已全部完成竣工验收、结算等工作。

【计划开工项目】 顺利启动密花乡村旅游精品景区建设项目。该项目为炎陵县密花游客接待中心大楼的建设，主总建筑面积2582.24平方米。项目投资总额为379.33万元。项目现已完成设计、预算、财评等前期工作。项目建设资金现已全部到位。

【项目策划】 炎陵县十都镇密花森林度假小镇项目。选址于十都镇密花村，项目用地总面积约7公顷，总投资约3.47亿元，主要建设内容包括项目区间公路、电力电讯设施、给水排水设施、环境卫生设施等基础设施；度假酒店、休闲娱乐中心、生活馆、秘密花居、特色名宿、商业街、食客街等旅游项目设施;游客中心、标识系统、休息设施、交通服务设施、安全设施等配套服务设施设备,运营管理设施设备等。炎陵县妇女儿童之家项目。选址于炎陵大道东南,项目用地总面积约3.33公顷,总投资约7000万元。鄢峰景区综合开发项目。选址于炎陵县下村乡和策源乡,总面积约为368平方公里。总投资约10.9043亿元。主要建设内容是景区景点景观营造、景区基础设施建设、景区服务设施建设及其他旅游服务设施建设。

【精准扶贫】 2018年是炎陵县脱贫攻坚战决战年、巩固年、提升年。一是采取有效措施圆满完成县委县政府下达的任务,天韵公司全员与密花村29户建档立卡贫困户结成帮扶对子,结对帮扶人员入户走访、摸排调研,逐一完善贫困户档案,开展集体走访、"三同五好"、节庆慰问等入户超过50次。全年投入产业资金、农资、慰问物资等约10万。截至2018年10月,累计投入基础设施建设资金约62万元。教育扶贫方面,使全村18名贫困学生能享受到"二免一补"和"雨露计划"等各项资助,无一因贫辍学。二是"三项工程"扶贫,使全村15户贫困户完成易地搬迁,8户贫困户(其中2户为新建房)完成农村危旧房改造。2018年,有8人实现转移就业和临时就业。为所有建档立卡贫困户代缴新农合和特惠保。截至2018年10月,全村29户建档立卡贫困户中有28户90人实现稳定脱贫,剩余1户1人因被纳入兜底保障暂未脱贫。2018年年初,密花村顺利通过"省检";6月,密花村顺利通过"国检"。至此,天韵公司驻密花村的脱贫攻坚工作取得阶段性的胜利。2018年10月,按照中共炎陵县委、炎陵县人民政府的统一安排部署,天韵公司作为成员单位,参与神农谷村的脱贫攻坚工作,开启精准扶贫工作新征程。

(汤　晟　颜偶芳)

湖南神农洞天旅游开发有限公司

【概况】 湖南神农洞天旅游开发有限公司于2016年9月1日经市国资委正式批复成立,现注册资本1亿元,其中:株洲国有资产投资控股集团有限公司出资7000万元,占股70%;湖南天韵旅游发展有限公司出资3000万元,占股30%。

公司内设综合管理部、财务管理部、工程管理部、项目前期部、营销策划部、景区运营部等6个部门、酒店管理分公司和全资子公司——湖南神农洞天房地产开发有限公司。

截至2018年度,公司拥有炎陵神农谷景区35年开发、经营权,拥有南流土地12.93公顷、炎陵网挂049号土地7.47公顷的开发权。公司累计完成投资3.6亿元。神农湾酒店建设项目已基本竣工;十都镇至南流6.5公里道路提质改造工程已顺利通车;景区提质改造工程已完成景区部分建筑外墙粉刷、护栏改造修补、甲水门票站道闸升级改造、石板滩塌方处支护、神农湾酒店引水工程、树抱石祈福平台、丛林穿越、瀑降、溯溪、飞拉达等项目;珠帘山庄、换乘站点、旅游厕所、康养步道等项目正在开展前期工作;南流游客服务中心已投入使用,部分停车场已投入使用,南流服务区与景区之间已于2018年7月正式开通区间换乘,景区的运营日趋规范。

同时,公司通过组建旅游运营团队,搭建旅游运营平台,建立特色运营模式,树立品牌形象,寻求对外扩张,并与集团内部各行业优势资源联动,对吃、住、行相关旅游资源进行整合,积极开拓旅游产业,争取为集团旅游板块上市奠定坚实的基础。

(张子顺)

文化执法

【概况】 2018年,为市场监管,炎陵县文化市场综合执法大队共出动执法人员160余人次,查处违规经营行为23起,下达整改通知书15份,作出行政处罚3起。有效地规范和维护炎陵县文化市场的正常经营秩序,确保市场的平安健康发展。

【网吧、KTV娱乐场所专项整治】 主要通过宣传和巡查两种方式来开展工作。在宣传方面,一是印制相关法律法规宣传资料,定期送发到经营户和市民手中,进一步提高经营户的守法经营意识,增强群众的警惕性和辨别力。二是在有电子显示屏的经营场所和各社区滚动播出文化市场管理法律法规、宣传口号、工作成果和小知识,进一步提高宣传力度。三是充分与党员进社区等活动紧密结合,开展法规宣传活动。四是组织召开文化市场业主法规培训,强调行业自律和守法经营。在巡查方面,一是进一步加强日常巡查力度,基本上做到每周一次的全面巡查。二是于不同时间段开展突击检查行动,打击违规经营行为。通过以上举措,始终保持着网吧、KTV娱乐市场监管的高压态势。

【出版物市场清理】 全年,针对出版物市场分别开展“春雷行动”“护苗行动”“秋风行动”等清理整治行动,重点针对教辅教参、非法出版物、非法音像制品和违规印刷经营行为开展清理整治。

【平安文化市场】 结合日常巡查,持续开展安全生产大检查行动,重点针对游泳场所的设立是否规范、安全措施是否落实到位;网吧是否接纳、容留未成年人进入营业场所;KTV、影院等公众娱乐场所消防器材、疏散标志是否有效;印刷企业线路是否安全和物品存储是否规范等情况开展检查行动。对执法检查发现的问题,积极督促其整改。其间,于6月下旬,组织文化市场业主和部分从业人员参加消防安全知识培训,并号召各场所购买火灾公众责任保险,进一步提高场所抗灾、抗风险的能力。

【“扫黄打非”工作】 一是积极开展清理整治工作,进一步维护市场的正常经营秩序,确保全县市场无政治性非法出版物。二是深化“扫黄打非”区域合作,通过加强与井冈山市同行的信息交流和联合执法行动,有效地推动炎陵县“扫黄打非”工作的进一步发展。

【脱贫攻坚】 进一步加强统筹协调,将脱贫攻坚与党建相结合。2018年是全县脱贫的审核验收年,队领导高度重视,在往年的基础上,除进一步加大资金投入、严格落实各项帮扶措施外,还将党建工作与扶贫工作紧密结合起来,积极开展主题党日和"三同"活动,与贫困户交流,宣传政策,为他们脱贫致富出谋划策。形成以党建带扶贫、以扶贫促党建的良好工作局面。既确保帮扶的下村乡鹫峰村顺利通过国家审核验收,又完成党建工作的各项工作任务。 (刘才武)

文物管理

【概况】 2018年,炎陵县文物工作紧紧围绕湖南省、株洲市文博工作精神,按照炎陵县委、县政府"建设美丽幸福新炎陵"的总体要求和工作部署,以脱贫摘帽和项目攻坚为抓手,扎实推进文物保护不断升级和红色文化旅游持续升温,在项目创建、文物保护、红色宣教、文博宣传、队伍建设等方面取得显著成效。

炎陵县文物局、红军标语博物馆与中国工农红军革命活动炎陵纪念馆三块牌子一套人马合署办公,现有干部职工26人(具有文博馆员职称5人,文博助理馆员8人,均具有大专以上学历),其中在编13人,自筹编制1人,外聘12人,负责全县的文物保护、文物管理、文物执法、考古调勘、陈列展示和红色宣传教育工作。

【精准扶贫】 根据上级扶贫工作要求,紧扣"一超过两不愁三保障"和"三率一度"脱贫标准,切实抓好炎陵县垄溪乡仙坪村脱贫攻坚工作。进一步深化帮扶,优化质量,做到政策宣传、产业帮扶、"三同五好"、环境整治、迎检准备"五到位"。仙坪村脱贫攻坚顺利通过市初审、省实地核查、第三方评估和国家专项评估检查。

【项目创建】 完成江家试馆修缮和叶家祠旁边民房维修工程;成功申报洣泉书院展示利用、白蚁防治、消防安防项目、何孟雄故居修缮工程以及江家试馆消防安防项目;其中洣泉书院展示利用项目资金778万元已下拨到位,洣泉书院白蚁防治和何孟雄故居修缮项目通过国家文物局、省文物局批复同意。争取省文化事业专项资金450万元对红军标语博物馆基本陈展进行提质改造,完成博物馆文本评审、设计施工、招投标等阶段。启动洣泉书院炎陵历史展览设计工作,制定改陈方案和陈展大纲,并组织召开县党史专家评审会。

【文物保护】 分别与各乡镇文化站签订文物保护责任书,督促落实文物保护责任。每季度联合消防、安监部门对各级文物保护单位进行文物安全大检查,排查安全隐患,建立健全安全防范应急预案,确保突发事故及时有效处置。完成了水口叶家祠、朱家祠,中村周家祠、八担丘等革命旧址申报国家重点文物保护单位和沔渡张经武故居、中村八担丘申报省级文物保护单位的资料上报工作。

【参观接待】 认真做好红军标语博物馆、纪念馆、叶家祠、周家祠、八担丘、万寿宫等红色旅游景区(点)的免费开放工作,不断提升接待服务水平。2018 年,爱国主义教育游、革命传统教育游、党性教育游持续火热,到红军标语博物馆开展红色主题教育活动的团队游客络绎不绝,全县各红色旅游景点免费接待参观 61 万余人次。红军标语博物馆因开展青少年党史国史主题教育活动成绩突出,获省文化厅通报表扬。洣泉书院在国防教育工作作出积极贡献,被省国教委评为“湖南省国防教育示范基地”。红军标语博物馆和洣泉书院双双被省教育厅公布为“湖南省中小学生研学教育实践基地”。

【文博宣传】 以炎陵打造“全国诗词之乡”为契机,举办中国·炎陵“文物杯”诗词楹联大赛。大赛收到来自各省市自治区的稿件 950 件,经编辑出版《吟醉洣泉》书籍一册。加强区域协作交流,承办第九届秋收起义系列纪念馆(地)工作协作会。井冈山革命博物馆、文家市会师纪念馆、“八七”会议纪念馆等 3 个省 16 个馆的代表汇聚一起共同研讨文博发展新思路。“5·18”国际博物馆日、“文化与自然遗产日”“社科普及宣传周”等深入全县各个乡镇开展文博知识宣传活动,提高群众文物保护工作的社会参与度。

【作风建设】 强化思想理论学习。每月集中安排一次思想政治学习,每季度组织一次专题理论学习。强化业务技能培训。将党校培训、主题培训、自主培训与外出学习相结合,构建多元培训渠道。先后派送多名业务骨干前往成都、遵义、福州、井冈山、长沙等地交流学习。强化作风建设。不断健全参观接待、公务接待、公车管理、财务管理等内务制度,提高科学管理水平。切实抓好党风廉政建设,落实“两个责任”和“一岗双责”,确保全局上下风清气正。 (荆晓琴)

图书发行

【概况】 2018 年,湖南省新华书店有限责任公司炎陵县分公司有正式在编员工 8 人。单位下设教材业务部、图书业务部、资产财务部、综合事务部四个部门。新华书店是党和国家政策的宣传阵地,是教材图书发行的主渠道,肩负着为全县中小学生教材教辅征订发行工作,以及丰富广大人民群众精神文化生活需要的重任。2018 年,全体员工开拓进取、勇于创新,有序的推动公司各项工作平稳发展,较好地完成上级公司下达的各项经济指标,连续两年获湖南省新华书店有限责任公司规模效益奖。并荣获全省应收账款先进单位称号。

【教材发行】 积极贯彻落实国务院关于义务教育阶段学生全部享受免费教科书的政策,做好发行工作,保证“课前到书,人手一册”的服务承诺。2018 年,减免全县学生教材 238.67 万元。

【政治理论读物发行】 以宣传党的基本路线、方针政策为任,做好政治理论读物、热点时政图书的征订发行工作。2018 年,确保

《习近平谈治国理政》第一卷、《习近平谈治国理政》第二卷及《习近平论扶贫论述摘编》《十九大精神挂图》《新时代面对面》《读有所得》《社会主义"有点潮"》等书籍的发行,保证各部门、各单位学习使用。

【脱贫攻坚】 公司人员少,事情多,坚持扶贫工作。安排一名扶贫专干驻村帮扶。公司6名党员经常深入扶贫点,了解帮扶对象的生活、身体、工作情况,并帮助他们解决实际困难,宣讲脱贫的有关政策。2018年,炎陵县顺利脱贫摘帽,按照"队伍不撤、责任不减、帮扶力度不减"的措施,继续奋战在脱贫攻坚第一线上。

【党建】 炎陵县分公司每月开展丰富多彩的党日主题活动,落实"三会一课"制度。2018年,市委组织部,县委组织部先后五次到炎陵县分公司检查党建工作。其中在第三季度的检查中,炎陵县新华书店位居炎陵县垂管单位第一名,得分98.5分,受到县委组织部红头文件表彰。此外炎陵县委宣传部12月,党日主题活动在炎陵县新华书店开展,这充分体现对新华书店党建等各方面工作的认可。 (朱　建)

广播电视

【概况】 2018年,炎陵县广播电视台严格落实"高扬正气,紧接地气,引领新气,增强底气"工作要求,坚持把牢党的新闻宣传工作"48字方针",自觉承担起"举旗帜、聚民心、育新人、兴文化、展形象"的使命任务。主要做好十件大事:一是获得一批荣誉。县广播电视台跻身"全国百佳县级电视台",获评县文明建设先进单位、宣传思想工作先进单位、维稳工作先进单位、优化经济发展环境先进单位、人口与计划生育综合治理工作模范单位、"马上就办、真抓实干"活动先进单位等6项集体荣誉称号,获县委、县政府表彰;此外还获市"五个一工程"奖、市宣传创优组织奖;10件作品获省市广播电视作品奖、新闻奖,《从红军标语中寻找初心》《支部建在连上的追寻与遵循》被市委组织部认定为优秀微党课,参评全省党性教育第一批精品课评选。二是当好党的"喉舌"。将县委决策部署深入贯穿融入新闻宣传的方方面面,让党的主张成为时代最强音。三是打造专题精品。高标准完成《炎陵县脱贫攻坚专题片》既是迎检佐证资料,又是全县扶贫工作成果展,得到中央考核组、第三方评估组、省、市、县领导的高度肯定,助力全县脱贫摘帽一举成功。四是展示炎陵形象。在中央、省、市电视台上稿290篇,其中,中央台12篇,省台122篇、市台156篇,同比增加52%,保持发稿省市先进地位。五是炎陵县新闻宣传思想工作座谈会召开。在第19个中国记者节之际,召开全县新闻宣传思想工作座谈会,市政协副主席、县委书记黄诗燕出席会议并提出"把牢新闻宣传工作政治性、人民性、全局性、规律性、时代性、先进性"要求。六是炎陵县"两办"下文《关于做好提高县电视节目覆盖率工作的通知》(炎办〔2018〕67号),夯实宣传主阵地。七是启动笔架峰转播台基础设施改造项目。争取到省广电专项资金用于笔架峰转播台基础设施改造。八是启动广播电视数字化改造项目。县财政安排专项资金，启动广播电视数字化改造。九是争取到株洲市委宣传部广播电视产业发展项目资金。十是完成非税收入 116 万元,完成全年目标 194%,同比增加 70%。

2018 年，炎陵县广播电视台内设机构有办公室、新闻中心(总编室、记者部、制作和播音部)、财务部、栏目广告部、92.3 广播电台、技术部和笔架峰广播电视转播台、机房值班室、广播电视服务中心。年末,全台员工 46 人,在岗在编 25 人(6 名参公人员编制、工资在县文物局,2 名全额事业编人员在网络公司上班)、自收自支事业编 8 人(网络公司上班)、台聘合同制员工 13 人。离退休自收自支事业编 13 人。

【新闻宣传】 2018 年，炎陵县广播电视台深入宣传贯彻落实习近平新时代中国特色社会主义思想,坚持正确的政治方向,把牢正确的舆论导向，不断提高新闻舆论传播力、引导力、影响力、公信力,巩固壮大主流思想舆论,全面落实意识形态责任制。一是精心打造“新闻头条”。对标中央,紧扣全县“决战全面脱贫、决胜全面小康,全面建设美丽幸福新炎陵”这根主线,精心打造“新闻头条”工程,先后开设《砥砺奋进的五年》《十九大时光》等专题专栏,充分展示党的十八大以来取得的辉煌成就,切实让党的思想成为时代的最强音。共采播《炎陵新闻》248 期，播出稿件 1590 条。二是精心打造专题精品。为全面贯彻落实好县委全会暨经济工作会议、政府工作报告等系列精神,对标全县“二大战场”“五个突破”“七大行动” 等中心工作,细化任务指标,落实工作责任,提出完成时限。上半年,围绕脱贫摘帽,推出《脱贫攻坚》专栏,集中推出各乡镇、贫困村、工作队、帮扶干部的先进工作经验及《贫困户脱贫典型》系列报道,实现专题报道有深度、有温度、有情怀、有格局、有观众、有“粉丝”。高标准、高要求制作《炎陵县脱贫攻坚专题片》,既是全县扶贫工作成果展，又是佐证资料，得到中央考核组、第三方评估组、省、市、县领导的高度肯定。下半年,集中开展“产业项目建设”宣传活动,聚焦炎陵县 2018 年“产业项目建设年”活动 86 个市、县重点项目，集中报道 20 篇，旨在加油鼓劲， 树立典型,服务产业项目建设,营造全县干群齐心协力“抓产业、兴项目”浓厚舆论氛围。三是精心展示炎陵形象。上接“天线”,下接“地线”，突出炎陵特色，树立炎陵形象。2018 年,在中央、省、市电视台上稿 291 篇,其中，中央台 12 篇,省台 122 篇(湖南卫视 33 篇，其中脱贫攻坚 12 篇,炎陵产业发展·炎陵黄桃 9 篇),市台 157 篇,同比增加 52%,已超额完成全年上稿 120 条目标任务,保持向中央、省、市媒体发稿“全省先进、全市前列”的地位。8 件作品获得省新闻奖、省市广播电视、播音主持作品奖,并获得株洲市五县市新闻创优组织奖。

【栏目活动】 坚持唱响主旋律，壮大正能量,做大做强主流思想舆论。一是民生栏目有亮点。办好《炎陵先锋》《百姓视线》《科普在线》《健康时空》等传统品牌栏目。目前,运行栏目达 14 个，较好地满足广大电视观众的收视需求。二是大型活动有影响。承办县公安系统“新时代、新使命、新征程”学习贯彻十九大精神 2018 年迎春文艺晚会、政法系统“我给爸妈讲平安”演讲大赛、卫计部门“庆祝首个中国医师节”颁奖晚会等大型活动，以活动育新人、兴文化、促影响。三是广告创收有效益。在经济下行、广告市场萎靡的环境下，成立创收工作小组，由台班子成员带队，全员参与，联系各乡镇、部门单位、社会各界，做好“联办广播电视节目”工作，做到明确工作目标、工作责任、工作时限。完成非税收入 116 万元，完成全年目标 194%，同比增加 70%。

【媒体融合】 围绕新时代，服务新时代，全力在建平台、创载体、拓业务上下功夫。一是搭建平台。积极参与湘鄂赣城市广播电视联盟体、“中国红色联盟”活动，加入“中国广播电视联合会县级台委员会”，推进县级电视台平台共建、资源共享、发展共赢、抱团取暖。继续巩固中央、省、市对接渠道，搭上快车道，挤进宣传推广大舞台。二是创造载体。试运行“村村响”，每天早、中、晚播出三期，在 102 个村，990 个点，为听众播报。三是拓展业务。新闻旅游广播频道设有《92.3 炎陵新闻》，接入中央、省、市整点新闻，早上 7：30 至晚上 10：00，每天陪伴听众 15 小时，设有《92.3 炎陵新闻》《92.3 主播报资讯》等 4 档常规栏目，制作播出《书记新年贺词》《和你一起读懂 2018 年政府工作报告》《脱贫攻坚》《桃花节推介》《惠民直通车》等广播专题节目 68 期。“炎陵 TV”微信公众号刊发文章 1112 篇，关注人数已超过 4.3 万人，赢得受众的广泛好评。

【脱贫攻坚】 全面贯彻落实脱贫攻坚工作精神，全力以赴做好脱贫攻坚工作。台领导班子成员魏敏兼任脱贫攻坚领导小组办公室副主任，派出工作副队长 1 人，队员 1 人，党员帮扶干部 20 人。把脱贫攻坚作为压倒一切的头等大事，全力落实结对帮扶各项举措，督查组调查满意度 100%。工作队获全县先进工作队称号，队长在全县表彰大会上做典型发言。当前，已按全县统一部署，全面推进脱贫攻坚巩固提升工作。

【事业建设】 为夯实广电事业发展基础，全力在设备改善、节目覆盖、推进项目等方面取得新突破。一是夯实基础。数字化高清制播设备改造项目，正严格按政府采购程序加紧推进，为高清电视发展夯实基础。二是扩大覆盖。县“两办”下文《关于做好提高县电视节目覆盖率工作的通知》（炎办〔2018〕67 号），明确全县机关、企事业单位、医院、大型酒店，必须安装有线电视；县财政为低保户、贫困户、残疾户兜底保障收看有线电视；新开楼盘、小区建设必须预埋预设有线管线，鼓励有条件的单位在自有资金集体列支有线电视基本收视维护费及网络新功能业务费，进一步夯实宣传主阵地。三是推进项目。中央无线数字覆盖一期工程项目已全面完成，并通过验收；中央无线数字覆盖二期补点项目，已竣工，待验收；争取到省广电笔架峰转播基站建设项目，已全面启动，正严格按程序加紧推进；数字化高清制播设备改造项目，正严格按政府采购程序加紧完成。

【队伍建设】 坚持把队伍建设作为立台之本，不断提升干部职工的政治素养和专业素养。一是抓牢党建。扎实推进基层党建工作，以党建促提升。全力推进“两学一做”学习教育常态化制度化，定期开展党日主题活动，严格“三会一课”制度落实，不断增强广电台机关党组织的创造力、凝聚力、战斗力。二是抓严作风。严格落实中央、省、市、县关于作风建设的各项要求，采取定性、定量、定职、定责的方法，对台属各部门（单位）人员配置和岗位职责进行明确。修订完善《新闻“三审”制度》《内部风险管控制度》《安全播出管理办法》等，营造风清气正、务实创新的环境氛围。三是抓强队伍。坚持全体“每季学习日”，新闻中心“每月学习日”，全体干部职工坚持每天必看中央、省、市、县“四级新闻”制度，精修业务，苦练内功，积极适应新时代新闻媒体新常态；落实“三贴近”，深化“走转改”，举办“广电论坛”“请进来、走出去”等教育活动，不断提升全体干部职工能力素养，开创广播电视事业新局面。（刘如荣）

医疗·卫生

卫生和计划生育

【概况】 2018年，炎陵县卫生计生系统深入贯彻中共十九大精神，坚持新时期卫生与健康工作方针，以全面推进健康炎陵建设为中心，加强党的领导，聚力抓重点、补短板、强弱项，努力提升出生人口素质和全县人民健康水平，卫生计生各项工作稳步推进，圆满完成各项工作任务并取得较好的成绩。被授予多种荣誉称号：2017—2018年度“无偿献血先进县市区奖”称号；2018年度全县综治工作先进单位；2018年度全县办公室工作先进单位；2018年度全县信访工作先进单位；2018年度全县宣传思想工作先进单位；2018年度全县统战工作先进单位；2018年度全县人口与计划生育综合治理工作优秀单位。

全县有各级各类医疗卫生机构192个，其中二级甲等医院2个（县人民医院和县中医院），县直医疗卫生机构4个，建制卫生院10个，非建制卫生院6个，村卫生室147个，民营医院1个，各医疗机构下属门诊部3个，医务室7个，个体私营门诊及诊所12个；全县医疗机构编制床位数710张，其中县级医院430张，民营医院30张，卫生院250张；实际开放床位数811张，其中县级医院420张，卫生院271张，其他医疗机构120张；全县医疗卫生机构在岗医务人员1033人，其中在编在岗603人，临聘257人，乡村医生173人；执业（助理）医师478人（千人口医生2.34人），执业注册护士403人（千人口注册护士1.97人）；乡镇卫生院在编在岗226人（千人口1.1人）。

【推进医卫体制改革】 全民基本医保制度、分级诊疗制度、现代医院管理制度、药品供应保障制度等制度建设进一步完善，医联体建设全面推进。基本医保财政补助标准由2017年每人每年450元提高到2018年490元，全面推行就医“一卡通”和异地就医即时结算；逐步形成城市三级医院、县级公立医院、基层卫生院、村卫生室层层对口帮扶模式，县域内患者就诊率达85%，县级公立医院年度外转率同比去年下降24%；县级医院与城市三级医院医联体建设成效明显。县人民医院、县中医院、县妇幼保健计划生育服务中心分别与株洲市中医院、省直中医院、株洲市妇幼保健院建立医联体；县级医院与乡镇卫生院医联体建设全面推进。以县人民医院、县中医院为牵头单位，联合全县16个乡镇（场）卫生院分别组建2个县域医联体；

建立健全县级公立医院考核评价制度。全县医疗收入增幅为15.1%,药占比为26.8%,百元医疗收入中消耗的卫生材料为24元,医疗服务收入占医疗收入的比例为35%;巩固破除“以药补医”改革成果,全面落实药品采购“两票制”政策。县级医院基药配备使用金额占本单位本年度药品采购总金额的比例为41%,基层医疗卫生机构(卫生院、村卫生室)基药配备使用金额占本单位本年度药品采购总金额的比例为80%,均达到或高于上级的考核指标要求。

【公卫项目服务】 2018年度市公共卫生考核,家庭医生签约服务项目老百姓满意度、获得感较高,成绩排名靠前,被评为幸福感最高的县。居民健康档案管理。全县常住人口20.42万人,建档175571份,建档率为85.98%。慢病管理。全县累计高血压患者总数11155人,在管8090人,规范管理6459人,规范管理率79.84%,控制率67.39%。累计糖尿病患者3757人,在管1461人,规范管理1185人,规范管理率81.11%,控制率76.59%。慢病控制率比上年有所上升。老年人健康管理。全县65岁及以上老年人20879人,接受健康管理12835人,管理率61.47%;健康体检12835人,体检率为61.47%。儿童免疫规划。全县有15家合格接种门诊,1家规范化预防接种门诊,基础设施完善。应建卡证15536人,已建卡证15536人,建卡率100%,建证率100%;全县免疫规划类疫苗接种人数31669人,接种率达99.0%,完成脊灰疫苗和麻疹疫苗查漏补种工作,接种率达99.0%。重症精神病患者健康管理。精神疾病患者累计登记在册847人,患病率4.15‰。规范管理808人,规范管理率95.40%,服药率96.10%。2018年,救治救助重性精神疾病患者70人,完成率100%。奖励肇事肇祸等严重精神障碍患者的监护人120人,共计28.26万元。健康教育。全年共发放宣传资料57900本,更新宣传栏96期,开展公众健康咨询服务活动145次,接受咨询43100人次,举办健康知识讲座192次,参加听课人数24200人。传染病防控与突发公共卫生事件应急管理。加强学校传染病防控工作,重点规范学校结核病管理,确保学校师生身体健康。严格传染病疫情报告管理,全年乙类传染病发病率195.85/10万,丙类传染病发病率163.44/10万,法定传染病全年总发病率359.29/10万。报告及时率99.81%,审核及时率100%;未发生重大公共卫生事件。孕产妇健康管理。全县共有产妇1836人,娩出活婴1849人,住院分娩率100%;孕产妇早孕建卡1760人,建卡率95.86%;产前检查1827人,产前检查率99.5%;产后访视1774人,产后访视率96.62%;系统管理1735人,管理率94.49%,高危产妇1074人,高危管理率100%。未婉孕妇663人,其中高危219人。全县孕产妇电子建档1683人,电子建档率91.68%。0—6岁儿童健康管理。全县0—6岁儿童13629人,电子建档13523人,完成体检电子录入8775人,体检率95.18%。3岁以下儿童体检5472人,体检率92.56%。5岁以下儿童死亡6人,死亡率3.24‰。卫生监督协管。全年举办全县卫生监督协管员培训班4期;完善巡查报表,形成县、乡、村三级联动的工作网络。食品安全信息报告、饮用水安全巡查、学校卫生服务、非法行医信息报告等卫生协管工作落实到位。中医药健康管理服务。全县65岁及以上老年人20879人，进行中医体质辨识并开展健康指导10296人，占目标人群49.31%;0—3岁儿童6107人,开展中医调养5260人,占目标人群86.13%。结核病患者管理。全县累计结核病患者115人,在管115人,管理率100%,同期完成治疗的肺结核患者94人,服药94人,规范服药率100%。家庭医生签约服务。全年累计完成签约70715人，签约率34.63%；重点人群51184人累计完成签约32490人，签约率63.48%;计划生育特殊家庭174人,建档立卡贫困人口20955人（不含外出584人)全面完成签约,签约率100%。

【民生实事项目】 农村适龄妇女免费“两癌”筛查任务数8800人,完成8835人,完成率达100.4%；孕产妇产前免费筛查1700人,完成1700人,完成率达100%;完成国家免费孕前优生健康检查目标人群1670例,覆盖率83.1%;救治救助尘肺患者10人；免费接种扩大国家免疫规划疫苗32256人次；超额完成无偿献血工作任务，完成1026人次、血量0.35吨，完成率达100.6%、107%。

【计划生育转型发展】 2018年，全县出生人口2355人，符合政策生育率为96.82%；出生性别比为106.22；完成各类节育措施767例,避孕药具人数为6392人,综合避孕节育措施到位率为85.63%；完成国家免费孕前优生健康检查目标人群1670例，覆盖率83.1%。早孕随访率100%,妊娠结局随访率100%；考核期内的违法生育已立案374例,其中违法生育多孩案件213例,期内征收社会抚养费146339元。计生日常业务信息监管。县卫生和计划生育领导小组主要领导实行一年两次乡镇业务督查,对督查中发现的问题及时通报，并严格实行责任追究，有力促进计生各项业务的提高。对人口出生清理,三项信息及全员数据核查,社会抚养费立案、征收情况等各项工作实行限时、周、旬、月、季度工作调度制,将工作调度情况纳入乡镇、村季度和年度考核。流动人口管理。建立健全流动人口“一盘棋”管理服务机制,组织公安、食药工商质监、住建等部门开展流动人口计生清查,并逐一登记造册。开通计生网上办证服务,办理婚育证明实行随到随办;与江西省井冈山市、遂川县等地区签订区域协作协议,明确流动人口“信息互通、均等化服务、生育服务卡办理和社会抚养费征收”等协作内容。省内流入地处理信息反馈率达100%、跨省流动人口实时协查反馈率达100%、跨省流动人口重点信息反馈率达100%。宣传倡导。整合资源,利用元旦、春节、“三八”“5·12”“5·29”“六一”“7·11”“9·25”等活动日,采取进村入户,走上街头,进机关入单位召开座谈联谊会、政策与专业知识问答等形式,大力宣传全面放开二孩政策,宣传学习习总书记《强调推动计划生育基本国策贯彻落实》的重要指示、李克强总理《促进人口长期均衡发展与家庭和谐幸福》的批示及健康咨询、专业知识技能等。利益导向。全面落实城镇独生子女父母奖励制度等国家和省规定的计划生育利益导向政策，推进“民生 100”工程，加强对独生子女死亡、伤残和计划生育手术并发症对象的扶助力度，健全计划生育困难家庭社会救助长效机制。全年奖扶、特扶共计 2622 人，发放资金共计 387.76 万元，其中新增农村奖扶 339 人，退出 60 人，享受奖扶共计 2476 人，发放资金 247.6 万元；新增农村特扶 21 人，退出 3 人，现享受特扶共计 146 人，发放资金 140.16 万元。新增两扶 360 人已全部录入国家 PADIS 奖扶系统，完成率 100%。生育关怀行动。县计生协会筹资 7.65 万元，对全县 153 名失独、伤残计生特殊家庭和手术并发症对象进行春节慰问。县政府出资 2.1 万元为全县 1660 户计生家庭购买意外伤害险、幸福家庭组合险，受益人口 5662 人，首次实现计生家庭生育关怀保险由县政府买单。为全县 146 户计生特别扶助对象购买住院护理津贴险 33400 余元；为全县 162 名计生特殊困难家庭购买健康保险 24300 元。计生系列保险突破 61 万元，创炎陵县历史最高水平。其中村拓达到 33.56 万元，理赔 40 例，理赔金额 191776 元，理赔率 31.79%。县直相关部门出台优惠政策 26 项，资金扶持 126.2 万元。县计生协会联合中村瑶族乡计生协会开展扶贫帮困活动，送去帮扶资金共计 41000 元。惠民政策。全县共有 8 个计划生育综合治理部门落实 17 个政策兼容项目，受益家庭 2225 户，受益资金达 283.06 万元。

【爱国卫生运动】 创建成果得到巩固提升。对 2016 年以前创建的 1 个市级卫生乡镇、4 个省级卫生村、6 个市级卫生村开展复查工作。经县、市爱卫办对照标准逐级检查考核，除原石洲乡太源村、马坳村因建制合并取消命名外，其他接受复查的村（镇）全部顺利通过验收并予以重新命名。卫生创建取得新成效。2018 年，有霞阳镇马道村申报省级卫生村，霞阳镇蔬菜村、颜家村、九龙村和策源乡荣塘村申报市级卫生村，炎陵县检察院、三河卫生院申报市文明卫生单位，三河卫生院申报市无烟管理示范单位。病媒生物防制工作。全县除“四害”工作由湖南省金卫龙除虫药械有限公司具体实施，提高杀灭质量。坚持“五统一”（统一领导、统一时间、统一药物、统一方法、统一标准）和“标本兼治，治本为主”的原则。加大环境卫生整治力度，重点加强对垃圾、粪便、污水及废弃物等“四害”孳生源的清理，清除各类积水。完善重点行业和单位的防鼠、防蚊蝇设施。督促各单位、各乡镇、各门店做好药后的清理工作，确保春、秋季城乡灭鼠工作的科学有效。农村改厕专项调查工作。经统计，全县“三线”可视范围内有旱厕 1520 座，面积 16506.3 平方米，县城建成区有旱厕 101 座，面积 1819.6 平方米。县卫计局牵头对全县农村厕所情况进行摸底调查，户厕调查结果为：全县农村总户数 40008 户，卫生厕所 24764 户，非卫生厕所 14270 户，无厕所 974 户。公厕调查结果为：全县农村公厕总数 32 座，其中卫生厕所 20 座，非卫生厕所 12 座。医疗卫生机构厕所调查结果为：全县农村医疗卫生机构共 150 个，卫生厕所 145 座，非卫生厕所 18 座。学校厕所调查结果为：全县农村学校共 24 所，学生总数 9289 名，卫生厕所 145 座，非卫生厕所1座。

【系统文化建设】 注重加强卫生计生新政策与新法规、健康教育宣报道力度,积极开展各项宣传活动，广泛开展爱国卫生运动,倡导健康的生活方式,增强广大人民群众自我保健意识。2018年,被省市级网站媒体报刊采用信息报道共计40余篇。2018年8月19日,成功举办庆祝第一个“中国医师节”系列活动。吸引社会各界关注、参与卫生计生行业活动,通过典型引领、活动吸引和形象展示,全方位、多角度反映医者、医患、医疗活动,表彰、宣传在医护工作取得优异成绩和对健康事业做出突出贡献的优秀医护人员和医疗团队,为广大医护人员树立先进典范,调动积极因素,凝聚力量,增进理解支持,促进和谐稳定。为全方位、全周期保障人民群众身体健康，加速推进健康炎陵建设,营造良好社会环境和舆论氛围。

【医卫人才培养】 2018年，基层医疗卫生机构全科医生培养22人；乡村医生本土化培养4人,目前均在校学习;实施农村订单定向免费本科医学生培养,录取6人;实施贫困地区基层医疗卫生机构本土化人才培养,录取6人,并签订定向培养协议。毕业生经助理全科医生培训合格后，充实到乡村两级医疗卫生机构工作；大力创建全县卫生人才“135”工程,培养市“135”工程21人。开展校园招聘,面向普通高校本科应届毕业生招聘医学生2人，充实到县人民医院。面向社会公开招聘乡镇计生服务站管理人员4名。

【医卫重点建设项目】 2018年，申报县人民医院手术室改造项目、县计划生育服务站业务用房整体搬迁项目、鹿原镇东风卫生院等4个卫生院建设项目以及41个村卫生室建设项目等七大建设项目;东风、河西、水口3个卫生院被列为棚户区改造,投入200余万元资金用于以上3个生院的职工周转宿舍改造；第二批省级中医药文化宣传教育基地建设资金60万元,用于炎帝中医药文化宣传教育。县妇幼保健计划生育服务中心整体搬迁项目全面完成建设任务;县中医院整体搬迁项目基本完成建设任务，进入内部装修的扫尾阶段；县疾控中心整体搬迁项目已完成主体建设，正在进行内外装修；策源乡卫生院并周转房建设项目已完成建设,等待项目验收;全县12个基层远程诊室建设项目、船形乡卫生院中医馆建设项目已交付使用；县皮肤病防治所龙景山麻风病院住院楼改造项目已基本完成改建任务。

【健康扶贫工程】 2018年健康扶贫工作，对纳入国家健康管理系统的5452位贫困患者实施分类救治;全面落实县域内农村贫困人口住院“先诊疗、后付费”政策,“一站式”结算服务，救治绿色窗口和通道全覆盖;实施基本医疗保障、大病保险保障、医疗救助保障、综合保险保障、定点医院减免保障、政府兜底保障等“六重”保障。其中,基本医疗保障覆盖4830人次补偿1613.98万元，新农合补贴392.18万元，实现建档立卡贫困人口参保率达100%;大病保险保障补偿217人次39.33万元；医疗救助保障救助

2379人次109余万元；综合保险保障共兑付理赔180人次约31.1万元；定点医院减免保障受益56人次4.9万元；政府兜底保障1475人次152万元。全面落实家庭医生签约服务；建档立卡贫困患者县域内住院实际报销比例达85%以上，县域内就诊率达93.89%；集中救治全县4类9种大病建档立卡贫困患者。圆满顺利通过国家评估验收、省年度考核。2018年，被评为全省健康扶贫先进县。2018年，驻村帮扶村调整为鹿原镇金山村、柳山村。协助村（支）两委完善村河堤、水坝、水渠、道路硬化、组织活动中心建设、卫生室等村基础设施建设；积极发展光伏发电、油茶林开发、水果种植等产业，实现建档立卡户全部入股福来喜鹅业、祥禄水果种合作社。全面完成驻村帮扶各项工作任务。

【皮肤病防治】 县皮肤病防治所是株洲市唯一的麻风病防治专业机构，现有职工14人。龙景山麻风病院创建于1957年，位于炎陵县沔渡镇青石村，距县城36公里，有住院麻风病人23例。株洲市现有麻风病治愈成活者95人，现症病人8人，石峰区新发现麻风病人1例，为孕妇，7月成功分娩一名正常女婴。在炎陵县电视台播放麻风病防治动画视频，在炎陵一中、炎陵中学及石洲学校三所中学开展麻风病知识培训与知晓率调查，公众麻风病知识知晓率达到80%。全面完成中央转移支付麻风病化学预防服药项目，并获得该项目省先进单位。麻风病人的生活费2018年1月起每月750元。投资40余万元，对龙景山麻风病院住宅楼维修改造，屋面改造、室内外装修，每个病房添置洗衣机、电视机、衣柜、桌椅等物品，提高住院病人的生活质量。将龙景山空闲土地开荒，建成一个果园，种植黄桃等果树，养殖鸡，改善病人的生活。 （罗 菲 潘 敏）

卫生计生综合执法监督

【概况】 县卫生计生综合执法监督局是2016年由县卫生执法监督局和县计生执法大队合并成立，隶属于县卫生和计划生育局管理的副科级全额事业单位，定编10人，内设五个科室，包括医疗卫生监督科、公共场所监督科、计划生育监督科、办公室、稽查科。

【公共场所监督】 全县有公共场所经营单位225家，其中：住宿经营单位112家、美容美发店81家、游泳场所5家、足浴店14家、KTV歌舞厅4家、超市4家、图书馆1家、书店1家、候车室1家、电影院1家、博物馆1家。中式供水单位：县城2家即自来水公司新水厂和北门垅水厂（供县城居民和霞阳镇周边部分村民共计约4万余人）、乡镇15家自来水厂（供应农村约4万人口）。日供水量在1000立方米以上（或供水人口在1万人以上）自来水厂1家；其他水厂属日供水量在1000立方米以下（或供水人口在1万人以下）的小型集中式供水单位。二次供水单位：1家。

【医疗卫生监督】 全县有各类医疗卫生被

监督单位189家,其中:二级医疗机构2家(县人民医院和中医院)、一级医疗机构1家(民康医院)、乡镇卫生院16家、村卫生室147家、个体经营诊所12家、医疗卫生机构3家(妇幼保健计划生育服务中心、皮防所和疾控中心)、医务室7家,另外还有消毒餐具单位1家。

【学校卫生监督】　全县有中小学校30所,有专职校医2人,兼职保健教师28人,有在校中小学生21211人;有托幼机构60所,在园幼儿6037人。

【计划生育工作】　全县考核期内（2015年10月至2018年9月）违法生育立案数506例(含非婚生育)。

【职能设置】

(一)负责组织实施行政区域内卫生计生专项整治和日常监督检查工作。

(二)对公共场所卫生、生活饮用水卫生、学校卫生及消毒产品和涉及饮用水安全产品进行监督检查。

(三)对医疗机构、采供血机构及其从业人员的执业活动进行监督检查,查处违法行为。

(四)打击非法行医和非法采供血。

(五)整顿和规范医疗服务秩序。

(六)对医疗卫生机构的放射诊疗、职业健康检查和职业病诊断工作进行监督检查,查处违法行为。

(七)对医疗机构、采供血机构、疾病预防控制机构的传染病疫情报告、疫情控制措施、消毒隔离制度执行情况、医疗废物处置情况和菌(毒)种管理情况等进行监督检查,查处违法行为。

(八)对母婴保健机构、计划生育技术服务机构服务内容和从业人员的行为规范进行监督。

(九)依法打击"非医学需要的胎儿性别鉴定和非医学需要选择性别的人工终止妊娠"(以下简称"两非")行为。

(十)查处计划生育违法违纪案件,对重大违法违纪案件进行督查督办。

(十一)做好计划生育社会抚养费征收、管理和社会抚养费征缴系统的运行、监测、管理。

(十二)对乡镇卫生计生综合监督执法进行指导和督查,对监督协管员进行培训、业务指导。

(十三)负责行政区域内卫生计生监督信息的收集、核实和上报。

(十四)开展卫生计生法律法规执法检查。

(十五)完成县委、县政府及县卫生和计划生育局交办的其他事项。

【执法检查整改】　2018年度出动执法车辆296台次、监督执法人员1354人次,检查500余家单位,查处行政处罚案件21例,具体工作情况如下:在县农贸市场开展巡查5次,查处非法牙科1次,规范按摩场所1家;全年在乡镇集市场查处2起非法牙医;组织全县12家生活美容机构召开打击非法医疗美容暨培训会议一次,签订承诺书12份;对7家有关中医医疗机构进行全面检查,现场填写"专项执法检查表"7份,下达《卫生监督意见书》各7份,提出整改意见11条;开展“医院感染、医疗废物废水、采供血机构、消毒产品、病原微生物实验室生物安全”5项专项检查，聘请专家对特定的工作和环境进行指导并提出限期整改意见达25条；对炎陵县唯一一家餐具集中消毒公司和5家药店、2家二级医疗机构进行专项检查和指导，并下达《卫生监督意见书》9份；下发依法执业检查通知，村卫生室、卫生院、个体医疗机构和卫计局层层签订182份《依法执业承诺书》；开展一次全县乡镇以上20家医疗机构依法执业、预防接种、卫生计生协管专项检查，下达《卫生监督意见书》30份；于2018年3月15日和6月5日在县城步行街开展2次法制宣传；与县环保局联合对中心卫生院以上8家医疗机构进行医疗废物废水专项检查，下发整改意见书8份，规范医疗废物暂存点4个，检修医疗废水处理设施4台；严格依据卫生许可的相关法律法规，做好公共场所和集中式供水单位的卫生行政许可，共受理公共场所卫生许可申请61件，办结61件，预防性卫生审查率100%，受理生活饮用水集中式供水许可申请2件，办结2件；结合炎陵县实际，确定鹿原镇为炎陵县农村集中式供水工程卫生监督现况调查目标，完成该镇10处日供水20立方米的供水工程卫生情况调查并形成书面小结；在2018年云上大院“云锦杜鹃花节活动”期间，深入大院开展卫生监督，做好住宿接待单位的卫生监督指导，确保炎陵县大型活动期间住宿业卫生安全，其间下达《卫生监督意见书》19份；开展夏季重点公共场所卫生和集中空调通风系统专项执法监督检查；完成全年两次集中式供水单位出厂水和末梢水35项常规指标的监测工作，共计监测样品94份，监测项目3290项；突破往年卫生执法力度，共计处罚7家集中式供水单位，其中：无证经营2家，每家处罚3000元；水质不合格5家，每家处罚5000元；开展春季、秋季两次以传染病防控和生活饮用水卫生为主要内容的学校卫生专项监督检查，做好“双考”期间学校卫生安全保障工作，开展学校自备水监测工作；积极配合省、市对全县三大医院进行计划生育监督检查，共完成社会抚养费案件审批116例，督促乡镇纠正差错案件30余例，共计征缴社会抚养费15.1万元，对全县医疗卫计单位的49台B超备案进行备案；落实26家医疗卫计单位和48位B超医生签订“两非”相关责任书，年度内成功查处3例“两非”典型案件，对全县各相关单位的“两非”机制建设工作进行督查指导。

（黄　星　罗　菲）

城乡居民医疗保险管理服务

【概况】 县城乡居民医保管理服务中心共有编制20个，在编14人。承担全县医疗保险、生育保险、工伤保险的业务管理、指导和经办服务；执行医疗保险实施办法和相关政策；管理医疗保险基金，落实基金财务管理办法和基金会计核算办法，审核医疗保险报销经费，承办医疗保险信息管理；确定协议医疗机构，承担协议医疗机构医疗行为的协议服务；负责对乡镇医保管理服务工作的业务指导等。

【医疗保险】 2018年，城镇职工医疗保险参保人数13961人,基金收入5594万元,支出3970万元,基金累计结余11978万元,享受待遇人数2020人次；大病医疗互助收入318万元,支出107万元,享受待遇701人次;大病特药享受人数14人,报销金额31万元。执行城镇职工公务员医疗补助政策，公务员医疗补助基金收入784万元，享受公务员医补待遇7115人次，补偿金额211万元。

城乡居民医疗保险参保人数164094人,参保人数164094人,基金收入11674万元，基金支出7560万元，基金累计结余12934万元,享受待遇27355人次;大病保险与基本医疗基金支付一站式结算,共计补偿204人,共计补偿40万元。大病特药享受人数53人,报销金额81万元。

【生育保险】 参保人数7431人，基金收入304万元,支出144万元,基金累计结余990万元,享受待遇254人次。

【工伤保险】 参保人数15600人,基金收入722万元，支出424万元，基金累计结余1864万元,享受待遇120人次。

做好伤残军人、离休老干部医保工作，伤残军人6人，离休老干15人，享受待遇31人次,医疗费用报销金额41万元。

【重大事件】

1. 实现城乡居民基本医疗保险政策统一,参加城镇居医疗保险和参加农村合作医疗保险的人员缴费和待遇享受同等政策。

2. 加强了对医保定点医疗机构的督查工作。由城乡居民医疗管理服务中心委托人寿保险公司(承办大病医疗保险业务)和中华联合保险公司(承办意外伤害业务)每月对医疗定点医疗机构进行督查,并对所督查的违规违纪情况进行通报,限期整改,规范各医疗机构的服务行为,坚决杜绝违法违规行为,确保医保基金安全平稳运行和医疗服务质量稳步提升。

3.开展县内协议医疗机构总控工作,下达2018年度城镇职工、城乡居民基本医疗保险总额控制及考核指标的通知(炎医保通〔2018〕01号)，要求各总控医院严格按照“超支不得、违规不得、拒收不得”的管理理念,切实加强内部管理,建立和完善自律机制,严格控制住院指征,严格规范诊疗服务行为,合理有效使用医保基金。

4. 优化异地就医住院医疗费用直接结算工作,确保异地就医系统畅通,强化异地就医医疗监管,加大异地就医住院医疗费用直接结算政策宣传。

5. 按省市文件落实好城乡居民门诊统筹和特殊门诊政策的实施。

6. 开展医疗保险稽核暨打击欺诈骗取医疗保险基金专项工作。根据国家、省、市统一部署,组织开展打击欺诈骗取医疗保险基金专项行动,联合卫计、公安、食品药品工商质量监管部门召开工作布置会议和回头看工作会议，落实上级会议精神和工作要求，打击通过虚假宣传、以体检等名目诱导、骗取参保人员住院的行为;留存、盗刷、冒用参保人员社会保障卡的行为；虚构医疗服务、伪造医疗文书或票据的行为;虚记、多记药品、诊疗项目、医用耗材、医疗服务设施费用的行为;串换药品、器械、诊疗项目等恶意骗取医保基金的行为。充分利用媒体报道、网络宣传等途径,积极报道专项行动进展情况,曝光典型案例,向社会传递有关信息,通过媒体的舆论监督和宣传,加大对犯罪分子的震慑力度,做好普法宣传和政策引导。严厉查处违规违纪行为,加强对辖区内协议医疗机构的监管工作,通过委托第三方加强对医疗机构开展巡查和监督。对违规行为及时纠正和拒付,有效保障了医保基金的安全性;委托人寿保险公司对县外回中心报账的大额票据和资料进行核查,防止不法之徒使用虚假资料骗取医保基金;广泛张贴宣传资料,倡导群众参与,大力鼓励群众举报,对举报投诉有线索的集中力量,聚焦重点,坚决查实和严厉处理;对已经查实的违法违规案件,依照《中华人民共和国社会保险法》《湖南省基本医疗保险监督管理办法》从严、从重、从快处理。2018 年,共计核查参保人员 189 人,报账案例 222 例,县域内稽核协议医疗机构 18 家。查实使用虚假资料报账 2 人,拒付医保基金 4.81 万元;通过现场稽核共计拒付违规金额 68.06 万元,专项稽核拒付违规金额 53.66 万元,数据分析核查出分解住院和超标床日费用等违规金额 52.54 万元。

7. 工伤保险以现行费率为基础下调 20%。根据《湖南省人力资源和社会保障厅、湖南省财政厅关于继续阶段性降低全省社会保险费率的通知》(湘人社发〔2018〕49 号)的规定,从 2018 年 5 月 1 日起至 2019 年 4 月 30 日止工伤保险基金累计结余可支付月数在 18(含)至 23 个月的统筹地区,可以现行费率为基础下调 20%。符合继续阶段性降低全省社会保险费率文件的要求,经请示县人民政府同意,工伤保险以现行费率为基础下调 20%。工伤保险退还 2018 年 5—12 月多缴纳的工伤保险费 786723.18 元。

【健康扶贫】 全面开展健康扶贫“医疗保险和救助脱贫一批”工作。2018 年县财政按每人 180 元 / 年的标准,对未享受医疗救助全额资助的贫困人口参加新农合的个人缴费部分进行全额补贴,共为 21879 名建档立卡贫困人员医保个人缴费部分实现政府代缴,共计补助 3938220 元。其中:低保特困人员民政代缴 2833 人 509940 元;财政代缴 19046 人 3428280 元。实现扶贫系统中建档立卡贫困人口政府缴费全补助,建档立卡贫困人口实现 100%参保。实施贫困人口在医疗机构基本医疗住院(单病种除外)报销比例提高 10%,大病保险起付线降低 50%的政策,2018 年共为 5398 人次提高 10%报销比例,共计补偿 18619647.94 元,其中提高 10%部分 1860070.58 元;共为 261 人次降低 50%大病保险起付线,共计补偿 473017.13 元。 (陈艳梅)

疾病预防控制

【概况】 县疾病预防控制中心位于霞阳镇新市街 4 号,占地面积 1320 平方米 ,建筑面积 2150 平方米,其中实验面积1218.28

平方米。负责全县疾病预防与控制、应急预警与处理、疫情收集与报告、监测检验与评价、健康教育与促进、应用研究与指导、技术管理和服务为一体的公共卫生事业综合机构。设有办公室、质量控制科、应急办、急性传染病防治科、学校卫生科、慢性非传染病防治科、寄生虫地方病防治科、免疫规划科、结核病防治科、性病与艾滋病防治科、健康教育科、卫生监测科、职业卫生科、病媒生物科、检验科等科室。县疾控中心编制34个,现有在岗职工29人,其中本科11人,大专16人,中专2人;副高职称2人,中级职称11人,初级职称15人;45岁以上16人(占55.17%),35—45岁5人(占17.24%),35岁以下7人(占24.13%)。

【传染病疫情管理】 全县无甲类传染病报告,未发生乙类传染病重大疫情,无二代病例发生。截至12月20日,共报告乙类传染病8种408例,其中:肺结核159例、肝炎158例、痢疾1例、乙脑1例、狂犬病1例、淋病7例、梅毒79例、猩红热2例;共报告丙类传染病4种331例,其中:流行性腮腺炎147例、流行性感冒51例、手足口114例、感染性腹泻19例。共报告其它传染病7种194例。共处置传染病预警信息57条,其中:麻疹预警信息5条、流行性腮腺炎预警信息24条、流行性感冒预警信息9条、肺结核预警信息10条、狂犬病预警信息1条。

【突发公共卫生事件应急处置】 加强卫生应急管理体系建设,强化应急常态管理,加强应急队伍建设,调整了中心应急领导小组和机动队,明确职责分工,开展应急宣传、培训和演练准备工作。及时补充、更新救灾防病物资,切实做好急性传染病的应对准备工作,确保卫生应急救援工作落到实处。积极应对处置明德小学流行性腮腺炎暴发疫情、城南小学流行性腮腺炎暴发疫情、城南小学水痘暴发疫情和炎帝陵井水坳工地食堂淡水石斑鱼鱼卵食源性疾病暴发等突发公共卫生事件4起、剑桥幼儿园手足口聚集性病例疫情1起。出动突发性公共卫生事件应急处置机动队20余次,开展流行病学调查20余次,开展发生疫情的明德小学、城南小学和职校教学楼、寝室等场所消毒工作,消毒面积达32000平方米,发放健康教育宣传资料3万份。2018年8月,炎陵县首届中国医师节,县疾病预防控制中心应急机动队获得县政府授予的“优秀医疗团队”称号。

【霍乱防治】 制定霍乱防治工作预案,县、乡两级成立二号病应急处置机动队,进一步更新完善了机动队物质装备,确保疫情处理出动迅速、处置及时有效。所有医疗单位腹泻门诊均配备了霍乱快速检测试剂,县疾控中心对全县医疗单位检测人员进行培训,各单位都能做到“逢泻必登、逢疑必检”。每月要求县人民医院、县中医院、县妇幼保健院和卫生院开展腹泻病人监测,5—10月共监测腹泻病例82人,开展病源检索38例,检索率34.23%,未检出阳性病人。在霍乱流行季节(5—10月),开展环境水体河流监测工作。2018年,选择炎陵县河漠水、斜濑水、沔水三大水系流经的水口、鹿原、三河、沔渡、霞阳镇5个监测点,生活污水选霞阳画眉桥和斗笠河为监测点，共检测河水样品24件，生活污水6件，均未检出霍乱弧菌。开展水产品以及其他食品的监测。监测的重点包括市售水产品（如：鱼、虾、甲鱼、牛蛙等）以及生冷、卤制食品。在县城农贸市场采取样品70件进行检测，其中：甲鱼30份样、鱼类20份样和蛙类20份样均未检出霍乱弧菌。

【人禽流感防治】 制订人禽流感防控预案，健全组织机构，明确各自职责；规范医疗机构发热门诊设施建设，落实预检分诊制度和不明原因肺炎病例监测工作，对呼吸系统发热38℃以上病人实行医学观察。开展人禽流感监测项目工作，2018年开展禽类市场H7N9禽流感外环境监测样品采集送检12次计50份，未检出A群流感病毒阳性样品。

【流行性出血热防治与监测】 水口、中村、三河、鹿原等乡镇是流行性出血热病疫区，炎陵县被列为湖南省流行性出血热防治级监测点项目县。根据省流行性出血热监测工作要求，根据《炎陵县流行性出血热监测方案》，确定水口、三河为重点监测点，开展流行性出血热的宿主动物（鼠）密度调查、带毒情况监测和易感人群血清监测；视情况开展易感人群的出血热疫苗预防接种。通过对医疗机构监测和传染病网络报告分析， 2018年度炎陵县流行性出血热病例0例。宿主动物密度监测：春夏季鼠密度为1.00%（15/1500），鼠种构成小家鼠4只，占26.67%，褐家鼠8只，占53.33%，鼩鼱1只，占6.67%，黄胸鼠2只，占13.33%；秋冬季鼠密度为3.00%（60/2000），鼠种构成小家鼠11只，占18.33%，褐家鼠40只，占66.67%，黄胸鼠6只，占10.00%，鼩鼱3只，占5.00%。全年鼠密度为2.14%（75/3500）。春夏季捕鼠15只，采取鼠肺、鼠心标本共30份，秋冬季捕鼠60只，采取鼠肺、鼠心标本共120份，全年共采取鼠肺、鼠心标本150份，标本送省疾控中心检测。经检测结果均为阴性。通过连续几年的防控工作，经监测，炎陵县的出血热发病率水平有显著下降，已从2003年的9/10万，降低到2017年1.01/10万发病率，2018年无发病，说明近几年防控措施得力。

根据湖南省《2018年湖南省肾综合征出血热病毒变异对疫苗保护效果影响研究项目实施方案》要求，炎陵县开展肾综合征出血热监测肾综合征出血热疫苗免疫前后血清学研究项目工作。确定鹿原镇西草坪村为监测点，全年完成30名出血热疫苗接种者的免疫前后的二份血清采集任务。

【手足口病监测】 积极开展手足口病的防控工作。明确县人民医院为县手足口病定点救治医院，加强基层医务人员手足口病防治知识培训，强化手足口病防控知识宣传，加强对手足口病报告与监测工作，快速处置聚集性暴发疫情。5月中旬，县疾病预防控制中心疫情管理人员网络巡查发现，医疗机构报告霞阳镇剑桥幼儿园出现多例手足口病病例。通过核对病例基本信息核查，确定为一起手足口病聚集性疫情，遂由疾控中心主任带队，联合教育局分管人员赶到现场进行核实和调查处置，经过采取一系列的防控措施，及时有效控制疫情蔓延。全县共报告手足口病121例,每月采集5份样品送市CDC检验(不足5例病例全采),1—12月共采集手足口病样品44份样品送市CDC检验,检出阳性样品19份,其中EV71病毒3例、CoxA16病毒7例、其他肠道病毒9例。

【学生营养监测】 按照湖南省农村义务教育学生营养改善计划营养健康状况监测评估技术方案要求,2018年全县有10所学校参加“学生营养改善计划”营养健康监测评估,其中教学点1所、村小1所、中心小学1所、普通初中3所、九年一贯制学校4所。10所监测学校共体检1614人,其中男生873人,女生741人。在该监测中,1614人中生长迟缓人数为10人,占体检总人数的0.62%;轻度消瘦人数为75人,占体检总人数的4.65%;中重度消瘦人数为60人,占体检总人数的3.72%。1614人中超重人数为112人,占体检总人数的6.94%;肥胖人数为59人,占体检总人数的3.66%。对历年(2012—2018年)学生体质状况进行变化趋势分析,可以发现学生营养状况逐年有所改善的同时,超重、肥胖问题也日益凸显。应继续加强对学生营养改善的不断改进,加强对学生营养知识的教育,改变其不良饮食习惯及加强校内外的体育锻炼等措施,以增强学生体质,改善其营养状况。

【慢性非传染病管理】 2018年全县常住人口20.42万人,新建居民健康档案4024人,截至12月25日累计建档175770份,建档率为86.1%。累计档案更新41496份,更新率为23.6%。

老年人体检。全县老年人口数共计20908人,建档数20908人,建档率为100%。截至12月25日,体检人数12721人,老年人健康体检率为60.8%。

高血压和二型糖尿病患者管理。2018年,高血压和二型糖尿病患者管理率稳步提升,基本完成上级下达高血压病人、二型糖尿病病人管理任务。为辖区高血压和二型糖尿病患者提供了健康体检1次、随访4次,以及用药、饮食、运动、心理等健康指导工作。做好35岁以上人群免费测血压工作,加强对高危人群的管理。2018年度,累计新发高血压患者1136人,累计在管患者8090人,规范管理患者数6488人,规范管理率80.20%,最近一次随访血压达标数5422人,达标率67.00%。年度累计新发糖尿病患者246人,累计在管糖尿病患者1461人,规范管理患者数1193人,规范管理率81.60%,最近一次随访血糖达标数1119人,达标率76.60%。

重性精神病患者管理。截至12月25日,全县重症精神病患者在册人数847人,年管理人数825人,年管理率97.40%,规范管理808人。规范管理率95.40%。面访人数794人,面访率93.74%,服药人数814人,服药率96.10%,规律服药534人,规律服药率63.05%。

重点慢性病监测。全年重点慢性病监测心脑血管病531人次,二型糖尿病125人,恶性肿瘤116人。

【寄生虫、地方病防治】 2018年碘缺乏病监测常住人口中的8—10岁儿童200名、孕妇100名和新生儿100名，合计监测400人，完成碘缺乏病监测尿碘、盐碘采样与检测、甲状腺B超容积测定和数据收集整理等工作。监测结果显示：2018年碘盐合格率100%，碘盐覆盖面为100%，碘盐覆盖率为100%，碘含量均值为25.67毫克/千克，中位数为25.72毫克/千克。"食盐加碘，消除碘缺乏病"重要策略在炎陵县得到有效的落实，加碘食盐供应得到了坚实的保障，居民普遍食用了加碘食盐。炎陵县达到了消除碘缺乏病技术标准（居民户合格碘盐食用率90%）。

【免疫规划】 1—12月，全县共免费接种扩大国家免疫规划疫苗34795人次，其中基础免疫卡介苗1496人次、脊灰疫苗7355人次、乙肝疫苗4682人次、百白破疫苗6437人次、麻风疫苗1451人次、麻腮风疫苗1806人次、A流脑疫苗2375人次、A+C疫苗2798人次、乙脑疫苗3118人次、甲肝疫苗1654人次、白破疫苗1623人次。以乡镇为单位扩大国家免疫疫苗接种率达到95%目标。

完成麻疹、风疹（疑似）病例监测5人，无麻疹确诊病例报告。AFP病例监测0例，无"脊灰"病例报告，继续保持了"无脊灰"状态。全县报告AEFI病例29例，监测29例，其中：一般反应18例、异常反应11例。

开展了春、秋季入托、入学儿童预防接种证查验工作，查验幼儿园60所，儿童5715名，查验小学18所，小学生12538名，开展疫苗补种应补种1797人，实补种1712人，补种率95.27%。

积极应对处置明德小学流行性腮腺炎暴发疫情、城南小学流行性腮腺炎暴发疫情，县委、县政府高度重视，财政安排专项资金用于疫情处置工作，炎陵县卫计部门开展麻腮疫苗应急接种工作，应种1579人，实种1437人，接种率91%，有效控制了学校流行性腮腺炎疫情。

【结核病控制】 加强对全县结核病患者管理，截至12月25日，定点医疗机构收治114人结核病患者，涂阳25人。人民医院肺结核患者病原学检测阳性率21.92%。县疾控机构对肺结核病例追踪总体到位率达96.25%。开展学校结核病防控工作专项现场指导2次，覆盖率100%。辖区内高三教室、寝室安装了紫外线消毒灯，开展了初中、高中新生学校（PPD）结核筛查工作。炎陵县（PPD）结核筛查学生2641人，检出（PPD）结核筛检出结果阳性学生448人，炎陵县（PPD）结核筛查阳性结果检出率为25.36%，其中初中一年级（PPD）结核筛查学生1766人，（PPD）结核筛检出阳性学生164人，阳性结果率9.3%；高中一年级（PPD）结核筛查学生875人，（PPD）结核筛检出阳性学生284人，阳性结果率32.45%。

【艾滋病防治】 加强对全县艾滋病患者管理，截至12月25日，HIV检测4891人，阳性1人；梅毒检测1781人，阳性2例；丙肝检测1781人。艾滋病在管病人17例，治疗17例。艾滋病感染者和病人接受抗病毒治疗率达88.35%。

【健康教育】 加强县、乡、村三级健康教育网络和宣传阵地建设，各卫生院提供健康教育宣传资料12种以上，每2月制作健康教育专栏，全年按要求播放健康知识光碟、基本公共卫生服务项目及健康教育公益广告时间累计达到2500小时以上，其中中医药内容达到40%。定期开展健康知识讲座及咨询,有针对性地开展个性化健康教育,居民健康素养水平达到12%。创新开展医院、学校、社区健康教育工作督导。开展全县控烟工作指导，指导医疗卫生机构开展控烟工作,霞阳镇三河卫生院创建“无烟单位”并通过上级单位验收。

【卫生监测】 2018年食源性疾病监测哨点医院在原有3家基础上新增7家,疾控中心对10家哨点医院开展了业务培训与指导工作。2018年1—12月,哨点医院完成食源性疾病监测报告214例，其中人民医院报告115例、中医院79例、霞阳卫生院7例、沔渡卫生院2例、十都卫生院2例、水口卫生院2例、妇幼2例、民康医院3例、中村卫生院1例、河西卫生院1例。成功处置鹿原镇炎陵村井水坳食用淡水石斑鱼鱼卵食源性疾病暴发事件。

2018年，继续开展饮用水卫生监测工作,全县共设监测点49个,其中城区监测点7个,乡镇监测点40个,农村学校监测点2个。全面完成丰水期和枯水期水质样品采集、检验、检测和网报总结工作。

开展了四次城区集中供水单位管网末梢水水质监测工作。城区共设1个出厂水和5个代表性管网末梢水监测点,全年采集水质样品24个,按照《生活饮用水标准检验方法》(GB/T5750—2006)进行检验,依据《生活饮用水卫生标准》(GB5749—2006)规定进行评价,2018年炎陵县城区管网水质监测采样点采集样品,检验项目均符合《生活饮用水卫生标准》GB5749—2006指标要求,管网水水质合格率达到100%。

完成5个乡镇10所农村学校和20个行政村100户农村居民农村环境卫生调查工作,采集环境卫生监测20个土壤样品,中心实验室完成了土壤标本铅、镉、铬重金属检验检测工作任务。

完成食品安全风险监测面包、包子、馒头、油条等24样品监测,检测结果发现5个样品铝添加剂超标。完成大米、玉米、蔬菜等60样品监测，检测结果发现4个大米样品重金属镉超标,完成20个自制面包、蛋糕微生物污染监测,检测结果显示细菌总数2个样品超标,大肠菌群1个样品超标。

【职业卫生监测】 2018年完成11家企业279人工人职业健康体检工作。发现疑似职业病0人。未检出职业禁忌证。组织开展了重点职业病监测和职业风险评估工作完成全县重点职业病监测和职业健康风险评估报告。开展2018年农民工尘肺病摸底排查工作。摸底排查尘肺病疑似病人20人,其中经株洲市职防中心确诊13人，无责任主体农民工纳入尘肺救治救助患者10人，全年完成尘肺救治救助患者4人。

【预防性体检】 疾控中心承担全县公共场所、生活饮用水卫生检测和从业人员免费预防性体检工作。为解决中心实验室设备落后陈旧等问题,县财政划拨专项资金66万元,公开招标采购进口气相色谱设备一台，疾控中心实验室能力建设得到了进一步提升。截至12月31日，疾控中心卫生检测、预防性体检两项工作合计免费29万元，其中：公共场所免费卫生监测155家，公共场所和食品从业人员免费预防性体检3980人次，免费发放健康体检合格证明3980张。免除卫生监测和预防性体检费30万元。

【项目建设】 2018年，炎陵县疾病预防控制中心业务用房改扩建项目总投资560万元，其中中央财政预算内投资445万元、省级配套50万元，项目规模为2760平方米，其中新建1280平方米、改建1480平方米。

因县疾控中心毗邻国家文物保护单位洣泉书院，直线距离约50米，在办理报建手续过程中，株洲市文物局给出了“不同意在原址改扩建，建议迁出该范围择址新建”的意见，因而项目不能在原址建设。经县人民政府、上级发改委同意，将县疾病预防控制中心业务用房改扩建项目调整为新建。建设内容如下：选址炎陵县汽车东站南侧（霞阳镇颜家村），建设内容有业务用房1栋（5层，建筑总高度20.4米，占地面积606.87平方米，建设面积2760平方米。含微生物实验室、理化实验室、应急办、应急仓库、免疫规划科、预防性体检科、职业卫生监测科、健康教育科、性病艾滋病防治科、结核病防治科、慢病科、寄生虫地方病科等业务用房）、实验室设备及安装、DR室设备及安装，污水处理系统、门卫房、大门、围墙、道路、车位、绿化、消防、自来水工程、电力工程等附属设施，建设规模业务用房2760平方米，项目总投资938.8万元。2017年11月完成改主体扩建项目公开招投标工作，项目于2017年12月12日顺利开工兴建，2018年完成前期三通、业务用房主体工程建设。

【脱贫攻坚和党建】 中心党支部认真学习贯彻中共十九大精神，不断健全完善党建工作管理制度，全面提升党建工作的能力水平，增强党务干部和党务工作人员的工作积极性和凝聚力。按照党委的部署和要求，做到党内组织生活正常化、规范化，落实县委“三严三实”工作，严格规范落实“三会一课”制度，强化党员党性观念、宗旨意识和组织纪律，提升基层党组织凝聚力，战斗力。节目《赤诚战士生死不离》参加株洲市疾控系统“不忘初心，牢记使命”党建秀活动荣获一等奖。

2018年，疾控中心继续负责鹿原镇西草坪村的脱贫攻坚工作，派出帮扶工作队3人长期驻村帮扶，扎实开展驻村帮扶工作。安排中心干部职工结对帮扶33户贫困户，疾控中心工作队和结对帮扶责任人以贫困户脱贫为核心，落实产业扶贫政策、落实健康扶贫政策、落实住房保障政策、落实教育扶贫政策、落实兜底保障政策。围绕脱贫攻坚，全面动员，巩固提升，全面做好贫困县退出迎国检准备工作。10月，疾控中心帮扶村由西草坪村调整为鹿原镇红光村，扶贫驻村工作队和结对帮扶责任人交接各项工作圆满完成。扶贫巩固提升工作得到稳步推进。

（李松青）

炎陵县人民医院

【概况】 2018年，医院占地面积22516.26平方米,总建筑面积3.26万平方米,固定资产10213.59万元。编制床位250张,拥有炎陵县唯一一台飞利浦1.5T核磁共振设备、GE公司最新一代4排螺旋CT机、数字化X射线摄影系统(DR)、彩超、电子胃肠镜、心电图机、全自动生化分析仪、X光机等一大批先进医疗设备。在编职工195人,其中高级职称18人,中级职称95人,设有创伤外科、脑外科、普外泌尿科、肛肠科、妇产科、五官科、心内科、神经内科、肾内科、肿瘤科、消化呼吸内科、内分泌科、儿科、急诊科、血液透析室、康复科、健康管理中心等科室。

全年完成门急诊诊疗134823人次,出院人次12601人次，门急诊人次与2017年相比增长6.4%,出院人次与2017年相比增长4.2%。住院病人手术2859台次,手术台次与2017年相比增长3.77%。

【公立医院改革】 1. 药品与医用材料配送严格管理。全面实行网上采购和集中配送,完善谈判机制与协议管理制度,继续实行药品零利润销售。药品及医用耗材通过公开招标配送企业并到纪检部门备案,无拿药品回扣现象。为全面保障病人的药品供应,全面开展院、科二级成本核算,实施精细化医院运行管理。适度调整收入结构,严格控制药品比例,严格抗菌药管理,严防院感事故发生,全年无院感事故发生。全年门诊抗菌药物使用率、急诊抗菌药物使用率、住院抗菌药物使用率指标达标。2.落实分级诊疗制度改革。按照县级医疗机构的功能定位,进一步规范转诊程序,逐步建立基层首诊、分级诊疗、完善双向转诊的就医格局,合理引导患者就诊,努力达到“大病不出县”。通过科技下乡活动、义诊与技术支持加强与基层医疗机构的技术交流、医疗设备资源共享,提高基层诊疗水平。3.探索薪酬改革与绩效考核科学化。绩效考核偏重一线科室,强调科内二次分配,要体现多劳多得,优绩优酬,确保职工待遇有提升。4.组建县域内紧密型医联体。一是县人民医院牵头,紧密联合鹿原镇中心卫生院、鹿原镇东风卫生院、霞阳镇卫生院、霞阳镇三河卫生院、船形乡卫生院、中村瑶族乡卫生院、中村瑶族乡龙渣卫生院、中村瑶族乡平乐卫生院及其管辖的村卫生室。重点抓好与鹿原镇中心卫生院、霞阳镇卫生院的全面深化合作。二是组建医疗技术服务专科联盟。依托普外泌尿外科、肝胆微创外科、创伤骨科、呼吸内科、妇产科、儿科、肾病科、肿瘤科等优势专科资源,结合全县各基层卫生院的功能定位和服务能力,以专科技术力量为支撑,以专科协作为纽带，与基层卫生院组建以上特色学科专科联盟。主要是帮助基层卫生院提升服务能力,提高县域内就诊率,方便老百姓就近就地就医。

【专科人才队伍建设】 1.抓住契机,合作共赢。根据县人民政府安排医院与市中心医院建立医疗合作关系。邀请唐才喜等8位资深专家,主要涉及普外科、骨科、妇产科、消化内科、神经内科5个学科的医疗帮扶工作。

通过每月首周星期六的“专家日”工作,医院坐门诊和到科室进行查房和带教手术在医院共完成门诊1571人次，与全年同期相比增长15.4%,手术117台次,与全年同期相比增长6.4%,外转病人下降28.4%。开展骨科(股骨头置换、髋关节置换、颈椎和腰椎手术)、神经外科(脑室腹腔分流术,小脑血肿清除术,经皮扩张气管切开术)、妇科(腔镜下子宫肌瘤切除术、宫外孕修补术),普外泌尿科(腹腔肿瘤切除术、腔镜下胆总管切开取石和T管引流术)等新技术、新项目工作。填补医院原来技术、项目的空白。省直中医院对医院普外科、消化内科人才和技术进行带教培养。2.加强人才培养。2018年,招聘2名全日制本科临床医生，借调4名执业医师,招聘护士9名,合同制药师1人、检验技师2人、放射科技师1人。选送骨科、妇科、产科、B超、全科医生转岗、急诊科共6名医生、5名护士和8名临床护士长到上级医院进行专科进修和管理人员培训;组织院内医生和护士“三基”培训共25次;通过远程教育、专家讲座、吴孟超院士工作站巡诊(炎陵站)、健康中国基层公益行炎陵站等方式对医护人员进行培训。3.加强专科建设。根据医院实际情况结合国家县级医院500强能力建设抓好重点学科建设。一是肿瘤科建设:肿瘤科在内二科基层上成立使用。二是神经外科建设:ICU病房已经建成投入使用。三是新生儿科科ICU病房建成投入使用。四是放射科核磁共振设备2018年4月份投入使用,核磁共振检查人次1756人,业务收入86.8万元。五是手术室改造项目前期已经通过设计、考察、可研、财评程序,正在挂网排期招标。六是设备投入总资金1400多万元,争取项目资金65万元,购置核磁共振设备、麻醉机、肿瘤科和新生儿科相关设备、血液过滤机、呼吸机、全自动血液细胞分析仪、高效液相糖化血红蛋白分析仪、高清网络视频监视系统CT球管等。

【作风建设】 2018年初，成立党风廉政建设领导小组,制定《2018年炎陵县人民医院党风廉政建设责任目标分解》，与科室签订行风建设责任状和承诺书,医院领导在中层干部会议上,组织学习湖南省卫生健康委员会、湖南省中医药管理局制定的《湖南省卫生健康行业作风整治专项行动实施方案》。全年无一例违法违纪案件发生。

【规范医疗行为】 为解决病人“看病难”的根本问题,医院在降低成本,控制收费的基础上,严格规范医疗行为:重新学习、严格执行医疗卫生管理法律、法规、规章以及诊疗规范、常规,要求依法执业,行为规范;严格遵守合理检查、合理用药、因病施治,做好病者及其亲属的解释工作，尊重病人对治疗、用药的知情权,从而减少医疗收费投诉。向社会公开收费项目、收费标准,主动接受社会群众和患者的监督。醒目位置实行医疗服务价格公示上墙,大大提高收费透明度。

【公共卫生服务】 重点抓好手足口病、艾滋病、结核病等重大疾病防治工作,全年完成学校学生结核病筛查1000余人次，确保无甲乙类传染病暴发流行。重点抓好高危孕产妇管理工作,落实母婴保健各项工作,严格控制孕产妇死亡,降低婴儿死亡率,认真开展增补叶酸、新生儿疾病筛查、地中海贫血检查等工作。完成计划生育综合治理工作。

【党建工作】 医院党总支认真贯彻落实党建各项工作,认真开展"两学一做"学习教育常态化制度化工作,认真开展民主生活会,认真开展主题党日活动,全面落实"三会一课"制度,认真做好发展党员工作、认真开展行政后勤党支部创建"五化"示范支部建设等工作,2018年2名预备党员如期转正,确定发展3名预备党员。

【专项巡察整改工作】 1. 根据中共炎陵县委、炎陵县人民政府印发《炎陵县关于开展违反中央八项规定精神突出问题专项治理的工作方案》炎发〔2018〕7号文件,单位主要领导高度重视,立即组织召开专题会议,传达上级文件精神,按照文件规定以五个方面突出问题为重点,全面、深入开展自查自纠。认真对每一张公务接待票据、每一间办公用房、每一项津补贴、每一台公务用车逐一清查核实。自查自纠问题则报上级各部门检查确认后,按要求整改到位。2.根据县委第一巡察组《关于巡察县人民医院党总支部的反馈意见》的通知内容认真抓好落实整改,根据巡察组要求,已经完成边巡边改相关工作,完善整改情况报告,通过整改形成长效机制,落实党内和社会公开整改情况工作,认真接受县委巡察工作领导小组对整改落实情况监督检查。

【脱贫攻坚工作】 1.加强管理、落实责任。医院全面执行县域内农村贫困人口住院"先诊疗、后付费"政策。制定工作方案,明确责任任务。落实Ⅱ类建档立卡贫困患者实施全免费集中救治工作及四类九大疾病专项救治工作。开辟健康扶贫绿色通道、实行"一站式"结算服务。2.彰显公益,惠及民生。医院开展白内障复明手术工程,共救助350人,减免费用35万元。救助建档立卡贫困户、特困户、贫困户21人减免费用39.8万元,救助4类人员9种疾病86人次减免费用6万余元,共减免费用80.8万元。3.健康扶贫,送医下乡。2018年,医院1名党员干部到霞阳镇大源村任驻村工作队副队长。党员干部结对帮扶家庭25户,单位给予帮扶资金6.5万元,帮扶物资13300元,以上资金合计7.83万元。6月,圆满完成医院扶贫村脱贫摘帽迎"国检"工作。组建健康扶贫医疗服务流动团队。为认真贯彻落实市委精准扶贫"七个一批"更好地给农村贫困户提供优质、便捷的医疗卫生服务,切实解决偏远山区贫困群众"看病难、看病贵"的问题,医院组织各科专家先后赴东风乡、十都镇、中村乡、水口镇木湾等5个村,西区居委会和霞阳镇7个村开展"精准扶贫送医义诊活动",受益群众6000余人次。

【医疗安全和综治维稳工作】 强化医疗的十八项核心制度执行,不断完善并持续改进各项医疗核心制度的落实,建立医疗质量管理小组、各科成立危重病人抢救领导小组、实施三级管理制度,做到层层把关,明确各组织的职责,制定各种管理与持续改进措施,完善各种应急预案,加强医疗工作中的环节质控,每月不定期查阅电子病历对存在一般缺陷及时电话通知相关医生及时整改。继续推进优质护理服务活动,在广度和深度两方面加大优质护理服务推进力度,充分调整护理理念,调动护士积极性。认真贯彻落实执行医保新政策,严格控制自均费用和药占比。尽量控制医保费用不超总额。着力改善基础设施,医疗废物、污水处理专人专管,严格按污水环保处理要求进行工作,严格污水处理设施操作规程,扎实做好医疗废物、污水处理工作。定期开展安全排查,更新科室监控系统,发现隐患及时处理。警医联动营造就医环境,建立医调中心。全年无上访和安全生产事故等发生。认真组织全院干部职工参加学法普法活动,全院共162人参加如法网学习考试,通过率100%。

【文化宣传工作】 医院文化。5月,组织开展全院的双人徒手心肺复苏业务技能比武活动;7月,组织全院干部职工开展“唱红歌庆七一”比赛晚会活动;8月,组织全院干部职工参加中国第一个医师节的各项活动,医院急诊科、普外科和医师3人、护士3人分别获得炎陵县首个医师节“优秀医疗团队”“优秀护理团队”“十佳医生”“十佳护士”表彰称号。2018年,完成创省级文明城市复查。

医院宣传。开通炎陵县人民医院微信公众号,先后发送各种文章40篇,宣传医院开展的新技术、新项目等,同时也通过县电视台6次宣传报道市中心医院专家每月首周星期六的“专家日”工作、吴孟超院士工作站巡诊(炎陵站)、医院组建医疗技术服务专科联盟、开展缺血性脑卒中静脉溶栓术等。

(尹文胜)

炎陵县中医院

【概况】 县中医院是一所由炎陵县人民政府举办的国家二级甲等中医医院,是炎陵县中医医疗、保健、康复、科研、教学中心。设有办公室、医务科、护理部、财务科、医保农合办、市场部、院感科、后勤保卫科等9个职能科室,急诊科、内科、针灸理疗科、外伤科、蛇伤科、麻醉科、妇产科、脑病科(精神科)、口腔科、五官科、肾病科(血透室)等13个临床科室;检验科、放射科、B超心电图室、内窥镜室、药剂科等6个医技科室。医院现有编制床位160张,在岗职工212人(其中临聘人员114人),卫技人员184人,医生79人,护士81人,卫技人员占总人数的87%;医师床位之比为1∶2.1。

医院拥有飞利浦螺旋CT、飞利浦彩超、500mAX光机、电子胃镜、生化分析仪、细菌培养仪、麻醉机、呼吸机、母亲胎儿监护仪,血液透析机等万元以上大中型医疗设备60余台件,固定资产3000余万元。

【主要指标完成情况】 全年总收3810万元,其中医疗收入3630万元,财政补助收入180万元,药品占1011万元,药占比28.5%,同比下降3.9%,共完成门急诊诊疗70089人次,入院4411人次,同比增长9.3%,其中医保入院4195人次,总费用2040万元,统筹支付 1240 万元。病床使用率 106%，接受体检 5625 人次。

【医疗质量管理】 加强安全生产教育，严格执行《十八项核心制度》，积极开拓展新业务。一是继续做好技能培训等日常业务工作和中医药知识和技能培训。为配合临床工作开展，医技科室积极拓展新拓展腹壁疝及泌尿系统 CT 扫描、心脏彩超、下肢血管彩超、产科 NT 及 S/D 等影像检查技术，为临床提供影响保障，既方便病人，又确保医疗安全。二是坚持领导查房制度，加强病历质量管理，完善三级质控机构，严格执行处方点评管理等规范制度，确保医疗质量、医疗安全。三是实施腰椎间盘突出症、缺血性中风(脑梗死)、项痹病等中医诊疗方案，启用 JOA 腰腿痛评分系统等中医临床路径管理工作。四是及时完善外聘人员及少数借调人员的执业地点变更。五是督促、指导、落实乡镇卫生院基本公共卫生服务项目工作，加强中医药管理工作，提高中医药服务能力。

【护理质量管理】 一是严格执行《中医医院中医护理工作指南》。二是认真落实院科两级护理质控，护理部每月进行护理质量检查，每季组织各科室交叉检查。三是强化护理安全教育。组织护理业务和操作培训 12 次，开展新入职护士规范化培训。定期组织人员对护理不良事件开展分析讨论，加强对压疮、病人摔伤、跌倒等现存或潜在风险的评估与重点管理。

【重点专科建设】 借助“医联体”模式，对接湖南省省直中医院等三甲医院，依托“专科联盟”，开展新技术、新项目，提升医院普外、泌尿、骨科及妇产科的专科服务能力，外科成功实施“全髋关节置换术”等。针灸推拿科继续发挥中医特色及非药物疗法优势，促进针灸理疗、风湿疼痛、康复医学、小儿推拿四大核心力量建设带动专科建设发展，开展骨针刀、埋线减肥、针灸美容等新业务，有效降低药占比。

【医联体建设】 为贯彻落实分级诊疗制度，优化医疗资源，制定专科联盟方案。一是与湖南省直中医院等三级医院开展专科联盟，自 4 月开始省直中医院就派驻骨科、泌尿外科、产科等 4 名专家长期在医院坐诊，让老百姓在家门口享受到省直知名专家的医疗服务，取得良好的社会效益，深得广大病友及家属的高度认可。二是开展县乡医联体建设。2018 年 11 月正式启动，设计并倡导“1258”计划，即 1 个议事机构，2 个专科联盟，5 个“一”项目和 8 个协作组。2018 年，已经开展护理培训一批，吸收针灸理疗专业人员培训一批。成立炎陵县中医馆、中医骨伤科专科联盟，走访 65 个村卫生室，与十都、沔渡、水口等 8 个乡镇卫生院签订专科联盟合作协议，并选举产生第一届专科联盟理事会成员，召开工作联系会；从医院管理、技术指导、人才培养、专科建设、业务发展、双向转诊等方面开展深度合作，促进基层医疗卫生机构服务能力和管理水平稳步提高，基本实现大病不出乡(镇)，有效缓解老百姓“看病难、看病贵”问题。

【医疗安全】 认真贯彻落实卫计委颁布的医院感染管理相关法律、法规及十三项新标准。重点抓好手术室、血透室、产房、口腔科等重点部门的医院感染管理，强化院感病例、环境卫生、手术部位、导尿管相关尿路感染等医院感染监测工作，每季度进行一次大考核，每月进行小检查，每周随机检查，提升全员医院感染防控知识和意识，降低医院感染率，1—11月对一次性用品、紫外线强度等424份医疗环境、343例手术病例、出院病例3397人、导尿病例34例，进行医院感染监测，均符合卫计委评价指标，保证医疗安全。

【人才队伍建设】 建立普训轮训制度，制定培训计划，通过“请进来，送出去”的方式，号召全体医务人员自觉加强业务学习，加强人才队伍建设。一是邀请上级专家教授到医院进行业务知识讲座、操作技能培训和长期坐诊，以“帮、传、带、教”的方式为医院培养一批带不走的业务骨干，2018年邀请省直中医院专家到医院进行“心肺复苏”“急腹症的诊断与治疗”等业务讲座3次看，指导开展“全髋置换术”“无痛胃镜下螺旋胃管置入术”等新业务4种。二是大力加强人才培养与储备。选送年轻技术人员赴上级医院进修、学习，参加各科年度总结，让医务工作人员从工作中学习理论知识，总结临床经验，提高诊断水平，杜绝医疗事故发生。全年共参加产科畸形筛查、肌骨超声检查、小儿推拿等技术培训20余人次，选送中医类别住院医师规范化培训3人，派出呼吸内科、心内科、麻醉科、泌尿外科等临床一线人员6名至省直中医院进修学习；集中组织医护药技人员参加“三基”考试4次，使医院医疗技术水平有大幅度提升。通过多途径、多方式引进卫技人才，全年共引进卫技人才20名，为医院发展储备人才。

【服务能力建设】 1.完善医疗设备，促进业务发展。配合临床业务开展，新增艾梅乙、血气分析仪、心脏彩超、动态心电图等医疗设备10台件，提高医院诊疗能力，确保医疗工作的正常开展和安全运行。

2.创新服务方式，积极推行便民服务。为方便患者缴费，医院与县农商行开展“银医”合作，投资70余万元开通微信、支付宝支付模式。设立一站式结算窗口，住院病人全面实施一站式结算；对出院病人开展追踪回访制度，提醒患者按时复诊，树立良好的医院形象。

3.文明创建活动深入进行。一是联合省直中医院开展医疗宣传义诊活动3次，接诊病人3000余人次，发放各种健康宣教资料4500余份。二是积极参加各项活动。组织科室、个人参加市卫计局“优秀护理团队”“优秀护士”评选，开展困难党员走访慰问、“冬病夏治”穴位贴敷等活动。推荐人员参加省市“最美护士”“最美职工”评选及义务献血、环城赛跑等活动，丰富干部职工的业余生活。

【党建工作】 1.加强党风廉政建设工作。一是结合省委巡视、县委巡察，对单位津补贴发放、办公用房、公务接待、公务用车等方面进行全面梳理，对照清单，按照要求，及时召开班子成员会研究部署，明确责任领导和整改时限，真改实改抓好落实。二是进一步规范单位各项规章制度，完善内部管理制度，对工作纪律,公务用车,公务接待,考勤,请销假等作进一步规范和加强，严明工作纪律。组织“党风廉政建设”知识集中学习、在全院各科开展医德医风，廉洁自律教育,签订廉洁从政、廉洁行医承诺书,组织党员开展亮身份、树形象、做表率活动,丰富廉政文化。三是实施药品销售的预警机制,与所有的经销商签订廉洁购销合同,力争遏制药品经销商的不良商业行为。四是全面加强全体党员和职工的思想、组织、医德医风等党性教育,认真组织主题党日,严格执行重大事项报告制，上缴廉政账户医生红包500元，拒收红包1300余元，开创医院党务工作的新局面。

2.积极创建“五化党支部”。2018年院党支部被县委组织部列为全县第一批创建“五化”示范支部。院党支部成立创建工作领导小组。明确责任分工,结合本单位本支部实际情况,切实制定创建工作实施方案。列出创建工作推进计划，明确工作目标和要求，明确整改任务和时限,12月初顺利通过“五化”支部验收。

3.严格落实党内规章制度。院党支部强化班子队伍建设，切实抓好党务党建工作，确保各项工作顺利开展。一是扎实推进“两学一做”学习教育活动。年初制定方案和计划积极推进“两学一做”学习教育常态化制度化工作的开展。把查找和解决问题作为“两学一做” 学习教育常态化制度化工作的规定动作,坚持学做结合,边学边查边改。二是积极组织好党内生活。严格按照“三会一课”要求,按时召开支委会、党员大会和上好党课。2018年,共召开支委会13次,党员大会4次,组织上党课5次,支部书记带头讲党课,主题是“做一名有担当的合格党员”，其他各支部委员分别组织开展主题为“党风廉政建设”“党风廉政建设”“发展中医药事业”“中国共产党党支部工作条例”等系列党课学习。按要求开好组织生活会和民主生活会，同时做好党员评议和书记双述双评工作。结合医院实际深入开展“春节前走访慰问困难党员”、“免费健康体检”、“唱红歌、颂祖国”、“党性教育基地现场教学”、“健康心理、快乐人生——校园讲座”、集中学习黄群、宋月才等先进事迹等系列主题党日活动，把开展主题党日活动作为党内关怀、党员提升理论素质，增强党性意识的主要途径。对支部党员实行党员积分管理,目前,支部所属33名党员考评成绩整体良好。三是高标准为党组织注入新鲜血液。严格遵守《中国共产党发展党员工作细则》,确定入党积极分子2名。三是加强党务公开。对支部工作计划、党员教育、结对帮扶、党员发展、党费收缴、积分管理、党员评议等工作进行公开公示,接受群众监督,在做好公开的同时注意收集意见,建立台账,使党务公开工作做到规范化和经常化。

【脱贫攻坚】 2018年，医院扶贫攻坚工作成效显著，并得到县委县政府的高度认可，在“炎陵县脱贫摘帽总结表彰会上”,医院被评为“先进单位”,获“突出贡献奖”,院长张洁评为县级先进个人,副院长彭恒被评为市级先进个人。一是组织人员到下村、十都开展义诊及健康体检工作，接诊病人2000余人次，发放宣教资料3500份。二是组织开展基层医疗机构中医适宜技术培训工作，选派3名中医专科骨干帮扶指导乡镇卫生院医务人员，造就一批乡村中医药技术骨干和学科带头人。三是按照县委政府的统一安排部署，为坚决打赢脱贫攻坚这场硬战，委派支部委员、副院长彭恒脱产驻村开展扶贫工作，并明确11名党员干部为对口帮扶责任人，实行“一对一”对口帮扶，对十都镇车溪村39户建档立卡户开展走访慰问、宣传扶贫政策和开展“三同”活动。在医院资金较为困难的情况下仍然安排8万元用于该村基础设施建设，同时积极动员全院干部职工扶贫捐款共计58000元，帮助群众解决村民生产生活上的一些实际问题。协助车溪村村委会完成杨木江水果基地复垦；长湖组、杨木江组、牛塘组、树山口组四条村组道路硬化，对300米灌溉水渠进行混凝土硬化浆砌改造，组织该村所有建档立卡户进行免费健康体检，到策源上洞、梨树洲等村开展“大走访”、精准扶贫送健康等医疗宣传义诊活动，接诊病人1500余人次，发放各种健康宣教资料3000余份。为炎陵县顺利通过国检打下良好的群众基础做出应有的贡献。

【新中医院建设】 县中医院在整体搬迁建设项目是中央投资2016年预算内项目，是炎陵县“十三五”时期重点民生工程。项目选址于中团村邝家组，炎陵大道右侧，规划建设用地1.67公顷。新建门诊住院业务用房、医技业务用房、行政后勤保障用房，以及医院污水处理、供配电、停车场、院内绿化和垃圾处理等配套设施，总建筑面积约17000平方米，项目估算总投资9000万元。新医院建成后近期床位数300张，远期开放床位将达到400张。2016年12月正式启动，在完成地面清理及“三通一平”后，于2017年3月正式开工建设，2017年5月完成基础工程；2017年8月底完成主体工程，3栋大楼全部封顶；于2018年3月完成室外装修，特殊科室专业装修及安装工程。预计在2019年上半年实现中医院整体搬迁，正式交付使用。以满足人民群众对现代医疗的需求，并更好地服务于人民。

【中心工作】 完成普通高校招生体检及残疾考生申请合理便利工作，完成一中、洣泉、湘山实验学校、职校等中小学生健康体检工作及健康扶贫工作。结合创卫和二甲评审工作，打造医院优雅的环境文化。 （刘智芳）

妇幼保健

【概况】 县妇幼保健计划生育服务中心主要承担全县妇幼公共卫生服务以及开展与妇女儿童健康密切相关的基本医疗服务，并负责对全县各医疗机构临床产科业务的技术指导，掌握县辖区内妇女儿童健康状况信息的整理和上报。通过婚前医学检查、孕前优生检查、孕产期保健与管理、儿童保健管理、儿童健康体检、农村适龄妇女“两癌”免费筛查、孕产妇免费产前筛查、妇女儿童健康宣教等措施为妇女儿童提供保健、计划生育技术服务，控制孕产妇和5岁以下儿童死亡率以及出生缺陷率。获株洲市“2018年度全市母婴安全保障工作先进单位”、2018年度民生实事项目(农村适龄妇女“两癌”免费检查)工作先进单位、2018年度民生实事项目(孕产妇免费产前筛查)工作先进单位称号。主任(院长)邹艳文因工作成绩突出,获湖南省“两癌”免费检查重点民生实事项目“先进个人”称号。

【重点工作】 认真执行《湖南省母婴安全行动计划(2018—2020年)实施方案》。一是孕产妇保健。全县住院分娩产妇1836人,娩出活婴1849人,住院分娩率100%;在对其孕产期开展的保健管理中,建卡1760人,建卡率95.86%,产前检查1827人,产前检查率98.81%,产后访视1774人,产后访视率95.94%;全面落实孕产妇妊娠风险筛查与评估、高危专案管理、危急重症救治、死亡个案报告和约谈通报五项核心制度,规范开展孕产妇危重症评审、孕产妇死亡评审和新生儿死亡评审,建立健全评审结果追踪管理制度,强化评审结果应用。落实助产机构责任,制定炎陵县危重孕产妇和新生儿救治工作应急预案,开展急救演练,提高救治能力,充分利用妇幼健康医联体落实危急重症孕产妇的双向转诊制度。加强流动孕产妇管理,实行均等化服务,降低流动孕产妇死亡率。全年无孕产妇死亡。二是儿童保健。强化儿童健康管理,规范托幼机构卫生保健工作;加强新生儿窒息复苏培训工作,落实儿科医师进产房制度;加强新生儿科急救中心建设和新生儿访视工作,有效降低5岁以下儿童死亡率,5岁以下儿童死亡率仅为3.24‰;加强0—6岁儿童健康管理,全县儿童13629人,0—6岁儿童体检12972人,体检率达95.18%。三是加强出生缺陷防控工作。统筹实施出生缺陷三级预防服务,全面做好免费婚前医学检查、孕前优生健康检查、叶酸增补、新生儿疾病筛查、产前筛查等项目。1.通过大力宣传,提高叶酸增补知晓率和发放率。全年叶酸发放增补率96.22%,依从率93.71%。2.全年全县结婚968对,行婚检872对,婚检率90%。3.2018年免费孕前优生检查全年目标人群2000人,共完成2010人,已超额完成任务,对异常对象均进行追踪随访,各项考核指标均达到省市要求。4.机构内分娩新生儿先天性代谢性疾病筛查合格率100%,可疑阳性均进行确诊;新生儿听力筛查率100%,复筛未通过者均进行转诊,无确诊为听力障碍儿童。5.扩大产前筛查与诊断的覆盖面,和市妇幼保健院签订唐氏筛查合同,建立产前筛查台账,及时发现缺陷儿,并对缺陷儿进行尽可能早的阻断与治疗工作,提高出生人口的素质。四是全面落实贫困地区儿童营养改善项目。按要求完成营养包发放29290包,发放率81.21%,有效服用率达99.54%,并按要求完成贫困地区儿童营养改善项目监测评估工作。五是预防艾滋病、梅毒和乙肝母婴传播项目工作。全年免费艾滋病、乙肝、梅毒母婴阻断机构内检测筛查率100%,孕早中期检测率99.40%;梅毒阳性孕产妇确诊5人,阳性孕产妇及所生新生儿均进行规范治疗与追访;乙肝表面抗原阳性产妇所生新生儿132人,其中新生儿乙肝免疫球蛋白注射率100%。六是落实免费计划生育技术服务基本项目,推行避孕方法知情选择，加大优生优育、避孕节育和生殖健康知识宣传普及力度，减少非意愿妊娠；指导避孕药具免费发放服务，设立免费避孕药具领取智能机，进一步提升服务质量，优化服务环境；开展围绝经期妇女取环服务及妇女病诊疗服务，指导计划妊娠，开展科学备孕及生育力评估指导服务，完成不孕不育诊治助孕服务，实施计划生育爱心助孕特别行动，协助主管部门认真做好计划生育手术并发症和病残儿医学鉴定相关工作。七是严加管控出生医学证明。出生医学证明管理规范，严格按相关制度、流程发放，无证件遗失现象。2018年，全县医疗机构分娩新生儿1498名，已按要求发放到位。

【省重点民生“100”实事项目】 1.农村适龄妇女“两癌”免费筛查。2018年，全县任务数为8800人，已完成8835人，完成率为100.4%。并对查出有问题的患者进行追踪和相应的治疗。根据完成的项目任务数及完成质量划拨项目资金33.9万元至各乡镇人民政府及卫生院等相关单位，确保专款专用。2.孕产妇免费产前筛查。全年全县任务数为1700人，已完成1700人，完成率为100%，并对查出有问题的对象进行追踪和转诊。

【公立医院改革】 全面落实公立医院改革各项制度，按公立医院改革要求，执行药品零差率销售，控制药品比例及规范抗菌药品使用；药品与医用耗材严格管理，全面实行公开招投标网上采购和集中配送，全年业务收入216万元。积极参与医联体建设和妇幼保健机构体制机制创新，推动保健与临床相结合，加大绩效考核力度；组织落实省级妇幼健康信息系统建设任务，强化信息化支撑，做好部门间互联互通和信息共享。

【精准扶贫】 十都镇低垅村是妇幼保健计划生育服务中心的帮扶村，共有贫困户42户，工作队走村入户开展工作，12名帮扶队员及时下乡入户帮扶，了解贫困户情况，捐款捐物，实现微心愿，制定帮扶计划，帮助贫困户解决实际问题，全年帮助38户130人实现脱贫。单位投入帮扶资金9万元，用于村级基础设施建设、生态建设和公共服务设施建设。

【项目建设】 1.易址新建项目。炎陵县妇幼保健计划生育服务中心业务大楼易址新建项目为中央预算内投资项目，总投资2443万元，工程建设保质保量，已基本完成主体一期建设工程，项目资金在县财政设立专账并由财政监管审核支付，按时结付农民工工资。2.妇幼保健项目。积极向上争取项目资金和设备，其中孕前优检项目化学发光免疫分析仪、全自动生化分析仪各1台，贫困地区儿童营养改善项目血红蛋白检测仪1台，计划生育技术服务项目宣传柜机1台，省级配送艾梅乙项目治疗药品、耗材、试剂，以上合计争取资金236万元。

【安全生产】 强化医疗安全质量管理，实施医疗安全责任制，完善和落实各项医疗核心制度，加强业务用房易址新建项目施工安全管理，遵循“安全第一、预防为主、综合治理”

的方针,全年无任何医疗纠纷和安全生产事故发生。

【党务工作和作风建设】 扎实开展学习教育专题讨论,坚持用习近平新时代中国特色社会主义思想武装头脑,积极开展支部主题党日活动,有效落实"三会一课"等制度,推动党员积分管理, 全面落实从严治党要求。认真落实中央八项规定精神和省市作风建设的规定, 积极开展党风廉政行风作业教育,深入开展"不忘初心、牢记使命"主题教育,严格落实"四必谈"工作要求,不断提高全体职工全心全意为人民服务的理念。制定《党风廉政建设责任书》,与职工签订党风行风建设责任状,全年全院干部职工无违法违纪案件发生。为县精神文明先进单位。

(曾利平)

炎陵县民康医院

【概况】 县民康医院于2013年由县委县政府招商引资落户炎陵, 总投资3000万元, 2016年3月15日正式开业。是一所集医疗、预防、康复为一体的一级综合民营医院,是各类医保定点医院。

医院占地2.27公顷,医疗建筑面积1.2万平方。设有床位120张,现有职工70余名(其中高级职称2人、中级职称15人、执业医师、护士25人)。医院设有四个临床科室:内儿科、外科微创中心(泌尿外科、肝胆外科、创妇科、普外科、骨外科)、康复理疗科、肿瘤科(炎陵首家开展化疗及中医相结合的科室); 形成了以微创外科及肿瘤科为特色的重点科室, 主要开展的手术有肝胆结石、肾输尿管结石、胆息肉、髋关节置换、子宫肌瘤切除、子宫切除、卵巢囊肿切除、疝气、痔疮pph吻合术等手术,开创了从有创到微创到无创的先例,真正的无痛疗法。

医院在不断提升医疗技术水平的同时还引进了先进的医疗设备及器械, 有进口CT、DR、四维彩超、全自动生化检验仪、德国全套微创设备、奥林巴斯胃肠镜及标准化手术室。炎陵民康医院秉承:弘扬医道,福泽苍生的办院宗旨,实施创一流服务,树一流品牌,为办一流民营医院的办院目标,竭诚为炎陵百姓提供更人性化的医疗服务。2018年,创立肿瘤科,让癌症患者在本县也能接受治疗, 受到患者一致好评并赠予多张锦旗以表感谢;骨科方面,为多位骨折病人进行了人工股骨头置换术、骨折切开复位钢板内固定术等手术, 术后均恢复良好。2017—2018年连续被爱心协会评为年度爱心单位,经常帮助贫困人士,6月,炎陵电视台和株洲电视台均对本院先进事迹进行了播报。

(龙爱丽)

乡·镇·场

霞阳镇

【概况】 霞阳镇辖20个建制村、4个社区、1个居委会，总面积231平方公里，总人口6.98万人。2018年，完成财政收入2426.9万元，其中税收收入2325.9万元，同比增长2%；完成固定资产投资3.4亿元。2018年，霞阳镇被评为“株洲市脱贫攻坚先进乡镇”，先后获株洲市2018年民兵调整改革先进单位、先进基层武装部及县组织工作先进单位、宣传思想工作先进单位、统战工作先进单位、纪检监察工作先进单位、维稳工作先进单位、信访工作先进单位、工会工作先进单位、“马上就办、真抓实干”活动先进单位等荣誉12项。黄沙垅村、霍家村被评为“炎陵县文明村”。

【脱贫攻坚】 全镇建档立卡贫困人口651户2167人，截至2018年底已脱贫586户2046人，5个贫困村全部退出，贫困发生率降至0.56%。调整优化新一轮帮扶，26个帮扶单位分别联系17个村。按照“镇有主导产业、村有特色产业、户有增收产业”的思路，完善贫困户与县神农茗茶等10家扶贫经济组织的利益联结机制；在各村设立劳务经济人，发布就业招工信息11次，提供护林员、保洁员等公益性岗位55个；发放贫困劳动力县外务工交通补贴11.28万元、农村创业小额免息贷款250余万元；全镇53名贫困户被评为“株洲市脱贫之星”，以身边人讲身边事，用身边事带动身边人，贫困群众内生动力不断增强。2018年，圆满完成年度减贫任务，16户38人实现稳定脱贫，顺利通过脱贫攻坚省级考核和全国省际交叉考核。

【项目攻坚】 全年完成开工项目4个，竣工项目1个，储备项目2个，其中扬仙洲生态农庄入选县重点项目，卷耳农业综合体示范园正式营业，炎陵根华食品有限责任公司投入生产，株洲集云生态科技示范园、大源生态农业家庭农场项目正在加快建设。全年征收土地9.11公顷，依法依规拆迁房屋、杂屋97栋，补偿地表设施及青苗8.67公顷，搬迁坟墓43座，及时协调解决芙蓉学校、草石公路、井冈东路、亿都、碧桂园等建设施工中的矛盾、问题，确保县城区重点项目的顺利实施，为推动县域经济发展，提升县城品质提供坚强保障。

【民生事业】 引导大户流转土地种植高效特色经济作物，改种面积67.64公顷。发挥新型经济组织的带动作用,发放“一带八基地”奖补126.7万元,林业生态奖补64户12.9万元,申报省市示范家庭农场4家、示范合作社2家。大力实施“民生100”工程,切实解决一批群众所需所盼的现实问题。扎实开展劳动技能培训,新增转移就业341人。不断完善社会保障体系,城乡居民养老保险参保率100%,医疗保险参保率97.7%;全年纳入农村低保122户285人,城市低保394户725人,特困人员78户80人;发放救灾救济、临时救助28.17万元,优抚资金165.9万元;申报残疾人护理补贴388人、生活补贴246人。开展免费孕前优生检查312对,新增农村计生家庭奖扶60人。

【基础设施】 全年完成自然村水泥路建设16.06公里、农村公路提质改造2.98公里,改造危桥1座,建设林道8.9公里,新修和改造农村机耕路35.1公里,实施5个贫困村农村饮水安全工程。加大国土资源执法力度,开展联合巡查40余次,控违面积2.35万平方米。第二批3.94公顷土地增减挂钩项目全面完成,第三批16.2公顷正式启动。强力推进“河长制”工作,聘请13名河道保洁员负责河流水质监测、日常巡查与保洁,加强河道采砂治理,主要河流两岸全面启动封山育林。开展空心破败房清查整治,修缮改造房屋645栋,拆除危旧土坯房404栋,C级、D级危房已全部消除。聘请镇村保洁员48名,实现日常保洁全覆盖。加强集镇区门店招牌、占道经营、乱堆乱放整治,划置摩托车停车位400余个。推进厕所革命,对城中村创建卫生县城遗留下的212个旱厕予以拆除、填埋。

【综治维稳】 深入开展“扫黑除恶”“平安创建”及“七五”普法等专项活动,将法治宣传、防范和打击非法集资教育深入村组。全力化解信访矛盾,全年受理马上就办、县长热线等各类信访交办件194件,排查调处矛盾纠纷61起。抓严抓实安全生产,对全镇工矿企业、烟花爆竹专店(柜)开展大排查,72条安全隐患均已整改到位,全镇安全生产形势平稳可控。

【基层党建】 2018年,进一步夯实党建阵地基础,建成党建展示厅和“两代表一委员”工作室,实施村级服务平台规范化建设9个,新扩建村级组织活动场所3个,创建“五化”示范点6个,组建“两新”党组织4个。以主题党日、“三会一课”、党员冬春训为抓手,实现党员教育经常化,开展村(社区)“两委”班子运行情况调研排查,提升党建领航脱贫攻坚、乡村振兴、产业项目的能力。牢牢掌握意识形态的领导权、主动权,突出抓好理论武装,开展党委理论学习中心组集中学习8次,“新思想进基层”百姓微宣讲21次,对外宣传推介报道64篇。严肃党内政治生活,在扶贫领域腐败和作风问题专项整治活动中抽查和督查48次。强化法纪意识,受理纪检监察类信访件46件,查处党员违法违纪案件8件,党内警告处分5人,党内严重警告2人,开除党籍1人。 (李文婷)

霞阳镇2018年各村(居委会)基本情况一览表

表29

村名	村(居)民小组(个)	户数(户)	人口(人)	耕地面积(公顷)	粮食总产量(吨)	农民人均可支配收入(元)	村支部书记	村主任
石子坝	18	577	2213	165.2	1269.2	—	陈远高	何维义
颜　家	6	571	1598	83.46	203.2	—	刘春华	李召明
中　团	10	446	1837	35.66	287	—	贾清文	杨建喜
马　道	7	608	1848	3.95	34.3	—	李超胜	谭萃华
蔬　菜	7	468	1456	12.8	101.4	—	罗晓友	罗秋才
坎　坪	6	303	1238	16	193.9	—	罗志荣	邓新文
黄沙垅	16	495	2028	154.06	1185.8	—	刘新文	江增光
吉　利	10	315	1147	101.26	782.3	—	龙楚元	龙科平
草　坪	20	685	2971	264.8	2076.5	—	谭奇林	尹红建
石　玉	13	420	1387	118.73	969.5	—	伍积荣	陈新旺
大　源	16	430	1587	13.32	1480	—	唐自华	廖国平
九　龙	15	—	2786	53.86	431.7	—	罗小刚	刘建勇
星　潮	15	—	3008	198.4	1489.8	—	邹秋南	罗冬明
炎　西	14	—	2277	71.86	586.5	—	潘平才	潘小强
霍　家	14	570	2054	211.53	1454.2	—	霍科华	霍超武
龙　上	7	251	940	99.2	715.2	—	刘天明	张玲志
西　台	10	456	1670	148.06	1076.4	—	张建武	周云生
枧田洲	12	624	2143	195.93	1398.3	—	金志纯	段路胜
天　坪	12	421	1626	138.2	984.9	—	张霞妹	房郭平
潘　家	12	457	1893	275.06	2001.4	—	罗华云	潘金勇
东　区	—	2387	5791	—	—	—	廖秀华	罗绍敏
南　区	—	2626	6631	—	—	—	黄　兰	朱鄗芳
西　区	—	3439	8337	—	—	—	晏建彬	谭　丽
北　区	—	2029	5506	—	—	—	黄庆妹	梁晓艳
霍家圩	—	—	103	—	—	—	霍华玉	霍红波
合计	343	18578	64075	2547.87	18721.5	—	—	—

鹿原镇

【概况】 鹿原镇2018年,辖区内共21个行政村,1个居委会,264个村民小组。全镇行政区划总面积196.88平方千米。农村土地总面积15825公顷,其中耕地2066.4公顷,林地13702.87公顷,园地55.73公顷。淡水养殖面积150.2公顷。粮食总产量16869吨,茶叶18吨,水果2315吨,水产品437吨。全镇完成财政总收入837万元,其中一般预算收入445.2万元,上划中央收入309万元,上划省级收入82.8万元,固定资产投资4.5亿元。年末人口总户数9929户,总人口36218人。全年总出生人口410人,死亡249人,全镇出生人口符合政策生育率为96.58%。全镇有中小学5所(鹿原镇中学、鹿原镇第一中心小学、鹿原镇第二中心小学、东风学校、鲁坑小学),医院2所(东风卫生院、河西卫生院)。全镇有电信基站2座,加油站1座。鹿原镇是"全国文明村镇",2018年获评县安全生产先进单位、综治工作先进单位、优化经济发展环境先进单位、人口和计划生育工作先进单位,株洲市基层党建工作一季度考核优胜奖;洣西村党支部获评县级"十佳村党组织";金花村、三口村、星火村、金山村、柳山村获评县2018年度人口和计划生育工作模范村;天堂村、金紫峰村获评县2018年度森林防火工作先进村;西草坪村入选为中国传统村落。

【脱贫攻坚】 贫困人口从动态调整后的1329户4381人降至85户179人,贫困发生率降至0.51%,8个贫困村全部退出,获评县"脱贫攻坚先进单位"。天星、湖田、天堂、上村村迎接国务院专项评估检查。深入开展"四走访四包干三签字"主题活动,开展三同五好44126人次,帮助贫困群众实现微心愿4612个,化解矛盾意见6551个,解决困难问题6746个。抓好精准管理,完成全镇1329户贫困户家庭定位信息采集和贫困人口信息更新,上报返贫人口5户12人,新识别纳入建档立卡贫困户5户12人。继续实施"七个一批""六大工程",共投入涉农统筹整合资金1080万元,社会扶贫金236.72万元。大力发展油茶、白鹅、红心猕猴桃、肉牛、光伏发电等产业。实施就业扶贫政策,转移就业1767人,新增转移就业127人,申报交通补贴1008人30.24万元。新增公益性岗位21个,人均年收入15360元。大病救助48人,年报销门诊医疗费用5.6万元。发放生态补偿资金107.33万元。选聘贫困人口护林员30名,每人年增收1万元。抓好安全住房,落实教育扶贫、健康扶贫、生态扶贫、兜底扶贫等各项政策。

【产业项目建设】 重点实施浩源农牧生态观光园、白鹤仙生态产业园等项目。全力配合炎帝陵创AAAAA项目建设,做好景区建设项目建设的征地、协调等工作,完成征地34.87公顷,征拆房屋1600平方米。接待客商20余批次,招商引资开工项目8个,拟投资额3.5亿元;完工项目3个,投资额2000万元。

【民生工程】 兜底保障39户74人,发放低保金26.6万元。五保122户128人,发放五保金67.8万元。发放各类民政救灾、救济金125.02万元,优抚金143.7万元,残疾人两项补贴37.5万元。对两所敬老院进行了基础设施改造完善。为全镇983位高龄老人办理了生活补贴。投入526万元用于农村安全饮水和农田水利除险加固工程,完成25.9公里道路硬化通畅工程,解决3500余人饮水安全和出行问题。落实全面二孩、生育关怀、独生子女父母奖励、家庭医生签约等政策,组织开展“两癌”免费检查1100人次。全面落实环境保护责任,开展河道巡查和环保问题排查,保护好绿水青山。做好社会矛盾排查和化解工作,受理各类信访交办单103件,接待来信来访50余批次300余人次,引导综治办化解信访矛盾90余起。开展“扫黑除恶”专项斗争,一村一辅警、摩托车防盗登记和平安创建工作,社会和谐稳定。

【基层党建】 推进“两学一做”学习教育常态化,深入学习贯彻习近平新时代中国特色社会主义思想和中共十九大精神。规范“三会一课”、支部主题党日、组织生活会等党组织生活开展。夯实党建阵地基础,16个村级服务平台改扩建项目全面推进。创建“五化”示范点5个,组建“两新”党组织4个。全面落实支部五化建设、软弱涣散党组织整顿、加强村级带头人队伍建设等工作,提升党建领航脱贫攻坚、乡村振兴、产业项目的能力。突出抓好理论武装,开展党委理论学习中心组集中学习4次,十九大精神集中宣讲20余场。积极开展文明创建,倡导移风易俗,提倡生态殡葬,各村成立红白喜事理事会,修订村规民约,培育乡村文明新风尚。深入开展扶贫领域腐败、“纠四风、树新风”和违反中央八项规定问题等专项整治活动,准确运用监督执纪“四种形态”,全年立案7件,纪律处分7人,给予组织处理35人,追缴退回违纪资金2580元,办结巡视交办信访件25起。

【农业生产】 2018年,鹿原镇成功完成种植结构调整面积37.33公顷。其中,高粱7.8公顷,饲料玉米21.13公顷,小龙虾8.4公顷。完成2公顷以上种粮大户申报39个343.33公顷,其中6.67公顷以上13个。落实农产品质量安全监管工作,年内送检农产品1215样/次,合格率99.3%,完成农业污染源抽样调查20个点,大棚房排查33个点。完成地力补贴面积1800公顷、稻谷补贴1066.67公顷、水稻保险1800公顷。完成“一带八基地”项目建设16个,争取奖扶资金50余万元。

(李沁霖)

鹿原镇2018年各村(居委会)基本情况一览表

表30

村名	村(居)民小组(个)	户数(户)	人口(人)	耕地面积(公顷)	粮食总产量(吨)	农民人均可支配收入(元)	村支部书记	村主任
天星村	20	724	2701	160.87	1112	8648	陈楚胜	陈楚胜
鳌头村	12	380	1411	93.8	693	8359	黄建平	谭胜勇
湖田村	6	326	1304	56.8	443	9078	谭丽	张永强
洣西村	9	438	1735	91.6	699	9861	谭明喜	谭燕哥
金花村	18	589	2222	140.67	1114	8235	潘社云	段云华
玉江村	18	630	2330	148.637	1127	6378	段华祖	王国军
西塘村	15	356	1323	116	958	8329	廖风苟	吕建新
塘旺村	12	512	1813	101.6	774	8976	唐勇	唐建华
炎陵村	18	640	2388	135.33	1081	8861	唐建云	刘才喜
柳山村	6	378	1419	64.53	486	8906	唐凌建	唐生喜
新坪村	10	440	1620	93.47	759	9023	唐晓堂	唐晓堂
星火村	13	548	2139	112.27	750	8276	唐莳平	唐一平
澎溪村	17	656	2406	101.27	808	8167	段友根	段友根
天堂村	10	258	933	29	281	7512	史运生	唐建华
金紫峰村	10	293	928	71.6	650	7829	张秀兰	张新华
金山村	9	332	1050	66.13	595	8027	董纪武	刘日光
东风村	15	461	1537	105.4	953	8679	唐刚卫	唐刚卫
西草坪村	7	283	1437	62.13	557	8871	张湘军	张海波
上村村	12	328	1233	92.07	824	8645	唐小飞	刘生林
三口村	15	466	1736	126.4	1327	8905	古符勇	李明雄
红光村	12	410	1502	96.8	878	8645	古曼鸾	唐小思
居委会	0	481	1051	—	—	—	—	罗峰
合计	264	9929	36218	2066.38	16869	8486.19	—	—

水口镇

【概况】 水口镇是株洲地区最南端的建制镇,距县城27公里,全镇总面积199.7平方公里,辖12个村,170个村民小组,1个居委会,总人口约1.8万。全镇有耕地面积1129.84公顷(其中水田817.5公顷,旱土312.36公顷);山林面积25880公顷(其中有林地12893.33公顷)。2018年,完成税收收入601万元,其中,国税完成326万元,地税完成268万元,非税收入7万元,实现保重点项目支出,保工资、保运转和保基本民生支出。协成村监测点农村居民人均可支配收入实现9%的年初预定增长目标。

2018年,水口镇经济社会事业全面发展,获全省计划生育基层群众自治先进乡镇、省标准化气象灾害防御乡镇、全市人口和计划生育工作目标管理先进单位、全市社会治安综合治理先进单位、全市征兵工作先进单位、全县人口和计划生育工作目标管理模范单位、县信访工作先进单位、县先进基层武装部等荣誉。

【脱贫攻坚】 全镇建档立卡贫困户484户1454人,2018年实现稳定脱贫6户10人,贫困发生率降至0.67%,2018年6月,顺利通过国务院第三方脱贫摘帽验收评估。全年投入产业直接帮扶资金63.2万元。176户贫困户办理扶贫小额扶贫贴息创业贷款586.1万元。建立42个农民专业合作社,蔬菜、水果等特色产业基地48个,新发展特色农业133.33余公顷,吸纳建档立卡贫困户353人。举办用工企业专场招聘会20余场,转移就业482人。为226户297名县外务工贫困劳动力发放一次性交通补贴8.91万元。落实生态护林员、村级保洁员等公益性岗位44个,发放公益性岗位补贴57.4万元。全镇落实教育扶贫政策,中小学人贫困寄宿生生活补助实现全覆盖,全年发放贫困家庭寄宿生生活补助金20.75万元,普通高中40人次补贴4万元,职业教育67人次共补贴10.05万元。面向贫困人口提供基本医疗保障、大病保险、医疗救助、综合保险、特殊医疗“五重医疗保障”。全镇贫困人口共住院251人次,总费用122.382万元,报销费用109.6万元,报销比例达到90%。12个村卫生室建设,12个行政村配备村医18名,贫困村农业人口参加基本医疗保险100%,全面落实家庭医生签约服务。按标准落实退耕还林、生态公益林提标等项目。通过实施集中安全饮水工程和乡村补短板项目实现贫困人口安全饮水全覆盖。新修大小水利工程20余处,耕地、水田实现旱涝保收,农业生产条件得到较大改善。全面实施光网村建设和电信普遍服务项目,光纤宽带和手机4G信号实现行政村全覆盖,宽带速率达20M并预留4芯共享纤芯。

【项目建设】 全年共开发储备项目8个,签约项目2个,履约项目2个,新开工项目2个(高山绿色蔬菜种植基地项目、雨昕生态养殖场建设项目),续建项目1个(水口城镇提质项目),竣工投产项目2个(自源至白源以工代赈示范项目、湘顺硅厂技改项目),开展招商活动1次,内联引资3000万元。

【民生事业】 民生100工程指标全面完成，城乡居民养老保险、医疗保险实现全覆盖，城乡低保、五保实现“应保尽保”。全年发放临时救助119户9.2万元、优抚资金58.27万元、残疾人两项补贴24.81万元。新增蔬菜面积6.67余公顷，大棚60余个，新增特色水果面积93.33公顷，总面积达到346.67公顷，高标改造油茶林133.33余公顷，申报“一带八基地”项目7个。新建3.33公顷以上基地7个，规模基地达到16个。积极培育农民专业合作组织，新增农民专业合作社7家。举办贫困劳动力技能培训 2期、招聘活动6次，新增农村劳动力转移就业155人。完成免费孕前优生健康检查98对，组织612名适龄妇女参加两癌免费筛查，救助两癌母亲1人。投资20余万元维护和新建林道20.4公里。完成第二批次增减挂钩复垦工作，复垦面积达16.07公顷，为镇财政增加收入约90万元。

【综治维稳】 严格落实安全生产“党政同责、一岗双责”责任制，开展安全生产大检查、事故隐患排查整改、安全生产宣传教育以及安全生产专项整治等行动，全年未发生大小安全生产事故。下垅村成功创建为市防灾减灾示范点。持续开展平安创建、治安巡逻工作，扎实开展普法宣传和司法调解工作，邱春珍获评全国人民调解工作先进个人，获司法部通报表扬。扎实开展扫黑除恶专项斗争，妥善处置“8·12”突发事件，实现全年特护期零上访、零登记，全年无群体性上访事件和非正常集访情况发生，社会大局和谐稳定。全年信访工作获评全县先进单位。全年综治民调排名居全县乡镇第3，全市乡镇分线排名第38，获市综治先进单位。禁毒民调居全县全市前列。

【基层党建】 履行基层党建工作主体责任，建立班子成员联系基层党组织工作制度，执行“三会一课”制度，结合“两学一做”学习教育及脱贫攻坚工作，丰富“主题党日”活动，实现党员干部学习教育常态化。全年发展预备党员6名，消除两年未发展党员贫困村和三年未发展党员面上村。更换党建专干2名，培养村级后备干部40名。举办支村两委成员、第一书记及后备干部党建业务培训班和“传承红色基因·加强党的建设”知识抢答赛，干部队伍政治素养和党建业务水平有新提升。开展村(居)“两委”涉黑涉恶违法违纪问题排查，经排查，无人涉黑涉恶。全年开展2次村(居)“两委”班子运行情况调研排查，完成问题整改29项。狠抓巡视巡察反馈问题整改落实，出台机关干部作风10条规定，全年处理党员干部25人次，党政领导班子与干部职工开展谈心谈话80余次。完成4个支部“五化”示范点建设。成立4家“两新”支部并派指导员每月到点指导。整顿2个软弱涣散党组织。 (李佳丽)

水口镇2018年各村(居委会)基本情况一览表

表31

村名	村(居)民小组(个)	户数(户)	人口(人)	耕地面积(公顷)	粮食总产量(吨)	农民人均可支配收入(元)	村支部书记	村主任
木　湾	12	316	1076	44.48	412	8946	郭路发	郭名辉
官仓下	12	322	1079	57.46	523	8995	欧阳建波	罗运生
水　口	21	640	2069	92.86	899	9016	郭兆林	朱品华
水　西	8	252	865	54.76	489	8985	叶祯武	李明山
协　成	26	640	2194	135.46	1256	9253	赖新建	沈春牛
平　岗	17	412	1388	97.75	825	8752	戴书麟	戴文华
青　林	9	262	899	43.84	382	8556	张新茂	黄新礼
桃　村	28	683	2329	122.94	1145	8467	戴慧勇	廖晓明
自　源	14	379	1341	61.26	556	8838	林拥华	饶晓明
白　源	6	174	617	47.25	396	8465	孟波平	张志忠
浆　村	11	365	1329	85.76	787	8782	邱冬梅	孟成兵
下　垅	6	187	598	46.05	402	8498	郭名珍	孟召月
居委会	0	332	680	240.00	0	9128	—	—
合　计	170	4964	16464	1129.87	8072	8822	—	—

沔渡镇

【概况】 沔渡镇位于湘赣边界，两省（湘、赣）三县市(炎陵县、茶陵县、井冈山市)交汇处，是炎陵县东部经济文化交通中心。全镇总面积214.74平方公里，辖14个村1个居委会，总人口20963人。湘赣边界重镇。境内有东片工业集中地，辖区有企业64家，其中年销售收入1000万元以上的工业企业14家，有规模工业企业神农瓷业、玖琪电子、株洲晶弘新材料等近10个企业。镇区面积1平方公里，镇区常住人口5000余人，集市贸易兴旺，年交易额在4.2亿元以上，是湘赣边界活跃的商贸集聚地。客家文化名镇。沔渡镇是客家人聚居地区，文化底蕴深厚，民俗风情独特，为株洲市“客家文化小镇”，湖南省“龙狮艺术之乡”，被文化部命名为“中国民间文化艺术之乡”。红色革命热土。沔渡是土地革命战争时期毛泽东开创的井冈山革命根据地属地，有省级文物保护单位中共酃县县委机关旧址，金钟仙中国工农红军烈士纪念墓。是朱德和毛泽东两支革命武装力量第一次会师地，也是张经武、张平化和红军师政委戴齐的故乡。生态宜居福地。炎睦高速、衡茶吉铁路、省道321和县旅游环线穿境而过,为湘赣边界交通枢纽。属典型的山地丘陵地带，亚热带季风气候，温暖湿润，雨量充沛，四季分明。森林覆盖率达83%,6666.67公顷笋竹林四季常青,为国家级“生态乡镇”。

【脱贫攻坚】 以“脱贫攻坚三年行动”为抓手,按照“四摘四不摘”要求,全面压实“五个责任”,严格遵守“五项制度”,坚决兑现“五个不论”,狠抓“工作落实、政策落实、责任落实”,突出示范带动、结对帮扶,注重扶贫与“扶智”“扶志”“扶技”相结合,激发贫困户内生动力。县委安排5名县级领导挂点贫困村,省、市、县22个帮扶单位包村,355名包户。镇、村干部、帮扶干部深入开展“大走访、暖民心,大排查、补短板”“四走访四包干三签字”“大走访、抓落实、促提升”“三同五好”等活动。帮助贫困户实现微心愿396个,完成省、市、县反馈的问题整改157项。6月顺利通过国务院专项评估检查。12月顺利通过省脱贫攻坚年度实地考核。全年新识别贫困人口4户11人,1户2人因病返贫,脱贫9户19人，剩余未脱贫人口32户71人,贫困发生率降至0.362%。获县2017—2018年度脱贫攻坚先进单位。

【项目建设】 以“产业项目建设年”活动和客家文化特色小镇为契机,加大策划包装力度,按照“走出去、引进来”的思路,积极争取项目进“笼子”。全年完成开发储备项目2个,项目开工3个,项目竣工2个,项目签约4个,项目履约3个,新增“四上”企业1家。完成招商引资到位资金5150万元，获县产业项目建设年活动乡镇类第三名、招商引资一类单位三等奖。投资2000万元的株洲达茵新材料有限责任公司开工投产；投资492万元的公租房、300万元的垃圾中转站和450万的公租房附属配套工程投入使用；长江湘赣(炎陵)旅游服务中心开工建设;叶沙塘生态大观园项目进入规划设计阶段。县级重点项目S207、S205公路改扩建工程基本完工。

【乡村振兴】 加快培育农村发展新动能,促进农村产业兴旺,深化农村供给侧结构性改革，全面完成土地确权和农村经济普查工作。大江村农村集体产权制度改革试点工作全面完成,其他村完成农村集体产权制度改革阶段性任务。大江、安康等6个村新扩特色水果40公顷，上老、上馆等村新种竹荪20公顷。夏馆、苍背村种植油菜40余公顷。2018年度获评县农村土地承包经营权确权登记颁证工作先进单位;启动“厕所革命”,完成全镇农户旱厕摸底工作;扎实推进长江、夏馆、苍背村美丽乡村建设和农村人居环境整治三年行动计划,建立村级保洁长效机制,聘请村级保洁员65个。投入60余万元对石洲集镇、沔渡集镇实行市场化管理。泮坑村、石坝村通过市级卫生村复核认定工作;深入贯彻实施《株洲市农村村庄规划建设管理条例》,2018年发放不动登记证7本。坚决杜绝私建、乱建等违法违规行为的发生,完成土地增减挂钩9.73公顷,排查清理疑似大棚房图斑15处,拆除危旧土坯房45栋，新建72栋;10个村级综合服务平台基本建成;集体经济收入为零的“空壳村”基本消除;共发放村民建房规划许可证106本。

【生态建设】 牢固树立绿水青山就是金山银山的理念，突出环境治理，加大环保投入，投资20余万元对石坝等3处村级非垃圾填埋点进行清运复绿整改，归还绿水青山。积极配合中央环保督查“回头看”和省环境保护督查的各项工作。完成苍背村高岭土矿非法采矿点生态修复工作，对炎陵县鑫冠竹业有限公司、发元清水竹笋加工厂等企业下达停产通知书。完成第二次污染源普查。全面推行“河长制”，加强河道保水、保洁，聘请河道保洁员10名，打击非法采砂2处。镇级河长累计巡河216人次，村级河长累计巡河504人次；严格执行“党政同责”“一岗双责”“终身追责”制度，以企业安全生产主体责任年活动为契机，推行“一单四制”制度，扎实开展“打非治违”百日行动和安全监管“强执法防事故”行动，全年检查生产经营单位197家，实现辖区安全生产“零事故”。

【社会事业】 2018年，全镇存款余额突破5亿元。落实各项惠民政策，全镇共发放救济款36.35万元、重残补贴12.14万元、残疾人护理补贴7.19万元；农业保险赔付24万元；建设供销惠民服务中心2家；为538名外出务工人员（跨县区）发放交通补助16.14万元；为446名贫困学生家庭发放教育补贴27.46万元，免学杂费4万元；免费赠送并安装卫星接收机331台。开展送戏下乡12场，送电影下乡100余场。全镇硬化道路11.14公里、新修林道7.95公里、道路扩宽5.2公里、新扩路基1.27公里、改造农村机耕道9公里、新修水渠13.3公里、新砌河堤1000米。全面做好非洲猪瘟防控工作。切实加强社会管理综合治理工作，深入推进平安创建、扫黑除恶工作，调处各类矛盾纠纷100余起，调解成功率98%，尤其是恒达瓷业欠薪事件等纠纷的成功化解得到县级部门的肯定。获2018年度县综治工作先进单位。全面提升卫生和计生服务能力，完成农村适龄妇女“两癌”免费检查933人，孕产妇产前免费筛查162人，对所有建档立卡贫困人口开展家庭医师签约服务。2018年，获县人口和计划生育工作目标管理先进单位称号。抓实森林防火宣传和行政领导负责制的落实，全年未发生一起森林火灾。

【基层党建】 认真履行管党治党第一责任人职责，严格落实党委主体责任和纪委监督责任，严明政治纪律，坚决做到“两个维护”“四个服从”，严守政治规矩，涵养风清气正的政治生态。实施“铸魂”行动。以学习贯彻习近平新时代中国特色社会主义思想和党的十九大精神为主线，坚守舆论阵地，把牢舆论导向。党委理论学习中心组开展14次专题学习，组织4次全镇性大型集中学习。各村开展集中宣讲20余场、党代表微宣讲和宣讲团巡回宣讲28场。实施“强基”行动。加大“两新”党组织党建力度，2018年新建“两新”党组织4个，实现“两新”党组织全覆盖；扎实开展“两委”班子运行情况调研排查、涉黑涉恶专项排查整顿、软弱涣散党组织整顿和巩固提升工程，更换村党组织书记2名；为每个村选派“第一书记”，村级班子凝聚力、战斗力进一步增强。全力推进“五化”支部创建，狮头、安康、夏馆“五化”党支部顺利通过县级验收，11个村级综合服务平台建成3个，其他的基本完成主体建设。认真抓好中央八项规定、省委九项规定和市委、县委关于作风建设若干规定精神，深入开展 “纠四风、治陋习、树新风”活动，集中开展廉政教育活动5次，上廉政党课3次。谈心谈话76人，集中约谈3次，处理违纪违规党员干部12人。对巡视整改问题按要求整改到位。实施“聚能”行动。全面落实“三会一课”、主题党日、“双述双评”、组织生活会和“四议两公开”等制度，全面学习贯彻《中国共产党支部工作条例(试行)》，严格按照五个阶段发展党员，全年吸收确定入党积极分子25名，发展预备党员9名，7名预备党员按期转正。创新“智慧党建”模式，探索推进“党建+”，实行“一周一例会、一月一调度、一季一评比”党建工作长效机制。开展“三亮两带”活动，构建支委、村委、议事委员会、监督委员会“四位一体”村级治理新模式。健全完善村规民约、居民公约，各村成立红白理事会，有效遏制陈规陋习。2018年，荣获全县组织工作先进单位称号。

(朱辉云)

沔渡镇2018年各村(居委会)基本情况一览表

表32

村名	村(居)民小组(个)	户数(户)	人口(人)	耕地面积(公顷)	粮食总产量(吨)	农民人均可支配收入(元)	村支部书记	村主任
上馆	21	710	2455	214.33	2572	7743	黄洪平	尹岳松
上老	12	476	1623	84.13	883	8082	钟绍辉 刘道智	李国建
长江	14	442	1525	106.2	1274	7979	叶章生	刘　强
九都	23	872	2976	257.6	3864	7868	尹武清	谭武飞
安康	13	424	1410	121.67	1460	7892	邹松明	潘德勇
中洞	14	452	1487	148.27	1556	7979	邹文凯	戴新文
青石	10	293	1043	91.6	825	7881	王路华	王锦明
石坝	7	360	801	83.27	984	8012	周小明	黄润妹
泮坑	11	332	1123	105.6	1267	7855	龙福荣 龙招海	龙招海
夏馆	8	352	1254	99.6	1195	7744	吴红兰	吴红兰
苍背	12	412	1513	120.2	1622	7861	李龙飞	张晓亮
晓阳	6	380	1121	79.53	954	8502	饶满林	罗誉明
狮头	9	290	1057	85.07	893	7746	秦石文	凌天生
大江	7	235	861	76.53	818	7783	朱立文	朱天明
居委会	—	246	714	—	—	—	张志龙	秦永强
合　计	167	6276	20963	1673.6	20267	7923	—	—

十都镇

【概况】 十都镇紧邻江西省井冈山地区，距炎陵县城26公里。全镇总面积310平方公里，总人口1.5万人，建制村合并后设12个村146个组、1个居委会。十都镇共有建档立卡贫困户553户1695人，2018年，已脱贫498户1622人，至目前还有55户73人未脱贫，贫困发生率为0.5%。十都镇的特点主要是：红色底蕴深。十都是井冈山斗争时期红军军事核心区是中央苏区坚持时间最长地区。1928年4月24日，毛泽东、朱德于十都镇万寿宫首晤，“星星之火”自此汇聚燎原。绿色风光好。十都自然环境优越、气候宜人，华南最大的原始森林群落坐落于此，在县委县政府大力推动下，神农谷国家森林公园旅游十分火热，对十都发展形成了“辐射带动效应”。特色产业旺。十都坚持“绿水青山就是金山银山”理念，靠山兴业，以业富民，2018年，黄桃、猕猴桃、竹荪、有机蔬菜、西瓜种植和乡村旅游、民宿、农家乐等“土色”产业蓬勃发展，带动了广大群众脱贫致富。

【党的建设】 以提高执政能力为核心，从严从实抓好党建工作。2018年，十都镇党建工作一季度在全县各乡镇中排名第一，二季度第三，三季度第一，年度考核全县第一。2018年，镇党委扎实组织开展政治理论学习，党委中心组每月集中学习1次，党代表带头讲党课16次，组织党建业务培训班1次，深入12个村进行督查指导40余次，“七一”期间组织全镇党员干部、村书记村主任到韶山进行实地学习。切实做好意识形态工作，不断夯实意识形态领域基层基础，在各村集中开展“好声音讲坛——新思想进基层”百姓微宣讲活动13场。逐步完善基层组织建设，推进农村综合服务平台建设，创建“五化”党支部示范点4个，落实好党建常规工作，组建“青年人才之家”，成立农村青年人才党支部，整顿软弱涣散党组织，提高基层党组织的战斗力，充分发挥党组织的凝聚力和党员的先锋模范作用，表彰2017—2018年度“先进基层党组织”4个、“优秀党务工作者”6人、“优秀共产党员”20人。严格执行民主集中制，镇重大问题和事项都提交党委会集体讨论决定。不断推进党风廉政建设，加强对党员干部的教育管理，切实做到遵守党的纪律不动摇，执行党的纪律不走样。

【经济发展】 2018年，十都镇经济发展呈现良好态势，全年完成财政收入872.4万元，完成年初预算的102.6%，比上年增长4.6%，全县排名第一。其中，国税收入完成676.6万元，地税收入完成194.2万元，非税收入完成1.6万元。固定资产投资稳中有进；实现农民人均纯收入8882元，比上年增长9.4%。

【脱贫攻坚】 立足精准，扎实推进“七个一批”“六大工程”，全年共投入扶贫资金1363.65万元，脱贫攻坚成效显著。贫困学生全部享受“雨露计划”等教育扶贫政策，贫困户新农合政府代缴全部到位，免费体检、“签约医生”等政策全部落实。38户47人享受保障兜底政策,实施197户贫困对象农村安居工程,948户农村危旧土坯房集中整治工程,108户通过易地扶贫搬迁搬入新居。完成4个集中饮水工程建设,巩固提升239户贫困人口饮水安全。坚持将扶贫与扶志、扶智相结合,帮助贫困户因地制宜发展种养殖业。组织开展各类就业创业培训,农村贫困劳动力转移就业496人,各类公益性岗位安置贫困户就业49人,县外务工交通补助发放到位。新修硬化村组道路15公里,所有行政村通村公路硬化率100%,通组道路通达率100%、硬化率90%。自脱贫攻坚工作开展以来,十都镇实现498户1622名建档立卡贫困户稳定脱贫,瓜寮、神农谷、洋岐、车溪、新龙5个贫困村集体退出,系统贫困发生率下降至0.54%。在全县脱贫攻坚考核中,十都镇综合得分居乡镇第二名,获市脱贫攻坚先进乡镇荣誉称号。

【产业项目】 一是农业增产促致富。2018年全镇黄桃种植面积达205.33公顷,总产量增至130万公斤,比上年翻了将近一番,带动一大批村民群众脱贫致富。猕猴桃、高山世纪梨、竹荪、土花猪、西瓜、无公害蔬菜等特色农业产业发展蒸蒸日上。新型农业生产技术、电商微商、多样化媒体、物流网等现代科技的流行普及,促进十都镇农业发展向产业化、规模化、现代化格局的快速进军。二是项目落地见实效。积极推进市县重点项目建设,密花生态园(二期)建设进展迅速;完成南流服务区项目第一期征地拆迁任务,相应补偿全部发放到位;完成城乡建设用地增减挂钩工作,并通过省市县验收;完成“神奇湘东”文化生态旅游精品线路项目洋岐畲族村、密花村部分的规划设计,并推动落地施工;完成“两项”工程、集镇农贸市场修缮、镇区亮化工程、安全饮水巩固提升工程、村组道路扩宽硬化等项目。

【民生实事】 一是抓惠民实事。切实落实优抚、大病救助和残疾人补助等政策措施,发放困难群众救助资金22.78万元,残疾人两项补贴12.98万元。关爱救助计生特扶家庭,为适龄妇女提供免费“两癌”筛查,慰问帮扶空巢老人、留守儿童,以实举措暖民心。建设农村综合服务平台,举办晓东元宵灯会、洋岐“三月三”民俗文化节等活动。二是抓生态文明。大力落实“河长制”工作,严厉打击非法采砂行为,下达停产整顿检查书11份,落实整改并销号中央、省环保督察组反馈问题和信访交办件共2件。配齐保洁队伍,完善保洁设施。三是抓安全生产。突出抓食品药品监管、疫情防控、防汛抗旱、森林防火和道路交通安全,安全生产形势平稳。四是抓综治维稳。扎实做好信访维稳和舆情处置工作,十都镇牵头或配合处理的信访问题完结率100%,无人赴省进京上访。推进社会管理创新,抓好社区矫正工作。严抓扫黑除恶工作,设立举报箱,公开举报电话,全年未接到涉黑涉恶举报,未发现包庇黑恶势力现象。

【政府效能】 切实加强政府自身建设,解决好为民服务的“最后一公里”问题。完善干部下村、公务接待、公务用车、办公用房、采购报账等一系列规章制度，力促行政效能提升。不断提升信息公开管理水平，加大政务、村务、财务公开力度，增强政府管理的透明度。扎实提升依法行政能力，加强政务服务中心和便民服务窗口管理。大力推进纠“四风”、治陋习和“雁过拔毛”式腐败专项整治，力促干部作风转变；深入开展“两学一做”学习教育和“马上就办、真抓实干”活动，政府执行力和公信力持续提升。（汪立凯）

十都镇2018年各村（居委会）基本情况一览表

表33

村名	村（居）民小组（个）	户数（户）	人口（人）	耕地面积（公顷）	粮食总产量（吨）	农民人均可支配收入（元）	村支部书记	村主任
良田	8	179	592	79.05	466.0	8882	曾瑞文	曾柏元
车溪	12	268	888	112.84	665.2	8882	江小娟	余长永
晓东	9	426	1460	124.09	731.5	8882	余长春	曾国良
洋岐	14	281	1066	126.61	746.4	8882	邹逢春	兰陈辉
神农谷	18	477	1620	149.51	881.3	8882	曾昭群	陈飞航
密花	12	358	961	89.48	527.5	8882	邹祥文	邹祥文
青石岗	14	246	909	77.09	454.4	8882	张辉平	黄培发
小江	7	210	743	75.20	443.3	8882	何梦熊	万名义
新龙	16	327	1292	168.31	992.2	8882	曾新文	曾昭亮
低垅	10	259	882	122.97	724.9	8882	饶天红	王文友
黄上	13	287	1037	139.63	823.1	8882	吴家林	刘朝辉
瓜寮	13	311	1081	136.84	806.7	8882	李森玉	吴乾生
居委会	—	136	342	—	—	—	余青发	余青发
总计	146	3765	12873	1401.62	8262.5	8882	—	—

船形乡

【概况】 船形乡地处炎陵县西南边陲,距县城37公里,是个典型的山区乡,辖6个行政村,71个村民小组,总面积104平方公里,林地面积9000公顷,年末耕地面积362.93公顷(其中:水田318.8公顷,旱土44.13公顷)。共2961户8315人,完成财税总收入357.1万元,完成固定资产投资1.24亿元;农民人均纯收入8262元,年末存款余额1.78亿元,增长14.1%,粮食总产量2965吨,各项主要经济指标排名靠前。

【基础设施】 一是积极改善交通条件,全年拓宽提质村组道路15.4公里,硬化14.8公里。二是稳步推进城镇提质。“乐尔乐”超市进驻燕子垅商贸广场,商贸区配套设施逐步完善,三个农贸市场规范引导有序运营,学校教学楼改造提质,小城镇建设加速推进。三是农村环境持续优化。农村环境综合整治与“两个工程”、“大棚房”整治、城乡建设用地增减挂钩工作统筹推进,推进农村安居工程和农村危旧土坯房整治工程扫尾复核工作。贯彻实施《株洲市农村村庄规划建设管理条例》,村庄建房更加规范。全面落实“河长制”职责,切实抓好污染源普查工作。加强对保洁员、生态管护员和生态护林员的管理,卫生保洁实现常态化。同睦、新生和高路村新装太阳能路灯210余盏,乡村环境不断美化,生态宜居环境不断完善,群众幸福指数不断提升。

【脱贫攻坚】 2018年,脱贫攻坚工作顺利通过市初核、省考核和国家第三方评估检查,同步全县脱贫摘帽,以坚定的步伐朝着全面小康目标迈进。

一是责任落实到位。整合对口帮扶力量,落实“驻村工作队+乡联村干部+村两委成员+党员组长”四级联动的工作体系,构建全社会积极参与的大扶贫格局。11个后盾帮扶单位选派6位优秀干部担任各村“第一书记”,以身作则,驻扎扶贫一线;帮扶单位机关干部、农村基层干部与437户贫困户真心实意结对帮扶,开展“三同五好”,竭尽所能实现微心愿,实打实为群众解决问题。二是脱贫成效明显。持续推进“七个一批”“六大工程”等扶贫政策落实。全乡累计脱贫402户1264人,4个贫困村全部退出,贫困发生率降至0.75%。89户266人享受易地扶贫搬迁政策;298户农村贫困对象享受安居工程政策,426户非贫困户享受农村危旧土坯房整治工程政策;投入170余万元发展茶叶等产业帮扶、建立利益联结机制,产业帮扶初见成效;“雨露计划”资助53人次7.95万元;285人享受外出务工交通补贴8.55万元;12人享受农村公益性岗位,实现就业脱贫;落实健康扶贫“六重保障”,贫困人口参加城乡居民医疗保险实现财政代缴,大力实施“扶贫特惠保”;134户贫困户享受357.8万元小额扶贫贴息贷款政策;60户贫困户被授予市脱贫典型,不断激发贫困户脱贫致富内生动力。437户贫困人口“户户通”全覆盖。切实抓好交通、水利、电力光伏、农村危旧房改造、环境整治、文化及乡村旅游等“六大工程”。

【项目攻坚】 以抓产业推项目促经济为目标，积极开展“产业项目建设年”活动，挖掘、策划、包装、实施符合船形乡产业发展的项目，获炎陵县2018年度“产业项目建设年”活动考核一等奖。一是巩固传统产业。继续巩固好现有油茶、笋竹林等传统优势基础产业，高路、新生村积极改良油茶品种，提高产油产量，增加经济收入。二是做优特色产业。充分发挥各村资源优势，以打造“一村一品”“一乡多业”规模化基地为目标，同睦、沿楠、新生、船形村的白茶，高路村的高山蔬菜，水垅村的黄桃，新生村的紫薯等特色产业，从无到有，从雏形到初具规模，“一村一品”的“特”与“优”逐渐显现。同时，把产业发展与扶贫帮扶相结合，既提高经济效益，又确保产业扶贫成效。投资2000万元的同睦花卉基地竣工投产，带动贫困劳动力就业，“洣溪茗峰”茶叶系列产品全年多次获省级、国家级大奖。挖掘、规划、发展文化旅游资源产业，以耕读小镇和花卉基地为代表的特色民俗文化旅游逐步发展，既提高船形知名度，也促进乡域经济全面发展。三是服务重点产业。乡党委、政府班子领导主动走进船形化工厂等企业，重点关注金紫仙风电场、“神奇湘东”、高路村旅游综合开发等项目，为企业发展和项目推进出谋划策，解决实际困难，做好与主管部门的协调沟通，积极服务企业和项目。

【基层党建】 一是基础更实。从思想武装、组织建设、日常管理、阵地建设四方面逐步强化，运用红色讲堂、讲习站等平台在乡村两级开展宣讲活动，深入学习贯彻党的十九大精神。抓好3个支部“五化”示范创建和1个村级党组织软弱涣散整顿提升，成立青年人才党支部。切实抓好“三会一课”制度、“主题党日”及发展党员等日常工作。同睦、沿楠村等村级综合服务平台建设逐步完善。全年吸收入党积极分子7名，发展新党员6名，预备转正2名。二是责任更明。加强党建工作自查和指导力度，将每季检查情况纳入村级年终考评。开展村级党组织带头人队伍整体优化提升行动。针对巡视巡察反馈的问题，召开专题会议，切实整改到位。落实党风廉政建设责任制，全年核查巡察问题线索9条，查结交办信访件22件，办结来信来访5件，查办案件5件，约谈23人次，谈心谈话75人次。三是作用更优。开展“三亮两带”活动，为农村党员家庭挂牌“亮身份”，发挥党员服务发展引领作用。抓党建促乡村治理，成立红白理事会，进一步加强民风民治，乡风文明呈现新风尚。

【民生实事】 坚持以人为本，加大民生投入。积极落实双拥优抚、民政救助政策，发放优待金13.5万元、五保金14.7万元、残疾人两项补贴9.76万元、双定补助31.3万余元、八一慰问金2.45万元、民政大病救助17.4万余元、临时性困难救助金13.3万余元、城乡低保金57万余元。为年满80周岁以上老人办理高龄生活补贴。完成186名退役军人信息采集工作。认真落实“全面二孩”、生育关怀、独生子女父母奖励、家庭医生签约等政策，开展免费检查、“两癌”筛查378人次，优生检测88人次，全乡154人享受计生奖励扶助政策。医疗保险参保率达98%。积极开展劳动技能、“两后生”各类技能培训620人次。协助企业现场招聘2场次,提供就业帮助310人次,新增转移就业贫困劳动力38人。“民生100”任务按时按质完成。加强国防教育和国防后备力量建设,完成义务兵征集任务3人,完成民兵营整组应急排30人。

【综治维稳】 开展“扫黑除恶”专项行动,入户发放《湖南省公众安全感民意调查问卷》2000余份,在公众安全感民意调查工作中,排名株洲市乡镇第一,获2018年株洲市社会综合治理先进乡镇荣誉称号。开展一村一辅警、摩托车防盗登记和平安创建工作。全力做好非洲猪瘟防控工作,设置卡点,严格落实领导带班和值班制度。严格落实安全生产责任制,落实“一岗双责”要求,做好学校、企业和交通安全警示教育工作。深入开展安全生产专项治理,不定期组织人员对化工、危险品仓库等重点行业、部位进行排查并限期整改,全年开展安全生产检查16余次,督促隐患整改47条,确保安全生产形势持续平稳;认真组织村级综治队伍、民兵队伍、护林员、生态管护员队伍参与防汛抗旱、森林防火、救灾救助行动,做好防汛救灾工作,切实保障人民生命财产安全。及时办结回复市长热线、县长热线、领导信箱、“马上就办”等交办单24件,依法按政策解决好群众合理诉求,人民群众获得感、幸福感、安全感不断提升。

(林茂平)

船形乡2018年各村基本情况一览表

表34

村名	村(居)民小组(个)	户数(户)	人口(人)	耕地面积(公顷)	粮食总产量(吨)	农民人均可支配收入(元)	村支部书记	村主任
同睦	17	851	2482	121.73	1003	8979	刘新立	罗贱良
新生	12	633	1814	70.4	467.3	8577	段圣华	唐徕庆
高路	8	238	656	49.33	335	7515	杨佐兵	杨佐辉
船形	14	508	1437	46.33	424.6	7853	黄春平	范林辉
沿楠	11	444	1159	42.47	410.5	7944	叶瑞胜	古明松
水垅	·9	287	767	32.67	324.6	7080	刘世发	黄文根
合计	71	2961	8315	362.93	2965	7991.33	—	—

垄溪乡

【概况】 垄溪乡位于炎陵县中部，总面积141平方公里，现辖8个行政村、95个村民小组，2517户、8668人，现有12个基层党支部，423名党员。这里是开国将军廖海光、著名语言学家周定一的故乡。中山地貌、地域辽阔，有耕地面积782公顷，林地面积12354.73公顷，林地面积占全乡总面积的87.62%，林地是耕地的16倍。境内林木资源丰富，拥有林木8000公顷，活立木蓄积量39万立方米，楠竹蓄积量323万根。全乡现有各类企业29家，其中农产品加工企业3家、建材企业1家、制碳企业4家、竹木加工企业7家、小水电企业12家、仓储企业2家。有农民专业合作社25家556人。2018年完成财税收入313.2万元，任务进度居乡镇前列；完成固定资产投资4.1亿元，超县下达任务；农村居民人均可支配收入，实现同比增长10%，各项存款余额13704万元。2018年获“市安全生产工作良好单位”、“株洲市脱贫攻坚先进乡镇”和“市文明创建先进单位”等称号。

【项目建设】 包装策划集镇区西坑河风光带、风情休闲一条街、农副土特产品交易市场等项目；招商开发仙坪生态旅游项目，加快实施炎陵南城康养休闲区续建项目，着力推进集镇区环境综合整治、商住小区土地出让开发、乡域生态旅游发展“两型”项目，竣工投产林龙碳业改扩建项目，基本完成境内12公里S207省道工程建设。

【脱贫工作】 8个行政村派驻驻村帮扶队8个，驻村帮扶工作队员24人，1户贫困户至少有1名帮扶责任人。全乡277名结对帮扶干部结对帮扶385户贫困户。建立完善“周碰头、月调度、季总结、年考评”的工作机制。严格管理驻村帮扶工作队，积极落实“三同五好”，深入开展“走访、签字、包干”工作。围绕脱贫退出标准，用活用足用好扶贫政策，统筹整合投入扶贫资金5100余万元，精心组织实施“七个一批”“六大工程”，推动产业发展、转移就业，切实解决住房安全、教育、医疗、兜底等各项保障，着力改善公共服务和基础设施，确保把扶贫各项措施落到实处、落实到每一个贫困户、脱贫奔小康路上不让一个人掉队。继省市脱贫攻坚年度核查和第三方评估后，2018年6月，仙坪村、三口龙村、茶垅村顺利通过脱贫攻坚国检。取得漏评、错退为零、群众认可度达95%以上的好成绩，脱贫攻坚工作获评全市先进，考核排名全县乡镇第一。经全乡上下艰苦奋战，截至2018年，脱贫355户1320人，未脱贫人口25户65人(其中2户6人返贫)，全乡综合贫困发生率由20%降至0.71%。4个贫困村全部退出。以一举成功的追求，打赢脱贫退出“攻坚战”；并以一抓到底的精神，实现无缝对接，精心组织落实新一轮驻村、结对帮扶，持续打好巩固提升“持久战”。

【民生保障】 全面落实“民生100”工程，农村劳动力转移就业、农村机耕道新修改造、企业养老保险参保人数、农村适龄妇女“两癌”免费检查、自然村道水泥硬化、路基拓宽改造全部完成。人口与健康工作全面加强，落实计生奖扶128人,优生检测29对。公卫服务进一步提升,规范完善7个村卫生室建设,落实家庭医生签约服务,贫困人口、贫困村农业人口参加基本医疗保险率100%。全乡"新农合"、"新农保"参合、参保率达98%以上。义务教育稳固加强,校园环境进一步优化,教学管理再上新台阶,初升高考试录取率和5A生人数均居全县乡镇学校前列。农村土地确权发证全面完成,通过省、市检查验收。集体产权制度改革已完成摸底登记、清产核资,工作进度居乡镇前列。积极创建市级文明村镇,规范建成五个乡村文化阵地,民俗文娱活动开展有声有色,顺利通过国家公共文化服务体系示范区创建国家、省、市检查。

【基层组织建设】 坚持党要管党、从严治党,认真贯彻落实中共十九大精神,高质量开展"主题党日""三亮两带"活动,不断加强党的思想、组织、作风、反腐倡廉和制度建设。牢牢掌握意识形态工作的领导权和主导权,加强舆论宣传引导,弘扬主旋律、传递正能量,加大基层党建投入。1个软弱涣散基层党组织整改进展顺利;发展党员12名,南岸村党支部、龙溪村第二党支部、政府机关党支部"五化"建设示范点完成并通过验收,5个村级服务平台建设项目有序推进,基层党组织活动阵地不断规范,成立7个"两新"组织和1个"农村青年人才党支部"。切实发挥好党组织战斗堡垒作用和党员先锋模范作用。各村选配1名第一书记,通过竞聘方式,选拔年轻党建专干8名,明确党建指导员11人,充实基层干部队伍,切实加强支村"两委"、党建专干和后备干部培训,着力提升政策水平、理论素养和专业能力。严格按照换届选举程序圆满完成政府机关党支部换届工作。全面落实党风廉政建设"两个责任",加强党章党规党纪教育,从严落实中央"八项规定"精神,保持正风肃纪高压态势,全力支持纪委监察工作,认真抓好上级巡察反馈意见整改落实,积极践行监督执纪"四种形态",受理群众来信来访14件次,办结完成14件次,转立案3人次,组织处理5人次。抓好案件查办,立案3起,结案3起,给予警告处分2人,批评教育1人,营造了风清气正的政治生态。党管武装工作和国防后备力量建设扎实推进,民族、宗教、统一战线工作取得新进展,工会、共青团、妇联和老干部等工作创造了新业绩。

【人居环境】 牢固树立"绿水青山就是金山银山"的理念,坚持以"碧水、蓝天、净土"为目标,以改善乡村人居环境为核心,把污染防治攻坚战作为乡村振兴战略和生态文明建设的一项大事来抓,强化全民环保认识,把握污染防治的新常态、新要求。全面落实国家级生态功能区规划要求,实行最严格的生态环境保护制度,层层落实环境保护责任;投入40万余元,聘请2名专职保洁员全天候对集镇区进行保洁、垃圾转运,改造新型垃圾中转站1个,各村均配备50个垃圾桶、1辆人力推车,106国道设置垃圾屋9处。全面启动生态红线勘界定标工作;重点整治建筑施工扬尘、餐饮油烟污染,普查污染源63家(处);全力推动河长制,建立健全河道水域巡查制度、生态基流保障制度,加强河道保洁，打击非法采砂，加强饮用水源地保护；强化土壤污染治理，加大环保执法力度，严肃查处环境违法行为，生态环境保护成效明显。

【综治维稳】 深入开展"平安创建、扫黑除恶"专项斗争和"百日维稳活动"，排查调处化解矛盾纠纷56起，开展治安巡逻防控136人次，精神病及重点人员管控率100%，开展治安消防安全检查600余次。开展"两车物连"工作，安装摩托车和电动车防盗装置230台。高度重视安全生产，以防汛抗旱、森林防火、企业安全、食品药品安全和非洲猪瘟防控为重点，全面开展安全隐患排查，落实安全防范措施，切实消除安全隐患。

（罗朝阳）

垄溪乡2018年各村基本情况一览表

表35

村名	村(居)民小组(个)	户数(户)	人口(人)	耕地面积(公顷)	粮食总产量(吨)	农民人均可支配收入(元)	村支部书记	村主任
三口龙	22	627	2120	117.73	857	8252	李冬生	廖成明
龙溪	16	605	1939	140.6	1015	8027	张新明	肖立红
南岸	10	211	746	67.87	477	8118	邱湘丽	冯希阳
仙坪	19	312	1135	140.53	985	8124	罗冬兰	谭绍明
茶垅	9	262	1007	108.87	749	8102	谭光文	陈孝伟
秋田	7	178	617	76.93	536	8122	廖秉化	涂双成
坂溪	6	196	659	68.8	474	8116	涂袁日	涂袁日
菜坪	6	161	567	60.67	424	8246	邝怡平	邹新荣
合计	95	2552	8790	782	5517	8138.38	—	—

中村瑶族乡

【概况】 中村瑶族乡位于炎陵县最南端，总面积291.1平方公里，森林覆盖率90.6%，共有12个村，134个村民小组，辖3267户1.4万人，境内有周家祠、八担坵、何孟雄故居等革命遗址。中村瑶族乡是长株潭地区唯一的少数民族乡，瑶、畲等少数民族散居域内，境内有龙渣、龙潭、平乐三个少数民族聚居村落，其中龙渣村获评"中国少数民族特色村寨"，瑶拳、瑶歌入选省市非物质文化遗产。2018年，完成财税收入771万元，完成固定资产投资5亿元，经济社会平稳健康发展。获2018年市安全生产工作优秀单位、县统战工作先进单位、组织工作先进单位、工会工作先进单位、人口和计划生育工作先进单位、信访工作先进单位、森林防火工作先进单位、农村土地承包经营权确权登记颁证工作等先进单位。

【脱贫攻坚】 以黄桃产业为重点,大力推动黄桃、茶叶、油茶林、猕猴桃、白鹅等产业发展,对793户2668人进行产业委托帮扶,开展黄桃、茶叶种植、电商等培训2000余人次,脱贫增收得到有效保障。发放生态补偿资金261.5万元,受益人口2376人。全额为建档立卡人口购买新农合、扶贫特惠保,实现贫困人口新农合参保100%,全乡纳入农村低保对象129户315人,38户67人享受保障兜底政策。全面实行教育扶贫“两免一补”“雨露计划”等政策,九年义务教育入学率达100%,累计706名学生享受相关政策。强化就业培训,发布就业信息,设置公益性岗位47个,转移就业劳动力508人次,并发放300元/人的交通补助。156户471人享受易地搬迁扶贫政策,完成贫困对象安居工程246栋,集中整治农村危旧土坯房447户,拆除558栋闲置、废弃、空心破败的农村土坯房。开展“脱贫之星”“卫生文明户”等评选活动,选树朱圣洪等一批脱贫典型人物,用身边人身边事激励贫困人口内生动力。2018年,顺利通过国务院第三方评估专项检查和省级考核。

【项目建设】 2018年,竣工了中村瑶族乡高山特色水果猕猴桃种植等2个项目,有力推进产镇融合示范项目黄桃小镇续建项目,新开工梅岗红军村、中村村潭背奈李园等4个项目,启动乡村旅游和电商平台建设,建成7个农产品储存冷库,新签约引进台湾秋茂农业集团公司、广州星汉泉棋文化传播公司分别投资建设炎陵黄桃(心田)示范园、遇见炎陵2个项目。

【生态环境】 全年完成干线公路建设67.41公里,村通畅工程58.42公里,窄路加宽39.63公里,组级道路基本实现硬化;投入2038万元,修复河堤、水圳、水坝7700余米,架设自来水工程140千米,建设40余处集中供水点,解决安全饮水11989人;建立健全河道水域巡查制度、生态基流保障制度,聘请12名河道保洁员,加强河道保洁巡查,加强河道采砂治理,有力推进“河长制”落实。全力推进农村人居环境整治,聘请25名村级保洁员,实行常态化保洁,强力推进农村生活垃圾、污水等整治处理,抓好梅岗、平乐、龙潭三个美丽乡村示范点建设,人居环境不断美化、亮化。

【社会事业】 始终牢记为民宗旨,着力解决一批群众所需所盼的民生问题。扎实开展劳动力技能培训,新增转移就业94人。不断完善社会保障体系,发放救灾救济、临时救助、优抚资金73.48万元。组织开展80岁以上老人摸排,发放高龄补贴50元/人·月;新建平乐村老年人服务示范点,申报梅岗村救灾示范社区;做好退役军人和其他优抚对象信息采集工作。实施农村薄弱学校改造工程,建成道任村农村幼儿园;加强留守儿童、贫困家庭儿童关注和监管。不断优化计生服务,全面落实“二孩”政策,计生工作再上新台阶。深入开展“扫黑除恶”、普法等专项活动,将法治宣传、防范和扫黑除恶等行动深入村组。全力化解矛盾纠纷,全年化解网络舆情1起,回复市长热线8条,县长热线42条,办结率100%。严抓安全生产,全面落实安全生产基层“网格化”管理,落实重大隐患治理“一单四制”,坚决防范和遏制各类安全生产事故发生。

【基层党建】 坚持党的领导,以党建引领发展,充分发挥党组织战斗堡垒和党员先锋模范作用,坚持党要管党、从严治党的基本方针,将党建工作与各项中心工作同部署、同研究、同考核,并在人力、物力、财力、精力上给予保障。专题部署党建工作20余次,开展“好声音进农村”十九大精神专题学习、新时代党员群众教育培训讲习站;做好“五个常态化”,以党支部“五化”建设为抓手,充分发挥5个示范点的带动作用,做好13个党支部的“五化”建设工作;推进村级服务平台建设,完成4个村级服务平台建设。每月定期召开党委中心组会议,组织学习重温党风廉政建设主体责任意识教育,严格执行党风廉政建设责任制,全面落实“两个责任”。

（戴诗婷）

中村瑶族乡2018年各村基本情况一览表

表36

村名	村(居)民小组(个)	户数(户)	人口(人)	耕地面积(公顷)	粮食总产量(吨)	农民人均可支配收入(元)	村支部书记	村主任
康乐村	8	188	594	59.87	694	7103	邝国清	扶文林
平乐村	13	368	1311	116.27	1348	8264	邓运成	赵春红
鑫山村	12	197	654	92.53	1073	7980	朱景华	蓝盛钱
红星桥村	11	284	1008	106.8	1217	7085	陈辉良	欧松德
龙潭村	14	475	1469	105.6	1203	6530	卓名辉	胡学潭
中村村	22	645	2620	122.53	1421	6770	刘建新	刘渝沅
龙井村	12	312	1117	71.27	826	6524	袁能礼	戴书礼
龙渣村	6	177	654	44.2	512	7128	盘刘磊	刘飞
龙凤村	9	203	632	59.4	689	6450	杨雄生	杨建雄
道任村	7	211	743	55.67	645	6308	朱利军	朱海燕
心田村	8	276	1126	62.8	728	6670	李建平	李建斌
梅岗村	12	412	1351	65.33	758	6757	沈新春	李娇
合计	134	3748	13279	962.27	11114	6964.08	—	—

下村乡

【概况】 下村乡位于炎陵县东南端,地处两省(湘赣)三县(炎陵、桂东、遂川)交汇处,距离炎陵县城55公里,辖区总面积188平方公里,辖8个行政村,88个村民小组,总人口8187人,现有基层党(总)支部21个,党员344名。2018年,完成财政收入219万元,固定资产投资达到1.8亿元,城乡居民人均收入9045元,乡域经济实现健康平稳发展。获评县脱贫攻坚先进单位、文明建设先进单位、安全生产先进单位、维稳工作先进单位、森林防火先进单位、人口和计划生育工作目标管理模范单位、产业项目建设年活动二等奖。

【脱贫攻坚】 2018年,全乡建档立卡贫困户546户1869人,累计实现脱贫522户1827人,综合贫困发生率由22.17%降至0.51%,4个贫困村全部退出,顺利通过国家扶贫专项评估验收,被评为2017—2018年县"脱贫攻坚工作"先进单位。"七个一批"和"六大工程"精准实施,落实学前教育、义务教育、高中教育、中职教育等各类教育扶贫政策,受益对象577人次;发放1302.04公顷生态公益林、21公顷退耕还林补助资金;选聘14名生态护林员、10名生态管护员,落实农林专业合作社聘用贫困人口奖补政策,196户贫困户享受营造林奖补。新建易地搬迁分散安置房141栋,覆盖141户471人。新增农村劳动力转移就业62人、公益性岗位人员9人。建档立卡人口全部参加新型农村合作医疗保险和扶贫特惠家庭综合保险,184名贫困人口9种大病主要报销比例均达到85%以上,全乡1869名贫困人口享受签约医生上门服务。动态调整低保户、兜底户,低保41户91人;兜底26户51人;特困人员40户41人,按照政策落实保障补贴。

【基层党建】 以微宣讲、上党课、发书籍等方式,深入广泛宣传党的十九大精神和习近平新时代中国特色社会主义思想,加强党员干部教育。2018年下村乡获炎陵县统一战线"十九大知识竞赛"一等奖。依照党支部"五化"建设标准,对坳头村、鹫峰村、乡机关3个党支部示范点创建。新组建3个"两新"党组织和1个农村青年人才党支部。全年乡党委吸收入党积极分子15人,确定发展对象8人,接收预备党员6人,转正党员4人。配强班子力量,选派第一书记到各村指导村级经济发展。全乡21名帮扶队员、315名结对帮扶干部和18名驻室党代表持续深入开展"三同五好"和"四走访四包干三签字"主题活动,进一步密切党群、干群关系。

【产业发展】 全乡黄桃种植总面积达366.67余公顷,面积占全县的17.2%,其中挂果面积273.33公顷。全乡黄桃总产量达到3500吨,乡境内线上黄桃总发货量达11.6万件。以乡村旅游为契机,推进神奇湘东项目建设,全乡发展休闲山庄2家,农家乐15家。加快物流、仓储、餐饮平台建设,新建高山水果交易平台6个,发展农村电子商务8家。

【城乡建设】 推进湘赣边界口子建设项目和“神奇湘东”项目实施。完成干线公路和农村通畅工程60公里，群众通行条件大幅改善。抓好小型农田水利项目建设，巩固提升3000余人饮水质量。4G网络、有线宽带基本实现全覆盖。新建集镇区休闲广场、鄗峰村文化广场，新建维修村级活动场所5个，添设娱乐健身器材10套，新增农家书屋图书1万余册。

【社会事业】 精心实施“民生100”工程和各项省市为民办实事项目。全面落实城乡低保、优抚安置、残疾人义务教育补贴等一系列社会救助。加强国防教育和国防后备力量建设，完成民兵营整组应急排30人，征集义务兵3名。发展乡村教育事业，提高教育教学质量，2018年下村乡学校中考喜获佳绩，考升高中40人，综合排名乡镇第一。深入开展“平安创建、扫黑除恶”专项行动，落实安全生产责任制，实施食品、药品监管和非洲猪瘟防控。组织村级综治队伍、民兵队伍、护林员队伍参与防汛抗旱、救灾救助行动，全乡未发生较大灾情事故，切实保障人民财产安全。

（何　芳）

下村乡2018年各村基本情况一览表

表37

村名	村(居)民小组(个)	户数(户)	人口(人)	耕地面积(公顷)	粮食总产量(吨)	农民人均可支配收入(元)	村支部书记	村主任
同乐	13	461	1520	77.8	505.3	8634	廖春燕	项声彬
云里	10	327	1141	76.87	453.9	8535	罗香英	刘建明
鹫峰	11	270	949	56.67	490.7	8430	朱世民	李章平
小横溪	10	243	826	60.4	491.3	8102	张祥发	曾庆艳
鄗峰	14	372	1317	73	561.2	7956	黎显祥	黎海文
大横溪	11	270	940	76.47	564.5	8170	黄仁松	李品旺
坳头	8	231	736	54.07	502.5	8614	邝烈云	胡仰剑
清溪	11	227	758	64.8	466.2	7980	肖建清	肖邝东
合计	88	2401	8187	540.08	4035.6	8302.63	—	—

策源乡

【概况】 策源乡位于炎陵县东南边陲,距县城39公里,东接大院农场、江西遂川,南邻下村乡,西抵水口镇,全乡总面积198平方公里。辖7个行政村,67个村民小组。年末总人口6025人,其中农业人口5825人,非农业人口200人;总户数1683户,其中农业户1518户,非农业户165户。全乡有耕地面积525.48公顷(其中水田493.87公顷,旱土31.6公顷);林地16666.67公顷,林木蓄积量65万立方米,笋竹林3333.33公顷,森林覆盖率89%。全年计划生育率98.18%,出生55人,人口出生率9.13‰,死亡48人,死亡率7.96‰,净增人口32人,人口自然增长率5.31‰。全年完成财政收入320万元(其中国税收入177万元,地税收入122万元,财政部门其他收入完成21万元),完成年初预算的72.73%,比上年同期增长—18.58%。完成固定资产投入2.7亿元,农民人均可支配收入8882元,实现社会消费品零售总额3797万元。农作物播种面积752.47公顷,其中粮食作物面积659.21公顷;主要产品产量:粮食总产4249.7吨,其中稻谷3717.3吨;水果155吨;牲猪出栏365头,年末存栏205头;家禽出笼28989羽,存笼22089羽。年末有九年义务教育一贯制学校1所,在校学生394人,在职教师40人,学龄儿童入学率100%;有乡级图书室1个,藏书4000余册,农家书屋7个,藏书6000余册;有卫生院1所,医疗卫生技术人员7人,村级卫生室5个,乡村医生5人。2018年被评为县脱贫攻坚先进单位、全县组织工作先进单位、安全生产工作先进单位、全县人口和计划生育工作目标管理模范单位、县信访工作先进单位、县农村土地承包经营权确权登记颁证工作单位单位、县维稳工作先进单位、县综治工作先进单位、县"马上就办、真抓实干"活动先进单位。

【脱贫攻坚有成效】 紧扣"两不愁、三保障""七个一批""六大工程"等重点任务,落实"六个精准"要求。全乡建档立卡298户1041人,累计脱贫281户1001人,3个贫困村全部退出,贫困发生率降至0.67%,顺利通过国家检查评估,获县脱贫攻坚先进单位。继续抓产业、教育、健康、就业、生态补偿、兜底保障等到户政策的落实,新增公益性岗位8个,转移就业51人,政策性资助建档立卡贫困学生289人次24.2万元,78人次享受"雨露计划"等教育补助11.7万元,发放兜底保障金9.7万元,生态补偿公益林提标补偿4.9万元,巩固提升生态产业56.1万元。调整优化7个帮扶工作队和241名结对帮扶干部,继续压实脱贫攻坚"五个责任",7个村均任命第一书记指导村级发展,致富带头人帮助贫困户理清脱贫致富思路,传授脱贫致富经验。县乡村三级干部累计开展"大走访"300余人次,力促精准施策、精准帮扶,确保贫困人口稳定脱贫不返贫。

【项目建设有突破】 项目建设取得新成效。以"产业项目建设年"活动为抓手,全乡上下迅速行动,狠抓招商引资工作任务的落实。坚持科学谋划、一线指挥、定期调度,明确项目专干2人。全年策划、包装项目3个,开展招商引资接洽6次,签约项目3个。特色产业得到新发展。实地调研,制定符合策源乡产业发展的可研究性报告,抓好黄桃、油茶等特色种植业,巩固传统笋竹产业,对笋竹林进行高标垦复。2018年,全乡黄桃种植面积70公顷,年产量约60万公斤,年收益630万元,农民种养殖合作社28家。举办电商、黄桃、就业等培训7期470余人次,黄桃种植成为农民经济收入的一个新的增长点。乡村旅游取得新进展。新建梨树洲游客服务中心,项目进度在全县靠前。建成高山草甸、天马寨等游步道,投资30多万元为梨树洲村安装路灯,有效促进乡域旅游发展。

【乡村环境有新貌】 基础建设持续加强。投入46万元对集镇区农贸市场进行改造升级,集镇品质大幅改善。大力开展农村清洁工程,全乡配备保洁员5人,投放垃圾桶350个,配备机动垃圾转运车1辆,手推转运车4台。投入335万元改造或新建各村村委会。农村面貌持续改善。大力推进农村环境综合整治,做好美丽乡村建设。全面完成城乡建设用地增减挂钩工作,实现耕地占补平衡。加快“四好农村路”建设,投入1000余万元硬化和新修各村组道(包括通自然村道路建设和新修林道建设)。贯彻落实《株洲市农村村庄规划建设管理条例》要求,农村建房更加规范。环境治理持续攻坚。坚持绿色发展,完善环境保护工作职责规定。建立健全乡村“河长制”体系,乡级河长6名,村级河长7名。定期对河道卫生、河道采砂、饮用水源地保护及生态基流等情况开展巡河督导。对中央环保督察、绿盾专项行动以及自查自纠发现的四大类23处环境问题全部按要求进行整改。

【幸福指数有保障】 民生保障殷实有效。“民生100”工程全部完成目标任务,最低生活保障、特困供养、残疾人“两项补贴”、优抚安置、救灾救济等政策全面落实。退役军人和其他优抚对象信息采集顺利完成。5344人进行新农合参保,缴纳金额96万余元,参保率97%。文体事业蓬勃发展。农家书屋新添书籍600余册,累计送戏下乡6场,电影下乡12场,免费开放和创建公共文化服务体系示范区,为各村配送音响、乐器、调音台等文体器材,为178户贫困户配送一套“户户通”电视接收机。积极开展欢乐潇湘、欢乐炎陵书法等活动。社会大局和谐稳定。全力打好防范化解重大风险攻坚战,开展打非治违工作,累计开展安全检查63次、检查生产经营单位47家、督促隐患整改18条,获县安全生产工作先进单位。防汛抗旱、森林防火、非洲猪瘟防控等工作扎实有效。积极妥善化解信访问题和矛盾纠纷,及时解决群众合理诉求。深入开展扫黑除恶专项活动,在全乡范围内开展排查摸底工作,有效掌握辖区内涉黑涉恶情况,群众安全感和满意度不断提升,获县综治工作和信访工作先进单位。

【党的建设有提升】 强化党委班子建设,充分发挥龙头作用,抓好责任落实、素质培训、青年培养、党员发展和队伍管理。将基层党建工作纳入全乡工作通盘考虑、统筹安排。认真开展党员冬春训活动,实现党员教育全覆盖;强化基层支部建设,执政基础更加巩固,成立青年人才党支部,积极为村培养青年党员。2018年转正党员5名,新吸收预备党员4名;深入开展“五化”建设,筑牢基层战斗堡垒,进一步加强和规范“三会一课”制度及“四议两公开”等工作法;依托远教站点平台,加强对党员的教育管理,进一步推进党员队伍作风建设。强化学习宣传贯彻,全面落实十九大精神,以新时代中国特色社会主义思想为指引,推动各项工作再上新台阶。

(谢　丹)

策源乡2018年各村基本情况一览表

表38

村名	村(居)民小组(个)	户数(户)	人口(人)	耕地面积(公顷)	粮食总产量(吨)	农民人均可支配收入(元)	村支部书记	村主任
上洞	10	207	823	71.27	577.75	8882	扶张颖	黄　讯
平湖	9	188	675	64.5	524.64	8882	周凯亮	谢礼平
荣塘	6	165	612	64.28	499.97	8882	陈旺华	朱品维
朝阳	9	215	815	76.49	613.99	8882	李邱平	陈　辉
梁桥	13	323	1178	116.2	907.49	8882	孟仁秀	周艳青
竹园	10	399	1048	68.07	551.03	8882	孟新德	罗玉胜
梨树洲	10	186	697	64.67	574.86	8882	伍英华 谢礼华	陈旭辉
合计	67	1683	5848	525.48	4249.73	8882	—	—

大院农(林)场

【概况】　大院农(林)场为县属正科级事业单位,地处炎陵县东南边陲,与江西省井冈山市、遂川县毗邻,距县城46公里。全场总面积88.93平方公里(其中国家级重点生态公益林面积8533.33公顷),森林覆盖率96.6%,有林地65.85平方公里,笋竹两用林20.06平方公里,药材林546.67公顷,耕地473.33公顷,其中高山乌龙茶200公顷,旱土170.33公顷,水田11公顷。农林场辖4个生产队/分场。内设综合办公室、政工股、民政综治股、林业资源保护与利用股、计财内审股、安全生产监督管理股等部门,下设大院卫生院、计生服务站、农技站等二级机构3个,机关管理人员60人(其中在职29人,待岗15人,退休16人),场队基层职工605人。

2018年,农场深入学习贯彻党的十九大精神,坚持以习近平新时代中国特色社会主义思想为指导,围绕县委、县政府战略部署和市、县业务主管部门工作要求,提高政治站位,严守政治规矩,攻坚克难,稳中求进,始终坚持在保护中发展,在发展中保护。2018年,在县委县政府的正确领导及有关部门的大力支持下,经全场上下共同努力,农场各项事业稳步发展,实现了社会和谐稳定，经济持续发展，生态环境更加秀美，党的建设全面加强的总体目标。

全年，农场农林牧副渔总值8300万元，增长8 %；固定资产投资4500万元，增长18%；居民人均收入7960元，增长9%；实现经济总值和居民收入稳步增长。产业发展规范有序。巩固高山特色产业，抓笋竹两用林产业，出产鲜笋2200吨（小竹笋450吨），出产和加工楠竹58万余株，农职工笋竹单项人均收入达5700元。抓茶叶产业，全年产茶超过11吨；全场职工城乡居民医保、新农保、养老保险参保率达100%。全面完成年度目标任务，农场生态、经济、社会各项事业都取得新发展。

年末有企业8家，其中台资企业2家，个体笋竹加工企业3家，小水电企业2家（2018年8月，炎陵县横雾水电站应环保要求关停）；旅游发展企业1家，企业总产值达到5800万元。高山乌龙茶专业种植合作社一家。有小学1所，在校生22人，教职工3人；卫生院1所，医务人员4人，病床8张。小商店、农家乐等“三小”经营单位45家。

【高山乌龙茶荣获全国奖项】 2018年，全场茶园总面积达到了200公顷，茶叶品质与数量连年提高，龟龙窝牌大院乌龙茶、红茶双双获得“国饮杯”全国茶叶评比一等奖，茶叶品牌效应进一步提升。

【重点项目建设】 全力支持配合落实市县重点工程，在全县率先完成S207公路场域改造任务；积极支持配合策源乡完成小院至策源通村公路建设征地工作任务；配合县公路局创建大院环线市级公路示范工程；疏通场域公路水沟26公里，安装公路波形安全护栏4.7公里；道路的改造为农场长远发展奠定坚实基础，为旅游出行提供安全保障。完成归龙窝蔬菜基地生态修复规划设计，结合森林景观第一期40公顷生态修复已开工建设。今年，农场已经纳入全县乡村振兴战略规划，列为23个美丽乡村建设示范点之一。

【产业转型升级】 成功举办2018年炎陵云锦杜鹃花节，加大了宣传力度，提高了云上大院景区知名度。引导农职工以农家乐等形式在旅游的发展中致富，年末农家乐38家，全年接待旅游超过10万人次，农旅产业得到发展壮大。出台农家乐整合方案和支持政策。加大服务培训力度，组织外出学习先进管理经验，提高接待能力和服务质量，农家乐生意异常火爆，周末农家乐客房一房难求，场队基层农职工参与全域旅游的积极性高涨。

【农垦改革】 为全面贯彻落实中共十九大精神和中共中央、国务院及省、市关于农垦改革发展的系列文件精神，农场按照工作要求和时间节点，攻坚克难、认真扎实推进农垦社会事务改革和土地使用权确权发展相关工作，在上级部门的大力支持下，农场农垦改革“两个三年”任务如期基本完成。国有土地使用权确权登记发证工作于9月如期完成登记发证。农场办社会职能改革取得实际效果。大院卫生院完成剥离工作，县政府已经将大院卫生院人员和工作经费列入财政预算,年预算经费30万元,卫生院人员编制已经划转县卫计局。农场承办的综合治理、环境保护、司法援助、国土城建、社会保障、民政残联、农环整治、安全生产等相关社会事务和地方政府职能，因不具备剥离条件,仍由农场管理,经费列入县财政进行差额预算，每年安排财政资金15万元用于政府授权委托、购买服务支出。

【为民办实事】 对参加农垦养老保险、城乡居民养老保险、城乡居民医保险等农职工分别给予每人2586.24元、500元、120元的补助,补助对象1430人次,补助资金70余万元,大幅度减轻职工参保缴费负担,确保全场职工养老、医疗参保率实现100%。抓好职工危房改建工作,协助无房户、困难户、危房户等办理危改审批手续，改善群众住房32户。抓好卫生计生服务工作,开展了计划生育春季集中活动，开展孕检和妇科病普查，加强了务工流动人口的计划生育及服务工作;关爱儿童、老年人健康,组织医务人员对辖区儿童、60岁以上老年人进行了免费健康体检并完善健康档案。关注关爱特殊群体,做好社会救助、残疾、低保、五保等民政残联工作。春节以来,先后开展了退休老干部、困难老党员、困难群众、残疾人员慰问活动,全年发放各项慰问金和困难补助13万余元，让特殊群体深切感受党和政府的温暖。

【脱贫攻坚】 除驻村工作组外,抽调党员干部23人开展“一对一”帮扶工作,紧紧围绕“七个一批”“六大工程”，通过开展“一进二访”“三同时”落实帮扶措施和各项惠民政策,取得较好成效。6月,青石村作为全县唯一面上普查村顺利通过扶贫国检，得到上级和贫困户的肯定，农场扶贫队获评市级扶贫优秀工作队,脱贫摘帽攻坚任务取得重要成果。

【着力经济发展】 积极做好云上大院景区建设,支持配合湖南云上大院康养旅游发展有限公司做好土地返租，完善在建工程环评、用地等报批报建手续,云上大院游客服务中心最后一项审批手续——生物多样性保护环境影响评价行政许可顺利通过国家专家组评审,建设审批手续全面完善。以“产业项目建设年”为契机,坚持依法依规,完善建设审批程序,扎实推进产业项目建设。森林康养基地、神奇湘东精品旅游线路、云上大院学研基地、小院新村配套设施建设等项目落地,项目建设更加规范有序,争取中央与预算内资金超过1500万元。有力推进了基础设施建设和产业发展,宣传大院取得了良好效果,旅游线路和旅游产品品牌知名度大幅提升。

【文化生活】 全年开展“送文艺,进新村,新思想,入万户”惠民演出4场;协助湖南云上大院康养旅游发展有限公司成功举办公司年会,凝聚了人心,丰富了人民群众的精神文化生活;倡导文明乡风,开展了大院第一届“五好文明家庭”评选活动,选出10户职工家庭在云上大院公司年会上进行了表彰;2018年4月,举办了“相约大院·云上赏花”云上大院云锦杜鹃花节;2018年8月,举办了云上大院夏季避暑森林康养主题活动;

2018年11月，积极组织职工参加第三届“万樟园林杯”市国有农场职工篮球赛，取得全市第三名好成绩，赛出了大院农场团结拼搏风采。

【云锦杜鹃花节】 人间四月芳菲尽，炎陵杜鹃别样红。2018年4月15日，主题为“相约大院·云上赏花”，旨在以花为媒、以节会友、以旅惠农的2018年炎陵县云上大院·云锦杜鹃花节在炎陵大院农场盛装起航。活动启幕仪式主持人中共炎陵县委副书记饶祥明介绍了出席活动的嘉宾，中共炎陵县委副书记、县长文专文致欢迎辞，株洲市政协副主席、中共炎陵县委书记黄诗燕宣布“2018年云上大院·云锦杜鹃花节”正式开幕。走茶盐古道、赏杜鹃花海、看民俗表演、品高山茶、尝客家宴、摄影游记大赛等系列活动吸引了省内外的“拍客”“画客”“游客”近5000人参加。

【“云上大院”项目签约】 12月27日上午，炎陵县签约引进湖南云上大院森林旅游休闲康养综合产业项目，市政协副主席、县委书记黄诗燕出席签约仪式并讲话，县委副书记、县长文专文代表炎陵县人民政府与投资方签约。“云上大院”项目预计总投资额约60亿元，将围绕“游客服务中心”“艺术主题街”“森林康养酒店”等与旅游、康养相关的配套设施进行建设，通过文旅板块与康养度假产业融合，形成文旅康养+多产业的泛产业格局，积极创建国家森林旅游休闲康养基地。（卢姣梅　段成辉）

青石冈国有林场

【概况】 炎陵县青石冈国有林场1958年由湖南省林业厅批准建立。20世纪70年代，省林业厅将青石冈国有林场由省直管下放至炎陵县管辖，时为正科级自收自支（生产经营性）事业单位。2015年国有林场改革后，明确为炎陵县人民政府直属正科级公益二类差额拨款事业单位，核定编制310名，业务上接受县林业局的管理和指导。

林场下设青石、水口山、五里牌、木湾和江口5个分场，内设8个职能股室，分别是办公室、计财股、政工股（退休办）、林政股（山纠办）、生产资源股（林调队）、安全生产监督管理股、业务室、竹业办。2018年年末，全场共有干部职工699人，其中在职372人[其中在编在岗154人（含临时护林员17人），病休15人，养路工3人，竹山经营安置户32人，享受4050待遇89人（其中有12人为临时护林员），待岗126人]，离退休人员327人。林场有专业技术人员共85人，其中高级农艺师1人，林业工程师26人，林业助理工程师41人，林业技术员8人，政工师1人，会计师2人，助理会计师2人，会计员4人。

全场林地面积24882.47公顷，占总面积的98%。其中生态公益林22723.07公顷，占全县公益林面积的25%；商品林9333.33公顷。活立木总蓄积量142万立方米，森林覆盖率为96.7%。自2009年至今建立杉木速生丰产林基地726.67公顷，珍稀树种培育基地480公顷，国家战略储备林基地1300公顷，碳汇林经营示范基地5333.33公顷。完成造林面积计800

公顷，森林抚育约3300公顷，木材战略储备林70公顷，森林质量精准提升300公顷，通过实施森林抚育和森林质量精准提升项目，不断改善中幼林的林分结构，促进林木生长，提高森林质量。青石冈国有林场多次蝉联森林防火和安全生产先进单位等荣誉，是全县林业生态建设和保护的重点区域，是满足全县社会经济发展生态需求和生态保障的重要阵地，是炎陵县林业生态建设的捍卫者和建设者。在文明和谐、幸福美丽炎陵建设中发挥着极其重要和无法替代的作用。

【林政管理】　一是强化林政队伍建设。全场共设25个护林点，66名专职护林员，实行24小时值班制，对一些偏远零星山林采用向当地购买服务方式，聘请临时护林员20人作为补充，做到林场资源管护全覆盖、无死角，全面实现网格式管护。二是加大森林防火宣传。2018年，共发放护林防火宣传手册300多份，张贴护林防火通告500多份，钉挂护林防火牌100块，出动宣传车辆160辆次，走村入户宣传500多人次，有效提高林场干部职工和周边村民的防火意识。三是积极调处山林纠纷。2018年，调处山林纠纷2起，处理盗伐案件1起，其他林政案件16起。接待涉及山林纠纷的村组群众来访12批，42余人次，有力化解林区矛盾纠纷，未造成国有林地林木的流失，未发生一起森林火灾。

【脱贫攻坚】　根据县委、县政府的安排部署，2018年青石冈国有林场向沔渡镇安康村、霞阳镇蔬菜村、水口镇木湾村、垄溪乡三口龙村安排驻村帮扶工作队员。林场与县委统战部、交通局、审计局、文体局、霞阳医院等联村单位对162户建档立卡贫困户实行结对帮扶。完成建档立卡贫困户“一户一档”台账整理，制订每户的帮扶工作措施，全面落实“七个一批”“六大工程”政策。在脱贫攻坚工作中，涌现一批先进单位和先进个人，2018年木湾分场驻村工作队、江口分场驻村工作队被评为脱贫攻坚先进工作队，江口分场被评为脱贫攻坚先进单位，江口分场场长黄建军被评为脱贫攻坚先进个人。

【项目建设】　一是继续实施森林质量精准提升项目。2018年，投入资金120万元，分别在北斗石、彭公田、龙凤、大风垅、横坑、瑶山尾等山场共规划10个小班，面积133.33公顷。采取杉木大径材经营模式，通过林分清理、抚育间伐、补植补造、培蔸抚育等营林措施，达到以培育杉木大径材为主，兼顾发挥水源涵养等生态服务功能的杉木人工林。二是启动德国促进森林可持续经营项目。2018年规划面积255.81公顷，共22个小班，均为杉木林。投入资金155万元，采取抚育间伐、更新和补植等方式，伐除竞争木、差树，补植楠木、栎类等阔叶树种，增加森林树种多样性，达到改善林区森林树种结构，提高项目林区林木质量，形成稳定的可持续永续利用森林，进一步提高森林的生态效益和防护效能。

（陈建林）

人　　物

2018年获评高级专业技术人员表

表39

姓名	性别	出生年月	参加工作时间	工作单位
罗玉林	男	1966.06	1985.08	炎陵县策源乡学校
郭李强	男	1970.05	1992.07	炎陵县第一中学
唐兰茂	男	1972.02	1991.07	炎陵县第一中学
沈清华	男	1970.07	1992.07	炎陵县第一中学
罗红英	女	1968.08	1993.01	炎陵县垄溪乡学校
张剑业	男	1970.04	1994.09	炎陵县鹿原镇东风学校
张武生	男	1975.03	1994.07	炎陵县鹿原镇东风学校
刘爱云	男	1960.10	1979.11	炎陵县鹿原镇学校
戴莉芳	女	1973.10	1996.01	炎陵县鹿原镇学校
罗红兵	男	1977.09	2014.06	炎陵县鹿原镇学校
张列锋	男	1963.09	1982.08	炎陵县沔渡镇石洲学校
许爱民	男	1969.02	1994.07	炎陵县沔渡镇石洲学校
曾月华	男	1970.08	1994.07	炎陵县沔渡镇学校
廖德华	男	1964.10	1983.07	炎陵县沔渡镇学校
肖群英	女	1969.03	1996.07	炎陵县沔渡镇学校
张　敏	女	1979.10	1998.07	炎陵县十都镇学校
凌金兰	女	1972.10	1995.07	炎陵县十都镇学校
扶永华	女	1968.06	1993.01	炎陵县水口镇学校
刘明华	男	1965.10	1993.09	炎陵县水口镇学校
李秋云	男	1971.10	1990.07	炎陵县霞阳镇三河学校
曾快舒	女	1964.03	1981.09	炎陵县霞阳镇学校
尹新才	男	1971.11	1992.07	炎陵县霞阳镇学校
肖建华	男	1972.09	1997.07	炎陵县下村乡学校
沈忠亮	男	1968.04	1985.09	炎陵县中村瑶族乡民族学校
夏永华	男	1965.02	1988.07	炎陵县农业局
石吉华	男	1974.08	1995.09	炎陵县畜牧水产局
段召胜	男	1974.10	1997.07	炎陵县水口中心卫生院
张秀玲	女	1969.08	1994.10	炎陵县中医院

2018年获省、部及厅级以上奖励先进个人

表40

姓名	性别	出生年月	籍贯(乡镇)	获奖时所在工作单位及主要任职	荣誉称号	授奖单位
邱春珍	女	1967.3	炎陵下村	县司法局水口司法所所长	全国人民调解先进工作者	司法部
邱春珍	女	1967.3	炎陵下村	县司法局水口司法所所长	省优秀人民调解员	省司法厅
段琳娟	女	1979.4	炎陵霞阳	县司法局公律股股长	全省三调联动解纠纷防控风险促发展专项调解活动先进个人	省高级人民法院、省公安厅、省司法厅、省信访局
邹艳文	女	1970.10	茶陵	炎县妇幼保健计划生育服务中心(院长)	全省“两癌”检查重点民生实事项目先进个人	省妇女联合会 省卫生健康委员会 省财政厅
杨洪志	男	1973.12	河北邢台	县人民法院执行员	优秀执行员	省高院
钟平熊	男	1983.7	县中村乡	县公安局网络安全与视频侦察大队大队长	个人二等功	省公安厅
罗国友	男	1988.1	县沔渡镇	县公安局红星桥派出所民警	省公安机关维稳安保“百日会战之星”,个人三等功	省公安厅
罗国华	男	1966.6	县水口镇	县森林公安局副局长	个人三等功	省森林公安局
赵　政	男	1973.5	湘潭市	县公安局红星桥派出所所长	全省优秀人民警察,个人三等功	省公安厅
潘旭民	男	1979.9	县船形乡	县森林公安局桃源洞派出所所长	个人三等功	省森林公安局
张建云	男	1968.11	县沔渡镇	县司法局副局长	书法作品获年度全省政法系统“书画诗词摄影展”一等奖	省政法系统书画诗词研究会

先进人物简介

2018年获评“全国人民调解工作先进个人”——邱春珍

邱春珍，女，汉族，1967年3月出生，中共党员，大专学历，现任炎陵县司法局水口司法所所长和水口镇人民调解委员会主任，2018年获评“全国人民调解工作先进个人”。

从1991年9月参加工作至今，邱春珍一直扎根在炎陵县水口镇，1991年9月至1999年12月从事计划生育工作；2000年担任县组织部“百村千户”工作队员；2001年1月进入司法行政队伍。

邱春珍作为一名基层人民调解员，每时每刻都奋斗在矛盾纠纷排查化解的第一线。2014年8月10日上午，外地农民工刘某意外死亡。邱春珍通过矛盾纠纷的排查第一时间知道此事，立即向水口镇政府及相关部门汇报，在镇政府的支持下积极主动主持调解，引导当事人从法律渠道解决问题，经过三天两夜的连续调解，最终达成赔偿协议，避免一场纠纷的恶化。2016年1月21日，策源乡孟某在去浆村村卫生室就诊途中在浆村电站水渠意外溺亡。事故发生后，邱春珍及时汇报并主动介入，经过7天时间的调解，从死者家属首先提出的95万元的赔偿金额，到最后的39.8万元调解成功。

在邱春珍的协调和指导下，近年，水口镇各村相继建立人民调解组织和治保组织，使人民调解工作走上正规化轨道。她也获得领导的高度认可、同事的充分肯定和百姓的真诚爱戴。

荣誉谱

省文明建设先进单位和文明家庭

文明标兵单位

国家税务总局炎陵县税务局

文明单位

县农业局

国网湖南省电力公司炎陵县供电分公司

文明家庭

张爱平家庭

市文明建设先进集体

文明建设标兵单位

炎陵县烟草专卖局(分公司)

文明单位

炎陵县公安局

炎陵县国土局

炎陵县人力资源和社会保障局

炎陵县司法局

株洲欧科亿数控精密刀具股份有限公司

文明村镇

炎陵县十都镇

炎陵县垄溪乡

炎陵县沔渡镇苍背村

炎陵县水口镇协成村

炎陵县策源乡竹园村

炎陵县中村瑶族乡龙渣村

炎陵县下村乡同乐村

文明校园

炎陵县第一中学

炎陵县十都中学

县文明建设先进集体和先进个人

先进单位

下村乡、船形乡、林业局、水利水电局、环境保护局、民政局、住房和城乡规划建设局、扶贫开发办公室、城市管理和行政执法局、旅游和文体广电新闻出版局、党校、机构编制委员会办公室、统计局、政务服务中心、广播电视台、交警大队、森林公安局、妇幼保健计划生育服务中心、国声声学科技股份有限公司、株洲潭龙益友新材料有限公司

先进村

霞阳镇霍家村、霞阳镇黄沙垅村、十都镇洋岐村、十都镇晓东村、中村瑶族乡中村村、垄溪乡龙溪村、垄溪乡茶垅村、下村乡云里村、船形乡高路村、船形乡船形村

先进校园

水口镇中心小学

先进个人

刘明华　李芳林　邓慧玲　李红艳
金小平　阳立斌　张红武　孟秋平
蔡　冰　彭　谊　陈冬荣　李小艳
段秀军　刘云花　赵彦凯　谭车一
饶志华　扶张颖　陈清伟　饶　彬
朱少军　陈一龙　左钟敏　周燕艳
黄海燕　谭新立　刘作华　万　亮
邱晓勇　董京广　张建云　赵传剑
李平芳　罗进军　唐黄友　盘　安
段　骁　张祎蓉　颜　鄗　戴文军
张孝明　唐鸿冰　罗　菲　戴永安
廖桥生　陈子涵　潘颖丽　王小丽
周原芷　陈　全　彭红春　丁俊龙
罗　军　谢朝晖　兰红艳　张闻斌
邹燕栩　唐会建　古业勇　杨桂华
曾利平　唐秀红　陈　坚　周新文
曹伟龙　霍泽荣　罗玉良

离退休干部宣传工作先进单位

全省离退休干部宣传工作先进单位

老干局

社会管理综合治理工作先进单位（乡镇）

市政法工作先进个人

欧庆红　彭　谊　万一鸣

市维护稳定工作先进个人

欧庆红　廖　凌

综治工作先进单位（16个）

沔渡镇、鹿原镇、中村瑶族乡、垄溪乡、策源乡、人社局、国土局、住建局、农业局、林业局、卫计局、炎帝陵管理局、税务局、法院、检察院、公安局

维稳工作先进单位（16个）

霞阳镇、下村乡、财政局、发改局、信访局、教育局、民政局、旅游和文体广新局、城管局、房产局、供销联社、广播电视台、九龙社会事务管理局、司法局、交警大队、森林公安局

综治维稳工作先进个人(30个)

陈唐健 黄子奎 谭翠云 谭德斌
刘章平 李志华 张和生 唐泽华
万一鸣 周华军 钟晓芬 林 友
彭林波 何永红 杨智斌 李建平
张 洁 刘建钧 古育平 王威灵
刘 锋 钟绍辉 刘会学 李卫国
尹卫星 盘 志 韩 俞 刘 纯
周黄群 张满林

2018年炎陵县政法系统获国家省市级以上表彰单位、个人情况表

表41

单位(人员)	荣 誉	授予单位
炎陵县	湖南省平安县	省委办公厅 省政府办公厅
炎陵县	上半年全市信访维稳工作"三无"单位创建活动县市组考核第一名	市信访工作联席会议
县司法局	全国人民调解宣传工作先进集体	全国人民调解员协会
县公安局	全市政法工作先进集体	市委政法委
县法院	株洲市文明单位	市文明委
县检察院	"读书月"活动单位组织奖	市院政治部
办公室	全市检察机关人民监督工作先进集体	市院政治部
县公安局	2018年度全市公安机关工作绩效与队伍建设评估先进单位	株洲市公安局
县公安局	2018年度全市公安机关党风廉政建设先进单位	株洲市公安局
县公安局	全市公安机关'压发案'工作先进单位	市公安局
县公安局指挥中心	全市反恐怖工作先进基层单位	市反恐怖工作领导小组
县公安局国保大队	全市公安机关情报信息工作成绩突出单位	市公安局
县公安局交警大队	2018年度政治建警暨优秀警队创建工作优秀单位	市公安局交警支队
县公安局交警大队	2018年度道路交通安全宣传工作优秀单位	市公安局交警支队
县公安局交警大队	科技信息化先进集体	市公安局交警支队
水口法庭	全市法院先进法庭	市中院
水口派出所党支部	2018年全市公安机关党建工作示范点	株洲市公安局委员会
邱春珍	全国人民调解先进工作者	司法部
邱春珍	省优秀人民调解员	省司法厅
杨洪志	优秀执行员	省高院
段琳娟	全省三调联动解纠纷 防控风险促发展专项调解活动先进个人	省高级人民法院、省公安厅、省司法厅、省信访局
邱春珍	省优秀人民调解员	省司法厅
钟平熊	个人二等功	湖南省公安厅

续表 41

单位(人员)	荣　　誉	授予单位
罗国友	湖南省公安机关维稳安保“百日会战之星”,个人三等功	省公安厅
罗国华	个人三等功	省森林公安局
赵　政	全省优秀人民警察,个人三等功	省公安厅
潘旭民	个人三等功	省森林公安局
张建云	书法作品获年度全省政法系统“书画诗词摄影展”一等奖	省政法系统书画诗词研究会
欧庆红	市政法工作先进个人、市维护稳定工作先进个人	市委政法委 市委维稳工作领导小组
彭　谊	市政法工作先进个人	市委政法委
万一鸣	市政法工作先进个人	市委政法委
廖　凌	市维护稳定工作先进个人	市委维稳工作领导小组
史建平	全市法院个人三等功	市中院
孟平山	岗位能手	市中院
颜　敏	岗位能手	市中院
陈双健	岗位能手	市中院
郑护华	岗位能手	市中院
段友斌	岗位能手	市中院
刘　智	岗位能手	市中院
廖懿颖	全市检察机关人民监督工作先进个人	市院政治部
杨　娟	“读书月”读书心得一等奖	市院政治部
李雪莱	“读书月”读书心得二等奖	市院政治部
肖　婧	全市检察机关政治工作先进个人	市院政治部
左钟敏	全市优秀检察干警	市院政治部
尹书庭	个人嘉奖	市公安局
贺军衡	个人嘉奖	市公安局
吴冰月	个人嘉奖	市公安局
刘军勇	个人嘉奖	市公安局

续表41

单位(人员)	荣　　誉	授予单位
刘剑波	个人嘉奖	市公安局
王　攀	个人嘉奖	市公安局
刘红权	全市反恐怖工作先进个人	市反恐怖工作领导小组
孟建文	全市反恐怖工作先进个人	市反恐怖工作领导小组
刘永平	全市反恐怖工作先进个人	市反恐怖工作领导小组
陈清林	市政法工作先进个人,个人三等奖	市委政法委,市人社局、市中级人民法院 市中级人民检察院、市公安局
黄小平	市十佳司法所长	市司法局
杨海林	株洲市公安局"十佳辅警"	市公安局
刘业宏	个人嘉奖	市公安局
郑英培	个人三等功	市公安局
黄　伟	个人三等功	市公安局
雷　鸣	个人三等功	市公安局
万　亮	个人嘉奖	市公安局
孙　佳	2018年度"十佳交警民警"	市公安局　交警支队
朱振华	"十佳交通辅警"	市公安局　交警支队
候廉文	"十佳交通辅警"	市公安局　交警支队
戴云贵	全市车驾检管理工作先进个人	市公安局　交警支队
高　翔	道路交通安全宣传工作先进个人	市公安局　交警支队
陈　钢	警务保障工作先进个人	市公安局　交警支队
扶世明	事故处理工作先进个人	市公安局　交警支队
羊冬平	路面防控战先进个人	市公安局　交警支队
黄成华	驾驶人考试制度改革工作先进个人	市公安局　交警支队
刘　辉	信息综合与保密工作先进个人	市公安局　交警支队
陈利群	规范执法工作先进个人	市公安局　交警支队

2018年炎陵县农业系统获省市级以上表彰单位、个人情况表

表42

单位(人员)	荣　　誉	授予单位
炎陵县农业局	2018年度农民(素质)教育培训工作先进单位	湖南省农民教育培训工作领导小组办公室
炎陵县农业局	全省农村承包地确权登记颁证工作先进单位(炎陵县)	湖南省农村土地承包经营权确权登记颁证工作联席会议办公室
炎陵县农业局	株洲市文明建设“标兵单位”	中共株洲市委、株洲市人民政府
鹿原镇	2018年省级示范农业产业强镇	湖南省农业委员会

市安全生产工作先进个人

市安全生产先进个人

何永红　男　1970.1　炎陵县安全生产监督管理局

凌朝阳　男　1969.6　炎陵县安全生产监督管理局

教育工作先进单位和个人

2018年炎陵县教育局获省市级以上表彰单位情况表

表43

受奖单位	荣誉称号	授奖单位
县教育局	湖南省生源地信用助学贷款县级学生资助管理中心优秀单位	湖南省学生资助管理中心 国开行助学贷款管理中心湖南分中心
水口镇学校	湖南省农村留守儿童心理健康辅导中心项目先进集体	湖南省妇女儿童发展基金会办公室
县教育局	湖南省职工工间操大赛三等奖	湖南省总工会
县教育局	株洲市脱贫攻坚先进驻村帮扶工作队	中共株洲市委　株洲市人民政府
县教育局	2018年高中学业水平考试先进县市	株洲市教育局
县教育局	株洲市教育扶贫工作先进单位	株洲市教育局
县教育局	教育工会民主管理工作先进集体	株洲市教育工会
县教育局	优秀中小学学科教研基地	株洲市教育局

株洲市“先进教育工作者”

刘建钧　男　1968.6 生　中学高级教师炎陵县第一中学校长

株洲市“优秀教师”

蒋湘江　男　1976.1 生　炎陵县第一中学中学历史一级教师

潘雄英　女　1974.10 生　炎陵中学中学一级教师

邱燕萍　女　1986.12 生　炎陵县中等职业学校中学二级教师

唐丽娇　女　1977.12 生　鹿原镇学校小学数学一级教师

黄丽群　女　1979.3 生　霞阳镇中学中学英语高级教师、副校长

张小军　男　1967.8 生　垄溪乡学校中学物理高级教师

罗小媛 女　1975.2 生　沔渡镇石洲学校小学高级

卢小莲 女　1972.12 生　炎陵县城南小学小学数学一级教师

张琳艳　女　1983.1 生　水口镇学校中学语文一级教师

邝水平　男　1973.9 生　下村乡学校

何谢平　女　1989.9 生　中村瑶族乡平乐学校中学语文二级教师

炎陵县“第三届敬业奉献道德模范”

罗新旭　男　1967 年生　船形乡学校教师

炎陵县 2018 年“十大杰出教师”

叶昌奇　男　1976.8 生　炎陵一中物理教师

谢华勤　男　1975.11 生　炎陵一中语文教师

唐兰茂　男　1972.2 生　炎陵一中生物教师

戴诗金　男　1974.8 生　炎陵一中语文教师

伍秋燕　女　1974.7 生　明德小学英语教师

邓颖蕙　女　1984.10 生　城南小学数学教师

蒋　艳　女　1977.10 生　霞阳镇中学数学教师

张春秀　女　1965.3 生　十都镇学校语文教师

李建平　男　1968.12 生　垄溪乡学校校长

黄红玉　女　1973.10 生　霞阳镇三河中学教师

2018年炎陵县教育局获省市级以上表彰单位情况表

表44

受奖单位	荣誉称号	授奖单位
炎陵县统计局	贫困监测调查(优秀)	国家统计局湖南调查总队
炎陵县统计局	农业工作(优秀)	株洲市统计局
炎陵县统计局	计算站工作(优秀)	株洲市统计局
炎陵县统计局	分析研究工作(良好)	株洲市统计局

2018年县第三十七届青少年科技创新大赛一等奖、优秀科技辅导员奖、优秀组织奖获奖名单

项目类一等奖

表45

作品名称	作　者	学　校
气体对外做功实验的改进	谭润锋	鹿原镇学校
多功能能量转化小车	谭润锋	鹿原镇学校
自动净水抽水系统	罗嘉伟	鹿原镇学校
趣味USB小玩意	谭润锋	鹿原镇学校
太阳能便捷式自动热水杯	李　文	鹿原镇学校
光的反射和折射综合演示器	饶露苗	鹿原镇学校
探究板栗的保存方法	罗嘉伟	鹿原镇学校
八路抢答器	黄　苏	职　校
门锁附加报警器	陈　统	船形乡学校
轻巧组合垃圾斗	黄靓婷	船形乡学校
省力解难机	李臣丽　李家美　黄馨怡	船形乡学校
自动洒水扫把	唐　霞　范　欣	船形乡学校
多功能便利伸缩夹	孙龙玲	船形乡学校
插卡式存钱罐	黄精灵	船形乡学校
挡油锅铲	江　莹　段佳维	船形乡学校
自动开关水龙头	江玉珍	船形乡学校
笔热器	刘唐玲	船形乡学校
切段切片夹具	王　琳	船形乡学校
试卷分类文件架	王　琳	船形乡学校
水火箭	潘　勇　谭家俊	炎陵一中

实践活动一等奖

表 46

作品名称	作　者	学　校
农村贫困学生心理探究报告	鹿原镇科技创新小组	鹿原镇学校
走进环保中的学科教育	船形乡学校环保小组	船形乡学校
“泥塑”实践活动	六年级学生	船形乡学校
探究盆景栽培实践活动	鹿原镇科技创新小组	鹿原镇学校

科幻画一等奖

表 47

作品名称	作　者	学　校
七彩芬芳环保衣	廖珂欣	明德小学
未来的世界	罗旖彤	明德小学
七彩苹果机房	叶　欣	水口学校
纳米合成治愈器	刘家森	水口学校
智能清新口罩	李芳文	水口学校
太阳能转换器	兰佳乐	十都镇小学
雾霾吸尘器	郭宇祺	中村瑶族乡平乐学校
吸尘鞋	何承平	沔渡镇石洲学校
多功能海水转化器	曾繁荣	十都镇中学
变废为宝	邱晴怡	下村乡学校
护菜机器人	陈　欣	船形乡学校
大型过滤器	李家美	船形乡学校
天气调控器	杨佩仪	城南小学
动物自动喂养打扫管理器	邓予浩	城南小学
新型灭火器	黄梓航	城南小学
无痕粘贴板	唐灏芸	城南小学
自动调温灌养花盆	罗张瑞熙	城南小学
电子烟花	凌欣怡	城南小学
真空调温车	吴　瑜	城南小学
奇艺园	戴雨欢	城南小学

优秀科技辅导员奖

李春野
罗玉林
罗新旭
邓红梅
徐　琴
汤丽红

优秀组织奖

船形乡学校
明德小学
鹿原镇学校

2018年县在市第三十八届青少年科技创新大赛一等奖、二等奖、三等奖、科技辅导员奖、优秀科技教师奖、优秀组织奖获奖名单

创新成果

表48

一等奖

作品名称	作　者	组别	学　校	指导老师
气体对外做功实验的改进	谭润锋	初中	炎陵县鹿原镇学校	罗玉林
自动开关水龙头	江玉珍	初中	炎陵县船形乡学校	徐　琴

二等奖

作品名称	作　者	组别	学　校	指导老师
光的反射和折射综合演示器	饶露苗	初中	炎陵鹿原镇学校	罗玉林
插卡式存钱罐	黄精灵	初中	炎陵船形乡学校	邓红梅
省力运水机	李臣丽　李家美	小学	炎陵县船形乡学校	罗新旭　汤丽红

三等奖

作品名称	作　者	组别	学　校	指导老师
八路抢答器	黄　苏	高中	炎陵县职校	刘　剑
太阳能便捷式自动热水杯	李　文	初中	炎陵县鹿原镇学校	罗玉林
自动净水抽水系统	罗嘉伟	初中	炎陵县鹿原镇学校	罗玉林
自动洒水扫把	唐　霞　范　欣	初中	炎陵县船形乡学校	罗新旭　戴佳星
切段切片夹具	王　琳	初中	炎陵县船形乡学校	徐　琴

实践活动

表 49

二等奖

作品名称	作　者	组别	学　校	指导老师
探究盆景栽培实践活动	鹿原镇科技创新小组	初中	炎陵县鹿原镇学校	邹晓辉　张幼燕　罗玉林
“泥塑”实践活动	六年级学生	小学	炎陵县船形乡学校	戴佳星　朱代强

三等奖

作品名称	作　者	组别	学　校	指导老师
走进环保中的学科教育	船形乡学校环保小组	小学	炎陵县船形乡学校	周欣沿　黄泽平
农村贫困学生心理探究报告	鹿原镇科技创新小组	小学	炎陵县鹿原镇学校	邹晓辉　张幼燕　罗玉林

科幻画

表 50

二等奖

作品名称	作　者	组别	学　校	指导老师
纳米合成治愈器	刘家森	初中	炎陵水口学校	王　君
智能清新口罩	李芳文	初中	炎陵水口学校	王　君
奇艺园	戴雨欢	小学	炎陵城南小学	李春野
未来的世界	罗旖彤	小学	炎陵明德小学	张　红

三等奖

作品名称	作　者	组别	学　校	指导老师
护菜机器人	陈　欣	小学	炎陵船形乡学校	朱代强
大型过滤器	李家美	小学	炎陵船形乡学校	朱代强
吸尘鞋	何承平	小学	炎陵沔渡镇石洲学校	谭晶晶

科技创意

表 51

三等奖				
作品名称	作　者	组别	学　校	指导老师
多功能鱼缸	段卢荣	初中	炎陵县鹿原镇学校	罗玉林
一种新型道路发电装置的设计	罗嘉伟	初中	炎陵县鹿原镇学校	罗玉林

科技辅导员项目

表 52

一等奖			
作品名称	作　者	组别	学　校
多用板书划线器	罗新旭	小学	炎陵县船形乡学校
二等奖			
作品名称	作　者	组别	学　校
人体呼吸体验教具	周欣沿	中学	炎陵县船形乡学校
探秘泥塑技艺,弘扬民间传统文化	戴佳星	中学	炎陵县船形乡学校
三等奖			
作品名称	作　者	组别	学　校
农村学校学生“科技创新”能力培养的研究	罗新旭	小学	炎陵县船形乡学校
自制油量表	罗玉林	中学	炎陵县鹿原镇学校
贫困山区留守儿童心理调查活动方案	罗玉林	中学	炎陵县鹿原镇学校

优秀科技教师奖

罗新旭

优秀组织奖

炎陵县科协

2018年炎陵县在省第三十九届青少年科技创新大赛的获奖名单

科技辅导员项目

表53

三等奖

项目名称	申报者	项目类别	组别	地区	单位名称	获奖等级
探秘泥塑技艺,弘扬民间传统文化	戴佳星	科教方案	小学	株洲	炎陵县船形乡学校	三等奖
农村学校学生“科技创新”能力培养的研究	罗新旭	科教方案	小学	株洲	炎陵县船形乡学校	三等奖
自制油量表	罗玉林	科教制作	初中	株洲	炎陵县鹿原镇学校	三等奖

县党、政及各部门、单位负责人名录

中共炎陵县委及其工作部门负责人

中共炎陵县委员会

书　　记　黄诗燕
副 书 记　文专文
　　　　　饶祥明
常　　委　黄诗燕
　　　　　文专文
　　　　　饶祥明
　　　　　黄建中
　　　　　谭新林
　　　　　文　斌
　　　　　彭　志
　　　　　刘继承
　　　　　夏胜利
　　　　　杨　慧（女）
　　　　　吴文静（—2018.06）
　　　　　周忠东（—2018.04）
　　　　　张建武（2018.06—）
　　　　　谭运平（—2018.11）
委　　员（按姓氏笔画排序）
　　　　　文　斌
　　　　　文专文
　　　　　叶敏亮
　　　　　刘永初
　　　　　刘宝光
　　　　　刘继承
　　　　　刘智勤
　　　　　李园平
　　　　　杨　慧（女）
　　　　　杨红兵
　　　　　吴文静（—2018.06）
　　　　　邱佐军
　　　　　何永红
　　　　　沈红星（女）
　　　　　张建武（2018.06—）
　　　　　陈黎明
　　　　　欧阳波（女）
　　　　　欧阳鹏志
　　　　　罗绍吉
　　　　　周桥梁
　　　　　周忠东（—2018.04）
　　　　　孟文军
　　　　　饶祥明
　　　　　贺春福
　　　　　夏胜利
　　　　　唐厚雄

黄卫兵
黄诗燕
黄建中
盘晓文
彭　志
彭林波
曾宪昌
谭红波
谭新林
潘泽旺
戴诗平

县委候补委员　张爱军
尹志发
尹志峰
古育平(女)
唐卫红
吴红兰(女)
李志华

中共炎陵县纪律检查委员会

书　记　文　斌
副书记　欧阳波(女)
刘章平
周福平
常　委　周　红(女)
罗建群
叶　茂(–2018.10)
陈新平
廖俊敏(–2018.10)
廖明智(2018.10–)
委　员(按姓氏笔画排序)
古红果
刘方弘
刘洪文
杜志亮
邹厚晴
张光先
陈贻芳
胡建武
钟诗华
段友斌
彭卉春
曾祥开
廖俊文
廖媛香(女)
谭爱辉
谭楚建

监察委员会

主　任　文　斌
副主任　欧阳波(女)
刘章平
周福平
委　员　罗建群
陈新平
廖俊敏(–2018.10)
兰华清
粟　博

巡察办

主　任　陈扬立(–2018.05)
副主任　郭　峰

巡察组

第一巡察组组长　蓝盛芳(女)
副组长　段晓刚

第二巡察组组长 叶　茂
副 组 长 谭冬平

县委办公室

主　　任 黄建中
常务副主任 贺　勇
副 主 任 陈唐健
陈　果(—2018.02)
郭远宁(—2018.10)
陈德旺(2018.02—)
派驻纪检组长 唐　荡

改革办

专职副主任 刘明华

政研室

主　　任 张和生(—2018.02)

县直机关工委

书　　记 邝菊香(女)
副 书 记 李龙龙

保密局

局　　长 陈唐健

机要局

局　　长 陈远见

接待办

主　　任 林巧建(女)

组织部

部　　长 刘继承
副 部 长 李志华(常务)
唐勇斌
张孝红(女,兼)
罗　乐(兼)

宣传部

部　　长 杨　慧(女)
副 部 长 谭伟平(常务)
唐　勇
陈跃玲(女,兼)

统战部

部　　长 彭　志
副 部 长 段玫玫(女,常务)
唐泽华

台湾工作办公室(县人民政府台湾事务办公室)

主　　任 彭卉春
副 主 任 陈冬荣(女,2018.02—)

归国华侨联合会

主　　席 李芳林(女,2018.10-)

政法委

书　　记 谭新林
常务副书记 欧庆红(2018.10—)
副 书 记 欧庆红(—2018.10)
陈建平(2018.10—)

综治办

主　　任　万一鸣(—2018.02)
副 主 任　廖　凌

维稳办

副 主 任　钟晓芬

县委防范和处理邪教问题领导小组办公室

主　　任　彭　谊(女)
副 主 任　钟晓芬(女)

机构编制委员会办公室（县事业单位登记管理局）

党组书记、主任　周华军
登记局局长　吴松香(女)
副 主 任　彭建国

信访局

局　　长　唐刘玉(女)
副 局 长　刘　林(—2018.02)

老干部局

局　　长　罗　乐
副 局 长　余建英(女)
　　　　　刘建平

档案史志局

局　　长　周雁辉(女)
党组书记　彭聪林
党组成员、副局长　钟小华(2018.02—)
副 局 长　贾利群(女)

党校(行政学校)

校　　长　罗绍吉
副 校 长　刘声华
　　　　　万莉萍(女)
炎帝文化研究会办公室主任
　　　　　饶秋花(女,—2018.10)
　　　　　万奇峰(女,2018.10—)

炎陵县第十七届人民代表大会常委会、常委会工作机构负责人

县人大常委会

主　　任　戴诗平
副 主 任　廖子强
　　　　　张金华(女)
　　　　　吴先德
　　　　　曾宪昌
　　　　　刘福贵
委　　员　黄子奎
　　　　　彭佩春(女)
　　　　　卢建华
　　　　　段　宏
　　　　　罗亚敏(女)
　　　　　罗晓亮
　　　　　张兴林
　　　　　陈文娟(女)
　　　　　张美华(女)
　　　　　古育平(女)
　　　　　唐海洋
　　　　　何美琪(女)
　　　　　陈冬荣(女)
　　　　　邓臣辉

罗文中
罗辉华
尹新建

县人大常委会办公室

主　　任　黄子奎
副 主 任　罗燕翎(女)
　　　　　陈建军

财政经济(预算)委员会

主　　任　罗晓亮
预算工作委员会副主任　唐　晔

教育科技文化卫生工作委员会

主　　任　段　宏

选举任免联络工作委员会

主　　任　罗亚敏(女)
副 主 任　李芳林(女,—2018.10)

农村工作委员会

主　　任　张兴林

法制委员会(内务司法工作委员会)

主　　任　彭佩春(女)
副 主 任　段玲燕(女)

城乡建设环境资源保护委员会

主　　任　盘红卫
副 主 任　段小文

炎陵县人民政府及工作部门负责人

县人民政府

县　　长　文专文
副 县 长　夏胜利
　　　　　盘晓文
　　　　　谭红波
　　　　　陈黎明
　　　　　沈红星(女)
　　　　　罗光辉
　　　　　杨红兵
　　　　　贺春福
　　　　　唐　迅
县长助理　阳子锡(—2018.10)
副县级干部　阳子锡
　　　　　霍志刚
副调研员　谭小武

县政府办公室

主　　任　谭翠云
副 主 任　陈遒华(兼,—2018.10)
　　　　　唐刘玉(女,兼)
　　　　　朱品鑫
　　　　　谷兢兢(女,—2018.02)
　　　　　陈林曲(女,—2018.02)
　　　　　黄　浩
　　　　　杨丽晴(女,2018.10—)
法制办副主任　张利勇
金融办副主任　葛　炎
派驻纪检组组长　周卫明
民宗局副局长　余　杰　(2018.02—)

统计局

党组书记、局长　李平勇
党组副书记、副局长　余建斌(女)
普查中心主任　余小勇
经济社会调查中心主任　段玲艳(女)

市场服务中心

主　　任　段　翔

发展和改革局

党组书记、局长　潘泽旺
党组成员、副局长　段海波
曾志坚
黄海燕(女)

“两型社会”建设综合配套改革领导小组办公室

主　　任　刘海平(—2018.10)

教育局

党委书记、局长　谭慧林
党委委员、副局长　潘　敏
张雄飞
廖俊敏(2018.10—)
教育督导室副主任督学　段立新

经济科技信息化和商务粮食局

党组书记、局长　刘智勤
党组成员、副局长　黄明辉
唐　军
资小明
党组成员、派驻纪检组长　唐会斌
副　局　长　刘　娜(女)
张海英(女)
中小企业创业园管理办公室主任
邓利鄢

公安局

党委书记、局长　谭红波
党委副书记、政委　谭小武
党委副书记、常务副局长　罗顺林
党委委员、副局长　陈清林
张朝安
凌　礼
党委委员　谢立中
彭卫华
胡建武
党委委员、政工监督室主任　罗志勇

交警大队

大　队　长　谢立中
副大队长　杨　立
邱晓勇

民政局

党组书记、局长　孟文军
党组副书记、副局长　唐荣跃
副　局　长　杨武斌

慈善总会办公室

主　　任　黄秀丽(女)

老龄工作委员会办公室

主　　任　项勤花(女,—2018.9)

司法局

党组书记、局长 谭建良(—2018.03)
局　　　长 谷兢兢(女,2018.03—)
党 组 书 记 尹志发(2018.02—)
党组成员、副局长 向　凯(女)
副 局 长 张建云

财政局

党组书记、局长 刘宝光
党组成员、副局长 郭远红
赵传剑
党组成员、县纪委派驻纪检组长
胡　亮
总 会 计 师 张岳红

非税收入征收管理局

局　　　长 戴萍艳(女)

国库集中支付核算中心

主　　　任 霍　绚(女)

农业综合开发办公室

主　　　任 周江华

人力资源和社会保障局

党组书记、局长 张孝红(女)
党组副书记、副局长 房柳红(女)
党组成员、副局长 邓纪平
雷伯茂

社会劳动保险事业管理局

局　　　长 唐　曦

机关事业社会保险局

局　　　长 刘　洪

城乡居民医疗保险管理服务中心

主　　　任 程　燕(女)

城乡居民养老保险局

局　　　长 唐云清

人力资源服务中心

主　　　任 饶　彬(—2018.02)
陈文娟(女,2018.02—)

国土资源局

党组书记、局长 陈贻芳
党组成员、副局长 谭思源
党组成员、总经济师 唐　冰
党组成员、总工程师 李　方
党组成员、执法监察大队队长
霍辉军

环境保护局

党组书记、局长 万文华
副 局 长 王　波
申红英(女)
总 工 程 师 张　兴

住房和城乡建设规划局

党组书记、局长 唐卫红
党 组 成 员 廖俊文
党组成员、副局长 郭生平
何向荣

刘彩东
党组成员、总工程师 李平芳

房产管理局

党组书记、局长 叶敏亮
党组成员、副局长 罗卫中
罗丛林(2018.02—)
副局长 李建英(女)

自来水公司(供水中心)

经理 何斌
书记 谭一鸣

园林绿化管理局(湘山森林公园管理局)

局长 邓小军

城市管理和行政执法局

党组书记、局长 张国平
党组成员 刘李德
唐勇(2018.02—)
副局长 刘李德
唐勇

城市管理行政执法大队

大队长 罗进军
党支部书记 张文英(女)

城市环境卫生管理处

主任 尹志强(—2018.10)
刘林(2018.10—)
党支部书记 张嵩

交通运输局

党组书记、局长 林友
党组成员、副局长 谭文武
马玲
副局长 唐群
党组成员、总工程师 张海赟

道路运输管理所

所长 兰全义
党支部书记 傅华文(—2018.05)

农村公路管理站

站长 刘朝鸿(—2018.10)
支部书记 钟剑(—2018.05)

公路局

党总支书记、局长 唐东(—2018.05)
副局长 饶胜志(主持工作,2018.10—)
段江霞(女)
余长志

农业局(农村工作办公室)

党委书记、局长、农办主任 陈建伟
党委委员、副局长 江鄗生
李春生
袁力生
邹盛华
党委委员、派驻纪检组长 张光先
总农艺师 周意全
农办副主任 苏文辉

农村能源领导小组办公室

主　　任　钟志文

湖南省农业广播电视学校炎陵县分校

校　　长　罗永亮(女)

农村经济管理服务站

站　　长　钟小华(—2018.02)
　　　　　李芳松(2018.02—)
副 站 长　叶瑞波(2018.03—)

畜牧兽医水产局

党组书记、局长　罗双宝
党组成员、副局长　罗晓松
　　　　　颜　鄗
　　　　　罗小乐(女)

农业机械管理局

党组书记、局长　蔡　敏
党组副书记、副局长　张友源
党组成员、副局长　段湘华
副 局 长　刘书林

林业局

党委书记、局长　周桥梁(—2018.03)
　　　　　唐松华(2018.03—)
副书记、副局长　戴文军
党委委员、副局长　刘跃华(—2018.02)
党委委员、木材检查总站站长
　　　　　唐晓红
党委委员　彭卫华
总工程师　万跃华
木材行业管理办公室主任　李芳松(—2018.02)
林业执法大队队长　郭远发
林权管理服务中心主任　张洪平

森林公安局

局　　长　彭卫华
副 局 长　罗国华
　　　　　刘利平
　　　　　杨道威

水利水电局

党委书记、局长　彭林波
党委委员、副局长　龙飞跃
　　　　　邱电新
总工程师　张孝明

移民局

局　　长　李仕儒

水土保持局

局　　长　饶红明

水利水电建设投资有限责任公司

总 经 理　唐海洋

河东灌区管理局

局　　长　曾　毅

旅游和文体广电新闻出版局(县版权局)

党组书记、局长　吴集会
党组成员、副局长　谭林君

罗立斌
钟定军
戴禄芳
副 局 长 刘留燕(女)
黄志坚(挂职)

文化市场综合执法大队

大 队 长 吴笑鲁
副大队长 刘才武

文物局

局 长 周新桃(女)
副 局 长 唐建英(女)
潘军平

红军标语博物馆

馆 长 杨双艳(女)

中国工农红军革命活动炎陵纪念馆

馆 长 雷军建

广播电视台

党组副书记、副台长(主持工作)
肖美群(女)
副 台 长 梁艳辉(女)
魏 敏(—2018.10)
总工程师 谭湘拓(—2018.10)
魏 敏(2018.10—)

卫生和计划生育局

党委书记、局长 尹志发(—2018.03)
谭建良(2018.03—)
党委委员、副局长 周楹辉
孟祥东
副 局 长 唐立军

卫生计生综合执法监督局

局 长 谢睿平
副 局 长 陈文波
张红艳
唐小丽

计划生育协会

会 长 曾筱萍(女)
常务副会长 戴德新
副 会 长 廖 波
秘 书 长 朱淑珍(女)

审计局

党组书记、局长 古红果
党组成员、副局长 邝日晖
谭卫华
经济责任审计工作领导小组办公室专职副主任
黄群英(女)

食品药品工商质量监督管理局

党组书记、局长 徐 斌
党组成员、副局长 兰小平
张 军
李建华
潘德文
罗秋塔

食品药品和质量技术检验检测所

所　　长　张志学

安全生产监督管理局

党组书记、局长　何永红
党组成员、副局长　杨红喜
副 局 长　谷满仓
总工程师　凌朝阳

民爆器材经营有限责任公司

董 事 长　刘红卫
经　　理　廖常平
业务经理　李　涛

人民防空办公室

主　　任　邱华丽（女）
副 主 任　罗建林

炎帝陵管理局

党组书记　李园平（2018.02—）
局　　长　李园平
副 局 长　陈立忠
唐日静（女）
刘　琦

桃源洞自然保护区管理局（神农谷国家森林公园管理局）

党组书记、局长　黄卫兵
党组副书记、副局长　杨书林
党组成员　张小波（2018.02—）
杨智斌（2018.02—）
副 局 长　张小波
杨智斌

政务服务中心

主　　任　陈遒华（—2018.10）
盘建军（2018.10—）
副 主 任　邓明良
邱新平（—2018.10）
陈　果（2018.10—）
唐　辉

供销联社

党委书记、理事会主任　江祥华
党委委员、理事会副主任　谭林发
丁俊龙
唐　鹃（女）
联合社监事会主任　胡红艳（女，2018.10—）

扶贫开发办公室

党组书记、主任　罗金亮
副 主 任　胡红艳（女，—2018.10）
张海南

城市建设投资经营有限责任公司

董 事 长　刘红卫
总 经 理　王威灵（—2018.02）
监 事 长　谢朝晖（女）

政协炎陵县九届委员会及机关负责人

中共政协炎陵县委员会党组

党组书记　欧阳鹏志
副 书 记　彭　志

黄建林(—2018.02)
成　　员　黄建林
谭芳林
谭德斌

政协炎陵县委员会

主　　席　欧阳鹏志
副 主 席　黄建林
谭芳林
刘留燕(女,兼)
唐瑜云(兼)
邱华丽(女,兼)
秘 书 长　谭德斌
常务委员　史建平
刘　娜(女)
刘　琦
朱品鑫
李红艳(女)
余永红(女)
陈明兴
张　谦
谷兢兢(女)
欧阳友诚
卓　玲(女)
周福平(2018.01—)
段玫玫(女)
唐立军
唐日静(女)
唐李佳(女)
唐勇斌(2018.01—)
黄志华
梁艳辉(女)
谭爱武
谭湘东(—2018.01)

政协炎陵县委员会办公室

主　　任　谭德斌
副 主 任　胡爱萍(女,2018.02—)

提案工作委员会

主　　任　李红艳(女)
副 主 任　谭林芳(女)

经济科技委员会

主　　任　余永红(女)
副 主 任　万曼红(女)

学习文史委员会

主　　任　陈明兴
副 主 任　刘淑琼(女)

联谊法制群团委员会

主　　任　欧阳友诚
副 主 任　谭鹏丽(女)

县人民法院、人民检察院负责人

人民法院

党组书记、院长　刘永初
党组副书记、副院长　申群华
党组成员、副院长　曾寿南
副 院 长　史建平
党组成员、执行局局长　段友斌

审判委员会专职委员　房元平
　郑护华
水口法庭庭长　王丽荣（女）
王家渡法庭庭长　廖超光

检察院

党组书记、检察长　唐厚雄
党组副书记、副检察长　廖　勇
副检察长　张新平
党组成员、副检察长　刘方弘
　刘　娟（女）
党组成员、政工科长　康朝晖（女）

各民主党派、群众团体负责人

总　工　会

党组书记、主席　曾宪昌
党组副书记、副主席　赵思渊（—2018.10）
副主席　陈扬立（2018.10—）
　罗嫣玲（女，兼）

共青团炎陵县委

书记　钟典华（2018.10—）
副书记　谢丽丽（女，—2018.10）
　钟典华（2018.2—2018.10）
　罗李翠（女，2018.10—）

妇女联合会

主席　刘金艳（女）
副主席　张丽明（女）

工商业联合会第十三届执行委员会

主席　唐瑜云
党组书记　段玫玫（女）
副主席　罗兰芳
　马　遥
　王树生
　邝卫华
　吴碧石
　张树成
　李来志
　李佳财
　陈小真
　陈月英（女）
　陈　平
　周小勇
　曾庆明
　谭芳华
秘书长　张利艳（女）

总商会

会长　唐瑜云
副会长　罗兰芳
　李陈辉
　周云春
　谭顺林

残疾人联合会

党组书记、理事长　古育平（女）
副理事长　罗群亮

科学技术协会

主席　李来发
副主席　金映红（女）

红十字会

会　　长　沈红星(女)
常务副会长　张金华(女)
副 会 长　段凌智(女)

文学艺术界联合会

主　　席　何美琪(女)

炎帝(炎陵)文化研究会

会　　长　周新发(—2018.10)
　　　　　唐青平(2018.10—)
副 会 长　廖子强
　　　　　黄建林
　　　　　曾见欣
　　　　　谭忠诚
　　　　　谭伟平

个私协会

会　　长　谭德发
副 会 长　罗伶书(女,常务)
　　　　　宁文贵

电商协会

会　　长　任金伟
执行会长　邓　锋
副 会 长　刘向荣
　　　　　张立峰
　　　　　王良洪
　　　　　凌平辉
　　　　　黄华平
秘 书 长　李　成

省、市驻炎陵机构负责人

国税局

党组书记、局长　蒋学军
党组成员、副局长　谭德生
　　　　　　　　罗海鹰
党组成员、纪检组长　曾晓军

地税局

党组书记、局长　刁云胜
党组成员、副局长、纪检组长　尹　菁
党组成员、副局长　张闻斌
　　　　　　　　陈清海

交通建设质量安全监督局

党支部书记、局长　朱龙彪
副 局 长　罗志德

烟草专卖局(分公司)

党组书记、局长、经理　刘立红(—2018.02)
　　　　　　　　　　王广福(2018.03—)
党组成员、纪检组长　李　创
党组成员、副经理　唐　亮(—2018.02)
　　　　　　　　谭　军(2018.02—)
党组成员、副局长　唐　亮(2018.02—)

国网湖南省电力有限公司炎陵县供电分公司

总 经 理　叶文浩(—2018.10)
党委书记　雷　红

纪委书记　陈鄢华
副总经理　陈文乾
　　　　　刘　波

中国电信股份有限公司炎陵分公司

总经理　王平华
副总经理　李建军
　　　　　廖志升

中国移动通信集团湖南有限公司株洲市炎陵县分公司

经理　王先琴（2018.08—）
副经理　陈　凯（主持工作，2018.02—2018.08）
　　　　刘建文（2018.06—）

中国联通网络通信有限公司炎陵分公司

总经理　颜　笑（—2018.11）
　　　　曾德盛（2018.11—）
总经理助理　刘烈胜

中国邮政集团公司湖南省炎陵县分公司

总经理　罗　建（—2018.05）
　　　　杨建武（2018.05—）
副总经理　王　旭
　　　　　廖卫华（—2018.08）
　　　　　程日清（2018.08—）
　　　　　闫振兴（2018.09—）

气象局

局长　杨昌顺
副局长　李　望
副局长、纪检组长　尹劲松

水文水资源局

局长　罗智刚

湘运集团炎陵分公司

经理　刘　波（—2018.04）
　　　刘海峰（2018.05—）
支部书记　江先成（—2018.08）
　　　　　钟红兵（2018.12—）

中石化炎陵石油分公司

党组书记、经理　黄建文
副经理　杨　旭（2018.01—）
经理助理　姜海山

湖南省新华书店有限责任公司炎陵县分公司

经理　朱　建
副经理　孟　忾

盐务公司（湖南省轻工盐业集团有限责任公司炎陵支公司、湖南盐业股份有限公司炎陵县分公司）

经理　吴铁坚

中国建设银行炎陵支行

行长　邹　蓉（女，—2018.05）
　　　胡建勇（2018.05-2018.11）
　　　邓湘民（2018.11—）
副行长　扶利新

湖南炎陵农村商业银行

党委书记、董事长　李国赐（—2018.10）

党委副书记、行长　刘纳新
党委委员、监事长　邓小红
党委委员、副行长　周卫华
　　　　　　　　　刘小义
行长助理　陈苏军

中国工商银行股份有限公司炎陵支行

行　　长　向　前(—2018.07)
　　　　　袁　艳(女,2018.07—)
副行长、纪检委员　周华平
副行长　谭群祥

中国农业银行股份有限公司炎陵县支行

行　　长　欧阳东玲(女,—2018.01)
　　　　　王宗林(2018.02—)
纪检委员　谭军文
副行长　罗巧兰(女,2018.03—)

中国邮政储蓄银行炎陵县支行

行　　长　刘　伟
副行长　赵　维(2018.08—)

中国人寿炎陵支公司

经　　理　王丰成
副经理　唐建辉(女)
　　　　谭江峰(2018.01—)

中国人保财险炎陵支公司

经　　理　龙翔坤
副经理　王　可
　　　　叶　佳

中联财保炎陵支公司

经　　理　邹　勇

中国铁路南昌局集团有限公司炎陵车站

站　　长　易文辉

株洲市住房公积金管理中心炎陵县管理部

主　　任　廖辉斌

县委、县政府派出机构

九龙工业园管委会

党工委书记　何美存
管委会主任　周桥梁
党工委副书记、管委会副主任
　　沈新文
党工委专职副书记兼纪工委书记
　　扶学勇
党工委委员、管委会副主任
　　唐　鑫
党工委委员、招商产业科科长
　　刘　芳(女)
党工委委员、办公室主任
　　黄建云
九龙社会事务管理局局长
　　张　林

公司负责人

炎帝盛世旅游发展有限公司
董 事 长　彭 程

湖南天韵旅游发展有限公司
董 事 长　饶胜志(—2018.10)
唐巧锋(—2018.05)
饶秋花(2018.10—)

湖南神农洞天旅游开发有限公司
董 事 长　彭 钢
总 经 理　谭光耀
副总经理　蔡 帅

学校、医院负责人

炎陵县第一中学
校　　长　刘建钧
副 校 长　曹 燕
王忠诚

炎陵中学
校　　长　吉登明
副 校 长　唐曼喜
宋 艳(女)

炎陵县职业技术学校
校　　长　段小云
党支部书记　冯芳芳(女)
副 校 长　段小平
罗春耕

人民医院
院　　长　李建平
党总支书记　杨政钧
副 院 长　周文佑
徐永雄
李学峰

中医院
院　　长　张 洁
党支部书记　黄有勇
副 院 长　陈松云
彭 恒
石 明

疾病预防控制中心
主　　任　刘洪波(女)
党支部书记　陈小花(女)

妇幼保健计划生育服务中心
主任、院长　邹艳文(女)

皮肤病防治所
所　　长　李小发

乡镇、场负责人

霞阳镇
党委书记　尹志峰

党委副书记、镇长　罗剑锋(—2018.10)
　　吴新勇(2018.11—)
党委副书记　罗智勇
党委委员、人大主席　段秀军
党委委员、纪委书记　谭爱辉
党委委员、组织委员　罗霄虹(女)
党委委员、副镇长、武装部长　刘　锋
党委委员、政协联络工作负责人
　　项声羽
党 委 委 员　肖美林(女)
副　镇　长　黄林波
　　肖晓云(女)

鹿原镇

党 委 书 记　张爱军
党委副书记、镇长　刘　章
党委副书记　陈德望(—2018.02)
　　刘海平(2018.10—)
党委委员、人大主席　潘念东
党委委员、纪委书记　石耀发
党委委员、组织委员　李　磊
党委委员、副镇长、武装部长　唐　鹏
党委委员、政协联络工作负责人　钟典华(—2018.02)
　　杨　柳(2018.02—)
党 委 委 员　刘会学
副　镇　长　兰格萍(女)
　　霍科勇(2018.03—)

水口镇

党 委 书 记　邱佐军
党委副书记、镇长　刘芳平
党委副书记　陈利民
党委委员、人大主席　谭县军
党委委员、纪委书记　林奇志
党委委员、组织委员　戴孟君(女,—2018.06)
党委委员、副镇长、武装部长　尹卫星
副镇长、政协工作联络负责人　张丽峰(女)
党 委 委 员　张朱平(2018.02—)
副　镇　长　邱建明

沔渡镇

党 委 书 记　张　魏
党委副书记、镇长　刘利辉
党委副书记　潘廷勋
党委委员、人大主席　唐根武
党委委员、纪委书记　廖媛香(女)
党委委员、组织委员　陈招平
党委委员、武装部长　吴　伟(2018.02—)
党委委员、政协联络工作负责人
　　张会群(女)
党 委 委 员　钟绍辉
副　镇　长　吴　伟(2018.03—)
　　朱钢林
　　赵彦凯(2018.03—)

十都镇

党 委 书 记　刘晓斌
党委副书记、镇长　吴新勇(—2018.10)
　　郭远宁(2018.11—)
党委副书记　刘　勇(—2018.02)
　　钟诗华(2018.02—)
党委委员、人大主席　张勇辉
党委委员、纪委书记　雷能华
党委委员、组织委员　刘　婷(女)
党委委员、副镇长、武装部长　尹剑文
党委委员、政协工作联络负责人
　　谭文林(—2018.02)

刘洪文（2018.02—）
党委委员 李卫国
副镇长 王钊
谭车一

船形乡

党委书记 陈建平（—2018.10）
罗剑峰（2018.10—）
党委副书记、乡长 张圣
党委副书记 陈一龙
党委委员、人大主席 张美华（女）
党委委员、纪委书记 张辉军
党委委员、组织委员 王华军
党委委员、副乡长、武装部长 张满林
副乡长、政协联络处负责人 段丹（女）
副乡长 郑建斌

垄溪乡

党委书记 徐永前
党委副书记、乡长 魏振军
党委副书记 饶志华
党委委员、人大主席 李琦
党委委员、纪委书记 张剑勇
党委委员、组织委员 邓臣干
党委委员、副乡长、武装部长 韩俞
副乡长、政协联络工作负责人 黄志华
副乡长 尹志刚（2018.03—）

中村瑶族乡

党委书记 谭湘东
党委副书记、乡长 欧阳剑
党委副书记 吉小军
党委委员、人大主席 邝国军
党委委员、纪委书记 黄庆华
党委委员、组织委员 饶彬（2018.02—）
党委委员、武装部长 陈晓辉（2018.02—）
党委委员、政协联络工作负责人
郭风
党委委员 盘志
副乡长 陈晓辉（2018.03—）
盘闻
王吨粮（女）

下村乡

党委书记 张志勇
党委副书记、乡长 古青林
党委副书记 周黄群
党委委员、人大主席 张建宇
党委委员、纪委书记 欧阳峰
党委委员、组织委员 周丽艳（女）
党委委员、副乡长、武装部长
谭林繁

副乡长、政协工作联络负责人
廖晔
副乡长 朱朝辉（2018.03—）

策源乡

党委书记 刘天喜
党委副书记、乡长 罗灵花（女）
党委副书记 刘纯
党委委员、人大主席 何建光
党委委员、纪委书记 曾寿仁
党委委员、组织委员 扶张颖（女）

党委委员、副乡长、武装部长　黄军锋

副乡长、政协工作联络负责人　曾　轶(女,2018.03—)

副　乡　长　赵　恺

尹志刚(—2018.02)

大院农(林)场

总支书记、场长　唐松华(—2018.02)

王威灵(2018.02—)

副　场　长　张　炜

李　斌

青石冈国有林场

场　　长　胡泽民

总支书记　龙　华

副　场　长　王伟洪

尹忆发(—2018.10)

何平生

附　　录

文件选登

中共炎陵县委
关于深入学习贯彻党的十九大精神
全面建设美丽幸福新炎陵的决定

炎发〔2018〕1号

党的十九大对新时代推进中国特色社会主义伟大事业和党的建设新的伟大工程作出了全面部署，为做好我县各项工作指明了方向、提供了根本遵循。现就深入学习贯彻党的十九大精神，全面建设美丽幸福新炎陵，作出如下决定。

一、坚决维护党中央权威和集中统一领导

习近平总书记的核心地位，是历史的选择、人民的期待。全县各级党组织和广大党员干部要牢固树立政治意识、大局意识、核心意识、看齐意识，坚决维护以习近平同志为核心的党中央权威和集中统一领导。

（一）坚决维护习近平总书记核心地位。在思想上高度认同核心，坚持不懈地用习近平总书记系列重要讲话精神武装头脑，坚定理想信念，坚守精神追求，不断增强“四个自信”，党中央看齐、向习近平总书记看齐、向党的理念和路线方针政策看齐。在政治上忠诚维护核心，始终把维护核心作为最大的政治，把坚决维护习近平总书记领导核心地位作为第一位的政治纪律，牢固树立“四个意识”，始终在政治立场、政治方向、政治原则、政治道路上同以习近平同志为核心的党中央保持高度一致。在组织上坚决服从核心，严守组织纪律和组织程序，规范组织行为，始终做到“四个服从”，坚决防止和反对个人主义、分散主义、自由主义、本位主义、好人主义，坚决防止和反对宗派主义、圈子文化、码头文化，坚决反对搞两面派、做两面人。在行动上自觉紧跟核心，始终坚持以党的旗帜为旗帜、以党的方向为方向、以党的意志为意志，毫不动摇坚持党的基本理论、基本路线、基本方略，全面贯彻落实党中央各项决策部署，扎实推进“五位一体”总体布局、“四个全面”战略布局在炎陵的实施，确保党中央政令畅通、令行禁止，做到党中央提倡的坚决响应、党中央决定的坚决执行、党中央禁止的坚决不做。

(二)坚持党对一切工作的领导。党的领导是中国特色社会主义最本质的特征,是中国特色社会主义制度的最大优势。党政军民学,东西南北中,党是领导一切的。深入贯彻中共中央政治局关于加强和维护党中央集中统一领导的若干规定精神,完善坚持党的领导的体制机制,提高党把方向、谋大局、定政策、促改革的能力和定力。完善和落实民主集中制的各项制度,坚持民主基础上的集中和集中指导下的民主相结合,既充分发扬民主,又善于集中统一。发挥党委总揽全局、协调各方的领导核心作用,建立健全党委定期听取工作汇报制度,严格执行党内请示报告制度,不断完善领导方式、提高领导水平,牢牢把握党领导经济社会发展的主动权。支持和保证人大、政府、政协、法院、检察院等依法依章程独立负责、协调一致地开展工作,调动方方面面的积极性主动性创造性,凝聚起贯彻落实党的十九大精神的强大合力。加强党对群团工作的领导,进一步深化工会、共青团、妇联等群团组织改革,增强政治性、先进性、群众性,更好发挥桥梁和纽带作用。落实强军兴军和党管武装要求,加强国防动员和后备力量建设,推进军民融合深度发展,巩固军政军民团结的良好局面。

二、自觉用习近平新时代中国特色社会主义思想武装头脑、指导实践、推动工作

习近平新时代中国特色社会主义思想是马克思主义中国化的最新成果,是中国特色社会主义理论体系的重要组成部分,是被实践证明了的科学真理,是进行伟大斗争、建设伟大工程、推进伟大事业、实现伟大梦想的实践指南,是中国共产党人新时代的精神支柱和力量源泉,是我们必须长期坚持的指导思想。全县各级党组织和广大党员干部要深刻理解新思想的重大意义,准确把握基本观点、精神实质、核心要义,真正做到学深悟透、融会贯通、知行合一。

(一)着力在学懂上下功夫。坚持读原著、学原文、悟原理,先学一步、学深一层,深刻领会新思想的基本内容、基本方略以及贯穿其中的内在逻辑。从基本内容上,学懂民族复兴任务论、主要矛盾论、“五位一体”论和“四个全面”论、改革目标论、法治中国论、强军兴军论、大国外交论、本质特征论等“八论”,深刻领会坚持和发展什么样的中国特色社会主义。从基本方略上,学懂坚持党对一切工作的领导、坚持以人民为中心、坚持全面深化改革、坚持新发展理念、坚持人民当家作主、坚持全面依法治国、坚持社会主义核心价值体系、坚持在发展中保障和改善民生、坚持人与自然和谐共生、坚持总体国家安全观、坚持党对人民军队的绝对领导、坚持“一国两制”和推进国家统一、坚持推动构建人类命运共同体、坚持全面从严治党等“十四个坚持”,深刻领会怎样来坚持和发展中国特色社会主义。从内在逻辑上,把指导思想层面的“八论”和行动纲领层面的“十四个坚持”相统一,把理论与思想的要求与方针和策略的实践要求相统一,深刻领会习近平新时代中国特色社会主义思想理论与实践相统一、认识论与方法论相一致、战略与战术相结合的理论特色。

(二)着力在弄通上下功夫。坚持党的十

九大报告、新修订的党章和《习近平谈治国理政》第一、二卷一体学习，坚持联系习近平总书记的成长历程、思想历程结合起来学，切实弄通习近平新时代中国特色社会主义思想的由来，深刻理解新思想是真理力量、信仰力量与人格力量的高度统一，不断深化政治认同、思想认同、理论认同、情感认同，不断强化践行“四个意识”的思想自觉和行动自觉。深刻领会新思想是在高度的文化自信中发展起来的，坚持和发扬了马克思主义立场观点方法，深深扎根当代中国火热实践和中华民族5000多年博大文明，焕发出真理的光芒、文明的光芒，使我们底气更足、力量更强。深刻领会新思想是在习近平总书记从政实践中积累得来的，不少思想都是在基层和地方萌发、生成和发展，其成长之路也是新思想萌生孕育、实践积淀的过程，是党和人民实践经验和集体智慧的结晶。深刻领会新思想是从十八大以来五年的历史性成就和历史性变革中总结出来的，是坚持把马克思主义基本原理同中国实际相结合，以全新视野作出战略抉择，以顶层设计谋划事业发展，取得的重大理论创新成果。深刻领会新思想是从中国与世界的深度互动中成长而来的，习近平总书记科学统筹国内国际两个大局，提出了包括正确义利观、新安全观、全球治理观、人类命运共同体、“一带一路”等系列有利于世界和平与人类进步的新理念新倡议新方案，不但很好解决了中国的问题，也为解决人类问题贡献了中国智慧。

（三）*着力在做实上下功夫*。坚持学用结合、学以致用，切实把自己摆进去，以正在做的事情为中心，与加强以政治建设为统领的党的建设相结合，与贯彻落实中央、省委、市委的决策部署相结合，与贯彻落实县第十二次党代会精神相结合，真正用习近平新时代中国特色社会主义思想武装头脑、指导实践、推动工作。把对党的创新理论学习的成效体现在观念转变上，坚决冲破不符合时代进步要求的思想观念束缚，坚决摆脱工作惯性和路径依赖，端正发展观念，使各项工作符合党的十九大精神，符合新思想的要求，符合本地的实际。把对党的创新理论学习的成效体现在统筹谋划上，牢固树立一盘棋思想，根据党的十九大提出的近期、中期、长期目标任务统筹安排，结合自身实际，进一步完善思路、明确目标、创新举措、推动工作，以加快发展实绩体现学习贯彻党的十九大精神实效。把对党的创新理论学习的成效体现在工作落实上，融入到加快建设美丽幸福新炎陵的具体实践，融入到实际工作的各个环节，贯穿到改革发展稳定的各个领域，真正转化为推动改革发展的政策措施、具体行动和实际成效。

三、准确把握新时代的新内涵新特征新要求

中国特色社会主义进入新时代，是我国新的历史方位，是事关全局的历史性变化，必须准确理解与把握新时代的新特征和新要求，更好地肩负起新时代的历史使命。

（一）*准确把握新时代的新内涵*。新时代是党和国家事业发生历史性变革的必然结果，特别是十八大以来的五年，中国特色社会主义取得了全方位的、开创性的成就和深层次、根本性的变革，中国已经前所未有地走近世界舞台的中央，前所未有地接近实现中华民族伟大复兴的中国梦。中国共产党带领亿万人民,推动了党和国家事业的历史性变革,同时又在这一历史性变革过程中被赋予新的责任、新的使命。我们所处的新时代,是承前启后、继往开来、在新的历史条件下继续夺取新的伟大胜利的时代,是决战全面脱贫、决胜全面小康、建设社会主义现代化强国的时代,是团结奋斗、创造美好生活、实现共同富裕的时代,是中华民族从站起来、富起来到强起来、走向伟大复兴的时代。

(二)准确把握新时代的新特征。新时代,我国社会主要矛盾已经转化为人民日益增长的美好生活需要和不平衡不充分的发展之间的矛盾。解决不平衡不充分的发展,是我们党和国家的根本任务和工作重点,一切工作都要围绕这一根本任务和工作重点来进行。具体到炎陵,就是进入"三个新阶段":脱贫攻坚巩固提升新阶段。全面脱贫既是攻坚战,更是持久战,必须持续发力、久久为功。脱贫"摘帽"后,坚持以脱贫攻坚巩固提升为主战场,巩固成效、提升质量,实现由扶贫转向开发,由立足当前转向着眼长远,由解决贫困群众生产生活的基本需求转向建立贫困群众持续增收致富的体制机制。建成更高水平全面小康新阶段。在提前建成全面小康的基础上,坚持以产业项目建设为主战场,进一步发挥优势、补足短板,努力建成更高水平的全面小康。开启基本现代化新阶段。以提前实现全面脱贫、全面小康为新起点,充分发挥资源、环境、区位、政策等优势,落实创新引领开放崛起战略,坚持以开放对接为主战场,加快建设现代化经济体系,开启基本现代化的新征程。

(三)准确把握新时代的新要求。进入新时代,必须坚定不移贯彻中央、省委、市委的决策部署,结合炎陵实际抓好落实。

1.保持战略定力,正确处理继承与创新的关系。近年来,县委审时度势,作出了以"建设美丽幸福新炎陵"为总目标,以"加快转型升级"为总战略,实施绿色崛起、产业振兴、开放带动、民生优先、实干兴县"五大战略",以"项目攻坚"为总战场,打好旅游升温、园区攻坚、城镇提质、交通加速"四大战役",以文化旅游、生态工业、绿色农业"三大主导产业"为总抓手,以人民满意为总标准,以干部作风为总火力,守住"绿水青山"、望着"金山银山"等一系列决策部署。实践证明,这些决策部署既符合十九大精神和中央、省委、市委要求,又符合炎陵实际,取得了很好的成效。要保持战略定力,不折腾、不懈怠、不犹豫,继续坚定不移地向前推进。

2.坚持稳中求进,正确处理稳与进的关系。稳是基础、是前提,要体现在稳增长、稳预期上;进是目标、是方向,要体现结构上的进、效益上的进、后劲上的进、体制上的进,在进的基础上奋力争先。既反对消极应付、不思进取,又反对冲动蛮干、急于求成,该稳的稳住、该进的进好。

3.坚持高质量发展,正确处理质与量的关系。实现高质量发展,是党的十九大和中央经济工作会议提出的明确要求。"质"就是贯彻新理念,坚持以质量和效益为中心,以抓改革为重点推动动力变革、以优服务为重点推动效率变革、以促创新为重点推动质量变革。"量"就是立足炎陵实际,既要提质,更要保速,通过保持中高速增长持续做大总量、提高质量。

4.坚持改革开放，正确处理内力与外力的关系。既要立足自身实际，向全面深化改革要动力，又要面向外界、扩大开放，下决心抓好招商引资，借助外部资本、技术、人才、管理、市场等要素实现发展。

5.坚持绿色崛起，正确处理保护与开发的关系。既要加强环境保护，维护好得天独厚的生态资源优势，又不能“守着金碗讨饭吃”。通过大力发展绿色产业，创造“金山银山”，彻底改变贫困落后的面貌。

6.坚持底线思维，正确处理“底线”与“高线”的关系。坚守脱贫底线，确保脱贫摘帽；坚守安全底线，确保不发生重大安全事故和重大群体性事件；坚守环保底线，确保环境质量综合指数稳居全省前列；坚守民生底线，健全基本民生保障安全网。在坚守底线的基础上，建成更高水平的全面小康，进而实现基本现代化。

四、扎实推动党的十九大精神在全面建设美丽幸福新炎陵进程中形成生动实践

党的十九大确定了决胜全面建成小康社会、分两步走在本世纪中叶建成富强民主文明和谐美丽的社会主义现代化强国的战略目标。炎陵正处在脱贫攻坚巩固提升新阶段、建成更高水平全面小康新阶段、开启基本现代化新阶段，必须全面对标十九大作出的各项战略部署，把县第十二次党代会明确的各项目标任务和重大举措纳入其中，找准工作的切入点和着力点，统筹推进各项事业发展，加快建设美丽幸福新炎陵。

（一）全面巩固提升脱贫攻坚成效。以“十大巩固提升工程”为抓手，帮助未脱贫人口尽快脱贫，确保已脱贫人口不返贫、可持续、能致富。实施精准管理巩固提升工程，抓好贫困人口精准识别和动态管理，真正做到应退尽退、应纳尽纳、应扶尽扶。实施产业扶贫巩固提升工程，促进特色产业扩容、提质、增效，进一步完善利益联结机制，每户贫困户至少有1个扶贫经济组织或1名“能人”带动，至少参与1个产业项目开发。实施就业扶贫巩固提升工程，注重解决结构性就业矛盾，开展就业援助、公益性岗位、技能培训，帮助贫困群众稳定就业、稳步增收。实施安居扶贫巩固提升工程，抓好易地搬迁、农村安居、危旧房整治“三大工程”后续帮扶，让困难群众既安居又乐业。实施生态扶贫巩固提升工程，引导贫困群众参与国家退耕还林还草、天然林保护、防护林建设等重大生态治理工程，提高受益水平。实施教育扶贫巩固提升工程，扩大普惠性教育受益面，大力发展职业教育，提高贫困人口文化素质和贫困家庭劳动力技能。实施健康扶贫巩固提升工程，全面提升医疗服务能力、医疗保障水平、公共卫生服务，健全贫困人口基本医疗综合保障体系，遏制因病致贫、因病返贫。实施社保扶贫巩固提升工程，统筹社会救助体系建设，促进扶贫开发与社会保障有效衔接，充分保障稳定脱贫中。实施基础设施和公共服务巩固提升工程，进一步完善交通、水利、电力、通讯、物流、人居环境、文化服务，建设美丽乡村。实施农村基层党建巩固提升工程，提高保障水平、优化队伍结构、提升能力素质，把农村党组织建成引领群众奔小康的坚强堡垒。

（二）深入开展“产业项目建设年”活动。

全力以赴抓产业、推项目,促进一、二、三产业融合发展、大中小项目遍地开花。

1.明确主攻方向抓产业发展。坚持走生产发展、生活富裕、生态良好的绿色崛起道路,依托生态资源优势,主攻实体经济振兴,大力发展生态工业、文化旅游、绿色农业等绿色产业。

2.突出重点区域抓产业发展。围绕"园区"发展生态工业。依托"一区三园",精心打造欧科亿产业园、国声声学产业园、圣宝龙电动车产业园等一批"园中园"。坚持产城融合,做活产业招商和土地经营文章。围绕"景区"发展文化旅游。构建"一心一环三大板块",加快推进炎帝陵、神农谷景区提质,完成鄢峰、笔架峰、湘山公园等景区开发,确保国家全域旅游示范区、炎帝陵国家AAAAA级旅游景区创建成功。全方位延伸产业链条,形成"处处是景点""全民闹旅游"的生动局面。围绕"山区"发展绿色农业。继续以"一带八基地"建设为抓手,宜林则林、宜果则果、宜养则养,打造"一村一品"发展格局。围绕"城区"发展现代服务业。立足"山水园林旅游城市"定位,大力发展"吃、住、行、游、购、娱"等现代服务业。以电商产业园为龙头,带动主导产业线上、线下同步发展。

3.完善体制机制抓产业发展。坚持问题导向,着力破解制约产业项目建设的瓶颈和难题。完善品牌建设机制。坚持品牌创建与保护并重,推动同类品牌向强势品牌聚集和整合。生态工业方面,围绕欧科亿、国声等"旗舰"企业,打造特色鲜明、配套齐全的品牌化产业集群。文化旅游方面,加强宣传营销,打好炎帝牌、红色牌、生态牌,不断扩大品牌影响力。绿色农业方面,要着力培育龙头企业、发展精深加工,打响"炎陵""炎帝""神农"总品牌,增强核心竞争力。完善招商引资机制。突出领导招商,发挥各级领导干部的信息和人脉资源优势,大力推动"引老乡、回故乡、建家乡";突出以商招商,以现有企业为媒介,引进一个、带来一群;突出产业招商,围绕重点产业,着力做大、补齐、配强产业链条。完善项目融资机制。积极应对"防范化解重大风险攻坚战"对促进金融和实体经济、金融和房地产、金融体系内部良性循环提出的严格要求,多管齐下拓展融资渠道、增强融资能力,为产业项目建设提供财力支撑。完善用地保障机制。加强土地报批、做大增量,清理闲置土地、盘活存量,大力推进征地拆迁,集中开展"清零"行动,充分保障产业项目建设用地。完善政策配套机制。认真研究中央、省、市和周边兄弟县出台的招商引资政策,出台系列既符合大政方针、又紧贴炎陵实际,能够吸引更多投资的优惠措施,加速形成招商引资比较优势。完善环境优化机制。自然环境上,要坚守环保底线,严格执行项目准入制度,坚持走高科技、高效益、低污染、低能耗的产业发展道路。社会环境上,要树立"产业项目至上"的理念,在简化审批流程、提高办事效率、加强全程跟踪上功夫,在依法打击一切阻挠妨碍产业项目建设的人和事上下功夫,不断优化产业项目建设环境。

4.强化队伍建设抓产业发展。围绕产业项目建设,培养引进选配强大的、充满生机活力的人才队伍。建强产业干部队伍。把各个层级的干部更加合理地配置到产业项目建设主战场上，建立“能者上、庸者让、劣者汰”的流动机制，把想干产业、会干产业、干得成产业的干部选拔出来，把不想干产业、不会干产业、干不成产业的干部淘汰下去。建强企业家队伍。善待企业家，建设一支优秀的、稳定的企业家队伍，充分发挥他们在技术、销售、管理等方面的优势，在支持企业做大做强的同时，带动区域经济社会发展。建强企业员工队伍。统筹抓好各类人才培养引进，发展“订单式”职业教育培训，既要促进劳动者稳定就业，又要服务企业用工需求，为产业项目建设打造一支高素质的企业员工队伍。建强服务保障队伍。各级干部要围绕产业项目建设，树立“精准、舍得、执着”的理念，按照“不叫不到、随叫随到、服务周到”的要求，不断增强服务能力、提升服务水平。

（三）发展更高水平的开放型经济。全面落实创新引领、开放崛起战略，推动改革开放向纵深发展，不断激发发展活力，积蓄发展后劲。

1.以创新引领发展。把创新摆在核心位置，让创新贯穿一切、蔚然成风。推动传统产业优化升级，培育一批具有创新能力的“排头兵”。抓好科技创新，鼓励企业集中力量在新材料、新能源、信息技术、生物医药、生态环保、现代农业等领域加强研发，掌握新技术、实现新突破。发挥电商优势，做实“互联网+”，辐射带动一批新基地、新产品、新业态。

2.以改革推动发展。扎实推进供给侧结构性改革、国企国资改革、商事制度改革、综合监管执法体制改革、土地制度改革、供销合作社综合改革等重点领域改革。坚持“两个毫不动摇”，完善产权制度，促进产权激励，为加快民营企业发展创造公平竞争的市场环境。

3.以开放促进发展。落实“五大对接行动”，坚持引进来和走出去并重，招商引资、招才引智、招工引技并举，下更大决心、用更大气力、发展更高层次的开放型经济。坚持以实的思路来谋划。以“景”招商，引进战略投资者，带动文化旅游跨越式发展；以“城”招商，推进特色城镇、主题公园、城市综合体建设；以“园”招商，引进一家企业、配套一条产业链、聚集一个产业群。坚持以“好”的办法来推进。建设专业招商队伍，探索新途径、新方法，与目标企业加强沟通对接，增强针对性、提高成功率。加强开放平台建设，有效对接和参与“一带一路”，不断扩大外贸发展成效。坚持以“真”的担当来保障。层层压实责任，优化营商环境，努力构建“亲”“清”新型政商关系。

（四）大力实施乡村振兴战略。以乡村振兴作为新时代“三农”工作的总抓手，补足小康“短板”，推进乡村现代化。

1.发展乡村产业。深入推进农业供给侧结构性改革，加快建设以精细农业为特色的优质农副产品供应基地，形成“产地生态、产品绿色、产业融合、产出高效”的现代农业发展新格局。完善农村承包地“三权”分置，深化农村集体产权制度改革。

2.增加乡村收入。生产要素资源更多地向农村配置，引导城镇消费向农村延伸，鼓励工商资本下乡，支持返乡农民创业。想方设法扩大农民就业，健全和完善农村社会保障体系，积极探索“资源变资产、资金变股金、农民变股东”等发展模式，引导和帮助农民与龙头企业、经济合作组织建立更加紧密的利益联结机制，帮助农民持续增收。

3.改善乡村环境。实施农村“双改”，以“整洁、美丽、和谐、宜居”为目标，抓好农村环境综合治理和美丽宜居乡村建设，实现农村生产方式、生活方式、消费方式的绿色化、生态化。大力推进农村“厕所革命”，大幅提高农户厕所污水处理或资源化利用率。培育“美丽”经济，建设乡村综合体、村落风景区，打造美丽村庄、美丽庭院、美丽田园，使美丽乡村成为农民的宜居家园、市民的生态乐园。

4.繁荣乡村文化。按照“看得见山、望得见水、记得住乡愁”的要求，保护和开发利用好历史文化村落和非物质文化遗产，留住传统文化的原始风貌和生态肌理。加强乡村文化设施和惠民工程建设，丰富群众文化生活，努力革除陈规陋习，积极传播正能量，让乡村更加文明、健康，更有乡土味、休闲味、历史味。

5.加强乡村治理。健全党领导下自治、法治和德治相结合的乡村治理体系，培养造就一支懂农业、爱农村、帮农民的乡村干部队伍。探索乡村治理新模式，搭建社会各类人才、新乡贤与乡村社会结构有机结合的平台。

（五）扎实推进以人为核心的新型城镇化。按照以人民为中心的发展思想，完善基础功能，拓展发展空间，规范城市管理，改善人居环境，不断提升新型城镇化水平。

1.优化城镇布局。按照“一心两区多点”的空间布局，加快构建以新型城镇化规划为统领，城市总体规划、专项规划、城市设计、控制性详细规划、村镇规划等为支撑的规划体系，做到规划“一张图”，县域全覆盖。

2.扩大城镇容量。立足打造“山水园林旅游城市”，继续按照“南拓北提、东延西展”的要求，做大县城“骨架”，增强辐射带动能力。实施城市“双修”，加快给排水管网、天然气利用、旧城改造等项目建设，进一步完善城镇基础设施和公共服务设施。着力推进鹿原人文特色小镇、沔渡客家文化小镇、中村黄桃小镇建设、下村省际边界口子镇建设。

3. 提升城镇品位。加快打造“智慧城管”。建设县城绿色照明系统，加大控违拆违力度，重点打击影响重点项目建设和群众反响强烈的违法乱建行为。

（六）坚持在发展中保障和改善民生。坚持发展为了人民、发展依靠人民、发展成果由人民共享。

1.办好人民满意教育。办好学前教育、特殊教育，加快推进公立幼儿园建设。扎实推进城乡义务教育一体化，抓好“芙蓉”学校等项目建设，不断提升教育现代化薄弱指标，下大力气解决好中小学生课外负担重和“择校热”“大班额”“师资荒”等突出问题。抓好农村教师公费定向培养工作，保障和提高教师待遇。

2.丰富群众文化生活。构建覆盖城乡、便捷高效的现代公共文化服务体系，实现村级综合文化服务中心全覆盖，大力实施公益演出、公益电影放映、公共文化场所免费开放等文化惠民工程。

3.稳定和扩大就业。把稳定和扩大就业

放在更加突出的位置，抓好高校毕业生、农民工就业，大力援助残疾人、低保对象、零就业家庭等困难群体就业。重视解决农民工工资拖欠问题，建立健全长效机制，确保农民工工资及时足额发放。

4.发展医疗卫生事业。全力打造“健康炎陵”，健全分级诊疗体系，创新公立医院管理模式，建强卫计人才队伍，完成县中医院、县妇幼保健计划生育服务中心等项目建设。完善医疗保险制度，推行以病种付费为主的医保支付方式。

5.健全社会保障体系。落实全民参保计划，确保基金安全规范运行。积极推进医养结合，确保每千名老年人口养老床位数达到规定标准。完善“8+1”社会救助体系，兜牢困难群众的托底保障网。扎实推进城镇棚户区改造、农村土坯房集中整治工程，增加有效住房供给。

6.确保大局安全稳定。安全生产常抓不懈，社会治安综合治理“网格化”，加强社会矛盾的事先预防、事中稳控、事后处置，始终保持对违法犯罪的高压打击态势，建设更高水平的“平安炎陵”。

（七）切实加强生态环境保护。尊重自然、顺应自然、保护自然，严守环保底线，打造山水林田湖“生命共同体”。

1.强化准入管理。严把项目审批关，凡是不符合产业政策、不符合重要生态功能区要求、不符合清洁生产要求，达不到排放标准和总量控制目标，未履行环境影响评价审批手续的项目，一律不予批准。

2.强化环保执法。实行“一证式”管理，加大环保执法力度，严肃查处环境违法行为。推行“双随机一公开”，认真开展涉重涉危、医疗废物、化工、饮用水水源、红砖、畜禽养殖等专项检查，在案件查处打击上要有新的突破。

3.强化综合治理。坚决落实“气十条”“水十条”“土十条”，确保环境质量综合指数稳居全省前列。全面完成第二次污染源普查，加强污染减排项目监管，督促企业稳定运行治污设施，实现污染物达标排放。全面推行“河长制”，深入开展湘江保护与治理“第二个三年行动计划”，突出抓好水污染防治、不达标水体治理、垃圾综合治理、水域岸线保护等重点任务。抓好国家重点生态功能区县域生态环境质量考核，完成生态红线划定后续工作。

（八）推动全面从严治党向纵深发展。以全面从严治党作为一切工作推进落实的根本保障，把管党治党的螺丝拧得更紧。

1.加强思想政治建设。坚持把党的政治建设放在首位，把讲政治的要求落实到经济社会发展的方方面面。学懂、弄通、做实党的十九大精神，以习近平新时代中国特色社会主义思想奠牢精神之基、把稳思想之舵，练就“金刚不坏之身”。深入开展“不忘初心、牢记使命”主题教育，牢固树立“四个意识”，坚决维护以习近平同志为核心的党中央权威和集中统一领导。

2.加强基层组织建设。牢固树立“抓好党建就是最大的政绩”理念，层层压实管党治党的政治责任。统筹推进各领域党建，基层党组织设置上要从单位向区域延伸、从传统领域向新兴领域延伸、从实体向网络延伸，形成分布广泛、完善严密、富有活力的基层党组织体系。落实好主题党日、“两学一做”、“三会一课”三项基础制度，开展好党员公开承诺、无职党员设岗定责、党员量化积分管理三项基础活动，确保基层党组织全面过硬。推动基层党建与经济、文化、社会、生态文明建设等深度融合，创建独具特色的党建品牌。坚持“五化”标准，引导农村党组织“创好”、社区党组织“创优”、机关党组织“创模”、“两新”党组织“创强”。

3.加强党风廉政建设。坚持把党风廉政建设“牢牢抓在手上”，以优良的党风政风引领民风社风。充分发挥巡察和派驻监督作用，坚持抓早抓小、抓细抓常，把纪律挺在前面，把权力关进制度的“笼子”。建立健全反腐败预警机制，对发现的苗头性、倾向性、一般性问题，充分利用函询、诫勉谈话、组织处理等手段，及时“咬耳朵、扯袖子、敲警钟”。坚持有案必查、违纪必究。履行好“两个责任”，运用好“四种形态”，紧紧抓住“关键少数”，集中解决“四风”问题。

4.加强干部队伍建设。不断增强学习、政治领导、改革创新、科学发展、依法执政、群众工作、狠抓落实和驾驭风险等八个方面的执政本领。贯彻“六重六用”导向，培养造就一支综合素质过硬的干部队伍，把富有激情、能谋善断、敢于担当、善于执行、业务精湛、作风扎实的好干部选出来、用起来。从严教育和管理干部，坚决落实“三个区分开来”，旗帜鲜明为敢于担当、踏实做事、不谋私利的干部撑腰鼓劲。

全县各级党组织和广大党员要更加紧密团结在以习近平同志为核心的党中央周围，高举习近平新时代中国特色社会主义思想伟大旗帜，不忘初心，牢记使命，扬帆破浪、砥砺奋进，以全面建设美丽幸福新炎陵的优异成绩，为实现中华民族伟大复兴的中国梦贡献更多的炎陵力量！

中共炎陵县委
炎陵县人民政府
关于脱贫摘帽和巩固提升的实施意见

炎发〔2018〕4号

为认真贯彻落实市委、县委全会精神，全力做好迎接国家专项评估检查工作，进一步巩固和提升脱贫攻坚工作成果，有效衔接乡村振兴战略，实现脱贫摘帽和全面建成小康社会目标，现提出如下实施意见。

一、指导思想

坚持以习近平新时代中国特色社会主义思想为指引，全面贯彻党的十九大会议精神和习近平总书记关于扶贫开发的系列讲话精神，按照“扶贫工作必须务实，脱贫过程必须扎实，脱贫结果必须真实”工作要求，以精准扶贫、精准脱贫为基本方略，顺利实现脱贫摘帽，持续实施脱贫攻坚十大巩固提升工程，如期全面建成小康社会，开启全面建设社会主义现代化新征程。

二、总体目标

（一）实现“一个确保”。确保全县脱贫攻坚工作顺利通过国家专项评估检查，实现脱贫摘帽。

（二）实现“三个巩固”。脱贫摘帽成功后，巩固全县脱贫人口不返贫；巩固退出贫困村不倒退；巩固全县贫困发生率降至0.6%以下。

（三）实现“四个只增不减”。至2020年，脱贫攻坚做到工作力度只增不减，资金投入只增不减，政策支持只增不减，帮扶力度只增不减。

三、全力实现脱贫摘帽

当前我县贫困退出市初审、省核查和第三方评估已完成，各级各部门务必要保持工作定力，以高度的政治责任感和使命感，认真抓好贫困退出“回头看”工作，全面整改落实，补齐短板弱项，夯实基础工作，确保一举通过国家专项评估检查。

（一）克服四种情绪。在脱贫摘帽关键节点，部分党员干部还存在着“乐观、松劲、麻痹、盲目”情绪，四种情绪主要表现为：认识脱贫摘帽难度有所大意，工作准备不充分；推进脱贫攻坚力度有所减弱，工作要求不严格；履行脱贫攻坚责任有所放松，工作岗位不作为；开展脱贫攻坚工作有所紊乱，工作思路不清晰。各级各部门要坚决克服以上四种情绪，牢固树立危机意识、紧迫意识、责任意识、目标意识，充分认识率先在全省实现脱贫摘帽,是省委省政府和市委市政府的信任和重托,是对全县党员干部的重大考验,是老百姓对我们的殷切期盼。要切实增强危机意识,清醒看到我县脱贫摘帽现阶段的问题隐患和风险挑战,认真研判国家专项评估检查的困难性;要切实增强紧迫意识,以时不待我的紧迫感,发扬只争朝夕、雷厉风行的优良作风,做到不等不拖不靠,集中全力做好迎检准备工作;要切实增强责任意识,始终保持干事创业的激情,在求真务实、久久为功的实干中推进各项工作;要切实增强目标意识,咬定脱贫摘帽目标不放松,聚焦薄弱环节、薄弱工作、薄弱区域,在补齐短板上下苦功,全力打赢脱贫攻坚战。

(二)抓好四项整改。各乡镇、行业部门、村支"两委"、驻村帮扶工作队、结对帮扶责任人要切实抓好贫困退出市初审、省核查和第三方评估、市扶贫专项巡察、省扶贫专项审计等四项反馈问题整改落实工作。要抓好市初审、省实地核查和第三方评估整改落实,对市初审和省实地核查在基础资料、政策宣传、政策落实、住房保障、医疗教育、饮水安全、公共服务、阵地建设、帮扶工作等方面分别交办的94个问题、26个问题及第三方评估反馈"三率一度"等问题,认真梳理,逐项落实,全面整改到位。要抓好市扶贫专项巡察整改落实,对2017年市扶贫专项巡察组在专项巡察中反馈的扶贫责任落实、基础资料台账、项目资金管理使用、扶贫政策宣传、干部工作作风等方面的问题清单,明确整改责任,逐一整改,逐项销号。要抓好省扶贫专项审计整改落实,紧紧围绕历年来审计在扶贫资金管理使用、产业项目建设、扶贫政策落实等方面发现的问题和2017年省扶贫专项审计组现场审计提出的问题进行对照检查,及时制定整改措施,按省审计组要求时间整改到位。对各级反馈和自查发现的问题,要举一反三,全面排查,从主观上找原因,从深层次上找问题,从退出标准上找差距,逐项制定解决措施,全面补齐短板弱项,建立健全长效机制,做到问题不解决不放过、整改不到位不放过、整改不全面不放过。

(三)全力组织迎检。按照全员行动、全力组织、全域覆盖的原则,牢固树立全县"一盘棋"思想和系统思维,共同做好迎接国检准备工作。要倒排迎检时间任务节点,逐月逐项周密安排,在2月完成核查整改工作,3月开展认可度提升专项行动,4月完成迎检准备工作,做到环环相扣、步步为营、准备充分。要严格落实迎检责任,按照迎检工作方案分工要求,抓好迎检前期准备工作,搞好环境卫生整治,树立良好精神风貌,真实反映脱贫攻坚情况,坚决杜绝欺上瞒下的"虚假脱贫"。要准确把握迎检方法和内容,加大对工作人员的培训力度,加大对人大代表、政协委员、社会群众的政策宣传力度,妥善处置好扶贫信访问题,做到不稳定苗头早发现、信息早预警、矛盾早化解。要扎实做好迎检服务保障工作,密切配合,周到服务,注重细节,确保评估检查过程中点、线、面无缝对接,顺利通过国家专项评估检查。

四、持续实施十大巩固提升工程

(一)精准管理巩固提升工程。贯彻落实习近平总书记关于"要打牢精准扶贫基础,通过建档立卡,摸清贫困人口底数,做实做细，实现动态调整”的指示精神，认真开展好走访调查，解读、宣传好政策，以“严、实、细、准”的作风推进精准识贫、精准脱贫，确保底子清、情况明，真正做到应纳尽纳、应扶尽扶、应退尽退。健全扶贫对象动态管理及退出机制，做好扶贫对象动态管理和建档立卡管理工作，以现有贫困人口为基础，建设扶贫开发大数据平台，形成与关联行业部门信息互联、数据共享的资源平台，实行脱贫销号、返贫录入，做到贫困人口有进有出动态管理。完善扶贫开发建档立卡信息管理系统，及时更新、清洗建档立卡扶贫对象信息数据，确保信息真实准确。建立精准扶贫工作长效机制，对贫困村、贫困户和贫困人口定期进行全面核查，建立精准扶贫台账；对未脱贫户根据其致贫原因和脱贫需求，实行分类扶持；对已脱贫户，在一定时期内继续享受扶贫相关政策，避免边脱贫、边返贫现象。完善贫困退出监督体系，按照贫困村和贫困人口退出标准和退出程序，严禁“数字脱贫”、“虚假脱贫”，确保脱贫成果真实可信，退出程序公开公正。（牵头单位：扶贫办；责任单位：农业局、教育局、林业局、人社局、民政局、卫计局、发改局、交通运输局、水利水电局、住建局、环保局、经科商粮局、旅游和文体广新局、国网炎陵县供电公司、各乡镇、九龙社会事务管理局）

（二）产业扶贫巩固提升工程。立足独特的资源禀赋，狠抓特色产业扩容、提质、增效，进一步完善利益联结机制，促进贫困群众持续稳定增收。（总牵头单位：农业局）

1.持续推进绿色农业扶贫。扩大特色产业规模。充分发挥生态环境和自然资源优势，继续以“一带八基地”建设重点，培育壮大生态休闲农业风光带和特色水果、炎陵茶叶、无公害蔬菜、笋竹、油茶、酃县白鹅、花卉苗木、药材八大产业。促进产业融合发展。立足当地资源优势，实施贫困村和非贫困村“一村一品”“多村一品”产业推动行动，实现特色产业对有条件的贫困户全覆盖。积极拓展农业多种功能，完善农业全产业链，让贫困户更多分享农业产业链和价值链增值收益。支持各类新型经营主体通过发展农产品和林产品储藏保鲜、初级加工，提升加工和副产品综合利用水平。大力推动农旅融合，农工融合，发展农村电子商务和物流，发展“炎陵白鹅”、“鹅一哥”餐饮连锁。培育新型经营主体。培育壮大种养大户、家庭农场、农民专业合作社、龙头企业等新型经营主体，依托一批农业龙头企业，加强农产品精深加工，把初级产品转化成终端产品、高附加值产品。培育新型职业农民，力争贫困村和非贫困村农民专业合作社全覆盖，每个有劳动能力的贫困户自主选择加入1个合作组织。继续实施贫困村创业致富带头人培训，积极开展农业技术和技能培训。打造特色产业品牌。大力推动同类型产品向强势品牌聚集和整合，叫响“炎陵”总品牌。大力发展无公害、绿色、有机和地理标志农产品，建立一批名优农产品生产基地，积极推动国家地理标志品牌“炎陵白鹅”“炎陵黄桃”打造为国家驰名商标和纳入国家品牌计划，积极培育“炎陵红茶”“炎陵云雾笋”等农产品评为区域地理标志品牌。健全利益联结机制。坚持“资金跟着穷人走、穷人跟着能人走、能人跟着产业项目走、产业项目跟着市场走”的“四跟四走”产业精准扶贫思路,继续通过直接帮扶、委托帮扶、股份合作、资产收益等产业扶贫模式,构建新型农业经营组织与贫困户产业发展共同体,建立紧密的利益联结和分配机制,确保每户贫困户至少有1个扶贫经济组织或1名产业发展能人带动,至少参与1个产业项目开发。(牵头单位:农业局;责任单位:林业局、财政局、经科商粮局、扶贫办、各乡镇、九龙社会事务管理局)

2.持续推进生态工业扶贫。大力发展新材料、旅游文创等重点产业,培育电子机械、商贸流通、装备制造、新能源新技术新兴产业,改造提升纺织服饰等传统产业。不断培育壮大专业分工明确、协作配套紧密、规模效应显著的产业集群,推动上下游企业协同发展,大小企业协同发展,新老企业协同发展。进一步加强园区平台建设,完善九龙工业园、中小企业创业园配套基础设施和管理体制,进一步提升园区综合承载能力,重点支持欧科亿、国声声学等企业上市,努力打造以欧科亿和今成钽铌为核心的新材料产业、以国声声学为核心的声学产业、以思凯乐为核心的户外服饰产业、以银太和东信纺织为核心的纺织产业、以圣宝龙为核心的电动车产业。深化企业参与帮扶,鼓励和引导企业通过直接捐款捐物、进村入户开展结对帮扶、面向贫困劳动力提供就业岗位等多种方式,积极参与脱贫攻坚后期帮扶。(牵头单位:经科商粮局;责任单位:财政局、发改局、人社局、扶贫办、各乡镇、九龙社会事务管理局)

3.持续推进文化旅游扶贫。突出主题发展乡村旅游。以“祭祖祈福”为主题,加快推进炎帝陵创AAAAA进程,完善炎帝陵景区基础设施,开发祭祖祈福、医药养生、温泉疗养、农事体验等旅游产品。以“避暑养生”为主题,加快推进神农谷景区提质改造,梨树洲、大院、酃峰、笔架峰、湘山公园等景区景点建设。以“红色教育”为主题,重点打造红军标语博物馆、洣泉书院、叶家祠、朱家祠、桥头江家等党员红色教育现场教学点。以“民俗风情”为主题,重点推进客家文化、畲族文化、瑶族文化的三人龙、花灯、客家山歌等特色民俗文化展演。大力发展休闲农业和特色文化旅游。积极开拓乡村旅游扶贫市场,继续举办杜鹃花节、桃花节、黄桃大会等旅游节庆活动,推动农旅、商旅结合,促进扶贫增收。依托黄桃、蜂蜜、鲜笋、香菇、土鸡蛋、腊肉、山茶油等特色农产品,积极发展休闲农业和森林旅游休闲康养,做大做精“农家乐”“采摘乐”“乡村旅馆”,带动贫困人口增收。建设美丽宜居乡村20个以上,与旅游扶贫电商村、乡村旅游扶贫示范村实行一套帮扶班子,同步推进,同步落实。创新乡村旅游扶贫方式,开展全县农家乐星级评定,对新建的规模农家乐、农家乐“示范户”给予补助和奖励。做好新媒体宣传,加强主要客源地城市旅游专场推介,发挥车友会、驴友会、摄友会的作用,不断提升炎陵旅游知名度和影响力。加快实施乡村旅游项目。完成“神奇湘东”文化生态旅游精品线路建设。加快神农谷和炎帝陵风景区等旅游基础设施和公共服务设施建设。积极创建中国乡村旅游创客示范基地,开发“赏花游”“采摘游”“生态游”等产品。建设旅游扶贫电商村20个,支持扶贫经济组织发展乡村旅游,积极创建全域旅游示范县和全省旅游扶贫示范县。积极开展网络营销、网络预定等旅游在线服务，指导乡村旅游扶贫专业合作社、扶贫示范户建立网上预订系统，提高乡村旅游扶贫发展的信息化水平。建立健全乡村旅游标准体系，重点打造十都镇、沔渡镇、中村瑶族乡等特色小镇，支持建设20个乡村旅游扶贫示范村，引导200家乡村旅游民宿客栈发展。继续推行景区带村扶贫模式，推行景区周边村结对帮扶，招聘景区周边村民到景区务工，收购贫困户生产的农副产品，积极推动乡村旅游后备厢工程。（牵头单位：旅游和文体广新局；责任单位：发改局、财政局、扶贫办、各乡镇、九龙社会事务管理局）

4.持续推进农村电商扶贫。积极拓宽农村电商市场。加强特色产业的发展，做实做强实体经济，做好“炎陵黄桃”等本地“名牌”特色农产品的品牌保护工作；加强农村物流渠道建设，积极构建“邮政快递＋乡村快线”的农村物流新格局，延伸和拓展农村电商物流网络，解决好农村电商物流“最后一公里”问题；加强农产品交易市场、商品配送冷链储运等设施建设，降低物流成本；加强与文化旅游的深度融合，做大做强炎陵电商旅游产业，加大旅游产业扶贫的力度。继续加大长株潭及周边城市对优质农产品的公益宣传，提升知名度。增强电商集群效应。加大争取国家、省、市对炎陵电商培训基地、人才培养的支持力度；加大电商产业资源、人才队伍的整合力度，形成集群洼地效应；加大与国内知名电子商务企业合作力度，做大炎陵电商经济总量，做强炎陵电子商务品牌；加大协调物流快递企业的整合，解决好物流上行下行的利益分配问题，切实有效推进物流行业的有序竞争和良性发展；面向市场，切实推动炎陵县电子商务扶贫中心功能的扩容升级。做响炎陵电商品牌。加大炎陵特色产业、产品的挖掘力度，凸显炎陵电商产品“山、野、鲜、绿”特色；加强炎陵电商品牌的集约化经营，带动供给侧的产品组织与供应；丰富炎陵电商产品的文化内涵，做好做大做强炎陵农村电子商务的炎陵文化品牌。培育农村电商市场主体。将农村电子商务作为精准扶贫的重要载体，以全国农村电子商务综合示范县为载体，对120个行政村实行电子商务服务站全覆盖，不断健全农产品信息库、产品生产认证和产品溯源体系、特色旅游产品信息库、“产地直供”电商基地等。继续加大对贫困家庭开设网店给予补助、小额信贷的支持。（牵头单位：经科商粮局；责任单位：财政局、发改局、农业局、林业局、扶贫办、各乡镇、九龙社会事务管理局）

（三）就业扶贫巩固提升工程。想方设法帮助贫困群众实现稳定就业，收入稳步增长，为彻底摆脱贫困奠定坚实基础。加大就业援助力度。对全县贫困家庭劳动力的就业现状、就业需求进行动态更新，深入开展职业介绍、就业政策咨询、就业扶贫招聘会等就业援助活动，积极搭建各类企业用工和贫困劳动力求职供需对接平台，促进转移就业和稳定就业。大力开展“春风行动”“赶集、节假日招聘会”等公共就业服务专项活动，为扶贫对象与用人单位搭建对接平台。深入开发公益性岗位，每年为贫困劳动力提供公益性岗位300个以上。深入开展技能培训。整合县内各类培训资源，每年完成贫困劳动力培训500人,实现有培训需求的贫困劳动力能享受至少1次职业技能培训和农村实用技术培训,至少掌握1门致富技能。拓宽就业创业渠道。鼓励农民工返乡创业,当地农民就地创业,贫困劳动力自主创业,支持发展农村电商、乡村旅游等创业项目。为符合条件的贫困劳动力发放创业担保贷款,并给予政府全额贴息。加强扶贫小额信贷工作力度,精准对接贫困人口创业和产业扶贫项目需求。不断促进稳定就业。对用人单位吸纳本县建档立卡贫困劳动力就业的,按条件给予用人单位岗位补贴。将本县建档立卡贫困劳动力纳入社会保险补贴范围,按条件为贫困劳动力实际缴纳的基本养老保险费、基本医疗保险费和失业保险费给予补贴,补贴期限不超过三年。评选一批管理规范、社会责任感较强、岗位适合、待遇较好的企业作为贫困劳动力就业基地,并授予炎陵县“精准就业扶贫爱心企业”荣誉,并给予一次性2万元的以奖代补资金。(牵头单位:人社局;责任单位:财政局、教育局、经科商粮局、农业局、扶贫办、各乡镇、九龙社会事务管理局)

(四)安居扶贫巩固提升工程。切实抓好“三大工程”后续帮扶,为群众营造良好的生产生活环境,增强发展后劲。

1.易地扶贫搬迁工程。建立产业助民增收机制。通过“产业带动”和“经济组织带动”相结合的脱贫方式,结合省扶贫办财政专项扶贫重点产业项目,重点打造黄桃、奈李为主的水果产业发展区,油茶种植和提质的改造区,蔬菜发展区,高山茶叶发展区,笋竹两用林及产业链发展区,花卉、珍稀树种、林苗培育和休闲特色农庄(农家乐)发展区,炎陵白鹅养殖适宜区,黑山羊、黄牛养殖区,稻田综合种养发展区等九大发展区;依托工业园,对集中安置与县城购房的,实行城镇化建设和园区带动促进就业相结合,重点引导易地扶贫搬迁户发展旅游产业和进园区务工。建立老房和新宅管控机制。对已实施易地扶贫搬迁的贫困户严格按照“建新必须拆旧”的要求落实好老房的拆除,并搞好复垦工作。对刚脱贫贫困户,禁止对新房加层或搭建永久性建筑,防止贫困户刚“脱贫”又因建房而“返贫”。建立“三大保障”为民增福机制。衔接好搬迁对象从迁出地到迁入地低保、医保和养老保险的信息变更工作,整合各方资源,从高从优落实政策,织牢低保、医保、养老安全保障网。建立“三就”为民解忧机制。统筹迁出地和迁入地教育、就业创业、医疗卫生等公共服务资源,确保搬迁对象就读有学校、就业创业有岗位有平台、患病有医院。完善安置区公共服务体系。根据安置点的安置规模建设相应标准的村服务中心,设立搬迁服务窗口,集开放性、实用性、多功能性为一体的文化活动广场、老年活动中心、幼儿园等综合性场所。(牵头单位:发改局;责任单位:政府办、监察委、住建局、财政局、人社局、国土资源局、审计局、经科商粮局、水利水电局、环保局、农业局、民政局、交通运输局、林业局、卫计局、旅游和文体广新局、房产局、公安局、教育局、金融办、国网炎陵县供电公司、城投公司、扶贫办、各乡镇、九龙社会事务管理局)

2.农村安居暨危旧房整治工程。完成农村土坯房安全鉴定工作,全面掌握全县住房安全状况。继续以贫困村为主战场，以建档立卡贫困户、低保户、农村分散供养特困人员、贫困残疾人家庭等为对象，以消除新出现危旧房为重点，按照原有政策不变，通过奖补资金，以拆、建、改等方式，实行“申报一户、认定一户、批准一户、改造一户”的快捷机制，真正让困难群众安居乐业。（牵头单位：住建局；责任单位：国土资源局、发改局、财政局、民政局、残联、城投公司、扶贫办、各乡镇、九龙社会事务管理局）

（五）生态扶贫巩固提升工程。继续加大生态补偿力度，创新生态补偿方式，逐步增加生态公益岗位，让贫困群众通过生态保护增加收入。充分发挥生态补偿脱贫作用，突出抓好生态管护岗位就业、林业重点工程、生态效益补偿等重点工作。将速生用材林、油茶林、笋竹林、珍稀苗木培育、林下经济作为重点林业特色产业，实施全产业链开发。积极打造林业新业态，促使森林康养、林业碳汇成为林业发展的新亮点、地方经济发展的新引擎。继续统筹整合涉农资金，开展全县林区道路建设，大幅提升道路通行能力。加大山、水、林、田生态保护力度，强化生态屏障区天然林保护及防护林建设，扩大天然林保护政策覆盖范围。引导贫困群众参与国家退耕还林、天然林保护、防护林建设等重大生态治理工程，提高贫困人口受益水平，降低因灾致贫返贫发生率。（牵头单位：林业局；责任单位：财政局、国土资源局、发改局、环保局、水利水电局、扶贫办、各乡镇、九龙社会事务管理局）

（六）教育扶贫巩固提升工程。提高贫困人口文化素质和贫困家庭劳动力技能，从源头上阻断贫困代际传递。进一步加大控辍保学力度，完善控辍保学目标责任制和联控联保机制，加强对边远乡村、义务教育学段、流动留守儿童、贫困家庭儿童等重点群体的监控。加大对学习困难学生的帮扶力度，实施“三帮一”机制，严格落实辍学学生劝返、登记和书面报告制度。完善学生资助政策，大力争取社会捐资助学，确保所有家庭困难学生有书读，读好书。进一步促进职成教育规范发展，深入推进职教攻坚，广泛开展职业技能培训，面向家庭贫困学生开展多种形式的继续教育，使未继续升学的初、高中毕业生等新成长劳动力都能接受适应就业需求的职业培训。实施中等职业教育协作计划，支持建档立卡贫困学生到县外经济较发达地区接受高质量中职教育。充分发挥乡镇农校的作用，配合做好新型农民培养培训工程和农村劳动力转移培养培训工程。进一步改善办学条件，教育扶贫资金向最贫困的乡镇和人群倾斜，通过新建和改造，全面改善农村学校办学条件，办好每一所学校，确保每一个学生都能接受优质教育。（牵头单位：教育局；责任单位：财政局、人社局、扶贫办、各乡镇、九龙社会事务管理局）

（七）健康扶贫巩固提升工程。加强贫困人口基本医疗综合保障体系建设，有效遏制因病致贫、因病返贫。（牵头单位：卫计局；责任单位：人社局、财政局、民政局、扶贫办、各乡镇、九龙社会事务管理局）

1.全面提升医疗服务能力。着力提升县级公立医院医疗服务水平，确保2020年前县中医院、县妇幼保健计划生育服务中心整体搬迁项目建成投入使用；完成东风卫生院、鹿原中心卫生院、水口中心卫生院、县人民医院手术室、66个非贫困村卫生室的改扩建,每个乡镇有1所标准化卫生院、每个村有1所标准化卫生室。推动医疗联合体建设,加强与省市三级医院的医疗合作,促进健康扶贫医疗服务能力的提升。推进“互联网＋医疗”信息化建设,启动基层医疗卫生机构远程诊室建设,建立首诊负责和转诊办理责任制,出台双向转诊系列优惠政策。加大医技人才引进力度,特定医技人才引进招录优惠政策,加大乡村医生培养力度,每年至少选派5人参加乡村医生本土化人才培训,到2020年,全县培养100名左右县、乡、村医卫骨干。

2.全面提升医疗保障水平。继续实施建档立卡贫困人口医疗“六重保障”政策。对建档立卡贫困人口参加城乡居民基本医疗保险个人缴费部分由财政通过医疗救助给予全额补贴。建档立卡贫困人口政策范围内住院费用报销比例提高10%。建档立卡贫困人口、低保困难群众大病保险报销起付线降低50%。对全县建档立卡贫困人口购买“扶贫特惠保”贫困家庭综合保险财政给予一定比例补助。将符合条件的贫困人口全部纳入重特大疾病救助范围。对通过城乡居民基本医疗、大病保险支付和民政医疗救助后自负费用仍有困难的贫困对象进行特殊医疗救助。支持和引导社会慈善力量参与医疗救助。对所有建档立卡贫困人口开展家庭医师签约服务,确保家庭医生签约服务团队(含村医)设置率100%,行政村覆盖率100%,建档立卡贫困人口签约率100%以上,因病致贫患者签约率100%。对患重大疾病、慢性病患者实行分类救治, Ⅰ类人员实行住院兜底保障,Ⅱ类人员实行集中救治救助,Ⅲ类人员实行签约服务管理,为有需要的贫困残疾人提供基本康复服务。完善贫困人口“先诊疗后付费”和“一站式”结算平台,实现医疗救助与基本医疗保险、大病保险、疾病应急救助等信息管理平台互联互通,做到“一站式”即时结算。

3.全面提升公共卫生服务。继续加强流行性疾病、慢性病的监测与防控,做好艾滋病、结核病、地方病等重大疾病防治。扩大癌症筛查和早诊早治覆盖面,加强严重精神障碍患者筛查登记、救治救助和服务管理。实施农村妇女“两癌”免费筛查项目,加大对贫困患者的救助力度。全面实施免费孕前优生健康检查、农村妇女增补叶酸预防神经管缺陷、新生儿疾病筛查等项目,提升孕产妇和新生儿危急重症救治能力。全面实施贫困地区儿童营养改善项目和0—6岁贫困残疾儿童康复救助项目。

(八)社保扶贫巩固提升工程。统筹社会救助体系建设,促进扶贫开发与社会保障有效衔接,充分发挥农村低保等社会救助制度在稳定脱贫中的保障作用。(牵头单位:民政局;责任单位:财政局、人社局、卫计局、残联、妇联、扶贫办、各乡镇、九龙社会事务管理局)

1.加强兜底保障。建立农村低保与扶贫开发的信息共享平台,实现动态监测管理有效衔接。参照国家、省、市明确的低保指导标准,不断提高农村低保保障标准和低保对象救助水平,实现农村低保标准与扶贫线“两线融合”。落实资金保障,及时足额将兜底保障资金发放到位。完善临时救助制度,及时对符合条件的贫困家庭和个人提供临时救助。逐步提高农村特困人员供养水平,改善供养条件。

2.加强政策衔接。按照农村低保和建档立卡贫困人口各自识别认定的标准、程序等,分别把符合条件的对象纳入救助或帮扶范围,实现动态管理、双向衔接,确保“应扶尽扶、应保尽保”。注重激发农村低保对象等困难群众脱贫增收的内生动力,引导有劳动能力的低保对象依靠自身努力脱贫致富。

3.加强关爱服务。组织开展农村留守儿童、留守妇女、留守老人摸底排查,建立翔实完备、动态更新的信息管理系统和大数据共享平台,分类进行保障。通过政府购买服务等方式,加强对“三留守”人员的生产扶持、生活救助、心理疏导。进一步健全困难残疾人生活补贴和重度残疾人护理补贴制度,将残疾人普遍纳入社会保障体系予以保障和扶持。

(九)基础设施和公共服务巩固提升工程。全面落实党的十九大提出的“乡村振兴”战略,不断完善农村基础设施和公共服务体系,建设美丽乡村,开启农村现代化的新征程。

1.提升交通设施。突出抓好干线、农村公路及现代化公路客货运站场建设。推进“四好农村路”建设,重点实施农村公路窄路加宽、安防工程和危桥改造,建设资源产业路(沔渡—石洲)、通景公路(策源—梨树洲),基本形成以县城为主枢纽,高速公路、干线公路和农村公路连接的交通网络,基本实现二级以上干线公路覆盖所有乡镇(场)、工业园和主要景区,村道基本实现“村村通”,25 户或 100 人以上自然村通水泥路。(牵头单位:交通运输局;责任单位:财政局、国土资源局、发改局、扶贫办、各乡镇、九龙社会事务管理局)

2.提升水利设施。继续实施农村饮水安全巩固提升工程。采取新建、扩建、配套、改造、联网等措施,巩固提升农村居民安全饮水。全面推进农村饮水工程管理体制和运行机制改革,全面提升农村供水的保证率。加大水资源保护力度,开展水环境整治,加强饮用水源地水质监测和保护,2018 年计划投资 4000 万元实施中小河流河水南流河段、斜濑水新生河段和官仓下河策源河段治理项目。对全县 20 处供水范围 1000 人以上集中式饮用水水源地划定保护范围,确保饮用水水源地水质全面达标。(牵头单位:水利水电局; 责任单位:财政局、国土资源局、发改局、扶贫办、各乡镇、九龙社会事务管理局)

3.提升电、讯设施。继续推进行政村电网升级改造,提升电网供电能力和供电质量,2018 年前彻底解决“低电压”、“卡脖子”现象,全县供电可靠率达到 99.88%,用户年均停电时间不大于 10 个小时,综合电压合格率不低于 99.50%,农村公用配变居民户均配变容量不低于 2.0 千伏安,智能电表覆盖率达到 100%,分布式电源接纳能力满足渗透率 8%以上的接纳需求,满足项目建设完成后“十年不大改、五年不改造”的目标。支持贫困村开发清洁能源,因地制宜发展沼气、小水电等可再生能源分散供能。有序推进光伏扶贫,鼓励建设分布式光伏电站,促进长久受益。加快乡村宽带网络建设,继续推进入村互联网宽带建设工程，力争到2020年实现所有行政村光纤网络和4G网络有效覆盖，农村家庭宽带接入能力达到50Mbps以上。(牵头单位:国网炎陵县供电公司、经科商粮局;责任单位:财政局、发改局、农业局、国土资源局、城投公司、水投公司、电信公司、移动公司、联通公司、扶贫办、各乡镇、九龙社会事务管理局)

4.提升物流网络。推进贫困村邮政基础设施建设,全面实现“乡乡设所、村村通邮”。充分发挥各级供销合作社网络优势,积极推进“工业品下乡”和“农产品进城”工程。加快推进“快递下乡”,完善贫困村快递揽收配送网点建设,利用村委会、供销超市等公共服务平台开展农村快递服务,实现“村村通快递”。(牵头单位:经科商粮局;责任单位:财政局、发改局、农业局、邮政局、供销联社、扶贫办、各乡镇、九龙社会事务管理局)

5.完善人居环境。落实习近平总书记指示,把农村“厕所革命”作为基础工程、文明工程、民生工程来抓,精心部署、强力推进。加快推进5个乡集中式污水处理站建设，2018年前建成投入运行。继续开展农村饮用水源保护、生活污水和垃圾处理、畜禽养殖污染治理、农村面源污染治理、乱埋乱葬等整治，保障处理设施运行经费,着力改善农村人居环境。2020年,所有行政村生活垃圾治理达到“五有标准”,普遍建立村庄保洁制度,逐步完善村内道路照明等必要的配套公共设施。(牵头单位:住建局;责任单位:环保局、农业局、民政局、国土资源局、发改局、财政局、卫计局、水利水电局、畜牧兽医水产局、城投公司、各乡镇、九龙社会事务管理局)

6.提升文化服务。按照“七个一”标准加快建设贫困村综合文化服务中心。建立公共数字文化服务平台,完善乡镇、村两级文化阵地运行长效机制,2018年村级综合文化服务中心覆盖率达80%。构筑“天天有活动”、“周周有演出”、“月月有竞赛”的群众性文化活动体系,为低收入群体提供更多免费或低价文化服务。建设千人文化志愿者队伍、500支业余民间文艺团队，配齐配强乡镇综合文化站专干,全面提高从业人员的业务素质。继续开展扶贫题材文艺创作,实施非遗进校园、戏曲进乡村和免费放映公益电影等文化惠民项目。完成中央广播电视节目无线数字化覆盖,抓好农家书屋管理,更新图书2万册以上。(牵头单位:旅游和文体广新局;责任单位:住建局、财政局、教育局、各乡镇、九龙社会事务管理局)

(十)实施基层党建巩固提升工程。狠抓基层组织建设,充分发挥基层党组织战斗堡垒作用和基层党员先锋模范作用,切实建强基层战斗堡垒,为全县脱贫攻坚巩固提升提供坚强的组织保障。(牵头单位：县委组织部;责任单位:财政局、农业局、林业局、发改局、扶贫办、各乡镇、九龙社会事务管理局)

1.提高保障水平。全面提升基层基础保障水平。推进综合服务平台提质,加快农村综合服务平台建设，完成89个村级综合服务平台改扩建和提质升级,完善“五室一站一中心”，进一步健全完善乡镇“六小一中心”。推进运转经费提标,确保村级运转经费逐年增长,确保1万元/村的服务群众专项经费足额及时到位。推进报酬待遇提档，确保村主干年报酬稳步增长，达到农村居民人均可支配性收入的2倍以上，离任村主干困难生活补助标准稳固提升，同时抓好村干部保险、免费体检等工作。

2.优化队伍结构。全力强化村级干部队伍建设。抓好班子调优配强，对不听党指挥、不正常履职、不能胜任的村干部及时进行调整，特别注重调优配强村党组织书记，确保村级干部队伍战斗力强有力。抓实基层力量储备，从严从实培养发展党员，从优从先培养后备干部，为村级发展储备人才力量。抓活典型先进激励，持续评选“十佳村党支部”、“十佳村干部”、先进基层党组织和优秀共产党员，持续从村干部中招录公务员，营造良好的干事创业氛围。

3.提升能力素质。抓好村级党员干部能力素质提升。加大管理力度，通过深入开展“两学一做”“不忘初心、牢记使命”等主题教育活动，落实好“三会一课”等党内基本生活制度，促进基层干部队伍管理规范化、制度化、常态化。加强教育培训，通过集中、分散，送出去、请进来等多样化教育培训，拓宽视野、增长见识、提升本领，促使基层党员干部能力素质快速提高。提升服务水平，通过理论学习、实践锻炼，不断总结提升，建立健全制度，确保干部管理能力上水平、服务质量上档次。

4.着力增强发展后劲。通过产业发展、能人培养等有效途径增强村级发展后劲。发展主导产业，按照“一带八基地”产业发展布局，结合村情实际，发展特色水果、有机茶叶、无公害蔬菜、笋竹、油茶、鄱县白鹅、花卉苗木、药材等产业，打造“一村一品”产业发展格局。壮大集体经济，采取成立产业发展公司、农村专业合作社等形式，通过资本注入、土地参股等方式，大力发展壮大村级集体经济。增强带富能力，实施“双培双带”工程，努力把能人培养成党员干部，努力把党员干部发展成致富能人，通过示范引领、先富带后富，带动村级快速发展、带领群众快速致富。

五、着力强化保障措施

（一）强化思想认识。继续强化“五个责任”意识，扶贫开发领导小组要强化统筹责任意识，坚持脱贫攻坚全县一盘棋，将工作重点转移到脱贫摘帽问题整改和后续帮扶及巩固提升上来；县级领导要强化“一岗双责”的领导责任意识，继续抓好组织协调、督促检查，研究解决后续巩固提升的突出问题；乡镇党委政府和村支“两委”要强化主体责任意识，统筹做好巩固提升的计划安排、项目落地、资金使用、人员调配、推进实施等工作；七个一批和六大工程牵头单位和责任单位要强化行业扶贫责任意识，按照“十大巩固提升工程”任务分工，制定工作方案，推动政策落地，全面推进薄弱村、薄弱环节和薄弱工作的巩固提升；驻村帮扶单位、驻村帮扶工作队、结对帮扶责任人要强化帮扶责任意识，夯实基础数据、基础资料和基础工作，继续开展“三同五好”“大走访、暖民心”等活动，积极引导贫困户树立自力更生思想，实现脱贫人口稳定增收。

（二）强化资金保障。发挥政府投入的主体和主导作用，加大脱贫攻坚后续帮扶及巩固提升资金投入力度，按照中央层面20项、省级层面19项、市级层面12项的整合范围整合资金,每年整合统筹涉农帮扶资金不低于2015—2017年整合资金量的平均额,优先安排盘活财政存量资金和新增县本级财力用于巩固提升工程。科学制定资金统筹安排计划,扶贫资金重点用于脱贫户产业发展扶持和转移就业服务,保持脱贫人口在教育、医疗、住房、安全饮水等方面的保障强度,提高重病户、重度残疾户的救助力度,加大偏远村、边界村、薄弱村基础设施和基本公共服务水平的投入力度。建立脱贫攻坚巩固提升项目库,认真筛选项目,开展可行性论证,明确补助标准,完善项目资金公告公示制度,提高资金使用效益和透明度。加大对现有村级基础设施、公共服务设施、光伏电站的管理和维护投入,确保基础设施安全正常运行,光伏电站发挥经济效益。

(三)强化内生动力。坚持扶贫与扶志、扶智并举,大力弘扬劳动光荣、艰苦奋斗、孝亲敬老等中华传统美德,教育和引导贫困群众靠自己双手光荣脱贫、勤劳致富。重点关注已脱贫群众的新诉求、新动向,建立"扶上马、送一程"的脱贫后续扶持机制,帮助打消思想顾虑,跟进解决具体困难。建立健全利益联结机制,创新贫困户参与方式,引导贫困户以农房、土地、林地经营权入股参与股份合作社,采用生产奖补、劳务补助、以工代赈等方式,持续激发贫困群众勤劳致富的内生动力。组织开展关爱老年人活动,对有能力却不履行赡养义务,为享受农村低保或扶贫政策分家立户遗弃老人的,加大法律援助力度,帮助维护老年人权益。利用媒体平台,大力宣传扶贫政策知识,挖掘推广自力更生脱贫致富的典型事例,全面提升贫困户脱贫致富意识。

(四)强化督查考核。坚持日常监督与随机抽查相结合、明察与暗访相结合,不打招呼、不定时间,经常性地开展督查巡查工作,重点检查驻村帮扶、措施落实、政策兑现情况。建立督查问题台账,对检查中发现的问题,及时向乡镇、部门、帮扶责任人下发整改意见书,全程跟踪督查整改,推动后续帮扶工作有序扎实开展。建立健全扶贫公告公示制度、扶贫资金监管制度,项目资金到户到人实名制,加强财政监督检查和审计监督,强化社会监督,预防扶贫领域职务犯罪,对挤占挪用、层层截留、虚报冒领、优亲厚友的,严肃问责,坚决惩处。继续将扶贫开发工作纳入年度绩效管理考核内容,明确考核标准,完善考核形式,严格考核程序,把考核结果与部门评先评优、领导班子年度考核、评价干部工作实绩相挂钩,把脱贫攻坚工作实绩作为选拔任命干部的重要依据。

关于规范不动产注销登记工作的通知

炎政办发〔2018〕5 号

2018 年 3 月 8 日

各乡镇人民政府，县直有关单位：

为规范不动产权属证书注销登记工作，保持不动产登记的连续性和合法有效性，根据《中华人民共和国物权法》、《中华人民共和国土地管理法》、《不动产登记暂行条例》及其《实施细则》以及《国土资源部关于印发〈不动产登记操作规范〉（试行）的通知》（国土资规〔2016〕6 号）有关规定，结合我县实际情况，现就有关事项通知如下。

一、工作范围

（一）本通知所称不动产注销登记工作范围指我县城乡范围

内存在以下情形之一的：

1.因不动产灭失。

2.权利人放弃不动产权利。

3.不动产被依法没收、征收或者收回。

4.因人民法院、仲裁委员会的生效法律文书。

5.法律、行政法规规定的其他情形导致不动产权利消灭的依职权注销登记。

（二）本通知所称不动产注销登记是指我县城乡范围内集体土地所有权、国有建设用地使用权、国有建设用地使用权及房屋所有权、宅基地使用权及房屋所有权、集体建设用地使用权及建筑物、构筑物所有权、林权、土地承包经营权等注销登记。

（三）本通知所称不动产权属证书包含实施不动产统一登记前所颁发的土地、房屋、林权等不动产权属证书和实施不动产统一登记后所颁发的不动产权属证书。

二、申请主体

（一）因不动产灭失、权利人放弃不动产权利的，不动产注销登记由权利人或委托人申请办理。

（二）因依法征收、收回的不动产注销登记，项目为经营性用地、工业用地的由县土地储备中心申请办理，项目为公益事业、公共服务、基础设施等由项目业主单位申请办理。

（三）因人民法院、仲裁委员会的生效法律文书导致不动产权利消灭的，由县不动产登记中心凭法律文书直接办理。

三、承办部门

（一）国有土地上的不动产注销登记由县不动产登记中心负责办理。在办理不动产注销登记后，县不动产登记中心出具不动产已办理注销登记的相关说明（附件 5），并加盖不动产登记中心公章。

(二)集体土地上的不动产注销登记由不动产所在区域的国土资源所(站)具体承办。在办理不动产注销登记后,国土资源所(站)出具不动产已办理注销登记的相关说明(附件5),并加盖所在区域国土资源所(站)公章。

四、办理程序

(一)不动产灭失及权利人放弃不动产权利的不动产注销登记办理程序:

1. 权利人或委托人到县不动产登记中心或国土资源所(站)申请办理不动产注销登记(所需提交的资料详见附件1)。

2.对无法提供不动产权属证书的,向县不动产登记中心或国土资源所(站)申请不动产权属证书作废公告(所需提交的资料详见附件4),再办理注销登记。

(二)依法征收国有土地上房屋,收回国有土地使用权的不动产注销登记办理程序:

1. 项目申请单位到县不动产登记中心先申请办理收回国有土地使用权手续(所需提交的资料详见附件3),再申请不动产注销登记(所需提交的资料详见附件2)。

对无法提供不动产权属证书的,向县不动产登记中心申请不动产权属证书作废公告(所需提交的资料详见附件4),再办理注销登记。

2.项目范围内所涉原不动产权利人,因特殊原因等确需先行

办理不动产注销登记的,须经项目申请单位确认后(附件7)申请办理注销登记(所需提交的资料详见附件2),无需单独办理收回国有土地使用权手续,其收回国有土地使用权手续由项目申请单位统一办理。

(三)依法征收集体土地上的不动产注销登记办理程序:

1. 项目申请单位向项目所在地的国土资源所(站)申请办理不动产注销登记(所需提交的材料详见附件2)。

对无法收回不动产权属证书的,申请人到项目所在地的国土资源所(站)办理不动产权属证书作废公告(所需提交的资料详见附件4),再办理注销登记。不管原登记系统中有没有相关登记信息的,都应在原登记纸质档案中注销,并写明注销登记原因和注销时间。

2.项目范围内所涉不动产权利人,因特殊原因等确需先行办理不动产注销登记的,须经项目申请单位确认后(附件7)申请办理注销登记(所需提交的资料详见附件2)。

(四)申请注销登记的不动产存在抵押、查封、异议等处分限制的,应在取得相关限制权利人同意或在相关限制解除后方可申请不动产注销登记。

五、办结时限

(一)项目申请单位在收到《拆迁完毕证明》后,5个工作日内应向县不动产登记中心申请收回国有土地使用权和不动产注销公告,公告15个工作日后申请不动产注销登记。

(二)项目申请单位在收到《征地拆迁交地通知单》(附件8)后,5个工作日内应向县不动产登记中心申请不动产注销公告,公告15个工作日后申请不动产注销登记。

(三)各承办部门在受理收回国有土地使用权申请后,5个工作日内办结;在受理不动产注销公告申请后,5个工作日内办

结；在受理不动产注销登记申请后，5 个工作日内办结。

六、本通知自公布之日起实行

附件：1.申请办理不动产灭失及权利人放弃不动产权利的不动产注销登记应提交的材料

2. 申请办理依法征收收回不动产注销登记应提交的材料

3. 申请办理收回国有土地使用权应提交的材料

4. 申请办理不动产权属证书作废公告应提交的材料

5.不动产注销登记说明

6.不动产权证书作废公告

7.授权委托书

8.征地拆迁交地通知单

附件 1

申请办理不动产灭失及权利人放弃不动产权利的不动产注销登记应提交的材料

一、不动产登记申请书;

二、申请人身份证明;

三、不动产权属证书,无法提交不动产权属证书的,应提交不动产权属证书作废公告和发证档案;

四、证明不动产权利消灭的材料:

1.不动产灭失的,提交其灭失的材料;

2.权利人放弃不动产权利的,提交权利人放弃权利的书面文件。被放弃的不动产权利设有抵押权、地役权或已经办理预告登记、查封登记的,需提交抵押权人、地役权人、预告登记权利人或查封机关同意注销的书面文件;

3. 不动产实地查看记录和现场调查的照片。

五、法律、行政法规以及《实施细则》规定的其他材料。

附件 2

申请办理依法征收收回不动产注销登记应提交的材料

一、不动产登记申请书;

二、申请人身份证明;

三、不动产权属证书,无法提交不动产权属证书的,应提交不动产权属证书作废公告和发证档案;

四、证明不动产权利消灭的材料:

1.人民政府生效的征收决定书;

2. 国有土地上的不动产注销登记需提供房屋征收部门的《拆迁完毕证明》及其拆迁花名册;集体土地上的不动产注销登记需提供国土部门的《征地拆迁交地通知书》及其项目所在地国土资源所(站)加盖公章的征地拆迁花名册;

3. 不动产实地查看记录表和现场调查的照片;

4.因特殊原因,原不动产权利人确需先行办理不动产注销登记的还应提交项目申请单位的授权委托书和拆迁协议。

五、法律、行政法规以及《实施细则》规定的其他材料。

附件3

申请办理收回国有土地使用权应提交的材料

一、申请书；

二、拟用地范围图、权籍调查表、权属范围图；

三、以出让方式供地的提交规划蓝线图、规划条件；以划拨方式供地的提交规划红线图、规划用地许可证；

四、房产征收部门的《拆迁完毕证明》；

五、征收花名册（姓名、坐落、不动产权证号、面积、需房产征收部门盖章认可）；

六、不动产权属证书原件（如不能提供原件则需公告注销）、登记发证档案；

七、棚改项目需棚改办批复；改制企业需提供相关批复；

八、发改委立项批复；

九、储备土地出让需提供相关政府文件及土地储备合同；

十、用地双方协议。

附件4

申请办理不动产权属证书作废公告应提交的材料

一、申请书；

二、申请人身份证明；

三、不动产权属证书，无法提供不动产权属证书的，提交其发证档案；

四、证明不动产权利消灭的材料：

1. 国有土地上的需提供房屋征收部门的《拆迁完毕证明》及其拆迁花名册；集体土地上的需提供国土部门的《征地拆迁交地通知书》及其项目所在地国土资源所（站）加盖公章的征地拆迁花名册；

2. 不动产实地查看记录表和现场调查的照片；

3.因特殊原因，原不动产权利人确需先行办理不动产权属证书作废公告的还应提交项目实施单位的授权委托书和拆迁协议。

五、法律、行政法规以及《实施细则》规定的其他材料。

附件 5

不动产注销登记说明

______________________________:

______________________________项目用地红线范围内所涉不动产已全部拆迁完毕,补偿已全部到位,不动产权证书已公告声明作废,并已在不动产登记系统和原登记档案中办理注销登记,特此说明。

表 54

序号	不动产权证书号	权利人	不动产权利类型	面积(平方米)	不动产坐落	备注
1						
2						

注:本说明用于征收和增减挂钩项目。

年 月 日

附件 6

不动产权证书作废公告

编号:(20) 号

因我机构无法收回下列不动产权证书,根据《不动产登记暂行条例实施细则》第二十三条的规定,现公告作废。

表 55

序号	不动产权证书号	权利人	不动产权利类型	面积(平方米)	不动产坐落	备注
1						
2						
3						
4						

公告单位:

年 月 日

附件 7

授权委托书

委托人:______________________________

法定代表人:__________________________

身份证明类型:________________________

证件号码:____________________________

联系地址:____________________________

手机:________________________________

委托人:______________________________

法定代表人:__________________________

身份证明类型:________________________

证件号码:____________________________

联系地址:____________________________

手机:________________________________

委托期限:__________年______月______日

至__________年______月______日。

现委托人委托______________为合法代理人,代表委托人办理坐落于____

不动产注销登记有关事项:

不动产权属证书号:____

该不动产已拆迁完毕,补偿到位。

受托人在其权限范围内依法所作的一切行为，接受问询的行为及签署的一切文件,委托人均予以承认。

委托人签名(或盖章):

年　　月　　日

受托人签名(或盖章):

年　　月　　日

附件 8

征地拆迁交地通知单

表 56　　　　　　　　　　　　　　　　　　　　　　20　　　年第　　号

项目名称		所在区域	
业主单位			
现场验收情况 〔由县征用所或国土所(站)填写项目基本情况,参加验收的部门人员签字盖章确认〕	该项目于______年____月____日发布征收土地公告,征地面积______亩,涉及_____乡(镇)_____、_____、_____村,拆迁房屋_____栋。经现场验收,该项目征地拆迁各项补偿均已到位,地上附着物已清除到位,符合交地条件。 被征地单位 土地征收安置所或国土所(站) 年　　月　　日		
资金情况			
土地征收安置所或国土所(站)长意见			
主管领导意　　见			

关于印发《炎陵县 2018 年度发展林业生产和生态补偿脱贫巩固提升实施方案》的通知

炎政办发〔2018〕20 号

2018 年 6 月 8 日

各乡镇人民政府、县直有关单位：

《炎陵县 2018 年度发展林业生产和生态补偿脱贫巩固提升实施方案》已经县人民政府同意，现印发给你们，请遵照执行。

为全面推进发展林业生产和生态补偿脱贫巩固提升各项工作，结合落实省市林业主管部门林业精准扶贫各项政策和我县实际，制定实施方案如下。

一、总体目标

全面巩固发展林业生产和生态补偿脱贫成果，进一步提高贫困人口生态补偿标准，改善农林业生产条件，持续增加贫困户林业收入水平，不断提升脱贫成效。

二、实施内容和步骤

炎陵县 2018 年度发展林业生产和生态补偿脱贫巩固提升项目涵盖生态产业奖补、林业基础设施建设、生态效益直补、生态管护参与、生态修复受益等五个类别（详见附件 1）。

（一）实施生态产业奖补项目

1.实施内容

（1）垦复（抚育）补贴。对全县建档立卡贫困户垦复油茶、笋竹林、森林抚育 1 亩以上的分别按照 300 元 / 亩、200 元 / 亩、150 元 / 亩进行奖补。

（2）种植补贴。对全县建档立卡贫困户新造林（含用材林、木本药材林和油茶林等）和育苗 1 亩以上的按照 400 元 / 亩进行奖补。

（3）良种油茶苗补贴。对全县建档立卡贫困户种植油茶选用良种苗木的按照 100 元 / 亩进行追加奖补。

（4）其他说明。生态奖补项目规划、验收配套保障经费不超过 30 万元，按规定列支规划设计、检查验收和野外防护用品购置等费用。建档立卡贫困户租山营造林的，种植在责任田（土）的，以及油茶和楠竹只进行了砍山抚育的，不纳入补贴范围。建档立卡贫困户营造林活动应在 8 月 20 日前完成，每户补贴金额不超过 5000 元。

2.实施步骤

（1）检查验收。县林业局组织乡镇林业站、村干部对建档立卡贫困户 2017 年冬至 2018 年春开展的营造林生产经营活动开展检查验收，营造林 5 亩以上的，要对营造林小班（区域）勾图，未达到 5 亩的，在图上用圆圈标注位置，填报竣工验收单和汇总表（详见附件 2、3）。（8 月 21—9 月 5 日

完成)

(2)公告公示。验收合格的名单要进行公示,往年度漏发、因资金缺口等原因应发未发的补助名单也要进行公示,公示期不少于7天。(9月15日前完成)

(3)资金发放。补助名单报乡镇和县扶贫办审核后按照补助标准通过“一卡通”系统发放奖补。(9月20日前完成)

(二)实施林业基础设施建设项目

1.实施主要内容

(1)在全县26个行政村,2个国有林业单位实施建设和维护大约47.8公里林区道路,根据建设难易程度适当进行补助。建设和维护参考补助标准分别为3万元/公里、1万元/公里。(详见附件4)。

(2)项目建设标准参照执行《林区公路工程技术标准》(LY5104—98),示范路建设可适度硬化,减少里程,增加边坡绿化、路边和险要路段护路林等建设。

2.实施步骤

(1)项目实施。项目按照“四自两会三公开”或“四议两公开”模式实施,同时标备道路建设起、终坐标,里程数。所有道路项目必须在2018年8月31日前完工,逾期未完成的,由乡镇人民政府调整项目到其他村组建设。

(2)检查验收。林业基础设施建设项目由各乡镇(场)组织竣工验收,2018年9月30日前做好项目验收资料归档,并报送县林业局、财政局和扶贫办备案。县林业局负责组织抽查核实。

(3)资金拨付。项目完成后,资金由县林业局统一拨付到乡镇和国有林业单位账户,乡镇要在10个工作日内拨付到项目实施村村级账户。到村的资金由乡镇负责监管,做到专款专用。

(三)实施生态效益直补项目

1.实施内容

对全县建档立卡贫困户所享有的省级以上生态公益林补偿提标40%(5.8元/亩)进行补偿。

2.实施步骤

(1)公告公示。乡镇组织将2018年度补偿发放名册(可暂不考虑公益林完善落界因素),以及以往年度漏发名册公示;

(2)资金发放。公示后审定的名册报县林业局,林业局按照程序通过“一卡通”系统发放。

(四)实施生态管护参与项目

1.实施内容

发放建档立卡贫困人口生态护林员补助。中央财政安排专项资金,全县转化199名贫困人口为生态护林员,按照1万元/年人标准发放劳务费。另统筹生态护林员配套保障经费40万元,用于培训、保障和奖励等开支。

2.实施步骤

按照炎政办发〔2016〕58号、炎政办发〔2016〕59号、炎政办发〔2016〕66号、炎政办发〔2017〕68号文件,与2017年度建档立卡贫困人口生态护林员补助项目顺延实施。

(五)实施生态修复受益项目

1.实施内容

国有林生态修复试点。在国有林场开展以迹地和裸露山地造林、森林抚育,以及自然生长和人工促进的生态修复工程试点。青石冈国有林场新造生态混交林40公顷;桃源洞国有林场补植补造阔叶树和珍稀树种12.27公顷;大院农场高海拔生态脆弱区域生态修复(一期)约40公顷。

2.实施步骤

(1)青石冈国有林场(40万)和桃源洞国有林场(10万)的生态修复项目。由林场按程序购买苗木、肥料等,组织林场职工或聘请劳力实施。

(2)大院农场高海拔生态脆弱区域生态修复工程。通过制定科学的技术方案,选取适宜高海拔地区的树种,合适的培育、栽培时间和方式,实施三期生态修复工程,逐步恢复大院农场高海拔裸露区域的植被,恢复自然景观和生态效益。其中一期试点面积40公顷,投资150万元,项目实施期为2018冬季2019春季;一期项目业主为大院农场,由其全权负责组织和实施,林业局负责组织项目验收,并提供技术服务和指导。项目资金一次性拨付至大院农场,由其建立专账按照相关规定支出。

三、相关要求

(一)认真组织实施。各乡镇和有关单位要严格按照项目实施要点、步骤和时间要求认真组织实施,紧紧围绕增加和巩固贫困人口直接收入和预期收益,巩固提升脱贫成效、改善生态环境等中心工作,不偏不倚,精准发力。补助资金到贫困户的,通过财政“一卡通”直接拨付到位,补助资金到村级经济组织和国有林业单位的,通过财政转账拨付。对实施中发现的问题,要及时报告和妥善处理。

(二)加强监督管理。建立县乡两级监督管理体系,乡镇负责审核和具体检查验收,县扶贫办审核,县林业局负责抽查;自觉接受财政、审计部门的监督和审查;完善公告、公示等制度。

(三)做好资料归档。各乡镇和县林业局要做好生态补偿脱贫一批资料归档工作,所有档案资料乡镇复印留底,原件报送县林业局整理归档。

本实施方案由县林业局会同有关部门负责解释和完善。

附件:

1.2018年度发展林业产业和生态补偿脱贫巩固提升项目安排表

2.2018年度建档立卡贫困户营造林奖补竣工验收单

3.2018年度建档立卡贫困户营造林奖补汇总表

4.2018年度林区道路建设和维护项目安排表

附件 1

2018 年度发展林业产业和生态补偿脱贫巩固提升项目安排表

表 57

单位:万元

序号	项目乡镇(单位)	项目村	项目补助 (受益)对象	项目名称	项目计划资金
1	各乡镇	贫困村 和面上村	建档立卡贫困户	生态产业奖补 (建档立卡贫困户营造林补助)	500
2	各乡镇	国有林业单位、贫困村和面上村	国有林业单位、贫困村和面上村	林业基础设施建设 (林区道建设和维护补助)	100
3	各乡镇	贫困村 和面上村	建档立卡贫困户	生态效益直补 (建档立卡贫困户生态公益林提标补助)	70
4	各乡镇	贫困村 和面上村	建档立卡贫困人口	生态管护参与扶贫 (建档立卡贫困人口生态护林员补助)	239
5	国有林场	——	生态修复	生态修复受益 (国有林生态修复试点)	200
合　　计					1109

附件 2

2018 年度建档立卡贫困户营造林奖补竣工验收单

表 58

乡镇		村组	
姓名		身份证号码	
一卡通账户名		一卡通账号	

营造林类型	抚育(垦复)类			种植类				种苗类
	油茶垦复	笋竹林改造	森林抚育	育苗	新造林			良种油茶
					用材林	油茶林	经济林	
奖补标准 (元/亩)	300	200	150	400	400	400	400	100
营造林树种 (油茶、竹、松、杉、阔等)								
验收合格面积 (亩)								
应奖补金额 (元)								
应奖补金额合计 (元)	注:建档立卡贫困户租山营造林的,种植在责任田(土)的,以及油茶和楠竹只进行了砍山抚育的,不纳入补贴范围。营造林应在 8 月 20 日前完成,每户补贴金额不超过 5000 元							

驻村工作队、林业站验收意见:

经实地验收,符合相关技术标准,营造林位置以附图为准。

林业站工作人员签名:

林业站(盖章)　　　　年　　月　　日

村意见:	乡镇意见:	县扶贫办意见:
(盖章) 年　　月　　日	(盖章) 年　　月　　日	(盖章) 年　　月　　日

附件 3

2018 年度建档立卡贫困户营造林奖补汇总表

表 59　　填报乡镇(盖章):面积:亩、元

序号	村	组	姓名	一卡通账户名	身份证号码	一卡通账号	抚育类		种植类		种苗类(面积)	补助金额合计	备注
							类型	面积	类型	面积			

附件 4

2018 年度林区道路建设和维护项目安排表

表 60

序号	项目实施单位	项目实施地点		建设类型	建设里程（公里）	建设年限	财政补助金额(万元)	备注
		村	组					
1	霞阳镇	草坪村		新建	1	2018	3	
2	沔渡镇	中洞村		维护	3	2018	3	
3		安康村	双江组	新建	1	2018	3	
4		苍背村		新建	1	2018	3	
5		长江村	田心组	新建	0.7	2018	2	
6	鹿原镇	三口村	前进组洪木山组	新建	2	2018	6	示范路
7		玉江村	太院组寨下组	新建	2	2018	6	
8		红光村		新建	2	2018	6	
9		上村村	周坪组	维护	2	2018	2	
10		澎溪村		新建	2	2018	6	
11	水口镇	水口村	石壁下组	新建	1	2018	3	
12		平岗村		维护	2	2018	2	
13	十都镇	瓜寮村	槽下组仙下组	新建	2	2018	6	示范路
14		黄上村	高湖组	新建	0.7	2018	2	
15		小江村	坳上组	新建	1	2018	3	
16	龙溪乡	菜坪村		新建	1	2018	3	
17		三口垄村		新建	0.7	2018	2	
18	下村乡	酃峰村		维护	9	2018	9	示范路
19	策源乡	竹园村		新建 / 维护	3	2018	5	
20		梨树洲村		新建	1	2018	3	
21		梁桥村		新建	1	2018	3	
22	中村瑶族乡	平乐村	车坪组	新建	1	2018	3	
23		中村村	下圩组	新建	1	2018	3	
24		龙渣村	界下组	新建	0.7	2018	2	
25	船形乡	船形村	梳子坑组	新建	1	2018	3	
26	九龙事务局	炎西村		新建	2	2018	5	
27	国有林业单位	湘山林场	—	维护	2	2018	2	
28		福利垄林场	—	维护	1	2018	1	
	合计				47.8		100	

统计表

炎陵县2018年主要经济指标完成情况表

表61

序号	指标名称	炎陵	
		总量(万元)	增速(%)
1	GDP	751674	7.5
2	财政收入	57645	—46.2
3	固定资产投资	—	7.8
4	社会消费品零售总额	247466	9.9
5	城镇居民可支配收入	28537	7.5
6	农村居民可支配收入	8882	9.4
7	规模工业增加值	217730	7.5

2018年度炎陵县上缴税金100万元以上的企事业单位一览表

表62　　机构:国家税务总局炎陵县税务局　　入库日期:2018—01—01至2018—12—31　　单位:万元

纳税人识别号	企业名称	名次	所属行业	本年税收合计	上年税收合计	同比增长额	同比增长率
914302001846418992	湖南炎陵农村商业银行股份有限公司	1	商业银行服务	5939	11213	—5275	—47.04%
91430225MA4L44PC30	国网湖南省电力有限公司炎陵县供电分公司	2	电力供应	4716	4890	—173	—3.54%
914302001843451689	株洲欧科亿数控精密刀具股份有限公司	3	有色金属合金制造	3066	2584	482	18.66%
91430200MA4LUNTA65	湖南国声声学科技股份有限公司	4	其他电子器件制造	1634	30	1605	5439.32%
914302257700980916	湖南省烟草公司株洲市公司炎陵县分公司	5	烟草制品批发	1589	1476	113	7.64%
914302255827997557	炎陵县今成钽铌有限公司	6	有色金属合金制造	776	531	245	46.07%
91430225682828269Q	湖南东信集团炎陵纺织有限公司	7	棉纺纱加工	720	836	—116	—13.91%
91430200666313038U	株洲江钨博大硬面材料有限公司	8	有色金属合金制造	664	236	428	181.50%
9143022566166068X5	炎陵县紫鑫矿业有限公司	9	其他未列明非金属矿采选	503	425	79	18.56%
91430225661650924T	炎陵银太纺织有限公司	10	棉纺纱加工	488	527	—39	—7.35%
91430225661690811R	炎陵县兴丰矿业有限公司	11	其他未列明非金属矿采选	362	119	243	204.45%
91430200788006220F	株洲高力新材料有限公司	12	其他稀有金属冶炼	351	602	—251	—41.74%
9143022567075109X2	株洲市万昌纺织有限公司	13	棉纺纱加工	330	416	—86	—20.59%
9143022507059449X4	炎陵振盛木业有限公司	14	锯材加工	309	139	170	121.66%
91430225884651457F	中国人民财产保险股份有限公司炎陵支公司	15	财产保险	282	229	53	22.98%
91430225750648105K	炎陵县长兴水泥厂	16	水泥制造	268	135	133	98.89%
91430225755848499E	株洲炎能科技开发有限公司	17	水力发电	267	222	45	20.29%
9143022588464533X1	中国农业银行股份有限公司炎陵县支行	18	商业银行服务	227	206	21	10.11%
91430225MA4L70NY6G	株洲市东山房地产开发有限公司县府路项目部	19	房地产开发经营	225	181	44	24.09%
914302250580093663	湖南中冠房地产开发有限公司	20	房地产开发经营	209	152	57	37.69%
91430225740646843Q	炎陵县青天木业有限责任公司	21	建筑用木料及木材组件加工	187	56	130	231.03%
914302257279592042	炎陵县中大浙湘实业有限责任公司	22	水力发电	186	306	—120	—39.16%
91430225758030561L	炎陵县黄上萤石矿	23	其他未列明非金属矿采选	181	89	93	104.97%

续表 62

纳税人识别号	企业名称	名次	所属行业	本年税收合计	上年税收合计	同比增长额	同比增长率
91430225445320031E	炎陵天和房地产综合开发公司	24	房地产开发经营	176	340	—164	—48.31%
91430225732870466Q	炎陵县景陵水电开发有限责任公司	25	水力发电	168	131	38	28.75%
91430225722517597Y	炎陵县大院电力有限责任公司	26	水力发电	160	155	5	3.09%
91430225707258515R	中国石化销售股份有限公司湖南株洲炎陵石油分公司	27	石油及制品批发	159	152	7	4.40%
91430225329424626P	株洲潭龙益友新材料有限公司	28	石墨及碳素制品制造	154	90	64	71.18%
9143022518464474X2	炎陵县水利水电建设投资有限责任公司	29	水力发电	152	350	—198	—56.56%
91430225796860478D	株洲华驰新材料有限公司	30	其他常用有色金属冶炼	147	202	—55	—27.15%
91430225399838402B	湖南昌华建设集团有限公司炎陵分公司	31	房地产开发经营	136	224	—88	—39.36%
91430225884645786M	中国建设银行股份有限公司炎陵支行	32	商业银行服务	136	110	26	23.77%
91430225587044853Q	株洲华斯盛高科材料有限公司	33	有色金属合金制造	132	94	38	40.60%
91430225753355738Y	炎陵华兴实业有限责任公司	34	水力发电	130	202	—72	—35.43%
91430225587019113R	株洲金瑞锌材有限责任公司	35	铅锌冶炼	128	262	—134	—51.26%
91430225792388380K	炎陵日东钨钼制品有限责任公司	36	钨钼冶炼	125	99	26	25.76%
91430225689523871J	炎陵时代新材料有限公司	37	铁合金冶炼	111	75	36	48.53%
91430225748352030M	炎陵县中大深渡水电有限责任公司	38	水力发电	111	273	—162	—59.33%
91430225L26191645X	炎陵县船形化工厂(普通合伙)	39	无机盐制造	108	112	—4	—3.84%
合计				25711	28470	—2758	—9.69%

便民服务

旅客列车时刻表

表 63　　旅客列车、特快和快速班列自 2019 年 4 月 10 日零时起实行

序	车次	区局	到达	出发	停	股道	备注
1	K1137	青岛—南宁	18：49	18：53	4	1	营业
2	K441	南昌—广州东	19：58	20：02	4	1	营业
3	T382	昆明—上海南	22：37	22：50	13	4	营业
4	K442	广州东—南昌	2：35	2：38	3	4	营业
5	K2370	长沙—井冈山	12：15	12：19	4	1	营业
6	K2386	南宁—长春	12：38	1 12：42	4	1	营业
7	K161	徐州—南宁	14：06	14：12	6	1	营业
8	K2369	井冈山—长沙	15：18	15：22	4	1	营业

炎陵汽车中心站长途班次时刻表

表64

2019年7月3日制

发车时间	营运路线	座位	自编号	车 牌 号	返程时间	联系电话	备 注
6：45	赣 州	32	38039	湘B·91112	6：45	15879402515	暂停
		28		赣B·13579		13970614492	
7：00	株 洲	32		湘B·91207	12：30	15173386233	—
8：00	瑞安	52		浙C·F9967	8：00	13576609200	—
8：00	长 沙	48		湘A·Y5540	14：10	13973367055	—
8：00	衡 阳	32	38057	湘B·A4798	13：00	13874127647	—
8：20	株 洲	32	38088	湘B·A9107	14：30	15207401919	—
8：20	郴 州	32	38008	湘B·90972	高铁万华站 13：40 城际大巴站 14：20	13786355066	—
8：30	常 德	42		湘B·90946	8：25	13297332620	—
		40		湘J·13861		13077226300	—
8：50	株 洲	36	38089	湘B·91101	13：30	13469022877	—
9：30	长 沙	42	38045	湘B·90976	18：30	13107007001	—
8：50	珠 海	55	38025	湘B·91076	9：50	15973322548	—
		53	38052	湘B·91063		13974101709	—
10：00	株 洲	36	38041	湘B·91046	15：40	13762389580	—
9：30	深 圳	53	38066	湘B·98888	6：50	13907419852	—
		53	38035	湘B·91119		13907419676	—
		55		粤B·U8889		13907419313	—
		53		粤B·Z2868		13907419005	—
10：50	株 洲	32		湘B·90910	16：40	13077045957	—
11：30	株 洲	36		湘B·90939	18：00	13107005648	—
12：00	长沙西	45		湘B·91205	17：30	18274261888	—
12：30	株 洲	36	38099	湘B·91226	5	18673368113	—

续表 64

发车时间	营运路线	座位	自编号	车 牌 号	返程时间	联系电话	备 注
12：30	安 仁	26	—	湘 L·98668	8：00	13549537908	暂停
12：50	资 兴	26	—	湘 L·98121	5：30	13975765466	—
13：00	衡 阳	16	81049	湘 D·96495	10：00	15115493622	暂停
13：15	株 洲	32	31113	湘 B·11101	7：30	13077098555	—
13：25	长 沙	46	—	湘 A·Y5837	8：50	18274273888	—
14：40	株 洲	36	38020	湘 B·91280	9：35	13107036818	—
15：00	长 沙	36	38032	湘 B·91097	10：10	13973362699	—
15：30	株 洲	32	38001	湘 B·91278	8：55	13017129188	—
16：30	株 洲	36	38006	湘 B·91287	10：30	13107005266	—
18：10	株 洲	52	38033	湘 B·91298	合泰站 10：50	13762379800	—
					中心站 11：35		—
—	旅游车	32	38026	湘 B·91183	—	13762276228	—
龙渣发车 8：00	龙渣至株洲合泰	32	38061	湘 B·91027	合泰站 14：15	15273371888	—
经过南站 9：20					中心站 14：50		

索 引

说明:

一、本索引把年鉴的专稿、条目(特载,大事记,专辑,单位选介,荣誉谱,县党、政及各部门、单位负责人名录,附录,表格,彩页除外)用主题分析的方法,按汉语拼音字母顺序排列。

二、索引名称后的阿拉伯数字标示内容所在的页码,英文字母(a、b)表示栏别(从左至右分1、2栏)。

三、类目、专稿标题和地名用黑体字标明。

A

艾滋病防治 ……………… (343b)
爱国卫生运动 …………… (333a)
安全管理 ………………… (152a)
安全管理 ………………… (181a)
安全管理 ………………… (244b)
安全生产 ………………… (203a)
安全生产 ………………… (205a)
安全生产 ………………… (225b)
安全生产 ………………… (243a)
安全生产 ………………… (271b)
安全生产 ………………… (355b)
安全生产、综合治理工作 … (240a)
安全生产工作 …………… (231b)
安全生产监督管理 ……… (186a)
安全生产监管 …………… (236b)
安全稳定工作 …………… (168b)
安全运行 ………………… (235a)

B

暴雨洪涝 ………………… (41b)
白鹇谷 …………………… (316a)
办文办会 ………………… (117a)
办学成绩 ………………… (309b)
办学理念及成绩特色 …… (310b)
办学条件完善 …………… (309b)
帮扶工作 ………………… (238a)
保障发展 ………………… (184a)
保障民生利益 …………… (176b)
步兵学院到炎陵开展现地教学活动 ………………… (169a)

C

财 政 ………………… (281a)
财务工作 ………………… (303a)
财政、金融和保险 ……… (46a)
财政·金融 ……………… (281)
财政改革 ………………… (282b)
财政收入 ………………… (281b)
参观接待 ………………… (324b)
参加市政协提案协商座谈会 … (130b)
参政设谋 ………………… (77b)
参政议政 ………………… (129a)
残 联 ………………… (144a)
策源乡 ………………… (382a)
茶盐古道 ………………… (316b)
产业发展 ………………… (209a)
产业发展 ………………… (380b)
产业项目 ………………… (370a)
产业项目 ………………… (71b)
产业项目建设 …………… (271a)
产业项目建设 …………… (360b)
产业项目建设取得新成效 … (113a)
产业转型升级 …………… (385b)
成果运用 ………………… (101b)
承办株洲市理论研讨会 …… (106b)
城区绿化美化 …………… (228b)
城市管理行政执法 ……… (274b)
城市管理和行政执法 …… (274a)
城市管理执法体制改革 …… (274b)
城市建设投资经营 ……… (269a)
城乡建设 ……………… (264)
城乡建设 ………………… (381a)
城乡就业创业 …………… (181b)
城乡居民医疗保险管理服务 … (337b)
城乡面貌取得新变化 …… (114b)
城乡住户调查 …………… (180a)
出版物市场清理 ………… (323b)
传染病疫情管理 ………… (340a)
船形乡 ………………… (372a)
创新机制 ………………… (100b)
慈善工作 ………………… (126a)
从严治院 ………………… (163b)
促进规范管理 …………… (176a)

村民自治 ………………… (143b)
村镇银行开业 …………… (295b)

D

打造炎帝文化,创建校园品牌 … (309a)
大风 ………………………… (41b)
大气探测 ………………… (236a)
大院农(林)场 …………… (384a)
代管全县计划生育工作 …… (143a)
代理金融 ………………… (245b)
档案规范化整理 ………… (102a)
档案行政执法 …………… (102b)
档案史志 ………………… (102a)
档案业务指导和培训工作 … (102b)
党的建设 ………………… (369a)
党的建设有提升 ………… (383b)
党风廉政 ………………… (287a)
党风廉政建设 …………… (187b)
党管武装工作 …………… (166a)
党建 ……………………… (326a)
党建扶贫 ………………… (285b)
党建工作 ………………… (104a)
党建工作 ………………… (132b)
党建工作 ………………… (172a)
党建工作 ………………… (185b)
党建工作 ………………… (203b)
党建工作 ………………… (205b)
党建工作 ………………… (212b)
党建工作 ………………… (231b)
党建工作 ………………… (236b)
党建工作 ………………… (246b)
党建工作 ………………… (247b)
党建工作 ………………… (256a)
党建工作 ………………… (279a)
党建工作 ………………… (283b)
党建工作 ………………… (289a)
党建工作 ………………… (348a)
党建工作 ………………… (351b)
党建和扶贫工作 ………… (189b)
党建引领 ………………… (291a)
党建引领 ………………… (292b)
党建与思政教育 ………… (302b)
党史编研工作 …………… (103b)
党外代表人士队伍建设 …… (94a)
党务党风建设 …………… (197b)
党务工作和作风建设 …… (356a)
党性教育基地建设 ……… (90b)
道路清洗 ………………… (279a)
德育工作 ………………… (307b)
地表水环境质量 ………… (43b)
地方税务 ………………… (284a)
地灾防治 ………………… (184b)
第二期委员培训班 ……… (131a)
电　信 …………………… (246b)
电大教育 ………………… (307a)
电商协会 ………………… (147b)
电网建设 ………………… (205a)
电子商务 ………………… (251b)
电子商务培训 …………… (148a)
电子政务 ………………… (124a)
东坑飞瀑 ………………… (315b)
动物卫生监督执法 ……… (218a)
笃守信用　理赔迅速 …… (297a)
杜鹃花海 ………………… (315b)
队伍发展 ………………… (297a)
队伍建设 ………………… (101a)
队伍建设 ………………… (118b)
队伍建设 ………………… (273a)
队伍建设 ………………… (291b)
队伍建设 ………………… (293a)
队伍建设 ………………… (301a)
队伍建设 ………………… (303b)
队伍建设 ………………… (307b)
队伍建设 ………………… (329a)
队伍强能 ………………… (153a)
队伍融合 ………………… (287a)
对台工作 ………………… (94b)
对外新闻宣传 …………… (92a)

E

2018 年获评“全国人民调解工作先进个人”——邱春珍 … (391a)
2018 年县人民政府、政府办重要文件标目 ………… (118b)

F

发　电 …………………… (202b)
发展和改革 ……………… (173a)
法　院 …………………… (162a)
法　治 …………………… (149)
法律服务 ………………… (164b)
法制建设与宣传教育 …… (278a)
法治宣传 ………………… (164a)
法治炎陵建设 …………… (150b)
防汛抗旱 ………………… (235a)
防汛抗旱工作 …………… (231a)
房地产管理 ……………… (270b)
房地产开发项目 ………… (271b)
房地产市场 ……………… (270b)
非公经济统战工作 ……… (94a)
非公企业综合党委工作 …… (141a)
非公有制经济 …………… (258b)
风险防控 ………………… (238b)
风险防控 ………………… (292a)
扶贫工作 ………………… (104b)
扶贫工作 ………………… (146b)
扶贫工作 ………………… (269b)
扶贫工作 ………………… (287b)
扶贫开发 ………………… (237a)
服务“三大攻坚战” ……… (282a)
服务保障工作 …………… (168a)
服务便民 ………………… (273b)
服务产业项目建设 ……… (282a)
服务大局 ………………… (162a)
服务管理 ………………… (293b)
服务民企工作 …………… (140b)
服务民生 ………………… (156b)
服务民生 ………………… (185a)
服务能力建设 …………… (351b)
服务职工 ………………… (133b)
服务质量提升 …………… (247a)
妇　联 …………………… (136b)
妇女健康检查 …………… (137a)
妇女维护权益 …………… (137b)
妇女政治思想教育工作 …… (137a)
妇幼保健 ………………… (353b)

G

改革开放 …………………… (72a)
改革开放取得新突破 …… (115a)
干部管理 …………………… (89b)
干部教育培训 …………… (104b)
高山乌龙茶荣获全国奖项 … (385a)
高温热害 …………………… (41b)
个私协会 …………………… (147b)
耕地保护 …………………… (184b)
工　会 …………………… (133a)
工　业 …………………… (191)
工伤保险 …………………… (338a)
工商联 …………………… (140a)
工业和建筑业 …………… (45a)
工业经济 …………………… (196a)
工资福利 …………………… (183a)
公　安 …………………… (151a)
公共场所监督 …………… (335b)
公共卫生服务 …………… (347b)
公共预算收支 …………… (281a)
公交运营 …………………… (244b)
公立医院改革 …………… (346a)
公立医院改革 …………… (355a)
公路管养 …………………… (242a)
公路建设 …………………… (243a)
公路客运 …………………… (244a)
公路养护 …………………… (242a)
公卫项目服务 …………… (331a)
公务及民生档案工作 …… (102b)
公园景区综合开发建设 …… (229a)
公园生态保护和环境整治 … (229a)
共青团 …………………… (134b)
共青团炎陵县第十九次代表大会 …………………… (135a)
供　电 …………………… (204b)
供水服务 …………………… (280a)
供销合作 …………………… (255a)
购置补贴 …………………… (220b)
固定资产投资 …………… (45a)
关爱妇女和留守儿童 …… (137b)
管理提升 …………………… (318a)
管网建设 …………………… (280b)
广播电视 …………………… (326a)
龟龙窝 …………………… (315a)
规范经营秩序 …………… (258b)
规范投资管理 …………… (176b)
规范医疗行为 …………… (347b)
规划编制 …………………… (173a)
规划管理 …………………… (264b)
国防动员 …………………… (166b)
国防教育 …………………… (167b)
国家税务 …………………… (282b)
国民经济和社会发展 ……… (44a)
国内贸易和旅游 ………… (45b)
国土资源管理 …………… (184a)

H

夯基提质 …………………… (152b)
行业管理 …………………… (240a)
行业监管 …………………… (265a)
合成共治 …………………… (156b)
合成作战快速破获一起重大诈骗案件 …………………… (154a)
合成作战破获“7.28”吸贩毒团伙案件 ……………… (153b)
合规经营 …………………… (296b)
河东灌区管理局 ………… (235a)
河长制工作 ……………… (230b)
河长制工作 ……………… (234b)
红军标语博物馆 ………… (313a)
红十字会 …………………… (145b)
湖南全康电子科技有限公司落户炎陵工业集中区 …… (191b)
湖南神农洞天旅游开发有限公司 …………………… (322b)
湖南省军区党委班子一行到炎陵开展开放式学习教育活动 …………………… (169b)
湖南天韵旅游发展有限公司 … (321a)
湖南炎帝盛世旅游发展有限公司 …………………… (320a)
湖南炎陵农村商业银行 …… (293b)
护理质量管理 …………… (350a)
环保督察 …………………… (277a)
环境保护 …………………… (276b)
环境管理 …………………… (277b)
环境监测 …………………… (278a)
环境监管执法 …………… (277b)
环境卫生管理 …………… (278a)
环境问题整改 …………… (226b)
环境质量状况 …………… (43a)
环卫收费 …………………… (279a)
惠民利民 …………………… (153a)
惠农综合服务工程 ……… (255b)
婚姻登记 …………………… (126a)
霍乱防治 …………………… (340b)

J

《纪念何孟雄诞辰120周年文集》编纂出版 …………… (104a)
督查督办 …………………… (78a)
机构编制 …………………… (95a)
机构编制管理 …………… (95a)
机构改革 …………………… (286)
机构改革 …………………… (95b)
机关党建 …………………… (118a)
机制改革 …………………… (205b)
基层党建 …………………… (276a)
基层党建 …………………… (358b)
基层党建 …………………… (361a)
基层党建 …………………… (364b)
基层党建 …………………… (367b)
基层党建 …………………… (373a)
基层党建 …………………… (379a)
基层党建 …………………… (380b)
基层党建 …………………… (74a)
基层党建 …………………… (89a)
基层科普惠农行动 ……… (139a)
基层政权建设 …………… (125b)
基层组织建设 …………… (376a)
基础工作齐头并进 ……… (319b)
基础管理 …………………… (237b)
基础管理工作 …………… (257a)
基础设施 …………………… (264b)
基础设施 …………………… (358a)

基础设施 …………………… (372a)
基础设施建设 …………… (305a)
基础设施建设 …………… (309a)
稽查评估 ………………… (285a)
疾病预防控制 …………… (339b)
计划开工项目 …………… (321b)
计划生育工作 …………… (336a)
计划生育转型发展 ……… (332a)
计生帮扶 ………………… (143b)
计生保险创历史新高 …… (143b)
计生协会 ………………… (142b)
纪检监察 ………………… (74b)
寄生虫、地方病防治 ……… (342b)
加大残疾人教育扶助力度 … (144b)
加强队伍建设 …………… (177a)
加强能力建设 …………… (186b)
加强社有资产监管 ……… (255b)
加强市场全程监管 ……… (188a)
家庭建设巾帼建功活动 …… (138a)
价费管理 ………………… (174b)
价格监督检查 …………… (174b)
坚持代表联系群众制度 …… (109b)
监察体制改革 …………… (75a)
检　察 ………………… (160a)
减贫工作 ………………… (237a)
建立监事会机构 ………… (255a)
健康扶贫 ………………… (339b)
健康扶贫工程 …………… (334b)
健康教育 ………………… (343b)
江家试馆 ………………… (314a)
交　警 ………………… (155a)
交通、邮电 ……………… (46a)
交通·邮电 ……………… (239)
交通管理 ………………… (239a)
交通行业文明建设 ……… (240b)
交通基础设施建设 ……… (239a)
交通建设质量安全监督 …… (243b)
交通质量安全监督 ……… (244a)
焦聚主责主业,强化法律监督 … (161a)
教　育 ………………… (299)
教材发行 ………………… (325b)
教学教研 ………………… (304b)
教学教研 ………………… (308a)
教学科研 ………………… (105b)
教研教改 ………………… (301b)
教育扶贫 ………………… (302a)
教育和科学技术 ………… (46b)
教育宣传 ………………… (303a)
接龙桥战斗旧址 ………… (314a)
结核病控制 ……………… (343b)
金融扶贫 ………………… (288b)
金融扶贫 ………………… (290a)
金融科技 ………………… (290a)
金融网络化 ……………… (288b)
金融运行 ………………… (293a)
经济待遇 ………………… (97a)
经济发展 ………………… (369b)
经济科技信息化 ………… (196a)
经济联络工作 …………… (140b)
经济社会调查 …………… (179b)
经济运行监测 …………… (173b)
精品窗口打造 …………… (247a)
精品网络打造 …………… (247a)
精神文明创建 …………… (92a)
精神文明和民主法治 …… (275b)
精准打防 ………………… (151b)
精准扶贫 ………………… (206a)
精准扶贫 ………………… (248a)
精准扶贫 ………………… (294b)
精准扶贫 ………………… (305a)
精准扶贫 ………………… (311a)
精准扶贫 ………………… (322a)
精准扶贫 ………………… (324a)
精准扶贫 ………………… (355b)
精准脱贫攻坚克难 ……… (297b)
景区旅游安全生产管理 …… (229b)
九龙工业园 ……………… (191a)
九年义务教育名校选介 …… (309a)
救灾救济 ………………… (125a)
决胜执行难 ……………… (163a)
军　事 ………………… (165)
军事训练 ………………… (158b)
军事训练 ………………… (166b)

K

开展各类培训和创业扶持项目 … (145a)
开展扫黑除恶 …………… (149a)
开展扫黑除恶专项斗争 …… (155a)
开展脱贫攻坚联村包户帮扶活动 ……………… (134b)
开展文体技能系列活动 …… (134a)
开展应急监测演练 ……… (234b)
开展专项工作监督 ……… (109b)
科　协 ………………… (138a)
科技成果　服务优越 …… (297b)
科技培训活动 …………… (138b)
科技助力精准扶贫 ……… (139b)
科普宣传教育 …………… (138b)
客户服务 ………………… (249a)
空气环境质量 …………… (43b)
快递包裹 ………………… (245b)
宽带发展 ………………… (248a)

L

“两型”社会建设 ………… (175b)
垃圾处理 ………………… (279a)
垃圾清运 ………………… (279a)
栏目活动 ………………… (327b)
劳动者权益维护 ………… (183b)
劳模管理及表彰工作 …… (134a)
老干部活动 ……………… (99b)
老干局 ………………… (96b)
老龄工作 ………………… (126b)
老区开发 ………………… (126b)
离退休干部党组织建设 …… (97b)
理论学习宣传 …………… (91b)
利剑高悬 ………………… (101b)
联　通 ………………… (248b)
廉政建设 ………………… (283b)
粮食管理 ………………… (252a)
林　业 ………………… (223a)
林权改革 ………………… (225b)
林政管理 ………………… (388a)
零售优先 ………………… (290a)
领导干部经济责任、离任、任中审计 ……………… (176a)
流行性出血热防治与监测 … (341a)
垄溪乡 ………………… (375a)

垄溪乡学校 …………………(309a)
鹿原镇 ……………………(360a)
路政治超 …………………(243a)
罗霄山片区区域发展与扶贫攻坚调查 …………………(180b)
落实残疾人精准扶贫工作 ……(144b)
落实从严治检,打造检察铁军 ……(161b)
落实提案 …………………(190b)
落实政策,加大康复救助力度 ……(144b)
旅游产品 …………………(228a)
旅游行业监管 ……………(313a)
旅游和文体广电新闻出版 …(311a)
旅游景点选介 ……………(313a)
旅游开发 …………………(320b)
旅游项目建设 ……………(312b)
旅游项目开发 ……………(321a)
旅游宣传营销 ……………(312b)
绿化造林 …………………(223b)

M

慢性非传染病管理 ………(342a)
媒体融合 …………………(328a)
洣泉书院 …………………(313b)
洣泉书院授牌 ……………(168b)
免疫规划 …………………(343a)
沔渡镇 ……………………(365a)
民　政 ……………………(124a)
民办教育 …………………(301a)
民办教育名校选介 ………(310a)
民爆器材经营管理 ………(181a)
民爆物资管理 ……………(180b)
民兵整组 …………………(167a)
民生 100 …………………(221b)
民生保障 …………………(281b)
民生保障 …………………(375b)
民生改善 …………………(73b)
民生工程 …………………(271a)
民生工程 …………………(360b)
民生实事 …………………(370b)
民生实事 …………………(373b)
民生实事项目 ……………(332a)
民生事业 …………………(357b)
民生事业 …………………(364a)
民生事业取得新成果 ………(115b)
民主监督 …………………(129a)
民族宗教工作 ……………(94a)

N

纳税服务 …………………(283a)
纳税服务 …………………(284b)
内部管理 …………………(245a)
内控管理 …………………(293a)
内外贸易 …………………(251b)
能力建设 …………………(131b)
农　业 ……………………(209a)
农产品开发 ………………(255b)
农村承包地确权登记颁证工作 …(222a)
农村公路"建管养"建设 ……(239b)
农村集体产权制度改革工作 …(222a)
农村经济管理 ……………(221b)
农机安全监理 ……………(221a)
农机管理 …………………(220a)
农机推广·学员培训·安全教育 …(221a)
农技推广 …………………(211a)
农垦改革 …………………(385b)
农民减负 …………………(223a)
农业 ………………………(44b)
农业·林业 …………………(209)
农业生产 …………………(361b)

P

皮肤病防治 ………………(335a)
贫困监测调查 ……………(180b)
品牌创建 …………………(211a)
平安文化市场 ……………(323b)
平安炎陵建设 ……………(150a)
平台建设 …………………(270a)
破获一起串通投标案 ………(153b)
普遍服务 …………………(246a)
普惠金融 …………………(289b)

Q

其他工作 …………………(211b)
企业服务 …………………(197a)
启动档案信息化建设 ………(103a)
气　象 ……………………(236a)
气候特点 …………………(41a)
气象服务 …………………(236b)
强化服务 …………………(78a)
强化监管执法 ……………(187a)
强化责任落实 ……………(186a)
强化自身建设 ……………(77a)
抢险救援 …………………(157b)
侨务工作 …………………(95a)
青年就业创业 ……………(135b)
青少年科技创新比赛 ………(139a)
青少年思想道德教育 ………(136a)
青石冈国有林场 …………(387b)
清非压降工作 ……………(295b)
清扫保洁 …………………(278b)
渠道平台 …………………(246a)
全力服务大局,履行检察职能 …(160a)
群团工作 …………………(204a)

R

人　物 ……………………(389)
人才队伍建设 ……………(351a)
人才建设 …………………(90a)
人才培养 …………………(303a)
人大代表建议、批评和意见督办 …(109a)
人居环境 …………………(376b)
人口状况 …………………(41a)
人力资源和社会保障 ……(181b)
人民防空 …………………(171b)
人民生活和社会保障 ……(179a)
人民调解 …………………(163b)
人民武装 …………………(165a)
人禽流感防治 ……………(341a)
人事人才 …………………(182b)
人文关怀 …………………(292a)

S

"扫黄打非"工作 …………（323b）
森林公安 …………（159a）
商贸服务 …………（250）
商务粮食 …………（250a）
商务招商 …………（250a）
上下联动 …………（132a）
设施建设 …………（278b）
设施完善 …………（318a）
社会保险 …………（182a）
社会保障兜底 …………（124b）
社会救助 …………（125a）
社会事务管理 …………（125b）
社会事业 …………（367a）
社会事业 …………（378b）
社会事业 …………（381a）
社会团体 …………（133）
涉老机构 …………（98a）
深化工会改革创新 …………（133a）
深化系统改革工作 …………（139b）
审　计 …………（175b）
生产管理 …………（280a）
生产经营 …………（244b）
生态保护 …………（277b）
生态环境 …………（378b）
生态建设 …………（367a）
生态建设 …………（72b）
生态旅游 …………（228a）
生育保险 …………（338a）
声环境质量 …………（44a）
省委巡视检查 …………（91a）
省重点民生"100"实事项目 …（355a）
圣宝龙电动车炎陵产业园项目正式开工 …………（192a）
十都镇 …………（369a）
石油供应 …………（257b）
实行检务公开,规范司法公信 …（161b）
实现脱贫摘帽 …………（237a）
食品药品工商质量监督管理 …（187b）
市场管理 …………（190b）
市场管理服务 …………（190a）
事故预防 …………（156a）
事业单位登记管理 …………（95b）
事业建设 …………（328b）
手足口病监测 …………（341b）
首次实现政府买单 …………（143a）
受理群众来信来访 …………（108b）
水　文 …………（234a）
水行政执法 …………（231a）
水口镇 …………（363a）
水利扶贫工作 …………（232a）
水利水电 …………（229b）
水生态文明建设 …………（231a）
水土保持工作 …………（232b）
水文服务 …………（234a）
水文状况 …………（42a）
水资源服务 …………（234a）
税　务 …………（285b）
税收法治 …………（286b）
税收征管 …………（284b）
税种管理 …………（284b）
司法改革 …………（163a）
司法公正炎陵行 …………（109a）
司法行政 …………（163b）
司法为民 …………（163a）
思凯乐户外产业园项目落户炎陵工业集中区 …………（192b）
思想政治建设 …………（165b）
思想政治建设 …………（170b）

T

桃源洞自然保护区管理局　神农谷国家森林公园管理局 …………（226a）
特别专线 …………（297b）
特色德育 …………（304a）
特殊教育 …………（301a）
特殊人群管理 …………（164a）
提升部门效能 …………（177b）
体艺特色 …………（308b）
体育工作 …………（312a）
铁路运输 …………（245a）
铁头太子 …………（316b）
铁瓦仙 …………（314b）
通信扶贫 …………（248b）
同心工程 …………（93b）
统　计 …………（177b）
统　战 …………（93a）
统计服务 …………（178b）
统计工作 …………（178a）
突发公共卫生事件应急处置 …（340a）
图书发行 …………（325b）
土地流转 …………（222b）
土地托管工作 …………（255a）
土壤环境质量 …………（44a）
团组织、少先队工作 …………（135a）
推行"最多跑一次"改革 …………（122a）
推进商事制度改革 …………（187b）
推进审查调查 …………（76a）
推进医卫体制改革 …………（330b）
脱贫帮扶工作 …………（137a）
脱贫工作 …………（375b）
脱贫攻坚 …………（100b）
脱贫攻坚 …………（105b）
脱贫攻坚 …………（118a）
脱贫攻坚 …………（124a）
脱贫攻坚 …………（131b）
脱贫攻坚 …………（168a）
脱贫攻坚 …………（187a）
脱贫攻坚 …………（190b）
脱贫攻坚 …………（224a）
脱贫攻坚 …………（227a）
脱贫攻坚 …………（235b）
脱贫攻坚 …………（243b）
脱贫攻坚 …………（264a）
脱贫攻坚 …………（271b）
脱贫攻坚 …………（274a）
脱贫攻坚 …………（284a）
脱贫攻坚 …………（291a）
脱贫攻坚 …………（323b）
脱贫攻坚 …………（326a）
脱贫攻坚 …………（328b）
脱贫攻坚 …………（352b）
脱贫攻坚 …………（357a）
脱贫攻坚 …………（360a）
脱贫攻坚 …………（363a）
脱贫攻坚 …………（366a）

脱贫攻坚 …………………… (369b)
脱贫攻坚 …………………… (372b)
脱贫攻坚 …………………… (378a)
脱贫攻坚 …………………… (380a)
脱贫攻坚 …………………… (386a)
脱贫攻坚 …………………… (388a)
脱贫攻坚 ……………………… (71a)
脱贫攻坚 ……………………… (93a)
脱贫攻坚工作 ……………… (140b)
脱贫攻坚工作 ……………… (175a)
脱贫攻坚工作 ……………… (204a)
脱贫攻坚工作 ……………… (247a)
脱贫攻坚工作 ……………… (255b)
脱贫攻坚工作 ……………… (348a)
脱贫攻坚工作 ………………… (99b)
脱贫攻坚巩固提升 ………… (275b)
脱贫攻坚和党建 …………… (345b)
脱贫攻坚取得新胜利 ……… (112b)
脱贫攻坚有成效 …………… (382b)
脱贫攻坚专项检查 ………… (176a)

W

完成《湖南乡镇简志·株洲市卷》组稿 …………………… (103b)
完成上级部门交办审计任务 … (177a)
完善办学条件 ……………… (299b)
完善党校办学条件 ………… (106b)
完善管理　诚信经营 ……… (297a)
完善监督体系 ………………… (76b)
网吧、KTV娱乐场所专项整治 … (323a)
网络督导评估 ……………… (305a)
网络规模 …………………… (248a)
网络优化 …………………… (248b)
网上名称管理 ………………… (96a)
网站宣传 …………………… (123b)
为会员提供服务 …………… (148b)
为民办实事 ………………… (386a)
维护社会稳定(………………… 150b)
维护社会稳定,助力平安炎陵 … (160b)
维护稳定 …………………… (162b)
维护消费者合法权益 ……… (189a)
维权服务 …………………… (148a)
维稳保安 …………………… (151b)
委派民主监督小组工作会议 … (129b)
委员接待日活动 …………… (129b)
卫生和计划生育 ………… (330a)
卫生计生综合执法监督 …… (335b)
卫生监测 …………………… (344a)
文　联 …………………… (141a)
文博宣传 …………………… (325a)
文化、卫生和体育 …………… (46b)
文化·传媒 ………………… (311)
文化丰富 …………………… (318b)
文化惠民 …………………… (311b)
文化活动 …………………… (311b)
文化生活 …………………… (386b)
文化宣传工作 ……………… (349a)
文化展厅 …………………… (285b)
文化执法 ………………… (323a)
文明创建和企业文化 ……… (295b)
文物保护 …………………… (324b)
文物管理 ………………… (324a)
文艺创作 …………………… (141b)
文艺队伍建设 ……………… (142b)
文艺活动 …………………… (142a)
文艺阵地建设 ……………… (142b)
问题整改落实 ……………… (237b)
污染防治攻坚战 …………… (277a)
污染源普查 ………………… (277b)
武装警察 ………………… (170a)

X

畜牧兽医水产业 ………… (217a)
行政区划 …………………… (40a)
行政审批制度改革 …………… (96a)
行政征收 …………………… (171b)
希望工程 …………………… (135b)
系统升级 …………………… (273b)
系统文化建设 ……………… (334a)
霞阳镇 …………………… (357a)
下村乡 …………………… (380a)
先进人物简介 …………… (391a)
县第十五次妇女代表大会 … (136b)
县纪委全会 …………………… (75a)
县委办公室 ………………… (77a)
县委常委会议 ………………… (68a)
县委党校(行政学校) …… (104b)
县域经济建设 ……………… (296b)
县域文化建设 ………………… (92b)
县长热线 …………………… (123b)
县长热线平台升级改造 …… (123b)
县政府办公室 …………… (116b)
县政府常务会议 …………… (110a)
县政协常委会议 …………… (127b)
现行水价 …………………… (279b)
乡·镇·场 ………………… (357)
乡村环境有新貌 …………… (383a)
乡村建设 …………………… (265a)
乡村振兴 …………………… (366b)
湘山森林公园(园林绿化) … (228b)
项目策划 …………………… (321b)
项目创建 …………………… (324b)
项目工作 …………………… (146b)
项目攻坚 …………………… (225a)
项目攻坚 …………………… (320a)
项目攻坚 …………………… (357b)
项目攻坚 …………………… (373a)
项目化帮扶 ………………… (133b)
项目稽察 …………………… (174b)
项目建设 …………………… (174a)
项目建设 …………………… (203a)
项目建设 …………………… (210a)
项目建设 …………………… (227b)
项目建设 …………………… (230a)
项目建设 …………………… (235b)
项目建设 …………………… (269a)
项目建设 …………………… (321a)
项目建设 …………………… (345a)
项目建设 …………………… (355b)
项目建设 …………………… (363b)
项目建设 …………………… (366a)
项目建设 …………………… (375a)
项目建设 …………………… (378a)
项目建设 …………………… (388b)
项目建设有突破 …………… (382b)
项目招商 …………………… (196b)
项目争取 …………………… (173b)

消　防 …………………… (157a)
消防服务 ………………… (159a)
消防监督 ………………… (158a)
消防宣传 ………………… (158a)
新媒体建设 ……………… (136b)
新闻宣传 ………………… (327a)
新型经营主体 …………… (222b)
新中医院建设 …………… (353a)
信　访 …………………… (99b)
信贷业务 ………………… (294b)
信访改革 ………………… (100a)
刑侦大队成功破获炎陵县首例非法吸收公众存款案 … (154b)
刑侦大队破获一起电信诈骗案件 …………………… (154b)
幸福指数有保障 ………… (383b)
宣　传 …………………… (91a)
宣布新政委任职命令 …… (168b)
宣传活动 ………………… (258a)
宣传教育 ………………… (144a)
宣传教育 ………………… (171b)
宣传教育工作 …………… (140a)
学前教育 ………………… (300a)
学生营养监测 …………… (342a)
学习考察 ………………… (130a)
学校卫生监督 …………… (336a)
巡　察 …………………… (101a)

Y

“云上大院”项目签约 …… (387a)
《炎陵扶贫故事》征文颁奖暨座谈会 ………………… (131a)
《炎陵年鉴(2018)》公开出版 … (103a)
《炎陵县志》进入评审阶段 … (103a)
压减政府债务 …………… (269a)
烟草专卖 ………………… (256a)
严厉打非治违 …………… (186b)
严厉打击破坏森林和野生动植物资源违法犯罪 …… (159b)
炎帝(炎陵)文化研究会 …… (147a)
炎帝陵管理 ……………… (317b)
炎帝陵景区创 AAAAA 级旅游景区 …………………… (318b)
炎帝陵项目开发 ………… (320a)
炎帝文化期刊编写 ……… (147a)
炎陵工业集中区首创“产学研”协作协同模式 ………… (192a)
炎陵县第十七届人大常委会会议 …………………… (107b)
炎陵县第十七届人民代表大会第三次会议 ………… (107a)
炎陵县第四次经济普查工作 … (179a)
炎陵县第一中学 ………… (303a)
炎陵县科协第八次代表大会 … (139b)
炎陵县洣泉学校 ………… (310a)
炎陵县民康医院 ………… (356a)
炎陵县人民代表大会及其常务委员会 ………………… (107)
炎陵县人民医院 ………… (346a)
炎陵县人民政府 ………… (110)
炎陵县职业技术学校 …… (305b)
炎陵县中医院 …………… (349b)
炎陵中学 ………………… (307a)
盐业管理 ………………… (258a)
养殖业安全生产监管 …… (218a)
养殖业发展 ……………… (217a)
养殖业扶贫攻坚 ………… (219a)
养殖业污染治理 ………… (219a)
业务创新 ………………… (295a)
业务发展 ………………… (245b)
业务发展 ………………… (296a)
业务发展 ………………… (297a)
业务情况 ………………… (298a)
医联体建设 ……………… (350b)
医疗·卫生 ……………… (330)
医疗安全 ………………… (351a)
医疗安全和综治维稳工作 … (348b)
医疗保险 ………………… (338a)
医疗卫生监督 …………… (335b)
医疗质量管理 …………… (350a)
医卫人才培养 …………… (334a)
医卫重点建设项目 ……… (334b)
依法行使人事任免权 …… (108b)
移　动 …………………… (247b)
遗产保护 ………………… (312a)
饮用水环境质量 ………… (44a)
英烈亭 …………………… (316b)
营销成效 ………………… (288a)
营销创新 ………………… (318b)
营销工作 ………………… (256b)
应急管理 ………………… (117b)
拥政爱民 ………………… (171a)
优抚安置 ………………… (125a)
优化服务 ………………… (286b)
优化环境 ………………… (123a)
优化政治生态 …………… (75b)
优质服务 ………………… (248a)
优质服务 ………………… (288a)
邮　政 …………………… (245b)
渔政管理 ………………… (218b)
预防性体检 ……………… (344b)
源头治理 ………………… (100a)
云锦杜鹃花节 …………… (387a)
云上大院 ………………… (314a)

Z

在全省政协系统党的建设工作座谈会上交流 ………… (131a)
增减挂钩 ………………… (185a)
招商引资 ………………… (45b)
召开党管武装工作会议 …… (165a)
赵公亭 …………………… (317a)
着力经济发展 …………… (386b)
征管工作 ………………… (283a)
政策调整 ………………… (273b)
政法队伍建设 …………… (150b)
政法及综治 ……………… (149a)
政府效能 ………………… (370b)
政务督查 ………………… (117b)
政务服务 ………………… (122a)
政务公开 ………………… (122b)
政协宣传 ………………… (132a)
政协炎陵县九届三次会议 … (127a)
政治待遇 ………………… (97a)
政治建警 ………………… (155b)
政治建设 ………………… (77b)

政治理论读物发行 ……… (325b)
政治协商 ………………… (128b)
支部"五化"创建 ………… (271b)
支部建设 ………………… (235b)
知青印记 ………………… (317b)
执法办案 ………………… (159b)
执法监察 ………………… (184b)
执法检查整改 …………… (336b)
执勤处突训练 …………… (171a)
职能设置 ………………… (336a)
职业及成人教育 ………… (300b)
职业培训 ………………… (307a)
职业卫生监测 …………… (344b)
指挥通信 ………………… (171b)
志愿服务 ………………… (135b)
志愿服务 ………………… (145b)
制度保障 ………………… (101a)
秩序整治 ………………… (156a)
中村瑶族乡 ……………… (377a)
中国工商银行股份有限公司炎陵支行 ……………… (288a)
中国共产党炎陵县第十二届委员会第五次全体(扩大)会议 ……………………… (70b)
中国共产党炎陵县委员会 …… (68)
中国建设银行炎陵支行 …… (289a)
中国农业银行股份有限公司炎陵县支行 ……………… (290b)
中国人民财产保险 ……… (296a)
中国人民政治协商会议炎陵县委员会 ………………… (127)
中国人寿保险 …………… (296b)
中国邮政储蓄银行炎陵县支行 …………………… (292b)
中华联合财产保险 ……… (298a)
中小学教育 ……………… (300a)
中心工作 ………………… (164b)
中心工作 ………………… (353b)
中职教育 ………………… (306a)
重大事件 ………………… (338a)
重大疫病防控 …………… (217b)
重点工作 ………………… (354a)
重点工作任务全面完成 … (319a)
重点提案督办 …………… (131a)
重点项目建设 …………… (385a)
重点专科建设 …………… (350a)
主要指标完成情况 ……… (349b)
住房公积金管理 ………… (273a)
住房和城乡规划建设 …… (264)
抓实作风建设 …………… (76a)
专科人才队伍建设 ……… (346b)
专卖管理工作 …………… (257a)
专题视察调研活动 ……… (130a)
专题学习研讨 …………… (130b)
专项巡察整改工作 ……… (348a)
装备管理 ………………… (158b)
资金组织 ………………… (294a)
资源、环境和安全生产 …… (46b)
资源保护 ………………… (226a)
资源管理 ………………… (224a)
自来水生产和供应 ……… (279b)
自身建设 ………………… (78b)
自身建设 ………………… (90b)
综　述 ………………… (107a)
综　述 ………………… (110a)
综　述 ………………… (127a)
综　述 ………………… (299a)
综　述 ………………… (68a)
综合 ……………………… (44a)
综合经济与管理 ………… (173)
综合调研 ………………… (117a)
综合治理 ………………… (190a)
综治维稳 ………………… (358b)
综治维稳 ………………… (364a)
综治维稳 ………………… (374a)
综治维稳 ………………… (377a)
组　织 ………………… (89a)
组织建设 ………………… (133a)
组织建设 ………………… (170a)
组织收入 ………………… (286a)
最多跑一次改革 ………… (185b)
作风建设 ………………… (232a)
作风建设 ………………… (325a)
作风建设 ………………… (347b)
作风效能 ………………… (265b)
作业模式 ………………… (278b)

攸县年鉴

攸县人民政府主办
攸县档案史志局编

2019

方志出版社
Publishing House of Local Records

图书在版编目（CIP）数据

攸县年鉴. 2019 / 攸县档案史志局编.
--北京：方志出版社，2019.10
ISBN 978-7-5144-3983-0

Ⅰ. ①攸… Ⅱ. ①攸… Ⅲ. ①攸县-2019-年鉴 Ⅳ. ①Z526.44

中国版本图书馆 CIP 数据核字（2019）第 259888 号

攸县年鉴（2019）

编　　者：攸县档案史志局
责任编辑：刘方圆
出 版 者：方志出版社
地址　北京市朝阳区潘家园东里 9 号（国家方志馆 4 层）
邮编　100021
网址　http://www.fzph.org
发　　行：方志出版社图书经销中心
电话（010）67110500
经　　销：各地新华书店
印　　刷：湖南省新创印务有限公司

开　　本：889×1194　　1/16
印　　张：21.625
字　　数：649 千字
版　　次：2019 年 10 月第 1 版　　2019 年 10 月第 1 次印刷
印　　数：0001~2000 册

ISBN 978-7-5144-3983-0　　**定价：198.00 元**

攸县年鉴编辑委员会

刘文勇　县应急管理局局长
谭伟荣　县城市管理和综合执法局局长
何　勇　县林业局局长
游江龙　县市场监督管理局局长
张新球　县统计局党组书记
文龙彪　县医疗保障局局长
何湘成　县行政审批服务局局长
左桐林　株洲市生态环境局攸县分局局长

攸县年鉴编辑室

主　　编　杨辉球
副 主 编　曾建荣
责任编辑　焦润泉
编　　辑　李小勇
编务人员　皮吉凤　刘爱林　肖伟平　刘运祥　徐雪元
丁　婷　刘爱珍　刘文玉　陈　蓉　刘虹杏
罗　炎　杨　柳

编辑说明

《攸县年鉴》是由中共攸县县委办公室主办、攸县档案馆（党史地方志研究室）承办的综合性年刊。2019 年卷《攸县年鉴》是 1990 年创刊后的第三十部，主要记载了 2018 年度攸县经济、政治、文化和社会等各方面的基本情况、发展变化和重大事件。

本书的编纂以马克思列宁主义、毛泽东思想、邓小平理论、“三个代表”重要思想、科学发展观、习近平新时代中国特色社会主义思想为指导，坚持辩证唯物主义和历史唯物主义的立场、观点和方法，紧扣 2018 年度攸县县情特点，着重突出全县经济社会发展等方面的新情况。结构体例与 2018 年卷基本一致，根据志鉴编纂规范要求，选用条目式记事体记录编纂，以方便读者查阅；框架结构为类目、分目、条目三个层次；包括 27 个类目、多个分目、下设多个条目。全书总篇幅 65 万字。

除“特载”“综述”“大事记”“人物”“附录”等栏目资料由编辑人员搜集、整理或撰稿外，其他资料均由各部门单位提供。编辑过程中，根据编辑原则要求，对各单位提供的初稿作了适当的调整、增删和修改。

“人物”部分中“2018 度攸县领导、乡镇（街道办）和部门单位负责人名录”入录人员在任时间为 2018 年 1 月 1 日至 12 月 31 日。入录范围为：县委、县人大、县政府和县政协等四大家正、副级领导，县委常委、委员和候补委员，县人大常委会委员，县政协常务委员；各部门单位实职副科级（含高配）以上负责人［县直正科级机构党组织书记、副书记和专职党组成员，行政正、副职，派驻纪检组长、工会主席、总（工程、经济、会计、审计、农艺、规划）师、财务总监；副科级二级机构行政正职及党组织书记；垂直单位行政正、副职、工会主席，隶属县委管辖的单位党组织主要负责人、副科级纪检员；乡镇、街道办事处党政领导班子成员］。

本书的统计数据中，系专业统计部门统计的数据以县统计局《2018 年度攸县国民经济和社会发展统计公报》中公布的数据为准（除个别部门因统计口径与统计部门不一致而出现的与《统计公报》不同的数据外），非专业统计部门统计的数据以撰稿单位提供的数据为准。本书中的计量单位，均使用国务院发布的统一计量单位，农、林业土地面积仍保留“亩”为单位，计量单位一律写成中文（除个别英文专业术语不便写成中文）。

2019 年卷《攸县年鉴》仍设图片栏目，旨在以图片形式，反映 2018 年度全县及各乡镇（街道办）经济建设和社会发展有代表性的情况及重大事件；以突出重点、亮点为主，以反映事物发展变化为主。所选照片记录事物的时限，原则上控制在 2018 年年度内。照片的选择范围，包括全县各乡镇（街道办）、绝大部分部门单位；由于有些事件不便以照片形式记录或未留下照片记录，因而有个别重大事件，少数部门或单位在照片资料中未涉及。图片栏目中，除登载了县委、县政府、县人大、县政协等四大家主要领导和市级以上领导的人物特写照片外，大部分图片选载，以记事为主，不收录人物照片和领导班子合影。

中国十佳绿色城市
国家园林县城
攸县县城

2018 年度攸县数字

年末总人口 81.08 万人

地区生产总值 430.77 亿元

第一产业增加值 56.89 亿元

第二产业增加值 218.30 亿元

第三产业增加值 155.58 亿元

三次产业结构比 14.4：34.9：50.7

公共财政总收入 20.04 亿元

农林牧渔业总产值 91.03 亿元

粮食总产量 43.10 万吨

固定资产投资 362.80 亿元

社会消费品零售总额 149.54 亿元

外贸进出口总额 287 万美元

旅游综合收入 82.02 亿元

城镇居民人均可支配收入 38488 元

农村居民人均可支配收入 18626 元

2018年度攸县获得国家、省(部)级荣誉称号

国家园林县城

全国文明城市提名城市

第七届全国服务农民、服务基层文化建设先进集体

全国示范农家书屋

国家 AAAA 级景区

省级高新技术产业开发区

湖南省棚户区改造先进单位

湖南省粮食生产标兵县

全省农村集体“三资”管理工作先进县

全县农民权益维护和负担监督管理工作先进县

全省农机工作先进单位

全省人口和计划生育工作良好单位

省食品安全工作先进县

湖南省五化民政建设进步县

新农村风采

习近平强调："把实施乡村振兴战略摆在优先位置，让乡村振兴成为全党全社会的共同行动。"为此，我们推出"新农村风采"专栏，从不同视角展示攸县新农村建设的成就，同时，希望起到抛砖引玉的作用，凝聚全县合力朝着"农家户户是花园，道路条条是风景，农田片片是景观，山地处处是绿色，河渠段段是景点，鱼塘口口是乐园，组组面貌是景致，人人文明是名片"的目标奋进，致力建设美丽、富饶、生态、文明、幸福的新攸县。

酒埠江风景区游客服务中心

谭桥街道丽水山庄一瞥

新市镇新农村一角

谭桥街道康泰养老院

黄丰桥镇严塘村水上乐园

丫江桥镇仙石村民活动中心

联星街道上云桥村新时代文明实践站

网岭镇罗家坪村学生社会实践基地

桃水镇晓青幼儿园

渌田镇瑶前敬老院

江桥社区的晏家大院

黄丰桥镇新时代文明实践广场

江桥街道农家乐

菜花坪镇弄塘广场一角

莲塘坳镇高楼社区文化舞台

莲塘坳镇高楼社区一角

石羊塘镇泥金公路

桃水镇盘塘村党风家风馆

桃水镇湾田村农家书屋

丫江桥镇仙石村居民小区

宁家坪镇村民活动中心

石羊塘镇金坑村一瞥

皇图岭镇麻城村蔬菜基地

联星街道田富村一隅

鸾山镇新漕社区滑草场

宁家坪镇下湾村瓜蒌基地

鸾山镇薰衣草娱乐园

石羊塘镇蚕桑文化园

酒埠江镇荷花园

春联街道盘联村千亩荷花园（荷花节现场）

鸾山镇新漕社区果园

莲塘坳镇新华茶园

目 录

特 载

凝心聚力 激情干事
奋力开创攸县高质量发展新局面
——在县委十二届七次全体（扩大）会议暨县委经济工作会议上的讲话 ……………1
攸县人民代表大会常务委员会工作报告
——在攸县第十七届人民代表大会第四次会议上……………………………………12
政府工作报告
——在攸县第十七届人民代表大会第四次会议上……………………………………17
中国人民政治协商会议
攸县委员会常务委员会工作报告
——在政协攸县第九届委员会第四次会议上……………………………………27

综 述

区划人口和自然条件……………………………………33
区划、人口……………………………………33
自然条件……………………………………33
国民经济……………………………………33
综合……………………………………33
农业……………………………………33
工业、科技和建筑、房地产业……………………………………34
固定资产投资……………………………………35
交通运输、通信业……………………………………35
商贸、招商引资和旅游业……………………………………35
财税、金融保险……………………………………36
居民生活水平……………………………………36
社会发展……………………………………36
教育……………………………………36
文化、体育……………………………………37
医疗卫生和计划生育……………………………………37
就业社保、社会救助和慈善事业……………………………………37
生态环境建设……………………………………38
社会治安、安全生产……………………………………38
风险防范……………………………………39
民生实事和扶贫……………………………………39
困难和压力……………………………………39

大事记

1月 ……………………………………40
2月 ……………………………………41
3月 ……………………………………42
4月 ……………………………………42
5月 ……………………………………43
6月 ……………………………………44
7月 ……………………………………45
8月 ……………………………………46
9月 ……………………………………46
10月 ……………………………………47
11月 ……………………………………47
12月 ……………………………………49

重大事件纪要

"攸州五件宝"成功注册国家商标，制定出台首部攸县香干团体标准……50
推进"门前三小"工程建设，经验在全国推介……50
攸县社会福利中心投入使用……50
推进农村集体产权制度改革……50
全市深化供销综合改革现场会在攸县召开……50
纪念改革开放40周年献礼影片《热土》在攸县拍摄……51
攸县入选湘赣边区域开放合作交流会成员单位……51
实施污染防治攻坚战三年行动计划……51
全市畜禽养殖废弃物资源化利用现场会在攸县召开……51
世界500强企业——碧桂园进驻攸县……51
完成2889户9335人脱贫退出任务……51
完成15家煤矿关闭退出任务……52

中共攸县县委

重要会议……53
县委第十二届五次全体（扩大）暨县委经济工作会议……53
"产业项目建设年"动员暨文明建设表彰大会……53
2018年脱贫攻坚大会……53
2018年全县党务工作会议……54
县委办公室……54
概况……54
参政设谋……54
督查考核……54
日常服务……55
队伍建设……55
组织工作……56
概况……56
领导班子和干部队伍建设……56
基层组织和党员队伍建设……56
人才服务和人才队伍建设……56
组工队伍建设……57
宣传工作……57
概况……57
理论武装……57
新闻舆论……58
精神文明建设……58
文化建设……58
"门前三小"……58
统战工作……59
概况……59
非公经济统战……59
民族宗教工作……59
港澳台与海外统战……59
党外代表人士队伍建设……60
扶贫助学……60
巡察工作……60
概况……60
深化政治体检、加强政治监督……60
创新巡察方式方法……60
做好巡察"后半篇文章"……61
机构编制……61
概况……61
机构编制规范管理……61
事业单位登记管理……61
专项改革……62
中共攸县县委党校……62
概况……62
教学科研……62
理论宣讲……62
精准扶贫……62
党建工作……62
老干部工作……63
概况……63
落实政治待遇……63
落实生活待遇……63
离退休干部党建工作……63
关心"下一代"工作……64
老年教育……64
作风建设和结对扶贫……64
档案史志……65
概况……65

档案业务指导……65
档案宣传工作……65
档案示范乡镇建设……65
党史编研……65
党史宣传教育……65
志鉴编纂和指导……65
精准扶贫……66
接待工作……66
概况……66
所接待的到攸县考察调研的领导……66
所接待的重要团体活动……66
负责筹备并接待的重要会议……67

纪检·监察

概况……68
落实“两个维护”……68
完善体制，依法监察……68
专项整治违反中央“八项规定”和省委“约法三章”……69
监督查处和信访件办理……69
群众身边的腐败问题专项整治……69
党纪法规教育……69
纪检监察干部自我监督……69

攸县人大常委会

概　况……70
审议决定重大事项……70
人事任免……70
监督工作……70
代表工作……70
党建工作……71
重要会议……71
攸县第十七届人民代表大会第三次会议……71
县人大常委会会议……71
法制委员会（内司工委）……72
工作调研……72
“司法公正攸县行”活动……73
规范性文件备案审查……73
起草《关于加强全县民事执行工作的决定》……73
财政经济委员会……73
计划预算审查监督……73
经济工作监督……74
其他工作……74
城乡建设环境资源保护委员会……74
监督审议……74
督查问效……75
专项监督……75
工作视察……75
选举任免联络工作委员会……75
人大代表管理与服务……75
议案、建议督办……75
乡镇（街道）人大工作指导……76
人事任免工作……76
农村工作委员会……76
“农业产业结构调整”专题调研……76
“农村供销社综合改革”专项视察……76
监督惠农政策落实……76
监督检查人大会议决定的实施……76
教科文卫工作委员会……77
代课教师情况专题调研……77
教育资源配置情况专项视察……77
有关建议督办……77
“两行”活动……77

攸县人民政府

重要会议……78
攸县第十七届县人民政府第三次全体（扩大）会议……78
攸县第十七届县人民政府第四次全体（扩大）会议……78
县人民政府常务会议……78
县政府办公室……79
概况……79
政务辅助……79
电子政务……79
政务督查……79
办文办会……80
建议提案办理……80
征拆征收……80

人力资源管理和社会保障……80
概况……80
公务员管理……80
事业单位工作人员公开招聘和管理……80
为民办实事督查考核和政府绩效评估……81
工资福利和退休干部管理……81
专业技术职称评定……81
人才交流服务……81
就业创业扶持……81
社会保障工作……81
劳动监察仲裁维权……82
党风廉政建设……82
民　政……82
概况……82
居民最低生活保障……82
临时救助……83
残疾人补贴……83
防灾减灾救灾……83
特困人员供养……83
孤儿、留守儿童生活保障……83
优抚工作……83
退役军人安置……83
社团组织管理……84
地名和边界事务管理……84
殡葬监管与服务……84
流浪救助……84
婚姻、收养登记服务……84
老龄工作……84
慈善事业……84
基层民主政治建设……84
信访工作……85
概况……85
开展信访法治建设年活动……85
“三无”单位创建活动……85
重点领域、重点群体、重点问题、重点人员化解攻坚战……85
中央、省委巡视组交办件办理……85
领导接访……85
机关事务管理……85
办公用房统筹管理……86
日常管理……86
公务用车保障和管理……86
后勤保障……86
党建和扶贫……87
政务服务中心……87
概况……87
“智慧城市”建设……87
优化政务环境……87
深化“放管服”改革,申报成立行政审批局……87
党建和扶贫……87

政协攸县委员会

概　况……88
政治协商……88
民主监督……88
参政议政……89
委员管理……89
联络联谊……89
队伍建设……89
扶贫攻坚……90
文史工作……90
重要会议……90
全体会议……90
主席会议……90
常委会议……90
重要活动……91
视察活动……91
调研活动……91
“两创”活动……91
提案工作委员会……92
提案征集……92
提案办理……92
提案督办……92
调查研究……92
经济科技工作委员会……93
专题调研……93
反映民意……93
界别工作……93
学习文史工作委员会……93
理论宣讲……93
专题调研……93

工作视察……93
文史资料编辑……93
群团法制联络联谊工作委员会……94
委员管理……94
专题调研……94
专项视察……94
联络联谊……94

群众团体

攸县总工会……95
概况……95
困难帮扶和职工维权……95
选树劳动模范……95
工会干部学习培训……96
组织职工活动……96
工会改革……96
建会建家……96
党建和扶贫……96
共青团攸县委员会……96
概况……96
青少年思想政治教育……97
服务党政中心工作……97
青少年维权……98
青少年困难帮扶……98
关爱青少年成长……98
共青团机构改革和基层组织建设……98
攸县妇女联合会……98
概况……98
提高妇女政治思想水平……99
妇联组织建设……99
关爱妇儿……99
妇儿创建活动……99
妇女就业创业扶持……99
攸县科学技术协会……100
概况……100
科普宣传……100
农技联合协会……100
青少年科技创新……100
建设科技人才库……100
结对扶贫……100
攸县工商业联合会……100
概况……100
组织建设……100
非公企业党建……101
参政议政……101
服务会员……101
服务全县工作大局……101
慈善公益事业和结对扶贫……101
攸县残疾人联合会……101
概况……101
残疾人康复……101
残疾人就业……102
残疾人扶贫……102
残疾人维权……102
“助残日”活动……102
精准扶贫工作……102
攸县文学艺术界联合会……103
概况……103
《攸州印象》……103
“印象攸州公众平台”……103
《巨变见证攸县改革开放四十年成就纪实散文集》……103
文艺协会活动……103

法　治

政法综治工作……105
维护社会稳定……105
综合治理……105
优化经济发展环境……105
司法改革和规范执法……106
队伍建设……106
法治政府建设……106
文件审查管理……106
政府合同管理……106
执法监督管理……106
行政复议应诉……106
公　安……106
概况……106
公安服务……107
基层基础工作……107

队伍建设 ……107
公安交通安全管理 ……107
概况 ……107
交通事故预防与处理 ……107
交通违法查处 ……107
交通秩序维护 ……108
基础设施建设 ……108
交警政务服务 ……108
交通安全宣传教育 ……108
队伍建设和结对扶贫 ……108
附：典型案例 ……108
破获黄某某等拒不支付劳动报酬案 ……108
破获“12·1”命案……109
破获杨某某、杨某某系列抢夺案 ……109
破获“10·24”赌博案 ……109
破获李某、苗某某、苗某某等人虚假广告案 ……109
检　察 ……109
概况 ……109
刑事检察 ……109
刑事诉讼监督 ……109
民事行政诉讼监督 ……109
公益诉讼 ……110
检察改革 ……110
检务公开 ……110
队伍建设 ……110
附：典型案例 ……110
文某某、刘某某非法吸收公众存款案 ……110
李某某、黄某某等人抢劫、寻衅滋事案 ……110
攸县网岭镇株形村燕子窝曾某某砂场非法开采田砂毁坏基本农田行政公益诉讼案 ……111
法　院 ……111
概况 ……111
刑事审判 ……111
民事审判 ……111
行政审判 ……112
执行工作 ……112
审判监管 ……112
队伍建设 ……112
附：典型案例 ……112
涉恶案件 ……112
物权保护纠纷案 ……113
司法行政 ……114
概况 ……114
普法宣传 ……114
法律服务 ……114
调解与维稳 ……114
社矫监管 ……114
党建工作 ……114

军　事

人民武装 ……115
思想政治建设 ……115
战备训练 ……115
后备力量建设 ……115
征兵工作 ……116
党管武装工作 ……116
军民融合 ……116
国防宣传教育 ……116
安全工作 ……117
后勤保障和新营院建设 ……117
湖南陆军预备役某营 ……117
政治工作 ……117
组织调整 ……117
军事训练 ……117
安全工作 ……118
停止对外有偿服务 ……118
消　防 ……118
抢险救援 ……118
落实消防安全责任 ……118
消防执法和隐患排查整治 ……119
消防宣传教育 ……119
队伍建设 ……119
人民防空 ……119
防空宣传教育 ……119
人防行政执法 ……120
防空设施建设 ……120
应急疏散演练 ……120
指挥所建设 ……120

综合经济与管理

发展计划和改革 ……121
概况 ……121
计划执行情况 ……121
计划编制和调查研究 ……121
争项引资 ……121
项目建设 ……121
行政审批 ……122
项目实施 ……122
公管工作 ……122
价格监管 ……122
易地扶贫搬迁 ……122
“两型”社会建设……122
驻村帮扶 ……122
队伍建设 ……123
国土资源管理 ……123
用地保障 ……123
耕地保护 ……123
矿政管理 ……123
执法监察 ……123
行政服务 ……123
地灾防治 ……123
队伍建设 ……124
商务旅游和粮食管理 ……124
概况 ……124
内贸流通 ……124
外贸出口 ……124
招商引资 ……124
商贸流通规范管理 ……124
景区项目建设 ……125
构建全域旅游格局 ……125
旅游宣传推介 ……125
旅游安全监管 ……125
粮食收购和储粮管理 ……125
粮油产业争项引资 ……125
粮食质量监管 ……125
党建和扶贫 ……125
审 计 ……126
概况 ……126
财政预决算审计 ……126
领导干部任期经济责任审计 ……126
政府投资审计 ……126
行业审计和专项资金审计 ……126
内部审计 ……126
队伍建设 ……126
食品药品工商质量监督管理 ……126
概况 ……126
食品药品安全监管执法 ……127
特种设备安全和产品质量安全监管 ……127
优化消费环境 ……127
服务经济发展 ……127
党建工作 ……127
队伍建设 ……128
安全生产监督管理 ……128
概况 ……128
落实安全责任 ……128
安全生产“一单四制” ……129
安全宣传教育 ……129
安全生产专项整治 ……129
煤矿关闭退出 ……129
网格化安全监管体系建设 ……129
基础建设和科技兴安 ……129
党建工作 ……130
结对扶贫 ……130
统 计 ……130
概况 ……130
基层基础工作 ……130
依法统计，提高数据质量 ……131
统计服务 ……131
第四次全国经济普查 ……131
机关党建 ……131
社会经济统计调查 ……131
概况 ……131
住户收支情况调查 ……132
表1：2018年攸县城乡居民人均可支配收入调查数据 ……132
表2：2018年攸县城乡人均收支结构调查数据 ……132
粮食播面和产量调查 ……132

表3：攸县2018年粮食播种面积和总产量 ……132
生猪生产情况调查 ……132
表4：攸县2018年生猪产量调查数据 ……132
行业办公室 ……132
概况 ……132
原外贸公司企改工作 ……133
信访维稳 ……133
企业下岗人员特困帮扶 ……133
原县属企业离退休员工服务 ……133
党建和扶贫工作 ……133
国有资产管理服务 ……133
概况 ……133
国企国资监管 ……133
平台公司改革工作 ……134
“三供一业”分离移交工作 ……134
结对扶贫 ……134
服务工业园区企业 ……134
湖南省攸州投资发展集团有限公司 ……134
概况 ……134
融资化债 ……135
经营创收 ……135
项目建设 ……135
绩效管理 ……135
党建和结对扶贫 ……135

工　业

工业发展和科技推广应用 ……137
工业概况 ……137
企业帮扶及涉访维稳 ……137
项目建设 ……137
电力运行监管 ……137
工业安全生产监管 ……137
优化服务 ……137
科技创新及推广应用 ……138
知识产权工作 ……138
表5：2018年度攸县专利授权统计表 ……138
煤炭产业服务 ……144
概况 ……144
煤矿关闭退出 ……144
采掘技术指导 ……144
安全生产培训 ……145
党建和扶贫 ……145
供　电 ……145
概况 ……145
安全生产 ……145
营销服务 ……145
电网建设 ……146
农电管理 ……146
机构人事改革 ……146
党建和扶贫 ……146
攸县高新技术产业开发区 ……146
概况 ……146
产业招商 ……147
项目建设 ……147
企业帮扶 ……147
安全环保 ……147
队伍建设 ……147
非公党建 ……147
攸县产业发展投资有限公司 ……147
概况 ……147
企业落户配套工程 ……148
防控债务风险 ……148
经营转型投入 ……148
安全生产 ……148
党建工作 ……148

农　业

种植业和农村工作 ……149
概况 ……149
种植业发展 ……149
农业产业发展 ……149
农村人居环境整治 ……150
农产品质量安全监管和农业执法 ……150
服务“三农” ……150
林　业 ……150
概述 ……150
资源培育 ……150

林木资源保护 ……151
林权管理 ……151
森林防火 ……151
队伍建设 ……151
结对扶贫 ……152
迎接国家林草局森林督查 ……152
省林业厅副厅长吴彦承到攸县调研指导
油茶良种育苗工作 ……153
攸县兴林良种油茶育苗合作社成立 ……153
“春雷2018”突击检查行动 ……153
攸县黄丰桥国有林场 ……153
概况 ……153
森林培育 ……153
资源保护 ……153
木材经营 ……153
党建和扶贫 ……154
养殖业 ……154
概况 ……154
动物卫生监督 ……154
畜禽水产品质量安全监管 ……154
发展特色产业 ……154
项目建设 ……155
污染防治 ……155
渔政执法 ……155
产业扶贫 ……155
党建工作 ……155
水　利 ……155
概况 ……155
防汛抗旱 ……156
水利基础建设 ……156
政府为民办实事工程 ……156
行政执法 ……157
河长制工作 ……157
扫黑除恶 ……157
移民扶持 ……157
党建工作 ……158
整治河道非法采砂 ……158
农业综合开发 ……158
概况 ……158
鸾山镇高标准农田建设项目 ……158
产业化经营项目 ……158
党建和结对扶贫 ……158
农业机械管理 ……159
概况 ……159
农机购置补贴 ……159
粮油机械化推广 ……159
农机安全监理 ……159
实施“民生100”工程 ……159
农机科教培训 ……159
农村经济管理服务 ……159
农村土地确权颁证 ……160
农村集体产权制度改革 ……160
农村集体“三资”管理 ……160
农民权益维护和农民负担监督管理 ……160
新型农业经营主体 ……160
农村综合服务平台建设 ……160
党建和扶贫 ……160
气　象 ……161
气候概况 ……161
攸县突发事件预警信息发布平台 ……161
预报预警和气象观测 ……161
气象执法和雷电灾害防范 ……161
气象宣传 ……161
人工影响天气 ……162
农村中小学校防雷设施建设 ……162
党建和扶贫 ……162
气象为农服务 ……162
农村扶贫 ……162
概况 ……162
组织领导 ……163
发展扶贫产业 ……163
扶持创业就业 ……163
落实基本保障 ……164
基础建设帮扶 ……164
发动社会扶贫 ……164

商贸·旅游

石油销售 ……165
概况 ……165
油品促销 ……165
非油品营销 ……165

安全管理 ……165
党建和扶贫 ……166
湖南盐业股份有限公司攸县分公司 ……166
概况 ……166
品牌食盐推介促销 ……166
终端网建服务 ……166
食盐专营维护 ……167
食盐储备管理 ……167
烟草专卖 ……167
概况 ……167
卷烟营销 ……167
专卖监管 ……167
内部管理 ……167
党建和扶贫工作 ……168
供销合作社联合社 ……168
概况 ……168
供销综合改革 ……168
发展农村电子商务 ……168
农村土地托管服务 ……168
社有资产监管 ……168
综治维稳工作 ……168
党建和扶贫 ……169
株洲市深化供销合作社综合改革推进会议在攸县召开 ……169
市场服务中心 ……169
概况 ……169
商场拓展与促销服务 ……169
项目建设 ……170
党建和扶贫 ……170
森林公园管理 ……170
概况 ……170
景区规划与管理 ……170
景区建设和争项引资 ……170
旅游推介 ……171
AAAA景区创建 ……171
景区环保 ……171
结对扶贫 ……171
湖南酒仙湖生态旅游开发有限公司 ……171
概况 ……171
中长期建设规划 ……171
项目建设 ……171
前期保障 ……172
旅游产品创新 ……172
湖南酒埠江旅游开发投资有限公司 ……172
概况 ……172
工程建设 ……172
资产经营 ……172
规划设计 ……173
争项引资 ……173
党建和扶贫 ……173

交通·通信

交通运输 ……174
概况 ……174
基础建设 ……174
运输服务 ……174
运输业管理 ……174
作风建设 ……175
公路管理 ……175
概况 ……175
公路养护 ……175
公路建设 ……175
改善路域环境 ……175
超限治理 ……176
安全生产和应急处置 ……176
公路法规宣传 ……176
信访维稳工作 ……176
党建和扶贫 ……176
中国邮政集团公司湖南省攸县分公司 ……176
概况 ……176
服务提质 ……177
“职工小家”升级 ……177
中国电信股份有限公司攸县分公司 ……177
概况 ……177
客户服务提质 ……177
通信基础建设 ……177
结对扶贫 ……178
中国移动通信集团湖南有限公司株洲市攸县分公司 ……178
概况 ……178
网络建设 ……178

优质规范服务 ……178
党建和扶贫 ……178
中国联合网络通信有限公司攸县分公司 ……178
概况 ……178
网络基础建设 ……179
优质服务 ……179

财政·税务

财　政 ……180
概况 ……180
财源建设与财政收入 ……180
“三保”支出 ……180
财政改革 ……181
财政监管 ……181
风险防控 ……181
队伍建设 ……182
表6：2018年攸县财政收支明细表 …… 182
矿产资源税费征收管理 ……184
概况 ……184
税费账款管理 ……184
打击偷逃税费行为 ……184
征税站点建设 ……185
信息化设备维护 ……185
党建工作和队伍建设 ……185
税　务 ……185
概况 ……185
优化税收环境 ……186
干部队伍建设 ……186
党风廉政建设 ……186
国税地税机构合并 ……186

金融·保险

银行业概况 ……187
银行业金融机构 ……187
居民存款和各项贷款 ……187
表7：攸县金融机构信贷收支表（不含外币） …… 187
中国人民银行攸县支行 ……187
概况 ……187
执行货币政策 ……187
征信管理和服务 ……188
银行业管理 ……188
经理国库 ……188
货币发行 ……188
支付结算 ……188
内部管理 ……188
中国农业发展银行攸县支行 ……189
概况 ……189
信贷投放 ……189
存款管理 ……189
风险防控 ……189
党建和扶贫 ……189
中国工商银行股份有限公司攸县支行 ……189
概况 ……189
网银业务 ……190
代理业务 ……190
服务企业发展 ……190
风险防控 ……190
党建工作 ……190
结对扶贫和慈善活动 ……190
中国农业银行股份有限公司攸县支行 ……191
概况 ……191
服务“三农” ……191
业务拓展 ……191
风险防控 ……191
中国银行股份有限公司攸县支行 ……191
概况 ……191
拓展存款业务 ……191
服务企业发展 ……191
风险防控 ……192
中国建设银行股份有限公司攸县支行 ……192
概况 ……192
存贷业务发展 ……192
助农金融服务 ……192
自助服务设备 ……192
中国邮政储蓄银行股份有限公司攸县支行 ……192
概况 ……192
存贷业务 ……193
资产质量提升 ……193
内控案防 ……193

党建和扶贫 ……193
湖南攸县农村商业银行股份有限公司 ……193
概况 ……193
"支农支小" ……193
普惠金融 ……194
党建工作和慈善扶贫 ……194
长沙银行股份有限公司攸县支行 ……194
概况 ……194
服务县域经济发展 ……194
风险防控 ……194
绩效管理 ……194
华融湘江银行股份有限公司攸县支行 ……195
概况 ……195
业务拓展 ……195
服务县域经济社会发展 ……195
内部管理 ……195
队伍建设 ……195
湖南攸县潭农商村镇银行股份有限公司 ……195
概况 ……195
支持乡村经济发展 ……195
服务提质 ……195
党建和扶贫 ……196
中国人民财产保险股份有限公司攸县支公司 ……196
概况 ……196
优质服务 ……196
内控管理 ……196
服务县域经济社会发展 ……196
中国人寿保险股份有限公司攸县支公司 ……196
概况 ……196
产品营销 ……197
"E"化服务 ……197
风险防控 ……197
扶贫工作 ……197

城建·环保

城乡规划和建设 ……198
概况 ……198
城乡规划 ……198
建筑业管理 ……198
基础设施建设 ……199
村镇建设指导 ……199
队伍建设 ……199
攸县自来水公司 ……200
概况 ……200
基础建设 ……200
供水安全 ……200
经营管理 ……200
党建和扶贫 ……200
城市管理和行政执法 ……201
概况 ……201
市容市貌监管 ……201
环境卫生监管 ……201
市政设施维护 ……201
园林绿化维护 ……202
违法建设管控 ……202
城市照明管理 ……202
"智慧城管" ……202
行政许可 ……202
信访件办理 ……202
党建工作 ……202
扶贫攻坚 ……203
环境卫生管理处 ……203
概况 ……203
街道清扫 ……203
城区垃圾清运 ……203
河道保洁 ……203
废弃物清理 ……204
城区餐厨垃圾集运处置 ……204
环境卫生整治 ……204
基础设施维护和建设 ……204
环卫队伍建设 ……204
环卫宣传 ……205
党建和扶贫 ……205
城市管理执法大队 ……205
概况 ……205
市容市貌整治 ……205
治理餐饮夜宵油烟污染 ……205
规范管理餐厨垃圾，预防猪瘟流行 ……206
队伍建设 ……206
扶贫工作 ……206

城市控制和拆除违法建设执法大队 ……206
概况 ……206
巡查管控 ……206
即查即拆 ……207
打非治违 ……207
文明执法 ……207
宣传教育 ……207
机制创新 ……207
党建工作 ……208
队伍建设 ……208
市政园林管理处 ……208
概况 ……208
市政设施维护 ……208
园林养护 ……208
公园建设和管理 ……209
行政审批管理 ……209
绩效管理 ……209
信访维稳工作 ……209
党建工作 ……209
结对扶贫 ……209
房产管理 ……210
概况 ……210
棚户区改造和住房保障 ……210
物管行业监管与服务 ……210
涉房信访突出问题处理 ……210
党建工作 ……210
湖南省攸州国有资产投资集团有限公司 ……210
项目建设 ……211
融资与经营 ……211
扶贫工作 ……211
攸县城市建设开发有限公司 ……211
概况 ……211
项目建设 ……211
资金运行 ……211
同辉房地产开发公司 ……212
住房公积金管理 ……212
概况 ……212
归集扩面 ……212
“最多跑一次”改革……212
结对扶贫 ……212
环境保护 ……212
概况 ……212
行政许可 ……213
环保监管执法 ……213
环境监测 ……213
污染防治 ……213
污染源普查 ……213
环保宣传 ……213
中央、省、市环保督察 ……213
党建和扶贫 ……214
城乡环境同治 ……214
概况 ……214
农村垃圾治理 ……214
河道水系保洁 ……214
拆除破败空心房 ……214
重点问题督办 ……214

教　育

概　况 ……215
机构队伍 ……215
在校学生 ……215
学前教育 ……215
基础教育 ……215
职业教育和成人教育 ……215
特殊教育 ……215
民办教育 ……215
教育行政管理 ……216
改善办学条件 ……216
教师队伍建设 ……216
学校安全工作 ……216
素质教育 ……216
扶贫助学 ……216
党建工作 ……216
学校选介 ……216
株洲市生物工程中等专业学校 ……216
概况 ……216
职业教育和培训服务 ……217
特色专业 ……217
学生思想品德教育 ……217
学校安全管理 ……217
教研教改 ……217

教师队伍建设 ……218
党建工作 ……218
扶贫助学 ……218
攸县第一中学 ……218
概况 ……218
规范管理 ……218
教学研究与改革 ……219
综合素质教育 ……219
贫困生帮扶 ……219
教师队伍建设 ……220
基础建设 ……220
党建工作 ……220
株洲市高中教育质量建设会议在
攸县一中召开 ……220
攸县第二中学 ……220
概况 ……220
规范管理 ……221
教学研究 ……221
教师培训 ……221
学校安全工作 ……221
丰富课余活动，提高学生综合素质 ……222
基础建设 ……222
党建和师德师风建设 ……222
校友情怀 ……222
攸县第三中学 ……222
概况 ……222
教师队伍建设 ……222
安全工作 ……223
体艺办学特色 ……223
教育教学研究 ……223
学生社团 ……223
攸县第四中学 ……223
概况 ……223
学校建设 ……223
教师绩效管理 ……223
学生行为习惯教育 ……223
教学研究 ……223
攸县震林中学 ……224
概况 ……224
综合素质教育 ……224
教研教改 ……224
教师队伍建设 ……224
教学质量管理 ……225
安全管理 ……225
党建工作 ……225

文化·体育

概　况 ……226
公共文化设施 ……226
群众文体活动 ……226
文艺创作 ……226
全国“双服务”文化建设先进集体 ……226
“门前三小” ……227
国家公共文化服务体系示范区创建 ……227
文化管理与服务 ……228
文化惠民 ……228
政务服务 ……229
执法监管 ……229
文物保护 ……229
非物质文化遗产保护和传承 ……229
党建和扶贫 ……230
攸县文物管理局（博物馆） ……230
概况 ……230
文物修缮和保护 ……231
文博开放和展览 ……231
文物勘探调查 ……231
民间文物展览和征集 ……231
文化市场综合执法大队 ……231
概况 ……231
文化市场安全工作 ……232
文化市场日常监管 ……232
扫黄打非 ……232
专项整治行动 ……232
党建工作 ……233
攸县广播电视台 ……233
概况 ……233
新闻宣传 ……233
对外宣传 ……233
电视剧场和专题栏目 ……234
专项宣传活动 ……234
业务拓展 ……234

基础建设 ……………………………………234
扶贫攻坚 ……………………………………235
队伍建设 ……………………………………235
党建工作 ……………………………………235
湖南省新华书店有限责任公司攸县分公司 ……………………………………236
概况 ……………………………………236
政治理论图书发行 ……………………………………236
中小学教材教辅发行 ……………………………………236
图书阅读服务 ……………………………………236
扶贫工作 ……………………………………236

卫生和计划生育

卫生行政管理与服务 ……………………………………237
概况 ……………………………………237
计生管理与妇幼健康服务 ……………………………………237
医药卫生体制改革 ……………………………………237
公共卫生服务与爱卫活动 ……………………………………238
医政管理和中医药服务 ……………………………………238
应急处置和献血工作 ……………………………………238
综合监督执法 ……………………………………238
医疗基础建设 ……………………………………238
专业培训 ……………………………………238
党建和扶贫 ……………………………………239
“攸攸乡情·医学专家攸县行”活动 ……………………………………239
计划生育协会 ……………………………………239
概况 ……………………………………239
“5·29”系列活动 ……………………………………239
流动人口计生工作区域协作 ……………………………………239
计生特殊家庭健康扶贫 ……………………………………239
攸县红十字会 ……………………………………240
概况 ……………………………………240
无偿献血宣传活动 ……………………………………240
应急救护知识进企业进社区 ……………………………………240
红十字救护员培训 ……………………………………240
“博爱送万家”活动 ……………………………………240
医院选介 ……………………………………240
攸县人民医院 ……………………………………240
概况 ……………………………………240
新型医疗设备和技术应用 ……………………………………241
学科建设 ……………………………………241
医技队伍建设 ……………………………………241
医疗质量和安全管理 ……………………………………241
三级医院创建工作 ……………………………………241
基础建设 ……………………………………242
公立医院改革 ……………………………………242
行风建设 ……………………………………242
医院文化建设 ……………………………………242
扶贫工作 ……………………………………242
突发事件应急处置 ……………………………………242
攸县中医院 ……………………………………242
概况 ……………………………………242
医疗专科建设 ……………………………………243
中医专业队伍建设 ……………………………………243
医疗质量管理 ……………………………………243
绩效管理 ……………………………………244
医疗设施建设 ……………………………………244
党建和扶贫 ……………………………………244
医院精神文明建设 ……………………………………244
义诊和签约服务 ……………………………………244
攸县疾病预防控制中心 ……………………………………244
概况 ……………………………………244
卫生应急处置 ……………………………………244
传染病网络直报 ……………………………………245
传染病防控 ……………………………………245
免疫规划 ……………………………………245
职业病防治 ……………………………………245
血防寄地工作 ……………………………………245
公共卫生监测 ……………………………………245
慢性病防治 ……………………………………246
健康教育与健康促进 ……………………………………246
疾控重点项目 ……………………………………246
党建的扶贫 ……………………………………246

乡镇（街道）

江桥街道 ……………………………………247
概况 ……………………………………247
环境整治和农业基础建设 ……………………………………247
项目建设征拆征收 ……………………………………247
社会事业发展 ……………………………………247

综治维稳 ……247
乡风文明建设 ……247
基层党建 ……248
扶贫攻坚 ……248
表8：2018年江桥街道村（社区）基本情况统计表…… 248
联星街道 ……248
概况 ……248
产业发展 ……249
城乡基础建设 ……249
社会事业发展和扶贫救助 ……249
城乡环境治理 ……249
综治维稳和安全生产 ……249
基层党建 ……249
表9：2018年度联星街道各社区（村）基本情况统计表…… 249
春联街道 ……250
概况 ……250
城乡基础建设 ……250
农村环境治理 ……251
新型农业发展与服务 ……251
乡村文化建设 ……251
扶贫攻坚和社会保障 ……251
综治维稳 ……251
党建工作 ……251
表10：2018年度春联街道各社区（村）基本情况统计表…… 251
谭桥街道 ……252
概况 ……252
扶贫攻坚和社会保障 ……252
基础建设 ……252
城郊农业发展 ……252
生态环境治理 ……252
综治维稳 ……252
党建工作 ……252
表11：2018年谭桥街道各社区（村）基本情况统计表…… 253
鸾山镇 ……253
概况 ……253
特色种植业发展和旅游景区开发 ……253
农村社会保障 ……253
扶贫攻坚 ……253
安全生产 ……254
基础建设 ……254
生态环境保护 ……254
综治维稳 ……254
表12：2018年度鸾山镇各村（社区）基本情况统计表…… 254
黄丰桥镇 ……255
概况 ……255
产业发展 ……255
社会事业发展和扶贫工作 ……255
美丽乡村建设 ……255
综治维稳 ……255
干部作风建设 ……256
表13：2018年度黄丰桥镇各村（社区）基本情况统计表…… 256
酒埠江镇 ……257
概况 ……257
特色农业 ……257
旅游景区建设 ……257
生态环保 ……257
移民扶持 ……257
农村社会保障 ……257
综治维稳和计生工作 ……258
基层党建 ……258
扶贫攻坚 ……258
表14：2018酒埠江镇各村（社区）基本情况统计表…… 258
网岭镇 ……259
概况 ……259
招商引资和优化经济环境 ……259
园区项目建设 ……259
农业基础建设 ……259
扶贫攻坚 ……259
社会保障 ……260
综治维稳和安全生产 ……260
生态环境治理 ……260
美丽乡村建设 ……260
党建工作 ……260
作风建设 ……260

表15：2018年网岭镇各村（社区）基本情况统计表…… 261
皇图岭镇 ……262
概况 ……262
“特色小镇”建设……262
农业产业发展 ……262
社会救助和扶贫攻坚 ……262
基础建设 ……262
生态环境建设 ……262
党建工作 ……262
村干部队伍建设 ……263
表16：2018年度皇图岭镇各村（社区）基本情况统计表…… 263
宁家坪镇 ……264
概况 ……264
产业发展 ……264
基础建设 ……264
社会保障和扶贫攻坚 ……264
生态环境治理 ……264
综治维稳和安全生产 ……265
基层党建 ……265
表17：2018年度宁家坪各村（社区）基本情况统计表…… 265
丫江桥镇 ……266
概况 ……266
产业发展 ……266
基础建设 ……266
农村扶贫和社会事业发展 ……266
乡村环境治理 ……266
综治维稳和安全生产 ……266
干部队伍建设 ……267
表18：2018年度丫江桥镇各村（社区）基本情况统计表…… 267
新市镇 ……267
概况 ……267
产业发展 ……267
社会保障和扶贫攻坚 ……268
基础建设 ……268
乡村环境治理 ……268
综治维稳和安全生产 ……268
美丽乡村示范——丁家垅村 ……268
表19：2018年度新市镇各村（社区）基本情况统计表…… 268
莲塘坳镇 ……269
概况 ……269
产业发展 ……270
社会事业发展 ……270
基础建设 ……270
综治维稳和安全生产 ……270
干部队伍建设 ……270
表20：2018年莲塘坳镇各村（社区）基本情况统计表…… 270
菜花坪镇 ……271
概况 ……271
特色农业产业发展 ……271
基础建设 ……271
社会事业和扶贫攻坚 ……271
乡村环境治理 ……272
综治维稳 ……272
表21：2018年度菜花坪镇各村（社区）基本情况统计表…… 272
渌田镇 ……272
概况 ……272
基础建设和招商引资 ……272
社会事业发展 ……273
就业社保和扶贫攻坚 ……273
生态环境建设 ……273
综治维稳和安全生产 ……273
基层党建 ……273
表22：2018年度渌田镇各村（社区）基本情况统计表…… 273
石羊塘镇 ……274
概况 ……274
农业产业发展和招商引资 ……274
社会救助和保障 ……274
扶贫攻坚 ……274
综治维稳和安全生产 ……275
基础建设 ……275
生态环境治理 ……275
基层党建 ……275
“乡贤文化”建设……275

表23：2018年度石羊塘镇各村（社区）
基本情况统计表…… 275
桃水镇 ……276
概况 ……276
特色农业产业发展 ……276
社会事业发展和扶贫攻坚 ……276
基础建设 ……276
综治维稳和安全生产 ……277
生态环境治理 ……277
基层党建 ……277
表24：2018年度桃水镇各村（社区）
基本情况统计表…… 277

人 物

人物简介 ……279
第七届全国道德模范·助人为乐模范
——夏昭炎 ……279
中国好人·敬业奉献好人
——何建南 ……279
湖南好人·助人为乐好人
——刘巫祥 ……280
人物名录 ……281
2018年度攸县副县级以上领导名单 …… 281
2018年度攸县副县级以上非领导职务
人员名录…… 283
2018年度攸县领导、乡镇（街道）
和部门单位负责人名录…… 283
中共攸县县委 ……283
攸县人大常委会 ……283
攸县人民政府 ……284
政协攸县委员会 ……284
武装部、预备役营 ……284
中共攸县纪委、监委 ……284
攸县人民法院 ……284
攸县人民检察院 ……284
攸县高新技术产业开发区 ……285
湖南攸州国家森林公园管理局 ……285
县委工作机构 ……285
县人大各专门委员会及常委会机关 ……286
县政协机关 ……286
县政府工作部门 ……286
议事协调常设机构 ……290
县委、县政府直属事业单位、国有企业 ……290
部门管理机构、其他机构 ……291
群团机关 ……292
垂直管理单位 ……293
学校、医院 ……294
乡镇（街道） ……295

荣誉谱

2018年度攸县获得国家、省（部）级
荣誉称号 ……298
2018年度攸县获得（保持）省、市
文明建设先进集体名单 ……298
2018年度攸县文明建设红旗单位、先进单
位、先进个人及创建全国文明城市先进
个人名单 ……299
攸县第四届道德模范名单 ……300
攸县第二届十佳乡贤名单 ……300
2018年度全县党建工作先进单位名单 ……300
2018年度全县产业发展先进单位和
先进个人名单 ……300
2018年度全县政法、综治、维稳、反邪
防邪及扫黑除恶工作先进单位和先进
个人名单 ……301
2018年度全县民兵调整改革先进单位和
先进个人名单 ……302
2018年度全县计划生育工作及计划生育
协会开展“创先争优服务大局”活动
先进集体和先进个人名单 ……302
2018年度全县城乡同治工作先进单位和
先进个人名单 ……303
2018年度全县食品安全工作先进单位和
先进个人名单 ……303
全县创建国家园林城市工作先进单位和
先进个人名单 ……304
获攸县人民政府2018年度攸县考核记
三等功人员名单 ……304
获攸县人民政府2018年度攸县创建国家
园林县城工作受表彰记三等功人员名单 ……304

附 录

中共攸县县委　攸县人民政府
关于全面开展“产业项目建设年”活动加快推动高质量“突围突破”的实施意见 ······305
附表1：2018年县级领导联区安排表 ········· 307
附表2：2018年县级领导及县直单位联镇、联（驻）村扶贫帮扶工作安排表············ 308
附表3：2018年县级领导联系帮扶十三大产业、招商项目和重点企业安排表········· 311
中共攸县县委　攸县人民政府
关于落实食品安全党政同责的实施意见 ······315
攸县人民政府　关于调整攸县征地补偿区域和标准的通知 ······318
附表4：攸县征地补偿标准表 ·················· 319
附表5：攸县地类补偿标准表 ·················· 319
附表6：攸县征地补偿标准等级区域划分表······························ 319
中共攸县县委办公室　攸县人民政府办公室
印发《关于进一步加强村级财务管理工作的若干规定》的通知 ······320
攸县人民政府办公室　关于印发《攸县农村饮水安全巩固提升工程建设管理暂行办法》的通知 ······323
附表7：农村饮水安全巩固提升工程验收资料清单··································· 325

彩版目录

领导到攸县 ……………………………………… (22)
重要会议 ………………………………………… (24)
重要活动 ………………………………………… (30)
经济社会发展 …………………………………… (36)
  园区工业 ……………………………………… (36)
  现代农业 ……………………………………… (40)
  商贸、旅游 …………………………………… (44)
  基础建设 ……………………………………… (46)
  城市建设 ……………………………………… (50)
  文化建设 ……………………………………… (54)
  教育 …………………………………………… (58)
  卫生、体育 …………………………………… (60)
  社保救助、精准扶贫 ………………………… (62)
  社会治安、安全生产 ………………………… (64)
  生态环境建设 ………………………………… (66)
乡镇（街道） …………………………………… (68)
  江桥街道 ……………………………………… (68)
  联星街道 ……………………………………… (69)
  春联街道 ……………………………………… (70)
  谭桥街道 ……………………………………… (71)
  鸾山镇 ………………………………………… (72)
  黄丰桥镇 ……………………………………… (73)
  酒埠江镇 ……………………………………… (74)
  网岭镇 ………………………………………… (75)
  皇图岭镇 ……………………………………… (76)
  宁家坪镇 ……………………………………… (77)
  丫江桥镇 ……………………………………… (78)
  新市镇 ………………………………………… (79)
  莲塘坳镇 ……………………………………… (80)
  菜花坪镇 ……………………………………… (81)
  渌田镇 ………………………………………… (82)
  石羊塘镇 ……………………………………… (83)
  桃水镇 ………………………………………… (84)

特 载

凝心聚力 激情干事
奋力开创攸县高质量发展新局面

——在县委十二届七次全体（扩大）会议暨县委经济工作会议上的讲话

康月林

2019年1月17日

这次大会的主要任务是，全面贯彻落实中央经济工作会议以及省委、市委全会暨经济工作会议精神，总结2018年工作，部署2019年任务，动员全县上下凝心聚力，激情干事，奋力开创攸县高质量发展新局面。下面，我代表县委常委会，讲四个方面的意见。

一、回头盘点，充分肯定高质量发展的开局成果

刚刚过去的2018年，是贯彻落实中共十九大精神的开局之年，是改革开放40周年，也是我们提出高质量发展的开启之年。一年来，面对经济持续下行的巨大压力和艰巨繁重的改革发展稳定任务，县委团结带领全县上下尽锐出战，担当作为，经受了前所未有的考验，克服了前所未有的困难，取得了一系列来之不易的成绩，高质量发展迈出了坚实的“第一步”。

这一年，我们直面挑战，加压奋进，切实稳住了增长 集中精力面向经济建设主战场，全面发起“奋战一百天、决胜四季度”等专项行动，确保了年度各项目标任务的圆满完成。一方面，持续跟踪调度，在经济下行期有效保证了增长水平。预计全年GDP同比增长（下同）7.5%；固定资产投资增长6%；规模工业增加值增长7.6%；社会消费品零售总额增长10.2%；城乡居民收入均增长8%。在最新出炉的中国中部县域经济百强中，攸县排名第43位。另一方面，持续挖潜增收，在转型过渡期有效提升了增长质量。牢固树立过“紧日子”的思想，既尽力而为，又量力而行，集中精力抓税收、控指标、提质量，一般公共预算收入同口径增长7.05%，税收占比提升至70.59%。通过挤水分、卸包袱，进一步为转型升级争取了时间、赢得了主动。

这一年，我们紧扣产业，加快转型，切实调优了结构 一是主攻地面工业。省级高新区创建一举成功，园区税收连续两年翻番，综合排名跻身全省

第一方阵；有序完成15家煤矿关闭退出，成功引进世界500强、上市公司、品牌企业共8家，昊华化工、松本林业等6家企业筹备上市。二是主打特色农业。全力推进农业种植结构调整，获评全省粮食生产标兵县，攸县大豆入选湖南“一县一特”[1]农产品，首部攸县香干团体标准制定出台，农业产业化龙头企业申报和认定数均居全市第一，“攸州五件宝”成功注册国家商标。三是主抓都市商圈。大力引进58同城等知名互联网金融企业，互金中心累计入驻企业25家；促成世界500强企业碧桂园落户攸县，房地产销售面积同比增长44.22%；湘东大市场、汽贸城等专业市场实现经营收入5000万元。四是主推生态旅游。全面启动全域旅游总体规划编制和国家级旅游休闲度假区创建，八福垅森林小镇纳入“全国森林康养基地试点建设单位”；累计投资近11亿元用于酒埠江生态新镇建设，国家AAAA景区成功复牌。

这一年，我们多措并举，抢抓项目，切实增强了后劲　深入开展“产业项目建设年”活动，着力以项目扩投资、强实体、添后劲。一是坚持全民抓招商。成功签约引进恩泽瑞电子、华源梁氏环保等33个重大项目，总投资194.45亿元，同比增长108%；积极争取中央、省级预算内项目24个，总量居全市第一。二是坚持全线抓推进。统筹推进69个省市重点项目建设，长明高科、川马电子等重点项目加快推进，华升化工、天睿精工等项目顺利竣工。三是坚持全面抓帮扶。系统出台“优化经济发展环境若干规定”等政策，财政注资3500万元成立产业发展基金，“助保贷”“续力贷”累计为企业解决资金近5亿元，推动67家企业进入电力直接交易准入目录，58家进入实质性电力交易，全市园区营商环境综合评估排名第一。

这一年，我们紧跟要求，主动攻坚，切实守住了底线　紧跟中央、省市部署，不断强化问题意识、底线思维，深入打好了“三大攻坚战”。一是坚守风险防范底线。坚持从化解政府债务开始，全面出台控债化债管理办法，最大幅度“停缓调撤”政府投资项目96个，积极推进银行降息展期、债务置换等工作，有效规避了金融及债务风险。二是固守脱贫攻坚底线。投入2亿元推动“7+6”行动[2]，9335名贫困人口成功脱贫，全县贫困发生率降至0.44%；坚持做好驻村帮扶、结对帮扶工作，社会扶贫荣获全国优秀组织奖，扶贫宣传工作获评全省先进；扎实推进脱贫攻坚问题整改与作风整治行动，整改突出问题242个，立案124件，切实巩固了脱贫成果。三是严守污染防治底线。大力开展“控排、控尘、控车”等专项行动，积极推动畜禽粪污资源化利用、乡镇污水处理厂建设等工作，94件中央、省市环保交办件办结到位；立案查处环境违法行为53起，环保信访案件办结率100%；统筹推进城乡同治、“河长制”等工作，矿区生态环境治理和修复机制入选全省示范案例，农村生活垃圾治理省级评估获得高度肯定。

这一年，我们乘借东风，深化改革，切实激发了活力　抢抓改革开放40周年机遇，持续推动质量变革、效率变革、动力变革。一是乘势推进管理体制改革。圆满完成共青团、妇联、工会等群团组织改革以及税务机构改革，持续推进城市管理和综合执法体制改革、平台公司改革等任务，各部门职责更加清晰、运行更加顺畅。扎实推进财税管理体制改革，不断优化县乡财政体制，有效调动了一线工作积极性。二是乘势推进行政审批制度改革。积极争取相对集中行政审批权改革试点，得到省市高度关注和大力支持；不断深化“最多跑一次”[3]改革，在全市率先完成两批共834项事项梳理工作，占事项总数的93.4%，有效解决了“往返跑”“多头跑”的问题。三是乘势推进农业农村领域改革。供销社综合改革全市现场会在攸县召开，土地托管等工作始终走在省市前列；农村集体产权制度改革全面完成清产核资工作，首创的“七步七快法”[4]得到国家、省市肯定和推介；农村土地确权登记颁证工作获评省级优秀，承包土地“三权分置”[5]等工作有序推进，攸县入选全省城乡客运一体化改革示范县。

这一年，我们聚焦民生，倾力投入，切实巩固了小康　坚持将近80%的财政支出投入民生领域，用于改善民生，全面小康整体实现程度预计达96.9%。一是狠抓民生保障。千方百计稳就业、促创业，城镇新增就业5283人，农村劳动力转移就业4464人；整合资金3.61亿元用于水利项目建设，解决7.64万人安全饮水问题；彻底消除“超大班额”现象，高考万人上线率继续领跑全市，连续三年获评“高中教育质量建设先进县市”，网岭罗家坪青少年研学旅行基地做法得到省委乌兰副书记批示；全面启动攸州中心医院、县妇幼保健计生服务中心和18所乡镇卫生院新建、改扩工程，群众就医环境持续改善；实施棚改2302户，改造农村危房667户，持续解决了困难群众住房问题；扎实做好了高龄老人补贴、全民参保等各项工作，社会福利中心揭牌营运，攸县获评全省“五化民政进步县”。二是狠抓城乡建设。修订完善县城总体规划，洣水“三桥四桥”、谭桥大道等重点项目加快推进，城市框架进一步拉开、功能进一步完善；完成小城镇建设项目17个，皇图岭全国特色小镇步入实质性开发建设；积极开展农村人居环境改善，丁家垅村成功创建省级美丽乡村示范村，泉坪古村入选中国传统村落目录。三是狠抓安全维稳。全面开展“打非治违”专项行动，安全生产形势总体平稳；深入开展扫黑除恶专项斗争，打掉犯罪集团4个，破获案件20起；扎实推进“平安攸县”建设，刑事、治安等案件发案率持续下降，反邪防邪工作荣获全省先进；深入推进法治攸县建设，广泛开展“决胜基本解决执行难”“谁执法谁普法”“企业免费法律体检”等活动，切实维护了司法公正；积极化解各类信访案件，成功办结中央和省委信访交办件78件，涉房信访“老大难”问题取得重大突破；下决心处置缠访、闹访和非法上访人员31人次，全国“两会”驻京维稳工作获评先进。

这一年，我们狠抓党建，夯实基础，切实引领了发展 深刻领会新时代党的建设新要求，全面加强党的建设，起到了发展“红色引擎”的作用。一是紧扣政治建设，深入学习贯彻中共十九大精神和习近平新时代中国特色社会主义思想，坚决做到“两个维护”[6]，持续推动“两学一做”学习教育常态化制度化；旗帜鲜明肃清政治生态污染，查处违反政治纪律案件8件，及时开展“讲政治、讲规矩、讲团结、讲担当”主题党日活动，得到市委腾飞书记肯定性批示。二是紧扣思想建设，深入开展理论宣讲“六进”活动，被推荐参评全省理论宣讲先进集体，“门前三小”做法得到中宣部高度肯定，并通过《每日要情》向全国推介；统筹推进宣传报道、舆情监控等各项工作，累计推出中国好人8位，承接了由央视全额出资的《中国影像方志》攸县篇，花鼓戏《长辈》拿下第六届湖南艺术节6个单项奖，《热土》入选国家纪念改革开放40周年九部献礼影片之一，并在人民大会堂首映；狠抓意识形态阵地建设，石山书院“攸州大讲堂”荣获全省“社会主义核心价值观建设”示范点，攸县广播电视台被评为国家改革开放40周年“百佳县级广播电视台”，石羊塘高桥书屋、县花鼓戏保护传承中心获评全国“双服务”文化建设先进集体。三是紧扣组织建设，先后完成255个村级综合服务平台标准化建设，115个“五化”支部示范点通过验收，46个软弱涣散党组织全部摘帽，在职、离任村干部待遇全面提标；创新党建联建机制，建成全县首家小区党支部和党群服务中心，得到中新社等主流媒体推介；成功打造“一校四点”[7]干部教育平台，探索的竞争性课堂等教学模式在全市推广；大力实施“人才强县”战略，成功举办湘东地区首届创新创业人才集训营，带动回乡创业就业人才590人，“实训攸州”吸引清华、北大等高校的483名学子来攸参训。四是紧扣作风建设，全面铺开“抓重点补短板强弱项”大调研活动，有效推动了干部到一线思考、在一线落实；深入开展违反中央八项规定精神突出问题等专项整治，先后查处问题近500个，处理911人；深入开展“马上就办、真抓实干”活动，持续完善绩效评估办法，不断激发了广大干部的干事创业激情。五是紧扣纪律建设，扎实推进纪检监察体制改革和派驻机构改革，县监察委在全市率先挂牌成立，纪检监察干部在全市率先配备到位；持续加大执纪问责力度，新立案结案率99.7%，位列全市第一；打响了攸县自主办理留置“第一枪”，查处了全市打击黑恶势力“保护伞”第一案；充分发挥巡察利剑作用，先后完成三轮共24个党组织的常规巡察及专项巡察，“巡镇延村”模式作为典型被省纪委推广；坚持做好巡察“后半篇文章”，“越往后越严”的态势全面彰显。

一年来，县委坚持总揽全局、协调各方，有效凝聚了全县各个层面、各个方面的力量。一是充分支持县人大及其常委会依法履职，务实开展专项调研和依法监督工作，深入推进环境污染防治、农村安全饮水等检查，认真组织为农服务、油茶产业发展等视察，持续倒逼了工作落实；配合启动酒埠江风景名胜区保护条例立法工作，依法作出《关于加强全县民事执行工作的决定》，深入开展《株洲市农村村庄规划建设管理条例》等综合执法检查，不断提升了人大工作法制化、科学化水平。二是全力支持县政协有效开展政治协商、民主监督、参政议政，全面开展煤炭产业发展、核心景区建设等专题协商，有效凝聚了各界力量；继续开展“委员提、部门办、大家评”和“定好位、履好职、服好务”等专项活动，有力促进了工作落实；认真组织实施乡村振兴战略等专题调研，切实集中了智慧、服务了发展。三是全面加强“大统战”格局构建，以“凝心聚力新时代”行动为抓手，扎实推进“四同创建”[8]，网岭里旺村跻身全省第一批“同心美丽乡村”；始终关注商会建设，促成长沙市攸县商会成立，13个乡镇成立基层商会，进一步打响了“攸商品牌”；积极开展“我新故我行”活动，对接市新联会推进实施了皇图岭全国特色小镇助力计划，全县新的社会阶层人士“春夏秋冬”系列活动[9]得到人民政协报宣传推介；积极搭建县、乡、村三级统战工作网络，相关做法得到中央统战部推介。四是坚持党管武装工作不动摇，民兵调整改革工作全部按编制落实到位，受到省军区、军分区的表彰；统筹推动营房建设、军民融合等各项工作，为地方持续稳定发展提供了坚强保障。五是高度重视发挥公检法司、群团组织、老龄老干、史志档案等各方面作用，进一步巩固了同甘苦、共进退的良好干事创业氛围。

在总结成绩的同时，我们也要清醒地看到问题和压力。第一，全面正视政治生态的破坏。谭润洪案件及其违纪违法行径，教训深刻，发人深省。作为党员领导干部，其理想信念丧失，毫无党性原则，利用手中权力疯狂敛财，贪得无厌、腐化堕落、道德败坏，严重违反党的纪律，构成职务违法并涉嫌犯罪，是党的十八大后仍不收敛、不收手、不知止的典型。其所作所为，贻误了攸县发展，滋长了不正之风，败坏了地方形象，给攸县的政治生态造成了极其恶劣的影响。而这起案件也暴露出我们在党的自身建设上还缺乏有效的制约，缺乏有力的监督，还存在很多薄弱环节，必须深刻反思和警醒。第二，客观审视产业转型的差距。一些产业定位不清、链条不强、政策不优，一些项目久议不决、久拖不建、久建不成，“吃资源饭”的现实产业格局没有根本转变。第三，高度重视各类风险隐患的增多。债务还本付息压力空前巨大，矛盾纠纷爆发空前频繁，意识形态领域斗争空前复杂，安全隐患防不胜防，风险防控任重道远，各类应急处置能力亟须提升。第四，决不忽视干部作风的短板。一些不愿担当、不敢担当的问题还很突出，“乱作为”的少了，“不作为”“慢作为”的多了。有的以“暂无政策”为理由，片面生硬地套用文件，底气十足地拒绝企业申请、群众诉求；有的以“传导压力”为借口，把应负的责任推给下级和基层。也正是因为类似的“软抵抗”，直接拉低了攸县的口碑，影响了攸县的形象。对此，我们必须深刻查摆，逐个攻破，既要直面问题，更要解决问题。

盘点一年的工作，成绩着实来之不易，经历着实让人难忘。一路走来，我们既加快了发展，更收获了启示：一是党领导一切。党政军民学，东西南北中，党是领导一切的。回首过去一年，我们战胜的每一次挑战、克服的每一个难关，无一不是在各级党委的坚强领导下取得的。二是发展先于一切。越是困难，越要发展；越不发展，越是困难。任务压头，我们必须拿出破釜沉舟、背水一战的决心，拿出不进则退、不胜则败的魄力，凝心聚力抓发展，众志成城促升级。三是民生重于一切。当前的攸县虽然不易，但再难不能难群众，再苦不能苦百姓，该兜的底必须兜住。困难时期，“雪中送炭”比“锦上添花”更能打动人心、更能凝聚民心，我们必须始终深入群众、依靠群众、关心群众、造福群众。四是信心胜于一切。步入转型发展的攻坚阶段，很多矛盾和问题都会接踵而至，我们悲观失望不行，消极等待不行，自暴自弃更不行。大家要始终坚信，涅槃是为了更好的重生。拥有如此厚重的人文底蕴、如此扎实的发展基础、如此优秀的干部群众，只要我们满怀信心、树立雄心，就一定可以走出困局、打破僵局、开创新局。五是实干决定一切。事非经过不知难，发展的过程就是克服困难、解决问题的过程。想，都是问题；干，才是答案。唯有始终坚持问题导向，奔着问题去，揪着问题改，才能在干中战胜困难，在干中解决问题，在干中乘势而上。

二、抬头展望，准确把握高质量发展的最新要求

2019 年是新中国成立 70 周年，也是乘势推动“产业振兴、转型升级”，奋力开创攸县高质量发展新局面的关键一年。综合分析当前形势，我们既有挑战，也有困难，但更多的是机遇和希望。机遇源于重要战略的实施。国家正在制定实施促进中部崛起计划，省委、省政府已经明确高位推动长株潭城市一体化建设，并计划在湘赣交界的 18 个县创建湘赣边区乡村振兴示范区，同时要求明年的投入要向县乡基层方面进行重点倾斜。攸县作为株洲地区和湘赣交界地区的重要组成部分，作为亟须支持的重点县域之一，必将迎来一系列政策利好、一揽子资金投入。机遇源于宏观政策的调整。经过中美贸易摩擦，中央、省市已经明确将加大对“卡脖子”技术和产品的支持力度，攸县在新能源汽车、电子信息、新材料等产业已经拥有了一些较好的平台、企业和技术产品，更容易得到国家、省市的重视与支持。为应对市场消费不足，省市已经明确将在乡村振兴、产业项目、基础设施等方面实施一批专项投入、发行一批专项债券，将为我们在扩大有效投资、推进项目建设带来诸多机会。机遇源于自身优势的积累。经历过主要指标的理性回归和调整，经历过产业项目的长期积蓄和积累，经历过干部状态的有效调动和整顿，全县上下推动转型升级的意愿空前强烈、时机愈发成熟、动能更为强劲。特别是随着省级高新区的成功创建、城市框架的逐步拉开、在外人脉资源的有效回流、农业和旅游等资源禀赋的深度挖掘以及省市主要领导的密集视察指导，必将为我们提供更多支撑、带来更多可能。综上所述，做好来年工作，我们一定要坚定必胜的信心与信念，认真研判，主动作为，抢抓机遇，加快发展。

做好 2019 年工作的总体要求是：**以习近平新时代中国特色社会主义思想为指导，坚持“稳中求进、进中争先”工作总基调，坚持新发展理念，坚持以供给侧结构性改革为主线，认真贯彻落实“创新引领开放崛起”“一谷三区”等省市决策部署，深入打好“三大攻坚战”，深入推动改革开放，深入开展“产业项目建设年”活动和温暖企业行动，奋力开创攸县高质量发展新局面，加快推进基本现代化进程，以优异成绩庆祝中华人民共和国成立 70 周年。**全县经济社会发展的主要预期目标是：GDP 增长 7.8%，规模工业增加值增长 7.4%，固定资产投资增长 7.2%，社会消费品零售总额增长 9.9%，一般公共预算收入增长 6%，城乡居民收入增长高于经济增长速度，完成省市下达的节能减排等约束性指标，各项事业都有新的进步。确定这样的预期目标，主要就是基于高质量发展的根本要求。对此，省委、市委也向攸县提出了明确要求，我们必须深刻把握：

——推动高质量发展，必须打造风清气正的政治生态。实现高质量发展，最终要靠党来领导，要靠人来落实，要靠良好的政治生态来保证。这方面，攸县已经有最现实的告诫、最深刻的教训。新的一年，我们必须坚定不移加强党的建设，把政治建设摆在首要位置，着力在思想上来一次大洗礼、大革新，在作风上来一次大规范、大转变，努力构建良好干事创业环境。

——推动高质量发展，必须打造充满活力的经济生态。就是要始终扭住“产业振兴、转型升级”的方向，紧扣关键部位、关键领域、关键任务重点发力；要始终用好“产业项目建设年”的抓手，集中精力抓产业、攻项目、促改革、优环境；要始终坚持“稳中求进、进中争先”的基调，既不盲目冲动、急于求成，更不悲观失望、消极应付。只要是有质量、有效益的增长，我们都必须全面争取、全力争先，能跑多快就跑多快，能有多好就抓多好。

——推动高质量发展，必须打造山清水秀的自然生态。高质量发展是全面健康可持续的发展，是没有“后遗症”的发展，绝不能以牺牲环境为代价。要始终坚持在发展中保护、在保护中发展，着力在乡村振兴中挖掘绿水青山原生态的经济效益、社会效益，努力将绿水青山转化为金山银山，为攸县的高质量发展注入更多绿色能量。

三、埋头实干，全面投身高质量发展的生动实践

辉煌肯定有，就看怎么走。推动高质量发展，我们不缺目标，也不缺思路。今年重中之重就是落实好“1122345”：紧扣一个主题—内聚人心、外树形象、激情干事、加快发展；紧跟一条主线—供给侧结构性改革；锁定两大目标—撤县设市、重返十

强；把握两大任务—产业振兴、乡村振兴；主抓三大区域—园区、城区、景区；聚焦四大主攻方向—工业集群化、农业品牌化、旅游全域化、商贸多元化；坚守五条底线—债务底线、民生底线、生态环保底线、安全稳定底线、廉洁从政底线。具体要抓好五个方面的工作：

（一）振兴实体经济，着力提升发展实力 加快转型升级，推动高质量发展，重点就是产业，支点就在实业。工业要定主导、铸集群。一要狠抓煤电能源产业，积极指导煤炭企业的技改升级、复工复产工作，确保其稳定的生产能力；依托大唐华银、抽水蓄能等重大项目，全力打造湘东南煤电能源基地。二要狠抓新型化工产业，在严把准入关口的前提下，抓好昊华化工、华升化工等重点企业培育，全力打造全省新型化工核心园区。三要狠抓战略新材产业，以长明高科为发起点，加快项目建设，加强政策扶持，全力打造百亿级产业集群。四要狠抓新型建材产业，以旭日陶瓷等重点企业为基础，有效吸引关联企业入驻发展，全力打造全省建筑材料生产中心。农业要促延伸、铸品牌。一要打通农产品产、供、销、储、运链条，在统筹做好种植结构调整、特色基地建设的同时，积极争取中国供销总社和中国农批协会支持，加快推进农批城等重点项目的对接，致力让特色农产品出的去、卖得好。二要打破向二三产业融合发展的壁垒，积极发展“六次产业”[10]，重点依托皇图岭智慧农业园、湘天华油茶产业园、槚岭药博园、振源脐橙产业园、畜牧育种产业园等特色农业园区，建设集生态农业、休闲旅游、商贸服务为一体的现代农业产业体系。三要打响特色农业品牌，依托豆腐、油茶、米粉、麻鸭、皇猪等“三品一标”[11]资源禀赋，申报攸县香干国家地理标志保护产品，出台攸县豆腐（香干）产业发展规划，启动豆腐（香干）产业园建设，投入重金扶持油茶产业发展，积极推进攸县米粉百店品质提升计划，深度打造“攸州五件宝”及特色延伸品牌。商贸要抓提升、铸商圈。继续加大对湘东大市场、汽贸城、家居城等专业市场的升级力度，有效盘活现代商品贸易圈。以高速公路和火车南站为依托，加强新区、园区和乡村片区的物流配套，着力打通现代物流集散圈。坚持走品质化、市场化路子，加强对房地产市场的管理和引导，促进房产圈健康发展。坚持发展互联网金融、电商等新兴服务业，通过项目化开发、专业化经营，持续扩大“互联网+”经济圈。

（二）统筹区域开发，持续拓展发展空间 突出城乡联动，注重产城融合，统筹推进园区、城区和景区建设，进一步提升发展承载力。要借力“省级高新区”政策，推动园区持续升级。一要推动布局升级，按照“一区四园”架构，抢抓省级高新区创建成功利好，重点发展攸州工业园、网岭循环经济园，着手规划南部物流园和东部矿产园建设。二要推动配套升级，紧密对接省市“135工程”升级版等政策，全力抓好园区4万平方米标厂、8公里路网和污水处理厂、创新创业园、总部经济园等设施建设，持续抓好集中供热、增量配电和安置区等配套完善，不断提升园区承载能力。三要推动管理升级，下决心理顺园区体制、下放审批权限、完善运营办法，确保园区运转更加规范协调、优质高效。四要推动实力升级，持续扩大园区招商成果，扎实推进长明高科、昊华化工、地博光电等重点项目建设，确保税收持续翻番。要加快“撤县设市”冲刺，推动城区持续升格。按照“40平方公里、40万常住人口”品质之城的目标：一方面，要拉开城市格局。在有序推进东城新区建设的同时，启动城南片区整体高水平开发，引入战略资本投入，突出打造集康养基地、文创中心、总部楼宇功能相结合的城市新区；加快推进“两桥两路”[12]、谭桥大道等项目建设，进一步拉开“两江四岸、一城四区”框架。另一方面，要提升城市格调。继续抓好老城区提质改造，稳步推进棚户区改造，打通建设北路等一批城市“断头路”，统筹抓好长输管道入攸等工程，逐步缓解“城市病”压力；对接启动长株攸公路建设，积极争取吉邵高速、咸韶铁路[13]过境，统筹抓好中心医院、妇幼保健院搬迁、春联学校等重大项目建设，以公共服务资源有效集聚人气和人流；持续巩固城市综合管理执法改革成果，加大城区拆违控违力度，不断提升城市品位和形象。要结合“国家全域旅游示范区”创建，推动景区持续升温。一要全面盘活旅游资源，加快推进酒埠江生态新镇13个主要项目建设，全面完成景观大道、游客服务中心、水云桥等项目扫尾，打造湘东南区域核心景点；做好私营景点回购和改造升级，有序开发八福垅、阳升观、广寒寨等新兴景点。二要加快拉通旅游环线，围绕创建国家全域旅游示范区，逐步打通城区与景区、攸县与湘东南的大旅游环线，进一步完善“全域、全时、全景”的旅游模式。三要持续开发旅游市场，抢抓电影《热土》全国上映和AAAA复牌的大好契机，确保成功创建省级旅游休闲度假区，加快创建国家旅游休闲度假区，精心策划一批主题营销活动，不断提升景区知名度。四要深度挖掘旅游文化，结合打铁水、探灯等民俗文化，融合北伐首战场、网岭古墓群等历史文化，大力发展文化旅游、红色旅游，切实提升旅游产业的内涵和品质。

（三）主动寻求突破，深度激活发展动能 坚持以供给侧结构性改革为主线，以“产业项目建设年”为总抓手，统筹推进稳增长、促投资、抓改革、优环境等各项工作。要主动出击抓招商。抢抓“万商入湘”、沿海产业转移等机遇，紧盯珠三角、长三角、京津冀等重点区域，集中优势兵力引进一批高质量项目，力争全年招引产业项目30个以上，过亿项目10个以上。充分运用驻外招商、中介招商、商会招商、产业链招商等方式，瞄准在外攸商资源，坚定不移“迎老乡、回故乡、建家乡”。继续完善招商配套政策，优化招商考核制度，全面提升系统性、针对性和专业性招商水平。要主动攻坚推项目。要用好用活耕地占补平衡和城乡建设用地增减挂钩等土地政策，全面完成网岭监狱土地收储工作，持续加大征地拆迁力度，确保项目用地零延误。要主动适应新的融资环境，着重发挥社会资本作用，努力通过项目策划吸引民间资金跟进，保证项目正常推动。要严格项目考核办法，坚持重点项目县级领导对点联系，用好用活现场观摩、定期述职、集中点评、及时兑现等方式，着力消除项目建设“上热下冷”“上紧下松”等现象。要主动加压促改革。稳妥有序完成机构改革任务，妥善做好职能调整、编制划转、人员安置等工作，确保人心不乱、工作不断。持续深化“放管服”[14]改革，整县推进“最多跑一次”改革，加快“互联网+政务服务”平台建设，力争开办企业“三天即办结”、商事登记“只办一件事”、审批服务“一网可通办”。以土地改革为牵引统筹推进农村改革，充分支持有条件的乡镇（街道）开展资源变资产、资金变股金、农民变股东“三变”改革试点，盘活农村潜在资源，努力为我县乡村振兴注入新的活力。与此同时，统筹做好财税体制、供销综合改革等各项改革任务。要主动作为优环境。深入开展温暖企业行动，着力打造创业热土。要优化政策环境，系统梳理完善现有帮扶优惠政策，分毫不差地落实好中央关于支持民营经济在“减税降费”等6个方面的政策，全力抓好产业发展基金、“助保贷”“续力贷”等帮扶政策的实施，努力让企业开足马力干、甩开膀子跑。要优化政务环境，进一步畅通审批“绿色通道”，建立健全重大项目、重点企业保护机制，坚决破除“审批中梗阻”；严格执行“企业宁静日”等制度规定，从严惩治吃拿卡要、随意检查、弹性执法的人和事，努力将攸县打造成企业发展的一方净土。要优化政商环境，本着“亲清”关系，推动所有县级领导带头与企业打交道、交朋友，选派部分干部到企业担任特派员，全力帮助企业解决用工、用地、融资等方面的实际难题。

（四）打赢攻坚战役，加快跨越发展关口 打好打赢“三大攻坚战”，是实现高质量发展必须跨越的重大关口，必须持续用劲，必须久久为功。要坚决打赢防范化解重大风险攻坚战，降低风险系数。坚持在发展中化解政府债务，按照“控增量、去存量、守底线”原则，全力做好专项债券申报、政府性投资项目管控、平台公司重组转型、土地出让、资产处置、平滑基金设立等工作，确保隐性债务不新增、借新还息不发生、三保支出不断链。全面推进平台公司市场化转型，规范法人治理结构，完善现代企业制度，实质性推进自主经营项目，推动平台公司由贷款主体转变为经营实体。加强金融监管和社会信用体系建设，严厉打击金融欺诈、恶意逃废银行债务行为，有效遏制非法集资、非法金融活动，始终守住不发生系统性区域性金融风险的底线。要坚决打赢精准脱贫攻坚战，减少贫困人数。紧跟巩固脱贫三年行动计划，扎实推进“7+6”扶贫行动，更加注重产业扶贫、金融扶贫和就业扶贫，坚决落实“一村一品”“一户一业”，力争除兜底性对象外其他贫困人口全部摘帽。持续开展脱贫攻坚“回头看、回头查、回头帮”，坚决杜绝“脱贫不脱困、脱贫再返贫”现象。全面践行“五个一”“五个好”等工作要求，探索实行不合格驻村工作队和结对帮扶责任人“召回”制度、问责制度，切实提升帮扶工作实效。要坚决打赢污染防治攻坚战，提升环保指数。认真实施污染防治攻坚三年行动计划，稳步推进蓝天保卫、碧水守护、净土修复“三大行动”，致力重塑攸县青山绿水原生态形象。要聚焦中央、省市环保督察“回头看”以及第三方评估机构的反馈意见，以问题的有效整改推进攸县生态的持续好转。要持续深化城乡环境治理，强力推进封山育林，切实抓好农村环境和矿区生态环境综合治理，坚决落实“河长制”责任，扎实推进“两江四岸”保护开发，严厉打击电鱼、炸鱼、毒鱼等违法行为，致力让生态没有空当，让城乡更加秀丽。

（五）持续改善民生，全面共享发展成果　坚持以人民为中心的发展理念不动摇，聚焦民生领域和全面小康短板，对症下药，综合施策，努力让群众享受更温暖、更实在的发展成果。要让乡村一线有更多宜居感。要丰富乡镇发展业态，擦亮皇图岭全国特色小镇的金字招牌，切实抓好沙河田园综合体等重点项目建设，真正建出先行区的标准、国字号的风采；积极推进皇图岭、网岭、酒埠江片区整体开发，推动特色小城镇集群发展，带动打造一批旅游新镇、农业强镇和文化名镇。要改善乡村人居环境，重塑城乡同治的金字招牌，全面启动249个村（社区）人居环境整治行动，统筹抓好农村垃圾污水处理、厕所革命等重点工作，切实织好农村水电路讯“四张网”，打造一批美丽乡村示范点。要狠抓乡风文明建设，着力推进新时代文明实践中心创建，把握作为株洲地区唯一一个全省试点县的机遇，用好“门前三小”的金字招牌，打造集理论宣讲、教育服务、文化服务、科技与科普服务、健身体育服务“五大功能”为一体的新时代文明实践中心（所、站），有效引导乡村民众参与志愿服务，带头移风易俗。要让广大群众有更多获得感。坚持以“民生100”工程为抓手，切实解决群众最关心关切的问题。要更加重视群众关心的就学问题，切实抓好城区学校提质工程、农村学校改薄工程，着力解决就学“城市挤、农村弱”等问题。要更加重视群众关注的就医问题，持续深化医药卫生体制改革，大力推进分级诊疗，不断提高医疗服务水平。要更加重视群众关切的基本保障问题，切实抓好住房、养老等基本保障工作，扫除群众生活后顾之忧。要让特殊群体有更多幸福感。始终关注失业、待业群体，做好农村劳动力转移、“零就业家庭”、退役军人等重点群体就业再就业工作；密切关注农民工群体，加强劳动争议调解仲裁工作，确保农民工友劳有所得；持续关注职业病患群体，完善专业防治医院运营，让职业病患有人管、有地治、有保障；高度关注农村留守群体，鼓励乡村干部带头当好“代理儿女”“代理家长”，完善“空巢老人”“留守儿童”服务体系。要让基层百姓有更多安全感。严格落实安全生产主体责任和监管责任，完善防灾减灾和突发事件应急体系，充分发挥打非治违大队作用，坚决把矿山、烟花、危化、食品药品、交通等领域的风险消除在萌芽状态。特别是在煤矿监管这块，决不允许有任何一家退出煤矿“死灰复燃”，决不允许有任何一家不符合安全生产条件的煤矿复工复产。要持续深入开展“扫黑除恶”专项斗争，聚焦各类黑恶势力违法犯罪活动，精准打击、连根拔起、彻底铲除。要积极推进“统筹城乡·幸福攸县”创新社会治理系列行动，全面推行网格化管理、社会化服务和信息化支撑，积极推进社区、社会组织、社工“三社联动”和村务公开“亮栏”等工作，不断提升群众满意度。要高度重视产业转型、项目调减、机构改革等工作可能带来的涉军、涉房、涉企等信访问题，提前介入、综合防范，决不把小问题拖大，决不让大问题拖炸。要深入推进“法治攸县”建设，持续深化司法体制改革，切实做好全民普法工作，让法治的阳光温暖每一个人。

四、带头落实，持续锻造高质量发展的坚强保障

事业成败，关键在党。我们必须深刻领会新时代党的建设新要求，全面加强党的建设，切实加强党的领导，为加快高质量发展汇聚最广泛的力量、提供最坚强的保障。

1. 要紧扣中心，凝聚向心力。对于当前的攸县而言，克服各种困难的力量既在身上，更在心上。我们必须在党的领导下，调动和团结一切积极因素，有效凝聚共识、集聚智慧、汇聚力量。要坚持党的全面统领。充分发挥党委总揽全局、协调各方的作用，有效调动人大、政府、政协等各个方面的

积极性，真正凝聚“党政军民学”各方面的力量。更加注重统一战线作用的发挥，加强商会、协会的建设运营，促进民营企业加快发展；发动新的社会阶层人士等各类群体，共同打造“万众创新、大众创业”良好态势。要坚持把党的领导贯穿经济、改革、人才等各项重要工作始终，把准政治方向，推动改革发展。要加强意识形态引领。坚持党管意识形态不动摇，紧扣“两个维护”要求，持续抓好理论宣讲，深入推动习近平新时代中国特色社会主义思想“天天见”“天天新”“天天深”。要加快推进新时代文明实践中心、县级融媒体中心等阵地建设，持续巩固壮大主流思想舆论。要对照“内聚人心、外树形象”要求，把好舆论导向，强化正面引领，做好宣传推介，确保全县上下一个声音一股劲、一个目标一条心。要突出优秀人才带领。出台“推进人才优先发展的若干意见”，全面开展“挂职攸州”“实训攸州”活动，持续完善创新创业人才集训营、薪火工作室等平台，为高质量发展提供有力人才支撑。坚持从身边人、身边事出发，充分挖掘“十佳党员干部”“十佳优秀村书记”等优秀典型，积极策划“十大杰出青年”“十大巾帼英雄”等活动评比，大力开展“好家庭、好家训、好家风”等系列评选活动，引导全县上下对标看齐、比学赶超，努力营造人人争先、事事争优的良好氛围。

2. **要全面从严，形成震慑力**。始终坚持真管真严、敢管敢严、长管长严，切实扛起党要管党、全面从严治党的政治责任。要全面巡察抓整改。结合政治建设考察和巡察要求，从县委常委带头以整风姿态开展政治体检，及时发现问题症结，抓好整改落实。持续改进巡察方式，探索巡察制度创新，努力追求巡察“政治体检”实际效果，确保本届县委任期内巡察全覆盖。同时，进一步发挥好监察委、派驻监督机构作用，确保党内监督零盲区、无死角。要驰而不息改作风。严格对照中央八项规定等既有要求，坚持问题导向，突出以上率下，统筹推进防范化解债务重大风险、精准脱贫、污染防治、信访维稳等重点领域的作风问题专项治理，持续抓好干部作风问题的大扫除。深入贯彻落实习总书记在纠“四风”方面的批示精神，严格执行开门办公等干部作风“十条规定”管理办法，坚决防止和杜绝一切“四风”问题反弹回潮、变种变味。要坚定不移反腐败。时刻谨记身边最现实和惨痛的教训，坚持无禁区、全覆盖、零容忍，坚持重遏制、强高压、长震慑，紧盯发生在领导干部中的贪腐行为、发生在群众身边的不正之风、发生在经济建设中的违纪现象，着力整治“不讲政治、不务正业、不在状态、不适岗位、不敢担当、不重廉洁”的党员干部，切实防止权力失控、行为失范、干部失足。

3. **要夯实基础，提升战斗力**。本固才能枝荣，根深才能叶茂。对于基层基础，任何时候都只能抓紧，不能放松。要持续抓好基层阵地。统筹推进各领域、各行业系统的“五化”支部创建，重点做好组织生活正常化文章，确保基层党建“真实、生动、管用”，着力打造一批支部示范样板。贯彻落实支部工作条例和农村基层组织工作条例，不断提升基层党组织的组织力。要持续优化基层队伍。深入开展“除垢”行动，整县推进“不忘初心、牢记使命”主题教育活动，致力重塑攸县党员干部良好形象。深入开展“打假”行动，对不抓党建的“假书记”、不过组织生活的“假党员”、凭空捏造的“假资料”全面清理整顿。深入开展“过关”行动，鼓励支持优秀党员干部和退出领导岗位干部到村（社区）任职，加大村级后备干部选拔培养力度，推动基层“指挥长”“业务员”能力素养全面过关。要持续规范基层管理。坚决执行农村“三资”管理、“村干部廉洁自律十二条”等规定，推动村级干部依规办事、按章理事。坚持农村干部和党员“一人一档”管理，不断完善党员积分制管理办法，确保管出应有成效。要持续跟进基层保障。继续推动村级合作组织示范点创建工作，不断补齐村级集体经济发展短板。持续抓好村级转移支付工作，确保基层有钱办事、有人理事。加大对村级干部的考录任用力度，坚持选拔能干事、能成事的优秀村干部进入乡镇任职，让基层干部有更多盼头和劲头。

4. **要提振精神，增强执行力**。人无精神不立，业无精神不兴。我们必须始终把事业融入血液，立足主战场、充当主力军，满怀激情去抢机遇、破难题、抓发展。要练就过硬的能力素质。进一步完善“一校四点”、干部教育师资库建设，持续抓好基层干部集中轮训、重要岗位点名调训等工作，加大轮岗交流、一线实践、外出挂职力度，着力提升党员干部抓经济工作、做群众工作的能力。要坚持正确的用人导向。严格落实“激励广大干部新时代新担当新作为”的实施意见，旗帜鲜明地树立“想干事、会干事、不烂事、不出事”的用人导向，旗帜鲜明地为担当者担当、为负责者负责。加大年轻干部选拔培养力度，落实市委“提三进一”[15]要求，着力为年轻干部“搭梯子”，引导年轻干部干事创业。坚持能上能下、公开公正的用人原则，严格实行末位淘汰和卡壳调整，坚决让能力不强的“腾椅子”，让动力不足的“让位子”，让定力不够的“丢帽子”。要落实严格的督查考核。突出考重点、考底线、考源头，加强日常督查督办、跟踪问效，时时“拍膀子”提醒，推动问题即知即改，确保考准、考实、考出干部的积极性。要推行高效的制度管理。坚持从县委工作规则开始，切实抓好制度制定的“最先一公里”，对不健全的加快完善，对不适应的加快创新，对不合理的加快清理，着力构建职责更清晰、运行更顺畅、举措更有力的管党治党制度体系，确保每个层级和岗位都权责明晰、目标明确、执行有力。要给予充分的关心关怀。坚持实干者得实惠，结合新出台的《公务员法》，落实干部应有的假期、应有的待遇。特别是对于那些常年处在基层一线、处在满负荷运作岗位的同志，更要高看一眼、厚爱一层，决不让他们“亏钱”“倒贴”。要进一步整合督查检查，减少资料台账，持续为基层干部松绑减负。要有效推进“领导干部家访”等谈心谈话制度，及时掌握干部思想动态，切实解除干部后顾之忧，确保他们以更好的状态投身事业。

征程万里风正劲，重任千钧再扬鞭。新的一年，让我们更加紧密地团结在以习近平同志为核心的党中央周围，在省委、市委的坚强领导下，凝心聚力，激情干事，奋力开创攸县高质量发展新局面，以优异成绩向新中国成立70周年献礼！

相关解析：

（1）一县一特：一个县或一个片区重点扶持一个主导特色产业。

（2）“7+6”行动：即“七个一批”，特色产业脱贫一批、劳务输出脱贫一批、易地搬迁与危房改造脱贫一批、教育助学脱贫一批、医疗救助脱贫一批、保障兜底脱贫一批、生态补偿脱贫一批；“六大工程”，交通扶贫工程、水利扶贫工程、通信和电力、光伏扶贫工程、农村危房改造和环境综合整治扶贫工程、文化扶贫工程、乡村旅游扶贫工程。

（3）最多跑一次：通过“一窗受理、集成服务、一次办结”的服务模式创新，让企业和群众到政府办事实现“最多跑一次”的行政目标。

（4）七步七快法：第一步抓谋划，工作方案制定快；第二步抓部署，工作推进行动快；第三步抓培训，操作水平提升快；第四部抓专业，服务外包见效快；第五步抓民主，群众参与到位快；第六步抓绩考，检查督导见效快；第七步抓责任，压力传递延伸快。

（5）三权分置：农村土地集体所有权、农户承包权、土地经营权“三权”分置并行。

（6）两个维护：坚决维护习近平总书记在党中央的核心、全党的核心地位，坚决维护党中央权威和集中统一领导。

（7）一校四点：“一校”是指县委党校，“四点”是指镇（街道）党校和红色讲堂、部门单位红色讲堂、村级活动中心、“门前三小”（小广场、小书屋、小讲堂）及县内外流动教学点和各类讲习所等场所。

（8）四同创建：“四同创建”是省委统战部在全省统一战线实施“同心工程”的重点工作，包括“同心园区”“同心项目”“同心社区”“同心乡村”创建。

（9）新的社会阶层人士“春夏秋冬”系列活动：“春进乡村话振兴”“夏燃激情助扶贫”“秋话创业共提升”“冬送温暖献爱心”。

（10）六次产业：“六次产业”是一个形象的说法，与我国一直提倡的让农业“接二连三”内涵一致，即鼓励农户搞多种经营，延长产业链条，不仅种植农作物（第一产业），而且从事农产品加工（第二产业）与流通、销售农产品及其加工产品

(第三产业)，以获得更多的增值价值，为农业和农村的可持续发展、农民增收开辟光明前景。“1+2+3”等于6，“1×2×3”也等于6，“六次产业”给农业带来丰富的想象空间。

(11) 三品一标：无公害农产品、绿色食品、有机农产品和农产品地理标志。

(12) 两桥两路：涞水三桥、四桥及其连接线路。

(13) 咸韶铁路：北起湖北咸宁市、崇阳县、通城县，经湖南省平江、浏阳、醴陵、攸县、茶陵、炎陵、桂东、汝城八大县市，向南延伸至广东省韶关市，南北皆与京广铁路相接，作为京广线的复线。

(14) 放管服：简政放权、放管结合、优化服务。

(15) 提三进一：每新提拔三名干部要有一名“80后”处级干部或“90后”科级干部。

攸县人民代表大会常务委员会工作报告

——在攸县第十七届人民代表大会第四次会议上

攸县人大常委会主任　尹诺昂

2019年2月16日

2018年工作回顾

2018年是贯彻中共十九大精神的开局之年，也是推进高质量发展的起步之年。在县委的正确领导下，县人大常委会深入学习领会习近平新时代中国特色社会主义思想，认真落实中央和省委、市委、县委关于加强县乡人大工作和建设的部署要求，围绕中心，服务大局，认真履行法定职责，着力提高监督实效，较好地发挥了地方国家权力机关的职能作用，圆满完成了全年目标任务，为推动全县经济社会发展和民主法治建设作出了积极贡献。

（一）坚持党的领导，提高政治站位，自觉在“四个意识”“两个维护”的政治原则中把准方向

心中有信仰，脚下有力量。县人大常委会始终把党的领导作为人大工作坚持正确政治方向的核心内容，坚持在县委的领导下履职行权。全年共召开主任会议23次，常委会会议9次，听取和审议专项工作报告35次，依法作出决议、决定17项，切实保证县委的决策部署和主张通过法定程序转变为人民意志，确保人大工作与中央和省委、市委的要求同频共振，与县委的中心工作同心同向。

——坚守政治规矩，维护核心权威。常委会坚持把深学笃用习近平新时代中国特色社会主义思想和中共十九大精神作为首要政治任务，全面把握精神实质和丰富内涵，特别是认真学习贯彻习近平总书记关于坚持和完善人民代表大会制度的重要思想。一年来，常委会党组共组织集体学习12次，不断把学习新思想引向深入，切实增强政治意识、大局意识、核心意识、看齐意识，坚决维护习近平总书记在党中央和全党的核心地位，坚决维护党中央权威和集中统一领导，在政治上、思想上、行动上同以习近平同志为核心的党中央保持高度一致。

——坚定党性原则，落实县委决策。常委会坚持把县委的决策、主张作为确定人大工作目标、讨论决定重大事项的指导原则和行动方向，将县委决策部署体现在年度工作要点中、落实到具体工作上，自觉把党的领导贯穿到人大工作各方面和全过程。认真贯彻执行重大事项向党委请示报告制度，并按照县委指示认真抓好落实。全年共向县委常委会会议专题汇报人大工作3次，向县委书面请示报告人大工作12件次。坚决服从县委统一调度，积极投身扶贫一线。常委会组织机关党员干部结对5个村（社区）、33户贫困户，全员参与了精准扶贫；还选派了3名责任心强、能力素质全面的同志到省级贫困村担任第一书记和工作队员，积极争取项目和资金支持，全程指导贫困村脱贫摘帽工作，为基层组织和人民群众办了实事、解了难题。同时，常委会班子成员还积极参与信访维稳、安全生产和基层党建等重要工作和重要活动，紧密联系酒仙湖生态旅游开发有限公司等重点企业和重点项目，以实际行动服从县委部署,服务全县工作大局。

——坚持党管干部，贯彻组织意图。坚持党管干部和人大依法任免干部的有机统一，进一步规范人事任免工作，确保组织意图通过法定程序得到圆满实现。全年共依法依程序任免国家机关工作人员6批38人次，共接受2名人大常委会委员和4名县人大代表的辞呈，依法补选市人大代表5名、县人大代表7名，罢免市人大代表2名、县人大代表1名。为配合做好县监察委的组建工作，县人大常委会迅速行动，专题增开一次常委会会议，通过了有关人事任命，助推了我县监察体制改革快速有序进行。攸县监察委成为全省第一批、全市第一个挂牌成立的县级监察委员会。

（二）把握新时代要求，服务高质量发展，着力在提升监督实效、助力“三大攻坚”上勇于担当、主动作为

深刻把握新时代新要求，扎实开展“一委一调研、一季一视察、一年一评议”等活动，依法履行监督职权，为推动“三大攻坚战”、促进高质量发展贡献了人大力量。

——踏实做好专题调研、视察。紧扣县委工作重点，围绕酒埠江风景区立法、公益诉讼、“五区”预算管理体制、“十三五”规划纲要中期实施和2017年以来全县招商引资签约项目落地、开工、建设等情况开展了调查研究，围绕全县“旺景区”攻坚、供销社综合改革、油茶产业发展、棚户区改造、农村文化“三小”工程、卫生重点工程建设和惠民政策落实等情况进行了视察、检查，并形成了专题材料，为县委决策提供了参考。听取和审议了县人民政府《关于调整2018年财政预算的议案》，通过了相关预算调整方案，并对2019年预算编制工作提出了建议意见，督促县人民政府科学编制预算、严格执行预算，确保财政持续稳健运行。

——扎实组织专项检查。组织部分市、县人大代表，深入基层和实地，对“一府两院”工作报告执行情况开展专项检查，并召开专题会议进行了集中审议，较好地推动了“一府两院”工作报告的执行落实。开展了环境污染防治重点工作落实情况的专项检查，实地查看了污水处理站、网岭火电厂等重点场所，并结合中央环保督查组反馈的意见和建议，加强了重点整改点的跟踪督查。组织市、县人大代表对农村安全饮水相关决定的执行落实情况进行了专项检查，对工作中存在的管理责任不明确、水源保护较粗放等问题进行交办，督促相关部门认真整改，有效推进人大重要决议决定的落地生根。

——务实开展工作评议。根据县委批转的年度工作要点和评议实施方案，县人大常委会对县教育局、县民政局、县人社局、县农业局、县商旅粮局、县统计局等6个政府工作部门开展了专项工作评议。在评议过程中，坚持做到“两个注重”。一方面，注重扩大代表参与，发挥代表主体作用。在调查阶段，组织数十名县人大代表，深入到全县各镇、街道和相关部门单位进行了评议调查；在评议阶段，组织100名驻攸省、市人大代表和县人大代表，对受评单位开展了现场询问和满意度测评，充分保证了代表的知情权、建议权和表决权。另一方面，注重突出问题导向，确保评议工作实效。对调查、评议阶段收集到的90余条各类问题和建议，常委会召开专题主任会议向受评单位进行了交办，并对后续整改工作进行了跟踪监督。最后，主任会议又专题听取了受评单位整改情况汇报。通过持之以恒、有始有终地推进专项评议各项工作，有力推动了相关问题的解决和落实，促进了部门工作的改善和提升。

——切实加强司法执法监督。认真做好规范性文件备案和审查工作，对县人民政府报送的一批规范性文件进行了接收、登记、审查和备案。依法确定了县人民法院人民陪审员名额，依法作出了《关于加强全县民事执行工作的决定》，积极组织市县人大代表现场听审评议法院庭审案件，参加法院开放日、检察开放日等活动，配合省市人大开展“司法公正攸县行”和《环境保护法》《文物保护法》《株洲市农村村庄规划建设管理条例》《株洲市城市综合管理条例》等综合执法检查，较好地促进了严格执法、公正司法和全民守法。

（三）提升服务水平，发挥主体作用，在支持和保障代表履职上求真务实

把充分发挥代表主体作用作为增强人大工作活力的重要抓手，认真贯彻落实市委《关于进一步加强和改进新形势下人大代表工作的意见》和市人大常委会4个配套办法（以下简称“‘1+4’文件”），不断提升代表履职服务能力，支持和保障代表充分发挥参与决策、监督推动和桥梁纽带等作用。

——代表业务能力更加全面。把代表培训作为一项基础性工作来抓，采用集中培训、座谈讨论、参观学习、赠阅人大专业报刊和推广关注上级人大公众号等方式，教育引导代表增强履职责任，掌握履职常识，提升履职水平。常委会全年共组织市、县两级人大代表培训 5 场次，培训代表 200 余人次。各镇（街道）人大充分发挥基础阵地作用，开展各类培训活动 17 场次，进一步增强了人大代表的宗旨意识和履职动力。

——代表履职渠道更加畅通。坚持和完善常委会组成人员联系代表和邀请代表列席县人大常委会会议等制度，定期开展政情通报等活动，不断拓展人大代表履职的广度和深度。年度内共组织县人大代表参与监督检查、专题调研、专项审议等活动 620 余人次，县人大代表小组开展活动 49 次。为加强常委会与代表、代表与群众的联系，分别于年中和年末组织开展了代表走访座谈、征求意见活动，对人民群众和人大代表反映强烈的农村道路建设、中小学师资力量等问题，常委会进行了及时归纳整理和反馈，引起了县委、县政府的高度重视，有关问题得到了较好解决或正在研究解决。精心组织驻攸市人大代表述职活动，以及省市人大代表建议课题征集和调研活动，在年初召开的省、市人代会上，省、市驻攸人大代表积极发出攸县声音，提出意见建议 40 余条。

——代表建议督办更加有力。认真贯彻落实《代表建议、批评、意见办理工作办法》，通过注重交办形式、探索商办方式、加大议办力度、完善督办制度、建立评办机制，突出强化部门沟通协调和现场视察督办等工作，统筹推进代表议案、建议的办理落实。在建议办理工作的最后阶段，对尚未办结或代表答复不满意的建议，常委会组织相关委办牵头督办，并召开主任会议召集承办单位集中议办，由县人民政府安排专项资金，解决了一批人民群众关心关注的热点、难点问题。年度交办的 183 件代表建议均得到了较好的解决落实，取得了良好的工作效果和社会效应。

（四）聚焦作风建设，聚力效能提升，在加强自身建设中创树良好形象

面对新形势新任务，县人大常委会按照建设“党性过硬的政治机关、胜任职责的工作机关、人民满意的代表机关”的要求，全面推进常委会及机关政治、组织、作风、纪律等各项建设，不断提升人大机关的工作合力与活力。

——抓实思想政治建设。常委会党组认真履行全面从严治党主体责任，切实加强县人大常委会党的工作和党的建设，严格落实党内政治生活制度，带头参加讲党课、谈心谈话、组织生活会、党员民主评议等活动，有效提高了班子成员和机关党员干部的政治素养。常委会机关党总支及所属支部认真贯彻中国共产党支部工作条例，积极推进支部“五化”建设，定期开展“主题党日”“三会一课”等活动，做到自觉运用科学理论武装头脑、指导实践、推动工作。

——抓实履职能力建设。健全完善学习制度，通过组织委办主任轮流开展讲座、参与网络远程教育学习等方式，多手段、多渠道开展法律知识和履职业务培训，常委会组成人员及机关工作人员依法履职的使命感和责任感进一步增强，服务大局、服务发展的业务能力和工作实效进一步提升。坚持乡镇人大主席、街道人大工委主任列席常委会会议制度，扎实推进基层人大“两室”建设，提升了基层人大的履职实效。一年来，各乡镇、街道人大认真开展代表视察、建议督办等工作，积极参与县人大常委会组织的专项工作评议等活动，形成了县乡两级人大紧密联系、上下协同的工作局面。

——抓实纪律作风建设。常委会党组始终把纪律规矩挺在前面，严格执行党风廉政建设责任制，严格遵守廉洁从政各项纪律规定，深入开展纠“四风”、治陋习、转作风专项整治活动，按月开展党风廉政建设专题学习，教育引导机关工作人员守好底线、不碰红线，自觉维护党员干部良好形象。

2018 年，县人大常委会紧紧围绕年初确定的总体工作目标，求真务实，团结进取，取得了较好的工作成效。这是县委正确领导和上级人大精心指导的结果，是全体人大代表、常委会组成人员和全体人大工作者共同努力的结果，是“一府一委两院”及其工作部门、社会各界理解支持的结果。

回顾一年来的工作，我们清醒地认识到，对照宪法和法律赋予的重大职责，对照党和人民的殷切期盼，对照高质量发展的时代要求，常委会的工作还存在一定差距。主要是监督工作的跟踪问效还有待进一步加强、代表建议的办理质量还有待进一步提高、自身建设还有较大的提升空间，等等。我们将高度重视这些问题，虚心听取各方意见，自觉接受监督，切实加以改进。

2019年主要工作

2019年，是新中国成立70周年、人民代表大会制度建立65周年、地方人大设立常委会40周年。站在新时代改革开放再出发的崭新起点，站在人民代表大会制度与时俱进、完善发展的重要节点，我们倍感使命光荣、责任重大。在新的一年，县人大常委会将以习近平新时代中国特色社会主义思想为指导，全面贯彻中共十九大精神，紧扣县委提出的“1122345”部署要求，围绕打造风清气正的政治生态、充满活力的经济生态、山清水秀的自然生态，进一步增强人大工作的政治性、法治性、群众性、创新性、先进性，更加有效地行使宪法和法律赋予的各项职权，为奋力开创攸县高质量发展新局面、加快推进基本现代化进程贡献人大力量，以优异成绩庆祝中华人民共和国成立70周年！

（一）坚定维护核心，把牢政治方向

党的十八大以来，以习近平同志为核心的党中央高度重视、全面加强党对人大工作的领导，丰富和发展了人民代表大会制度理论，推动人大工作取得了历史性成就，并形成了习近平总书记关于坚持和完善人民代表大会制度的重要思想，为推动新时代人大工作与时俱进提供了根本遵循和行动指南。我们要更加自觉地坚持党对一切工作的领导，牢固树立“四个意识”，坚决做到“两个维护”，坚决贯彻落实中央和省委、市委、县委重大决策部署，把坚持党的领导、人民当家作主、依法治国真正打通、有机统一起来，切实保障人大工作正确政治方向。同时，全面落实从严治党主体责任，严守党的政治纪律和政治规矩，严肃党内政治生活，坚决贯彻中央“八项规定”精神和各级有关文件规定，不断加强党风廉政建设，着力维护风清气正的政治生态。

（二）依法履职行权，服务发展大局

中共十九大强调，“健全人大组织制度和工作制度，支持和保证人大依法行使立法权、监督权、决定权、任免权，更好发挥人大代表作用，使各级人大及其常委会成为全面担负起宪法法律赋予的各项职责的工作机关，成为同人民群众保持密切联系的代表机关。”2019年，常委会将紧紧围绕中共十九大对人大工作提出的新任务新要求，紧扣县委提出的“1122345”总体部署，认真履行法定职权，　更好地服务发展、服务大局。

1. 健全完善机制，依法决定重大事项。修改完善《攸县人大常委会讨论决定重大事项的规定》等制度。紧扣“内聚人心、外树形象、激情干事、加快发展”主题，紧跟“供给侧结构性改革”主线，对县委决定开展的全局性重点工作、事关全县经济社会发展的重要规划和财政预决算等方面的重大事项，主动参与、深入调研、严谨审议、依法决定，使县委的主张通过法定程序转化为人民群众的共同行动。同时，对封山育林、农村饮水安全等人大重要决议决定，加强跟踪监督，确保有效落实。

2. 坚持求实创新，扎实开展监督工作。按照“精选议题、深入调研、充分审议、跟踪问效”的要求，加强工作创新，增强监督实效，助推全县重大决策部署落到实处。一是突出重点抓监督。深刻把握产业振兴、乡村振兴两大任务，精准发力园区、城区、景区三大区域，持续聚焦工业集群化、农业品牌化、旅游全域化、商贸多元化四大主攻方向，精心组织代表对产业发展、民生项目、重点工程等开展集中视察，适时听取和审议农业产业结构调整、油茶产业发展和2018年城市总规执行等工作实施情况，努力促进相关工作的有序开展。要重点关注招商引资和财源建设工作，督促县人民政府及相关部门完善产业发展奖励办法，优化产业发展总体环境，加大产业发展要素保障力度，为加快实现“撤县设市、重返十强”两大目标加油助力。二是聚焦热点抓监督。高度重视社情民意，对人民群众普遍关心关注的就医、就学、就业等社会热点，采取专题调研、检查、视察等方式开展监督，督促县人民政府把实事办好办实，提升人民群众幸福指数。持续加强财政税收监督，对新会计制度实施、预算绩效评估、预算联网监督、财税改革实施等工作开展调研，探索推行审计查出问题整改工作票决制度，推动财政预算管理科学化、精细化、透明化。三是围绕难点抓监督。对涉及债务底线、民生底线、生态环保底线、安全稳定底线、廉洁从政底线的有关工作，不回避，不畏难，采取适当的监督方式，主动为县委建言献策、排忧解难。对贯彻实施《株洲市农村村庄规划建设管理条例》《株洲市

城市综合管理条例》等长期性工作，认真研究、分析存在的困难和问题，提出合理化意见、建议，持续发力，久久为功，确保两个《条例》得到正确贯彻实施。对已列入市人大立法规划项目的《酒埠江风景名胜区保护条例》，要对照工作任务表，加强工作对接和配合，确保如期完成《条例》立法任务。同时，按照届初明确的分年、分批开展部门工作专项评议的原则，对若干个政府工作部门进行专项评议，督促其履行工作职责、改进工作作风、提高工作实效。

3. 规范工作程序，依法进行人事任免。坚持党管干部和人大依法任免的有机统一，认真实施任前调查了解、法律考试、宪法宣誓等制度，规范做好国家机关工作人员的任免工作，特别是党政机构改革后的人事任免工作，圆满实现组织意图，巩固改革成果。切实加强对人大选举任命干部的任后监督，激励国家机关工作人员勤政廉政。

（三）提升代表服务，发挥主体作用

继续推进代表工作“1+4”文件的贯彻落实，进一步尊重代表、依靠代表、服务代表，发挥好代表主体作用。

1. 要进一步加强代表联系。巩固和提升“两室”建设和“双联”活动成果，加强常委会与代表、代表与人民群众的联系，为代表依法履职提供更大的支持和更优的服务。继续采取集中培训与分层培训相结合、自主培训与外出培训相结合、业务知识培训与政策理论培训相结合的方式，多方位、多层次抓好抓实代表培训，提升代表履职能力。

2. 要进一步拓宽履职渠道。扩大代表对常委会工作的参与度，邀请更多的代表列席常委会会议和参加调研视察、专项工作评议等活动，积极改进代表活动的组织方式，增强代表活动的实际效果。按照《攸县人民代表大会代表履职管理办法（试行）》要求，建立代表履职情况台账，加强代表履职监督和管理，促进代表主动、规范、依法履职。

3. 要进一步加强建议督办。认真总结和提炼交办、商办、议办、督办、评办工作经验，继续推行代表建议办理“面对面评议”和“背靠背评价”制度，不断探索和完善代表建议督办方式方法，进一步夯实建议承办单位的办理责任，强力推进代表议案和重点建议督办，更大幅度地提升代表议案、建议实际解决率，全面保护和激发代表履职热情。

（四）加强自身建设，提升履职能力

加强自身建设是人大事业发展的根本保证。在新的一年，常委会将与时俱进，着力加强“三个能力”建设，不断夯实人大工作高质量发展基础。

1. 着力提升法治思维能力。继续组织委办主任轮流开展讲座、邀请专家授课等活动，引导县人大常委会组成人员及机关工作人员强化学法用法意识，提升依法开展工作的能力和水平。

2. 着力提升工作创新能力。立足于法，依据于实，在思想观念、工作方法、制度机制等方面不断探索求新，推动地方人民代表大会制度与时俱进、完善发展。特别是在代表建议办理、人大决议决定落实和监督实效提升等方面，坚持问题导向，认真分析研判，找准突破口和结合点，力求各项工作更加规范、更加求实、更加高效。

3. 着力提升人大工作合力。根据党政机构改革总体部署，在本次代表大会上，县人大将增设一个专门委员会，还有两个常委会工作委员会改设为专门委员会。我们要以此为契机，进一步厘清常委会与专委会的工作关系，进一步整合常委会、专委会以及人大代表的工作资源，形成强大的人大工作合力。同时，探索建立县乡人大联动工作机制，适度组织县乡两级人大联合开展调研、视察、评议等活动，示范引导乡镇(街道)人大准确定位、严谨履职，形成县乡人大良性互动、相互配合的良好局面。

政府工作报告

——在攸县第十七届人民代表大会第四次会议上

攸县人民政府县长 苏 涛

2019年2月15日

一、2018年工作回顾

过去的2018年，是贯彻中共十九大精神开局之年，是改革开放40周年。一年来，在县委的坚强领导下，在县人大、县政协的监督支持下，我们团结和依靠全县人民，以习近平新时代中国特色社会主义思想为引领，坚持“稳中求进、进中争先”总基调，贯彻新发展理念，落实高质量发展要求，着力打好“三大攻坚战”，深入开展“产业项目建设年”活动，经济社会发展总体平稳，稳中向好。全县实现地区生产总值增长7.4%；一般公共预算收入同口径增长7.05%，其中税收占比提高21个百分点；规模工业增加值增长7%；固定资产投资增长6%；社会消费品零售总额增长10.2%；城乡居民人均可支配收入增长8.3%。攸县在中部县域经济百强中排名第43。

一年奋斗，转型升级步伐加快 新型工业壮大升级。县工业集中区成功创建省级高新区，调区扩区即将获批，全县新增规模工业企业27家。园区路网持续完善，污水处理厂建成运营，集中供热和增量配电等一批项目加快推进。园区新签项目23个，税收实现翻番，各项指标排名全市前列，在全市营商环境综合评估中排名第一。完成15家煤矿关闭退出。现代农业稳固升质。落实粮食生产面积92.48万亩，发展优质稻56.2万亩，水稻生产全程机械化率达81.79%，获评“全省农机工作先进单位”“全省粮食生产标兵县”。有效防控“非洲猪瘟”，出栏生猪95万头、家禽430万羽。大力发展油茶苗木，成功争取中央农综油茶示范项目，油茶产业年总产值超15亿元。完成“三品一标”认证10个，培育市级以上龙头企业7家，农业产业化龙头企业申报和认定数均居全市第一。攸县大豆入选湖南“一县一特”[1]农产品，“攸州五件宝”成功注册国家商标，首部攸县香干团体标准制定出台。振源脐橙、畜牧育种、新市众森、健坤农业、贾岭药博等特色农业园区初具规模。酒埠江镇被评为“湖南省休闲农业示范点”，攸县被评为“湖南省休闲农业与乡村旅游示范县”。第三产业发展升温。完成全域旅游发展规划编制，启动省级旅游度假区创建，酒仙湖AAAA景区成功复牌，八福垅森林小镇成功入选第四批“全国森林康养基地试点”。酒埠江生态新镇综合开发项目有序推进，景观大道、游客服务中心、旅游商贸城、水云桥等项目基本建成。旅游接待人数突破800万人次，旅游综合总收入增长21%。新增市场主体5506家，湘东大市场、汽贸城、家居城等市场发展良好。58同城等知名互联网金融企业入驻互金中心。引进世界500强企业碧桂园，商品房销售面积71.1万平方米，增长16.1%。举办首届电商节，建设农产品电商基地18个。三次产业结构比调整为14.4∶34.9∶50.7。

一年实干，项目建设成效凸显 招商引资质效齐增。开展“全民大招商”行动，签约引进华源梁氏等重大产业项目33个，总投资194.45亿元，同比增长108%。争取中央和省预算内投资项目24个，到位资金1.61亿元，总量排在全市前列。引进内联资金57.36亿元，增长18.14%；完成外资1.12亿美元，增长16.35%。项目建设稳中推进。实施省市重点项目69个，完成开工任务30个，竣工任务23个。省“五个100”重点项目长明高科完成产品中试，昊华化工、松本林业、地博光电等一批产业项目加快推进，华升化工、天睿精工、长得快饲料等项目顺利竣工。完成征地4100余亩，国有土地上房屋征收6.9万平方米、集体土地房屋征拆5.6万平方米，拆除违法建筑26.2万平方米，实现新增违建零增长，征拆征收和控违拆违工作考核均居全市前列。企业帮扶到点到位。出台“优化经济发展环境若干规定”，全面推行“双随机一公开”[(2)]。“助保贷”“续力贷”帮助企业解决资金5.62亿元。推动67家企业进入电力直接交易准入目录。搭建信息平台、就业平台和服务平台，推荐就业人员1000余人。

一年攻坚，三大战役纵深推进 风险防范管控有度。科学制定化债方案，积极稳妥推进债务化解工作，政府债务风险总体可控。调整政府性投资项目96个，压减投资76.52亿元，压减幅度达到79.7%。启动新一轮平台公司改革，推动平台公司市场化发展。强化金融监管，严厉打击和处置非法集资，获得省级金融安全区授牌。精准脱贫帮扶有力。持续推进“7+6”脱贫攻坚行动，完成2889户9335人脱贫退出任务，顺利通过省市验收，贫困发生率降至0.44%。发展产业扶贫基地291个；帮助8122名贫困劳动力成功就业创业；发放各类助学金2490万元，资助贫困学生5869名；救治建档立卡贫困对象19688人次，补偿金额4995万元；完成2025人易地扶贫搬迁、667户危房改造任务、291户房屋修缮，搬迁入住率100%。教育扶贫校车补助、网岭镇贫困户李可德身残志坚带领乡亲脱贫致富等两个案例，入选湖南省精准扶贫100例。省对县年终考核贫困户满意度排在前列，扶贫宣传工作获评全省先进，社会扶贫获得全国优秀组织奖。污染防治实施有效。实施污染防治攻坚战三年行动计划，圆满完成中央环保督查“回头看”和省市环保督察问题整改任务94件。开展“控排、控尘、控车”等专项整治行动，空气质量优良率为87.7%。完成皇图岭镇黑臭水体治理项目，基本建成酒埠江、皇图岭、黄丰桥、网岭4个乡镇污水处理厂。完善畜禽粪污综合利用和病死畜禽无害化处理体系，成功申报畜禽粪污资源化利用整县推进项目，全市畜禽养殖废弃物资源化利用现场会在攸县召开。累计完成重金属耕地修复治理12.36万亩，完成种植结构调整7.2万亩、休耕治理6.25万亩。开展铁腕整治，立案查处环境违法行为53起，问责17人，受理环境信访案件324起，办结率100%。

一年拼搏，城乡品质大为改观 城市功能更加完善。编制完善《攸县县城总体规划（2018—2030）》。“两桥两路”、谭桥大道等项目加快推进，四亩湖一期等主题公园建成使用，吉兴路、莲塘坳连接线竣工通车。完成棚户区改造2279户，棚改工作获得全省先进。新建供水管网52.2公里，燃气管网12.6公里，污水管网8.7公里，提升泵站2座，建成坊塘坡垃圾生态封场二期工程。完成小街小巷改造45条，修缮城区公厕71座，城区新增绿化面积823亩。国家园林县城正式授牌，新型城镇化建设和“城市双修”“农村双改”等工作成效明显，获得省级奖励。乡村基础更加稳固。启动城乡客运一体化示范县创建，S339网酒公路提质改造基本完成，完成农村公路提质改造320余公里，“窄路加宽”37公里，错车道5100处，建成生命防护工程199公里、农村客运招呼站9个，改造危桥16座。推进阳升观第二水源建设，除险加固小型水库36座，酒埠江水库放水设施完成首次大修；治理中小河流52.28公里，新建洣水防洪保护圈5.5公里；实施饮水安全项目18处；建成高效节水灌溉面积5100亩，防渗农村渠道200余公里，水利抗旱调度有力。完成小城镇项目17个，实施莲塘坳、石羊塘、网岭、菜花坪、宁家坪等镇区改造。皇图岭特色小镇建设稳步推进，田园综合体、智慧农业园、京沙城等三个重点项目正式落地。开展全域美丽乡村建设，新市镇丁家垅村成功创建省级示范村，网岭镇里旺村荣获省级“同心美丽乡村”，莲塘坳镇泉坪村入选中国传统村落名录，7个村（社区）成功创建市级示范村。生态环境更加优质。完成人工造林4.4万亩，“三公里道路”绿化57公里，森林覆盖率达到58.19%，顺利通过国家林草局保护发展森林资源目标责任制检查和森林督查，被评为优秀。深化城乡同治，推进生活垃圾电磁热解无害化处理，拆除破败空心房1500余栋。全面落实“河长制”，实行护河、巡河常态化。完成湘江保护和治理项目24个。

一年开拓，改革创新动能增强 重点改革多点突破。实施“最多跑一次”[3]改革和“减证便民”行动，公布“最多跑一次”事项834项。农村集体产权制度改革全面完成清产核资，首创的“七步七快法”[4]得到国家、省市肯定和推介；农村土地确权登记颁证评为全省优秀等级；获评“全省农村集体三资管理工作先进县”“全省农民权益维护和负担监督管理工作先进县”。深化供销综合改革，新建惠民综合服务中心（社）46个，完成土地托管服务面积5万余亩，全市现场会在攸县召开。深化企业改革，成功完成外贸公司改制。统计、城市管理和执法、财税、公共资源交易等体制改革，取得新进展。《热土》入选国家纪念改革开放40周年献礼影片。开放创新纵深拓展。攸县正式加入湘赣边区域开放合作。举办湘东首届创新创业人才集训营，吸引中小微企业和创新团队100余家。18家规上企业获高新技术企业认证，2家获省级企业研发中心认证，高新技术产业产值增长22.87%，高新技术产业增加值增长19.64%。

一年努力，民生福祉切实增进 社会保障不断完善。新增城镇就业人口5283人，农村劳动力转移就业4464人。城乡低保月人均救助水平分别达356元、191元。实施全民参保计划，社保五险总参保138.6万人次，基本养老保险实现全覆盖。发放住房租赁补贴824户。实现低保提标和医疗救助扩面提标，对80岁以上老人发放高龄津贴，县社会福利中心正式揭牌营业，退役军人信息采集和悬挂光荣牌基本完成，获评全省“五化民政[5]进步县”。社会事业全面进步。持续推进城区学校扩容提质和农村学校改薄工程，改扩建学校90所，“超大班额”彻底消除，连续三年获评“高中教育质量建设先进县市”。实现异地就医直接结算，提质改造乡镇卫生院18所，重启中心医院住院楼项目建设，妇保计生服务中心整体搬迁有效推进。完成农村适龄妇女“两癌”筛查2.1万余人，获评“全省人口和计划生育工作良好单位”。新建“门前三小”142个，打造示范点21个，谭家垅农家书屋荣获“全国示范农家书屋”称号，“门前三小”获得中宣部肯定推介，获评“第七届全国服务农民、服务基层文化建设先进集体”。县广播电视台被评为国家改革开放40周年“百家县级广播电视台”，并荣获全国“年度融媒体创新典范”大奖。社会治理持续深化。开展“强执法防事故”专项行动，全县安全生产形势平稳向好。推进“扫黑除恶”专项斗争，打掉犯罪集团4个，破获案件20起。开展信访积案清零专项活动，积极排查和化解各类矛盾纠纷隐患，先后办结中央和省委巡视组信访交办件78件，办结率100%。持续推进平安创建，加强网格化管理，“三所合一”[6]建成使用，社会治安综合治理不断深化，荣获“全省禁毒三年大行动先进单位”和“全省食品安全工作先进县”。

一年改进，政府效能大幅提升 依法行政得到加强。开展政府合同履约情况专项清理，推动政府承诺事项落实。稳步推行法律顾问制度，有效完善全县公共法律服务体系建设。自觉接受人大的法律监督和政协的民主监督，定期向人大报告工作、向政协通报情况，办理人大代表建议182件、政协委员提案92件，答复率、见面率均达到100%。政务服务不断提升。推进“互联网+政务服务”，建成173个村级综合服务平台，县、乡、村三级便民服务中心联网运行，逐步实现政务服务平台一体化。认真处理县长热线群众咨询、建议和投诉2794件，办结率100%。完成政务服务大厅改造，服务窗口从108个增加到245个，清理优化行政审批事项和流程，办理各类行政审批和公共服务事项45万余件。作风形象明显改进。认真学习贯彻习近平新时代中国特色社会主义思想和中共十九大精神，不断巩固“两学一做”学习教育常态化制度化成果，严格落实党风廉政建设“两个责任”和“一岗双责”。强化审计监督,完成经济责任审计12个。

与此同时，史志档案、民族宗教、人防、消防、武装、民兵预备役、残联、文联、气象、水文、移民等工作都有新进步。

过去的一年，我们顶住压力，迎接挑战，砥砺奋斗，为全县高质量发展打下了坚实的基础。这些成绩的取得，得益于市委、市政府和县委的正确领导、科学决策，得益于县人大、县政协的大力监督、鼎力支持，饱含了各位代表、各位委员的智慧和力量，凝聚了全县人民的心血和汗水。在此，我代表县人民政府，向全县广大干部群众，向人大代表、政协委员，向工商联、无党派人士和人民团体，向驻攸部队和武警官兵以及省市驻攸单位，向离退休老同志，向所有关心支持攸县发展的各界朋友，表示崇高的敬意和衷心的感谢!

在总结成绩的同时，我们也清醒认识到前进道路上的问题和不足：一是产业不强是最大的短板，传统动能正在衰退，新兴动能培育不足，龙头企业较少，没有形成产业支撑。二是风险隐患不同程度存在，经济运行风险不容忽视，环境治理任务压头，安全生产和信访维稳基础还不够牢固。三是体制机制活力不足，创新创业潜力尚未充分释放，沉睡资源未能有效激活，土地、资金、人才等要素制约比较明显。四是民生改善与人民期盼仍有差距，优质教育、医疗资源总量不足、分布不均，城市交通拥堵问题突出。五是抓执行落实的能力有待加强，认识偏差不想担当、能力不足不会担当、工作畏难不敢担当和新的形式主义、官僚主义等现象仍然存在，服务意识和工作效率有待进一步提高，营商环境有待进一步优化。对此，我们不遮掩、不回避、不懈怠，采取强有力措施，全力予以解决。

二、2019年工作安排

今年是新中国成立70周年，是加快推动高质量发展的关键一年，也是完成“十三五”规划目标的攻坚之年。做好今年工作，意义十分重大。2019年政府工作的总体要求是：以习近平新时代中国特色社会主义思想为指导，坚持“稳中求进、进中争先”工作总基调，坚持新发展理念，坚持以供给侧结构性改革为主线，认真贯彻落实“创新引领开放崛起”“一谷三区”[7]等省市决策部署，紧扣“内聚人心、外树形象、激情干事、加快发展”主题，深入打好“三大攻坚战”，深入推动改革开放，深入开展“产业项目建设年”活动和“温暖企业”行动，奋力开创攸县高质量发展新局面，加快推进基本现代化进程，以优异成绩庆祝中华人民共和国成立70周年。

全县经济社会发展的主要预期目标是：地区生产总值增长7.8%，规模工业增加值增长7.4%，固定资产投资增长7.2%，社会消费品零售总额增长9.9%，一般公共预算收入增长6%，城乡居民收入增长高于经济增长速度，完成省市下达的节能减排等约束性指标，各项事业都有新的进步。

各位代表！“新时代是奋斗者的时代，唯有努力奋斗才能实现高质量发展”！做好2019年政府工作，我们要重点把握以下五点：

——必须坚定信心，下定决心。信心源自于习近平新时代中国特色社会主义思想的理论武装；源自于省委、省政府，市委、市政府和县委的坚强领导；源自于40年改革开放攸县所积累的宝贵经验；源自于招商引资和项目建设所积蓄的强大动能；源自于触底反弹后进位争先的统一共识。坚定发展信心，下定必胜决心，保持战略定力，坚定不移优化“三大生态”[8]，坚定不移推动高质量发展，一棒接着一棒跑，一浪接着一浪推，一任接着一任干。

——必须抢抓机遇，创造际遇。机遇稍纵即逝，强者善于抢抓机遇，创造际遇。新的征程，谁抢抓了机遇，谁就赢得了先机。新的一年，政府工作就要牢牢把握“创新引领开放崛起”、湘赣边区乡村振兴示范区、长株潭城市一体化建设、产业项目建设年等战略机遇，用发展来解决问题，用事业来凝聚人心，用实干来赢得未来。

——必须稳中求进，争先创优。从中央、省市的发展大势来看，“稳”仍然是主基调、大前提，“进”是发展方向、历史必然。注重“稳”的基础，进一步稳就业、稳金融、稳外贸、稳外资、稳投资、稳预期，保持经济稳步运行，社会稳定有序。突出“进”的力度，稳中求进、争先创优，项目要大提速，发展要大跨越，环境要大改善，力争各项工作走在省市前列，争当先进。

——必须防范风险，守住底线。保持忧患意识，注重问题倒逼，坚持底线思维，从容应对各类挑战，有效防范各类风险。聚焦防范化解重大风险、精准脱贫、污染防治攻坚战，坚决守住债务、民生、生态环保、安全稳定、廉洁从政等底线红线，使全县经济社会发展更有保障、更可持续。

——必须取信于民，惠利于民。大力践行以人民为中心的发展思想，持续实施“民生100”工程，团结和带领全县人民解难题、补短板、惠民生。全面兑现政府的承诺，体现政府的担当，展现政府的作为，为人民办实事，为人民挑硬担，为人民扛大梁，不断提升人民群众的获得感、幸福感、安全感。

围绕县委全会提出的“1122345”（紧扣一个主题：内聚人心、外树形象、激情干事、加快发展；紧跟一条主线：供给侧结构性改革；锁定两大目标：撤县设市、重返十强；把握两大任务：产业振兴、乡村振兴；主抓三大区域：园区、城区、景区；聚焦四大主攻方向：工业集群化、农业品牌化、旅游全域化、商贸多元化；坚守五条底线：债务底线、民生底线、生态环保底线、安全稳定底线、廉洁从政底线）发展思路，具体抓好以下六个方面的工作：

（一）聚力“产业项目建设年”，振兴实体经济

培育产业强支撑。瞄准“工业集群化、农业品牌化、旅游全域化、商贸多元化”四大主攻方向，大力抓产业，构建具有县域特色的现代产业体系。出台综合性、系统性、导向性的产业发展扶持政策，设立产业发展基金，重点扶持奖励龙头企业、规模基地。一产重点抓特色农业、农产品加工、规模基地、农业品牌化建设，突出抓好豆腐、油茶等产业发展，启动农批城项目建设，打通农产品产、供、销、储、运链条，推动传统农业向现代农业转变。二产重点抓煤电能源、新型化工、新型建材、电子信息，加快4个新兴优势产业链建设，突出围绕产业链发展上下游产业，形成产业集群，打造新的经济增长极，推动资源依赖型向现代工业型转变。三产重点抓全域旅游、互联网金融、商贸物流、健康养老，培育发展文化创意、楼宇经济、电子商务等多元化业态，推动资源禀赋型向质量效益型转变。充分发挥“互联网+”效应，利用大数据，促进一二三产业融合发展。

抓实项目强后劲。紧盯中央、省市投资重点，对接省市“五个100”计划，实现争项引资新突破。积极策划一批交通、水利、产业、城乡建设和生态环保方面的重大项目，策划开发重点前期项目80个以上。完善招商引资政策，发挥招商引资决策委员会作用，开展“全民大招商”“引老乡、回故乡、建家乡”等招商活动，建成全市首个高品质的爱乡回流创业园，力争全年招引产业项目30个以上，过亿项目10个以上，项目履约率达到70%以上。全年实施省市县重点项目96个，力争年度新开工47个，竣工28个。

优化环境强实体。持续优化营商环境，实施“温暖企业”行动和“四百工程”[9]活动，出台“支持民营经济发展十条意见”等政策，从实处、高处、深处、宽处入手，全方位为企业解决实际困难和问题。加强银企对接，建立银企信息共享平台，充分发挥“助保贷”“续力贷”作用，壮大“企业池”，引导更多的金融资本投向实体企业。落实各类减税降费政策，降低企业生产经营性成本。完成中小企业公共服务、科技创新中心平台建设。大力开展“个转企、小升规、规上市”培育行动，持续推进工业“十百千”工程。全力支持昊华化工、长明高科、松本林业、宏信科技、恒盛岩棉、健坤实业等6家企业准备上市，做好前期工作，力争3—5年内有3家企业在主板成功上市。新增“四上”企业64家，其中新增规模工业企业30家。

聚集要素强保障。强化用地保障，完成土地增减挂钩2400亩、耕地占补平衡3000亩、旱改水1500亩。强化征地拆迁，完成集体土地征地拆迁2000亩，国有土地上房屋征收6.3万平方米，储备土地1500亩以上。强化人才保障，出台《关于进一步推进人才优先发展的若干意见》，抓好“实训攸州”和创新创业人才集训营等培训活动，确保人才引得进、留得住、用得好。

（二）致力推进乡村振兴，打造幸福家园

立足提质增效，发展现代农业。打造30万亩高档优质稻安全生产基地，确保全省粮食生产标兵县的地位不动摇。持续推动种植结构调整，引导支持大豆、湘莲、青贮玉米等特色农作物种植，打造10个种植结构调整连片示范基地。做优做强4个地理标志产品，新造油茶林2万亩，改造低产林5万亩以上；规划建设攸县豆腐（香干）产业园；完成畜牧育种产业园二期建设；推进攸县米粉“百店品质提升计划”。发展特色农业和农产品加工，培育省市龙头企业3家以上，打造一批集观光、体验、休闲的现代农业综合产业园。加强农业品牌建设，培育3个市级以上区域公用品牌、企业品牌或产品品牌，发展“三品一标”农产品3个以上，积极推动攸县香干申报国家地理标志保护产品。大力培育新型农业经营主体，发展各类上档次上标准的专业合作社 30 家、家庭农场 20 家。

立足固本强基，夯实基础设施。做好长株攸公路、抽水蓄能、通用机场、吉邵高速、咸韶铁路等项目前期工作，力争 S339 酒埠江旅游环线延伸线开工建设。推进农村道路提质改造，抓好“四好农村路”建设，实施“窄路加宽”45 公里、安全生命防护工程 171 公里、自然村通水泥（沥青）路 248 公里，改造危桥 4 座。严格工程建设质量安全监管，加大货运车辆超限超载治理力度，加强公路养护。开展城乡客运一体化示范县创建，完善客运站场及其配套设施，构建县到乡、乡到村、村到村三级客运网络。加快农村安全饮水建设，整治河道 44.5 公里，新建洣水防洪保护圈堤防 2 公里，整治洣水苏洲坝河段 1.5 公里；完成小型病险水库除险加固 36 座；防渗皮佳如灌区渠道 2.5 公里，治理水土流失面积 17 平方公里。建成菜花坪和攸州工业园两座 110 千伏变电站、两条 220 千伏高压线路、一条特高压直流线路，启动东城新区和皇图岭 110 千伏变电站前期工作，完成 34 个行政村电网改造。深入实施“光纤入户”“百兆乡村”“气化乡村”和“点亮乡村”工程，让农村用气安全便捷、电视信号稳定、网络信号全覆盖。

立足生态宜居，改善人居环境。全面推进农村人居环境整治行动，致力将我县打造成湘赣边区乡村振兴和全省美丽乡村建设先进县，争创全国农村人居环境整治示范县。擦亮城乡同治金字招牌，巩固提升农村生活垃圾“四分”模式，重点开展乡镇非正规垃圾堆放点整治，完善县乡村户四级联动的收集与处理系统，加快推进生活垃圾电磁热解建设。扎实开展“厕所革命”，大力普及农村无害化厕所。强化农村公共空间整治，着力拆除农村破败空心房，引导农村建房向新建的居民点集中，积极抓好“穿衣戴帽”、农村传统村落保护等工作。持续推进全域美丽乡村建设，在人居环境整治的基础上，建设一批攸美屋场，打造一批美丽乡村示范村，形成“一村一品、一村一景、一村一韵”的独特风貌。把握难得的“国字号”金字招牌，全力推动皇图岭田园综合体、智慧农业园、京沙城等重点项目，扎实推进皇图岭特色小镇建设。统筹抓好网岭、酒埠江等中心镇建设，推动特色小镇集群化发展。实施全域增绿行动，完成人工造林 4.3 万亩，封山育林 200 万亩，义务植树 200 万株，“三公里道路”绿化 51 公里，让绿色成为攸县的底色。加强正向激励和典型引领，积极开展“双十双百”[10]和“好家庭、好家训、好家风”等系列评选活动，改变农村陈规陋习，树立新风尚，弘扬主旋律，传递正能量。

（三）着力打赢三大攻坚战，补齐发展短板

防控金融风险。按照“控增量、去存量、守底线”原则，依法依规妥善防范化解地方隐性债务，确保隐性债务不新增、借新还息不发生、“三保”支出不断链。对照化债方案，建立健全债务风险评估和预警机制，有序化解存量债务，积极申报新增土地债券、棚改债券、项目收益债券等各类专项债券。加大预算安排和土地出让力度，盘活土地存量资源，坚持有序出让、有效供应。全面推进平台公司市场化转型，规范法人治理结构，完善现代企业制度，挖掘经营性项目，增加经营性收入，推动平台公司由贷款主体转变为经营实体。加强金融监管和社会信用体系建设，依法维护金融债权，严厉打击金融欺诈、恶意逃废银行债务行为，有效遏制非法集资、非法金融活动，坚决守住不发生系统性区域性金融风险的底线。

决胜精准脱贫。继续对省级贫困村、软弱涣散村、扶贫重点村和贫困人口 100 人以上的村派驻驻村帮扶工作队。严格按照新一轮驻村帮扶管理要求，贯彻落实“三走访三签字”，推动党员干部结对帮扶，确保每一个贫困户都有专人帮扶、都有切实可行的帮扶措施。开展“脱贫立志、星级创建”评选活动，做到“志智双扶”，着力抓好党建促扶贫，激发贫困群众内生脱贫动力。继续实施以奖代补激励政策，引导有条件的贫困户自主发展种植、养殖等产业，鼓励有劳动力的贫困户就业创业，支持新型农业经营主体带动贫困户发展产业。严格落实教育帮扶、健康扶贫、兜底保障、生态扶贫、危房改造等扶贫政策，确保“两不愁三保障”全面彻底落实到位，力争除兜底性对象外其他贫困人口全部摘帽。进一步完善脱贫攻坚项目库，加强贫困村基础设施建设。加大脱贫攻坚督查考核力度，集中力量开展作风问题专项整治，切实提升帮扶实效。

强化污染防治。坚决落实习近平总书记对湖南

“守护好一江碧水”的要求，牢固树立“绿水青山就是金山银山”理念，持续打好污染防治攻坚战，加强矿区生态环境修复，让攸县的天更蓝、水更清、山更绿、地更净。实施蓝天保卫行动。加强工业废气治理，完成“散乱污”企业的清理整治年度任务。积极引进清洁能源，逐步淘汰分散型企业锅炉和燃煤锅炉。完成50%以上重点行业的挥发性有机物气体治理。加强车辆尾气治理，完成高污染车辆年度淘汰任务，查处打击使用不达标机械和不达标燃油。加强扬尘污染管控，建筑工地实施“6个100%”[11]，规范渣土运输行为，推进渣土和建筑垃圾消纳场所等设施建设。大力推进生活面源污染治理，规劝市民文明燃放烟花鞭炮，开展餐饮油烟整治，严禁秸秆、生活垃圾露天焚烧。实施碧水守护行动。全面启动湘江保护和治理“第三个三年行动计划”，确保集中式饮用水源水质达标率保持在100%，洣水整体水质保持Ⅱ类、酒埠江水库水质保持Ⅱ类、攸水水质保持Ⅲ类及以上标准。完成各类涉水企业规范化整治，确保达标排放。推进污水处理厂和配套管网建设，建成宁家坪、新市、莲塘坳、菜花坪等4个乡镇污水处理厂。抓好联星街道跃进水库、皇图岭镇沙河段等6处黑臭水体整治。整县推进畜禽粪污资源化利用项目，抓好分散式畜禽养殖场污染治理和粪污集中处置设施建设。实施最严格水资源管理制度，加强监督监测，规范河道采砂秩序，严禁电鱼、炸鱼、毒鱼，以“河长制”促进河长治。实施净土修复行动。严格按照“土十条”总要求，全面完成年度土壤污染治理任务。加强土壤环境基础性工作，完成全县土壤环境质量调查，深入开展重点行业企业用地监管，确保土壤污染地块安全利用率达到90%以上。大力开展污染土壤修复治理，持续推进化肥农药使用零增长行动，完成重金属污染耕地修复治理1万亩、休耕5.7万亩，新增种植结构调整6万亩以上。加快推进化工企业有序搬迁入园或退出。启动丫江桥镇七〇七矿退役综合治理。深入开展“绿盾”专项行动，切实完成环保相关问题整改。

（四）全力打好三大会战，推动区域开发

打好园区会战，建设实力之园。以成功创建省级高新区为契机，全力打好园区会战，着力推动园区转型升级和创新发展，努力建设成为创新发展示范区、现代产业集聚区和县域崛起引领区。优化园区布局。坚持规划引领，抓好调区扩区，加快建设攸州工业园和网岭循环经济园，规划建设南部物流园、东部矿产园以及各类产业特色基地，着力构建“一区四园多基地”空间布局。做强创新创业园，壮大总部经济园，着力打造一批“园中园”。夯实园区基础。推进长输管道天然气入园，抓好增量配电、安置区、园区路网和4万平方米标准厂房建设，建好集中供热项目。抓好攸州工业园污水处理厂提质改造，加快网岭循环经济园污水处理厂及管网建设，实现园区污水处理实时在线监测、达标排放。着力推进网岭监狱整体搬迁，清理退出“僵尸项目”，盘活闲置厂房和用地等资源。提升园区实力。重点抓好长明高科、华源梁氏、昊华化工、恩泽瑞电子、长荣胶粘等一批重大产业项目建设。强化科技创新，加快长明院士工作站建设，支持企业创树品牌，促进科技成果转化和重点产品开发，培育高新技术企业2家，高新技术产业增加值实现两位数增长。力争园区招商引进项目20个以上，确保园区规模工业增加值增长20%以上，税收继续实现翻番增长。

打好城区会战，建设品质之城。以实现“撤县设市”为目标，围绕湘东南区域中等城市定位，推进“东扩、西拓、南进、北连、中提”，进一步拉开“两江四岸、一城四区”框架，加快打造“40平方公里、40万常住人口”的品质之城。完善城市功能。继续开展全国文明城市创建活动，着力提质基础设施，提升文明素养。加快推进文风路、枫岭大道等主干道路建设，集中力量打通建设北路等一批断头路，缓解交通压力。重点抓好中心医院、康养中心、阳升观第二水源、碧桂园房产等项目建设，启动东城新区片区开发，争取华源梁氏集团总部园落地开工。实施老城区提质改造，抓好小街小巷改造，完成棚户区（城中村）改造项目820户。启动城区桥梁专项检测，对一桥和城区路面进行大修，完成下水道清淤6000米，高排渠改造1500米，完善污水处理厂进出水管网。开发城南片区。依托洣水河、城南片区湿地，引进战略资本，重点策划包装梅花主题公园、冯子振博物馆、观光田园综合体等项目，将城南片区打造成康养基地、文创中心、总部楼宇相结合的城市新区。全力推进“两桥两路”、谭桥大道等项目建设。抓好城市管理。成立城市管理委员会，建立综合执法体系，提升城市精细管理与公共服务水平，构建“大城管”格局。开展城市交通综合治理，重点整治车辆乱停乱放。深入开展户外广告招牌、垃圾清运等专项整治行动，全面加强物业管理，努力创建和谐、幸福小区。举办房产交易会，鼓励开发精装房，优化房地产市场结构，提升居住品质。保持拆违控违高压态势，实现违建“零增长、减存量”。

打好景区会战，建设向往之景。围绕创建国家全域旅游示范区和国家级旅游度假区目标，完善“全域、全时、全景”旅游模式，构筑“一环一带两片”旅游格局。做精景点，提升吸引力。加快推进酒埠江生态新镇综合开发13个主要项目建设，全面完成景观大道、游客服务中心、环湖游道、水云桥等项目扫尾，抓好水上运动及户外拓展类旅游产品开发，将酒仙湖景区打造为全省乃至全国知名的旅游目的地。启动八福垅片区开发，建设特色山地运动和高端森林康养基地。提质改造宝宁景区，有序开发阳升观、广寒寨、柏市温泉，规划建设一批新兴景点。做活全域，提升承载力。抓好《攸县全域旅游总体规划》的落地实施，重点围绕“一环一带两片”，逐步打通县城至莲塘坳到酒埠江的大旅游环线，规划建设从酒埠江到网岭、新市、联星的水上观光带，统筹抓好酒埠江片区和城南片区旅游开发，带动全域旅游发展。整合县域旅游资源，推进农业、文化、康养、特色小镇等与旅游产业深度融合发展。积极引导社会资本参与旅游开发，加快推进花香里文化艺术村、沙滩水岸运动中心等项目建设，培育发展一批星级农家乐，提升旅游接待能力。做旺人气，提升影响力。精心策划酒仙湖开园、攸县豆腐节等主题活动。对接“神奇湘东”、湘赣边区域合作、大湘东旅游联盟等，与周边县市区景点形成呼应、互补，深度融入区域大旅游圈。实施“互联网+旅游”，探索与携程、艺龙、去哪儿、美团等旅游运营商开展线上合作，构建智慧旅游体系。

（五）大力改善民生，共享美好生活

全面发展社会事业。全面推进教育优质均衡发展，制定教育项目建设专项规划，优化教育整体布局，做好智能教育试点推广工作，消除城区“大班额”现象。以标准化学校建设为抓手，大力改善农村办学条件，重点建设农村偏远学校。建成上云桥学校，完成江桥中学、东北街小学、交通路小学改扩建，推进联星小学、谭桥小学、春联学校建设，启动永佳小学、枫岭小学等教育项目。主动适应招生工作改革，加强教师队伍建设，提高教育教学质量。全面推进健康攸县建设，做好第二轮“国家卫生县城”周期复审迎检工作。深化县级公立医院改革，发展一批特色专科，探索医养结合模式和紧密型医联体建设，推进“全省县域内心脑血管疾病分级管理试点县”工作，确保县人民医院成功创建“三级综合医院”。完成6家乡镇卫生院提质改造。大力推进公共文化服务标准化、均等化，抓好新时代文明实践中心建设，新建“门前三小”200个，打造示范点20个。实现广播电视高清数字化改造升级，完成全国首批县级融媒体中心建设。加强档案信息化建设。

切实加强社会保障。落实更加积极的就业政策，加强就业培训和就业援助，抓好大学生、城镇就业困难人员等群体的就业帮扶，确保全年新增农村劳动力转移就业3100人以上，帮助下岗失业人员再就业2400人以上，城镇登记失业率控制在3%以内。全面实施全民参保计划，统筹抓好非公有制企业、城镇个体工商户、灵活就业人员等群体参保，新增企业养老保险参保2000人。健全低保标准增长机制，最低生活保障月人均补差提高10%以上。完善社会救助体系，大力发展慈善事业，加强农村留守儿童和妇女、老年人、残疾人关爱服务。完善城乡大病保险制度，提高城乡居民大病保险筹资标准、支付比例和年度补偿限额。

突出维护安全稳定。推进“城乡统筹·幸福攸县”创新社会治理系列行动，开展网上群众路线、“三社联动”[12]、养老服务、公共卫生服务、无物业管理小区业主自治等工作，不断提升群众满意度。持续开展信访工作“三无创建”[13]活动，抓好重点信访群体源头疏导化解，依法打击处理非访、缠访、闹访。以雷霆万钧之势推进“扫黑除恶”，重拳打击“矿霸”“河霸”“行霸”“村霸”等涉黑涉恶团体。健全立体化社会治安防控体系，新建人像识别视频监控50套，扎实推进“一村一辅警”“城市快警”建设工作。打好禁毒人民战争，强化社区矫正和刑释解教等重点对象的日常监管和教育帮扶。健全安全生产督查督办工作机制，通过“四不两直”[14]方式，加大对全行业监管执法、打非治违、隐患治理“一单四制”[14]、信息化建设等重点工作的检查督办力度，督促企业落实主体责任。持续开展“强执法防事故”行动，重点抓好煤矿、非煤矿山、危险化学品、烟花鞭炮、道路交通、建筑施工、食品药品安全等领域专项整治，坚决防范和遏制重特大事故发生。完成应急管理体制改革，抓好“智慧安监”信息平台建设，构建统一领导、权责一致、权威高效的应急救援体系。加强全民国防教育，支持国防和人民武装建设改革。

（六）奋力改革创新，释放发展活力

深化管理体制改革。持续深化“放管服”改革，全面公布“最多跑一次”事项清单，探索推进相对集中行政许可权改革。加强政务中心建设，完善“互联网+政务服务”平台，全面推行“马上办、网上办、就近办、一次办”，让群众办事办证方便快捷。持续深化园区体制改革，坚持“赋权强园”，理顺园区开发投融资体制，建立县财政框架下园区一级财政独立运行体制，探索市场化开发运营模式。适应全域旅游发展，推进景区体制改革。深化财税体制改革，加强预算绩效管理，推进事权和支出责任划分，建立健全绩效评价结果与预算安排和政策调整挂钩机制。做好税务体制改革后续工作，稳妥推进个人所得税改革。全面完成新一轮政府机构改革。

深化经济领域改革。纵深推进供给侧结构性改革，贯彻落实“巩固、增强、提升、畅通”八字方针，完成“三去一降一补”任务，坚决防范已退出落后产能死灰复燃。大力推进“证照分离”“多证合一”等商事制度改革。启动地区生产总值统一核算改革，做好第四次全国经济普查。深度融入“五大开放行动”[16]，推动更大范围、更广领域、更深层次的开放合作。

深化农业农村改革。以土地改革为引领，统筹推进农村改革。基本完成农村集体产权制度改革，巩固土地确权颁证成果，抓好土地征收制度和农村集体经营性建设用地入市等工作。推进农村承包地“三权分置”[17]，加强农村土地经营权流转交易市场规范建设，建立承包土地、集体林地“三权分置”运行机制。开展酒埠江国家森林公园自然资源统一确权登记试点。做好第三次全国土地调查，启动国土空间规划编制，形成产业、国土、环保等规划成果“一张图”。深化供销综合改革，完成土地托管服务4万亩，新建供销惠民综合服务中心（社）50家。

三、强化政府自身建设

中国特色社会主义进入新时代，攸县高质量发展迈上新征程。新形势、新任务对政府工作提出了新的更高要求，我们必须驰而不息加强政府自身建设，强化责任担当，增强施政本领，提高行政效能，服务全县人民。

旗帜鲜明讲政治 始终坚持党领导一切，旗帜鲜明讲政治，抓实党建工作。严守政治纪律和政治规矩，树牢“四个意识”，坚定“四个自信”，坚决做到“两个维护”，切实把中共十九大精神转化为推动攸县发展的强大动力。落实落细中央、省市和县委的决策部署，确保政府工作始终沿着正确的政治方向前进。

勇于担当抓落实 始终把强担当、抓落实作为政府工作的首要任务。大力弘扬担当精神，勇于直面问题，敢于迎难而上，做到矛盾面前不回避、困难面前不退缩、责任面前不推诿，下大力抓好具体工作推进、具体问题解决。完善为担当者担当的体制机制，激励干部释放担当的激情和能量，推动形成勇于干事创业的良好局面。增强狠抓落实本领，说了的坚决做到，定了的坚决执行，对重大决策、重点项目、重要工作挂图作战、压茬推进。

履职尽责重法治 把法治思维和法治方式贯穿于政府工作的全过程。完善重大决策合法性审查和集体决策机制，推行权力清单、责任清单动态管理，规范行政执法行为，确保政府一切工作都在法制轨道上行进。自觉接受人大法律监督、工作监督和政协民主监督，认真办理人大代表议案、建议意见和政协提案，重视舆论监督和社会监督。深入推进政务公开和村务公开，做到决策、执行、管理、服务、结果全过程透明，让权力始终在阳光下运行。

驰而不息转作风 持之以恒转作风、正行风、树新风。弘扬“马上就办、真抓实干”的作风，构建目标任务清单化、执行过程痕迹化、跟踪督办常态化的工作机制。转变文风会风，开解决具体问题的短会，发操作性强的文件。大兴务实之风、大兴调研之风、大兴亲民之风，让群众真切感受到政府离自己很近、跟自己很亲。

清正廉洁树形象 认真落实全面从严治党要求，严格履行“两个责任”和“一岗双责”，切实把廉政责任扛在肩上、抓在手中、落在实处。强化增收节支，实现公用经费“零增长”、公务用车“零新购”；除有具体的招商引资项目外，公务出国（境）“零支出”；公用经费预算支出压减15%以上。强化行政监察和审计监督，坚决惩治腐败问题和不正之风，对群众身边的腐败“零容忍”，严查严惩“雁过拔毛”等各类腐败行为，努力做到干部清正、政府清廉、政治清明。

名词解释：

（1）一县一特：一个县或一个片区重点扶持一个主导特色产业。

（2）双随机一公开：在监管过程中随机抽取检查对象，随机选派执法检查人员，抽查情况及查处结果及时向社会公开。

（3）最多跑一次：通过“一窗受理、集成服务、一次办结”的服务模式创新，让企业和群众到政府办事实现“最多跑一次”的行政目标。

（4）七步七快法：第一步抓谋划，工作方案制定快；第二步抓部署，工作推进行动快；第三步抓培训，操作水平提升快；第四部抓专业，服务外包见效快；第五步抓民主，群众参与到位快；第六步抓绩考，检查督导见效快；第七步抓责任，压力传递延伸快。

（5）五化民政：人本化、法治化、标准化、信息化、社会化。

（6）三所合一：看守所、拘留所、强制戒毒所三所合一。

（7）一谷三区：建成株洲·中国动力谷、“一带一部”开放发展先行区、老工业城市转型发展示范区、城乡统筹发展幸福区。

（8）三大生态：打造风清气正的政治生态、充满活力的经济生态、山清水秀的自然生态。

（9）四百工程：推动100名领导干部对接100家企业解决200个问题。

（10）双十双百：十佳新时代文明实践站（点）、十佳志愿服务品牌项目，百佳新时代文明实践先进个人、百佳新时代文明实践优秀志愿者。

（11）建筑工地实施“6个100%”：工地周边100%围挡、物料堆放100%覆盖、土方开挖100%湿法作业、路面100%硬化、出入车辆100%清洗、渣土车辆100%密闭运输。

（12）三社联动：推进社区、社会组织、社工“三社联动”。

（13）三无创建：无进京越级访、无到省市集访、无涉稳事件。

（14）四不两直：指不发通知、不打招呼、不听汇报、不用陪同接待、直奔基层、直插现场。

（15）一单四制：建立重大事故隐患清单，并对每项重大事故隐患治理任务实行交办制、台账制、销号制、通报制管理。

（16）五大开放行动：对接500强、提升产业链行动，对接新丝路、推动走出去行动，对接自贸区、提升大平台行动，对接湘商会、建设新家乡行动，对接北上广、优化大环境行动。

（17）三权分置：农村土地集体所有权、农户承包权、土地经营权“三权”分置并行。

中国人民政治协商会议
攸县委员会常务委员会工作报告

——在政协攸县第九届委员会第四次会议上

吴爱清

2019年2月13日

2018年工作回顾

2018年，在市政协的有力指导和中共攸县县委的坚强领导下，县政协坚持以习近平新时代中国特色社会主义思想为指导，秉持“忠诚履职，团结奋进”工作理念，围绕全县改革发展大局，切实履行政治协商、民主监督、参政议政职能，迈出了新步伐，取得了新成效。

（一）高举旗帜，保持了定力

人民政协是政治组织，必须旗帜鲜明讲政治。县政协坚持以政治建设统领政协工作，以发展为重、以民生为本、以委员为主，切实做到到位不越位、添彩不添乱、补台不拆台。

增进团结奋斗共识。强化政治意识，认真落实党中央《关于加强新时代人民政协党的建设工作的若干意见》，发挥好党组织在政协工作中的领导作用，积极引导政协机关和全体政协委员树牢“四个意识”，坚定“四个自信”，做到“两个维护”。强化理论学习，分界别组织委员学习讨论《十九大报告》、新修订的《政协章程》等，深度参与省市政协系统开展的“习近平总书记关于加强和改进人民政协工作的重要思想”学习研讨活动，做到学懂弄通悟透抓实。强化党建引领，扎实开展“主题党日”、创建“五化”支部活动，切实发挥党员委员的先锋模范作用，团结带领界别委员以奋斗者的姿态，拥抱新时代，担当新使命。

践行精诚协作理念。县委专题研究政协工作，专项学习人民政协最新要求，专门听取政协党组汇报，既给政协出题目、压担子，更为政协解难题、强保障。县政府专款办理政协委员提案，专人对接“政协云”微建议办理，专程到县政协通报县情和提案办理情况。县政协主动认领任务，积极参与“企业帮扶、招商引资、脱贫攻坚”和“联镇联村联支部”等中心工作，认真做好联系的4个镇、5个省级贫困村、8个软弱涣散村、26个重点扶贫村的帮扶工作，积极服务地博光电、长荣胶粘、花香里艺术村等重点企业，做到县委、县政府中心工作推进到哪里，政协工作就跟进到哪里，政协力量就汇聚到哪里，全力营造团结协作氛围，彰显团结的力量。

坚守荣辱与共情怀。向全体委员吹响了打好“三大攻坚战”、投身“产业项目建设年”活动的进军号。积极对接省市政协，深入开展“三进三助”聚力行动，组织委员各展所长、各尽所能，进企业、进园区、进乡村，助推企业发展、园区升级、乡村振兴。到党校学员课堂、乡镇红色讲堂、部门职工会堂、群众农家厅堂讲课百余场，宣传党的政策，讲好攸州故事，传播政协声音。其中《攸县是个好地方》歌颂大攸州、传播爱乡情，不仅得到了现场听课人员的一致好评，更是引起了在外攸州儿女的强烈反响，成为“政协云”攸县版块阅读量、评论量、转载量最多的文章。

（二）精准发声，催生了动力

人民政协发挥作用全靠说得对、说得在理、说得可行。瞄准社会的热点、工作的盲点、群众的痛点，力求参政参到点子上，议政议到关键处，为高质量发展增活力、添动力。

调研资政出真招。调研选题坚持“大中见小、小中见大”“热中见冷、喜中见忧”。围绕“实施乡村振兴、助推产业发展、助力脱贫攻坚、壮大村级集体经济”等课题，广泛调研，广集民意，抓准方向，摸准问题，找准对策，形成了《打造“两湖两河”乡村振兴发展大格局》《关于攸县香干豆腐产业发展的思考》等有质量、有分量的调研报告 20 多篇，其中《着力提升“四力”，促进政协履职》《发展全域旅游，打造全景攸县》等 4 篇调研报告在省、市政协征文中获奖。

委员议政发真言。紧扣产业转型、乡村振兴等中心议题，针对扶持政策不连续、遗留问题难解决、部门服务待提高、干部作风需改进等现状，委员们敢于讲真话，善于讲实话，积极提出转变观念、搭建平台、完善机制、强化保障等对策建议。在“产业项目建设年”活动中，委员们建言在稳妥化债的基础上，坚持“引进来”和“扶起来”并重，着力引进高新项目，大力扶持本土企业，全力促进转型升级。

为民参政见真情。针对村级债务问题，及时提醒预警，引起部门关注，早动手早化解；针对乡村道路问题，及时建言反映，加快工程进度，保障民众出行；针对贫困群体问题，及时向上反馈，推进解决问题，促进民生普惠。通过政协平台，针对群众关心关注的“提质改造醴茶铁路，开通株炎城际轨道交通”“保护渌田北伐首战场遗址”等，以递交提案等形式向省市政协参政建言，力争从高层次来推动问题解决。

（三）务实协商，凝聚了合力

有事好商量，遇事多商量。充分发挥人民政协专门协商机构作用，聚焦中心，广泛协商，形成助推发展的强大合力。

丰富协商形式。定期开展大会建言、联组讨论、常委议政等专门协商活动，引导委员围绕“服务民营企业、打造特色农业、发展旅游产业”的转型发展要求，向县委、县政府提出 85 条建议，促进工作落地、落位、落实。适时开展提案现场办理、委员一线视察、集中座谈讨论等协商活动，增加现场互动，不断提高协商议政的广度和深度。创新开展“政协云”微建议微监督微协商、边调研边协商边监督等活动，协助党委政府凝聚力量、改进工作，解决问题、改善民生。

搭建协商平台。精心组织，让各个界别、各个群体在政协这一协商平台上进行交流和沟通，使委员在履职舞台上更好地发挥智慧和才干。先后组织开展了“确保矿区有序开采、加快景区开发建设、优化营商发展环境、力促民营企业发展”等专题协商，组织基层委员、企业负责人和相关部门单位面对面交流，让企业反映问题，部门解答疑惑，让委员针对问题，积极献计献策，达到了相互理解支持，共同促进发展的目的。

转化协商成果。利用政协平台发声发力，努力将协商议政成果转化为实际行动和工作举措，先后形成了《攸县引入企业发展的调查》《攸县烟花产业发展情况的调研》等一批专题报告，得到了县委、县政府的高度重视。县委书记康月林专门走访调研相关企业，了解全县营商环境，部署温暖企业行动。县长苏涛积极调度，指导协调国土、林业、安监、环保等部门工作，合力解决远大水泥、旭日陶瓷等企业面临的相关问题；公检法等政法部门依法履职，保护企业正当利益，着力为民营企业发展排忧解难。

（四）深化监督，增强了效力

人民政协开展监督不是靠强制约束力，而是靠政治影响力。县政协积极落实中央关于加强政协民主监督的要求，重点监督县委、县政府重大决策部署的贯彻落实，融监督于服务，以监督促落地。

提案监督助推民生实事。继续深入开展“委员提、部门办、大家评”民主监督集中评议活动，重点挑选“保护生态环境、加强物业管理、发展全域旅游”等 5 件提案，对办理过程进行全程电视拍“案”，把工作公开化，将评议透明化。县委书记康月林对此非常关注、高度支持，特别强调要将“委员提、部门办、大家评”活动作为促进工作落实的有力抓手。县长苏涛率政府部门着力办好委员提案，将“改善交通道路标识、改造农业灌溉陂坝”等重点提案纳入政府“民生 100”工程予以办理。全县 39 个提案承办单位认真对待群众呼声和委员建言，深入研究，积极落实，立案的 99 件委员提案全部办复。县政协创新民主监督、督促提案落实的做法，在全省政协加强和改进人民政协工作研讨会上作典型推介。

视察监督力促工作进步。围绕“共享农业特色小镇”“矿区煤炭安全生产”等重大项目和民生实事，组织委员们深入皇图岭、黄丰桥等地区，步入农场、走进煤矿，用双脚去丈量，用双眼去发现，以真情实感、真凭实据去向县委、县政府建言，推动问题解决，凝聚发展共识。选派多个界别的56名委员参加公检法开放日、拆违控违检查、精准脱贫督查等活动，现场察看部门工作，提出意见建议60多条，切实加强了解、消除误解、增进理解。

“云”上监督回应群众期待。依托“政协云”平台，引导委员们调研了解群众身边忧心事、烦心事，提交微建议、参与微协商、实施微监督，对接党委、政府的微建设、微服务，帮助群众解决了一批微困难、微需求。全年，委员们使用“政协云”APP达12万多次，参与全省“政协云能给我们带来什么”大讨论活动并获奖，提交微建议225条。联星高车头马路市场搬迁、城区公共交通标识标牌完善、重点路段交通畅通保障、发展中心作息时间调整等一批小建议、大民生，得到了及时办理和回应。“政协云”已成为委员履职的好平台、好帮手。

（五）发挥优势，激发了活力

政协是“舞台”，委员是“主角”，县政协创新平台、创新活动、创新管理，最大限度地发挥委员的主体作用，增强政协活力，提高履职水平。

创新委员管理，调动履职热情。积极开展“定好位、履好职、服好务”委员述职评议活动，建立委员工作考核机制，实行委员履职档案化管理，对全体委员递交提案、上报社情民意、参与调研工作、上传微建议等履职工作进行量化考核，全年各委员活动组共上交提案106件、撰写调研报告21篇、上报社情民意75条、开展履职活动90余次。根据考核结果评选了优秀活动组长5人、优秀委员46人，涌现了见义勇为、岗位奉献、热心公益慈善事业的李昭志、尹奇平、卢敬爱、张泽武等一批优秀委员典型，彰显了委员作为，展现了委员风采。同时，对考核分数偏低的委员进行约谈，切实提高委员履职责任心和使命感。《人民政协报》《湘声报》等中央和省级媒体进行了宣传报道。

丰富界别活动，提高工作激情。218名政协委员，15个活动小组，深入开展“三个一”扶贫行动68次，结对200多名贫困户，资助贫困学生90多人，为贫困家庭增收百万余元；深入开展“三进三助”聚力行动，走进商会，对接银信部门，协助企业争取授信15亿元。工商联界的安特新材料、酒江电线等众多委员企业，2018年共创税6000余万元，接纳就业人员2000多人。医卫界委员开展健康扶贫联合义诊，免费体检，赠送药品，慰问走访困难群众。特邀界委员打造“市民茶室”，接待群众，收集民意，帮助化解各类矛盾。群团界、妇女界、农业界、教育界、经济界等委员活动组也积极发挥界别特色，开展了形式多样的履职活动。

深挖文史资源，留住乡愁乡情。为纪念改革开放40周年，编纂了文史专辑《攸县经验》，整理归纳12条被中央、省级推介的经验，既是我县发展成就的集中体现，又是广大干部群众的智慧结晶，更是攸县精神的生动诠释。以“存史、资政、团结、育人”为重点，编印了《攸县姓氏》，解读攸县家族文化，传承优良家风。编撰了《泉水叮“东”》，呈现革命老同志在我县接受劳动锻炼的峥嵘岁月，让老干部与老百姓同甘苦、共患难的鱼水之情，在新时代脱贫攻坚征程中得到继承和传扬。

一年来，在大家共同努力下，攸县政协事业积厚成势，取得了新的进步。省市政协主要领导对攸县政协工作予以肯定。人民政协报、湘声报等中央、省级媒体多次对九届县政协的履职活动专题宣传推介。我们深深感到，九届县政协工作稳步推进、稳中有进，离不开各级党委、政府的高度重视，离不开各部门的大力支持，离不开政协各参加单位、各个界别的积极参与，离不开各位老领导、老同志和社会各方面的关心关注，我们心怀感恩和敬意。尤其让我们感动的是，全体政协委员满怀对政协事业的热爱和对人民群众的感情，勤勉履职、敬业奉献，把“委员作业”写在攸州大地、写进群众心里，充分彰显了新时代政协委员的责任、担当和情怀。在此，我代表县政协九届常委会表示衷心的感谢！

总结一年来的工作，我们也深知，对照新时代人民政协的新方位新使命新任务，我们的工作还存在一些差距和不足，党建工作基础还需进一步夯实，思想政治引领还需进一步强化，协商议政的质量还需进一步提高，履职能力建设还需进一步加强，等等。真诚欢迎各位委员对常委会的工作提出意见和建议，我们将努力加以改进，和全体委员一道，不断把攸县政协事业推向前进。

2019年工作设想

做好2019年政协工作，要以习近平新时代中国特色社会主义思想为指导，深入贯彻落实习近平总书记关于加强和改进人民政协工作的重要思想，把加强思想政治引领、广泛凝聚共识作为履职工作的中心环节，在中共攸县县委的坚强领导下，围绕全县“1122345”发展总体目标，以助推打好三大攻坚战和高质量发展为主线，政治协商聚焦大事、参政议政关注实事、民主监督紧盯难事，凝心聚力谋发展、众志成城干事业，加快推进基本现代化进程，以优异成绩庆祝中华人民共和国和人民政协成立70周年。为此，我们要从以下五个方面抓牢抓实2019年的政协工作：

（一）定好位，绘出同心圆

人民政协是一个政治共同体，坚持中国共产党的领导，是人民政协必须恪守的根本政治原则。要继续朝着建设务实智慧开放和谐政协的目标，守正出新、提质增效，推动政协工作高质量发展。

坚定政治方向。把坚持党对政协工作的领导作为第一要求，把旗帜鲜明讲政治作为第一责任，全县政协组织和政协委员要坚决维护县委权威、拥护县委决策、落实县委部署，用发展的理念武装头脑、凝聚共识，用创新的方法指导实践、推动工作，始终保持政协工作正确的政治方向；通过开展“支部建在界别上，委员聚在党旗下”活动，组织和引导党员委员自觉接受政协党组织教育管理，进行党性锻炼，实现党的组织对党员委员的全覆盖、党的工作对政协委员的全覆盖。

把握政治形势。人民政协作为爱国统一战线组织，是大团结、大联合、大统一的象征，是中国共产党团结社会各界人士的重要渠道、密切联系人民群众的桥梁纽带。各专委会和界别活动组要支持和保障各界人士、各方贤达踊跃参加协商活动，开展联合调研，加强合作共事；通过举办庆祝“人民政协成立70周年”和“县政协成立35周年”系列活动，回顾人民政协与新中国一同走过的光辉历程，弘扬中国共产党领导的多党合作和政治协商制度，推动政协事业发展，进一步增进政治认同、思想认同、理论认同、情感认同。

强化政治担当。新时代人民政协处于凝心聚力第一线、决策咨询第一线、协商民主第一线、国家治理第一线，是党和国家“一线”工作的重要组成部分，全体政协委员必须增强“一线意识”，担当“一线”使命，锤炼“一线”作风，彰显“一线”作为。要围绕全县“产业振兴、乡村振兴”两大任务和“撤县设市、重返十强”两大目标，主动投身一线、服务一线、奋战一线，做出成绩、干出业绩、创出战绩。通过创建“委员工作室”，按照“懂政协、会协商、善议政、守纪律、讲规矩、重品行”的要求，增强党的领导意识、积极履职意识、务实创新意识，提高政治把握能力、调查研究能力、联系群众能力、合作共事能力，争做促进高质量发展的参与者、实践者、推动者。

（二）履好职，汇聚正能量

聚焦高质量发展，坚持忠实履职、积极履职、高效履职、创新履职，切实发挥政协在服务发展大局中的积极作用。

融合发展主线实施政治协商。把握高质量发展的时代命题，紧贴全县发展的总战略、总目标、总任务，深入开展政协常委会议协商；紧扣“内聚人心、外树形象、激情干事、加快发展”主题，紧跟“供给侧结构性改革”主线，进行政协主席会议协商；聚焦“工业集群化、农业品牌化、旅游全域化、商贸多元化”主攻方向，广泛开展季度协商、对口协商、界别协商；对“风险防范、精准扶贫、污染防治”攻坚课题，寻求上级政协支持，邀请专家把脉，开展多级联合协商；就“园区、城区、景区”一体化发展议题，广泛开展专题座谈协商。不断增加协商密度，提高协商成效。

结合发展实际强化民主监督。把控民主监督的方向和原则、节奏和力度，抓住关键症结督促改进，针对主要瓶颈强化监督，推动工作有效落实。重点围绕守住债务、民生、生态环保、安全稳定、廉洁从政“五条底线”进行视察监督；扎实开展走进“两院”（法院、检察院）、走进“两安”（公安、安监）、走进“两委”（纪委、监委）活动，助推法院“基本解决执行难”问题，真情参与检察院开放日活动；配合公安决胜扫黑除恶战役，配合安监抓好煤矿减量重组、安全生产；融合政协民主监督职能，探索构建同纪委、监委执纪问责联动机制。

契合发展需要组织参政议政。把住“产业振兴、乡村振兴”两大任务的重点领域，以“产业项目建设年和温暖企业行动”为抓手，围绕“招商招项引资引智”“优化营商环境”“城区改造提质”“农村三变改革”“特色小镇建设”等重点工作进行建言献策；组织委员通过撰写提案、大会建言、反映社情民意、上传“微建议”等履职方式，积极献计出力；持续用活“政协云”平台，建好参政议政信息化阵地，进一步对接乡镇街道、部门单位微建设，夯实“互联网+微服务”；推进委员值班室建设，探索建立邀请群众代表旁听重要协商会议等开放式议政渠道，扩大民意收集空间，增强参政有序互动。

（三）服好务，搭建民心桥

人心是最大的政治，共识是奋进的动力。始终倾听人民的心声，建立健全建言资政与凝聚共识双向发力的机制，在凝聚力量上“春风化雨”，在争取人心上“润物无声”，增进最大共识度、形成最大正能量。

要抓民生调研落地。继续盯紧民生发展的重点、焦点，民生改善的冷点、盲点，民生关注的热点、难点，扎实开展调查研究，形成有分量、有价值、有质量的调研报告，通过成果转化进入决策议案、政策文案、执行方案，获取“最大公约数”，推行“最多跑一次”，畅通“最后一公里”；重点抓住教育教学、就业创业、社保医保、食品药品、防污治污、扶困帮困、养老为老等方面开展调研竞赛活动，有效运用委员调研成果，促进更多的民生要事落地见效。

要抓民生提案落实。在政协各参加单位和委员界别中开展提案征集活动，为委员撰写提案提供民生线索、民生素材、民生案例，进一步增强质量意识，打造精品提案。继续促成有共性、有见地、有深度的民生提案，纳入县政府“民生 100”工程，通过政府重点工作逐一销号，把老百姓的一些诉求、一些呼声、一些愿景变成现实，增强群众的获得感、幸福感。通过三级委员联动，邀请省市政协委员参与提案办理协商、电视问案、现场评议等，进一步加大提案督察督办力度，使委员提案提得上去、办得下来，用实效让委员满意，让群众乐意。

要抓民生实事落位。巩固和发展政协机关和政协委员参与全县中心工作的成果，在“脱贫攻坚、乡村振兴、企业帮扶、安全维稳、招商引资”中发挥政协作用，做到不缺位、不错位、不越位。坚持政协主席联系专委会，专委会联系界别活动组制度，实行指导日常化、引导常规化、督导常态化，使界别委员在慈善事、公益事、民生事中，当领头羊、当孺子牛、当奔腾马，在“三大攻坚战”“温暖企业行动”“统筹城乡・幸福攸县”等重要工作和活动中，做监督员、评议员、服务员，促进干事者能到位，所干事能落位。

（四）发好声，奏响最强音

用足用好政协话语权，让委员在构建和顺、和睦、和谐的发展环境中，能发声、敢发声、善发声。

要发管用之声。推进政协全会参政议政发言程序化、规范化、制度化建设，丰富发言方式，拓展发言领域，夯实发言成效。全委会议发言要紧盯“党政所需、部门所望、群众所盼”，深入调查，科学研判，抓住关键，中肯发声，力促稳人心、稳方向、稳大局；列席党政会议发言要紧贴“怎么看、怎么想、怎么干”，结合实情，分析形势，突出重点，坦诚发声，力促保民生、保稳定、保发展；参与对口部门会议要紧抓“职能职责、业务业绩、质量质效”，针对现状，权衡利弊，切中要害，犀利发声，力促部门工作大改变、大进步、大提升。

要发务实之声。运用好“政协云”平台，积极推进“微建议”“反映社情民意”办理回馈工作机制，将界别群众身边急需帮助、急要解决、急求回应的小事、琐事、烦事，真实上传，如实递交，照实呈报，让受理部门单位依据实情迅速办结。发挥好“政协网站、委员微信群”功能，及时将党的大政方针、惠民政策、时政消息着实传达，同时将人民群众的呼声、追求、意见据实反映。

要发出彩之声。发挥政协联系面广、代表性强、影响力大的优势，广泛开展联络联谊活动，讲好攸县故事、树好攸县经验、传好攸县精神，为“撤县设市、重返十强”营造良好环境。全体委员要密切联系界别群众，做好政策解读、县情解说、矛盾解释工作，增进群众理解和支持；在接待外地政协调研考察团队时，做好文明成果宣传、风土人情宣扬、发展经验宣讲工作，扩大对外交流和影响；在参加上级政协联络联谊活动时，做好推介攸县强、唱响攸县美、点赞攸县好的工作，树立攸县形象和品牌。

（五）答好卷，创造新成绩

用实际行动落实汪洋主席在全国政协十三届一次会议闭幕会上的讲话精神，做好“委员作业”，交好“履职答卷”。

务求提质增效。继续开展委员培训工作，提高培训的针对性和实效性，构建委员知情明政、学习交流平台。健全专委会组织开展调研视察、督办提案、联系界别等工作机制，坚持专委会向主席会议报告工作，不断增强专委会组织委员开展履职活动的能力。发挥界别纽带作用，加强对界别工作的联动和指导，完善协作保障机制，探索界别组织委员开展经常性活动的评议办法，促使界别活动更丰富、更规范、更有效。

打造“双创”品牌。深化“创新提案办理、创新委员履职”活动，积累更为成熟更为定型的经验，形成基层政协工作特色和品牌。提高电视问“案”质效，集中交“案”要分类、分线归口认领；跟踪拍“案”要扩大领域，突出结果；综合评“案”要结合线上和线下互动，增加受益群众评议代表比例。完善《委员履职考核评价办法》，强化各专委会联系指导制度，进一步调动委员履职的主动性，推动履职全方位，述职全覆盖，考核全过程。

推进机关建设。树立“想干事、会干事、不烂事、不出事”的用人导向，加强政协机关干部队伍管理。按照机构改革要求，落实好政协专委会机构设置和调整工作，进一步明晰机构职能。加强作风建设，严格落实中央“八项规定”精神，严格执行有关细则，坚决整治“四风”不放松。夯实政协机关综合协调、信息沟通、绩效评估、督查落实等工作机制，提高机关服务水平。

综 述

区划人口和自然条件

【区划、人口】 2018年，攸县辖13个乡级建制镇，即鸾山镇、皇图岭镇、丫江桥镇、酒埠江镇、渌田镇、石羊塘镇、桃水镇、黄丰桥镇、网岭镇、新市镇、莲塘坳镇、菜花坪镇、宁家坪镇；4个街道办事处，即江桥街道办事处、联星街道办事处、谭桥街道办事处和春联街道办事处。县人民政府驻东城新区（春联街道）攸县发展中心。年末，全县户籍在册总人口81.08万人，比上年减少0.65万人；总人口中男性40.95万人，女性40.13万人；人口出生率9.2‰，死亡率13.99‰，自然增长率下降4.799‰。年末城镇人口37.19万人，乡村人口43.90万人，全县城镇化率为45.86%。

【自然条件】 全县土地总面积为2648平方千米；耕地总面积为57585公顷，基本农田面积为47964公顷。2018年，县内降水量偏少，气温偏高，日照偏多。年降水量1364.8毫米，比上年少116毫米，比历年平均雨量偏少153.6毫米；年平均气温18.5℃，较历年平均值偏高0.4℃，极端最高气温38.1℃，极端最低气温-3.8℃；全年总日照时数为1571.2小时，比历年同期偏多101.4小时。境内有大小河流102条，水利工程总蓄引提水量6.45亿立方米，有效灌溉面积64.6万亩。林地面积14.16万公顷，森林蓄积量为442.42万立方米，比上年增长4.3%，森林覆盖率为58.19%。境内煤炭资源丰富，是全国100个重点产煤县和商品煤基地县之一，含煤面积约173.6平方千米，探明可采储量4.7亿吨，集中分布在黄丰桥、鸾山、宁家坪、桃水4个产煤乡镇。

国民经济

【综合】 2018年，全县实现地区生产总值(GDP)430.77亿元，比上年增长7.4%。其中，第一产业增加值56.89亿元，比上年增长3.8%；第二产业增加值218.30亿元，增长7.2%；第三产业增加值155.58亿元，增长9.1%。三次产业结构比由上年的14.3∶45.7∶40.0调整为14.4∶34.9∶50.7；第二产业占比较上年下降10.08个百分点；三次产业对经济增长的贡献率分别为6.7%、50.2%和43.2%。全县人均生产总值(GDP)52209元，比上年下降6.9%；实现地方财政总收入20.04亿元，比上年增长7.05%。

【农业】 全县农业（农、林、牧、渔及其服务业）总产值91.03亿元，比上年增长3.9%；农林牧渔业增加值58.83亿元，增长4.0%。2018年度，攸县被评为“湖南省粮食生产标兵县”“湖南省休闲农业与乡村旅游示范县”，酒埠江镇被评为“湖南省休闲农业示范点”。全年农作物种植面积10.51万公顷，比上年增长1.26%，其中粮食播种面积为61933公顷，比上年略有减少；油菜播种面积11393公顷；蔬菜播种面积22260公顷；果用瓜播种面积2020公顷；豆类播种面积3240公顷、薯类播种面积713公顷。主要农产品产量为：粮食43.10万吨，下降13.92%；油料1.60万吨，蔬菜110.25万吨，果用瓜6.26万吨，豆类1.25万吨，薯类5340吨。完成人工造林2933公顷。出栏生猪80.99万头，比上年下降2.9%；牛1.32万头，增长2.3%；羊7.3万只，增长3.6%；出笼家禽415.02万羽，增长0.3%；肉类总产量79960.79吨，增长3.8%；禽蛋产量为14758.08吨，增长0.15%；水产品总产量23963.68吨，增长3%。完成农村土地确权15.78万户，确权面积41933公顷；通过“一卡通”发放各类惠农补贴共计15208.59万元。2018年，全县新增农民专业合作社224家，各类农民专业合作社共计1125家，发展各类家庭农场850家。全县拥有大型水库1座，中型水库2座，小Ⅰ型水库19座，小Ⅱ型水库274座，山塘22662口，陂坝978处，小型电力排灌站1104处，大中型灌区6个，干支渠道总长1939千米（其中渡槽225千米，隧洞18千米，倒虹吸管17千米）；全县形成了以酒埠江、皮佳如、三星坝、老虎岩、凉江、苏洲坝、张家冲7个骨干灌区为主，其他小型水利设施为辅的农田灌溉体系，全县水利工程总蓄引提水能力6.45亿立方米，有效灌溉面积为64.6万亩。全年修复水毁水利工程160处，新修山塘37口，山塘防渗、清淤、扩容246口，河道治理53.78千米，水渠防渗853千米、清淤1690千米，改造机电排62坐，改善灌溉面积3.7万亩，治理水土流失21平方千米。全县农业机械总动力105.68万千瓦，比上年提高4.06万千瓦；农用排灌电动机和柴油机为8926台和8076台。完成重金属污染耕地修复治理8240公顷，治理式休耕4166.7公顷。全年化肥施用量89376吨，下降5.6%，农药施用量796吨，下降2.1%；实施化肥农药零增长行动，推广测土配方施肥102万亩，肥料利用率提高2.6%，开展有机肥替减化肥1.3万吨，种植绿肥8万亩，病虫害统防统治超过95万亩次，高效低毒农药应用面积92万亩次。全县有农产品加工省级龙头企业9家，市级龙头企业32家；攸县豆腐、米粉、油茶、麻鸭等产品被列入国家地理标志保护产品；“攸州五件宝”（米粉、茶油、香干、麻鸭、晒肉）成功注册国家商标；攸县大豆成功入选湖南省“一县一特”产品，攸县南国宏豆香干产业园被认定为现代农业特色产业园省级示范园。

【工业、科技和建筑、房地产业】2018年，全县共有规模以上企业270家（其中规模以上农产品加工企业52家），年内新增27家。全县规模工业完成总产值271.03亿元，比上年增长12.6%，其中52家规模以上农产品加工企业，实现产值64.27亿元，与农业总产值比为79.3%。规模工业企业主营业务收入增长10.7%；利润总额增长43.3%。全部工业增加值增长7.1%，占GDP的比重为30.3%，对经济贡献率46.4%，其中规模工业增加值90.09亿元，比上年增长7.0%。全年产原煤237.7万吨，下降3.5%（全县仅保留年生产能力6万吨以上的煤矿29家）；水泥142.7万吨，增长244.7%；发电量47.12亿千瓦时，增长28.0%。工业园区规模以上工业增加值108.06亿元，增长15.2%，占全部工业增加值的比重由上年的58.8%提高到60.0%。全县共有科技机构2家，地方财政科学技术支出1.19亿元。全年完成专利申请487件（发明113件、实用新型275件、外观设计99件，企业专利申请205件）；完成专利授权220件（发明专利9件、实用新型116件、外观设计95件，企业专利99件）；成果转化8项。全县有高新技术企业共计14家，湘化机汽轮机等16家企业已通过科技部科技型中小企业认定。高新技术产业产值110.38亿元，比上年增长22.87%；高新技术企业实现总产值为121.39亿元，增长4.1%；高新技术产业增加值39.54亿元，增长43.9%，占GDP比重11.4%。全县共有建筑业企业25家，建筑业增加值增长11.6%。全年社会用电总量10.09亿千瓦时，增长15.19%；其中工业用电量4.52亿千瓦时，增长18.4%；规模以上工业综合能源消耗量115.89万吨标准煤，增长4.3%；万元规模工业增加值能耗降低率下降2.51%。全年房地产开发企业完成房地产投资35.7亿元，比上年下降13.7%。商品房开发供地26.29公顷，在建项目16个，面积173万平方米，其中新开工项目14个，面积128.65万平方米，比上年增长230%。商品房新增供应面积82.07万平方米，比上年增长120%。全年实现商品房销售75.44万平方米，比上年增长

44.22%，其中住宅销售62.66万平方米，比上年增长46.92%。商品房销售价格在9月下旬开始上涨，新开盘楼盘销售均价4000元/平方米，较年初增长41.39%，其中碧桂园精装房突破6000元/平方米。年末商品房库存90.61万平方米，比上年上升21.97%，其中住宅55.41万平方米，去化周期为14.4个月。

【固定资产投资】2018年全县完成固定资产投资362.80亿元，比上年增长6%。5000万元以下投资项目增长37.5%；5000万元以上投资项目80个，完成投资总额109.95亿元，比上年下降9.2%；房地产投资35.7亿元，比上年下降13.7%。分产业类型看，第一产业投资50.87亿元，增长92.7%；第二产业投资169.72亿元，增长7.5%；第三产业投资105.28亿元，下降9.0%。从结构看，建筑工程投资增长24.3%；安装工程投资下降59.4%；其他投资下降68.7%。加快推进了昊华化工、松本林业、地博光电等一批产业项目；完成了华升化工、天睿精工、长得快饲料等项目。酒埠江生态新镇综合开发项目——景观大道、游客服务中心、旅游商贸城、水云桥等项目基本建成。加快推进"两桥两路"、谭桥大道等工程建设，完成四亩湖一期等主题公园，吉兴路、莲塘坳连接线建设。启动城乡客运一体化示范县创建，基本完成S339网酒公路提质改造，完成农村公路提质改造320千米，"窄路加宽"改造37千米，错车道5100处，建成生命防护工程199千米、农村客运招呼站9个，改造危桥16座。推进阳升观第二水源建设，除险加固小型水库36座，酒埠江水库放水设施完成首次大修；治理中小河流52.28千米，新建洣水防洪保护圈5.5千米；实施饮水安全项目18处；渠道防渗200余千米。完成棚户区改造2279户；新建供水管网52.2千米，燃气管网12.6千米，污水管网8.7千米，提升泵站2座，建成坊塘坡垃圾生态封场二期工程；完成小街小巷改造45条。完成小城镇项目17个，实施莲塘坳、石羊塘、网岭、菜花坪、宁家坪等镇区改造。

【交通运输、通信业】全县公路总里程7990千米，公路桥梁511座。其中，国道62.39千米、省道495.46千米、县道492.08千米、乡道571.12千米；一级公路18.77千米，二级公路248.04千米，三级公路22.65千米；泉南高速公路（G72）攸县境内长13.2千米，武深高速公路湖南段（平汝高速S11）攸县境内长54.3千米；省道S340、S339、S209、S345、S206、S205、S210、S204、S337过境攸县。吉衡铁路通过攸县，并建有攸县火车南站。全县共开通道路客运班线91条（省际14条、市际7条、县际7条、农村客运63条）、公交线路9条。有客运公司3家、出租车公司4家、货运公司12家（2家危货运输企业）、驾校13所、机动车综合性能检测站5家；有客运站4个、农村客运站场9个、农村客运招呼站260个；有公交车74台（66台纯电动车、8台燃气车），客运班车350辆、危货运输车辆21辆、出租车260台。有民间义渡渡口16处、标准化客渡船17艘。全年道路运输业完成总产值3.67亿元。全年公路客运量及旅客周转量分别为1366万人、133.42亿人千米，货运量及货物周转量分别为1820万吨、14.23亿吨千米，水路客运量及旅客周转量分别为77.13万人、1646.3万人千米，城市公交、出租车客运量分别为713.04万人次、734.74万人次。"城乡驿站"配送物资564万吨。行政村客运班车通达率100%。全县共有委办汽车邮路3条，515千米；82个投递段道，乡邮段道62个，投递路线长1956千米；邮政业务收入0.79亿元，比上年增长12.85%。全县共有宽带互联网用户16.1万户，其中电信公司宽带用户6.9万户，移动公司宽带用户数5.1万户，联通公司宽带用户2.5万户，广播电视台宽带用户1.6万户；全县电信业务总量3.4亿元。全县共有移动电话用户55.8万户，其中移动公司用户30万户（手机客户市场份额占58%，4G用户数超过18万户），电信公司移动电话用户15.8万户），联通公司10万户；移动通信公司业务总收入2亿元。

【商贸、招商引资和旅游业】2018年，全县社会消费品零售总额149.54亿元，比上年增长10.2%，其中批发业16.23亿元，增长12.9%；零售业114.14亿元，增长10.2%；住宿业3.21亿元，增长2.6%；餐饮业15.97亿元，增长9.0%。限额以上法人单位108家，实现零售额36.98亿元，增长12.4%，其中批发业11.58亿元，增长14.4%；零售业23.84亿元，增长13.0%；住宿业1.24亿元，下降6.6%；餐饮业3174万元，下降6.2%。城镇零售额35.35亿元，增长12.4%；乡村零售额1.64亿元，增长13.7%。新增市场主体4061家，个体商户23672户；湘东大市场、汽贸城、家居城等市场发展良好。全县共有各类集贸市场100多家，摊位15000个，从业人员2万余人，年销售额45亿元。全县有电子商务企业30余家，其中通过电子商务认证企业9家，全年电子商务下行总交易额10亿多元，农产品上行交易额1.31亿元。开展“全民大招商”行动，签约引进华源梁氏等重大产业项目33个，总投资194.45亿元，比上年增长108%；争取中央和省预算内投资项目24个，到位资金1.61亿元；引进世界500强企业碧桂园，商品房销售面积71.1万平方米，增长16.1%。完成进出口总额287万美元，增长38.0%。实际利用外资1.12亿美元，增长16.4%；引进利用内资57.36亿元，增长18.1%。全县有AAAA级旅游景区1个——酒仙湖景区；有AAA级旅游景区1个——白龙洞景区；国家级地质（森林、湿地）公园1家；有各类旅行社4家、旅游星级宾馆1家；旅游接待891.43万人次，增长22%，实现旅游综合收入82.02亿元，增长142.67%。

【财税、金融保险】全年完成公共财政预算总收入20.04亿元，比上年增长7.05%。收入结构为：税收收入为14.16元，比上年下降22%，占公共财政比重为70.59%，较上年提高21.34个百分点。其中，税收收入为14.14亿元，增长11.7%，占公共财政预算收入比重为70.6%，非税收入为5.90亿元，下降54.8%。国税完成8.80亿元，增长21.3%，地税完成5.33亿元，下降1.2%。地方财政公共收入完成13.05亿元，增长1.12%，其中税收收入7.15亿元，增长4.9%；地方税收收入占地方收入比重54.8%。全年公共财政预算支出46.10亿元，下降19.6%，其中财政八项支出为33.84亿元，增长4.9%。完成一般公共预算支出46.02亿元，比上年下降2.14%。按时保证了在职和离退休人员的待遇正常发放；按政策落实津补贴、住房公积金提标；保障乡镇工作补贴、车补的发放；保障各部门单位公用经费和专项工作经费的落实；将乡镇补助、村级转移支付、税收分成等纳入预算管理，确保镇村两级平稳运转；优化村级转移支付分配方案，将在职村干部待遇纳入村级转移支付范围，运转经费以村总人口数分档确定；支持“两院”经费上划核定和司法体制改革。进一步加大民生投入比重，加大重点民生实事和重点民生项目扶持。完成教育支出5.97亿元，重点支持城区“大班额”化解和农村薄弱学校改造工程；完成医疗卫生支出5.58亿元，稳步提高各项医疗保障标准；完成社会保障和就业支出8.88亿元，着力提升困难群众生活救助水平；完成文化体育与传媒支出3321万元，大力推进“门前三小”等文化工程；完成农林水事务支出7.04亿元，重点支持重金属污染和种植结构调整、河流山塘治理等项目；完成城乡社区事务支出5.42亿元，确保了绿化维护、垃圾清运等公共事业的经费投入。全县11家金融机构年末各项存款余额300.51亿元，增长3.45%，其中城乡居民储蓄存款余额221.75亿元，增长12.12%；各项贷款余额137.1亿元，增长8.87%。全县19家保险机构，实现各类保费收入55293.15万元，其中产险保费收入17637.3万元、寿险保费收37655.85万元；各类保费赔付21953.11万元，其中产险赔付金额11155万元、寿险赔付金额10798.11万元。

【居民生活水平】全县城乡居民人均可支配收入为32541元，增长8.3%；城镇居民可支配收入为38488元，增长8.2%；农村居民可支配收入为26031元，增长7.6%。全县居民人均消费支出为18626元，其中居民文教娱乐服务消费支出为3527元，占消费总支出的17.5%。全县人均住房面积99.2平方米，恩格尔系数为26%。

社会发展

【教育】全县共有公立教育机构147所，其中小学114所（含教学点），初中22所，县直普通高中4所，九年一贯制学校3所，十二年一贯制学校3所，特殊学校1所，职业中等专业学校1所；共有民办学校6所。全县在校中小学生共85681人，其中公办学校72172人（高中生8424人，初中生17333人，小学生46415人）；民办学校13509人（高中生3994人，初中生5111人，小学生4404人）；职校学生1840人。全县共有幼儿园163所，其中公办幼儿园12所，民办幼儿园151所；在园幼儿23962人。公办在编在岗教职工4546人；民办学校教职工937人。适龄儿童入学率100%，小学升初中升学率100%，初中升高中升学率98.61%；初中毕业学业水平考试全科合格率96.36%，三类残儿入学率为100%。全县高考参考人数4408人，上线率52.63%；二本以上万人上线率连续14年株洲市排名第一。

【文化、体育】全县有公共文化场（馆）9个，包括：文化馆1个，公共图书馆1所，博物馆1所，青少年活动中心1所，影剧院1所，书院1个（石山书院），文化阁楼1个（文昌阁），谭震林纪念馆、湘赣苏区革命历史纪念馆。建立乡镇文化站17个，村级综合文化服务中心252个，农家书屋304所；有综合档案馆1个，馆藏档案20万卷（册）；乡村大舞台103个，建成“门前三小”（小广场、小书屋、小讲堂）187个。公共文化设施面积206.2万平方米，体育健身会所公共体育设施面积95.7万平方米；共有单项体育协会19个、体育健身站点152个。全年在“门前三小”示范点开展文化惠民下乡服务活动120场，放映农村公益电影3089场、城区广场公益电影182场；组织开展大型群众文艺体育活动30项。举办或联合承办了第三届“万步有约”“梅城杯”“三八杯”两项门球赛，羽毛球、篮球、足球比赛及省门球锦标赛、象棋精英赛、广场舞武术健身气功展示等20场全县性群众体育活动。举办了市“美术、书法文化扶贫攸县展”、第五届民俗文化节、钢琴比赛、读书征文、图书漂流、好书赠送、文物展览、新春灯谜、“祭孔•开笔礼”等9项群众文艺活动。全县拥有广播、电视、网站、手机报、手机台、公众号等6种媒体15个平台。包括：县级广播电台1座，国内广播节目1套，县级电视台1座，电视发射台1座。广播人口综合覆盖率100%，广播“村村响”工程为全省的示范样板工程；数字电视用户13.7万户；电视人口综合覆盖率100%。

【医疗卫生和计划生育】全县共有各类医疗卫生和计生服务机构570个，其中县直医疗卫生单位5家、乡镇卫生院25家、社区卫生服务中心2家、村卫生室302家、民营医院10家、厂矿职工医院2家、个体诊所66家、学校医务室7家、卫生所（室）80个、镇（街道）妇幼保健计生服务站17家。全县卫健计生系统共有在岗人员3643人（在编职工2192人，临聘人员1451人），其中卫生技术人员3246人。实有床位3848张，每千人拥有床位数为5.43张。全年共下发一类常规疫苗12.25万人份，查验278所学校春秋季新入托入学儿童预防接种，查验率100%，补种率99%以上；“五苗”全程接种率99.2%。建立居民电子健康档案69.18万份，建档率98.46%；加强青少年健康促进和烟草控制，中小学校健康教育课覆盖率100%，无烟医疗机构覆盖率100%。五岁以下儿童死亡率4.38‰，孕产妇死亡率为0。年末实有总人口85.24万人；年内出生人口8609人（男孩4142人，女孩3883人，出生婴儿性别比为108.8），人口出生率10.25‰，符合政策生育率96.64%；人口自然增长率3.14‰。

【就业社保、社会救助和慈善事业】2018年，全县城镇新增就业5328人，农村劳动力转移就业4464人，零就业家庭动态援助完成100%；失业保险费率由3%降至1%，减收企业失业保险费1100余万元，支付失业人员生活费357万元，稳岗补贴及技能提升补贴18.9万元。降低新增创业担保贷款1365万元，贴息资金共计210余万元，共扶持128人实现自主创业，创业带动就业人数2695人。全县机关事业养老保险参保的单位183家，参保人数11680人，基金总收入43888万元，其中征缴收入20827万元；职业年金征缴收入10291万元；支出41932万元。企业社保参保人数52092人，新增扩面人数4931人，基金总收入57208万元；支出51908万元。城乡居民养老保险参保人数47.9万人，基金总收入21358.4万元，支出16533万元。失业保险参保人数21729

人，基金总收入 967.74 万元；支出 600.3 万元。工伤保险参保单位 268 家，参保人数 63218 人，基金总收入 4409 万元，其中征缴收入 3402 万元；工伤保险基金支出 3897 万元。城乡居民医疗保险参保 65.84 万人（含城镇居民），城镇职工基本医疗保险参保人数 4.56 万人；基本医疗保险覆盖率 96%，基金总收入 61247 万元，基金总支出 57859 万元，其中生育保险参保 2.3 万人，基金收入 629 万元，支出 702 万元。全年医保补偿 115.3 万人次，共补偿金额 4.6 亿元。全年医疗救助 32968 万人次；发放医疗救助金 1554 万元；资助城乡低保人员参合参保 27197 人次，资助参合参保资金 489.5 万元。实行贫困户住院“一站式”结算，救治贫困对象 21363 人次，合计惠免费用 1861 万余元（其中卫计部门减免 290 万元）。全年共救助城镇低保对象 2298 户、4673 人，低保保障线 480 元/人·月，发放城镇低保资金 2203.7 万元；救助农村低保对象 5775 户、15608 人，农村低保的保障线 300 元/人·月，发放农村低保资金 3756.4 万元。全县共有特困供养 3635 人，其中集中供养对象 603 人、分散供养对象 3032 人，累计供养金 1967.5 万元。全年发放残疾人两项补贴 799 万元；共发放孤儿、困难儿童生活保障金 295.41 万元。全年共资助困难学生 45085 人，发放救助金 2745 万元；扶助独生子女伤残对象 217 人，发放资金 208.32 元；扶助独生子女死亡父母 401 人，发放资金 384.96 万元。发放灾害救助款 250 万元，救助灾民 3159 户。全年募集慈善资金 521.15 万元，其他定向捐款 212.7 万元，开展“2018 年迎新春送温暖”慈善救助、慈善助学、临时救助等活动，共资助家庭 1533 个、临时救助对象 239 个、贫困学生 216 人。

【生态环境建设】持续加强大气、水、土壤污染物治理，全年完成氮氧化物减排 556.2 吨、二氧化硫减排 137.4 吨、化学需氧量减排 190 吨、氨氮减排 25 吨；工业废水、废气排放达标率均为 100%，固体废物综合利用率 98%。县城区全年空气优良 320 天，空气质量达标率为 87.6%，城市空气环境质量达到Ⅱ级标准；酒埠江水库和洣水灵龟峰断面水质符合国家地表水Ⅱ类水质标准。完成湖南远大水泥有限责任公司脱硫脱硝升级改造和大唐华银攸县能源公司 1 号机组超低排放改造项目，关停淘汰“散乱污”企业 5 家。持续推进湘江保护和治理第二个“三年行动计划”，完成水污染防治项目 20 个。完成 36 个加油站防渗改造和县城饮用水水源保护区规范化建设。完成农村千人以上饮用水源保护区划定 19 处，整治县级饮用水源保护区问题 5 个，农村生活污水处理率 86%，农村集中式饮用水源地水质达标率 100%。完成酒埠江铁矿区和酒埠江特钢有限公司污染土壤治理项目。整治“清废行动 2018”问题 8 个，治理建筑垃圾堆放点 14 处，处理建筑垃圾 4000 余吨；安全处置化工企业遗留废渣 4000 余吨、危险废物 30 余吨、医疗废物 400 余吨。完成皇图岭镇黑臭水体治理项目；建成酒埠江、皇图岭、黄丰桥、网岭 4 个乡镇污水处理厂。完善畜禽粪污综合利用和病死畜禽无害化处理体系，成功申报畜禽粪污资源化利用整县推进项目。全面落实“河长制”，实行护河、巡河常态化。完成湘江保护和治理项目 24 个。全县城区新增绿化面积 54 公顷，城镇建成区绿化覆盖面积 851.06 公顷，城镇建成区绿化覆盖率为 39.1%；完成造林面积 4.4 万亩，封山育林 14.16 万公顷，森林覆盖率 58.19%。深化城乡环境同治，推进生活垃圾电磁热解无害化处理，拆除破败空心房 2100 余栋。开展全域美丽乡村建设，新市镇丁家垅村成功创建省级示范村，网岭镇里旺村荣获省级“同心美丽乡村”，莲塘坳镇泉坪村入选中国传统村落名录，7 个村（社区）成功创建市级示范村。

【社会治安、安全生产】2018 年度，攸县荣获“全省禁毒三年大行动先进单位”和“全省食品安全工作先进县”称号。公安机关全年接处警 11365 起，比上年上升 0.77%；立刑事案件 1282 起，下降 14.19%；侦破刑事案件 597 起，破案率 16.57%；查破各类行政案件 925 起，抓获各类犯罪人员 726 人，逃犯 73 人，共计打击处理 1705 人，命案侦破率保持 100%；开展综合治理，推进扫黑除恶专项斗争，打掉涉恶团伙 4 个，抓获犯罪集团骨干成员 32 人，侦破涉恶犯罪案件 34 余起；查破涉“黄赌毒枪”刑事案件 88 起、行政案件 327 起，侦破重大经济案件 42 起、林业刑案 21 起。检察机关全年共受理批准（决定）逮捕案件 196 件 244 人，审查起诉案件 399 件 524 人；批捕各类刑事犯罪 173 人，起诉 431 人。对涉嫌犯罪但已无社会危险性的 31 人作出不批准逮捕决定，对犯罪情节轻微、社会危害性较小的 77 人作出不起诉决定。审判机关全年受理各类案件 28874 件；审结刑事案件 355 件，行政案件 242 件，民商事案件 20082 件；执结各类案件 6804 件，执行到位标的 1.91 亿元。司法行政机关调处化解各类矛盾纠纷 3870 起，防止民转刑 7 件。年内进京上访 211 人次，比上年减少 91 人次；赴省上访 82 批 215 人次（内网录入数据），比上年增加 115 人次；到市上访 25 批 58 人次，比上年减少 28 人次；到县上访 460 批 3313 人次，比上年增加 699 人次，其中集访 119 批 2614 人次，增加 15 批增加 402 人次。有效化解信访突出问题和信访积案 120 件。全年共办结中央巡视组移交信访件共八批 33 件，省委巡视组移交信访件共十批 45 件。全年道路交通事故报警数 5333 起，死亡 49 人，受伤 359 人；共查处各类交通违法 12.5 万起，其中涉牌涉证 4405 起、客车超员 106 起、货车超载 355 起；查扣各类无牌报废机动车 1565 辆、违规拖拉机 322 辆；饮酒驾驶 318 起、醉酒驾驶 54 起、毒驾 15 起。全年共发生各类安全生产事故 6 起，比上年下降 62.5%，死亡 9 人，比上年下降 62.5%，受伤 13 人，下降 75%。完成 17 家煤矿企业的关闭退出任务；投入 300 多万元对校车实行全方位监控监测，投入 200 多万元，对烟花鞭炮生产企业实行全景监控。全年未发生群体性食品安全事故。

【风险防范】科学制定化债方案，积极稳妥推进债务化解工作，政府债务风险总体可控。调整政府性投资项目 96 个，压减投资 76.52 亿元，压减幅度达到 79.7%。启动新一轮平台公司改革，推动平台公司市场化发展。强化金融监管，严厉打击和处置非法集资，获得省级金融安全区授牌。

民生实事和扶贫

2018 年，继续实施省市“民生 100”工程，圆满完成省、市项目指标任务（省任务 14 项，市任务 49 项）。新增城镇就业人口 5283 人，农村劳动力转移就业 4464 人。城乡低保月人均救助水平分别达 356 元、191 元。实施全民参保计划，社保五险总参保 138.6 万人次，实现基本养老保险全覆盖。发放住房租赁补贴 824 户。实现低保提标和医疗救助扩面提标，对 80 岁以上老人发放高龄津贴，圆满完成县社会福利中心建设。持续推进城区学校扩容提质和农村学校改薄工程，改扩建学校 90 所，彻底消除“超大班额”。实现异地就医直接结算，提质改造乡镇卫生院 18 所，重启中心医院住院楼项目建设，推进妇保计生服务中心整体搬迁。完成农村适龄妇女“两癌”筛查 2.1 万余人。持续推进“7+6”脱贫攻坚行动，完成 2889 户 9335 人脱贫退出任务，顺利通过省市验收，贫困发生率降至 0.44%。发展产业扶贫基地 291 个；帮助 8122 名贫困劳动力成功就业创业；发放各类助学金 2490 万元，资助贫困学生 5869 名；救治建档立卡贫困对象 19688 人次，补偿金额 4995 万元；完成 2025 人易地扶贫搬迁、667 户危房改造任务和 291 户房屋修缮，搬迁入住率 100%。扶贫宣传工作获评全省先进，社会扶贫获得全国优秀组织奖。

困难和压力

全县经济社会发展仍存在一些困难和压力：一是产业发展的压力；传统动能正在衰退，新兴动能正在培育，龙头企业较少，没有形成产业支撑。二是安全维稳的压力，经济运行风险不容忽视，环境治理任务压头，安全生产和信访维稳压力较大。三是体制机制活力不足，创新创业潜力尚未充分释放，沉睡资源未能有效激活，土地、资金、人才等要素制约比较明显。四是民生改善与人民期盼有差距，优质教育、医疗资源总量不足、分布不均，城市交通拥堵问题突出。五是抓执行落实的能力有待加强，认识偏差不想担当、能力不足不会担当、工作畏难不敢担当和新的形式主义、官僚主义等现象仍然存在，服务意识和工作效率有待进一步提高，营商环境有待进一步优化。

大事记

1月

1月3日，县城区60辆新型节能电动公交车投入运营，原使用燃油的旧公交车全部淘汰。新型公交车系株洲南车集团公司生产的节能电动车，一次充电两小时能行驶200公里；具有绿色环保、安静舒适等优点，能为市民提供更加安全舒适的公共交通环境。

1月9—10日，政协攸县第九届委员会第三次会议在东城新区会议中心召开。县政协主席吴爱清代表县政协委员会常务委员会作工作报告；副主席李良俊报告县政协九届二次会议以来的提案工作情况；会期，政协委员进行了参政议政发言，并于1月10日列席了县第十七届人民代表大会第三次后分组协商了政府工作报告。会议通过了《关于政协攸县第九届委员会常务委员会工作报告的决议》《关于政协攸县第九届委员会常务委员会提案工作情况报告的决议》和《政协攸县第九届委员会第三次会议政治决议》。

1月10—12日，攸县第十七届人民代表大会第三次会议在东城新区会议中心召开。本次会议应到代表269名，实到代表258名，符合法定人数。大会听取审议了县人民政府县长苏涛所的《政府工作报告》、县人大常委会主任尹诺昂的《攸县人大常委会工作报告》；审议了《攸县2017年国民经济和社会发展计划执行情况及2018年计划草案》《攸县2017年财政预算执行情况及2018年财政预算草案》《攸县2017年环境状况和环境保护目标完成情况及2018年环境保护目标》《攸县人民法院工作报告》和《攸县人民检察院工作报告》；作出了七项相应的决议。选举了攸县监察委员会主任，补选攸县第十七届人民代表大会常务委员会委员。刘秀云当选攸县监察委员会主任；文日明、朱冬鸿当选攸县第十七届人民代表大会常务委员会委员。

1月12日，市委副书记、市长阳卫国到攸县督导检查安全生产工作。阳卫国一行走访了工业园部分劳动密集型企业，现场检查了企业安全生产责任落实、消防设施配备、生产人员培训等情况；就做好安全生产工作提出明确要求：一是要突出安全隐患排查整治；二是要全面落实企业主体责任和行业安全监管责任；三是要建立健全事故防范和应急救援体系。各级各部门单位要立足职能，各司其职、各负其责，建立健全事故防范和应急救援机制，做到防范在前，管控到位，高效处。

1月12日，攸县监察委员会正式挂牌成立，这也是株洲市首个挂牌成立的县级监察委员会。同日召开的攸县第十七届人民代表大会第三次会议上，县委常委、县纪委书记刘秀云满票当选为县监察委员会主任，并在大会现场进行宪法宣誓。攸县人大常委会会议依法任命了监察委员会副主任、委员，攸县监察委员会正式组建。

1月16日，在第七届全国服务农民、服务基层文化建设先进集体表彰座谈会上，攸县石羊塘镇谭家垅村高桥农家书屋和攸县花鼓戏保护传承中心被中宣部、文化部和国家新闻出版广电总局授予“全国服务农民”“服务基层文化建设先进集体”荣誉称号。近年来，攸县花鼓戏保护传承中心，坚持“二为”方向、“三贴近”原则，坚持创作、编排符合有口碑、有“湘味”、适合基层演出“接地气”的文艺作品，在服务基层、服务农民方面作出了有益探索，创作了《洣江湾》《千古一丐》《代理乡长》《腊鱼庙的传说》等几十部群众喜闻乐见的戏曲精品，并在国家、省、市专业剧团会演中多次获奖；坚持“面向基层，服务农民”的方针，担纲公共文化服务体系中的重要一环，年均下乡200天以上，深入开展送戏进农村、进社区、进校园活动，每年演出320—380场，把党的温暖、关怀、改革开放的成果以艺术的形式免费展示给广大基层群众，传承了长沙花鼓戏艺术，有效扩大了地方传统文化在农村、农民中的影响。1月17日晚，中央广播电视台新闻综合频道《焦点访谈》栏目，以“以文化人成风化俗”为题，对攸县花鼓戏保护传承中心送戏下乡，服务基层百姓进行了重点报道。

1月18日，全市《株洲市农村村庄规划建设管理条例》推进现场会在攸县召开，会议总结推广条例贯彻实施试点经验，进一步统一思想、强化措施，推动乡村振兴战略落地实施。参加全市《株洲市农村村庄规划建设管理条例》推进现场会的市领导，先后到酒埠江镇莲塘村、酒埠江镇城建办等地，深入了解该镇贯彻条例的工作流程、工作规范。《株洲市农村村庄规划建设管理条例》是株洲市获得立法权后出台的第一部实体法。该条例的贯彻实施，大力推进乡村振兴战略的胆识和决心，对于基层工作实践具有极其重要的现实指导意义。作为全省第一批新型城镇化试点县，攸县第一时间进行动员部署，积极开展先期试点，统筹抓好了特色小镇和美丽乡村建设，着力探索农民集中居住、农业集中经营、农田集中耕种“三集中”发展模式，在农村规划建设和规范建房等领域实现了有效提升，在全省美丽乡村建设现场会上攸县作为县级唯一代表作经验推介。

1月29日，全县最后一批土坯房改造户——酒埠江白蛇冲村19户全部入住新房；至此，全面完成所有农村土坯房的拆除改造工作。2017年11月，攸县开始实行农村土坯房改造百日攻坚行动，对全县符合“一户一宅”政策、有人居住的1378户农村土坯房进行分类改造。

2月

2月12日，攸县召开扫黑除恶专项斗争工作会议，对全县扫黑除恶专项斗争工作进行全面动员部署。会议各相关职能部门要密切配合、通力协作，坚定不移地开展扫黑除恶专项斗争，要迅速行动、狠抓落实。对交通运输、矿产资源、房地产开发、农贸市场、休闲娱乐等重点行业和领域，全方位实施排查工作，对一切黑恶势力“零容忍”，以决胜的精神状态和雷霆的行动，坚决扫除黑恶势力这个社会毒瘤，确保全县人民安居乐业、社会安定有序。全县各乡镇党政负责人、相关单位部门负责人参加了会议。

2月2日，全县召开安全生产“打非治违百日行动”工作会议，部署2018年安全生产工作。会议传达了省、市关于开展“打非治违百日行动”的通知，部署“2018年安全生产打非治违百日行动”的工作。此次“打非治违百日行动”在全县所有地区、所有行业领域、所有生产经营企事业单位全面开展。以煤矿、金属与非金属矿山、烟花鞭炮、危险化学品、城镇燃气、交通运输、建筑施工、消防、粉尘防爆、有限空间作业、特种设备等重点行业和人员密集场所为重点，集中打击一批当前表现突出的非法违法、违规违章行为。打击、整治无证无照或证照过期从事生产经营活动、关闭取缔后又擅自生产经营建设、存在重大安全隐患不按时要求落实整改、不具备安全生产条件从事生产经营活动、未通过复产复工验收擅自组织生产经营、未落实企业安全生产主体责任等非法和违法生产经营建设行为。

2月7日，攸州春联学校建设开工。攸州春联学校位于东城新区春联街道柘合社区，项目总投资2.3亿元，占地面积13.25公顷，总建筑面积75784.31平方米。项目将建成一所九年一贯制义务教育学校，设初中42个班、小学48个班，可满足4200余名学生的就学需求。该校建成之后将有效缓解城区义务教育学校学位紧张的现状。

2月13日，攸县杨木港、

洪家洲光伏扶贫大型电站项目建设举行开工典礼。杨木港、洪家洲光伏扶贫大型电站项目是湖南省2017年集中式光伏扶贫电站建设项目，株洲市首批光伏扶贫大型电站项目，株洲市、攸县人民政府和江桥街道办事处的重点扶贫项目。项目建设总规模3万千瓦，总投资约2.1亿元，占地面积80公顷，年发电量将达3000万千瓦时，预计年产值3000多万元。项目建成后将对口帮扶建档立卡贫困户999户，为贫困户年增收3000元。2018年6月30日，该电站成功并网发电。

3月

3月初，攸县校车安全管理监控中心为切实保障学生的人身安全，开始对全县所有校车实行全程安全监管。该监管系统将全县410辆校车全部纳入“全程监控”范围，在每辆校车上安装、使用带有GPS卫星定位功能和实时视频监控功能的行驶记录仪，该系统具备智能GPS卫星定位功能，并配有监控系统平台和车载硬件设备。设备运行过程中能够很好地获取车辆当前的位置信息，对车辆进行准确的定位，全面实现校车的智能化管控，确保校车日常监管全方位、全时段覆盖。每天上午6：20—8：30，下午3：30—6：00，工作人员轮流值班，对校车司机、照管员情况，车速、车内秩序进行实时监控，并将每台校车的违规行为及时通知到车主，值班人员将校车每天的运行情况记入监控台账，并纳入年终考核；多措并举严格确保校车运行安全。

3月7日，国务院安委办第13督导组到攸县督查指导安全生产工作。督导组到湖南明珠选矿药剂有限责任公司等地，抽查企业日常安全生产情况，听取攸县安全生产工作的情况汇报，并对抽查中发现的安全生产隐患进行现场反馈，提出整改意见。

3月20日，中南地区目前生产规模最大的保温材料厂家，全省首家大型岩棉制造企业，湖南恒盛岩棉新材料有限公司在攸县网岭循环经济园点火试产。湖南恒盛岩棉新材料有限公司总投资2.13亿元；公司生产的“鑫果”牌岩棉棉制品是以精选的玄武岩为主要原材料，经过高温熔融，采用国际先进的高速四辊离心成纤，将玄武岩高温熔体拉成非连续性、直径为4—7微米的纤维，同时喷入少量的热固化剂等，经过捕集带收集，摆锤铺棉，打褶，压制，高温固化成型，切割成不同规格的产品，生产各种保温、隔热、消防等系列岩棉产品，该岩棉制品具有良好的隔热、吸声和防水性能，被广泛应用于建筑、化工、石油、造船、农业等领域，市场前景十分广阔。

3月21日，召开全县农业农村暨脱贫攻坚大会。会议就下一步如何认真落实中央、省市战略部署，持续深入做好精准脱贫攻坚工作，进行了具体安排部署。会上，部署全县各宣传思想文化战线单位在农村文化服务领域大力推进“门前三小”（小书屋、小广场、小讲堂）工程，计划在2018—2020年建成“门前三小”600个，示范点100个。8月2日，全县“门前三小”建设通过株洲市创建国家公共文化服务体系示范区验收。“门前三小”是推进文明乡风建设的重要举措，验收组对攸县“门前三小”工作给予高度评价，认为攸县高度重视公共文化服务建设工作，不断加大公共文化设施建设力度，努力提高公共文化服务供给效能，着力满足广大群众的精神文化生活需求。8月23日，《人民日报》刊发评论文章《公共文化服务也要做足“小”文章》。《人民日报》评论指出：在株洲市攸县，村民家门口建起了小广场、小书屋、小讲堂，公共文化服务从“村部大楼”延伸到百姓“门前”。“门前三小”，作用不小：小广场跳出大健康，小书屋读出大天地，小讲堂讲出大道理。村民感慨：“如今，打牌的少了，打球的多了，读书的多了；邻里口角少了，互助多了。”实际上，这样的建设投入不多，收效却很好。

4月

4月25日，肇庆市贺江电力发展有限公司与攸县的株洲泓泰水电实业有限公司成功并购签约。肇庆市贺江电力发展有限公司入驻攸县，与株洲泓泰水电实业有限公司并购。肇庆市贺江电力发展有限公司是肇庆市市直国有大型水电企业，承接工程遍布全国各地，并培养了一批技术过硬，经验丰富的高素质技术和管理人才。株洲泓泰水电实业有限公司是在攸县成长起来的优秀企业，承接了桐坝水利综合枢纽等重点工程项目；两企业的并购，有利于增强行业竞争实力，从而推动攸县水利工程开发建设和产业经济发展。

4月27日，县人民医院卒中中心揭牌成立，并现场与27家医疗机构共同签署合作协议，共同为脑卒中患者提供及时、快捷、合适、高效的诊疗服务，建成一条真正的绿色通道，挽救脑卒中患者的生命。该中心的成立，标志着攸县规范、高效的脑卒中绿色通道正式启动。卒中，俗称脑中风，整体死亡率高达40%，致残率高达80%，已成为威胁群众生命安全的主要重大疾病之一，具有起病急、病（伤）情危重、病死率和致残率高等特点。近年来，县人民医院全力推进胸痛中心与卒中中心建设；经过长期努力，该院胸痛中心现已成为全县首家中国胸痛中心认证单位，并获湖南省卒中中心联盟批准，授牌成立攸县人民医院卒中中心。

4月28日，全县召开脱贫攻坚暨作风建设年动员大会。会议动员全县上下要咬定目标不放松，倒排任务、倒逼责任、倒查难点，凝聚合力，挂图作战，坚决打赢脱贫攻坚这场硬仗。会议就扶贫攻坚工作提出四项具体要求，即提升认识抓扶贫，聚焦问题抓扶贫；靶向发力抓扶贫；凝聚合力抓扶贫。会议号召各级、各部门要必须提高政治站位、必须坚持问题导向、必须突出精准扶贫、必须强化作风建设，进一步统一思想，集中力量，高质量完成脱贫攻坚战。

5月

5月7日，株洲市环保督察组进驻攸县，启动全市第一轮环境保护督察。全市首轮市级环保督察持续至5月18日，督察对象为天元区、攸县，并延伸至有关部门、乡镇（街道）和工业园区。此次市级环保督察的内容包括：围绕环境保护决策部署，重点督察贯彻落实情况；围绕突出环境问题，重点督察相关问题整改处置情况；围绕生态环境保护职责，重点督察责任落实情况；围绕基层环保能力建设，重点督察执行落实情况；围绕上级环保督察工作，重点督察整改落实情况。督察坚持问题导向，动真碰硬整改，工作纪律严明，追责问责严肃，“对任何抵制、妨碍、干扰督察组正常工作的，无论涉及哪个单位和个人，都将依法依规依纪严肃处理”。此次督察，有力促进了全县对上级环保决策部署的落实，环保问题的整改，环保责任的落实和环保能力的建设。8月2日，湖南省第二环境保护督察组继续在攸县进行现场督察，并就相关问题进行交办。

5月8日，中共株洲市委副书记、市长阳卫国到攸县调研种植结构调整及休耕治理工作。阳卫国在攸县建兵蔬菜专业合作社，详细了解饲用玉米销路、农机购置补贴、企业生产经营等情况。攸县的种植结构调整任务已落实到镇、到村、到组、到田、到品种，落实种植结构调整面积4666.67公顷；落实休耕面积4.4万亩，超过上级下达的休耕任务。听取了攸县种植结构调整及休耕治理工作的情况汇报后，阳卫国对攸县种植结构调整工作取得的成效，给予了充分肯定。阳卫国指出，种植结构调整及休耕治理工作要以优化区域农业生产结构、推进农业供给侧结构性改革、保障粮食等农产品质量安全、统筹城乡发展为目标，科学选择替代作物，推进粮经饲统筹、农牧渔结合、种养加一体、一二三产业融合发展，充分发挥龙头企业的示范带动作用，积极稳妥地发展有市场、产量高、效益好的特色产业，确保调得了、稳得住、有效益、可持续。12月19日，市委副书记、市长阳卫国到攸县视察河长制和安全生产工作情况。阳卫国充分肯定了攸县河长制工作所取得的成效，并叮嘱相关负责人持续加强巡查力度，切实守护好一江碧水，造福一方百姓；要求全县各级各部门提高政治站位，落实主体责任，进一步加强环境保护和安全生产等各项工作力度。

5月16日，攸县召开禁毒委成员单位工作会议，安排部署创建禁毒工作示范县以及集中禁毒宣传季活动。6月26日，在全县范围内开展以“健康人生、绿色无毒”为主题集中禁毒宣传活动。4月—12月，全面深入开展了一场禁毒人民战争。保持对毒品犯罪严厉打击的高压态势，全面加强对毒品的堵源截流；全员广泛宣传发动，提高全民禁毒意识，提高青少年识毒、拒毒、防毒意识，切实减少新吸毒人员滋生。县电视台、广播电台等媒体，在全县深入开展以“健康人生绿色无毒”为中心主题的集中宣传活动和学生毒品集中预防教育活动。活动期间，突出发挥手机终端和手机用户开展禁毒宣传，并向全县所有手机终端用户每月发送3条以上禁毒宣传短信息，深入开展禁毒宣传进社区、进农村、进企业、进场所、进人流密集区域的“五进”活动，充分发挥“妈妈禁毒联盟”作用，让禁毒工作宣传进家庭，开展预防“毒驾”专题宣传等活动。全县禁毒委各成员单位密切配合，积极开展禁毒宣传活动，向全县人民宣传毒品危害和预防相关知识，活动取得了良好的宣传教育效果，为创建省级禁毒工作示范县奠定基础。

6月

6月8日，县人民政府召开2018年全县重金属污染耕地修复治理式休耕工作调度会。会议就2018年休耕工作有关事项进行安排部署。治理式休耕主要采用“休耕+春季深翻耕+淹水管理+秋冬季旋耕+绿肥”的治理模式实施。2018年，攸县新增休耕任务2912.73公顷，加上2016年、2017年延续休耕任务18785.23亩，全县休耕总任务62476.23亩。项目涉及15个乡镇35个村。

6月中旬，攸县供销惠农商贸有限公司的农产品品牌“攸州五件宝”商标，经国家工商总局商标局批准成功注册，并获商标注册证。攸县供销惠农商贸有限公司2014年由攸县供销社投资1000多万元、划拨4处优势资产注资成立。为树立为农服务品牌，打造农村电商“国家队”，2016年攸县供销社受县委、县人民政府委托，将攸县米粉、攸县茶油、攸县香干、攸县麻鸭4个国家地理标志产品和具有地方特色的攸县晒肉精心打造成了县域农产品公共品牌——“攸州五件宝”，使其成为了攸县农特产品的一张响亮“名片”。“攸州五件宝”品牌商标的成功注册，为攸县农产品走向外地市场奠定了扎实的基础。12月19日，市委、市政府召开株洲市农业品牌建设表彰大会，会上发布了株洲十大农业（区域公用、农业企业、农产品）品牌名单。攸县豆腐、攸县麻鸭入选株洲市十大农业区域公用品牌，仙竹米业（株洲市仙竹米业有限公司）、鸿华麻鸭（株洲市鸿华麻鸭有限公司）入选株洲市十大农业企业品牌，炎米神米粉入选株洲市“十大农产品品牌”，获得大会奖励。

6月21日，攸县人民政府召开生态环境隐患大排查大整治“百日攻坚”行动部署会，参会单位包括环保、住建、水利等15个部门。会议传达了株洲市生态环境隐患大排查大整治“百日攻坚”行动会议精神，落实各部门单位的具体职责任务。7月9日，全县召开生态环境隐患大排查大整治“百日攻坚”行动调度会。会议下发了《攸县生态环境隐患排查大整治“百日攻坚”行动方案》。至9月30日，在14个方面开展排查整治。包括：中央、省级环保督察问题和信访交办件整改落实情况，“清废行动2018”问题，饮用水水源地问题，“绿盾2017、2018”问题，县长热线和群众投诉件，污染防治攻坚战和夏季攻势重点项目滞后问题，港口船舶污染，露天开采非金属矿山管理等。同时，针对存在的生态安全隐患，切实开展整治行动，确保攸县生态环境健康，群众获得感、幸福感不断增强。

6月28日，为在更大范围内激活农村各类要素潜力，盘活“沉睡”资产，攸县举行农村集体产权制度改革政策暨清产核资业务培训，在全市率先启动农村集体产权制度改革试点工作。此次改革突出农村集体资产清产核资和经营性资产股份合作制改革等重点任务，涵盖全县范围内所有涉农村（社区）集体资产（包括：资源性资产、非经营性资产、经营性资产三类）。全面实行“三变”（资源变资产、资金变股金、农民变股东）。资源变资产，即把村集体以集体土地、森林、滩涂等资源性资产和房屋、建设用地（物）、基础设施等可经营性资产的使用权，通过合同或者协议的方式，投资入股企业、合作社、家庭农场等经营主体，享受股权权利。资金变股金，即让分散的资金聚起来，把各级财政投入农村的发展类、扶持类资金等（补贴类、救济类、应急类资金除外），在不改变资金使用性质和用途的前提下，量化为村集体或农民持有的资金，通过合同或者协议方式，投资入股经营主体，享有股权权利。农民变股东，即让增收的渠道多起来，通过农民自愿把自有的耕地、林地承包经营权、宅基地使用权以及资金、技术等，投资入股经营主体，享有股权权利。

7月

7月2日，攸县启动第二期（2018年期）“实训攸州”大学生主题实践活动，来自全国各地的431名高校大学生到攸县实习实训。本期“实训攸州”活动参与者90%以上是双一流（全国重点建设大学、重点建设科目）大学，其中硕士研究生107名，有来自清华大学的一个团队13个人，到攸县就创新创业和产业转型这一块进行专题调研；北京大学有3名研究生报名参加实训活动。本次实训实习活动采取“订单式”实习、“组团式”实训、“志愿式”实践等方式，各乡镇（街道）、机关事业单位、国有平台公司、知名民营企业根据学生专业特长、个人意愿、研究课题和实训课题量身定制实习实训岗位。“实训攸州”活动为学生搭建了提升自我和认知社会的平台，更为攸县充分开发大学生智力资源、助推高质量“突围突破”储备了一批人才资源。

7月9日，中共株洲市委组织全市组织系统到攸县，就基层党建工作进行现场观摩活动。观摩团先后来到春联街道山背社区、联星街道丽水山庄小区党支部，网岭镇里旺村等地，通过听取汇报、查阅资料、现场参观等方式，深入了解全县基层党建工作开展情况。2018年年初以来，攸县继续贯彻“党建统、党建+、党建创”的工作理念，始终坚持以提升组织力为重点，实施基层党建工作向心力工程，深入开展基层党建质量提升年活动，统筹推进“五化”支部建设，推动基层党组织全面进步、全面过硬。坚持常态督导，提升党建工作质量；坚持全员培训，提升党建业务水平；坚持宣传教化，提升服务大局本领；坚持联建互建，提升基层治理能力；坚持示范创建，提升党建品牌内涵；坚持党建引领，提升脱贫攻坚效率；坚持强基固本，提升基层保障力度。全体观摩团人员对攸县基层党建工作给予了高度肯定，认为攸县的基层党建工作有亮点、有特色、有成效，有不少有益的经验值得学习推广。

7月9日，全县召开抗旱工作会议，全面部署抗旱的各项准备工作。会议要求全县各部门（单位）、乡镇（街道）负责人要高度重视抗旱工作，做好“抗大旱，抗长旱”的思想准备，严格落实抗旱行政首长责任制，组织人员做好水利设施的修缮和维护，认真做好水源的科学调度，要坚决保障好城乡居民饮水安全。酒埠江灌区充分利用全套水情管理系统，并根据收集的数据，研究制定了一套精准用水管理办法，确保了全县境内未出现因大旱引发的大灾现象。2019年1月至7月8日，全县降雨量较历史同期严重偏少，累计降雨量568.8毫米，与历史同期平均降雨量相比少453.6毫米，减少44.37%。各水库和山塘蓄水量严重不足，至7月8日，全县实际蓄水量为2.23亿立方米，占应蓄水量的41.06%，较上年同期少蓄水3.2亿立方米。至7月底，连续出现高温天气，全县遭遇到近50年一遇的干旱天气。酒埠江水库水位比近10年同期平均水位少了近10米，至7月31日水位仅为152.06米，为1964年以来历史同期最低水位，蓄水量为0.99亿立方米，比正常蓄水量少41%。

7月20日，新组建的国家税务总局攸县税务局挂牌成立，这标志着原攸县国家税务局、原攸县地方税务局合并。24年来，攸县国地税认真履行“为国聚财、为民征税”职责，全面落实税收政策，依法组织税收收入，在各自征管领域上都为国家和地方财政保障和经济建设做出了应有的贡献。全县国税、地税收入分别由5054万元、3040万元，增至2017年的7.3亿元、5.76亿元，累计增长13.4倍、17.9倍，为县域经济的发展提供了强大的财力保障。

7月15日、19日，国家药监局先后紧急通告“长春长生生物科技有限责任公司的冻干人用狂犬疫苗生产存在记录造假等严重违规行为”和“其子公司长春长生又因‘百白破’验不符合规定而被吉林省药监局予以行政处罚”事件后，县疾病预防控制中心第一时间进行自查，确定所有环节没有纰漏，作出权威确认：攸县疫苗管理严格规范，实行全程电子码监管，每一支疫苗都有“电子身份证”，从未采购长春长生的狂犬疫苗，上述涉事批次疫苗未流入攸县。

8月

8月1日，攸县正式启用健康扶贫“一站式”结算平台，在县内所有协议医疗机构和城乡居民医疗保险服务中心设立健康扶贫“一站式”结算窗口。该结算平台将为全县的农村贫困人口提供方便、优质、快捷的“一站式”结算服务。健康扶贫“一站式”结算方式，在充分整合相关政策、资金和信息的基础上，明确了补助流程、规范了补助程序、建立了绿色通道，实现了“一个窗口，一个系统，一张票据，让信息多跑路，患者零跑路”的目标。自5月20日启动至7月18日，全县建档立卡贫困户“一站式”结算共补偿3727人次，总费用1231.4万元，共补偿1133.52万元，综合补偿率达到92.05%。7月19日，株洲市健康扶贫“一站式”结算工作调度会在攸县召开。攸县相关人员在会上作典型发言，介绍了在健康扶贫“一站式”结算工作中的经验。

8月9日，攸县人民政府与阿里巴巴（中国）软件有限公司成功签约，共同构建攸县农村现代物流体系。近年来，县委县政府坚持把发展电子商务作为推动产业结构优化升级的重要抓手，依托攸县农特产品资源优势，大力实施“互联网+”战略，积极完善电商运营体系，培育优质示范主体，为全县电商产业营造了良好的发展环境。阿里巴巴农村战略是阿里巴巴集团三大战略项目之一，通过搭建县—乡—村三级服务网络，充分发挥电子商务优势，突破物流、信息流的瓶颈，实现“网货下乡”和“农产品进城”的双向流通。该项目已经覆盖全国29个省、700个县域城市及4万多个村点。

8月11日，攸州碧桂园城市展厅在碧桂园·攸州府项目区开放。6月28日，中国五百强、中国地产十强企业——碧桂园集团公司，以5.5亿元的价格成功竞拍了攸县城区三宗地块，经营地产开发，总面积近25万平方米。编号［2018］网挂第087号地块位于联星街道万古桥社区，［2018］网挂第088号地块位于迎宾大道与太和路交叉口东南东城新区，［2018］网挂第089号地块位于迎宾大道与攸水大道交叉口西北角东城新区。“攸州碧桂园·攸州府”项目落户于攸县东城新区迎宾大道（新公安局西侧），为高品质（五星级）生态楼盘建设项目。

8月下旬，株洲市生物工程中等专业学校（攸县职业中专）改扩建项目工程竣工。攸县职业中专是一所集全日制教育、成人教育、短期培训教育及设计学院为一体的综合性学校。此次改造扩大建设项目为株洲市重点项目，于2015年6月开工，资金投入5.7亿元；改扩建后，全校可容纳全日制学生3500人，大中专及成人教育1600人，每年可以承办各类培训8000人次。

9月

9月11日，中共湖南省纪委、湖南省监委公布消息：攸县县委书记谭润洪涉嫌严重违纪违法，目前正接受湖南省纪委、监委纪律审查和监察调查。

9月13日，中共株洲市委书记、市人大常委会主任毛腾飞到攸县调研农村人居环境整治工作。毛腾飞在网岭镇里旺村，详细了解农村生活垃圾治理和垃圾分类工作开展情况和基本公共服务、基层党建等工作情况，对攸县发挥党建引领作用带领村民改善生产生活环境的做法和成效给予充分的肯定。他说，攸县的城乡同治经验曾经全国有名，是一块响亮的品牌，很有影响力，而现在的城乡同治，已经不仅仅局限于环境，并要求攸县政府因地制宜做好引导工作，更多地依靠市场机制，依靠群众力量，大胆稳妥深入开展农村人居环境整治，增强广大农民群众的获得感、幸福感，把城乡同治这块牌子擦得更亮。近年来，攸县以城乡统筹为第一抓手，全面开展策划规划工作，积极探索特色产业发展路径，统筹推进镇村环境整治。创建省级美丽乡村1个，市级特色创建村6个。全面推行“河长制”，推进湘江保护和治理“一号工程”，开展“两江四岸”治理，深化城乡同治，实现农村环境综合治理全覆盖，荣获“第一批全国农村生活垃圾分类和资源化利用示范县”称号，人居环境不断改观。

9月20日，攸县正式启动第四次全国经济普查入户清查工作。至年底，全县550名普查指导员、普查员，走进企业、商场、店铺，对全县范围内的全部法人单位、产业活动单位以及从事第二、第三产业的个体经营户，进行了“地毯式”逐一入户清查登记，分类填报清查表，摸清其基本情况和分布状况。

9月28日，县人民政府召开全县煤矿关闭退出工作推进会，会议要求进一步落实国家煤矿安全监察局和湖南省落后小煤矿关闭退出工作领导小组的相关文件精神，进一步抓紧抓实煤矿关退工作。9月30日，参与减量重组的煤矿停止一切采掘作业和整改工作,并于10月底按标准要求实行关闭。11月,完成县、市两级验收,申请省验收工作。

9月，网酒公路（网岭洞井至酒埠江镇）扩建工程竣工。网酒公路是攸县进入酒仙湖景区的重要通道，扩建升级于2017年开工，扩建工程全长10公里，总投资1亿多元，按照国家一级公路标准进行建设，扩建升级后为一级公路。

10月

10月1日，攸县实施健康扶贫新政策，建档贫困人口尿毒症患者在县内定点医疗机构住院治疗实行按病种付费，住院补助每年限额5000元；在县内定点医疗机构门诊行血液透析治疗，每次透析个人支付部分50元，予以70%救助，即每次门诊透析只需自付15元。

10月5日，湖南省公安厅监管总队长吴逊伟一行到攸县监所开展安全防范检查工作。

10月16日，攸县社会福利中心和攸县康泰养老中心揭牌成立。新建成的攸县社会福利中心位于谭桥街道流和社区，是一所集养护院、敬老院、光荣院、儿童福利院于一体的综合性养老服务中心，占地9公顷，总投资1.08亿元，分三期建设，一期工程已全面投入使用。攸县康泰养老中心由攸发集团投资4000万元建设，中心拥有康复医院、食堂和老年公寓，并设有棋牌室、阅览室、心理疏导室、健康评估室等多功能场所，是集老年人休养、文化、娱乐、康复、保健、医疗护理于一体的医养融合综合性养老机构。

10月21日，在海南省三亚市举行的第二届中国森林康养与乡村振兴战略论坛暨全国森林康养基地建设经验交流会上，由酒仙湖公司建设运营的八福垅森林小镇被中国林业产业联合会正式授牌为第四批“全国森林康养基地试点建设单位”，成为株洲市此次唯一成功入选的单位。八福垅森林小镇是酒埠江生态新镇建设项目的子项目之一，是酒仙湖公司继酒仙湖景区提质改造后另一个重要的自建自营项目。该项目位于攸县鸾山镇，所在地海拔1000米以上，生态环境优越，10万亩次生林，10公里的高山流水峡谷，平均负离子含量每立方厘米超10000个的优质大气环境，具备开发森林康养产品的自然资源条件。

10月29日，株洲市高中教育质量建设会在攸县第一中学召开。会上，攸县一中、攸县二中、长鸿实验学校、健坤外国语学校荣获株洲市“高中教育质量建设先进单位”称号。

10月30日，攸县举行拘留所搬迁暨“三所合一”落成揭牌仪式。“三所合一”项目位于菜花坪镇菜花村，占地10公顷，总建设面积28291.73平方米，设置有看守所、拘留所、强制戒毒所、武警中队、医疗中心等五个区域，设计羁押总容量900人，其中看守所600人，拘留所100人，强制戒毒所200人，于2016年8月动工建设。“三所合一”项目建设是县委、县政府“十三五”规划的重要内容，也是全面加强公安基层基础设施建设的一项重大举措。“三所合一”落成，标志攸县监所管理全面迈向规范化、科学化、信息化，将从根本上改变攸县监管场所基础设施陈旧老化、监所设置欠科学、管理欠规范的落后局面。

11月

11月6日，由攸县花鼓戏保护传承中心原创的现代花鼓戏《长辈》在长沙实验剧场参加全国优秀花鼓戏剧目展演。《长辈》根据攸县网岭镇槚山片区发生的真人真事改编而成，全剧以“孝”字为主线，通过描写军人石源感恩叔叔养育之恩、孝老爱亲的感人故事，展示了中华民族代代相传的家风、孝道、美德。此次展演由中共湖南省委宣传部、省文化和旅游厅共同主办，结合时代特点、地域风情，在全国范围内遴选出6台大戏、10出小戏，包括大型优秀剧目，名家经典小戏和第六届湖南艺术节新创获奖佳作。由攸县花鼓戏保护传承中心创作的花鼓戏《长辈》是参加此次展演的6台大戏之一。作为国家艺术基金2017年度大型舞台剧和作品资助项目之一。

11月11日，攸县首届电商节暨农特产电商扶贫推介会在湘东大市场广场举行。活动期间，26家参展企业展出的特色农产品琳琅满目、种类丰富，涵盖了攸县香干、米粉、麻鸭、茶油等各种本地特色农产品。近年来，攸县电子商务快速发展，在淘宝、京东等电子商务平台注册商户达1000多家，本地电子商务从业人员5000余人。2019年1—9月，累计实现电子商务销售额2亿元。此次活动由县政府主办，县商务旅游和粮食局、县供销合作社联合社、县邮政局、县市场服务中心协办，县电子商务行业协会具体承办。活动的开展，对继续在全县推广“互联网+公司+农户”的模式上下功夫，搭建产销对接平台，实现农产品与市场深度融合；带动农民致富、贫困户增收，企业增效，增加地方经济活力，有着重要的意义。

11月16—18日，在首都北京举行的中国青少年“我是小创客”3D打印总决赛中（由中国青少年创新教育活动委员会和未来网主办，浙江爱思特科技发展有限公司承办），攸县派出的攸县一中和震林中学、工业路小学共17名参赛学生获得优秀成绩；县一中谢琳俊同学获全国唯一一个一等奖。攸县一中和震林中学、工业路小学一直以来重视学生的创新实践活动，重视学生科技创新能力的培养，为学生搭建各种展示才华的舞台。在县教育局重视和关心支持下，学校为创客们落实活动场地，购置激光雕刻机、3D打印机等各种智造工具，招募全校的小创客爱好者入班学习，并开设各项个性化课程，通过软件编程、测控传感器、电子元器件、模型设计制作等多课程的融合，通过互联网+，打通学科间的界限，实现数学、科学、艺术等多学科联动学习。

11月19日，在湖南省社会主义核心价值观建设工作推进会上宣布，攸县“石山书院——攸州讲堂”入选为湖南省社会主义核心价值观建设示范点。为深入推进社会主义核心价值观建设、充分发挥先进典型示范带动作用，经推荐申报、初评、复评、实地考察、综合把关等程序，省委宣传部命名湖南图书馆、湖南文明网、攸县石山书院攸州讲堂等36个单位为湖南省社会主义核心价值观建设示范点。近年来，攸县以“石山书院·攸州大讲堂”为载体，以“新生活、新常态、新攸县”为主题的宣讲活动每月至少两场，授课内容涵盖“法治宣传、形势政策、中国传统文化、文明礼仪教化”等社会各个领域、各个层面。与此同时，依托培养的一批本土专家，围绕老百姓关注的“衣食住行、生老病死”问题授课，全县各级领导干部带头学习、交流，真正将“攸州大讲堂”打造成攸县人潜心习文的重要平台、攸县文化传播的重要品牌。

11月27日，攸县妇女第十二次代表大会召开，会议总结过去五年的工作，规划今后五年的目标和任务。过去五年，全县妇女工作呈现妇女发展环境不断优化、妇女幸福指数不断提高、妇联服务触角不断延伸的喜人局面，全县广大妇女以主人翁姿态积极投身攸县建设，彰显巾帼之美、奉献巾帼之力，在乡村振兴、封山育林、脱贫攻坚等各个领域创造了崭新业绩，展现了当代妇女爱党爱国的坚定信念、自强不息的奋斗精神、自信开放的崭新形象。未来五年，全县妇女工作将大力实施创新创业工程、家庭文明工程、维权关爱工程、深化改革工程，着力营造创业环境、着力推进岗位建功、着力提升服务水平，用伟大思想凝聚妇女、用先进典型激励妇女、用先进文化引领妇女，持续做实依法维仪、持续做好民生关爱、持续做优志愿服务，团结动员广大妇女群众坚定不移听党话、跟党走，为建设富强美丽幸福新攸州而努力奋斗。

11月28日，共青团攸县第十六次代表大会召开，会议回顾总结了共青团攸县第十五届委员会以来所取得的成效，并提出了下一阶段攸县共青团工作的总体思路。近年来，团县委坚持以理想信念教育为根本、以先进典型推树为抓手、以“网上共青团”建设为延伸，不断加强青年思想引领、凝聚青年，团的吸引力和影响力不断增强，通过广泛开展服务创新创业、助力脱贫攻坚、参与文明创建等各类主题教育活动，在促进青少年成长成才、维护青少年合法权益、丰富青少年文体生活，全面夯实基层组织建设、注重团干部队伍建设、突出团员先进性建设等方面取得了显著成效。会议明确，未来五年，团县委将坚持“强基础、强服务、强队伍”工作思路，坚持政治建团、思想立团、固本兴团、改革强团、从严治团，建设攸州青年身边的共青团，不忘跟党初心，团结带领广大青年建功立业，充分发挥共青团联系党组织和青年的桥梁纽带作用。

11月28日，湖南省广播电视局副局长蒋强先一行到攸县调研影视产业发展和广电工作。调研组先后到春联街道沙坪“门前三小”示范点、石山书院、县广播电视台实地调研后，对攸县的广播电视工作予以高度肯定。攸县广播电视台作为全国第一批、湖南省第一家县级电视台，打造了一批群众喜闻乐见的精品节目和名牌栏目，为攸县的改革、发展、稳定和经济社会发展营造了良好的舆论环境。座谈会上，调研组就攸州中部影视城项目与县委副书记、县长苏涛等县级领导进行了交流；双方并于座谈会后签订了框架协议。长沙朝歌时代文化传播公司是湖南一家以拍摄后期策划包装电影、电视剧、纪录片等的专业影视公司。公司规划在攸县建造集影视、旅游、节目、文艺为一体的攸州中部影视城，项目拟投资20亿元，分三期建设。

12月

12月16日，攸县召开领导干部大会，宣布省委、市委关于康月林等攸县有关同志的职务任免决定。中共湖南省委、中共株洲市委决定：康月林任中共攸县县委书记。

12月中旬，攸州工业园污水处理厂进入试运营阶段。攸州工业园污水处理厂采用较为先进的“污水处理工艺物化+生化+深度处理”，设计出水指标达到国家一级A标准。园区涉及污水排放的企业以前需要达到的A级排放标准，现在只要达到三级B之后便可直接排往污水处理厂处理，有效减轻了企业的负担。攸州工业园污水处理厂完全投入使用后，将为企业提供一对一的专业化服务，针对不同的厂区进行专业运营，在减轻企业环保运行压力的同时，能有效地加强园区环保监管力度，为园区环保提供了强有力的保障。

12月19日，在攸县拍摄的庆祝改革开放40周年全国重点影片《热土》在北京人民大会堂隆重举办全国首映礼。该影片由潇湘电影集团有限公司、中共中央党校出版社、华夏电影发行有限责任公司、中共攸县县委、攸县人民政府、湖南潇影第二影业有限公司联合出品及摄制。第九届全国人大常委会副委员长彭珮云，中共中央党校（国家行政学院）秘书长欧亚平，中共湖南省委宣传部副部长、湖南省电影局局长肖君华，市委常委、宣传部部长聂方红，攸县县级领导杨喜兰、李易常、杨正武等出席了本次活动。12月27日，该影片在攸县举行首映仪式，12月28日将正式登陆全国院线。省政协原副主席、省文联原主席、电影《热土》编剧谭仲池，潇影集团党组成员、工会主席朱伟华，市委常委、宣传部部长聂方红，县委书记康月林与部分县党代表、人大代表、政协委员、劳动模范、道德模范等200余人出席攸县首映式。作为全省第一部确定入选中国纪念改革开放四十周年的重点献礼影片《热土》，以攸县人为人物形象原型，再现了在深圳经营出租车的攸县青年田韧返乡创业，成为新时代背景下新型农民的成长历程；以一个青年农民离开土地到回归土地创业为主线，通过一个乡村的蜕变，展现了82万名善良淳朴、勤劳勇敢的攸县人民在四十年的改革浪潮中自强不息、奋勇争先的精神，以及中共十八大、十九大以来攸县农业生产、农民生活、农村面貌的喜人变化，反映了中国农民对土地的无限热爱。《热土》由著名演员吴其江、赵梦迪等新老戏骨联袂出演，全程在攸县拍摄。

12月20日，湖南省政协副主席、省工商联主席张健率调研组调研攸县污染防治和民营企业发展工作。张健一行到网岭镇的天心牧业伍零贰养猪场，深入了解企业养殖畜禽废弃物处理等污染防治情况后，充分肯定了企业在污染防治方面的工作。张健指出，污染防治工作是关系到群众利益的大事，攸县相关部门要围绕群众关心、社会关注的突出问题，持续加大环境治理力度，推进农村清洁生产和畜禽粪污资源化利用工作，集中治理农业环境突出问题，全面提升人居环境质量。

重大事件纪要

【“攸州五件宝”成功注册国家商标，制定出台首部攸县香干团体标准】2018年2月7日，攸县在攸州义乌商贸城举行“攸州五件宝”发布会，“攸”字号特色农产品“攸州五件宝”正式面市。2018年4月7日，经国家工商行政管理总局批准，“攸州五件宝”商标成功通过注册批准，核发商标注册证。“攸州五件宝”是通过将4个国家地理标志产品攸县米粉、攸县茶油、攸县香干、攸县麻鸭和极具地方特色的攸县晒肉进行资源整合，包装打造的区域农产品公共品牌。2018年11月7日，攸县召开发展豆腐（香干）产业推介会暨攸县香干团体标准发布会，正式发布攸县首部香干团体标准。该标准的出台有利于加快攸县香干产业规范化、品牌化发展。

（许　彬）

【推进“门前三小”工程建设，经验在全国推介】“门前三小”是攸县县委、县政府近年来全力推进的一项民生文化基础设施建设项目，即群众家门口的“小广场、小书屋、小讲堂”，其中小广场用于文体健身，小书屋用于书籍借阅，小讲堂用于基层宣讲。2018年，攸县按照“覆盖人口不少于300人，小广场占地面积不少于300平方米，小书屋和小讲堂面积分别不少于30平方米、不超过10分钟步行路程”的要求，全年新建“门前三小”142个，打造示范点21个，建设经验受到了新华社、《人民日报》《光明日报》、央视、央广、中央人民政府网等中央和地方媒体的高度关注。2018年7月24日，中宣部简报刊文向全国推介攸县“门前三小”工程经验。

（许　彬）

【攸县社会福利中心投入使用】2018年10月16日，攸县社会福利中心暨康泰健康养老公司举行揭牌仪式，一期工程正式运营。攸县社会福利中心位于谭桥街道流和社区，占地面积9公顷，总投资1.08亿元，分三期建设，是一所集养护院、敬老院、光荣院、儿童福利院于一体的综合性养老服务中心。自2016年破土动工以来，经过两年多的施工建设，一期工程于2018年6月竣工，可提供住房200间、床位500张，年末已有90余名老人顺利入住。

（许　彬）

【推进农村集体产权制度改革】2018年3月7日，攸县召开全县农村土地确权发证和集体产权制度改革工作会议，全面部署农村集体产权制度改革。2018年6月28日，攸县组织农村集体产权制度改革政策暨清产核资业务培训，在全市率先启动农村集体产权制度改革试点工作。此次改革重点聚焦农村集体资产清产核资和经营性资产股份合作制改革等领域，涵盖全县范围内所有涉农村（社区）集体资产，包括资源性资产、非经营性资产、经营性资产三类，以“三变”（资源变资产、资金变股金、农民变股东）的方式全面推进。在具体工作中，攸县探索创新的“七步七快工作法”得到国家、省市肯定和推介，并获评“全省农村集体三资管理工作先进县”。

（许　彬）

【全市深化供销综合改革现场会在攸县召开】2018年11月29日，株洲市供销社综合改革推进会在攸县召开。会议由市人民政府副市长顾峰主持，市委副书记王洪斌出席会议并讲话，会上攸县、醴陵、株洲供销云商贸易有限公司作了典型发言。会前，与会领导实地参观了新市镇土地托管服务中心、湖南星都物流有限责任公司、攸县供销云商贸易公司、攸县大农和生态农业有限公司。市委副书记王洪斌充分肯定了攸县供销综合改革工作取得的成绩，认为其在贴近农民需求、创新经营服务等方面有突破、有创新，值得各县市区学习借鉴。

（李呈念）

【纪念改革开放40周年献礼影片《热土》在攸县拍摄】 2018年9月13日，纪念改革开放40周年、迎接共和国诞辰70周年献礼片《热土》在攸县举行开机仪式；12月19日，《热土》在人民大会堂隆重举办全国首映礼；12月28日登陆全国各大院线。该片由潇湘电影集团有限公司、中央党校出版社和攸县县委、县政府等单位联合拍摄，讲述了在深圳开了10年出租车的攸县青年田韧返乡创业的故事，折射出改革开放40年来，农业生产、农民生活、农村面貌的巨大变化。影片全程在攸县酒埠江等地拍摄，融入了皇图岭大米、酒埠江旅游、皮影戏等诸多“攸县元素”，是全省第一部确定入选中国纪念改革开放四十周年的重点献礼片。

（李呈念）

【攸县入选湘赣边区域开放合作交流会成员单位】 2018年10月18—19日，第四届湘赣边区域开放合作交流会在湖南平江召开，会议同意接收攸县为湘赣边区域开放合作交流会成员单位。实施湘赣边区域开放合作是湘赣两省省委、省政府积极响应党中央、国务院实施区域协调发展战略所作出的一项重大决策，旨在通过统筹推进脱贫攻坚和乡村振兴、生态环境联防联治、产业发展协同协作、基础设施互联互通、市场要素对接对流、公共服务共建共享，实现区域合作高质量发展。

（李呈念）

【实施污染防治攻坚战三年行动计划】 2018年4月11日，攸县召开全县安全生产工作暨污染防治攻坚战会议，全面动员部署打好污染防治攻坚战工作。2018年9月10日以两办名义印发《攸县污染防治攻坚战三年行动方案（2018—2020年）》，突出治理大气污染、水体污染、土壤污染，利用三年时间，实现空气质量优良率达到86%以上，洣水攸县段稳定保持Ⅱ类水质标准，县级以上集中式饮用水源水质达标率为100%，受污染耕地安全利用面积达到91%以上。经过一年攻坚，2018年全县空气质量优良率为87.7%，基本建成酒埠江、皇图岭、黄丰桥、网岭4个乡镇污水处理厂，完成皇图岭镇黑臭水体治理；累计修复治理重金属耕地12.36万亩，调整种植结构7.2万亩、休耕治理6.25万亩。

（李呈念）

【全市畜禽养殖废弃物资源化利用现场会在攸县召开】 2018年8月2日，全市畜禽养殖废弃物资源化利用现场会在攸县召开，会上攸县就畜禽养殖废弃物资源化利用工作作了经验介绍，与会人员还现场观摩了攸县天心502公司、惠格公司、湖南畜牧育种产业园和众森公司，并对攸县畜禽废弃物资源化利用中异位发酵床粪污处理、有机肥生产、病死动物无害化处理、工厂化污水处理技术及种养平衡等不同处理模式的成功经验进行调研考察。近年来，攸县贯彻落实“绿水青山就是金山银山”的发展理念，按照“绿色养殖、生态发展”的发展模式，积极探索推广“平衡式”的农牧结合、“零排式”的异位发酵、“试点式”的集中处理等养殖废弃物资源化综合利用技术，有力促进了生产与生态的和谐发展。2018年11月中旬，攸县成功申报2019年畜禽粪污资源化利用整县推进项目。

（吴　帅）

【世界500强企业——碧桂园进驻攸县】 2018年6月28日，株洲市公共资源交易中心官网发布成交公告，攸县三宗地块以5.5亿元的总成交价被湖南省碧桂园地产有限公司竞得，标志着世界500强企业、中国房地产十强企业碧桂园正式进驻攸县房地产市场。2018年9月30日，其中两宗地块攸州府和城央一品楼盘破土动工。碧桂园进驻攸县，带动了县域房地产的高质量发展，推动了精装修房的进程。

（吴　帅）

【完成2889户9335人脱贫退出任务】 2018年12月3日，攸县人民政府发布公告，经村民主评议、贫困户确认、村级公示、乡镇（街道）入户核实、乡镇（街道）公示上报、县比对抽查、市核查，并报省、市备案，2018年，全县2889户9335人达到脱贫条件，圆满完成全年脱贫退出任务。2018年，攸县持续推进“7+6”脱贫攻坚行动，贫困发生率降至0.44%。教育扶贫校车补助、网岭镇贫困户李可德身残志坚带领乡亲脱贫致富等两个案例入选湖南省精准扶贫100例。省对县年终考核贫困户满意度排在前列，扶贫宣传工作获评全省先进，社会扶贫获得全国优秀组织奖。

（郭　霖）

【完成15家煤矿关闭退出任务】2018年，攸县继续推进落后产能煤矿关闭退出工作。2018年10月9日，攸县人民政府作出关于减量重组关闭退出攸县青塘冲矿业有限责任公司青塘冲煤矿等15家煤矿的决定，按时按量完成全年煤矿关闭退出任务，退出产能合计108万吨/年。目前，攸县现有保留煤矿29家，核定产能300万吨/年，保留煤矿正在进行技改升级。

（郭　霖）

中共攸县县委

重要会议

【县委第十二届五次全体(扩大)暨县委经济工作会议】县委第十二届五次全体(扩大)暨县委经济工作会议于2017年12月29日在发展中心会议中心召开（注：本次会议召开时间在2017年末，按年鉴记录惯例，本次县委全会收录于2018年卷年鉴）。会议的主要任务是全面贯彻中共十九大精神和中央、省委、市委经济工作会议精神，总结全县2017年度工作，部署2018年工作任务，动员全县上下决胜新时代，开启新征程，奋力开创高质量“突围突破”新局面。会议确定2018年全县经济社会发展的总指导思想是：全面贯彻中共十九大精神，以习近平新时代中国特色社会主义思想为指引，按照高质量发展要求，紧跟“稳中求进、进中争先”总基调，紧盯“产业突围、转型突破”总目标，紧扣“五区、五转、五动”“五个攸州”总布局，以产业项目建设年为总抓手，统筹抓好稳增长、促改革、调结构、惠民生、防风险各项工作，全面开启现代化新征程，奋力开创“突围突破”新局面。2018年主要指标预期是：GDP增长8.5%，固定资产投资增长12%，公共财政预算收入增长7%，规模工业增加值增长7.5%，社会消费品零售总额增长12%，城乡居民收入增长高于经济增长速度，完成省市下达的节能减排等约束性指标，各项事业都有新的进步。

【“产业项目建设年”动员暨文明建设表彰大会】3月15日，攸县“产业项目建设年”动员暨文明建设表彰大会在东城新区会议中心隆重召开。全体在职县级领导；各乡镇(街道)党(工)委书记，乡镇长(主任)，党委副书记，人大主席(主任)，乡镇(街道)秘书、各村(社区)党支部书记、驻村帮扶第一支部书记；县直机关、垂直单位负责人，国有投资平台公司董事长、总经理、监事会主席；县纪委副书记(监察委副主任)；县委各工作部门常务副职；县人大、县政协各委办主任；县委巡察办主任、巡察组组长；县委办副主任、机要局局长，县政府办副主任；省、市驻攸单位负责人，部分学校、医院负责人；规模企业负责人代表以及大会表彰对象等720余人参加了会议。会议的主要议程是深入贯彻落实中共十九大、省委和市委全会、全市产业项目建设年会议及县委十二届五次全会精神；安排2018年工作，部署大力推进“五区”大会战和“产业项目建设年”活动，加快产业突围、转型突破，推动县域发展转型升级。会议要求全县上下，紧扣“五区”兴产业；要全民招商，紧跟产业上项目；要全情服务，紧盯项目赶进度；要全线发力，紧咬进度抓落实，切实抓好“产业项目建设年”活动，奋力推动“突围突破”连战连胜。县、镇、村三级领导干部一定要按照县委、县政府的统一安排部署，紧盯目标抓、集中精力抓、一以贯之抓，确保目标任务全面完成。大会对2017年度文明建设、基层党建、重点项目建设管理、产业发展等工作先进单位部门和个人进行了表彰。

【2018年脱贫攻坚大会】3月21日，召开2018年脱贫攻坚

大会，会议总结2017年脱贫攻坚工作，对2018年脱贫攻坚工作，进行再动员、再加压、再部署。2017年全县脱贫攻坚工作着重突出产业扶贫，开展健康扶贫，实施教育扶贫，全面推进“7+6”脱贫攻坚行动。有效落实各类扶贫投入超过2.5亿元，15个省级贫困村全部退出，省级认定脱贫2856户、9329人，贫困发生率下降到1.86%。会议要求2018年的脱贫工作，要认真落实中央、省市战略部署，要按照“四摘四不摘、四个只增不减”和“三个转变”的总体要求，通过结对帮扶再强化、政策保障再落实、产业扶贫再提升、问题整改再深入，着力提升脱贫质量，巩固脱贫成果。结合市委“七个行动”要求，重点加大对产业扶贫、兜底保障等方面的投入力度，坚决确保余下的12922名贫困群众一个不落地全面步入小康社会。

【2018年全县党务工作会议】3月22日，2018年全县党务工作会议在东城新区会议中心召开。会议强调：要更加深刻认识新时代下做好党务工作的极端重要性，全面提升政治站位，牢牢把握新时代党的建设总要求，坚持“三个始终”，全面提升党务工作科学化水平，全力推动高质量“突围突破”新局面。会议指出：做好党务工作，最能凝聚人心，最能昂扬斗志，最能激发活力。2017年，全县各级党组织和广大党务工作者以迎接、学习、贯彻中共十九大精神为主线，主动服务大局，坚持率先垂范，始终勤勉履职，抓出了氛围、发挥了作用、展示了形象。针对2019年全县党务工作，会议要求：全县所有党务工作者必须深刻反思、深入实践、示范带头、率先垂范。切实做到“四个主”，即一以贯之担当主责、一鼓作气干好主业、一马当先赢得主动、一身正气引领主流。全县各级党组织、广大党务工作者要不忘初心、牢记使命、夙夜在公、砥砺前行，为加快推进高质量“突围突破”提供坚强有力的党务工作保障。

县委办公室

【概况】县委办公室内设县委督查室、绩效考核管理办公室、秘书室、信息室、行政事务室；加挂中共攸县县委政策研究室、县委全面深化改革领导小组办公室牌子，保留攸县国家保密局（对外称中共攸县县委保密委员会办公室）及中共攸县县委机要局（加挂密码管理局牌子）。全办共有工作人员33人。2018年，在上级党办的正确指导下，在县委坚强领导下，县委办坚持以习近平新时代中国特色社会主义思想为指导，认真贯彻全国、全省秘书长会议精神，自觉践行“五个坚持”，扎实开展“三服务”质量提升年主题活动，着力当好党委的忠诚卫士、参谋助手、协调好手、督办能手，全面提升“三服务”质量和水平，圆满完成了各项工作任务。

【参政设谋】紧密围绕市委决策部署和县委中心工作，自觉服务改革发展稳定大局，当好参谋助手。一是以文辅政务实高效。坚持谋文与谋事相统一，突出文稿的思想性、时代感和鲜活度，撰写各类综合文稿200余篇、约100万字，在人民网、湖南日报等市级以上主流刊物发表署名文章17篇。二是调查研究有质有量。紧扣“产业振兴、转型升级”、产业项目建设年、乡村振兴、三大攻坚等事关全局的中心工作深入基层一线调研，《着力在乡村探索学生社会实践新路径》调研报告得到省委乌兰副书记的重要批示，通过全县“抓重点补短板强弱项”大调研活动，形成了一批有分量、有价值的调研成果进入县委决策视野，充分发挥了“智囊团”的作用。三是信息参谋及时准确。深入开展信息质量提升年竞赛活动，着力抓重点、抓亮点、抓焦点，努力提高信息质量，信息报送走在了全市前列。截至11月，共报送各类信息652条，其中《攸县开展“讲政治、讲规矩、讲团结、讲担当”专题主题党日活动》得到市委书记毛腾飞的肯定性批示，《农村山坪塘“胃淤塞”致抗灾防污能力弱（综合）》获国务院副总理胡春华批示，农业农村部、水利部就此问题到攸县开展专题调研。共编发《攸县工作》7期，《攸县信息》17期，其中4期得到了县主要领导的批示。健全了突发紧急信息报送制度，要求每个单位明确一名信息报送专人，同时，对乡镇（街道）、公安、安监、卫计、交警、消防、“110”“120”等重点单位实行重点管理，确保了紧急信息报送的高效、畅通。

【督查考核】充分发挥督查

凝心聚力　激情干事
奋力开创攸县高质量发展新局面

领导到攸县

2018 年 8 月 22 日，中共湖南省委副书记乌兰（中）到春联街道山背社区沙坪攸美屋场调研乡村建设和基层党建工作

中共湖南省委常委、宣传部部长蔡振红（右四）到石羊塘镇调研

2018 年 7 月 24 日，中共湖南省委常委、省国资委党委书记、洣水省级河长张剑飞率省直相关部门负责人到攸县洣水流域开展巡河活动

2018 年 12 月 20 日，湖南省政协副主席、省工商联主席张健率调研组到攸县调研污染防治和民营企业发展工作

2018年9月13日，中共株洲市委书记、市人大常委会主任毛腾飞到攸县调研农村人居环境整治工作

2018年12月19日，中共株洲市委副书记、市长阳卫国到攸县视察河长制和安全生产工作情况

2018年3月28日，株洲市政协主席蔡溪率队到帮扶联系点攸县莲塘坳镇先锋村指导脱贫攻坚巩固提升工作

重要会议

2017 年 12 月 29 日，中共攸县县委十二届五次全体（扩大）暨县委经济工作会议在东城新区会议中心召开

2017 年 12 月 29 日，攸县第十七届县人民政府第三次全体（扩大）会议召开

2018 年 1 月 10 日，攸县第十七届人民代表大会第三次会议在东城新区会议中心开幕

2018 年 1 月 8 日，政协攸县第九届委员会第三次会议在东城新区会议中心开幕

2018 年 3 月 16 日，攸县第十二届纪委三次全体会议在东城新区会议中心召开

2018 年 2 月 12 日，召开扫黑除恶专项斗争工作会议，对全县扫黑除恶专项斗争工作进行全面动员部署

2018 年 4 月 18 日，攸县人民政府和株洲市酒埠江灌区管理局联合召开“酒埠江灌区水环境综合治理座谈会”

2018 年 3 月 29 日，召开棚改工作推进调度会

重要会议

2018 年 2 月 2 日，召开安全生产"打非治违百日行动"工作会议，部署 2018 年安全生产工作

2018 年 4 月 19 日，县总工会第十四届第二次全体（扩大）会议召开

2018 年 3 月 15 日，攸县"产业项目建设年"动员暨文明建设表彰大会在东城新区会议中心召开

2018 年 3 月 21 日，召开全县脱贫攻坚大会

2018 年 5 月 10 日，攸县 2015—2017 年度劳动模范命名表彰暨先进事迹报告会在东城新区会议中心召开

2018 年 8 月 1 日，中共攸县县委十二届六次暨十七届县人民政府四次全体（扩大）会议在东城新区会议中心召开

2018 年 6 月 14 日，召开全县消防工作会议

2018 年 8 月 2 日，全市畜禽养殖废弃物资源化利用现场会在攸县举行

重要会议

2018 年 9 月 12 日，召开迎国家森林督查汇报会

2018 年 9 月 28 日，召开创建全国文明城市工作迎检动员会

2018 年 10 月 23 日，召开全县食品安全工作会议

2018 年 11 月 27 日，攸县妇女第十二次代表大会召开

2018 年 11 月 28 日，共青团攸县第十六次代表大会召开

2018 年 11 月 29 日，株洲市供销社综合改革推进会在攸县召开

2018 年 12 月 26 日，召开脱贫攻坚迎国检安排部署会

重要活动

2018 年 1 月 12 日，株洲市首个县级监察委员会——攸县监察委员会挂牌成立

2018 年 2 月 7 日，攸县活城区攻坚战重点项目之一的攸州春联学校建设开工

2018 年 2 月 13 日，攸县杨木港、洪家洲光伏扶贫大型电站项目建设举行开工典礼

2018 年 2 月 28 日，皇图岭共享农业特色小镇第一批项目集中签约，签约资金 9.1 亿元

2018 年 3 月 28 日，湖南博世科公司向沙陵陂中学捐赠 200 万元助学基金。图为捐赠仪式现场

2018 年 4 月 9 日，省政协原副主席、省文联原主席谭仲池及潇湘电影集团编剧、导演等到攸县召开纪念改革开放四十周年献礼影片《热土》拍摄工作座谈会

2018 年 4 月 1 日，中共深圳市湖南攸县商会党支部全体党员及入党积极分子到攸州公园烈士陵园举行缅怀革命先烈活动

2018 年 4 月 19 日，株洲市美术馆（株洲画院）文化扶贫书画作品巡回展攸县展在县城文化公园石山书院启动

2018 年 5 月 5 日，国内著名作家在石羊塘乡贤馆举行采风活动

2018 年 5 月 10 日，湘猪科技湖南畜牧育种产业园项目落户攸县新市镇。图为揭牌仪式现场

重要活动

2018 年 5 月 15 日，株洲市政府副市长谭可敏率调研组到攸县，就农村生活污水治理工作进行调研

2018 年 5 月 15 日——消除碘缺乏病宣传日，盐业公司工作人员向县疾控中心领导及媒体介绍“雪天盐”

2018 年 6 月 29 日，长株潭地区种植结构调整现场培训暨经验交流会在攸县召开

2018 年 7 月 20 日，新组建的国家税务总局攸县税务局挂牌成立

2018 年 6 月 26 日，攸县在全县范围内开展以“健康人生、绿色无毒”为主题的集中禁毒宣传活动，全面推动攸县禁毒人民战争深入开展

2018 年 8 月 27 日，清华大学副教授高峰应邀在攸州大讲堂讲授《县域经济产业转型》学习辅导课

2018 年 9 月 10 日，举行法治文艺进基层巡演首演仪式

2018 年 9 月 11 日，举办全县“清风株洲　魅力梅城”廉洁文化创作书画展

2018 年 9 月 13 日，庆祝改革开放 40 周年影片《热土》开机仪式在攸县举行

2018 年 9 月 28 日，全市乡镇（街道）党（工）委书记到攸县宁家坪镇南湖庄园·先锋站考察参观“两新”党建工作

2018 年 9 月 29 日，株洲市护理学会呼吸治疗专业委员会成立大会暨株洲地区首届呼吸治疗护理学术交流会在攸县举行

重要活动

2018 年 9 月 30 日，是全国第五个烈士纪念日，攸县社会各界参加烈士公祭活动

2018 年 10 月 16 日，全国智能教育与美丽乡村融合发展会在攸县石羊塘镇举行

2018 年 11 月 9 日，“湘东地区首届县域创新创业人才集训营”在攸县开营

2018 年 10 月 17 日（重阳节），攸县社会福利中心和攸县康泰养老中心揭牌成立

2018 年 11 月 11 日，攸县首届电商节暨农特产电商扶贫推介会在湘东大市场广场举行

2018年11月14日，攸县举办食品药品十大典型案例新闻发布会

2018年11月29日，攸县人民检察院“12309”检察服务中心揭牌成立

2018年12月27日，庆祝改革开放40周年全国重点影片《热土》在攸县举办首映式

2018年12月28日，攸县酒埠江地质博物馆提质改造竣工，并正式开馆迎客

园区工业

2018 年 8 月 22 日，中共湖南省委副书记乌兰到湖南省爱敬堂制药有限公司调研

2018 年 9 月 4 日，湖南省科技厅高新处副处长彭子晟率考核组到攸县考核省级高新技术产业开发区创建工作

2018 年 12 月 19 日，中共株洲市委副书记、市长阳卫国到攸州工业园视察安全生产工作

2018 年 10 月 25 日，攸县举行招商引资项目集中签约仪式，本次签约协议引资 16.5 亿元

考核“第一哨”“第一棒”作用，立足“考重点、督关键、办实处”，敢于担当作为、敢于较真碰硬，有力推动了县委决策贯彻落实。一是绩效考核导向明显。对标对表绩效评估改革工作要求，坚持考少考精考重点，制定了《攸县2018年重点工作绩效评估实施方案》，对季度考核、专项评估、集中评估、主观评估四大块进行了全面精简，有效提升了考核质量。针对市对县绩效评估指标任务进行了细致分解，压实了工作责任，并按月收集、汇总、分析指标完成情况，对完成进度偏慢、存在扣分风险的指标开展专项督查指导，充分发挥了绩效评估“风向标”“度量衡”的作用。二是督查督办成效显著。紧扣三大攻坚战、重点项目建设和巡视组反馈问题等中心工作、重点任务，开展专项督查检查活动12次，有力推动了党委决策部署落地生根。认真开展年底督查考核事项清理工作，共清理各类督查检查考核事项183项，精减幅度达89%，减轻了基层负担。进一步完善上级交办件及领导批示件办理制度，共办理上级批示件4件，书记（主任）批示件26件，办结率93%，办理中央、省委巡视组交办的80交办件，办结率100%，督查督办做到了“批必查，查必严、查必果”。三是“马上就办”落到实处。深入开展“马上就办、真抓实干”活动，共办理“马办”网络问政信息46件，办结率100%，切实回应了群众反映的问题情况。严格落实“三色”督办单制度，自10月12日召开了全县“马上就办”专题工作会议以来，共下发6份白色督办单，各责任单位均能第一时间进行研究部署，办理进度良好。四是来访接待热情周到。全年共接待群众来信来访301批次936人次，其中群访82批次635人人次，来访接待工作做到了热心招待、耐心倾听、真心解忧、细致分流，有效化解了信访矛盾，保障了机关正常办公秩序。

【日常服务】充分发挥运转中枢职能作用，做到了主动服务、规范服务、精细服务，确保了政令畅通、步调一致。一是协调服务高质高效。严格执行中央八项规定，认真做好重要公务活动统筹协调及来公文办理工作，全年共完成重要会议活动260余次，同比减少3.2%；共完成各类公文制发164余份，发文数量较往年减少近8%，向省委、市委完成报备文件19份，做到了不迟报、不漏报、不错报。二是机要保密安全可靠。着重在抓中心、抓技能、抓队伍上下功夫，全年共办理密电173份、明电403份、电子公文766份，电文办理做到了零差错、零延误、零积压。在全市率先启动并完成了电子政务内网建设，进一步保障了密码通信的安全性和畅通性。全年开展保密检查3次，保密教育轮训30余人次，未发生失泄密事件。三是改革创新持续深化。以纪念改革开放40周年为契机，着力抓改革破难题，发展活力全面释放。出台《中共攸县县委全面深化改革领导小组2018年工作要点》，全面明确了9个大类、26个大项、85个小项重点改革任务，县委、县政府召开研究改革工作会议10次，研究改革事项和相关议题20个，审议通过改革文件11个。同时，狠抓统筹协调，注重宣传推介，积极主动挖掘、宣传攸县改革开放以来的历史变迁和实践经验，组织开展一系列纪念改革开放40周年专题活动。2018年，全面小康整体实现程度达到93%，巩固提升了全面小康建设成果。四是后勤保障规范有序。全力打造节约型机关，带头落实用房、用车、差旅、接待、津补贴发放等各项规定，全年无违反财务制度、财经纪律等现象。

【队伍建设】坚持从高从严从实，全面加强办公室自身建设，一是强化理论武装。坚持把党的理论知识学习作为办公室首要的政治任务。坚持原文学、深入学、全面学，重点围绕习近平总书记系列重要讲话精神、中共十九大精神、《中国共产党章程》和新修订的《中国共产党纪律处分条例》等重要内容，制定了学习制度和计划，把理论学习与“两学一做”学习教育相结合，与“三会一课”相结合，与当前重点工作相结合，在有计划、多形式的学习中进一步增强了“四个意识”，坚定了“四个自信”，做到了“两个维护”，有效强化了队伍的政治素养和综合能力。二是狠抓作风建设。高度重视党风廉政建设工作，结合工作实际制定党风廉政建设和反腐败工作计划，并把党风廉政建设工作责任分解到人，落到到岗。进一步完善了重要工作按月预安销号制度，工作水平和实效得到显著提升。同时，要求所有党办人员全面参与脱贫攻坚结对帮扶，推动干部走向基层，推动学习走向常态。三是营造良好氛围。时刻关注干部职工的身心健康，通过开展“三八”节春游、“唱红歌、庆七一”、现代农业产业员调研等主题活动，以及组织办公室干部职工参加全县职工男子篮球、羽毛球比赛等文体活动，丰富了干部职工的文娱生活，增强了办公室的凝聚力、向心力，营造良好的干事氛围。

组织工作

【概况】2018年，中共攸县县委设派出党工委7个，全县基层党组织1457个，其中基层党委56个，党总支291个，党支部1110个。全县党员总数35709人，较上年末减少129人，其中女党员6173名，占17.3%。从业结构：在岗职工党员7190名，农牧民党员17872名，离退休党员4657名，其他党员（含社区党员）5958名。学历结构：大学本科以上5156名，大专学历5301名，中专、高中学历9164名，初中及以下16088名。年龄结构：35岁以下5341名，36—45岁4714名，46—55岁7420名，56岁—60岁3319名，60岁及以上14915名。2018年，全县有正县级领导7人（含正县级待遇），副县级领导43人（女5人）；科级领导干部754人，其中正科职180人，副科职574人，女干部109人，非党24人，本科及以上学历506人，50岁以上108人，35岁以下43人,30岁以下8人。

【领导班子和干部队伍建设】对90后干部进行情况摸底，分类建立90后干部信息库，筛选出一批优秀年轻干部作为重点培养对象，并制定个性化成长方案。全面构建“一校四点”教育平台，累计培训干部、党员5.3万余人次。落实“提三进一”要求，3名90后省直定向选调生被提拔为乡镇党委委员，选派8名年轻科员到团委、妇联担任挂（兼）职副书记（副主席）。配齐县“两新”工委专职副书记、检察院党外副职和平台公司党组织书记，统筹安排7名科级领导干部到重点乡镇、重要县直部门挂职。创新开展竞争性、场景性教学，全年举办各类主体班25期，培训3479人次。举办浙江大学党建引领乡村振兴战略培训班2期，培训党政一把手122人。选送97人次赴中央、省市委党校轮训，全面完成干部调训任务。开展2次非领导职务干部管理工作督查，完善了14名领导干部的兼职手续，责令5名违规兼职的领导干部办理企业辞职手续，并退回所有违规薪酬。从严审批领导干部合规出国境54人次，否决15人次，对17个单位开展了任中和离任审计工作。

【基层组织和党员队伍建设】建立党建网上调阅工作机制，每月对全县1100多个支部组织生活开展情况进行全覆盖“体检”。严格执行“党建五禁令”和“十重奖、十问责”规定，全年奖励先进基层党组织45万元。全年共举办党员培训班5期，实现全县所有基层党组织书记和党务工作者轮训全覆盖。探索农村组织管理新模式，在桃水镇、菜花坪镇等试点推行党员十二分管理制度和“本周我当值班书记”的新做法。大力推动党建进小区、进街区、进市场、进屋场、进公园、进工地，建立了丽水小区党群服务中心、湘东家居城党支部及“攸美屋场”“沙坪屋场”“南湖庄园·先锋站”等示范点。安排17个公务员人员编制，面向社会公开招考17名党建专干，在村干部中定向招考3名乡镇公务员。出台《关于明确在职村干部有关待遇的通知》和《关于调整全县离任村干部生活补贴的实施方案（试行）》，落实村干部“2倍”工资标准，彻底解决村干部待遇问题。全面完成255个村级综合服务平台标准化建设，党员群众活动场所全面提质。开展“五化”支部示范创建，全县115个示范点全部通过验收，46个软弱涣散党组织全部摘帽，调整村（社区）党组织书记5人、村（社区）主任2人、其他“两委”班子成员1人。

【人才服务和人才队伍建设】建立县级领导联系服务专家人才制度，加强与在外优秀人才的沟通联系，成功举办2017年中国散文排行榜颁奖会暨美丽攸州全国作家笔会。积极申报人才项目，入选市第二批核心专家3人、市第一批高层次人才10人、市创业领军人才1人。出台《攸县促进招商引资和产业项目建设奖扶政策》，起草《关于进一步推进人才优先发展的意见》，配套安排500万元人才专项资金，落实新引进人才和核心专家有关待遇，新建成人才公寓60套。成功举办第二季“实训攸州”大学生暑期社会实践活动，联合炎陵、茶陵、醴陵、株洲县等5个县市共同举办湘东地区首届创新创业人才集训营，活动分别被湖南卫视、湘组研究、株洲日报推介报道。全年新引进硕士研究生以上高层次人才56人，在教育、医卫、文化、农业等领域启动创建20个薪火工作室，分行业培训各类人才5000余人。举办“创青春·攸州梦”青年创业沙龙4期，选派各级科技特派员32人，建立科技示范基地81个。开展高层次人才和在外攸县籍优秀人才摸底工作，收集攸县籍在外优秀人才1000余人，组织召开以“引老乡、回故乡、建家乡”为主题的座谈会30余场次，吸引回乡创业就业人才190余人。

【组工队伍建设】按照“讲政治、重公道、业务精、作风好”的要求，深入开展“责任教育、廉政教育、保密教育”活动。以“去神秘、去傲气、去浮躁、去油腻、降身段、补士气、守底线”为抓手，扎实开展读书月、调研周、开放日、公开承诺、业务竞赛等五项活动。带头开展部机关支部“五化”建设，落实严肃党内政治生活各项规定，全面加强党性教育、思想政治教育和革命传统教育。带头开展在职党员进社区活动，全员倾情参与扶贫帮困工作，帮助13户30人实现稳定脱贫。积极倡导激情工作、快乐生活的机关文化，努力营造互帮互助、互敬互爱的工作氛围，持续建设有情怀、有格局、有美感、有温度、有实效“五有”组织部门建设。网岭镇党委组织委员朱燕舞同志获评全省组织工作先进个人，全县组工干部勤勤恳恳、兢兢业业，任劳任怨，尽职尽责，树立了新时期组工干部的良好形象。

（刘　吉）

宣传工作

【概况】2018年，全县宣传思想文化工作以习近平新时代中国特色社会主义思想和中共十九大精神为指引，在市委宣传部和县委的正确领导下，始终坚持党管意识形态工作，落实党委意识形态工作责任制，围绕中心、服务大局，为攸县的经济社会发展提供了强有力的舆论支持和精神动力。2018年，攸县探索创新品牌工作“门前三小”被中宣部以《每日要情》形式向全国推介；攸县与潇湘电影集团联合拍摄的电影《热土》入选国家纪念改革开放40周年九部献礼影片之一；攸县电视台获国家改革开放40周年“百佳县级电视台”称号；微电影《舞台》入选第二届“文化中国”微视频优秀作品（湖南仅3部）；举行了“美丽攸州”全国著名作家笔会，一批有分量的宣传推介攸县的文学作品在《人民日报》《海外文摘》陆续刊发；央视《焦点访谈》栏目以《以文化人成风化俗》为题，报道了攸县花鼓戏保护传承中心服务农民服务基层的工作面貌；由攸县花鼓戏保护传承中心打造的原创大型现代花鼓戏《长辈》获第六届湖南艺术节田汉新剧目奖等6项单项奖；攸县石山书院“攸州大讲堂”荣获全省“社会主义核心价值观建设”示范点；攸县选手荣获株洲市“好声音讲坛——新思想进基层”微宣讲决赛第一名；攸县被市委宣传部推荐上报全省理论宣讲先进集体。

【理论武装】切实把握正确导向，整合力量，创新手段，着力推动习近平新时代中国特色社会主义思想和中共十九大精神在攸县落地生根、开花结果。一是学习抓效能，突出引领作用。坚持定期学、深入研、出成果。中心组成员共在人民网、新华社、新湘评论等党报党刊发表理论文章50余篇。二是宣讲抓重点，强化基层落实。紧扣中央、省、市关于意识形态工作重要精神，形成了“县级领导带头讲、县理论宣讲团成员包片讲、单位负责人自己讲、办点干部深入村组讲、村干部进屋场讲”的五级推进模式。共开展理论宣讲课堂780余场，覆盖全县10万余人。三是拓展抓创新，打造百姓阵地。创新宣讲方式和媒介，利用“门前三小”、石山书院“攸州大讲堂”等场所，借助手机台、微信朋友圈等新媒体，开展百姓微宣讲等活动。全年在基层开展新思想宣讲和讲党课3100多场，文体培训、科技培训、法制宣传等3100多场。

【新闻舆论】深入贯彻落实习近平总书记关于党的新闻舆论工作的重要论述，坚持团结稳定鼓劲、正面宣传为主，聚焦党委政府中心工作，进一步唱响主旋律，提振精气神。一是内宣凝心聚力。创新“中央厨房”工作模式，搞好融媒体中心建设，深入挖掘基层一线先进经验、典型事迹，营造良好的干事创业氛围。“智慧梅城——攸州手机台”，注册用户超11万，点击量突破了1200万次。二是外宣创树形象。组建重点报道新闻工作室，全面取消一般性的会务事务报道。2018年，紧扣全县发展大局，共在中央、省、市媒体上稿570余条，外宣数据排全市第一。举行“美丽攸州”全国著名作家笔会，一批有分量的宣传推介攸县的文学作品在《人民日报》《海外文摘》陆续刊发；电影《热土》入选国家纪念改革开放40周年献礼影片；承办央视全额出资的《中国影像方志·攸县篇》拍摄工作。攸花鼓戏保护传承中心更被央视《焦点访谈》栏目以《以文化人成风化俗》为题进行报道。三是舆情稳定可控。一抓规范整理，对51家部门单位公众号、15个私人公众号等县内自媒体平台建立了专门台账，压责任、明规矩、促操守。二抓舆情处置。共监测涉攸网络舆情570余起，编报涉攸舆情40余件，交办处置120余件，组织网评员跟帖跟评800余条，有力地引导了舆论，处置了突发舆情。

【精神文明建设】坚持守正创新，大力培育和践行社会主义核心价值观，广泛开展理想信念教育，持续深化群众性精神文明创建活动。一是全民模式抓创建。以“五创建两结合”推动创建活动为民惠民。创建全国文明城市将责任全部逐级分解。广泛开展文明单位、文明校园、文明家庭、文明村镇创建活动。广泛推进志愿服务。以联星街道为试点建立的“志愿服务时间银行”，开展“党建+志愿服务”活动，累计志愿服务时间5万多小时。二是培育乡贤文化。乡贤回乡土、乡贤讲乡情、乡贤办乡学在全县蔚然成风。采取“请回来”和“找出来”的方式，在石羊塘镇开展乡贤文化特色小镇试点，建成了乡贤馆，各村设立了乡贤工作室，并在全县进行推广。共评选出镇、县两级乡贤626人，组织乡贤巡讲活动80余场次，参与群众逾10万人。攸县著名乡贤夏昭炎，其管理的高桥农家书屋获第七届全国“服务农民、服务基层”文化建设先进集体。三是培树文明乡风。出台《攸县推动移风易俗树立文明乡风的实施方案》，将移风易俗工作列入申评各级“文明村镇”的门槛条件和乡镇年度考核的重要指标，修订了120个村的《村规民约》，全县全覆盖成立了红白理事会。征集精选出100个故事编印成书，进行免费发放。“攸县好人”“道德模范”“身边乡贤”等评选活动，将道德模范和身边好人从幕后推到了前台。攸县获评中国好人有8位，湖南好人8位，组织身边好人现场交流会72场，道德模范先进事迹巡讲96场。攸县石山书院“攸州大讲堂”荣获全省“社会主义核心价值观建设”示范点。

【文化建设】以创建国家公共文化服务示范区为引领，着力夯基础、抓关键、促成效。“门前三小”获得国家检查验收组的高度肯定。一是推动文化惠民。全面落实省市县民生100工程，开展送戏下乡244场次，播送电影3089.6场，覆盖观众近20万人次。全年公益场馆共免费接待观众达11.6万人次，图书馆到馆人次48.2万，人数比上年分别增长35%和40%。举办“欢乐潇湘”“书香攸县”、第五届民俗文化节等大型群众活动50余场。群众的精神面貌和文化素养得到明显提高。二是打造精品力作。由攸县花鼓戏保护传承中心打造的原创大型现代花鼓戏《长辈》，赴全省各地巡演30多场，获第六届湖南艺术节田汉新创剧目奖等6项单项奖。攸县花鼓戏保护传承中心被评为“全国第七届‘服务农民、服务基层’文化建设先进集体”。此外，文化战线微电影《舞台》入选第二届“文化中国”微视频优秀作品（湖南仅3部）。与《海外文摘》《散文选刊》等联合创建了国家级刊物文学创作基地。

【“门前三小”】2018年，攸县从石羊塘镇高桥农家书屋经验出发，立足振兴乡村文化，吸纳民智、积累经验、以点带面，探索和创新了一个宣传文化品牌——“门前三小”。全县已建成“门前三小”阵地500余个，其中示范点22个。坚持党政推动、群众自愿、乡贤引领、活动带动原则，让“门前三小”永葆活力。分季度安排活动（寒暑假作专项安排），县直各部门单位和民间团体组织理论宣讲、法律讲座、社会救助、安全教育、文化活动巡演、青少年电影、国学礼仪、“朗读者”活动、卫生讲座、讲故事比赛、有奖征文、各类培训等一系列活动送到全县各“门前三小”阵地，将活动开展延伸到屋场，送到群众家门口。利用“门前三小”阵地共开展理论宣讲3200多场，送电影戏曲2500多场，文体培训、科技培训、就医义诊、法制宣传等3100多场，红白理事会议1200余场，读书有奖活动奖励20000多人次。“门前三小”已成为攸县一道最美的风景，一张耀眼的名片，被中宣部以《每日要情》形式向全国推介，新华社、人民网、人民日报等中央级媒体对此高度关注，将其收入《百度-百科》词条。

（李沛莲）

统战工作

【概况】2018年，攸县县委统战部在习近平新时代中国特色社会主义思想和中共十九大精神指导下，贯彻落实中央和省委、市委、县委关于统一战线工作决策部署，以统一战线“凝心聚力新时代”行动为抓手，强化统战干部和党外干部“两支队伍”建设，深化统战工作目标考核、党外代表人士培养选拔使用管理“两项机制”开展“汇聚智慧献良策”“汇聚力量促发展”“汇聚爱心助扶贫”三大活动，实施“攸商回归”、示范组织创建、素质提升“三项工程”。各项工作取得明显成效，被评为全市统战信息宣传先进单位；网岭镇里旺村、槚山社区、皇图岭镇长华村分别创建为省级“同心美丽乡村”、市级“同心社区”、市级“同心美丽乡村”；株洲市健坤外国语学校晋升为省级涉台教育基地。攸县以组织建设力推基层统战工作落地生根的做法得到中央统战部官网、中国人民政协网、省委统战部推介宣传。

【非公经济统战】一是持续推进“攸商回归”工程。深入开展“引老乡、回故乡、建家乡”活动，指导长沙市攸县商会召开第一次会员代表大会和成立大会，召开长沙市攸县商会等多家异地商会招商引资座谈会，接洽了天津澳斯乳业负责人到攸县洽谈，牵头组织相关部门赴邵阳市城步苗族自治县考察奶山羊养殖项目。二是推进基层商会和异地商会建设。指导县工商联争创全国“五好”工商联工作，调整、补选了县总商会部分人事，增强总商会人员力量，召开了基层商会建设调研座谈会和调度会，对基层商会建设工作进行安排部署。17个镇（街道）中13个镇（街道）先后成立基层商会，指导广东省攸县商会、东莞市攸县商会、佛山市攸县商会完成换届，长沙市攸县商会组建成立，县工商联和商会组织的覆盖面及影响力进一步增强。三是注重企业帮扶助推经济发展。深入开展“走访月”活动，集中走访了化工、制药、制造等一批非公有制民营企业，认真听取民营企业提出的意见建议，切实解决问题，帮扶一批困难民营企业，取得帮扶实效。

【民族宗教工作】依法管理民族宗教事务，促和谐稳定。深入贯彻落实中央、省委民族工作会议精神，开展民族团结进步宣传教育和创建活动，稳妥处理涉及民族因素的矛盾和问题。做好全县少数民族流动人口和在攸少数民族学生服务管理工作，完成普通高校招生享受民族优惠政策考生资格审核和民族身份变更工作。推动落实中央和省市关于宗教工作的系列决策部署，积极引导宗教与社会主义社会相适应。开展新修订《宗教事务条例》宣传活动，持续完善县乡村三级宗教工作网络和乡村两级责任制，重点开展佛教道教商业化问题治理，积极推动基督教私设聚会点及未登记教会治理工作，依法加大对农村非法宗教活动打击力度，依法制止利用宗教干预农村公共事务，大力整治农村乱建庙宇、滥塑宗教造像，坚决抵御境外利用宗教进行渗透，组织开展全县宗教场所安全隐患排查，完成了宗教活动场所赋码登记摸底工作，确保宗教领域安全稳定。指导佛教协会圆满完成换届工作，选举了新一届班子。推进宗教界“五进促五好”主题教育活动，印发《宗教事务条例》《“五进促五好”活动宣传手册》等宗教工作学习宣传资料5000余本，指导宗教团体加强自身建设，强化对宗教团体的管理考核，发挥自我管理作用。

【港澳台与海外统战】一是指导县台联、侨联组织建设。进一步开展台情、侨情调查摸底工作，分别召开了县侨界代表人士座谈会和县台联第四届理事会议，推选了15名归侨侨眷代表参加株洲市第六届归侨侨眷代表大会，推荐了县台联第五届会员代表65名，指导台联圆满完成换届工作，选举出台联新一届班子人选。二是创新开展涉台宣传教育。2017年攸县健坤外国语学校成功创建为全市县一级首家涉台教育基地，2018年成功晋升为省级涉台教育基地，相关经验做法在全省对台业务工作培训班上作专题讲授，湘潭市、永州市台办分别组团到攸县参访交流。三是切实做好港澳台胞协调服务。组织宣传学习了《关于促进两岸经济文化交流合作的若干措施》《港澳台居民居住证申领发放办法》，进一步维护港澳台胞合法权益，夯实了对台统战工作基础。

【党外代表人士队伍建设】 一是加强党外代表人士队伍建设。认真抓好了《攸县党外代表人士选拔培养使用管理办法（试行）》等制度的执行落实，全面完成了省市党外代表人士的调训任务，组织举办了第二期党外代表人士素质提升班，实现党外人大代表和党外政协委员履职培训全覆盖。召开了政情通报会、党风廉政建设和反腐败工作情况通报协商会议，引导党外代表人士积极参政议政，围绕“产业项目建设年”、脱贫攻坚等中心工作开展民主监督。完成了党外后备干部资源库的动态调整，制定了党外干部重点培养计划。二是成立新的社会阶层人士联谊会。进一步开展党外知识分子、新的社会阶层人士调查摸底工作，分门别类建立信息库，召开新的社会阶层人士联谊会发起人会议，严格按程序组建成立了新的社会阶层人士联谊会，组织新的社会阶层人士开展“春进乡村话振兴”“夏燃激情助扶贫”“秋话创业共提升”“冬送温暖献爱心”主题活动，其中“夏”“秋”两季活动在省委统战部《统战工作（周报）》上进行推介，“冬”季活动在《人民政协报》上进行宣传报道。《一季一主题，活动聚人心——攸县创新推进新的社会阶层人士统战工作》荣获2018年度全市统战工作实践创新成果奖。三是推进联谊交友活动。在坚持和完善县委常委与党外代表人士联谊交友制度的基础上，组织统战干部深入开展“谈心日”活动，分线分类分批分次走访全县17个乡镇（街道）中党外干部、党外代表人士、非公有制经济代表人士、新的社会阶层人士、台胞台属、侨胞侨眷、宗教界人士等200余名统战成员，加强了对相互之间联络、沟通，增强了团结。

【扶贫助学】 有效配置整合统战资源，充分调动广大统一战线成员参与精准扶贫。组织7个工作队进驻网岭镇，召开扶贫工作调度会5次，统战部机关全体干部与横山社区19户贫困户结对帮扶，组织16名台侨宗教界政协委员参与助力扶贫攻坚活动，组织新的社会阶层人士在省级贫困村莺山镇江冲村开展“夏然激情助扶贫”活动。统筹推进“万企帮万村”、光彩事业公益慈善等品牌活动，引导丹陵花木、蔬而康农业、振源脐橙、慈峰有机茶等28家非公企业实施精准产业扶贫，解决贫困户1500余人就业难题。组织开展“泛海助学行动”，为78名建档立卡贫困大学生发放助学金39万元。湖南博世科公司捐资200万元在联星街道沙陵陂中学设立助学基金会。东莞聚贤盛邦实业投资公司率非公企业家捐资60余万元在莲塘坳镇设立教学基金会。

（许良波）

巡察工作

【概况】 按照县委巡察规划和全覆盖的要求，2018年共开展3轮巡察，完成了对24个单位党组织的常规巡察，同步启动了教辅材料、房产领域、“四风”问题专项巡察，共谈话1365人次、受理来信来访来电88人次、查阅相关资料7889余份、下达立行立改通知书90件，发现了“六个围绕”方面的问题419个、问题线索93件，提出巡察建议44条，有力的传导了压力、压实了责任，彰显了巡察政治“显微镜”和“探照灯”作用。

【深化政治体检、加强政治监督】 县委切实履行主体责任，深入学习贯彻习近平总书记关于巡视巡察工作的重要论述和“五个持续”新要求，对巡察工作高度重视、高位推动。巡察机构坚持聚焦落实党委（党组）政治责任；聚焦严明政治纪律和政治规矩；聚焦破除形式主义、官僚主义；聚焦整治群众身边腐败和作风问题，紧扣“两个维护”根本任务，发挥政治监督职责。

【创新巡察方式方法】 围绕政治体检目标和发现问题导向，在巡察各环节全过程探索创新迈出实质性步伐。一是建立问题底稿制度，对巡察发现的问题，严格对标对表形成底稿，力求报告撰写底数清、情况明，事例翔实、逻辑严密、定性精准，严防随意扣帽子、凭空想象倾向，效率和质量明显提升。二是建立中期汇报机制，从第六轮开始，参照省市做法，建立中期汇报机制，领导小组坐镇指挥，听取成果汇报、明确方向重点、调度力量支持，大大增强了巡察组发现问题能力。三是探索推行“巡镇延村”模式，出台《攸县巡镇延村（社区）实施办法》，以解剖麻雀方式，举一反三，以点带面，着力发现群众身边的微腐败、小官巨贪等问题。

【做好巡察“后半篇文章”】坚持用好立行立改，对于群众反映强烈、明显违反规定、能够马上解决的问题运用立行立改制度，交办被巡察单位马上整改，及时彰显了震慑作用。在第六轮巡察启动的同时，开展对第四轮的整改督查，召开专门调度会，压实整改责任、跟进业务指导，对被巡察单位如何重视、如何销号、如何评价进行量化考核，从严过关，让巡察“后半篇”和“前半篇”互相加力、全链条闭环，真正促进县委巡察有成效、可持续。推动问题线索办理，问题线索移交纪委和组织部后，加强对接协调，及时跟踪办理进度，实行台账管理；强化巡察建议运用，推动了一批制度建设，发挥了巡察管当下、利长远的制度红利。

（洪　婧）

机构编制

【概况】2018 年，全县党政、群、人大、政协机关等机构（行政机构）共 74 个，其中党委工作部门 9 个，人大机关 7 个，政协机关 5 个，群团机关 10 个，检察院 1 个，法院 1 个，政府工作部门 24 个，乡镇机关 13 个，街道办事处 4 个。全县事业机构共 551 个，与上年度对比增加 2 个；其中财政预算机构 527 个（含全额拨款 488 个和差额补贴 39 个），经费自理机构 24 个。全县行政编制共计 2200 名，较上年减少 3 名，实有 2029 人，较上年减少 3 人；后勤服务事业编制共计 126 名，实有 59 人，较上年减少 6 人。全县事业编制 10867 名，实有 9788 人，较上年度减少 330 人。全额拨款事业编制 8032 名，实有 7278 人；差额拨款事业编制 2207 名，实有 2017 人；自收自支事业编制 615 名，实有 485 人；机关事业单位 13 名，实有 8 人。

【机构编制规范管理】加强机构编制法规宣传学习，提高机构编制法制意识、纪律意识，机构编制管理日益规范化。一是严格研究审批程序。凡涉及职能调整，机构设置、变更、撤销、机构挂牌及编制调整，都按照审批程序，经编办调查论证后，提交、人事编制工作领导小组会议、编委会集体研究，按审批权限规定上报县委常委会和市编办审批。二是切实守住机构编制总量只减不增红线。认真落实中央关于本届政府任期内财政供养人员只减不增的要求，多措并举，确保行政编制不突破中央核定下达的总额，事业编制在 2012 年底总量内有所减少。三是建立健全管控机制。制定并落实控编减编工作方案，会同相关部门完善财政供养人员联合管控机制，形成了工作合力。四是严格抓机关事业单位人员异动的编制审核。机关事业单位凡进必考，增人有计划，计划在编内，单位之间人员异动，坚持事先核编和会议集体研究，无违规进人。五是机构编制实名制数据库信息进一步完善。严格按照省市填报信息内容要求，对实名制系统数据库信息进行了进一步的核查梳理，对相关信息进行了补充完善，做到数据信息准备全面。六是规范工作流程。积极探索建立和完善好编制实名制管理工作流程，严格按照县委、县政府人事任命、调整和退休等文件，办理相关手续，及时更新数据库内容，认真审核人员编制，严把机关事业单位招录关口。

【事业单位登记管理】深入贯彻落实《事业单位登记管理暂行条例》和《事业单位登记管理条例实施细则》，认真做好事业单位的设立、变更、注销登记等工作，有序开展事业单位年度报告公示工作。2018 年度，全县应参加年度报告公示的事业单位法人 260 家，已参加年度报告公示的事业单位法人 260 家，共办理变更登记 247 项，设立登记 31 家；完成中文域名注册、续费 435 家，向中央编办汇缴中文域名运行费 94800 元，实现中文域名注册全覆盖。做好了网站标识管理工作，根据《市编办关于做好中文域名注册、网站开办审核、资格复核和网站标识管理工作的通知》文件精神，要求各单位填报相关表格，明确专人负责指导已开办网站的各单位网站标识管理的网上申报工作；依据相关法律和文件规定，全年为12家政党群机关办理了统一社会信用代码变更；完成了2家垂管单位证书撤旧换新工作。

【专项改革】一是城市管理和综合执法体制改革。本着稳妥的原则，在充分调研和积极与上下左右对接的基础上，出台了改革方案，在冻结机构编制事项的大背景下，创新地将市政园林先行归口城管局管理，走在全市各县市区前列。二是“最多跑一次改革”。全县共梳理依申请类事项893项，实现“最多跑一次”事项834项，占总事项的93.4%，超过其他县市区和市考核目标比例，并分两批在全市各县市区率先向社会进行公布，得到了市跑改办的充分肯定。

（谢　盈）

中共攸县县委党校

【概况】中共攸县县委党校（攸县行政学校）系县委、县政府直属事业单位。在编干部员工30人，内设办公室、政工室、财会室、教研室、干训部、行政后勤室6个部室。2018年，举办各类主体班次30期，培训学员3954人次；十九大精神科级轮训班（3期）625人；征拆征收业务培训班230人；巡察工作业务培训、选调生及“三支一扶”人员培训班47人；90后年轻干部培训班57人；党建专干培训班（4期）493人；2018年网岭监狱警察培训班（5期）445人；组工干部培训班143人；环保业务培训班100人；党员发展对象班437人；中青后备干部培训班67人；办公室人员培训班197人；党外人士素质培训提高班71人；教育系统党建专干业务培训班58人；工会干部培训班140人；统筹推进干部和党员教育培训工作调度会暨师资培训班189人；优秀女干部培训班56人；离退休干部支部书记培训班44人；农村建筑工匠培训班215人。2018年，被评为全县文明建设先进单位。被株洲市委党校评为“教学工作先进”单位。

【教学科研】完善了《教学科研工作管理办法》，建立健全新课试讲制度、课程现场评估制度。教学科研有新突破，其中，《资源型县域经济转型路径初探——以湖南省株洲市攸县为例》获省三等奖、市一等奖；《深入查找症结，实抓健康扶贫》《在结对帮扶工作中遇到的问题及建议》获市二等奖；《关于基层党的理论教育的调查报告》《浅析央企在当前扶贫攻坚中的作用》获市三等奖。

【理论宣讲】全年完成理论宣讲60场，授课对象4277人。一是十九大精神主题宣讲。充分发挥党校思想宣传主阵地的作用，第一时间选派多名骨干教师加入县委理论宣讲团，深入到中共十九大精神主题宣讲工作中，引导广大党员干部全面、系统、长期、深入的学习。二是习近平新时代中国特色社会主义理论主题宣讲。通过深入细致的宣讲，指导全县党员干部切实用新思想武装头脑、推动工作。三是全面从严治党主题宣讲。发挥党校教师理论宣讲主力军作用，共同促进营造风清气正的政治生态。

【精准扶贫】切实抓好精准扶贫中心工作。2018年，县委党校组织22名教职员工到石羊塘镇贺家坪村结对帮扶贫困户43户，支持扶贫资金20余万元，计划脱贫11户，完成实现脱贫11户，共计37人。因“户”制宜，制定相应的帮扶清单，搞好贫困人口的调查、核实和上报工作，对该村经初步摸底掌握的贫困户认真进行走访调查，并对该村贫困户进行建档立卡，做到程序规范，数据准确。在完成好精准识贫工作环节之后，县委党校与驻村干部一道，对贫困户逐户研究制定脱贫帮扶措施，力求措施具体，切合农户实际能力，确保在规定时间内全村所有贫困户实现脱贫。同时，积极开展“一月二走访”、节日慰问等活动，切实把扶贫工作抓在手上、记在心上、扛在肩上。

【党建工作】积极贯彻落实中共十九大精神，按照县委关于党建工作的总体部署和要求，紧紧围绕干部教育培训工作，从加强学习教育、强化内部管理和完善制度机制入手，转变工作作风，狠抓工作落实，切实加强党建工作，提高党员的整体素质，扎实推进各项工作。加强学习教育，提高党员干部理论水平。把强化理论武装作为提高党员干部思想政治素质的首要任务。一是严格落实理论学习制度。健全干部政治理论学习制度，并严格学习考勤管理，确保学习成效。坚持领导带头，认真落实“三会一课”制度，主要领导围绕“两学一做”学习教育、脱贫攻坚、党风廉政教育等主题开展专题党课4节。二是结合工作实际促进业务提升。将党员干部学习与党校业务紧密结合，及时将上级党委、政府重要决策部署进行学习传达，确保教师都能及时了解县委、县政府得重要决策部署，了解县域县情，提高教师理论联系实际，解决实际问题能力，提高教学质量。三是开展党员教育活动。通过定期召开党支部会议、观看警示教育片、先进模范人物事迹以及参加党员志愿者等活动，增强党员的党性意识。

（赵博雅）

老干部工作

【概况】2018年，全县纳入县老干部局服务管理的离退休干部共119人，其中离休干部62人，副县级以上退休干部57人。全县有离退休干部3947人，离退休干部党员2075人，离退休党组织47个。县老干局被评为2018年度“省老干部宣传工作先进单位”。

【落实政治待遇】坚持组织老干部落实政治理论学习、阅读文件、参观重要会议和重大活动、参观视察、情况通报等政治待遇制度。一是组织集中学习。每月15日坚持组织离休干部集中学习，下发政策、文件等为学习资料，学习十九大精神和习近平新时代中国特色社会主义思想，学习新时期党的路线方针政策和国际、国内形势。全年共学习10批次。二是以支部为单位上党课，深入开展“三会一课”活动。建立了全县离退休干部党课师资库，各支部制定了党课工作计划，确保按要求落实每季度一次党课，县离退休工委书记带头讲党课，讲课6场次。各离退休干部单位党组织负责人和支部书记登上讲台讲党课，全县讲党课100多场次，切实增强离退休干部“四个意识”。三是精心组织老干部参加全县重大活动。5月，组织老干部代表视察工业园区项目建设，让老干部了解全县产业发展情况，为县域经济发展建言献策，维护和提高老干部的知情权、参与权和建议权。

【落实生活待遇】一是认真落实离休干部政策待遇，确保离退休干部共享改革发展成果。根据湘组〔2017〕99号、湘老干〔2018〕26号文件精神，迅速协调联合行文（攸组〔2018〕4号、攸老干〔2018〕9号）予以转发，对有离休干部的单位进行逐一落实，特护费和交通费提标工作全部落实到位。二是认真开展特殊困难老干部帮扶服务。帮扶困难老干部12人，住房上帮扶2人。家住黄丰桥镇离休干部颜家祚，子女在外，房子突然起火，本局知情后派人第一时间赶到现场，安抚老人，联系家属，问题得到妥善处置。三是抓好离退休干部医疗服务。坚持合同管理，医疗对象自愿选择定点医院，全年每人每年1.9万元医疗费实行包干使用。本年度享受医疗服务人数169人（含改制企业二乙军人），其中有143人与县人民医院和县中医院签订了医疗服务合同。经严格考核管理，2018年县人民医院实际支付医疗费用157.58万元，县中医院实际支付医疗费用173万元，县医保局支付129万元，全年单个医疗费用最28.5万元，有22人全年没有发生医疗费用。通过加强沟通、改善服务，及时解决了个别矛盾问题。四是用心用情搞好走访服务。加大对离休干部走访力度，县内离休干部每年走访2次，县外的每年走访1次，全年共走访339人次，送去组织关怀和党的温暖。坚持住院探望、整生祝寿、来信来访接待、去世吊唁等制度。探望住院老干部45人次，整生祝寿老人6人次，吊丧老人11人，接待离退休老干部信访8件次，均得到稳妥处理。

【离退休干部党建工作】在上级离退休干部工委的指导下，以“示范支部创建”为抓手，积极推进离退休干部支部“五化”建设。一是抓工作部署。4月，以片为单位，采取座谈会的形式，将全县47个离退休干部支部书记分4批，听取了各离退休干部支部汇报，部署工作任务和考核目标。全年离退休干部工委发文11次，对阶段性的重点工作进行部署，推进全县离退休干部党建工作有序开展。二是抓督查指导。印发《攸县离退休干部党建工作“五化”建设指导手册》等一系列文件制度。5—至12月，县离退休干部工委对全县离退休干部党支部开展经常性督查，争取基层党委重视，压实基层支部责任，有力推动离退休干部党支部建设，涌现了一批工作有特色有亮点的基层党支部。三是抓教育培训。坚持“三会一课”制度，全县离退休干部支部组织党员政治理论学习150余场次，党员撰写心得体会1000余篇，印发各类学习资料5000余册，县离退休工委赠送基层支部图书4000余册。加强宣传教育，建立全县离退休干部微信群，开通了公众号“攸州老干部”。县行业办离退休干部党支部创办了刊物《金色夕阳》，食药工监局离退休干部党支部创办了刊物《老党员风采》，积极引导支部党员坚定理想信念，把牢政治方向，发挥优势作用。10月底，在党校举办了为期3天的全县离退休干部支部书记培训班，全县40多名离退休干部支部书记参加培训，支部书记开阔了视野、加强了交流、提高了水平。四是抓活动开展。在全县离退休干部党支部中开展了向姜开斌学习的活动，开展了“好好学习—传承红色基因，争做时代新人”学习教育活动。活动中支部党员踊跃撰写心得体会，弘扬英雄精神。开展“纪念改革开放40周年征文、摄影比赛”的活动，各离退休支部有50余人投稿。各基层离退休支部以活动开展为抓手，聚焦经济建设、精准脱贫、乡村振兴、红色教育等各方面开展了形式多样的活动，激发老干部正能量，增强党组织的凝聚力。

【关心“下一代”工作】县关心下一代工作充分发挥“五老”队伍的主体作用，各项工作取得比较好的成效，全年开展了三项活动。一是开展“传承红色基因，争做时代新人”主体教育活动。成立了机构，制定了方案，举办征文、演讲比赛，征文406篇，157篇获奖；演讲比赛从初赛到复赛、决赛，23名学生获奖；组织学生到县内爱国主义教育基地进行宣誓、祭扫、缅怀等活动；组建宣讲团到全县中小学开展讲红色故事，做时代新人巡回宣讲。二是开展“攸县首届最美孝心少年”评选、表彰、推介活动。全县推荐参评对象39人，最后评定10位同学为攸县首届“最美孝心少年”通报表彰。其事迹材料编辑成册，并拍摄成专题片，在全县播出。三是开展青少年法治宣传教育活动。组织法律进讲堂活动，全年宣讲团集中授课86课时，开展法治主题教育活动和法治校园文化建设，在学校营造学法、守法、用法的浓厚校园文化氛围。四是落实三大工作：落实了“百千万”关爱帮扶工作。“百村”青少年跟踪服务。在攸县15个省级贫困村跟踪服务92名青少年。“千对”精准结对帮扶，对183名特困家庭的青少年进行结对帮扶。“万名”儿童普惠场所创建，“四点半课堂”“留守儿童之家”“爱心驿站”等爱心机构全部启动运转。落实了“示范点”申报创建单位9个，落实了“门前三小”工程与关心下一代的有效对接。

【老年教育】老年大学设置老干部党校、时事政治班、如歌岁月合唱团等16个班级，有学员1500余人，全县17个乡镇街道办事处都设立了老年学校，297个村有老年教育活动室，形成了以老年大学为重点的全县老年人教育网络。秉承“增长知识、丰富生活、陶冶情操、促进健康、服务社会”的办学宗旨，着力激发老干部倡导新风尚，传递好声音，凝聚正能量，助力大发展。达到“老有所学、老有所乐、老有所为”的目的。全年组织7次大型活动，6月的“攸州公园旗袍秀”活动，演绎了老年人的风采；“庆七一红色经典文艺演出”为党的生日增添光彩；8—10月参加潇湘电影《热土》拍摄，得到剧组好评；组织参加省、市离退休干部“走进新时代、共筑中国梦”广场舞比赛，成功晋级省决赛获优胜奖；11月举办“纪念改革开放40周年”文艺会演，充分展现了老年人新时代新生活新风貌。

【作风建设和结对扶贫】一是严格制度强管理。认真落实预安销号、绩效考核、接访回访、台账管理、月例会、公车管理、上班签到以及信息上报奖励等机关制度和县委“十二分制”管理办法，严守中央八项规定，抵制“四风”问题规范干部行为，每月及时向县纪委报送督查情况，着力转变干部作风。二是加强学习教育。局机关以推进“两学一做”学习教育常态化制度化为抓手，坚持以党建为统领，结合主题党日，提升服务水平。结合学习中共十九大精神，乡村振兴工作，提高履职能力。开展调查研究，全年上报调研论文两篇，《关于抓好离退休干部党建工作——抓好老干部工作转型发展的思考》和《关于进一步加强老年教育工作的思考》。三是深入基层扎实开展结对扶贫工作。县老干局结对扶贫的单位是石羊塘镇罗家桥村。干部实行“一对一”帮扶，结对帮扶12户45

人，每月深入贫困户2次以上。投入1.7万元帮助贫困户董德信和符冬均解决饮水和通路问题，在村里上党课3次，开展“三走访三签字”、节日扶贫大走访和产业帮扶等系列活动。向扶贫户捐款1万元，捐赠物资5000余元，有17户75位贫困人口在鼎峰园林产业扶贫中受益。全年共投入资金15余万元帮助脱贫，实现了水渠山塘防渗率、农村电网改造率、村组主路硬化率、网络信号覆盖率4个100%。结对帮扶村石羊塘镇罗家桥村各项工作排在全镇的前列。

（杨婉君）

档案史志

【概况】 县档案史志局在编17人，内设办公室、档案室、党史室、志鉴室。2018年，为社会提供日常查阅服务2000余人次，调阅档案6000卷以上，对乡镇、县直机关单位和重点工程开展督查指导。完成《株洲革命先辈初心》《株洲党史人物大典》的撰稿任务。完成2018年卷《攸县年鉴》编辑出版和发行工作，有序指导《攸县工会志》《历史文化名镇——黄丰桥镇志》等的编纂工作。

【档案业务指导】 一是强化档案业务培训。先后组织业务人员到县旅投、市建等地开展档案业务知识讲座培训。二是加强对部门单位档案业务指导工作。多次组织档案业务人员深入乡镇、县直机关单位、重点工程建设指挥部和企业开展业务指导，进一步规范了县人大、政府办、县委办、组织部、工商联、经管、市建、旅投、联星街道办事处、皇图岭镇政府等多个单位的档案管理工作。三是开展专项执法检查。2月，以县委办、县政府办的名义下发了《关于开展档案执法检查和移交接收的通知》，明确要求各单位做好自查工作，之后依据各单位自查情况，组织业务专干对各单位档案管理工作开展了专项执法检查。全年已接收纪委、经管局、原旅游局、组织部等共计11家单位的档案案卷。

【档案宣传工作】 利用宣传版面、挂横幅等形式，集中在县湘东大市场、东城新区等地着力宣传档案工作的重要性、档案法律法规，展示县档案工作成就，扎实做好2018年“档案宣传日”活动。向县教育局、住建局、公安局等共计8家单位发放了《小红的兰台奇遇记》漫画宣传资料及其他主题宣传材料；收集“档案见证改革开放”征文31篇。承办株洲市档案局2018年首次业务沙龙活动，得到省市领导和同行的高度肯定。面向全县开展“优秀家规家训家书”征集活动，共征集家规家训家书800余（篇），展出优秀家规家训家书22幅。征订2018年《档案时空》334份，向省市档案业务部门报送36条工作信息。获得2018年度全省档案宣传工作先进集体荣誉称号。

【档案示范乡镇建设】 组建专门班子开展皇图岭镇档案工作示范乡镇创建。根据《株洲市档案工作示范乡镇（街道）验收标准（试行）》的相关要求，对皇图岭镇政府的各类档案，进行全面的整理和规范，设立专门的档案室，并配备密集架、目录柜等相关设施。年底，顺利通过市档案工作示范乡镇（街道）验收，验收计分97分。

【党史编研】 圆满完成《株洲革命先辈初心》的撰稿任务，共计50篇约8万字。完成《株洲党史人物大典》编纂任务，包括传记人物19位和简介人物115位。完成《湖湘红色基因书库》（攸县部分）的组稿任务，其中《红色遗址》4处、《红色诗词》8首、《红色手迹》12篇。《攸县革命斗争史》的提纲通过省党史研究室审核。完成《攸县英烈》翻印工作（篇幅12万字）。启动了《攸县籍将军》的编纂工作，资料征集正有序推进。

【党史宣传教育】 利用省级“百年湘潮网”、市级《湘东文化》及县内“攸县印象”“攸县新闻网”“攸州网”等阅读面广、点击量大、有影响力的主流媒介媒体，刊登攸县地方党史文章及信息8篇。在“攸县新闻网”的“走近攸县”栏目推出攸县红色景点系列介绍。如“攸县红色景点之六十分烈士陵园”“攸县红色景点之法仙岩”“攸县红色景点之东冲红军村”等，深层次挖掘攸县的红色文化资源，全方位推介攸县的红色景点。

【志鉴编纂和指导】 完成2018年卷《攸县年鉴》编辑、发行任务，全书总篇幅70万字，共设27个类目，分类下设1153个条目。完成《湖南乡镇简志》初步审核工作，总篇幅18万字。完成《湖南年鉴》和《株洲年鉴》之《攸县》部分的编纂任务，为《湖南信息年鉴》提供资料。指导帮助《攸县工会志》《历史文化名镇——黄丰桥镇志》《网岭镇志》《攸县广播电视志》《涟滩村志》的编修工作。

【精准扶贫】2018年，档案史志局与新市镇大桥头村结对精准扶贫工作，年内该村实现脱贫11户31人。认真组织宣传、走访、结对活动，“三走访三签字活动”覆盖率达100%，全年共计赠送慰问金约3万元和慰问品，落实就业脱贫23人、教育扶贫雨露计划2人，金秋助学1人，教育助学9人。危房改造修缮4户、金融扶贫小额信贷3人，健康脱贫惠及53户123人、产业发展同业带动53户123人。投入资金40万元，解决自来水入户260余户，安装路灯206盏。争取农综项目资金138万元；新建大桥头大舞台，其中健身器材8台，篮球架2架，乒乓球桌3架，共计30万元；道路土方整形3.2公里，硬化道路约1000米，投入35万元。

（刘虹杏）

接待工作

【概况】2018年，在县委、县政府接待办共接待来宾295批13000余人次，其中省部级干部9人、中将（军级）1人，厅（局）级干部263人。全程组织参与并圆满完成省市党政军领导到攸县调研考察的接待工作；圆满完成了如下重要活动（会议）的接待工作。

【所接待的到攸县考察调研的领导】1月12日，湖南省农委党组书记袁延文一行到攸县调研重金属污染耕地治理及种植业结构调整工作，并听取了汇报会。株洲市委副书记、市长阳卫国，副市长顾峰陪同调研。3月13日，湖南省人民政府副省长隋忠诚一行到攸县调研种植结构调整工作。副市长顾峰陪同调研。4月6日，原武警部队司令员、广州军区副司令员周玉书中将，浙江省军区副司令员周少锋少将一行到攸县考察重点项目。4月9日，原省政协副主席、省文联主席谭仲池一行到攸县调研电影《热土》开拍准备工作。5月8日，湖南省委常委、省委宣传部部长蔡振红一行到攸县调研“门前三小”工作。株洲市委书记、市人大常委会主任毛腾飞，株洲市委常委、市委宣传部部长聂方红陪同调研。7月24日，湖南省委常委、省国资委党委书记张剑飞一行到攸县考察洣水四桥和三水厂取水口项目建设工作。株洲市委常委、常务副市长何剑波陪同考察。8月16日，株洲市委副书记、市长阳卫国一行到攸县调研农田受旱及抗旱情况。8月22日，湖南省委副书记乌兰一行到攸县调研农业产业化和基层党建工作。株洲市委书记、市人大常委会主任毛腾飞，株洲市委副书记王洪斌陪同调研。9月20日，原广东省委常委、广东省军区政委刘远节少将一行到攸县考察。9月29日，湖南省检察院检察长游劝荣一行到攸县考察“重大监督事项案件化办理工作”和“律师代理申诉制度”工作。株洲市委常委、市委政法委书记杨玉芳陪同考察。10月10日，株洲市委副书记王洪斌一行到攸县调研供销综合改革工作。12月19日，株洲市委副书记、市长阳卫国一行到攸县督查河长制和安全生产工作。12月28日，湖南省委副书记、省人民政府省长许达哲一行到攸县调研经济社会发展工作。听取情况汇报，株洲市委书记、市人大常委会主任毛腾飞，株洲市委副书记、市长阳卫国陪同调研。

【所接待的重要团体活动】1月30日，攸县召开招商引资项目集中签约活动。3月7日，国务院安委办第13督导组到攸县督导安全生产工作，听取攸县安全生产工作汇报。4月23日，九三学社湖南省委专职副主委王仁祥一行到攸县调研乡村环境综合治理工作。5月9日，省委第一巡视组到攸县巡视扫黑除恶、精准扶贫、财政等工作。5月28日，湖南省发改委督查组到攸县督查易地扶贫搬迁工作，并召开攸县情况汇总、问题交办会。7月24日，湖南省委组织部考察组到攸县开展政治建设考察。7月29日，株洲市“看学议”活动项目考察团到攸县考察。长明高科产业园重点项目建设情况。9月4日，湖南省级高新区创建工作考核组到攸县考核指导工作。9月12日，电影《热》开机仪式，原湖南省政协原副主席、省文联主席谭仲池，株洲市委书记、市人大常委会主任毛腾飞，株洲市委常委、市委宣传部部长聂方红参加开机仪式。12月12日，湖南省脱贫攻坚工作考核第二组到攸县考核指导工作。12月13日，国家农业农村部、水利部到攸县调研山平塘整治工作。12月27日，电影《热土》在攸县举行首映式活动，湖南省政协原副主席、省文联原主席谭仲池，株洲市委常委、市委宣传部部长聂方红参加首映式。

【负责筹备并接待的重要会议】1月16日，株洲市2016年度年终集中考核组到攸县进行年度工作考核，并召开民主测评大会。2月10日，举行2018年全县新春茶话会，部分离退休老干部、各条战线上先进代表参加。6月21日，“我新故我行”—新的社会阶层人士助力乡村振兴会在攸县举行，湖南省委统战部副部长龙建湘，株洲市委统战部部长覃万成参加会议。9月21日，攸县钢板桩行业协会在攸县成立，广东省委原常委、广东省军区原政委刘远节少将参加大会。9月26日，全市改善农村人居环境工作会在攸县召开，株洲市委书记、市人大常委会主任毛腾飞，株洲市委副书记、市长阳卫国，株洲市委副书记王洪斌参加成立大会。10月15日，智能教育与美丽乡村融合发展会议在攸县举行，武警部队原司令员、原广州军区副司令员周玉书中将参加会议。

（刘　超）

纪检·监察

【概况】2018年，中共攸县纪委、监委设有12个内设副科级职能科室和1个股级全额拨款事业单位。即：办公室、组织部、党风政风监督室、案件监督管理室、信访室、案件审理室、第一至第六纪检监察室和攸县预防腐败警示教育中心，共派驻10个纪检监察组，编制总数101个。2018年，是全面贯彻中共十九大精神的开局之年，是县监察委员会开展工作的第一年，全县各级纪检监察组织忠诚履行党章和宪法赋予的职责，围绕中心、服务大局、勇于担当、主动作为，全面从严治党取得重大成果。全县各级纪检监察组织处置问题线索1042件；立案353件，其中乡科级干部31人；结案358件（含2017年结转6件）。严肃查处县法院执行局原局长杨某受贿、执行判决裁定滥用职权罪案。“四种形态”共处理1023人次，同比增长25.4%，其中第一、二种形态占比94.7%，同比分别上升40.7%、7.1%，在法律震慑和政策感召下，全县主动交代问题24人，占全市总数的80%。开展执纪到位检查，整改问题50个，追缴资金52.65万元，做好执纪下半篇文章，相关经验被省纪委监委向全省推介。县委反腐败协调小组互移线索80件，立案57件，党纪政务处分50人，组织处理4人。

【落实“两个维护”】将学习贯彻习近平新时代中国特色社会主义思想和中共十九大精神作为首要政治任务，切实担负“两个维护”（维护习近平总书记核心地位，维护党中央权威和集中统一领导，简称“两个维护”）重大政治责任，督促各级党组织和党员干部坚定执行党的政治路线，严守党的政治纪律和政治规矩。紧盯“七个有之”（搞任人唯亲、排斥异己的有之；搞团团伙伙、拉帮结派的有之；搞诬告、制造谣言的有之；搞收买人心、拉动选票的有之；搞封官许愿、弹冠相庆的有之；搞自行其是、阳奉阴违的有之；搞尾大不掉、妄议中央的也有之）等问题，查处违反政治纪律案件9件；聚焦“两个落实”情况，严肃问责落实不力的党员干部18人；围绕“三大攻坚战”开展监督检查，坚决查处皇图岭大成生猪养殖有限公司偷排沼液、网岭燕子窝砂场非法采砂等破坏生态环境案件，坚决纠正有令不行、有禁不止，上有政策、下有对策等行为，有力确保中央政令畅通，省市和县委重大决策部署落实落地。

【完善体制，依法监察】按照国家监察体制改革总体部署，县委扛牢主体责任，县人大常委会、县委组织部、县政法委、县人民检察院等单位通力协作，1月12日，县监察委员会如期挂牌成立，转隶干部14人。全县26180名公职人员依法纳入监察范围；探索使用15项调查措施，采取留置措施1人，依法查询334次，调取160次，搜查4次，扣押5次。完成县纪委监委派驻纪检监察组更名工作，赋予派驻机构监察权，派驻纪检监察组全年立案55件，同比增长41.03%。县委巡察机构分三轮对24个党组织完成常规巡察，发现各类问题328个，移交问题线索51条，立案52人，“巡镇延村”工作模式被省纪委监委向全省推介。

【专项整治违反中央“八项规定”和省委“约法三章”】专项整治违纪违规，贯彻落实中央“八项规定”和省委的“约法三章”。协助县委出台“中共攸县县委关于进一步贯彻落实中央八项规定精神的实施办法”等文件，开展违反中央“八项规定”精神突出问题专项治理，查处问题32个，党纪政务处分41人、组织处理52人。开展“纠四风、治陋习、树新风”专项整治，紧盯“四风”隐形变异新动向，全县各级开展作风督查328次，查处问题98个，党纪政务处分97人，党员干部主动上交红包礼金17万元。坚决落实省委“约法三章”，对县畜牧局江桥街道动物防疫站“4·20”后顶风违纪问题，先免职后处理。各级党员干部报告操办婚丧喜庆事宜76人次、因私出国(境)办证审批88人次、节假日公车备案439次。

【监督查处和信访件办理】充分发挥“互联网+监督”平台作用，处理35人，清退不符合条件贫困户51户，追缴资金21.6万元。督促各级领导干部开展廉政谈话3万多人次，廉政鉴定73批3604人，提出暂缓使用和不宜使用意见11人，严把选人用人政治关、廉洁关、形象关。畅通信访举报渠道，全县各级纪检监察组织共受理信访举报342起，办结中央、省委巡视组交办件57件，办结率100%，立案65人，组织处理45人。

【群众身边的腐败问题专项整治】开展扶贫领域腐败和作风问题及“雁过拔毛”式腐败问题专项治理，查处问题136个，立案124件，处理259人，清退群众资金50.9万元；深挖黑恶势力背后的腐败问题和“保护伞”，受理问题线索5件，立案1件。开展中小学违规征订教辅材料、国家公职人员违规参与涉矿等经营性活动问题专项整治，查处818人，给予党政务处分293人、组织处理525人。开展单位内部食堂专项整治，发现问题40余个。开展违规操办“升学宴”“谢师宴”专项治理，签订承诺书797人次。金融领域和招投标领域专项整治稳步推进。

【党纪法规教育】深入开展廉洁文化创作活动，成功承办全市党纪法规知识竞赛县市区片选拔赛，近30万人次观看比赛，党纪法规知识竞赛全市第一、歌咏赛获金奖。

【纪检监察干部自我监督】开展集中培训、每周“大讲堂”、纪检监察和巡察干部“大家访”、警示教育和红色教育等活动，队伍政治定力、履职能力、干事活力不断提升。在全市率先探索纪检监察工作专网建设，完善《执纪监督监察工作制度》《纪委监委机关内部工作规范》等工作制度，进一步强化自我监督。开展向党外人通报纪检监察工作活动，主动接受各界监督。坚持刀刃向内，零容忍查处纪检监察干部违纪问题，立案1人、组织处理7人。

（尹伟华）

攸县人大常委会

概 况

2018 年是贯彻中共十九大精神的开局之年，也是推进高质量发展的起步之年。在县委的正确领导下，县人大常委会深入学习领会习近平新时代中国特色社会主义思想，认真落实中央和省委、市委、县委关于加强县乡人大工作和建设的部署要求，围绕中心，服务大局，认真履行法定职责，着力提高监督实效，较好地发挥了地方国家权力机关的职能作用，圆满完成了全年工作任务，为推动全县经济社会发展和民主法治建设作出了积极贡献。

【审议决定重大事项】始终将服务发展大局作为第一要务，充分发挥权力机关的职权作用，及时将县委的决策部署落实成人大的决议决定，转化为全县人民的共同意愿和行动，使县人大及其常委会真正成为忠实维护中央权威、带头贯彻县委决策的政治机关。全年共召开常委会会议 8 次，主任会议 18 次；听取、审议“一府两院”工作报告和其他专项工作报告 35 次，依法作出决议、决定 17 项，较好地发挥了地方国家权力机关的职能作用。

【人事任免】坚持党管干部和人大依法任免干部的有机统一，不断加强人事任免监督。在坚持任前审查、票决任命的基础上，实施新任命人员向宪法宣誓制度，增强被任命人员的宪法意识、人大意识和为民意识。圆满实现了组织意图。2018 年，县人大常委会任命干部共计 13 人次，其中任命副县长 1 人，监委有关职务 8 人，法院有关职务 3 人次，检察院有关职务 1 人；免去职务 10 人，其中副县长 1 名，法院有关职务 1 人次，检察院有关职务 8 人；补选市人大代表 5 人；接受 4 人辞去县十七届人民代表大会代表职务；依法罢免市人大代表 2 人，县人大代表 1 人；组织补选县人大代表 7 人次。

【监督工作】围绕县委中心工作，扎实开展“一委一调研、一季一视察、一年一评议”等活动，依法行使监督职权，监督实效进一步增强。一是务实开展工作评议。经请示县委同意，对县教育局、县司法局等 6 个单位开展了工作评议。二是扎实组织专项检查。根据县委批转的年度工作要点，7 月下旬，组织部分市、县人大代表，采取听取汇报、查阅资料和实地视察等方式，对“一府两院”工作报告执行情况开展专项检查，并组织召开专题会议进行集中审议，较好地推动了“一府两院”工作报告的执行落实。三是踏实做好专题调研。紧扣县委工作重点，围绕酒埠江风景区开发保护条例立法前期有关工作、公益诉讼、“五区”预算管理体制及运行情况、全县代课教师情况等开展了深入调查研究，就有关问题和建议与政府部门交换了意见，并形成了专题调研材料，为县委决策提供了参考。四是切实加强司法监督。根据上级统一部署，依法作出《关于加强全县民事执行工作的决定》，积极组织市县人大代表现场听审评议法院庭审案件，参加法院开放日、检察开放日等活动，并配合省市人大开展“司法公正攸县行”和《中华人民共和国中小企业促进法》等综合执法检查，较好地促进了严格执法、公正司法和全民守法。

【代表工作】认真贯彻落实

中央和省、市、县有关文件精神，采取有力措施，支持、保障和规范代表依法履行职责，在发挥代表主体作用方面取得了较好成效。一是认真办理代表建议。认真执行落实《代表建议、批评、意见办理工作办法》，通过注重交办形式、探索商办方式、加大议办力度、完善督办制度、建立评办机制，统筹推进代表议案、建议的办理落实。对涉及部门单位多、资金量大、人民群众反映强烈的建议，实行主任会议重点督办，督促县人民政府统筹解决。2018 年交办的 183 件代表建议均得到了较好的解决落实，取得了良好的工作效果和社会效果。二是认真组织代表活动。年初，按照统筹兼顾、质量第一的原则，精心制定年度代表活动计划和方案。继 2017 年 7 月组织全体驻攸市第十五届人大代表对全县“旺景区”攻坚工作进行集体视察之后，2018 年 11 月，组织部分市县人大代表对全县“旺景区”攻坚工作再次进行了集体视察，并召开集中审议会议，持续发力，助推全县旅游事业发展。全年共组织县人大代表参与监督检查、专题调研、专项审议等活动 610 余人次，县人大代表小组开展活动 49 次，代表履职的频次和效果得到进一步提升。三是不断提升代表服务。探索建立代表履职情况台账，对代表提交建议、参会出勤、参与活动等情况进行量化统计，充分调动、保护和激发了代表的履职热情。

【党建工作】 常委会党组牢牢把握全面从严治党要求，不断推进党建各项工作，营造了风清气正的良好氛围。一是加强思想建设。坚持把深入学习贯彻中共十九大精神，特别是深入学习贯彻习近平新时代中国特色社会主义思想，作为当前和今后一个时期的首要政治任务。二是加强组织建设。对党建工作责任、党内监督检查等方面作出明确规定，督促机关党总支及所属支部定期组织开展“主题党日”“三会一课”等活动，较好地促进了党的组织建设不断加强和全面从严治党的不断深入。全年共组织党组集中学习 12 次，举办专题讲座 5 次，召开党组民主生活会 2 次，组织生活会 2 次，党组成员和普通党员谈心谈话 40 余人次。三是加强制度建设。对常委会及党组的相关工作制度进行了梳理、修订，从党务、政务、事务和服务四个方面全方位规范机关运行程序。四是加强作风建设。按照中央和省、市、县委要求，把作风建设作为重要内容，持续开展“纠四风、治陋习”活动，认真落实党建工作和党风廉政建设“两个责任”，持之以恒推进县人大机关党风廉政建设和反腐倡廉工作，塑造了为民、务实、清廉的良好形象

（刘　平）

重要会议

【攸县第十七届人民代表大会第三次会议】 1 月 10 日至 12 日，县第十七届人大三次会议在县城召开。会议应到代表 271 人，实到代表 269 人，列席会议 109 人，应邀参加会议 61 人。会议听取和审查了县人大常委会、县人民政府、县人民法院、县人民检察院工作报告，审查、批准了县 2017 年国民经济和社会发展计划执行情况的报告及 2018 年国民经济与社会发展计划、县 2017 年财政预算执行情况的报告和 2018 年财政预算，审议通过了有关决议决定，选举产生了攸县首届监察委员会主任。会议共收到代表建议、批评和意见件。

【县人大常委会会议】 2018 年，共举行常委会会议 8 次，即县第十七届人大常委会第十二次至十九次会议。

2018 年 1 月 12 日，攸县第十七届人大常委会召开第十二次会议，会议议程共三项。会议审议、通过了县人大常委会《关于攸县监察委员会副主任、委员任免和宪法宣誓程序的决定》，听取和审议了县监察委员会《关于提请谭心飞等同志任职的议案》，以及各提名人选的任前表态发言、任前调查情况、任前法律考试情况。会议对拟任职人员进行了审议表决，并向通过任命的人员颁发了任命书，组织了宪法宣誓。会议根据县监察委员会主任刘秀云的提请，任命谭心飞、陈义勇、文珠等 3 人为县监察委员会副主任，黄志坤、龙小兵、易川皓、袁武军、王飞君等 5 人为县监察委员会委员。

2018 年 3 月 28 日，攸县第十七届人大常委会召开第十三次会议，会议议程共四项。会议对 2017 年度代表建议办理优秀单位进行了表彰，并就 2018 年度代表建议进行现场交办。会议审定了人大常委会 2018 年工作要

点，依法罢免了廖晖的株洲市第十五届人民代表大会代表职务。

2018年5月2日，召开了攸县第十七届人大常委会第十四次会议，会议共两项议程。会议听取了县2017年以来招商引资签约项目落地、开工、建设等情况汇报。会议讨论并通过了关于授予丁建兵等20人攸县劳动模范称号的决定。

2018年6月13日，召开了攸县第十七届人大常委会第十五次会议。会议议程共五项。会议审查和批准了县人民政府2017年财政决算；听取和审议县审计局关于攸县2017年财政预算执行和其他财政收支情况的审计工作报告并就审计有关工作向县人民政府交办了审议意见书。会议还审议表决通过了新一轮的《攸县县城总体规划》和《关于加强全县民事执行工作的决定》。

2018年9月12日，召开了攸县第十七届人大常委会第十六次会议。会议听取和审议了县人民政府半年工作情况和2018年上半年计划、预算执行和环保工作情况；会议听取和审议“十三五”规划中期执行情况及“两院”半年工作情况；会议依法免去了吴智慧、陈杰等2人攸县人民检察院检察委员会委员、检察员职务；免去了袁武军、王飞君、刘五星、洪益雄、蔡新华、廖菁等6人攸县人民检察院检察员职务。

2018年10月19日，召开了攸县第十七届人大常委会第十七次会议。会议采取“1+9”模式，听取了县审计局和9个重点整改单位的情况汇报。会议还听取惠农政策执行落实情况、封山育林决定执行落实和油茶产业发展情况、农村村庄规划条例推进落实情况汇报；会议同意接受张友顺同志辞去县第十七届人大常委会委员职务的辞呈；会议备案皮跃军等7人为入额法官、检察官，任命了彭飞燕、周一江、苏湘慧等3人为人民法院审判员。

2018年11月30日，攸县第十七届人大常委会召开第十八次会议。会议初审了县人大常委会、县人民政府、县人民法院、县人民检察院、县国民经济和社会发展计划、县财政预算工作报告、县环保工作报告及2019年计划草案、财政预算草案、环境保护目标。会议听取和审议了县第十七届人大常委会代表资格审查委员会《关于个别县人大代表的代表资格审查报告》，依法确认补选产生的康月林、阳红卫、彭湘良、刘勤、肖回龙、卢先钰、罗学锋等7名县第十七届人大代表资格有效，原则同意将《关于县第十七届人大代表异动情况的报告》提交县十七届人大四次会议，向代表大会报告。会议还听取了县人大办关于第十七届人大四次会议的筹备情况。

2018年12月28日，攸县第十七届人大常委会召开第十九次会议。会议听取和审议了县人民政府《关于调整2018年财政支出预算的议案》和相关说明，以及县人大常委会预算工委所作的相关调查报告，审议并表决通过了《县人大常委会关于批准2018年县级财政支出预算调整方案的决定》，同意将县第十七届人大三次会议审议批准的2018年度县级财政支出预算进行调整，一般性公共预算收入由27.5亿元调整为20.05亿元，调减7.45亿元；一般公共预算支出调增8.18亿元，调减1.88亿元，净调增6.3亿元。会议接受了4人辞去县十七届人大代表职务的辞呈，表决通过了《关于接受刘建兵等4位同志辞去县第十七届人大代表的决定》。其中刘建兵担任的县十七届人大常委会委员职务相应终止。会议听取和审议了县人民政府《关于提请刘建华同志任职的议案》、县人民法院《关于提请彭志敏等同志职务任免的议案》、县人民检察院《关于提请免去刘凯平同志职务的议案》。会议对各任免事项进行了审议表决，并向通过任命的人员颁发了任命书，组织了宪法宣誓。会议表决通过吴巨培当选为株洲市第十五届人民代表大会代表。会议根据县人民政府县长苏涛的提请，决定任命刘建华为县人民政府副县长。根据县人民检察院检察长陈卫华的提请，任命尹奇平为攸县人民检察院检察委员会委员、副检察长职务。会议依据《中华人民共和国人民陪审员法》确定攸县人民法院陪审员名额为150名。会议听取了县人民政府推行《关于加快推进全县农村饮水安全建设的决定》情况汇报和农工委调查情况汇报。

（刘　平）

法制委员会（内司工委）

【工作调研】县人大法制委组织召开了《酒埠江风景名胜区保护条例》立法调研活动。2018

年5月17日，攸县人大常委会联系法制委的副主任，攸县人大法制委、攸县人民政府法制办等单位，到市人大常委会与市人大常委会法工委会、市人大城环委、法制委进行了座谈会，会议围绕酒埠江的立法定位、需要解决的主要问题、立法思路与程序的设计、立法力量的组织配置、科学民主依法立法的几个关键点等问题进行研究讨论。联合县森管局起草了《关于对酒埠江风景名胜区进行保护立法的建议报告》，报告得到了县人大常委会主任会议的肯定。10月，法制委组织部分县人大代表组成攸县公益诉讼工作开展情况调研组，先后到县检察院、部分乡镇、环保局等相关行政执法单位，就县检察院的公益诉讼工作进行调研。公益诉讼开展情况如下：县委、县政府联合印发了《关于支持检察机关依法开展公益诉讼工作的意见》，将诉前检察建议落实情况等纳入执行力考核和绩效考核；县检察院将听证制度引入检察机关行政公益诉讼工作之中，出台了《攸县人民检察院关于实施行政公益诉讼案件听证的暂行规定》；县检察院加强了与各单位的协调，确立了《驻检察联络室工作办法》；县检察院建立了"一案三查"内部协作机制。该项工作存在的困难和不足之处是：制度构建尚不完善，基层院适用困难；检察建议刚性不足，执行力度减弱；案件线索来源单一，业务存在空白；经费保障不足，公共利益修复难。调研组提出如下工作建议：一是检察机关应主动作为，积极加大宣传力度，加强专业人才的培训，完善相关工作机制，加强检察建议的刚性；二是各相关机关应提高执法水平，加强相互配合；三是县委、人大、政府要加强对公益诉讼工作的领导和监督，保障公益诉讼工作创新发展，为本县公益诉讼的发展提供强大的保障机制。

【"司法公正攸县行"活动】2018年"司法公正攸县行"活动期间，各相关单位积极开展"百案评查"与司法开放日活动，切实保障公正司法实效，并定期向县人大及其常委会报告工作，自觉接受县人大的监督。同时，积极邀请人大代表视察，听取意见、建议，不断改进工作。内司工委组成案件评查组，采取随机抽查的形式，分别从公、检、法、司等每个部门单位分别抽调了3件案卷，共12件案卷，对案件质量进行客观公正的分析，形成了案件评查报告。案件评查的结果为:10件优秀、2件良好。

【规范性文件备案审查】全年共收到县人民政府法制办报送备案的规范性文件3件，其中县政府办下发的3件，内容涉及攸县的林业生物灾害应急预案、政府投资管理、完善集体林权制度等领域。对这些规范性文件已进行接收、登记、备案。

【起草《关于加强全县民事执行工作的决定》】依据有关法律法规和政策规定，结合攸县实际，县人大法制委与县人民法院联合起草了《攸县人大常委会关于加强全县民事执行工作的决定（草案）》，并召开了相关单位负责人座谈会，对决定草案进行了整合和修改。2018年6月13日，县第十七届人大常委会第十五次会审议通过了《攸县人大常委会关于加强全县民事执行工作的决定》。

（刘朝阳）

财政经济委员会

【计划预算审查监督】一是抓好计划预算编制的审查监督。对计划、预算的审查监督，是各级人大财经委的一项重要工作。特别注重做好对计划、预算审查监督的基础性、经常性工作，在监督实效上下功夫。坚持提前介入，计划、预算草案编制前，深入到政府有关部门、行业和实现利税较大的一些重点企业进行调查研究，认真听取了发改、财政和税务部门关于财政预算执行、税收征管等方面的情况汇报，有针对性地提出了计划目标要科学理性、加强调度，财政预算工作要优先"保基本、保民生、保运转"，全力防范债务风险，着力强化管理手段和预算刚性等方面的建议，并得到了较好采纳。同时，根据代表提出的计划预算报告要"看得懂、听得明"的要求，财经委积极与发改局、财政局等部门沟通，共同努力，使报告表述更加简洁易懂，必要附件更加全面充分，重要问题能说明清楚，专业术语解释到位，为代表实施有效的审查和监督创造条件。二是强化计划预算执行监督。建立健全计划预算执行日常调研分析机制，及时提出了相关建议。8—10月，调查了县"十三五"规划中期评估和上半年计划预算执行情况，并向县十七届人大常委会第16次会议报告了有关情况。12月，县人民政府根据全县财政经济运行发生变化，提出了对县级财政预算进行适度调整的议案，财经委及时组织有关部门对财政预算调整方案报告进行了认真审查，并向县人大常委会提出了《关于2018年县本级预算调整方案的审查报告》，向县人民政府及相关部门提出了全力抓好财源建设，严格执行调整后的财政预算，有效防范预算风险，切实做好2019年预算编制工作等建议意见。三是充分发挥审计监督作用。年初听取了年度审计工作计划，就年度审计工作重点提出了相关建议和要求。8月，县人大常委会听取了2017年财政决算情况和“同级审”汇报，财经委向县人大常委会提出《关于2017年财政决算的审查报告》，向县人民政府及有关部门提出了要切实做好审计查出问题的整改工作等建议。10月，相关单位负责人向人大常委会报告了审计查出问题的整改情况，重点提出要加强对重点支出、重点项目和重点领域的审计监督，健全联动督查机制、审计公开机制和审计票决机制等建议，促进了审计工作实效的有效提升。

【经济工作监督】一是围绕工业经济发展开展监督。4月，县人对2017年以来全县招商引资签约项目落地、开工、建设等情况进行调查。调查采取听取相关单位汇报、召开座谈会和现场实地查看等形式，对发现的问题提出有针对性的意见和建议，形成了《关于2017年以来全县招商引资签约项目落地、开工、建设等情况的调查报告》并向县十七届人大常委会第14次专题进行报告，有效推动了园区项目建设。二是围绕重点项目建设开展监督。2018年11月，县人大常委会专题组织市县两级人大代表视察攸县“旺景区”重点项目建设情况，通过现场视察、听取汇报和召开座谈会等方式，充分了解和掌握了酒埠江旅游区项目建设现状和存在的困难和问题，财经委撰写了《关于攸县旺景区攻坚战工作情况的调查报告》，为酒仙湖“AAAA景区”早日复牌，推动县域经济发展积极建言献策。三是围绕改革开展监督。自2018年1月1日起，中国首部“绿色税法”——《中华人民共和国环境保护税法》开始实施，对大气污染物、水污染物、固体废物和噪声四类污染物由税务部门征收环保税。通过听取汇报和调查了解，自该法实施以来，县人民政府及税务、环保等相关部门单位高度重视，建立健全了相关工作机制，实现了环保费转税的平稳过渡，《中华人民共和国环境保护税法》在全县得到了较好贯彻实施，对存在的问题和困难提出了建设性的意见和建议，并撰写了《关于环境保护税法实施情况的调查报告》，于2018年11月向县人大常委会主任会议报告了有关情况，为更好地推动环保费转税持续发力。

【其他工作】一是按照县人常委会的统一安排，7—10月对县商务旅游和粮食局开展了专项工作评议调查，并向县人大常委会主任会议和县人大常委会会议报告了有关情况。二是配合市人大常委会开展了工业园区和企业帮扶调研，帮助企业解决了一些困难和问题。三是3月下旬参加了市人大常委会组织的集中培训学习。四是注重了代表建议的日常督办，提升了联系单位代表建议办理的解决率。五是牵头开展了机关财务内审工作，促进了机关财务管理水平的有效提升。

（黄　荣）

城乡建设环境资源保护委员会

【监督审议】为加大环保监督力度，2018年初，县十七届人大三次会议专门听取和审议了《攸县2017年环境状况和环境保护目标完成情况及2018年环境保护目标的报告》，会议对县政府、县环保局落实环境保护方面存在的问题提出了具体的意见，并将所列意见列入了城环委年度重点工作督查计划。9月，城环委牵头组织城环委兼职委员就县环保局落实2017年县人大常委会关于环保重点工作落实情况开展跟踪督查，并就全县贯彻执行《中华人民共和国环境保护法》及2018年环境污染防治重点工作落实情况开展了专项督查。通过实地走访，查看水体、畜禽养殖、煤炭粉尘及土壤等污染治理的有关情况，就当前全县落实环境污染防治重点工作的有关情况，有针对性地指出了当前存在的问题和不足，并就后阶段的整改提出了意见、建议。对县环保局在进一步贯彻执行《中华人民共和国环境保护法》，加快落实县环境污染防治重点工作，着力整治环境违法行为方面，提出了具体的要求。

【督查问效】为推动市人大制定的《株洲市农村村庄规划建设管理条例》《株洲市城市综合管理条例》(以下简称“两个《条例》”)的贯彻落实，2018 年，县人大常委会主任会议分别听取了“两个《条例》”实施的安排部署及推进情况汇报和实施情况的汇报，会议分别就“两个《条例》”的执行和推进情况提出了具体的意见、建议，进一步明确了督查重点。6 月，会同国土、住建等部门，采取听汇报、查资料、实地察看等方式，对全县 17 个乡镇、街道贯彻实施《条例》情况开展专项督查，并形成了关于《条例》贯彻实施情况的调查报告，全面分析总结了全县贯彻实施《条例》的基本情况和存在的主要问题，并就进一步贯彻实施好《条例》提出了 3 条建议，引起了县政府的高度重视。10 月，县人大常委会会议还专门听取了本委关于《株洲市农村村庄规划建设管理条例》实施情况的调查报告，并就当前农村村庄规划建设管理推进过程中存在的不足及有关问题提出了具体的审议意见。通过抓实督查督办，有效促使政府及有关职能部门效能提升，进一步提升了监督实效。

【专项监督】6 月，组织部分市、县人大代表、有关职能部门召开了多个座谈会，广泛听取社会各个层面对县城总体规划(2016—2035）编制成果的意见和建议，并召开了城环委全体委员会议，对编制成果进行了初步审查。根据城环委提请，县人大常委会专门听取和审议了攸县县城总体规划（2016—2035）编制的有关情况，并要求县人民政府对县人大常委会组成人员的审议意见认真进行研究处理，及时反馈处理情况，按程序上报审批。9 月，城环委组织兼职委员开展了对攸县 2009 年版县城总体规划执行情况的专项督查，通过听汇报、查资料、核查比对相结合的方式，全面了解掌握攸县 2009 年版县城总体规划 2017 年度执行情况，并及时将核查情况反馈给县国土、住建部门，就执行过程中存在的问题和不足，提出具体的意见，并要求有关职能部门全面抓好问题的整改落实。

【工作视察】11 月，组织部分县人大代表、城环委兼职委员对 2018 年全县棚户区改造项目开展了专题调研视察活动，重点选取了县西阁棚户区改造三期、百花社区棚改项目以及谭桥城中村二期等三个项目作为视察重点，通过实地走访、现场提问、工作交流、工作汇报等方式，全面了解棚改项目推进的有关情况，与会人大代表就当前棚改项目实施推进过程中存在的有关问题提出工作建议、意见，对城建公司提出的关于项目推进过程中存在的融资压力大、项目推进难等问题，积极帮助出谋划策，有效促进了问题解决。

（陈 健）

选举任免联络工作委员会

【人大代表管理与服务】一是抓学习培训，提高代表能力。按照分层组织、分批开展的原则，分别对市、县、镇三级人大代表进行履职培训。6 月，组织县人大常委会非驻会委员及各镇人大主席、街道人大工委主任到浙江大学进行履职能力提升培训。二是建立保障机制，促进代表履职。规范代表活动记录，建立了“台账式”管理，使联工委的工作进一步规范。通过了《攸县人民代表大会代表履职管理办法（试行）》，对代表提交建议、参会出勤、参与活动等情况进行量化统计，全面调动、保护和激发了代表的履职热情。与县电视台联合开播“代表风采”专栏，定期报道代表履职先进典型事迹，增强代表荣誉感。设立代表奖励制度，组织对优秀代表、建议代表和履职积极分子进行评选，在代表大会上通报表扬，充分调动代表履职积极性。三是改进活动形式，激发代表热情。定期听取人大代表建议意见活动，年内 2 次组织常委会主任会议成员及各办委在走访代表听取意见，切实加强县人大常委会与人大代表的联系。坚持邀请市、县人大代表列席常委会会议、活动的制度，有效拓展了代表履职渠道。探索开展以代表为主体的活动，在各类调研、调查活动中，由代表当活动牵头人，在各类会议上，安排代表当问题的询问人，凸显代表的主体作用，激发代表履职热情。

【议案、建议督办】在建议办理工作过程中，突出注重交办形式，探索商办方式，坚持督办制度，创新建议评办机制，切实提升建议办理实效。2018 年，在县十七届人大第三次会议上及闭会期间共收到代表建议183件，涉及承办单位54个，建议全部按期办结。建立了建议办理督办回访机制，由联工委组织代表对建议办理效果进行面对面的回访测评，客观反映了承办单位的办理实效。用活代表建议专项资金。拨付专项预算资金300万元，解决代表建议中一批人民群众关心关注的、因客观原因政府部门无法解决的热点、难点问题。突出代表建议督办。强化办理过程中的沟通协调和现场视察督查力度，杜绝承办单位敷衍代表的行为，建议解决成效明显，进一步提高了代表建议的办结率和落实率。

【乡镇（街道）人大工作指导】加强联动，增强县乡人大工作活力。建立了镇街人大工作分片座谈制度，年中由常委会副主任带队，分片区座谈交流经验，促进镇街人大工作相互之间的交流学习；积极组织人大主席参与常委会的重大活动、执法检查、代表视察和专项工作评议等工作；镇人大主席、街道人大工委主任列席常委会会议常态化，使其更加深入地了解常委会的日常运作，拓宽其知情知政和监督的渠道。激活动力，继续推行乡镇（街道）人大工作讲评活动。年终组织召开乡镇（街道）人大工作讲评会，对照年初发出的年度人大工作讲评细则进行逐项量化讲评，进一步增强了镇街人大工作活力，加强了基层人大工作能力。夯实基础，继续推进基层人大两室建设。抓实镇街人大两室规范化建设，把“代表联系群众室”建设成接待选民、联系群众的基地，宣传党委政府工作的窗口，了解民情社意的平台，监督检查工作的阵地。

【人事任免工作】2018年，办理县人大常委会任命干部共计13人次，其中任命副县长1人，监委有关职务8人，法院有关职务3人次，检察院有关职务1人；免去职务10人，其中副县长1名，法院有关职务1人次，检察院有关职务8人；补选市人大代表5人；接受4人辞去县十七届人民代表大会代表职务；依法罢免市人大代表2人，县人大代表1人；组织补选县人大代表7人次，截至2018年12月，县第十七届人民代表大会实有代表271名。

（徐夫文）

农村工作委员会

【“农业产业结构调整”专题调研】开展专题调研，服务全县农业产业结构调整工作。1月，联合县农业局等有关部门，组成专门调研组，深入全县各镇街，与基层干部群众开展座谈12场次，走访各类种植业大户20余人次，深入农产品加工企14家，外出湘潭、赣州对接考察学习2次，在充分汲取基层群众、加工企业、专业大户意见和外地成功经验的基础上，形成了专题工作调研成果，为县政府组织开展全县农业产业结调工作及时提供了决策参考。

【“农村供销社综合改革”专项视察】4月，提请县人大常委会，牵头组织市、县两级人大代表，对县供销社综合改革工作开展专项视察。在审议发言会上，人大代表就供销社综合改革中存在的资产盘活难，部门协调配合不够等制约改革发展的瓶颈和障碍问题，进行了充分发言，并提出了9条合理化建议意见，由常委会现场向政府和相关部门进行交办，有力促进全县供销社综合改革工作。8月，全市供销社综合改革现场会在攸县召开，攸县改革经验得到省、市领导高度肯定。

【监督惠农政策落实】听取专题汇报，有效监督全县惠农政策执行落实。7月，提请常委会听取和审议全县2017年惠农政策执行落实情况的工作报告。为搞好这项工作，7月上旬由分管副主任主持召开全县镇、街人大主席（主任）会议，部署各镇、街人大先期开展调研，广泛收集群众意见建议；7月中旬，人大常委会组成专门调查组，深入全县5个农业大镇以开展工作座谈、上门走访农户、查阅台账资料、发放问卷调查等形式，全面听取了解惠农政策执行落实过程中存在的难点热点问题；7月下旬，召开常委会议，听取县政府专题汇报后，针对存在的政策宣传还不够深入、政策执行还有偏差、工作保障还有缺失等5个方面的突出问题，向政府及相关部门提出了整改意见，并切实加强跟踪监督，有力促进了全县惠农政策规范有效落实。

【监督检查人大会议决定的实施】开展专项检查，有序推动《攸县第十六届人民代表大会第二次会议》《关于全县实行封山育林的决定》《攸县十七届人大二次会议关于加快推进全县农村饮水安全建设的决定》的深入实施。2018 年，农工委坚持将监督两个决定的实施作为委办工作的头等大事。11 月，提请常委会对两个决定的实施情况，开展专项检查。常委会组织了 6 个检查组，到全县 17 个镇、街及相关部门，听取工作汇报、查阅资料台账、查看项目现场、组织群众座谈，坚持以问题为导向，以民生关注为重点，认真查找两个决定实施中存在的薄弱环节和重要难点，并组织基层干部、群众代表与相关部门面对面座谈、商讨，向政府提出持续加大投入、强化部门协调监管等建议，努力推动两个决定的深入实施。

（彭湘良）

教科文卫工作委员会

【代课教师情况专题调研】 6 月，会同县教育局组织相关人员先后深入到联星街道、渌田镇、莲塘坳镇、宁家坪镇等街道、乡镇中小学校开展代课教师情况专题调研，收集了攸县代课教师基本情况、产生原因、存在弊端、相关建议等第一手资料，并根据调研资料形成专题调研报告。

【教育资源配置情况专项视察】 11 月，组织市人大代表第一小组和部分县人大代表视察了攸县中小学教育资源配置工作。代表们听取了中小学教育资源配置工作推进情况专题汇报后，提出了相关建议。本委根据代表建议形成视察意见：要严格遵照法律法规，联系本县县情，有计划、有步骤地统筹安排全县教育工作；要充分考虑国家二胎政策全面放开、县城城区面积不断增大、工业园区产业发展提速等新情况，前瞻性地做好教育的规划和布局工作；要通过引进专业人才、加大资金投入、加强部门互动等方法，破解当前教育难题；要在抓好教育教学质量的基础上，分区域做好教育均衡布局工作，鼓励和支持各中小学校发挥自身优势，办好特色教育。

【有关建议督办】 督办了代表的有关教育工作建议。9 月，根据主任会议安排，组织部分县人大代表对《关于新市中小学校校舍维修的建议》进行跟踪督办，督促县人民政府及其教育行政主管部门落实了代表建议的办理工作。

【“两行”活动】 组织开展“三湘农民健康行”和“民族团结进步行”活动。按照省、市人大统一部署，结合攸县工作实际，根据“年度有计划、季度有小结、月度有活动”的活动原则，扎实组织开展“三湘农民健康行”和“民族团结行”活动。

（罗学锋）

攸县人民政府

重要会议

【攸县第十七届县人民政府第三次全体（扩大）会议】攸县第十七届县人民政府第三次全体（扩大）会议于2017年12月29日召开，会议讨论了县政府提请县第十七届人大第三次会议审议的《政府工作报告（讨论稿）》，表彰了2017年度法治政府建设工作先进单位和先进个人，并就2018政府工作进行了安排部署。县委副书记、县长苏涛在会上强调，各相关部门要站在全局的高度，精益求精修改完善好《政府工作报告》，使报告更加符合实际，成为一份凝聚民心、符合民意的报告。苏涛还对当前安全生产、招商引资、信访维稳、三冬生产、开好“两会”、2017年工作扫尾、2018年工作谋划、两节期间各项保障工作和走访慰问、绩效考核和脱贫攻坚等工作进行了具体的安排和部署。

【攸县第十七届县人民政府第四次全体（扩大）会议】攸县第十七届县人民政府第四次全体（扩大）会议于2018年8月1日召开。会议主题是贯彻落实省委十一届六次全会和市委十二届六次全会精神，认真总结上半年工作，研究部署下半年任务，动员全县上下尽锐出战、担当作为，坚决确保高质量“突围突破”连战连胜。县委副书记、县长苏涛在会上强调，要提振信心，保持定力，增强担当作为的警觉和自觉。要把上级的政策精神贯彻落实到底，要把县委的决策部署执行落实到底，要把干部的干事创业激情发挥到底。要聚焦重点，精准发力，激发担当作为的干劲和冲劲。重点抓好“三大攻坚战”要决战决胜、“产业升级”要加快加速、“乡村振兴”要有型有样、“民生实事”要办实办好等四个方面的工作。要紧抓当前，持续用力，保持担当作为的状态和姿态。各级各部门必须竭尽全力，持续用力，认真做好省环保督查工作、突出抓好安全生产、切实加强信访维稳、着力强化财税征管、高度重视防汛抗旱等工作，确保全县经济社会发展的各项任务圆满完成。

【县人民政府常务会议】2018年，攸县人民政府共召开10次政府常务会议，即第十七届县人民政府第19次至28次常务会议。

第十九次常务会议于2月23日召开。会议审议了《攸县关于进一步淘汰落后产能促进煤炭行业安全发展的意见》。

第二十次常务会议于3月5日召开。会议听取了2017年度全县计划生育“创先争优服务大局”活动先进集体和先进个人评选及“一票否决”、中小学传染病防控等工作情况汇报，研究了脱贫攻坚工作、现任村干部和离任村干部待遇问题，并就《2017年度产业发展奖励名单》《关于促进招商引资、加快产业发展若干政策》《关于优化经济发展环境的若干规定》进行了讨论。

第二十一次常务会议于4月23日召开。会议审议了《2015—2017年度攸县劳动模范候选人建议名单》《2018年安全监管工作考核方案》《县委县政府领导、县直有关部门、生产经营企业安全生产三个责任清单》《攸县加强政府性债务风险防控管理工作方案》《关于进一步规范平台公司管理的意见》《关于深入推进城市管理和综合执法体制改革的实施方案（草案）》，听取了压减政府性投资项目和公务用车管理情况汇报，会议还传达学习了中央、省市有关脱贫攻坚会议精神。

第二十二次常务会议于5月4日召开。会议研究了农批商贸城建设项目。

第二十三次常务会议于6月26日召开。会议审议了《攸县煤矿关闭退出奖补方案》，听取了全县安全生产工作情况汇报，并就公务活动及津补贴发放标准、“最多跑一次”改革、平台公司改革、人事任免有关事宜进行了研究。

第二十四次常务会议于7月26日召开。会议首先传达了全省债务化解工作会议精神，审议了污染防治攻坚战三年行动计划及迎接省环保督察工作，并就第四次全国经济普查、农村集体产权制度改革、全县校车安全管理、公安及禁毒工作、攸县首届豆腐文化节等有关事宜进行了研究。

第二十五次常务会议于8月1日召开。会议审议长明高科项目和长荣胶粘项目投资协议，并就粮食收购工作进行了研究。

第二十六次常务会议于10月15日召开。会议首先就《中华人民共和国预算法》进行了集中学习，会议审议了招商引资项目及皇图岭特色小镇田园综合体项目投资合同，研究了扫黑除恶、改善农村人居环境等工作，并听取了全县财政工作、义乌商贸城商铺出售等有关情况汇报。

第二十七次常务会议于11月1日召开。会议首先传达学习了扶贫攻坚有关会议及文件精神，会议研究了攸州中心医院项目重新启动建设、阳升观水库建设项目、临聘人员工资待遇、教育、安全生产、人事任免等事宜，并就2017年度全县机关事业单位工作人员三等功申报表进行了审议。

第二十八次常务会议于12月21日召开。会议审议了《2018年县财政预算调整方案》《攸县豆腐（香干）产业发展规划》《攸县香干产业扶持政策（暂行规定）》《攸县化工污染专项整治方案》，研究了河道采砂有关问题、公安工作、2002年事业单位改制遗留问题，并听取了高龄补贴发放、昊华污水处理厂等有关情况汇报。

（贺再华）

县政府办公室

【概况】县人民政府办公室共有工作人员55人（包括县人民政府县长、副县长、副调研员），内设秘书室、综合调研室、督查室、信息室、应急管理办公室、机关事务管理室、政工室、外事侨务办公室、优化办、加挂县金融办公室、县法制办公室牌子，所属事业单位4个：城乡同治办公室、县长热线办公室、征拆征收管理办公室、互联网金融创新中心。2018年，县政府办在县委、县政府的正确领导下，在各级各部门的支持配合下，紧紧围绕中央和省市县重大决策部署，积极适应新常态，充分发挥参谋助手、综合协调、信息沟通、督查落实等职能作用，团结合作，扎实工作，高质量地完成了年度各项工作任务，有效促进了政府工作的高效运转。

【政务辅助】认真做好了会议报告、领导讲话、工作汇报等材料起草工作，全年共起草会议报告、领导讲话、工作汇报等各类综合材料200余篇。紧扣中心工作，组织开展实施乡村振兴战略、发展精装修楼盘、加快油茶产业发展等方面的调研，形成调研文章7篇。在《地方领导干部工作方法与实务》《湖南日报》《新湘评论》《株洲日报》等刊物上发表《聚焦重点、选准支点，打造乡村振兴攸县样板》等署名文章和新闻报道10余篇。

【电子政务】紧紧围绕县委、县政府中心工作，以电子政务为载体，着力加强政府信息公开及政务信息上报工作。认真贯彻落实《政府信息公开条例》和省政府信息公开工作要求，2018年，向省、市政府报送政务信息72条，向上级政府门户网站上传政务动态信息405条，在县政府门户网站发布各类信息11531条。

【政务督查】按照“围绕中心、突出重点、抓住关键”的工作思路，充分发挥督查工作的职能作用，深入基层，深入实际，积极有效开展督查。2018年，共开展各类督查42次，其中领导交办15次，专项（联合）督查21次，政府重要会议会风督查6次，编发《专题督查通报》11期，下发督办函26件，为全县经济社会又稳又好又快发展作出了应有的贡献。

【办文办会】收文管理上，明确收文分工，实行“对口收办、专人负责”，减少流转环节，提升效率。发文管理上，严把发文起草关、审核关、时效关，维护政府公文的严肃性和权威性。2018年，处理上级来文1600余件，部门单位来文800余件；审核以县政府（政府办）名义发文515件。严格执行会议审批程序，积极推行“多会合一”。2018年，组织召开县人民政府全体（扩大）会议2次，县政府常务会议10次，县政府专题会议32次，全县性重大会议87次，其他各线上会议500余次，未出现明显差错或失误。

【建议提案办理】始终将建议提案办理作为接受人大法律监督、政协民主监督，促进法治政府和服务政府建设的重要途径，以高度的政治责任感和使命感，全力做好建议提案办理工作。2018年，牵头办理建议提案274件。根据代表、委员反馈意见统计，所提问题已解决或基本解决的有177件，占总数的64.6%；正在解决或列入计划解决的有71件，占总数的25.9%。因条件所限目前不能解决或留作参考的有26件，占总数的9.5%。答复率、见面率、满意率均达到100%，其中满意件252件，占总数的91.6%；基本满意件18件，占总数的8.4%；无不满意件。

【征拆征收】以“产业项目建设年”为契机，坚持将征拆征收作为助推“产业突围，转型突破”新局面的重要抓手，作为推动“五区会战”、推进产业项目建设年活动的着力点，采取有效措施，提升合力，凝聚内力，扎实推进征拆征收工作。2018年，完成市对县考核项目任务31个，征收集体土地面积4008.77亩，拆除房屋507栋（套）、征地面积44063.47平方米。完成县本级项目任务29个，征地腾地交地757.48亩，拆除房屋711栋（套）、征地面积13.31万平方米。

（贺再华）

人力资源管理和社会保障

【概况】2018年，全县人力资源和社会保障工作紧紧围绕县委、县政府决策部署，紧扣全县“产业突围、转型突破、奋力打造富强美丽幸福新攸州”工作主题，以“民生为本，人才优先”为工作主线，突出抓好人事人才、为民办实事、就业创业、社会保障、劳动关系等重点，圆满完成各项任务。年内全县机关事业养老保险参保的单位183家，参保人数11680人，基金总收入43888万元，其中征缴收入20827万元；职业年金征缴收入10291万元；支出41932万元。企业社保参保人数52092人，新增扩面人数4931人，基金总收入57208万元；支出51908万元。城乡居民养老保险参保人数47.9万人，基金总收入21358.4万元，支出16533万元。失业保险参保人数21729人，基金总收入967.74万元；支出600.3万元。工伤保险参保单位268家，参保人数63218人，基金总收入4409万元，其中征缴收入3402万元；工伤保险基金支出3897万元。城乡居民医疗保险参保65.84万人（含城镇居民），城镇职工基本医疗保险参保人数4.56万人；基本医疗保险覆盖率96%，基金总收入61247万元，基金总支出57859万元，其中生育保险参保2.3万人，基金收入629万元，支出702万元。全年医保补偿115.3万人次，共补偿金额46000万元。全年医疗救助32968万人次；发放医疗救助金1554万元；资助城乡低保人员参合参保27197人次，资助参合参保资金489.5万元。

【公务员管理】认真做好公务员考录工作，提升干部队伍水平。共招录57名公务员充实到乡镇基层和公安队伍，加强基层人才队伍建设。强化干部考核，激活干部活力。完成2017年度全县政府系统一般干部年度考核。全县机关事业单位工作人员连续三年评优秀申报记三等功人员138名；2017年扶贫工作表现突出的个人给予表彰记三等功人员8名。完成了公务员职级并行工作，20名公务员晋升副科级。严格执行人事纪律，加强干部流动管理。全年共向县外调出28人，县外调入共7人，县内外借调30人。

【事业单位工作人员公开招聘和管理】严格依法依规按照事业单位招考程序，共为教育、卫生等部门所属的二级事业机构招聘278名工作人员。公开引进高层次专业技术人员工作共引进硕士研究生27名。完成了事业单位人员岗位异动共计1800人次，考核2016年工勤人员岗位晋级

500人。

【为民办实事督查考核和政府绩效评估】2018年，攸县承办的省市“民生100”工程共八大类，63个项目指标。其中，省任务14项，市任务49项。为把实事办好，好事办实，积极牵头抓总，通过下发指导文件，量化评估标准，细化分解责任，定期督查检查，科学评估验收等措施和手段，突出重点、难点和亮点，有效开展政府绩效评估和为民办实事工作。积极开展为民办实事半年督查、季度督查和多次重点项目督查。多次召开了为民办实事调度推进会，完成为民办实事县内的考核验收，确保为民办实事平稳推进并严格落实。

【工资福利和退休干部管理】办理正常工资异动21438人次；审批办理退休手续457人；办理机关事业单位死亡抚恤、遗属生活困难补助183人次；审核24个单位1159人乡镇补贴标准；走访慰问病故科级干部家属40人，认定新进人员工龄243人，协助县委组织部完成档案规范整理工作，完善工资表100多人次。

【专业技术职称评定】全年申报高级职称评审职数163个；申报中级职称评审职数187个。深入企业了解企业科技创新人才的需求，及时跟踪项目进度，积极宣传人才扶持政策，不断健全部门联动机制。全县共完成省、市科技创新人才任务28人；其中湖南长明高科实业有限公司8人，湖南澳维环保科技有限公司攸县分公司1人，株洲博世科环保设备制造有限公司2人，互金中心3人，株洲宏信科技发展有限公司4人，大唐华银攸县能源有限公司10人。

【人才交流服务】积极拓展人事代理业务，不断完善和创建人才交流服务中心代理人员工资信息库。收集学生档案1326份，开具档案商调函348份，办理档案调出123份，档案借查阅189人次，为流动人员提供报考政审和申请北上广居住证积分政审96人次，配合事业单位招聘收集档案258份，为54人办理辞职手续。

【就业创业扶持】强化创业引领，落实以创业促就业工作思路，全县城镇新增就业5328人，农村劳动力转移就业4464人，零就业家庭动态援助完成100%。支持高校毕业生微创业22人。一是政策和资金扶持。用好、用活就业创业优惠政策，加大企业帮扶力度，营造良好企业发展环境。主动降低失业保险费率，由3%降至1%，减收企业失业保险费1100余万元；加强失业保险金保障功能，支付失业人员生活费357万元，稳岗补贴及技能提升补贴18.9万元。新增创业担保贷款1365万元，贴息资金共计210余万元，共扶持128人实现自主创业，创业带动就业人数2695人。二是就业创业培训。积极联系株洲市创业培训定点机构，组织7期创业培训班，共有209名学员参加培训，维修电工班一期29人。组织贫困户就业技能培训80人，其中培训贫困户“两后生”育婴师75人。三是搭建平台。全年为省内百余家企业，举办各类招聘会共11场，登记招聘人数6822人，登记求职人数6797人，达成就业意向3020人。加深了企业和求职者的双向交流，有利缓解了企业招工难问题。

【社会保障工作】应对人口总量、结构新特点，织密扎牢民生保障网，持续增强群众获得感、幸福感和安全感。一是稳步推进扩面征缴。加大各项社会保险宣传动员力度，通过网络、媒体及时发布社保政策信息；全面实施全民参保计划，社保五险总参保116.2万人次，社会保障卡持卡人数59.8万人，基本养老保险基本实现全覆盖；对符合湘人社发〔2017〕103号文件的人员进行补缴，引导7521人对部分断档进行补缴，累计金额7600万元；完成单位补建补缴201人，金额累计500余万元。二是逐步提升社保待遇。及时按上级要求落实政策，保障参保人员正常享受待遇。为全县13.4万名待遇领取人员增加基础性养老金18元/月，调标后人均养老金水平为105.7元/月；完成2018年度机关事业单位退休人员养老金调待工作，共计6329人，退休人员养老金人平月增长155.8元；对建档立卡贫困户、低保户实行健康扶贫政策倾斜，大病保险报销起付线降低50%，进一步提高医疗保障的综合报销比例。大病保险补偿4768人次，补偿金额2242.13万元。三是加强基金监督管理。以规范业务操作行为为基础，以健全基金监督制度为保障，以强化内部监督为手段，通过现场监督和非现场监督相结合，保障各项社保基金平稳运行。基金总收入约17亿元，支出约14亿元，总体收支平衡，各项基金按时足额发放。

【劳动监察仲裁维权】坚持法治思维、法治方式，突出抓好案件预防化解，劳动关系和谐稳定。一是持续提升调解仲裁服务社会影响力。建立劳动争议调解工作机制，发挥基层调解组织在争议处理中的基础性作用，积极稳妥处理各类企业、单位拖欠劳动者工资、社会基本养老保险等违法违规案件。全年接受投诉207起，举报25起，立案13件，调解23件，移送公安机关2件，申请法院强制执行4件，1起行政诉讼案件。二是进一步加大劳动监察执法力度。全面贯彻落实劳动保障法律法规，以检查促规范、促执行、促提升。节假日前，对全县范围内建筑领域30多个单位及项目开展农民工工资支付情况突击检查和例行大检查；通过调解协调、移送公安立案和会同办公等措施，督促各企业、项目认真执行劳动法律法规，力求在县内形成良好的劳动环境。全年开展专项检查2次，日常巡查检查单位30家，受理拖欠民工工资投诉40余起，处理群体性上访事故4起，解决历史遗留问题20起，发放民工工资2168余万元。三是深入推进和谐劳动关系建设。深化和谐劳动关系建设。积极推进信用体系建设工作，进一步规范诚信评定标准，开展劳动用工诚信等级评定工作。第一批参评单位110家，已评定诚信等级A级单位24家，B级单位58家，C级单位24家。2018年，攸县被定为农民工实名制及工资银行代发试点县，已在两个房地产项目中推行银行代发制度试点，农民工工资类劳动关系问题得到有效缓解。四是有序开展工伤认定工作。通过规范工伤认定程序，严格工伤认定标准，切实维护受伤职工和用人单位的合法权益。全年工伤案件487起，不予受理2起。认定工伤538起。受理劳动能力鉴定申请281起，送达劳动能力鉴定结论256起。发放工伤保险宣传资料500多份，接待受伤职工政策咨询163人次。

【党风廉政建设】以干部作风转变为抓手，全面推进干部队伍建设，形成干部干事创业良好氛围。一是积极履行监督责任，推动全局党风廉政。局党组利用多种形式，广泛开展廉洁教育，积极宣传解读党章党规，新修订的《中国共产党纪律处分条例》，传达廉政文件精神，让广大党员干部树立理想信念，增强“四个意识”，做到知责明纪，筑牢拒腐防变思想道德防线。二是坚持以上率下，压紧压实“两个责任”。局党组带头履行管党治党主体责任，研究制定了2018年度纪检监察工作要点、党风廉政建设主体责任任务分解，将7个方面20项任务逐一分解至党组成员及协助单位，3次专题研究部署党风廉政建设工作，并与各个副科级单位签订党风廉政建设责任状，坚持党风廉政建设与业务工作同谋划、同部署、同检查、同落实，压紧压实“两个责任”。三是严肃查处违纪，积极推进多项治理。始终把纪律审查作为各项工作的重中之重，突出对违反中央“八项规定”问题、“四风”问题和不作为乱作为等问题的查处。共处置问题线索3起，开展会风督查19次，对年内有子女参加高考的党员干部4人进行提醒谈话，督促在关键时间节点严守中央八项规定，不得举办“升学宴”“谢师宴”。根据《“十二分制”管理办法》对1人给予计分处理。认真开展自查自纠，对发现的问题及时整改，补缴违规发放津补贴19.9万元，涉及人员96人。

（陈　勇　黄继武）

民　政

【概况】攸县民政局有在编干部、职工66人；局机关内设办公室（政工股）、行政审批股、规划财务股、优抚安置股、救灾救济股、社会救助股、基层政权和社区建设股、社会事务和社会福利股8个股室；下辖1个副科级行政机构，即攸县老龄工作办公室；10个事业单位，即县慈善办公室（副科级全额拨款事业单位）、县婚姻登记处、烈士陵园管理所、福利院、军队离退休干部休养所、救助管理站、殡葬管理所、县退役军人服务中心、社会福利有奖募捐办公室、社会救助服务中心。

【居民最低生活保障】2018年，全县农村低保的保障线300元·月，实行分档救助，一档由原来的155元/人·月提高至180元/人·月，二档由原来的110元/人·月提高至145元/人·月，兜底提高到300元/人·月。共有农村低保5775户、15600

人，其中兜底对象1674人，全年保障19.6万人次，总发放3757万元。城镇低保保障线480元·月，实行补差救助，共有城镇低保2298户、4673人，累计保障6.17万人次，总发放2203.7万元，人均补助水平357元。

【临时救助】为进一步加强和改进全县临时救助工作，根据省市文件要求，出台了《关于进一步加强和改进全县临时救助工作的通知》，全年累计下拨救助资金2050万元。

【残疾人补贴】全面建立残疾人两项补贴制度，进一步提升残疾人救助水平，充分发挥政府兜底保障作用。2018年，困难残疾人生活补贴和重度残疾人护理补贴发放标准每人每月分别提高到55元，全年发放残疾人两项补贴799万元。

【防灾减灾救灾】全年全县共安排下拨救灾救济款250万元，50万元救灾物资，共救助因灾缺粮缺少衣被灾民3159户。建成综合减灾避难安置场所20余个。培训信息员200多人次。发放防灾减灾宣传图册18000余份，防灾减灾宣传海报5000余张，防灾减灾宣传购物袋8000多个和一系列防灾减灾物品。

【特困人员供养】全面落实特困人员供养政策，2018年农村供养标准由2017年的3900元/年提高至4700元/年；年内供养农村特困3635人，其中分散供养3032人，集中供养603人。全年发放供养金1967.5万元，下拨照料护理资金961.8万元。

【孤儿、留守儿童生活保障】按照省、市要求，清退了不符合孤儿、困境儿童条件的对象，对38名孤儿和569名困境儿童落实了基本生活费发放。2018年，共发放生活保障金295.41万元，其中困境儿童发放生活保障金184.47万元，孤儿发放保障金110.94万元。此外，建立“村级农村留守儿童之家”21个，全县共有留守儿童4411人。

【优抚工作】一是认真落实各项优抚政策。严格执行相关文件政策，调整各类优抚对象的定抚定补标准，确保资金及时、准确发放各类优抚对象抚恤补助金，全年发放各类定抚定补资金3922.4万元。二是做好资料上报、审批工作。按照现行的优抚政策及审批程序，为220名年满60周岁的农村籍退役士兵办理定期补助审批手续，为3名伤残军人办理享受伤残抚恤金待遇，为31名档案内有病史记载且通过指定医院体检的退役军人办理享受带病回乡待遇手续，并为上述对象解决一些实际问题。三是强化信息管理。进一步完善优抚信息管理系统，对所有享受待遇的优抚对象实行动态化管理，及时人员增减数据更新，并优化优抚信息管理系统。2018年，系统录入新增优抚对象262名，系统清理了自然减员优抚对象76名。全县优抚对象二代身份证录入率达98.05%。四是加大医疗救助和解困力度，有效维护地方稳定。按照1—6级伤残军人全额补助，其他重点优抚对象住院费用自付部分30%或40%的补助标准，对493名住院重点优抚对象进行了医疗补助，补助金额约111.25万元；门诊医疗补助重点优抚对象2684人，补助金额约66.7万元；春节和“八一”建军节期间，拨款826.45万元用于全县各类优抚对象走访慰问和解困。

【退役军人安置】一是与各相关单位协调，将符合安置条件的转业士官安置到位。4月，接收符合安置条件的转业士官。二是做好退伍军人的档案管理和全县退役军人和其他优抚对象信息采集工作。对本年度已退伍的军人办理了登记、上户等手续，并对他们进行了档案登记、整理、分乡镇归档；根据上级要求，开展全县退役军人和其他优抚对象信息采集工作，已录入信息17872条。三是做好自主就业退役士兵一次性经济补助发放工作。对2017年9—12月退役的201名自主就业退役士兵发放自主就业一次性经济补助金250.95万元。四是发放义务兵家属优待金和进疆入藏义务兵奖励金。对2016年和2017年入伍的483名城乡义务兵发放家庭优待金727.2万元。2018年9月，按照10000元/户的标准，为27名赴藏进疆义务兵发放了一次性奖励金27万元。五是继续开展退役士兵职业教育和技能培训工作。根据省市文件精神，通过招投标渠道，委托株洲市生物工程中等专业学校，对91名2018年9月正常退出现役、自主就业、自愿参加培训的退役士兵进行职业教育和技能培训，有力地提高退役士兵就业竞争力。

【社团组织管理】2018年对全县162个社会团体和175个民办非企业单位及时进行了年检，批准成立民办非企业单位7家，变更登记13家，到期换证146家。批准成立社会团体10家，变更登记18家，到期换证82家。成功孵化社会组织10家，并指导建立农村留守儿童之家10家，开展了“三社联动”和“助孩子快乐成长”社会组织活动。

【地名和边界事务管理】积极开展全国第二次地名普查工作。根据省市要求，已报送湖南成果包与国家成果包，没有发生一例安全泄密事件。进入成果转化阶段，同湖南省地图出版社签订合同编纂地名图、录、典、志。开展了株衡线界桩联检工作，与衡阳市衡东县对界桩、界碑共同进行了维护、拍照，签订了创建平安边界协议，维护了边界双方社会的稳定。

【殡葬监管与服务】2018年共火化遗体512具，下拨火化补贴83万元，殡葬执法处理民事纠纷2起。通过了攸县殡仪馆骨灰安放设施项目建设省市验收，出台了《关于推进攸县节地生态实施意见》，印发了《全县乱埋、乱葬、修建大墓、豪华墓专项整治行动实施方案》，并开展专项整治行动，受到市专项督察组的充分肯定。

【流浪救助】完善救助网络，通过“五个措施”（配备专门人员、经费和车辆、与城管和公安协调配合），实行政府购买服务。为流浪人员送食品等生活物资；依托托养机构，将有智力障碍的救助者送医院治疗。全年共救助救治对象806人，其中临时性救助745人，送县中医院救治34人次，送市救助站26人次，救助救治金共支出85万元。

【婚姻、收养登记服务】2018年，共办理婚姻登记6548对，登记收养25例。按照《婚姻登记档案管理办法》有关规定，结合规范化建设的要求，及时做好档案整理工作，按照补录婚姻登记历史数据的要求，共补录历史数据1100多条。

【老龄工作】全年老年优待证3751人。推进敬老院建设和改造，有2所敬老院分别获得“全国先进敬老院”“全国模范敬老院”荣誉，有4所敬老院获“省三星级敬老院”称号。积极引导民办养老机构和推进农村互助养老模式，利用全县村（社区）闲置的学校、村部建立老年活动中心或活动室。攸县60岁以上老人14.5万人，占总人口的17.68%。全县17个乡镇（街道）已建成敬老院22所，民办养老机构1所，居家养老服务站297个、农村幸福院66所，日间照料中心13所。现有养老床位4615张、医用床位50多张，建设投入上亿元，已达到小康标准近两年来，先后在全县选择了基础条件好的29个村（社区）建立了养老服务示范点。

【慈善事业】广泛深入开展慈善捐助活动。2018年，通过天天慈善一元捐，共计募集慈善捐款活动基金521.15万元；其他定向捐款212.7万元。先后开展了“2018年迎新春送温暖”慈善救助、慈善助学、临时救助等活动，共计资助家庭1533个、临时救助对象239人、资助贫困学生216人。组织开展“两癌妇女”慰问、贫困学生走访慰问、黄丰桥专项慈善救助、为728户建档立卡贫困户端午送大米等多项慈善活动。与教育局联合开展攸县“大爱攸州·金秋助学”活动，发放助学资金发放联星街道泰青塘村“撑伞行动”扶贫资金4万元；与广东攸商慈善分会、县义工联合会开展慈善助孤活动，已完成前期申报、入户调查、建立档案等工作。指导联星街道在永佳社区新建了一家慈善超市；投资3万元对城区25名一级残疾人士实行政府购买慈善工作服务，由攸县同仁社会服务中心提供上门走访、心理辅导、送药送保健等服务。承办株洲市“让截瘫患者站起来”“2018年度大病救助”及慈善基金助学等救助项目，实现了省市县慈善工作对接。

【基层民主政治建设】一是加强村务公开民主管理。全面推进村务公开栏建设，全县297个村（居）统一规范公开栏建设，利用现有设施资源，已对第一批72个村（居）创建了规范的村务公开栏。二是加强监督指导。多次以随机抽查村（居）的方式对17个镇（街道）村居级组织机构的建立健全和工作运行情况、基层制度建设情况、村居公开的栏建设情况、换届后《村规民约》和《居民自治章程》的重新修订情况以及村（社区）标识标牌的规范统一情况进行全覆盖督查和现场指导，确保了村务公开民主管理和城乡居民依法自治两项工作稳步提升。

（郑唯薇）

信访工作

【概况】2018年度，全县信访形势整体平稳。进京上访211人次，同比减少91人次，进京非正常上访人员15.5人次（其中三跨三分离对象王春姬进京8人次），同比减少9.5人次。赴省上访82批215人次（内网录入数量），同比增加23批115人次，其中集访5批48人次，同比增加4批37人次；到市上访25批58人次，同比批次不变减少28人次，其中集访1批9人次，同比减少2批26人次（内网录入数量）。到县上访460批3313人次，同比增加67批699人次，其中集体访119批2614人次，同比增加15批402人次。圆满完成元旦、春节及市、省、全国“两会”特护期的信访维稳工作。县信访局接访中心共向责任部门转交信访件154件，呈送县级领导19件，到期回复率达98%。网上信访信息系统受理国家、省、市信访部门的转交办件546件，其中来信191件，来访150件，网上投诉262件，省长信箱31件，网上建议12件。攸县信访事项复查复核委员会办公室共收到19件复查申请，其中复查3件，其余16件均依法不予受理，分别告知信访人已经行政复议和行政裁决的3件、已经调解的1件、已经超过复查期限和信访程序终结的2件、属意见建议的1件、应当通过诉讼等司法途径解决的9件。荣获2018年株洲市信访工作先进单位，株洲市全国“两会”期间信访维稳工作先进单位。

【开展信访法治建设年活动】5月与10月，联合县司法局整合全县普法资源，开展《信访法规》进村入户活动。对职能部门主要宣传准确定位，分类处理，多元化解信访事项。对广大群众主要宣传依法逐级走访，合理表达诉求，依法维权。对特定的上访老户主要宣传“三到位一处理”原则，开展疏导教育。在全县各村（社区）张贴标语、悬挂横幅260条、刊发版报、发放宣传资料3000份。公安机关依法处置31人次，其中行政拘留20人次，刑事处罚11人次。利用今日头条、微信公众号等新型媒体进行宣传，同时对违法上访典型案例《攸县一女子长期非法上访获刑七个月》在株洲日报上进行曝光。

【“三无”单位创建活动】在全县范围内开展信访维稳工作“三无”（无积案、无越级访、无涉稳事件）单位创建活动。各级各部门综合运用政策、法律、经济、行政等手段，坚持教育、协商、引导、疏导等情、理、法并举的化解处置方法，共有效化解信访突出问题和信访积案120件，荣获株洲市“三无”单位创建活动优胜奖。

【重点领域、重点群体、重点问题、重点人员化解攻坚战】全力打好重点领域、重点群体、重点问题、重点人员的化解攻坚战（“四大攻坚”）。制定工作方案，明确工作步骤，按照“三到位一处理”的原则，采取定点接访、重点约访、带案下访等方式推动规范解决信访突出问题。全年共接到国家信访局交办的2件，省信访局3件，市局交办的1件“四大攻坚”事项已按程序办结，同时县本极标注了5件“四大攻坚”信访事项，在9月底之前全部办结。

【中央、省委巡视组交办件办理】全年收到中央巡视组移交信访件共八批33件，省委巡视组移交信访件共10批45件。共有20名县级领导领办、包案，37个责任单位调查处理。各责任单位按照“三到位一处理”要求全部办结。同时在10月，组织各单位对巡视组交办件办理工作进行“回头看”确保办理结果经得起法律、经得起历史考验。

【领导接访】实行县级领导轮流坐班接访制。县信访联席办每周星期一安排一名县政府领导在信访局接访中心接待群众来访，协调处理群众来访事项；全年县领导在信访局接待群众来访接访65次1000余人，有效解决了一大批矛盾纠纷，稳控了一些信访群体。

（胡　鑫）

机关事务管理

攸县机关事务服务中心在编在岗员工14人；内设办公室、资产管理股（加挂公共机构节能工作办公室）、后勤服务中心、公务用车服务股、物业内保股5个股室。主要职责为贯彻落实国家机关事务管理的法律、法规和政策；建立健全发展中心资产使用和管理、办公用房调配和管理等制度，统筹配置资源；负责全县公车涉改单位正常公务用车需要；负责发展中心公共机构节能的推进和管理及后勤事务的管理、保障、服务工作；承担在发展中心召开的全县有关大型会议服务工作；指导、监督、管理发展中心的物业管理工作；承办县委、县政府交办的其他事项。

【办公用房统筹管理】一是办公用房统筹。2018年，完成了安监局、煤炭产业服务中心、团县委、妇联、调查队、株洲日报等单位办公用房调整工作及老城区机关大院空置办公用房清查工作等。10月，对发展中心单位功能用房情况进行全面摸底核查，汇总情况，报县政府主管领导决策部署。二是办公用房督查。2次协助县委办、县政府办、县纪委进行办公用房使用情况督查，4月督查中，共计清理27个单位存在超标使用办公用房情况，收到腾出的办公用房钥匙67间。组织人员对发展中心1100余间办公用房的面积进行实地测量，收集了发展中心及城外各单位、乡镇（街道）等104个单位的人员定位图，报县纪委备查。2次向市办公用房清理工作领导小组办公室报送清理整改办公用房的统计资料。三是设施维修改造。完成了对发展中心所有入驻单位办公室的186个内厕的物理封闭（根据市办公用房清理整改要求）；进一步完善了发展中心绿化喷灌系统，新铺设自动喷灌系统1万余米；在主楼一楼停车场改造了5间用房，作为公务用车服务中心办公用房等。

【日常管理】一是精细化管理。每日安排2—3人，对发展中心开展3次以上巡查考核，逐次进行记录，建立考核日志。每周与物业公司召开碰头会，听取情况，了解动态，加强沟通。同时对照考核办法，逐项对其进行考核，严奖罚、强监管、保服务。二是项目采购管理。按照先报批后采购的程序，完成发展中心物业安保、规划展示馆和老教育局大院物业服务的招标采购及发展中心电梯维保、空调维保、消防设施维保的采购等。三是公共机构节能管理。专人负责公共机构能源资源消费信息等数据收集和统计，按月进行分析，查找数据波动原因，强化措施、节能降耗。

【公务用车保障和管理】一是日常管理。进一步完善车辆、驾驶员及采购管理相关制度，加强对车辆加油、维修、保险的管理，做到定点维修、定点购买，按程序报批、专人核查、互相监督；加强驾驶员安全教育和管理，对驾驶员违章行车、违规用车、不服从管理和调度，做到强监督、严处理。协助县纪委做好节假日车辆定点停放、封存的督查，及时上报了督查情况。二是真改实改。通过省内部分县（市区）机关事务管理部门学习取经，及召开座谈会征求相关职能部门意见、建议，起草《关于调整公务用车服务管理运行模式的建议方案》报县政府常务会、县委常委会审定、决策。按照县委、县政府安排，5月下旬公车平台车辆完全实行集中管理模式（乡镇、街道公务用车和执法执勤车、特种车除外），根据用车单位的申请，随机进行派车。三是服务保障。新增了管理、调度各2人，保障车辆调度有序。在主楼一楼改造6间用房作为公车管理平台车辆调度室、驾驶员休息室等；在公车上安装了北斗定位系统，实行有效监管。对驾驶员的上下班、值班、卫生、接单、服务、技能等各方面情况建立了考核台账，做到考核有理有据。积极与相关部门协调，为公车管理平台争取了97个临聘编制。

【后勤保障】一是安全保障。积极与相关部门沟通协作，全面做好了出入管理、值班值守、接访处突。人员出入主楼凭证凭卡，物品出入例行检查，凭条放行；五楼、九楼、各类设施设备机房以及重要会议等重点岗位、重要区域、重大事宜，专人值班值守。加强对房屋本体等公共设施日巡查，对空调、网络、电梯等机电设备周检查，对消防等设施月检查力度，发现问题及时解决，并建立台账。进一步增强安保力量，保安人员从40人增加到50人，业务培训改为每月一次、技能操练改为每周2次。二是会议服务。专人负责会场安排的统筹与协调，对会务人员业务培训4次，确保服务质量。全年完成会议服务950余场，每天约为2.6场（含节假日），均未出现任何重大失误，重要会议更是实现了“零失误”。三是餐饮保障。完善财务制度，全面加强采购、报账、审核关，采购双人把关、报账专人把关、审核多人把关，从严从紧抓好食堂财务管理。加强成本控制，经常安排人员到县内各菜品市场进行询价，确保原材料物美价廉。严把食品安全，加强对原材料采购质量的把关，无资质或经营手续不全的供货商绝不进驻食堂；利用监控系统，有效监管员工的不规范、不卫生操作行为。强化队伍素养，每月实行一次“末位处罚制”，对“末位者”实行扣罚当月工资200元；每季员工开展一次业务培训，提升服务水平。

【党建和扶贫】深入推进“两学一做”学习教育常态化、制度化，对照党建清单，逐项抓实抓牢，严格执行“三会一课”、党费收缴、党员民主评议等制度；按月开展主题党日活动，党组成员每季度轮流上好1次党课等。心贴心抓扶贫，派驻第一书记、2名帮扶队员严格按要求驻村进行帮扶，机关12名结对人员按月到42户结对贫困户进行2次走访，落实“五个一”要求。全年向结对村筹措帮扶资金15万元，向贫困户送去慰问金合计3万元、食用油和米合计80余份、轮椅2把等。

（郭建龙）

政务服务中心

【概况】2018，县政务服务中心紧紧围绕县委、县政府中心工作，坚持简政放权、放管结合、优化服务，把“最多跑一次”改革和积极探索相对集中行政许可权改革作为工作重点，积极创新、大胆实践，力促政务服务工作再升温、再升级、再升华。2018年12月，各窗口共办理各类行政审批和公共服务事454498件，其中即办445944件，即办率98.12%；办结454498件，办结率100%。

【“智慧城市”建设】根据县委、县政府安排，中心全力配合湖南省邮电规划设计院有限公司到各有关单位进行前期调研，在反复征求各单位的意见后，编制了《智慧攸州顶层策划调研报告》，并在此基础上完成了《智慧攸州顶层策划》和可行性研究报告，为该项目的顺利实施打下了坚实的基础。

【优化政务环境】根据上级要求，梳理出全县“最多跑一次”事项目录清单893项，经县“最多跑一次”改革工作领导小组办公室审核，并报县人民政府同意，公布第一、二批“最多跑一次”事项834项，占事项总数的93.4%。同时为能让更多的部门入驻政务中心真正实现“只进一扇门”“最多跑一次”，启动政务大楼改造，已完成一楼改造施工，待改造全部完成后政务中心将由原来的108个窗口增加到245个窗口，为办事群众营造更方便、更舒适、更多获得感的政务服务环境。

【深化“放管服”改革，申报成立行政审批局】为贯彻落实中共十九大“深化机构和行政体制改革”精神，深入推进行政审批制度改革，以清理减少行政审批事项、优化审批流程、公开审批标准、规范审批行为和加强监督管理为重点，探索推进相对集中行政许可权改革，在前期充分调研、广泛征求意见的基础上，形成了《攸县推进相对集中行政许可权改革试点方案》，拟成立攸县行政审批局，统一行使县直行政部门行政审批事项，并在3月以县政府的名义向市政府发出了《攸县人民政府关于开展相对集中行政许可权改革试点工作的请示》（攸发〔2018〕23号）文件。待市政府研究同意后向省政府请示批准，全县相对集中行政许可权改革试点工作正在有序推进。

【党建和扶贫】深入开展党建工作，常态化开展“两学一做”学习教育，严格按照上级要求做好各项规定动作。牢固树立“围绕扶贫抓党建、抓好党建促扶贫”的工作理念，按照“五个一”和“五个好”的工作要求，组织全体在编干部和建档贫困户结对帮扶，同时派出帮扶工作队全力协助办点村菜花坪镇高塘村做好扶贫、党建、人居环境整治、新时代文明实践等工作。

（文　锋）

政协攸县委员会

概　况

2018年，攸县政协在习近平新时代中国特色社会主义思想指引下，全面贯彻落实中共十九大和县委十二届五次全会、县委经济工作会议精神，牢牢把握团结民主两大主题，务实奋进，忠诚担当，团结和带领广大委员认真履行政治协商、民主监督、参政议政职能，充分发挥协调关系、汇聚力量、建言献策、服务大局的作用，为开创攸县高质量发展新局面贡献智慧和力量。

【政治协商】一是丰富协商形式。定期开展大会建言、联组讨论、常委议政等专门协商活动，引导委员围绕“服务民营企业、打造特色农业、发展旅游产业”的转型发展要求，向县委、县政府提出85条建议，促进工作落地、落位、落实。适时开展提案现场办理、委员一线视察、集中座谈讨论等协商活动，增加现场互动，不断提高协商议政的广度和深度。创新开展“政协云”微建议微监督微协商、边调研边协商边监督等活动，协助党委政府凝聚力量、改进工作，解决问题、改善民生。二是搭建协商平台。先后组织开展“确保矿区有序开采、加快景区开发建设、优化营商发展环境、力促民营企业发展”等专题协商，组织基层委员、企业负责人和相关部门单位面对面交流，让企业反映问题，部门解疑答惑，让委员针对问题，积极献计献策，达到了相互理解支持，共同促进发展的目的。三是转化协商成果。利用政协平台发声发力，努力将协商议政成果转化为实际行动和工作举措，先后形成了《攸县引入企业发展的调查》《攸县烟花产业发展情况的调研》等专题报告，得到了县委、县政府的高度重视。

【民主监督】一是提案监督。继续深入开展“委员提、部门办、大家评”民主监督集中评议活动，重点挑选“保护生态环境、加强物业管理、发展全域旅游”等5件提案，对办理过程进行全程电视拍“案”，把工作公开化，将评议透明化。“改善交通道路标识、改造农业灌溉陂坝”等重点提案纳入政府“民生100”工程。全县39个提案承办单位认真对待群众呼声和委员建言，深入研究，积极落实，立案的99件委员提案全部办复。县政协创新民主监督、督促提案落实的做法，在全省政协加强和改进人民政协工作研讨会上作典型推介。二是视察监督。围绕“共享农业特色小镇”“矿区煤炭安全生产”等重大项目和民生实事，组织委员们走进皇图岭、黄丰桥等地区，深入现场、深入实地、深入一线，向县委、县政府建言，推动问题解决，凝聚发展共识。选派多个界别的56名委员参加公检法开放日、拆违控违检查、精准脱贫督查等活动，现场察看部门工作，提出意见建议60多条，切实加强了解、消除误解、增进理解。三是网络监督。依托“政协云”平台，引导委员们提交微建议、参与微协商、实施微监督，对接党委、政府的微建设、微服务，帮助群众解决了一批微困难、微需求。委员全年使用“政协云”APP达12万多次，提交微建议225条，参与全省“政协云能给我们带来什么”大讨论活动并获奖。联星高车头马路市场搬迁、城区公共交通标识标牌完善、重点路段交通畅通保障、发展中心作息时间调整等一批小建议、大民生，得到了及时办理和回应。

【参政议政】一是调研资政。围绕“实施乡村振兴、助推产业发展、助力脱贫攻坚、壮大村级集体经济”等课题，广泛调研，广集民意，抓准方向，摸准问题，找准对策，由正、副主席带队，各专委会参与，组织各界别政协委员赴江西省上高县、兴国县、樟树市等先进县市进行考察调研，学习借鉴先进地区的经验和做法，形成了《打造“两湖两河”乡村振兴发展大格局》《关于攸县香干豆腐产业发展的思考》等有质量、有分量的调研报告22篇，其中《着力提升“四力”，促进政协履职》《发展全域旅游，打造全景攸县》等4篇调研报告在省、市政协征文中获奖。二是委员议政。紧扣产业转型、乡村振兴等中心议题，针对扶持政策不连续、遗留问题难解决、部门服务待提高、干部作风需改进等现状，委员们敢于讲真话，善于讲实话，积极提出转变观念、搭建平台、完善机制、强化保障等对策建议。在“产业项目建设年”活动中，委员们建言在稳妥化债的基础上，坚持“引进来”和“扶起来”并重，着力引进高新项目，大力扶持本土企业，全力促进转型升级。三是为民参政。针对村级债务问题，及时提醒预警，引起部门关注，早动手早化解；针对乡村道路问题，及时建言反映，加快工程进度，保障民众出行；针对贫困群体问题，及时向上反馈，推进解决问题，促进民生普惠。通过政协平台，针对群众关心关注的“提质改造醴茶铁路，开通株炎城际轨道交通”“保护渌田北伐首战场遗址”等，以递交提案等形式向省市政协参政建言，力争从高层次来推动问题解决。

【委员管理】创新委员管理。积极开展“定好位、履好职、服好务”委员述职评议活动，建立委员工作考核机制，实行委员履职档案化管理，对全体委员递交提案、上报社情民意、参与调研工作、上传微建议等履职工作进行量化考核，全年各委员活动组共上交提案106件、撰写调研报告22篇、上报社情民意75条、开展履职活动90余次。根据考核结果评选了优秀活动组长5人、优秀委员46人，涌现了见义勇为、岗位奉献、热心公益慈善事业的李昭志、尹奇平、卢敬爱、张泽武等一批优秀委员典型，彰显了委员作为，展现了委员风采。同时，对考核分数偏低的委员进行约谈，切实提高委员履职责任心和使命感。《人民政协报》《湘声报》等中央和省级媒体进行了传报道。丰富界别活动。218名政协委员，15个活动小组，深入开展“三个一”扶贫行动68次，结对200多名贫困户，资助贫困学生90多人，为贫困家庭增收百万余元；深入开展“三进三助”聚力行动，走进商会，对接银信部门，协助企业争取授信15亿元。工商联界的安特新材料、酒江电线等众多委员企业，2018年共创税6000余万元，接纳就业人员2000多人。医卫界委员开展健康扶贫联合义诊，免费体检，赠送药品，慰问走访困难群众。特邀界委员打造“市民茶室”，接待群众，收集民意，帮助化解各类矛盾。群团界、妇女界、农业界、教育界、经济界等委员活动组也积极发挥界别特色，开展了形式多样的履职活动。

【联络联谊】全年共接待广西德保县政协、安徽省太湖县政协、江西省永兴县政协及省内宁乡市政协、荷塘区政协、衡阳县政协等来攸调研考察团26批次，实地参观和考察攸县的城市管理、城市交通、城乡环境、全域旅游等。同时，加强各界别委员相互沟通、相互联系，组织各委员活动组联合开展履职活动等，加强委员之间的联络联谊。

【队伍建设】强化理论学习。通过召开党组会、理论学习中心组等形式，组织集中学习30余次，深入学习习近平总书记关于加强和改进人民政协工作的重要思想，做到党组成员、机关委办、政协委员全覆盖，坚决用习近平新时代中国特色社会主义重要思想统领政协工作。强化组织生活。县政协主席吴爱清、副主席李良俊分别作了《不忘初心，牢记使命，奋战新征程》《不忘初心，牢记使命，努力提升干事创业的素质水平》的专题授课，副主席陈百忠在九届九次常委会上，专题传达学习习近平总书记重要思想和中共十九大精神，使机关干部和委员们进一步明确在新形势下担负的重要职责，增强了做好本职工作的责任感和使命感。政协党组在广泛开展谈心交心和征求意见的基础上，党组班子成员扎实开展批评与自我批评，主要是在学习教育、思想交流、自我剖析、对照检查等方面红红脸、出出汗，认真反思、积极整改，不断促进自身建设。每月主题党日活动，事前认真审核方案，活动中积极参加，按时交纳党费，履行好党员义务。利用“七一”建党节、重阳节等节日，组织机关党员和退休党员集体开展支部走进企业、走进乡村活动，发挥党员带头作用。强化制度建设。认真执行党组成员“一岗双责”制度，党组书记定期同党组成员，党组成员定期同分管办委负责人谈心谈话，发现问题及时提醒，始终做到警钟长鸣。严格控制会议活动、改进会风文风、精简文件简报，积极推进了机关作风转变。不断简化接待，控制经费支出，细化公车管理，强化工作纪律，有效提升了履职形象。进一步强化机关日常管理，修改完善了政协机关管理制度，细化机关内部考核评比，提高工作效率和服务水平。

【扶贫攻坚】政协党组切实加强与基层群众的联系，各党组成员深入扶贫一线，分别在新市镇钟佳桥村、菜花坪镇潘塘村、皇图岭镇新乐村开展联镇联村结对帮扶工作，在新市镇大桥头村开展软弱涣散村督促整改工作，在新市镇新联村联系指导“五化”支部创建工作，等等。政协党组成员共结对贫困户 12 户，筹集帮扶资金 60 余万元；到基层开展讲党课、上微党课 10 余场次，走访联系基层党员 100 多人次。

【文史工作】深挖文史资源。为庆祝改革开放 40 周年，编纂了文史专辑《攸县经验》，整理归纳 12 条被中央、省级推介的经验，既是攸县发展成就的集中体现，又是广大干部群众的智慧结晶，更是攸县精神的生动诠释。以“存史、资政、团结、育人”为重点，编印了《攸县姓氏》，解读攸县家族文化，传承优良家风。编撰了《泉水叮“东”》，呈现革命老同志在攸县接受劳动锻炼的峥嵘岁月，让老干部与老百姓同甘苦、共患难的鱼水之情，在新时代脱贫攻坚征程中得到继承和传扬。

（彭华阳）

重要会议

【全体会议】中国人民政治协商会议攸县第九届委员会第三次会议于 2018 年 1 月 8 日至 10 日在县城举行。会议听取并审议了《政协攸县第九届委员会常务委员会工作报告》《政协攸县第九届委员会常务委员会关于九届二次会议以来提案工作情况的报告》；听取了县政协九届三次会议提案审查情况的报告；听取并协商讨论了《政府工作报告》；协商讨论了《攸县 2017 年国民经济和社会发展计划执行情况与 2018 年计划的报告》《攸县 2017 年财政预算执行情况和 2018 年财政预算的报告》《攸县人民法院工作报告》《攸县人民检察院工作报告》《攸县 2017 年环境状况、环境保护目标完成情况和 2018 年环境保护目标的报告》等。

【主席会议】2018 年度政协攸县第九届委员会主席会议主要集中学习了习近平关于加强和改进人民政协工作的重要思想、中央关于加强新时代人民政协党的建设工作的意见等重要文件精神；传达学习了全国、省市政协重要会议精神及省市关于加强“两代表一委员”工作室建设的相关要求；对“委员提、部门办、大家评”民主监督评议活动和“定好位、履好职、服好务”委员履职评议活动进行了部署，并对专题调研、专项视察等政协日常工作进行了安排，审议了各次政协常委会议程，研究了加强政协工作的相关举措。

【常委会议】2018 年，县九届政协共召开 3 次常务委员会议。

政协攸县第九届委员会第八次常务委员会议于 2018 年 1 月 9—10 日在县政协九届三次会议期间举行，共进行了两次会议。1 月 9 日下午，在海悦酒店召开了九届八次常委会第一次会议。会议协商了县政协九届三次会议各项决议（草案）；审议通过了提案审查情况的报告（草案）。1 月 10 日下午，在海悦酒店召开了九届八次常委会第二次会议。会议听取了各讨论组讨论情况的汇报；审议通过了政协攸县第九届委员会第三次会议关于政协攸县第九届委员会常务委员会工作报告的决议（草案）、政协攸县第九届委员会第三次会议关于政协攸县第九届委员会常务委员会提案工作情况报告的决议（草案）、政协攸县第九届委员会第三次会议政治决议（草案）等。

政协攸县第九届委员会第九次常务委员会议于4月26日举行。会议分为两个阶段进行：第一阶段，提案办理协商会议。会上，县政协党组副书记、副主席李良俊就提案办理提出了相关工作建议；县委常委、县人民政府常务副县长李子善，县委办常务副主任刘亮分别代表县委、县政府接收县政协九届三次会议以来的委员提案。县委常委、常务副县长李子善对2017年委员提案办理情况进行了通报，并表示县政府将高度重视提案办理工作，确保提案办理落实，给全体政协委员和全县人民交上一份满意的答卷。第二阶段：县政协九届九次常委会议。会议传达学习了全国“两会”精神及习近平总书记近期重要讲话精神，集中学习了县委在政协攸县九届三次全会上的讲话精神和对《政协攸县委员会2018年工作要点》的重要批示。安排部署了2018年政协主要工作，协商通过了《政协攸县第九届委员会委员管理办法（草案）》《政协攸县委员会委员履职考核评价办法（试行）》等。

政协攸县第九届委员会第十次常务委员会议于7月19日举行。会议分为两个阶段进行：第一阶段，2018年上半年政情通报及提案办理情况通报会议。会上，县委常委、县人民政府常务副县长李子善通报了2018年上半年政府工作情况；副县长、政府办主任彭顺昌通报了2018年上半年提案和“政协云微建议”办理工作情况；部分委员踊跃建言、积极献策，提出了一些有针对性、建设性、可操作性的意见和建议。第二阶段：县政协九届十次常委会议。会议集中学习了习近平总书记关于加强和改进人民政协工作的重要思想、省政协主席李薇薇的重要讲话和省市政协相关重要文件精神。会议通报了县政协上半年的工作情况，安排部署下半年政协重点工作。

（彭华阳）

重要活动

【视察活动】围绕乡村振兴、安全生产等重大项目和民生实事，组织委员们深入现场、深入实地、深入一线，向县委、县政府建言献策。2018年10月18日，组织政协委员调研视察了皇图岭特色小镇建设。调研视察组先后现场察看了湘溪王朝等农产业发展基地和丹陵大道、106国道镇区改造等项目，详细了解当前特色小镇推进情况。参加调研视察的部分政协常委、主席会议成员就皇图岭镇“共享农业特色小镇”建设进行了建言献策，提出在推进特色小镇建设中要坚持因地制宜、坚持独具特色、坚持创新引领、坚持点面结合，做到理念、技术、产品、服务、营销、文化等创新，把皇图岭镇打造成特色小镇示范区、共享农业创新区、美丽乡村引领区。2018年11月19日，组织部分市、县政协委员视察“稳矿区”攻坚战重点工作推进情况，实地视察了黄丰桥镇永祥矿业有限责任公司雷家冲煤矿，察看煤矿井筒、运输系统、通风系统等主要生产系统的技改升级情况。部分市、县政协委员就“稳矿区”攻坚战的煤矿企业关闭退出任务，加快淘汰落后产能、落后工艺、落后设备，创建标准化示范矿井，大力推进技改升级，推行煤矿正规化开采，全面开展隐患排查治理，突出抓好煤矿安全生产“打非治违”“强执法防事故”及“一通三防”等方面的工作进行了建言献策。

【调研活动】全面开展“全域调研年”活动，聚焦乡村振兴、产业发展、脱贫攻坚等课题，全年各界委员共撰写《打造“两湖两河”乡村振兴发展大格局》《关于攸县香干豆腐产业发展的思考》《保护和利用文化遗迹，助推乡村振兴战略》《攸县油茶产业发展调查与思考》等有质量、有分量的调研报告22篇。其中《着力提升“四力”，促进政协履职》《发展全域旅游，打造全景攸县》等4篇调研报告在省、市政协征文中获奖。在15个委员活动小组中开展了调查研究和反映社情民意竞赛活动，全年共报送各类社情信息72条，微建议194条，涉及企业发展、老城改造、乡村道路、义务教育等各个领域。其中《完善公交车配套设施》《更换城区街巷老旧路灯》等一批好的微建议，使群众反映的城区公用设施修缮、背街小巷路灯设立等诸多关乎民生的实际问题，得到了及时有效的解决。

【“两创”活动】开展“两创”活动是攸县政协履职的探索和创新，也是着力打造的特色和品牌。“委员提、部门办、大家评”民主监督电视问“案”活动。县政协九届三次会议以来，共收到委员提案106件，立案99件，其中确立了《提升城区交通畅通水平》《大力发展全域旅游》《规范小区物业管理》等10件重点提案列为主席督办；《改善交通道路警示标识设置》《关于农业灌溉危旧陂坝改造》等提案列入“民生100”范畴。“委员提、部门办、大家评”民主监督电视问“案”专题活动分为集中交“案”、跟踪拍“案”、综合评“案”三个阶段。交“案”阶段，在政协常委会上，将委员撰写的99件提案交与县政府及其相关职能部门承办；拍“案”阶段，由县电视台对重点提案所涉问题的基本现状、办理成效、群众反响等进行全程拍摄并制作专题片，在专门设置的栏目中分期播放，犀利发声，接受社会监督。评“案”阶段，在政协全会期间，由全体政协委员民主投票，评选2018年度提案办理优胜单位：一等奖县卫计局、二等奖县商旅粮局、三等奖县经管站。“定好位、履好职、服好务”委员述职评议活动。按照委员履职全方位、委员述职全覆盖、委员考核全过程的要求，精心制定了《委员履职考核办法》，按照考核办法的要求，开展“定好位、履好职、服好务”委员述职评议活动，对全体政协委员进行述职评议。2018年度，首先对各委员活动组组长进行述职评议，按照量化考核占60%与现场评议占40%的方式，对述职委员进行考评。其中，量化考核主要是提案递交、微建议上报、政协云使用、调研报告、社情民意、小组活动等日常履职情况，计算得分后依次排名。在此基础上，15个委员活动组组长们，结合自身界别特色，围绕履行政协“三大职能”、参与中心工作、彰显委员风采、强化自身学习等方面进行了现场述职。县政协常委会组成人员、部分政协委员代表、各乡镇（街道）分管政协工作领导等120多人按照“优秀、良好、合格”三个等次对委员述职情况进行了现场评议，吴爱中等5名活动组长被评为优秀活动组长。

（彭华阳）

提案工作委员会

【提案征集】县政协九届三次会议以来，政协委员、各界别小组共提交提案106件。经审查，立案99件，转作来信来访、社情民意处理7件，立案率93.4%。

【提案办理】立案提案全部转交由县委、县人民政府各组成部门承办，涉及承办单位39个，截至2018年12月，所有提案全部办复。其中重点提案10件，纳入政府2018年“民生100”工程17件，明确合办提案23件，涉及协办单位14个，占提案总件数的23.5%。提案答复率和见面率均达到100%。已解决或基本解决的提案64件；正在解决或列入计划解决的提案32件；因条件有限暂时不能解决及留作参考的提案3件。总体评价满意的提案94件；基本满意的提案5件。

【提案督办】提案办得怎么样，督查督办很关键。一是紧跟重点提案抓督办。确立了《提升城区交通畅通水平》《大力发展全域旅游》《规范小区物业管理》等10件提案作为主席督办重点提案，共涉及9个方面的工作，其中包括5件大会建言，是开展电视问“案”的核心内容，也是提案办理工作的重中之重，由县政协领导亲自督办。二是围绕民生实事抓督办。将《改善交通道路警示标识设置》《关于农业灌溉危旧陂坝改造》等17件民生提案纳入县政府“民生100”工作范畴，把这些提案的办理列为督查重点，有效提高提案的解决率。三是改进方式方法抓督办。继续开展“委员提、部门办、大家评”民主监督电视问“案”专项活动，对提案办理的现状、过程、结果进行全程跟拍，以办理过程的公开化、透明化推动提案工作免于形式化、过场化。会同县委办、政府办采取定期督办和不定期督办、普遍督办和重点督办、电话督办和上门督办相结合的方式，及时了解和督促各承办单位的办理工作，既督查办理进度，又督查办理质量和办理效果，着力提高办理工作的时效性和实效性。

【调查研究】2018年，围绕攸县引入企业发展现状和集体经济发展开展了调查，形成了两篇调查报告《栽下梧桐树，尽心育成林—关于攸县引入企业发展的调查与思考》和《发展壮大村级集体经济的调查与思考》，并在县政协九届四次全会上作为参政议政大会建言材料。

（欧阳愚）

经济科技工作委员会

【专题调研】以全县中心工作为主线，区域经济社会的发展为核心，精心组织协商课题调研，认真完成年初制定的课题调研计划。组织委员围绕“酒埠江旅游发展”“油茶产业发展”“商品市场发展”等课题开展了调查研究，较好地完成了课题调研任务，共有5篇调研报告在县政协2018年度调研竞赛中获奖（其中一等奖2篇）。所提相关意见、建议也得到县委、县政府主要领导的高度评价，部分调研成果已经转化为决策并得到部署实施。

【反映民意】围绕全县经济社会发展中的重大问题，组织委员通过会议发言、提案、反映社情民意信息、微建议等形式，深入协商讨论，广泛议政建言。九届三次会议以后，共组织委员撰写提案24件（占九届三次会议以来委员提案总数的24%，其中2件提案被评为优秀提案），反映社情民意信息13条（其中5条社情民意信息被评为优秀），提交微建议51条（其中2条微建议被评为优秀）。所反映的社情民意不少都得到重视，所提建议也绝大部分得到采纳。

【界别工作】围绕政协工作中心，充分发挥政协特色优势，加强界别工作指导，积极搭建界别活动平台，推动界别工作开展。一是强化队伍建设，提供履职保障。结合界别和小组活动，推动委员深入学习中共十九大精神、系列讲话，学习中央、省市关于人民政协的方针政策，增强委员履行职能的责任感和使命感，提高委员在新形势下履行职能的理论水平。全年共组织界别委员开展专题学习6次。二是推动委员履职，践行协商民主。以调研视察为平台，民主监督为纽带，界别活动为载体，积极组织委员参加各种协商议政活动，协调安排委员参与社会监督管理，开展民主监督活动。2018年，组织工商联界委员到驻长沙、广州等地的攸县商会开展“迎老乡、回故乡、建家乡”招商引资专题活动，为攸县的经济社会发展献计出力；组织经济界委员开展“旺景区”攻坚战实施情况视察活动，履行民主监督责任；组织无党派界委员开展“养殖产业转型升级”“乡村振兴”等履职活动。三是引导关注民生，履行社会责任。组织委员深入开展结对帮扶送温暖、脱贫济困献爱心活动，慰问困难群众、孤寡老人等社会弱势群体，捐赠慰问金和实物6余万元。

（刘熠莅）

学习文史工作委员会

【理论宣讲】根据县委的统一安排，深入县直部门单位和农村基层一线，围绕中共十九大精神、县委“凝心聚力，激情干事，奋力开创攸县高质量发展新局面”的工作主题，广泛深入开展理论宣讲，全年开展理论宣讲教育活动20余次。

【专题调研】紧扣县域经济社会发展中的热点难点问题开展专题调研，形成了《保护利用文化遗迹助推乡村振兴战略》的调研报告。该报告被确定为县政协九届四次全会参政议政发言材料。

【工作视察】11月，组织了“皇图岭特色小镇建设”专题视察活动。视察中，委员们实地考察了皇图岭镇“湘溪王朝”农业产业基地，并在皇图岭镇政府召开了座谈会。镇党委、政府汇报了特色小镇建设情况。与会委员充分肯定了今年来皇图岭特色小镇建设取得的成绩，同时提出了一些意见和建议。

【文史资料编辑】全年编纂出版《攸县文史》第21辑《攸县经验》和第22辑《攸县姓氏》（上册）两部文史资料。《攸县姓氏》（上册）对攸县境内迁徙最早、人丁繁衍众多的主要姓氏的起源、播迁攸县，得姓始祖，郡望堂号、家规族训、县内分支、县境分布、族中俊彦等信息进行了系统归纳和整理，全书体例完备，内容丰富，史料翔实，可读性强。它的出版，对于解读攸县社会结构，传承优良家风，提升县域文化软实力，促进社会和谐，具有重要意义。为纪念改革开放40周年，经请示中共攸县县委同意，文史委编撰了第21辑文史专辑《攸县经验》。全书对1978—2018年，攸县广大干部群众推进改革开放的实践成果进行了系统搜集和分类，整理出省内外闻名的农村股份合作经济、劳务经济、城乡同治、乡村大舞台等经验共12条。这些经验贯穿改革开放全过程，遍及经济社会发展各领域，集中体现了攸县改革开放的成就，深刻凝聚着广大干部群众的智慧，生动诠释了攸县厚重的人文精神。

（刘曼文）

群团法制联络联谊工作委员会

【委员管理】 创造性地开展“定好位、履好职、服好务”委员述职评议活动，通过“履职量化考核+现场述职考评”相结合，按照“优秀、良好、合格”三个等级实行综合排名，奖励先进，约谈后进，有效地激发了委员的履职热情。出台《政协攸县委员会委员履职考核评价管理办法》，建立和更新了218名政协委员的个人档案，对委员日常履职考核进行量化，细化到7个方面12项指标，对全体委员进行全方位综合评分考核，按照25%的比例评选出46名优秀委员进行奖励，对考核得分60分以下的委员进行约谈。

【专题调研】 组织专委会成员就“攸县义工联合会队伍建设及发展”进行专题调研。采取深入现场与志愿者交流，到学校了解贫困学生状况，到相关部门了解以及查看其相关财务报表等方式，全面了解其基本情况与存在问题，经过多方了解，多次座谈，最终形成《推进志愿服务新发展，共建文明和谐新攸州》的调研报告，供县委、县政府决策参考。

【专项视察】 组织部分委员视察“稳矿区”攻坚战重点推进工作，就煤矿企业的关闭退出，加快淘汰落后产能、落后工艺、落后设备，创建标准化示范矿井，推进技改升级，推行煤矿正规化开采等工作建言献策。

【联络联谊】 全年共接待了广西德保县政协、安徽省太湖县政协、江西省永兴县政协及省内宁乡市政协、荷塘区政协、衡阳县政协等来攸调研考察团26批次，实地参观和考察了攸县的城市管理、城市交通、城乡环境、全域旅游等。同时，切实加大了各界别及其委员之间的横向联系，定期走访委员，了解委员近况，促进委员履职。

（黎亚敏）

群众团体

攸县总工会

【概况】2018年，攸县总工会机关在职职工21人。机关内设办公室（加挂职工俱乐部、职工学校牌子）、组宣部、经济工作部、维权部（加挂职工维权帮扶中心、职工法律援助中心牌子）、财务部。全县实有基层工会568个，其中县直机关工会69个、乡镇（街道办事处）工会联合会17个、行业联合工会7个、村（社区）工会85个、企事业工会384个，有工会会员37658人，专兼职工会干部145人。攸县总工会被评为2018年度“株洲市工会工作红旗单位”。

【困难帮扶和职工维权】一是走访慰问。元旦、春节期间，为确保生活困难职工能过上平安祥和的节日，总工会组织全县各级工会干部，深入贫困职工家庭访贫问苦，“两节”送温暖解困635人，发放慰问金31.75万元，大米300袋，食油300瓶；县（市）级领导走访13人13000元，机关领导走访6人8000元，大病救助走访23人71000元。累计完成677人，解困资金409500元，较指标任务500人，完成年度目标135%。二是推进医疗互助。组织16931人职工参加住院医疗互助项目，参保金额101.59万元；组织7071人女职工参加特殊疾病保障项目，参保金额101.59万元。全年累计完成24002人次，完成年度目标171%，发放医疗互助款12批1152人140.36万元，发放女职工特殊疾病保障3单3万元。三是强化困难职工建档工作。对1026户困难职工档案重新核查，为17名困难职工建立国家级档案，4人建为省级档案，3人建为市级档案，20人建为县级档案。四是开展“金秋助学”。资助了6名大一特困新生和14名贫困村中小学生入学，资助资金5万余元，与市总工会、县教育局、县慈善总会为196名困难大一新生发放助学金80.6万元。五是依法维权。协助处理攸县华强烟花制造有限公司“5·29”爆炸事故，依法赔偿死者家属98万元，维护了职工合法权益。六是组织“夏送清凉”活动，向职工“送温暖”。筹措资金6万元，购买清凉物资1040份，走访慰问了高温作业下的交警、城管、环卫、电力、林业、水利、园区企业、重点建设项目等工作人员。

【选树劳动模范】落实市总工会文件精神，积极组织非公企业—湘东化机厂4名技术工人，参加了市总举办的第一届“石峰”杯轨道交通产业暨全国和省第六届职工职业技能大赛活动。择优推荐了攸县中医院内一科和攸县环境保护监测站获评为“株洲市工人先锋号”，电力局李美华、检察院尹奇平、城管局夏昆被评为株洲市“五一劳动奖章”获得者。认真组织2015—2017年度攸县劳动模范推荐评选工作，评选出王伟杰、文红梅、叶红、宁腾龙、吕剑斌、刘　忠、苏落荣、李明良、吴爱中、何伟、罗伏云、周世伟、蒋正平、谢志玲、吴超等15名职工劳模，丁建兵、王敏、陈望雀、欧阳春晖、贺余良等5名农业劳模。县委、县政府于5月10日专题召开了攸县劳动模范命名表彰暨先进事迹报告会，讲好了劳动故事，弘扬了劳模精神，传播了劳模风采。

【工会干部学习培训】组织全县职工踊跃参加市总组织的工会系统“学习十九大·逐梦新时代”主题征文、演讲比赛，攸县有6人先后参加比赛，其中刘红、洪玉琴分别获得征文比赛一等奖和三等奖。9月19—21日在县委党校举办了攸县工会干部培训班，特邀省市工会系统领导专业授课，参训人员220人；10月31日在酒仙湖组织基层工会主席“强素质”能力提升拓展培训，参训人员80余人；选派了20余人次工会干部参加了省市业务培训，增强了工会干部履职尽责能力。

【组织职工活动】县总工会先后与县地税局、县检察院、县委办、人大办、逸鸿集团、长鸿学校等单位工会组织联合开展了“迎新春”职工联谊趣味体育运动会、“唱红歌·庆七一”职工联谊系列文体活动以及户外拓展活动，各基层工会组织之间开展不同形式的联络联谊工会活动。5月22—25日，举办了红五月“星都物流杯”攸县第七届职工羽毛球混合团体赛，来自全县各单位的49支代表队和近500名羽毛球爱好者参加了比赛。10月15—27日，举办了庆国庆“市建杯”全县职工男子篮球赛，全县各单位29支代表队和300多名篮球爱好者参赛，这两场球赛都是历年来参加队伍和参加人数最多的比赛。11月8日，全县职工羽毛球培训班在大众球馆正式开班，首批参训人员达300余人。发挥望云国际广场职工演唱队、文化广场职工文艺演唱队等职工兴趣爱好团队作用，组织职工自编自演、自娱自乐的文艺演唱“五进”活动120余场次，赢得了职工群众的欢迎，望云国际广场职工演唱队被市文体广电新闻出版局评为2018年优秀文化志愿服务团队。

【工会改革】2018年是工会改革攻坚年，根据省市工会改革调度会的要求，先后多次召开班子成员会、全体工作人员会、部分基层工会主席会和工会退休老干部座谈会等各类会议，广泛听取各方意见建议，借鉴兄弟县市（区）的成功经验，9次修改完善并报县委审核通过了《攸县总工会改革实施方案》，县委办专题下发了攸办发［2018］27号《关于印发〈攸县总工会改革实施方案〉的通知》文件，各项改革措施正在按照改革实施方案逐步抓好贯彻落实。同时，选举产生了刘凯平、朱剑鸿、王娇敏、洪玉琴、邓祖德、陈湘德、刘文清、谭青梅、刘曼文、尹智彬、龙继武、蔡文学、颜湘萍、张雨梅、陈望雀、焦志军、付华贞、梁田等18名市工会第十五次代表大会代表，代表们参加了12月18—20日在株洲市召开的市工会第十五次代表大会。

【建会建家】总工会大力推动中小非公企业和新社会组织建会，指导株洲湘东情食品有限公司、湖南澳维环保等10个单位组建了基层工会，指导人民医院、农商银行等5家基层工会成功选举换届；指导株洲市酒埠江灌区管理局工会和大唐华银攸县能源有限公司工会成功创建为“株洲市模范职工之家”，国网攸县供电分公司变电运维二班工会小组为“株洲市模范职工小家”；指导联星街道办事处创建为“湖南省模范职工之家”，国网攸县供电公司变电检修班创建为“湖南省模范职工小家”，丫江桥镇工会为湖南省“六好”示范乡镇工会。

【党建和扶贫】扎实推进了机关党支部“五化”建设，严格落实了“三会一课”、支部主题党日等党的组织生活制度，广泛开展了主题党日+活动，组织党员到谭震林纪念馆和炎陵、茶陵红色教育基地参观学习，组织党员到新市镇罗潭村与建档贫困户开展结对帮扶活动，组织党员开展了“唱红歌·庆七一”系列文体联谊活动，党员积极性、主动性得到充分发挥。全年开展主题党日活动12次，上党课4次，党小组学习24次，民主评议党员1次，召开党员组织生活会和党员领导干部民主生活会各1次。2018年，总工会与新市镇罗潭村结对帮扶，在新任村党支部书记上任后矛盾突出、上访不断、被迫辞职的情况下，驻村第一书记张华桥勇挑重担，兼任村党总支书记，带领村支两委凝心聚力抓发展、解难题、暖民心，支持村级建设资金10万元，完善了村级水利和道路等基础设施，村容村风村貌大为改观，村级经济得到稳步发展。

（朱剑鸿）

共青团攸县委员会

【概况】2018年，全县共有共青团员24064名，其中学生团员14479名，占60.2%。团县委直属团组织89家，其中直属乡镇（街道）团组织17家，学校团组织33家，县直单位团组织37家，驻外团工委1个，非公经济团工委1个。村级团组织297个，“两新”团组织285家。团县委班子配备一正六副，其中书记1名，专职副书记2名，挂职副书记1名，兼职副书记3名。2018年，团县委在县委和团市委的正确领导下，深入学习贯彻习近平总书记关于共青团和青年工作的重要论述以及党的群团工作精神，紧扣全县中心工作，坚持“强基础、强服务、强队伍”工作思路，切实履职，狠抓落实，各项工作取得实效。连续五年被评为全市共青团工作一类单位、市预防青少年违法犯罪工作一类单位等荣誉称号。

【青少年思想政治教育】组织青少年开展学习、教育活动。以“青年大学习”为总揽，广泛深入开展习近平新时代中国特色社会主义思想、中共十九大以及团的十八大精神宣传教育。扎实开展“不忘初心跟党走青春建功新时代”主题教育活动，举办专题研讨班、分享交流会6场，激励广大青少年敢于有梦、勇于追梦、勤于圆梦。承办攸县“好声音讲坛——新思想进基层”百姓微宣讲决赛活动，10名青年参赛者用质朴的语言阐述了新时代、新思想、新实践。发挥“门前三小”（小广场、小书屋、小讲堂）阵地作用，深入春联街道沙坪屋场、石羊塘镇乡贤馆等地开展宣讲活动，让中共十九大精神深入人心。以“不忘初心跟党走牢记使命建新功”为主题，积极推树建设新攸州、不负新时代的先进典型。把握“五四”青年节、改革开放40周年等重要节点，推出“五四表彰”“攸州青年说”“争当湖南诚信好青年”等活动，表彰了先进集体和个人，推树了一批扎根基层、奉献青春的优秀青年，激励青年矢志奋斗。举办“新时代、新青年、新作为”分享交流会，邀请全国劳模、广东省政协委员尹利平分享个人励志故事，点燃青年奋斗激情。用新媒体凝聚青少年。

充分发挥舆论对青少年的教育引导作用。运用新媒体打造“网上共青团”，进一步增强团的凝聚力和吸引力；逐渐形成下属团组织参与、社会组织运营、团县委审核的工作机制，强化正面发声，加强网络舆论引导。整合“两微一声”（团属微信、微博、青年之声）开展资讯推送和线上活动，探索开展全民“抖音”大赛，常态化、创新性地开展新媒体工作。通过团属新媒体平台及时发布党政要闻、团情团讯等信息200余条，宣传效应逐渐凸显，在全省县级共青团微信综合影响力排行榜上位于前列。

【服务党政中心工作】促进青年创新创业。围绕“产业项目建设年”活动，进一步凝聚中小企业和创业青年群体，不断浓厚创新创业氛围。组织开展“新思想在攸州”——中小企业发展现状调研活动，组织高校大学生深入10余家中小企业，形成调研报告2篇。举办青年创新创业沙龙、分享会3场，并组织青年到网岭药博园、卡姆农场、健坤教育小镇等特色项目考察学习。联合县委组织部举办第二届创新创业人才集训营，打造创新创业者的众扶平台。加大对青年创业者的引导，完善青创会的基础建设，并整合政、银等各方创业政策资源，协调争取加大小额贴息贷款力度，积极推报大学生创业扶持项目3个。做好脱贫攻坚工作。对标“三走访三签字”和“五个一”“五个好”要求，深入皇图岭镇高枧村认真开展驻村帮扶工作，对该村所有贫困户进行全面走访。做好教育扶贫，为5名贫困户学生申报助学项目、送去助学金，提供学业辅导、亲情陪伴等关爱。做好健康扶贫，确保身患白血病、尿毒症等重病的贫困户享受各项惠民政策，并对其进行心理疏导。做好产业扶贫，帮助从事种养殖的贫困户做好农产品销售，支持村委开展村级项目建设。认真做好贫困户星级评选工作，引导其自立自强。此外，还在端午、中秋、国家扶贫日等时间节点分类开展走访慰问活动，关爱困难群众生活。参与文明创建行动。扎实开展青年志愿者服务，积极参与全县文明创建行动，开展文明规劝、环保宣传、爱心帮扶等活动20余场。持续深入开展“3·5”学雷锋志愿服务月活动，联合县文明办、义工联，组织全县青年志愿者队伍，在攸州公园文化广场集中开展志愿服务活动，为广大市民提供政策咨询、就业指导及家电维修、义诊、理发等便民服务，弘扬雷锋精神。参与全县志愿服务工作设计与统筹，为文明实践中心试点建设出谋划策。

【青少年维权】扎实推进依法维权。不断深化“面对面”工作，为青少年利益诉求代言发声。认真履行预防专项组牵头单位职责，落实好临时监护人职责，全年参与未成年人维权案件办理8例。

【青少年困难帮扶】深化希望工程品牌活动，大力开展“青年文明号送温暖”“一元捐”“芙蓉学子”等爱心公益活动，为80余名困难青少年筹措发放助学金6.6万元，帮助贫困学子不因贫困而失学。动员青创会、电商协会、互联网协会等多个协会的青年企业家们，积极参与到爱心助学行动中来，为困难青少年捐资捐物1.2万元。持续关爱困难青少年。组织青年志愿者走进谭桥街道万美村、石羊塘镇谭家垅村开展高校暑期“三下乡”活动，为留守儿童送去关爱。

【关爱青少年成长】扎实推进“青少年远离毒品”宣传教育，开展“健康人生绿色无毒”主题宣传活动，发放宣传资料2000余份。积极参与全县“农村法治宣传月”活动，组织青年志愿者深入菜花坪镇开展预防青少年违法犯罪主题宣教。加强青少年自护教育，在罗家坪镇青少年教育实践基地开辟青春自护专栏，提升青少年自我保护意识。坚持服务青少年迫切需求。关爱青少年心理健康，持续开展“12355与你同行”阳光行动，在高考前夕到健坤学校、攸县一中举办心理讲座，为考生提供心理咨询服务。关注青年婚恋交友，开展“书香声悦”读书活动、“青春相约”联谊活动等，搭建青年交友平台。关心青年成长成才，开展“听乡贤故事感乡村情怀”学习活动、“攸美屋场青春行”系列活动、“热土攸州”观影活动、大唐华银开放日考察活动等，让青年干部在实践中感悟人生、提升能力。认真开展“抓重点、补短板、强弱项”大调研活动，为做好新时代青年工作、促进青年健康成长鼓与呼。

【共青团机构改革和基层组织建设】全县共青团改革稳步推进。团县委改革得到县委和团市委高度重视，两次召开县委常委会议进行专题研究。7月，县委正式出台《共青团攸县委员会改革实施方案》，对全县共青团改革进行全面部署。11月27—28日，召开共青团攸县第十六次代表大会，团市委袁媛副书记和全体县委常委会成员出席开幕式，县委办、县纪委、县委组织部领导全程到场指导，确保换届大会圆满完成。换届后，团县委领导班子配齐配强，配备一正六副（其中挂职、兼职副书记分别1名、3名），大大增强全县共青团的领导力量。切实加强团教协作，成立教育团工委，召开全县学校共青团工作会议，下发《进一步加强全县中学共青团工作的意见》文件，进一步增强学校共青团工作的源头性、根本性地位。基层团组织建设持续深化。落实团市委“基层团组织建设年”活动要求，加强“党建带团建”工作，积极同组织部对接，将团建纳入各级党委党建工作规划和年度考核内容。加强基层团组织规范化建设，在网岭镇罗家坪村建立党建带团建示范基地。推进全县青年之家建设，在春联街道山背社区、联星街道等地成立青年之家3家。认真做好“两新”组织团建工作，加强对农村致富带头人、县青创者协会的业务指导，完成非公团建13家。持续推进网上共青团建设，“智慧团建”工作有序开展。团的队伍建设全面提升。强化团干部队伍建设，认真开展“不忘初心、牢记使命”主题教育，认真落实联系青年制度。加大团干部培训力度，组织各类培训18场，给团干部赠阅《习近平关于青少年和共青团工作论述摘编》和《团的十八大辅导读本》等书籍，提升团干部综合素质。强化团员队伍先进性建设，认真做好团员发展、教育管理工作，提升团员发展质量，大力加强团员意识教育、先进性教育。以“践行新思想建功新时代”为主题，持续开展共青团员先锋岗（队）创建活动。

（单　琼）

攸县妇女联合会

【概况】全县有17个镇（街道）妇联、101个县直机关、企事业单位女职工委员会、297个村（社区）妇联、4991个村（居）妇女小组。县妇联机关在职工作人员4人。2018年，县妇联引导全县广大妇女主动作为、务实创新，着力开展改革、关爱、文明、创业、维权“五大行动”，被评为2018年全市妇女工作先进单位、全县社会治安综合治理先进单位。

【提高妇女政治思想水平】 加强政治理论学习，在全县妇联系统运用多种形式深入开展中共十九大精神学习活动，认真宣传贯彻中国妇女第十二次全国代表大会精神，引导广大妇女牢固树立政治意识，把思想认识统一到“两个维护”上。以阵地建设促精神入眼。县妇联利用“妇女儿童之家”建设契机，以“党建带妇建”为抓手，做到“妇联组织覆盖到哪里，全国妇联十二大精神宣讲到哪里”。全年各级妇联制作宣传栏350块、悬挂横幅标语560条、发放宣传手册2000余份。大力传播党的声音，弘扬时代主旋律。以会议举行促精神入脑。全国妇代会召开后，县妇联把妇代会精神宣讲作为重要政治任务来抓，迅速行动，召开多层面的会议学习宣传贯彻。11月7日，县妇联召开会议，组织全体机关干部和各镇（街道）妇联主席，传达学习大会工作报告精神。11月26日，攸县妇女第十二次代表大会隆重召开，县妇联召集县妇代会代表、县直单位女工委主任、各相关单位分管领导共300余人共同学习全国妇联十二大精神和习近平总书记讲话。以活动开展促精神入心。开展专题送学活动。11月7日，县妇联召集镇街道妇联主席专题会议，启动各级妇联组织主动向乡镇党委书记、镇长、村（社区）支部书记进行一对一专题送学活动。开展专题督学活动。组织县妇联全体执委、镇、村两级妇联主席参加妇联通测试，对学习成绩突出的10单位和20个人进行了奖励，对学习不主动、不经常的妇联组织和个人进行批评教育、谈心谈话。开展单位联学活动。联合县文明办、卫计局、人社局、总工会、义工联利用开展“有爱不孤单”、手工编织、育婴师培训等爱心活动、创新创业电商培训等活动进行多形式、多层面的宣讲，在全县全面掀起学习宣传十二大的热潮。

【妇联组织建设】 注重优化结构。11月27日，攸县妇女第十二届代表大会胜利召开，攸县妇联圆满完成换届工作。换届后，县妇联配有执委27名，其中，常委9名，主席1名，专职副主席2名，挂职副主席1名，兼职副主席3名，全面完成县妇联组织改革。注重壮大队伍。围绕“党建带妇建，妇建促党建”的工作主题，做到“党的基层组织建到哪里，妇联组织就覆盖到哪里”，不断推动“妇女组织建设”纵深发展。全年新增县级“妇女之家”示范点4个，党建带妇建县级示范点4个，在两新组织中建立妇联组织37家。注重提升素质。立足“强三性去四化”工作目标，持续完善镇、村两级妇联改革，举办优秀女干部培训班、镇村两级妇联干部能力提升培训班，不断提升妇联干部综合素质，提高了履职能力。

【关爱妇儿】 从教育健康入手，开展了妇儿关爱活动。全年完成了2.1万名农村适龄妇女“两癌”免费检查。发放农村贫困“两癌”妇女救助金72.88万元，救助人数258人。全年开展儿童关爱活动20余次，积极组织参加株洲市“少年讲坛”第二季坛主选拔擂台赛活动。成功启动县级“少年讲坛”开讲，举行了“庆祝六一、关爱儿童”慰问活动、“家庭教育暑期安全行”进社区活动、《中华人民共和国妇女儿童权益保障法》宣传活动和“禁毒妈妈联盟”签名活动。定期免费为全县妇女儿童提供法律援助。全年接待来信来访共202起，无一例越级上访，基本做到“件件有着落，事事有回音”，为全县妇女儿童创造了良好的成长环境。

【妇儿创建活动】 从家庭教育入手，开展文明创建活动。大力开展“最美家庭、文明家庭、平安家庭”评选活动，创树典型，彰显时代精神。利用攸州妇联公众微信号、家庭故事会、“稻花香读书会”等方式大力征集、传播优秀家风故事，在全社会倡导“学习兴家”“文明立家”“勤俭持家”的文明理念。

【妇女就业创业扶持】 从解决就业入手，开展创新创业活动。持续激发妇女创业热情，拓宽就业渠道。11月9日—11月30日，县妇联作为主要协办单位之一参与了县委组织部主办的以“智汇湘东创享青春”为主题的首届县域创新创业人才集训营，100多家中小微企业参训，通过政企对接、银企对接，为妇女提供了300余个岗位，帮助12名女性企业负责人成功融资150万元。同时，在各级主流媒体大力宣传曾甘华等女性创业典型，引导广大妇女树立创业信心。12月，县妇联精心谋划，举办育婴师、手工制作等就业技能培训班，培训妇女200余人次，提高了待业妇女就业能力水平。

（符　焱）

攸县科学技术协会

【概况】攸县科学技术协会有在职人员11人，机关下设普及部、学会部、办公室。全县各类学会19个、企业科协2个，农村专业技术协会17个、行业协会4个。全县农村科普示范基地82个，其中国家、省级4个，科普示范村75个，农村社区科协1个，农技协联合会1个，科普文明社区5个；省、市级科技示范户200户，省级青少年科普教育基地2个。

【科普宣传】全年组织专题科普活动12次，出动科普大篷车20余次，发放科普资料及科普图书50000份，采取科普展览、科技咨询等多样的形式开展科普宣传，送科技下乡。在湘东大市场广场、文化广场和县城四个社区等人口集中、人流量大的区域利用电子屏、科普视频等现代化电子产品每天向市民宣传各类科普知识；在农村大量发放农业技术科普手册，向广大农民普及科学养殖、种植的知识，对提高农民的科技意识和依靠科技致富的能力起到积极的作用。通过科普宣传，对群众进行科普教育，激发群众爱科学、学科学、用科学的热情，提高了广大群众的科学文化素质，深受群众欢迎。

【农技联合协会】5月，在县科协的指导下成立了攸县农技协联合协会，将原有的17个农村专业技术协会进行整合。县农技联合协会设有固定的办公场地，专门的工作班子，为各农技协会员群众提供科技咨询、技术授课、产品营销、项目联系申请等服务，是连接各级政府及职能部门的桥梁纽带。县农技联合协会自成立后，举办各类科技培训班25余次，参训者4000余人，深受广大农民欢迎。

【青少年科技创新】组织全县30多位青少年科技创新辅导老师，参加2018年株洲市中小学科技教育组织工作培训。帮助东北街小学，县一中建立了2所校园科技馆，全年共接待参展2万余人次，充分发挥了科普宣传的主阵地作用。青少年科技创新获奖优秀成绩。参加株洲市第38届青少年科技创新大赛共获奖27项，其中一等奖7件，二等奖7件，三等奖12件；参加第十届国际发明大赛获得银奖2项，获铜奖1项；参加全国宋庆龄基金发明银奖2项；参加株洲第五届市青少年机器人竞赛，获得市三等奖；参加第11届湖南省青少年机器人竞赛，获得省二等奖。

【建设科技人才库】广泛联系全县各类科技人才和攸县在外的高科技人才。在政协九届二次会议提出《发挥攸县科技人才对家乡建设的作用》，此提案得到县委组织部高度重视，县委人才办专门建立了攸县籍在外人才信息库。10月，县委组织部、县科协安排专人到杭州国家海洋二局看望慰问攸县籍中国科学院院士苏纪兰。

【结对扶贫】2018年与渌田镇福田村结对扶贫，该村49户贫困户，县科协主动结对帮扶2018年实现脱贫10户。一是安排专人负责。明确一名联络员全力以赴帮助福田村做好各项扶贫工作。二是落实帮扶责任。每个月至少两次走访贫困户家中落实“五个一”“五个好”，逢年过节走访慰问49户贫困户，为他们提供价值3万元扶贫物资。三是解决贫困户实际困难。帮助刘龙生修缮房屋，解决了其房屋长期漏水的问题，并支持发展养鸭、养鸡、种油菜等种养业，而如期实现脱贫。联络员杜温武同志为解决贫困村民张蔓生安全饮水的问题，帮其在大市场买设备，亲临实地安装、调试，及时解决其一家人饮水难的问题。

（吴　旭）

攸县工商业联合会

【概况】攸县工商联（总商会）由15个基层商会、5个异地商会、9个行业协会组成。2017年10月换届后，总商会规模106人，其中主席（会长）1人、副主席（副会长）24人、常委委员39人、执委41人、秘书长1人。各级商会组织服务的会员企业3000多家。

【组织建设】围绕“领导班子好、会员发展好、商会建设好、作用发挥好、工作保障好”的“五好”目标，着力发展政治素质硬、行业影响大、社会责任强的各级商（协）会组织。指导成立异地商会5家（广东省攸县商会、东莞市攸县商会、佛山市攸县商会、深圳市攸县商会、长沙市攸县商会）；基层商会15家

（皇图岭商会、大市场商会、宝庆商会、联星商会、渌田商会、谭桥商会、新市商会、网岭商会、酒埠江商会、莲塘坳商会、宁家坪商会、黄丰桥商会、联星商会、春联商会、峦山商会），行业协会9家（家政协会、旅游协会、花木协会、烟花协会、葡萄协会、汽车协会、豆腐协会、餐饮协会、老年协会）。

【非公企业党建】工商联党组在皇图岭商会、湘东大市场商会、株洲宏信科技有限公司、湖南旭日陶瓷有限公司、正翔医药公司、大豪药业、福顺实业等20个基层组织和会员企业中建立了党支部。非公企业党支部的建立，扩大了党组织覆盖面，通过对非公企业党员的教育管理，引导党员发挥模范带头作用，使企业党组织信仰更坚定，管理更规范。

【参政议政】充分畅通人大、政协和群团组织渠道，大力推荐非公人士担任人大代表、政协委员、纪检监察员、行风评议员、特约检察员，建立一对一的联系点制度，拓展非公人士参与政治生活和社会事务的渠道。总商会班子中有省人大代表2人，市人大代表3人，县人大代表6人，市党代表1人，县政协委员25人。全年围绕优化经济发展环境、发展特色农业产业、基层商会建设发展、推动“攸商回归、能人回乡”等课题深入开展调查研究，先后提交调研报告3篇，其中《如何优化非公经济发展环境，做大做强园区》《关于攸县基层商会建设的调查与思考》《筑巢引凤，扎实开展“三乡”招商引资活动》等调研报告，得到了县委、县政府的高度重视，部分客观有效、合理的建议为县委、县政府决策提供了有力参考。

【服务会员】大力开展“访企业实情，听企业心声”大走访大服务活动。全年走访基层商会及会员企业50家，收集意见建议问题56条；组织召开全县非公经济代表人士座谈会，让领导与企业家面对面，部门与企业家心连心，通过现场交办、定期督办、限期处理等方式，切实为企业发展破除瓶颈。开展“传承红色基因，不忘初心使命”为主题的非公经济代表人士红色教育培训活动，学习“坚定信念、艰苦奋斗、实事求是、敢闯新路、依靠群众、勇于胜利”的井冈山精神。组织优秀会员赴广州、深圳、东莞、佛山等地考察学习，围绕县委“转型升级”战略目标，就如何样走出去、引进来，让企业与企业、商会与会员、本地与异地之间相互学习、相互交流、相互影响，助推县域经济发展。

【服务全县工作大局】根据县委、县政府“五区”会战要求，围绕“强园区”工作，充分发挥工商联联络联谊的优势和平台，大力开展“迎老乡、回故乡、建家乡”招商引资宣传推介活动。年内，多次赴广东、长沙等地，宣传推介攸县好项目、走访调研攸籍好企业，并组织在外攸商代表召开招商引资座谈会，宣传攸县，引导攸县籍在外人士回乡建家乡。前往城步彝牧牧业有限公司开展调研，学习借鉴城步县在推动乡村振兴战略、大力发展奶山羊养殖、销售、牧草种植及示范基地建设等方面的先进理念和发展经验。

【慈善公益事业和结对扶贫】大力倡导企业弘扬扶贫济困、乐善好施的传统美德，大力开展为特困学生、特困老人、特困群体献爱心活动。发动会员单位积极参与“扶贫攻坚，结对帮扶”中心工作，联合慈善总会开展“金秋助学、大病救助、精准扶贫”等活动，有近百家非公经济企业慷慨解囊，累计捐款捐物达100余万元。深入开展结对帮扶，全面推动“万企帮万村”社会扶贫，其中慈峰有机、金其蔬菜等8家企业共同发力，帮扶贫困户742户2240人，“万企帮万村”活动成效明显。

（邹　宾）

攸县残疾人联合会

【概况】2018年，攸县残疾人联合会机关在编干部职工8人；内设3个股室妈，即办公室、康复部、教育就业部。下属事业单位：残疾人劳动就业服务所。2018年，全县持证残疾人19594名。县残联在县委、县政府的高度重视和市残联的精心指导下，紧扣年初制定的残疾人工作要点，围绕全面建设小康社会目标，进一步健全残疾人权益保障机制，扎实推进残疾人康复服务、教育就业、文体宣传、扶贫解困、组织建设等工作，开拓创新，求真务实，圆满完成了各项工作任务。

【残疾人康复】一是实施残

疾预防和精准康复服务行动。2018年攸县残疾人精准康复服务经县财政批准，以政府购买服务方式对全县5270名有需求的持证残疾人实施基本康复服务，为2869名残疾人提供辅具适配服务。二是继续实施贫困精神病患者服药和住院补贴救助项目。为150人贫困精神病患者服药和20名贫困精神病患者住院给予补贴25万元。三是完成“0—7岁”贫困残疾儿童抢救性康复。为77名贫困残疾儿童提供免费康复服务，康复训练有效率达到95%以上。

【残疾人就业】一是按比例安排残疾人就业。完成57个单位按比例安排残疾人就业年审，征收残保金比往年增长4%。组织开展就业援助月活动，帮助22名残疾人与用人单位达成初步就业意向。二是残疾人职业技能培训。完成13期培训，共310人。三是残疾人创业就业。搭建用人单位与残疾人就业服务双向交流平台，主动融入“春风行动”招聘会和举行专场残疾人招聘会，推荐10名残疾人上岗就业。扶持指导盲人按摩机构7家，4家成为省合格按摩机构。成立攸县超群工疗中心，安排残疾人就业超过50人。

【残疾人扶贫】一是残疾人社会兜底应保尽保。实施残疾人“单人户”低保政策，做到符合条件应保尽保，6646名重度残疾人由财政全额资助参加城乡居民基本医疗保险，共3735名重度残疾人享受最低档次养老保险补贴。二是残疾人“两项补贴”应审尽审。继续推进残疾人“两项补贴”，制定了《困难残疾人生活补贴和重度残疾人护理补贴制度实施方案》，落实了重度残疾人护理补贴和困难残疾人生活补贴发放审核工作，全县共2026人享受困难残疾人生活补贴，9185人享受重度残疾人护理补贴，目标人群覆盖率100%。三是教育助学应补尽补。为92名残疾人大学生及子女大学生、高中阶段残疾学生及残疾家庭学生发放助学金18万余元。

【残疾人维权】贯彻落实《湖南省实施〈中华人民共和国残疾人保障法〉办法》。切实维护残疾人合法权益。一是法律援助。县残联、司法局共同建立了残疾人法律援助工作站，健全制度，明确职责，规范流程，全年为35名残疾人提供了各种法律帮助和服务。二是落实残疾人优惠政策。按照“办法”的要求，除在兜底保障政策的落实外，在多个方面出台优惠政策。如：残疾人凭残疾证免费乘坐县内公共汽车，残疾人免费进入景区，贫困残疾人家庭按照有关规定减免90元的有线电视费用等。三是努力做好来信来访工作。加强信访值班值勤，强化信访工作责任，做到信访件限期给予答复处理。属于政策内的，认真落实解决，不属于政策之内的，做好思想工作。2018年，共接待来信来访230多人次，处理信访问题20余件，信访办理率达100%，基本上未发生残疾人到省、市县集中闹访事件。四是着力做好贫困残疾人机动车燃油补贴和贫困残疾人家庭无障碍改造工作，已为497名贫困残疾人申请燃油补贴，全年完成25户贫困残疾人家庭无障碍改造工作。

【“助残日”活动】一是走访慰问活动。县领导走访特校，送去慰问金7万元，走访慰问了贫困残疾人家庭40户，并为他们送去节日慰问金。二是电视专题宣传。在电视台开展孤独症、智障、脑瘫贫困残疾儿童康复专题指导栏目，利用各种宣传媒体广泛宣传扶残助残和残疾人发奋图强的典型事迹以及助残日活动内容，努力营建良好的社会助残氛围。三是助残志愿者活动。义工联的助残志愿者们到县特校开展义卖、募捐，到部分镇（街道）敬老院、残疾人家庭表演节目，到敬老院打扫卫生，给老人洗澡洗衣等。

【精准扶贫工作】按照县委、县政府精准扶贫工作的要求，在石羊塘镇洲上田村扎实开展“结对共建”活动，确定洲上田村9户贫困家庭为县残联重点帮扶对象，每月上门走访3次以上。一户一档，摸清贫困户底子，并整编为《攸县残疾人联合会扶贫政策及党建知识》。结合残疾人的实际和需求，统筹残联各项工作，协调将各项保障政策和救助措施落实到帮扶对象，扶持阳光增收项目10户，每户提供1000元肥料、种子等物资；为6户贫困残疾人家庭进行无障碍改造、为1户贫困户提供创业扶持，产业扶贫1000亩等。实施残联系统“连千村帮万户扶贫工程”，确定了江桥镇仙石村为全县“连千村帮万户”扶贫工程联系点。制定《攸县残联2018年“连千村帮万户扶贫工程”实施方案》，就如何开展“连千村帮万户扶贫工程”进行专门部署，确定15户贫困户为2018年帮扶对象，根据每户的情况制定了结对帮扶的措施，建立了帮扶台账。全年到联系点开展贫困户走访4次。全年投入12万元，扶持仙石村实施基础设施建设，确保扶贫工作落到实处。

（王能静）

攸县文学艺术界联合会

【概况】攸县文学艺术界联合会下辖作家、书法、摄影、音乐、戏剧、诗词楹联、美术等七个专业艺术协会和黄丰桥镇文联。县文联的主要职能是发挥党和文艺工作者之间的桥梁和纽带作用，为全县文学艺术创作者和爱好者加强联络、进行指导、维护权益、提供服务，推进全县文学艺术事业的繁荣发展。

【《攸州印象》】2018年，改版后的《攸州印象》紧紧围绕县委、县政府中心大局，坚持服务中心不变，弘扬主旋律不变，激扬正能量不变的办刊宗旨，联系实际，把握重点，推介攸县，为“产业突围，转型突破”提供宣传阵地，积极为攸县亮点工作提供宣传平台，为先进人物杰出事迹提供传播舞台，为文学爱好者提供创作园地，不断提升刊物品位，打造文化品牌。该刊物主要分为时政要闻、特色工作、推介人物介绍、美文推荐四个部分。

【“印象攸州公众平台”】“印象攸州公众平台”是攸县文联致力打造的一个对外宣传的窗口，也是为了展示攸县工作动态，创建攸州文化品牌，普及文化艺术知识提供的一个信息平台。公众号下设新闻头条、攸州地理、美文推荐、红色记忆、攸州艺苑、风景在线等6个栏目进行推介。

【《巨变见证攸县改革开放四十年成就纪实散文集》】县作协组织编辑的《巨变—见证攸县改革开放四十年成就纪实散文集》一书，由现代出版社出版发行。涂士勇、龙世贵、颜家连等所著的《灵魂和躯体》《走进两个大地标》《珍藏的记忆》等一批具有时代意义和影响力的新书，已由出版社出版。

【文艺协会活动】（1）作家协会。作家协会采风活动主题鲜明。4月22日，作协与县老年大学诗词班、县传统文化促进会共同举办“纪念改革开放40周年，观工业，访乡贤，助发展”采风活动，组织部分会员到网岭循环经济园区和县城西工业园区、石羊塘高桥村的乡贤文化活动中心、湖南天凯农业科技有限公司蚕桑基地实地观看。5月13日，作协组织报告文学组一行13人，到谭桥街道办事处进行座谈，并参观了谭龙烈士纪念塔、城南洣江风光带、证果寺、湘东水果花卉市场、城南梅主题公园选址地等项目。10月27日，县作协顾问、理事、会员近百人，进行“感受攸县发展观光休闲农业”采风。进入新市镇众森生态园、网岭镇贾岭药博园、网岭镇的健坤农业生态园、宁家坪镇的南湖庄园实地参观。文学创作热情活跃。作协开展“纪念改革开放四十周年”征文活动，已择选66篇结集《巨变——见证攸县改革开放四十年成就纪实散文集》出版，反映改革开放四十年来社会发展各个层面的巨大变化；创办的作协公众号《攸河文韵》，每星期推出一期，每期5篇（首）原创首发作品；每年出版两期《文艺窗》攸县版，成为培养本土作家平台，作品质量、办刊水平均提升，受到广大读者的赞扬。5月4日，《海外文摘》《散文选刊》攸县文学创作基地授牌仪式，在酒埠江同心湖酒店隆重举行，有全国20多位知名作家与本县各界人士共150余人参加，县文联、县作协积极组织人员参与该项活动和后续采风。（2）美术协会。县美术协会春季、秋季组织两次写生采风，会员们深入酒埠江风景区、“门前三小”示范区、“非遗”展示区，用笔墨、丹青来描绘攸县的发展变化和身边的美景，向“欢乐潇湘”“清风株洲”等各项大赛共交作品200余件，达到历史巅峰水平。并将结集出版《攸县美术协会会员优秀作品第三集》。（3）摄影协会。摄影协会广大会员深入攸县的城镇乡村、田间地头进行采风，并组织10多名会员，到湖南桂阳县进行了一次专项采风活动，积极完成“欢乐潇湘”大赛作品；为了提升摄影水平，拓宽视野，有的会员还走出攸县，先后赴湘南、湘西、贵州、四川、云南、西藏、新疆、青海、甘肃、江西、广西等全国各地进行摄影采风活动，与全国各地的同行进行交流，不断提高摄影水平；11月，协会组织了10多名会员到长沙“谢子龙影像艺术中心”采风学习，听省摄影家协会专家讲课，沟通交流，开阔眼界。(4) 诗词楹联协会。年内出版《攸县诗词楹联协会通讯》两期；内部出版《梅城诗联》刊登会员作品350首；4月21日，攸县首届“女子成人礼”在莲塘坳镇新华村美丽的天鹭湖畔举行，9名女青年在这里进行上巳节“女子成人礼”。本次活动在县文联的大力支持下，由湘天华文化公司主办，梅林秋语网站承办，攸县高等职业中专协办，意在提醒年轻人完成角色转变，清楚自己在成长中将要肩负的指责和责任，启发她们仁义、孝廉的精神品质。活动影响大，有近200名省内外知名诗人及诗词爱好者参加，还有闻讯而来的本地群众观看。(5) 书法家协会。县书法家协会先后5次组织协会会员“书法进万家”送春联活动。春节期间，攸县书法协会为配合市、县文联“我们的中国梦”文化进万家，先后走进桃水小集村、石羊塘镇老虎岩村、联星街道联星社区、春联街道山背社区，为村民、居民书写春联。“书法进万家”送春联活动，惠及4个乡镇、街道，协会成员参加下乡书写累计有40人次，共为村民书写春联达1500余副。在6—8月期间，按照县纪委、宣传部部署，县文联组织，为推动“传承优秀家规家训传承，涵养良好家教家风”，协会会员到桃水镇睦田村乡间村落，为睦田村全体村民书写家规家训家风家训575条，后由县文联统一装裱捐赠给农户。这些“书法进万家”活动赢得了广大镇村干部和村居民的一致好评。(6) 音乐协会。2月1日，由县文联、县音乐协会策划承办的“迈进新时代，放歌新攸州”——2018新年音乐会在县会议中心大会堂隆重演出。音乐会以原创作品为基础，以声乐、器乐为主要表现形式。演唱会共有100多名本土或攸县籍艺术人才参加演出，14个节目，其中包括荣获湖南省潇湘好歌优秀作品《大爱》，入选“潇湘之春”2017年湖南省第二届原创民族器乐作品《攸水人家》，以本土创作，本土方言，本土故事，全面展示了攸县原创音乐的实力，新春音乐会取得圆满成功。

（易　香）

法 治

政法综治工作

2018年，全县政法战线忠诚履职、勇于担当。牢牢抓住队伍建设这个根本，将学习宣传贯彻习近平新时代中国特色社会主义思想作为首要政治任务，纳入政法机关党组（党委）学习，引导政法干警进一步学深悟透笃行习近平新时代中国特色社会主义思想，树牢“四个意识”、坚定“四个自信”、坚决做到“两个维护”。面对重大风险、重大任务、重大挑战，全县政法干警听党指挥、忠诚履职、奋勇担当、无私奉献，以铁一般的信仰、铁一般的纪律、铁一般的担当，有力地维护了政治安全、社会安定、人民安宁。综治工作实现了“四无四降”：全县没有发生政治安全事件、暴力恐怖事件、个人极端事件、大规模群体事件，刑事案件下降15.57%、治安案件下降15.96%、八类严重刑事案件下降41.18%、进京非正常上访下降44%。

【维护社会稳定】全力维护政治安全，积极开展追逃查失，侦破邪教案件3起，抓获邪教“法轮功”“全能神”人员3名。全力打好防范化解重大风险攻坚战，充分发挥政法战线防控风险、维护稳定职能作用，全年审判机关受理各类案件28874件，审执结27550件，分别同比上升262.2%和253.7%；检察机关受理批捕案件244人，同比上升33%，起诉524人，同比上升14%；公安机关共立刑事案件1282起；司法行政机关调处化解各类矛盾纠纷3870起，防止民转刑7件。认真做好新形势下信访工作，严格按照“三到位一处理”的原则，中央、省委巡视组78件信访交办件全部办结。圆满完成了“青岛峰会”“中非论坛”等重大政治活动和重要节点期间的维稳安保任务，实现了特护期进京非访“零登记”，全年没有出现不稳定事件。

【综合治理】牢固树立以人民为中心的发展思想，紧紧抓住群众反映强烈的治安突出问题，开展综合治理。全力推进扫黑除恶专项斗争，依法打掉涉恶犯罪集团4个，抓获犯罪集团骨干成员32人，侦破涉恶犯罪案件20余起。查实充当黑恶势力“保护伞”1人。判处涉恶案件1件6人。以扫黑除恶为牵引，查破黄赌毒案件34起，抓获违法犯罪人员258人，缴获毒品80余克，收缴枪支鸟铳138支，管制刀具156把。认真落实“一村一辅警”建设任务，完成297名辅警招录工作，建成驻村警务室297所。积极推进综治中心和网格化建设，县城区4个街道办事处完成了与县级综治视频系统的连接互通。深入实施“雪亮工程”，县城区建成摄像头528个，基本实现城区全覆盖；菜花坪、黄丰桥、石羊塘、网岭、皇图岭镇完成了镇区视频监控建设。全面推进信息化、法治化、实名制等基础工作，不断深化“平安镇（街道）”“平安医院”“平安校园”“平安村（社区）”等“十大平安创建”，通过创建活动，长途客运实名制购票乘车全面实施，寄递安全管理基本实现“三个100%”要求。加大社会面的防控力度，切实将415名社区矫正人员、严重精神障碍患者等重点人员管控到位。

【优化经济发展环境】坚持

围绕“产业项目建设年”活动，健全完善分析、研判、预警、防范、化解风险的工作机制，保障了酒埠江、百花社区、西阁社区棚改和建设南路延伸段等重点项目的顺利推进。由县委政法委牵头组织公安、检察、法院、司法等部门组成优化环境工作小组，对工业园区建设等重大项目矛盾问题进行摸排化解。县法院开展“春雷行动”，全年执结各类案件6804件，执行到位标的额1.91亿元；县检察机关加强对国家和社会公共利益的司法保护，共办理公益诉讼案件69件，其中办理的税收系统国有财产保护领域行政公益诉讼案件，入选全省检察机关典型公益诉讼案件；公安机关深入开展“优化产业发展环境专项治理”，侦破集资诈骗、非法吸收公众存款等较大影响经济案件2起，涉案总值2亿余元；司法行政机关深入开展“四防四查化纠纷、千乡万村创四无”活动，为全县脱贫攻坚提供有力的法律服务和法治保障。

【司法改革和规范执法】认真落实司法体制改革部署，不断深化以审判为中心的刑事诉讼制度改革。依托数字法院和执行指挥系统狠抓审判执行流程监控。出台《关于实施行政公益诉讼案件听证的暂行规定》，得到最高人民检察院的肯定推介。运用“云知道”“春雷数据比对”等应用软件，完善了公安机关三级网安建设。深入贯彻“七五”普法规划要求，县司法局创新开展法治文艺巡演进基层活动，在全县各镇（街道）、村（社区）及中学演出近20场，累计印发各类普法宣传资料9万余份。县委政法委牵头全年开展了2次规范执法行为专项检查，通过查阅案卷115件、走访当事人51名，查处程序方面的问题11个，发出整改通知书11份，切实维护司法公正，着力提升司法公信力。

【队伍建设】全面贯彻从严治警要求，以“双过硬”建设为标准，不断提升队伍素质和能力。突出思想政治建设，深入学习贯彻习近平新时代中国特色社会主义思想，扎实开展“不忘初心、牢记使命”主题教育，进一步增强政法干警“四个意识”“四个自信”。突出能力建设，利用集中学习、远程教育开展业务培训，不断提升执法能力和业务水平。突出纪律作风建设，充分运用监督执纪“四种形态”，对查实的问题，不遮掩、不姑息、不护短，2018年全县政法系统共立案调查9人，纪律审查监察调查1人，行政警告处分1人。

（谭　琪）

法治政府建设

【文件审查管理】严格坚持文件会审机制，始终坚持合法性与可行性并重的原则。全年共审查涉法的一般性文件32件、规范性文件6件。规范性文件经审查后，同意发文的4件，不同意发文的2件。

【政府合同管理】规范政府合同审查管理，严格按照《攸县人民政府合同管理办法》对政府合同进行审查，共审查政府合同28份，均予以认真审查并提出可供参考的意见。

【执法监督管理】一是组织开展专项执法检查活动，对全县10个执法单位的50宗案卷进行集中评查，其中5份案卷被评为优秀案件并推送市法制办。二是组织259人参加全省行政执法人员执法资格考试，核发考试通过人员执法证135本，全年在湖南省行政执法人员信息管理系统公示执法人员信息1362人次。

【行政复议应诉】一是扎实做好行政复议工作。全年共收到行政复议申请19件，受理18件，已审结15件，其中申请人撤回申请6件，维持7件，撤销1件，确认违法1件。二是认真办理应诉案件。一年来，出庭应诉一审行政诉讼案件77起；民事诉讼案件一审2起。出庭应诉二审行政诉讼案件9起，民事诉讼案件1起。出庭应诉再审行政诉讼案件3起。

（蔡　娜）

公　安

【概况】攸县公安局有编制435个，在职民警412人，下设派出所17个，内设机构34个。全年共计有效接处警11365起，较上年上升0.77%；立刑案1282起，较上年下降14.19%，破各类刑事案件597起，破案率46.57%，查破各类行政案件925起，抓获各类犯罪人员726人，逃犯73人，共计打击处理1705人，命案侦破率保持100%，打掉涉恶团伙4个，查破涉“黄赌毒枪”刑事案件88起、行政案件327起，侦破重大经济案件42起、林业刑案21起。全年收集、上报社会基础信息资源 18 余万条，为上级决策提供各类情报信息 226 条，处置网络有害传播信息 3000 余条，侦破网络犯罪案件 3 起、邪教案件 3 起，办理信访维稳案件 23 起，稳妥处置突发事件、群体性事件 11 起，圆满完成了“两节”“两会”“三考”等 14 项安全保卫工作任务。

【公安服务】大力推进“百日会战”“大排查、大管控、大整治”“四大攻坚战役”“缉枪治爆”等专项治理行动，严格内保、交通、消防、危爆、监所等安全监管，排查消除各类安全隐患 1251 处，查处涉危涉爆案件 26 起、涉交通管理案件 363 起、查获涉外案（事）件 1 起。全县年末户籍总人口数 81.08 万人，人口出生率 9.196‰，死亡率 13.99‰，自然增长率-4.799‰。年末城镇人口 37.19 万人，乡村人口 43.90 万人，全县城镇化率为 45.86%。全年办理出生上户、死亡注销、迁入、迁出、换发身份证、出入境、车驾登记、违章处理等业务 26 万余笔，无一起违规违纪发生，实现全年交通事故下降 10%，亡人下降 18.8%，无重大伤亡人火灾事故、监所事故、危爆事故、交通事故和可预防案件发生。

【基层基础工作】三所合一项目全面建成并搬迁运行；购买了“云知道”“春雷数据比对”等应用软件，完善了三级网安建设；“智慧攸州”全年新增电子眼联网 75 个，新增社会视频联网 100 个，全县国省干道交通视频监控点位设置超额完成 63 处；在 4 个街道（镇）各聘请了 1 名专职人员从事社区戒毒康复工作，社区戒毒社区康复对象执行率达到 80.3%，进一步推进戒毒社会化进程。

【队伍建设】开展全方位综合督察，共处分违纪民警 4 人。落实了警员职务序列改革，为病故、牺牲民警发放抚恤金 150 余万元，慰问退休及困难民警 90 余人，为民警解决家庭困难 19 起。全年利用微信公众号共发布文章 291 条，省级媒体采稿 16 条，市级媒体采稿 47 篇。获“湖南省公安机关 2018 警务实战演练大比武团体二等奖”“株洲市公安机关政治建警抢答赛二等奖”“2018 年学雷锋志愿服务优秀集体”“国家版权局 2017 年度查处侵权盗版重大案件有功单位一等奖”“省禁毒委 2015—2018 年三年禁毒大行动先进集体”等荣誉。

（尹慧玲）

公安交通安全管理

【概况】2018 年，全县发生一般程序道路交通事 280 起，死亡 49 人，受伤 359 人，直接财产损失 50.2 万元，同比分别下降 13.8%、15.5%、8%、38%。攸县公安局交通警察大队在职民警 74 人，内设 7 个二级机构，下设 7 个执勤中队。2018 年，全县公安交通管理部门严格按照上级“四项建设”（基础信息化、警务实战化、执法规范化、队伍正规化）和公安交通管理重点工作要求，围绕“事故少、秩序好、群众满意”目标，全面防控队伍廉政风险，切实加强队伍规范化建设，有效遏制道路交通事故的高发势头。实现了一般交通事故指数下降 10%、死亡交通事故下降 15% 的目标，全县道路交通安全形势持续稳定。交警大队继续保持“湖南省文明单位”称号。

【交通事故预防与处理】扎实开展道路安全隐患排查，全年大队共排查道路交通安全隐患 370 处，其中省级督办 1 处已治理到位，市级督办 2 处已全部完成，并举一反三，对其他道路交通安全隐患及时排查治理。全面清理重点车辆及驾驶人源头隐患，年内全县八类重点车辆交通违法清零率达 87.61%、重点驾驶人换证率 99.80%、审验率 97.72%。深化农村交通安全联勤联动管理机制，全面落实“两站两员”建设，推进农村派出所协管交通工作，在 10 个无交警中队派驻的乡镇（街道）设立派出所交警中队，由派出所承担辖区集镇、农村道路的疏堵保畅和交通事故接处警工作，全年各派出所接处道路交通事故 26 起。推行农村交通安全管理“三级路长制”，明确道路路长清单及责任清单，对辖区 16 条道路共计 284.065 公里道路实施全面管护。

【交通违法查处】紧跟省交警总队、市交警支队工作部署，相继开展“春运”“冬春攻势”、农村道路交通安全“百日集中整治”和城市交通秩序“集中攻坚”等系列行动 70 余次，共查处各类交通违法行为 12.5 万起，其中，涉牌涉证 4405 起、客车超员 106 起、货车超载 355 起；查扣各类无牌报废机动车 1565

辆、违规拖拉机322辆；饮酒驾驶318起、醉酒驾驶54起、毒驾15起；行政拘留60人，扣留驾驶证276本，吊销驾驶证14本；办理涉嫌交通肇事罪42件，危险驾驶罪54件，刑事拘留5人，逮捕2人，移送起诉90人。

【交通秩序维护】根据城区交通路口车流、人流量情况，以提高路面见警率和履责率为前提，按照“高峰站点、平峰巡线”的原则，科学调整执勤时间，对重点路段、重点时段加派警力指挥交通，坚持城区早晚高峰执勤，疏堵保畅。圆满完成春节、端午节等传统节假日及全县经济会议、“两会”、高考、学考等交通安全警保卫任务64次。结合各类交通秩序整治工作，大力整治城区交通乱点乱象，最大限度提高道路通行能力，全年民警现场查处交通违法行为1.26万起。

【基础设施建设】全力推进“道安监管云”建设，按照省道每20公里布点密度增设布点的建设标准，攸县辖区国省干道交通视频监控点位建设63处，占全年目标的262.5%，区间测速设置率达50%。2018年，共录入非现场交通违法110842万余条。其中，电子警察与卡口抓拍53333条、移动测速39980条、球机人工抓拍10987条、移动抄牌5350条、不礼让斑马线2951条、使用伪造（变造）号牌42条、故意遮挡号牌19条。应用缉查布控系统成功预警查处违法1101起，执法服务站检查登记“两客一危”重点车辆5844台次，连续8个月在株洲市五县市（区）缉查布控考核中排名第一。

【交警政务服务】深化“放管服”改革，在狠抓审批便民服务，落实申请材料“四个减免”（免复印、免填表、免拓印、免提交），实现机动车和驾驶人18类简单业务“一证即办”。设置违法查询、机动车选号自助服务区，改造“通道式”查验，在窗口推广支付宝、微信、银联等快捷支付方式，实现普通业务一窗通办。推广道路交通事故“交管12123”APP在线快处快赔，实行“警保联动”新模式。2018年，共办理车驾管业务1.68万笔，办理交通违法处罚业务6.96万笔，侦破交通肇事逃逸案10起。运用交通事故社会救助基金对81名事故当事人实施救助，救助金额106.5万元，

【交通安全宣传教育】深入推进文明交通行动计划，创新宣传模式，宣传交通安全法律法规，着力提高全民交通安全意识。2018年，共发布微博、微信725条、路况信息39条，播出电视节目13期，发送手机短信6.4万多条次，在各类媒体发布工作动态248篇。进企业、进学校举办交通安全培训或讲座110场次，开展交通执法“一直播”活动4次；警媒执法直播2次，利用农村“大喇叭”开展农村交通安全宣传温馨提示632余条。

【队伍建设和结对扶贫】调整《内设机构职责分工》，进一步厘清部门工作职责。加强基层党组织建设，成立中共攸县公安局交通警察大队总支部委员会，新增4个支部，配齐配强支部班子成员，形成干事创业氛围。全面落实“三会一课”制度，召开支委会19次，总支书记上党课12堂次，开展主题党日活动12次。大队党支部被县局党委评为2017—2018年度“先进基层党组织”。扎实开展政治建警督察，深入排查治理队伍风险隐患，对中介代办、买分卖分等突出问题实施治理。积极开展违反中央八项规定精神突出问题专项检查，办公用房清理工作严格在规定时限内整改到位。加强规范建设，全年大队共举办政治建警、事故、法制业务知识培训班5期，培训人数600余人次；依托全国交警网校，组织办班考试13期，民警、辅警参加在线学习10.8万次。依托办公场地建设党建、警营文化长廊，适时组织开展阅读、登山等文体活动，丰富警营文化生活。2018年，交警大队被市公安局授予“基层公安文化建设示范点”。深入结对帮扶村—皇图岭镇新乐村27次，走访慰问困难群众39户，结对扶贫23户。累计拨付扶贫专项资金20万元，发放扶贫物资3万元。

（阳　洁）

附：典型案例

【破获黄某某等拒不支付劳动报酬案】2014年11月至2018年6月，犯罪嫌疑人黄某某承包到攸县柯迪房地产开发有限公司开发柯迪皇庭一期、二期工程项目。以公司未足额拨付工程款为由共计拖欠何某某、漆某某等52名民工工资62.75万元。2018

年6月7日，攸县人力资源和社会保障局依法对佰工房地产和黄某某下达了限期改正指令书，责令其于2018年6月12日前支付所拖欠的民工工资，犯罪嫌疑人黄某某收到指令书后依然拒不支付劳动报酬。2018年6月29日，攸县公安局治安大队将犯罪嫌疑人黄某某抓获，该案告破。

【破获“12·1”命案】 2018年12月1日18时许，犯罪嫌疑人谭某某与受害人杨某某发生性关系后，因嫖资发生纠纷，嫌疑人谭某某当即用手掐住杨某某颈部，致其窒息死亡。2018年12月4日凌晨，攸县公安局刑侦大队民警将犯罪嫌疑人谭某某抓获，成功侦破“12·1”命案。

【破获杨某某、杨某某系列抢夺案】 2018年7—8月期间，犯罪嫌疑人杨某某、杨某某在攸县飞车抢夺行人黄金项链10起，在茶陵飞车抢夺作案3起，共抢得黄金项链价值10余万元。2018年9月2日，攸县公安局刑侦大队成功将杨某某、杨某某抓获，该系列案件告破。

【破获“10·24”赌博案】 2018年9月起，以刘某、龙某某等人为首的赌博团伙在网上利用微信招揽赌客，并利用名为“公牛汇”的一款手机APP上进行“三公”赌博活动，非法获利上百万元。12月26日，攸县公安局网安大队联合春联派出所将犯罪嫌疑人刘某、龙某某抓获，该案告破。

【破获李某、苗某某、苗某某等人虚假广告案】 2017年7月18日，犯罪嫌疑人苗某某在攸县办理了营业执照和食品经营许可证，后伙同李某、苗某某等人在攸县联星街道办事处海康建材市场租赁店铺注册成立“伊美时健康生活馆”，通过在人员密集场所免费发放小礼品、现场免费体验等方式吸引老年人及病人到馆内，利用虚假实验效果，夸大、虚构产品功效蒙蔽鼓吹老年人及病人花费1860元购买20盒羊胎盘（出厂价6.1元/盒，会员售价93元/盒，非会员329元/盒）或乌仲参（出厂价5.6元，会员售价93元/盒，非会员329元/盒）成为会员，或购买氨糖（出厂价5.8元/盒，售价49元/盒）。先后共发展会员853人，产生营业额340余万元，非法获利数百万元。2018年7月，攸县公安局治安大队民警共抓获涉案人员23人，该案告破。

（尹慧玲）

检 察

【概况】 攸县人民检察院现有在职干警50人（含市院挂职领导1人）。其中班子成员6人，检察长1人，副检察长4人（含市院挂职领导1人），政治工作办公室主任1人。共有员额检察官16人，检察官助理11人，司法警察8人，书记员1人，司法行政人员8人，未定级5人。下设10个内设机构，即办公室、政治工作办公室、刑事检察部（“捕诉一体”办案机制试点单位）、监察室、控告申诉检察科、监所检察科、检察技术科、案件管理办公室、民事行政检察科、法警大队。2018年，攸县人民检察院认真贯彻落实中共十九大精神，紧紧围绕全县经济社会发展大局，以司法办案为中心，不断强化法律监督、深化改革创新、狠抓队伍建设。先后荣获“全市政法工作先进单位”“全市先进检察院”“全市检察宣传工作先进单位”“全县社会管理综合治理先进单位”“全县结对共建、驻村帮扶先进单位”“全县政法工作先进单位”等11个集体荣誉。

【刑事检察】 全年共受理批准（决定）逮捕案件196件244人，审查起诉案件399件524人；批捕各类刑事犯罪173人，起诉431人。严格规范检察环节职务犯罪案件办理，共起诉2件2人，判决16件19人。认真落实宽严相济刑事政策，对涉嫌犯罪但已无社会危害性的31人作出不批准逮捕决定，对犯罪情节轻微、社会危害性较小的77人作出不起诉决定。办理刑事和解案件46人，对3名未成年犯罪嫌疑人作出附条件不起诉决定。

【刑事诉讼监督】 监督侦查机关立案19件，撤案25件，追捕24人，追诉漏罪19起，追诉漏犯11人。提出刑事抗诉案件3件，法院改判2件。办理羁押必要性审查案件60件，纠正刑罚执行和监管活动违法90件，对判处实刑罪犯未执行刑罚和财产刑执行不到位情况开展专项检查，及时督促14名被判处财产刑的服刑人员积极履行财产刑，监督执行金额合计9.1万元。

【民事行政诉讼监督】 开展行政违法检察监督工作，办理行政机关不当履职监督案件25件。

加强对生效裁判、调解以及民事行政审判程序和执行活动的监督，办理民事执行监督案件4件，生效裁判监督案件2件，审判人员违法行为监督案件1件。

【公益诉讼】围绕全县经济发展大局，加强对国家和社会公共利益的司法保护，共办理公益诉讼案件69件。其中，攸县网岭镇株形村燕子窝曾某某砂场非法开采田砂毁坏基本农田行政公益诉讼案作为检察公益诉讼典型案例，入选《湖南省检察公益诉讼白皮书》。

【检察改革】不断深化体制改革，确保了职务犯罪侦查预防部门的职能、机构、编制和人员整体顺利转隶，共转隶人员14人，编制16个。开展机制创新，联合印发《关于建立问题线索双向移送机制的暂行办法》，构建打击职务犯罪新机制；积极开展"捕诉一体"办案机制试点工作；创新行政公益诉讼案件听证制度，探索检察意见刚性化机制建设。

【检务公开】完善升级"12309"检察服务中心，共公开案件程序性信息550条，法律文书407份，网上接待律师预约事项39人次。加强对重点案件或重点办案环节的监督，共评查网上案件信息和实体案卷共600余件，发出案件办理超期预警106条，发布通报12期，邀请人民监督员、特约检察员和人民群众进行现场见证监督的检务公开形式10余次。

【队伍建设】坚持把思想政治建设摆在首位，树牢"四个意识"，坚定"四个自信"，做到"两个维护"。坚持正规化、专业化、职业化方向，共组织全院干警参加各类培训34批次，培训干警486余人次，共有30余名干警获得市级以上表彰。其中，尹奇平被最高人民检察院记个人一等功，王延荣获"全国刑事执行检察业务能手"称号。

附：典型案例

【文某某、刘某某非法吸收公众存款案】被告人文某某，男，汉族，1966年1月2日出生，湖南省攸县人，初中文化，攸县坤龙大酒店有限公司股东。被告人刘某某，男，汉族，1964年3月23日出生，湖南省攸县人，高中文化，攸县坤龙大酒店有限公司、醴陵市碧山企业发展有限公司法定代表人。经依法审查查明：2008—2016年期间，被告人文某某、被告人刘某某挂靠承包资质承接市区棚改项目时，在没有取得金融许可证的情况下，以承诺18%—72%的年利率为诱饵，通过亲朋好友相互介绍和口口相传的方式进行宣传，大肆向社会不特定人员吸收存款，向70余人非法吸收存款1.387亿元。2013年4月，被告人文某某同谭某某、蒋某合伙承接株洲市芦淞区幸福家园棚改项目，文某某将株洲市芦淞区幸福家园棚改项目挂靠在攸县恒毅房地产开发实业有限责任公司的名下。为了经营方便，文某某未经攸县恒毅房地产开发实业有限责任公司法定代表人的许可，私刻了一枚印有"攸县恒毅房地产开发实业有限责任公司"印章，并用该印章进行合同签订、借款、担保等业务。2018年12月10日，攸县检察院以被告人文某某涉嫌非法吸收公众存款罪、伪造企业印章罪，被告人刘某某涉嫌非法吸收公众存款罪向攸县法院提起公诉。年底，对该案进行审理。

【李某某、黄某某等人抢劫、寻衅滋事案】李某某，男，汉族，1995年8月29日出生，湖南省攸县人，小学文化，无业。

黄某某，男，汉族，1999年3月9日出生，湖南省株洲市荷塘区人，初中文化，无业。彭某某，男，汉族，2000年3月8日出生，湖南省攸县人，中专文化，无业。廖某某，男，汉族，1988年6月14日出生，湖南省攸县人，小学文化，无业。张某某，女，汉族，1994年2月10日出生，河南省商丘市人，初中文化，无业。经依法审查查明：2018年5月以来，被告人李某某为首要分子，重要成员被告人黄某某、彭某某等较为固定，成员被告人廖某某、张某某以及田某某、谭某某、刘某某（均另案处理）等，经常纠集在一起，在攸县县城和网岭镇等地共同故意实施了寻衅滋事、抢劫共五次犯罪活动，形成了符合犯罪集团法定条件的恶势力犯罪组织。2018年12月3日，攸县检察院以被告人李某某、黄某某、彭某某涉嫌敲诈勒索罪、寻衅滋事罪，被告人廖某某、张某某涉嫌敲诈勒索罪向攸县法院提起公诉。同年12月20日，攸县法院公开宣判，被告人李某某、黄某某、彭某某犯抢劫罪、寻衅滋事罪，分别判处有期徒刑十二年、有期徒刑七年六个月、有期徒刑六年八个月；被告人廖某某犯抢劫罪，判处有期徒刑五年；被告人张某某犯敲诈勒索罪，判处有期徒刑一年六个月。

【攸县网岭镇株形村燕子窝曾某某砂场非法开采田砂毁坏基本农田行政公益诉讼案】2018年5月16日，攸县检察院收到攸县纪委、监委移送的曾某某在攸县网岭镇株形村燕子窝组的基本农田内非法开采田砂毁坏基本农田的线索。经审查查明：2017年1月，攸县建新水泥厂下岗职工曾某某与攸县网岭镇株形村燕子窝组签订书面协议，以每亩每年补偿1000元承包该组基本农田约9亩。在未办理砂石采矿权证、农用地转用审批手续、临时用地手续等情况下，曾某某陆续投入约80万元非法开采田砂，直至2018年5月被株洲市环保督察组督察发现。经攸县国土资源局测绘队实地测量认定：非法开采田砂毁坏基本农田4.55亩；非法占用基本农田8.85亩。在此过程中，攸县国土资源局仅在2017年8月2日、2017年12月29日向曾某某分别下达了《责令停止国土资源违法行为通知书》《责令改正违法行为通知书》，未根据《基本农田保护条例》第二十九条、第三十三条、《中华人民共和国矿产资源法》第三十九条、第四十五条等相关法律法规的规定全面依法履行基本农田保护、矿产资源保护的管理监督职责，致使13.4亩基本农田被毁坏、非法占用，国家砂石矿产资源被非法盗采。2018年5月23日，经呈报株洲市检察院审批同意，攸县检察院将攸县国土资源局对曾某某非法开采田砂毁坏基本农田不依法履职一案行政公益诉讼立案。同年5月24日，依法向攸县国土资源局发出检察建议书。同日，将该案背后涉及的不正确履职的相关国家工作人的职务违法线索移送攸县纪委、监委处理。同年7月，攸县纪委、监委对涉案的7名国家工作人员给予诫勉谈话、党内警告处分。同年7月18日，攸县国土资源局在规定期限内书面回复攸县检察院，被曾某某非法开采田砂毁坏、非法占用的13.4亩基本农田全部回填平整、补植复绿、恢复种植条件。经现场核查整改情况，2018年7月25日，攸县检察院以受损的国家利益已得到修复，无提起行政公益诉讼的必要，决定结案。

（谢林虹）

法　院

【概况】2018年，攸县人民法院现有人员编制109个，在岗在编100人，其中员额法官45人。内设刑事审判庭、民事审判一庭，民事审判二庭、行政审判庭、家事审判庭、审判监督庭、非诉执行局、执行局、立案信访局、司法警察大队、政工室、审判管理办公室、办公室、司法技术室、监察室、工会等16个机构，下辖联星、网岭两个人民法庭。2018年，共受理各类案件28874件，审执结27550件，收结案件数同比上升262.2%和253.7%，结案率为95.41%，平均结案周期同比缩短48.9天。在省高院通报的2018年全省法院审判情况中，攸县法院的结案数、简易程序适用率、员额法官人均结案数、一审服判息诉率、平均办案周期和文书上网数6个指标居全省基层法院第一，案件发改率居全省第二。家事审判庭获评“湖南省巾帼文明岗”，并取得“全国法院家事审判工作先进集体”荣誉称号。

【刑事审判】全年审结刑事案件355件，对485人判处刑罚。深入开展扫黑除恶专项斗争，重拳打击黑恶势力，依法审理抢劫、敲诈勒索、故意伤害、涉“黄赌毒”的案件122件。加大环境资源保护力度，开展“春雷行动”，审理非法收购、出售野生动物、非法挖采河沙等破坏生态环境犯罪案件4件。严惩职务犯罪，审结贪污、受贿、滥用职权等犯罪案件20件，依法判处三年以上有期徒刑7人，五年以上有期徒刑4人。坚持宽严相济的刑事政策，对过失犯、未成年犯、老年犯依法宽缓。

【民事审判】全年审结民商事案件20082件，同比上升383.1%。注重保护老人、妇女、儿童权益，妥善处理婚姻家庭案件1019件；依法维护事故受害人合法权益，审结人身损害、医疗、交通及其他侵权类纠纷案件263件；突出民商审判的规范作用，积极参与构建诚实守信、公平有序的市场环境，依法审结各类合同纠纷案18549件。高度关注群体类诉讼纠纷的处理，化解群体性纠纷6件，涉案标的3000万元。

【行政审判】全年审结行政诉讼案件242件，审查行政行为129个，撤销违法行政决定2个。注重行政争议的实质化解，积极搭建平台组织当事人进行协调，维护行政行为相对人的合法权益。大力支持行政机关依法行政，执结行政非诉执行案件239件。依法办理国家赔偿案件3件，及时向有关单位提出合理化建议6条。

【执行工作】落实“五查一见面”，及时全面掌握被执行人财产状况，共进行网络线上财产查控6万余次，线下查控8200多次，查询银行账号13364个，存款1.6亿元，车辆2844台，房屋324栋，工商登记867个。采取冻结、扣划等强制措施5100多次，实施评估拍卖、变卖114案次，财产变现3508.2万元，强制腾房2起。结合实际，组织开展“夜间执行”“假日执行”“雷霆执行”等专项行动，2018年执结案件6804件（含诉讼保全案件），同比上升162%，实际执行到位金额1.91亿元，同比增长0.11%。加大对规避执行行为的制裁力度，司法拘留105人，罚款48人，以涉嫌拒执移送公安立案6人，以拒不执行法院判决裁定罪追究刑事责任1人。

【审判监管】依托“数字法院”和执行指挥系统，狠抓审判执行流程监控，通过编发审判管理通报、下发院长《督办令》，及时预警、限期办结，提升审判执行效率。设定专业法官会议，及时会诊疑难案件，切实提高审判质量。2018年，法院审理周期和执行周期同比分别缩短35.1天和57.2天，一审裁判发改率和生效案件发改率同比分别下降0.08个和0.04个百分点，执行行为被撤销改正率同比下降0.17个百分点，有财产可供执行案件执结率达到90%以上，上诉率指标排名全省第一，仅为1.19%。

【队伍建设】举办“不忘初心、牢记使命”主题教育专题辅导讲座5次，组织干警到革命纪念地接受红色教育71人次。完成第二批员额法官遴选工作，6名干警晋升为员额法官。刚化“四查”制度，开展工作巡查11次，审务督查27次，评查案件11735件，核查各类投诉线索29条。坚持用好监督执纪“四种形态”，2018年共澄清问题22个，谈心谈话262人次，提醒谈话3人次，诫勉谈话3人，批评教育5人，给予党纪政纪处分3人，其中给予开除党籍、开除公职1人。

附：典型案例

【涉恶案件】2018年12月20日，攸县人民法院一审宣判被告人李某伟、黄某杰、彭某宇犯抢劫罪、寻衅滋事罪，被告人廖某相犯抢劫罪、张某静犯敲诈勒索罪一案。李某伟被判处有期徒刑十二年，剥夺政治权利二年，并处罚金人民币六万元；黄某杰被判处有期徒刑七年六个月，并处罚金人民币六万元；彭某宇被判处有期徒刑六年八个月，并处罚金人民币四万元；廖某金被判处有期徒刑五年，并处罚金人民币三万元；张某静被判处有期徒刑一年六个月，并处罚金人民币二万元。经审理查明，2018年5月以来，被告人李某伟带领其手下田某平、易某、周某杰、尹某豪、刘某君（均系未成年人，另案处理），与被告人黄某杰、彭某宇、廖某相、张某静及尹某馨、邓某彬、刘某灏（均另案处理）先后纠集在一起，以暴力、威胁或者其他手段，在攸县县城和网岭镇等地多次实施违法犯罪活动，逐步形成了以被告人李某伟为首要分子，以被告人黄某杰、彭某宇为固定成员的恶势力犯罪集团。2018年5月至7月2日期间，在李某伟组织下，该犯罪集团分别实施寻衅滋事2次、以设局“仙人跳”（指以淫秽活动为由头，利用被害人的猎艳心理，采取盗窃、勒索、抢劫等方式谋取财物的行为）劫取他人财物3次，造成一人轻微伤，任意毁损他人财物价值达人民币13070元，采取暴力、胁迫手段劫取他人财物，涉案金额共达到11.9万元（其中8万元系未遂），严重扰乱了正常的经济、社会秩序，造成了较为恶劣的社会影响，破坏了社会治安稳定。攸县人民法院认为，被告人李某伟伙同被告人黄某杰、彭某宇、廖某相等人分别实施寻衅滋事、抢劫违法犯罪行为，形成了以被告人李某伟为首，被告人黄某杰、彭某宇为重要成员的恶势力犯罪集团。其中，被告人李某伟、黄某杰、彭某宇的行为已构成抢劫罪、寻衅滋事罪；被告人廖某相的行为已构成抢劫罪；被告人张某静以非法占有他人财物为目的，伙同他人通过“仙人跳”的方式勒索他人财物，其行为已构成敲诈勒索罪；依法律规定，经攸县法院审判委员会讨论决定，一审判决如下：

被告人李某伟犯抢劫罪、寻衅滋事罪，数罪并罚，合并决定执行有期徒刑十二年，剥夺政治权利二年，并处罚金人民币六万元；被告人黄某杰犯抢劫罪、寻衅滋事罪，数罪并罚，合并决定执行有期徒刑七年六个月，并处罚金人民币六万元；被告人彭某宇犯抢劫罪、寻衅滋事罪，数罪并罚，合并决定执行有期徒刑六年八个月，并处罚金人民币四万元；被告人廖某相犯抢劫罪，判处有期徒刑五年，并处罚金人民币三万元；被告人张某静犯敲诈勒索罪，判处有期徒刑一年六个月，并处罚金人民币二万元。

【物权保护纠纷案】2018年7月16日，攸县人民法院对原告刘某、袁某珊与被告龙某姑、李某烈、李某军、李某红及第三人陈某迅物权保护纠纷一案作出判决。确认湘东化工机械厂家属区27栋302房屋（房屋所有权证号为攸房字第3522号）归原告刘某、袁某珊所有；限被告龙某姑、李某烈、李某军、李某红在判决生效后十日内协助将涉案房屋过户登记至原告名下。原告刘某与袁某珊系夫妻关系，被告李某红、李某烈、李某军系被告龙某姑的女儿。第三人陈某迅与被告李某烈之夫张亦刚系朋友关系。被告龙某姑及其丈夫李某成与第三人陈某迅的父亲陈奎原系攸县湘东化机厂的同事。被告龙某姑与其丈夫李某成早年在职期间获得攸县湘东化机厂分配的攸县联星街道化机社区化机路27栋302号房屋的居住权。1996年左右，时值国家住房制度改革，被告龙某姑与其丈夫李某成以7208.57元的对价购买获得该房屋的所有权，并办理了房屋所有权证（所有权证号为攸房字第3522号）。1996年下半年，第三人陈某迅的父母与被告龙某姑及其丈夫李某成经张亦刚的介绍，将涉案房屋用作第三人陈某迅的婚房进行协商并作出了约定，第三人陈某迅的父母向被告龙某姑及其丈夫李某成交付了约7000元款项，被告龙某姑及其丈夫李某成将涉案房屋及房屋所有权证原件及购房发票原件一并交给了第三人的父母。此后，第三人父母对其房屋进行了全面的装修用于陈某迅结婚，陈某迅入住该房屋。2002年11月18日，原告袁某珊、刘某作为买受人就涉案房屋与第三人陈某迅的姐姐陈某琼签订房屋买卖合同，原告袁某珊、刘某支付了购房款2.5万元后，陈某琼将登记权利人为被告龙某姑及其丈夫李某成的房屋所有权证原件及原购房发票原件交予原告袁某珊、刘某。同年，李某成去世。后原告袁某珊、刘某就占有居住涉案房屋至今。本案所涉的化机路27栋302号房屋于2017年被政府部门纳入棚户区改造项目内，目前尚未拆除。攸县人民法院认为，该案系所有权确认纠纷。根据《中华人民共和国民法通则》有关规定，按照合同或者其他合法方式取得财产的，财产所有权从财产交付时起转移。第三人陈某迅父母向被告龙某姑、李某成夫妇支付了与涉案房屋当时价格相当的房屋对价，本案被告龙某姑及其丈夫基于房屋买卖的意思表示，收取了第三人父母支付的房款并将房产证原件交付给第三人父母时，已将房屋实际交付给了受让人，虽然未办理房屋所有权变更登记，该房屋的所有权已实际转移给了受让方，可以确认被告龙某姑及其丈夫作为原产权人已丧失了继续拥有原房改房所有权的价值基础，也缺乏继续拥有原房改房所有权的事实依据和法律依据。第三人于2002年与原告刘某、袁某珊夫妇签订了房屋买卖合同，该房屋买卖合同是当事人的真实意思表示，且不违反法律的强制性规定，合法有效。原告在签订房屋买卖合同后，支付了合理对价，取得了涉案房屋的房产证原件并实际占有使用了涉案房屋，根据《中华人民共和国合同法》有关规定，标的物的所有权自标的物交付时起转移，但法律另有规定或者当事人另有约定的除外，故原告自第三人向其交付涉案房屋时已取得了房屋所有权。被告辩称，不动产权属证书是权利人享有该不动产物权的证明。不动产权属证书记载的事项，应当与不动产登记簿一致；记载不一致的，除有证据证明不动产登记簿确有错误外，以不动产登记簿为准。处分物权时，依照法律规定需要办理登记的，未经登记，不发生物权效力，该案涉案房屋产权依法属于产权登记人龙某姑、李某成及其继承人。法院认为，依照《中华人民共和国物权法》第二百四十七条“本法自2007年10月1日起施行”的规定，该案中，无论是被告龙某姑及其丈夫李某成与第三人之间的转让行为，还是第三人与原告刘某、袁某珊夫妇签订买卖合同的行为，均发生在《中华人民共和国物权法》施行之前，《中华人民共和国物权法》不具有溯及既往的效力，相关法律亦没有作出特别规定，因此，此案房屋的权属认定不适用《中华人民共和国物权法》，对被告的辩称主张不予采纳。对原告请求确认湘化机厂家属区27栋302房屋为其所有的诉讼请求予以支持；同时五被告有义务及时协助将涉案房屋过户至原告名下。遂依照法律规定作出如上判决。

（聂　蓓）

司法行政

【概况】攸县司法局辖二级事业单位3个、乡镇（街道）司法所17个，机关内设机构4个；在编在岗干部职工52人。2018年，全局坚持以人民发展为中心，以公共法律服务体系建设为总揽，创新推进各项司法行政工作。县司法局先后被授予“全国人民调解工作先进集体”“株洲市政法工作先进单位”“株洲市司法行政工作优秀单位”“攸县文明建设先进单位”“攸县社会治安综合治理先进单位”等荣誉称号；《攸县门前三小：打通普法宣传教育服务最后一公里》普法宣传项目获全省普法创新大赛三等奖。

【普法宣传】深入贯彻“七五”普法规划，扎实开展农村法治宣传、青少年法治教育宣传、国家宪法宣传活动等法治主题宣传活动。依托“门前三小”工程，建成村级法治小广场8个，开展暑期法治讲话30余场。组织“法律七进”活动，开展宪法、禁毒等法律法规知识宣传80余场，开展送法下乡活动20余场。落实国家工作人员学法考法工作，组织全县9723名在职在岗国家工作人员参加年度普法学法考试，其中考试合格人数9693人，合格率99.69%。

【法律服务】完成17个乡镇（街道）公共法律服务工作站、297个村（社区）公共法律服务工作点的建设，建成3000余个“法润三湘”公共法律服务志愿点，实现了全县公共法律服务工作站点和志愿点建设的全覆盖。办理法律援助案件451件(超年度目标任务211件)，对法援案件开展听庭24次，为当事人减免诉讼费用140余万元。办理各类公证业务2554件，其中国内公证2278件，涉外公证276件，为当事人起草、修改各类法律文书1400余份。

【调解与维稳】学习借鉴“枫桥经验”，开展“四防四查化纠纷·千乡万村创四无”“人民调解服务全县产业项目建设年”“人民调解服务全县三大攻坚战”等专项调解活动。排查各类矛盾纠纷隐患线索2230余项，避免矛盾纠纷恶化升级35起，防范群体性事件发生19起，成功化解各类矛盾纠纷5870起，其中涉及非正常死亡纠纷46例、工伤损害赔偿340起、防止民转刑7件。全面落实调解例会制度，以会代训开展调解业务培训230余次，开展庭调观摩活动20余场。

【社矫监管】完成调查评估255人、完成入矫宣告227人、解除社区矫正272人，现有在矫人员371人。组织社矫人员开展行为规范化训练和集中学习共计160余人次、开展公益劳动130余人次、电话抽查2100余人次、召开监管安全形势分析调度会议4次，年前为生活特困社矫对象解决困难帮扶资金5万余元。杜绝了社矫人员脱管漏管现象，刑释解教人员核实率和衔接率99%以上。全面掌控社区服刑人员、刑释解教人员等对象的社会活动情况，积极排查黑恶线索，深挖细查黑恶根源。全年组织开展扫黑除恶专项宣传40余场次，发放宣传资料3.5万余份。

【党建工作】认真落实意识形态工作责任，深入学习中共十九大精神和习近平新时代中国特色社会主义思想，扎实推进党日主题活动，切实把党的领导贯穿到司法行政工作的各方面和全过程。深入推进全县司法系统干部队伍的组织、思想、作风、纪律和制度建设，全面落实县委巡察办交办的6类18项问题的整改工作，健全完善各类规章制度11项。

（刘永康）

军 事

人民武装

2018年，攸县人武部在军分区党委和攸县县委、县政府的正确领导下，坚持以习近平新时代中国特色社会主义思想为指导，认真贯彻落实中共十九大精神和上级党委全会精神，凝聚共识，聚焦政治建军、改革强军、依法治军，围绕部党委年初确立的“维护核心听指挥、聚焦实战谋打赢、突出主业谋发展、夯实基础补短板、创新思维促融合、从严管理守底线”的工作思路，狠抓各项工作落实。省军区司令员、政委给予充分肯定，人武部两名主官接受省军区军事考核取得了较好成绩。2018年度，人武部被株洲市军分区评为“军事训练先进单位”“安全稳定工作先进单位”，3个乡镇（街道）武装部被株洲军分区评为“先进基层武装部”，4人次被株洲军分区评为“优秀专武干部”，2个乡镇（街道）武装部被株洲军分区评为“民兵调整改革先进单位”，2人次被株洲军分区评为“民兵调整改革先进个人”，1人获株洲市2018年“群众性”练兵比武活动轻武器操作项目第一名，2人次受到各级嘉奖，1名专武干部被评为省级优秀学员，3名专武干部获市级优秀学员。

【思想政治建设】 一是加强理论学习和政治教育。采取个人自学、听课辅导、讲座交流等方式，认真落实党委中心组理论学习内容，“四个意识”“三个维护”更加自觉。坚决贯彻军委《关于全面深入贯彻军委主席负责制的意见》，扎实开展“传承红色基因，担当强军重任”主题教育，认真开展和平积弊大起底大扫除活动，针对干部职工思想实际，开展讲座、讨论交流和思想辨析，查摆单位和个人存在的问题。召开质量较高的民主生活会和党支部会。注重结合工作写报道，全年《人民日报》《解放军报》等国家级、省级新闻媒体12次给予了报道。结合年度民兵组织整顿、军事训练、征兵和重大节日，开展十九大精神学习，严格落实民兵政治教育四、二课，组织民兵开展立足本职向王继才学习演讲竞赛1次。

【战备训练】 修订完善应急作战、支援保障、抢险救灾等20余种应急预案。严格落实值班首长、值班干部、值班分队3个层次的值班力量，多次接受上级随机抽查，人员都在职在位。6月，应县委请求，出动40名应急队员圆满完成失踪人员搜救任务；7月，组织部本级带应急连全装进行了1次拉动。落实了现役干部基础训练、军事体能训练和要素研究作业，开展国防动员演练。认真组织4期、259人的基干民兵训练，积极选送民兵骨干参加上级组织的各类集训，1名专武干部被评为省级优秀学员，3名专武干部获评市级优秀学员，省军区《要讯》5次报道攸县人武部训练情况。

【后备力量建设】 深刻理解“协调军地、面向三军”的职能定位，强化主责主业，提升国防动员质效。一是扎实开展调整改革。坚持把民兵调整改革作为全县年度一项重要任务来推进。多次接受了省军区、军分区不打招呼检查，都得到了充分肯定和通报表扬，经验做法得到推广。二是逐步完善动员机制。建立国防动员成员单位工作报送制度，落实“一综七专”办公室联络员，推动“智慧动员”成立工作。三是加强一线建设。全面贯彻落实军委国防动员部“三个一线”集训和省《关于加强新体制下国防动员系统“三个一线”建设的意见》文件精神，人武部战备建设、日常办公、国防教育、文化活动、保障设施标准有新的提高。狠抓专武干部队伍和基层武装部、民兵营、“青年民兵之家”建设，达标率达95%。

【征兵工作】攸县是兵员大县，应征青年当兵热情较高。2018年，经过体检和政治考核，于9月3日召开征兵领导小组会议，确定预征新兵人员。一是工作筹划早。1月，召开任务推进会，在县主要媒体发布兵役登记公告；3月，在8所高中（职业中专）采取“四个一”的方式（上一堂国防教育课、看一部征兵宣传片、发一份征兵手册、做一期征兵宣传展板）进行征兵宣传，登记率99.5%；7月、8月，协调县广电局利用村村通广播早晚各播放5分钟的征兵政策。通过县教育局调取外地就读大学生和本地应届高中毕业生花名册，利用手机短信、电话、微信等平台开展宣传发动。一对一做好工作。二是工作措施实。利用春节、“八一”走访慰问军烈属，敲锣打鼓将一等功臣龙隆等22名官兵的喜报送回家，形成“一人当兵、全家光荣”的舆论导向。5月，每周召开一次征兵工作推进会，及时讲评宣传发动情况，核实报名人数。扎实组织体检、政考和役前教育训练、从严从实把好入口关。认真开展体检组、政考组和乡镇征兵工作人员业务培训，实行考核上岗。实行封闭式役前教育训练，全程淘汰思想不稳定和不合格青年14人。认真组织新兵欢送、运送工作，县领导与9批次新兵合影留念。三是廉洁征兵严。组织征兵工作人员学习廉洁征兵法规政策和警示案例，强化征兵人员的法纪意识和廉洁意识。与征接兵人员签订《廉洁征兵责任书》，层层分解责任，逐级传导压力，落实廉洁征兵监督员59人（县本级5人，乡镇54人）。坚持把应征青年和家长纳入廉洁征兵教育范畴，利用役前教育，政考走访等时机组织学习，引导他们主动配合做好廉洁征兵工作，应征青年、家长全部签订了《廉洁征兵责任书》。实行廉洁征兵“零报告”制度，杜绝了征兵“微腐败”问题的发生。年内，全县没有接到一起廉洁征兵举报线索。

【党管武装工作】坚持在事关攸全局的大事上争取地方党委政府的重视，在破解发展的难事上争取地方党委政府的支持，在重大任务的完成上争取主要领导的参与，不断增强重武之责、强化强武之举、发挥用武之地，促进经济社会建设，提高武装工作地位。一是严格落实党管武装制度。协调县主要领导先后2次率工作组到人武部现场办公，解决实际问题，共同谋划重点工作，解决人武部新营院建设中遇到的矛盾问题。县委议军会将湖南省党管武装“十个纳入”逐一细化分解，以县委常委会纪要形式下发各单位执行，如在专武干部的考察、任命、教育培训、管理上，依据上级文件，结合攸县实情，与县委组织部研究出台了实施办法。“八一”前夕，县委县政府隆重表彰了20名“双带双促”退役军人创业典型，为57名退役军人创业就业搭建了平台，维护了13名现役军人亲属的合法权益。二是扎实推进精准扶贫。按照中央精准扶贫和“一进二访”（进村入户、访困问需、访贫问计）结对帮扶的要求，人武部与联星街道高岸村10户贫困帮扶对象结对子，制定了帮扶措施，确保年底全部脱贫。部领导先后12次带队进行扶贫走访，发放慰问金和扶贫物资5万余元。

【军民融合】注重向各级领导干部特别是党政主要干部灌输“我们的军队是人民的军队，我们的国防是全民的国防”理念，将国防教育纳入县委中心组理论学习。紧扣中共十九大提出的“建成世界一流军队”的目标，积极协调县委县政府及相关部门履行国防职能和义务，退伍军人安置、人武部营房建设、处突维稳、脱贫攻坚等与县委县政府进行了深度融合。“八一”前夕，表彰了20名“双带双促”退役军人创业典型，全年为57名退役军人创业就业搭建了平台，维护了13名现役军人亲属的合法权益。积极发挥人武部军民融合性，跟进做好县委县政府的融合工作，无论是人员编配、职责分工，还是工作机制，军地协调更加紧密。

【国防宣传教育】广泛宣传，进一步强化全民国防教育意识。订购报刊杂志、增加学习材料。给每个县委常委、国动委办公室、乡镇武装部订购了《中国国防报》《中国民兵》《湖南国防教育》《知识博览报·国防教育特刊》等刊物，为各乡镇订购了《国防》杂志。积极开展教育。分领导干部、一般干部、学生、民众四个层次开展国防教育。领导干部主要结合县领导集中学习时进行，一般干部主要结合全县科级以上干部集训的时机进行；学生主要是以学生军训、全国性的纪念日等时机组织教育；广大民众，主要是结合兵员征集、春节走访慰问等时机进行宣传教育，方式方法将采取集中授课、播放电视讲话、观看红色电影、随机教育等。专门开展国防教育进校园活动。以弘扬爱国主义精神为主线，以法规政策为重点，做到“四个突出”“五个讲清”，即突出国防法规，突出优抚政策，突出应征条件和征兵程序，突出大学生特殊政策；讲清国家安全形势，讲清我军信息化建设现状，讲清依法服兵役的大道理，讲清优抚安置政策，讲清参军入伍的优势。进一步提高全民国防意识，充分激发广大适龄青年参军入伍的热情。

【安全工作】始终坚持把安全稳定作为人武部建设的“压舱石”。经常性开展安全教育，利用平时交班、节日战备防护、“百日安全活动”等，开展经常性安全教育。将新修订的《共同条令》运用到日常战备、训练、工作、生活中。认真抓实日常管理，坚持每月组织一次安全形势分析，针对可能发生的安全问题，搞好积极预防和避险工作。经常开展隐患排查，围绕安全防范的风险源抓整治，对全年共排查出的5类21个问题，建立了工作台账，责任到人，逐一整改到位。

【后勤保障和新营院建设】坚持党委议财、科学理财，注重开源节流、勤俭节约，持续降低行政消耗性开支，全力保障作战任务需要。严格落实经济责任自查自审自改，对报账原始凭证进行再核查，组织经手人采取各科交叉互审、现地核实、电话核准等方式，确保所有经费开支符合标准。新营院占地12000平方米，建筑面积6271.66平方米，拟建办公楼、公寓楼、民兵训练基地，总投资3118.42万元。经审批招标，确定由株洲市大坪建筑有限公司为施工方，2017年9月开始施工，年末已完成主体工程施工，并进入内外装修阶段，计划2020年初建成交付使用。

（张黛芝）

湖南陆军预备役某营

2018年，湖南陆军预备役某营在上级党委的正确领导下，在攸县县委、县政府和人武部的大力支持下，全营坚持以习近平主席系列重要讲话精神为指导，狠抓组织建设、战备训练、政治教育、后装保障等各项工作落实，圆满完成年度各项工作任务。团预任副政委兼营教导员李子善被师评为“优秀预备役军官”，营长汪卫被师评为“优秀营长”，五连被师评为“基层建设先进单位”，预任军官曾小林、尹治国、廖志勇、游力君、陈勇锋等5人被团评为“优秀预备役军官”。

【政治工作】坚持党组织在部队的领导作用。进一步强化营党委和连支部的组织功能，坚持做到重大问题集体讨论、重大决策集体研究、重要工作党员带头，特别是预建党委（支部）一班人，对营连建设积极献计献策，利用地方优势，主动为营连解决实际困难。四连预建党支部书记黄建设在组织调整期间，主动和预编预备役官兵进行谈心，了解所属官兵思想动态；五连预建党支部书记王天来、六连预建党支部书记刘彦多次主动向营党委献言献策，事业心责任感强。加强理论学习和思想政治教育。全营官兵深入学习贯彻中共十九大精神，用习近平新时代中国特色社会主义思想武装头脑，狠抓思想政治教育和理论学习。现役干部的理论学习由团集中组织，重点抓好“传承红色基因，担当强军重任”主题教育，广泛开展“和平积弊大扫除”活动。预备役官兵的教育，主要利用组织调整和训练等时机，进行军人职能使命教育和强化战斗精神教育。

【组织调整】积极协调县人武部，将预备役营的整组工作纳入民兵整组工作统一筹划。结合军队改革的实际，2018年的组织调整工作，营连编组地域没有进行大的调整，在编的预备役人员没有进行大面积调换，全营共调整预备役军官7人，士兵22人。

【军事训练】3月，组织22人在团训练基地进行入队训练，为确保训练效果，在团统一组织下，按照作战部队的组训模式，落实一日生活制度，全程进行封闭式管理。从规范内务秩序、早操、看新闻、晚点名等点滴开始，锤炼新入队预备役官兵的军人品质。对预备役部队基本常识、队列、战术基础、轻武器操作等内容进行重点训练，并进行考核，训练达到了预期目的。5月，团组织舟桥骨干训练。为确保训练效果，确实保留并培养舟桥骨干人才，择优选了4名操舟手和2名教练员，在团统一组织下，对操舟机基本常识、冲锋舟离靠岸、水上救护等课目进行系统训练，为抗洪抢险行动打下良好的基础。6月，3名现役营连长，随团参加师组织的现役营连长集训，通过训练营连长任教组训能力得到进一步提升，个人能力素质得到了进一步增强。7月和11月，根据团计划安排，分两批组织新入队的预备役军官参加团预任军官集训，对预备役部队基本常识、体能、军官基本技能等内容进行了训练，通过训练进一步提高新入队预备役军官基本技能和履职尽责能力。

【安全工作】重点加强对人员、车辆、手机、枪弹和涉密载体的管理，人人签订了安全稳定责任状。结合停偿工作对营院进行了清理整顿，完成了水电线路和营院的改造维修，排除了安全隐患。针对营连长下基层路途较远的实际，全营多次组织安全行车教育，坚决做到不酒后开车，不疲劳驾驶。全年训练任务重，为确保训练活动安全，全营多次组织安全风险评估，及时组织参训人员进行谈心交流，确保排查安全隐患。

【停止对外有偿服务】认真落实中央军委全面停止对外有偿服务工作的通知精神。5月，在时任团长詹睿和师谭科长带领下，积极协调攸县县委、县政府和人武部，督促承租方签订了终止协议，并承诺于6月30日前停止经营。停偿工作进入司法程序后，配合团部多次到攸县人民法院及株洲市中级人民法院协调工作。10月底，对外有偿服务场地全部收回，为做好营院接收和看管工作，对营院固定资产进行清点造册，对营院内外环境卫生进行彻底清理整治。在团统一规划下对临街门面房商业痕迹进行清除，对临街门面进行封闭，新建了营院大门，并聘请物业公司对营院进行看管。目前营院各项秩序正规，为战备训练等活动提供了较好的场地保障。

（汪　卫）

消　防

2018年，攸县消防救援大队在中共攸县县委、县政府和县公安局的正确领导下，在县消安委各成员单位的齐抓共管下，在社会各界的积极参与下，坚持以火灾预防和灭火救援工作为中心，以构筑社会消防安全“防火墙”工程和打造现代化消防铁军为抓手，以提高全民消防安全素质和队伍灭火救援实战水平为目标，全力确保了辖区火灾形势持续平稳和队伍内部高度安全稳定。

【抢险救援】全年共接警出动211次，出动车辆276台次，出动警力1672人次，抢险被困人员19人，疏散被困人员25人，抢救财产价值500余万元，参战人员死亡0人，受伤0人。攸县大队成功处置了“2·19”丽水山庄商铺火灾扑救、“4·15”雪花社区火灾扑救、“5·26”江桥街道老人落井救援、“11·1”鸾山镇315国道水泥罐车坠崖救援，得到了人民群众的充分肯定，全年未发生亡人火灾事故；省、市、县三级媒体先后多次报道本大队官兵英勇事迹。

【落实消防安全责任】年初，县政府召开全县消防工作会议，县人民政府与各乡镇（街道）、消安委成员单位、派出所以及消防安全重点单位负责人参加会议，会议对全县当前消防安全形势进行深入分析，安排部署了2018年消防工作任务。会议要求各级、各部门要切实提高政治站位，狠抓消防责任落实，提升消防安全管理现代化水平，坚决守住城市公共安全的底线；各级政府要全面负责、常抓常议，消安委成员单位要主动履职、真抓真管，各社会单位要全面加强“四个能力”建设，共同构建消防工作多元共治格局，为加快建设“美丽幸福新攸县”作出更大贡献。大队积极作为，提请政府组织召开消防工作专门会议4次，大力宣传国务院办公厅《消防安全责任制实施办法》，进一步明确消防安全职责，积极开展冬春火灾防控、夏季火灾防控、消防车通道专项整治行动、文物古建筑消防安全综合治理等专项行动。积极协调民政、教育、文物、商务、安监、住建等部门开

攸州工业园一角

湖南旭日陶瓷有限公司

大唐集团攸县能源有限责任公司

建成并运行的攸州工业园污水处理厂

网岭循环经济园

经济社会发展

2018 年 9 月 16 日，湖南恒盛岩棉新材料有限公司第二条生产线点火投产，两条生产线年生产岩棉产品 6 万吨

旭日陶瓷公司生产车间一角

湖南益力盛电子科技有限公司生产车间一角

2018 年 4 月 12 日，长明高科新能源产业园五条第五代液晶显示模组生产线和年产 10GWh 电动电池生产线在攸县攸州工业园投产

2018 年 8 月 18 日，攸县攸州工业园集中供热项目在攸州工业园举行开工仪式

建设中的湖南松本林业项目

在建的湖南长得快饲料有限公司建设项目

现代农业

2018 年 3 月 20 日，省林业厅副厅长吴彦承率队到攸县检查指导油茶良种育苗工作

2018 年 4 月 27 日，市县人大代表视察攸县供销社社有企业——攸县大农和生态农业有限公司

2018 年 5 月 7 日，湖南省供销合作总社党组成员、理事会副主任杨利凯率调研组到攸县调研供销综合改革工作

2018 年 5 月 8 日，株洲市油菜生产机械化收割现场演示会在攸县网岭镇北坪村举行

2018 年 6 月 15 日，株洲市政府副市长顾峰到攸县调研茶产业发展情况

2018 年 6 月 15 日，株洲市政府副市长顾峰率市直有关部门负责人到攸县调研农业产业化发展情况

2018 年 6 月 19 日，攸县杂交水稻全程机械化制种现场观摩会在石羊塘镇举行

2018 年 10 月 16 日，湖南省农委种子管理处处长许靖波率督查组对攸县种子种苗基地建设项目开展情况进行督查

2018 年 11 月 22 日，联合国粮农组织官员到攸县考察 GEF 项目及黄丰桥国有林场森林经营情况

土地托管服务——机械插秧

土地托管服务——机械防治病虫害

土地托管服务——机械收割

太阳能风吸式杀虫灯绿色防控新型技术应用现场

攸县宁家坪镇种植结构调整后的饲用玉米种植基地

国家水稻产业技术体系株洲综合试验站攸县示范县水稻病虫草害绿色防控技术观摩会现场

攸县网岭镇里旺村天域园林苗木基地

攸县皇图岭镇芳田村盆栽蔬菜示范基地

攸县石羊塘镇乡贤湿地园荷花基地

攸县桃水镇清江桥村千亩油菜基地

攸县百分生态农业发展有限公司生产车间一角

800只种羊养殖基地扩建项目——羊舍

商贸、旅游

2018年1月24日，湖南省商务厅副厅长肖彬到攸县调研湖南县域商贸载体发展工作

2018年8月9日，攸县人民政府与阿里巴巴（中国）软件有限公司成功签约，共同构建攸县农村现代物流体系，推动攸县社会经济发展

2018年8月25日，株洲市副市长黄芳到攸县酒埠江督查旅游安全生产工作

2018年1月25日，攸州义乌国际2018年第二届年货大集文化节开市

提质改造后的攸县酒埠江地质博物馆

酒仙湖鸟瞰

酒仙湖湖面景观——水云桥

2018 年中秋节期间，攸县酒埠江旅游区共接待游客 4.3 万人次，实现旅游收入 347.24 万元

基 础 建 设

新修的皇图岭镇龙和村村道

渌田镇农村“四好”公路

丁家垅村农村公路提质改造项目

菜花坪镇联龙村自然村通水泥（沥青）路项目

鸾山镇大田路

鸾山镇龙会村曾家里山塘除险保安工程

鸾山镇上湾渠道

鸾山镇东院直渠和东院中心路

建设中的渌水南岸风光带

黄丰桥镇兴旺村文化活动中心

新市镇方溪村玉郎公路桥

莲塘坳镇凉江社区坎上公路桥

公路坑槽修补

桥梁养护

酒埠江镇镇区道路
提质改造工程建设

城 市 建 设

攸县县城远眺

县城园林绿化

洣水南岸风光带

在建的攸县东城新区

沁园小区物业管理工作检查

2018 年 3 月 13 日，国家开发银行湖南省分行调研组一行到攸县考察城中村改造项目

2018 年 4 月 9 日，县控违拆违执法大队联合谭桥街道办事处对新增违法建筑进行拆除

经济社会发展

联星街道百花社区
老城区改造现场

老城区小街小巷改造现场

建设中的联星街道
枫岭公租房

展行业消防安全治理，加强隐患排查整治。县委、县政府领导带队检查消防工作7次，部门联合执法20次。大队约谈大型城市综合体、消防服务机构、物业服务企业、危险化学品单位、消防安全重点单位负责人，提高相关单位和人员的消防安全意识，共同维护良好的消防安全环境。重点联合县房产管理局组织开展全县物业服务企业约谈、培训、并联合多部门印发《“攸州物业杯”2018年物业服务考核方案》，共同筹办《攸州物业》行业报刊，全面加强居民小区消防安全管理和宣传教育，下半年居民楼火灾明显下降。

【消防执法和隐患排查整治】始终保持对火灾隐患的高压整治态势，大队共检查社会单位3601家，发现火灾隐患或违法行为5544处，督促整改火灾隐患或违法行为5516处，下发《责令改正通知书》2482份，行政处罚60家，临时查封61家，责令“三停”31家，罚款75.455万元，拘留2人。始终紧盯区域性火灾隐患整治，组织开展大型城市综合体、电动自行车、电气火灾和消防车通道专项整治，解决突出问题。紧盯人员密集、易燃易爆、“三合一”、群租房、老旧住宅和文物古建筑等场所，加强集中整治和常态监管，消除了一批火灾隐患。大队加大消防执法力度，充分运用联合执法、综合执法措施，落实有奖举报、政府挂牌等机制，实现了执法总量与执法效果相统一。依托政府重大隐患“一单四制”督办制度，对2家重大火灾隐患单位进行集中挂牌、曝光，并建立隐患清单，实行交办制、台账制、销号制、通报制管理。

【消防宣传教育】2018年，大队积极向政府争取20万元专项经费政府购买“消防安全宣传教育培训”服务外包，由第三方服务机构深入辖区重点单位、福利院和党政机关开展消防宣传大培训大宣传活动。同时，大队多策并举强化消防宣传，针对火灾易发时段，采取入户宣传，集中展示等方式，利用微信推送、大型户外电子屏播放等方式，提醒广大民众用火用电的安全，进一步提高了全民消防安全意识。结合“5·12”防灾减灾日、“强执法、防事故”行动、“119消防宣传月”等活动，组织志愿者到农村和基层开展消防宣传，扎实开展消防宣传进社区、进学校、进企业、进农村社区活动。组织1期消防控制室操作人员培训，培训人数79次人次，有效增强了社会单位消防宣传教育师资力量。大力组织开展消防站开放日活动，辖区多所学校、幼儿园和企业先后30次到大队所属消防站参观见学，取得了良好的社会宣传效果。

【队伍建设】不断加强军事训练，全面提升灭火救援能力。根据辖区火灾形势和特点，加强“六熟悉”和人员密集场所、高层建筑、易燃易爆场所的实战演练，突出抓好辖区情况“六熟悉”和实战演练，组织道路水源熟悉30余次，开展重点单位演练60余次，修订完善数字化预案30份，同时完善了集消防、环保、卫生、医疗等专业为一体的灭火应急救援专家组，进一步提升了全县综合应急救援工作整体水平。联合公安、安监、供水、供电、通信、医疗救护、交通运输等部门开展综合应急救援演练，及时根据辖区道路、水源和重点单位内部变化情况修订消防水源手册和灭火作战预案，使所有执勤人员对辖区情况做到“底数清、情况明、预案熟”，切实赢得灭火救援工作的主动权。黄海荣获2018年株洲消防支队记三等功、2018年株洲消防支队“优秀士兵”称号。赵晨祥、刘金河荣获2018年株洲消防支队“优秀士兵”称号。刘礼江、叶国雄、周浩、黄海、赵晨祥、高国亮、陈举峰、钟子璇等人荣获2018年株洲消防支队嘉奖。董湘东、陶威、李振坤、刘金河等人荣获2018年株洲消防支队嘉奖2次。

（朱丽姗）

人民防空

攸县人防办有工作人员19人（其中在职13人，退休6人）。机关下辖1个二级机构—攸县人防工程质量监督和通讯站。2018年，认真贯彻落实《湖南省实施〈中华人民共和国人民防空法〉办法》和全省人防工作会议精神，围绕“战时防空、平时服务、应急支援”的使命任务，按照“长期准备、重点建设、平战结合”的方针，全面推进人防工作落实。被市人防办授予“株洲市2018年度人防宣传教育先进单位”。

【防空宣传教育】在县公众

信息网开设人防专栏，宣传人防主要法律法规、办事规则、办事程序和防空防灾知识，公示人防信息。购买1000本人防教材赠予长鸿学校，以供中小学生学习使用，同时将人防课程纳入党校的中青班课程，聘请办内老同志进行授课。在县城6处人流量密集场所创办了“人防宣传栏”。利用“5·12”防灾减灾宣传日，在县政府应急办统一安排下，在湘东大市场进行人防宣传活动，展出宣传展板2块，发放宣传资料1000余份，现场解答市民咨询问题100人次，有效扩大了人防知识宣传覆盖面。

【人防行政执法】人防行政执法继续进入联合审批体制，在相关部门的大力配合下，人防易地建设费按程序依标准全额征收到位。全年共受理行政审批项目15项，行政执法5件，处罚40万元，赔偿15万元，实现了行政审批零差错、无上诉，行政处罚无异议，无复议。

【防空设施建设】积极贯彻“以建为主，以收促建”的原则，提高防空地下室结建率。规范人防警报设施的管理，建立警报设施管理档案，定期对防空警报器和机动指挥车进行维护和检查，保证通讯警报设施时刻处于正常工作状态。每周定时应用人防指挥中心视频系统与市办对接，实现市、县两级联网，确保视频系统在应急救援中能发挥应有的作用。对全县早期人防工程进行检查，与业主单位签订人防工程维护管理安全责任状，定期对人防工程进行安全检查，确保人防工程无安全隐患。

【应急疏散演练】11月1日，组织进行了防空警报试鸣演练。试鸣期间，警报音响率、覆盖率、统控率均达到了100%，广大群众普遍反映良好，生产生活秩序正常，市民国防观念、防空意识得到增强。11月11—16日安排3人参加市人防办组织的“株防—2018”人防机动指挥通信系统跨区拉练，在为期5天的拉练中成绩优良。

【指挥所建设】积极与县政府及市人防办沟通衔接攸县人防指挥所工程相关问题。前期项目工作已经做好三通一平，地下空间基本挖好，根据攸政办发〔2018〕19号《关于印发〈攸县清理“停、缓、调、撤”项目工作实施方案〉的通知》文件通知，县人民政府决定缓建攸县人防指挥所项目。

（刘　源）

综合经济与管理

发展计划和改革

【概况】攸县发展和改革局有在编人员51人，机关内设办公室、发展规划股、行政审批股、投资管理股、物价业务股5个股室，下辖两型办、重点项目办、价格监督检查局、价格监测中心、价格认证中心、价格调节基金办公室6个二级机构。2018年，全局在县委、县政府的正确领导下，紧紧围绕“突围突破”的工作主题，紧扣“稳中求进、进中争先”的工作基调，扎实开展“产业项目建设年”活动，认真履行好参谋、服务、协调职能，各项工作取得了一定成效。

【计划执行情况】一是主要指标运行平稳。全年GDP增长7.4%。其中，规模工业、固定资产投资、社会消费品零售总额和一般公共预算收入分别增长7%、6%、10.2%和7.05%（同口径增长）。二是就业形势基本稳定。新增城镇就业和农村转移劳动力就业均超额完成年度目标任务。三是质量效益有所提升。城乡居民人均可支配收入增长8.3%；三次产业结构比调整为14.4：34.9：50.7，第三产业对GDP增长贡献率超过50%；税收占一般公共预算收入比重提高21个百分点。

【计划编制和调查研究】高质量完成《攸县2018年国民经济和社会发展计划执行情况与2019年计划草案的报告》，并经县十七届人大四次会议审议通过。完成《攸县第十三个五年规划纲要中期评估报告》《2018年上半年国民经济和社会发展计划执行情况汇报》，并通过县十七届人大常委会第十六次会议审议。完成每月固定投资运行分析。积极开展专题调研，形成了公立医院医药价格改革工作、景区门票价格、养老机构服务收费等8篇调研报告。对全县主要商品价格波动进行监测，共上报各类监测报表530份，价格分析材料116篇，完成了生猪成本、农户种植意向、农户购买农资、农户存粮等专项调查，并形成材料，供县委、县政府和上级部门作出正确政策决策。及时答复了县第十七届人大三次会议第13号、15号建议和县政协第九届委员会第三次会议第95号提案，满意率100%。

【争项引资】全年共争取到中央、省市预算内投资项目24个，争取资金1.62亿元，占五县市总和的34%，继续保持总量全市第一。同时，为进一步做好中央预算内投资项目资金的监督和管理，对2015年来争取的中央预算内项目资金使用进行全方位、全过程跟踪监督，确保中央预算内投资项目顺利实施。

【项目建设】借助“两突办”力量，协同发挥统筹、协调、调度、问题交办等中枢作用，落实“1+5+4”工作推进机制，产业项目建设活动克难推进。全年实施重点产业项目33个，完成投资51亿元，为近年来新高。其中，1个项目入选省“五个一百”重点扶持项目，14个项目入选市重大科技创新、产品创新项目，天心育种产业园、恒盛岩棉等建成投产，酒埠江旅游综合开发、昊华化工、地博光电等一批产业项目加快推进。产业项目建设年活动全市综合考核县域排名第一。同时，全面开展政府投资项目核查和分类处置工作，科学制定“停、缓、调、撤”方案，压减投资76.52亿元，化解政府隐性债务10.6亿元。

【行政审批】按照“放管服”改革要求，进一步优化审批流程，提升审批效率。29项涉企涉民事项中，27项实现了“最多跑一次”，其中30%的企业投资项目备案实现了网上在线办理。全年共批复各类项目574个，其中政府性投资项目274个，投资金额约16.78亿元；企业投资项目备案131个，投资金额约113.35亿元；核准招投标42个，其他项目127个。

【项目实施】2018年度，新增粮食产能项目总投资1950万元，中央预算内投资1560万元。项目主要在莲塘坳新朝、新华、盘龙、盘联、巨田、同联、阳升观等村实施，建设高标准农田1.3万亩。项目已完成80%工程量。

【公管工作】适应公共资源交易体制改革的新变化，承接400万元以下小额国有投资工程建设项目和政府采购非标项目招标平台服务职能，修订完善管理办法和交易流程，全年进场交易项目93宗，总金额1.14亿元，其中，小额工程项目44宗，金额7021万元；政府采购非标项目46宗，金额2450万元，资产处置3宗，金额1934万元。

【价格监管】一是做好价格管理工作。落实中央、省、市减税降费各项政策，共转发省、市政策文件13份，下发清理、整合和规范涉企服务性收费等文件63份，制定行业价格行为规则4项。取消城市规划技术论证服务费等8项服务性收费，转为市场调节价管理3项，为企业减负120万元。对现行涉农、涉居、涉企的价费优惠减免223.3万元。各级公立医疗服务机构停收门诊诊查费和一般医疗服务费共计1600万元，减轻了患者负担。按政策要求退回一般工商业用电费用174.34万元，每年为攸县2万多一般工商业用电客户节约电费约1761万元。调整景区门票价格，酒仙湖景区主要景点门票价格平均降价30%。二是强化价格监督检查。先后开展了医疗、电力、教育、客运、燃气、自来水和涉企的国土、环保、房产收费等9个行业的专项检查，共出动460人次检查，52个单位和个体私营业主，查处价格违法案件11起，查处价格违法金额144.6万元，实行经济制裁10.9万元。为全县经济发展营造了规范有序的价费环境。同时，依托“12358”举报电话为切入口，做好“五个一”工作，安排专人值班，24小时随时接听举报电话，共受理各类价格咨询、投诉举报共计355件，其中价格咨询269件，投诉举报76起，处理率100%，群众满意率100%，清退多收费共计68611.32元。三是做实价格认定工作。全年共组织价格认定103起，总认定金额1560万元，其中涉案财物价格认定81起，价格认定金额约360万元，涉税财物价格认定10起，价格认定金额约930万元，车损价格认定2起，价格认定金额8万元，价格争议纠纷调解10起，争议纠纷调解金额262万元。

【易地扶贫搬迁】根据县委、县政府部署安排，针对全县易地扶贫搬迁工作的突出问题，开展拉网式大巡查和再核查两次全覆盖入户调查，借助交警车管、不动产登记平台对所有对象进行财产信息全面比对，清退识别不精准、原址重建、面积超标对象42户、147人，易地扶贫搬迁问题整改率达100%，获省联点领导和核查组肯定。

【“两型”社会建设】组织资源型城市转型试点、农民工返乡创业试点、一二三产业融合发展试点等申报争取工作，成功争取新型城镇化试点、第二批电力增量配网改革试点政策。编制完成全县风力发电开发规划，太和仙风电场场内道路路基开挖完成4公里，升压站进入施工准备阶段，设备安装已完成招标；电力接入系统已完成塔基31座。丫江桥风电项目已完成申报资料收口并上报。长明新能源项目，石墨烯电池生产厂房已建成，进入设备采购安装阶段，原材料已开始收购。全面开展两型示范创建工作，积极做好清洁低碳技术推广，在全县营造支持、参与两型社会建设的深厚氛围。

【驻村帮扶】2018年，发改局驻村帮扶工作扎实，支持网岭镇伏陂村扶贫资金20万元，新增粮食产能项目资金60万元，防渗水渠3000米，争取村级道路改造拓宽、网朱至形冲、网朱至久力冲，公路长5000米，总投资110万元，基础设施不断完善，为脱贫攻坚提供了保障。精准制定扶贫措施，为困难群众解决实际问题，切实做到帮扶责任落实到位。享受易地扶贫搬迁7户，共计扶贫资金90万元；享受教育助学扶贫26户；医疗救助扶贫42户，扶贫资金50多万元；帮助13户贫困户危房改造，合计资金20多万元；社会保障低保14户。扶持发展了3个脱贫产业，攸县卡姆生态家庭农场、攸县张家如苗木专业合作社、株洲市时节责任有限公司，为当地贫困户解决32人就业。着力落实扶贫政策，2018年完成脱贫户9户，33人脱贫。

【队伍建设】出台了《进一步严明工作纪律的通知》《进一步加强作风建设的意见》和《关于进一步规范机关财务费用报销的通知》，完善和修订请假、接待等多项制度，通过深入贯彻落实中共十九大精神、“两学一做”学习教育实践活动的开展和党支部学习“三会一课”制度的落实，每月第一周周五组织全体党员开展主题党日活动，定期组织集中学习讨论，贯彻“党建统、党建+、党建创”工作理念，打造“看得见、想得到、用得上、忘不了”的党建，提升全体干部职工的素质和能力。

（谭　维）

国土资源管理

【用地保障】2018年，共报批各类建设用地13个批次、9个单个用地项目，总面积112.8公顷，拿回批单29个，总面积117.33公顷。保障了昊华、长明高科、滨湖酒店等一批重点产业项目的用地需求。全县的重点工程，民生工程、产业项目没有一件因土地报批而受阻。全力推进城乡建设用地增减挂钩，完成第一期项目省厅指标确认和备案入库，确认指标63.2公顷。规范征储程序，围绕县本级集体土地征拆征收老项目清零、产业项目、市县重点工程等三个方面的需求，着力抓好征拆征收。完成老项目清零任务19个、新增重点建设项目8个、产业项目用地腾地交地38.67公顷、新征土地18.67公顷。完成好市对县考核任务267.2公顷。加大储备工作力度，完成经营性储备土地项目基础工作14个，面积32.93公顷。全年共供应土地31宗，87.33公顷，完成土地出让总收入9.86亿元。补办各类超容超面积18宗，补交土地出让金约2000万元。城镇基准地价更新成果准备报省厅备案。

【耕地保护】耕地总面积为57585公顷，严格依法依规开展耕地和永久基本农田保护工作，确保划定的永久基本农田47964.73公顷面积不减少，83.29%的保护率不降低。扎实推进耕地占补平衡工作，完成县、市验收的开发项目共计面积296.53公顷，其中市级项目153.33公顷，县级2148亩；做好了2018年开发项目的前期工作；兑现了省厅“旱改水”承诺30.53公顷；与市天易集团成功交易了18公顷水田指标，成交价款4671万元。

【矿政管理】重点做好了27家煤矿第二次简易程序延续登记工作，确保全县煤矿企业合法生产；启动基本农田影响论证工作，建立攸县矿产资源管理专家库；协调省厅完成对酒埠江风景名胜区规划审查工作。

【执法监察】扎实开展年度卫片执法监督检查，持续保持对违法用地、非法开采等行为的高压态势。土地卫片执法检查工作通过验收，完成土地例行督察下发的31宗违法土地整改工作；烟花企业安全整改新增违法用地，基本得到控制。矿山卫片执法检查经过多轮核查、上报，顺利通过验收；上级交办的5件环保督察案件全部按期销号；年初和年终集中打击了一批采砂洗砂场，按照县政府安排部署，牵头组建联合打非队，遏制了非法开采的势头。

【行政服务】出台《全面开展利民便民活动的工作方案》，不动产登记、行政审批全面提质增效。设置税务、房产、登记中心综合窗口，基本完成系统优化升级，不动产登记的全部业务类型已纳入至“最多跑一次”的工作范畴，登记流程优化、资料简化、收费公示，大幅降低群众办事时间和成本。2018年，业务总量突破2.6万笔，发放权证8000多本，发放证明1万多张。加大历史遗留问题处理力度，局内建立不动产登记议事协调机制和工作质量检查机制。认真开展文明创建工作，荣获市文明建设先进单位。

【地灾防治】编制了《2018年度攸县地质灾害防治方案》，完善群测群防体系，落实150余个地质灾害隐患点监测责任人。抓项目促治理，做好温水村文家岭组滑坡重大地质灾害搬迁避让项目，拆除危房22栋，新建房屋14栋；完成16起小型地质灾害应急治理；完成了第四期地质遗迹保护项目的危岩体治理工程和第五期全部（禹王洞为主）工程。有效应对各类地质灾情，实现人员零伤亡目标。

【队伍建设】一是建强班子队伍。重点突出党委理论中心组学习的实效性；切实提升班子总揽全局、协调、执行和担当意识；严格落实民主集中制和党风廉政建设有关体制机制，确保队伍安全。二是强化党的建设。把党的政治建设放在突出位置，提升党建引领业务，增强队伍讲规矩、讲政治意识，树牢“四个意识”，坚定“四个自信”，坚决做到“两个维护”。三是推进正风肃纪。认真配合开展县委巡察工作，从严从快整改。出台一系列制度，形成以制度管人，以制度管事，以考核定优劣，工作层层抓落实的管理机制。

（欧阳雄）

商务旅游和粮食管理

【概况】2018年，全县社会消费品零售总额149.54亿元，同比增长10.2%；完成出口总额287万美元，同比增长38%，增长率全市排名第二；引进内资57.358亿元，同比增长18.14%；完成外资11214.92万美元，同比增长16.35%。1—12月，景区旅游人次90.06万人次，景区旅游收入6885.84万元，分别增长22%、20%；全县旅游人次891.43万人次，旅游总收入82.02亿元，分别增长22%、21%。县商务旅游和粮食局以产业项目建设年为总抓手，着力推进招商引资，增强外经外贸体量，促进商贸流通繁荣，打造旅游产业特色，确保地区粮食安全。被评为“县双文明建设先进单位”“行业扶贫先进单位”和“行政执法先进单位”，粮食工作被评为省、市先进单位。

【内贸流通】全县共有各类集贸市场100多个，摊位近15000个，从业人员2万人，年销售额45亿元。成功举办了攸县首届电商节，积极组织企业参加“湘品入沪”、2018优质诚信品牌电视展播等活动，大力向省商务厅推荐了一批农产品流通领域优势项目，新增9家纳入市重点跟踪服务流通企业。攸州、皇图岭和黄丰桥三个农贸市场创建为全国一流的室内农贸市场，湘东大市场、汽贸城等专业市场经营收入5000万元。全县有电子商务企业30余家，通过电子商务认证企业9家，全县电子商务下行总交易额达10亿多元，农产品上行交易额1.31亿元。在17个乡镇设立了532个物流服务网点，实现了天天送、村村通。

【外贸出口】全县备案登记外贸企业22家，其中取得进出口资格企业15家、有外贸实绩企业7家，2家企业正在办理出口手续。涉及的出口产品有电子、钟表机芯、化工产品等，主要销往美国、日本、德国等国家。组织企业参加“首届中国国际进口博览会”等活动，深入企业调研，探索新的贸易方式，动员现有企业在市场和价格不稳定的情况下，走出去开拓新的贸易渠道。从备案登记到货物进出口报关等方面提供全程指导，对期间出现的问题及时出面协调解决，简化办事程序，为企业提供了方便。有两家企业办理了进出口手续。

【招商引资】全年17个乡镇（街道），32个部门单位提供招商项目信息354条，主动对接企业163家；3个驻外招商分队共走访企业200多家，组织或参加各类招商座谈会20余场次，重点跟踪洽谈项目有27个。积极组团参加省、市举办的“沪洽周”等活动，县主要领导带队招商20余次，分别赴广东、河北、江西等地考察恩泽瑞电子、长荣胶粘、煌上煌集团等企业20余家。成功签约恩泽瑞电子、华源梁氏等33个项目，总投资194.45亿元，其中亿元以上的项目12个，10亿元以上的项目3个。引进世界500强、上市公司、品牌企业8家，纳入市重点履约考核项目20个，履约率79.3%。

【商贸流通规范管理】完成加油站年检年审76家，完成单层罐和油气回收改造28家，针对历史遗留问题站点，依法依规办理建站批文8家，力促成品油市场规范有序。同时，不断强化二手车流通管理，以规划引领二手车交易市场建设，与工商、税务等部门加强联系沟通，与公安、车管等部门实现数据共享，有效推动二手车流通市场规范管理、健康发展。加强商贸流通领域安全工作。通过广播、电视、微信及网络平台等多种形式，向所服务的企业，宣传企业安全生产主体责任和打非治违以及“强执法防事故”等相关文件精神，与企业签订了安全生产责任书；对全县成品油加油站、湘东大市场、再生资源回收点、二手车交易市场、大型超市商场开展了12次安全生产专项整治行动，累计排查企业260家，下达整改通知书25份，打击非法加油车辆8台，责令停产停业4家，立案调查2起，促使商贸流通行业管理规范，杜绝安全责任事故的发生。

【景区项目建设】旺景区指挥部多次调度，集中力量抓实核心景区内项目建设，完成投资10.05亿元，全线贯通酒仙湖景区景观大道；完成旅游商贸城主体工程；基本完成神奇湘东项目；完成游客服务中心内部装修工程的70%；完成环湖游道北岸铺油2.5千米；完成渔樵耕读片区工程的90%；完成水云桥主体工程；基本贯通2号隧道；完成地质博物馆室内陈设布置；完成八福垅片区开发前期摸底工作；推进攸女仙境提质改造工程；花香里项目完成了主干道水稳砂铺设；沙滩水岸运动中心已经顺利签订征拆协议。

【构建全域旅游格局】组织桂林理工大学旅游研究院对攸县旅游资源进行了为期两个月的普查，在普查基础上，编制了《攸县全域旅游规划》，经专家评审和规委会审定。针对乡村旅游的蓬勃兴起，加大引导力度，争取省市项目资金500多万元，用于乡村旅游基础设施建设。皇图岭“雷坪峡景区”开发已签约招商协议，泰华山打造“五彩花卉梯田”，宁家坪镇“南湖庄园”已初具规模、“槚岭药博园”已开放接待游客，新市“众森农业观光”项目已完善，鸾山“福韵新漕生态度假村”建设已启动。

【旅游宣传推介】组织旅游企业参加省市各种旅游节活动，全力推介攸县的旅游产品，提高攸县旅游的知名度和影响力。按照一月一主题的活动模式，积极举办“年味酒仙湖”“花漫酒仙湖”等系列活动，吸引了大批游客，产生了滚动效应。利用电视、公众号、互联网等宣传载体，在全国发起攸县全域旅游形象广告语征集活动，选出最能代表攸县旅游形象的宣传语3条，分别是“来攸县，享悠闲”“悠闲攸县”“悠久·优美·攸县”，为攸县全域旅游营造了良好的氛围。

【旅游安全监管】对景区旅游企业，采取全面查、重点查、突击查等方式，就旅游设施、旅游秩序、旅游安全等多次开展检查，发现各类问题隐患70余处，下达整改通知书21份，确保了旅游区内未发生一起旅游安全事故和投诉案件。

【粮食收购和储粮管理】2018年，面对国家粮食收购政策重大变化，积极争取政策支持、落实收购资金、做好仓容准备、加大政策宣传，全年完成收购粮食20万吨，其中两个国有粮库共收购3.4万吨。年内全县各类政策性储粮最高量18万吨（包括最低价粮、地方储备粮、地方调控粮等）。进一步加强储粮管理，确保储粮安全，严肃制度、严格管理、严格检查、严格考核，对发现的问题及时督促整改，促使企业及时消除储粮安全隐患。

【粮油产业争项引资】2018年，争取粮食项目资金700多万元，其中粮油千亿产业项目资金110万元，粮食产后服务中心项目资金400万元，粮食质量监测站项目资金200万元。

【粮食质量监管】不断加强粮食市场监管，治理重金属超标粮食生产；处置超标粮4.5万吨，确保没有流入口粮市场；全面提高军粮供应质量，严格执行国家重金属含量标准。

【党建和扶贫】组织下辖6个基层党支部专题学习中共十九大精神6次，邀请党校老师进行专题授课3次，集中学习中共十九大精神暨县委全会精神、新修订的《中国共产党纪律处分条例》和《用行动诠释两个维护》等。严格落实“三会一课”、组织生活会制度，开展“支部主题党日”学习教育活动24次。持续开展“违反中央八项规定精神突出问题专项治理”的专项行动，严格自查自纠，调整办公用房6间，退回公款吃喝2100余元，办公用房、机关公务接待、差旅费报销、公务用车等管理规范有序。扎实做好“电商”和“旅游”两个行业扶贫，组织“湖南电商扶贫小店”和电商扶贫业务知识培训，举办攸县农特产电商扶贫推介会、919电商扶贫助农活动，成功引进阿里巴巴农村电商项目入驻攸县，首批建立30家天猫优品服务点，搭建“区县—乡镇—农村”三级阿里菜鸟物流服务网络，打通了贫困村物流最后一公里。同时，压实结对帮扶责任，实现贫困人口脱贫15户41人。

（谢　亮）

审　计

【概况】 攸县审计局有干部职工27人；局内设机构8个，即办公室、法制审理室、财政金融审计股、行政事业审计股、经贸环保审计股、政府投资审计股、领导干部任期经济责任审计股、县工程项目造价结算评审中心。2018年，攸县审计局主动适应新常态、践行新理念，切实履行审计职责，逐步提高执法力度，审计能力和服务水平进一步增强。全年累计完成各类审计项目38个，其中年初审计计划项目32个，接受省市审计部门交办项目5个，对接政府债务厘清项目1个。共查出各类违规违纪及管理不规范资金5739万元，移送县纪委、监察委线索8条，移交被审计单位处理问题8个，提出合理化审计整改建议96条。完成工程项目造价评审187个，累计核减工程造价3600万元。被评为社会治安综合治理先进单位和全县脱贫攻坚工作先进单位。

【财政预决算审计】 根据县委县政府相关指示及上级单位的工作要求，进一步理清财政预决算审计思绪，加强对政府性资金的监督，开展更为全面的审计调查及预审执行审计，全年共对县财政本级，公路局、发改局和环保局等3个部门单位预算执行情况进行审计，对2个部门的专项资金开展审计调查，发现预算编制不规范、预算执行不严格等问题。形成审计查出问题清单及时向县委、县人大、县政府作了专题汇报，并对相关被审计单位提出了审计整改建议和要求。为完善财政管理，优化支出结构，提高财政资金绩效，发挥了积极作用。

【领导干部任期经济责任审计】 按照2018年批复计划，坚持党政同责，有效实施领导干部任期经责审计。全年共完成经责审计项目12个，并且按上级要求探索开展领导干部自然资源资产任期经济责任审计，查出违纪违规金额3443.03万元，界定领导干部应负主管责任金额1647.7万元、应负领导责任金额1739.43万元、应付直接责任55.9万元，提出合理化审计建议55条。有力地促进了各级领导干部守法守纪，守规尽责。

【政府投资审计】 加大对政府投资审计力度，加强对政府重视、群众关心、社会关注的重大政府投资项目的审计，实现对重大项目建设过程的全覆盖、全跟踪，有效促进项目标准化管理、资金节流和廉政建设。该项审计工作为规范项目资金使用起到了良好的促进效果，并取得了明显的经济和社会效益。全年共完成评审项目187个，送审金额39516万元，核减金额3600万元。对县福利院工程进行竣工决算审计，审减956万元，对发展中心工程结算进行审计，审减近1亿元。

【行业审计和专项资金审计】 根据省市审计主管部门的统筹安排，县委、县政府的工作指导要求，审计局抽调骨干力量，组织实施了城镇保障性安居工程跟踪审计、扶贫资金专项审计和政府性债务厘清审计调查，查出了行业内典型性问题，撰写了高质量审计报告。

【内部审计】 督促指导各有关部门单位的内部审计机构进一步加强财务收支、经济责任和基本建设审计。加强县级部门内审工作的联系与交流，推动部门单位内审工作规范化、制度化、有序化建设。

【队伍建设】 一是加强政治思想建设。局党组组织全局干部职工、退休老干部集中学习中共十九大会议重要精神，确保全面完成全年目标任务。二是强化业务能力建设。采取培训学习、以审代训等多种平台多种措施，努力提升干部的业务技能。三是落实了廉政建设责任制。在坚定执行“两学一做”学习教育的基础上，全面落实党风廉政建设责任制，进一步推进廉政建设。加强纪律作风教育，深入推进“四风”整治，严格执行审计“八不准”，恪守各项廉政规定；加强审计现场作风监督，严肃执纪问责。树立了审计干部良好的形象。

（邓丹成）

食品药品工商质量监督管理

【概况】 攸县食品药品工商质量监督管理局于2015年12月由原工商局、质监局、食药监局、食安办四个单位合并组建，为县政府组成部门。机构组建时名称为攸县市场和质量监督管理局，2017年1月更名为攸县食品药品工商质量监督管理局。承担全县食药安全监管、质量技术监督、经济秩序管理、市场环境服务、行政综合执法、消费权益保护等主要职责。2018年，全局在编在岗干部职工209人，其中党员243人；局内设机构18个、二级事业单位5个、派出机构12个。全年组织开展“强执法防事故”“打非治违”“一桌餐”“私房菜”“红盾护农”及酒类产品、无证无照经营等专项整治和“护苗”“护老”“护康”专项行动等20多项，立案查处案件530起。查处“攸县伊美时健康生活馆虚假宣传案”得到了国家市场监督管理总局和公安部的高度肯定。荣获了2018年度省食品安全工作先进县、市文明建设先进单位、县文明建设红旗单位、县党建工作先进单位、县法治政府建设工作先进单位、县安全生产工作先进单位、县食品安全工作先进单位、县维稳工作先进单位等多种荣誉。

【食品药品安全监管执法】以株洲市全域创建国家食品安全示范城市为抓手，全力落实“四个最严”标准要求，筑牢食品药品安全防线。一是完善保障体系。将食品安全纳入县委政府年度综合目标责任考核体系，将考核权重提升至3%。牵头起草《关于落实食品安全党政同责的实施意见》《攸县2018年食品安全工作考核实施方案》等系列文件，推动食品安全责任落实。二是加强监督抽检。突出农贸市场、大型超市、学校等重点领域，蔬菜、水果、粮油等重点品种，两会、三考等重点时段的食品抽检和信息公开。三是开展示范创建。积极开展“明厨亮灶”和“阳光厨房”工程和“文明餐桌行动”。

【特种设备安全和产品质量安全监管】加强特种设备和产品质量安全的监管。全年累计强制报废非法特种设备20台、各类气瓶1500余只，报停锅炉18台，清理单一家庭使用电梯83台，立案查处7起，全县特种设备安全形势稳定向好。开展烟花爆竹、电线电缆、煤炭、红砖、预制板等产品专项检查，排查安全隐患130余处。开展消费市场产品抽检383批次。

【优化消费环境】以投诉举报平台为依托，规范形成“迅速反应、快速处理、及时反馈”的处诉机制。共受理申诉投诉举报730件，为消费者挽回经济损失180万余元。3月和7月，分别在县电视台召开消费维权工作新闻通报会和典型案例新闻发布会，并在多个媒体平台进行消费维权报道和宣传50余次，促使消费者消费更理性、更科学。

【服务经济发展】深化“放管服”改革，优化营商环境，全力助推县域经济高质量发展。一是进一步推进“放管服”改革。实施“先照后证”改革，落实“多证合一”登记，梳理政务服务事项，推进“互联网+政务服务”，助力“最多跑一次”。推动“双随机、一公开”监管，推进企业信用信息公开系统双告知接收工作。2018年，企业新增1230户，共6045户；个体工商户新增4061户，共23672户。二是进一步推进质量提升。紧扣质量强县，全面推进“产业项目建设年”活动。着眼产业特色，指导帮助制定发布《攸县香干团体标准》，促进攸县香干产业标准化生产。着眼区域特点，对攸州工业园、网岭工业园、皇图岭特色小镇实行“提前介入，重点指导，专人登记，全程服务”，激发市场活力。着眼品牌培育，指导帮助“攸县香干”申报国家地理标志。三是进一步加强检测服务。全年共完成食品监督检验1065批次、食品委托检验226批次、农产品监督检验1072批次、药品委托检验890批次，检定计量器具12000余台件。投入专项资金建成高标准自动化出租车计价器检定线，为全县出租车提供计价器免费检测服务。

【党建工作】以创建市委组织部“五化建设示范点”和“县直机关党建示范点”为目标，高站位推进党建工作，使党建工作与行政工作齐头并进、相得益彰。全局共设党支部17个，其中机关支部3个、离退休支部1个、基层支部13个。一是紧扣“细”字，明确工作职责。局主要负责人带头研究部署党建工作，制定了具体翔实的规划方案。细化责任，明确各级职责；细心培训，提高业务水平；细致指导，规范基础工作。二是紧扣“实”字，规范支部建设。务实设置支部，健全组织架构；夯实组织阵地，完善活动场所；扎实开展活动，丰富党员生活。三是紧扣“真”字，推动整体工作。

机关党委真抓，预案到位；各个支部真干，落实到位；党建办真评，考核到位。四是紧扣“新”字，彰显部门特色。开拓新思路，营造良好氛围；打造新载体，深化党建效果；凸显新成效，力推提档升级。

【队伍建设】加强新时期市场监管干部队伍建设，高质量推进市场监管工作。一是强化制度建设。建立完善局《内务管理制度》《财务管理制度》《督查工作制度》等系列日常运行管理制度，进一步夯实内部管理；建立完善《行政处罚程序若干规定》《行政执法“八不准”规定》等行政执法规范性文件，进一步匡正执法行为；建立完善《抽检工作流程》《行政处罚工作流程》《行政许可工作流程》《投诉举报工作流程》等实操性业务流程，进一步规范工作行为。二是加强常态管理。让培训、述职、调度、考核、督查“五把尺子”常态化，成为落实工作、推进工作的有力抓手。培训常态化。针对“四合一”现状和行政职权事项多、监管范围广的实际，狠抓教育培训，确保工作实效。述职常态化。进行多层面述职，检查成绩，查找差距，加强交流，共同提高。调度常态化。以阶段调度、业务调度、专项调度掌握工作进程。督查常态化。以重点督查、专项督查、常态督查推动工作平稳开展。考核常态化。制定平时抽查和年终综合考评相结合的绩效考核办法，奖勤罚懒、奖优罚劣。三是凝聚队伍合力。积极组织干部职工参加“万步有约”、羽毛球、篮球、登山、跑步等系列活动，丰富干部职工业余生活，增进了解，融洽氛围，增强队伍凝聚力。

（刘　芳）

安全生产监督管理

【概况】2018 年，全县共发生各类生产安全事故 6 起、死亡 9 人（其中：煤矿事故 1 起、死亡 1 人，道路交通事故 4 起、死亡 7 人，烟花爆竹事故 1 起、死亡 1 人）、受伤 13 人，同比减少 11 起、16 人、39 人，分别下降 64.7%、64%、75%。攸县安全生产监督管理局在编人员有 64 人，机关内设 10 个股室、二级机构两个。2018 年度，攸县安全生产监督管理局以强化安全监管为抓手，进一步落实企业安全生产主体责任年活动，加大监管执法力度，深入开展安全生产“打非治违”百日行动、“强执法防事故”，完善基层安全生产网格化监管体系，有力地促进了全县安全生产形势平稳向好。安全生产“打非治违”百日行动工作和安全监管工作考核前三季度都排名全市前列；安全生产“一单四制”工作排名全市第一。

【落实安全责任】一是落实企业主体责任。严格落实《湖南省生产经营单位安全生产主体责任规定》，扎实推进“落实企业安全生产主体责任年”活动，围绕“一必须五到位”（企业必须依法生产经营，做到安全责任、管理、投入、培训和应急救援“五到位”），督促企业认真制定并落实安全生产工作计划，建立健全相关规章制度，突出抓好企业隐患排查治理自查自改等工作，进一步落实企业的安全生产主体责任。二是落实乡镇部门监管责任。县与乡镇（街道）、部门，乡镇（街道）与企业层层签订安全生产目标管理责任状；1 月召开全县安全生产“打非治违”百日行动动员大会，3 月召开全县安全生产工作会议，4 月召开全县安全生产“强执法防事故”动员大会，并且按季度召开了安全生产工作例会，按月召开安全生产调度会；印发了《攸县安全生产委员会办公室工作规则》《攸县安全生产监督检查计划》《攸县安全生产“打非治违”百日行动方案》《攸县安全生产“强执法防事故”工作方案》《攸县安全生产网格化管理实施方案》《攸县县直部门单位安全生产权力清单和责任清单》等一系列文件；重点推行“打非治违”联合执法机制、安全生产联络员例会制度、安全生产“一票否决”制度和考核机制；形成了安全生产齐抓共管、紧密配合、上下联动的工作格局。三是落实领导责任。严格按照“党政同责、一岗双责、齐抓共管、失职追责”和“谁主管谁负责”的要求，全面落实领导责任。县委、县政府召开了 4 次常委会议、12 次常务会议，专题研究部署安全生产工作，传达贯彻习近平总书记关于安全生产重要指示精神、省市会议精神及《地方党政领导干部安全生产责任制规定》等文件精神，制定印发了领导干部责任清单，推行县级干部安全生产分片包干制。在节假日和特护期间，县级干部经常带队深入乡镇基层、深入企业一线、深入项目现场，督查督导安全生产工作。

【安全生产“一单四制”】 各乡镇（街道）、各部门严格按照省市县对重大事故隐患“一单四制”的要求，对标列表，建立重大事故隐患清单，实行闭环管理。全年累计排查企（事）业6061家，建立重大事故隐患治理台账296个，其中整改销号235个，销号率79.4%。

【安全宣传教育】 加大安全知识宣传力度。全民普及教育，推进安全生产“七进”活动（进机关、进企业、进学校、进社区、进农村、进家庭、进公共场所）。在攸县电台开辟了《老罗讲安全》专栏，各安委会成员单位轮流上阵录制节目10期；在攸县《天气预报》栏目播放安全宣传标语100余条；在微信微博平台、政府门户网传输安全信息200余条；动员部署了“安全生产月”“送宣教促安全”和“职业病防治宣传周”等各类宣教活动，发放各类宣传资料40000余份。加强安全专项培训。全年共举办各类普工、特种作业人员、安全管理人员、主要负责人等培训班375期培训近3万人次，自培和送培安全监管人员1200余人次。

【安全生产专项整治】 周密部署，制定方案，扎实开展安全生产“打非治违”百日行动和“强执法防事故”行动，严厉整治非法违法生产行为。各乡镇（街道）、各部门认真按照省市县统一部署，成立专门班子，明确工作职责，基本形成了有效的工作机制。矿山、危化、烟花爆竹、道路交通、建筑施工、消防、工贸、教育等重点行业开展安全生产地毯式大检查、大排查、大管控。在“打非治违”百日行动期间，共排查非法违法生产行为457起（包括查实举报的非法违法行为17起），其中非法行为165起，违法行为292起（其中煤矿197起、烟花爆竹32起、其他行业63起）。5—12月，在全县开展“强执法防事故”行动，累计组织执法活动6795次，出动执法人员23143人次，检查生产经营单位10395家次，立案调查740起，经济处罚472.33万元，责令停产停业61家，暂扣或吊销证照12家，取缔关闭非法生产经营建设单位19家，行政拘留5人。

【煤矿关闭退出】 结合全县产业结构调整和消除过剩产能工作，按照省市要求，完成了《株洲市攸县煤炭行业减量重组方案》初审工作，已下达关闭退出煤矿关闭决定。全县保留县属煤矿29家，其中单独保留煤矿13家、减量重组保留煤矿15家、应急储备方式保留煤矿1家，减量重组关闭退出煤矿17家；全县核定煤矿总产能447万吨，其中核定21万吨/年煤矿3家、核定15万吨/年煤矿25家、核定9万吨/年煤矿1家，去产能63万吨。2018年，重点完成17家煤矿企业的关闭退出任务，加快淘汰了落后产能、落后工艺、落后设备，创建了两个标准化示范矿井。大力推进技改升级，推行煤矿正规化开采，6月底已全面完成全县煤矿正规化开采指导，7月底，所有的煤矿完成了密闭验收。

【网格化安全监管体系建设】 全面落实《国务院安委会办公室关于加强基层安全生产网格化监管工作的指导意见》（安委办〔2017〕30号）、《中共湖南省委湖南省人民政府关于推进安全生产领域改革的实施意见》（湘发〔2017〕19号）等文件精神，在全县范围内推行安全生产网格化管理，以村（社区）或重点部位、重点领域为网格，确保每个网格有一个专职或兼职的网格员，制定网格员工作手册，明确网格员的工作职责，初步建成覆盖所有乡镇（街道）、村（社区）和监管对象（企业、重点部位、重要环节等）的基层安全生产网格化监管体系，推动安全生产监管体系延伸到最基层，逐步打通安全生产监管“最后一公里”。

【基础建设和科技兴安】 针对全县企业门类齐全、点多面广等特点，坚持企业主导、市场引导、政府指导的方式，充分运用大数据、云计算、物联网和移动互联网等现代信息技术与安全生产监管逐步融合，推进“智慧安监”工程建设，不断提升安全生产技术管理水平。2018年，交通方面投入600多万元换装了城（镇）区、重点路段（路口、部位）的高清摄像头，教育方面投入300多万元对校车实现全方位监控监测，烟花鞭炮行业投入200多万元对烟花生产企业实行全景监控，煤炭行业投入300多万元对煤矿地面与井下所有工作面全部换装高清探头，并实现与监控平台联网对接。保障应急管理投入，消防投入200多万元换装和添置了一些装备设备，投入300多万元用于矿山救护队的整体搬迁和场地修缮工作。

【党建工作】扎实开展党的组织建设工作。党组成员以身作则，做到党建工作与业务工作一起部署、落实、考核，定期召开党建工作会议，研究解决党建工作中的重大问题。结合实际制定了《2018年度党建工作要点》《党支部2018年工作计划》《机关党支部“五化”建设的实施方案》，明确了全年党建工作的目标和任务。同时，扎实开展“三会一课”和“支部主题党日”活动，制定了《攸县安监局党支部2018年度学习计划》和《2018年度“支部主题党日”活动计划》，采取党组成员轮流讲课、聘请专家授课、开展专题讨论等形式，系统学习十九大精神、党章党规和习总书记系列讲话精神。扎实组织召开领导干部民主生活会、党员组织生活会和民主评议党员工作。组织了民主评议党员工作，评选优秀党员9名。切实推进党风廉政建设。紧紧围绕县纪委全会提出的具体任务，结合安监工作实际，印发了《攸县安监局2018年纪律检查工作要点》，签订了《党风廉政建设责任状》，适时召开了党风廉政建设工作会，组织全局干部职工在每月集中学习会上，认真学习了十九大精神和《中国共产党章程》《中国共产党党内监督条例》《中国共产党廉洁自律准则》《关于新形势下党内政治生活的若干准则》等党纪党规；组织观看《知心法官》等党风廉政教育片；组织干部职工关注“清风株洲”和“互联网+监督”微信公众号，运用新媒体进一步增强干部职工的拒腐防变的能力。积极开展廉政谈话，主要领导和分管领导之间、分管领导和科室负责人之间，沟通了解党风廉政的认识和落实情况，做到警钟长鸣、防微杜渐。组织领导干部扎实开展个人有关事项报告，扎实组织开展违反中央“八项规定”精神突出问题专项治理工作，进一步规范公职人员的从政行为。

【结对扶贫】2018年，县安监局在鸾山镇江冲村，全面落实精准扶贫措施，夯实责任，扎实开展结对帮扶工作。一是加强扶贫工作领导。及时调整脱贫攻坚工作领导小组和驻江冲村工作队人员，制定了《县安监局2018年扶贫工作计划》。二是强化扶贫工作责任。局党组成员、股所级干部19位与47户贫困户结成了扶贫对子，开展一对一的帮扶。每月不定期入户走访2次，全年累计走访达20余次。三是实施产业扶贫。帮助结对扶贫村扩大楠竹加工厂规模，重点发展黄桃猕猴桃种植、黑山羊养殖和中药材种植等特色产业，并充分利用电子商务交易平台，着力解决农产品的销售问题。四是改善基础设施条件。联合当地政府，积极与其他部门衔接沟通，按照脱贫计划年度制定基础设施建设规划，积极向上争取项目资金，倒排建设工期，解决了下屋—梨树下道路加宽、高头岭水管的通水和全村用电难等问题，确保贫困户脱贫、贫困村摘帽与贫困村基础设施完善同步到位，如期实现全县脱贫目标。

（李伊良）

统　计

【概况】攸县统计局设办公室、综合研究室、教育和稽查股等3个内设机构，下设县经济社会调查中心、县普查中心、县经济考核办公室和县联网直报数据管理中心等4个二级事业机构，核定行政编制7名，全额拨款事业编制18名。荣获全市第四次全国经济普查单位清查工作先进集体、全县创建省级高新区先进单位、全县社会治安综合治理先进单位和2017—2018年度中国信息报社统计宣传工作先进单位等荣誉称号。

【基层基础工作】加强政府综合统计与部门专业统计的沟通协调，完善统计工作联席会议制度、会商制度和联网直报联合办公制度。建立一套行之有效的跟班制度，将局内专业人员送到市局跟班，将乡镇专职统计员安排到局内跟班，提升业务水平。继续深入推行基层统计站和社区统计窗口标准化规范化建设，多次到乡镇（街道）和企业就统计工作规范化建设情况开展督查调研，促进统计基层基础新发展。继续完善统计基层队伍“1+1+1”模式，多措并举建立稳定高效的基层统计队伍，推动统计基层队伍建设。扎实开展业务培训，提高统计队伍素质。共组织3人到国家统计局郑州培训中心、25人次到省统计局、371人次到市统计局参加专题培训，全年累计开展教育培训25场达

3000余人次。

【依法统计，提高数据质量】坚持依法统计，全年累计开展4次“四上”企业单位清查工作，进一步甩掉历史包袱，助推经济更好发展。强化宣传，提高统计法制意识。县委常委会专题学习《领导干部统计法律学本》，强调领导干部要牢固树立依法治统意识，在工作中做到“六个不得”，即不得干预、不得调度、不得授意、不得泄密、不得打击报复、不得阻碍检查；同时注重向部门和统计对象宣传，将统计普法宣传与“四经普”工作紧密结合，全方位开展专题宣传活动；积极报送高质量的宣传信息和稿件，向全社会宣传统计执法、普查调查等经验做法。依法进行统计监督执法。多次组织到企业开展执法检查，采取重点检查、随机检查、联合检查等多种形式不断强化依法统计意识。同时密切监测统计数据，数据异常时及时反馈预警。

【统计服务】一是多举措监测数据，服务中心。每月发放《统计月卡》200份，每季发放《统计调研》100份，全年发放《统计公报》和《统计年鉴》各500份。建立了“每月一建议、每月一小结、每季一分析”工作制度，按月就主要经济指标情况专题向主要领导汇报。二是全方位跟踪协调，服务大局。始终紧紧围绕中心、全力服务大局，认真研究和准确把握经济社会发展中出现的新情况、新问题和新矛盾，坚持勤跟踪，助小康；勤协调，助园区；勤沟通，助创建；勤预判，助发展，对撤县设市、全面小康、园区高新创建、扩区调规、综治维稳等方面搞好统计服务。三是高质量预警预判，服务发展。对乡镇（街道）和有关部门的数据出现同比或环比增速异常、数据间逻辑关系明显不平衡、对照年初目标差距过大的，及时开展了进度通报和警示通报。

【第四次全国经济普查】第四次全国经济普查单位清查工作自2018年8月开展以来，各项工作顺利推进。一是领导重视，保障到位。二是强基固本，培训到位。三是多方联动，工作到位。通过建立分片联点包干责任制度、有问必答工作制度、数据联合会审制度、上报进度每日督查制度，所有经济普查领导小组成员都尽心履职，形成了普查工作大合唱的局面。

【机关党建】始终坚持以中共十九大精神、习近平新时代中国特色社会主义思想为遵循，严守政治纪律和政治规矩，严格按照党内政治生活准则和党的各项规定办事，持续推动“两学一做”学习教育常态化制度化，全面加强统计部门党的建设。认真召开民主生活会和组织生活会，严格执行民主评议党员、谈心谈话等制度，提高“三会一课”质量，按时开展主题党日活动，用好用活“红星云”、干部教育培训网等学习平台，提升干部政治理论素养。认真履行教育管理之责，对党员干部苗头性、倾向性问题早发现、早提醒、早纠正，切实加强廉政教育。开展“整风肃纪”专项活动，开展违反中央“八项规定”精神突出问题专项治理工作，全面清查违规使用办公用房、违规发放津补贴等情况，强化机关作风建设。以党建促工作，建立“党建+统计”“党建+扶贫”，把党建工作和业务工作、脱贫攻坚一起谋划、一起部署、一起考核，互相促进、融合发展。全年开展走访慰问贫困户300余人次，为贫困户解决实事10余件，实现全部21户贫困户微心愿，帮助17户贫困户成功脱贫，拨付贫困村新农村建设资金12余万元。

（贺华会）

社会经济统计调查

【概况】国家统计局攸县调查队是国家统计局派出的直属正科级单位，既是政府统计调查机构，也是统计执法机构，依法独立行使统计调查、统计监督的职权，独立向国家统计局和湖南调查总队上报调查结果，并对上报调查资料的真实性负责。主要组织实施城乡一体化住户调查、县级粮食产量抽样调查、畜禽监测、农民工监测、农产品价格调查、农业中间消耗调查、劳动力调查、工业生产者价格调查、规模以下服务业和新设立小微企业等常规调查任务。同时，充分利用调查队机动灵活的优势完成各级党委政府委托的文明城市测评、党风廉政建设调查、全面小康群众满意度调查和脱贫复核等多项专项调查任务以及社情民意信息收集工作。2018年，全队认真完成了各项国家调查任务。同时，经常深入基层调研，反映民生民情，及时把握经济新常态下出现的各种趋势性、苗头性问题，在探索乡村振兴、供给侧结构性改革、打好三大攻坚战、改善民生和推进法治政府建设等方面开展了深入的调查研究，撰写了一大批有价值有份量的调研分析，充分发挥了作为党政决策参谋部、智囊团的作用。共撰写政务信息42篇，分析类信息45篇，绝大部分信息和分析材料被湖南调查总队和县委县政府采用。

【住户收支情况调查】 通过对抽样的13个村（社区），共130户城乡居民家庭进行逐日记账调查，得到全县城乡居民人均可支配收入等各项经济社会发展指标。（主要调查数据详见表1、表2）。

2018年攸县城乡居民人均可支配收入调查数据

表1

地区	全体居民人均可支配收入（元）	增速（%）	城镇居民人均可支配收入（元）	增速（%）	农村居民人均可支配收入（元）	增速（%）
攸县	32541	8.3	38488	7.6%	26031	8.2%

2018年攸县城乡人均收支结构调查数据

表2

指标名称	单位	全体居民	城镇居民	农村居民
第一部分 可支配收入	元	32541.33	38487.86	26031.24
一、工资性收入	元	10322.98	11741.17	8770.39
二、经营净收入	元	10692.84	10669.9	10717.96
三、财产净收入	元	3225.23	5712.26	502.51
四、转移净收入	元	8300.28	10364.53	6040.39
第二部分 消费支出	元	18625.78	19589.58	17570.63
（一）食品烟酒	元	4836.44	5298.47	4330.63
（二）衣着	元	1052.99	1148.16	948.8
（三）居住	元	5353.13	5268.72	5445.54
（四）生活用品及服务	元	997.73	1006.92	987.66
（五）交通通信	元	1585.55	1720.94	1437.33
（六）教育文化娱乐	元	3256.8	3516.21	2972.79
（七）医疗保健	元	1356.41	1459.8	1243.23
（八）其他用品和服务	元	186.74	170.38	204.65

【粮食播面和产量调查】 采取主要品种抽样调查、小品种全面统计相结合的方法，按早稻、夏粮和秋粮三个收获季节，对抽中的15个行政村的45个200平方米×200平方米的样方组织开展现场调查，推算全县粮食播种面积和总产量。（主要调查数据见表3）。

攸县2018年粮食播种面积和总产量

表3

粮食种类		播种面积（千公顷）	总产量（吨）
稻谷	早稻	20.22	139807
	中稻	15.53	121468
	晚稻	20.69	149051
其他粮食		1.77	10426
合计		58.21	420752

【生猪生产情况调查】 通过对抽样的10个散养小区、116个中小型养殖户和6个大型养殖户进行生猪调查，推算全县生猪年末存栏数和年内总出栏数。（主要调查数据见表4）

攸县2018年生猪产量调查数据

表4

项目	2016年核定
一、年末生猪存栏（万头）	59.16
（一）其中：能繁母猪	5.32
全年生猪出栏（万头）	90.45
三、猪肉产量（万吨）	6.64

说明：所有数据均由国家统计局湖南调查总队核定

（占慧玲）

行业办公室

【概况】 攸县行业办公室机关在职在岗人员14人，下辖原县属国有企业离、退休人员108人（离休干部3人，退休105人）。机关内设办公室、政工股、财务股、综合股、综治办、老龄办6个股室。2018年，行业办在县委、县政府领导下，紧扣“产业突围、转型突破”主题，深入贯彻落实中共十九大精神，以习近平新时代中国特色社会主义思想为指导，继续深入开展“两学一做”学习教育制度化常态化学习教育活动，围绕“改制、维稳、服务”三大中心职能，全面加强基层组织建设，机关形象和作风得到了实质转变，全面完成了县委、县政府交办的全年目标任务。

【原外贸公司企改工作】外贸公司1996年宣布破产，到2018年已有22个年头，该公司情况错综复杂、遗留问题多，改制一直停滞不前，未能取得实质性进展，是全县全面完成企业改制任务剩下的一块难啃的硬骨头。2018年，行业办领导班子对外贸公司的改制高度重视，各方共同努力，全面完成了外贸公司改制任务。

【信访维稳】2018年，行业办建立信访维稳长效机制，重点抓好了矛盾问题排查工作，不断总结信访维稳方面的经验做法，探索完善新途径，确保行办系统稳定局面。着重抓好涉军群体、涉企群体、涉法群体及一些老上访户的稳控工作，对来信来访实行“首问责任制”，按照“马上就办”的要求，做到能办理的及时办理，对一些信访老户通过政策解读，耐心细致做好思想解释工作，避免激化矛盾，及时有效地把矛盾和问题化解在萌芽状态。全年共接待各类来信来访95起，700余人次，成功调处93起，调处率达98%，确保了行办系统的全面稳定，赴省进京上访“0”发生。

【企业下岗人员特困帮扶】行办系统下属改制企业74家，下岗人员2万余人，下岗职工中近年来“40、50”人员明显增多，且文化程度普遍偏低，部分下岗人员身患重病或因工伤旧病复发，医疗费用过高，生活特别困难，生活仅靠低保维持，加上再就业困难等因素，这部分人员成为社会上的弱势群体。年终，行业办组织各个股室对该群体中特困人员进行精准帮扶，开展上门走访慰问活动，把组织温暖送到他们手中。

【原县属企业离退休员工服务】行办下辖离退休干部职工108人。2018年，行办认真贯彻落实党和国家关于老龄工作的各项方针、政策，切实维护老年人的合法权益，竭诚服务所辖离退休职工。一是走访慰问，帮扶解困。全年共走访慰问、帮扶老干部老同志108次，做好了老年服务和帮扶工作，解决了他们的实际问题。二是关心离退休党员的组织生活。配优配强机关离退休党支部班子，有序开展支部党建工作，教育鼓励离退休党员干部“退休不退岗”“退岗不褪色”，发挥自身特长，积极投身社会公益事业，发挥余热。三是加强离退休干部政治思想教育。创办了老年刊物《金色夕阳》，大力宣传中央、省市、县委、县政府有关文件精神，传播了正能量，讲好了身边故事。积极倡导“健康生活、生活健康，从家庭中走出来，从牌桌上走下来”的生活理念。比如重阳节，请湖南省科技大学退休教授夏召炎、湘潭市卫生局原工会副主席杨莲金俩夫妇为大家讲党课和传授养生之道。

【党建和扶贫工作】继续深入开展“两学一做”学习教育活动，把学习教育活动贯穿整个工作，做真做实；强化制度建设，规范了党内政治生活、推动了基层党组织建设、党建工作重点任务落到实处，努力把机关支部建设成为“五好支部”。认真领会县委、县政府关于结对帮扶、精准扶贫精神，把“脱贫攻坚”任务摆在重要议事日程，在自身经费紧张的情况下，进一步压缩行政开支，挤出资金10万元用于结对扶贫；在办点村皇图岭镇麻城村全面落实了“五个一”“三走访、三签字”等帮扶措施。通过“党建+扶贫”，机关党员干部与麻城村建档立卡贫困户结成帮扶对子，做到人人肩上有担子，个个心中有底数，对标对表“一对一”精准帮扶。在扶贫村抓好了传统节日（端午节、中秋节）节日走访慰问工作；因户施策帮助贫困户发展产业，找准脱贫产业发展路子，联系项目，打开销路。该村樟家台组建档立卡贫困户丁光华家，办点干部教育帮助其转变了观念，提高了认识，引导帮助他从事麻鸭养殖和鱼塘承包来发展家庭经济，达到脱贫致富，并被评为星级脱贫户。

（王柏华）

国有资产管理服务

【概况】攸县国有资产管理服务中心（简称县国资中心）为正科级全额拨款公益一类事业单位，在职干部职工14人。机关内设办公室、企业党建办、资产管理股、综合考核股和企财监管股共5个股室。2018年，县国资中心紧紧围绕县域经济发展大局，全力防范化解重大经济风险，不断完善国资监管体制，深化国有企业改革，促进国有资产保值增值，促进全县经济社会持续健康发展。

【国企国资监管】一是规范严谨考核国企。认真对照《攸县投融资平台公司负责人薪酬管理和经营业绩考核暂行办法》和《攸县投融资平台公司工资总额预算管理暂行办法》，严格规范考核程序（公司自评、专项审计、现场检查、核算得分），对6家平台公司2017年度经营业绩完成情况进行了全面、客观、系统的考核和财务年报审计，并与相关部门单位进行联合会审，确保考核公开、公平、公正。根据考核结果，严格兑现了平台公司负责人薪酬，落实工资总额预算。同时，针对平台公司处于市场化转型过渡时期，对原有的《考核暂行办法》进行修订完善，重点突出债务风险防范，改革任务落实、年度经营收入等重要指标，考核激励性更强，方向更明确。二是有序推进"法治国企"建设。完善重大事项决策程序，深入推进企业外聘法律顾问建设，扎实开展"七五"普法活动，有效促进企业依法经营，依法管理，依法决策。三是常态化开展财务审计监督。出台了《进一步规范平台公司管理的意见》《关于规范县属国有企业资金支付审核办法》，常态化制度化推进对监管企业资产、财务状况的监测，加强对项目采购、资金支付的审批管理，针对审计发现的项目采购、工程建设、资产及财务相关问题，及时要求整改并强化督查，不断完善制度建设，企业内控管理能力进一步增强，全县各平台公司资产较上年增值15.2%。

【平台公司改革工作】全面防范债务风险。切实提高政治站位，深入领悟中央、省、市关于政府债务风险管控的要求，按照"掌握真实底数，找准问题症结"和全口径、全覆盖、实事求是的原则，对各平台公司债务进行全面清理核实，进一步划清政府与市场边界，厘清偿债责任主体。结合各平公司债务结构、债务数量及资产情况，建立债务计划制度，分平台公司制定了《化债方案》并开展平台公司"僵尸账户"清理整治工作，年内共清理平台公司"僵尸账户"25个，消减债务9.37亿元，全年没有发生债务风险。加速推进企业转型重组。按照湘发［2018］5号等相关文件要求，结合全县实际情况，出台了《攸县投融资平台公司改革方案》，明确了投融资平台公司市场化转型改革目标、基本原则、实施步骤及相关举措。根据改革方案要求，分别为县内各平台公司量身定制了《转型改革实施方案》，并多次召开会议，听取各个公司班子成员、权威专家及律师的意见建议，形成了《县属平台公司〈转型方案〉征求意见调研报告》，剖析了相关问题，提出了具体的工作建议。

【"三供一业"分离移交工作】制定了年度"三供一业"分离移交工作方案，按照职责分工，积极协调年度"三供一业"分离移交目标企业与相关部门，经过多轮磋商，与中石化攸县分公司签订了《分离移交施工协议》，与攸县火车站、县电信公司分别签订了"三供一业"分离移交框架协议，完成了中石化公司相关供水、供气、供电改造图纸设计、预算评审等工作，为启动施工作好了充分准备。

【结对扶贫】多次深入菜花坪镇联龙村开展调研，广泛宣传国家政策，因地制宜开展产业帮扶，完成陈书平等4个贫困户危房改造，夏秋仔等2个贫困户房屋修缮，陈仔乃等3个贫困户易地搬迁，发展产业基地1个，解决村道等基本建设资金9万元，解决务工就业13人，分贷统还10户。年内捐送鸡苗700羽，送去物资近3万元。本单位负责帮扶的10个贫困户29人全部完成年内脱贫计划。

【服务工业园区企业】根据县百日奋战专项行动工作部署，在联点县领导的带领下，积极对接服务园区企业，及时协调化解矛盾，有力推动"强园区大会战"进程。联系的昊华生物生产基地项目、年产10000吨新型氧化矿浮选药剂项目、华升年产2万吨二硫化碳项目分别完成年内投资3.5亿元、0.7亿元和0.73亿元，提前一个月完成年度目标任务。

（谭志刚）

湖南省攸州投资发展集团有限公司

【概况】湖南省攸州投资发展集团有限公司（以下简称"攸发集团"）前身是县城市建设投资经营有限公司（县国资委于2003年8月注资成立）。2015年10月，县人民政府批准并授权县国资局履行出资人职责组建攸发集团，公司注册资本为28.83亿元，经营范围涉及城市基础设施建设投资、土地一级开发、公用事业经营、房地产开发、股权投资、其他资产经营等六大板块。下辖湖南酒埠江旅游开发投资有限公司、攸县城市建设开发有限公司、攸县华昌公交有限公司、攸县自来水公司、攸县美林续力贷投资基金合伙企业、攸县康泰健康养老公司、攸县鸿泰酒店有限公司等7家子公司，注册攸县泰成投资建设有限公司、攸县飞腾广告传媒有限公司、攸县开元投资有限公司、湖南省攸县泰华市政工程有限公司、湖南省泰达招投标代理有限公司、湖南泰旺房地产开发有限公司、攸县泰鸿市政建设有限公司、攸县泰辰游乐园投资管理有限公司、攸县泰航通信工程有限公司、攸县泰民水务有限公司等10家子公司，17个子公司中财务并表类4家，资金调剂类2家，真正已进行实体经营的有3家，在进行前期筹备尚未开展经营业务的有8家。预计年末公司总资产约为140亿元，负债约75亿元，资产负债率为58%。信用等级为AA级。公司内设综合部、人力资源部、融资财务部、规划建设部、法务监审部、资产经营部、总工室、联星项目协调办、春联项目协调办、谭桥项目协调办、渌田项目协调办共11个部办（室），下辖康泰健康养老公司和鸿泰酒店有限公司，共有员工95人。公司领导班子成员共9人，设有董事长、总经理、监事会主席、副总经理、总工程师、工会主席等岗位。

【融资化债】2018年，中央、省、市将严控政府性债务增长、切实防范债务风险工作作为一项重要而紧迫的政治任务来抓；《财政部关于规范金融企业对地方政府和国有企业投融资行为有关问题的通知》（财金〔2018〕23号）的出台，从源头上对金融机构借贷行为进行规范和监管。公司所融资金首要任务是全力保还本付息和平稳过渡。通过融资租赁和发债等形式，达成意向融资金额35.5亿元，全年实际到位金额10.04亿元。为有效推进政府性债务化解工作，公司积极按照上级要求，全面开展清产核资工作，并成立了政府性债务化解工作领导小组、制定了政府性债务化解的具体方案和措施。至12月底，公司债务本金74.97亿元，其中隐性债务56.1亿元，关注类的债务18.87亿元。计划存量资金化解1.2亿元，财政资金化解21亿元，土地收入化解22.16亿元（其中有证的土地收入是10.99亿元，拟用东城新区片区开发收入11.17亿元），经营收入化解23.58亿元，借新还旧7.03亿元。

【经营创收】2018年，公司将增强实体经营能力作为转型工作的重中之重。年内完成2个个经营性项目。投资4700万元建成康泰健康养老中心，拥有170个床位，于2018年重阳节正式营业，入住老人在陆续增加，发展态势良好。组建专业酒店管理团队经营投资1.1亿元建成的县接待中心项目，注册成立攸县泰鸿酒店有限公司。

【项目建设】2018年年初确定项目共88个，工程总投资约83.6亿元。县项目压减方案明确已完工待结算项目5个，投资额约0.3亿元；停建项目32个（含经营性项目5个），投资约46.7亿元；暂缓项目7个，涉及金额10.7亿元；调整项目17个，投资约12.6亿元；保留项目27个（含经营性项目18个），投资约13.3亿元。基本完成职业中专项目主体工程并交付使用。完成莲塘坳政府连接线和吉兴路两条市政道路路面铺筑。两桥两路项目正常推进，钢栈桥与钻孔平台均搭建完毕，并完成四桥工程箱涵建设和部分桩基及墩台浇筑。积极推进中心医院、阳升观水库、县妇幼保健院整体搬迁等项目，完成中心医院ppp项目退库后与中标方的有关费用结算，有序推进阳升观水库项目中交通隧道和上坝道路建设。顺利推进安置区的建设，其中紫云安置区与香山安置区的建设基本，攸水安置区建设也在加快推进，即将启动桩基施工。

【绩效管理】加强绩酬考核。结合县委、县政府和县国资中心关于融资平台公司薪酬方案的要求，公司严格执行员工工资方案和薪酬管理制度，保障了员工的切身利益，坚持“公平公正、奖优罚劣”的原则，健全了分配体系，进一步激励员工干事创业，增强了员工对公司的归属感。

【党建和结对扶贫】加强教育引领。以开展“两学一做”学习教育常态化、制度化活动和党支部主题党日活动为契机，在做好各项规定动作的同时，结合公司实际做好自选动作。主要领导亲自部署、带头参加、亲自讲课，注重加强公司员工党纪政纪和法律法规教育，做到教育在先、防患在前，引导干部职工树立正确的地位观、权力观和利益观，自觉做到廉洁自律、遵纪守法、依法办事。全面加强上班纪律和工作作风专项督查。2018年在省、市、县纪委和县国资中心多次组织的明察暗访中，公司员工均无违纪违法现象。把党建和扶贫工作有机结合，开展了系列“党建+扶贫”主题党日活动，以党员当先锋、做表率、促脱贫，同时把脱贫攻坚的主战场作为检验党员先进性的“练兵场”，使两者相辅相成、相互促进。公司15名党员干部结对帮扶谭桥街道竹丰村贫困户28户，先后开展扶贫走访慰问500余人次，帮助实现微心愿100余个，累计送去各类物资、慰问金共计价值8万余元；解决落实贫困户陈国乐危房改造、残疾居民谭月生房屋装修资金5万元、水泥共14吨；帮助竹丰村扩宽硬化垅里公路、新修垅里水圳等乡村建设项目，落实帮扶资金15万元。

（陈华兰　李传真）

工 业

工业发展和科技推广应用

2018年，县经科技信息化局以“产业项目建设年”为抓手，紧盯“两突”工作目标，深入开展“科技创新”“企业帮扶”等活动，产业发展动力能不断积蓄，全面服务产业项目建设，不断提升工业经济整体竞争能力。荣获“全市防震减灾工作综合考核优秀单位”“2018年度法治政府建设工作先进单位”“创建省级高新区先进单位”“2018年产业项目建设年活动先进单位”等荣誉。

【工业概况】 2018年，全县规模工业完成总产值271.03亿元，比上年增长12.6%；实现规模工业增加值90.09亿元，比上年增长7.0%；工业固定资产投资增长9.8%；工业实缴税金3.81亿元，增长42.75%；工业用电量45173万千瓦时，增长18.4%；规模工业综合能源消费量107万吨标准煤，增长7.5%；万元规模工业增加值能耗率降低6%；全年新增规模工业企业27家，累计培育规模工业企业270家。

【企业帮扶及涉访维稳】 大力推行县级领导联企帮扶制度，全面落实“五个一”帮扶机制，全方位、多层面为企业解决实际问题。协调解决遗留问题，专门安排协调和帮扶2个工作组坐镇远大水泥有限责任公司蹲点，力保该公司正常生产。积极协调沟通，解决原海达化工集团公司涉访维稳问题，多方基本达成一致意见。专班协调，反复与长江水泥公司业主和企业职工沟通协商，有效维持局势稳定。

【项目建设】 帮助松本林业、昊华化工等20家企业向上争取国家、省、市绿色制造、制造强省、转型升级等项目近20个，争取项目扶持资金9500多万元，其中争取攸县“707矿”退役治理项目资金7792万元；清水塘昊华化工搬迁项目成功落户，已投资1.8亿元；积极引导远大水泥公司与天顺风能上市公司对接，洽谈引进工业固废处理等项目。

【电力运行监管】 配合县环保局等职能部门开展联合执法10多起，先后对虎形砂场等48家非法采砂场和洗砂场、违规加油站、非法砖厂下达停电通知书共计48份；对县域内的洗砂场、采砂场、加油站、烟花爆竹等118家企业的用电情况进行专项检查，下达整改通知书59份，协调处理各类电力安全隐患及电力违章事故6起。

【工业安全生产监管】 制定《2018年工业安全生产工作实施方案》，下发《2018年全县工业企业有限空间作业安全生产专项整治工作方案的通知》和《关于开展2018年“安全生产月”活动方案的通知》，明确6个安全生产检查小组。收回检查记录46份，排查安全隐患和问题88项，下发整改通知书46份，现场整改22处。积极做好“一单四制”与“强执法，防事故”月报工作，及时上报工业企业安全动态，保证工业安全生产零事故。

【优化服务】 积极推进电力直接交易工作，全县共有67家企业进入直接交易准入目录，58家签订了三方协议，电力直接交易量15123万千瓦时，大幅降低了企业生产成本。“助保贷”融资平台成立以后，2018 年新增入池企业 11 家，总数达 42 家；新增贷款企业 8 家，贷款金额 7200 万元；共有 13 家企业贷款，贷款总金额 1.05 亿元。“续力贷”共发生 65 笔业务，解决资金 4.45 亿元。同时积极搭建服务平台，建立攸县中小企业公共服务、科技创新中心平台，并促成其列入 2018 年省中小企业公共服务实体窗口平台建设计划；该平台选址政务中心二楼，预算投入 28 万元，办公占地面积 100 平方米。

【科技创新及推广应用】全县完成高新技术产业产值 110.38 亿元，增长 22.87%；高新技术产业增加值 26.89 亿元，增长 19.64%。2018 年，申报省重点科技开发项目 23 个，完成市百项科技成果转化项目 8 个。年内全县有高新技术企业 14 家（新增 5 家），湘化机汽轮机等 16 家企业已通过科技部科技型中小企业认定，同时引导企业、基地进行产学研合作，全县重点企业与省级以上科研院所、高等院校签订合作协议 15 个。积极做好科技扶贫工作，科技特派员派驻到全县 15 个贫困村，进行行业现场技术培训达 60 多场，参加培训人员达 6700 多人次。

【知识产权工作】全县完成专利申请 487 件，较上年度增长 20.54%，其中发明 113 件、实用新型 275 件、外观设计 99 件，企业专利申请 205 件。完成专利授权 220 件，较上年度增加 91.3%，其中发明专利 9 件、实用新型 116 件、外观设计 95 件，企业专利 99 件。制定《攸县 2018 年度企业知识产权培育工作方案》，选择 20 多家发展前景好、自主创新能力强的企业作为培育企业。全面落实打击侵犯知识产权行为，开展知识产权专项执法检查，共出动执法 3 次，检查商品 100 余种，侵权案件 3 件，假冒案件 33 件。大力开展专利权质押贷款工作，湖南省大豪药业有限公司和湖南省酒江电线电缆有限公司分别通过 3 件和 4 件专利作质押，从攸县农商银行获得 500 万元和 400 万元贷款，是攸县首批用专利权质押贷款的企业。

2018 年度攸县专利授权统计表

表 5

序号	专利名称	专利权人	专利号	专利类型
1	家具（红木米缸）	詹运南	2017303696457	外观设计
2	充电器(旅充 A2-2)	侯磊	2018300296090	外观设计
3	一种旋耕机刀轴密封轴承座	湖南一田农业机械有限公司	2017207174643	实用新型
4	一种锂电池正极材料生产装置	株洲市海达新特材料有限公司	2018200761398	实用新型
5	升降式碎料除石机	刘运武	2014101856921	发明
6	可调轮式矩阵自动播种机	刘志义	2018201957466	实用新型
7	一种立式单螺杆泵	湖南帕普泵业有限公司	201820584137X	实用新型
8	一种园林喷洒设备	彭唐彬	2018201575264	实用新型
9	殡仪灯饰（猴）	湖南省孝贤殡葬服务有限公司	2018302426296	外观设计
10	一种履带行走式农机刹车性能测试装置	湖南一田农业机械有限公司	2018200544343	实用新型
11	一种电力电缆用埋地保护管	湖南省酒江电线电缆有限公司	2018203103836	实用新型
12	一种固态工艺均匀散开冷粮机	湖南旺盛达酿酒设备有限公司	2018208076464	实用新型
13	扩音器（R9129）	丁志勇	2017305247166	外观设计
14	殡仪灯饰（字体）	湖南省孝贤殡葬服务有限公司	2018302423353	外观设计
15	小夜灯（酒杯）	朱建荣	2017305762241	外观设计
16	服装展示架(504)	唐勇	201730294300X	外观设计
17	抽卡夹	单外兰	2017306682812	外观设计
18	殡仪灯饰（羊）	湖南省孝贤殡葬服务有限公司	2018302426525	外观设计

续表5

序号	专利名称	专利权人	专利号	专利类型
19	汽车应急启动电源（R9）	王雄	2017304691130	外观设计
20	移动电源（闪电）	谢智芳	2018303583449	外观设计
21	一种具有变导程转子本体的单螺杆泵	湖南帕普泵业有限公司	2018205834380	实用新型
22	一种农用车用油箱	湖南一田农业机械有限公司	2017208308221	实用新型
23	钻攻一体复合丝锥	贺桂南	2017306469667	外观设计
24	一种环保节能安全化工反应釜	黄国华	2017208857958	实用新型
25	服装展示架(609)	唐勇	2017302937920	外观设计
26	吸顶灯（现代铁艺1806）	刘琼	2018301089740	外观设计
27	扩音器（K9159）	丁志勇	2017306273948	外观设计
28	一种生物有机肥自动装袋设备	湖南惠格生态农业发展有限公司	2017212296833	实用新型
29	小夜灯（浣熊）	朱建荣	2017305756039	外观设计
30	乐器（笛子）	蔡和平	2017303527779	外观设计
31	扩音器（K9177）	丁志勇	2018302056299	外观设计
32	药品包装盒	湖南爱敬堂制药有限公司	2017303784161	外观设计
33	服装展示架(610)	唐勇	2017302939362	外观设计
34	一种火力发电厂自动泵流量调节装置	大唐华银攸县能源有限公司	2018205076797	实用新型
35	可自由伸缩带支架的手机游戏手柄	刘建云	2018301019659	外观设计
36	一种生物有机肥烘干设备	湖南惠格生态农业发展有限公司	201721229521X	实用新型
37	一种可侧翻的计算机主机箱	刘力铭	2017209599830	实用新型
38	一种软包电线电缆包装支架	湖南省凯峰亚明电线电缆有限公司	2018202996843	实用新型
39	花盆自动供水装置	刘运武	2018206898178	实用新型
40	一种生物菌种培育台	湖南惠格生态农业发展有限公司	2017212296848	实用新型
41	一种生物有机肥除臭设备	湖南惠格生态农业发展有限公司	2017212296814	实用新型
42	鼠标（801B）	吴正华	2017306265087	外观设计
43	一种线路安装用的辅助设备	株洲市霄湘科技开发有限公司	2018209664232	实用新型
44	一种用于电线电缆施工过程中的放线装置	湖南省凯峰亚明电线电缆有限公司	2018203161441	实用新型
45	服装展示架(613)	唐勇	2017302942191	外观设计
46	一种连续捕猎器	刘运武	2017212292673	实用新型
47	服装展示架(607)	唐勇	2017302942666	外观设计
48	一种水泥生产加工用原料斗式提升机	湖南远大水泥有限责任公司	2018207688302	实用新型
49	一种通过识别手机文件内容中的联系人信息实现快捷通讯的方法和装置	陈包容	2014103901654	发明
50	壁灯（1301-2）	彭辉	2018300179881	外观设计
51	一种新型火力发电厂锅炉飞灰取样装置	大唐华银攸县能源有限公司	2018202859672	实用新型
52	一种防主轴偏位装置	刘运武	201721415174X	实用新型
53	移动电源（小精灵）	谢智芳	2017302069241	外观设计
54	一种定子串联式的单螺杆泵	湖南帕普泵业有限公司	2018205833759	实用新型
55	一种电缆注塑水冷后除水干燥装置	湖南省凯峰亚明电线电缆有限公司	2018202998923	实用新型

续表5

序号	专利名称	专利权人	专利号	专利类型
56	一种麻鸭蒸煮设备	攸县鸿华麻鸭业有限责任公司	2017206937619	实用新型
57	一种生物有机肥粉碎装置	湖南惠格生态农业发展有限公司	2017212299121	实用新型
58	一种具有散热性能的电力电缆	湖南省酒江电线电缆有限公司	2018203103821	实用新型
59	服装展示架(507)	唐勇	2017302938232	外观设计
60	一种拖拉机转向系统检测台	湖南一田农业机械有限公司	2018200544358	实用新型
61	一种多用途的电气柜	徐之昊	2017210070692	实用新型
62	一种锂电池外壳	株洲市海达新特材料有限公司	2018200105312	实用新型
63	基于图形识别判断鱼漂动作行为的方法	夏宇翔	2016102864943	发明
64	服装展示架(604)	唐勇	2017302938196	外观设计
65	殡仪灯饰（十字架）	湖南省孝贤殡葬服务有限公司	2018302423245	外观设计
66	用于电厂烟气排放的排放塔	大唐华银攸县能源有限公司	2017218076038	实用新型
67	殡仪灯饰（字体）	湖南省孝贤殡葬服务有限公司	201830242893X	外观设计
68	台灯（8076）	彭辉	2018301413443	外观设计
69	一种锰酸锂电池组	株洲市海达新特材料有限公司	2018200757068	实用新型
70	洁面仪	陈芳	2017305823404	外观设计
71	服装展示架(608)	唐勇	2017302942539	外观设计
72	飞碟式充电器	刘建云	2018304297340	外观设计
73	一种多通道电力光缆接头装置	株洲市霄湘科技开发有限公司	201820985636X	实用新型
74	农机耙片强度检测结构	湖南一田农业机械有限公司	2018201056084	实用新型
75	壁灯（1311）	彭辉	2018301494065	外观设计
76	多功能竹片打孔机	陈相生	2017210630872	实用新型
77	扩音器（K8921）	丁志勇	2017304477599	外观设计
78	一种具有防潮功能的电缆中间接头	湖南省酒江电线电缆有限公司	2018203103094	实用新型
79	服装展示架(606)	唐勇	2017302939521	外观设计
80	一种具有自动降温功能的配电箱	株洲市霄湘科技开发有限公司	2018209663600	实用新型
81	衣钩（龙头）	胡亮	2018303230451	外观设计
82	充电器	侯磊	2017306752181	外观设计
83	一种自动调节多角度万向滚动架	攸县龙昊重工有限责任公司	2018205291435	实用新型
84	扩音器（K9208）	丁志勇	2017306228891	外观设计
85	一种山羊草料切割装置	湖南金祥羊业有限公司	2018208705644	实用新型
86	一种便携式价签换发文件夹	湖南省烟草公司株洲市公司攸县分公司	2017208190075	实用新型
87	一种单螺杆泵恒稳固定机构	湖南帕普泵业有限公司	2018205805744	实用新型
88	一种快速切片机	刘运武	2017205223109	实用新型
89	一种弯曲部四方位成角的电子（纤维）输尿管软镜	贺亦峰	2017204571966	实用新型
90	尤克里里自动锁专用挂钩	彭青云	2017304541612	外观设计
91	服装展示架(611)	唐勇	2017302939146	外观设计
92	小夜灯（西瓜）	朱建荣	2017305749213	外观设计

续表5

序号	专利名称	专利权人	专利号	专利类型
93	一种能抑制磷辉石富集的浮选药剂	湖南明珠选矿药剂有限责任公司	2013107141966	发明
94	一种用于火电厂仪表自动化检定装置	刘建平	2018202788037	实用新型
95	一种水泥加工用辅助原料预均化侧式悬臂堆料机	湖南远大水泥有限责任公司	2018207688459	实用新型
96	壁灯（1305）	彭辉	2018300177570	外观设计
97	一种电线电缆长度计量装置	湖南省凯峰亚明电线电缆有限公司	2018202996881	实用新型
98	殡仪灯饰（虎）	湖南省孝贤殡葬服务有限公司	2018302423870	外观设计
99	一种高效聚光的双头格栅灯	刘浩	201720999966X	实用新型
100	一种卷烟放置架	湖南省烟草公司株洲市公司攸县分公司	201720804356X	实用新型
101	一种保暖防风被	肖屹峰	2017203044782	实用新型
102	一种稳压变量调节阀	大唐华银攸县能源有限公司	2018202860538	实用新型
103	一种制冷加热水瓶	王梓萌	2018200333840	实用新型
104	一种电线电缆绝缘层自动包覆装置	湖南省凯峰亚明电线电缆有限公司	2018203161776	实用新型
105	一种锰酸锂电池隔膜	株洲市海达新特材料有限公司	2017218613983	实用新型
106	小夜灯（羊驼）	朱建荣	2018302920036	外观设计
107	蓝牙伞灯	尹玲	2018300079811	外观设计
108	具有TYPE-C接口的快速充电器（美英欧规）	刘建云	201730532958X	外观设计
109	一种水泥生产加工增湿塔	湖南远大水泥有限责任公司	2018207688285	实用新型
110	一种带充气泵接头和数显胎压计的气管（TG-108）	毛昭云	2018300689403	外观设计
111	殡仪灯饰（鸡）	湖南省孝贤殡葬服务有限公司	2018302430253	外观设计
112	一种利用茶油制作风味豆腐干的方法及制品	孙莉琼	2015101637562	发明
113	一种豆制品加工用黄豆浸泡筛选装置	攸县南国宏豆食品有限公司	2018203973482	实用新型
114	钢琴升降辅助踏板	彭青云	2017304532740	外观设计
115	一种计算机显示屏支撑架	张伟	2018201562512	实用新型
116	殡仪灯饰（神兽）	湖南省孝贤殡葬服务有限公司	2018302423334	外观设计
117	一种钢化玻璃打孔机	张许生	2017217348764	实用新型
118	电厂排烟系统	大唐华银攸县能源有限公司	2017218077967	实用新型
119	真皮床（北欧）	周亮辉	2018302607268	外观设计
120	殡仪灯饰（龙）	湖南省孝贤殡葬服务有限公司	2018302426559	外观设计
121	一种简易偏心套	刘运武	2018202949912	实用新型
122	殡仪灯饰（鼠）	湖南省孝贤殡葬服务有限公司	2018302430427	外观设计
123	阶梯钻头	贺桂南	2017306470236	外观设计
124	服装展示架(602)	唐勇	2017302939682	外观设计
125	一种连续捕鼠器	刘运武	2018208066072	实用新型
126	一种新型投影布	尹煜炎	201720841992X	实用新型
127	一种山茶油加工用榨油机构	株洲乡轩山茶油有限公司	2018206646586	实用新型
128	殡仪灯饰（奠字荷花）	湖南省孝贤殡葬服务有限公司	201830243061X	外观设计
129	偏心齿轮切条机	刘运武	2018203786471	实用新型

续表5

序号	专利名称	专利权人	专利号	专利类型
130	一种下水道口防臭防虫阀门装置	彭唐彬	2018201087472	实用新型
131	一种用于山茶油搅拌用脱色装置	株洲乡轩山茶油有限公司	201820529507X	实用新型
132	一种农机水箱	湖南一田农业机械有限公司	2017210454762	实用新型
133	殡仪灯饰（单杆莲花）	湖南省孝贤殡葬服务有限公司	2018302426794	外观设计
134	一种带螺纹结构的电线电缆押出装置	湖南省凯峰亚明电线电缆有限公司	201820300189X	实用新型
135	一种钢化玻璃支撑架	张许生	2017217357104	实用新型
136	水蒸气掺入装置	刘运武	2015104601810	发明
137	背景中添加文字内容的方法及装置	陈包容	2015101996847	发明
138	真皮床（意式）	周亮辉	2018303921178	外观设计
139	枕头（天然乳胶高低颗粒枕）	彭小玲	2017305198530	外观设计
140	一种LED器件及照明装置	黎子兰	201820030970X	实用新型
141	小夜灯（彩虹）	朱建荣	2017305749270	外观设计
142	小型液体定量入瓶机	刘运武	2017205220172	实用新型
143	殡仪灯饰（兔）	湖南省孝贤殡葬服务有限公司	2018302428959	外观设计
144	一种焦锑酸钠脱水生产偏锑酸钠用冷却装置	株洲安特新材料科技有限公司	2018207639109	实用新型
145	一种拖拉机车架	湖南一田农业机械有限公司	2017208308217	实用新型
146	充电器(车充A2-1)	侯磊	2018300296103	外观设计
147	殡仪灯饰（四方柱）	湖南省孝贤殡葬服务有限公司	2018302430747	外观设计
148	一种可仿型的半自动精细切割机	攸县龙昊重工有限责任公司	2018205291280	实用新型
149	扩音器（K961）	丁志勇	2017305413039	外观设计
150	服装展示架(502)	唐勇	201730293836X	外观设计
151	一种锂电池壳体	株洲市海达新特材料有限公司	2018203342061	实用新型
152	一种防超限超载锁定系统	夏文涛	2017207958171	实用新型
153	一种电线电缆表面印字装置	湖南省凯峰亚明电线电缆有限公司	2018203001885	实用新型
154	一种新型螺杆点胶泵	湖南帕普泵业有限公司	2018205842870	实用新型
155	服装展示架(603)	唐勇	2017302942806	外观设计
156	小夜灯（狮子）	朱建荣	2017305749209	外观设计
157	一种新型LED户外装饰用亮化灯	湖南超发光伏科技有限公司	2018208107405	实用新型
158	一种可调式单螺杆泵定子	湖南帕普泵业有限公司	2018205838555	实用新型
159	殡仪灯饰（马）	湖南省孝贤殡葬服务有限公司	2018302423688	外观设计
160	一种多功能麻鸭传送装置	株洲市良强饲料科技有限公司	2017206937375	实用新型
161	净化器	单林华	2018302315325	外观设计
162	项链（锆石密链）	吴向阳	2018300071792	外观设计
163	壁灯	邓一新	2017305342828	外观设计
164	旋耕刀刀片强度检测装置	湖南一田农业机械有限公司	2018201059434	实用新型
165	一种用于生物有机肥的搅拌装置	湖南惠格生态农业发展有限公司	2017212296640	实用新型
166	一种数控机床自动排屑装置	李伟文	201721379119X	实用新型

续表5

序号	专利名称	专利权人	专利号	专利类型
167	一种锰酸锂专用混料机	株洲市海达新特材料有限公司	2017218613841	实用新型
168	殡仪灯饰（狗）	湖南省孝贤殡葬服务有限公司	2018302430395	外观设计
169	一种分体吊球式可伸缩晾衣架	吴为	201721831910X	实用新型
170	一种便于清理的高中生化学实验台	周美成	2017205958143	实用新型
171	一种用于麻鸭解冻和分割的一体化装置	攸县鸿华麻鸭业有限责任公司	2017206937727	实用新型
172	一种锂电池正极材料生产系统	株洲市海达新特材料有限公司	2018200752670	实用新型
173	一种山羊养殖隔离栏舍	湖南金祥羊业有限公司	2018208707809	实用新型
174	小夜灯（熊猫）	朱建荣	2017305759319	外观设计
175	驱动电源（WH0840-X1）	单风文	2018300333263	外观设计
176	实木椅子	洪梁	2018304594830	外观设计
177	电动化妆刷	胡艳	2017304923123	外观设计
178	红酒盒（菱形）	李小良	2017302747447	外观设计
179	殡仪灯饰（奠）	湖南省孝贤殡葬服务有限公司	2018302430639	外观设计
180	便携式抽卡夹	单外兰	2017218371240	实用新型
181	服装展示架(503)	唐勇	2017302939979	外观设计
182	服装展示架(605点挂)	唐勇	2017302942774	外观设计
183	一种太阳地球教学仪	杨刘瑾	2017215046153	实用新型
184	南方坡面径流小区径流泥沙自动计量取样监测设备	攸县水土保持局	2018205842033	实用新型
185	一种定时给宠物喂食的智能喂食器	黄国华	2017208465398	实用新型
186	一种锂电池正极结构	株洲市海达新特材料有限公司	2018200752327	实用新型
187	小夜灯（独角兽）	朱建荣	2018303805976	外观设计
188	插地灯	邓一新	2017305339810	外观设计
189	殡仪灯饰（蛇）	湖南省孝贤殡葬服务有限公司	2018302430041	外观设计
190	小提琴、中提琴专用自动锁挂钩	彭青云	2017304541631	外观设计
191	包装袋（泥子粉）	毛柯香	2017303792990	外观设计
192	一种公交车自动伸缩踏板装置	张芸祯	2017208751898	实用新型
193	一种锂电池组隔离结构	株洲市海达新特材料有限公司	2018203341904	实用新型
194	一种单螺杆泵的万向轴传动机构	湖南帕普泵业有限公司	201820579001X	实用新型
195	一种生物菌种无尘培育系统	湖南惠格生态农业发展有限公司	2017212295027	实用新型
196	一种防水型分腔室配电箱	株洲市霄湘科技开发有限公司	2018209663598	实用新型
197	一种带有蓝牙音箱的伞灯	尹玲	2018200296926	实用新型
198	一种电杆垂直度检测装置	王凯深	2018206891982	实用新型
199	车载空气净化器(HX-69)	刘利平	2018302983586	外观设计
200	枕头（天然乳胶U型枕）	彭小玲	2017305719839	外观设计
201	一种生物有机肥自动化生产线	湖南惠格生态农业发展有限公司	2017212299136	实用新型
202	一种移动终端通讯录联系人信息输入提示的方法及系统	陈包容	2014105406740	发明
203	一种单螺杆泵挠性轴连接杆传动结构	湖南帕普泵业有限公司	2018205811181	实用新型

续表5

序号	专利名称	专利权人	专利号	专利类型
204	一种新能源生物质颗粒燃烧机铸造装置	黄国华	2017208350021	实用新型
205	小夜灯（飞马）	朱建荣	2017305749158	外观设计
206	一种调节电线电缆张力的装置	湖南省凯峰亚明电线电缆有限公司	2018202998957	实用新型
207	旋耕机地形自适应机构	湖南一田农业机械有限公司	2017207174658	实用新型
208	复读机	丁志勇	2018302049492	外观设计
209	一种通用于替换旧晾衣架的推拉式手摇器	吴为	2017213918222	实用新型
210	殡仪灯饰（龟鹤延年）	湖南省孝贤殡葬服务有限公司	2018302423315	外观设计
211	包装袋	陈婷婷	2017302545093	外观设计
212	殡仪灯饰（牛）	湖南省孝贤殡葬服务有限公司	2018302430431	外观设计
213	一种防砂轮片偏移装置	刘运武	201721430348X	实用新型
214	一种继电保护装置	大唐华银攸县能源有限公司	2018205080487	实用新型
215	一种压缩及回收空气泵	张谭伟	2016108401930	发明
216	小夜灯（热气球）	朱建荣	2017305758956	外观设计
217	一种锂电池路灯	株洲市海达新特材料有限公司	2018200247370	实用新型
218	一种活性氧化锌储料斗用防堵出料装置	株洲安特新材料科技有限公司	2018207639448	实用新型
219	一种水泥生产用辅助原料破碎用带式输送机	湖南远大水泥有限责任公司	2018207688923	实用新型
220	一种集成培养皿	王丹琪	201721077686X	实用新型

煤炭产业服务

【概况】攸县是湖南省重点资源县之一，也是全国百个重点产煤县和商品煤基地县之一。境内煤炭资源丰富，含煤面积约173.6平方公里，探明可采储量4.7亿吨，集中分布在黄丰桥、鸾山、宁家坪、桃水4个产煤乡镇。从2006年始，经过几轮的整顿关闭、整合技改、兼并重组、关闭退出，截至2018年底，全县煤矿从原有的225家减少到29家，年总设计生产能力408万吨，其中生产能力为6万吨/年的煤矿有4家，9万吨/年的煤矿有16家，12万吨/年2家，15万吨/年6家，21万吨/年1家。2018年，全县原煤产量230万吨，实际加工经营煤炭360万吨，比上年提高160万吨；全年共销售利用矸石89万吨，同比提高25万吨。年度内煤坪实缴税收2323万元，同比增加1123万元，增长率49%。攸县煤炭产业服务中心组建于2016年，系正科级事业单位，下设办公室、生产技术股、计财股、培训中心、产业发展股、经营管理股。

【煤矿关闭退出】一是强化领导，凝聚共识，形成合力。县委、县政府多次召开常委会议，专题研究和部署。建立了“县督导、乡为主、部门协作、煤矿负责”的工作机制和按期调度的动态管理机制。县领导带领中心同志全身心赴乡镇，下煤矿，抓协调，强督促，形成关退合力。二是科学决策，分步落实，稳步推进。通过科学的摸底调研，按照总量适度、优化布局、产能置换提升水平的原则，结合煤矿实际邻近关系、井田位置、煤层赋存状况等，委托湖南第一工业设计研究院有限公司编制了《株洲市攸县煤炭行业减量重组方案》。制定了煤矿减量重组股份比例参照依据。按照“一名领导、一套班子、一组矿井、一包到底、共同发力”的工作机制，明确人员责任分工和工作任务，有序推进。至12月15日，全县18家煤矿按照关闭退出“六条标准”全部关闭到位，并顺利通过省、市验收组验收。

【采掘技术指导】与湖南煤监局湘潭分局、市安监局多次商讨，制定“一矿一策”方案，邀请有关领导和专家集中进行评审，提出针对性的意见和建议，竭力改变煤矿办矿理念。集中力量，逐矿指导。组织专业技术人员，邀请专家深入煤矿现场考察，为煤矿水平划分、采区划分、工作面采煤方法和工艺提供权威的技术指导，逐一编制和完善了“一矿一策”。全县煤矿确定有效采煤工作面48个，掘进工作面177个，用瓷砖打密闭1149处，设置栅栏233个，并全面完成正规化开采技术指导和密闭验收工作，杜绝了煤矿无序开采、分块承包的乱象。同时，确定了湘东煤矿、雷家冲煤矿两家企业为正规开采示范矿井，对照要求基本完成示范矿基础设施建设。

【安全生产培训】按照2018年培训计划，开展了三期特殊作业人员资格类型培训，为企业送培近300人。组织技术骨干对鸾山片区的9个煤矿进行现场指导培训，培训人数1000人。年内组织了煤矿企业主要负责人培训班、瓦检员考核学习班、防治水副矿长交流学习班共三次业务培训，培训人数超过300人。坚持以资格培训为抓手，业务培训为重点，全方位、全覆盖促进煤矿企业负责人观念的改变，全力提升从业人员安全生产素质。

【党建和扶贫】一是加强政治思想建设。深入学习贯彻中共十九大精神和习近平新时代中国特色社会主义思想，持续推动“两学一做”学习教育常态化制度化；积极开展主题党日活动，认真开好领导班子民主生活会。二是加强组织建设。中心支部在上级指导下，以“支部五化”建设标准为要求，丰富开展各种党建活动。积极开展扶贫攻坚，深入联点村，认真落实“五个一”“五个好”的要求，狠抓软弱涣散村整改，帮助驻点村发展香莲基地产业扶贫。三是加强作风建设。深入开展党风党纪教育，强化主体责任，落实“一岗双责”，建立起一把手负总责、分管领导各负其责、股室负责人直接负责的组织责任体系，开展集体谈心谈话，警醒提示等活动，做到党风廉政建设常抓不懈。

（李　砚）

供　电

【概况】国网攸县供电公司下设八部室两中心两公司，即综合管理部、党建工作部（监察部）、党委组织部（人力资源部）、运维检修部［检修（建设）工区］、营销部（客户服务中心）、发展建设部、财务资产部、安全监察质量部、供电服务指挥中心（调控中心）、物资供应分中心、株洲市湘能农电服务有限公司攸县分公司、株洲高新电业集团有限公司攸县分公司；管辖9个供电所、2个运行所。全公司在职干部职工142人、农电工作人员353人。2018年，完成售电量91703.39万千瓦时，销售均价702.61元/千千瓦时，综合线损率6.24%，台区线损率6.31%，台区同期线损合格率90.29%，电网建设投资8463万元。

【安全生产】强化责任落实，严格安全履职。深入开展“落实安全主体责任年”活动，每月坚持将各级人员安全履职情况进行考核公示，严格执行“尽职照单免责、失职照单问责”，在全公司营造了严格安全履职的浓厚氛围。全面加强应急管理，开展攸县电网大面积实战演习和桌面推演，完善总体预案和专项预案共26个。加大安全监督力度，严厉查处违章行为。全年稽查发现违章370起（其中特别严重违章15起、严重违章61起、典型违章41起、一般违章252起、运维质量事件1起），违章处罚金额28.41万元。整治配网，提升输变电日常运维质量。砍伐配电网附近林木15万余颗；完成10千伏网农线等集中检修；整治效果明显，35千伏及以上主设备故障异常同比降低28.6%。

【营销服务】一是夯实营销基础。通过指标分解压实各级降损责任、安装临时表计解决遗留问题、帮扶菜花坪开展专项整治。通过强推公专变费控，公司公变电费发行日（剔除托收欠费户数）结零率高于98.5%，远程费控推广成效达120%。二是优化营商环境。贯彻“两降一提”要求，规范前台及集体企业收费，严格落实业扩报装优化政策，提高办电速度。执行一般工商业降价要求，使一般工商业用户及时、足额享受到国家政策红利。完成临时接电费清退工作，共清退198户287.17万元临时接电费。三是严控服务投诉。深化“四个零容忍”，严肃处理人员责任性投诉。首创性实行“零投诉”奖励和排名末位考核。成立供电服务指挥中心，充分发挥其供电优质服务的管理、调度、指挥、监督、考核作用。

【电网建设】如期完成主网建设。如期完成35千伏丫江桥变电站扩容工程，总投资785万元，更换主变2台，增容8.7兆伏安。全力推进配网改造。严格落实里程碑计划，全面推进农网改造工程实施，完成三个批次（2017年第四批、2018年第一批及2019年春节保供电增补项目）的农网改造任务，总投资7678.03万元，新建、改造台区165个、10千伏线路183.56千米、低压线路313.16千米。扎实开展电网规划。按照“改必改好”原则开展2019年10千伏项目储备，共储备项目501个（其中优化网架结构类单项25个，改善供电质量类单项476个），总投资1.2亿元。

【农电管理】顺利完成农电改革。6月，成立了湘能农电服务有限公司攸县分公司，实现农服公司实体化运营。同步完善农电财务管理，完成清产核资、税务交接、财务并账等一系列工作。平稳推进供电服务职工效能工资套改工作，建立健全了供电服务职工年休假、疗休养制度。建立绩效管理体系。结合农电实际情况，出台八项考核管理制度，全年共计奖励129.4万元、考核30.91万元，充分调动了供电服务职工的工作积极性、规范了供电所日常管理。改善农电基础设施。完成了黄丰桥供电所新办公楼搬迁及配套设施完善，对菜花坪、东城供电所、网岭运行所房屋进行全面维修，有效提高了供电服务职工的生活、办公条件。积极推进全能型、星级供电所建设工作，鸾山供电所成功创建国网公司五星级供电所。

【机构人事改革】积极推进机构变革。成立湘能农电服务有限公司攸县分公司、物资供应分中心、供电服务指挥中心、党委组织部（人力资源部），进一步明确部门职责、规范业务管理、提升服务水平、优化队伍结构。提拔了17名同志到班组长、部门负责人岗位锻炼。分两批调整13名农电借调人员回供电所，充实基层供电所力量。对劳务派遣人员进行全面清理，依法规范公司用工，有效规避劳务用工风险。狠抓队伍作风建设。以加强会风会纪管理为抓手，强化工作执行力、管理穿透力建设。设置企务公示栏，按月、季对绩效考核情况、专业量化考核结果、同业对标排名、部门绩效等级等进行公示，晒短板、找差距，营造创先争优的工作氛围。下发会风会纪、劳动纪律检查通报11期，考核16人次，金额3200元，在全公司逐步形成了风清气正的工作作风。

【党建和扶贫】加强党组织建设。公司党委结合周、月例会同步安排党建工作。以党委、支部标准化建设为契机，完善“三本六盒一证”；中心组集中学习6次，领导上党课12次。以“旗帜领航·三年登高”为目标，开展“党建+营销服务”“党建+安全生产”等专项活动，参与人数394人次。推进党风廉政建设。全年开展“清风巡讲”9次，发放廉洁文化教育书籍256本，下发廉文鉴读12期。针对各类巡察审计发现问题及行风建设等方面问题，抓早抓小、严厉问责，全年共提醒谈话5人，对重要岗位人员开展廉政约谈45人次，对3名位低权实人员执纪问责。扎实开展结对扶贫工作。严格落实“三走访、三签字”的要求，公司的“大走访、暖人心”活动被省公司网站、攸县红网采纳报道。自筹资金对帮扶对象大祥村实施了农网升级改造。为15家扶贫村光伏发电企业按时结清上网电费、扶贫补贴73万元，圆满完成8户无电户改造工作。年末，公司获评2018年全县脱贫攻坚工作先进结对帮扶单位。

（林凡凡）

攸县高新技术产业开发区

【概况】攸县高新技术产业开发区（以下简称“攸县高新区”）始建于2003年，2012年经省政府批准为省级工业集中区，2016年批准扩区形成“一区两园”格局，即攸州工业园和网岭循环经济园。攸州工业园位于攸县县城西侧，规划面积8.8平方公里；网岭循环经济园位于网岭镇北部，规划面积12.8平方公里。2018年，园区成功创建为省级高新技术产业开发区，同时顺利完成新一轮的调区扩区，调区扩区后园区核准面积为8.4平方公里，净扩面积2.65平方公里。2018年，园区完成技工贸总收入144.42亿元，同比增长23.55%；完成工业增加值43.28亿元，同比增长47.51%；

完成高新技术产值79.48亿元，同比增长23.64%；完成进出口总额1955万元，同比增长39.15%；完成固定资产投资63.77亿元；税收实现连续两年翻番，达到1.48亿元；成功创建省级高新技术产业开发区，调区扩区顺利通过；在市对园区季度考核中排名前列，园区营商环境在全市排名第一，获评县文明建设红旗单位、市文明建设标兵单位、市产业项目建设年优秀单位，园区综合排名首次跻身全省第一方阵。

【产业招商】园区以“迎老乡、回故乡、建家乡”活动为契机，全方位、多渠道开展园区招商工作，外出上门招商25次，组织集中签约活动4次，组织参加“沪洽周”等招商活动3次，签约引进项目27个，签约金额54.15亿元，引进了远润绿产科技、华源梁氏环保、冠群电子等一批优质大项目，为园区创新发展注入了强劲动力。

【项目建设】2018年，园区共有建设项目38个，其中21个省市重点产业项目开工建设18个，新竣工投产项目13个。其中北鑫塑胶、童声电子、鲁威金属制品、恒盛新材二期等项目都是当年引进、当年动工、当年投产，省“五个100”重点项目长明高科一期于4月投产，市清水塘搬迁重点项目昊华化工主体工程基本完工。加紧基础设施配套。完成建设道路4.7公里，铺设污水管网11公里、雨水管网9公里，桩基6000米，为安置区接电入户500多户，自来水安装390户。架设新入园区电力线路和自来水管网9公里。完成征地近100亩，腾地近1000亩，拆除房屋35栋，迁坟130冢，平整土方120多万立方米，全面完成长明高科、氧化锆、集中供热、地博光电等项目“五通一平”，批回土地5宗516亩，已上报国土厅待批项目3宗220亩，融资到位资金1.7亿元，清退鑫旺钢铁、开心港等僵尸企业（项目）获得实质性突破。

【企业帮扶】园区组织开展“最美劳模”和“最棒工匠”评选、“百名干部进百企百日大帮扶”、湘东地区创新创业集训营等活动，为企业解决用水、用电、用工等各类问题90余件，着力解决遗留问题60余个，帮助华升化工、酒江电缆、恒盛新材料等企业获得“助保贷”放款6600万元，帮助安特新材料、一田农机、龙昊重工等企业获得银行签约授信1亿元，为长明高科、澳维环保、益力盛电子等企业争取省市企业发展专项资金2000余万元。同时，深入开展扫黑除恶专项斗争，进一步优化了园区发展环境。

【安全环保】充实园区安全环保监管队伍，建立园区安全环保网格化监管机制，完成中央、省市环保督办交办件问题7件，组织开展日常、集中、联合、专项等各类检查96次，检查生产经营单位196次，排查化解安全环保隐患20余起。同时，攸州工业园污水处理厂建成并投入试运营，网岭循环经济园污水处理厂在加快建设。

【队伍建设】打破身份界限，创新用人机制，公开招聘首批6名政府雇员，制定出台《攸州工业园政府雇员管理办法（试行）》等文件，聘用制、绩效制等用人方式步入规范化轨道。同时，新招录4名公务员、1名事业编，新招考招商专员4名、政府雇员6名，园区管委会干部队伍平均年龄降至31岁。

【非公党建】园区压实基层党建工作主体责任，充分发挥党员干部先锋模范作用，全面建立派驻党建指导员制度，指导13家非公企业党组织抓好“五化”建设，并择优打造6家非公党支部“五化”示范点建设。同时，园区与网岭镇北联村开展结对帮扶，荣获“2018年度株洲市脱贫攻坚先进驻村帮扶工作队”称号。

（夏开瑞）

攸县产业发展投资有限公司

【概况】2018年公司坚持以党建提升为引领，以“产业项目建设年”为抓手，以加快公司改革转型为契机，有序推进重点项目建设。全年共完成基础设施项目投入2.48亿元，企业落户配套投入6000多万元。共建设道路4.7千米，铺设污水管网11千米、雨水管网9千米，桩基6000米，为安置区接电入户500多户，自来水安装390户。全面完成攸州工业园污水处理厂建设，并运营验收；完成攸州工业园路网禹王路建设工程的50%，兴旺路完成80%，全部完成支路三，完成支路七的70%；全力推进大蔡线110千伏电力线路搬迁；完成大背岭安置区建设的地勘、测量、规划设计和施工设计及电信塔搬迁工程；完成乌坳和西阁安置区全部低压电、自来水入户及下水道、区间道路建设；完成兴达安置区建设50%的桩基工程。

【企业落户配套工程】为企业落户完成土方平整120多万方，架设新入园区电力线路和自来水管网9千米。深圳长明、氧化锆、长得快饲料、石英化玻、集中供热、地博光电一、二、三期等市、县重点落户企业“五通一平”已全部完成并交付企业使用，加快了企业落户进度。长明高科、昊华化工等项目，在时间紧、任务重、雨天多的情况下，公司加紧调度，加班加点，圆满完成任务。壹诺生物、宸润环保、富旺机械等企业土方工程进展较快。投入资金500多万元新增标厂企业3台变压器等电力设施，完成了旭日陶瓷二期供水工程、网循园污水处理厂道路及水电配套工程、华升化工厂区外临时道路、吉新路等约2千米自来水管安装工程、昊华厂区红线外电力工程等。

【防控债务风险】根据省、市、县各级政府关于防范和化解政府性债务风险系列文件和会议精神，公司成立了化解债务工作领导小组，对债务进行集中清理，截至年底，公司负债总额20.55亿元，其中银行负债约17亿元。制定了5—10年的债务化解方案，2018年完成还本付息4.1亿元。在化债工作中，按照相关部门要求，定期报送公司债务数据，并加大与各金融机构、银行、政府相关部门以及其他平台公司的对接、沟通、接洽等工作。对金融机构提出的融资方案进行评估、测算和分析，全力做好融资工作，及时跟踪融资项目审批进度。全年共签订融资合同4个，合同金额4.5亿元，已到位1.7亿元。华融湘江银行1亿元贷款和定向融资项目1.5亿元已争取到位，完成农商行2亿元展期工作，确保了公司稳定运行。

【经营转型投入】全年公司共完成经营项目投入1.2亿元，正在强力推进长明高科、工业园集中供热、网循园增量配电项目。长明高科项目已完成投入9000多万元，其中现金出资3500万元。酒埠江90亩土地已办理了过户手续；工业园3栋标厂已过户，2栋已办理产权手续，网循园增量配电项目完成了可研报告编制、规划方案上报、园区电力资产核查和招投标工作；工业园集中供热项目与株洲蓝宇签订了投资合同，已启动厂房、水煤车间、35吨蒸汽锅炉房、道路和管网建设。

【安全生产】按照“党政同责、一岗双责、齐抓共管、失职追责”的要求，成立了公司安全生产工作领导小组，把安全生产纳入董事会、监事会议事日程和公司重点工作内容，每季度召开一次安全生产党政联席会议；强化安全生产目标责任管理，严格实施分管领导和管理人员岗位责任制，将安全生产主体责任进行细化到具体岗位；建立了领导带队检查制度，坚持“谁检查、谁负责、谁督办、谁负责”，强化安全生产检查实际效果。对因安全生产检查不到位，安全隐患排查不彻底造成的重大安全事故严格追责。

【党建工作】贯彻落实省、市、县党建工作相关文件要求，深入开展“党建提升年”活动。一是整章建制，明确责任。按照“一岗双责”的要求，落实党组书记为党建第一责任人；全面推行党务公开，坚持业务工作和党风廉政建设“两手抓两手硬”；认真执行中央“八项规定”文件要求，对工作纪律、工作作风进行常态化提醒、监督与检查，对违规现象进行严格的自查自纠，出台了《关于进一步规范公务接待、差旅费管理的通知》等相关文件。二是搭建平台，完善体系。搭建党员微信平台，加强宣传党的理论知识、传达上级文件精神和党务信息公开等；召开高质量专题民主生活会和组织生活会，领导班子及成员坦诚开展交心谈心，落实党内生活制度准则，政治生活质量明显提高。建立党费收缴管理制度，党费收缴工作有专人负责，建立党费台账。三是创新方式，增强活力。将“党建提升年”和“扶贫驻点”结对帮扶相结合，每个党组成员负责一个贫困户进行结对帮扶；创新“三会一课”形式，开展了专题党课辅导讲座、“红星云”党内学习等；组织观看警示片，参加“天天慈善一元捐”、义务献血等各类活动12次。

（陈敏如　刘桂丹）

农 业

种植业和农村工作

【概况】 攸县农业局（农办）是攸县人民政府主管农业和农村工作的组成部门，由局机关和下辖农业技术推广中心、农业行政执法大队、能源办、农广校、县域经济考核办等5个副科级事业单位组成，有在编人员79人，其中，行政编制34人，事业编制45人，共有4个党支部132名党员。2018年，全县农业总产值达81.01亿元，同比增长3.9%，农村居民人均可支配收入达26031元，同比增长8.2%。攸县获评“湖南省粮食生产标兵县”，攸县农业局先后获得“株洲市脱贫攻坚先进驻村帮扶工作队”“株洲市文明建设先进单位”“攸县文明建设红旗单位”“法治政府建设工作先进单位”“招商引资工作先进单位”等荣誉称号。

【种植业发展】 2018年，全县农作物种植面积10.51万公顷，同比增加1.26%，其中，粮食播种面积61933公顷，总产43.1万吨，下降4.33%，面积和产量因势调减。早稻面积22373公顷，比上年减少1720公顷，总产量14.22万吨，比上年减少1.9万吨；中稻和一季晚稻面积12140公顷，比上年减少400公顷，总产量9.83万吨，比上年增加0.14万吨；晚稻面积23106.67公顷，比上年减少2013.3公顷，总产量17.05万吨，比上年减少1.22万吨。推广优质稻面积3746.67公顷，高档优质稻面积1.34万公顷，开展高档优质稻米订单面积7400公顷。经济作物面积3.04万公顷，同比增长7.28%。含油料作物面积12806.67公顷，同比增加6.5%；蔬菜面积22260公顷，同比增长7.5%，黄桃、猕猴桃等水果果园4066.67公顷，稻-油间作、稻—稻—油间作面积增至1.23万公顷，稻田综合种养面积突破200公顷。积极引导特色农作物种植，全县实施种植结构调整4800公顷，改种大豆2400公顷，湘莲833.3公顷，玉米560公顷，超额完成省、市下达的任务。2018年，攸县获评“湖南省粮食生产标兵县”。

【农业产业发展】 以推动农业产业转型升级为目标，大力实施“六大强农”行动。一是特色强农。重点围绕攸县豆腐、米粉、油茶、麻鸭四大国家地理标志保护产品，全力促进特色产业发展。攸县大豆成功入选湖南省“一县一特”产品，首部攸县香干地方团体标准制定出台，攸县南国宏豆香干产业园被认定为现代农业特色产业园省级示范园。攸县米粉产品成功入驻家润多、沃尔玛等知名连锁超市。二是品牌强农。新增湖南爱敬堂制药有限公司1家省级龙头企业和攸县南国宏豆食品有限公司、攸县英华米业有限公司、攸县盛玉坊食品有限责任公司、攸县建坤农业科技有限公司、株洲湘东情食品有限公司、株洲振源生态农业发展有限公司、株洲槚岭药博园有限公司市级7家龙头企业。“攸县豆腐”“攸县麻鸭”获评株洲市十大区域公用品牌，“仙竹米业”“鸿华麻鸭”获评株洲市企业品牌，“炎洣神”米粉获评株洲市十大农产品品牌。湖南惠格生态农业发展有限公司顺利完成股份制改造并签约。龙头企业培育和品牌建设工作在全市名列前茅。实施质量强农战略，成功创建农业标准化基地2个，新发展“三品一标”农产品10个，其中有机食品1个、绿色食品5个、无公害食品4个。三是融合强农。积极发展观光农业、休闲农业新业态，新增省五星级休闲农庄3家，休闲农业经营收入达1.2亿元，2018年攸县获评湖南省休闲农业与乡村旅游示范县。四是科技强农。加强农业生产技术指导，举办各类技术培训12000人次，各类新技术观摩会16次，推广绿色防控新型技术应用，采用太阳能风吸式杀虫灯完成二化螟性诱剂技术应用面积15万亩次，扎实推进水稻和油菜全程机械化，水稻综合机械化水平达到82.52%。五是开放强农。积极组织本地企业、产品参加第十六届中国国际农产品交易会暨第二十届中国中部（湖南）农业博览会等大型展销会，湖南亚美的大康时代系列油茶成功登录欧美市场。

【农村人居环境整治】积极创建省市美丽乡村示范村，新市镇丁家陇成功创建省级美丽乡村示范村，丫江桥镇仙石村、江桥街道江桥社区、春联街道山背社区、宁家坪镇自力村、莲塘坳镇新华村、网岭镇北坪村、皇图岭镇港口村7个村成功创建为市级美丽乡村示范村，创建数量居全市第一。继续抓好重金属污染耕地修复治理，完成重金属污染耕地修复治理8240公顷，治理式休耕4166.7公顷。深入实施化肥农药零增长行动，推广测土配方施肥6.8万公顷，肥料利用率提高2.6%，开展有机肥替减化肥1.3万吨，种植绿肥近5333.3公顷，病虫害统防统治超过95万亩次，高效低毒农药应用面积92万亩次。大力推动农业面源污染整治，妥善处理谭桥街道办事处饮用水水源地农业面源污染防治问题，农作物秸秆综合利用率达到95%，废旧农膜回收利用率达到63%。

【农产品质量安全监管和农业执法】全年共完成农产品质量抽检17378批次，合格率99.88%，开展专项整治行动26次，出动执法人员285人次，检查农资店312家，查处假劣农资案件5起，主动调解种子、除草剂等农药生产纠纷21件，为农民挽回损失152万元。

【服务“三农”】以农民增收为目标，全面落实惠农政策，2018年共发放耕地地力保护补贴8375.4万元，发放粮食适度规模经营补贴990万元，其中发放集中育秧服务补贴123.3万元、发放高档优质稻种子3.5万公斤，农业保险赔偿资金突破2200万元。聚力推进农业产业扶贫，帮助139家贫困户创收增收和768户新型经营主体自主发展产业脱贫致富贫困户，实行奖励681.21万元，291个产业扶贫基地与贫困人口建立紧密利益联结，产业扶贫累计带动9369户、29568人创业增收。继续做好新型职业农民培训工作，全年培育生产经营型新型职业农民350人，利用湘农科教云软件，线上培育了1000余名新型职业农民。建成环保、生态高标准联户沼气池65处，完成供气800余户，建成大中型沼气工程3处，沼气发酵池容3000立方米，引导农民发展沼气生态循环农业。

（谭　婷）

林　业

【概述】2018年，攸县林业工作紧扣“产业突围、转型突破”主题，以“产业项目建设年”为总抓手，着力加深封山育林，全力加快产业发展，致力加强党建工作，各项工作推进有序。全年，完成人工造林4.4万亩，三公里道路绿化55.2公里，义务植树201.8万株；林地面积16.91万公顷，其中有林地面积14.16万公顷；活立木蓄积量增长4.3%，达到442.42万立方米，森林覆盖率增长0.15%，达到58.19%，林业总产值达到48.7亿元；森林病虫害成灾率和森林火灾受害率均为零，生态环境质量不断改善。

【资源培育】一是植树造林再添新绿。采取领导包片、股室包站、林业站驻乡包小班等方式全程跟踪服务；以“3·12”植树节为契机，加大项目扶持，通过政府主导、公司带动、大户承包等途径，有力推动“四旁五边”“两江四岸”等区域造林，在全县掀起绿化热潮。共调拨造林苗木305.17万株，完成人工造林4.4万亩（其中油茶造林1万亩），占年初计划的102%；100亩以上造林公司大户40多户，500亩以上7个；完成三公里道路绿化55.2公里，义务植树201.8万株；完成森林抚育面积600公顷，平汝高速两旁补植抚育近133.33公顷；实施油茶、楠竹低改各5万亩，森林质量稳步提升。二是油茶产业持续升温。积极与省市对接，争取2018年农业综合开发油茶产业基地建设示范项目500万元，实施面积280.67公顷，为全县打造全省油茶示范县奠定了坚实基础。制定出台《攸县林木种苗管理办法》，成立了攸县兴林油茶苗木专业合作社，引导油茶育苗产业步入“合作化经营、市场化运作、规范化管理、质量化认证”发展轨道；投入资金近200万元，在林科所建立油茶良种采穗圃33.33公顷，以满足全县油茶穗条需求；强化油茶种苗执法及采摘管理，查获并销毁非法油茶穗条500公斤，县政府下发《关于切实做好油茶（桐）收摘工作的通告》，统一开山时间，实行群防群治，维护油茶采摘秩序。三是项目建设切实巩固。紧扣“五区会战”目标，继续在森林资源培育保护、产业扶持、企业帮扶等方面下功夫，向上申报审批建设项目用地48宗，批复林地使用面积106.17公顷，有效助推了项目工程顺利落地；认真实施“中德三期”项目，协助完成德促项目示范点调查、科研培训、经营方案编制等工作；向上申报省级林下经济示范基地2个，省级农民林业专业合作社示范社1个。全年兑现生态公益林资金1241.87万元、退耕还林资金768.45万元、天然商品林补助68.28万元、森林抚育资金90万元、长防林项目资金150万元、中央财政造林补贴277万元，项目实施成效切实巩固。

【林木资源保护】二是成效显著。大力开展“绿盾2018”“春雷2018”、森林督查、环保督察等专项行动，全年核发集体林木采伐限额76833立方米，查验木材总流量1364车次，材积31576.9立方米；清理木材加工场地94家，立案调查19家，停产整顿或取缔关闭12家；完成了“林地一张图”变更调查，县政府下发《关于加强松材线虫病防控工作的通告》，开展了松材线虫病普查工作，无公害防治林业有害生物面积3.248万亩，检疫苗木1.87亿株；依法严厉打击各类毁林犯罪行为，收缴或解救蛇类、珍稀鸟类等野生动物300余只（条），均予以野外放生；先后查处林业行政案件212起，侦破刑事案件20起，打击处理253人次，生态安全得到保障。

【林权管理】有序推进林权管理，出台《攸县完善集体林权制度实施方案》，结合不动产登记，切实做好林权确认纠错和山纠调处工作，完成林权纠错面积402.33公顷，收回错发证500多本，清理鸾山、宁家坪、皇图岭等乡镇林权卷宗4.1万份；完成林权流转5宗，涉及面积425.07公顷；实施森林保险83万亩，理赔面积88.6公顷，金额45万元。实行信访维稳包案化解制度，接待群众来访540余人次，受理中央巡视组交办件、书记批示件等42件次，处理山林权属纠纷22起，行政应诉9起，切实维护了林区秩序稳定。

【森林防火】严格执行24小时领导带班值勤制度，通过村级护林员巡查、横幅标语、村村响广播、流动宣传车、打铜锣等多种形式加强防火宣传，印发《禁火令》15万份，制作《我是攸县人》等节目2期，发送手机短信2万余条，书写标语1500余条，切实加强了森林火灾的预防和处置工作。全年虽有森林火情发生，均得到了有效处置，没有酿成大的森林火灾和经济损失，实现了各个特护期平稳过渡。时刻绷紧安全生产这根弦，压实“一岗双责”“管行业管安全”职责，开展“打非治违百日行动”，确保了林业企业全年无安全责任事故。

【队伍建设】一是加强组织建设。深入学习贯彻落实中共十九大精神，全面铺开“牢记使命、不忘初心”主题教育活动，推动“两学一做”学习教育常态化制度化，抓实意识形态工作；以“五化”支部建设、“三会一课”制度、“主题党日＋”活动为抓手，成立“林业薪火工作室”，抓好人才引进和大学生实训，切实加强基层党建。先后组织局党组理论学习中心组集中学习等各类学习活动36次，发展党员6名，收缴党费5.6万元，不断增强了党员干部党性修养，提升基层党组织的凝聚力和战斗力。二是加强作风建设。继续围绕“素质提升年、作风建设年、管理规范年”主线，强化内部管理和队伍建设；进一步加强党风廉政建设，制定《攸县林业局干部作风考核实施办法》，全年开展纪律作风督查13次，廉政谈话239人次；认真落实“五问工作法”“马上就办、真抓实干”，对局中心工作实行“日督查、周碰头、月预安、季讲评、年考核”，全年月共预安销号主要工作226件，林业政务服务窗口办理行政许可事项3957份，“最多跑一次”事项申报率达100%，各项工作推动有力，工作效能明显提升。三是开展创优争先活动。开展“三创五讲”“四个主题”活动，积极争创省文明单位，助力全国文明城市创建。认真制定工作方案，加大宣传动员，先后组织开展了道德讲堂、志愿者服务、创文知识抢答赛、主题调研竞赛、体育竞技、禁毒活动、爱心助残、健康食堂、敬老爱老、好人好事线索推荐等活动，丰富创建内涵，营造了浓厚创建氛围。特别是与县文明办联合主办，县电视台承办的“乡村振兴•绿化攸州”杯创文知识抢答赛活动，决赛盛况在攸县手机台全程直播，社会反响良好。

【结对扶贫】选优配强结对帮扶力量，由25名局机关干部与网岭镇宝山湖25个贫困户一对一结对，每月开展2次以上帮扶活动，严格落实“五个一”“五个好”等扶贫政策；成立了鑫农造林专业合作社，覆盖70%建档立卡贫困户，引导林业产业扶贫发展，增强脱贫造血功能；及时足额兑现生态公益林、退耕还林、造林抚育等林业补助资金，推动“生态补偿脱贫一批”落地生根；先后3次为贫困家庭捐款9600余元，帮助其渡过难关。在全县各季度脱贫攻坚考核中，局驻村帮扶工作均评为“优秀”等次。

【迎接国家林草局森林督查】9月12日，国家林业和草原局驻贵阳专员办调研员张立新带队到攸县开展保护发展森林资源目标责任制检查和森林督查。汇报会上，国家森林督查组听取了攸县人民政府关于保护发展森林资源目标责任制执行情况和森林督查自查情况汇报，就本次森林督查的目的、时间、内容、方式、步骤、结果运用等作出了具体要求和安排。会后，督查组查看相关资料。本次国家森林督查自9月11日至17日，为期6天，督查组将采取听汇报、查资料、现场调查等方式，主要检查攸县2017年以来目标责任制落实、林地保护管理、林木采伐管理、涉林案件查处等情况。攸县作为全省7个县市之一，迎接国家林草局成立以来首次森林督查。一是精心组织迎检。自6月15日省林业厅交接图斑以来，成立督查工作领导小组，制定督查迎检方案，设立外业技术、内业资料、现场核查、案件处置等4个工作组，由主管副县长总指挥，局长负总责，分管副局长具体抓，先后召开全县动员会、工作推进会、工作调度会、工作碰头会9次，及时研究部署森林督查工作。组织举办了自查技术培训，明确了“实事求是、客观公正；依法依规、规范操作；立足现实、尊重历史；以人为本、人文关怀”的原则，大力推进核查整改工作。二是认真抓好自查。抽调44名林业技术人员，组成21个外业小组，历时3个月，集中人力、物力和精力，通过室内判读、现场核查等方式，对462个图斑逐一调查核实，如实上报自查结果。对核实的违法违规图斑，全部予以立案登记，有针对性的落实整改措施。各林业站协助驻地乡镇（街道）按照保护发展森林资源目标责任制资料清单，逐项梳理完善内业资料，查漏补缺，建立台账，分门别类装订成册，确保资料规范完整、数据真实准确。三是加强督查指导。8月21日，县政府从137个问题图斑中梳理出27个重点问题，以书面形式交办到乡镇（街道）及相关单位，责令限期落实整改；县林业局由局长带队，采取“领导包片、股室包站、林业站包乡镇”的形式，由3个副局长牵头，加强督查、指导和服务，全面组织“回头看”，定期听取工作进度汇报，及时研究解决面临的困难与问题，保证了整改实效。四是严格落实整改。9月11日至17日，国家森林督查组通过听取汇报、查阅资料、召开座谈会、现场察看、基层走访等方式，对攸县开展保护发展森林资源目标责任制检查和森林督查，指出了存在的问题并提出整改意见。9月底，县政府出台森林督查整改方案，按照“9月30日前上报整改方案、10月25日前查结行政案件”的要求，把握时间节点，有力推进整改。本次督查，全县调查核实违法图斑137个，涉及违法主体141个，已查处办结行政案件97个，移送刑事案件36个，扎实的整改成效得到了国家林草局驻贵阳专员办的充分肯定，得分在全省排名第一，被评为“优秀”等次。

【省林业厅副厅长吴彦承到攸县调研指导油茶良种育苗工作】 3月20日，湖南省林业厅副厅长吴彦承率省种苗站站长宋自力等一行到攸县调研指导油茶良种育苗工作。先后到莲塘坳镇湘天华油茶基地、林科所新市协塘村杉木三代种子园、网岭镇新兰油茶苗木基地，对攸县油茶产业基地建设及良种育苗管理情况进行调研指导。调研中，吴彦承充分肯定了攸县在油茶良种选育、基地建设与管理方面取得的工作成效。他指出，油茶良种苗木是油茶产业发展和生态文明建设的基础，攸县要进一步加大力度，依托优越的自然条件，大力发展油茶种苗产业，强化监管与引导，提高基地育苗的经济效益，造福当地广大群众。

【攸县兴林良种油茶育苗合作社成立】 4月4日，攸县兴林良种油茶育苗合作社召开成立大会，选举产生合作社理事长，安排部署相关工作。会议审议通过了《攸县永林良种油茶育苗合作社章程》和《理事长选举办法》，18个理事会成员单位无记名投票选举产生了合作社理事长，随即新当选的理事长发表了任职讲话。网岭、丫江桥镇政府分管副职及林管站长，18个合作社理事会成员，县林业局相关领导及股室负责人参加会议。

【"春雷2018"突击检查行动】 5月16日，攸县林业局组织森林公安局、执法大队、林政法制股、森保股等执法力量，对县内集贸市场开展"春雷2018"专项打击行动突击检查，打击非法贩卖、宰杀、经营野生保护动物行为，收缴野生保护动物（活体）一批。当天早上6点，执法人员到湘东大市场农贸市场内，重点对非法捕猎、贩卖、宰杀、经营野生动物等违法犯罪行为予以打击，收缴蛇类4条，青蛙20公斤左右。行动结束后，执法人员将它们及时送到河流和山坡进行野外放生。为保护野生动物资源，攸县按照省市统一部署，自4月20日至6月30日在全县范围内组织开展"春雷2018"专项打击行动。针对一些野生动物交易比较频繁的地方，不定期开展重点的、专项的、突击的检查打击，着力维护生态安全。

（虞晓乐）

攸县黄丰桥国有林场

【概况】 2018年，攸县黄丰桥国有林场经营林地面积10133.3公顷，森林蓄积量87.8万立方米，森林覆盖率为89.8%。场部机关内设股室9个，下辖广黄、柏市、长冲、漕泊、上陇、幽居、严湖7个营林分场，1个森林消防队，1个林业调查设计队，天子山、高湖2个示范基地。有干部职工582人，其中在职271人，退休311人；其中有林业高级专业技术职称7人、林业中级职称22人、会计师3人。2018年荣获度全省国有林场质量管理"十佳单位"。

【森林培育】 建立育苗基地26亩，培育各类苗木110万株。完成混交造林2704亩，空坪隙地补植1938亩，新造林成活率在96%以上。完成6年生以下的幼林抚育17246亩次。完成国家储备林新造项目1400亩、国家特殊林培育项目1000亩、防护林森林质量精准提升项目2000亩、中央财政森林抚育项目2000亩、德促楠竹项目1200亩、林科大和林科院樟树实验项目500亩等。杉木无节良材"精品林"、珍稀树种"特色林"、生物防护林带"世纪林"、森林旅游自然"景观林"、高效楠竹"丰产林"已成林场森林经营主攻方向。

【资源保护】 加强护林防火宣传，通过进村入户宣传防火知识、发放宣传单、在主要路口书写醒目标语等，积极做好护林防火宣传教育工作。严格执行24小时领导带班值勤制度和林区巡查工作制度，在高危火险期深入林区开展隐患大排查；抽调专门技术力量编制《生物防护林带项目建设规划》，完善森林防火体系。开展林地清查，对全场辖区内的林地征占用情况进行全面清查，对清查出的10起违法占用林地行为形成专门报告上报县林业局和森林公安。定期对主伐场地进行巡查，严禁在采伐山场内吸烟及违规用火，督促采伐人员采伐、运输等环节做好各种安全工作；邀请株洲市消防大队来场开展消防安全知识讲座，确保了全年无安全生产责任事故。

【木材经营】 面对木材需求萎缩，市场行情持续低迷，销路不畅，价格下跌的局面，积极主动出击，调研市场、走访客户、优化服务。一是科学调查。采用全林实测法对林木进行每木检尺，科学计算小班采伐蓄积和出材量，全年共检尺2.3万立方米材积。二是合理定价。派出考察组到周边县市木材市场以及省外有关国有林场了解木材价格行情，及时掌握最新杉木价格走势，合理定价格，全年5次竞标价格都没有出现大的波动。三是优化服务。通过深入山头、深入村组、深入群众主动协商，以最小的代价调处了上垅三角塘、高湖皮佳垅、柏市班竹江等9起山林纠纷，保障木材生产、木材运输顺利进行。

【党建和扶贫】扎实开展“两学一做”学习教育，扎实开展“三会一课”，邀请县委讲师团老师来场开展专题讲座4人次，党委成员讲授党课4次，各党支部开展集中学习12次。大力推进“五化”支部建设，创新开展“情系贫困户”“缅怀革命先烈追寻红色记忆”等主题党日活动。加强党风廉政建设，全年开展纪律作风督查12次，集中廉政谈话15次，涉及党员干部128人次；开展违反中央八项规定突出问题专项整治行动，收缴违规发放列席人员会议费36400元和违规饮酒款8552元，对3起违纪案件当事人作出了党纪政纪处分。深入开展脱贫攻坚，扎实推进“三走访三签字”，准确制定“一户一策”，认真落实“五个一”“五个好”，全年扶持网岭镇武仓村扶贫资金10万元，8户贫困户成功脱贫。

（罗贺齐）

养殖业

【概况】2018年，全县养殖业继续保持了平稳的发展态势。全县存栏生猪61万头，其中母猪5.87万头，出栏生猪95.2万头，分别比上年增加2.53%、0.15%和3.92%；存栏牛3.68万头，出栏牛1.32万头，分别比上年增长4.0%，2.78%；存栏羊5.82万只，出栏羊7.30万只，分别比上年增长3.92%、3.49%；存笼家禽518.63万羽，出笼430.02万羽，分别比上年增长5.21%、3.92%；蛋品产量1.95万吨，比上年增长4.22%；水产品产量2.396万吨，比上年增长3.00%；产蜂蜜466.5吨。县畜牧局获“全省养殖业信息宣传工作先进单位”“全市养殖业工作目标管理先进单位”“养殖业污染治理工作先进单位”等荣誉称号。

【动物卫生监督】按照“政府保密度，部门保质量”的原则，继续推行“双责地毯式”强制免疫模式，以重大动物疫病为防控重点，深入开展春秋两防及巡查补注工作，确保应免尽免、不留空挡、不留死角。扎实开展非洲猪瘟排查阻疫、监督执法、监测采样、流行病学调查以及应急演练等工作；安排落实了24小时应急值守和领导带班制度，做到抓早抓小，确保及时处置，全年共查处案件12起。紧急设立非洲猪瘟临时检查点23个。共排查生猪养殖（场）户2787场次，排查生猪97万头次。禁喂泔水养殖（场）户92家。举行集中监测4次，采集H7N9禽流感、小反刍兽疫和非洲猪瘟等监测样品1885份，经检测，所送样品均呈阴性。

【畜禽水产品质量安全监管】成立领导小组，制定考核细则，层层签订《责任状》。以省市生猪定点屠宰“扫雷行动”为契机，加大执法力度，从严打击私屠滥宰等违法行为。组织开展了养殖投入品、“瘦肉精”、水产品、贩卖病死动物等专项整治行动，确保全县人们吃上了“放心肉”。全年共出动执法人员180人次，检查兽药门店21家、饲料经营门店9家、规模养殖场86家。开展“瘦肉精”等违禁药品专项整治4次；用“瘦肉精”快速检测卡检测生猪尿样20830个，牛羊尿样589个，用酶联免疫法检测生猪尿样366个，“瘦肉精”检出率均为零。

【发展特色产业】组织专家讲师团，强化生产指导和技术服务。综合施策，加大推广创建力度，以攸县麻鸭、蛋（肉）鸡、黑山羊、肉牛、朗德鹅、休闲渔业等为重点，支持建设了一批的特色示范养殖场，为养殖业的转型升级，夯实了发展基础。共计举办各类培训班30期，培训人员1650人，发放宣传资料9000余份。发展“公司+农户”模式的养殖场60余家；累计创建国家级标准化示范场2家、省级标准化示范场8家。发展年出栏50万羽的肉鸡养殖场2家；发展存笼3万羽的蛋鸡养殖场3家；发展规模养牛场2家。黄丰桥的工厂化流水养殖、三文鱼、养蛇，枫水湾公司的桑草猪养殖，丫江桥的黑山羊养殖，新市的朗德鹅和龙虾养殖，皇图岭的香猪等特色养殖业，其规模不断扩大。

【项目建设】一是湖南畜牧育种产业园项目。总投资2.2亿元，第一期工程为核心育种场，规划用地5.6公顷，建筑占地1.78公顷，7栋猪舍及配套设施全面完成。二期工程的土方、地下管网、墙体及屋顶穿梁等建设全部完成。5月，产业园从美国引进1080头原种种猪，已正式投产。二是攸县麻鸭资源场搬迁项目。经多方论证，麻鸭资源场确定搬迁至网岭镇江塘村石巷组，占地面积为3.34公顷，总投资1000万元；项目建设已启动并有序推进。三是畜禽粪污综合利用社会化服务试点项目。引进惠格、四季牧歌等第三方服务，完成资源化利用猪粪5.2万吨，生产有机肥2.5万吨，实现了畜禽粪污达标排放。四是攸县病死畜禽无害化处理体系项目。由绿佳丰公司投资1500万元，在宁家坪镇建成日处理能力达30吨的无害化处理中心，其中收集暂存点2个，发放冰柜100台，年处理病死猪6万头，资源化转化工业油脂5000吨，确保全县的病死畜禽统一收集，集中处理。五是畜禽粪污资源化利用整县推进项目。11月中旬，成功申报2019年畜禽粪污资源化利用整县推进项目资金4500万元，该项目的实施，将对全县养殖业污染防治产生深远影响。

【污染防治】分类指导，因场施治，积极推广“平衡式”的农牧结合、“零排式”的异位发酵、“试点式”的集中处理等综合利用技术。指导65家养殖场采用现代标准化养殖模式，实现养殖废弃物资源再利用。成立专门督查班子，对存栏50头以上的规模养殖场的排污设施运行情况，夜以继日进行“地毯式”排查、整治。与环保等部门联合执法，对禁养区内的养殖场进行全面摸底核查。全县累计完成规模养殖场设施升级改造254家。禁养区内共清查养殖场69个，树立禁养区标识牌50多块。完成市环保督查案件22起；下达《限期整改通知书》380多份；关停退养排污设施不达标养殖场29个。规模养殖场污染防治设施设备配套率达88.6%，畜禽养殖废弃物资源化利用率达72.5%。

【渔政执法】按照相关要求，会同有关部门单位，组成巡逻执法队，不定期开展巡航执法，从严查处“电鱼、炸鱼、毒鱼”等破坏水域资源的违法行为。共出动执法人员110人次，立案查处案件3起，拆除电鱼船3条，没收电鱼设备150套。全年禁止天然水域投肥养殖行为10多起。在酒埠江水库人工增殖放流鱼苗400万尾。

【产业扶贫】组织党员干部到桃水镇小集村开展扶贫工作，为该村贫困户逐户制定方案，及时排忧解难，实现脱贫摘帽。开展养殖扶贫技术服务全覆盖行动，建立局分管领导包片，业务股室包乡镇，技术员包贫困户的工作制度，县乡两级共派出110名技术人员进村入户，张贴技术服务责任牌540张，确保每个涉养贫困村、每个涉养贫困户都有技术人员指导。筛选了新市镇龙虾养殖产业扶贫基地、皇图岭镇双江口生态土鸡养殖场及新市镇众森生态农业有限公司，采取“土地入股、资金入股、劳动力入股”和“公司+农户”等形式，分别带动贫困户进行养殖产业脱贫。共实现养殖产业脱贫贫困户833户2501人。

【党建工作】以“两学一做”制度化常态化和“不忘初心、牢记使命”主题教育为重点，组织全体干部职工进行了6次集中学习，5次专题讨论，12次主题党日活动。严格落实党风廉政建设“一岗双责”制，纳入年度目标绩效考核，实行分线包干和一票否决，确保全系统党风廉政建设任务明确、要求明确、责任明确。配合县委巡察组开展常规巡察和政治体检，对存在问题及时自查自纠，全面整改到位。以作风整治为抓手，采取不定期检查、明察暗访等方式督查机关各股室、局属二级单位的作风建设情况，重点对迟到、早退、旷工，上网聊天、炒股、网上购物、玩游戏等问题进行查处。

（刘 伟）

水 利

【概况】全县拥有大型水库1座，中型水库2座，小Ⅰ型水库19座，小Ⅱ型水库274座，山塘22662口，陂坝978处，小型电力排灌站1104处，大中型灌区6个，干支渠道总长1939千米（其中渡槽225千米，隧洞

18千米，倒虹吸管17千米），大小河流102条。全县形成了以酒埠江、皮佳如、三星坝、老虎岩、凉江、苏洲坝、张家冲7个骨干灌区为主，其他小型水利设施为辅的农田灌溉体系，全县水利工程总蓄引提水能力达到6.45亿立方米，有效灌溉面积为43066.7公顷。2018年，全县降水偏少，1—5月降雨量为450.8毫米，较上年同期少降雨214毫米，比历年同期平均降雨量少363.4毫米；1—9月，总降雨量为986.4毫米，比上年同期少降雨222.8毫米。其中4—9月降雨748.4毫米，比上年同期少降雨21.5毫米。主汛期各月降雨量分别为：4月72.5毫米，5月140.3毫米，6月119毫米，7月174.2毫米，8月221.2毫米。全县各类水库和山塘应蓄水量为5.43亿立方米，截至5月23日，实际蓄水2.17亿立方米，占应蓄水量的40%，较上年同期少蓄水3.26亿立方米。其中，酒埠江水库蓄水1.06亿立方米，黄沙桥水库蓄水528万立方米，皮佳如水库蓄水494万立方米，除大中型水库蓄水稍好,其他小型水库及山塘蓄水仅为20%—30%。县水利局机关内设股室6个,二级机构14个;全水利系统共有干部职工434人,其中水利高级职称8人、中级职称55人、初级职称72人、技术人员71人。

【防汛抗旱】全县防汛抗旱工作牢固树立“防大汛、抢大险、救大灾”的理念，扎实做好气象服务、防汛抗旱、地质灾害防治、灾民安置等抢险救灾工作，确保人民群众生命财产安全和社会稳定。一是强化责任落实。严格落实各级行政首长防汛责任，切实加强对防汛工作领导。全县所有水库、重点河坝都落实了防汛行政责任人、技术责任人和管护责任人，并在网站进行公示。二是强化隐患排查。4月底，县防指派出8个工作组，深入全县17个乡镇（街道）和县属水利工程管理单位，开展水利工程安全大检查。对排查出来的90处隐患逐一登记、提出处理措施，将隐患消灭在萌芽状态。三是加强预警系统维护。对全县的原有的山洪灾害监测预警系统进行维护和更新改造，新增10处水位站及10处自动雨量站，新建半自动雨量站100处，确保了山洪灾害监测预警系统运转正常和全覆盖。2018年，全县降水偏少，全县各类水库和山塘应蓄水量为5.43亿立方米，但截至10月上旬，实际蓄水2.17亿立方米，只占应蓄水量的40%。面对严峻的抗旱形势，全局按渠段划分到人，实行分段，分片管理，任务落实到每一个职工，经过近150天的艰苦奋战，最终确保了全县大旱面前无大灾。

【水利基础建设】年度水利建设总投资3.61亿元，重点实施了如下工程：投资3756万元的农村饮水安全巩固提升工程，投资799万元的皮佳如灌区续建配套工程，投资1525万元的小农水工程，投资6306万元的36座小型水库除险加固，投资2430万元的中小河流治理工程，投资540万元的仙石15平方千米小流域治理水土保持工程，投资2400万元的洣水攸县河段的城南保护圈、春塘防护保护圈，投资451万元的农业水价综合改革试点项目，投资170万元的移民整村推进项目。投资1384.68万元的小水电增效扩容项目，投资1079万元的移民后扶基金等项目，投资673万元五小水利工程项目。通过积极引导、创新机制，拓宽投资渠道，着力推行“竞争立项、民办公助、先建后补”新机制，年度在建各级财政投资大小水利工程遍布全县17个镇（街道）230多个村（居委会），带动村组面上冬修水利遍地开花，形成了县有重点，镇有项目，村组有工程的全域水利建设格局。同时，坚持“谁受益，谁投入”的原则，加强技术指导，督促各乡镇（街道）、村（社区）、组搞好农田水利基础建设，引导和鼓励群众积极集资投劳，充分调动群众兴修水利的积极性。全县面上水利工程建设成效显著，工程预计总投入7060.8万元，整修灌排渠200.19千米，维修山塘161口，维修陂坝体19座。

【政府为民办实事工程】2018年，兴建农村供水工程18处，其中乡镇自来水厂管网延伸工程6处，新建单村供水工程12处，项目涉及全县10个乡镇（街道）26个行政村，新增巩固提升农村供水人口3.45万人，其中贫困人口1.38万人。项目计划总投资1907万元，其中中央、省级奖补资金913万元，县级配套资金994万元。实施水库除险加固工程，完成木瓜塘、竹塘、勤家冲、长塘等36座小II

型水库除险加固工程建设任务，总投资6306.43万元。

【行政执法】全年加强入河排污口监管，严格行政审批，做好执法工作。一是全覆盖开展入河排污口核查登记，进一步理清每条河流入河排污口的数量、位置、排放方式及污染源情况，建立了入河排污口档案信息，对违规排放的入河排污口提出整改措施，补办设置审批手续，对不达标排放的企业坚决予以关闭。二是严格行政审批，规范涉水行为，依法办理行政许可。全年办理了酒埠江重金属污染治理工程、洣水三、四桥工程、乡镇污水处理厂、农村道路桥梁等涉河建设项目审批，审批了15个生产建设项目水土保持方案。三是严格实行河道采砂公开有偿出让工作，通过拍卖的形式对洣水、永乐江可采区河道砂石开采权公开出让，竞拍金额7638万元。全年河道巡查176次，并建立巡查台账。制止涉河水事违法行为76次，下达《责令停止水事违法行为通知书》24份，立案查处3起；组织相关部门进行联合执法3次，拆除砂场51家；调处水事矛盾纠纷70余起，办理水事案件3件，答复信访件82次，通过多项严格执法从严打击水事违法行为，有效维护了水事秩序。全年下发2018年水资源费缴纳、取水许可证换发、取水计划通知50多份；审批报告书2个，报告表5个；安装水功能区划标识牌、入河排污口标识牌设立30多块，对全县取用水户进行排查摸底，启动5家用水户取水计量设施的安装工作。全年共征收水资源费52万元，收取水土保持补偿费132万元。

【河长制工作】全面完善县级河长制基础资料，并录入水利部和省水利厅河长制综合管理信息平台，做好与省、市河长办对接工作和督察考核迎检工作；认真督察和指导乡镇（街道）河长制工作；开展“僵尸船”专项整治，拆除僵尸船11艘，埋设船舶系缆桩10处；河湖“清七乱”工作，全面摸查“七乱”问题72处，其中乱占14处、乱采1处、乱堆47处、乱建9处、乱排1处，要求各乡镇（街道）按时间节点整改到位并销号；启动县级领导担任河长的河流4条（攸河、永乐江、沙河、朱亭港）及洣水、攸河、永乐江、沙河等河流一级主要支流13条河流的一河一策方案的编制工作；制定了河湖划界方案（草案）；督促2018年河长制重点工程项目的建设进度。积极配合国家环保督察工作，对发现问题立行立改，清除河道管理范围内近900立方米，撤离饮水水源地内船舶20余艘。

【扫黑除恶】严格按上级要求，结合水利行业特点，有序推进扫黑除恶专项斗争工作。一是多次召集水利工程施工单位负责人召开会议，宣传工程领域黑恶势力相关知识，鼓励举报工程领域强揽工程项目、强买强卖、强行断路、断水、断电行为，以国家工作人员身份，利用权力强揽工程项目或充当黑恶势力“保护伞”的违法线索。二是紧盯河道采砂领域，通过县长热线、举报热线电话等举报途径，广泛收集黑恶势力渗透河道采砂的线索。三是与全局干部职工签订扫黑除恶专项斗争涉黑涉恶线索摸排工作责任书，切实压实线索摸排工作责任。

【移民扶持】一是落实移民后扶资金直补工作。在省、市的统一部署安排下，严格按照国务院17号文件和省移民局湘移发〔2007〕2号文件的规定和要求，共核定登记大中型水库农村移民（包括三峡移民）14092人，在充分尊重移民意愿和原居村民意见的基础上，全部确定为直补到人扶持方式。二是项目扶持。2018年度省、市下达攸县2017年度和2018年度项目资金1079万元，安排小型项目136个，现项目已完工108个。2018年度移民整村推进项目170万元，投入鸾山镇酒埠江水库移民安置区咸弦村，现项目正在准备招投标。三是移民培训。2018年度，根据本地主导产业、优势产业和特色产业发展实际，以种植、养殖为重点，以积极发展“一村一品”主导产业为培训方向，共举办3期实用技术培训班，培训移民200人。依托酒埠江库区旅游产业，举办一期就业技能培训班，培训移民55人。同时，选送了4名移民参加省局举办的致富带头人培训班，2名移民参加了省局举办的无人机驾驶培训班。四是移民避险解困工作。2018年，全县结余大中型水库移民避险解困人口237人，根据各乡镇上报人数，经县领导小组初步审核，全县2018年度大中型水库移民避险解困人员为408人，计生奖励人口为22.5人，超过省下达510人指标193.5人。

【党建工作】深入学习贯彻中共十九大精神、习近平新时代中国特色社会主义思想，进一步推进党建工作，始终坚持党建工作目标管理。严格按照“三会一课”制度，抓好党的思想建设、组织建设、制度建设和作风建设。按照年初确定的学习目标，按月开展形式多样的机关党支部主题党日活动，积极开展以“不忘初心，牢记使命”为主题的教育活动。切实加强党风廉政建设。组织局班子成员签订党风廉政建设责任状，积极开展正反典型教育。局全体工作人员签订了工程建设项目工作人员廉政承诺书和拒收、不送红包礼金承诺书。通过组织广大党员干部参观反腐成果展、参观党员教育基地等一系列活动来开展面对面警示教育，重点教育干部职工不准干预和插手水利建设工程招标投标。切实筑牢反腐倡廉建设思想防线，压实党风廉政责任。

【整治河道非法采砂】5月29日，应生态环境部对攸县洣水河城区段集中式饮用水水源地开展环保专项行动督查中发现水源保护区内仍然存在河道采砂“两断三清”不到位的问题。2018年5月30日至31日，相关部门重拳出击，集中整治该区段饮用水水源保护区河道非法采砂，将该区段饮用水水源一、二级保护区内已关停的宋家洲、春洲、苏江等3家砂场彻底取缔并予以拆除，确保洣水城区饮用水源保护区内河道采砂“两断三清”整治到位。

（陈芳华　刘　凌）

农业综合开发

【概况】2018年，县农业综合开发办公室内设股室3个，全办共有干部、职工13人，有水利中级职称人员1人，财会中级职称人员1人。全年共组织实施农业综合开发项目4个，其中土地治理项目1个，产业化经营项目3个，争取国家农业综合开发专项资金3580万元。

【鸾山镇高标准农田建设项目】鸾山镇高标准农田建设项目于2017年立项并启动。2018年全面组织实施该项目，共投入1243.03万元，在该镇上垅等9个村，建成606.67公顷高标准农田。共衬砌渠道22.28千米；新建、扩建加固骨干山塘8座；新修渠系建筑物4座；硬化干道及新建支路9.04千米；营造防护林100亩。项目建成后，经济效益、社会效益和生态效益显著，改善灌溉面积473.3公顷，改善除涝面积133.3公顷，预计年新增粮食生产能力91.6万公斤，油料15.68万公斤。年新增农业总产值297.11万元。项目区农民纯收入增加总额166.51万元。

【产业化经营项目】2018年，共实施产业化经营项目3个，总投资520万元，其中财政资金204万元。重点扶持攸县新市国家粮食储备库的《2万吨大米加工改建项目》、株洲金溢源牧业有限责任公司的《800只种羊养殖基地扩建项目》、攸县瑞达生猪养殖专业合作社的《3000头牲猪养殖基地新建项目》，进一步完善了农业经营主体的基础设施，加快了农业优势特色产业发展步伐，为攸县农业“产业突围、转型突破”增添了动力。

【党建和结对扶贫】紧跟县委部署，多形式开展主题党日、讲党课活动，开好民主生活会、组织生活会。紧跟县委部署，按照年初制定的党建工作计划，坚持做好“三会一课”、主题党日活动、党费按月收缴等工作，同时，“七一”建党纪念日期，组织本办党员和龙湖社区党员联合开展党建活动，听取了3堂县级讲师讲授的党课，并2次组织龙湖社区党员到县内党建工作先进村、社区参观学习，加强党员教育，提升党员觉悟。切实加强党风廉政建设。扎实开展“互联网+监督”和“违规发放津补贴自查自纠”等专项活动。严格按照农业综合开发工作管理条例规范程序，使各项权利行为都在监督之下，提高全办干部队伍廉政勤政善政水平。扎实做好精准扶贫结对帮扶工作。2018年，在驻江桥街道办事处龙湖社区的结对帮扶工作中，每月两次深入村组，落实“五个一”“五个好”；解决了几个脱贫难点，筹措资金6.3万元，分别解决了贫困户朱国华、朱金平、刘建雄的房屋修缮资金，并实现了“两不愁、三保障”，年末龙湖社区实现全面脱贫。实施龙湖社区双丫渠工程和龙湖社区田心、田家两组新修道路土方成形工程，争取上级财政资金36.23万元，改善了龙湖社区农业生产条件和村容村貌。

（王晓飞）

农业机械管理

【概况】 2018年，全县拥有农业机械总动力105.68万千瓦，同比增长3.9%；农业机械拥有量10.04万台套，同比增长1.2%。农业机械总值12.51亿元，同比增长3.4%；农机作业服务总收入12.16亿元。全县完成水稻机耕面积64.62千公顷，机插面积25.98千公顷，机收面积64.53千公顷，水稻生产各个环节机械化率进一步提升，耕种收综合机械化水平达81.79%。县农业机械管理局有在编干部职工36人；局机关内设办公室（加挂计财股牌子）、法规股、管理股及产业发展股4个股室。下辖6个二级单位，即农机安全监理所、湘东农机大市场管理办公室、农机学校、农机技术推广服务站、农机技术监查站、新市农机监理站。年末，县农机局荣获全省农机工作先进单位、全省水稻育插秧机械化技术推广先进单位、全省现代农机合作社建设先进单位、全省农机购置补贴工作先进单位。

【农机购置补贴】 2018年，充分依托湘东农机大市场，集农机指标申请、选机购机、监理上户、机手培训和补贴办理于一体，推行一站式服务。全县共实施农机购置补贴项目资金1159.3万元，受益户数284户，报废更新机具189台，报废补贴139.6万元。共补贴机具696台（中央新产品12台）。

【粮油机械化推广】 着力补齐水稻机插、植保、烘干等机械化短板，加大高速插秧机、烘干机和植保飞机的应用力度，2018年新增高速插秧机20台，水稻机插率40.09%；新增烘干机34台（保有量166台套），烘干粮食18.3万吨，烘干率42.6%；拥有新型植保机械47台；着力推广油菜机械化高密度直播技术，通过设立示范点、召开现场推进会、演示会等途径，在全县掀起油菜生产机械化高潮，共推广油菜直播机64台，油菜收获割台347台，全年机播油菜4.42万亩、机收油菜13.78万亩。

【农机安全监理】 为深化“平安农机”创建成果，进一步完善县、乡、村、合作社四级农机安全监管网络，认真开展农机安全打非治违“春雷百日行动”“强执法防事故”和拖拉机安全生产“四大行动”等专项行动，组织农机安全监理人员深入田间、场院，对危及人身安全的农业机械进行逐台排查，特别是对农机合作组织进行深入排查；积极协调安监、公安交警等部门开展联合执法行动，严厉打击拖拉机超载、超速、疲劳和酒后驾驶、无牌无证、准驾不符、不参加年检等行为，共检查农业机械600台，合作社100余家，纠正违章违法行为34起，有效地遏制了重大农机事故的发生。当前全县共有在册拖拉机9575台，收割机3046台，工程机械934台，拖拉机驾驶员5758人，收割机驾驶员810人。

【实施“民生100”工程】 继续扶持建设现代农机合作社，借助项目积极引导农机大户改变传统的经营方式，组建农机合作社，开展社会化服务，增加自身作业收入。同时，充分利用农机购置补贴、机耕道建设和作业补贴，对合作社实行政策倾斜，不断推动合作社发展壮大。2018年新成立合作社6家（共114家），新增省现代合作社12家（共61家），省示范社4家（共5家），市特色社3家，共争取扶持资金411万元。大力推进农村机耕道新建维修改造项目，将900公里的任务数分配至各乡镇（街道），并明确按照“建前申报、建成验收、先建后补”的原则进行奖补，奖补标准为1000元/公里，县级财政投入资金135万元，为高质量的机械化夯实基础。

【农机科教培训】 根据全县农业生产实际需要，对培训工作及时作出调整和安排。全年共计培训农机管理人员17人次、农机技术人员217人次、拖拉机手166人次、收割机手205人次、履带式旋耕机（或履带式拖拉机）手101人次、机插秧人员242人次，烘干机操作人员51人次、耕整机手239人次；共完成各类培训1238人次，圆满完成2018年各项目标任务，继续为各乡镇、街道输送了一批合格的农机技术和操作人员。

（刘　磊）

农村经济管理服务

攸县农村经济管理服务站内设办公室、管理股、监督股3个股室，下辖农村土地承包经营权流转服务中心、农村土地承包经营纠纷调解仲裁委员会办公室2

个二级机构。2018 年，荣获了全省农村集体“三资”管理工作先进单位、全省确权登记颁证工作先进单位、全省农民权益维护和农民负担监督管理工作先进单位等荣誉。

【农村土地确权颁证】 全县 17 个乡镇（街道），297 个村（社区），其中有确权任务的 281 个村，5900 个村民小组，承包农户 15.78 万户，国土二调总面积为 86.62 万亩。确权调查实测地块面积 84.2 万亩，其中承包地 66.8 万亩，非承包地 17.4 万亩；确权面积 62.9 万亩，占承包地面积的 94%。此项工作 2015 年开始试点，2016 年全面铺开，2018 年年底基本完成。截至 2018 年 12 月，全县发放证书 14.21 万本，工程数据汇交国家农业部，并通过农业部质检，信息平台平稳运行，完成农户档案和成果档案的整理工作。在省、市验收中被评为全省优秀等级。

【农村集体产权制度改革】 3 月，全面启动农村集体产权制度改革工作。制定并下发了《攸县农村集体产权制度改革实施方案》《攸县全面开展农村集体资产清资核产工作的通知》等相关文件。全面开展清产核资，全县 297 个村（社区）在 11 月底已完成农村集体清产核资工作。清产核资新创的“七步七快法”得到了国家、省市的多次肯定和推介。

【农村集体“三资”管理】 2018 年，对全县 78 个村（社）的村级财务进行了专项审计，主要审计了 2015 年 1 月至 2017 年 12 月的财务收支情况，审计总金额 18000 万元，涉及违规违纪资金 230 万元，对审计中存在的问题，督促限期整改。联合县财政、审计、民政等部门组成财务检查组，对 17 个乡镇（街道）55 个村级单位、5 个县直部门的 2017 年财政专项扶贫资金、民政资金以及村级财务基础工作等开展专题检查，重点对财政专项资金的拨付和使用情况进行全面深入检查，并将检查中发现的问题及时反馈到被检单位，要求及时整改到位。通过全省“互联网+监督”平台做好了 2018 年全县村级财务“互联网+监督”公开工作。

【农民权益维护和农民负担监督管理】 2018 年按要求发放农民负担与补贴监督卡 21 万份。会同国土、征拆办等部门，对 2015 年以来全县农村征地拆迁情况进行了认真核查，并及时将核查情况向市维监办报送。2018 年，有农业、林业、水利、农机等涉农部门及时将惠农补贴发放情况向农民负担监督管理领导小组办公室备案，涉及补贴项目 22 个，通过“一卡通”发放各类惠农补贴共计 15208.59 万元。2018 年，开展专项检查 3 次，重点督查了春秋两季农村义务教育收费、村级组织报刊杂志征订、村级财务管理等情况，对发现的问题及时交办，限时整改到位。通过专项整治，清退超限额订阅报刊款 3.5 万元。

【新型农业经营主体】 2018 年，全县新增农民专业合作社 224 家，各类农民专业合作社共计 1125 家，发展各类家庭农场 850 家。2018 年，共创建 1 个国家级、3 个省级、13 个市级示范性合作社，1 家省级、8 家市级示范性家庭农场，培育 2 个国家级示范性合作社。全年累计争取项目资金 140.8 万元。全年举办了 2 期农民专业合作社业务人员培训，发放资料 400 多份，受训社员 400 多人。

【农村综合服务平台建设】 此项工作 2016 年开始实施，2018 年年底全面完成。全县实施新改建项目 255 个，其中新建项目 142 个，改建项目 113 个。截至 2018 年 12 月，已全面完成项目验收，累计拨付项目资金 10966 万元，占项目计划资金的 100%。农村综合服平台建设，整体提升农村综合服务水平，基本实现村级办公场所、村民服务场所和村民活动场所的规范化和全覆盖。

【党建和扶贫】 认真开展主题党日活动，按月足额收缴党费。组织开展集中学习，深入学习习近平新时代中国特色社会主义思想、中共十九大精神及习近平系列讲话精神，并做好学习笔记。按时召开组织生活会和民主生活会，认真开展党员民主评议。扎实开展扶贫走访活动，党员干部都进村入户，与帮扶村的困难户开展结对帮扶，解决帮扶对象生产、生活上的难题，落实帮扶政策。全体党员干部都能自觉遵守工作纪律，坚持廉洁自律，自觉维护经管队伍形象，做合格党员。

（刘南华）

气　象

【气候概况】2018年攸县总的气候特点是：气温偏高，降水量偏少，日照偏多。上半年（1—6月）气温偏高、降水偏少、日照偏多；1—6月总降水量为历年同期的60%，未出现暴雨天气过程，这在历史上比较罕见；上半年总的降水量虽然偏少，但由于降水比较均匀，全县未出现大的旱情。下半年（7—12月）则与上半年的气候特点相反，表现为：气温偏低、降水偏多、日照偏少。下半年天气也比较平稳，7—11月多以晴雨相间天气为主，冷暖适宜，12月阴雨天气较多，未出现明显的雨雪冰冻天气。全年的天气比较正常，无明显的旱灾，无严重的水灾，"温、光、水"搭配比较合理，是一个"风调雨顺"的年景，对人们的生产生活有利。2018年，平均气温18.5℃，较历年同期偏高0.4℃。极端最高气温38.1℃，出现在7月19日，极端最低气温-3.8℃，出现在2月6日。各月气温除1月、7月、10月、12月较历年同期偏低外，其余各月均偏高。年总降水量为1364.8毫米，比历年同期偏少153.6毫米，1月、2月、3月、4月、5月、6月、9月降水量偏少，7月、8月、10月、11月、12月偏多，全年降水量呈前期偏少，后期偏多的形式。全年总雨日为181天，比历年平均多12天。年总日照时数为1571.2小时，比历年同期偏多101.4小时，2月、3月、4月、5月、6月、7月、10月偏多，1月、8月、9月、11月、12月偏少。

【攸县突发事件预警信息发布平台】2018年，完成攸县突发事件预警信息发布系统建设，并投入使用。预警发布系统项目建设是依托气象局现有业务系统，建设预警信息发布管理平台，采集来自政府应急指挥部门、预警发布责任单位的预警信息，充分利用社会公共资源形成快速发布机制，建立起权威、畅通、有效的突发公共事件预警信息发布渠道；系统建成以后具备对自然灾害、事故灾难、公共卫生事件、社会安全事件四大类突发公共事件信息的接收、处理、及时发布能力，使突发公共事件预警信息公众覆盖率达到82%以上，公众在系统发出灾害预警信息后10分钟之内接收到预警信息。确保有关部门和社会公众能够及时获取预警信息，最大限度地保障人民群众生命财产安全。

【预报预警和气象观测】1月至12月，共发布预警信息53次，其中寒潮预警2次，雷电18次，暴雨预警23次，大风预警4次，大雾预警6次；共发布旬月报等气象服务信息64期，《专题气象服务》58期，《春播春耕专报》6期，发送气象短信10多万条。通过政府网、村村响、96121声讯电话、手机短信平台、传真、电子显示屏等多种形式和平台向县委县政府、各乡镇政府、有关单位及全县气象信息员发送预报预警信息。与县广播电视部门建立合作关系，通过"村村响"广播，使气象信息覆盖全县各乡镇、村。对于每一次重大天气过程，提示群众做好相应的防范措施。全年共完成测报总基数13301个，错情率0.0‰，气象数据传输及时率100%，气象装备技术保障、气象通信网络、区域站通信畅通率达到省气象局要求。

【气象执法和雷电灾害防范】强化主体责任意识，全面落实安全生产各项措施。依法开展雷电防护、气象探测环境保护、气象信息传播、施放气球等执法工作，坚持依法履行行政许可职责，依法规范行政许可工作，做好危化企业防雷图纸审核审批。开展"打非治违百日行动""大管控、大整治、大排查"三大行动、安全生产大检查行动、"强执法防事故"行动、"落实企业防雷安全生产主题责任年"等一系列活动。定期到油库、气库、弹药库、化学品仓库、烟花爆竹、石化等易燃易爆企业和场所，雷电易发区内的矿区等进行防雷安全检查，检查过程中发现问题提出整改意见，并报送安监相关部门督促整改，同时及时进行跟踪技术服务，全年共完成安全检查103家（次），完成整改18家。结合防雷综合治理、安全生产月、安全生产大检查等行动，狠抓防雷管理，排除隐患，规范服务。

【气象宣传】为进一步提高群众防灾减灾意识，积极开展"3・23"世界气象日、"5・12"防灾减灾日、6月"全国安全生产月"宣传活动，通过悬挂横幅、展示防雷减灾宣传板报、发放气象科普资料和天气预警信号宣传手册、设立咨询台现场解答问题等多种形式向广大群众普及气象知识，开展现场咨询，共发放各类宣传资料约2000份，广泛宣传了气象法律法规、传播了气象知识。年内举办防雷安全生产知识讲座2期，气象信息员培训班2期，现场指导安装钉钉软件，加强气象信息的上传与下达。“3·23”世界气象日与攸县广播电台共同制作本土方言访谈节目《老罗说事》，对攸县气象局的台站沿革、业务发展、智慧气象、突发平台建设作详细的介绍，整体内容丰富，节目播出后，受到广大群众的好评。

【人工影响天气】 2018年4—7月，攸县降水明显偏少。人工影响天气工作从7月5日开始到9月30日结束，在此期间抓住天气形势，有效开展人影作业4次，消耗炮弹200多发，增雨300多毫米，有效缓解旱情，确保攸县晚稻丰收，经济效益235万元。

【农村中小学校防雷设施建设】 落实县委、县政府2018年“民生100”工作分解责任，完成10所农村中小学学校防雷工程建设任务。经过现场勘查，确定了2018年完成10所农村中小学学校防雷工程名单，分别在菜花坪、渌田、莲塘坳3个乡镇。年底，10所学校防雷施工及验收，并通过市对县“民生100”学校防雷工程考核。

【党建和扶贫】 常态化开展学习教育活动，组织党员开展自学活动；组织党员集中学习中共十九大精神，习近平《谈治国理政》《中华人民共和国宪法》《中国共产党党内监督条例》等有关党的纪律和规矩、加强党风廉政建设方面的准则和条例。认真贯彻落实中央八项规定和《党政机关厉行节约反对浪费条例》，针对群众反映突出的“四风”问题，细化工作方案，采取切实管用有效措施。严格执行“三公”相关纪律规定，定期开展自查，对查出的问题进行整改，并对涉事人员进行提醒谈话，管理好“三公”台账，做到有档可查，有据可依。开展党组书记讲党课活动，严格执行三会一课制度。4月完成党支部支委换届选举，7月新发展入党积极分子一名。根据县扶贫办的安排，与莲塘坳镇银坑村结对扶贫，该村共10户贫困户。帮扶责任人坚持每月至少2次入户走访慰问。在走访慰问过程中，落实好“五个一”“五个好”，协助镇政府、村委会建立了贫困户档案资料，填写完善贫困户口袋书，并且向贫困户宣传政府精准扶贫政策。还深入调查了解贫困户致贫原因，结合政府相关帮扶政策，确定了适合于各贫困户自己的帮扶措施，对症下药，协助他们向有关部门申报落实相应的帮扶政策。年末结对帮扶贫困户全部实现脱贫。

【气象为农服务】 2018年是开展“气象服务三农”工作第六年。以“智慧气象服务、造福攸县三农”为目标，以创建“气象灾害防御标准乡镇”为主线，继续将为农服务工作纳入县政府农村工作考核，坚持“以人为本，无微不至，无所不在”的服务理念，为农民、农业、农村工作当好气象哨兵。春耕春播期间，共制作发布《2018年春播天气趋势预测》《专题气象服务》《旬天气预报》等各类预报产品10多期，每周一份《春播春耕专报》为全县广大农户适时播种、育秧、移栽当好“参谋”。加强部门合作，深化合作的技术内涵，形成合力，2018年继续与县国土资源局联合开展地质灾害气象预报预警工作，全年共计发布地灾灾害预警短信37次，与攸县广播新闻中心合作，共享村村响系统，提供灾害天气预报预警及重大突发公共事件气象保障服务信息，攸县广播新闻中心及时向公众发布气象预报及各类气象信息，第一时间发布灾害天气预警，与县环保局合作共同发布空气质量预警预报。注重乡镇灾害防御。继续结合省气象局对口帮扶石羊塘工作，把石羊塘镇作为重点“灾害防御标准乡镇”建设。

（曾雪华）

农村扶贫

【概况】 2018年，县委、县政府按照“六个精准”“五个一批”的工作要求，深入贯彻落实中共十九大精神和中央、省市扶贫开发工作安排部署，以巩固脱贫成果、提升脱贫质量为核心，突出精准导向，如质如量完成年度减贫任务。全县有建档立卡贫困户10856户、贫困人口33344人；已脱贫9609户、30221人，15个省级贫困村全部退出；全县贫困发生率降至0.44%。2018年，全县共新增贫困户1383人，其中新识别贫困户134户403人，自然增加434人，补录546人。年内脱贫2889户9335人，未脱贫人口1247户3123人。全年县财政预算安排专项扶贫资金2850万元，上级到位资金3043.05万元，统筹整合各类资金近2亿元。

【组织领导】一是统一思想认识，加强组织领导。坚持把脱贫攻坚作为重大政治任务和最大的民生实事，按照“县为主体、乡村实施、部门联动”的工作格局，压实县、乡、村三级书记抓扶贫的政治责任，巩固提升脱贫攻坚工作成效。逐级签订脱贫攻坚责任状，层层分解任务，层层传导压力，拉紧责任链条。多次召开专题会议研究部署脱贫攻坚工作，县委理论学习中心组集中学习习近平总书记脱贫攻坚重要思想，全县各级各部门及扶贫系统干部认真学习贯彻习近平总书记扶贫系列讲话精神和省市扶贫决策部署，进一步统一思想，提高认识。二是加强业务培训，提高扶贫工作水平。加强干部轮训，举办扶贫政策集中学习、脱贫攻坚突出问题集中整改、脱贫攻坚业务培训、扶贫对象动态调整、扶贫系统操作等各类培训班16期，累计开展培训学习达2万余人次，切实提高扶贫工作人员业务水平。三是健全工作体系，严格落实工作责任。进一步完善县级领导及县直单位联镇、联村帮扶工作体系，37名县领导、186个部门单位及部分学校、卫生院组成工作队，与各行政村结对，确保所有建档立卡贫困户都有一名干部帮扶。县、乡、村三级主要领导干部、驻村帮扶干部、帮扶责任人围绕“一超过、两不愁、三保障”，贯彻落实“三走访三签字”，每月定期走访，及时帮扶，落实“四包”责任制和“五个一”。对省级贫困村、软弱涣散村、扶贫重点村和贫困人口在100人以上的村共计派驻197个驻村帮扶工作队，由办点单位选派一名党员干部担任驻村第一支部书记。驻村队员与原单位工作脱钩、岗位脱钩，每月驻村不少于20天，严禁“走过场”“挂名”扶贫，扎实开展脱贫攻坚工作。切实强化干部驻村帮扶职责，加大暗访督查力度，对督查考核发现的问题及时通报，限期整改。实行帮扶队员动态管理，对工作不主动、履职不到位、不能胜任扶贫工作的予以召回。四是严明党纪，加强扶贫领域作风建设。制定《攸县脱贫攻坚工作问责办法》，坚持对扶贫工作不力、作风漂浮、纪律涣散和其他方面出现问题的，严格进行追责问责。全年开展专项整治共办结问题线索26件，处理116人，其中党政纪处分12人；因脱贫攻坚工作不力约谈党员干部51人（其中单位一把手5人），调整岗位7人，其他组织处理46人；追缴资金24.79万元，退还群众资金10.1万元；下发扶贫领域典型案例和作风督查通报6期，通报31人。

【发展扶贫产业】按照“四跟四走”精准产业扶贫思路，立足县情特点和资源优势，县财政安排1010万元产业扶贫专项资金（占财政专项投入资金62%），着力推进特色产业发展。出台《攸县脱贫攻坚产业扶贫奖励办法》，建立以奖代补激励机制，对139家帮助贫困户创收增收新型经营主体和768户自主发展产业脱贫致富贫困户实行奖励681.21万元。成立金融扶贫工作领导小组，完善县级脱贫攻坚项目库建设，进一步防范化解扶贫风险。全年发放贫困户产业发展小额信贷384户、1169.3万元，累计带动9369户、29568人创业增收，形成村村有扶贫产业、户户有产业帮扶。完成贫困村产业致富带头人培育91人，选派省级贫困村科技特派员23人，推广新品种新技术10项，开展实用技术培训34期1610人。筛选291个产业扶贫基地，与5832户18507名贫困人口建立紧密利益联结，“攸县蔬而康农业发展有限公司”和“攸县金富林木种植专业合作社”等重点产业项目，带动808名贫困人口平均增收2000元以上。全面建成16个光伏电站、15个金融扶贫服务站、15个电商扶贫示范村和16个电商扶贫基地。建立农村物流服务“城乡驿站”532个，贫困村、贫困户农产品交易额600多万元，人均农产品上行交易额79元。

【扶持创业就业】完成14366名适龄贫困对象就业信息采集录入，经帮扶后8122名贫困劳动力成功就业创业，完成贫困劳动力转移就业632人、“两后生”技能培训75人。扶持农村贫困劳动力自主创业8人，发放创业贷款80万元。全年累计开展家政服务、电工、育婴等职业技能培训4期206人、创业培训6期179人，邀请农业和养殖专家进村入户现场讲授水果蔬菜栽培和牲畜养殖等实用技术25期1858人次。组织开展各类劳动力专场招聘会12场，累计提供就业岗位12246个，成功推荐160名贫困人口就业，卫生保洁、道路养护等公益性岗位优先安排贫困户65人，搭建农村劳务经纪人队伍，认定农村劳务经纪人282名。

【落实基本保障】一是贫困生入学保障。进一步摸清贫困学生底子，建立5869名贫困学生就学台账，发放各类助学金2490.62万元。在免除贫困学生学杂费、教辅费的基础上，对1636名贫困学生校车费用全额补助229.08万元，"雨露计划"对1153名贫困学生发放172.95万元。开展"一对一"教师帮扶学生活动，为每一名贫困学生建立一份档案，因人而异制定一个帮扶方案，安排一名教师结对帮扶。二是卫生健康基本保障。制定"三补贴、三提高、三特别"综合保障措施，按照"全免、兜底、减付"救治方针，全面施行"一站式"结算、先诊疗后付费、救治专用窗口、绿色通道及"扶贫特惠保"等惠民举措。规范建立贫困人口健康档案，对Ⅰ类（病情不可逆转）1180名人员住院实行部分兜底保障，Ⅱ类（一次性可治愈）222名人员已全部完成全免集中救治救助任务，Ⅲ类（慢性病需长期管理）5830名已全面完成签约服务管理。截至年末，全县共收治建档立卡贫困对象19688人次，补偿金额4995.09万元，其中提高报销10%的部分451.71万元，健康扶贫惠免金额1861.69万元，综合报销比例达到91.6%。三是住房保障。完成563户2025人易地扶贫搬迁和667户危房改造任务，实现搬迁入住率100%，分别拨付资金6640万元和1699.7万元。全部兜底保障。通过集中核实清理整顿，精准认定低保对象5775户15608人、兜底对象1656人，严格应保尽保、应兜尽兜。兜底对象补助标准达到300元/月，低保对象人均补助达191元/月。此外，落实其他扶贫措施，将部分贫困户就地转为护林员11人，人平年工资3000元以上；295户建档立卡贫困户落实退耕还林补助资金8.6万元，502户建档立卡贫困户落实生态公益林补助资金28.88万元。

【基础建设帮扶】全年统筹资金2520万元，实施道路拓宽37.5千米，打通断头路16.16千米，危桥改造16座，安全生命防护工程199千米，全面完成农村公路提质改造项目290千米，建成错车道4100处，行政村客运班车通达率达100%。投资7000万元实施水利项目27个，全面解决1.07万贫困人口安全饮水。投入1647万元，全面完成15个贫困村电网改造升级，贫困村光伏电站上网电费与扶贫补贴全部补助到位。大力推进农村通信基础设施建设，行政村光网覆盖率达到100%，农村重点场所及村民集中居住区域4G覆盖率达95%，光纤通达率达80%以上。专项投入1.1亿元，完成253个农村综合服务平台建设。此外，全县所有行政村均实现"农家书屋""村村响""户户通"全覆盖。

【发动社会扶贫】充分发挥中国社会扶贫网作用，明确村级信息员331名，贫困户注册10971人，爱心人士注册10658人，发布贫困需求信息22242条，爱心捐赠累计18498个，实现爱心对接13689个，对接率达74%。成立社会扶贫联盟，募集基金400万元，开展形式多样扶贫济困活动，筹集善款523.61万元，发放救助资金459.6万元。携手爱心企业开展"点亮新农村"活动，为全县所有的兜底户及深度贫困户捐赠光伏路灯1740盏。

（杨　峰）

商贸·旅游

石油销售

【概况】 2018年，攸县石油分公司在攸县县委、县政府和中石化省市公司的正确领导下，顶住攸县成品油市场需求低迷，成品油销售市场竞争激烈的压力，围绕“转变观念做实做优”的工作目标，牢固树立为攸县经济社会发展服务的大局意识，抓实“一站一策”，结合省公司“四联四保”活动的开展，提升加油站的管理和经营。认真抓实安全生产，积极承担成品油主渠道社会责任。销售成品油6.4万吨，其中零售5.9万吨，同比增量1471吨，同比增长2.5%；直批销0.5万吨、同比增量456吨，同比增长8.94%；完成非油品销售收入2238.5万元，同比增长21%。

【油品促销】 一是纵向联结，扩大批发业务。极力稳住客户，除部分企业因大市场气候影响减少消费外，基本稳在本区开票进油。紧盯市场，加大与社会加油站的联系，攸县闽商租赁的社会加油站较多，公司通过不断接洽，利用上级公司的销售政策扩大社会加油站的批发业务量，与个体社会站建成良好的合作关系。同时不放弃小额配送客户，及时跟踪客户动态，利用小配送车便利按时安全送达，及时满足客户需求。二是拓展零售市场，以卡锁户。加大大客户的开发维护力度。2018年，随着煤矿关停取缔，攸县的个体煤车减少，物流业发展较快。公司抓住先机，I C卡客户经理主动联系物流公司，上门为客户制定油品管理方法，让客户放心来加油，全年新开发物流业大客户5个。积极开展IC卡五进活动与六进活动，每个月IC卡活动进社区或单位2次，在城区、国道重点要站每月开展“六进”活动，开通单位、集团公司私家车积分优惠650余户，客户维护走访45家。积极开发柴油联名卡客户，用足总部柴油联名卡优惠政策，自3月起积极开展“舞动七千青年热情，净增十万柴油客户”竞赛活动，充分用好“充值好礼”活动政策，全年联名卡开发1623张，实现消费有效卡1623张，任务完成率稳居排名全市第一。三是开展多样化营销活动。面对市场激烈的竞争环境，公司开展多种营销活动稳住客户、赢得客户，利用点对点竞争、油非互动、机出配送、网厅逢六返油金、微信公众号周六抽奖等营销活动积极参与竞争，稳住了公司的市场占有率、提升中石化公司品牌形象。

【非油品营销】 一是组织和开展营销活动。活动前组织学习方案，活动中通报活动开展情况，活动后及时总结，有效发挥营销活动作用，增强易捷便利店在本地商圈的影响力。二是努力便利店服务质量，攸州加油站和城关加油站先后对便利店进行精品店形象改造；加强服务的提升，做到“来有迎声，中间有问候声，走有送声”。三是对所有门店加强管理。不定期抽查各门店非油规范经营情况，如有涉及食品安全、擅自进货、套取营销活动资源等原则性问题，一经发现绝不姑息，严肃处理。

【安全管理】 严格按照加油站经营安全与环保工作要求、结合省地市公司的HSSE工作标准，每月都进行一次HSSE销项检查、逐一排查整改销项问题、通过现场和监控检查加油站加油和卸油两个环节的安全工作、严禁出现“三违”现象，确保安全事故为零。加油站双层罐与防渗改造17座，均已通过环境评估，2019年全部完成改造。

【党建和扶贫】切实加强党员队伍建设，抓好理论学习，坚持从严治党的要求，保持党员的先进性，使广大党员在各项工作中更好地发挥先锋模范作用。围绕“抓班子、带队伍、强三基、保稳定、促发展”五项主要任务，深入开展“两学一做”学习教育活动，以增强党性，提高素质，提高党支部的凝聚力，推动企业发展。认真开展好党支部主题党日活动，7月5日，组织党员到罗荣桓故居，在鲜红的党旗下重温誓词，接受革命传统教育。根据县委县政府的统一安排，与桃水镇睦田村开展结对帮扶工作，严格按照精准精准扶贫工作要求，深入结对户进行全面调查走访，宣传扶贫政策，对每户的家庭成员相关信息、健康情况、收入情况、健康情况、住房情况等信息进行全面采集并进行归档。每月两次去村里慰问和帮扶贫困户，五户结对户均已脱贫。

（颜　晴）

湖南盐业股份有限公司攸县分公司

【概况】湖南盐业股份有限公司攸县分公司（以下简称攸县盐业）成立于2011年，湖南盐业股份有限公司是由湖南轻盐集团、湖南湘江投资、湖南发展投资集团有限公司、湖南财信与贵州、江西、广西等多家省外盐企共同发起设立，是行业内第一家跨省联合的现代企业。公司以经营“雪天”牌食盐为主，“雪天”注册商标被评为中国驰名商标、湖南省著名商标，“雪天”牌精制盐为湖南省名牌产品；“天鹅”注册商标被评为湖南省著名商标，“天鹅”牌工业盐、食用盐被授予湖南省名牌产品称号。2018年3月26日，湖南盐业股份有限公司正式在上海证券交易所挂牌上市，股票代码为600929。2018年，攸县盐业公司全年购进各类盐3837吨，销售各类盐4088吨，销售各类食用小包盐1839吨，销售各类非盐产品50万元；实现销售收入483.15万元，销售利税57万元。

【品牌食盐推介促销】立足企业服务人们的日常生活，以“融化自我、造福社会”为己任，让公司融入市场，让“雪天”产品融入生活，贴近市场客户和百姓人家，提升生活品质，造福社会发展，推动行业进步，塑造有实力、讲诚信、负责任、高品质的湖南盐业形象。2018年3月30日，湖南盐业股份有限公司举行了新战略、新形象、新产品发布会，从战略、品牌、营销、产品等各个层面实施全面升级。正式向社会投放纯度远超国家优级标准99.1%的“雪天”系列99.6%高纯度食用盐品。在“3·15”消费者权益日、“5·15”全国碘缺乏病日等大型宣传日联合县工质食药监督管理局、县疾控中心等职能部门，通过媒体报道、广发宣传资料、设立展板、横幅、现场讲解等多种形式，就如何分辨真假食用盐、普及碘缺乏病危害及预防知识，引导消费者健康食用合格碘盐提高自我保健意识，唱响“坚持食用‘雪天’盐、品质放心”的口号。在湘东大市场、望云广场、滨江大道、云升山庄等多个社区、乡镇农贸集市、大中型商超等人流聚集地区，组织开展60余场雪天盐新产品宣传推介的地推、CP活动，通过现场讲解、宣传、买赠、限时特价等方式，达到宣传“雪天”品牌和品质推介的效果。在攸县步步高、好又多生鲜超市等最具影响力的连锁超市，开展以含有有益人体吸收生物有机碘的320克海藻碘盐为主的高端盐买赠活动，引导消费者形成“少吃盐、吃好盐”的消费理念。推行线上线下融合销售模式。依据湖南轻盐集团“十三五”规划关于打造现代商贸流通体系的总体要求，实现线上线下的有机融合，全面启动推行开门生活电商平台上线。组织人员参加省公司组织的培训；做好以盐品为主的商品盘点和基础数据录入等初始化工作，做到账实相符、单据清楚；实现线上固定交易客户216户，线上交易金额39.32万元。

【终端网建服务】随着国务院盐业体制改革的进一步深化，攸县盐业公司抓住股份公司上市契机，继续坚持以“销售网络终端化、客情服务专业化、食盐产品多元化、百姓用盐安全化”为主要工作目标，全力推进终端网络建设与服务提升。2018年度，全县建设有效终端销售网点551个，比2017年度增长164个，增长42%，从而实现彻底摆脱靠政策吃饭、走市场化道路，加快了专业营销公司市场化、服务化、营销化进程。

【食盐专营维护】以贯彻落实湘盐市发［2018］25号《关于在全省开展特通渠道“百日争先”活动的通知》和株食药监办发［2018］78号《关于加强学校、幼儿园食堂食盐安全管理的通知》文件精神为切入点，在配合县食药工质局做好特通渠道食盐安全管理的同时，建立专人专职的营销团队，通过500克餐饮专供新品盐，积极拓展食堂、饭店、餐饮等特通渠道。配合县食药工质局针对食盐购进渠道、索证索票制度，落实有无从食盐定点批发企业以外的单位或个人购进食盐等情况，为确保盐改过渡时期盐业市场秩序的维护和食盐产品的质量安全积极作为。

【食盐储备管理】根据湖南省人民政府办公厅2017年9月20日（湘政办发［2017］54号）印发的《湖南省省级食盐储备管理办法》要求，高质量、高标准的按照要求完成了质量符合食品安全标准的成品食盐储备工作，加强食盐储备管理；切实维护食盐市场稳定，有效增强食盐市场调控能力，确保用于稳定全省食盐市场供应和应对重大自然灾害、突发公共事件的合格食盐储备。2018年年末，仓储各类盐300吨，按照省级储备盐管理标准储备食用小包盐145吨。作为湖南省“AA”级达标批发企业，攸县盐业省级储备盐工作的有效管理，为近些年来稳定食盐市场供应和应对重大自然灾害、突发公共事件时起到了关键性作用。在2018年冰冻期间为保障全县高速、道路、桥梁等安全畅通，全体员工放弃节假日休息加班加点通宵守候，在盐矿生产异常紧张的情况下积极组织调运、全力配送，积极配合市政公司、公路局、路桥公司、街道办事处等多家单位做好融雪盐供应，销售融雪盐150余吨。

（刘正军）

烟草专卖

【概况】攸县烟草专卖局（分公司）于1985年1月开始营业，现下设综合室、办公室、专卖监督管理股（稽查大队）、客户服务分部、安保室5个部门。有在职在编人员共计36人，其中局党组成员4人，非领导职务科级干部1人，中层干部10人；中共党员29人。

【卷烟营销】2018年销售卷烟25355箱，同比增长10.92%；单箱结构31168元，增幅2.36%；实现销售收入79028万元（含税），上缴税收5607万元，同比增长3.11%。始终将规范经营放在营销工作的首要位置，四线联动全面推进真烟非法流通、违法违规大户治理、自律互助小组建设和重点集贸市场专项整治。全年新建小组75个，累计建成小组137个，覆盖率84.48%，其中，城区和集镇覆盖率100%，新建小组之家11个，累计开展各类小组培训601场、非烟团购活动57场、价格自律明察暗访8次，客户盈利水平提升至10.84%。按照客户层级分类，开展差异化、个性化和增值服务，加大对客户的培训指导，全天候、多形式向客户实时传递货源投放策略，宣传新品卷烟卖点。

【专卖监管】全年查处涉烟违法案件181起，查获各类违法卷烟424.018万支，同比增长246.18%，其中，查获假私烟总量165.038万支，同比增长462.16%，假私烟查获总量一举进入全省前15位。成功申报国标网络案1起，刑拘4人，逮捕4人，另有在办涉烟刑案3起。严厉打击真烟非法流通。组织开展“春雷8号”、重点集贸市场及无证户清理专项行动，持续加大真烟非法流通治理力度，严管严打，全年查处真烟案件116起，查获非法流通真烟258.98万支。其中，查获省外码段真烟117.82万支，同比增长54.99%。严格审核烟草零售许可证。全面落实“最多跑一次”改革要求，大力推进“互联网+政务服务”，重新制定烟草制品零售点合理布局规划。

【内部管理】一是从严控制开支。严格费用把关，全年差旅费预算执行数12.68万元，同比减少20.7%；水电费执行数12.83万元，同比减少14.06%；三公经费同比下降28.93%。二是严格规范管理。认真落实“应招尽招”和“真招实招”要求，全年公开招标项目，执行、付款环节均严格按照规定验收、审批，并及时整理归档“一项一卷”资料。三是确保安全生产。全面落实安全生产主体责任，全员签订《安全生产工作目标责任书》，加强安全隐患、不稳定因素、负面网络舆情的排查治理。四是烟草行业法治建设。按照“七五”普法工作要求，积极开展“3·15”“6·29”“12·4”法制宣传活动，推进法律风险防控自查整改，提高依法行政水平，全员100%通过学法考试。

【党建和扶贫工作】一是常抓政治教育。把学习贯彻习近平新时代中国特色社会主义思想和中共十九大精神作为首要政治任务，通过党组中心组学习、“三会一课”、专题研讨、知识测试、督导检查等多种形式，在学懂弄通做实上苦下功夫，深入推进“两学一做”学习教育常态化、制度化。二是加强作风建设。持之以恒贯彻中央“八项规定”精神，开展违反中央“八项规定”精神突出问题专项治理，集中整治形式主义和官僚主义，针对查摆的问题，制定整改台账，逐一整改销号。认真开展巡察整改。严格对照省局巡察组反馈问题清单，剑指突出问题，不留死角、举一反三、力行立改。第一时间专题部署，党组书记督办、分管领导负主责、责任部门主动认领，对照清单逐项细化整改方案，建立整改台账，整改一个、销号一个、巩固一个，确保件件有落实、事事有回音。三是抓真精准扶贫。切实做好精准扶贫工作，统筹做好产业扶贫、驻村扶贫、捐赠扶贫，每月走访帮扶对口扶贫村2次以上，向扶贫点捐赠13万余元。

（谢 宜）

供销合作社联合社

【概况】攸县供销合作社联合社（以下简称县供销合作社）现有在职人员16人、退休人员23人。社机关内设办公室、政工股、财计股、合作指导股（综合改革办公室）、物业管理股、法制股、监事会办公室等7个股室。下辖4家社有企业，即攸县供销惠农商贸有限公司（全资公司）、攸县大农和生态农业有限公司（35%）、株洲供销云商贸易有限公司（36%）和攸县惠民农业服务有限公司（66%）。2018年，攸县供销社紧扣县委、县人民政府工作主题，抓好农村电商、农村土地托管服务、基层组织体系建设和项目建设，进一步深化供销合作社综合改革。同时，抓好党的建设、综治维稳、精准扶贫，各项工作统筹推进。荣获了“2018年全市供销合作社系统综合业绩考核一等奖”及“2018年度攸县文明建设红旗单位”等称号。

【供销综合改革】重建基层组织50个，密切了与农民的利益联结。在搭建过程中，通过联合基层村级组织、镇村超市经营户等，成立镇级惠民服务中心（社）。倡导供销系统下岗职工在原有场地创办供销惠民综合服务中心（社），全面开展面向三农的经营服务工作。联合农民专业合作社成立以特色种养和休闲观光为主的惠民服务社，有效地实现了“特色农产品+旅游+文化”的结合。

【发展农村电子商务】“e品攸州”平台共发出19.1万多单，实现产值1200多万元。“攸州五件宝”农产品品牌通过了国家工商总局商标局的商标注册批准，并核发了商标注册证。国庆期间，“攸州五件宝”系列产品正式进入了省会长沙市场。开发了“攸”姓农特产品，打造了二代“攸州五件宝”和“攸州腐乳”，建成了18个农产品电商基地。

【农村土地托管服务】大胆探索和创新农村土地托管服务模式，拓展服务范围。以攸县大农和生态农业有限公司为依托，联合水稻种植农民专业合作社和农机农技服务合作社、农资经营大户等42个成员社，全程开展土地托管相关业务。在土地托管工作中，重点规范了土地托管服务模式、服务流程和服务环节。2018年，承接全县农业结构调整各种托管服务面积5.06万亩。

【社有资产监管】按照《物业管理制度》，在县国资中心的指导下，加强社有资产管理，全年共收取资产管理费108.6万元，完成了80%的社有资产确权办证、社有资产22户租赁户的合同签约、原攸县农业生产资料公司皇图岭生资调拨站的修缮改造和供销大世界宾馆的招租方案等工作。

【综治维稳工作】成立了系统安全生产集中行动工作领导小组，明确工作职责，建立安全责任制，进行不定期地安全生产检查。完善信访维稳工作机制，严格执行有关信访工作的各项规定，全年接待原供销系统内个人上访 116 人次，群体上访 7 次，做深做实矛盾纠纷排查化解工作，把矛盾纠纷排查化解工作的重心从事后处理转移到事前预防，做到早发现、早控制、早处理。

【党建和扶贫】全面贯彻落实中共十九大精神，扎实开展“不忘初心、牢记使命”主题教育，统筹推进领导班子和党员干部队伍建设。建立健全了党风廉政建设“一把手”主责、班子成员和中层干部各负其责、党员干部全员参与的领导体制和责任机制。根据县委、县政府统一安排部署，2018 年攸县供销社与莲塘坳镇星和村建立了结对帮扶关系，按照扶贫政策和文件精神，全年为结对帮扶村落实教育助学 20 人，助学扶持 3000 元；医疗救助 19 人，危房改造修缮 4 户；劳务输出 49 个，合作社解决劳务务工 18 个；生态扶持 5 户，兜底保障 1 户，通过发展乌鸡养殖、红薯生产加工等产业，帮扶一批贫困户。支持村里成立农民专业合作社，合作社牵头成立供销惠民综合服务社，以“党建统，合作社+”融合模式，帮助贫困户销售农产品，实行抱团发展。

【株洲市深化供销合作社综合改革推进会议在攸县召开】2018 年 11 月 29 日，株洲市深化供销合作社综合改革推进会议在攸县召开，中共株洲市委副书记王洪斌出席会议并对全市深化供销合作社综合改革工作进行了动员部署，要求全市各县（市）、区加大改革力度，确保供销改革工作顺利完成。王洪斌认为，攸县供销社综合改革工作站位高、思路清、成效好，在贴近农民需求、创新经营服务等方面有突破、有创新。他指出，改革是各级党委政府必须担起的政治责任，是乡村振兴的必由之路，是处理好政府与市场关系的有力探索。在下阶段的工作中各级党委政府和各有关部门要统一思想，着力重点突破，带动供销综合改革工作整体推进；要强化保障，建立长效机制，加快转型升级步伐，提升综合服务能力，推动供销合作社综合改革工作持续深入。会议由株洲市人民政府副市长顾峰主持，攸县、醴陵市和株洲供销云商贸易有限公司分别作典型发言，株洲市深化供销合作社综合改革领导小组成员单位、各县（市）区分管供销合作社综合改革工作的副书记和副县（市）区长、供销合作社理事会主任参加了会议。

（田　娟）

市场服务中心

【概况】攸县市场服务中心是县人民政府授权主管全县市场营运和管理工作的正科级事业单位。主要职能是：从事市场的开发建设、经营管理，确保国有市场资产保值增值。根据《攸县人民政府投融资平台公司改革方案》（攸办发［2017］8 号）文件精神，攸县市场建设有限公司（原宝悦市场建设有限公司）与市场服务中心（事业单位）政企分离，市建公司负责县域范围内的市场开发建设、经营、物业管理。2017 年 2 月至 2018 年 9 月，市场服务中心与市建公司是两块牌子、两套领导班子、一套人马，2018 年 10 月起，市场服务中心与市建公司合并。在编工作人员 86 人。内设办公室、政工股（工会）、监察室（考核办）、财务股、市场营运部、市场策划部、工程部等 7 个股（部、室）；下设湘东大市场管理处、湘东家居城管理处、湘东汽贸城管理处、机动车检测有限公司、城关市管所、网岭市管所、皇图岭市管所、黄丰桥市管所、谭桥市管所、鸾山市管所、桃水市管所、渌田市管所等 12 个市场管理所（处、公司）。所辖各类市场共 20 个，其中专业市场 3 个，即湘东大市场、湘东家居城、湘东汽贸城等，农贸市场 17 个。总经营面积 20 多万平方米，涉及商户 6000 多家，年经营创收 5547 万元，资产估 20 亿元。

【商场拓展与促销服务】通过市场调研、营销策划、优化布局、调整结构等一系列举措，激发市场经营活力，实现经营收入 5500 万元。根据行业需求和外部环境变化策划主办营销促销活动。湘东家居城成功举办了“五周年庆典暨品质服务年”活动，湘东汽贸城成功举办了第七届汽车博览会。加大市场招商力度，湘东家居城引进了博得陶瓷等 6 个品牌，湘东大市场引进了家联超市，湘东汽贸城引进了比亚迪、奇瑞、北汽长城等品牌入驻新能源汽车行业。在城区，着力打造以湘东大市场、湘东汽贸城、湘东家居城等专业市场为主体的市场商圈。优化市场行业结构。湘东汽贸城把汽车超市调整为新能源汽车超市。湘东家居城推出“五大诚信体系”，与红星美凯龙、居然之家等全国知名品牌接洽商谈，探索引入专业管理团队。

【项目建设】以市建公司为投融资平台，推进了三个项目建设。一是阶段完成机动车驾驶人考试中心项目建设。机动车驾驶人考试中心项目是县招商项目。该项目选址汽贸城二期开发项目内，项目包括科目二、科目三考场建设用地约 6.67 公顷，分两期开发建设。科目二考场建设已全面完成并通过了省市主管部门的验收，驾考中心正式运营。二是基本完成谭桥大道西段项目建设。谭桥大道西段项目是县重点项目谭桥大道项目中的一部分。项目总投资约 2000 万元，位于谭桥大道与攸州大道交汇口的西段。目前已完成路面沥青铺装工作，共计完成工程总量的 80%，剩余人行道路面工作，计划于湘东水果花卉交易市场项目收尾阶段进行施工铺装。三是稳妥推进湘东水果花卉交易市场项目建设。湘东水果花卉交易市场项目是 2015 年的市重点项目，选址于谭桥街道谭桥社区，面临中心大道，毗邻同乐湖地产开发区。项目主体总投资约 1.2 亿元。为稳妥推动市场建设，根据县工作安排已于 10 月暂停缓建。

【党建和扶贫】开展“党建+”系列主题活动，实施了“党建+市场创建”“党建+项目建设”“党建+扶贫攻坚”举措；依托市场资源，开展党建进市场、进工地等活动。组织学习中共十九大会议精神以及中央、省、市县关于党风廉政建设会议精神和各项制度，由一把手带头讲廉政党课，组织干部工作人员看廉政教育片。开展清理办公用房专项整治行动，对违反中央“八项规定”、违规发放津补贴等进行专项清理。严格按照要求，对公车管理、公务接待方面从严控制。根据县委县政府统一安排部署，与网岭镇巷口山村结对扶贫，派驻了专职驻村书记，成立了结对帮扶工作小组，制定了《2018 年度“结对共建、驻村帮扶”工作实施方案》；实行一对一帮扶，15 名帮扶责任人共结对 16 户贫困家庭 64 人。共投入 20 万元，为贫困户发展养殖业和种植创业，养殖业帮扶 2 户，种植业帮扶 3 户。开展“爱心助学”、节日走访等活动，帮扶贫困学生 19 名。

（王　成）

森林公园管理

【概况】湖南攸州国家森林公园管理局组建于 2015 年 12 月，为副处级事业单位；内设办公室、公园管理科、开发建设科、资源保护科，在编工作人员 17 人，主要职责是管理森林公园内自然资源和旅游资源，维护生态环境，推进景区旅游发展；二级机构酒埠江地质公园博物馆为正股级事业单位，在编工作人员 6 人。2018 年，突出“湖南攸州国家森林公园”“国家湿地公园”“国家地质公园”“国家水利风景区”“省级风景名胜区”等旅游资源的管理，着重项目服务，狠抓三大攻坚战，全力推进旺景区攻坚战，2018 年荣获社会治安综合治理先进单位称号。

【景区规划与管理】及时与省厅驻点衔接总规与矿规范围重叠问题，于 9 月完成省厅 10 部门函询，10 月完成风景名胜区总体规划，并成功通过省人民政府正式批复。加强旅游资源和安全管理，元旦、春节、国庆等重点时段，联合相关部门开展安全大检查、资源保护、森林防火隐患排（巡）查等行动 58 次，及时排除安全隐患，遏制违章建筑新增、保护生态资源、保障了酒埠江旅游区的旅游安全。

【景区建设和争项引资】积极开展“产业项目建设年”活动，通过挂图作战、精准预安销号、倒排工期等方式和采用“5+2”“白+黑”工作模式加快推进项目建设，全年累计完成投资 10.6 亿余元，全线贯通景观大道的，基本拉通环湖游道全线；完成游客服务中心 27#楼内装饰工程的 90%，68 栋镇区房屋外立面改造，地质博物馆土建和外部铺装，展厅装饰，景区大门主体工程和 1 号隧道主体工程；启动旅游商贸城招商（签订入驻合同 13 户，签约面积 7500 余平方米）；基本完成攸女仙境片区提质改造；完成酒仙湖景区游船、电瓶车、导览标识标牌、休憩场所等设施设备提质升级项目；完成花香里项目综合服务楼桩基础、合院桩基础、主干道水稳砂铺设、A 区客房 1—12 栋桩基础工程。引进“禹林飞跃”“水上乐园”等游玩项目，仙人桥景点危岩治理全面完工。编制完成森林公园招商指南资料，统筹推进节会招商、中介招商等。利用春节等时节和个人人脉开展招商活动，对接广东商会、北京东方园林、华成环球控股、太阳树民间文化等对森林康养基地进行招商，建立了良好的合作战略关系。八福垅森林小镇在第二届中国森林康养与乡村振兴战略论坛暨全国森林康养基地建设经验交流会上被正式授牌为第四批“全国森林康养基地试点建设单位”，已启动规划升级和前期筹备工作。

【旅游推介】举办磨豆浆、抬年猪、烧香架等“新年大餐”和“年味酒仙湖”等春节年俗活动，吸引省内外5000多名游客和群众参加；举行“美丽攸州”全国作家笔会和《热土》电视剧开拍仪式；推出“花漫酒仙湖、纷飞桐花雪”赏花节、“向上吧！少年！”61亲子拓展营等系列活动，进一步提升了景区影响力和品牌知名度。

【AAAA景区创建】对照旅游景区质量等级管理办法和细则要求，投入1500万元完成了标识标牌、安全保障等五大系统提质升级，邀请国家AAAAA评审专家成员进行了“会诊把脉”评估指导，AAAA景区创建顺利通过市级初评，成功创建国家AAAA级景区。

【景区环保】组织开展了为期一周以“湿地——城镇可持续发展的未来”为主题的宣传活动和环保法律知识“六进”活动（进机关、进乡村、进社区、进学校、进企业、进单位），发放、张贴宣传手册、宣传标语6000余份（册）。联合相关部门开展“绿盾2018”专项检（督）查行动22次，督促清理40余条废置渔排，对小水电和农家乐排污问题进行地毯式大排查，建立了清单式台账，并实行“挂条拉账、整改销号”限期整改，生态环境得到进一步改善。

【结对扶贫】选派第一书记常驻酒埠江黄竹村，干部职工与贫困户结对帮扶，帮助“软弱涣散村”成功脱贫。扎实推行“五个一”活动和“六个一”到户工作法，采取“合作社+基地+农户”的开发模式，发展荷花、无患子种植业，提高贫困户“造血”功能，从根本上提升自身脱贫能力。与村支两委争取和筹集资金190余万元，完善道路、饮水工程等基础设施。

（邹发喜）

湖南酒仙湖生态旅游开发有限公司

【概况】湖南酒仙湖生态旅游开发有限公司成立于2015年12月，注册资本金4.3亿元。系株洲市政建设有限公司（株洲市城发集团旗下全资子公司，现更名为湖南国信建设集团股份有限公司）与湖南酒埠江旅游开发投资有限公司（代表攸县人民政府）共同出资成立的PPP项目公司，公司是省内首个PPP模式运作的旅游项目开发公司，主要目标是综合开发酒埠江生态新镇，提升攸县旅游整体形象，把酒埠江风景区打造成省内著名、全国知名的休闲旅游度假区。公司驻地位于风景秀丽的酒埠江风景名胜区（酒埠江镇酒仙湖村）。下设7个部门和酒仙湖景区、同心湖酒店2个分公司。有员工180余人，中、高级技术职称专业人员20余人。该项目计划总投资近20亿元。以酒埠江镇为核心，涵盖黄丰桥镇、鸾山镇、莲塘坳镇。已投资到位10.05亿元。2018年度公司总资产13.8亿元，比上年同期增长58%。本年度完成总投资为4.4亿元，其中建设投资3.15亿元，前期工作投资1.25亿元。

【中长期建设规划】2018年，公司制定了完整的中长期战略规划（2018—2022年）。根据发展战略，公司将以景区资源为核心，通过业务组合、模式创新，借助社会资源共同打造集观光休闲为一体的一站式旅游目的地，创建旅游行业具有竞争力与影响力的旅游运营企业。通过资源整合和资本运作，酒仙湖景区水上乐园、禹林飞跃、地质博物馆等项目已投入运营；同心湖酒店、棚户区改造项目2个子项目已建成完工并投入使用。

【项目建设】公司以安全生产劳动竞赛为抓手，实行联点负责制、考核奖惩制、限期办结制，完善项目建设保障机制。按月对工程项目进行考评奖罚，全力推进项目建设进度。景观大道项目已经启动交工验收；镇区道路改造项目已完成大部分工程；立面改造已完成全部可施工任务；游客服务中心已基本完工；商贸城区水系、绿化、铺装工程已启动施工；一号隧道、二号隧道及连接线、景区大门、水云桥、环湖游道北岸景观及建筑工程、入口广场、映月广场、攸女广场、茶文化片区、渔樵耕读片区、民俗园片区等项目已完成主体工程；地质博物馆项目已交付使用；四号桥和五号桥已启动基础施工。污水处理厂项目已完成厂内主体建筑以及管网建设。

【前期保障】一是成功化解项目风险。根据湖南省财政厅《关于实施PPP和政府购买服务负面清单管理的通知》精神，4月，攸县酒埠江生态新镇综合开发PPP项目纳入政府投资项目“调缓停撤”范围。公司积极与上级衔接，修订PPP实施方案、合同，新镇建设PPP项目由“建议退库”更改成“建议整改”，成功保库。二是落实资金保障。通过多种途径，提高资金使用效率。积极与金融机构对接，包装了八福垅森林小镇项目、宝宁景区提质改造项目、沙滩水岸运动中心项目等新项目，实现与北京银行、光大银行、中信银行等金融机构的贷款对接。配合国信集团与扶贫基金转让股权事宜，已完成了5000万元资本金的注入。三是及时办理前期手续。镇区污水处理厂及管网、环湖游道等已完成抗震设防审批；沙滩水岸运动中心等项目已完成规划许可证办理；宝宁景区开发、拓展培训基地、沙滩水岸运动中心等项目已完成林地报批、土地报批等相关手续。四是妥善处理征迁安置。配合县乡部门，协调处理矛盾纠纷上百件，青苗补偿、迁坟移杆、房屋受损等问题基本处理。

【旅游产品创新】用市场化理念打造“旅游+教育”“旅游+体育”“旅游+养生”“旅游+购物”等特色旅游产品。酒仙湖景区AAAA成功复牌，全面加强基础设施改造，致力打造集观光游览、民俗体验、娱乐休闲、水上运动等功能于一体的大型山水休闲型旅游景区。升级改造酒埠江国家地质公园博物馆，开发拥有科普、生态、非遗体验、体育、红色教育等产品的湖南省研学旅游教育基地；制定全年全天候的职工拓展培训计划，团建活动已成为景区营销的新亮点；景区推出的“年味酒仙湖”“我们约会吧”“花漫酒仙湖”“七彩风车节”“全民运动彩虹跑”等系列主题活动，创新发展的水上运动系列产品，提升景区的人气，拓展了酒仙湖旅游的影响力和美誉度。

（张三强）

湖南酒埠江旅游开发投资有限公司

【概况】湖南酒埠江旅游开发投资有限公司（简称“旅投公司”），为县政府直属平台公司，注册资本1亿元。公司内设综合管理部、人力资源部、财务融资部、工程建设部、审计合约部、企划经营部、资产管理部。成立两个全资子公司，即湖南高原建设工程有限公司和湖南官田邑文旅发展有限公司。2018年10月，旅投公司与县国有资产管理服务中心共同出资成立了国有合资企业，即攸县开源农业综合开发有限公司。公司经营范围为：国家授权范围内国有资产的投资、管理，旅游项目的投资、开发、经营；攸县酒埠江库区客船运输，城镇化建设及基础设施投资建设；市政道路工程建设、公路工程建设、房屋建筑业、机电设备安装服务、建筑装饰业、水利工程建筑、其他土木工程建筑、电器安装；河湖治理及防洪设施投资建设；房地产开发、经营，土地整理。

【工程建设】2018年，围绕县委县政府“两突”总目标和“产业项目建设年”主题活动，公司全面推进项目建设。9月—12月，完成平汝高速酒埠江出口至镇区道路两侧房屋外立面改造A区项目的房屋改造135空。完成酒埠江旅游公路环线延伸线（景观大道二期）项目预算评审等前期工作。积极与株洲国信集团对接，加强服务协调，攸县酒埠江生态新镇建设PPP项目的清理核查处理结果由“建议退库”更改成“建议整改”，项目成功保库。同时，扎实推进PPP工程建设。完成景观大道一期工程施工验收；完成酒埠江污水处理厂主体工程；游客服务中心及商贸城工程已进入地面铺装阶段；基本完成宝宁寺安置区建设桩基工程，安置户可启动房屋自建；基本完成水云桥及北岸环湖游道；完成地质博物馆提质改造，并开馆迎客。

【资产经营】2018年，公司全体上下围绕公司经营目标，紧扣工作任务，全力抓落实，实现年度经营收入8463万元，超额完成年度任务。一是大力拓宽高原公司业务营收。在公司自有工程建设的基础上，积极对接县内其他投标业务，高原公司全年实现主营业务收入2007万元，其中自主投标业务325万元。二是全面启动官田邑旅游风情街区招商。完成了对官田邑旅游风情街区的整体规划和业态定位，从招商以来，共接待及邀请商家客户496组，累计签约7户，签约面积约9000平方米，积极对接大型娱乐经营主力商家，已为公司创造利益150万元。三是稳步实现资产保值增值。完成了酒钢宾馆、游客服务中心等6宗资产的权证办理，壮大了公司资产规模。原柏市镇政府地块资产收购工作，在市公共资源交易中心挂网出让，并实现租赁收入200万元；原酒埠江钢厂的网岭火车站地块实现租赁收入17.92万元；原酒埠江钢厂地块完成挂牌出让，为公司创收1.95亿元。四是积极拓展开源公司业务。与县国资中心共同出资成立以耕地占补平衡为主要工作的攸县开源农业综合开发有限公司。完成筛选项目总面积800公顷，初步确定符合开发条件地块22处，面积313.3公顷；以补充耕地指标异地转让贷款项目与农业银行对接融资额度2亿元，基本可完成授信工作。

【规划设计】结合全县旅游资源普查成果，对各乡镇旅游资源进行统计分析，对特色景点酒埠江邓家湾、柏市泉塘幽谷等地进行了实地考察及开发论证，储备旅游开发资源；对“自营主题客栈、凌云亲子农乐园、昭村千帆灯影”等项目进行了策划设计；完成了“神奇湘东”旅游精品线路项目建设。

【争项引资】抓住国家有关政策机遇，积极争取上级专项资金补助支持，全年共争取到各级财政预算内项目资金1827万元，其中省旅游发展专项资金700万元、酒埠江污水处理厂项目补助资金460万元、神奇湘东项目资金280万元、网酒公路两侧立面改造项目（改扩翻项目）387万。加强与省国开行对接，积极落实酒埠江旅游区基础设施建设专项基金调拨工作，全年共调拨到位资金4456万元，用以支付游客服务中心B标土方工程款、景观大道征地拆迁报批费用、污水处理厂征地拆迁及土地报批等费用。

【党建和扶贫】公司以中共十九大精神为指引，深入开展党建扶贫工作。积极开展“两学一做”学习教育、“三会一课”活动；抓好公司党的文化阵地建设，实现党建文化与企业文化有机结合，以浓烈的党建文化塑造风清气正的工作氛围。切实开展扶贫工作，组织帮扶工作队驻黄丰桥镇泉塘村开展结对帮扶。全年累计投入扶贫资金约49万元，落实“贫困户的微心愿”“为贫困户建立养殖场”“修复村组水利工程”“兴建欧公山旅游扶贫公厕”等帮扶措施，帮助贫困户增收脱贫。

（刘玲玲）

交通·通信

交通运输

【概况】全县公路总里程7990千米，公路桥梁511座。按技术等级划分，有一级公路18.767千米、二级公路248.036千米、三级公路22.652千米、四级公路2890.502千米；按在路网中的地位划分，有国道62.392千米、省道495.462千米、县道492.077千米、乡道571.121千米。泉南（G72）高速公路境内长13.2千米，平汝（S11）高速公路境内长54.3千米。开通道路客运班线91条（省际14条、市际7条、县际7条、农村客运63条）、公交线路9条。有客运公司3家、出租车公司4家、货运公司12家（含2家危货运输企业）、驾校13所、机动车综合性能检测站5家，有客运站4个、农村客运站场9个、农村客运招呼站260个，有公交车74台（66台纯电动车、8台燃气车）、客运班车350辆、危货运输车辆21辆、出租车260台。有民间义渡渡口16道、标准化客渡船17艘。

【基础建设】按照“产业项目建设年”活动要求，结合“四好农村路”建设，平稳有序推进基础设施建设，完成交通固定资产投资18.7亿元，S339网酒公路柘桑至洞井段9.872千米、酒埠江至柘桑段4千米基本建成，“窄路加宽”项目37.458千米、脱贫攻坚自然村通水泥（沥青）路16.155千米、危桥18座（伏竹冲一桥、坪泉桥、兰头桥、阴山桥、扶洲田桥、渠道三桥、增加桥、下陂桥、大塘冲桥、西干渠桥、丁家垅桥、龙桥、新联桥、樟水大桥、坎上桥、阳湖湾桥、坪里屋桥、坪里屋二桥）、安全生命防护工程313千米、9个农村客运招呼站完成建设任务。709个农村公路提质改造项目、8000处错车道完成了总工程量的45%。界头至高枧、老漕至莲花公路项目完成了设计评审，莲塘坳至路岭坳、石羊塘至渌田、渌田至安仁公路项目完成了初步设计及施工图批复。抢修水毁路段，换板320立方米，修建挡土墙410立方米，清理坍塌方3500立方米，疏通涵洞35处。累计培护路肩96700平方米，修补路面坑槽576平方米，开挖土质边沟8500平方米。

【运输服务】道路运输行业产值3.67亿元；完成道路客运量及旅客周转量分别为1366万人次和133.42亿人千米，完成道路货运量及货物周转量分别为1820万吨和14.2亿吨千米，完成水路客运量及旅客周转量分别为77.13万人和1646.3万人千米，城市公交、出租车客运量分别完成713.04万人次和734.74万人次；维修机动车7.1万辆次，培训驾驶员6520人次，对3320台道路运输营运车辆实施等级评定。发放2017年出租车燃油补贴332万元、农村客运燃油补贴524万元、新能源客车营运补贴561万元（公交车531万元，农村客运班车30万元）。“城乡驿站”配送物资564万吨，在重型普货车辆上安装北斗卫星定位系统车载终端182套，长途客运实名制管理规范有序。启动城乡客运一体化示范县创建，与省交通运输厅签订了创建工作责任书，开展客运车辆资产评估。

【运输业管理】依托“强执法防事故”“隐患清零”“平安交

通百日行动”等载体，开展多轮安全监管执法，依法拆解处置11艘“僵尸船”，5处醴茶铁路沿线安全隐患整改到位，年内共日安检客运车辆12.78万台次。对6项施工招标活动（总招标额10622万元）实施了全程监督。扎实推进“双随机一公开”监管工作，监督检查经营业户476户次、车辆3275辆次，查扣非法营运车辆55辆，对1家机动车维修企业责令停业整顿，全力参与治超、辖区内高速公路违法广告牌调查摸底等工作。重新梳理政务服务事项清单。对公路X112线等开展路域环境整治行动，拆除非公路标志6块、违章构筑物5处。参与取缔马路市场1个，配合核查了30条校车线路。全年共实施行政处罚370例，办理行政许可250项，具体行政行为无行政复议和行政诉讼。

【作风建设】依托党组中心组学习、主题党日、“三会一课”等载体，深入推进“两学一做”学习教育制度化常态化，学习领会习近平新时代中国特色社会主义思想和中共十九大精神。9月，开展了1次专题主题党日活动，扎实开展交通扶贫领域作风问题专项治理、交通建设养护领域“强作风、促行风”质量安全大整治专项行动，按要求走访帮扶双松村57户贫困家庭，对办公用房、公务接待、收送红包礼金进行自查自纠，有关问题及时整改到位。成立离退休干部党支部，完成局机关党委换届。广大党员干部爱干肯干、实干苦干、敢干会干，“民生100”工程建设任务全面完成，43件建议提案答复率、满意率均达100%，对45次市长热线予以及时回复，交通运输行业8000多人扫码关注“互联网＋监督”平台“三湘e监督”微信公众号，党员干部作风明显好转。

（张文武）

公路管理

【概况】攸县公路局有在职干部职工115人，退休职工81人；局机关内设政工股、办公室、财务股、计统股、工程股、法安股6个股室；下辖攸县路政管理大队（菜花坪超限检测站）、攸县公路养护中心两个副科级公益一类事业单位。主要负责实施辖区内380.53千米国省干线及部分主要支线公路的建设、养护和管理工作。2018年，在全市公路工作目标管理考核中整体获评优秀单位，干线公路养护目标管理、公路安全生产工作获评红旗单位，干线公路建设目标管理、农村公路建设目标管理、公路路政目标管理获评优秀单位，农村公路养护目标管理获评优胜单位。

【公路养护】强化日常养护稳定路况。对照“六率”考核标准，重点抓好路面破损修复、路基缺损修复、水沟畅通、路面清洁、路面防水、绿化等工作。清挖水沟146千米，整修路肩251.7千米，清除路面积砂180千米，绿化修剪21.3千米，清除塌方2893立方米，维修钢护栏768米，修复挡土墙160立方米。完善360千米内里程碑、百米桩补缺，定期开展桥梁检查，发现新增五类危桥3座，四类危桥6座，加大路面保洁力度，采用“路面清扫车+人工辅助”保洁方式，提高保洁效率。完成黄丰桥至山门洪段“四好农村路”检查验收，干支线优良路率达93.32%。加强预防性养护提升路况。大力实施水泥路面板底灌注、接缝和沥青路面早期病害处治等预防性养护，处治27千米沥青路面裂缝，修补路面坑槽4700.8平方米，坚持“补早、补小、补好”，有效延缓了路面病害的产生和发展。

【公路建设】落实养护建设项目计划4116万元，计划实施S333线大修5千米，G106线和S333线中修5.168千米，G106线和S535线沥青砼路面薄层罩面11千米，危桥改造5座，S333线等13条安全生命防护工程。积极与相关部门衔接，大中修工程和安全生命防护工程年内完成招标，危桥改造工程已完成立项审批、设计预算等前期准备工作。积极应对严控债务风险，压减投资项目，地方配套资金难以到位的形势变化，积极与省市公路主管部门对接，优化设计方案，节减公路投资140万元，有力推动了项目落地落实，年内启动了G106线和S535线沥青砼路面薄层罩面工程。

【改善路域环境】着力改善路域环境。制定《攸县路政管理“路长制”实施方案》，明确巡查责任人，落实巡查责任，严格工作考核，确保巡查全覆盖。开展清障整治行动4次，清除路面堆积物84余处，拆除非标、割除横幅48余处，处理抛洒污染路面36起，清除摆摊设点15处，拆除违法棚屋2处，清除公路两边农作物300余处。办理许可15起，下达《责令整改通知书》54份，处理损坏公路附属设施的赔补偿案件20个，结案率达100%。

【超限治理】强化公路超限治理。严格执行《公路货运车辆超限超载认定标准》，坚持“违超必查、违超必罚、违超必卸”。共开展6次路警联合集中整治行动，投入执法力量6000余人次，检测车辆15196台，查处擅自超限超载运输车辆69台，卸（驳）载货物超限货物1176吨，路政处罚17台，罚款7.3万元，路警联合处罚52台，罚款2.87万元，记分246分。7月以来，联合交警、运政开展高速入口治超，高速入口超限率退出全省前20名。

【安全生产和应急处置】严格落实安全责任。开展安全生产工作专项检查27次、领导干部带队检查安全生产13次，排查发现安全生产隐患82处，整改82处。砍伐隐患行道树18千米，完成X110线市局督办隐患路段专项整改1处；出动路政人员216人次，车辆32台次，检查生产经营单位21家、排查发现道路安全隐患25处，整改25处。全行业没有发生一起安全生产责任事故。完善应急抢险保通体系，逐步推进路网监测平台、应急调度平台、抢险系统建设。加大应急物资储备，强化春运、汛期、冰冻天气、重要节假日等重点时段安全监管和应急值守，做好了极端天气的预防、预警、防范和应急保障。2018年，在低温雨雪冰冻期间，共投入抢险人员800余人次，机械150余台次，融雪剂80余吨，救助受困车辆15余辆，确保了道路安全畅通。

【公路法规宣传】以“规范执法，护路为民”为主题，大力开展“路政宣传月”活动。利用电子显示屏、信息情报板、路政巡查车等载体滚动播放宣传标语，张挂宣传横幅20条，发放各类资料10000余份。组织人员深入党政机关、厂矿企业、在建工地等场所，并在沿线国省干线及人流密集区域设置咨询点，开展公路法律法规现场普法宣传活动，现场为群众解答问题80余例，受教育群众15000余人。

【信访维稳工作】在实施目标管理责任机制和矛盾纠纷调处机制上，筑牢“大责任”防线和“大调解”防线，突出强化基层责任，领导部门责任和责任追究。从源头上减少社会矛盾，将各类矛盾纠纷和不稳定因素化解在基层、化解在萌芽状态，真正做到“谁主管、谁负责”，不断夯实社会稳定与安全的基础。对因领导不得力、措施不落实、工作不到位，发生严重危害社会稳定问题的部门和站（组）及时严肃查处。处理县长信箱7封，接待来信来访17人次，有效化解了矛盾。切实解决了邹素珍入编体制改革遗留问题，全年无一例职工上访、刑事治安等事件发生。

【党建和扶贫】深入开展“两学一做”学习教育，中心组集中学习11次，各党支部开展全年集中学习12期、主题党日活动48次，“三会一课”和党员民主评议、“双述双评”等工作按时开展，按照支部“五化”建设要求，完成了各支部建设，老龄党支部进行了换届选举，全局发展党员2名。严格监督执纪问责，行业纪律规矩意识进一步增强。配合完成县委第四轮第三巡察组开展的“政治体检”，配合完成县审计局对本局2017年度部门预算执行情况审计。修订完善工作制度13个、党建制度20个，完成问题整改24个，收缴违规资金162574元。开展作风建设督查77人次，会风会纪督查16次，节假日公车督查8次，违反干部职工作风“十二分制”管理办法2人，541人次进行谈话提醒，1人次被行政处分或纪律处分。深入开展扶贫帮困工作，按照“五个一”要求，积极开展“三走访三签字”，“五个好”帮扶活动要求，结对人每月走访2次，因户施策，为贫困户送鸡苗、送粮油、送日用品、送政策、送温暖。投入1万余元，帮助贫困户成立了畜牧养殖专业合作社，18户贫困户加入了合作社发展养殖，户均增加收入3000余元。运用“分贷统还”模式，支持贫困户入股参与光伏发电经营分红。

（罗小玲）

中国邮政集团公司湖南省攸县分公司

【概况】中国邮政集团公司攸县分公司，系国有公共事业服务性企业，主要经营储蓄、代理保险、邮政快包、农村电子商务、报刊发行、函件、集邮、机要通信、代收话费、代发工资、代收电费、代理订购火车票、代理订购飞机票等服务项目。全公司系统内从业人员 231 人，其中正式职工 125 人，劳务工 106 人。内设一部一室，即市场经营部和综合办公室。市场部下辖代理金融中心、文化创意中心、渠道平台中心等生产部门；综合办公室管理后勤、工会、人事劳资、财务等内勤部门。2018 年 9 月，按照省市公司部署，成立了新的寄递事业部，专门管理各类快递业务发展工作。全县下设 25 个邮政储蓄代理金融网点，3 个邮政营业网点，4 个班组。开设委办汽车邮路 3 条，全长 515 千米；开设 82 个投递段道，其中城区投递段道 20 个/人（含 9 个普邮投递段和 11 个快包专揽投投递段），乡邮段道 62 个，投递路线长 1956 千米。城乡投递员 52 人，其中镇区投递员 20 人，镇区以下投递员 32 人，担负着全县乡镇村及城乡的党政部门、企事业、学校等单位的邮政普遍服务工作。2018 年，公司新建了鸾山邮政综合办公楼，改造装修石羊塘邮政所，进一步完善各网点的基础设施。全年实现业务收入 8164 万元，完成年计划的 100.1%，同比增长 16.5%。

【服务提质】一是做强综合便民服务平台。2018 年建设综平站点 427 个，覆盖全县每个村级；搭建电商平台，让村民购物不出村——质优价廉的品牌化肥等农业生产资料送到农家；金融不出村——在村里就能存取款、交取新农保，享受到邮政普惠金融服务；销售不出村——“次日递”业务带动农产品返城销售，丰富销售渠道，增加农民收入；生活不出村——邮政便民服务站让农民购买到物美价廉的生活用品；创业不出村——村民加盟村邮乐购，在村里也能创业。二是着力培育攸县本土农村电商。专业团队下乡调研，将攸县本地优质产品上线至“邮乐网”“邮三湘”等平台，推广至全省乃至全国，开展精准扶贫的同时，创建攸县自己的农特品牌。三是普遍服务如期如质。邮政的邮运网络遍布全国，深入每个乡村，无论何时何地，都能将包裹、信件、报刊等又快又好的送至客户手中。

【“职工小家”升级】在 2017 年全面完成“职工小家”建设的基础上，添置、更换家用电器、生活用品和文体设施，更换冰箱、抽油烟机、热水器等家电，使各网点“职工小家”设备更加完善。

（贺知明）

中国电信股份有限公司攸县分公司

【概况】中国电信股份有限公司攸县电信分公司有在职员工 177 人，其中合同制员工 95 人、外包员工 82 人。公司下辖综合部、渠道销售部和网络部 3 个部门；渠道销售部下设销售类中心，即政企分部、商客分部、客经客服分部、2 个城市支局、16 个农村支局；网络部下设网络类班组，即城区综合维护分部、客户端装维中心、2 个城区装维分部、8 个农村综合维护分部。102 个营业服务网点遍布全县城乡，为全县人民提供包含固定电话、移动电话、精品宽带、高清数字网络电视及其他高品质增值类通信业务服务。2018 年，公司宽带用户 6.9 万户，移动电话用户 15.8 万户。

【客户服务提质】公司秉持“用户至上，用心服务”的服务理念，在客户服务中严格执行“首问负责制”，不断提升用户满意度。提升营业窗口服务水平。各厅店、班组每日召开晨会、定期召开业务培训会，通过持续不断地培训、检查、考核，着力解决在面向客户服务中的短板问题，基础服务指标、投诉处理等指标均优于全市平均水平。提高装维服务质量。六项服务承诺装移机及时率、修障及时率均达到 98% 以上，同比提升 10.5%，其他各项装维指标均排名全区第一。农村代维人员实现班组现场化集中管理。执行管理日常化、装维流程规范化，8 个农村班组业绩指标名列全区前十名。

【通信基础建设】2018 年，分公司网络建设突出网络安全与网络深度覆盖两个重点，致力于建设高质量的全业务网络，最大限度的满足攸县，特别是农村贫困偏远地区日益增长的用户信息化需求。全年新建无线基站 96 个，新建光网端口 1.1 万个。共有移动网 4G 基站 117 个，800M 基站 240 个，有效人口覆盖率 98%。攸县电信宽带网已建成全县最大的光网络，光纤到户端口超过 16 万个，进入湖南省“强光网县”行列。能满足家庭

300M、企业商用1000M的需求。NB-LOT物联网网络基于800M低频覆盖优势，实现城市和重要乡镇全覆盖，能满足智慧攸县、垂直应用、智慧工作和生活等相关应用的实现。

【结对扶贫】2018年，公司认真落实县委县政府脱贫攻坚工作的决策部署，积极履行社会责任。在做好结对扶贫村的扶贫工作的同时，致力于铺好信息路，让网络成为促农增收引擎，助力贫困村精准脱贫。一是持续加大建设投资力度，全力加快农村地区尤其是贫困地区的通信基础设施建设步伐。公司投资200多万元，完成全县45个贫困村16个基站配套设施建设，实现了15个贫困村光网全覆盖的目标。二是攻坚克难，有效支撑了通信网络向老少边穷地区延伸逐步完善贫困地区网络建设。攸县鸾山镇江冲村地处偏远山区，交通不便，加之山区地势条件恶劣，造成光网覆盖难度较大。尽管住户稀疏，人口稀少，电信话务量少。攸县电信公司突破重重关卡向上级申请建设资金58万元，新建了江冲基站和光网工程，成功解决了江冲村15个组的网络通信问题。三是服务农村其他基础设施建设。全年免费迁移通信杆路1163根，有效促进了全县农村交通基础设施建设。

（周李琴）

中国移动通信集团湖南有限公司株洲市攸县分公司

【概况】中国移动通信集团湖南有限公司株洲市攸县分公司共有员工98人，其中上市员工73人，劳务员工8人，退休退养员工17人。公司下设综合部、市场部、网络部、政企客户中心、城区营销中心、营业厅及黄丰桥、皇图岭、网岭、新市和菜花坪五个乡镇营业部；下设移动服务网点139个，覆盖县城及绝大部分乡镇。主要业务经营包括：移动电话、有线宽带、集团专线、高清数字电视以及其他基于移动通信业务的各类增值业务。2018年，本公司移动用户数近30万户，手机客户市场份额占比58%，其中4G用户数超过18万户，移动宽带用户数突破5万户，2018年，累计收入近2亿元。

【网络建设】至2018年底，攸县移动公司共建有基站1493个，其中2G宏站384个，2G室分9个；4G基站963个，4G室分59个，4G微站78个。在攸县及周边乡、村、镇地区基本实现通信信号无缝覆盖，县城及乡镇人口密集区已经全面覆盖4G网络。2018年，攸县移动家庭宽带建设按照县城补盲、农村重点的方式，到年底，县城宽带覆盖率超过95%；乡镇及农村宽带覆盖率超过70%。

【优质规范服务】进一步树立优质服务品牌，落实提速降费要求，全面取消手机长途费和漫游费，流量单价大幅度降低，推送短信账单、邮箱账单，账单更透明。严格落实手机实名制工作，保障信息安全，保护广大用户的合法权益，加强网络信息保护和用户个人信息安全，提升移动服务水平。强化伪基站监测治理，遏制网络信息违法行为，净化通信环境。

【党建和扶贫】攸县移动公司党支部共有党员30人，其中24名在职党员，6名退休党员。为贯彻落实中共十九大会议精神，切实履行全面从严治党主体责任，公司党支部推进“两学一做”学习教育常态化制度化，开展“反腐倡廉教育月”活动，围绕“新时代·新气象·新作为”的主题，通过学以知廉、论以促廉、行以践廉等方式，提升党员干部的党性修养，努力营造风清气正的良好氛围。每月开展支部主题党日活动，充分运用红色资源、警示教育基地、扶贫联系点、网络平台以及生产经营一线阵地，通过诵读党章、重温入党誓词、参观革命纪念地、接受廉政教育、开设网络党课等形式，提升党员宗旨意识，增强支部活力，提高党组织的凝聚力、战斗力和影响力。落实县委、县政府扶贫工作统一部署，开展扶贫攻坚结对帮扶工作，深入结对帮扶农户家中，全面开展走访调研，致力助推贫困户精准脱贫。开展“爱心助考”活动。

（刘 伊）

中国联合网络通信有限公司攸县分公司

【概况】中国联合网络通信有限公司攸县分公司成立于1999年7月，为中国联合网络通信有限公司在攸县的分支机构，是一家大型本地网综合性信息服务提供商，负责在攸县区域的通信建设及综合电信业务经营。公司有合同制员工 27 人，省劳务派遣工 5 人，外包人员 69 人;分公司下设有综合部、移网网格、固网网格、建设维护部、集团客户部及乡镇营销部。主要业务经营范围包括：移动电话、有线宽带、高清数字电视、集团专线及其他移动通信业务的各类增值业务。公司现有 3 个自营厅，一级网点 85 个，二级网点 95 个，公司坚持以 3G/4G 网络发展为方向，以最丰富的终端、最成熟的技术、最畅快的网速、为广大用户提供服务。2018 年，本公司有移动用户在网 10 万多户，宽带用户 2.5 万多户。

【网络基础建设】积极向省、市公司争取对攸县地区的资金投入，用于各项通信基础设施建设。全年新建 3G 基站 20 个，4G 基站 20 个，其中城区站 16 个，乡镇站 24 个。至年底，投入运行 912 个基站（其中有包含 3G 基站 379 个，4G 基站为 343 个，2G 基站 190 个），移动通信网络覆盖率达 95% 以上。同时，加大宽带在城乡的覆盖投资，实现 93% 的乡镇覆盖。

【优质服务】以服务领先为目标，加强窗口服务人员业务培训，努力提升整体服务水平。重点解决群众反映集中的服务热点、难点问题，有效化解服务纠纷，保障用户合法权益，提高客户满意度。进一步完善以客户为中心的标准化服务化体系，建立涵盖全业务、彰显差异化特色品牌服务的服务标准、渠道服务规范体系以及达标考核制度，不断提升公司整体业务受理和服务能力。

（彭　丽）

财政·税务

财　政

【概况】攸县财政局内设14个股室，下辖非税收入管理局、乡镇财政服务中心、国库集中支付核算中心、农业综合开发办公室等4个副科级事业单位和17个乡镇（街道办事处）财政所，全系统在职人员207人，其中局机关107人，乡镇财政所100人。2018年，完成一般公共财政预算收入20.04亿元，占调整预算的100.07%，同口径增长7.05%。其中税收收入完成14.16亿元，同比增长11.93%，税收占比为70.59%，较上年提升21.34个百分点。地方收入完成13.05亿元，同口径增长1.12%，地方收入中的税收占比为54.8%，较上年高20.46个百分点。

【财源建设与财政收入】面对严峻的财税收入形势，全局上下担当作为，培源和征管双向发力，收入质量显著提高。一是培植主体税源。进一步优化支持园区发展体制，着力激发园区发展活力。预算安排3500万元注入产业发展基金，“助保贷”“续力贷”稳步实施，帮助73家中小企业解决信贷资金51700万元，有效破解中小企业融资难题。争取企业研发、制造强省等专项扶持资金2840万元，拨付煤炭企业技改扩能和整合关闭资金3702万元，兑现产业发展奖励资金510万元，奖励企业160家，全力推动“产业项目建设年”活动纵深开展。二是建设重点税源。强化煤炭收入调度，全年完成煤炭销售233万吨，同比增长37%，贡献税费38000万元以上。制定全县土地资产处置计划，深挖土地和资产潜力，全年出让土地26宗，处置资产5宗，实现税费缴库96357万元。公开拍卖河道砂石开采权，实现出让收入7638万元。成立重点财源建设工作领导小组，制定《进一步加强财源建设工作的通知》，完善财税考核办法，持续扩大总部经济成果。全年完成总部经济税收13505万元，其中乡镇（街道）8757万元、园区4748万元。科学研判经济形势，研究抓收对策，加强重点行业税收调度，制造业、商务服务业、建筑业等重点行业税收实现较大突破。三是挖掘潜在税源。强化综合治税运用和税源协管联控，开展园区企业税收清理，加强对烟花、砂石、运输、煤坪等重点行业、重点税源的税收征缴，确保税收应入尽入。推进城乡建设用地指标增减挂钩工作，加大乡镇土地和资产的包装出让力度，推动药店刷卡消费缴税，着力挖潜增收。

【“三保”支出】全年完成一般预算支出460197万元，占年初预算的137.37%（调整预算的115.63%），下降2.14%。2018年，主动应对财力瓶颈，致力科学调度，统筹保障了支出到位。一是保障人员待遇。按时保证了在职和离退休人员的待遇正常发放。按政策落实津补贴、住房公积金提标。保障乡镇工作补贴、车补的发放。二是保障正常运转。有力保障单位公用经费和专项工作经费的落实。将乡镇补助、村级转移支付、税收分成等纳入预算管理，确保镇村两级平稳运转。优化村级转移支付分配方案，将在职村干部待遇纳入村级转移支付范围，运转经费以村总人口数分档确定。支持“两院”经费上划核定和司法体制改革。三是保障基本民生。加大重点民生实事和重点民生项目扶持，民生投入比重进一步加大。完成教育支出59691万元，重点支持城区“大班额”化解和农村薄弱学校改造工程。完成医疗卫生支出55780万元，稳步提高各项医疗保障标准。完成社会保障和就业支出88798万元，着力提升困难群众生活救助水平。完成文化体育与传媒支出3321万元，大力推进“门前三小”等文化工程。完成农林水事务支出70390万元，重点支持重金属污染和种植结构调整、河流山塘治理等项目。完成城乡社区事务支出54225万元，确保了绿化维护、垃圾清运等公共事业投入。

【财政改革】以纪念改革开放40周年为契机，把改革创新贯穿于财政工作全过程，深入推进各项财政改革，增强财政可持续发展的活力和动力。一是不断优化县乡财政体制。重新划分县乡收入范围，重新收回房地产行业税收，制定乡镇税收奋斗目标，建立收入任务共担机制，提升乡镇协税护税积极性。二是进一步加强预算绩效管理。强化全口径预算制度，完成88个预算单位的部门预决算公开和“三公”经费公示，首次将乡镇（街道）作为一级预算部门纳入公开公示范围。持续推进重点项目绩效评价，完成23个省级专项资金项目和10个财政支出项目的绩效评价，评价资金28000万元。三是深入拓展国库集中收付领域。对6个社保资金专户进行攻坚清理，深入开展国库暂付性款项清理，切实提升国库库款保障水平。将37所中小学校纳入国库集中支付系统，不断拓展国库集中支付领域。实施教育收费票据电子化改革，实现学杂费网上全程缴纳，持续优化非税收入征缴方式。四是继续深化公车改革。规范公务用车更新购置审批程序，重新出台公车平台管理制度，确保公车“集中管理、定点停放、统一调度、按需使用”。五是推进政府会计制度改革。扎实开展改革实务知识、软件操作等培训，升级财务应用软件，为全面启动政府会计制度改革奠定了良好基础。

【财政监管】牢固树立依法理财理念，全面提升财政预算管理实效，切实加强财政资金监管，优化财经秩序。一是严格执行预算。严格预算执行管理，动态监控预算执行状况。统筹盘活结转结余资金4447万元。二是严格管理项目资金。制定出台农业、扶贫、移民等领域项目资金管理办法，扎实开展专项资金检查。重新修订《攸县政府投资项目管理办法》，全面强化预结算管理，全年完成预算评审项目252个，审定金额140105万元，审减金额6776万元，审减率4.83%；结算评审项目242个，审定金额33180万元，审减金额4765万元，审减率12.56%。严格政府采购领域监管，全年完成政府采购金额22437万元，审减金额3424万元，资金节约率13.24%。三是进一步优化经济发展环境。梳理核实收费项目、标准、依据等减负降费有关规定，强化清理规范工作，严肃查处乱收费问题，全年减轻企业规费负担3510万元。四是进一步加强财务管理。对标中央“八项规定”及细则的要求，全面压实预算单位的财政财务责任。严把支付审核关，退回不合理、不规范票据金额110多万元。严格特批准支管理，审减特批准支项目25个，审减金额493万元。开展乡镇财政综合业务检查，进一步加强乡镇财务精细化管理。

【风险防控】坚决贯彻落实省、市、县的决策部署，采取“防、控、化、改、转”多项措施积极稳妥化解债务风险。同时，坚持尽力和量力双结合，确保全县重大决策部署落地见效。一是采取切实措施化解债务。制定10年期限债务化解方案，明确每笔隐性债务的化债方案和配套举措，将化债任务和责任落实分解。二是压减、统筹项目建设。对所有在建项目、拟建项目进行多轮压减，已停缓调撤政府性投资项目96个，共压减投资76.52亿元，压减幅度79.7%。在全力压减项目的同时统筹整合各类资金，着力支持了“五区”、产业发展、教育、环保、扶贫、特色小镇等重点项目建设，推动落实乡村振兴战略和“产业项目建设年”活动，助力打赢“脱贫攻坚战”“蓝天碧水净土保卫战”等各项战役。三是加强对接协调。成立债务化解银行谈判领导小组，积极与金融机构沟通协商降息、展期、借新还旧等事宜，取得明显成效。四是清理整改到位。4个PPP项目，已退库两个、完成整改一个，正在按要求整改一个。成功置换债务3.66亿元，全面完成系统内政府存量债务的置换工作。五是加快平台改革步伐。已完成平台公司的清产核资，正在进行平台公司资产资源配置和撤并整合。

【队伍建设】坚决维护和加强党对财政工作的统领，全面加强干部队伍政治、廉政、学风、文化建设。一是加强政治建设。推进党组中心组理论学习制度化、规范化，确保财政工作始终坚持正确的政治方向。落实全面从严治党新要求，全面加强“五化”党支部建设，推进“两学一做”和“主题党日”学习教育常态化制度化，深入开展十九大精神宣讲和“不忘初心、牢记使命”主题教育，扎实推进党员积分制管理，以“红色引擎”引导党员干部干事创业。二是加强作风建设。分解落实党风廉政建设责任。赴网岭监狱开展廉政警示教育，开设红色讲堂宣讲党纪党规，强化廉政警示教育。开展违反中央八项规定突出问题自查自纠，全面清理整办公用房，党风廉政常抓不懈。强化作风纪律督查，完善机关管理、指纹考勤等制度，进一步优化工作作风。三是加强能力建设。丰富干部教育培训方式，大力开展道德讲堂、警示教育、法治培训等活动，组织中层以上干部赴高校集中学习，积极推送干部到驻湘专员办挂职学习和驻村锻炼，开展开展青年干部知识水平测试、会计业务竞赛、专题讲座等活动，切实提高干部履职能力。四是加强文化建设。以创建省级精神文明先进单位为契机，开设4次“道德讲堂”活动，组织5次“学雷锋”志愿服务活动，推荐好人线索1200条以上。大力宣扬社会主义核心价值观，不断推进财政文化建设。组织开展登山、野炊、趣味运动会、老干部座谈会等活动，组建篮球队、羽毛球队，参与全县“万步有约”健走活动，丰富干部职工的业余生活。

（朱鹏飞）

2018年攸县财政收支明细表

表6

收支项目	调整计划（元）	累计完成（元）	占计划（%）	上年同比完成（元）	比上年同期	
					增减额（%）	增减（%）
一般公共预算收入	200500	200647	100.07	187435	13212	7.05
其中：税收收入	141500	141646	100.10	126549	15097	11.93
非税收入	59000	59001	100.00	60886	-1885	-3.10
税收收入比例（%）	70.57	70.59	—	49.25	21.34	—
一、地方收入	130372	130522	100.12	129078	1444	1.12
地方税收收入比例（%）	54.74	54.80	—	34.34	20.46	—
（一）税收收入	71372	71521	100.21	68192	3329	4.88
1．增值税（37.5%部分）	28125	28011	99.59	23244	4767	20.51
其中：改征增值税（37.5%部分）	—	11074	—	12597	-1523	-12.09
2．营业税(37.5%部分)	—	66	—	722	-656	-90.86
3．企业所得税（28%部分）	6048	5931	98.07	4680	1251	26.73
4．个人所得税（28%部分）	2044	2189	107.09	1786	403	22.56
5．资源税（75%部分）	2475	2264	91.47	1388	876	63.11
6．城市维护建设税	3980	3971	99.77	3085	886	28.72
7．房产税	1930	2002	103.73	2856	-854	-29.90
8．印花税	870	1003	115.29	1467	-464	-31.63
9．城镇土地使用税（70%部分）	1680	1578	93.93	2219	-641	-28.89
10．土地增值税	9100	9951	109.35	12017	-2066	-17.19

2018 年 2 月 6 日，攸县第五届民俗文化节在菜花坪镇高和社区开幕

2018 年 12 月 20 日，第二届“清风株洲”廉洁文化创作活动群众歌咏赛总决赛开赛。图为攸县队比赛现场

2018 年 10 月 19 日，攸县大型原创现代花鼓戏《长辈》在湖南戏曲演出中心展演

送戏下乡

文物保护单位安全巡查

印刷行业执法检查

攸县文化小分队送文化进屋场

春联社区沙坪文化服务点

攸县"门前三小""我的家乡美"讲故事比赛现场

小广场文体活动

石羊塘高桥服务点书屋

教　育

中共攸县县委副书记、县长苏涛现场办公化解大班额

株洲市优秀教师先进事迹报告攸县专场报告会现场

“教育部–中国移动”中小学校长培训项目“送教下乡”活动攸县现场

攸县一中谢琳俊同学荣获全国3D打印设计总决赛唯一金奖。图为颁奖典礼现场

标准化建设示范——银坑中学

鸾山中学新建的教师周转房

2018 年爱心助学资金发放现场

文化路小学学生劳动实践教育现场

组织学生瞻仰谭震林铜像，进行革命传统教育

组织学生开展地质灾害防治紧急避险演练

卫生、体育

湖南省卫健委综合监督处处长王兵到攸县调研卫计监督执法工作

2018年8月18日，攸县组织开展“攸攸乡情·医学专家攸县行”活动

心血管病免费筛查现场

2018年11月6日，攸县乡村卫生人才能力提升培训班在县中医院开班

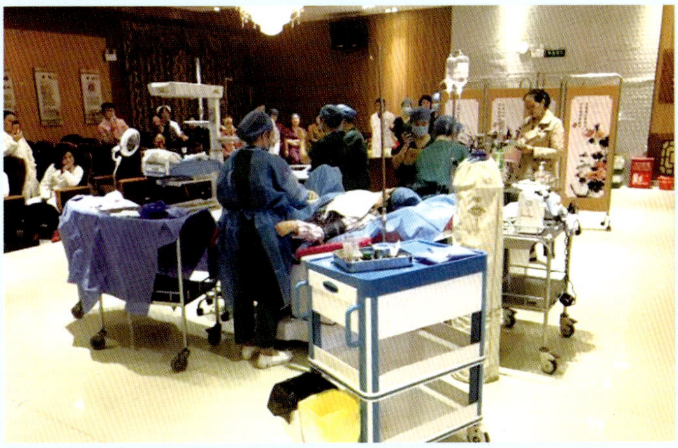

开展产科急救演练

2018 年 5 月 29 日，“计生协会会员日”宣传活动现场

2018 年 9 月 18 日，湖南省门球锦标赛在攸县门球场举行开幕式

2018 年 5 月 6 日，全国第三届“万步有约”职业人群健走激励大奖赛攸县赛区启动仪式在攸州公园文化广场举行

2018 年 7 月 21 日，首届“健康湖南”全民运动会攸县羽协杯羽毛球赛在攸县全民健身中心开幕

2018 年 10 月 15 日，攸县职工男子篮球赛在攸县大众球馆开赛

社保救助、精准扶贫

2018 年 2 月 27 日，举行扶贫暨春风行动系列公益招聘会

2018 年 6 月 29 日，举行农村贫困残疾人就业帮扶专场招聘会

中共攸县县委书记康月林走访贫困户

教育扶贫免费校车接送学生

春联街道火龙果产业扶贫基地

攸县文化扶贫工作者深入基层进行文艺活动辅导

易地搬迁贫困户喜迁新居

社会治安、安全生产

2018 年 6 月 15 日，湖南省高院党组成员、执行局长郭正怀带队到攸县就“决胜执行难”工作开展督查

特警夜晚巡查

攸县公安局举行室内射击训练

依法严惩黑恶犯罪势力团伙

送法进校园活动现场

2018 年 12 月 11 日，湖南省应急管理厅党组成员赵军到攸县指导煤炭产业发展工作

县领导在供电公司现场指导安全生产工作

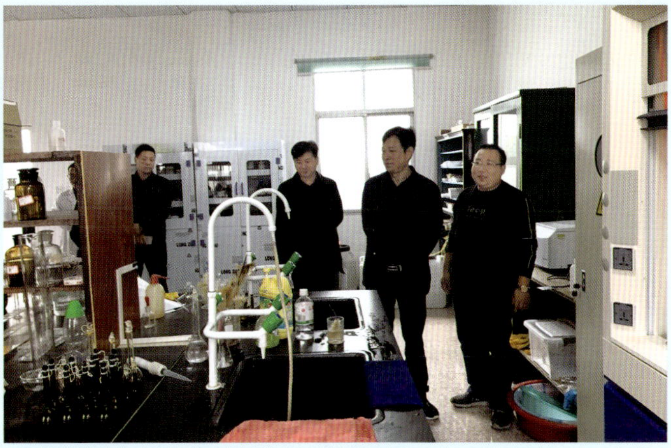

市场监管工作人员在药品企业现场监管指导

公路超限治理现场

消防工作督查

生态环境建设

2018年1月18日，水利部长江水利委员会水土保持工作考核组到攸县考核水土保持动态监测工作

国家自然资源督察武汉局副专员杭邦明一行到攸县实地督导土地督察整改工作

省厅“绿盾2018”核查组核查攸县“绿盾2018”河道采砂专项整治行动开展情况

省水利厅检查攸县国家水土保持重点工程治理项目实施情况

2018年5月15日，株洲市副市长何朝晖率督查组到攸县对生态环境部“清废行动2018”专项督查确认问题的整改情况进行督查

举行环酒仙湖库区“世界水日、中国水周”骑行宣传活动

攸县日处理垃圾 60 吨的水上垃圾中转站于 2018 年 6 月投入使用

水上清洁队垃圾打捞作业中

2018 年 4 月 22 日，“世界地球日”开展校园宣传

江桥街道西阁社区多部门联合对桐坝电站采砂场进行依法拆除

江桥街道

泥脚巷村村民服务中心

洪家洲“门前三小”

新建的江桥小学

洪家洲村瓜蒌基地

西阁社区棚改小区建设现场

脱贫之后的杨木港村居民小区

续表6

收 支 项 目	调整计划（元）	累计完成（元）	占计划（%）	上年同比完成（元）	比上年同期	
					增减额（%）	增减（%）
11. 车船税	2020	2169	107.38	1394	775	55.60
12. 耕地占用税	2100	2190	104.29	2122	68	3.20
13. 契税	9600	9583	99.82	11212	-1629	-14.53
14. 环保税（70%部分）	1400	613	43.79	—	613	—
（二）非税收入	59000	59001	100.00	60886	-1885	-3.10
1. 专项收入	4000	5385	134.63	4322	1063	24.60
其中：教育费附加和地方教育附加收入	4000	3925	98.13	3032	893	29.45
残疾人就业保障金收入	—	268	—	289	-21	-7.27
水利建设专项收入	—	534	—	418	116	27.75
2. 行政事业性收费收入	14000	11176	79.83	13080	-1904	-14.56
3. 罚没收入	6000	9149	152.48	8869	280	3.16
4. 国有资源（资产）有偿使用收入	29000	30835	106.33	30301	534	1.76
5. 政府住房基金收入	—	300	—	373	-73	-19.57
6. 其他收入	6000	2156	35.93	3941	-1785	-45.29
二、上划中央收入	55140	55592	100.82	46183	9409	20.37
1. 增值税（50%部分）	37500	37348	99.59	30992	6356	20.51
其中：改征增值税（50%部分）	—	14765	—	16796	-2031	—
2. 消费税（100%部分）	300	756	252.00	372	384	103.23
3. 企业所得税（60%部分）	12960	12709	98.06	10029	2680	26.72
4. 个人所得税（60%部分）	4380	4691	107.10	3827	864	22.58
5. 营业税（50%部分）	—	88	—	963	-875	—
三、上划省级收入	14988	14533	96.96	12174	2359	19.38
1. 增值税（12.5%部分）	9375	9337	99.59	7748	1589	20.51
其中：改征增值税（12.5%部分）	—	3691	—	4199	-508	-12.10
2. 营业税（12.5%部分）	—	22	—	241	-219	-90.87
3. 企业所得税（12%部分）	2592	2542	98.07	2006	536	26.72
4. 个人所得税（12%部分）	876	938	107.08	765	173	22.61
5. 资源税（25%部分）	825	755	91.52	463	292	63.07
6. 城镇土地使用税（30%部分）	720	676	93.89	951	-275	-28.92
7. 环保税（30%部分）	600	263	—	0	263	—
附：国税部门征收	88000	88037	100.04	73110	14927	20.42
其中：企业所得税	12700	12585	99.09	10212	2373	23.24
个人所得税	—	—	—	—	0	—
地税部门征收	57500	57534	100.06	57013	521	0.91
其中：企业所得税	8900	8597	96.60	6503	2094	32.20
个人所得税	7300	7818	107.10	6378	1440	22.58

续表6

收 支 项 目	调整计划（元）	累计完成（元）	占计划（%）	上年同比完成（元）	比上年同期	
					增减额（%）	增减（%）
财政部门征收	55000	55076	100.14	57312	-2236	-3.90
一般公共预算支出	495225	460197	92.93	470269	-10072	-2.14
1.一般公共服务支出	46305	43053	92.98	43052	1	0.00
2.国防支出	570	418	73.33	505	-87	-17.23
3.公共安全	17516	16475	94.06	22881	-6406	-28.00
4.教育	62552	59691	95.43	62533	-2842	-4.54
5.科学技术	15334	13258	86.46	7845	5413	69.00
6.文化体育与传媒	4177	3321	79.51	18460	-15139	-82.01
7.社会保障和就业	90951	88798	97.63	86635	2163	2.50
8.医疗卫生	59455	55780	93.82	58410	-2630	-4.50
9.节能环保	7802	7122	91.28	6198	924	14.91
10.城乡社区事务	55557	54225	97.60	35008	19217	54.89
11.农林水事务	72774	70390	96.72	81378	-10988	-13.50
12.交通运输	15691	10170	64.81	9864	306	3.10
13.资源勘探电力信息等事务	10739	9361	87.17	10419	-1058	-10.15
14.商业服务业等事务	2576	2055	79.77	3791	-1736	-45.79
15.金融监管等事务支出	80	72	90.00	38	34	89.47
16.国土资源气象等事务	4890	3616	73.95	4827	-1211	-25.09
17.住房保障支出	17486	12974	74.20	9604	3370	35.09
18.粮油物资储备事务	1951	632	32.39	915	-283	-30.93
19.债务利息支出	8506	8506	100.00	7644	862	11.28
20.其他支出	313	280	89.46	262	18	6.87

矿产资源税费征收管理

【概况】 2018年，全县累计统征税费1.95亿元，比上年同期增加9681万元，增长99%。其中，煤炭销售232.9万吨，比上年同期增加63.2万吨，统征税费17279万元，比上年同期增加8785万元，增长103.4%；铁矿类销售9.9万吨，比上年同期减少3.8万吨，统征税费350万元，比上年同期减少127万元，减少26.6%；其他矿类销售393.1万吨，比上年同期增加235.5万吨，统征税费1825万元，比上年同期增加1023万元，增长127.5%。

【税费账款管理】 为确保税费应收尽收，继续推进“多级审核”“月结月清”“双人双锁”的管理机制，全力抓好征收站税费预存监管工作和全县矿产税费结算工作。配合全县对非法矿企的专项整治行动，严格执行凭“五证一照”实行税费预存的管理制度，有效遏制非法矿企的违法行为。为规范税费预存操作，确保账款相符，信息中心严格做好征收站税费预存二级审核工作，全年审核税费预存信息2096条。

【打击偷逃税费行为】 加大稽查力度，创新稽查手段。为适应信息化征管的需要，实行领导带头、多组出动下乡稽查和信息中心视频监控相结合的稽查制。一是不断创新稽查手段和办法，安装手机版小型监控APP，推行“5+2”“白+黑”的稽查模式，实行“人防+物防+技防”的稽查工作模式，提升稽查质效，对内加强制度管理，对外打击偷逃税费行为。全年稽查人员下乡稽查240余人次，共查处偷逃税费车辆108辆，补缴税费与罚款金额79万余元，间接挽回税费损失300万元，维护了税费统征环境。二是发挥视频监控优势，打击运矿司机的违法行为。信息中心加强选矿厂精选加工出境和夜间过站两项审批管理，全年临时卡发放审批2340条，重复发放临时卡审批602条，验票超时审批224条，毛重异常审批1120条，IC卡解锁审批327条，选矿厂出矿审批6370条，夜间过站审批337条，预存缴费审批2096条，经认真核实，均一一进行了办理。三是严格核定车辆皮重。随着全省治超制限工作不断深入，运矿司机从自身利益出发换购大货车，县办运矿车辆净重核定工作量急剧增加，根据申请登记情况，每月集中三至五天时间为新购和有异常车辆现场核定，全年累计发放车辆净重卡3904张，其中制发车辆净重临时卡2740张，核发正式车辆净重卡1070张，堵塞了因运矿车辆净重不实带来的税费流失漏洞。同时公布车辆净重造假举报电话，举报一经查实将对运矿车辆司机进行处罚并补缴差额税费。

【征税站点建设】税费办下设的验票站、点多分布在比较偏远的山区，交通不便，工作和生活条件艰苦。2018年，连续遭遇夏季的洪水灾害和冬季的雨雪冰冻灾害，对各站的饮用水管道和电线线路、电力设备带来了严重损毁。先后投入20多万元完成沙洲里厂棚更换工程；白石冲更换大型不锈钢煤灶工程；沙里坪饮用水水管的更换；三斗岭住宿楼房顶漏水工程和水晶岭点的饮用水改造工程等。投入60多万元，完成沙洲里验票站下岗亭道路硬化加固；韭菜园住宿楼、厨房改造的维修工程；三斗岭验票站的专用变压器更换；沙里坪验票站的上岗亭磅房改造、水渠硬化等工程。

【信息化设备维护】为确保税费统征工作正常开展，加强信息中心各项管理工作，努力做好站点和矿企信息化设备维护、升级、故障抢修等工作。信息中心外勤组人员完成了沙洲里验票站、白石冲验票站、韭菜园验票站打印机的更换；完成8个验票站14个验票点的信息化设备月度、季度和年度巡检；运鑫、运帷和华力煤坪的网络、设备安装；监控中心的电子显示屏的更换，更换主要包括各站点的矿种摄像头、车牌摄像头，夜间照明灯、计算机内存条、计算机硬盘录像机、信息中心显示屏等；新增沙洲里验票站、白石冲验票站、沙里坪验票站社会车道卡口监控系统；在降低费用的基础上新增了网络宽带的升级要求，内网从100M升级到1000M，外网从100M升级到200M；分别在官田点、白石冲站、沙洲里站和韭菜园站建成卡口监测无人值守。设备的更换升级进一步规范税费征收管理行为，为打击违法违规行为和全程监控取证等工作提供可靠依据和保障。

【党建工作和队伍建设】深入开展“两学一做”学习教育活动，落实主题党日等活动。全年将全办55名党员信息全部录入全国党员信息系统；督促机关、白石冲及沙洲里3个党支部党员激活、注册红星云，注册率达90%，以“两学一做”学习教育为契机，以加强作风建设为重点，认真贯彻落实县委县政府关于进一步转变工作作风的“十二分制”管理规定。由于制度健全，措施到位，使各项工作和每个岗位都有章可循，有据可依，从根本上建立起科学的管理机制，规范职工的职业行为，调动大家的积极性和创造性，进而形成人人奋勇争先的良好局面。在进行深入细致的调查研究、讨论推敲的基础上，根据各个岗位和环节的目标任务的工作特点，结合各方面工作的基本要求，进一步完善了《“两学一做”学制度》《岗位责任制》《职工出勤考核制度》《车辆管理制度》等。全年共编辑印发学习资料180余份，组织全办员工分批次、分时段集中培训，全办工作人员学习兴趣浓厚，形成了一种赶学比超的氛围，特别是8月、9月在全站开展了“学制度、明纪律、强素质”学习竞赛活动，掀起了一股新的学习高潮。

（刘谋清）

税　务

【概况】2018年，完成总收入15.39亿元，比上年提高17526万元，增长12.87%。完成省局口径收入14.64亿元，较上年提高15667万元，同比增长11.97%。入库车辆购置税5989万元，较上年增加1508万元，同比增长33.65%。入库工会经费527万元，较上年增加53万元，同比增长11.18%。入库社会保险费669万元，较上年增加313万元，同比增长87.92%。

【优化税收环境】进一步理清涉税事项，明确权责归属，规范制度21个，整合业务35项，精简涉税120项。严格落实好5大类123个“最多跑一次”涉税事项办理清单。梳理涉及多个部门办理纳税人需要多头跑的事项，整合办税资源，共享数据信息。大力推行网上办税、自助办税，推广预约、延时、导税，“二维码一次性告知”等服务措施，让纳税人多跑“网路”、少跑“马路”。持续广泛开展税法宣传。创新税宣载体，开展“税法进校园”“税收体验日”等活动，制作税宣动漫《我的金名片》，开办了16期纳税人学堂，5期纳税人微课堂。

【干部队伍建设】以全面提升干部“熟悉业务、改革创新、组织协调、善做善成、拒腐防变”等五种能力为目标，积极组织局内培训和外出参训，全局共组织各类培训52场，参训人数达4638人次。鼓励全局干部积极报考“三师”，制定“三师”激励措施，安排“三师”考试经验分享，建立“三师”学习交流群。对绩效指标和实施细则进行再优化，严格落实“数字人事管理制度”。开展以“诚实守信、廉洁自律、爱岗敬业、学习雷锋好榜样、文明礼仪伴我行”等为主题的道德讲堂活动7次，推介典型，创树榜样。

【党风廉政建设】坚持从严治党要求，加强党支部“五化”建设，积极践行“两学一做”，持续深化中心组学习、组织生活会、主题党建、支部集中学习等活动。常抓廉政建设，坚持实行“一岗双责”目标管理，廉政约谈做到全覆盖。强化作风保障，组织收看警示教育片，筑牢干部思想防线，制定“雁过拔毛”式腐败问题和“纠四风、治陋习”专项整治工作方案。积极推广内部监督平台上线，并纳入绩效考核管理办法。落实党建帮扶工作。

【国税地税机构合并】根据2018年2月28日，中国共产党第十九届中央委员会第三次全体会议通过的《深化党和国家机构改革方案》（十三届全国人大一次会议审议通过）中第二点（关于国务院其他机构调整）第十一条（改革国税地税征管体制）明确规定，2018年7月20日，原攸县国家税务局、攸县地方税务局合并，成立国家税务总局攸县税务局。经“三定”（职能配置、机构设置和人员编制）调整，内设（另设）13个机构［办公室、法制股、税政股、社会保险费和非税收入股、收入核算股、纳税服务股、征收管理股、税源管理股、税收风险管理股、财务管理股、人事教育股、机关党委（党建工作股）、纪检组］，1个事业单位（信息中心）和6个派出机构［第一税务分局（办税服务厅）、第二税务分局、网岭税务分局、酒埠江税务所、菜花坪税务所、联星税务所］。全局共有在职干部245人，其中党员干部191人，共设10个党支部。

（王　婷）

金融·保险

银行业概况

【银行业金融机构】2018年，攸县有银行业金融机构11家，包括中国人民银行攸县支行、中国农业发展银行攸县支行、中国工商银行股份有限公司攸县支行、中国农业银行股份有限公司攸县支行、中国银行股份有限公司攸县支行、中国建设银行股份有限公司攸县支行、中国邮政储蓄银行股份有限公司攸县支行、攸县农村商业银行股份有限公司（法人机构）、长沙银行股份有限公司攸县支行、华融湘江银行股份有限公司攸县支行、攸县潭农商村镇银行股份有限公司（法人机构）。共有对外营业物理网点94个（含邮政储蓄代办所25个），离行式自助网点20个，从业人员820人（邮政储蓄代办人员125人）。

【居民存款和各项贷款】截至2018年末，辖内银行业金融机构本外币各项存款余额300.51亿元，比年初增加10.02亿元，增长3.45%，其中城乡居民储蓄存款余额221.75亿元，比年初增加23.98亿元，增长12.12%；各项贷款余额137.1亿元，比年初增加11.17亿元，增长8.87%，存贷比45.62%，比年初增加2.27个百分点。

攸县金融机构信贷收支表（不含外币）

表7　　单位：万元

来源方项目	金 额	比同期±	运用方项目	金 额	比同期±
一、各项存款	3005134	100165	一、各项贷款	1371029	111698
1.住户存款	2217489	239782	1.住户贷款	748459	99251
2.非金融企业存款	390671	-128019	2.非金融企业及机关团体贷款	622569	12446
3.财政性存款	24124	-8076			
4.机关团体存款	372388	-3575			
5.非银行业金融机构存款	2	0			

中国人民银行攸县支行

【概况】中国人民银行攸县支行内设人秘股、货币信贷与统计股、国库会计股、货币金银股和保卫股5个股室，在职正式员工21人（含聘用合同制员工4人），劳务外包人员11人（含返聘人员3名）。2018年，攸县支行全面深入贯彻中共十九大、中央经济工作会议和上级行工作会议精神，以“作风建设年”活动为载体，以“党建工作能力提升年”活动为抓手，构建“五位一体”党建机制，努力推进支行“六有”工作目标的实现，认真履行基层中央银行职能，有效支持了地方经济发展。

【执行货币政策】一是强化金融机构宏观审慎经营理念。组织法人机构参加货币信贷业务、金融债业务、票据市场业务培训，提升法人机构经营管理能力。二是引导金融机构信贷规模合理增长。综合运用贷款预测、现场核查、约见谈话、与MPA评估挂钩等方法，严格控制新增贷款偏离度，保持合理增长。三是降低涉农企业和农户资金成本。引导信贷资金向“三农”“小微”“扶贫”等薄弱环节倾斜，定期开展支农再贷款现场核查，认真落实差别化存款准备金政策要求。截至2018年末，向法人机构发放支农再贷款余额5.13亿元、发放支小再贷款余额0.5亿元。

【征信管理和服务】一是充分发挥金融扶贫综合服务站的作用。瞄准地方特色产业项目，发挥产业扶贫带动作用，培育贫困人口增收、脱贫的典型样板。截至2018年末，全县15个贫困村累计发生助农取款交易37702笔，交易金额6441万元，农村电商交易1061笔，交易金额9.2万元。二是引导辖内金融机构调整和优化信贷结构。继续发挥“续力贷”平台的作用，改善小微企业续贷融资难题。截至2018年末，已办理续贷业务64笔，贷款总额4.57亿元。三是认真开展信用查询服务。开展征信知识普及宣传，提高公众的信用意识和维权意识。截至2018年末，查询企业信用信息546笔，个人信用信息查询2108笔，配合国家机关查询个人征信信息34人次。做好金融消费者权益保护工作。全年转接并办结市长热线投诉事件1起，处理投诉人无理取闹事件1起。

【银行业管理】一是加大对金融机构的监管力度。认真执行金融机构风险监测定期报告制度、大型企业风险监测制度和重大事项报告制度；关注地方政府债务风险，对各金融机构为地方政府平台融资情况进行摸底，提出防范化解地方政府债务风险建议。加强对金融机构的现场监管，对2家金融机构进行国库综合业务检查；加大反洗钱监管力度，针对1家法人机构连续两个月出现大额交易“零报告”的问题进行约见谈话；全年向侦查机关移送涉税洗钱可疑线索。二是做好统计监测分析。定期监测金融运行情况，收集中小企业对信贷资金需求的意见和反映，设立民间借贷利率和房地产监测制度；通过走访的形式密切关注攸州互联网金融创新中心运营风险并及时向上级行反馈。三是配合上级行完成辖内法人机构央行金融机构现场评级工作。参加总行资管新规培训会议，学习《关于规范金融机构资产管理业务的指导意见》“对资管业务乱象”“消除多层嵌套和通道”“打破刚性兑付”“非标回表”等政策，开展2018年湖南省金融生态评估工作。

【经理国库】开展“国库高质量发展”大讨论活动，准确无误地办理财政预算收支，保障国库资金安全高效运转。2018年共完成各级公共财政预算收入（不含基金与调拨）20.65亿元，公共财政预算支出71.13亿元，办理退税0.13亿元，储蓄国债累计发行676.9万元。落实各项检查制度，全年共进行各类自查19次，把关堵口不合规业务16笔，金额1.37亿元，有效防范了国库资金风险。

【货币发行】努力推动货币金银工作转型，强化人民币管理。二维码整袋交接暨冠字号码同步流转系统上线后，积极探索和化解新系统运行中的新情况。建立暗访机制，2018年分别对8家金融机构人民币服务和小面额人民币供应情况进行暗访，约谈存在问题较多的金融机构1家。2018年，共办理出入库业务1140笔，现金总量56.47亿元；投放现金23.54亿元，回笼现金32.93亿元；系统内调拨8次，共调入发行基金0.87亿元，调出发行基金25.15亿元；收缴假币5826张，合计金额52.19万元。

【支付结算】实行“三位一体”工作机制，进一步优化“ACS”会计核算，2018年，“ACS”处理业务4952笔，核算质量“零差错”。进一步强化人民币账户管理，对辖内所有银行机构企业开户服务进行100%的督导，提升了开户服务意识，提高了开户效率。严格规范财政性资金专户的开设和财政账户开销户行为。2018年，审核办理人民币银行结算账户2029个，核准类账户新开1718个，核准类账户销户311个。

【内部管理】一是确保了安全生产。突出以库房安全、消防安全、人身安全、财产安全为重点，全年各项基础工作运行平稳，没有发生一起责任事故和违法违纪行为。二是落实全面从严治党、从严治行的要求。支行党组切实履行“两个责任”，纪检组发挥驻派优势，强化员工守规守纪教育，落实督查督办制度，提升全行办事效率。三是有效防范业务风险。坚持问题导向，组织开展巡察、各项专项检查问题整改回头看，对屡查屡犯的进行严厉追责。推行货币信贷与统计股和国库会计股合署办公、新行员跟班学习等措施，有效缓解支行人员紧缺情况，业务操作风险明显降低。四是全面优化办公环境。年初支行将党建阵地建设、部分办公区和门禁系统提质改造、计算机房提质改造以及食堂管理提质项目“四大工程”作为支行一项重要工作，成立了领导小组，广泛征求全行员工的意见和建议。2018 年末，四大项目已顺利完工并投入使用。

（张玮琳）

中国农业发展银行攸县支行

【概况】中国农业发展银行攸县支行有在职员工 22 人，下设办公室、信贷业务部、会计结算部 3 个部室，共有信贷客户 8 家。年末贷款余额 18.23 亿元；存款余额 10.29 亿元；完成中间业务收入 10.08 万元；完成国际结算业务量 44.7 万美元；实现账面利润 3292 万元。

【信贷投放】注重项目进程与时效。突出棚改贷款的“压舱石”作用，年初按进度续放 2017 年镇区城中村改造中长期扶贫贷款 4000 万元；加快对 2018 年度 4.1 亿元棚改项目的对接工作，于 4 月完成首笔 1 亿元的贷款投放，后续 3.1 亿元贷款年前也全部投放到位。强化粮食安全，注重资金供应与管理。全年向辖内 4 家粮食企业累计发放各类粮食贷款 1.29 亿元，对仙竹米业进行扶贫认定，成功将 3980 万元转为扶贫类贷款，促成政府同时启动最低收购价和地方调控粮收购，腾空仓容 1.8 万吨，先期发放地方调控粮食收购贷款 600 万元，确保辖内不出现农民“卖粮难”“打白条”等现象。

【存款管理】注重资金稳存与增效，积极营销财政资金，严格把握贷款资金支付节奏，抓好粮食企业的货款回笼管理，确保资金 100% 回笼。年末存款余额 10.29 亿元，日均存款余额 8.73 亿元，资金自给率达 54.97%。

【风险防控】坚持合规风险排查与整改。结合银监会深化整治市场乱象和总行三年内控综合治理行动，在全行深入开展合规风险排查与制度执行日常监测，对 4 人次的违规问题进行了违规积分、罚款处罚，上半年将两个项目基金项目全额收回，实现基金零余额。坚持重要岗位轮岗制度，对会计 2 人、信贷 4 人进行岗位调整，对一名行领导采取强制休假、调整分工措施，同时建立重要岗位人员轮岗台账，加强监督管理。坚持财会合规管理。加大财会部门对企业大额信贷资金和现金支付的监督力度，增强对内部会计处理的监督，不断完善反洗钱工作流程和内控机制，财务管理水平得到有效提升。

【党建和扶贫】不断加强党员的学习教育。年初制定了全年党建工作实施方案和各类学习计划，通过上党课、沙龙和问答等多种方式，深入推进“两学一做”学习教育常态化，全年共开展各类学习 51 次，撰写心得体会和感悟 100 余篇。强化责任落实，加强作风建设。全年组织开展 12 次作风纪律建设专题教育，自查自纠并撰写自查报告；通过签订党员公开承诺书，进一步增强党员干部廉洁意识。制定了《关于集中整治形式主义、官僚主义的实施方案》，发扬“钉钉子”精神去查摆问题，坚决防止“四风”反弹回潮。携手醴陵市支行开展党建共建活动，形成了互学互动、优势互补、资源共享、和谐共赢的基层党建工作新局面。2018 年，支行党员干部与巨田村 13 户 41 人建立了帮扶关系，通过“五个一”主题党日走访送温暖、就业扶持、引导扶持发展产业等措施。确保结对帮扶取得实效。“七一”建党纪念期间行党支部被省分行评为 2018 年度“先进基层党组织”。

（刘朝晖）

中国工商银行股份有限公司攸县支行

【概况】中国工商银行股份有限公司攸县支行有在职员工 26 人，下辖两部一室，一个物理网点、两个自助银行网点。2018 年，攸县支行紧贴县域经济发展实际，围绕“服务本源、全新客户、转型升级、创新领跑、风控提升”五大战略工程主线，以加强基层党建为根本保障，持续强化服务地方经济能力。坚持凝心聚力、攻坚克难，努力提高市场份额、提升资产质量、推进创新业务，积极实施各项工作，业务发展均衡。年末，两项存款余额84410万元，较年初增长9047万元；各项贷款余额44425万元，全年个贷累放6012万元。围绕内控合规“固本强化年”积极开展各类主题活动，强化制度执行力，抓好重点环节、关键部位风险点的防控治理，严格控制经营风险，全年运营平稳无安全事故。同时，积极配合县委、县政府做好党建、综治、文明创建、扶贫等各项工作，取得明显成效。

【网银业务】一是针对互联网金融市场日新月异的发展，积极发挥工商银行网络技术的优势，持续加强发展县域网络金融业务，不断促进农村互联网金融市场的健康发展，全年净增融e联客户5196户，融e联月均动户3918户，新增互联网金融客户数4610户，融e行移动端月均数1780户，企业网银证书版动户63户。持续抓好信用卡业务管理。强化网点智能终端申办卡、码上荐推介办卡，重点推介融e借、e分期业务，加强POS，二维码支付推广工作，抓好售后服务，从申办卡的快捷到用卡环境便利上，都极大地方便了县域民众。

【代理业务】着力做好理财、代理保险、代理基金等产品的销售工作。2018年，代售个人理财13535万元，代销个人基金910万元，代售个人寿险219万元，代售法人理财3480万元。

【服务企业发展】为促进政银企三方合作，为更多企业提供金融服务。攸县支行组织员工走进攸州工业园区，开展“进园区、进企业、促融资、促发展”活动。积极推介工商银行的“经营快贷、网贷通、购建贷、线上供应链、工银E贴现”等普惠金融产品，为域内小微企业提供多样的差异化、个性化、特色化金融服务，从一定层面上解决了小微企业融资难的社会问题。

【风险防控】一是认真落实主体责任，持续有序地开展对案件风险专项排查及治理工作。重点组织对现金管理领域和信贷领域的风险点及需要防范的案件风险进行排查，认真落实各项风险治理措施。二是组织开展规范经营行为，防范经营行为专项风险工作。重点是支行信贷资金流向、员工违规参与非法金融活动行为及网点周边环境排查情况进行排查。三是定期召开支行内控案防及员工思想动态分析会，对支行的重要风险点进行成因及防控分析、责令相关人员进行整改。四是认真贯彻落实人民银行《关于加强反洗钱客户身份识别有关工作的通知》精神，按照工总行部署和要求，组织开展了非自然人客户受益所有人身份识别工作。至10月末，全部完成非自然人客户受益所有人身份识别。五是认真落实工总行银行卡业务部《关于优化网点领卡启用业务流程加强风险防范》的通知精神，组织全行员工学习掌握最新的网点领卡启用业务流程，提高领卡启用业务效率，努力提升客户体验。同时，严格遵照风险防范要求，加强客户身份和申请信息真实性的核实，熟知风险要点，掌握好流程优化和风险防范之间的平衡

【党建工作】全面深入贯彻中共十九大精神，坚持以党建促发展。一是以学习型党支部为目标，加强政治学习，不断提高全体党员的政治素质。重抓学习、提升素质，深入学习贯彻中共十九大会议精神和“两学一做”学习教育等系列主题教育实践活动，认真落实“三会一课”制度，健全党员党性定期分析制度。组织员工参加株洲分行“好支部好党员好故事”演讲；定期开展主题党日活动。二是以建设服务型党支部为载体，抓党建树新风，不断促进业务发展迈向新台阶。要求党员干部以优质高效服务为导向，扎实抓好网点管理，充分发挥党员的先锋模范作用，积极推进党建工作和业务工作相融合。三是以奉献型党支部为核心，紧密团结一致，积极发挥党支部战斗堡垒作用。坚持“干一行、爱一行、钻一行、精一行”，不等不靠，切实改进工作作风、提升服务水平，竭诚为客户提供优质服务，强化自身形象，坚持以客户的需求作为谋划工作的出发点，以客户的满意度作为检验工作的落脚点，不断提升客户的认可度。

【结对扶贫和慈善活动】在2018年的扶贫工作中，坚持每月安排两天时间上门为贫困户办实事，并为联星街道大屋村贫困户从株洲分行争取扶贫资金6万元，扶持贫困户发展种植、养殖业；解决房屋维修、饮水安全、教育助学、门前道路硬化等方面的问题。10月，组织支行全体员工踊跃参加“10·17”扶贫捐

款及“天天慈善一元捐”活动，共计捐赠善款14425元，以实际行动践行社会责任。

（周　晖）

中国农业银行股份有限公司攸县支行

【概况】中国农业银行股份有限公司攸县支行共有员工106人，辖内有10个营业网点，2个离行式自助银行。2018年，攸县支行始终坚持党建统领，紧紧围绕省市分行党委建设“四有”银行的奋斗目标，牢固树立“依法合规经营、科学稳健发展”的经营理念，凝心聚力谋发展，全年安全运营无事故，呈现发展提速、管理提质、士气提振、形象提升的良好态势。年末各项贷款余额13亿元，较年初净增6226万元;各项存款余额45.7亿元，不良贷款实现“双降”，不良余额3393万元，较年初下降1845万元；不良率2.6%，较年初下降1.6个百分点。实现营业收入1.3亿元；实现拨备前利润9791万元，拨备后利润9910万元，净利润，7433万元；实现中间业务收入1822元。

【服务“三农”】助推攸县特色农业发展，针对当地“三农”金融需求，积极主动探索金融服务“三农”新模式，贷款增量、服务覆盖面、信贷助推效得到大幅提升。全年发放惠农粮食贷、油茶贷、生猪贷、农民安家贷、养老贷等特色贷款6800万元；全年新发放精准扶贫贷款3895万元。

【业务拓展】通过“双智”项目，不断拓展业务，营销对接校园8户；夯实客户基础，全年对公存款客户新增148户、对公人民币结算账户新增161户，新增掌银有效客户6905户，个人贵宾客户净增1115户，金融资产净值2.3亿元；个贷净增5484万元；信用卡业务收入市场份额大幅提升5.3个百分点；信用卡全口径分期交易额6560万元。

【风险防控】年初全行分层级签订《内控案防责任书》，责任书明确了2018年内控案防工作目标。强化日常监督，班子成员除做好包点联片工作外，到网点、部门开展调查研究、工作督导，针对发现的问题，进行约谈、函询、诫勉谈话，作必要的提醒诫勉。凡逢节日都发送了廉政提醒短信。加强员工行为管理。坚持抓早抓小，按季开展员工行为排查，采取多种形式加大对员工的教育工作。严格落实安全措施，抓好安全生产工作，未发生较大安全生产事故。

（王精平）

中国银行股份有限公司攸县支行

【概况】中国银行股份有限公司攸县支行共有员工29人，支行设一部一室，下设县属经营性支行一个，有离行式ATM机存取款机一台。2018年，支行强化内部管理，实现业务捆绑发展，建立个人业务与公司业务联动，推动业务全面发展。落实客户领养，激活存量客户，营销新增客户，开发特色产品，为客户需求提供全方位服务，以提高客户的忠诚度。实现年末各项存款余额15.07亿元，比上年新增13434万元，其中个人存款83944万元，比上年新增4104万元；公司存款66605万元，比上年新增9327万元。各项贷款余额8.23亿元，比上年减少811万元。实现净收入4436万元，同时，不良资产控制在市分行目标范围内。

【拓展存款业务】一是发挥利率政策优势，紧盯定期存款。用好各档次定期存款利率上浮优惠政策，抢占市场先机，主攻行政事业单位和代发薪单位，通过优惠的利率政策，锁定目标客户，抓好定期存款的转存和稳存工作。二是发挥系统优势，做好大客户营销和客户深挖工作。运用财富系统等系统优势，实现对客户领养的全覆盖，真正做好所有的客户，尤其是中高端客户的服务工作，做到有人管有人问，及时掌握客户资金动向。转变存款增长模式，由以往的以时点为主向以日均为主转变。三是发挥特色产品优势。加强重点优势产品的推介力度，通过步步高、大额存单、智盈宝等产品，进一步拓展个人存款业务。通过中银E贷、优客分期等产品，做好代发单位的稳存工作。四是发挥服务优势，做大做好公司存款。加强对公单位的服务，提升对公单位的服务水平，注重多头营销，实现全面推进与重点突破相结合，做好公司存款业务。五是注重公私联动。通过代发薪、中银E贷、优客分期等产品的渗透，加强公私联动，实现互进互动，做稳做强客户基础。

【服务企业发展】支行确立了个贷业务以住房按揭和普惠金

融为主，公司贷款重点突破普惠金融的战略方针。在众多的房地产开发商中，选择实力强、长期合作、信用良好的客户进行合作，先后对东方大院、中央花园、碧桂园、劲泰新城等数家楼盘进行按揭。根据企业实际情况，选择了一批发展前景较好、运营情况良好的企业，给予了不同程度的授信支持，极大的支持企业的发展。

【风险防控】加强教育宣传，每周召开内控例会，宣讲相关政策和案例，警示员工严守有关法规。完善执行制度。将相关制度严格落实到日常的工作中，同时结合攸县的实际情况，将部分规章进行进一步的细化。并与员工签订目标责任状，将案防责任落实到人。

（陈海亮）

中国建设银行股份有限公司攸县支行

【概况】中国建设银行股份有限公司攸县支行下辖2个综合性营业网点，3个离行自助区；有员工32人，2018年，新录用4名刚毕业大学生，员工年龄结构得到有效改善，为员工队伍注入动力。2018年，实现经营利润6433万元，全口径存款余额22.95亿元，人民币各项贷款余额7.4亿元。

【存贷业务发展】2018年，攸县支行积极落实株洲市分行“零售优先”的工作战略，全力抢占存款及各项产品市场份额。商户新增1275户，新增居市分行第三。截至2018年12月31日，攸县建行全口径存款时点余额22.96亿元，存款余额在株洲市建行系统内，排行第四，在县域四大行排名第二。大力推广普惠金融。支行充分考虑到小企业资金“短、小、频、急”的需求，特组建了以共产党员为骨干的普惠金融小分队，为小微企业贷款开通“绿色通道”，缩短办贷时间，提高下款效率，并提供多样化、专业化、差异化的金融方案。截至2018年底，已先后为100余家企业及个体工商户提供普惠贷款，共计1.6亿元，为企业的成长提供服务和支撑。截至2018年12月31日，攸县建行贷款余额7.4亿元，其中对公贷款2.72亿元，个人贷款4.68亿元。

【助农金融服务】积极组建专题团队，坚持金融本源，助力地方经济发展，积极践行零售优先。通过搭建金湘通服务点，打通助农金融服务最后一公里，更好地服务“三农”，支行金湘通小分队在全县部署金湘通点237个，实现渠道和资源整合，群众在家门口就能办理金融业务，将农村金融服务向村级延伸，推动农村综合性改革，加快推进乡村振兴工作。

【自助服务设备】攸县建行自助服务设备一直是建行的一大品牌，强大的配置和庞大的业务量在株洲地区属首位。现金类设备：2个附行自助区16台设备，3个离行自助区7台设备，共23台；随着科技的进步非现金类交易的增加，全行共配置非现金类设备9台（标准版智慧柜员机6台，集个人与对公业务一体的综合版3台），对公自助服务终端2台，硬币兑换机1台，为优质服务客户提供了保障。

【党建和扶贫】注重以党员队伍建设带动员工队伍建设，以党风建设带动行风建设。攸县党支部积极牵头“青春共话十九大”等一系列行内党建活动。7月，攸县建行全体党员干部深入结对帮扶村——攸县新市镇光明村进行走访慰问，开展“一对一”帮扶工作，实地扶贫送温暖，把“党建+精准扶贫”工作落到实处。

（张　琳）

中国邮政储蓄银行股份有限公司攸县支行

【概况】中国邮政储蓄银行股份有限公司攸县支行有在职员工48人；下设4个自营网点，分别是营业部、新城支行、黄丰桥支行、丫江桥支行。2018年，全年累计实现收入4812.53万元，同比增长794.99万元，同比增长19.79%。实现利润3290.92万元，增长1100.23万元，增幅50.22%。全行资产利润率为0.53%，上升20个BP，收入利润率为68.38%，上升了13.85个百分点，拨备覆盖率为206.32%，上升了37.28个百分点。全行人均创收102.39万元，增加25.46万元，增幅33.09%；人均创利70.02万元，增加28.07万元，增幅66.91%。获“湖南省分行2018年度先进支行”“湖南省分行2018年度特殊贡献支行”“湖南省分行2017—2018年先进基层党支部”“株洲市分行2018年度先进县（市）支行（第一名）”“株洲市分行

2018年度合规文化建设先进单位（第二名）”“2018年度攸县产业发展金融机构奖”等荣誉称号。

【存贷业务】实现年末个人存款余额到达6.84亿元，年净增6935万元；信用卡实现发卡2317张，手机银行新增11669户，电子银行交易替代率达91.29%。公司存款年日均达7.3亿元。各贷种合计结余8.67亿元，年净增1.8亿元，完成年计划进度的125.44%。其中，小额贷款结余3808万元，年净增1617万元，完成年计划进度的269.5%；消费贷款结余6.56亿元，年净增1.36亿元，完成年计划进度的123.64%；商务贷款结余1.11亿元，年净增1928万元，完成年计划进度的257.07%；小企业贷款结余6154万元，年净增860万元。

【资产质量提升】开展“提质增效年”活动，积极落实“寸土不让、严字当头”的资产质量管控方针，持续突出了资产质量管控。截至2018年末，本行逾期贷款为737.43万元（含小企业），逾期贷款率为0.85%，同比压降0.5个百分点；不良贷款667.7万元，不良贷款率为0.77%，同比压降0.32个百分点，成功实现了两额两率的同步压降。全年共计清收不良贷款392.64万元，年累计核销不良贷款3笔，金额60.37万元。

【内控案防】开展“合规文化建设年”活动，持续筑牢防线，有效提升了合规经营水平。先后开展了“雷霆行动”“排雷行动”、中间业务等专项排查行动，实施邮银全覆盖的合规“大体检”，坚持问题导向，狠抓整改落实。全年未发生一例重大资金案件、重大违规行为和重大安全事故，内控评价排名全市前列。

【党建和扶贫】加强党建工作，认真学习贯彻习近平新时代中国特色社会主义思想和中共十九大精神，开展“大学习、大讨论、大落实”活动和机关作风整顿，推行“党建+”工作新模式，充分发挥党支部的战斗堡垒作用和党员的先锋模范作用。继续将党建及纪检监察工作纳入了月度绩效考核办法，与业务发展同部署、同检查、同落实、同考核。切实抓好了“结对共建”和“精准扶贫”工作，共结对黄丰桥镇柏市社区贫困户20户，累计发放扶贫款物3万元。

（刘洪谦）

湖南攸县农村商业银行股份有限公司

【概况】湖南攸县农村商业银行股份有限公司（简称：攸县农商银行）在编在岗员工406人；内设董秘办、党群工作部、人力资源部、综合管理部、财务管理部、金融市场部、网络金融部、业务发展部、信贷管理部、风险管理部、资产管理部、科技信息部、合规管理部、稽核审计部、纪检监察室、安全保卫部等16个职能部门；下辖1个营业部、28个支行、14个分理处。2018年，全行把握发展面临的新常态、新机遇，聚焦“强基础、促转型、防风险、严管理”发展主题，以“份额提高、资产提质、效益提升”为抓手，推动各项工作平稳有序开展，取得了一定成效。截至年末，存款总量115.29亿元、贷款总量50.86亿元，分别较年初上升8.82亿元、10.47亿元，存贷款规模继续位居县域金融机构前列。实现表内不良贷款余额和不良率双降，资本充足率、拨备覆盖率、一般风险准备率等各项风险指标均达到监管要求。实现总收入7.7亿元，实现经营利润3.19亿元。全年完成税收入库1.03亿元。

【“支农支小”】为满足农户、商户、中小微企业的有效信贷需求，助力地方经济加快发展，攸县农商银行坚持时间服从质量的原则，扎实开展辖内农户、商户、城镇居民和小微企业的整体评级授信和年检工作。全面推进“走千家、访万户”“访问优”等客户走访活动，详细了解辖内客户对信贷产品的需求变化。通过积极与省农担公司合作，开发了“惠农担—粮食贷、生猪贷、油茶贷”等农贷产品；与各商会合作，开发了“商易贷、装修贷、批发贷”等产业链、消费链模式贷款品种；对辖内农户、个体工商户、承包经营户、租赁经营户、小微企业主的差异化、个性化贷款需求实现了精准供给，全行的信贷产品与市场的黏合度明显提升。坚持实施“走出去”战略，纵深推进“老乡贷”投放，与县外攸县籍商会、行业协会建立紧密合作关系，年内组建专营队伍，多次走访在外经商务工群体，加大信贷投放力度，全力支持攸县老乡在外创业发展。至年末，全行累放农户贷款33.99亿元、商户贷款7.83亿元、中小微企业贷款7.64亿元，其中，向在外经商务工的老乡累放“老乡贷”9亿余元。同时，进一步优化营销服务方式，对县内产业园区、民生工程项目等推行了驻点信贷服务。

【普惠金融】深化“最后一公里”普惠金融服务架构，致力让全县百姓享受到更加优质、便捷、安全的基础金融服务，建立了“信贷村官”和“村民行长”联系制度，在客户经理分村管片的基础上，把客户经理打造成管片村的“信贷村官”，择优选择村（社区）内信用优、威望高、人缘口碑好的客户担任“村民行长”，通过“信贷村官”驻村履职，与“村民行长”互动配合，助推业务营销服务进一步下沉。在城乡全面开展防范网络电信诈骗、反假币、反洗钱等基础金融知识宣讲活动，并建成信用村11个。加强电子银行服务渠道建设和维护，将服务“触手”作用向丫江桥镇的增佳新、峦山镇的南岸、下垅等较偏远村落伸展，更好地满足城乡百姓存、取款等便民基础金融服务需求。2018年，攸县农商银行在辖内共建有在行式自助银行网点39个、离行式自助银行网点7个，自助柜员机137台，建成助农便民金融服务站48个，代发惠农补贴、单位职工工资12万余笔、金额2亿余元，成功阻截电信诈骗案件10多起，避免了客户数百万元的经济损失。

【党建工作和慈善扶贫】加强企业党建工作。定期举行支部会议、民主生活会、党课等组织活动，并新设党群工作部，组织每季度召开党建工作部署会，进一步完善专职支部书记考核办法，加强对党支部书记的培训。认真落实巡视整改工作，组建了5个整改专项小组专门负责对巡视整改交办的问题分类狠抓落实，至2018年底，限期整改的问题全部整改到位，整改率97.66%。关心公益事业，承诺践诺社会责任担当，年内，组织员工开展“天天一元捐”等活动，共向攸县慈善总会捐款36万余元，向县内105户贫困农户，送去生活物资与慰问金31.25万余元，连续多年荣获“爱心企业”荣誉称号。

（余砥安）

长沙银行股份有限公司攸县支行

【概况】长沙银行攸股份有限公司攸县支行（简称长沙银行），内设综合保卫部、市场营销部、营业部3个部门，下设攸县网岭二级支行、攸县商城社区支行、攸县胜利社区支行3个网点，1个离行式自助银行，在岗人员27人。年末各项存款余额17.31亿元，表内外贷款余额13.41亿元，全年无结算和安全责任事故。

【服务县域经济发展】立足攸县工业园区服务，支持实体经济发展。对湖南省益力盛电子科技有限公司，授信1100万元；湖南绿佳丰生物科技有限公司，专营处理攸县病死畜禽，投放400万元；株洲长鸿实验学校，授信490万元。在“快乐e贷”营销纳税较好的小微企业中，落实了株洲文明大药堂、祥塑科技等贷款。加强中小企业、小微企业的营销，利用本行与省农信担保公司合作开通粮食贷的机遇，通过农业局摸清县内粮食种植大户底子，以便开展精准营销，全年完成了3笔粮食贷业务的投放。通过营销，2018年完成了对强青电器、湘攸工程、远通机动车、健安医疗、诚信日化、建新副食等小微企业10户的放款。快乐秒贷客户约378户，请款余额达12840.56万元，有效信用卡完成了2333张，发卡量为4162张，金融生态圈入网数708户。

【风险防控】把“讲规矩，严管理”贯穿到授信、结算、内控、案防等各个环节，以制度管人，不断提高员工良好的职业操守和严谨的工作作风，以不新增新的不良和逾期为工作目标，打好风险贷款处置的攻坚战。在风险管理上，一是加强学习。弄懂、弄通、弄透各项规章制度，把“能干什么，不能干什么”，化为员工的自觉行动；二是告诫员工常存敬畏之心，高举依法合规经营的大旗，做依法合规经营的表率；三是从小微处及时纠正偏离合规经营轨道的行为，做到抓早、抓小，检查处罚到位，防患于未然，提高了风险管控能力。

【绩效管理】不断完善科学的绩效考核分配办法，提高员工的归属感和成就感。2018年员工绩效分配的整体思路：固定绩效与员工个人绩效合约挂钩；浮动绩效与部门完成情况挂钩；创利绩效、产品计价收入严格兑现到人，从而实现个人努力和团队合作的高度统一，促进业务发展。支行利用绩效合约考核机制，严格分配任务到个人，细化客户经理及其他员工的营销目标，调动客户经理及其他员工的营销热情，按时兑现营销奖励。同时，强化员工联动营销，对贷款客户工资代发率、对公账户开户、对公贷款投放等营销指标做好详细的营销计划，按月推进，逐步完成任务。

（刘慧敏）

华融湘江银行股份有限公司攸县支行

【概况】华融湘江银行股份有限公司攸县支行成立于2012年3月，2017年12月22日攸县支行办公网点乔迁至攸县中心大道梅城国际一楼；支行内设营销部、综合部、营业部3个部门，含1个全能型网点，1个离行式自助网点，在岗员工12人。2018年是华融湘江银行的“转型提质年”，进一步推进大零售战略转型，强化风险管理，加强党建工作，推动全行合规经营能力和风险管控水平的提升。年末各项存款余额9亿元，各项贷款余额为11亿元。

【业务拓展】为更好地向全功能型的商业银行迈进，支行加快业务发展的步伐，加大对电子银行、信用卡、银联POS机、拆迁代发、工资代发等产品的营销力度和考核力度，新上线“华融闪贷”业务。以个人按揭贷款业务为零售贷款突破口，做大、做优贷款业务。利用利率上浮优势，发挥理财产品稳存作用，锁定目标客户，做好存款营销工作。

【服务县域经济社会发展】立足服务地方经济，发挥本行信贷规模充足的特点，加大对当地政府的融资支持，积极主动加强各方协调，努力争取上级行支持，累计发放政府项目类贷款10亿元。以支持地方经济发展为己任，加大对地方政府的融资力度，有效的助推了攸县经济的发展。同时，积极支持国家重大战略实施，扎实推进普惠金融，加大扶贫力度，助力精准扶贫，累计发放扶贫贷款33户，金额99万元，有效支持贫困农户脱贫致富。

【内部管理】一是贯彻落实责任制，完善各项流程和岗位的责任制。在强化制度建设方面，全行人员签订了《目标责任书》和《安全保卫工作责任书》。二是全力防控信贷风险。为进一步夯实信贷管理基础，从“检查、规范、监测、防范、清收、处置、期限管理”等七个方面入手，全力控制和化解贷款风险，努力提高信贷资产质量，坚持底线思维，增强忧患意识，不断提升风险防控能力。三是加强内控和安全保卫工作，进一步加强库存现金、重要空白凭证管理；全面加强安全保卫管理，确保业务经营和各项工作安全稳健运营。

【队伍建设】不断加强员工能力建设和员工专业素质建设，每周二次全行员工统一培训，学习新业务，全面提升企业竞争能力。广泛利用媒体，加大宣传力度，推广产品服务，塑造企业形象；切实转变工作作风，实行党员干部遵守纪律情况公开透明制度，加强党风廉政建设，完善“周例会制度”，强化执行力建设，进一步提高干部职工的工作效率和质量。

（李小霞）

湖南攸县潭农商村镇银行股份有限公司

【概况】湖南攸县潭农商村镇银行股份有限公司（简称攸县村镇银行），是中国银保监会批准设立的地方性法人商业银行，于2017年1月12日正式开业。内设营业部、市场拓展部、综合管理部、财务部、合规管理部五个部门；在岗人员16人。2018年末各项存款余额36635万元；贷款余额为29447万元；不良贷款率为零，到期贷款及应收利息收回率达到100%；实现总收入2753万元，经营利润为1583万元；缴纳各类税收472万元。主要监管指标均达到国家监管标准。全年无安全责任事故。

【支持乡村经济发展】作为处于乡村金融服务第一线的村镇银行，一直坚持服务“三农”、服务小微企业的经营宗旨，发挥支持县域经济主力军的作用，主动对接小微企业、小型个体工商户、农村生产经济组织，全年累计发放各类贷款370户，金额35469万元。其中，涉农贷款34016.9万元；小微企业贷款15524万元；个体工商户贷款8260.6万元；金融精准扶贫贷款1172万元；按揭贷款4673万元。

【服务提质】努力打造方便、快捷、高效的亲民银行。为向攸县公众提供最优质的服务，出台了《优质文明服务准则》，将员工服务标准化、规范化。要求员工做到：主动迎、笑相问、举手礼、礼貌接、快速办、巧推荐、勤提醒、双手递、说再见。为向贷款客户提供高效、便捷服务，尽量简化贷款资料，力求优化贷款流程，向顾客承诺，只要资料齐全，做到7个工作日完成贷款发放。

【党建和扶贫】将党建工作纳入公司章程，与公司治理、业务经营和发展建设工作相结合，渗透到业务经营目标、员工行为规范中，以党建工作培育创新精神，充分发挥党员在业务发展中的攻坚作用、在优质服务中的表率作用。认真落实国家扶贫政策，2018年在渌田镇存养村开展结对扶贫工作，该村共有建档立卡贫困户43户。为做好扶贫工作，与渌田政府、村支“两委”、贫困户积极互动，详细了解该村贫困户家庭人口、生活来源、存在的困难和问题等情况，为他们送去了伞、米、油、电视机等慰问物资及扶贫资金，共计近8万元，有效缓解了贫困户生活困难。除了定点扶贫外，结合自身业务发展，积极响应政策号召，率先开展金融精准扶贫工作。积极走访村里和扶贫办，结合江桥街道谢家垅村和奥林村建档立卡贫困户实际情况，以开展农民专业合作社的形式，将扶贫小额信贷资金发放给贫困户，由扶贫经营组织统筹组织贫困户开展脱贫致富工作，将扶贫贷款资金与地区产业深度结合，助力贫困户脱贫，共向建档立卡贫困户投放小额扶贫信用贷款22户66万元。

（文　珊）

中国人民财产保险股份有限公司攸县支公司

【概况】中国人民财产保险股份有限公司攸县支公司（简称人保财险攸县支公司），内设综合部、车险业务部、商业非车险业务部、农险业务部、理赔部、社保部等6个部门，下辖黄丰桥、网岭、皇图岭3个“三农”营销服务部、车管所保险服务点；在职员工44人（含外包人员），保险从业人员100余人。2018年，在县委、县政府和上级公司的正确领导下，深入贯彻落实中共十九大、改革开放40周年大会及集团和总、省分公司工作会议和政府经济工作会议精神，按照年初既定目标，紧抓发展第一要务，深化对标管理，精准优化资源配置，完善经营过程管控，提高运营管理效率，持续建设价值强司，扎实推进各项工作。全年实现总保费收入9238万元，其中车险4764万元，非车险4474万元。市场份额位居区域市场同行业第一。

【优质服务】履行责任，塑造品牌。公司秉承“人民保险为人民”的服务理念，始终坚持“做人民满意的保险公司”，将客户需求摆在首位，不断优化服务流程，落实“十项优质水平”措施，率先吹响“保险市场空中直升机救援服务，努力提升服务水平，自觉维护保险消费者权益”的号角。进一步扩大公司的社会影响力和品牌效应。全年受理投保、退保、变更保险业务。有“400-1234567”的电话购买专线，有 http://www.epicc.com.cn 网销购买平台，不出门可以享受公司的各项服务。提供微信优客户服务查询平台，系统平台专设“95518”专线服务电话，全天候24小时接受事故报案及保险咨询，对未涉及人伤单方肇事事故赔偿金额在1万元以下事故做到3个工作日之内赔付，案件处理率和客户满意度大幅度提升。

【内控管理】坚持依法合规经营，严格按照保监委和上级公司监管要求，不断强化公司内控制度建设，严把“三道关”，即承保入口关、财务管理关、理赔出口关，做到不越底线，不越雷池，从源头上排除风险隐患，努力确保公司稳健经营。

【服务县域经济社会发展】充分发挥保险保障与补偿功能的作用，致力于服务全县经济和社会发展大局，全年为全县人民提供风险保障750亿元，上缴地方税收802万元，保险赔付支出3078万元，为促进县域经济发展发挥应有的作用。积极响应县委、县政府号召，主动参与结对共建、精准扶贫等社会公益事业，全年支付扶贫资金5万多元，为地方经济社会发展做出力所能及的贡献。

（贺丹丽）

中国人寿保险股份有限公司攸县支公司

【概况】中国人寿保险攸县支公司设有3条销售渠道（个险、团险和银行保险）、3个运营部门（综合部、客户服务中心和城乡居民医保管理服务中心)。共有职工30人，销售队伍持证人力1087人，其中，个险渠道年末持证人力894人，净增人力162人；季均有效人力491人，达成100.26%，同比增长27.2%；月均举绩率87.64%，月均举绩人数同比增长27.4%。2018年，中国人寿保险攸县支公司总保费达2.58亿元，其中新承保9856万元，续期收保1.6亿元。全年共处理各类赔案死亡、伤残和医疗给付共1578起，赔付金额1165万元。农村医保意外伤害补偿案件共处理10125起，其中属于政策报销范围的2456起，补偿医疗金812万元；不属于政策补偿范围拒付320起，拒付金额359万元。为全县43万人次提供健康、医疗、养老和意外伤害等各种保险保障金额45亿元。公司面向社会招聘大量营销人员，为全县人民提供就业岗位1000多个，全年产生的人均工资收入36522元。向国家缴纳各类税金共计248万元。全市经营考核排名县域第一，荣获全市2018年度发展贡献奖。

【产品营销】大力推进团险政策性业务发展，与各专业银行机构和计生协、妇联、老龄办、关工委等单位签订了保险代理合作协议，代理各种理财和意外伤害保险产品，服务广大城乡居民，满足不同层次人们的需求。2018年，再次经办城乡居民意外伤害医疗保险，市场份额第一；承保扶贫特惠保，市场份额第一；学平险竞争险激烈，通过不断的协调沟通，全面调责加费，学生险保费实现增长60万元。

【“E”化服务】全系统全面推广“E”化服务，从保单录入、保全、理赔和保单回执核销全面实施“E”化操作和微信理赔，减轻柜面工作人员的作业量，同时也方便客户自主处理自己的保单。

【风险防控】积极开展非法集资风险宣导教育和反洗钱培训宣传教育，全员普及风险知识，强化合规教育，加强警示教育，提升风险意识；全年开展“治乱打非”“防范化解重大风险攻坚战”“防范化解非法集资风险”“打击非法商业保险活动”“保险业市场乱象”等系列风险排查，2018年攸县反洗钱评估结果为A级。

【扶贫工作】攸县支公司在县委、县政府的领导下，努力服务全县人民，紧扣“精准扶贫”工作主题，积极参与扶贫帮困，全年提供帮扶资金共3万元。结对帮扶攸县丫江桥镇樟树村41户特困户，实现脱贫25户。

(蔡伍文)

城建·环保

城乡规划和建设

【概况】县住房和城乡规划建设局有在编干部职工88人，其中党员68人。内设办公室、政工股、法制股、计财股、纪检监察室、总工办、行政审批股（村镇规划股）、城市规划股、城乡建设管理股、公用事业管理股、规委办、招投标管理办、信息中心等股室（队、办）；下辖县建设工程质量安全监督管理站、县重点建设工程管理办公室、县自来水公司等3个副科级二级单位（注：县市政园林管理处于2018年9月底划入县城管局），及建工站、燃气办、装饰办、散装水泥和墙体材料改革办、建设工程造价管理办、建设工程质量检测中心、行政执法大队、城建档案馆、规划勘测设计院、规划展示馆等10个股级二级机构。2018年，全县城乡规划和建设局坚决执行县委、县政府各项决策部署，以实现高质量发展为目标，以推进新型城镇化为抓手，尊重和顺应城市发展规律，科学规划和建设城市，确保全县城市规划建设事业持续健康发展。

【城乡规划】坚持以规划为引领，抓好城乡规划的编制和实施工作。修改完善《攸县县城总体规划（2018—2030）》，并于2018年12月31日经省人民政府批准，为全县城市发展、建设和管理提供了基本依据。精心编制酒埠江、石羊塘等镇的总体规划，完成攸县城区通信基础设施专项规划、县城区安置地留置地专项规划，及西阁、酒埠江、新市等地棚户区改造规划。出台了《攸县规划管理若干技术规定（试行）》，召开规委会5次、专家评审会14次，评审通过攸县全域旅游发展规划、攸县工业集中区控制性详细规划、农商银行总部大楼等17个项目规划方案。同时，加大监察执法力度，保障城市规划实施到位。共下达停工、整改或拆除通知书116份，立案查处违法建设行为34起，依法认定并启动强制拆除措施的违法建筑6万多平方米，其中已拆除5万多平方米。

【建筑业管理】按照“管行业必须管安全、管行业必须保稳定”的原则，守土尽责、严格监管，扎实开展建设市场领域和安全生产“打非治违”专项行动，落实安全生产“一单四制”，全年没有发生较大安全生产事故，建设市场秩序逐步规范。一是严格工程质安监管。全年纳入质量安全监管的建设工程共51个，监管总面积108万平方米，监管任务重、压力大。大力开展建筑施工安全整治行动，共出动质安监管人员670余人次，下发整改通知书116份，排除工程质量安全隐患486处，完成项目竣工验收备案32个，创建省优质工程1个、省质量标准化项目2个、市质量标准化项目6个。二是严格燃气经营监管。按照“强执法、防事故”工作要求，组织开展燃气安全执法检查58次，查处违规操作经营网点22家、关停燃气“黑网点”4家，打击非法违法行为38次，排除燃气安全隐患6个。三是加强重点项目监管。编印政府性投资工程管理简报4期，主持监签施工合同145份；审核重点工程设计变更66项，变更金额严格控制在工程总造价的20%以内。四是加强村庄规划建设监管。全面推行村庄规划建设管理行政审批制度，与国土局共同建立了联合勘察、联合放样、联合验收及送证下乡的工作机制，督促各乡镇配齐专职规划管理员、制定实施方案、严格行政审批，共发放乡村建设规划许可证1386本，农村村庄规划建设逐步规范。2018年12月10日《人民日报》第6版对攸县村庄规划建设工作进行了专门报道。

【基础设施建设】2018年，根据污染防治和环保攻坚战的要求，县政府安排住建局实施了一批生态环境保护和公益项目建设，进一步完善了城市配套，增强了城镇功能。一是推进乡镇污水处理厂建设。按照省、市、县关于乡镇污水处理厂PPP项目建设进度的要求，通过倒逼责任、倒排工期、狠抓协调，皇图岭、黄丰桥、酒埠江3个镇污水处理厂主体工程均已完成，并通过了竣工验收；网岭镇污水处理厂主体工程进展顺利，已完成80%的工程量；4个镇共完成配套污水管网建设11.2公里。二是实施城区污水管网工程。铺设东城新区污水管网5000米、建设提升泵站1座。完成了四亩湖至中心大道污水管网疏浚扩容改造1000米，新建震林中学旁污水提升泵站2座，解决了东城新区污水收集和处理问题，顺利通过了中央、省、市环保督察组验收。新建县城污水处理厂进出水管网2700米，完成了西阁污水提升泵站征地、招标等工作，保障了城区污水有效收集和处理。全年县城污水处理厂共完成污水处理1260万吨、污水处理率达93%以上。三是抓好黑臭水体整治工程。按照目标进度，完成了皇图岭镇西街——陪园段黑臭水体整治工程，完成了联星街道跃进水库周边黑臭水体整治工程的可研、初步设计等前期工作。四是配套完善市政公共设施。实施县中医院后高排渠护坡300米、架设跨渠桥梁1座。新敷设DN63以上供水管道52.2公里，改造供水管道16公里，新增用户5100余户，水质合格率99%以上；新建城区燃气管网12.6公里，安装管输燃气用户2485户。

【村镇建设指导】按照新型城镇化建设试点工作的要求，加强支持服务、强化督促指导，有序推进特色小镇建设。皇图岭镇形成了特色小镇总体规划和开发模式，敲定了特色小镇的核心板块和首批项目，智慧农业园、京沙城、沙河田园综合体一期等项目已谈定投资合同，其中智慧农业园项目已启动建设。制定实施了特色产业发展“十奖励、五保障”办法，扶持发展特色农业产业基地、专业合作社、加工企业和标准作坊50多个。加强对网岭、莲塘坳、石羊塘、菜花坪、宁家坪等镇特色小城镇项目进行督查、指导，共投入1200多万元完成小城镇建设项目17个，进一步完善建制镇基础设施。着力挖掘、保护传统古建筑，成功将莲塘坳镇泉坪古村推荐入围国家“传统村落”保护名录。认真做好村镇统计工作，及时报送相关信息资料和报表。

【队伍建设】树牢“四个意识”，提高政治站位，以全面加强党的建设为引领，建章整制、强化管理，不断加强干部队伍建设。一是推进党建工作。制定攸县住建局《推进党支部“五化”建设实施方案》《推进党员积分制管理实施办法（试行）》，印发《党员学习教育管理制度》，实施党员活动室标准化建设，扎实推进“两学一做”学习教育常态化、制度化；先后召开局党组民主生活会2次、支部党员大会8次、党小组会20次，开展主题党日活动15次，组织党员干部认真学习中共十九大、十九届三中全会、全国两会和县委全会精神。开展结对帮扶、燃气安全检查、参观红色教育基地和廉政教育基地等活动，将党建元素与日常工作相融合，不断强化政治理论教育、理想信念教育和党性教育，进一步夯实党建基础，增强党组织的凝聚力和战斗力。二是强化内部管理。坚持民主集中制原则，修订《中共攸县住建局党组议事规则》，明确党组议事范围、方式、程序，进一步提高党组决策的科学性、民主性。进一步完善机关内务管理制度，健全上班考勤、财务管理、公务接待、出差报销、公务用车、办公用品等管理制度，各项内部事务管理日益规范。三是加强作风建设。认真落实“两个责任”，积极开展廉政讲课、警示教育、廉政谈话，注重抓好日常监督和重要岗位监管。严格对标中央八项规定精神，出台“作风建设若干规定”，认真开展财务专项清理行动，坚决纠正违规违纪行为，进行内部诫勉谈话5人、组织处理2人，有力规范了干部行为。

（张永刚）

攸县自来水公司

【概况】攸县自来水公司建于1985年；公司原址位于攸县联星街道文化路富新塘1号，2015年1月迁址于攸县东城新区攸水大道旁；公司集自来水生产供应、水表检定、水质检测、管道安装、纯净水生产销售等业务于一体，公司下设5个职能部门和11个基层单位，在职职工162人；总占地面积8.95公顷，固定资产1亿多元，供水规模8.5万吨/日，DN100以上供水管网450余公里，用户5万余户。公司通过了质量、环境和职业健康安全国际标准化管理体系的贯标认证，建立了省级水质监测站，多次荣获省市县“集中式供水先进单位”“生活饮用水卫生管理先进单位”“文明建设先进单位”及“全国县镇供水先进企业”等多项荣誉。2018年完成产水量1517万吨，同比增长58万吨；销售水量1217万吨，同比增长44万吨；实现总产值6388万元，同比增长34万元（其中水费收入3262万元，安装产值3108万元）；水费回收率达到98%以上；供水产销差率为19.8%；水质合格率保持在99%以上；新敷设DN63以上管道52.2公里、改造供水管道16公里，新增用户5100余户。

【基础建设】投资40余万元，完成了第一、三水厂的机电改造工程，第一水厂新增160千瓦电机1台、第三水厂新增120千瓦电机1台。完成了第一水厂变压器维护和排水系统改造工程，完成了第三水厂取水口上移工程。完成了海康花园、紫阳小区、下花台园等8处老旧管网改造，改造管线16公里。全年“农村改水”投入超过800万元，共敷设DN63供水管道15公里、DN100以上供水管道21公里，竹丰、万美、江桥、谭洲、S315和G106沿线共计安装到户1500余户。

【供水安全】全年对全城170余只消防栓进行了集中维护检修。对主干阀门重新清查增档，全城134座主干阀门和60处无负压总阀明确了责任人并上墙公示。全年分季度启闭保养主干阀门4次。全年累计巡视设施设备500余人次，地毯式巡查设施设备4次，确保设施设备完好率100%。为保证水质达标，进一步加强了原水、出厂水和管网末梢水的检测力度。洣水四桥建设对第三水厂源水影响较大，水情变化较快，水质监测站和第三水厂通力协作，监测到位，确保了第三水厂的水质正常达标。

【经营管理】一是进一步规范公司内部管理。完善《设备保障报修制度》《职工休假制度》等相关管理制度；进一步规范了设备操作规程，进一步规范了库管理、材料准入与领用程序。县委第五巡查组、县审计局对公司工作进行了全面巡查和审计，指出了公司在内部管理、工程管理、作风建设等方面的一些问题。公司高度重视，以巡查、审计整改为契机，对企业发展建设、内部管理存在的问题逐一梳理、整改。二是加强绩效管理。根据《2018年度主要目标任务责任分解表》，按季度对有经济任务的部门进行严格考核，每半年对公司中层以上干部进行一次综合考评，奖优罚劣。2018年，所有部门均圆满完成任务，水费收入净增259万元，能耗同比下降了7.5万元，修废利旧和抢修改造创收23.5万元。三是加强员工专业培训。按照“实际、实用、实效”的原则，公司有计划、有针性地组织青工培训、轮岗培训、知识技能培训共6批次130余人次，以各部门为单位组织学习业务知识3次。

【党建和扶贫】充分发挥党组织的战斗堡垒作用、党员干部的模范带头作用，提升企业凝聚力、战斗力，公司致力党建工作规范化、制度化，以加强党员的党性教育。党总支强化自身建设以“五化”支部建设为主要抓手，党员学习教育从“定期教育”向“经常性教育”延伸。以锤炼党性、坚定信仰、传递正能量为目的，党总支先后举办了“重走红色征程”“重温入党誓词”“戴党徽、亮身份、受监督、树形象、做表率”等活动，组织观看了纪录片《榜样3》、电影《红盾先锋》，还组织开展了向结对贫困户“献爱心、送温暖”活动。按照县委、县政府统一安排，公司继续与渌田镇潞浦村结对帮扶。2018年，推进精准扶贫出实招、办实事、求实效，共为潞浦村争取到位发展建设资金12万余元，为帮扶对象解决生活、发展难题20余起，发放慰问物资3万余元，31户贫困户顺利脱贫。

（张　亮）

城市管理和行政执法

【概况】攸县城市管理和行政执法局共有干部职工295人（含退休人员）；局内设办公室、财务股、政工股、法制股、市容市貌管理股、行政审批股、项目管理股、考核办、督查办、数字城管监督指挥中心、生活垃圾无害化处理场、城管公安中队等12个股室；下辖市政园林管理处（10月1日，县市政园林管理处从县住建局成建制划入城管局）、城市管理执法大队、环境卫生管理处三个副科级单位，城市灯饰亮化管理办公室、城市控制和拆除违法建设执法大队二个股级单位。2018年，全局上下紧紧围绕“深化改革、完善机制、综合治理、精细管理”工作主题，以提升综合管理水平、群众满意度、执法队伍形象为目标，扎实推进城市管理各项工作。在株洲市年度县（市）区城市管理工作绩效考核评比中成绩显著，攸县被评为株洲市城市管理先进县城；荣获攸县创建国家园林县城优秀单位称号，县城市管理和行政执法局荣获株洲市城市管理先进单位、社会治安综合治理先进单位、县拆违控违工作突出贡献单位等荣誉称号。

【市容市貌监管】强化市容市貌监管力度，着力提升城市品位和形象。常态化开展市容市貌综合整治行动，着力加强县城区主次街道、农贸市场周边、城市广场、学校周边经营秩序治理。加强静态交通管理。全年规劝各类违停车辆6500辆，行政处罚乱停乱放摩托车3500辆，小车1800辆；施划摩托车停车位9700个、小车停车位420个。着力加强户外广告管理。及时拆除城区存在安全隐患及破损的户外广告（店招店牌），消除安全隐患，美化城市环境。着力加强渣余土运输管理。召开渣余土运输公司业主和司机代表座谈会，并签订承诺书。进一步加强源头管理和执法力度，对城区在建工地下达整改通知书50起，行政处罚25起，共计处罚11万余元。着力加强夜宵市场管理。召开夜宵摊业主座谈会，宣讲政策，规范行为，要求安装油烟净化设施。及时治理中元节期间市民焚烧祭品造成的污染。为确保中元节文明、清洁、安全祭祖，新增定点焚烧点19处；投入40余万元收购秸秆，免费向市民提供，安排专人值勤，保障市民文明祭祀顺利进行。持续开展“清风阳光零点”行动，确保空档期市容秩序保持良好。

【环境卫生监管】积极开展环境卫生综合治理，不断强化管理措施，加大硬件投入，落实长效管理机制。一是清扫保洁全天候。对总面积为310.56万平方米的县城区主次街道、集贸市场实行17小时清扫保洁；对总面积为98.7万平方米的背街小巷实行9小时清扫保洁。二是及时清运垃圾。对县城区垃圾实行日产日清，确保垃圾容器无满溢现象，全年共清理清运生活垃圾59580吨。三是城区街道经常化清洗。将上云桥路段、永佳西路、大巷西路、长鸿西路等路段纳入街道清洗范畴，确保城区街道每周清洗1次。四是治理环境“盲区”。主动加强对城区空坪隙地、无物业小区、背街小巷、城乡接合部等薄弱环节的环境卫生治理，全年清理混堆垃圾1.1万余吨；清理废弃物1200吨。五是常态化开展河道保洁。认真落实“河长制”，全面加强水资源保护、水污染防治、水环境治理力度，全年打捞城区段河道垃圾5890多吨。六是集中处置餐厨垃圾。积极落实省、市非洲猪瘟疫情防控工作的安排部署，投入300多万元经费，配备了2台10立方餐厨垃圾收运车、3台桶装收集车，1000只120升餐厨垃圾收集桶。12月中旬，组建收运工作队，为城区学校、医院等530多家餐厨垃圾产生单位配备餐厨垃圾收集桶，并签订餐厨垃圾收运合同后，正式启动城区餐厨垃圾收运工作。至12月底，清运餐厨垃圾154.33吨。七是加强环卫设施维护建设。完成了坊塘坡垃圾生态封场（二期）建设项目；投入经费40余万元，对城区69座公厕进行了全面修缮；改造3座环卫工人休息室，新增3座环卫工人休息室。

【市政设施维护】进一步加大市政设施维护建设力度，努力完善城市基础设施，夯实文明城市创建基础。投入200多万元资金，完成攸县大桥（洣水一桥）维修加固工程及限高龙门架安装；投入1270万元资金，完成东城生态公园、四亩湖公园、城南梅园主题公园、林荫停车场建设；完成城区桥梁箱涵维修工程的立项工作，预算700多万元；完成绿荫慢行道A段、东城公园二期绿化的设计、预算、立项、招投标、合同签订工作；投入331万元资金，启动城区下水道清淤改造、新建工程；12月底，已完成上花台园下水道新建，丽水山庄、汽车站周边、大巷西路侨一侨宾馆前的下水道清淤改造项目。完成文化园广场音乐喷泉、电子显示屏、二期栈道维修及水泥围栏和临水围网的安装。全年修复破损人行道6550多平方米，完成车行道沥青路面维护2980多平方米，疏通堵塞雨水口238处，管道清淤43余次，修复侧边石3170多米。

【园林绿化维护】一是开展城区裸露黄土治理，投入31万元，栽植杜鹃、兰花三七、葱兰、沿阶草等小苗230万株，香樟、桂花、栾树580株，铺设草皮3000多平方米，撒播花籽100余平方米。强化园林绿化管养，全年修剪乔木2次，施肥4次，清除杂草60多万平方米，病虫防治4次，白蚁防治4次。2018年，县城区绿地面积达740.56万公顷，绿地率34.19%，绿化覆盖率39.20%，人均公园绿地面积11.09平方米，市政设施完好率98%以上。

【违法建设管控】一是加强宣传教化。在各街道、乡镇利用“村村响”广播和宣传车喇叭进行音频宣传，并悬挂拆违控违宣传横幅60余幅，上门分发宣传手册4000份，基本形成“不能建、不敢建、不想建”高压态势。二是加大即查即拆力度。总结往年经验，建立“第一时间发现、第一时间认定、第一时间查处”的拆违控违工作机制，有效地降低了后续管控难度和后期拆违成本，同时也减少了违建户的经济损失。全年实施“即查即拆”管控违法建设共150处。三是创新管控模式。引入高科技手段，购入3台无人机，开辟“空地一体”巡查管理模式，实现“人机”交叉立体巡查管控，利用无人机发现41处。全年管控违法建设626处，面积66.5万余平方米；拆除违法建设451处，面积18.5万平方米。

【城市照明管理】投入资金20万元，完成西阁社区太阳能LED路灯安装；投入180万元资金，完成中心大道路灯LED节能改造项目。加强县城区和百里长廊的路灯维护管理力度，确保亮灯达98%以上，全年更换各种类型路灯镇流器2675只，灯泡（含景观灯）19495只，电源线12830米，更换其他零件2340件，纠正被撞路灯杆60根，完成各类故障报修1501次。

【“智慧城管”】充分发挥数字城管信息服务、综合协调的职能，不断深化拓展数字城管功能，实现城市管理“智慧化”。全年交办案件4485宗，结案4485宗，案件结案率100%。

【行政许可】2018年，县城管局根据县“最多跑一次”改革要求和标准，对行政许可项目的名称、办事指南、审批环节进行了梳理优化，将82项办事事项归纳为7项，“最多跑一次”实施率86%。全年办结行政许可审批970件。局窗口和工作人员多次被县政务中心评为红旗窗口、红旗标兵。

【信访件办理】2018年，城管局承办人大、政协建议和提案12件，信访局移交投诉件19件，受理书记、县长信箱投诉件121件，直接登记办理市民来电来信、来访及网上投诉103次，答复率100%，办结率100%，满意率为98%。

【党建工作】一是加强组织建设。制定下发《县城管局党支部“五化”建设实施方案》，加强城管系统党支部“五化”建设。二是加强思想建设。根据“两学一做”学习教育活动要求，全面推动城管系统学习型党组织建设，全年组织局机关党员干部集中上党课8次；邀请党校老师、专家为城管系统全体党员干部上党课3次；局党组成员到二级机构上党课6次，到帮扶村（镇）上党课2次。全年开展主题党日活动12次，组织观看了大型纪录片《厉害了，我的国》，杨汉军、邹碧华先进事迹影片，邀请党校老师对十九大报告进行专题讲课，并在全系统进行了中共十九大和党建知识应知应会测试，以“两个责任”的落实持续加强党务、政务工作。三是加强作风建设。局党组研究党风廉政建设工作4次，制定下发了党风廉政建设主体责任和任务分解，与各二级单位、机关股室签订了《落实全面从严治党主体责任目标责任书》。深入开展党风廉政学习、警示教育活动，组织系统对照中央八项规定、“十二分制”进行自查自纠；严格落实廉政谈话制度，推动各项工作制度化、程序化、规范化。根据县委统一部署，3月28日至5月28日，市天元区委第二巡察组对城管理局党组进行了为其2个月的巡察。城管局党组高度重视、态度鲜明、诚恳接受，并把抓好巡察整改作为践行讲政治、守规矩、守纪律、改作风的重要任务。聚焦巡察反馈指出的问题，制定巡察整改方案，逐一明确牵头责任领导、责任清单、整改措施和完成时限。扎扎实实抓好整改工作，确保整改取得实效。

【扶贫攻坚】 2018年，城管系统克服资金困难，为结对帮扶的石羊塘镇佳台村、渌田镇江口村、渌田镇群新村解决帮扶资金70万元，送去慰问资金共10万元，物资5000元，干部职工捐款15400元，提供鸡苗480只、鸭苗50只。积极与相关部门对接，通过项目申报、项目整合、项目支持，不断完善贫困村的道路、桥梁、电力、水利、通讯、危房等基础设施建设。其中拓宽、硬化主干道和会车道改造28处，硬化水渠5千米，建设机耕路3千米，新增变压器3台、更换大功率变压器2台，村主干道架设路灯44盏。积极推动村级集体经济发展，发展黄豆基地种植13.34公顷、中药种植50亩。认真落实扶助政策，异地搬迁贫困户6户，危房改造13户，解决劳动就业6人。

（夏　昆）

环境卫生管理处

【概况】 攸县环境卫生管理处系攸县城市管理局下属副科级事业单位。共有环卫工作人员1214人，其中正式职工143人，临时工1071人（仁仁洁公司421人，创通公司321人，丽美公司95人，程晴公司9人，惜福公司124人，丽鹏广告公司4人，清洗队41人，水上环卫15人，食堂11人，餐厨垃圾11人，其他19人）。管理处下设办公室、财务股、考核办、设备股、收费队、清洗队、后勤服务中心和水上清洁队8个股室。主要负责行业法规的贯彻执行；城市市容卫生的监察管理；城区310.56万平方米的主街道、集贸市场17小时清扫保洁；98.7万平方米的小街小巷9小时清扫保洁；城区主街道的洒水降尘及清洗；洣水河宋家洲三叉口至桐坝电站全长18公里水域的河道垃圾打捞；城区果皮箱、侧挂垃圾桶、公厕和垃圾中转站的管理和维护；城区近2.5万户居民、160余个单位池点生活垃圾的收集清运；日产近200吨生活垃圾的无害化处理工作。现有环卫设施设备：作业车辆47台，果皮箱1130只，侧挂桶4319只，公厕71座，环卫工人休息室48座，垃圾中转站11座，垃圾场3处。

【街道清扫】 城区主次街道总清扫面积为409.26万平方米。街道清扫作业模式继续执行“每日一普扫，全天候保洁”的清扫保洁模式，清扫保洁质量保持“三无五净”标准，确保街道卫生质量标准化、常态化、专业化。人员管理实行公司、片区、班组三级管理制，明确了公司项目经理、管理员、作业人员岗位职责，做到地面勤扫、绿化带勤捡、设施勤洗、雨水口勤掏，并以公司项目经理月检、班组随时检查、考核办全程检查的考核模式督促清扫员作业。从而确保街道卫生质量持续良好，为全县“创建全国文明城市”打下坚实基础。2018年，上云桥路段、永佳西路、大巷西路、长鸿西路等街道纳入清洗作业范围。清洗队在任务重、机械少的情况下，因地制宜、合理安排，在原有夜间0：00—6：00对城区主次干道进行车行道机械化清洗+人行道人工冲洗的清洗作业模式下，增加日班的街道清洗。减少了道路扬尘污染，确保了街道干净整洁。在完成每天的既定工作任务外，清洗队全年为各类迎检工作出动作业人员加班330人次、作业车辆150车次。确保了城区主次干道无积尘、泥沙、土绺，无漏洗痕迹，雨水口净、侧边石净，路面和交通标志线见本色的质量标准。

【城区垃圾清运】 垃圾清运公司每天在5点—9点，12点—16点两个时段完成城区生活垃圾收集转运作业；9点—12点，16点—22点随时处置垃圾满溢现象，严格按照“垃圾不落地，沿途不渗漏、车辆和容器干净，作业规范文明”的标准，不论白天还是黑夜，不论晴天还是雪天，不论平常还是检查，随喊随到、随到随清，不讲条件、不计得失，确保侧挂桶无满溢，生活垃圾日产日清的工作效果。全年共清运生活垃圾52639吨，无害化处理率100%。

【河道保洁】 为加大湘江流域的治理力度，全面贯彻落实各级政府“河长制”实施意见，加强水资源保护、水污染防治、水环境治理。水上清洁队继续加强河道保洁力度，及时打捞、清理洣水河宋家洲三叉口至桐坝电站范围内河道白色垃圾、水上漂浮垃圾、水上漂浮动植物等（全长18公里），全年共打捞河道垃圾5890吨。

【废弃物清理】为确保城区范围内不能进行压缩处理的废弃物垃圾及时清理到位，年初通过网上公开招标，由程晴物业公司获得城区“废弃物清运服务”承包权。程晴物业共配备4台废弃物清运车、10名清运人员，全年共处置废弃物约1200吨。

【城区餐厨垃圾集运处置】全力配合全县“非洲猪瘟”疫情防控工作，切实加强餐厨垃圾产生源头、收集运输和处置等环节的管理，及时启动城区餐厨垃圾收运处置工作。先后完成了对城区47家县直企事业单位、17个学校、11个医院、534家酒店宾馆、餐饮店及夜宵摊餐厨垃圾的情况摸底，购置餐厨垃圾收运车、收集桶，组建餐厨垃圾收运队，发放单位餐厨垃圾收集桶，签订餐厨垃圾收运合同等前期准备工作。从12月12日开始，正式启动对东城新区、学校、医院等各餐饮店的餐厨垃圾收运工作。到12月31日止，共清运餐厨垃圾154.33吨。

【环境卫生整治】为跟踪解决环保督查问题，在抓好日常工作的基础上，加强背街小巷、城乡接合部和空坪隙地等薄弱环节的环境卫生整治工作。为此，考核办多次组织作业人员、作业车辆和专业设备对城区垃圾死角进行清理，全年共清运包括建筑垃圾在内的各类垃圾近1万吨。

【基础设施维护和建设】克服工作量大、工作面广、工作人员少、经费不足等困难，积极协调关系、组织学习维修技术、加班加点作业，确保各类环卫设施的正常使用。全年共排查垃圾中转站机械存在问题和安全隐患30余次，公厕维修近500次，完成4座公厕翻新工作，改造3座环卫工人休息室，新增3座环卫工人休息室，为14座环保公厕安装空调、配备拖把池。为进一步加强城区建筑垃圾、小型渣余土、废弃物的管理，将位于江桥社区的建筑垃圾消纳场扩容至2.87公顷，在县城管局、江桥街道办事处、江桥社区的积极协调下，2018年4月已完成江桥临时建筑垃圾消纳场扩大续租事宜，已消纳约6万余吨建筑、装潢垃圾。5月，在有关部门的大力支持下，投入资金82.8万元在宋家洲成中转站；6月，投入资金36万元购买的两艘叶轮全自动打捞船；投入资金9.1万元设置和修复的六道水上垃圾拦护栅；投入资金近5万元建成了桐坝电站休息间和垃圾斗放置点。

【环卫队伍建设】一是充实人员，稳定队伍。为规范管理临聘人员，切实维护临聘人员合法权益，2018年5月，在局党组的努力争取下，70余名按县编制部门核准审批的临聘人员与劳务派遣公司签订了劳动合同，由劳务派遣公司统一为他们购买养老、医疗、生育、工伤、失业五种社会保险。县编制部门核准外的临聘人员（食堂和门卫）实行劳务承包。同时，为稳定作业队伍，提升作业人员技术技能，从2018年6月开始，上调临聘人员最低工资到1800元/月，部分技术岗位上调到2800元/月。二是加强绩效考核管理。为确保城区卫生质量持续良好，作业流程操作规范，单位针对各作业部门制定了一整套严格的考核管理制度和规范的操作规程，如《攸县城区街道卫生质量考评细则》《生活垃圾清运考核细则》《攸县城区街道机械化清洗卫生质量考评细则》《攸县洣水河河道保洁工作考核细则》《公厕保洁考核细则》等十大类共168条考核细则。2018年按照各作业部门工作要求和考核标准，对作业员进行奖优罚劣，奖勤罚懒，全年共做出考核扣分2044.65分、罚款总计204465元。为实行奖优罚劣的奖惩机制，自12月起开展了环卫一线员工评先评优活动，对月度优秀路段、月度优秀员工及季度标兵进行奖励，从而提高了一线员工工作热情，更好地激发员工创先争优的积极性。三是加强环卫人员安全培训。安全生产工作做到年初有计划、每月有检查、每季有整治，各项措施到岗到人到位，全年无一例安全生产事故。为贯彻落实市、县、局三级制定的《关于开展2018年“安全生产月”和安全生产三湘行活动方案》，进一步加大安全生产宣传力度，推动落实安全生产责任，全面提高职工安全素质，制定了详细的安全作业实施方案，有效防范和遏制生产安全事故。5月，特邀请交警大队法制股工作人员为所有驾驶员进行交通安全警示教育；6月和12月，邀请专业消防培训机构进行消防培训。

【环卫宣传】以创建全国文明城市为契机，联合电视台开展了“拒绝车窗抛物，文明攸县更美丽”专题宣传活动；采取在环卫工作服、作业车辆及环卫设施上印刷宣传标语的方式，让每个环卫工作人员都成为卫生劝导员，每处环卫设施都成为流动宣传点，开展广泛的、不间断的爱卫宣传；全年共上报新闻信息55篇，通过电视台、电台、网络媒体进行宣传报道，提升社会各界和广大市民对环卫工作的关注度，增进社会对环卫工人的了解，充分尊重环卫工人的辛苦劳动成果。

【党建和扶贫】加强党员的政治学习教育，提升了党员干部的政治素养，打造学习型基层党组织。全年组织全体党员开展集中学习4次，领导上党课4次；同时，还规范党费收缴，积极吸纳优秀入党积极分子。通过红星云、微信工作群等平台，推行党务政务公开，强化党内监督。健全组织生活制度。坚持“三会一课”制度。定期召开民主生活会和支部会议，开展交心、谈心活动，加强了班子凝聚力，提升了整体战斗力。开展主题党日活动，组织开展了重温党章、党员进社区等主题党日活动12次，通过主题党日活动，倡树了党员和单位形象。2018年，环卫处与渌田镇江口村62户贫困户建立了帮扶结对关系，扶贫责任人每月2次走访结对帮扶村贫困户，累计发放慰问金和节日物资共计8万余元；投入资金20余万元，扶持贫困户发展了养殖产业，带动村集体收益；提供清扫保洁就业机会，提高自力更生能力。

（陈玉兰）

城市管理执法大队

【概况】攸县城市管理执法大队现有干部职工58人，协管员46人。大队机关设有办公室、财务室、法制办、考核办、执法室。大队下设九个直属中队：城东中队、城南中队、城西中队、城北中队、城中中队、广告中队、渣土中队、特勤中队、城管公安中队。主要负责对县城区规划范围内违反《城市市容市貌和环境卫生管理条例》《中华人民共和国广告法》《湖南省户外广告管理办法》《攸县城区街道车辆停放管理办法》及商业占道经营有关法律、法规规定的行为组织实施行政处罚 .

【市容市貌整治】集中开展城区市容市貌整治行动。一是整治占道经营。重点对城区主次干道以及临街门店的商户出店经营、门前杂物乱堆乱放、乱悬乱挂、车辆乱停乱放、户外广告乱贴乱画、流动商贩占道经营等现象进行集中整治，对屡次不改的商户依法没收。全年共清理整治各路段出店占道经营270余户，清理各类有碍市容杂物350件；清理一店多牌、落地灯箱220余件，查处各类乱贴乱画、乱拉乱挂小广告70多处。二是持续整治夜宵烧烤摊。对违规设置、市民投诉的夜宵摊主下达60余份限期整改通知书，并召集夜宵摊主召开座谈会，宣传政策规定，进行规劝。对逾期拒不改正者依法强制取缔。劝导教育违规店主40余家，依法取缔夜宵摊30家，证据保存桌椅24件，夜宵经营工具15件，拆除违规搭建帐篷26处。三是规范城区渣土运输。查处随意倾倒建筑垃圾15起，未经核准运输建筑垃圾8起，查处水泥搅拌车、石灰浆车辆污染路面14起，组织配合环卫清洗8起。对工地下达整改通知书50起，组织小型运输车辆宣传教育1次，夜间巡查10余次。对3家渣土公司更换资质证1次，检查安全生产工作2次，行政处罚案件25起，共计处罚11万余元。四是整治违规户外广告。共拆除危破店招9起，大型户外广告5处，危破指示牌21块，要求整改到位的公交候车亭24处。共查处未经审批，擅自设置的大型户外广告11处，整改强拆2处。查处货车车身广告车27起，电显广告车12起，人力宣传车2起，腰鼓举牌宣传队伍35起，缴收宣传牌213块，摩托广告车6起，拆除门店软体条幅广告1245条，清除影响市容市貌的橱窗广告142起，收缴未经审批的彩旗463面，收缴底座式软体广告15座。五是整治车辆乱停乱放。全年共规劝教育各类违规停放车辆6500余辆，行政处罚乱停小汽车1800余辆，摩托车、电动车3500辆，有效规范了城区车辆停放。

【治理餐饮夜宵油烟污染】自中央环保督察组进驻攸县以

来，大队认真贯彻落实攸县环境保护委员会关于《蓝天保卫战专项行动实施方案》，为了解决夜宵油烟、噪音污染等问题，多次联合环保、街道办事处等单位组织整治行动，对所有反映的问题进行核实，做到立行立改、边督边改。充分听取专家意见，采取科学有效的措施改进改善，争取最佳效果。要求所有夜宵经营户改善油烟污染，全部安装油烟净化器，达到排放的标准。治理中元节焚烧秸秆带来的空气污染。为确保“中元节”文明、清洁、安全祭祖，大队在主要街道树立了《温馨提示》公告栏，为了方便市民焚烧，焚烧地点增加到19处，在全城各个进城路口设立秸秆收购点，免费提供稻草，安排专人在指定地点值勤，机动巡查人员负责街道督察，有效保障了市民文明祭祖的顺利进行。

【规范管理餐厨垃圾，预防猪瘟流行】在全城餐饮门店、企业、厂矿、学校等产生餐厨垃圾的单位和私营业主，以及餐厨垃圾收集、运输、处理单位，进行全面宣传教育。对餐饮单位（门店）的名称、地点、法人信息、联系电话登记造册。严格执行《株洲市城市综合管理条例》，严禁擅自向养殖户、养殖单位提供泔水和餐厨剩余物。

【队伍建设】不断提高执法的公信力。开展以“公正执法、文明执法、规范执法”“便民、惠民”等为主题活动，打造一支优秀的执法队伍、提供优质服务等活动，面向社会公开承诺、广泛征求意见、通过座谈、自查整改、严格考评奖惩等方式，在执法工作中形成处处争做文明执法员的良好风尚。针对行政执法存在随意性强等问题，建立一套有效完善的执法监督、考核、奖惩办法。严格监督考核，建立执法责任制。实施执法评议考核制度、行政执法绩效评估和行政执法奖惩办法，对执法人员改进工作、提高执法水平和质量起到促进作用。规范执法程序。做到有权必有责，用权受监督，违法受追究，侵权须赔偿。加强队伍的专业培训，提高执法能力和水平。组织队员参加株洲市城管局举行的“十佳城管执法队员、协管员”培训活动。培训采取全封闭、军事化管理方式进行，培训内容主要包括执法文书制作、《株洲市城市综合管理条例》及法律法规的认定、店招店牌管理、队列与心理拓展训练等内容。培训目的是学以致用，全面提升综合执法的能力。不仅提高了继续学习、终身学习的兴趣，也充分认识到了城市法律法规对城管执法人员的重要性。按照法律法规严格要求自己，依法行政、文明执法，做一名合格的城市守护者。

【扶贫工作】大队班子成员通过多次入户摸排调查，进一步完善了村情档案、需求清单、问题台账，制定了佳台村困难户一户一策的帮扶措施，并按计划实施。通过启用救助基金及节前慰问、农资帮扶、项目扶持、技术指导、政策宣传等多种措施，切实在精准扶贫、精准脱贫上努力下功夫，扶贫攻坚工作扎实稳步推进。 （刘笑颜）

城市控制和拆除违法建设执法大队

【概况】攸县城市控制和拆除违法建设执法大队隶属攸县城市管理和行政执法局，为正股级全额拨款事业单位，现有在编人员25人，协管员43人，内设综合办公室、财务股、法规综合股、评估股及5个直属中队，共9个股室。2018年，共后续管控违法建设626处，面积66.5万余平方米；拆除违法建设451处，面积18.5万余平方米。获县拆违控违工作先进单位荣誉称号。

【巡查管控】分区划片设立五个直属中队，并分别向县城四个街道办事处及网岭镇、酒埠江镇派驻巡查分队，5个直属中队共分成17个巡查小组，每日按线路对管控区域至少进行2次全覆盖巡查管控，发现违建及时上报，形成“人人有事、事事有人”的巡查管控机制，从时间、空间上保证巡查不缺位。对违法建设监督管控按照“属地管理，分级负责”的原则，在日常违建管控过程中，遇有不听劝阻等强行施工行为，启动快速反应机制，通过中队与中队之间的联动或大队集体行动，快速精准的打击违法抢建行为，将违法建设制止在萌芽状态。为提高工作效率，杜绝隐蔽盲区的违建行为，先后采购了3台无人机及配套设备组建无人机中队，利用无人机对重点区域和偏僻地带进行扫描航拍，以人机交互方式密集开展控违巡查，开辟了“空地一体”

立体巡查的管控新模式，大大提高了新增违建及时发现和处置效率。通过无人机巡查共发现违法建设近80处，面积约1.4万平方米。无人机中队的启用，推动了信息技术与城市管理应用的有机结合，促使城市管理水平迈向新台阶。

【即查即拆】充分总结以往违法建设整治的实战经验，在坚守法律底线的前提下，持续加大即查即拆力度，依据“第一时间发现、第一时间认定、第一时间查处”的拆违控违工作机制，通过1—2个工作日内完成从巡查发现到依法拆除的即查即拆模式，将违法建设遏制在萌芽状态，不仅降低违建户的经济损失，也减少了后续管控难度和拆除成本。通过即查即拆打击违法建设200余处，为上年即查即拆总量的3倍。

【打非治违】配合相关部门开展安全生产领域打非治违专项行动，解决当前安全生产领域比较突出的违法违规问题，建立有法必依、执法必严、违法必究的安全生产秩序。一是对县域范围内烟花鞭炮企业违规改扩建占地行为进行管控，责令限期整改到位，并对宁家坪镇一处违规抢建行为进行强制拆除。二是依据县人民政府关于砂石资源保护工作的专题会议纪要精神，对全县范围内非法采砂、洗砂情况进行彻底排查，并协助拆违办、国土局等部门单位持续保持打击非法采砂场的高压态势，对各类非法采砂行为依法从严予以联合打击，共整治非法砂场59处，面积约8.3万平方米。三是协助征拆办完成建设南路等5处的拆除工作，拆除面积1600余平方米。四是为切实落实环保督查工作要求，与县城管局、环保局等部门单位，对新城西路夜宵城占用人行道的违建铁棚进行整治，拆除固定铁棚20余空，整治面积近1000平方米，还居民一条通畅、整洁的人行道。

【文明执法】作为拆违控违工作的执行主体职能，在依法拆除违法建筑的同时，着重做好巡查、认定、协调、强拆资料的收集整理工作，并在执法过程中做好全程影视记录，确保执法过程中的文明、公平、公正。同时做好“四个到位”。一是程序到位。联合相关的乡镇（街道）、国土、住建等责任主体和法律主体单位，对发现的新增违法建筑，第一时间进行现场认定，确保法律的公正性。二是沟通到位。当认定为违法建设后，采取面对面上门沟通的方式，对违建户进行相关的法律宣传和规劝，制止其违建行为，将违建户的财产损失降到最低。三是评估到位。每次组织强制拆除前，根据工作实际情况做好拆除的风险评估工作，评定风险等级，大队做好相对应的翔实拆除方案和预急预案，针对每次的拆除难点采取科学的拆除措施。四是拆除到位。强制执行过程严格按主体责任单位出具的拆除方案执行到位，拆违工作不打折扣，不留问题，不留隐患。

【宣传教育】加强拆违控违工作宣传，共集中进行了2次宣传。对各乡镇（街道）的21名宣传委员进行集中培训，统一宣传形式和内容，分发宣传手册1000余份和温馨提示4000余份，悬挂拆违控违宣传标语100余幅；利用“村村响”广播、宣传车广泛进行音频和LED显示屏宣传；在市、县主流媒体发布拆违控违信息60余条，广泛宣传拆违控违工作典型案例，起到了较好的教育警示效果。通过各种宣传教育使“违法建设搞不得”的思想深入民心，促使乡镇（街道）19处违法建设顺利自拆，面积2292平方米。

【机制创新】一是积极推进房地产规范建设。严格按照攸府阅〔2018〕1号文件精神，进一步加强和规范对房地产建设管理，建立健全房地产建设监管机制，重点打击不按规划建设、侵占公共面积等违建行为，切实保护人民群众的根本利益。全年共完成40余栋房地产楼盘的管理，面积37万余平方米。二是实行联动勘管机制。针对城区民房正负零以下建设（含新建和拆旧建新）的管理，巡查发现后，积极协调县拆违办、国土、住建、乡镇（街道）等部门单位到现场核实情况，并进行联合勘验，减少老百姓审批手续来回奔波，维护执法的公平公正，提高了违法建设的认定、处置效率。针对屋顶防渗改造的管理，城区禁建核心区和规划控制管理区部分房屋年久失修，屋顶漏水现象严重，在不能办理相关改造手续的情况下，经与所在村（社区）、街道、住建、拆违办等部门单位现场核实情况，在《攸县城区旧房屋面防渗工程建设部门现场查勘表》签署意见后，可以按要求进行改造建设，共解决了20余处屋面漏水问题，逐步规范居民房屋改造建设行为。

【党建工作】一是深入学习贯彻中共十九大精神，坚持以习近平新时代中国特色社会主义思想为指导，加强和规范“三会一课”“两学一做”学习教育、主题党日、党费收缴等组织管理制度建设；严格组织生活会和民主评议党员，定期开展谈心谈话，及时掌握党员思想动态；以全面从严治党为主线，加强思想、组织、作风、反腐倡廉和制度建设，促进党建工作迈上新台阶。二是根据市、县《关于推进党支部“五化”建设的意见》要求，有序推进党支部“五化”建设，做到常抓常新、常态长效。三是天元区委第二巡察组巡察城管局党组期间，对大队党建工作进行专项巡察，党支部对反馈意见高度重视，召开专题会议研究讨论，并制定整改方案，狠抓整改措施落实，使整改工作落到实处。四是认真履行党风廉政建设主体责任，形成一级抓一级、层层抓落实的工作格局，每季度至少召开1次党风廉政建设专题会议，班子成员认真履行“一岗双责”，并与局党组签订了党风廉政建设责任状，把党风廉政建设责任记在心上、扛在肩上。

【队伍建设】持续加强队伍建设，激发干事活力，加快综合素质提升，进一步实现队伍规范化管理。一是完善出台了内务管理制度等14项制度，形成以制度管人、依制度办事的工作氛围，确保执法工作高效快捷，队伍管理有章可循。二是采用“请进来、走出去”的方法强化业务培训。邀请市规划局、县国土、住建、消防等部门单位专家进行授课30余课时，专题学习城乡规划、审批程序、文书制作、应急救护、突发情况处置等相关内容，不断强化队员的业务素质和知识水平。先后组织8名骨干分别赴大连、昆明等地学习拆违控违相关业务知识，不断强化管理人员的综合素质和执法水平。三是着力打造一支素质过硬的半军事化队伍。聘请专业团队进行了2次拓展训练；集中进行了为期15天的队列、体能、防暴等强化训练；充分利用上班前一个小时定期组织全体队员进行晨练，不断强化队伍的凝聚力和执行力。

（唐翔飞）

市政园林管理处

【概况】2018年，全县城区绿地面积达740.56万公顷，绿地率34.19%，绿化覆盖率39.20%，人均公园绿地面积11.09平方米，城市市政设施完好率98%。攸县市政园林管理处内设办公室、财务室、政工股、绿化管理股、市政建设股、考核管理股、审批监察股、公园管理股（世振广告公司）8个股室。共有干部职工53人，临聘21人。主要职能：负责为生产生活正常提供市政工程设施管理维护保障。城市道路设施、排水设施、市政污水处理设施的维护管理、城区路段设施管理维护、园林绿化建设、城区公园管理工作。2018年，以巩固“国家园林县城”为抓手，以创建“生态园林城市”为目标，全处干部职工务实创新，圆满完成了市政、绿化、公园等各项管理维护建设工作任务。荣获县创建国家园林县城突出贡献单位、县城市管理工作先进单位荣誉称号。

【市政设施维护】有计划、有步骤地实施人行道、车行道、下水道、雨水口等市政设施维护。全年修复破损人行道6550多平方米、完成车行道沥青路面维护2980多平方米、更换主次干道雨水口57套、检查井23套、疏通堵塞雨水口238处约2.6公里、排除路面积水82余处、管道清淤43余次、修复侧边石3170多米，整理树篼子232座，清理了路面渣滓60多处。完成洣水一桥限高龙门架、文化园二期栏杆（钢丝网围护）安装及城区防腐木设施保养刷漆工作；投入200多万元资金，完成攸县大桥（洣水一桥）维修加固工程。为保证城市排水畅通，防止内涝发生，投资331万启动下水道清淤改造、新建工程。目前，已完成上花台园下水道新建，丽水山庄、汽车站周边、大巷西路侨一侨宾馆前的下水道清淤改造项目。彻底解决了几年来的淤堵问题，城市内涝现象得到大幅改观。完成城区桥梁箱涵维修工程的立项工作，预算700多万元。

【园林养护】强化园林养护，巩固绿化效果。全年进行乔木修剪2次，施肥4次，除杂草60多万平方米、病虫防治4次，白蚁防治4次，让城区苗木修剪有型，长势良好。6月，开展大走访活动，到一线征求行业发展的意见建议，深入苗木基地与业主面对面交流，为20家本土苗木公司解决了苗木出售困难。先后组织工作人员对行道树、道路绿化带、公共绿地等绿化状况开展了全面的调查摸底，查清绿化苗木的生长情况，乔灌木的缺株状况，以及草坪的养护状况，在调查摸底的基础上，提前做好调苗工作，确保在最佳时期顺利种植。全年投入31万元，共计栽植杜鹃、兰花三七、葱兰、沿阶草等小苗230万株、铺设草皮3000多平方米，栽植香樟、桂花、栾树580株，撒播花籽100余平方米，进一步提高城区道路绿化景观的美化效果。年内将城区绿化养护到期的标段，统一托管给招标代理公司进行公开招标，本着公开、公平、公正原则，较好地完成了2018年绿化养护政府采购服务的公开招标的全部工作，确保城区绿化养护工作交接工作顺利到位。

【公园建设和管理】投入1270万元，对创园提质改造工程进行扫尾，充分运用海绵城市的理念，利用原有的山体、水系、沟渠巧妙地与植物群落，将城南三岔口废弃地、四亩湖建设为城市新的景观节点。目前，四亩湖公园、城南梅园主题公园已全面对外开放。加强公园配套设施的维护工作，对文化园广场音喷、电子显示屏、二期栈道进行维修。实施防腐木设施维护工程和水泥围栏及临水围网的安装，加强公园安全防护、防火防灾、突发性事件的应对能力，将公园日常管理服务推向市场化。完成绿荫慢行道A段、东城公园二期绿化的设计、预算、立项、招投标、合同签订工作。

【行政审批管理】按照“依法行政、精简高效、审管分离、统筹协调”的原则，积极稳步推动集中行政许可改革工作，全面梳理公布“最多跑一次”行政审批事项，将原有的19项整合6项，并统一集中办理行政审批事项，打通服务群众的“最后一公里”。严格按照相关法律法规有关规定，积极简化审批程序，完善办事指南各项标准，公开收费标准，有效地提高了办事效率。全年完成开发商建设工程附属绿地审批验收手续5起、绿化报建联合审批手续7起、查处未按规定围挡案件1起、临时占道32起，破挖人行道17起、完成收费39.83万元，完成督办审批手续60件、现场规劝100余起。

【绩效管理】重新制定《城区绿化养护标准》《城区绿化养护考核》等市政、绿化、公园保安、保养等工作的考核办法和考核细则，完善原来的考核体系，细化、量化了考核标准。实行点、面结合的管理模式，成立专门考核股室进行“面对面”管理，同时业务股室每月对养护公司实行预安销号制，进行“点对点”管理，有效地提高城区市政、绿化、公园养护管理工作效率，使市政园林养护管理工作向优质、高效迈进。

【信访维稳工作】承办人大、政协提案共3件，全部建议提案见面率、沟通率、回复率、回执率均达100%。自觉接受广大人民群众监督，认真做好来访信件工作，全年受理群众信访29件，办结29件，做到市民满意率100%。充分发挥报刊、媒体、网络等大众传媒优势，发布信息32条，树立了攸县市政园林管理处务实创新新形象。

【党建工作】坚持以习近平新时代中国特色社会主义思想为指导，深入学习贯彻中共十九大精神，积极推进“两学一做”学习教育活动常态化、制度化，牢固树立“四个意识”，坚定“四个自信”，践行“两个维护”。一是加强政治理论学习。坚持每月第1周星期五下午开展党课学习教育，确保党员干部忠诚、干净、担当、发挥表率作用。二是加强业务学习。坚持每月第g周星期一下午开展业务学习制度，通过自学、外聘等多种模式，加强干部职工业务能力培养和提高。三是加强作风建设。严格贯彻落实中央八项规定精神，进一步建立健全内部、财务、办公用品、来客接待、公车、工程等管理制度，着重规范财务运行、采购管理的流程，以制度管人管事，切实提高工作效率。2018年，处“三公”经费支出下降40%，“四风”问题得到有效遏制。四是加强党建宣传工作。在单位、文化园设立党建宣传栏、宣传标语、着力加强党的思想、组织、作风、廉政教育宣传。

【结对扶贫】2018年，市政园林管理处与渌田镇群新村建立结对帮扶关系，实行第一书记驻村制，听取乡、村、贫困户的意见，科学制定脱贫工作计划，建立驻村帮扶“一对一”关系，结对帮扶对象34户，全面落实中央、省、市、县扶贫开发工作会议精神，帮助村部完善配套设施建设，提供480只鸡苗、50只鸭苗引导和帮助贫困户发展养殖产业，解决贫困户危房改造2户，解决劳动就业6人。2018年，整合扶贫资金30万元，27户贫困户出列、91人脱贫，顺利通过株洲市脱贫验收核查，圆满完成精准扶贫任务。

（王雪云）

房产管理

【概况】攸县房产管理局在职人员48人，局下辖单位6个（房屋交易管理中心、房屋安全鉴定办公室、公房管理所、监察大队、物业办、白蚁防治所），内设股室7个（办公室、政工股、财务股、法制与信息统计办、开发办、住房保障办、棚改办）。2018年，全县共完成房地产开发投资35.7亿元、同比增长16.28%。全年商品房开发供地394.3亩，商品房在建项目16个，面积173万平方米，其中新开工项目14个，面积128.65万平方米，同比增长230%。全年商品房新增供应面积82.07万平方米，同比增长120%。全年实现商品房销售75.44万平方米，同比增长44.22%，其中住宅销售62.66万平方米，同比增长46.92%。受土地价格攀升、建筑材料价格上涨、精装房上市以及市场刚需的影响，商品房销售价格在9月下旬开始大幅上涨，新开盘楼盘销售均价达到4000元/平方米，较年初涨幅达到41.39%，其中碧桂园精装房已突破6000元/平方米。商品房去化周期回升。至年底，商品房库存90.61万平方米，同比上升21.97%，其中住宅55.41万平方米，去化周期为14.4个月。县房产管理局荣获“2018年度湖南省棚户区改造先进县”“2018年度全县脱贫攻坚工作先进单位”荣誉称号。

【棚户区改造和住房保障】全年完成棚户区（城中村）改造任务2279户（其中货币化安置1285户，改扩翻994户），共计17个项目，其中拆除新建项目10个，改扩翻项目7个。融资获批4.1亿元，争取国家保障性安居工程专项建设资金4124万元，省级专项资金510万元。严格住房困难租赁补贴发放。全年发放住房困难租赁补贴824户、102.7万元，完成户数占年度任务的137.3%。

【物管行业监管与服务】紧紧围绕政协第79号重点提案《规范物业管理，提升小区服务》办理，积极开展调研，出台工作制度，硬化工作措施，力促规范服务、提升质量。统一物业服务收费标准，对全县各小区项目商品房住宅前期物业服务收费实行明码标价；严格维修资金归集标准，有效解决公共设施公共部位的维护问题；深入开展小区的提质创优活动强化物管理行业安全生产责任，与各物业企业签订《安全生产责任状》，严守物业企业安全生产红线，联合发改、安监、食药工质、消防、街道办等部门，部署开展物业服务质量评估，力促物业企业从安全生产（消防）、电梯安全、物业收费、服务管理等各方面提升服务质量。加强对物业服务消费宣传，提升业主积极缴费意识，营造行业良好发展环境。对从事物业管理服务的物业企业、业主委员会和社区工作者开展全方位培训，不断提高物业管理从业人员服务能力和管理水平，推动行业健康发展。

【涉房信访突出问题处理】湘上院、东华商业广场、西阁商贸城等问题楼盘相继竣工交房，中江书香苑项目完成主体楼及小区内主要配套设施建设，历史遗留开发项目不动产发证951户。

【党建工作】进一步加强党支部阵地建设，支持“党建+物业”试点工作，局党总支下辖一支部获推首批支部“五化”建设示范点。切实抓好主题党日活动、“三会一课”、班子民主生活会、党员组织生活会，确保了组织生活正常化。完善了党员信息台账、支部工作台账、党费收缴台账，严格党员发展程序，严把党员质量，确保党员管理精细化。持续开展党章党纪党规学习，组织全员参加党风廉政教育宣传片集中观看活动。认真贯彻落实扶贫工作措施，坚持党建扶贫深度融合。

（谢　熙）

湖南省攸州国有资产投资集团有限公司

2018年是湖南省攸州国有资产投资集团有限公司攻坚克难、改革转型之年。公司围绕全县发展大局，紧扣“产业突围，转型突破”主题，积极作为，着力推动融资、项目建设和资产经营等各项工作，圆满完成了县委、县政府交办的各项工作任务。

【项目建设】全年主要推进了网岭园区、S339网酒公路、农村公路提质改造、乡镇污水处理厂、村级综合服务平台、特色小镇及乡镇教育文化卫生等项目建设。4月，根据湖南省财政厅《关于压减投资项目切实做好甄别核实政府性债务有关工作的紧急通知》精神，公司按照“停、缓、调、撤”原则对建设项目进行了压减，压减后重点推进旭日大道二期、S339网酒公路、乡镇污水处理厂等项目建设。其中，旭日大道二期土方工程基本完工，已启动桥梁桩基建设；完成黄丰桥镇污水处理厂、皇图岭镇污水处理厂主体建设，完成网岭镇污水处理厂“三通一平”、进厂道路、水电和工棚搭设等工作。

【融资与经营】2018年，国家严控地方政府性债务风险，着力规范地方政府融资举债行为。在国家融资政策趋紧，财政形势严峻的特殊背景下，公司着力抢抓机遇，加强与各金融机构的沟通联系，多方位争取项目对接和融资资金，成功与江苏金融、国开银行、建设银行、平安租赁、省信托等达成融资协议，全年共计完成融资8.97亿元。在自主经营方面，主要实施了煤炭经营、水泥经销等项目经营，全年共计创造现金流1.25亿元，产生税收近70万元。保障了公司在特殊形势下的持续健康稳定发展。

【扶贫工作】公司与皇图岭镇荫泉村建立结对帮扶关系，成立扶贫攻坚领导小组，全村贫困户56户、166人，实施领导小组成员一对一结对帮扶，每人每月至少定期走访2次结对帮扶联系点，同时由驻村“第一书记”对每个脱贫对象建立档案，实行动态管理。并结合帮扶对象实际，采取了送鸡苗、蜂苗帮助有劳动能力的贫困户利用当地生态环境优势发展家庭养殖业，调动了贫困户脱贫积极性，真正做到“精准”扶贫。

（文平香）

攸县城市建设开发有限公司

【概况】攸县城市建设开发有限公司主要从事城区范围内的棚户区改造和基础配套设施建设。公司有员工32人，其中领导班子成员9人，合同制员工23人；公司内设综合部、人力资源部、融资部、财务部、规划建设部、法务监审部、资产经营部共7个部室。公司资产总额26.28亿元，负债总额18.09亿元，所有者权益81979.18万元，资产负债率68.81%。1—12月，收入合计67988.59万元，其中政府购买服务收入45033.66万元，回购收入14106.45万元，保障性安居工程专项资金收入8310.58万元，公租房及廉租房收入537.9万元。2018年是攸县城市建设开发有限公司（简称“县城建公司”）转型改革突破、棚改项目攻坚的关键之年。公司紧扣县委、县政府“产业突围、转型突破”工作部署，围绕县域棚户区改造工作，抢抓机遇，直面挑战，稳步推进项目，全力保障资金，圆满完成了年度各项任务指标。

【项目建设】项目建设工作主要围绕重点工程建设、产业项目落户、土地储备征拆进行布局，始终坚持早谋划、早部署的原则，抓好项目各项工作的落实。2018年，全县棚户区（城中村）改造任务2279户（其中货币化安置1285户，改扩翻994户），共计20个棚改项目。其中拆除新建项目13个（城区5个，镇区8个）。截至12月底，货币化安置项目共签约679自然户，按省住建厅口径折算，共完成棚户区（城中村）改造1308户，圆满完成全年棚改任务。其中，城区项目完成签约1055户，分别为老城区棚户区二期项目、工业园城中村项目、江桥棚户区项目、谭桥城中村项目和春联城中村项目。镇区项目完成签约253户，分别为网岭循环经济园城中村项目、宁家坪城中村项目、渌田城中村项目、石羊塘城中村项目和新市城中村项目。改扩翻项目7个，共计994户，均已进入工程扫尾和竣工结算阶段。顺利通过上级保障性安居工程的多次考核，并且获“湖南省2018年棚改先进县市”称号。

【资金运行】一是抢抓机遇争资金。2018年，融资环境趋紧、审批趋严，对接农发行获批融资4.1亿元，已全部到账；争取到上级专项资金4634万元，其中国家保障性安居工程专项建设资金4124万元，省级专项资金510万元，充分保障了各项目的征拆资金支付。二是压实责任抓化债。为有效防范化解重大风险，全力配合全县化债工作，公司成立了债务管理工作领导小组，积极对接县财政、审计、国资部门，做好清产核资、债务核查工作。截至12月31日，共计还本付息28128.37万元（其中本金：21222.32万元，利息：6906.05万元）。为有效防范债务风险，降低负债率，公司积极归集全县有效资产促进化债，名下现有资产54宗，拟收储地块11宗，以公开拍卖的形式处置了谭家老屋（185万元成交）、锅炉房（51万元成交）两宗地。三是突出重点保项目。全年支付项目拆迁补偿资金等共计31609.56万元，其中公司各棚改项目拆迁补偿款及工作经费26287.66万元，累计为重点工程垫付征拆资金5321.9万元。

【同辉房地产开发公司】为有效推动棚改土地的充分利用，确保公司顺利参与土地收储和后续开发，增加公司的造血功能，经县委、县政府批准，成立了攸县同辉房地产开发公司，注册资金1亿元整，由城建公司全资控股，作为县城建公司的二级子公司运行，经营范围有：房地产开发和经营、物业管理、房地产租赁与经营。已按县政府安排，着手收储土地，筹备启动自主开发。项目启动后，将极大提升公司自主经营和盈利能力。

（艾琳婧）

住房公积金管理

【概况】2018年，归集住房公积金2.79亿元，同比增长8%，完成年目标任务的108%，归集总额18.03亿元。新增开户14个单位，新增职工1119人，完成年目标任务的155%。发放贷款174户，4836.9万元，贷款逾期率为零。各类提取住房公积金1831笔，9592.4万元，预算拨付县廉租住房建设资金近1000万元。

【归集扩面】年内通过调查摸底，选择人民医院、中医院等差额单位及建坤、小哈佛、小博士学校等非公企业为重点扩面对象。通过政策宣传、开展调研等途径，在县委政府和行业部门的支持和帮助下，全年新增人员1119人，提前超额完成民生实事“100”任务目标。在催缴工作中，主要抓两个关键，一是欠缴时间较长的单位，二是每季末的考核时点。针对按季度缴存或不按时缴存的单位，累计下发催缴函合计200余份；对欠缴6个月以上单位，如部分乡镇、国有企业、民办学校等，送达催缴行政决定书并多次上门了解欠缴原因和困难。为挖掘归集潜力，在提高单位缴存基数和缴存比例上下功夫。加大宣传力度，加强与相关部门协调，下发相关政策文件等形式，指导单位足额缴存。如：人民医院合同工300余名职工，调整工资基数，提高月缴存额，全县其他县直行业部门也将绩效奖、十三个月工资等全部纳入公积金缴存基数，充分保障单位职工的合法权益。

【“最多跑一次”改革】按照上级关于“最多跑一次”改革的精神要求和部署，自上而下对贷款、提取、归集等业务流程进行梳理，制定具体改革实施方案，年内单位所有业务实现了办事“最多跑一次”的改革目标。贷款业务办理实现提前预约，职工只跑一次，进一步精简流程，缩短时间；提取业务全部实现即时办理，提取资金当天到账；归集业务全县已有90%公积金缴存单位开通网上服务大厅，单位业务实现网上办理。三大业务基本取消纸质档案的收取，极大地方便了广大缴存单位及缴存职工。

【结对扶贫】2018年，继续结对帮扶攸县石羊塘镇南田村（该村共有贫困户54个，贫困人口194人，管理部3人各结对贫困户8户）。大力支持南田村扶贫项目建设，全年提供帮扶资金总计7万余元。针对特别困难的几户贫困家庭，进行了重点帮扶，管理部出资开展了危房改造、安全饮水改造、发展养殖等帮扶措施。坚持每月至少2次到村里走访帮扶贫困户，为贫困户争取政策兜底和扶持，解决他们基本生活、居住和医疗保障问题。

（刘　轲）

环境保护

【概况】攸县环境保护局有在职干部职工78人；机关内设办公室、财务股、纪检监察室、党建办、管理股、污控股、生态股、法制宣教股、总量办等9个股室；下设两个二级事业单位（环境保护监测站和环境监察大队）；环境监察大队下设综合办和2个监察中队。主要工作职能是贯彻执行环境保护法律法规和方针政策，对全县的环境保护工作实施统一监督管理。2018年，全县工业废水、废气排放达标率均为100%，固体废物综合利用率98%，酒埠江水库和洣水灵龟峰断面水质符合国家地表水Ⅱ类水质标准。城镇空气环境质量达到二级标准。全年空气优良达320天。

【行政许可】认真执行环境影响评价制度，从源头控制环境污染。2018年共审批建设项目47个，备案建设项目210个，否决建设项目3个。建设项目环境影响评价和环保“三同时”执行率100%，核发排污许可证35家、延续22家、年审14家。

【环保监管执法】一是全方位开展环境隐患的排查和整改。全县组织开展了生态环境隐患大排查大整治“百日攻坚”行动，共排查出环境隐患104处；并全部督促整改到位；对饮用水源开展了排查，共排查出环境隐患5处，并全部督促整改到位；对全县18家涉危企业开展环境隐患大排查，下达了整改通知书4份，并全部督促整改到位；对262家规模养殖企业进行排查，畜禽规模以下养殖企业（存栏200头以下）抽查了200家，下达了整改通知书180份，并全部督促整改到位；根据推动长江经济带发展领导小组办公室《关于开展长江经济带固体废物大排查行动的通知》（第62号）文件要求，对全县57家企业的一般工业固体废物开展大排查行动，下达了整改通知书12份，并全部督促整改到位；对全县所有36个非法山砂开采点、59个非正规垃圾堆放点和49个小水电站进行摸底调查；对中央环保督察组23个交办问题开展了两次后督察组织“回头看”，对“反弹”问题已及时整改到位。二是严查环境违法行为。全年共出动800余人次，对全县企业进行了现场监管，确保各类环保设施正常运行。始终保持对环境违法行为“零容忍”，立案查处环境违法行为53件，移送公安部门环境违法案件4件，行政拘留4人，行政罚款150万，以环保执法如山，守护攸县绿水青山。三是积极维护群众合法权益。畅通群众诉求渠道，及时受理并妥善处理各类环境信访投诉案件，共受理环境信访案件324起，其中市长热线74件、省委巡视组交办3件、市局转办26件、县长热线收57件、县委交办9件、来电：115件、来访：41件，办结率为100%。有效保障公众的环境权益，维护了社会稳定。

【环境监测】对常规水质6个点位25个项目完成12次监测。其中饮用水源2个点位25个项目完成12次监测、62个项目完成4次监测、126个项目完成1次监测；常规大气1个点位6个参数每天监测；完成2次城区区域环境噪声和交通噪声监测。

【污染防治】出台《攸县挥发性有机物（VOCs）治理专项工作方案》，完成挥发性有机物治理项目5个。完成湖南远大水泥有限责任公司脱硫脱硝升级改造和大唐华银攸县能源公司1号机组超低排放改造项目，关停淘汰“散乱污”企业5家。持续推进湘江保护和治理第二个“三年行动计划”，完成水污染防治项目20个。完成36个加油站防渗改造，完成县城饮用水水源保护区规范化建设，开展县级饮用水水源保护区常规监测15次，环境状况评估2处，及时编制饮用水源环境应急预案，完成农村千人以上饮用水源保护区划定19处，县级饮用水源保护区问题整治5个。完成酒埠江铁矿区和酒埠江特钢有限公司污染土壤治理项目。整治“清废行动2018”问题8个，建筑垃圾堆放点14处，处理建筑垃圾4000余吨；安全处置化工企业遗留废渣4000余吨、危险废物30余吨、医疗废物400余吨。全年二氧化硫、氮氧化物、化学需氧量、氨氮年减排量分别为137.4吨、556.2吨、190吨、25吨。

【污染源普查】积极推进全国第二次污染源普查工作。对全县337家工业源、71家移动源、7家集中式污染防治设施、9台生活锅炉、41个入河排污口、297个行政村生活源，按时序完成了清查和普查阶段工作。

【环保宣传】全县共刊发环保新闻稿件110篇，完成县环保局政务网站升级，成功举办“6·5”环境日主题日活动，公众参与达1万人次，活动覆盖民众达20万人次。加强与媒体、环保志愿者的沟通交流，增强全民爱护家园意识。

【中央、省、市环保督察】2018年，中央环保督察对攸县开展了“回头看”，生态环保部对攸县进行了2次“清废行动”督查，2次“饮用水源保护”督查，1次“绿盾2018”督查，省委、省政府对攸县开展了1次省级环保督察，市委、市政府对攸县开展了1次市级环保督察。县环保局圆满完成各级督察交办件94件，对整改不及时和不按要求整改的问题进行了严肃问责，全年问责17人。

【党建和扶贫】加强理论学习，以党组理论中心组学习为龙头，党组理论中心组率先垂范，坚持每月至少一次专题学习。加强党性教育，机关支部始终把加强党员干部思想建设放在首要位置，采取走出去参观学习，请进来做报告、上党课等多样形式，注重提高党性教育的成果。认真落实“党员主题日活动”制度。把“党员活动日”与“两学一做”学习教育有机结合起来，制定出“党员活动日”计划，细化每月具体方案，确保“党员活动日”覆盖到每一名党员。采取“互联网+党建”融合的方式，在网上建立微信工作群，发动全体党员积极参加“红星云”学习，充分利用网上党建平台开展活动。加强组织建设，坚持高起点、高标准、严要求，抓好支部“五化建设”，健全完善党支部支委成员联系制度，开展交心谈心活动。2018年，县环保局按照全县脱贫攻坚工作要求，全体在职党员干部与莲塘坳镇下洞村脱贫帮困对象结成对子，开展脱贫攻坚工作。深入开展扶贫走访、慰问、帮扶活动，为贫困家庭解决了一些实际困难和问题。

（陈志明）

城乡环境同治

【概况】攸县城乡环境同治工作办公室为全额拨款副科级事业单位，内设3个组室：综合组、城区创建组、乡镇考核组。共有在职工作人员8人。2018年，全办紧扣“两突”主题，按照县委、县政府“五区”大会战的总体部署，进一步健全工作机制，创新管理办法，突出重点，强化督查，深化全县城乡环境治理工作。

【农村垃圾治理】按照省市农村垃圾治理工作要求，不断探索农村生活垃圾“减量化、资源化、无害化”处理办法。一是不断完善基础设施。镇村公共区域配备垃圾分类投放和收集设施，所有农户配备垃圾分类桶，网岭、皇图岭、酒埠江镇压缩式生活垃圾中转站建成并投入使用，建成菜花坪镇芷陂村生活垃圾热解处理试点站，推进宁家坪镇日处理量20吨的生活垃圾热解中心建设。二是整治非正规垃圾堆放点。按照住建部及省市要求，全县摸底排查出非正规垃圾堆放点共31处，2018年严格按照《湖南省农村非正规垃圾堆放点整治技术指南（试行）》的要求完成整治14处。通过争取县财政整治资金，向省、市申报相关项目资金，加大投入，以确保2020年年底前完成非正规垃圾堆放点整治任务。三是做好省级农村生活垃圾治理中期评估迎检工作。根据省级农村生活垃圾治理验收内容和标准，组织各乡镇（街道）及相关部门单位召开调度会，下发迎检通知，做好迎检准备。4月19日，省专家组采取现场抽签、实地查看拍照、现场计分的方式进行，对全县生活垃圾处理设施、环卫保洁状况、农户垃圾分类宣传教化等内容进行了细致的查看。在评估反馈报告中，省评估专家们给予了高度评价。

【河道水系保洁】加大水域环境卫生督查考核力度，督促乡镇（街道）健全河道日常保洁长效机制。开展江河水系卫生整治清理行动，对主要水系沿岸倾倒的生活垃圾进行全面清除。同时，加大对洣水、攸河、永乐江、沙河流域等主要水域卫生的交办整改力度，对督查中发现的问题及时下发交办函，全县各地的水系卫生死角得到了全面整治。

【拆除破败空心房】继续深入推进镇村容貌秩序提质行动，加大乡村破败空心房拆除力度，按季对乡镇（街道）破败空心房拆除工作实行验收考核，努力实现全县主干道沿线可视范围内无破败空心房的工作目标。2018年，全县拆除破败空心房2100余栋。

【重点问题督办】加强城乡环境治理督查考核，突出重点区域、主要水系、主干路沿线的日常考核，坚持重点与一般相结合、督查与交办相结合，重点问题实行限时交办整改。全年共下发68件问题交办函，督促乡镇（街道）对垃圾集中倾倒、卫生死角等突出问题进行了彻底整改，强化了镇村工作责任。

（张立平）

教 育

概 况

【机构队伍】2018年，全县共有公办中小学校148所，其中小学114所（含教学点），初中22所，县直高中4所，九年一贯制学校3所，十二年一贯制学校3所，特殊学校1所；职业中专1所；全县共有民办中小学校6所。全县共有幼儿园163所，其中公办幼儿园12所，民办幼儿园151所。民办培训机构75所。公办在编在岗教职工4546人；民办教育机构从业人员3000多人，其中民办中小学校学校教职工937人。

【在校学生】全县中小学在校学生85681人。公办中小学校72172人，其中高中生8424人，初中生17333人，小学生46415人。民办中小学校13509人，其中高中生3994人，初中生5111人，小学生4404人。职校在校学生1840人。公、民办幼儿园在园幼儿23962人。

【学前教育】公民办幼儿园163所，其中公办幼儿园12所，民办幼儿园151所。在园幼儿23962人。充分发挥公办幼儿园的引领示范作用，持续加大公办幼儿园的建设力度，2018年有1所乡镇公立幼儿园建成使用。向民办幼儿园购买普惠性园位17300个，公办园和普惠性民办园在园幼儿所占比例达到82.91%。开展了优秀主题班级环境创设比赛、幼儿园好习惯养成教育案例评析、送教下乡帮扶主题班级环境创设、幼儿教师教学能手大赛等一系列教育科研活动。

【基础教育】全县适龄儿童入学率100%，小学升初中升学率100%，初中升高中阶段升学率98.61%，初中毕业学业水平考试全科合格率96.36%，三类残儿入学率为100%。小学巩固率100%，辍学率为0；初中巩固率99.88%，辍学率为0.02%。普通高考报名4408人，高职专科单独招生录取309人，实际参考人数为4099人，二本上线率为52.63%，一本上线率为28.37%，全县二本以上万人上线率为全市十四连冠；清华大学录取1人。2018年获评株洲市高中教育质量建设先进单位、株洲市文明建设先进单位、湖南省德育工作先进单位。

【职业教育和成人教育】全县有全日制职业学校2所。县职业中专整体搬迁到总投入2.6亿元的新校区；共组织培训20多个项目，涉及劳动、安监、民政、水利、工业园区等37个部门单位，培训总人数8000余人；在“黄炎培创业大赛”中，获省级奖励1项、市级奖励3项；机器人专业在全国技能大赛中获一等奖；对口升学96人，本科上线率45.8%，专科上线率100%；毕业生就业率100%，对口就业率96%，本地就业率52%。

【特殊教育】全县有特殊教育学校1所，共有建档在校残疾学生408人，其中安排在县特殊教育学校学习88人，安排在普通学校随班就读241人，提供送教上门79人，“一人一案”率100%，残疾儿童少年入学率100%。

【民办教育】全县共有民办教育机构184所，其中民办中小学6所，民办幼儿园151所，民办培训机构75所。涵盖幼儿教育、基础教育、职业教育等多个层次和领域。在校学生和幼儿36852人，从业人员3000多人。

（李晓岚）

教育行政管理

【改善办学条件】投资6423万元，改善义务教育薄弱学校基本办学条件120所学校，圆满完成改薄任务；新建改造教学楼85栋、学生宿舍26栋、教师宿舍18栋、食堂10栋、厕所63个、运动场13个；增加学位5200个，全面消除137个超大班额；新建教师周转房334套；投入570万元用于图书装备和图书室建设，投入1200万元用于教育信息化建设，投入1000万元用于校园安保体系建设。

【教师队伍建设】2018年，全县新招聘教师170名，引进研究生11人，安置公费师范生27人。成功申报为国培项目县，共培训中小幼教师3000人次。表彰优秀教师109名，师德标兵39名，33名教师被评为“株洲市优秀教师”，2名教师被评为“株洲市先进教育工作者”。积极有序推进“村小教育资源普惠”工程、“一师一优课”工程，全县“一师一优课”有8堂课评为省优课、52堂课评为市优课。

【学校安全工作】2018年对全县所有学校和幼儿园进行了8次全方位安全工作督查，共排查整改各类安全隐患317个。不断加强“人防、物防、技防”建设，为所有学校、幼儿园安装了一键报警系统和视频监控系统，视频探头4052个；钢叉、橡胶棒、强光电筒等防护器械2300余件。全年下发《校车安全隐患整改通知书》15份，整治校车违法行为18次，处理校车标牌过期22台，处理校车驾驶人不按期审验9名。

【素质教育】组织开展“学习雷锋，做美德少年”“网上祭英烈”“童心向党”“向国旗敬礼”“中华优秀传统文化”等活动；组织“株洲市新时代美德少年”评选工作，评选出23名美德少年，5名市美德少年；组织参加株洲市第六届中小学生创新与实践技能大赛，攸县有13个单项获得全市第一名，团体积分株洲市排名第一；在全市实验操作检测中名列第一，在全市创新教育大赛中获第一名；有6名学生在“全省科技创新大赛”中获一等奖，居株洲市第一；学生组建皮划艇队参加省运会获16块金牌，居全省第一；学生德育工作在全省作经验推介，省委副书记乌兰亲自调研攸县学生社会实践工作并作出重要批示；3D打印全国总决赛获全国唯一金奖；有5所小学被评为“全国青少年校园足球特色学校”。

【扶贫助学】全年共资助学生45085人，资助金额2744.755万元，实现了全学段、各级各类资助全覆盖，确保了精准资助一个不漏。对505名在县外就读的攸县建档立卡学生发放补助资金26.3万元。社会慈善机构资助各学段学生850人，资助金额50万元。县教育局和县直学校驻村帮扶工作队共实现贫困户“微心愿”200余个，共资助贫困户30余万元，提高村级产业收入60万元。对建档立卡家庭劳动力开展了蔬菜种植、油茶水稻种植、黑山羊养殖等培训，培训贫困户564人，发放培训补贴84.6万元。

【党建工作】2018年，全县有43个学校基层党组织，局机关设立了专门的党建办，县直中学党组织均升格为党委，25所规模学校配备了专职党组织书记，完成了41所基层学校党支部的换届选举。研究出台《攸县教育系统意识形态工作责任制》《关于加强中小学意识形态工作的实施意见》等文件。开展了“两学一做”学习教育、“主题党日+”“立德树人做楷模”“不忘初心，争做四有好教师”师德师风主题教育、中小学违规征订教辅材料和中小学学生食堂问题专项整治等系列活动。

（李晓岚）

学校选介

株洲市生物工程中等专业学校

【概况】株洲市生物工程中等专业学校集中专学历教育、成人专本教育、技能培训和教师培养于一体，是首批国家级重点职业学校、攸县职业教育中心牵头学校、湖南省示范性中等职业学校、株洲市卓越中等职业学校。2016—2018年，投入2.6亿元（争取中央财政资金近7000万元），完全按照国家示范校标准，完成了新校区的建设，2018年9月顺利搬迁。学校总占地面积36万平方米，建筑面积10.7万平方米，可容纳3500人的全日制在校生，承担年10000人次的培训任务。投入1200多万元推动智慧校园建设，实现智能办公、家校互动、门禁出入、校园监控、寝室热水淋浴、图书借阅等一卡通服务功能，将管理、教学、生活、服务充分融合。投入1222.68万元添置先进的教学仪器和实习实训设备，完全满足学生的实训需求。整个新校区，功能分区科学明晰，设施设备齐全。全校开设10个专业，共有48个教学班，在校学生1856人；有在职在岗教职员工180人。2018年度，对口升学考试本科上线61人，创历史新高。

【职业教育和培训服务】 2018年，学校与华为、富士康、东芝、美的、深圳奋达集团等企业深度合作，共同制定人才培养方案、开发校本课程、共享实训基地、提供就业保障，真正实现了专业与产业需求、课程内容与职业标准、教学过程与生产过程的零对接。

【特色专业】 2018年度，撤销文秘专业，增加汽车运用与维修、旅游服务与管理专业，形成了现代农业机电和现代农业服务两个专业群，共13个方向的专业格局，其中电子专业被省教育厅认定为省级特色专业，电子专业实习实训基地被认定为省示范性基地。并正在积极谋划开设“生物制药”与“医疗器械营销与维修”专业，着力打造“生物工程”特色。在全市专业技能抽测中，计算机应用专业合格率和优秀率都达100%，排名第一；学生参加语数外学业水平测试，合格率100%，全市排名第一；组织学生参加技能竞赛，机器人专业获全国一等奖；其他专业荣获省级二等奖2个、三等奖6个，市级二等奖5个、三等奖10个；黄炎培创业大赛，省级奖励1项、市级奖励3项；文明风采竞赛，获省二等奖1个，市二等奖3个。学校在市局对职业院校的考核中，成绩优秀，2018年度继续荣获株洲市中职学校内涵建设先进单位称号，校长荣获湖南省职业教育“黄炎培杰出校长”称号。

【学生思想品德教育】 一是创新教育模式，以体验式教育为主。分批次对新生进行为期两周的拓展训练，由企业教师团队针对学生特点设计课程，对其进行卫生习惯、文明礼仪养成教育，做到循序渐进，因势利导，达到提高和改变的目的。二是激励学生自治。投入近10万元，建成了学生服务中心，各班推荐优秀学生组成学生会、团总支，由学生会、团总支牵头组建近200名学生参加的志愿者队伍，发挥学生主人翁精神，实现学生自我管理。三是活动中育人。以文明风采竞赛为抓手，开设读诗会、摄影协会等兴趣社团18个，取得的成绩采用积分方式纳入毕业考核总成绩，让学生课余时间有事做，丰富校园生活。在本年度文明风采竞赛中，有22件作品获省赛奖，31件作品获市赛奖。四是改革学生评价体系。引入云数据的学生行为管理平台，修订了《学生综合素质评定条例》，每期对学生的品行、学科水平、操作技能进行全方位的评价，毕业时对学生进行综合考核。五是加强家校合一。通过开展家长会、利用智慧校园平台，发布学生在校学习、生活状况，让家长能够及时了解孩子的成长过程，起到家校共育的目的。

【学校安全管理】 一是加强领导，责任到人。成立安全工作小组，所有班子成员按照教学区、生活区、运动区分区管理。全员参与，全方位设防，无缝隙管理。校级领导、值日干部、学生科人员24小时轮流值守大门和围墙；晚上没有路灯，安排专人在下水道井盖边用手电筒照亮道路，护送学生就寝；学生科人员及班主任晚上与学生一起住寝。经常性重点督查食品卫生，对食堂每天早晚一次卫生、留样、采购检查。二是多种形式，加强教育。通过以主题班会、集会、安全知识讲座、应急疏散演练、法制报告会等形式多样的活动为载体，寓安全教育于活动中，把安全教育渗透到细微之处。三是认真排查，积极整改。成立安全护卫队，协同值日人员每日一查，总务科、学生科每周一次联合集中排查，和公安每月一次联防共治，梳理安全隐患问题96个，上报重大隐患23处，积极协调建设方整改隐患80多处。

【教研教改】 推行教育教学改革创新。一是推进课程创新。按照课程设置对接职业岗位、课程内容对接职业标准、教学过程对接生产过程的要求，实施“三改”，即以市场需求改革专业，以职业需求改革课程；以岗位需求改革教材。结合专业特点，通过校企合作模式，以兴趣班形式创新开设航空服务、传媒制作等7种类型的第二课堂，提升学生职业能力。二是推行课堂创新。投入200多万元全面升级教室设备改善教学手段，广泛运用具有职业教育特点的项目教学、理实一体化教学等教学方式。根据职业教育特点，开发校本教材16本，其中有2本被省教育厅批准并推广使用。三是组织开展教研活动。组织开展新进教师汇报课12节，优秀教师示范课9节，校企合作观摩课5节，信息化竞赛指导课8节。通过听评课的方式，开展课堂教学研究，提高课堂教学效益。鼓励教师积极参加各类教学观摩比赛活动和撰写教研论文。参加"创新杯"说课比赛获全国一等奖1人，三等奖2人；参加省市信息化教学大赛获市级奖励8人、省级奖励3人；参评论文获省市县一等奖35篇、二等奖48篇。

【教师队伍建设】高度重视，着力提升团队水平。一是加强师德师风。成立师德师风建设工作组，开展为期两个月的作风整治工作，抓纪律、重廉洁、抓常规、重效率，评选了校级"优秀教师"5名、"师德标兵"10名，树立了榜样作用，形成了爱岗敬业、廉洁自律、乐于奉献的优秀教师团队。二是培育优良师资。采用"引进来、送出去、培名师"的方式，提升队伍素质。设立教师培训专项经费50余万，分批次派出46人赴深圳奋达集团参加班主任培训，80人到湖南化工职院参加信息技术培训，30人参加国培计划送培到校学习。三是充实人员，优化教师结构。全年引进教师12名，其中全日制硕士研究生2名。

【党建工作】以"五化"建设为抓手开展党建，投入近10万元高标准建设了党员活动室。全年扎实开展党委（扩大）会议12次、中心组学习6次，主题党日12次，专题党课4次，党员大会9次，党小组活动12次，以及"党员发展对象"党群座谈会、组织生活会、领导干部民主生活会、民主评议党员、双述双评等，不打折扣，不掺水分。紧密贴近教育和学校实际，积极探索特色党建，制定和推行党员干部"八不准"，以学校环境整治、学生习惯养成为突破口，以寝室、食堂为阵地，创建党员干部责任示范岗，合力打造47间样板寝室和1层样板食堂，在全校范围形成示范效应。

【扶贫助学】努力争取政策，多方筹集资金。扶助贫困生508人，金额近70万元。创建致公扶贫班级1个共35人，人均3年受助5000元。国家助学金扶助220人、慈善助学50人、校友助学30人、关工委助学9人、学校专款助学195人，捐赠江桥龙湖社区6万元。

（陈建新）

攸县第一中学

【概况】攸县第一中学是攸县唯一一所省示范性高中，位于攸县城区文化路。学校占地面积20公顷，建筑面积11万多平方米；有63个教学班，在校学生3300余人；在岗教职员工327人，其中专任教师309人，高级教师94人，特级教师、正高级教师1人，历届市学科带头人20余人，硕士学历教师30人。传承古书院"厚德""弘道"的育人理念，学校把"学生成才，教师成功，学校发展"作为办学理念。坚持科研立校、质量强校、特色兴校、文化活校，致力于建设环境美丽、管理科学、品质一流、特色鲜明、人民满意的现代化学校。2018年，全校一本上线722人，上线率72.6%；二本以上上线945人，上线率95.1%；600分以上192人。高二学考取得了全合格率99.91%的优异成绩。学校连续第9年荣获株洲市"高中教育质量先进单位""学业水平考试先进单位"荣誉称号。学校先后荣获全国3D打印创新教育示范学校、湖南省中小学知识产权教育试点学校、湖南省学校心理健康教育先进单位、株洲市高中教育质量先进单位、株洲市学业水平考试先进单位、攸县文明建设先进单位、攸县书香校园、攸县校园安保工作先进单位、攸县脱贫攻坚先进单位，被县委推荐申报湖南省文明标兵校园。

【规范管理】一是以制度保障办学行为的规范。制定《攸县一中章程》《攸县一中内部管理机构工作职能》《攸县一中关于违规征订教辅资料问题专项整治的实施方案》等。二是建立完整的评价体系。突出"四重视"（重视师德修养，重视工作常规，重视集体合作，重视过程评价）。学校形成了"组织健全、制度完善、上下联动、运行高效"的督导工作机制，成功开展了一系列督导工作。科学的量化管理与考核，激发了教师的内驱力，促进了教育质量的提高。进一步完善《攸县一中绩效考核方案》《攸县一中教师职称评审推荐申报与岗位晋级工作方案》等一系列评价性方案。三是健全教职工代表大会制度，完善科学民主决策机制。全面实行校务公开制度，接受师生监督。设立了校务委员会，整合学校、家庭和社会三方力量，增强教育合力。

【教学研究与改革】一是深入推进课堂教学改革。研究创新课堂教学，推行“三五”课堂模式，完善《攸县一中高效课堂条例》，课堂教学始终贯彻“为思维而教，为能力而教”的指导方针。注重预设与生成，努力让课堂具有人文性、富有感染力、充满生命力，彰显和谐之美。有效整合教学手段和教学资源，切实减轻学生负担。深入研究新授课、讲评课、复习课的模式构建，打造攸县一中课堂特色。二是注重学生素质培养。教师在教学中自觉引导学生夯实文化基础，推动自主发展，促进社会参与，努力培养学生在人文底蕴、科学精神、学会学习、健康生活、责任担当、实践创新等方面的核心素养。三是深入研究学生个性特点，注重因材施教。坚持分层教学，分类培育，加强对不同学生进行有针对性的个性化辅导，力求促使每一个学生全面和谐发展，倾心为学生加长“最短的木板”。针对心理异常学生，教师注重及时发现其闪光点，有进步及时表扬，激发其内心的爆发力；针对临界生、后进生、学困生，教师耐心细致、主动接近、热情辅导，真诚帮助其突破“跛脚学科”；针对尖子生巧做减法，把自主学习的时间和空间还给学生。教室走廊上，教师办公室里，老师不厌其烦地辅导学生成了校园里一道亮丽的风景。四是注重教材研究，促进学生全面发展。全校 90% 以上的教师参加了联系实际的校本研究。本年度组织骨干教师编写了系列校本教材《未来的我们，是现代合格公民》。全套包括“好品德”“好习惯”“好精神”“好才艺”“好身心”“好人气”“好成绩”7 本分册，分别对应“七好”素质的培育。学校与高校联合开发了《生涯规划》校本教材，引导学生学会如何选考、如何选专业和大学、如何选职业。这些教材都走进了高一学生课堂，教育学生练就过硬本领，为他们走向社会打下坚实基础。

【综合素质教育】学校全面贯彻党的教育方针，积极培育和践行社会主义核心价值观，深入推进中华优秀传统文化教育，在坚定理想信念、厚植爱国主义情怀、加强品德修养、增强综合素质等方面下功夫。为培养现代高素质公民，学校坚持“快乐德育”“阳光体育”“人文智育”“个性美育”“多元心育”五育并举策略，让学生在快乐中学习，在阳光中成长，在智慧中发展，在个性中升华，在愉悦中进取。本年度，全校积极开展了湖南省文明标兵校园创建活动，使校园环境更美了，学风更好了，师生更亲了，深入推进了精神文明建设。“弘扬社会主义核心价值观”主题演讲活动，进一步筑牢了广大学生的精神基石。学校组织部分高一学生举行了“走进农村，走近贫困”的社会实践，同学们来到我校扶贫点——石羊塘镇达水桥村进行调查研究，活动培育了学生的家国情怀，提升了学生的综合素养。毒品预防宣传教育活动增强了学生的自我保护意识和防范能力。夏昭炎等知名校友回母校讲学，西安交通大学、同济大学、海军工程大学等院校专家来我校开展科普知识讲座，这些活动拓宽了学生们的视野，激励了学生们的成才信心。第九届“校园艺术节”展示了同学们的青春活力，丰富了校园生活。在株洲市“三好杯”中小学生运动会田径比赛中，学校取得了高中男子组第二名的好成绩。聘请攸县人民检察院检察长陈卫华为法治副校长，开展了法律知识讲座，增强了同学们的法治观念和安全防范意识。学校涌现了一批德智双全、品学兼优的好学生，胡梁博同学被评为“株洲新时代美德少年”，谢琳俊同学在中国青少年“我是小创客”3D 打印设计决赛中获全国一等奖，过骏达、易乐、夏逸帆等同学在第十届中国国际发明展上喜获银奖。

【贫困生帮扶】认真落实各项帮扶政策，加大对贫困学生的帮扶力度。扶贫对象摸排精准，评审手续严格。春季全校共有 657 名学生受到资助，秋季有 601 名学生受助，全年共发放 132.85 万元助学金，对建档立卡困难家庭学生共减免各种费用 30 多万元。各班教师与贫困学生结成“一对一”帮扶对子，坚持“扶贫、扶志、扶智”相结合，帮助寒门学子通过努力学习、奋发进取改变命运。

【教师队伍建设】一是加强学校领导班子建设。提高领导班子学习意识，促进校领导成员带头不断提高自己的理论水平和管理能力。二是进一步加强了师德师风建设。学校努力培养有理想信念、有道德情操、有扎实学识、有仁爱之心的“四有”合格教师。健全作风建设长效机制，营造了良好的教书育人氛围，在全校形成了求真务实、干事创业的良好风尚。严格对教辅资料征订的管理，纠正违规参加“升学宴”“谢师宴”等不正之风，实行“超越底线”的师德问题一票否决制。三是高度重视教师专业化成长。鼓励教师不断完善自我，通过读书和反思树立创新、协调、开放、共享的发展理念。坚持“走出去”与“引进来”相结合，组织全体教师听取了严铁军等知名专家的知识讲座，组织骨干教师赴长郡中学等名校参观考察，全年选派教师参加国培13人次、省培11人次、市培5人次。大胆给青年教师压担子，让一批新教师脱颖而出。实施“青蓝工程”，搞好“传帮带”，带动新教师成长。学科带头人示范课、青年教师汇报课、新课程探索课、优质班会课等活动，为教师提供了相互切磋、共同成长的平台。上期举行了首届青年教师微课制作大赛，35岁以下的青年教师全部参赛，效果良好。下期开展了为期三周的专题磨课活动，各备课组认真组织，集思广益，在问题设计与重难点突破方面有亮点、有创新。举行了第27届“东山杯”课堂教学大赛，大赛采取“同课异构”的方式进行，活动历时五天，规模大，范围广，反响好。通过培训、交流等，全体教师更新了教育理念，提高了专业技能。彭珍在全国中学体育教学大赛中荣获一等奖，易青兰、何银杏在全县高中教师课堂教学大赛中荣获一等奖。易吕辉被评为株洲市先进教育工作者，王永红、陈钢环、黄文娇被评为县优秀教师，廖艳红被评为县师德标兵，宁志刚、王永红、刘铁汉、康力行被评为县优秀班主任。注重课题研究，提高教师理论水平。学校有省级课题1个，参与人员10人；县级课题1个，参与人员13人；校级课题13个，参与人员79人。在省级以上刊物发表论文8篇，省级获奖论文5篇，市级22篇。

【基础建设】加强基础建设，不断改善办学条件。完成新食堂建设，教室全部安装空调，建成了3D打印创客室和电子阅览室，青年楼、校史陈列馆改扩换工程现已进入扫尾阶段。把行健楼改造为室内运动场，在行远楼增建了书画长廊，加大投入，添置实验仪器药品、新进图书，完成了学府大道文化墙的建设。

【党建工作】坚持不断加强党对教育的领导，深入贯彻习近平新时代中国特色社会主义思想，推进“两学一做”学习教育常态化制度化，引导广大党员教师牢固树立“四个意识”，不断坚定“四个自信”，坚决做到“两个维护”。2018年5月校党总支升格为党委，党建工作管理和运行机制顺畅，基础保障有力。学校不断提高学校党建质量，为加快改革发展提供了坚强的政治、思想和组织保证。

【株洲市高中教育质量建设会议在攸县一中召开】2018年10月29日，株洲市高中教育质量建设会在攸县第一中学召开，市教育局以《一个现象级事件的背后——攸县一中学校管理样本分析与启示》为题，从“核心——赢在文化，管理——赢在过程，教研——赢在实效，教学——赢在极致”四个方面，揭秘“攸县一中现象”成功背后的原因。攸县一中以“培养高素质公民”为目标，致力于养成“爱国、敬业、诚信、友善”等公民德性，形成了较为鲜明的公民教育特色。学校申报的《实施公民教育，培育“七好”学生》项目以显著的创新性、实践性、成效性，在2018年株洲市教育改革创新奖评选活动中荣获特等奖。

（刘开华　刘　姝）

攸县第二中学

【概况】攸县二中创办于1946年，其前身为私立丹陵初级中学。学校地处攸县北乡，紧邻106国道，占地面积13.2公顷，建筑面积40000多平方米；校园内古樟参天，环境优美是省园林式单位。全校现有52个教学班，在校学生2800余人。在编在岗教职工220人，其中专任教师185人，高级教师41人，中级教师80人，具有研究生学历的教师14人；有国家级优秀教师1人，市级学科带头人5人。2018年高考二本以上上线200多人，其中一本上线60多人；高二年级学业水平考试一次性合格率为98.7%。学校荣获“株洲市高中教育质量建设先进单位”“株洲市高中学业水平考试先进单位”等荣誉称号。

【规范管理】学校继续实行“四块三线”管理模式，即分为高一、高二、高三和初中部四块，各个级部分别成立了以主管副校长为首的管委会，负责管理本级部的日常教育教学工作；各个级部既相对独立管理，（包括评先评优和职称晋升都把指标分到级部）又相互合作。其他行政干部按任课情况分到各级部协助管理，行政值日与级部值日同步进行。分教学科研、政教后勤和办公文档三条线，分别由一个副校长牵头管理。各块各线双周召开例会，总结布置工作。全校一月召开一次例会，集中学习。既有合作又有竞争的高效管理机制，实行优劳优酬，多劳多得，最大限度地调动了教职工的积极性。

【教学研究】一是集体备课，共同研究教学。针对学校的师资现状，充分发挥备课组集体智慧，实行备课组集体备课制度。做到“五定”：定时间，定人数，定地点，定内容，定主备人。教研室安排专人进行检查，及时公布检查结果，并把集体备课的情况纳入先进备课组的考核之中。二是创新教学模式。课堂教学中采用“三主四步”课堂教学模式。“三主”是以教师为主导，以学生为主体，以素质为主旨，“四步”是指课堂操作四个基本环节：学、探、展、测。以“三主四步”课堂教学模式为标准的“金盆杯”教学竞赛在11月如期举行，教学竞赛要求体现备课组的集体智慧，反映备课组的整体水平，所以教学竞赛呈现出百花齐放的局面。为巩固和完善《三主四步》课堂教学模式，学校要求各备课组在“金盆杯”教学竞赛结束后，结合本学科的实际，写出赛后总结，进一步完善课堂教学模式。三是注重总结经验教训。暑假期间组织教师培训，进行高考、中考反思研讨会。让老师们把2018年的中高考题做完，结合自己的教学实际，写好反思，并对2019年的中考、高考进行预测，然后分教研组进行讨论，要求每个老师都要发言。学校教研室把老师的反思材料编成校本教材，作为学校校刊《丹陵教育》暑假专刊的内容予以发表。

【教师培训】始终把提高教师的专业水平摆在重要位置，认真组织开展课题研究，撰写教育教学论文。省级协会课题《农村中学“忠、勤、信、恕”的实践与研究》已立项；数学组市级重点课题《高中数学学习状况调查报告》已立项。数学组成立了县级名师工作室——《李雄飞名师工作室》。在教师撰写教育教学论文中，有李光华老师获省三等奖，丁文华、邓志敏获市一等奖，王伟辉等14位获县一等奖；在攸县初中生物课堂大赛决赛中，彭容获二等奖；在攸县高中英语课堂大赛决赛中，夏平获一等奖；在攸县高中语文课堂大赛决赛中，谭黎明获二等奖；在参加攸县团委组织的“青春攸州，公益了跑”活动中，刘小丽获得女子组贰等奖；在初中部科技节活动中，雷哲辅导的《竹简风车》作品获得株洲市第34届创新大赛优秀项目三等奖。微课邱辉、陈念获市二等奖，网上在线备课初中物理组获省三等奖；“一师一优”课颜香玉获市二等奖。本年度，组织专任教师参加了各级师训工作，参培人员达268人次。此外，要求所有派出学习的老师回来必须上交学习心得，教研室将择优在《丹陵教育》上登载。

【学校安全工作】始终坚持“安全是底线”的原则，始终把全体师生的人身安全和财产安全放在首位。一是安全责任全员化。全体教职工都签订了“安全责任首见责任状”，要求全体教职工对于安全问题做到谁首见，谁负责，谁在场，谁有责，要求全体教职工都做“安全工作者”。二是一周一巡查制度。学校政教处和总务处联合成立安全巡查小组，每周对学校校园的安全隐患进行安全排查，并写出书面的排查报告，在行政会上通报，做到及时发现，及时排除，及时解决。全年，全校没有发生重大安全事故。三是安全教育常态化。为了提高学生的安全意识，要求各个级部利用班会课召开专题班会。学校政教处利用“国旗下讲话”活动、“做自己的首席安全官”活动，组织学生进行“逃生演练”，定期对学生进行安全教育。把近期学校发生的安全事故编写成一本校本教材《警钟长鸣》，组织全体学生学习，提高学生的安全防范意识和自我保护意识，并要求各个班级设立安全员，随时关注学生的安全问题。

【丰富课余活动，提高学生综合素质】开展丰富多彩的活动，让师生做到劳逸结合，做到全面发展。大课间活动形式多样，七、八年级做操，九年级进行跳绳活动，高中部围绕学校环形路进行慢跑活动。上学期，组织赴坪阳庙敬老院慰问活动，清明节扫墓活动。下期，成功举办了“美丽二中忠勤信恕”第二届校园文化艺术节，其中包括“校园艺术之星比赛”“校歌红歌比赛”“校园书法绘画比赛”“教职工拔河比赛”“校园田径运动会”“初中部科技节”“2019 年元旦晚会”等一系列活动。这些活动，精彩纷呈，促进了学生综合素质的提高。

【基础建设】学校多方筹措资金，进一步加强学校基础设施建设。投资 615 万元，新建一栋女生宿舍；投资 50 万元进行变压器增容改造；投资 30 万元对高中部教学楼和男生宿舍一栋屋顶翻新改造；投资 13 万元建立阅卷系统；投资 12 万元对教师宿舍 3 栋厕所和女生宿舍一栋进行改造；投资 7 万元对学校水管改造；投资 5 万元对学校围墙改造。投资 1.5 万元对办公楼前灯光改造。

【党建和师德师风建设】学校党支部团结带领全体党员，以中共十八大六中全会和十九大精神为指引，深入学习习近平新时代中国特色社会主义思想，设立党员示范岗，不断增强党组织的创造力、凝聚力和战斗力。

完善“168”工作机制下的学校党建工作，建设好五支党支部，开展专项扶贫工作，坚持“三会一课”制度，党日活动制度，党内组织生活制度，落实三类服务（1. 为学生服务，做知心人；2. 为群众服务，做热心人；3. 为发展服务，做有心人）。大力实施师德师风建设工程。组织广大教师，学习贯彻省、市、县教育部门《关于进一步加强中小学师德师风建设的意见》《中小学教师职业道德建设规范》《中小学教师违反职业道德行为处理法》等文件。在全县师德师风党建主题教育知识抢答赛中本校荣获冠军。

【校友情怀】9 月 10 日，毕业于本校 1989 届 103 班的湖南松井新材料有限公司董事长凌云剑先生，亲临开学典礼现场，奖励了全校 68 位优秀教师和一批优秀学生，并表示公司将一如既往给予母校更多的支持和帮助。他对母校的感恩情怀，体现了他的社会责任感，激励了全体师生的工作热情和学习激情。

（董　波）

攸县第三中学

【概况】攸县第三中学地处国家 AAAA 级旅游区——酒埠江旅游区的黄金地段，校园环境优雅，是“株洲市园林式单位”。学校创建于 1956 年，是株洲市首批挂牌的“市规范化学校”。2014 年，成功通过株洲市特色学校“体育特色”认定和“省体育后备人才重点学校”认定。学校现有 44 个教学班，在校学生 2200 余人，是一所初具规模的全日制完全中学。在职教职工 191 人，其中专任教师 161 人，高级教师 39 人；全国优秀教师 1 人，省级优秀教师 1 人，市级优秀教师 19 人，市学科带头人 3 人，具备研究生学历的教师 13 人。2018 年，学校紧紧围绕“抓管理，促质量，谋发展”的工作思路，狠抓教育教学质量，进一步更新教师的教学理念和学生的学习方式，加强教研组与各功能室的管理，促进教师专业化发展，学校教育教学质量稳步提高。2018 年高考，二本以上上线人数达 162 人，其中一本 36 人，再创学校辉煌；2018 年学考，一次性合格率 95.6%，远超教育局下达的任务；2018 年中考，19 人考入省示范性高中，五率综合值居全县第二名。株洲市教育局授予本校“2018 年高中教育质量建设突出贡献单位”称号；株洲市文体广新局授予“突出贡献单位”称号；攸县教育局授予“2017—2018 学年度高中教育质量先进单位”“2017—2018 学年度初中教育质量先进单位”“2018 年书香校园”“攸县教育系统师德师风主题教育知识抢答赛二等奖”“2018 年度安保工作先进单位”等荣誉称号。

【教师队伍建设】学校重教兴研，科学谋划。多角度、大力度支持各类培训，促进教师专业发展；多渠道、多途径优化教师队伍发展。如：大力推行“导师制”培训模式、强力推行年轻教师“业务月考试”机制、全力搭建教师培训平台、努力提升教师业务能力。

【安全工作】认真做好安全事故的防范工作，特别是对食品卫生安全、交通安全、活动安全的防范工作。投资20多万元，在学校安装平安智慧校园的门禁卡，在校门、学生寝室都安装了门禁系统，学生的出入校门、进入寝室的时间都能及时地向家长和班主任反馈；通过加强安全教育，规范安全管理制度，全年实现无一食品安全事故，无较大安全事故目标。

【体艺办学特色】学校立足自身资源，贯彻走体育特色发展之路，按照“依托水上基地创建体育特色”。2018年高考，体艺生专业、文化双上线人数居攸县前列。9月，省十三运会上，水上基地运动员获得金牌16枚、银牌20枚、铜牌18枚，金牌数和总成绩均在湖南省皮划艇项目中排名第一的好成绩。在2018年全县中小学体育运动会上，高中组荣获团体总分第三名。

【教育教学研究】为提高课堂教学效益，促进农村高中生的学科核心素养提升，年内申报了省级一般课题《基于学科核心素养的农村高中课堂教学行动策略研究》，已通过立项并着手研究。在课题研究方面，由陈智跃校长担任主持人研究的课题《如何利用智慧环境对中学地理课堂教学效率提升的研究》已经完成预定研究任务，其研究成果列入中国管理科学研究院教育科学研究所《教师教育能力建设研究》总课题组最终科研成果，并荣获教育科研成果一等奖。

【学生社团】2018年，在教科室的牵头下，着手组建社团，开展丰富多彩的社团活动。结合学生的爱好和学科特点组建了21个社团。如：演讲社团、文学社团、各种球类、棋艺、书画等社团、科学社团、生物社团等。社团活动有效提升学生的素养，促进学生健康成长，有利于构建“和谐校园”。

（尹志华）

攸县第四中学

【概况】攸县第四中学是株洲市示范性完全中学。学校坐落在县城南郊的菜花坪镇，紧临106国道，交通便利。校园占地面积11.67公顷，校内绿树成荫，环境清新幽雅，为市级文明卫生单位，省级园林式单位。2018年暑假，原攸县东山学校整体并入攸县四中（原菜花坪镇中学校区）。全校共有38个教学班，在校学生2000余人；有高级教师56人，中级教师65人，专任教师学历合格率100%。攸县四中在最好生源是5C的情况下，2018年高考一次性二本上线32人，其中一本6人，二本录取43人，单招160多人，创造了攸县四中自2006年以来的最好成绩；中考上省重点线18人。彭艳飞老师在全县高中历史教学比武中获得特等奖，谭鲲老师在的全县高中语文教学比武中获得第一名，易伟才老师在县三字一话比武中获得第一名，王静老师指导的舞蹈节目在县文艺调演中获得县直城关组第一名和一等奖。专任教师出版专著3部，发表论文300多篇。

【学校建设】2018年，完成了多个维修改造建设项目：建成标准实验室、标准练功房；新建教师周转房50套；完成了配电房建设及电力扩容；完善了东山学校整体并入后维修改造及添置。随着这些项目的完成，学校的硬件建设上了新台阶，办学条件进一步改善，学校的校容校貌大为改观，为教师乐教、学生乐学营造了良好的氛围。

【教师绩效管理】突出制度引领，完善评价体系，激发内在动力。通过教职工代表大会完善了《年度考核方案》《岗位晋级方案》《职称评定方案》，各年级组也出台了考核方案，进一步完善了组内考试、常规工作、考勤工作等方面的评价，作为评先评优、绩效工资和职称评分的主要依据。坚持多劳多得、优质优酬原则，进一步拉开绩效工资差距，加大奖励力度。

【学生行为习惯教育】注重学生行为习惯教育，突出养成学生的卫生习惯，校园随时保持了整洁卫生的环境；突出养成“遵规守纪”习惯，学生违纪现象大为减少，文明礼仪越来越好，学习状态越来越好，特别是各年级的重点班和体艺班，无论是行为习惯，还是学习氛围都有显著进步。

【教学研究】注重课堂教学实践探索研究，积极组织参加赛课活动。参加县高中部课堂教学大赛何晶老师获县一等奖，王文华老师获县二等奖。初中部徐同兵、彭辉两位老师分别参加片历史、英语课堂教学大赛也取得了较好的成绩。创造性地开展各学科的录课活动。录课活动参与面广、涉及初高中部各个学科，大大提升了全校老师教学能力。鼓励教师进行教学理论探讨，撰写深感论文。共有18位教师参加县教育学会的论文评比，其中有7位老师获县一等奖，8人获县二等奖，3人获县三等奖；选送其中6位老师的论文参加市教育学会的论文征评，易伟才、周锐武两位老师获市一等奖，单文静、蔡玉玲两位老师获市二等奖，另外两名老师获市三等奖；另外吴文娇老师撰写的论文获省一等奖；易伟才、骆霞、刘艳兰所写论文在省级刊物发表。

（徐　青）

攸县震林中学

【概况】攸县震林中学为攸县城区公立初级中学，位于县城东城新区内环路与S315交汇处。学校占地6.7公顷，总建筑面积为51150平方米。学校有64个教学班，在校学生3585人；在岗教职员工241人，其中高级教师22人，一级教师83人，省骨干教师10人，市学科带头人5人。2018年，全校深入贯彻落实党的教育方针，以党建为引领，全面落实“立德树人”教育，继续坚持“依法治校、规范管理、创新课堂、特色强校”的办学思想，以办群众满意的教育为目标，规范办学，创新求变，教育教学工作实现跨越式发展。中考省示范性高中上线210人，再创辉煌，综合值名列全县前茅。学生参加各项学科竞赛，有100余人分获全国、省、市、县级奖励，受到全县社会各界的充分肯定和高度评价。

【综合素质教育】一是注重养成教育，提高学生自我行为管理能力。创建洁净校园，实行班级卫生包干制。加强学生文明、礼仪和行为习惯养成教育。各班级坚持围绕量化考核方案抓落实，每月根据量化计分，评选纪律、卫生文明班级，效果明显。二是注重心理辅导，提高学生心理素质。学校政教处、年级组利用班会课通过讲故事、看影片、上课讨论等形式对学生进行挫折教育，增强学生的抗挫折能力。建设“知心屋”。震林中学“知心屋”关爱学校青少年的心理健康，定期对学生进行心理咨询、辅导，创办学校心理辅导刊物《心灵驿站》。三是注重体验活动，培养学生的感恩精神。学校定期举行“梦想与爱同行”大型感恩励志教育活动和“手牵手心连心”大型公益活动，给留守儿童以关爱与温暖。严格进行“晨午检”，防控传染病，确保学生身体健康。

【教研教改】坚持创新课堂教学。继续推行、优化“一三四”课堂教学模式。通过“预习、自测—质疑、反馈—交流、展示—巩固、检测”的四个教学环节，突出学生的主体地位，尊重学生的个性特征，创设学生的表现平台，促进学生的全面发展。作为课改基地校、样板校，顺利完成多项国培计划送培到县培训任务。多校联动，共同研究，互相交流。学校与三所乡镇中学联合成立震林教育集团，定期举行骨干教师送教下乡活动，与兄弟学校进行教研联谊活动，互相学习，取长补短，共同提高，深受欢迎。充分利用“湖南省青年精英教师”的优质教师资源，圆满完成教学研讨交流活动，提升了教师队伍的素质和教育教学水平。论文获奖51人次，其中市级一等奖2人次，县级一等奖32人次；教学大赛获奖人次12人次，其中县级一等奖1人次，校级一等奖3人次；其他项目获奖23人次。

【教师队伍建设】2018年，学校继续招聘师范院校优秀研究生和本科生，引进优秀中青年教师，教师队伍不断优化。一是加强师德师风建设。认真组织教师学习“社会主义核心价值观”和中共十九大精神，加强道德修养，全面推行师风师德建设。二是加强专业培训，优化师资。定期选派骨干教师参加国家级、省级、市、县级的培训。先后派出教师学习90多人次，这些派出培训的骨干教师参加培训后结合教学实际上示范课，培训其他教师，在学科教育教学中起带头、示范作用。努力打造“名师”工程，举行青年教师课堂教学大比武、“三字一话基本功大比武”“阳光杯”课堂大赛，涌现了一批青年优秀教师。定期组织“阳光杯”教学大赛，发现教学新秀，搭建交流平台，互相学习，共同提高，努力促进教师从经验性向创新型、专家型转变。加强信息技术学习培训，确保教师都能熟练运用现代信息技术手段服务日常教学。三是注重年轻教师成长。积极开展“师徒结对”活动。每名新教师配一名优秀老教师。召开青年教师座谈会，充分发挥了名师、骨干的传帮带作用，努力促进青年教师的专业成长；为年轻教师成长搭台子，铺路子，压担子；继续推进“青蓝工程”，切实发挥老教师传帮带作用。定期评选“优秀班主任”“优秀教师”，调动教师的积极性，起到了引领、示范作用。

【教学质量管理】一是落实常规教学计划。落实“六严”规定。教务处严控学生在校学习时间；严控学生作业总量；严格保证学生每天一小时的“阳光体育”运动；严格执行国家课程计划，促进学生素质全面发展；严格执行教育局颁布的义务教育课程计划，开齐开足各门课程；严格确保学生巩固率，杜绝辍学。以定期、不定期的方式进行常规检查，及时总结反馈。二是加强课堂教学管理。抓好听课、评课活动。学校行政深入课堂听课、评课，帮助和指导教师改进教法、提高教学质量。三是重视考试质量分析和素质评价。规范考试，进行教学质量检查、教学质量分析，注重学科教学情况、注重学生学习个性需求。采用网络阅卷、网络评卷形式对各项数据进行分析比较，指导教师不断反思和调整自己的教学，不断提高教学质量。

【安全管理】切实加强校园安全教育。定期组织“安全常规教育”的主题班会；学校宣传窗定期进行校园安全常识教育；成立禁毒预防教育展览室，定期开展禁毒教育。有序组织紧急疏散演练。制定学生上、下楼梯紧急疏散演练路线。每天利用大课间进行紧急疏散演练活动，对学生撤离路线作了周密的安排，确保学生过道、楼层及上、下楼梯安全。定期进行安全隐患排查。政教处组织老师每天在学生上、下学途中进行交通安全巡查；行政人员轮流值日，师生携手，对校园安全隐患进行逐日排查，对发现的安全隐患及时整改。配备必要的安全设施。电子监控设备覆盖整个校园，并安排专人负责，确保师生人身、财产安全。

【党建工作】全校共有党员76名，学校成立党委，下设两个支部，支部下设党小组。一是常态化开展“两学一做”学习教育。按时举行党课讲座，有序组织党员学习；通过“三会一课”制度提升全体党员对新时代党的政策与精神的理解，增强了全体党员的政治意识、大局意识。有序开展主题党日活动。二是严格党的组织制度。组织生活会和民主生活会制度、民主评议干部和党员制度。党委书记和校长定期召开民主生活会，互通情况、交换意见，主动与班子成员交流思想，协调工作，增强了班子的凝聚力。落实党委引领下的校长负责制。坚持“集体领导、民主集中、会议决定”的原则，落实好重大事项集体研究决定的议事决策机制，形成了党委统一领导、党政分工负责、协调配合的工作运行机制，不断提升班子科学决策水平。三是加强党风廉政建设。坚持将党风廉政建设、反腐败工作与学校各项工作同研究、同部署、同实施、同考核，定期召开会议研究新情况新问题，做出工作安排。严格落实主要负责人的第一责任；严格落实班子成员“一岗双责”。严格执行中央八项规定精神。严格规范领导干部的职务行为，对公务差旅的相关标准、各种会议的经费预算不断完善审批和审核制度度。严禁乱收费、严禁违规征订教辅资料、严禁规违补课，签订责任状，切实规范学校办学行为。

（刘青华）

文化·体育

概　况

【公共文化设施】全县有公共文化场、馆9个，包括：文化馆、公共图书馆、博物馆、青少年活动中心、影剧院、书院（石山书院）、文化阁楼（文昌阁）各1个，另有谭震林纪念馆、湘赣苏区革命纪念馆各1所；乡镇文化站17个，村级综合文化服务中心252个，农家书屋304个，乡村大舞台103个；建设“门前三小”（小广场、小书屋、小讲堂）187个（含一小、二小），其中示范点21个；公共文化设施面积110.6万平方米，公共体育设施面积95.7平方米，合计206.3万平方米；共有单项体育协会19个、体育健身站点152个。全县有县级广播电台1座，节目（国内）1套，广播“村村响”工程覆盖人口100%；有县级电视台1座，电视发射台1座，电视人口综合覆盖率100%，数字电视用户13.7万户。

【群众文体活动】全年大型群众文艺体育活动30场。举行第三届“万步有约”“梅城杯”“三八杯”两项门球赛、羽毛球、篮球、足球比赛、省门球锦标赛、象棋精英赛、广场舞武术健身气功展示等20场全县性群众体育活动。组队参加了省第十三届运动会、省第二届农耕健身大赛和首届“健康湖南”全民运动会株洲赛区的比赛，并取得了优秀成绩。攸县皮划艇、赛艇代表队在省第十三届运动会获全省金牌和总分排名双双第一名，攸县队参加省第二届农耕健身大赛拿下了2个项目（共4个）的第一名，攸县荣获首届“健康湖南”全民运动会海选赛最佳竞赛组织奖。攸县连续第三年获全国“银牌健走示范区”称号（全国500多个县，银牌获奖共3个县）；攸县被中国老年人体协命名为第三批“全国健身球操之乡”。主办了市“美术、书法文化扶贫攸县展”、第五届民俗文化节、钢琴比赛、读书征文、图书漂流、好书赠送、文物展览、新春灯谜、“祭孔•开笔礼”等9项群众文艺活动。举行全县第二届文体活动微视频征集大赛，以“门前三小”为主要活动场所，共收集9类175个作品，参与人数多达4万人次。组织参加省内外读书、文艺等活动，1人获“我听我读全国少儿朗诵大赛”中学组一等奖（全国只一个名额）。春节期间，酒埠江、峦山、莲塘坳和春联等地举行大型民俗活动；暑假、国庆、中秋、丰收节、老年节期间，各地“门前三小”开展了富有本地特色的文体活动。

【文艺创作】县花鼓戏保护传承中心创作的大型地方花鼓戏《长辈》，完成了国家艺术基金结项工作，在湘赣两省多地巡演28场，并参加了省第六届艺术节新创大型舞台剧目展演、全国优秀现实题材舞台艺术作品展演和第二届全国花鼓戏节展演。该剧获第六届湖南艺术节田汉新创剧目奖，同时荣获剧作、导演、音乐、舞美、表演奖等5项单项奖。县文化馆自编自拍的微电影《舞台》入选第二届“文化中国”微视频优秀作品（全国50部，湖南仅3部）。

【全国“双服务”文化建设先进集体】2018年1月，县花鼓戏保护传承中心、高桥农家书屋（位于石羊塘镇谭家垅村）同被中宣部、文化部、国家广电总局评为“第七届全国服务农民、服务基层文化建设先进集体”。央视《焦点访谈》节目、《人民日报》《光明日报》、央视、央广等媒体进行了报道。攸县高桥农家书屋获“全国示范农家书屋”称号，新市镇丁家垅村农家书屋获“全省示范农家书屋”称号；王拍球、张玉英等2人获“全省优秀农家书屋管理员”荣誉。

【“门前三小”】随着行政区划的调整，过去一村一书屋、一广场、一舞台等既有做法已经不能完全满足农村百姓日益增长的文化需求，基于解决服务群众“最后一公里”问题，2016年，县文体广新局创新推进了“门口小广场”建设，只要“面积300平方米、覆盖人口300人以上”，即配送篮球架、体育健身路径、音响等“三大件”，深受群众欢迎。2018年，在“小广场”附近建设“小书屋”和“小讲堂”，推出了“门前三小”这个新品牌。主要做法是“四个坚持”。一是坚持党政推动。建设方案上报县委、县政府后得到了肯定和支持，全面推动了这一民生实事的落实。县委县政府出台了实施意见，制定申报程序，设计统一LOGO徽标、相对统一建设风格、确定场地标准（即小广场面积不少于300平方米，小书屋和小讲堂面积分别不少于20平方米，步行路程不超过10分钟），符合条件即配送音响、篮球架、健身器材、书籍、书架和课桌椅等硬件。二是坚持群众自愿。充分调动群众积极性，坚持花小钱办大事，不搞大拆大建。地点的选择、房屋的确定、小广场的浇筑、志愿服务人员的选定等工作都由老百姓自己做主，由他们自主讨论商议、自发筹资筹劳、自愿捐助场所。据粗略统计，已撬动民间资金5000万元以上用于基层文化设施建设。三是坚持乡贤引领。发挥德高望重老党员、老干部、老教师的强大组织力、影响力、号召力，由他们担任“门前三小”管理志愿者，负责场地建设、日常管理、活动组织。据统计，活跃在“门前三小”的乡贤和志愿服务者达620多人。四是坚持活动带动。对自主申报并验收达标的“门前三小”阵地，由县委宣传部统一协调，组织县文体广新局等相关部门送党课、送电影、送培训、送戏曲、送义诊、送科技、送法制等活动，还推出“菜单式”服务，群众需要什么活动，点什么就送什么。同时，各乡镇街道派出大批党员干部深入各“门前三小”示范点开展党课进屋场活动，组织大量的文体活动，农村基层的龙灯队、锣鼓队、舞蹈队、篮球队、武术队、文学社、非遗传承项目等在“门前三小”空前活跃起来，众多村组屋场的群众欢聚一起，乐在其中。全县建成“门前三小”超500个（含“一小二小”），其中示范点21个，按每个“门前三小”覆盖300人估算，“门前三小”直接参与活动人数多达15万人，覆盖各种年龄层次的群众，且大部分为留守群体。“门前三小”有效地活跃了农村氛围、密切了党群关系、改善了社风民风，是真正利党利民的独特阵地。攸县“门前三小”建设工作屡获中宣部《每日要情》、新华社、《人民日报》、央视、央广、中央人民政府网、《光明日报》等中央和地方媒体的关注和推介。在第六届湖南省艺术节上，攸县“门前三小”被评为项目类“三湘群星奖”（株洲市唯一，全省只3个）。

【国家公共文化服务体系示范区创建】2015年7月株洲市被确定为第三批国家公共文化服务体系示范区创建城市后，攸县将创建公共文化服务体系示范区列为重点工作，成立了由县长任组长的创建工作领导小组，强力推进全县公共文化服务体系建设。一是优化公共文化设施建设。不断完善城区公共文体场馆基础设施建设，图书馆、文化馆、博物馆分别被评为“国家一级、二级、三级馆”，至2018年，建成11家图书分馆、6家文化分馆，县图书馆有馆藏86.5万册，石山书院、文昌阁成为攸县的文化名片，全民健身活动中心有会员1000余名。同时，加快推进了镇、村、组文化设施建设，实现乡镇文化站的全覆盖，率先将莺山、酒埠江两个镇文化站，酒埠江村、丁家垅村两个村文化服务中心全新升级，采取“创树典型、以点带面”的办法，推动全县文化事业的整体进步。建成合格村（社区）综合文化服务中心252个，合格率达84.8%。在群众的家门口，创新建设了组级文化设施“门口小广场”“门前三小”。二是细化公共文化服务供给。全面推行免费开放。“三馆一站”和村级综合文化服务中心都按规定实行了延时错时免费开放，提升了服务能力。图书馆年接待读者46万人次以上；文化馆年培训文艺爱好者1万余人次，举办群众文艺活动10次以上；各文化站、村级文化服务中心均适时开展了各项文体活动。博物馆、文昌阁、石山书院、苏区纪念馆等地年接待观众11万人次，全民健身中心年接待锻炼人员8万人。创新文化服务方式。采取流动服务方式。图书馆每年开展送书下乡、业务辅导、读书活动等流动服务50次以上；文化馆每年组织春节民俗文化节、学雷锋月义演、文化志愿服务、文化惠民巡演等流动演出活动12场以上；博物馆每年开展流动展览活动8场以上。健全需求反馈机制。三馆一站都设立了意见簿，对群众意见或建议及时给予解决或答复，并制定了公共文化服务目录，开展“菜单式”“订单式”服务。做活科技融合文章。“三馆”都建有网站，建成综合公共数字文化服务平台18个（含图书馆1个）、图书馆地方特色数字资源库1个；图书馆建设数字资源6TB以上；图书馆、文化馆都具有数字资源提供能力和远程服务能力，图书馆微信公众号开通了多种服务功能。三是强化公共文化服务保障。壮大了公益的文化队伍。县编办核定各镇（街道）全额拨款事业编制3名；全县297个村（社区）文化服务中心都配备了3名文化指导员；全县公益文化事业单位有人员88人，其中业务人员72人，占比例达81.8%。以村、组为单位，全县组建业余文艺团队921支。同时，大力加强队伍培训，在职员工年培训15天以上，年组织农家书屋管理员、文化骨干、各镇（街道）文化站长等基层文化专兼职人员集中培训5天以上。县、乡、村基层文化专兼职人员参加全国基层文化队伍远程网络培训每年60课时以上。抓好服务的社会化建设。通过政府主导和激励扶持的方式，形成人人享受文化成果、人人参与文化建设的良好势头。每年预算了200万元的“送戏下乡”和大戏创排经费，安排了37万元的业余文艺团队扶持资金。同时，发展文化志愿服务，招募文体志愿者1400多人，成为公共文化服务的主力军。保障群众的文化权益。每年均认真完成好“省市县民生实事”任务，按规定完成了公益电影放映、送戏送演出下乡等工作。每年都开展了大量针对老年人、未成年人、残疾人、农民工、农村留守妇女儿童等特殊群众的文化服务活动，县文体广新局每年举办12项以上大型文体表演和比赛活动。2018年8月，文化部实地验收，专家组均对攸县创建工作给予了充分肯定，对攸县“门前三小”创新建设给予了高度评价。

（易忠伟）

文化管理与服务

2018年，县文体广新局紧紧围绕县委、县政府工作主题，以创建国家公共文化服务体系示范区为抓手，全心履职，尽心服务，圆满完成了年度工作目标。荣获“株洲市文明建设先进单位”“株洲市参赛湖南省第十三届运动会贡献单位”“县文明建设红旗单位”“县社会治安综合治理先进单位”“全县禁毒工作先进单位”“工会工作先进单位”。

【文化惠民】县文体广新局各二级单位握成有力“拳头”，多次联合到基层开展了“文化入高墙”、第五届民俗文化节、“文化进校园”、文体进社区等一系列文化活动。暑期以来，在县委宣传部的统一协调下，县文体广新局和卫计、司法、民政等众多部门面向已建成的“门前三小”示范点推出120多场次集中下乡服务活动。落实公益演出、电影免费放映等2项省市民生100工程并超额完成任务，公益演出达182场；送电影3089.6场，覆盖观众近20万人次。承办并完成了文体活动开展、体育场馆开放、文艺和体育培训、村文化服务中心建设、“门口小广场”建设等6项县民生实事。公共体育场馆免费开放接待10万多人次；培训广场舞、太极拳等文体辅导员1500余人；举行了全县职工气排球、羽毛球、健身广场舞、健身气功、门球、武术等6项培训约660人次；打造优秀村文化服务中心10个；建成“门口小广场”206个。此外，文化馆组织开展文化惠民系列活动42场次，到基层培训辅导6000余人次；图书馆到馆49.3万人次，新设3个流通服务点；青少年活动中心开设了4个公益素质教育培训班，免费和低收费招生500多人次。除已登记的1471名文化志愿者外，2018年“门前三小”建设中新增志愿者600多人。

【政务服务】将270项行政许可、行政确认、行政处罚、行政强制、行政检查等各类行政权力在“湖南省互联网+政务服务一体化平台”上引用、发布，所有审批事项、办事流程、办理时限也在省政务服务网上予以公布，将44项行政权力事项列入攸县“最多跑一次”事项。做好了17家印刷企业、41家出版物发行单位以及3家电影放映经营单位的年度核验工作，办理了各类事项62件，办结率98.4%。另组织了17家印刷企业法人和生产技术负责人19人参加了全省印刷业法律法规培训。

【执法监管】举报投诉电话24小时畅通，执法车辆全天出勤，“远程监控系统”连接了全县所有网吧监控摄像头，全年市场巡查共出动执法人员1296人次，检查经营单位433家次，立案查处3件，取缔关闭1家，未发生一例行政复议及赔偿案件。加强了各个重要保障期的广播电视安全播出和网络安全监管，实现了广播电视播出传输“零事故”。抓好了“村村响”“户户通”管理，部署了文物巡查、“扫黄打非”、安全生产、“打非治违”和印刷复制、音像制品、网吧专项检查，贯彻落实安全生产“三管三必须”要求和“属地管理”原则，加强了全县文体活动和赛事的安全组织、管理。

【文物保护】始终坚持“保护为主、抢救第一、合理利用、加强管理”的工作方针，全力抓好文物保护工作。一是完善基础设施。投入90万元，完成了谭震林旧居文物本体维修；投入90万元完成了博物馆安防、消防的升级改造；投入20万元，完成了蔡会文故居、皮家革命死难烈士纪念坊的局部维修和南岸列宁室附属设施建设工作；投入3万余元在文明四塔、东冲兵工厂等10处重点文物保护单位树立了界桩和保护告示牌。争取了国家、省级文物保护单位专项资金334万元，完成了2019年度文物保护专项资金和第十批省保单位的申报工作，攸县有6处文物点入选省级文物保护单位。全县共各级文物保护单位100余处，全部达到有保护范围、有保护标志、有记录档案、有保护机构的“四有”要求。二是优化开放服务。为丰富馆藏，在黄丰桥、柏市等乡镇新征集了39件（套）民俗文物。做好了博物馆、谭震林纪念馆、石山书院、文昌阁等地的免费开放工作，并于2月14日至3月24日在石山书院举办了“骏犬啸天”戊戌狗年新春生肖文物图片联展和猜灯谜活动。5—6月，在攸县博物馆举办了“博古宜今、盛世收藏”民间收藏文物展览暨文物捐赠活动，共展出文物198件（套），接受捐赠文物19件（套），开创了民间收藏文物在国有博物馆展览的先例。“5·18”国际博物馆日及文化和自然遗产日，开展了“流动博物馆”送展览活动，制作展板以流动车的形式将展览送到中小学校共10余次，受众人数2万多人次。此外，还把展览、文物知识讲座送到攸县的“门前三小”服务点，全年送展览12次，讲座3场，受众人数达1.5万人次；攸州大讲堂全年共开展各类讲座22场；完成了《攸县文物》编辑书籍的撰稿任务，编印了《攸县文物保护单位简介》《攸县石刻文物》资料书籍。三是强化执法管理。与各文保单位负责人签订了文物安全责任状，组织开展文物法律法规知识培训；派员积极参加省市文物部门组织的各类业务培训8次。为抓好文物管理，一方面，抓好安全巡查。除在每个文物保护单位聘请至少1名以上业余文物保护员进行日常巡查以外，明确了2名工作人员专门从事文物安全巡查工作，每月用3—5天以上的时间专门对全县18处重点文物保护单位开展地毯式的巡查。另一方面，规范考古调查。按程序报请市文物局完成了丫江桥镇华裕村村部建设用地范围地下文物的调查勘探，调勘面积1000余平方米，并完成了文物项目的审批。配合网酒公路改扩建做好国保单位网岭墓群的文物保护工作；配合酒仙湖景区建设搞好宝宁寺开发利用的文物审批服务；配合国土、住建、林业部门完成国土占补平衡土地开发项目用地的调查勘探任务。

【非物质文化遗产保护和传承】认真搞好非物质文化遗产的项目申报、挖掘整理、传承发展。一是及时申报，寻求上级支持和保护。组织市级第七次非遗名录项目和第四批非遗项目代表性传承人申报工作，争取县政府下拨专项经费10万元，成功将泉坪古法造纸术、巨西传统水力榨油工艺、攸县草编香火龙、攸县文武毛狮等4个项目和打铁水、洪氏剪纸等3个代表性传承人申报为市级，市级项目达18个。二是举行传承展示活动。组织开展了攸县第五届春节民俗文化节，活动主场设在菜花坪高和社区，有狮灯大祈福、舞蹈大联欢、好戏大团圆、靓照现场秀、春联大派送、非遗项目展等活动环节。在酒埠江风景区推出了探灯、抬年猪、烧架香、槚山皮影、打铁水等非遗节目及文艺表演，湖南经视、省卫视进行了现场直播；鸾山镇开展了民俗文化巡村、巡组活动，有龙泉狮灯、香火龙、轮灯、龙灯、武术等表演节目；莲塘坳、春联地区的巨田、巨洲、春塘村传承了百年不息的探灯、唱插话、百敬灯、船会、唱戏等民俗活动。举行首届攸县"非物质文化遗产保护项目巡回展演展示"公益活动。以政府购买形式将"槚山皮影戏"送至各"门前三小"示范点演出14场、"打铁水"在中秋和重阳节期间展演6场，另开展非遗知识讲座5场。举行"文化和自然遗产日"系列活动。6月1日至6月18日，将攸县的省、市、县非遗项目在全县各乡镇街道"门前三小"示范点展示21场次，制作非遗展板16块；组织槚山皮影创新剧目《禁毒》《创建》《梦咕乃脱贫》在攸县城乡各地演出30余场次，其中《禁毒》《梦咕乃脱贫》获省市创作剧目奖；组织《中华人民共和国非遗法》及非遗知识讲座35人次，组织"非遗进校园"讲座6场；"洪氏一刀剪"参加湖南省《雨花非遗》展示展演，"攸县豆腐"等30余种传统产品展示销售，《攸县米粉》10余种传统产品参加株洲市非遗展示；此外，攸河、洣水河畔举行了龙舟竞赛。在7个学校主要传承传播了非遗知识、槚山皮影、洪氏一刀剪等三大课程。4月，槚山皮影传承人宁曾伟雄在莲塘坳的凉江小学和株洲外国语学校进行影子操作及绘制传承。5月、6月《非遗与火》主题课程在网岭北坪小学、凉江小学、渌田完小和皇图岭小学等学校开讲，收到很好效果。三是着力对外推介宣传。全年组织洪源剪纸、攸县豆腐、攸县坛子菜、攸县米粉等非遗产品参加省级非遗展演展示活动4场，参加市非遗展4场。将"打铁水"项目推送到北京长城演艺集团公司，已先后赴安徽省、湖南浏阳、湘西等地进行展演。将"洪源剪纸"推介到央视三频道《挑战不可能》栏目，让全国人民看到了攸县非遗项目。"洪氏一刀剪"受长沙万婴幼儿园及长沙高新区麓谷第二小学之邀，向全体师生进行剪纸工艺授课。3月初，湖南经视频道——"记忆乡愁"栏目组记者到攸县拍摄记录"徒手打铁水"的传承与创新，播放时长15分钟；5月，湖南经视频道——"经视大调查"到攸县对"槚山皮影"进行了纪录片拍摄。全年被各级媒体宣传采访10余次。

【党建和扶贫】扎实推进党建工作，以党支部"五化"建设为抓手，落实各项重点工作任务，采取召开各种会议、开展多种形式学习等方式，深入贯彻了中共十九大精神、习近平新时代中国特色社会主义思想、中央"八项规定"等，及时传达了省、市、县重要会议和文件精神，深入开展了"两学一做"学习教育常态化制度化学习教育活动，全局党员干部进一步强化了意识形态工作，切实转变作风，努力创树形象。在廉政建设工作中，违反中央"八项规定"精神突出问题进行了自查自纠，进行了办公用房清理、财务审计等工作，并按相关规定全部整改到位。全年共进行工作纪律检查8次，督查会风会记22次，上报干部职工婚丧事宜4次，开展廉洁提醒谈话120人次。着力文化扶贫，为贫困村配套完善文化活动设施和体育健身器材，培训文体骨干1800余人次，送图书3000余册，免费放映90场次，送文艺演出、非遗巡展等30余场，"戏里戏外话脱贫"文化活动15次，直接惠及村民约3万人次。在文体广新局驻丁家垅村工作队的努力下，丁家垅村已成为远近闻名的示范点。

（易忠伟）

攸县文物管理局（博物馆）

【概况】攸县文物管理局原为攸县文物管理所，成立于1988年，2007年7月升格为副科级单位，2011年8月更名为县文物管理局，并加挂县博物馆（成立于1991年）、谭震林纪念馆两块牌子，包括石山书院、文昌阁现为五块牌子一套人马。全局（馆）现共有在册人员17人，其中在职人员11人，退休人员6人。全县辖区内共有不可移动文物543处，已公布为各级文物保护单位近100处，其中，全国重点文物保护单位1处，即东周至汉晋网岭汉墓群，省级文物保护单位11处，市级文物保护单位48处，县级文物保护单位44处。攸县博物馆现为国家三级博物馆，馆内有"谭震林生平业绩陈列"和"湘东文明—攸县古代历史文物陈列"两个基本陈列展厅，包括石山书院、文昌阁等，年均接待参观观众达10万人次。拥有馆藏文物11828件（套），其中国家一级文物10件（套），国家二级文物26件（套），国家三级文物319件（套）。2018年，攸县文物管理局（博物馆）始终坚持"保护为主、抢救第一、合理利用、加强管理"的文物工作方针，紧紧围绕年初制定的工作目标，努力工作，争先创优，全面完成了全年工作任务。获2018年度全市文物工作"红旗单位"称号。

【文物修缮和保护】一是及时修缮。投入90万元，完成谭震林旧居文物本体维修；投入20万元，完成了蔡会文故居、皮家革命死难烈士纪念坊的局部维修和南岸列宁室附属设施建设工作。二是申报立项升级保护。争取国家、省级文物保护单位专项资金334万元，分别为网岭墓群安防工程184万元，文明上塔保护维修资金100万元，阳升观消防工程50万元；完成了列宁室旧址2019年度文物保护专项资金的申报工作；完成了第十批省保申报工作，共申报8处文物点，申报文本已上报省市文物局。三是扎实做好基础性保护工作。全县共各级文物保护单位100余处，全部达到有保护范围、有保护标志、有记录档案、有保护机构的"四有"要求；投入3万余元，在文明四塔、东冲兵工厂等10处重点文物保护单位树立了界桩和保护告示牌。四是文物安全巡查制度化。除在每个文物保护单位聘请了至少1名以上业余文物保护员进行日常巡查以外，还明确了2名工作人员专门从事文物安全巡查工作。要求2名工作人员每月用3—5天以上的时间专门对网岭墓群、文明四塔、宝宁寺、阳升观、东冲兵工厂、南岸列宁室等18处重点文物保护单位开展地毯式的巡查，做到巡查有记录、有图片，并建立工作台账。全年共巡查16次。

【文博开放和展览】认真做好博物馆、谭震林纪念馆、石山书院、文昌阁阵地服务免费开放服务。2月14日至3月24日，在石山书院举办了"骏犬啸天"戊戌狗年新春生肖文物图片联展及猜灯谜活动。此次展览是集全国20多家文博单位之精华，展出数百幅狗的文物图片，种类多样，内容丰富；猜灯谜活动共挂出谜面5000条，送出各类奖品4500多份。全年博物馆、谭震林纪念馆、石山书院、文昌阁共接待观众达11.6万人次。攸州大讲堂全年共开展各类讲座22场。

【文物勘探调查】按程序报请市文物局完成了丫江桥镇华裕村村部建设用地范围地下文物的调查勘探，调勘面积1000余平方米，并完成了文物项目的审批；配合国土、住建、林业部门完成了国土占补平衡土地开发项目用地的调查勘探任务，共调查面积2000多亩。

【民间文物展览和征集】首次引进民间收藏文物在国有博物馆开展展览。5—6月，在攸县博物馆举办了"博古宜今、盛世收藏"民间收藏文物展览暨文物捐赠活动，共展出文物198件（套），让民间文物真正"活起来"。同时接收民间收藏人士阳四清捐赠文物19件（套）。为丰富馆藏在黄丰桥、柏市等乡镇新征集了39件（套）民俗文物。利用"5·18"国际博物馆日及文化和自然遗产日，开展"流动博物馆"送展览活动，制作展板以流动车的形式将展览送到中小学校，在凉江完小、渌田完小、皇图岭完小以及城区的东北街小学、明阳中学等学校，共计送展览10余次，受众人数达2万多人次。配合全县"门前三小"建设开展了送展览、送文物知识讲座下乡活动。全年共开展送展览12次，讲座3场，受众人数1.5万人次。

（吴嘉伟）

文化市场综合执法大队

【概况】2018年2月，县文化市场综合执法大队划归县文体广新局下辖副科级二级单位。为确保全县文化市场安全健康稳定有序发展，全大队深入开展"扫黄打非"斗争，着力净化文化市场环境。全年市场巡查共出动执法人员900多人次，检查经营单位1650家次，开展市场日常巡查267次，立案查处30件，办结案件28件，责令违规经营单位停业整改5家次，限期整改10家次，警告12家次，完成市督办网络案件2件，省督办印刷案件1件，未发生一例行政复议及赔偿案件。

【文化市场安全工作】全年共开展安全生产专项检查31次，出动执法人员190人次，检查经营单位99家次，立案调查3起，经济处罚0.6万元，取缔关闭1家，排查企业安全生产127家，占监管企业总数94%。为全面贯彻落实县委、县政府关于安全生产工作决策部署，落实安全生产工作措施，开展专项整治，加大对违法行为的处罚力度，突出以游艺娱乐经营场所、体育经营场所、网吧经营场所、印刷品生产销售为重点，采取有效措施，对违法违规生产经营行为集中进行打击整治。“两会”“两节”期间，组织开展文化市场安全生产集中整治行动。检查经营单位260家次，查出问题和隐患9起，下停业整改通知3家，立案查处高危险性体育项目违规经营单位1家。暑期，开展了“暑期文化市场安全专项检查工作”确保暑期重点市场安全生产，重点检查游泳池、游乐场所、网吧、电子游戏室、歌舞KTV等公众娱乐场所，摸清安全隐患存量，采取有针对性的措施加以整改，共开展检查12次，出动检查人员56人次，检查各种娱乐场所90多家次。

【文化市场日常监管】为了提高监管效率，不断探索创新管理方式，逐步形成“行政执法+社会监督+科技监管”模式。一是增强行政执法检查的针对性和实效性。执法人员坚持落实“市场检查五项制度”，确保举报投诉电话24小时畅通，执法车辆全天出勤；落实领导带队检查制度，强化“错时”检查和“零点”行动，执法人员取消节假日正常休息，开展“白+黑”“五+二”行动，由日常检查的8小时向全天候延伸，由工作日向双休日、节假日延伸。二是强化科技监管手段，实现人防和技防有效结合。“攸县文化市场远程监控系统”监控平台连接全县所有网吧监控摄像头，对全县网吧经营场所进行全方位监控。上半年，监控平台及时发现违规经营15家次，及时发现安全隐患1起。三是清理文化市场僵尸户，确保文化市场经营单位监管有效到位。全县在册经营户262家，与实际营业经营户单位名称及数量有很大出入，上半年启动了全县文化市场经营户清查行动，既查处无证无照经营单位，也清理出在册经营户中的“僵尸户”共计20余家。

【扫黄打非】一是开展护苗行动，净化校园及周边环境。4月启动的行动以取缔中小学校园周边200米范围内的网吧、娱乐场所、黑网吧和落实未成年人不得进入营业性网吧为重点，检查153家经营单位，处理举报2起，对3家娱乐场所下达了整改通知。二是开展净网专项整治行动，整治互联网非法行为。依法立案查处提供含有宣传赌博内容的网络游戏产品和服务网站1家，未经许可从事网络出版服务、发布含有色情淫秽内容网站1家。三是开展印刷复制专项检查行动，打击非法出版物。4月，开展印刷复制专项检查行动，执法人员排查了全县印刷复制单位、书（报）刊店、音像店、部门单位的内部刊物，全面封堵查缴反动出版物、宣传品、非法宗教出版物及有害信息，打击侵权盗版和各类非法出版物，共收缴违法刊物和音像制品1000多册。四是开展扫黄打非进基层工作，助力乡村文化建设。借助“门前三小”平台，将“扫黄打非”工作深入基层，举办“扫黄打非”知识巡讲，把服务送到村民“门口”，向村民普及“扫黄打非”相关知识，全年开设讲座4次。在石羊塘镇老虎岩村建立了“扫黄打非”村级示范点，将“扫黄打非”与“乡贤文化”建设有效结合，充分发挥“扫黄打非”工作站的作用，助力石羊塘镇“乡贤文化特色小镇”建设。

【专项整治行动】为确保高考考生有安静舒适环境，5月下旬至6月中旬开展文化市场“护考”专项整治行动。要求网吧、KTV、电游等娱乐场所高考期间一律暂停营业，其他时间须降低音量分贝，杜绝影响学生学习、考试现象的发生。此次检查经营单位130多家，发放《关于高考期间文化市场娱乐场所暂停营业的通知》180多份，查处违规经营单位3家。10月，开展“文化市场扫黑除恶”专项行动。为进一步贯彻落实中央、省、市、县扫黑除恶专项斗争会议精神，营造扫黑除恶专项斗争浓厚氛围，有效净化文化市场环境，对县城网吧、歌舞娱乐场所、电影院进行扫黑除恶专项检查，严厉打击文化市场各类违法行为，同时利用歌舞娱乐场所和网吧LED显示屏、开机界面、滚动字幕等方式开展宣传，营造全民知晓和参与的浓厚氛围，进一步提高了经营业主对“扫黑除恶”工作的认识，确保文化市场健康、平稳、有序发展。

【党建工作】一是加强思想政治建设。认真落实党建工作责任制，通过“两学一做”学习教育、“三会一课”等各种形式抓好思想建设；开展丰富多彩、充满活力的党支部活动，以及主题党员日活动，使党员从多角度、多侧面地学习了党的理论知识和先进人物的事迹，提升党员干部政治思想素质。大队支部全年召开全体党员会议4次，集中学习16次，开展党员日活动12次。二是加强执法队伍作风建设。严格执行文化市场综合执法“六不准”制度（不准滥用职权或越权执法；不准纵容、袒护、包庇被查处对象；不准泄漏案情和稽查行动计划；不准向经营者索取或者变相索取财物；不准以任何形式从事或参与文化经营活动；不准酒后执法、不着装执法、粗暴执法）。进一步完善大队的相关管理制度，强化社会监督，公开承诺凡举报文化执法人员违规执法行为，严肃查处，并对举报人奖励。三是加强执法工作专业培训。为了切实提高执法工作水平，大队持续开展综合执法业务练兵活动，全体执法人员完成了全省综合执法网络培训和考试。7月，大队派员参加市局“执法技能大比武”活动取得优秀成绩，根据市局安排，文子乐、刘玉芳代表市队参加全省比赛。10月，刘玉芳荣获“全国文化市场综合执法岗位练兵随机抽查考试全市第一名”，文子乐获全省文化市场综合执法技能练兵比武“法律法规知识考试前十名”。

（*颜禹平*）

攸县广播电视台

【概况】攸县广播电视台有在职员工193人；下辖电视新闻中心、广播新闻中心和攸县新闻网等3个媒体单位，电广网络公司、广大视讯公司、丰达数字公司等3个网络单位。全县有广播、电视、网站、手机报、手机台、公众号等6种媒体15个平台。全县城乡数字电视用户13.7万户，宽带用户1.6万户，手机报、手机台、微信公众号注册用户15万户，有线广播“村村响”覆盖率100%。2018年，攸县广播电视台以中共十九大精神为指导，认真贯彻习近平总书记在党的新闻舆论工作座谈会上的讲话精神，大力弘扬“忠诚担当、求实卓越”的广电精神，扎实抓好新闻宣传、媒体融合、经营创收、机制优化、队伍建设等重点工作，推动了广电事业健康持续发展。在由中国广播电影电视社会组织联合会主办的“改革开放四十年全国百佳县级广播电视台”评选活动中，获得“改革开放四十年全国百佳县级广播电视台”荣誉称号。

【新闻宣传】全年共制作《攸县新闻》255期，制作栏目22期，完成交办任务100余件。围绕县委、县政府工作主题，围绕攸县民生民情，推出了一批高质量的稿件。做到了有全局、有典型、有深度、有现场；在全县“产业项目建设年”“脱贫攻坚”“门前三小建设”等重点工作中，通过宣传舆论营造氛围，发挥了积极的引导作用。新增节目板块。电视台新增了《我们的节日》《产业项目建设年》《脱贫攻坚在路上》等子栏目；手机台策划开通了《十九大专栏》《纪念马克思诞辰200周年》《庆祝改革开放40周年》《攸州外宣》《视频速递》等板块；新闻网站新增了《媒体矩阵》《春天来了》《践行十九大—建设新攸州》等专栏；广播电台新上了《脱贫攻坚》《乡村振兴》等专题。全年播发自采新闻近3000条，攸县电视台微信公众号共编辑稿件2190余条；电台采制播报相关信息2000余条；网站刊登各类稿件3100余条，编辑攸州发布、手机报等移动媒介信息近3600条；攸州手机台编辑稿件近8000条，开辟图文视频直播66场。

【对外宣传】2018年，攸县广播电视台在省、市《新闻联播》中播出的稿件均创历史之最，其中《湖南新闻联播》《午间新闻》中播出稿件44条，在《株洲新闻联播》播出稿件180条，排在全市前列。《酒仙湖民俗年味活动》《攸县为贫困户搭建就业梦》《攸县长明高科新能源产业园投产》等稿件，有针对性地对攸县的各项重点工作开展情况进行了报道，营造了全县良好的干事创业氛围。《新时代、新征程》《我们的节日》《产业项目建设年》《脱贫攻坚在路上》《门前三小》《扫黑除恶》《改革开放40周年—攸州长歌》等一系列主题策划报道，为攸县向上向善发展营造了浓厚的舆论氛围。攸县广播电视台在央视发稿2条，省级媒体发稿93条，市级新闻单位发稿220条，共组织报送14件作品参加省市广播电视优秀作品评选，报送7件作品参加中广联组织的县级广播电视作品评析活动，报送3件作品参加中国视协组织的全国市县电视台优秀电视节目推优展播活动（其中2件作品获市一等奖，1件作品获全国一等奖，2件作品获全国二等奖）。1月17日，攸县广播电视台与中央电视台联合制作的《以文化人成风化俗》成功在焦点访谈播出，对攸县的送文化下基层工作进行重点报道，引起巨大的社会反响。同时，攸县广播电视台积极利用手机台新媒体拓宽信息发布渠道，与新湖南客户端、今日头条等资讯平台建立投稿渠道，累计发稿823篇，使攸县的新闻真正的走出攸县。2月2日，首届“创力量”广电融媒盛典暨轻快云平台上线三周年合作伙伴大会在山东济南举行，攸州手机台从两百多家轻快合作台中脱颖而出，荣获“年度最具综合实力手机台”称号。

【电视剧场和专题栏目】制作各类宣传片、广告210余条，制作全县三级干部会议专题片《转型·跨越》《十九大微视频宣讲》等20个，完成大型户外活动录制直播任务10场次，攸州大讲堂讲课录制12场次。引进电视剧、纪录片共170部，播出电视剧287部，电影365部，总播出电视剧、电影11282集，引进栏目11个，共播出3853期。

【专项宣传活动】作为差额拨款的事业单位，攸县广播电视台台牢固树立危机意识，以“新闻立台、活动兴台”为宗旨，大力开源节流，积极通过组织各类活动“稳受众、树形象、创效益”。彻底打破等业务活动上门的工作方式，主动走出去、请进来，积极包装策划各类活动。3月，启动了“春天来了”主题征文大赛，共收到来自社会各界稿件359篇；4月底至5月初，完成了县林业系统创文知识抢答赛；6月3日启动了“向上吧，少年！亲子拓展营”活动；7月25日，在攸县开启“株洲市党纪法规印我心廉洁自律践于行”知识抢答赛；7月28日，为鸾山镇策划交承办了“黄桃节”活动；9月15日，举办“创文明城市做文明市民”交通知识抢答赛活动；9月27日策划承办了“文明攸州品质生活—攸县2018国庆公益集体婚礼暨湘东汽贸城汽车博览会”。利用新媒体的影响力，积极提升子账号对接工作，开展制作链接、平面、H5页面等形式的服务。三个网络公司利用各个节日的特点，开展了多种多样的优惠活动吸引顾客，并根据各个地区的特点采取发传单、张贴楼道贴、名片贴、墙体广告等方式主动吸引客户。

【业务拓展】12月5日，攸县广播电视台与株洲联通攸县分公司签署战略合作协议，推动双方在产品融合、宽带网络等领域的全方位战略合作，面向公众市场推出了多种有线电视+宽带+手机卡号的融合套餐、优惠套餐，吸引了大量市民前来办理。为了落实好《中共湖南省委宣传部湖南省新闻出版广电局关于推进新一轮有线数字电视整体转换工作的通知》（湘新广〔2017〕39号）、《关于提高县电视节目覆盖率的通知》（攸办字〔2018〕4号）文件精神，积极寻求县直机关单位和企业协助，完成社区办公转网7家，医保专线业务31家，宾馆电视续费1405户，宾馆宽带12户。

【基础建设】在创收形势不良的情况下，投入资金近200万元用于全台基础设施的维护，完成广电大楼供电配电柜和线路的全面整改，维修制播设备60多台次、村村响广播236台次、紫云峰发射台紧急抢修4次。三个网络公司共计投入网改资金近300万元用于网络的优化，加大了城区数字电视、宽带数据平台建设，优化了城区网络的数据交换平台，提高了网络运行速度，宽带总出口升级为10G，减少了故障发生概率，解决了数字电视与宽带同时光纤接入问题，镇村网络增挂100多公里光缆，已基本保证了镇村宽带业务开通的需要。将高清数字化改造列为重要工作。在积极寻求上级资金支持的同时，制定了一系列的改造方案，加大了人才培训，做好了高清改造所有的前期工作，并利用自身有限的资金完成了手机台高清直播改造。

【扶贫攻坚】2018年，攸县广播电视台结对帮扶丫江桥镇仙石村，严格遵循县扶贫办的要求，每月2次上门走访，并结合“五个一”活动，做到“五个好”。根据仙石村自筹收入少、村级经济薄弱且为山区的特点，落实“引进产业项目”“亮化村主干”“清淤主河道”“创建一个扶贫基地”等四大举措。千方百计帮助有外出务工能力的贫困户实现就业，对不方便外出务工的，给予资金和技术扶持，帮助其发展养殖业，共为全村发展麻鸭养殖户8家，养鸡户2家，水库养鱼1户，养牛户1户。

【队伍建设】一是加强专业学习培训。以培养名记者、名主持、业务精英、前台代表为主线，开展了形式多样的学习活动。台机关组织各单位开展了财务管理、安全播出等相关培训学习。电视新闻中心每月定期举行集中学习活动，并安排业务骨干赴外地学习先进传播理念与营销手段；各网络单位每周都有业务培训。广播新闻中心实行“每周一总结”。同时，攸县广播电视台还完成了定向引进专业主持人才的后续工作、组织了专技人员招聘、制定了员工学习培训、人才深造计划，组织媒体工作人员台内集中学习或到省内先进同行单位学习取经，提升全员综合素质。全台2018年专技岗位晋级36人，在夯实技术人才储备的同时，大大提高了全体干部职工的业务水平和学习热情。二是推行体制改革。按照时代发展的新形势、新变化，广电台结合实际，从“实际、实用、效能、精干”的原则出发，对内部体制机制进行改革，进一步推进了“融媒体中心”建设。合理配置和利用现有资源，调动员工积极性和创造性，推进县级广电改革，着手建立高效优质的现代化管理体系即“融媒体”改革。“中央厨房式”融合机制不断深入，实现了“全媒体”统一管理、统一调度，改过去的“小而弱”为“大而强”。经过不断完善，全媒体“中央厨房”式运行体制趋近完善，媒体发展方向逐渐调整为：夯实“互联网+新闻资讯、政企宣传、民生服务”的基础功能，迈向“互联网+电商平台”和“互联网+智慧城市”的发展新路。全媒体“中央厨房”式运行以来，进一步调整优化了媒体采、编、播队伍，实行三稿会审制，强化了新闻舆论宣传管理，提高了办事效率。攸县广播电视台对县级广电发展的思考，《县级台如何融合创新逆势突围?》一文，作为全国广电系统先进创新案例和经验介绍被国家广电总局国家广电智库全文刊发。关于广电改革思考《保持奔跑姿态紧跟时代步伐》一文在国家级刊物《中国广播影视》发表，吸引了众多兄弟单位前来学习取经。调整二级单位职能架构。结合干部竞聘、重要岗位末位淘汰等已有制度积极推进各台属媒体和网络单位的机构改革，对电视新闻中心发展方向、机构设置、人员安排、职责责任进行了全方位的规划调整。三是强化内部管理。进一步加强绩效管理，完善绩效工资制度，从1月起，将全台所有工作人员工资福利与工作履职绩效直接挂钩考核，以是否能保质保量完成任务取酬，充分调动了职工的积极性和创新、奉献意识。进一步严肃严格宣传播出管理。进一步明确了相关股室职责职能，完善了宣传例会制、广告播出审核制、重大活动、重点报道备案制和节目监看监听制等相关制度。实行每月一次宣传例会，每周一次监看监听，有效杜绝了差错事故的发生。同时，严格规范广告播出行为，提高了宣传质量和舆论引导水平，提升了台属各媒体平台的形象。

【党建工作】一是加强政治理论学习。党组理论学习中心组组织集中学习6次，全台党员集中学习2次，以支部为单位集中学习12次。二是加强纪律作风建设。党组班子民主生活会1次，在2018年度党组班子的民主生活会上，共征求对台党组班子的意见建议18条，对广电各项工作的意见建议20余条，对台党组成员个人的意见建议分别有11—13条，台党组班子共查摆出问题12个，综合归纳为4个，党组成员均查摆出个人问题6个以上，围绕查摆出来的问题和征求到的意见建议，制定了整改清单，压实了整改责任，确保了整改效果，也有效推动了学习型、务实型基层党组织建设。三是加强制度建设。认真执行省市县有关规定，加强督察督办，切实做好了“纠四风、治陋习及雁过拔毛”式腐败问题专项整治工作，进一步规范了财务操作流程和审批制度，严明了考勤、值班纪律。

（唐　庭）

湖南省新华书店有限责任公司攸县分公司

【概况】 新华书店攸县公司现有在岗员工34人，退休员工19人；内设经理室、综合管理部、图书业务部、教材业务部、资产财务部5个部室。2018年，实现营业总收入4137万元。

【政治理论图书发行】 在县委宣传部的大力支持下，攸县新华书店2018年3次发行政治理论读物，其中2次发行《习近平谈治国理政第一卷》3000册，《习近平谈治国理政第二卷》7900册，《新热点面对面》4519册，《社会主义有点潮》444册，《读有所得》1631套，《新宪法》4524册，《习近平新时代社会主义思想三十讲》17991册，《十九大精神挂图》565套。

【中小学教材教辅发行】 严格遵守"一科一辅"新政策，扎实做好2018年教材教辅发行工作，杜绝学校错定、漏定和重订现象发生；认真做好教材调剂工作，对学校追加、追减的订数及时调剂上报，确保"课前到书，人手一册"。

【图书阅读服务】 开展一系列活动，营造更浓的读书氛围。一是寒假春节主题活动。2—3月，根据实际情况精选了"这样爱你刚刚好"亲子共读图书优惠大展销和国学推广小先生社会实践活动。帮助家长快速有效为孩子选到合适的书籍；"国学推广小先生"锻炼同学们的表达沟通能力，以及国学知识的分享交流。二是"书香湖南—家庭阅读月"活动期间。门店集中陈列"湘版好书"精品展台，"2017年中国好书"专台，以及"勿忘初心"政治读物展台；"你读书，我买单"能够反复借阅，使得效果异常火爆；共借阅图书1046册；还有与图书馆合作的"图书漂流"活动，这次融入县文广新局的送文化下乡活动中，使"图书漂流"更有影响力，共漂流图书1000册。三是开展的六一"悦读成长、快乐童年"主题活动，与省公司同步的专题优惠活动，策划了一场亲子互动活动。四是暑假全省联合多家出版社推出的"盛夏阅读-暑假开学大放价"活动期间，本让加大优惠力度，提升了门店销售量。五是推动全民阅读活动。配合县委宣传部在发展中心建立了一个"大学习走在前"自动借阅机，借阅机内陈列210本适合领导干部阅读的图书，机关单位干部、员工多看书、看好书提供方便服务。

【扶贫工作】 公司积极响应县委、县政府号召，以高度的责任感和神圣的使命感投入到全县精准扶贫工作。安排了1名专职驻村帮扶干部，落实了10名结对帮扶责任人，经常深入基层，深入群众中了解情况，采取切实措施帮助贫困户脱贫。

（易菊波）

卫生和计划生育

卫生行政管理与服务

2018年，攸县卫生计生工作在县委、县政府的正确领导和上级主管部门的精心指导下，认真落实各级决策部署，大力实施“12345”工程，健康扶贫、医药卫生体制改革、提升卫生健康服务能力、公共服务与计生转型等方面取得显著成效。全年顺利通过6项省检和1项国检，并得到检查组高度肯定和好评；先后获“第三届万步有约职业人群健走激励大赛银牌健走示范区”“全省人口和计划生育良好单位”，“湖南省依法办事示范窗口单位”及全市“出生缺陷防治工作先进单位、母婴安全保障工作先进单位、预防艾梅乙母婴传播阻断项目先进单位”，全县“食品安全工作先进单位、脱贫攻坚工作先进单位”等15项荣誉称号。

【概况】 2018年，全县共有医疗卫生计生单位548个，其中县直医疗卫生单位5家、乡镇卫生院25家、社区卫生服务中心2家、村卫生室308家、民营医院10家、厂矿职工医院2家、个体诊所142家、学校医务室37家、镇（街道）妇幼保健计生服务站17家。全县共有在岗人员3643人，卫生技术人员3246人，其中在编职工2192人，临聘人员1451人，实有床位3848张，每千人拥有床位数为5.43张。完成全市“135卫生人才”考核33人，申报推荐30人；引进医学研究生4名，社会公开招聘卫计人员47名；乡村医生本土化培养20人；6名护士在省市岗位技能竞赛中取得多个奖项，5个护理单元获评全市“优质护理服务先进科室”。年度内全县总人口数85.24万人，已婚育龄妇女16.07万人，期内出生8609人，人口出生率10.25‰，人口自然增长率3.14‰；男孩4142人，女孩3883人，出生人口性别比108.8，同比下降1.06个点，其中政策内出生8320人，符合政策生育率96.64%。

【计生管理与妇幼健康服务】 全年确认新增各类计生家庭奖扶对象1938人，发放奖励扶助金3039.82万元；争取省计生协扶持项目资金26万元，发展省级“三结合”项目点7个，解决剩余劳动力725人，人均增加年收入2万元。多次组织人员奔赴深圳、江西，开展流动人口区域协作，合作共享不断加强；投入2万元安装2台药具智能免费发放机，该做法被《中国人口报》报道。年内新生儿出生缺陷率的发生明显下降，三项主要责任指标均在目标控制内平稳发展；全县孕产妇死亡为零，5岁以下儿童和婴儿死亡率控制4.38‰以下，两项重要指标控制在历史最低水平，每万出生人口缺陷发生率较去年下降46.8。

【医药卫生体制改革】 一是加深医联体合作。建立了胸痛专科和“中医医疗”两个联合体，通过医联体绿色通道上转病人2100人次，下转300多人次；皇图岭中心卫生院与市中心医院双向协作，中心医院先后派遣12名科技特派员驻皇图岭坐诊，参与病例讨论360人次、手术210台。二是加快智慧医疗探索实践。在全省乡镇卫生院层面实现“智慧医疗”人工智能的应用实践，6家卫生院引入“人工智能+远程影像”系统，成功开展服务3000多例，获“全省信息化优秀案例奖”；县人民医院首建“互联网医院”及服务公众号，实现线上预约挂号、缴费、检验报告查询等功能，支持微信、支付宝线下扫码支付；三家县级医院与省全民健康信息平台实现互联互通。三是强化制度的落实。国家基本药物制度巩固发展，药品采购“两票制”稳步实施，2018年，县域医疗费用增长、医院药占比及百元医疗收入卫生消耗材料均控制较好，县内就诊率82%。

【公共卫生服务与爱卫活动】2018年，有居民健康档案71.72万份，建档率89.2%；年内农村适龄妇女“两癌”筛查21135人，免费产前筛查和孕产妇优生健康检查完成100%，免费救治重性精神障碍患者120人，尘肺病农民工省级基本医疗救助994人次，县级救助10592人次。皇图岭中心卫生院作为唯一推介的乡镇卫生院典型，在2019年全省基层卫生工作会议上作经验交流发言。全县家庭医生签约服务累计签约居民56万人，有效签约率80%，贫困户和计生家庭签约率100%。启动省心脑血管疾病分级管理试点工作，积极开展新时代文明实践活动，开展健康讲座、义诊咨询共163场，参与活动4.5万人次。爱国卫生运动深入开展，创建省级卫生村1个、市级卫生村2个、无烟示范单位2个及市级文明卫生单位2个。完成农村改厕专项调查，农村卫生厕所普及率76.3%，完成蚊密度控制C级水平达标创建，城乡环境卫生整洁行动接受省级中期评估。

【医政管理和中医药服务】围绕医疗质量、院内感染管理、精麻药品安全管理等，组织多轮全县巡查，发出整改交办函27份，约谈13家，停业整顿1家。接受医疗纠纷投诉28起，成功调解24起，司法调解4起，未发生重大医疗不良事件。6月，经优化升级后启动运行攸县“一站式”结算模式，通过“一个窗口、一个系统、一张票据”，将原来的新农合补偿整合为新农合、大病补偿、扶贫特惠保、民政补助、医院减免和财政兜底补助等6项扶贫政策的一站式报销，避免了贫困户患者在不同部门、不同窗口来回办、反复跑。积极开展中医特色诊疗服务区（中医馆）建设工作，至2018年底，建成乡镇卫生院中医馆20家，中医馆覆盖率达74%，100%的乡镇卫生院和50%以上村卫生室均能提供5项以上中医药服务，中医药服务在基层进一步推广。

【应急处置和献血工作】组织全县学校和医院开展传染病防控指导2次，有效处置县二中肺结核、工业路小学水痘暴发及渌田镇中心完小腮腺炎等疫情7起，全县未发生重大传染性疾病。组织全县应急演练2次，“120”急救指挥中心新系统通过验收并运行良好，有效出车5419次，完成医疗保障任务27次，全力参与“12·2”网岭槐塘重大交通事故救援。完成无偿献血3185人次，采血人次和量较去年均有增加，采供比例较上年提升11个百分点。其中，卫计系统无偿献血432人次，合计13万毫升，占全县总献血人数的13.5%。

【综合监督执法】开展卫生计生综合监督等专项整治行动12次，取缔无证行医10家，没收器械、药品20余箱，受理举报22件，卫生立案74宗，结案70宗，处罚金额27万元；完成国家“双随机一公开”监督任务100%，全县卫生监督率100%，卫计综合监督执法工作在2018年度全市考核排名第一，获“株洲市卫计综合监督执法重点工作红旗单位”，并在全市卫计监督执法会议上作经验推介。计生联合政审3910人次、单位149个，否决62人次、单位4个；查处“两非”案件4例，违法生育立案388例，征收社会抚养费800多万元。

【医疗基础建设】投入5500万元，提质改造乡镇卫生院18家；攸州中心医院项目重新启动住院楼建设，网岭精神病院完成一期建设；争取省市卫计项目支持，为10家卫生院配备了DR、全自动生化仪等医疗设备合计230万元，获评全县“产业项目建设年先进单位”。县人民医院三级创建稳步推进，皇图岭中心卫生院顺利通过二级综合医院复审。

【专业培训】组织参加省、市、县各级培训20余次，参培1600余人，两名护士参加全省护士岗位技能竞赛分别获西医组二等奖和基层组三等奖。11月6日，在县中医院举行县乡村卫生人才能力提升培训班，来自全县各乡镇179名乡村医生参加培训。

【党建和扶贫】认真执行中央“八项规定”、省委“九项规定”、市委作风建设若干规定等，开展两个专项整治督查11次，发现问题线索10个，移送1个，诫勉谈话3人，通报5人。打造攸州“党建+健康”主题公园，以党建促行风。实行贫困户住院“一站式”结算，救治贫困对象21363人次，合计惠免费用1861万余元（其中卫计部门减免290万元）通过“一站式”结算窗口，患者可完成包含农合报销、大病补偿、特惠保补偿、民政补偿、医疗救助、医疗机构减免等所有的费用报销办理事项。解决高和村部项目建设资金20万元，结对帮扶贫困家庭48余个，捐助生活用品及慰问金共计5万元，被评为“全县脱贫攻坚先进单位”。

【“攸攸乡情·医学专家攸县行”活动】8月18日—19日，攸县组织开展“攸攸乡情·医学专家攸县行”活动，攸县籍知名医学专家回到故土，来到攸县人民医院和中医院坐诊，把一流的诊疗服务送到家乡人民的家门口，为“首届医师节”献礼。

（徐承可　卢敬爱）

计划生育协会

【概况】全县各级计划生育协会组织315个，理事2125人，会员29360人；会员联系户12821户，会员中心户4925户，会员之家315个。2018年，攸县计划生育协会认真学习贯彻党的十八大、十九大精神，全面落贯彻实习近平总书记在中国计生协“八代会”上的重要指示精神，紧紧围绕卫生计生中心工作，充分发挥桥梁纽带作用，协助配合党委、政府落实计划生育基本国策的落实，促进人口长期均衡发展。

【“5·29”系列活动】5月，以“会员心向党，建功新时代”为主题，在全县广泛开展了一系列丰富多彩的“5·29”活动，营造了全县卫生计生宣传服务活动的良好氛围，也进一步增强了计生协的凝聚力和影响力。5月23日，县卫计局、县计生协与联星街道办事处组织义诊队和宣传志愿者服务队在湘东大市场开展宣传服务活动，副县长罗曼、县卫计局局长吴伟清等领导参加活动，并走访慰问了部分计生特困家庭，了解他们目前的生活困难所需，向计生特困家庭送上党和政府的关心和温暖。5月25日，莲塘坳镇在高楼社区“门前三小”服务点组织了一次健康卫生知识讲座、学习培训班、革命传统教育活动、走访慰问等“四个一”活动。5月28日，菜花坪镇组织50名女性会员在镇文体中心开展为期两天的健身球操首演活动，又组织各村协会理事会员200余人在菜塘村“门前三小”服务点集中学习十九大精神。5月29日，新市镇在善化村组织村文艺队表演宣传计生政策。5月，黄丰桥镇、桃水镇、宁家坪镇等乡镇先后联合当地卫生院相继开展了关爱老年人，关爱留守儿童义诊活动，为老年人，留守儿童免费进行健康检查。在联星街道开展无偿献血活动，在江桥街道组织走进特殊教育学校开展爱心助残捐赠活动。全县各级计生协会在“5·29”活动期间，组织活动320场次，走访慰问计生特困家庭670余人（户），宣传资料15万余份。

【流动人口计生工作区域协作】为进一步巩固和扩大区域协作成果，7月3日至4日，攸县计划生育协会与县卫计局流动人口等相关股室负责人赴深圳市福保、东湖街道交流流动人口计生工作。攸县计生协会一行，与深圳市福田区福保街道签订了《流动人口计划生育双向管理协议书》，就双方合作达成了共识，不断拓宽计生工作区域协作内容，实现流动人口计生服务均等化、工作常态化、制度规范化。随后，在深圳市罗湖区东湖街道进行交流座谈，就新形势下的流动人口计生服务问题进行深入交流和探讨。攸县赴深圳务工经商流动人口达4.3万人，近年，为方便开展计生工作，已在流动人口较为集中的罗湖区、福田区建立了流动人口计生协会，加强以信息互通、服务互补、管理互动、责任共担为目标的计生工作区域协作。

【计生特殊家庭健康扶贫】2018年，为认真贯彻落实健康扶贫各项政策措施，精准关怀计划生育特殊家庭，县计生协首次启动实施计划生育特殊家庭重病大病住院护理补贴制度，对符合补贴标准条件的计划生育特殊家庭对象，在住院期间每人每天补助100元，年度内原则上最高补助50天，切实解决计划生育特殊家庭住院医疗护理困难，营造关爱计划生育特殊家庭的良好社会氛围，促进社会和谐稳定。2018 年度，全县共有 215 人享受了计生特殊家庭重病大病住院护理补贴，经费共计 22.14 万元，人均享受 1030 元，有效减轻了计划生育特殊家庭就医负担。

（张斌敏）

攸县红十字会

【概况】根据株洲市机构编制委员会办公室（株编办［2016］114 号）“同意攸县红十字会办公室更名为攸县红十字会，为攸县政府领导联系的正科级独立机构，列入群团组织序列管理”和攸县机构编制委员会办公室（攸编办〔2016〕48 号）文件精神，攸县红十字会于 2017 年 3 月正式更名单列，现有工作人员 3 人。

【无偿献血宣传活动】2018 年 3 月 26 日，攸县红十字会与市中心血站攸县分站的志愿者服务队联合开展“无偿献血”集中宣传活动。身着红马甲、手举宣传牌的攸县红十字会志愿者在网岭镇里的每条街道、小巷，向广大群众发放无偿献血知识宣传资料，向群众耐心讲解无偿献血知识。在志愿者的讲解下，很多人走进爱心献血屋，参加无偿献血 45 人次。5 月 9 日，攸县红十字会在攸州工业园园区开展无偿献血活动，各企业员工积极参与无偿献血，有 40 余人次成功献血。6 月 14 日第 15 个“世界献血者日”，攸县红十字会、株洲市中心血站攸县分站联合开展“为他人着想、捐献热血、分享生命”无偿献血主题宣传活动，共同迎接“世界献血者日”。活动当天，共有 47 名爱心市民无偿献血 15060 毫升。

【应急救护知识进企业进社区】为庆祝“5·8”世界红十字日，2018 年 5 月，县红十字会邀请县中医院的专业老师在攸州工业园开展应急救护知识培训进企业活动，给企业员工讲授基本的救护理论、心肺复苏技能以及止血、包扎等现场急救方法和急救原则，向企业员工普及应急救护知识。来自园区 40 多家企业 50 余人参加培训。9 月 18 日，攸县红十字会、攸县妇保计生服务中心红十字志愿服务队来到江桥街道谢家垅社区，给社区居民上了一堂精彩的应急救护知识培训课，社区 50 多位居民参加培训。

【红十字救护员培训】2018 年 10 月 17—18 日，攸县红十字会举办了一次为期 2 天的红十字救护员培训，共有来自各乡镇（街道）的 33 人参加。培训由株洲市红十字会救护师资授课，采取理论讲授与实践操作相结合的方式，重点培训了红十字运动知识、心肺复苏、创伤救护、意外伤害处置等内容，并进行了救护操作考核。红十字救护员通过培训进一步加深对“人道、博爱、奉献”红十字精神和救护新概念的理解，掌握了基本的应急救护知识和技能，自救互救能力得到有效提高。

【“博爱送万家”活动】2018 年 2 月初，攸县红十字会组织志愿者到江桥街道东联村及春联街道等村、社区开展“博爱送万家”活动，带着大米、食用油等慰问物资逐户上门以实际行动走访慰问了 110 户最需要帮助的贫困家庭。

（李伟新）

医院选介

攸县人民医院

【概况】攸县人民医院始建于 1938 年，是集医疗服务、预防保健、康复治疗、临床教学于一体的综合性医院，是湖南省首批综合性“二级甲等”医院，系中南大学湘雅二医院、省人民医院定点指导医院和南华大学临床教学医院，目前正在创建三级综合医院。医院占地面积 5.06 万平方米，总建筑面积 6.5 万平方米，绿化面积 1.2 万平方米，总固定资产 2.88 亿元。开放床位 880 张，在职职工 1015 人，其中高级职称 78 人，中级职称 308 人，株洲市第三批学科技术带头人 1 人，株洲市首届中青年名医 2 人，在职博士 1 人，硕士研究生 16 人。拥有胸痛中心、卒中中心、危重孕产妇救治中心、危重新生儿救治中心、创伤急救中心等五大中心。2018 年，全年共接诊门、急诊患者 42.59 万人次，增长 9%，收治住院病人 44769 人次，增长 6%，实施手术 9109 台次，治愈好转率 95.5%。被国家卫健委和中国老年保健协会确定为“县域内分泌学科发展助力工程试点项目实践基地”，被省卫健委认定为湖南省创伤中心建设及湖南省首批公众急救知识技能普及工作试点医院，授予“胸痛联盟”副理事单位，成功挂牌“湖南儿科医联体指导医院”，获湖南省“复明10号”中国流动眼科手术车项目2017年度先进单位、株洲市“十佳平安医院”等荣誉称号，7月，顺利通过湖南省卒中联盟正式认证。

【新型医疗设备和技术应用】先后投入2300余万元，购置了钼靶机、多功能胃肠DR等一批新设备，为医疗技术的开展打下坚实基础。同时，依托介入和腔镜方面的先进技术，开展了58项新项目、新技术。外二科开展了小儿腔镜疝手术、腹部巨大切口疝手术；泌尿外科开了腹腔镜下肾上腺肿瘤切除术；妇科自主开展了宫腔镜下子黏膜下冷刀切除术；内二科开展了急性脑梗塞RtPA溶栓治疗术，儿科联合ICU成功抢救了一例重度脓毒血症、多脏器功能障碍患儿，首次在B超引导下进行桡动脉穿刺及新生儿科开展的PICC置管，置管成功率100%，危重患儿抢救能力上了一个新台阶。

【学科建设】对现有的布局进行调整，设立了多学科专科门诊，开设了门急诊儿科，不断优化满足就医市场。启动卒中中心、创伤救治中心建设工作，5月，通过湖南省卒中中心联盟专家验收。开展医联体合作，推进神外、肿瘤、脊外、胸外等学科的快速发展。株洲市护理学会呼吸治疗专业委员会在本院正式成立，这是迄今为止市级专业委员会首次落户县级医院，承办了株洲市护理学会呼吸治疗专业委员会成立大会暨株洲地区首届呼吸治疗专业学术交流会，牵头启动了湖南省心脑血管疾病分级管理试点工作。

【医技队伍建设】一是人才引进。先后到南昌大学、南华大学等学院参加校园招聘会，全年引进临床医学类研究生3人，招聘合同制人员52人。通过全省公开招考和省卫计委调控招收助理全科医生学员13人，现有在培学员26人，接受各大专院校实习生110余人，乡村医师实习生20余人、进修生20余人，“实训攸州”大学生11人。二是强化技能培训。培训医师操作技能20余项、护理操作技能120多项。开展知识技能竞赛，共组织院内护理培训25场次、三基理论考试35场，合格率为90%。涌现出一批业务标兵，护理部文红梅评为县劳模，ICU付斌在株洲市首届“循道杯”循最美血管通道评选比赛中表现优秀荣获二等奖；急诊科、内六科、骨一科荣获株洲市优质护理服务“优秀团队”称号；儿科团队在湖南省儿科医联体护理协助组PPT汇报荣获二等奖。三是加强医疗科研。联合中南大学与美国加州大学旧金山分校合作开展的“健康妈妈·幸福全家”产后生活方式干预项目正式启动，心内科熊升林申报的《农村心血管疾病的区域协调防治体系建设的研究》课题获省卫计委科研立项，首次获得省级科研项目并获得市科技局立项。全年共发表国家级论文30余篇。

【医疗质量和安全管理】把好了医疗质量的口子。完善编制了《围手术期管理制度》等19项医疗质量安全核心制度，全面落实医疗质量督查、点评、约谈、处罚等活动。组织开展了医疗质量专项督查活动110余次，组织全院会诊90余次，召开医疗质量分析会15次，有效保障了医疗安全工作。开展院感前瞻性监测，全年共监测包括胆囊、胃等部位手术1714例，发生切口感染20例，手术切口感染率为1.17%。举办了第一届攸县医院感染管理读书报告会竞赛、第二届全县医院管理知识培训班，促进了全县院感监测能力的共同提升。规范慢病管理。对门诊日志进行日检查，对住院病人传染病漏报进行月检查，并纳入绩效考核一级指标。全年完成网络直报传染病病例2734例，结核病例报告卡435例、食源性疾病报告卡184例、农药中毒报告卡59例、死亡病例报告卡51例。全面推行“6S”精益管理，先后分6批次对全院28个临床科室、26个医技辅助科室、31个职能科室及医院食堂等公共区域进行“6S”精益管理，创造良好的硬件环境。

【三级医院创建工作】召开创建三级综合医院动员部署会，成立三级创建工作领导小组，层层签订创建工作责任书，组建技术专家库，制定三级创建奖惩细则，设立了创建专项奖励基金，单列三级创建新技术（手术）新项目开展激励奖，所有奖惩与工作进度挂钩。先后组织到常德汉寿县人民医院、浏阳市人民医院、桃江县人民医院、醴陵市中医院、平江县第一人民医院等医院参观考察学习，汲取先进管理方法和创建三级医院工作的相关经验。实行医院、科室两级动态推进的战略机制，采取“每周一督查，每月一点评，每季一考评，全年一预评”的督导机制。全年创建督查组共下科室督查230余次，督查问题193余项，整改到位162余项，召开创建专干会议19次，共同探讨解决问题达110余次，三级综合医院创建工作取得阶段性成果。

【基础建设】完善了“掌上医院”系统、人力资源系统等一批系统；建设了中心机房、千兆主光纤等一批项目；在外一科、内一科等一批科室开通了音视频谈话；实现了网上挂号、缴费等一批操作，拓展了微信、支付宝线上线下支付功能。实施节能降耗改造，通过更换节能LED灯有效降低医院月用电量，2019年2月与2018年9月比较节约电费198047元，平均下降8.4%；实施棚户改造工作，有效改善职工住宿环境。

【公立医院改革】一是持续推进人事制度改革。对照“创三”标准，完善了相关人事管理办法和制度，为全院1000余名职工建立了《专技人员技术考评档案》。按照县委要求开展“双清”工作，对未返岗的7人在《株洲日报》上进行登报公告。二是加强绩效管理。优化绩效分配方案，严格坚持“按岗取酬，按劳分配，优质优酬”原则，结合“创三”需求，采取对临床、医技、医辅工作进行分类量化，建立以服务数量、质量和患者满意度为核心的分配机制，注重向高技术、高风险倾斜的原则。三是严格控制医疗费用不合理增长。开展处方点评和不合理用药分析，对抗菌药物不合理应用现象进行通报，促进了医院药物的合理规范应用。全院的抗生素使用率降到50%以下，DDD降到27左右，达到全省同级医院的前列。

【行风建设】严肃工作纪律。采取刷脸方式，每天四次考勤；开展工作作风督查、会风督查25次；处理来电、来信、来访15例，对违规行为进行通报批评；处罚违反劳动纪律35人次、违规收费1人次，共计处罚金额13900元。医德医风明显好转。全年拒收红包55人次，共计金额17766元、杜绝严重护理差错2人次、收到锦旗31面、感谢信28封，共计奖励金额11300元。

【医院文化建设】举办了“八秩守初心，奋进续辉煌”建院八十周年晚会，结合院庆开展了“九个一”系列主题活动。完善了医院文化长廊设计、搭建，举行“5·12”国际护士节及“8·19”医师节系列活动，武福南等10名医师荣获“德技双馨”名医称号；参加全国第三届“万步有约”“职工篮球赛”等系列活动，在全县职工篮球赛荣获B组冠军。全年总计发布视频新闻60余条，网站信息100余条，手机报新闻动态35条，在广播电台制作专题连线节目10次，通过医院微信公众平台，总计编发健康资讯、医院动态等信息200余条。

【扶贫工作】为深入开展医疗扶贫帮困工作，解决基层老百姓就医难问题，设立健康扶贫专用服务窗口，实行“先诊疗、后付费”。落实家庭医生签约工作。与13个乡镇近3000名贫困户建立家庭医生签约服务关系，联合凉江、莲塘坳卫生院等开展爱心义诊活动，总计服务近1万人次，发放健康宣传资料1万份。积极与莲塘坳镇先锋村建立结对帮扶，组织党员干部走访贫困户33户，针对贫困原因建立了“一户一策”的帮扶计划。

【突发事件应急处置】圆满完成了衡炎高速、平汝高速12.2交通事故救治工作；成功组织抢救产科危重孕产妇大出血救治工作；成功救治颈动脉损伤失血性休克的患者；妥善处理了“5·19”攸县二中结核病防治工作，为维护地方稳定作出了贡献。

（李玉龙）

攸县中医院

【概况】攸县中医院是一所集医疗、预防、保健、康复、教学于一体的二级甲等综合性中医医院。是湖南省中医药高等专科学校教学医院，广东省中山附一院、湖南省湘雅附二院、湖南省中医附一院、湖南省直中医院等4所医院的技术协作医院。在职职工614人，其中高级职称40人，正高3人，中级职称147人，研究生5人。2018年，院长蔡文德、副院长文志南入选“株洲市高层次人才”，其中蔡文德被评为“株洲市核心专家”。总资产达1.6亿元，占地面积

5.2公顷，总建筑面积3.9万平方米，开放病床631张；拥有1.5T超导磁共振、64排CT、单板多功能DR、CR、GE-E8四维彩超、全自动生化分析仪、电子胃肠镜、电视输尿管肾镜、激光治疗仪、多功能进口麻醉机、前列腺电化学治疗仪、C臂X光机、6人用高压氧舱、进口血液透析机、臭氧射频、钬激光等高精尖现代化医疗设备。2018年门急诊人次130902人次，增长3%；出院人数22160人次，与上年基本持平。业务总收入16608万元，与上年同期相比提高约3%；西药占比29.98%，较上年下降5.13个百分点，中药收入1198.35万，占比7.22%，较上年增长34.45%，中医特色治疗收入1185.1万元，较上年增长55.02%。先后荣获“湖南省大众放心百佳满意医院”“法治湖南诚信守法共建单位”“湖南省医疗执业先进单位”“湖南省文明卫生单位”“株洲市文明窗口”及株洲市卫生系统“先进基层党组织”、县“双文明建设先进单位”等多项殊荣。

【医疗专科建设】设有18个临床科室、22个病区、8个医技科室、1个治未病·健康管理中心。拥有一个省重点中医专科——针灸理疗科，一个省重点中医建设专科——神志科。针灸理疗科占地面积2700平方米，分设康复、疼痛、综合治疗3个病区，是湘东南地区规模最大的针理康复中心；神志科设床位120张，分为重性病及心身疾病两个病区，每年收治病人近1000人次；骨伤科是市重点专科，其中中医骨伤是医院的传统优势学科；肛肠科成为省中医附二肛肠科（国家重点专科）临床指导科室，中医肝病、糖尿病、心脑血管病等具有独特优势。医院卒中中心运转良好，取得优异成绩；胸痛中心正在积极建设，即将投入运行。医院常规开展了腹腔镜微创、关节置换、颅内血肿清除等高难度手术，并成功实施省内首例单孔腔镜肾癌根治术、为102岁老人完成关节置换、成功抢救多例重症蛇伤患者和重症胰腺炎患者，整体医疗技术水平已跻身湘东南地区同级医院先进行列。医院治未病·健康管理中心以中西结合的体检及亚健康调理等特色，在县内广受好评。

【中医专业队伍建设】不断加强中医诊疗能力建设，彰显中医特色。一是多举措加强专业培训，提高医务人员专业水平。全年共计派出近20人次医务骨干、32人次护理骨干赴省内外进修和培训；启动了网络视频教学，提高学习培训质量，让医务人员及时了解国内最新、最前缘专业知识，不断更新知识。医务部组织了40名西医医疗骨干参加了与湖南中医药大学联合举办“西学中”培训班。二是组织开展各种医技竞赛实践活动，提高专业实际操作能力。护理部成立了3个中医特色护理专科小组（李氏砭法刮痧组、昭志无形罐组、灸香组），共开展了14期活动，参与人员145人次。妇产科开展产后康复治疗，深受孕产妇的关注。在株洲市岗位技能比赛中，池丹丹获得全市第五名、王琴获得第九名。池丹丹代表株洲市参加了湖南省岗位技能竞赛，获得优胜奖。三是鼓励研究中医。2018年，医务、护理开展项目、新技术超过30项，在各级专业期刊上发表论文20篇。蔡文德、文志南入选株洲市第一批高层次人次，蔡文德入选株洲市第二批核心专家，王雪琪获得正高职称，有17人获得中级职称。四是创造条件传承中医。2018年启动薪火工作室的建设，通过以师带徒形式，充分发挥高层次人才的辐射带动和集聚效应。组建了两个团队，一个是以株洲市核心专家、普外科主任医师蔡文德院长为挂牌名师的工作室，另一个是以中医内科主任医师文志南副院长为挂牌名师的工作室。通过工作室学员认真总结名师经验，跟师学习，将名师思想继承发扬，很好的起到了传承作用。2018年下半年采取多种形式，加强与省内外高端人才的合作，通过与湘南学院副院长贺泽龙（中医教授、攸县籍）合作成立了“名老中医院工作室”。贺教授每月两次到院“国医堂”坐诊，并亲自带教培养本院年轻的中医医师。

【医疗质量管理】进一步规范医务人员的医疗行为，严格依法执业。严格落实三级医师查房等18项核心制度的落实工作。强化“三基三严”训练，坚持召开医疗质量和医疗事故分析会议。单独设立产房，开展无痛分娩技术，实施一对一看护，保证产房及新生儿的安全。完成了卒中中心组建架构，规范流程，并取得省级认证，成功举办卒中中心推进会。对医疗过程中薄弱环节及安全隐患及时发现并整改，严格要求各科室及时上报医疗安全不良事件，同时，为提升突发事件应急处理能力，多次组织医务人员进行急诊急救应急演练，在全县的产前急救的演练中取得优秀的成绩。医院全年未发生重大医疗纠纷事件，用于处理纠纷的费用总额未超过5万元，这是相当难能可贵的。

【绩效管理】2018年医院对绩效考核方案进行适当调整，将医务人员的收入与医疗服务技术水平、质量、成本控制、医德医风、群众满意度等考核结果挂钩；坚持待遇向临床一线、关键岗位、作为突出贡献等人员倾斜，多劳多得、优绩优酬。开创了以KPI绩效考核为核心，预安销号与“三评”制度为补充的“1+2”医院绩效管理体制，为医院的快速发展注入了强劲动力，引起了业内同行的广泛关注。

【医疗设施建设】年内完成超高档彩超、骨关节镜、X射线骨密度仪等近千万元设备的采购、安装，对神志科、洗衣服、煎药房等科室进行了优化改造。完成全院电子系统升级，进一步提升系统安全性和稳定性，抗菌药物监测管理系统、“掌上医疗”等新系统先后上线，进一步优化办公流程、方便患者就医。

【党建和扶贫】院党委深入推进“不忘初心，牢记使命”活动，全面加强队伍思想、组织和作风建设。坚持每月一次政治理论集中学习。在院党委的领导下，全院4个党支部完成了“五化”建设；全年发展党员2名，培养教育入党积极分子1名；持续推进以“奋战49天，向建党97周年献礼”的“党建+6S”工作模式。探索以“党建促管理、党建领文化，党建树形象”的党建+工作模式，打造了本院专属的党建品牌。加强党风廉政建设。与中层干部签订《党风廉政建设责任状》，推行《攸县中医院干部职工作风建设十二分制管理办法》等多种措施，层层压实责任。党委班子带头，认真践行“三严三实”工作作风，自查自纠、立行立改，全年收缴个人违规接待费用5600元，清退整改9项违规设备投放，共计金额1000余万元。驻村扶贫队将八合冲村由软弱涣散村，提升到全乡镇乃至全县排名前列，得到了各级领导和贫困户的一致肯定和好评，获得全县扶贫工作先进单位称号。全年健康扶贫达2971人次，其中普通病种2692人次，四类九种142人次，一次性救治42人次，血透105人次。

【医院精神文明建设】2018年，以攸县中医院医务人员为原型拍摄了3部微电影《戒尺》《生日》《消毒供应中心》，其中《生日》作为株洲市唯一的代表作品在湖南省“5·12”国际护士节庆祝大会展播。《敬业！严冬，他们在冰冷的脏水里救治患者……》《牵手》《6年前，他离家出走；6年后，他终于和家人重逢……》等多篇通讯稿登上株洲晚报、湖南日报等省内外媒体。本院针灸理疗科主任李昭志见义勇为的事迹被全国各大媒体广泛宣传，并被中央电视台《新闻24小时》栏目采播，大力弘扬了中医人高贵品质。为丰富职工文化生活，组织了庆祝“5·12”护士节系列活动、“五一”劳动节、“五四”青年节趣味体育活动以及老年节趣味运动会。医院篮球队、养生气功队、乒乓球队、羽毛球队按时开展相关活动，积极参加各项比赛、交流，参加县内外的各类比赛均取得优良成绩。

【义诊和签约服务】2018年，医院组织大型义诊4场次；门前三小讲座6场；慢病筛查团队持续走访两个月，慢病签约服务3886人次；随访服务每季度一轮，病人优惠771人次，开展服务2万多人次；医联体内双向转诊1942人次，资源共享14569元。

（邓　颖）

攸县疾病预防控制中心

【概况】攸县疾病预防控制中心有在职职工66人，其中获评高级职称人员9人，中级职称27人，初级职称16人；共设置5个职能科室和7个业务科室。2018年，中心严格按照上级工作要求，扎实开展各项疾病防控工作，获2018年度全市职业卫生工作目标管理“先进单位”，全国第三届“万步有约”职业人群健走激励大赛“银牌健走示范区”等荣誉称号。

【卫生应急处置】调整了突发公共卫生事件应急处置工作领导小组和应急处置机动队，开展了4期公众关注的传染病和突发公共卫生事件风险评估，及时响应并处置辖区内预警信息263条，发布国际国内疫情相关信息61期。9月，以“洪涝灾害后的疫情”为蓝本，开展突发公共卫生事件应急处置模拟演练，邀请省市专家进行指导和点评。3月，成功处置攸县第二中学一起结核病聚集性疫情。2018年，共报告8起突发公共卫生事件，8起事件均有效处置并顺利结案。

【传染病网络直报】加强全县传染病网络直报单位的管理，每月对法定传染病及突发公共卫生事件监测进行分析。传染病及时报告率99.98%，及时审核率100%。全年共报告法定传染病4571例，发病率540.29/10万，与上年同期比上升2.65%。其中，乙类传染病发病率292.78/10万，与上年同期比下降4.95%，发病前三位依次是肝炎、肺结核、梅毒；丙类传染病发病率247.51/10万，与上年同期比上升13.37%，发病前三位依次是手足口病、流行性腮腺炎、其他感染性腹泻。

【传染病防控】加强重点传染病的防控工作，采集人感染H7N9禽流感外环境样品25份，经检测结果为H7阴性。开展鼠疫及动物鼠疫疫情监测，采集鼠血清标本90份、鼠肺标本96份、鼠心肝肾标本68份，结果为阴性。采集69例手足口病病例标本，经检测发现CoxA16阳性9例，其他肠道病毒感染6例，规范处置了6起手足口病聚集性疫情。开展了霍乱监测，采集水产品60份、各种水体样31份，经检测结果为弧菌阴性。各预防接种门诊共接诊动物咬伤4426例。共登记肺结核管理病人532例，系统管理率99.62%，成功治疗率94.9%，网报有效疫情268例，报告率100%，总体到位率98.9%，筛查耐多药肺结核186例。开展全县中小学校、托幼机构入学新生结核病筛查工作，筛查学生25186人，筛查率98.8%，本次筛查发现肺结核可疑症状者47人、结核病潜伏感染者（单纯PPD强阳性）232人、学生肺结核临床诊断病例4人。对152例HIV感染者和179例艾滋病病人进行管理和抗病毒治疗，对娱乐场所、吸毒人员、监管场所、务工人员3892人进行干预，对其进行HIV、梅毒抗体和丙肝检测，全县4家HIV初筛实验室共检测血样145040份。

【免疫规划】各接种单位均实行预防接种告知和公示，落实春秋季新入托入学儿童预防接种证查验工作，共查验278所学校，学校查验率和学生查验率100%，补种率99%以上，11种国家免疫规划疫苗单苗各剂次接种率均达到上级要求。开展6次疫苗冷链运转，共下发一类疫苗12.245万支。报告AFP病例3例，报告疑似麻疹病例15例，阳性1例，报告15岁以下乙肝病例1例，百日咳3例，各项监测指标均符合国家监测方案要求。报告疑似预防接种异常反应49例，均为一般反应。

【职业病防治】对43家厂矿企业2625名职工进行职业健康检查，共查出疑似职业病119人，职业禁忌症6人，为43家厂矿企业建立健康监护档案。开展企业现状摸底调查，共调查企业数136家，涉及行业18种，接触职业危害因素7491人，其中接触煤尘5195人，接触矽尘1410人，接触苯35人，接触噪音851人，影响全县劳动者健康最严重的职业危害因素主要是煤尘。

【血防寄地工作】一是消除疟疾工作。开展疟疾血检工作，完成血检369人份，任务完成率105%，复核42张，复核率11.38%。发生1例境外恶性疟输入病例，患者常住广州无回攸县的想法，现仍在广州医院治疗。二是地方病防治。按照《碘缺乏病监测方案》要求，开展碘盐和尿碘抽样、检测、数据录入和上报。共抽样检测5个乡镇200名学生和100名孕妇的尿碘及盐碘，盐碘结果为平均碘盐含量为24.86毫克/千克，中位数为24.63毫克/千克，碘盐覆盖率100%，居民合格碘盐食用率98.33%；尿碘结果为攸县8—10岁儿童尿碘中位数272微克/升，尿碘均值为270.1微克/升，孕妇尿碘中位数190微克/升，尿碘均值为202.7微克/升。三是麻风病防治。全县共有5个现症麻风病人，对5例麻风病人进行了4次随访。

【公共卫生监测】对36家公共场所进行公共用品（具）消毒监测，共抽样87个，合格率92.0%。对27家单位开展农村安全饮水工程监测，枯水期和丰水期共采集样品100份，合格率70%。2018年，农村饮水办委托检测生活饮用水样品108个，合格率39.8%，水源水检测样品65个，其中符合Ⅱ类36份，符合Ⅲ类14份，不符合15份。对学校自备井水采样96个，合格率50%。对全县中小学校82859名学生进行常规体检，经统计，学生视力低下患病率26.39%，龋齿患病率22.25%，营养不良率0.17%，肥胖率2.58%，未发现沙眼患者，对153所学校开展常见病防治督导。按上级要求开展食品安全风险监测，共采集玉米20个样，大米40个样，蛋糕、面包20个样，包子、馒头、油条等24个样品。2018年，全县共报告食源性疾病1208例，2起食源性疾病暴发事件，均得到有效处置。

【慢性病防治】全县共报告死亡病例5476例，报告死亡率6.82‰，开展恶性肿瘤、心脑血管、糖尿病监测和35岁以上人群首诊测血压工作，医疗机构覆盖率100%。共建立居民健康档案69.18万份，建档率98.46%，老年人健康管理97865人，健康管理率98.13%，高血压患者管理44589人，规范管理率85.02%，糖尿病患者管理12739人，规范管理率83.52%。年管理精神病患者3213人，规范管理2991人，规范管理率95%。5月，组织参加国家第三届“万步有约”职业人群健走激励大赛，全县28个参赛单位共730名队员参赛，活动历时3个多月，最终以健走行进里程、总万步率均达到100%，健走成绩全国排名并列第一，获全国“银牌健走示范区”“示范区优秀组织奖”及湖南省“优秀健走示范区”等荣誉称号。

【健康教育与健康促进】利用县电视台、新闻网站、手机报等方式大力宣传健康教育知识，组织开展健康教育大巡讲13场次，结合卫生宣传日，开展了16次大型主题宣传活动，印发宣传资料5万余份。加强了青少年健康促进和烟草控制，中小学校健康教育课覆盖率100%，无烟医疗机构覆盖率100%。开展了减盐、减油、减糖全民健康生活方式专项行动和“三减三健”、适量运动、控烟限酒、心理健康等专项行动10次。

【疾控重点项目】1月23日，攸县心血管病高危人群早期筛查与综合干预项目正式启动，新市中心卫生院、酒埠江中心卫生院、菜花坪卫生院、石羊塘卫生院、江桥社区卫生服务中心共5个筛查点承担本县的筛查和随访工作任务，县中医院承担高危人群调查工作任务。目前共完成筛查12625人，检出高危对象3087人，高危对象干预2973人，完成短期随访2958人，上报临床结局事件57例，项目工作均按国家要求完成。2018年，启动“评价口服六价重配轮状病毒活疫苗在中国婴幼儿的保护效力、安全性和免疫原性的随机、双盲、安慰剂对照Ⅲ期临床试验”，项目前期准备工作已全部完成，通过了国家食药总局一次性疫苗临床试验机构资格认定，为项目的顺利开展打下了坚实基础。完成了2017—2018年上消化道癌早诊早治项目工作，共内镜检查800人，病理检查606人次，发现癌症病例4例。完成了2018—2019年上消化道癌早诊早治项目工作，共内镜检查801人，病理检查594人次，发现癌症病例2例。按要求开展2018年中国居民健康素养、中医药健康文化素养和烟草流行监测工作，共调查有效问卷577份，其中居民健康素养完成有效问卷240份、中医药健康文化素养240份、成人烟草流行调查有效问卷97份，居民健康素养水平率为12.08%，11月顺利通过了省级现场复核。

【党建的扶贫】加强党风廉政建设，狠抓工作作风，以党员大会、主题党日、支委会、党小组活动、支委领导上党课等多种形式学习、宣传贯彻中共十九大精神，推动“两学一做”学习教育工作，全年共召开民主生活会1次，组织生活会2次，民主评议党员1次，评选出优秀党员7名，召开支部党员大会7次，召开支委会17次，各党小组每月召开1次党小组会议，领导班子为全体党员上党课4堂，开展主题党日活动12次。年内新吸收2名入党积极分子，1名预备党员如期转正。积极开展结对共建、驻村帮扶工作，向桃水镇桃水村派驻了第一书记，中心班子成员和党代表每人结对一户贫困户，帮扶人员每月走访帮扶贫困户两次以上，全年精准扶贫资金扶助10万多元。

（刘思文）

联星街道

副县长易屹东带队上门入户做建设南路征拆工作

丽水小区党群服务中心—首推把支部建在小区

安全部门在丽水小区开展安全知识宣讲活动

联星街道志愿者自发组织扫雪除冰活动

联星街道老少活动中心

宋家洲千亩油菜基地

春联街道

春联街道春联社区综合服务中心

谭桥街道领导到宝塔公园调研

迎宾大道一瞥

新时代文明实行“春晖春晓”行动启动仪式现场

春联街道春塘龙村产业扶贫火龙果基地

春联街道党工委书记黄华畅讲党课

谭桥街道

流和社区村民服务中心

县长苏涛调研谭桥街道重点工程项目

县委组织部部长李易常为水果花卉市场党支部揭牌

与佛山市禅城区张槎街道卫计活动进行交流现场

万美村为驻点帮扶队送锦旗

农贸市场食品安全宣传活动现场

鸾山镇

鸾山寨

志愿者服务活动现场

迎新春，送祝福活动现场

东冲兵工厂（全国文物保护单位）

南岸列宁室（全国文物保护单位）

黄丰桥镇

宝宁村宝宁寺

樟井村三文鱼养殖基地

富头封侯山一瞥

柏市社区油菜基地

泉塘欧公山

酒埠江镇

旅游商贸城

酒埠江旅游区游客服务中心

酒埠江旅游区水云桥

攸女仙境一角

慈峰茶园

普安桥葡萄基地

网岭镇

六十分烈士陵园

里旺村“门前三小”小讲堂

网岭工业园区

湘东情食品有限公司一角

网酒公路

健坤农业七彩滑草场

皇图岭镇

株洲市人大常委会副主任刘春生到攸县调研指导皇图岭镇特色小镇建设工作

皇图岭镇特色小镇第一批项目签约现场

举行特色小镇智慧农业园项目破土动工仪式

皇图岭镇“三八”妇女节活动

皇图岭镇 2018 年大众健身操交流活动

“青有爱”2018 年暑期大学生社会实践活动

宁家坪镇

春节招商引资座谈会参会人员合影

天台山田园综合体投资签约仪式

2018 年大学新生欢送座谈会现场

机关党支部主题党日组织党员在党旗下的宣誓

里旺村党建直播室

荷花种植基地

丫江桥镇

丫江桥镇中学科教楼

村民活动广场

松江村“门前三小”活动现场

新杉岭村留守儿童之家

仙石村主干道

金田安顺蔬菜种植专业合作社扶贫基地

新市镇

党代会暨乡村振兴动员会议现场

丁家垅村 3D 打印技术和立体电影体验馆

敬老助残、扶贫匡弱送温暖活动

观背村砂糖橘基地

省畜牧育种产业园

龙虾养殖基地

莲塘坳镇

莲塘坳镇商会成立时第一届会员代表留影

莲塘坳镇干部职工“党建引领乡村振兴”主题演讲比赛

联合多部门开展“两违”建筑拆除行动现场

爱心义务献血活动现场

莲塘坳镇中江村第三届老人节活动

高楼社区“门前三小”文化广场

菜花坪镇

新建的联龙村综合服务中心

菜花坪中心小学

全面入驻的“三所一队（看守所、拘留所、强制戒毒所，武警一队）”

投资 3000 万元的湖南湘通环保新材有限公司

省道 S337 公路攸县段（长 24 公里）

菜花坪镇——新时代文明实践健身活动中心

渌田镇

市政协主席蔡溪在渌田镇五丰村调研

新时代文明实践志愿服务分队授旗仪式

党旗下的新时代文明实践——开展留守儿童志愿服务活动

油茶种植基地

改造后的五小水利工程

金镶玉黄桃种植基地

石羊塘镇

第二届新乡贤授牌仪式现场

青年干部“不负青春，奋斗新时代”的主题沙龙活动

石羊塘镇新时代文明实践所揭牌仪式现场

扶贫干部走访贫困户

关爱老人行动

少儿假期学校

桃水镇

迎春招商茶话会成员合影

镇机关党支部开展世界环境日宣传活动

暑期大学生“热土行动”

关爱老人，情暖夕阳——志愿者走访慰问敬老院孤寡老人

庆祝“中国农民丰收节”现场

暑期高塘“门前三小”服务点小讲堂开课现场

乡镇（街道）

江桥街道

【概况】江桥街道位于县城西郊，于2012年1月成立，是最早成立的两个办事处之一，2012年按照园政合一的模式，街道办事处与工业园合署办公。2016年全省乡镇撤并工作中，将原鸭塘铺乡并入江桥街道，实行园政分设，街道办事处独立办公。江桥街道办事处驻在攸县江桥街道兴业路1号，因驻地“江桥社区”得名。辖区总面积97.05平方公里；总人口5.28万人，其中城镇常住人口12928人，辖16个社区（村）、290个居（村）民小组。辖区耕地总面积37773亩，农业以种植水稻、蔬菜等农作物为主；辖区内有企业115家，其中工业园区内有70家、规模企业96家，年工业总产值313亿元，年创利税6.9亿元。2018年，实现国民生产总值27.07亿元，招商引资45.23亿元，固定资产投资62.59亿元；实现财政总收入1734万元，同比增长12.67%；入库税收2051万元，同比增长10.33%，超额完成任务201万元。农民人均纯收入20400元。

【环境整治和农业基础建设】全力做好了中央环保督查交办件整改工作，对标整改了2个砖厂，关停并拆除原鸭塘铺空心砖厂；严格落实河长制工作要求，认真开展护河巡河；着力整治了电鱼、毒鱼、炸鱼等违法行为；全面禁止秸秆焚烧和推进封山育林。完成了2017年道路、水利扫尾工程和2018年山塘、水库防渗、硬化15处；完成增境内西干渠清淤防渗和道路绿化10千米。

【项目建设征拆征收】全年落实园区土地征收316.662亩，房屋拆迁30栋13059.354平方米，腾地800亩，迁坟180家，保障了园区省市县重点项目长明高科、地博光电、昊华化工、长得快饲料厂、宸润环保等企业的落户用地和环境优化。完成西阁棚改签约1107套，签约率96.5%，腾房692套，倒房面积21143.89平方米。西阁棚改10栋房屋全部完成签约，重征拆征收总任务65户，完成54户。攻克了10年之久的城区“迁拆钉子户”——内环路杨许生房屋拆迁。

【社会事业发展】完成江桥中学、江桥小学和鸭塘铺完小建设任务，年内顺利招生并开学，有序推进消除大班额工作。完成新农保征缴226.91万元，完成新农合的筹资852.7万元，征收社会抚养费120万元，落实计生奖扶1296人。

【综治维稳】全力推进“扫黑除恶”专项整治行动，摸排上报37条重要线索；创建了首个综治网格化管理系统，有效推进社区网格化管理机制和一包十联工作机制。严格按照“一单四制”，建立隐患排查、交办、台账、销号和通报制，扎实开展安全生产“百日大整治”专项行动，实现全街道赴省进京零登记和安全生产零事故目标。

【乡风文明建设】建成洪家洲村“门前三小”和江桥社区文化广场，丰富了当地村民的精神文化生活；引导村民制定和完善村规民约，对操办红白喜事进行规范，反对铺张浪费。积极开展道德模范、最佳乡贤、幸福屋场等评选活动，杨木港村吴艳梅获围“市道德模范”候选人，洪家洲村夏道生获评“市新时代十佳乡贤候选人”。借助乡贤带动，文化驱动，根植乡村文化，丰富了群众文化生活，提升了群众的幸福感和获得感；不断强化村民社会主义核心价值观，逐步形成了良好的社会风尚。

【基层党建】认真开展村级班子运行情况排查，调优配强了5个村级班子；对两个软弱涣散党组织进行整改；新建5个村级组织活动中心，按“八有三个一”标准，全面完善了村级服务平台建设；创建了3个“五化”示范党支部，全面提升村级党建工作质量；组建了2个两新组织党支部。严格规范新党员发展，全年发展预备党员8名、按期转正党员10名，培养积极分子30名。新建了江桥、洪家洲2个党建文化广场；党建e家、园区驿站和党员积分超市等。坚决落实党风廉政主体责任制，全年处分违纪违规党员11人次，诫勉谈话6人，批评教育谈话5人，约谈街道、村（社区）两级干部25人次，提醒谈话263人次；认真开展“纠四风”专项行动和干部作风建设专项整治。

【扶贫攻坚】坚持问题导向，重点聚焦“一超过两不愁三保障及三率一度、五个好”的要求，大力开展“回头看、回头帮”活动，全面完成易地搬迁和危房改造工作任务；积极开展“帮扶结亲、党群同心”等活动，发动党员干部捐赠衣物折款约4万元；打造了千亩荷花、千亩油茶、千亩瓜篓等乡村振兴产业发展基地；全年实现脱贫102户313人，顺利地通过了省市扶贫检查验收。

2018年度江桥街道村（社区）基本情况统计表

表8

社区(村)	村民小组(个)	户数(户)	人口(人)	耕地面积(亩)	粮食总产量(吨)	人均纯收入(元)	党支部书记	村(居)委会主任
江桥	11	489	1598	1430	723.6	26000	周桂林	杨利成
胡公庙	15	428	1651	1240	291.4	16800	吴雪亮	李刚义
乌坳	25	890	3615	3310	2755.616	16800	谢铁宝	皮志忠
谢家垅	14	487	2300	1946	1708.6	15260	龙泽	董向东
龙湖	24	658	2746	2129	1890	15680	王菊林	袁义
西阁	18	3468	11868	675	310.2	16500	刘毅	蔡建东
洪家洲	14	826	3029	2611	2266.6	13800	夏永青	刘文华
泥脚巷	12	546	2522	2398	1904.94	14800	吴建湘	李义勇
茅坪	18	778	3458	2715	1684	14800	吴明旗	夏建雄
黄双桥	14	523	1876	2029	1583.2	14800	王国云	王国柱
邱家垅	21	1015	3868	3328	休耕	13800	林爱平	—
牛头湖	22	970	4236	3271	3114.2	15000	谭建辉(4月任)	谭建辉
奥林	18	636	2586	2384	2295.8	13180	—	谭坤艳
桐坝	27	758	3446	3006	休耕	2000	陈民桥	—
杨木港	17	605	2583	2430	1915.8	12800	龙冬华	胡跃良
阴山港	20	698	3162	2929	1966.2	15800	李冬球	张世良
合计	290	13775	54544	37831	24410.156	237820	—	—

（徐跃平）

联星街道

【概况】联星街道下辖23个社区（村）、369个居（村）民小组，户籍人口16.76万人，党（总）支部78个，党员3192名，社区（村）工作人员157人。全年实现税收13.65亿元，超额完成全年目标任务（13.60亿元）。2018年，街道办事处获得“省文明单位”“县基层党建工作先进单位”“社会治安综合治理先进单位”等荣誉称号。

【产业发展】成功引进阳光雨露、鹏泽砂石等企业在联星落户，月固定纳税额30万元以上，总部经济现完成511万元，超额完成县政府分配任务（500万元）；完成招商任务14460万元，新办金石建材、百分生态农业等5家规模企业；新增500万—5000万元的投资项目68个，投资总额10.49亿元，同比增长1%。超额完成3368亩的种植结构调整任务，休耕治理5200亩，新增土地托管服务面积1000亩。

【城乡基础建设】按照“产业项目建设年”活动要求，深入推进项目建设。全线贯通吉兴中路；基本完成进站西路、规划路、非机动车道土方工程；完成污水提升泵站征地拆迁工作；协调推进文风路、枫岭大道、二环路、绿荫慢行线等项目。洣水三桥建设南路项目涉及拆迁户数42户，已落实签约41户（8504.14平方米）、倒房22户（3873平方米）;文化三角洲项目征拆任务数13户，已签约9户，拆房7户（1920平方米）；百花城中村棚户区改造一期征拆任务数为154户，已签约94户25994平方米；214队地块168套7栋139户约12000平方米棚改工作已完成摸底调查、预评估、土地权属确认等前期工作。除险加固水库4座山塘3口，渠道清淤38公里，投资约900万元对6.8公里珠丽江河道进行整治。

【社会事业发展和扶贫救助】相继启动多所学校建设用以缓解城区大班额压力，其中，上云桥中学改扩建项目初中部、小学部共10栋楼房已全部封顶，东北街、交通路小学改扩建工程已全面动工，预计2019年9月投入使用。持续加大对民生领域的投入，发放扶贫资金115万元，发放大病、临时救助及各类优抚款345.3万元，发放低保救助金1303万，发放涉军人员公益性岗位补贴293万元，发放各种卫计奖励抚助资金30余万元。

【城乡环境治理】拆除破坏空心房178栋，收缴电鱼船4条，没收电鱼机56台；封山育林3.8万亩；对东风夜宵城、饮水源码头种菜等进行专项整治。

【综治维稳和安全生产】深入开展“扫黑除恶”专项斗争，深挖线索9条、刑事打击56人、扫除涉恶团伙2个；加强风险管控，重视初信初访和矛盾纠纷化解，处理信访件81件、化解信访积案16起、调处矛盾纠纷780起；积极妥善处理云升山庄物业纠纷、坤龙大酒店债务纠纷、原镇办改制企业职工社保等重大信访问题，切实维护了全县社会大局稳定。安全生产工作定期开展“大排查、大整治、大化解”活动，对辖区内的安全隐患点全面摸查并建立台账，全年检查生产企业136家、组织消防应急演练4次、集中执法行动11次、发现整改安全隐患17处、关闭取缔企业4家，辖区范围内无重大事故发生。大力开展食品安全及爱卫检查，查处4家超市过期食品。

【基层党建】大力推进支部“五化”建设，进一步配优社区（村）级党建工作队伍，全面提升党建业务工作水平，第一季度联星街道荣获全市基层党建调查核实优胜奖。打造“先锋行动”和“堡垒创新”两项特色党建工程，激发党员先锋模范作用，有序推进无职党员设岗定责，实行积分制管理，让普通党员在宣传、维稳、发展等工作一线发挥价值；创新党建联建机制，在丽水山庄建成全县首家小区党支部和党群服务中心，打造在党支部引领下的“支部+业委会+物业企业”的三方联合治理工作模式，有效地控制了小区矛盾纠纷，提升了自治水平，该做法得到中新社等主流媒体推介。

2018年度联星街道各社区（村）基本情况统计表

表9

社区(村)	村民小组(个)	户数(户)	人口(人)	耕地面积(亩)	粮食总产量(吨)	人均纯收入(元)	党支部书记	村(居)委会主 任
永 佳	10	6030	18547	—	—	21000	刘士嘉	皮远连
胜 利	13	4183	16068	—	—	28600	朱建德	陈 武
联 西	10	4582	16268	—	—	24400	朱建国	胡 琴

续表9

社区(村)	村民小组（个）	户数（户）	人口（人）	耕地面积（亩）	粮食总产量（吨）	人均纯收入（元）	党支部书记	村(居)委会主 任
百 花	5	1092	3710	—	—	25000	雷文华	刘金元
雪 花	17	5410	26181	—	—	18900	黎正春	王丽雄
联 星	9	3760	13714	—	—	24500	贺 祥	尹芸芸
文 化	13	3735	14688	—	—	24300	汤水艳	赵彩安
富 康	7	5467	17629	—	—	19082	吴多多	丁香分
万古桥	18	486	1903	1299	598	18000	黄晓润	陈志荣
高 岭	16	632	2387	2043	1485.20	13890	周金明	刘育秧
宋家洲	13	489	2496	1899	—	16000	谭丽伟	李端生
田 富	24	546	2376	1978	791.2	14200	刘友兰	尹国锋
沙陵陂	21	506	2249	1551	698.2	14000	文卫东	刘 玲
圳 江	12	545	2869	1588	1588	26800	陈江英	文艳媚
大 屋	18	698	3235	2198	879.4	16000	肖春如	肖春如
侯 市	22	890	3620	1919	767.6	17800	颜国华	文全龙
侯 联	17	512	2347	1548	800	11000	文天生	颜 星
高车头	25	678	2678	2399	2000	13000	贺雪炜	颜朝云
高 岸	22	936	4368	3821	3056	13600	陈建国	杨渠生
上云桥	24	856	3399	3143	3143	24200	彭润明	刘建国
七里坪	20	843	3282	2174	1073	25800	谭文伟	罗清权
冯家坳	12	312	1378	1425	1282.5	7509	刘伯文	胡铁怀
泰青塘	11	525	2254	2293	2063	12500	贺雪林	彭 钢
合 计	369	43713	167646	31278	20225.1	430081		

（陈云娟）

春联街道

【概况】春联街道辖5个社区，3个行政村，105个居（村）民小组，4672户，17642人，其中党员547人；土地面积35.07平方公里，耕地面积795公顷。有小Ⅱ型水库10座；卫生室8个，小学4所。2018年实现财政总收入1500万元；国、地两税入库税收880万元。居民人均可支配收入2.73万元，增长4.7%。街道办事处组织参加株洲市党员教育微党课视频和精品课件竞赛活动获二等奖，获2018年度县文明建设先进单位、县脱贫攻坚工作先进单位、县党建工作先进单位二等奖、县社会治安综合治理先进单位、县扫黑除恶专项斗争工作先进单位、县城市管理工作先进单位、县征拆征收工作先进单位、县拆违控违工作先进单位，县计划生育工作优秀单位、县食品安全工作先进单位等荣誉称号。

【城乡基础建设】全力做好新城区建设征地拆迁工作。全年完成了洣水四桥、盘龙公墓、春联学校、黄家小区等项目征地151.55亩；推进柘合料场、金水西路、攸储87号储备地、春联学校等项目的房屋拆迁32户37栋，拆除19895.21平方米；全年共在香山安置区安置273空，攸水安置区安置171空；完成了5号地、6号地、接待中心、山背小区等地块的坟墓迁葬，共迁葬坟墓972冢；碧桂园项目顺利开工。全年共查处违建案件50余起，处理违法占地面积35480平方米，拆除违法建筑面积15815平方米，有效地控制了违法占地势头。织好"路网"，完成了21公里道路提质改造；投入250余万元，对双丰等5个社区的小街小巷进行改造，并已通过验收。完成了涞水河春联、春风、春塘龙段2.8千米的防洪堤建设，对凉江河300米河道进行疏浚加固。

【农村环境治理】加大巡河力度，取缔春洲砂石场，拆除黏土砖厂3家；对涞水河沿岸禁养区的7家养殖场进行了规劝和退养。建好“绿网”，完善万酒公路、柘巨公路3公里道路绿化，共种植红叶石楠、桂花1200多棵；发动群众积极在房前屋后种植各类树木花草5000多棵，改善了居民自身居住环境。

【新型农业发展与服务】调好“农网”，完成种植结构调整2143亩，通过高档优质稻、大棚水果、无公害蔬菜的种植代替传统种植，优化了土壤质地，提升了农民收入；其中盘龙村种植荷花1523亩，被评为市种植结构调整示范村。搞好“服务网”，6个社区（村）综合服务平台已投入使用，服务信息平台已经达到全覆盖，全力提升了服务群众的水平。

【乡村文化建设】完成了山背、春塘龙、春联、巨洲4个社区（村）“门前三小”服务点的建设，着重打造了“沙坪攸美屋场”亮点示范。2018年8月，省委副书记乌兰到沙坪调研美丽乡村建设和基层党建工作。示范点还代表攸县通过了国家公共文化服务体系示范区验收，全年接收各级参观考察1500余人次。大力提倡移风易俗，开展了现场倡议签名活动，引导群众破除陋习、崇尚文明。结合微讲堂、道德讲堂等课堂平台，“送戏下乡”“送电影下乡”等文化平台，主题故事会等活动平台，大力开展丰富多彩的文体活动，在全街道营造讲文明、树新风、做好人的良好社会风尚。

【扶贫攻坚和社会保障】大力发展因地制宜的产业，扶持指导盘龙荷花种植专业合作社、金田园水稻种植专业合作社、悠悠火龙果种植专业合作社等8个产业基地的发展，通过劳务用工、土地流转等形式带动近137户、512人就业。全年60户、204人脱贫，救助低保250人，兜底4户13人，救助重度残疾282人、三无五保户69人，临时救助180余人21万余元，保障了弱势群体的基本生活；全年开展计生优质服务712人，发放奖扶资金42万元。

【综治维稳】在辖区内全面开展扫黑除恶专项斗争“大宣传、大走访、大摸排”活动，共摸排涉黑信息2条；对各行各业安全生产进行地毯式摸排，对不符合消防安全规定的现象要求即时整改到位；加强了社区（村）综治中心建设和网格化管理工作。积极鼓励全街道的群众参加平安创建活动，充分调动全民参与和谐春联建设；并在《春联工作》综治工作专刊上刊出“平安家庭”荣誉榜，全年评出1000户。

【党建工作】标准化设置党支部17个，配备村级专职党建专干8名，发展预备党员6名。开展村级班子换届后回头看，对基础薄弱村和软弱涣散村进行全面整顿，组织处理10人，党纪处分党员干部6人。推行“在职党员进社区、无职党员进农户”，全年在党建工作室接待党员群众136人次，解决民生问题32件。推送党课进屋场，建立屋场小讲堂4个，县领导以及部门单位、街道讲师团到屋场讲党课，接受群众点单。7月，全市基层党建“看学议”活动走进春联，对全街道的党建工作给予了充分肯定。此外，“屋场说党建”微党课被选为《株洲组工》公众号“七一”展播节目并报送到省委组织部。

2018年度春联街道各社区（村）基本情况统计表

表10

社区(村)	村民小组(个)	户数(户)	人口(人)	耕地面积(亩)	粮食总产量(吨)	人均纯收入(元)	党支部书记	村(居)委会主任
柘　合	6	545	1616	786	752	30760	吴水生	游社明
春　联	10	430	1423	410	513.5	33323	1月1日至12月20日:刘　凯 12月21日至12月31日:周国岗	周国岗
山　背	7	446	1718	1198	1185.5	28196	刘南湘	贺亮辉
双　丰	16	544	2157	1993	休耕	25633	1月1日至2月28日:陈继国 3月1日至9月12日:陈国良 12月1日至12月31日:何新建	李开民

续表10

社区(村)	村民小组(个)	户数(户)	人口(人)	耕地面积(亩)	粮食总产量(吨)	人均纯收入(元)	党支部书记	村(居)委会主任
春风	14	559	2065	1244	959.53	30760	李保康	李玉开
盘龙	13	474	1938	1793	结构调整	25633	朱忠民	余小毛
春塘龙	31	1242	5053	3136	1742.4	25633	谭玉梅	刘国华
巨洲	8	432	1672	1369	休耕	23070	谭运珠	罗雪平
合计	105	4672	17642	11929	5152.93	223008	—	—

（蔡米娜）

谭桥街道

【概况】谭桥街道位于县城南郊，洣水河南岸。2015年12月，乡镇撤并中把原菜花坪镇沿洣水5个村新划入谭桥街道，加上原有的6个社区（村），共辖11个社区（村），264个居民小组。总面积59.21平方公里，总人口31637人。有小Ⅱ型水库4座，村级卫生室11家，小学5所。2018年，财政总收入1464万元；国税370万元，地税197万元，城镇固定投资2.9亿元。

【扶贫攻坚和社会保障】积极开展“四类人员”清理工作，清出41户、130人，确保了“扶真贫”。全面完成24户异地搬迁工作，实施住房保障27户、危房改造6户。积极开展产业基地链接贫困户工作，通过土地流转、吸纳就业、产业分红等方式，带动贫困户增收75万余元，使244户840人获得稳定收入。救助在读学生172人，实施医疗救助176人。在市、县帮扶单位的鼎力支持下，争取和投入各类扶贫资金217.34万元，发放救助物质和资金23万余元。2018年，实现脱贫84户268人，贫困发生率由2014年的4%下降到0.5%。认真落实各项惠民政策，着力扶危济困，共发放救灾救济资金8.63万元，双拥、优抚津贴48.87万元。完成新农保和新农合的筹资收缴分别达167.42万元、533.1万元。

【基础建设】坚持“项目为王”，各类项目有序推进。洣水四桥及连接线项目，已完成征地工作，拆迁签约完成95%，安置区建设已完成土方工程。目前，正在加快推进腾房倒房工作和安置区建设；洣水三桥及连接线项目，完成安置区征地和部分项目征地；谭桥大道项目，征拆工作全部完成，正在实施道路建设；谭桥小学项目，已完成征地和青苗补偿工作；福利中心项目，已竣工投入运营，已入住12户；洣水南岸风光带项目，完成路面铺油和绿化带建设；棚改项目有序推进，11号地块已签约60%。实施农村道路提质改造23公里。

【城郊农业发展】发展油茶600余亩，完成土地休耕2954亩，完成新增种植结构调整任务2540亩，发展蔬菜种植面积13954亩，完成6公里双边造林1650株。

【生态环境治理】全力做好了中央环保督查交办件整改工作，完成了苏江砖厂、东塔砖厂的拆除平整工作；实施了醴茶高速公路临时施工场地复绿工程；强力推进农业面源污染整治，填埋东塔社区洣水河沿岸沤粪池200余个；严格落实“河长制”工作要求，认真开展护河巡河，坚决打击非法采砂和洗沙；着力整治了电鱼、毒鱼、炸鱼等违法行为，全面禁止秸秆焚烧和推进封山育林；认真做好城乡同治工作，着力打造了生态洁净乡村。

【综治维稳】抓好普法教育，积极开展矛盾纠纷排查，调处化解各类矛盾205起，调解成功率达96%。切实做好信访维稳工作，强化各级责任，大力开展“下访、接访、陪访”工作，确保了全年信访维稳形势平稳可控。高度重视安全生产工作，切实加强道路、校车、烟花、市场等重点领域的安全隐患排查，全年未发生一起较大安全事故。

【党建工作】贯彻落实中央从严治党方针，认真落实巡察整改工作，巡察反馈的问题全部整改到位。突出“五化”支部建设，建成4个标准化村级综合服务平台，积极开展主题党日活动，切实加强党员管理，严格组织生活，处置不合格党员，使党支部的战斗堡垒和党员的先锋模范作用得到充分发挥。突出宣传教化，扩大党建宣传，在谭洲社区“门前三小”示范点，开展了“红色讲堂”“国学礼仪”等讲座，以及普法宣传、皮影戏演出等活动。突出抓学习教育，积极开展党员“春冬训”、机关干部“每周一晚”学习，通过集中学习、领导讲党课、观看电教专题片、组织座谈讨论等多种形式，丰富干部学习内容，提升了党员干部党性修养。

2018年度谭桥街道各社区（村）基本情况统计表

表11

社区(村)	村民小组（个）	户数（户）	人口（人）	耕地面积（亩）	粮食总产量（吨）	人均纯收入（元）	党支部书记	村(居)委会主任
谭　桥	20	850	3689	748.22	336.7	20390	张建华	陈启新
谭　洲	32	979	3815	2310	834.7	20770	朱欠仔	胡雄飞
东　塔	30	998	3794	1854.78	1080.72	21030	肖向阳	刘远芳
流　和	22	541	2584	2409.16	899.5	20820	谭年生	王秋林
竹　丰	16	426	1673	1998.99	441.5	19640	陈秉泽	陈秉泽
东　联	25	747	2915	980.74	972	20280	周明华	周明华
万　美	40	868	3317	1726	749.48	19970	胡　义	陈曼生
苏　江	19	500	2163	1665.5	703.8	20120	朱爱良	苏曼乃
马址陂	17	546	2130	1160	441.5	19800	李建国	李建国
苏　洲	22	682	2654	980.74	776.7	20380	陈湘林	王四龙
大　和	21	756	2903	2065	929.25	19890	李子庆	李子庆
合　计	264	7893	31637	17899.13	8165.85	203090	—	—

（罗振华）

鸾山镇

【概况】鸾山镇辖15个村、1个社区，162个村（居）民小组，总人口32844人。土地面积259平方公里，耕地面积2.4万亩，其中水田19700亩。林地面积27万亩，其中竹林面积7万亩。全镇现有中学1所，小学6所，在校中、小学生1962人，教职工134人。有卫生院1所，村卫生室15个。有敬老院1所，供养人员22人。2018年全镇煤炭产量60万吨，较上年增加28万吨；铁矿产量10万吨，较上年减少3.7万吨；石料矿产量75万吨，较上年增加39万吨。完成规模以上工业生产总值2.1亿元；完成税收6119万元，较上年增长32%；总部经济税收完成500万元；完成社会固定资产投资7100万元；城乡居民人均可支配收入增长8.5%。

【特色种植业发展和旅游景区开发】充分发挥境内的自然资源优势，发展特色种植业，培养了一批特色种植大户。尚竹家居用品有限公司流转林地8000余亩，涉及流转农户108户，每年流转资金28余万元，带动了农民增收。发展壮大黄桃种植基地近1000亩，2018年7月28日成功举办了“鸾山黄桃节”，政府主动搭建平台、提前宣传包装、加大工作协调，及时完成黄桃销售7.5万公斤，实现销售收入120余万元，100余户贫困户实现就业。引进公司在桃源村种植有机稻500余亩，2018年该产品被中国绿色食品发展中心认证为绿色食品A级产品，并获得全国农产品博览会金奖。

【农村社会保障】2018年发放低保资金126万元，发放临时救助648人65万元，医疗报销5326人次365万元。大力提高全民参保意识，2018年新农保完成12013人，参保率95.2%，全县排名第二；2018年新农合完成24024人，参保率84.46%，全县排名第五。

【扶贫攻坚】按照“一超过两不愁三保障”的要求，完成了

50户175人的易地搬迁户的整改；将18户贫困户纳入危房改造项目；全年救助困难学生294人，发放救助金47.25万元；对贫困户还开展了温暖走访行动，走访慰问发放物资20余万元。争取县结对帮扶单位资金100万元，解决村级基础设施建设。2018年，实现脱贫159户522人，贫困发生率下降到0.4%。2018年，荣获了全县脱贫攻坚工作先进单位。

【安全生产】按照省市统一部署，对年产能在9万吨及以下不符合安全条件的煤矿，做到应退尽退、应关尽关。截至2018年9月30日，全镇12家煤矿严格按照要求整合到6家。进一步落实了企业主体责任。在加强监管方面严把了煤矿企业复工复产关、严把了逐矿盯守关、严把了税费票证供应关；加大打非治违的工作力度，实行安全隐患“一单四制”管理，全年安全生产工作保持了持续稳定。

【基础建设】在镇本级财力有限的情况下，通过多方争取项目，加快全镇基础设施的建设步伐。投入900余万元建成矽肺病专科医院，已竣工并交付使用；中学2个运动场投资450万元，已完成80%的工程量；投入360余万元新建了琴陂、上垅、皮佳3个农村综合服务中心；52.6公里农村道路提质改造项目已完工40%以上；完成了皮佳、三联、琴陂、上垅等村的安全饮水项目，惠及5000余人；移民项目支持300余万元，有效地改善了农村农民的生产生活条件。

【生态环境保护】坚持绿色发展理念，围绕“蓝天、碧水、净土”三个方面全力打好农村污染防治攻坚战。深入开展城乡同治工作，健全公共区域卫生保洁长效机制，推行垃圾分类减量、无害化处理，龙会垃圾收集点已清理转运到位。科学划定畜禽禁养、限养区，定期开展农村畜禽养殖污染防治。2018年，对重度污染土壤进行种植结构调整200余亩、休耕面积6500余亩。严格落实“河长制”等工作，开展了禁止电鱼、炸鱼、毒鱼等专项行动。继续实施封山育林，加强了路边、水边、屋边“三边”绿化，完成造林1081亩、林业抚育1000余亩。

【综治维稳】受国家淘汰不安全落后产能的政策影响，煤矿关闭退出引发的企地矛盾日益凸显，这些矛盾均呈现群体性、复杂性特点，调解任务非常繁重。镇村两级积极从源头上化解各类矛盾纠纷，加大矛盾纠纷排查调处力度，切实推行“村为主”机制，妥善化解了一批涉矿、涉林等矛盾纠纷，做到不回避问题，不上交矛盾，确保了一方稳定祥和，被评为2018年度全县维稳工作先进单位。

2018年度鸾山镇各村（社区）基本情况统计表

表12

村(社区)	村民小组（个）	户数（户）	人口（人）	耕地面积（亩）	粮食总产量（吨）	人均纯收入（万元）	党支部书记	村(居)委会主　任
建新社区	4	827	5167	170	75	2.38	尹唐生	刘兰兰
琴陂村	8	324	1378	884	420	2.5	谢新中	林思南
咸弦村	10	421	1661	1017	490	2.47	吴胜春	谭正明
咸周村	6	264	1087	833	400	2.41	尹志硕	尹昊宗
新和村	9	338	1386	849	410	2.49	尹祥志	尹建华
东院村	18	820	3320	1820	850	2.4	刘世忠	刘宏伟
上垅村	14	624	2426	2090	1020	2.35	刘云辉	邹德权
江冲村	10	336	1189	1128	520	2.2	刘勇义	刘文姑
江边村	11	525	2013	1613	780	2.3	谭飞跃	谭飞跃
龙会村	4	510	2243	1168	550	2.42	左镇辉	左锦荣
南岸村	15	665	3000	4022	1900	2.31	曾　华	陈建乐
皮佳村	9	358	1486	1667	800	2.24	皮平广	皮连平

续表12

村(社区)	村民小组(个)	户数(户)	人口(人)	耕地面积(亩)	粮食总产量(吨)	人均纯收入(元)	党支部书记	村(居)委会主　任
三联村	9	282	1138	1125	530	2.4	洪森林	张甲宗
桃源村	10	375	1492	1634	750	2.27	洪德生	邱建新
新漕村	15	478	2058	2219	1050	2.48	洪正修	李自建
老漕村	10	420	1800	2150	1030	2.46	洪适平	李新建
合　计	162	7567	32844	24389	11575	2.38	—	—

（贺华妮）

黄丰桥镇

【概况】黄丰桥镇位于攸县东部，地处攸县与江西省萍乡市交界处，下辖20个行政村，2个社区，295个村民小组，辖区面积350.1平方公里，总人口37116人。镇情可以概括为三个特点：一是资源重镇。境内有煤矿24家（关闭整合后），石料矿6家，铁矿1家。林地面积39.8万亩，国有林场3家，是全国重点镇、湖南省特色镇、株洲市文明镇。二是边界大镇。境外三镇交界，与江西莲花六市、萍乡白竺、广寒坪三乡接壤，由原黄丰桥镇、柏市镇、兰村乡三乡合并而成。三是生态美镇。镇区地处攸水上游，三面环山；有千年古刹，禅宗祖庭宝宁寺；有世所罕见、聚群而生的千年野生红豆杉；有远近闻名、游客云集的万亩杜鹃花海；风光之优美，人文历史底蕴之深厚，旅游开发潜力极大。2018年，全镇共完成规模以上工业生产总值17.7亿元，实现财政总收入4755万元，完成国地税收入1.68亿元。

【产业发展】一是稳步发展传统产业，统筹做好煤炭行业各项工作，实现矿区安全生产形势、煤炭产能双提升，全年煤炭产量168万吨，石料矿1.79万吨。二是加快发展旅游业，不断优化经济结构。加快宝宁寺景区开发速度，半年处理宝宁寺遗留问题20余起，完成安置区土方建设，加速完善宝宁寺修缮工程；完成泉塘幽谷、欧公山旅游景点的三公里绿化工作；加快禹王洞道路、公厕、停车场等基础建设。三是积极推进农业产业化。全镇共完成油菜种植8000余亩，收获油菜籽2600余吨，播种水稻21000余亩。深入开展种植结构调整，实施4200余亩耕地休耕，种植花生、荷花、大豆等作物1500余亩；扎实推进封山育林，完成3518亩营林验收工作。

【社会事业发展和扶贫工作】加大民生工程投入，完成敬老院二期扩建立项、设计规划等前期工作；黄丰桥卫生院矽肺专科楼建设基本完工；黄丰桥镇中学体育馆和柏市卫生院即将投入使用；黄丰桥镇公立幼儿园投入使用。发展农村电子商务和政务，创新农村公共服务机制，完成22个村农村综合信息服务平台建设。加大扶贫宣传，注重扶贫实效。全年通过易地搬迁、危房改造、产业带动、劳务输出等举措，2018年全镇脱贫178户562人。发放临时救助、优抚、矽肺等解困资金125万元；落实易地扶贫搬迁51户，劳务输出372人，产业带动贫困户346人；评选脱贫之星36名，发展自主产业39户。签订22户文家岭地质灾害搬迁协议，已完成14户建房安置。

【美丽乡村建设】深入开展美丽乡村建设，完成拆违控违40栋12000平方米，拆除破败空心房15栋；完成危房改造5户。配合县住建局完成全镇农村土坯房核查验收工作。完成泉塘、塔前、阁前社区等村的棚户改造项目申报工作。加速村庄规划建设进度，着力打造温水、泉塘、宝宁、柏市社区等村庄规划建设示范点，完成52户村民建房摸底工作，发放40户村民建房许可证。加大基础建设投入力度，加快镇村提质，完成柏市社区、泉塘、晓曙村、樟井村等村道路提质改造17公里；完成523个会车道验收；完成S315宝丰段村道“刚改柔”800米。

【综治维稳】一是加强上访群体的稳控工作。在“5·7”事件后续遗留问题处理的缓冲期，涉军矽肺群体的稳控期和机关干部心理的调适期中，创下春节、两会期间零上访记录。二是做好基层矛盾的化解工作。坚持“主动下访、上门走访、梳理排查、及时化解”的方针，继续开展“大排查、大调处、大整治”活动，共调处林权争议、民工工资、矿业借资、石矿整合等各类矛盾纠纷123起，人民群众的获得感、幸福感切实增强。三是突出煤矿纠纷调解工作。加强安监、综治、公安的联动配合，依法依程序调处涉煤矛盾纠纷，科学分析，综合考量，将调处预期和应急预案相结合，力争将矛盾就地消化，全年共调处涉煤纠纷110起。四是加大社会治安的治理力度。大力开展扫黑除恶专项斗争，共查处各类治安案件31起，打击处理违法犯罪嫌疑人29人，刑拘26人。通过上述四举措，真正做到了“三个确保”，即确保全年无一例进京越级上访、无一起因煤矿关闭整合引起的群体性事件、无一人因民工工资而堵路堵桥堵政府，在全省民调中荣获全县第一。

【干部作风建设】进一步加强机关干部队伍作风建设。创新制度设立，严格执行“周点到、月销号、季考核、年述职评议”等制度。精简站办机构，将原有的15个站办整合成9个，规范业务受理，提升服务水平，提高工作效率；强化制度落实，对违反纪律和规定的人和绝不姑息迁就，按照12分制，目前扣分3人次3分，通过分层级管理，按程序办事，靠制度立信，敦促所有党员干部按本色做人、按角色做事；推动立行立改，按照全县办公用房清理退出会议精神要求，对机关办公用房进行了一次全面清查，严格按要求整改到位；要求各村尤其是新建改建的村部按标准设立办公用房，购置办公用具，力避借机大操大办和奢靡之风。另外，对镇、村、组三级财务进行全面核查清理。全镇22个村295个村民小组财务进行公示，还群众一个明白，给干部一个清白，为塑造廉洁公正的党员干部形象奠定了基础。

2018年度黄丰桥镇各村（社区）基本情况统计表

表13

村(社区)	村民小组(个)	户数(户)	人口(人)	耕地面积(亩)	粮食总产量(吨)	人均纯收入(元)	党支部书记	村(居)委会主任
严塘	10	342	1242	386	0	13811	阳秋华	谢冬云
宝宁	16	538	1998	941	0	15480	高石荣	王庆伟
东岳山	9	303	1132	606	333.3	14446	魏余	王爱中
丰垅	14	466	1769	1146	431.46	14977	贺陈平	颜寿虎
兴旺	14	392	1376	1414	695	14858	王志强	陈雅文
广和	16	616	2386	2317	873	13766	谢再华	李雪华
阁前社区	9	409	1708	700	385	16939	贺海	
万新	13	554	1709	1369	526	17981	邓建勇	
杨丰	23	503	2002	1296	712.8	14436	杜德华	刘乐平
石联	11	262	1222	1049	481.25	16829	许洛华	黄利平
满江	22	568	2107	1733	766	15325	谢雄明	谢开贤
晓曙	13	351	1326	1137	613.98	14417	尹建绍	
塔前	24	688	2543	1937	0	14932	刘斯伟	刘发云
泉塘	9	396	1417	2235	857	15990	肖思	张志斌
凤塔	11	442	1510	2100	981.76	13640	谭忠玉	张海兵
富头	6	202	681	960	489.6	10845	邱湘林	谭毓云
温水	6	263	895	1040	540.8	15041	张雄伟	
中洲	17	511	1886	2040	1060.8	16165	文志芳	刘肖云

续表13

村(社区)	村民小组（个）	户数（户）	人口（人）	耕地面积（亩）	粮食总产量（吨）	人均纯收入（元）	党支部书记	村(居)委会主 任
湖　厂	11	422	1538	1955	919.53	13951	陈海华	何文德
樟　井	11	421	1504	2430	1028	14937	王永红	廖金志
墙　背	9	354	1269	1714	808.418	15699	廖义平	
柏市社区	21	911	2907	3200	0	19686	陈建纯	赵新跃
合　计	295	9805	35054	33705	12503.698	15189		

（刘　明）

酒埠江镇

【概况】酒埠江镇位于攸县东部，酒埠江风景区的核心地带，全镇土地总面积146.2平方公里，辖11个行政村、2个社区、151个村民小组，8512户，总人口33885人，其中城镇人口7315人。全镇农业合作和家庭农场56户；实现土地流转16000余亩、3496户，占总耕地面积的70%以上。2018年，在全县率先完成土地确权颁证工作。2018年，粮食种植面积2246.67公顷，粮食产量16750吨，实现农业总产值7000万元。完成地方财政收入2889万元，其中一般公共预算收入1985万元，税收收入1734万元，为年初税收收入任务数的102%；固定资产投资20.2亿元，完成招商引资3000万元，城乡居民人均可支配收入24642元。

【特色农业】休闲、特色农业快速发展，有慈峰有机茶加工基地、谭家垅、金狮潭葡萄种植基地以及芹家洲蔬菜基地等，其中谭家垅葡萄种植基地被列入“株洲市现代农业示范基地”。全年共完成重金属治理种植结构调整面积7000余亩，其中荷花种植面积5000余亩、大豆种植面积2000余亩，并发放治镉杂交水稻种子8000公斤，使土壤结构得以改善。现已在8个村（社区）沿攸河、网酒公路、景观大道两旁的可视区域内种植了连片的湘莲，生态观光面积达4900余亩，再现了“映日荷花别样红”的美景画面。2018年，酒埠江镇被评为“湖南省休闲农业示范点”。

【旅游景区建设】2018年，生态新镇综合开发项目已完工子项目2个。完成景观大道全线道路及桥梁工程；完成旅游商贸城主体楼；基本完成游客服务中心室内外装饰工程；基本完成环湖游道项目二号桥建设、三号桥桩基及承台并启动四号桥五号桥基础施工；全部完成一号隧道主体及其停车场绿化、地面铺装；完成水云桥、二号隧道及连接线项目；完成地质博物馆改造并交付使用。在2018年征拆征收“百日攻坚”项目推进中共完成签订房屋拆迁协议19户；拆除房屋9栋；游客服务中心国有土地置换2户；沙滩水岸运动中心国有土地征购1户；完成集体土地无房户、拆迁户地基安置8户27空。全年共完成征地19.9亩、腾地77亩、迁坟160冢。

【生态环保】积极推进河长制工作，镇级河长“一月三巡”，村级河长“一月四巡”，明确“三员”职责，建立问题清单，切实解决河道生态环保问题；多次开展专项治理行动，严厉打击“电鱼、毒鱼、炸鱼”和非法采砂行为。镇垃圾中转站进入实际运作，彻底解决了垃圾处理问题。

【移民扶持】落实移民后扶政策，符合条件的库区移民避险解困易地搬迁对象24户，60余人；投入移民后扶项目资金20万元，解决了大田村安全饮水人口1700人后续入户问题。

【农村社会保障】农村低保全部重新评审，严格规范审查程序，确保应保尽保，不符合条件的坚决取消。2018年农村低保259户，保障人口599人、城镇低保289户，保障人口631人。城乡居民养老保险领取待遇人数4982人，发放养老保险金额600余万元，缴费人数11000余人，缴费总额149万元，缴费率92.3%。全年共采集838名退役军人和其他优抚对象信息；同时做好了全镇社会优抚对象和残疾人康复需求的摸底调查。圆满完成棚户区改造任务，棚改项目共完成签约267户，签约率100%，实现倒房106户。

【综治维稳和计生工作】 2018年，镇综治信访维稳工作采取组织听证、部门联手、法律援助等方式共排查受理各类矛盾纠纷案件141宗，成功调处135宗，成功调处率97.8%。司法所受理人民调解165宗，成功调处158宗；信访办上级转办信访接访案件13宗，全部都按程序办理并及时回复。为确保群众生命财产安全，深入开展“大排查大管控大整治”活动，组织安全生产大检查8次，一般性检查89次，发出《整改指令书》22份，全年排查重大隐患3个，一般隐患170余个，建立了安全生产网络监管体系，辖区内实施全方位安全生产监控。继续推进卫计工作，全镇符合政策生育率98.78%，违法生育立案10例，结案15例，征收社会抚养费12万；组织各村适龄妇女“两癌”筛查1856人次。年末，酒埠江镇获评“2018年度全县妇女工作先进单位”；卫计工作获评“全省计划生育基层群众自治先进乡镇”。

【基层党建】 按照省、市、县基层党建工作安排部署，深入推进“两学一做”学习教育，组织开展中心组学习6次，组织机关干部学习32次。大力开展中共十九大精神巡回宣讲活动，组建镇级巡回宣讲团，开展十九大精神宣讲42场次。狠抓责任落实，创新党建工作机制。全年召开党委会专题研究党建工作18次，镇村党建例会12次，实行党建专项考核制，对党建落实不力的开展谈话提醒6人次。建立网上调阅工作机制，按月对全镇27个支部进行全覆盖调阅，实行线上和线下业务指导相结合，全面推动党建工作求真务实、严谨规范。采用“党建+旅游”“党建+扶贫”等方式创新开展主题党日活动，奋力打造酒埠江特色旅游党建品牌。突出示范引领，推进“五化”支部建设。结合旅游开发创建了柘桑、普安桥、大田3个“五化”支部示范点，同时严格按照“八有三个一”要求，完成了其他10个村级综合服务平台的标准化、规范化设置，党员群众活动场所全面提质。慈联、黄竹2个软弱涣散党组织9月成功摘帽。全年发展新党员8名，转正党员8名，有力提升了基层党组织组织力。

【扶贫攻坚】 按照省、市“脱贫攻坚是天大的事，要尽天大的责、使天大的力”的要求，倾注工匠精神，下足绣花功夫，认真贯彻落实好县委、县政府决策部署，扎实推进全镇脱贫攻坚工作。2018年，全镇共实现105户281贫困人口脱贫，贫困人口发生率降为0.35%，扶贫工作取得显著成效。坚持“严”字当头，全面完成了走访调查、数据核实、精准识别等工作。2018年，动态调整后全镇共计贫困人口432户、1077人，未脱贫60户119人。全镇共有10个产业扶贫基地联结12个村，帮扶贫困户486户，1263人。每个村都有一个以上专业合作社，带动全村70%以上的贫困户发展产业，并评选出“脱贫之星”24人，433户贫困户参与了星级创建评议，激发了贫困户脱贫内生动力。对建档立卡学生实现不同学段教育帮扶147人，通过“三补助、三提高、三特别”等健康扶贫相关政策实现贫困人口医疗救助541人。全镇实现对建档立卡贫困户结对帮扶全覆盖，镇干部坚持“五个一”和“五个好”相结合，全面落实“三走访三签字”，按月按时走访。年末，酒埠江镇荣获2018年“株洲市脱贫攻坚先进乡镇”，镇党委书记谭智敏荣获“株洲市脱贫攻坚先进个人”，大田村支部书记艾国华荣获“湖南省脱贫攻坚先进个人”称号。

2018年度酒埠江镇各村（社区）基本情况统计表

表14

村(社区)	村民小组（个）	户数（户）	人口（人）	耕地面积（亩）	粮食总产量（吨）	人均纯收入（元）	党支部书记	村(居)委会主任
酒埠江	12	722	3280	1939	1163.4	20450	谢德荣	李仲东
白石冲	7	374	1630	1355	813	18715	赖根深	易　忠
大　田	18	752	3045	2838	1702.8	18492	艾国华	刘乐中
慈　联	13	544	2480	2611	1566.6	20353	虞泽民	刘怀珠
黄　竹	9	445	1903	2350	1410	18198	欧小兵	邹建平

续表14

村(社区)	村民小组(个)	户数(户)	人口(人)	耕地面积(亩)	粮食总产量(吨)	人均纯收入(元)	党支部书记	村(居)委会主任
木 联	15	594	2655	2597	1558.2	19192	刘卫兵	张国清
大 芹	13	655	2661	2507	1504.2	20226	李 龙	袁金荣
普安桥	14	630	2888	2556	1533.6	20215	黄祖翔	蔡建华
联 塘	13	462	2098	2058	1234.8	20224	文志刚	刘麦秋
柘 双	6	272	1087	1101	660.6	19800	贺吉辉	彭南山
酒仙湖	14	486	1938	1248	748.8	19985	曾爱武	文仕建
东 田	9	830	3733	877	526.2	19370	齐新伟	
江 北	8	1746	4466	0	0	19718	陈锡林	杨华云
合 计	151	8502	33885	24037	14422.2	19643	—	—

（周雄锋）

网岭镇

【概况】网岭镇辖20个行政村，3个社区，389个村民小组，总人口71312人，其中镇区人口1.58万人；土地总面积236平方千米，耕地面积60192亩，镇区面积10平方千米。2018年实现地区生产总值（GDP）93.78亿元，同比增长9.27%；财政税收3009万元，同比增长26.5%；公共财政预算收入3499.73万元，同比增长11%；完成工业企业固定资产投资7.23亿元，同比增长41.6%；城乡居民收入25978元，同比增长6.15%；规模以上工业企业总产值46.8亿元，同比增长7.23%；工业企业技改投资4.92亿元，同比增长35.9%，各项经济指标持续增长。被定位为攸州副中心城镇、工业重镇，被评为“全国重点镇”“湖南省文明村镇”“湖南省第三轮小城镇建设示范镇”及株洲市“十强乡镇”、株洲市推进新型城镇化试点镇。

【招商引资和优化经济环境】充分发挥网岭镇的交通区位优势和产业集聚优势，深入开展“全民大招商”战略，调动一切积极因素、创造一切有利条件，重点发挥网岭籍在外企业家和商会等主力军的桥梁和纽带作用，全年招商引资2.7亿元。成立网岭镇商会，拥有会员单位73家；新增6家规上企业，全镇规上企业总数达到38家。投资1200万元的英华米业建成投产，乐鼎环保、湘东情、敏锐科技有限公司相继建成投产。切实优化成本环境，加强涉企收费清理；加大对强买强卖、阻工揽工等违法行为的打击力度，调解破坏产业发展环境的纠纷67起。

【园区项目建设】基本拉通循环经济园主道路基，按照“1+3+X”工作思路，扎实做好园区规划修编。成功拆除远大水泥厂红线范围内最后1栋房屋，圆满完成历时10年的项目征地拆迁工作。网酒公路提质改造工程基本竣工，群众出行更加便捷；X111公路扩建工程基础设施建设基本完工，共建成21个涵洞，6段护坡。全年完成土地征收105亩，征收拆迁房屋74栋、15349平方米。

【农业基础建设】调整农作物种植结构面积4800亩，提质改造乡村道路112千米，包括拓宽道路44.4千米，新修道路19.8千米。投入310余万元，实施农村安全饮水工程项目，网岭片区主要解决远大水泥厂周边村组200余户村民饮水及移民的安全饮水问题，槚山片区主要对自来水厂进行更新改造，槚山片区居民的安全饮水工程进入施工阶段。投入100万余元，清淤防渗渠道27千米，山塘防渗25口，新修山塘2口，农业基础设施建设日趋完善。

【扶贫攻坚】强化结对帮扶，重点抓好就业、教育、健康、住房安全等扶贫工作。全镇实现贫困劳动力劳务输出673人，教育帮扶476人，健康签约965户，解决35户贫困户住房问题。坚持每月电话联系全镇1180名贫困劳动力，对他们的就业情况定期追踪并做好动态调整。坚持产业扶贫，建设长颐苗木、贾岭药博园、健坤农业、卡姆农场等21个产业扶贫基地，带动480余名贫困户增收260余万元，全镇187户、596名建档立卡贫困户顺利脱贫。开展贫困户星级创建活动，激发贫困户脱贫内生动力，脱贫户李可德获评全省脱贫攻坚奋进奖。

【社会保障】新增城镇就业人口333人，核减清除农村低保347人，全年发放各类民政资金350余万元；处理政策外多孩8起，免费优生健康检查900人次，“两癌”免费检测270人，全年征收社会抚养费65万元；完成全镇501份离任村干部个人任职调查核实工作，29938名村（居）民缴纳城乡居民养老保险费351万余元，全年新增235名村（居）民参保。

【综治维稳和安全生产】开展扫黑除恶专项行动，各村（社区）建立排查台账，公示举报电话，受理群众举报，共行政拘留39人，刑事拘留16人。切实抓好信访维稳，调处矛盾纠纷236起，调解成功232起，成功率98.3%，调解重大复杂矛盾纠纷16起，死亡纠纷6起，防民转刑3起，调解协议金额达1000多万元。开展法律援助和司法援助69次，积极引导群众依法维权，积极推进依法治访，全年无越级上访登记、无非访人员、无信访积案。深入开展安全生产大检查，开展各类专项行动12次，全面排查治理安全隐患，严厉打击非法违法生产行为，安全生产工作荣获全市先进。

【生态环境治理】全年完成中央环保督查交办件6件、省环保督查交办件4件、市环保督查交办件7件，已全部整治到位并如期销号。积极落实“河长制”工作职责，坚持一月一巡河，确保河流“岸洁、水畅、景美”。扎实推进农村人居环境综合整治，深化城乡同治，在镇区、各村（社区）实行垃圾分类处理；实行“4.0”标准化养殖，建立发酵塘、实现零排放，加强畜禽养殖污染防治，开展集中专项整治行动18次。关停高污染企业7家，开展建筑扬尘、餐饮油烟、工业废气等专项整治行动15次，让网岭的天更蓝、山更青、水更绿、土更净。关闭非法采、洗砂企业7家，关闭散乱污企业3家，刑事立案3起，罚款30余万元，水田、河道采砂现象得到有效遏制。

【美丽乡村建设】贯彻落实《株洲市农村村庄规划建设管理条例》，抓好乡村规划和建设，深入推进农村“双改”工程。全力打造罗家坪村、里旺村成为全省美丽乡村示范样板，罗家坪村争创省文明村称号，里旺村创建省级同心美丽乡村，北坪村被评为株洲市美丽乡村示范村。倾力建设“生态+旅游观光”模式的健坤农业科技园、贾岭药博园等乡村振兴产业园；着力在条件较好的罗家坪村、里旺村、北坪村试点资源变资产、资金变股金、农民变股东“三变改革”。将村级经济组织和村委会分开，成立土地、资产、置业、旅游、劳务5个独立运作的专业合作社，全年盘活乡村土地和资产以及组织劳务的收益超过200万元。建成宏大、洞井等村“门前三小”，让群众在家门口享受优质公共文化服务。

【党建工作】深入学习贯彻中共十九大精神和习近平新时代中国特色社会主义思想，持续推动“两学一做”学习教育常态化制度化，坚持定期开展支部主题党日活动。建成省内首家党建直播室，打造“永不下课”的党建新课堂，并得到湖南卫视等省市主流媒体积极推介。全年向全镇2513名党员推送6场党建知识直播，用“攸县话”讲党建知识、说党建故事，先后共有7000余人次观看直播。开辟各村网上党支部学习平台，社会反响较好。罗家坪党建+社会主义核心价值观青少年教育实践基地完成了市委组织部交办的党建“看、学、议”现场活动。8月22日，省委副书记乌兰到网岭罗家坪村调研党建工作，对罗家坪村的做法给予充分肯定并书面批示在全省予以推广。全镇3个“五化”支部示范创建点顺利通过验收，2个软弱涣散党组织成功摘帽，网岭镇获得2018年全县党建工作先进单位一等奖。

【作风建设】严格执行县委“十二分制管理办法”，通过多方位督查、多途径自查、多形式倒查，全年依法依纪处理4人。自觉接受人大法律监督，主动接受政协民主监督，累计办理人大代表、政协委员建议提案18件，办结率100%。加强政务公开和政府信息公开，办理县长热线、县长信箱、政务公开和网民留言137件。树立过“紧日子”思想，严控三公经费支出，杜绝非正常支出，坚决杜绝了村级应酬费、招待费支出，严格执行备用金制度，坚决杜绝村级财务白条入账，镇村两级财务实现规范化管理。网岭镇财政所被评为2018年省级星级财政所。全面加强廉政教育，筑牢思想防线，组织机关干部观看警示教育片，开展廉政警示教育活动，着力打造清正廉洁的干部队伍。在株洲市党纪法规知识抢答赛中，网岭镇过关斩将、荣获冠军。认真履行“一岗双责”“党政同责”，切实强化“互联网+监督”模式，加大整治查办力度，以市委巡察为契机，做到“查处一批、处罚一批、整改一批、警示一批”，全年共立案14起，处分14人，函询7人，批评教育6人，查处涉及“雁过拔毛”式腐败问题和扶贫领域作风问题8人，追缴违纪资金6.8万元。免去一名不作为、乱作为的村总支书记职务。

2018年度网岭镇各村（社区）基本情况统计表

表15

村(社区)	村民小组(个)	户数(户)	人口(人)	耕地面积(亩)	粮食总产量(吨)	人均纯收入(元)	党支部书记	村(居)委会主任
罗家坪	32	1118	4468	4100	250	24500	欧国胜	董爱荣
里旺	19	1008	3778	4445	3560	26878	张向东	邓经豪
涟滩	23	1017	3675	3039.13	2431.3	20050	王正中	李再生
宏大	32	1175	4458	3964	4000	28800	彭建平	谭建民
江塘	17	891	3588	3600	145	14000	龙玉荣	龙海云
北联	25	847	3847	3278.3	2294.81	19600	李希和	文育新
兴和	23	710	3098	2864	1718.4	16800	彭跃飞	彭理强
北坪	17	706	2868	3137	2120	15800	刘福元	傅刚强
笙塘	9	587	2496	2700	1890	12800	杨建雄	吴旭日
洞井	25	1518	4495	2181.99	1745.592	16800	唐三军	吴志平
甘溪	10	2764	4781	0	0	0	李绍远	谭衡武
大瑞	23	620	2389	2050.59	1530	18000	邱泉水	邓志良
宝山湖	8	408	1723	1452	400	18000	王爱宗	彭宜
灯笼桥	10	435	2025	1648	980	16800	李楚华	欧湘林
沙峰	11	485	2042	1664	998.4	18609	彭建平	唐灿云
龙蟠洲	14	601	2686	1986	1670	9860	宁又华	王为平
湖沙垅	13	618	2812	2317	120	14000	易良武	刘正明
槚山社区	21	820	3650	2664.04	1300	16000	易湘宝	易井立
株形	13	758	3325	2938	0	14800	刘红兵	陈曼云
网金	10	480	2050	1889	1200	15000	吴三元	欧阳武兵
武仓	8	376	1598	1485.48	2228.2	12300	李纲恒	罗小勇
伏陂	14	590	2680	2558	1790.6	14800	易永年	刘金雄
巷口山	12	586	2780	2560	1690.5	14600	朱余良	文伯玉
合计	389	19118	71312	58521.53	34062.8	16469	—	—

（谭妩媚）

皇图岭镇

【概况】皇图岭镇位于攸县北部，北接醴陵市，东邻江西省萍乡市，素有“湘东第一镇”之誉，为全国重点镇、全国第二批特色小镇（共享农业特色小镇），全省百强镇、文明镇，是湘赣边区乡村振兴示范区的中心重点镇。全镇总面积243平方公里，辖26个村社区，79941人，耕地面积6.3万亩，镇区面积2.1平方公里、镇区人口2.5万人。2018年全镇实现地区生产总值41.3亿元，增长7.4%；完成财税收入2529万元，增长39%；居民人均纯收入22828元，增长8.5%。全镇共有中小学校7所，其中原皇图岭片区中心完小4所，市坪片区中学1所，完小1所，高枧片区九年一贯制学校1所，在职教职工288人，在校学生4314人。有县级医院1所，卫生院2所，医务人员312人。敬老院1所。

【“特色小镇”建设】2018年，一是基本完成了整体布局和首批建设项目。即围绕高速路出口建设万亩现代农业产业园，首期引进了中科雅达智慧农业园项目；围绕沙河打造万亩共享田园综合体；围绕丹陵大道两厢建设特色新镇区，重点引进了中彩集团京沙城综合开发项目；围绕106国道改造提质老镇区，启动了棚改、改扩翻和老市场提质改造项目，改扩翻341户2019年初将完工。围绕整个攸县北部建设一批特色农业基地，引进扶持了湘溪农业、坤瑞生态、弘之源等一批特色企业和基地建设。二是全力推进项目履约落地。主要有一期投资50亿元的皇图岭共享田园综合体项目，投资3亿元的智慧农业园项目和投资10亿元的京沙城综合开发项目；3家企业均在皇图岭注册并组建了项目公司，项目详细规划基本成型，智慧农业园已于11月11日正式动工。三是重点促进配套发展产业。基本确定了中高档蔬菜、油茶、黄豆、苗木和中草药，含种植及加工等产业发展方向。突出片区开发和服务引导，制定施行特色产业发展“十奖励五保障”办法，争取了攸县香干产业园落户皇图岭，逐步形成了发展特色农业产业的氛围和影响力。

【农业产业发展】2018年，全镇有百亩以上的种粮大户179家，千亩超级大户5家，水稻种植专业合作社45家，农机专业合作社31家，耕地面积7.1万亩，水田面积5.7万亩，土地流转面积50280亩，占水田面积将近90%。全年种植绿色水稻面积800多亩，玉针香、泰优390、农香32等高档优质稻14000多亩，提升了农产品质量。全镇拥有高速插秧机78台、农用大拖拉机136台、联合收割机139台、谷物烘干机45台、日烘干量500吨、智能化育秧工厂2座、油菜联合直插机8台、无人植保飞机15台、埃森大型自走式喷雾机3台，培育了三家机械化植保公司，能基本保障植保社会化服务。全年完成新造林2600亩，其中用材林1800亩，油茶新造800亩，其他造林1540亩。油茶低产林改造8500亩，楠竹低产林改造3000亩，中幼林抚育5700亩。

【社会救助和扶贫攻坚】全年发放春荒救助金18万元；新增五保2户，发放救助金10万元；发放重点优抚对象定补资金400余万元，发放临时救助金55万元，发放慈善救助金27万元，发放冬春救助金18万元，发放矽肺群体资金16.5万元，发放住房专项资金38.5万元。为残疾人临时解困24人，解困资金3.5万元。深入开展脱贫攻坚，两次精准识别再摸底再核查，确定建档立卡贫困户729户、2171人，上报特困户236户。培育了产业扶贫基地30家，完成脱贫摘帽183户596人。

【基础建设】2018年，启动全镇农村道路提质改造项目，完成污水处理厂及配套管网建设，完成镇区黑臭水体整治项目。拓宽改造农村公路51.14公里，建成村级公路汇车道684处。严格执行株洲市城乡规划实施办法，按规定完成办证182户，巡查违规违法建筑30次，强制执行拆除3户。完成土地测量面积5000亩，完成危房改造18户，完成60户棚改项目的摸底算账工作。

【生态环境建设】封山育林面积16万亩，森林覆盖率达63%以上；古树名木挂牌保护50株，公益林落界2.5万亩，完成义务植树16万株，绿化乡村道路两旁18.7公里；湿地调查面积980亩。

【党建工作】积极开展“五化支部”创建，督导24个村社区新建或改建了阵地，成功创建3个五化支部示范点；完成界联和新乐两个软弱涣散村摘帽。以主题党日活动为载体，将美社区行动、禁毒宣传活动、防汛抗旱、河长制、扶贫攻坚等工作融入党建中，充分发挥党员积极性和模范带头作用。全面完成违反中央八项规定精神突出问题专项治理工作，切实强化监督执纪问责力度，党纪立案10件、党纪处分11人，确保了党风政风民风总体向好。

【村干部队伍建设】2018年，皇图岭镇紧紧围绕“基层党建提升年”，紧扣县两突主题，党建统领特色小镇建设，抓党建促发展。一是优化村干部结构。132名村干部中，高中以上学历87人，至少有1名大学及以上学历“两委”干部的村有12个，每个村都至少有2名以上35岁以下的年轻党员，村级队伍较去年明显呈年轻化、高学历化。二是加强村干部培训。2018年组织26个村（社区）书记、村主任到浏阳市大瑶镇和金井镇参观学习，组织所有妇女主任和村秘书到酒埠江学习，每村确定一名党建专干并到县委党校参加党建业务知识培训。三是加强村干部教育管理。出台村（社区）工作考评细则以及村（社区）干部绩酬挂钩考核工作方案，执行村账镇代理制度、村级工程招投标制度和村级备用金管理制度。坚持“一岗双责”和廉洁自律制度严格，加大处罚力度，加强了支村班子教育和整治，落实中央“八项规定”清理整改，提醒谈话25人，立案查处党员干部7名，常念紧箍咒，较好地保护干部。

2018年度皇图岭镇各村（社区）基本情况统计表

表16

村(社区)	村民小组（个）	户数（户）	人口（人）	耕地面积（亩）	粮食总产量（吨）	人均纯收入（元）	党支部书记	村(居)委会主 任
荫 泉	26	1048	3995	2860	2595.6	18000	钟树庚	陈正西
龙 和	9	568	2488	1998	1598	17200	黄新华	张建立
高新	13	558	2371	1948	974	21000	周运娥	张铁成
共 和	8	438	2022	2350	1500	24800	胡鸽平	胡鸽平
富 厚	14	758	3160	2507	4760	24000	谢双龙	欧全心
港 口	13	756	3059	3142.54	2800	24000	杨国东	邓新云
新 联	14	627	2565	2653	1275	12000	刘新华	王建成
丹 塘	11	675	2760	2720	1250	11500	陈禾林	李昌德
笔 和	22	1120	4861	4550	3740	19600	邓玉康	刘玉虎
皇 图	17	680	2680	1647	823	18000	陈建新	张端华
皇 新	18	736	2986	2961	1480	18000	何雪林	贺福乐
西 街	9	1239	5664	100	无	26000	瞿艳民	荣艳梅
金 塔	7	1069	3098	无	无	28000	刘铁尧	刘铁尧
山 关	12	446	1786	1322.97	650.6	18860	陈伟国	刘树平
芳 田	19	984	3867	4838.8	4020	24800	颜忠华	谭正国
李家铺	12	439	1797	1855	779	20800	刘少梅	左卫阳
界 联	16	568	2309	2439.75	1580	26000	贺清生	罗灵芝
高 枧	16	770	3366	2878	675	18800	丁胜昔	张叶德
新 乐	17	823	3146	2889.5	1800	20100	汤望平	汤锡钊
白日坳	13	568	2415	2496	1700	14250	丁雪旗	丁刘熊
长 华	11	418	1821	1680	1200	21400	刘秋胜	贺启连

续表16

村(社区)	村民小组（个）	户数（户）	人口（人）	耕地面积（亩）	粮食总产量（吨）	人均纯收入（元）	党支部书记	村(居)委会主任
河田	14	987	4987	3700	2325	16000	张佑权	刘德兰
麻城	17	785	3248	3425	1980	24800	颜昌琪	卢一星
市上坪	19	768	3688	2688	2115	24500	刘建珍	颜龙田
鹏江	14	696	3014	2644	1630	18000	王秋荣	谭建军
合计	376	19184	79941	64823.56	44850.2	—	—	—

（谭　健）

宁家坪镇

【概况】宁家坪镇位于攸县北部，沙河河畔，镇政府驻地宁家坪社区双联组。2015年12月全省乡镇区划调整，以原坪阳庙乡和原湖南坳乡为行政区域，合并成立新的宁家坪镇人民政府。辖区总面积204.94平方千米；辖21个村（社区），459个村民小组；总人口52429人。2018年，全镇实现国民生产总值18.92亿元，同比增长7.5%；社会固定资产投资13.22亿元，同比增长6.1%；规模以上工业产值24.35亿元，同比增长7.75%；农村居民人均收入19769元，同比增长8.3%。完成税收2500万元，其中总部经济税收506万元。2018年被评为市文明镇、县文明建设红旗单位、攸县党建工作先进单位、综治维稳工作先进单位。

【产业发展】煤矿产业实现转型。积极推进沙洲里煤矿与黄丰桥镇上严塘煤矿进行资源整合重组，妥善处理煤矿合并后矽肺群体上访、煤矿员工工伤等遗留问题，成功完成煤矿产业转型。大力推进种植结构调整，积极进行土地流转，完成7000多亩青贮玉米种植，打造玉米产业基地，种植紫珠草药材500余亩。全镇作为种植结构调整示范成效显著，副省长、省农业厅、市长等省市县领导多次现场考察指导。生态旅游初显成效。完成了2.3万亩油菜种植，发展了“产业+旅游”新生态产业，油菜开花时期，接待大量游客，获得了良好经济效益。成立宁家坪镇商会，促进驻镇企业相互共赢、共同发展。有百海燃气项目、天台山田园生态山地公园项目、南湖山庄二期建设项目、青贮玉米产业园、康养教育基地等一大批综合投资项目达成投资协议。

【基础建设】完成山塘清淤5口、山塘防渗20口、山塘新修1口，渠道防渗28千米、清淤27千米，水毁修复21处，完善了龙旺村渡槽后续工程处理及下湾村甘棠崖水库防渗工作，水利条件持续改善。拓宽农村道路67.5千米，新修错车道425处，完成“村村通”硬化道路2千米。积极推动棚户区城中村改造项目，完成了53户、建筑面积5794.7平方米的拆除任务；落实了三个镇区的污水处理厂项目规划及选址，确定了宁家坪镇区居民自来水供应方案；完成了宁家坪大桥、宁坪公路连接线工程建设，桥面铺设、路面硬化、路灯架设等全面完成，2018年底通车；投入970余万元，完成了镇区一期排水工程改造和人行道建设600多米。

【社会保障和扶贫攻坚】全镇完成低保评审459户，1477人，其中低保兜底户62户，121人。加强敬老院内部设施建设，集中供养五保户48人，为老人营造了安逸的居住环境。残疾人动态更新信息采集1071人，核实特困残疾劳动力103人，全年发放优抚资金320万元，困难群众得到持续保障。争取拨款122.15万元，对全镇47户易地搬迁户的住房条件及配套基础设施建设进行整改，保障了住房安全。2018年成功脱贫232户812人，29个产业扶贫基地共带动300多户贫困户增收20多万元，向上级争取扶贫项目资金100万元，为122户406人进行第一批资助11.2万元。

【生态环境治理】成立环境保护工作领导小组、河长制工作委员会，严格落实河长制，全镇10条主要河流实现责任管护到人，清理河道“四乱”2处。全面整改上级督办交办环保问题2个，捣毁非法采挖河砂、山砂及洗砂场6处，关停炭烧煤矸石场2个，整改生猪养殖场5个，关停垃圾焚烧炉3座，清理非正规垃圾堆放点1个。

【综治维稳和安全生产】加大信访维稳力度，建立“一把手”接访制度，实现了“两会”期间“零进京赴省”上访，成功办结上级信访交办件5件；积极开展扫黑除恶专项整治，在全镇范围开展暗访摸排20余次，并成功处理涉黑案件1起，社会大局平稳可控。深入开展“大排查、大管控、大整治”行动、“打非治违”百日行动、安全监管“强执法、防事故”行动等多项活动，对78家企业进行地毯式排查，整改安全隐患69处。全年没有发生一起较大级以上的安全生产事故。

【基层党建】深入学习贯彻中共十九大精神和习近平新时代中国特色社会主义思想，坚决做到“两个维护”，持续推动“两学一做”学习常态化制度化。按月开展主题党日活动，组建乡镇巡回宣讲团，开展“不忘初心，牢记使命”主题宣讲22场。突出思想引领，深入开展“治陋习、树新风”移风易俗工作，倡导乡贤文化，树立乡风文明，乡村赌博、大操大办红白喜事得到了有效治理。加大文化教育宣传阵地建设，打造“门前三小”南湖山庄示范点，实现21个村农家书屋、活动广场全覆盖。规范组织建设。进一步规范了组织生活程序，保障组织生活正常化，完成了14个村级服务平台新建和改建任务，推动了“五化”支部建设，全面整顿软弱涣散村2个，成功实现摘帽。南湖山庄·先锋站“两新”党建示范点成功接待了全市多个参观学习考察团，得到市委组织部的高度肯定。

2018年度宁家坪镇各村（社区）基本情况统计表

表17

村(社区)	村民小组（个）	户数（户）	人口（人）	耕地面积（亩）	粮食总产量（吨）	人均纯收入（元）	党支部书记	村(居)委会主任
联和村	21	834	2543	2386	1100.2	20484	邓寿柏	董普良
宁家坪	31	834	3215	3445	2841.2	22608	欧阳全福	刘胜天
龙旺村	27	652	2546	2789	2007.2	19927	刘祖锡	吴箭舞
坪双村	13	296	1204	1220	850.5	17301	谭三查	王建喜
坪塘村	14	545	2015	1652	1005.4	19493	聂健	刘艳红
坪台村	16	714	2639	2117	1445.3	21285	王吉元	王建强
黄公村	44	1129	4561	3600	2851.1	20252	曾林冲	皮攸广
双凡村	10	456	1780	1201	840.1	17314	王敏	罗石岩
双松村	15	550	2070	1335	851.8	16077	王义义	周国荣
龙泉村	11	386	1436	1054	801.1	16735	邓飞跃	唐正再
笔武村	34	917	3705	2743	1840.4	20443	刘怒泼	陈建平
排山村	25	607	2324	978	748.4	24339	刘宗海	刘建良
杜口坪	13	433	1694	1245	859.2	18072	陈文军	陈元旦
龙田村	12	478	1880	2012	1321.1	18397	谭佰胜	陈小中
下湾村	34	735	2847	2910	1850.6	20313	谭又星	贺玉宝
双田村	24	502	1950	2022	1322.2	18384	胡丙顺	丁宗豪
田心村	30	1085	3442	3200	1749.4	20228	刘建民	刘元锡
大兴村	17	464	784	1560	1271.2	19333	贺秋谭	贺秋谭
大祥村	14	631	2514	2417	1742.1	19049	郭辉民	谭清荣
金水村	27	808	3212	3110	1999.1	22507	刘龙云	

续表17

村(社区)	村民小组（个）	户数（户）	人口（人）	耕地面积（亩）	粮食总产量（吨）	人均纯收入（元）	党支部书记	村(居)委会主任
自力村	27	767	3067	3217	1842.2	22629	邓自伟	邓小勇
合　计	459	13823	52429	46213	31139.8	19770	—	—

（张　浩　陈清泉）

丫江桥镇

【概况】丫江桥镇地处攸县西北部，土地总面积160.1平方公里；辖15个村和1个社区（2017年4月17日将中和、同富两个村进行合并为华富村），240个村民小组，10539户，总人口46148人；耕地面积36789亩，其中水田34903亩、旱土10737亩、林地面积18.5万亩；境内铀、钼、钨矿等贵重金属储量较为丰富。全镇道路总长130公里，有中型水库1座，小Ⅰ型水库1座，小Ⅱ型水库13座。有文化站1个、乡村大舞台3个、中小学校7所（其中中学2所，小学4所，教学点1个），在校正式职工134人，在校中学生716人，小学生1759人。卫生院1所，病床50张，村卫生室17个，医护工作人员46人。2018年，全镇实现工农业生产总值16.3亿元，实现财政收入1628万元，税收647万元，农民人均纯收入19816元。

【产业发展】近两年来新增企业70余家。其中有株洲市德祥生态农业有限公司、攸县敬信水稻种植专业合作社、株洲市继发生态农业开发有限公司、攸县飞成油茶种植专业合作社等，共计带动就业人员500余人。全镇百亩以上种粮大户20家，水稻种植专业合作社25家，种植油茶、苗木15000亩，有机稻、蔬菜种植5000亩以上，另有水产、家禽养殖专业合作社20余家，带动村民创业就业，为建档立卡贫困户提供就业岗位。

【基础建设】镇区改造投资从419万元增加到623万元，完成第一阶段建设；公立幼儿园项目顺利推进，基建工程建设完成50%；顺利完成4个村的农村综合服务平台建设、2个村综合服务平台提质改造；农村道路提质改造完成近80%；总计投入1000余万元，在樟树、仙石、联江片实施良江河治理及沙河流域水土保持项目。七〇七矿退役治理项目已完成立项，完成双江加油站环保改造和供电所新建项目征地工作。

【农村扶贫和社会事业发展】扶持15个产业扶贫基地，共联结帮扶贫困户542余户，完成易地搬迁42户，危房改造58户，建立21个村级电商服务中心站点，申报水利、交通、产业等基础设施项目35个。转移就业341人，全年拨付各类扶贫资金589.68万元，实现脱贫183户583人。全面清理农村低保、五保，及时落实社会救助；全年发放低保、五保金348万元，解困救助资金96万元，保障水平全面提升。建成松江村门前“三小”工程示范点，完善8个文化活动广场和16个便民服务中心，解决希望小学配套设施历史遗留问题，完成镇中学运动场项目建设。

【乡村环境治理】依法拆除破败空心房61栋11000平方米，拆违控违工作走在全县前列并做先进发言；全面深化城乡同治，三季度城乡同治获全县第一；全面抓实污染防治，获批2家污染治理试点，整治10处河流的“四乱”现象，打击非法采砂行为20余起，对近400余户养殖户进行全面摸底排查，人居环境得到提升。

【综治维稳和安全生产】以稳定为基线，狠抓“大排查、大管控、大整治”工作，累计调处矛盾纠纷153起，调处成功率98%；稳妥处理突发事件3起，化解信访积案2起，重点涉访群体得到了有效控制，实现了进京赴省上访“零登记”。认真处理县长热线和县长信箱中有关本镇的群众咨询、建议和投诉，办结率、答复率均为100%。开展扫黑除恶、黄赌毒专项打击活动，全年会同派出所处理治安案件16起，查处12起，打击地下赌场1起，强戒5人，社会风气得到肃清。大力开展移风易俗，积极弘扬社会主义核心价值观，督促各村完善村规民约，乡风文明逐步提升。组织安全生产执法督查活动28次，取缔2个无证经营点，整治6个安全隐患项目，安全生产零事故。

【干部队伍建设】通过红色讲堂、主题党日等学习教育活动，强化干部的理论武装和党性修养；积极组织和参加业务培训，全面提升业务能力，打造了一支“高效、廉洁、能干事、干成事”的精干干部队伍，更好地干事创业。严格绩效考核管理，实行一月一考核、考核结果与绩效挂钩；严格执行村级管理制度，开展村级班子运行情况调研。落实党风廉政建设“一岗双责”制，全面加强镇村党员干部作风建设。2018年，镇纪委立案10件，提醒谈话331人次，组织党风廉政建设教育15次，有效传递了从严执纪的压力。

2018年度丫江桥镇各村（社区）基本情况统计表

表18

村(社区)	村民小组（个）	户数（户）	人口（人）	耕地面积（亩）	粮食总产量（吨）	人均纯收入（元）	党支部书记	村(居)委会主　任
联　江	15	501	2326	1780	1150	18200	阳丙建	阳再武
仙　石	17	904	3808	2896	1737	20340	罗正华	易天葵
新杉岭	14	538	2390	1885	1508	19600	周四方	刘飞鹏
万　兴	8	506	2187	1771	0	17400	张松柏	何建平
华　裕	11	493	2228	1651	0	9760	刘铁富	易新江
增佳新	18	615	2586	2011	1911	20016	易德华	
源　佳	17	528	2238	1586	1610	21360	易亿德	王跃进
严　良	17	568	2236	2230	1820	18513	彭礼华	皮建福
盆　上	17	612	2746	2424	2375	22936	彭亦良	黄年云
联　胜	25	750	3800	2583	2200	24950	常运和	朱四清
双　江	22	960	4900	2358	1890	27660	易爱国	廖双全
三　峰	13	628	2585	2486	2486	16890	张文德	胡晓良
明　月	7	568	2356	1936	1500	19860	王新安	易矫建
松　江	10	523	2272	2360	1831	19875	刘开耀	陈国荣
华　富	12	1047	4466	4003	3128	19560	贺雪梅	阳建文
樟　树	17	798	3024	2829	2490	20130	刘龙生	刘春云
合　计	240	10539	46148	36789	29136	19816	—	—

（陈朝琦）

新市镇

【概况】新市镇由原新市镇、原钟佳桥镇、原大同桥镇三镇合并而成，位于攸县中部，南临县城，北接网岭。全镇总面积约185.26平方千米，辖25个村、2个社区，共698个村民小组，总人口84643人。镇内有卫生院3所；中学3所，小学13所，幼儿园11所。有75个党支部，3006名党员。耕地面积6.8万亩，年产粮食6.9万吨。财政收入2170万元，基本税收1417万元。完成企业固定资产投资1.63亿元。

【产业发展】省畜牧育种产业园项目的湖南天心种业股份有限公司，一期工程总投资7000万元，于2018年6月2日全面完工验收；二期工程为原种猪场项目，总投资5000万元，于2018年底顺利完成。加大株洲众森生态农业园开发力度，完成了2.2千米的悠闲农庄道路桥梁建设，开辟了近26.67公顷的天然牧场，被评为“湖南省五星级休闲农庄”。成立了攸县鑫钟水稻种植专业合作社，以及攸县高道水产养殖专业合作社，分别占地53.34公顷和40公顷，总投资分别为430万元和400万元。建成稻虾养殖基地82公顷，集中连片种植荷花101公顷，大豆396.8公顷，种植总面积533.34公顷。

【社会保障和扶贫攻坚】严格落实五保、低保审批程序，加大临时救助力度。共计发放临时救助资金100余万元，救助239人。争取4万余元慰问69名计生特殊家庭，春节走访132户困难家庭，慰问资金5.5万元；组织485对夫妇孕前免费检测，1400多名农村适龄妇女“两癌”筛查。新农合缴费人数65611人，完成比例92.9%；城乡居民养老保险缴费人数29408人。年初成立由镇党委书记和镇长任“第一责任人”的脱贫攻坚“双组长”责任制。对2017年42户易地搬迁对象进行逐户实地核查、现场交办和整改验收，剔除因精准识别和原址重建问题贫困户6户28人。完成已脱贫贫困户旧房修缮加固54户，确保贫困户住房得到保障。

【基础建设】完成镇区提质改造项目3千米，总投资约1500万元。实施农村道路提质改造60千米；修建错车道470处；修建桥梁1座。完成10个新建村级服务中心。积极争取移民安置区整村推进项目资金150万元。投入36.2万元实施绿化工程，其中20万元用于30千米镇区道路绿化，16.2万元用于54千米的村主干道路绿化。积极争取各方支持，共筹集约378万元，安装了1417盏路灯，修复60余盏。

【乡村环境治理】加强日常巡河和污染隐患排查。镇级河长每月巡河3次，村级河长每月巡河4次，确保河道漂浮垃圾得到及时打捞和清理。开展打击河道非法采砂专项行动，严厉打击非法采砂行为，保护河道生态环境。实地检查畜禽养殖企业98次，全面摸清规模、相关环保设施和排污情况。治理沙场等企业扬尘5起，完成扶田垃圾场清理治理及18家“散乱污”企业排查整治整改；调处2家“噪音”污染企业；恢复3座污水处理站正常运行，并制定后期维护护制度；严厉打击电鱼、炸鱼和非法采沙等破坏生态环境行为。

【综治维稳和安全生产】明确党委政府在抓社会管理创新中的职能定位，按照全省综治工作会议精神，开展综治维稳工作。共排查各类矛盾纠纷285件，调解成功率100%，为群众挽回经济损失216.3万元。开展扫黑除恶专项斗争，着力整治社会治安突出问题。抓好普法教育宣传，深入开展平安创建和禁毒宣传工作，提高全镇公民的法制意识和拒毒防毒意识。全镇无民转刑案件发生，无群体性事件发生。定期组织到企业现场督查安全情况。加强烟花爆竹企业高温雷雨季节的停产监控，严把企业节后、高温季节停产整顿复工验收关；开展2次烟花爆竹零售店突击检查；对镇域3家加油站和36家烟花爆竹经营店、3所中学校车进行2次以上的严格安全检查。对全镇玄武岩石料矿、烟花爆竹企业（经营户）、道路交通安全和学校等开展集中执法行动累计122余次，检查生产经营单位138家，取缔1家非法加油站和非法煤气站，15处隐患均已整改到位。

【美丽乡村示范——丁家垅村】丁家垅村土地总面积2.09平方公里，耕地1765亩，其中水田1700亩，旱土65亩，有山林面积400亩，其中油茶和生态林面积300亩。全村有15个村民小组，589户，总人口2572人。按照布局美、环境美、产业美、生活美、风尚美的“五美”乡村格局，制定了30年的村庄规划图，着力完善基础设施，打造乡村文化品牌，改善乡面貌，美化人居环境。已建成丁香苑等4个村民休闲广场、1个老年活动中心、1个村级图书室、1个乡贤馆。荣获了“湖南省美丽乡村创建示范村”称号。

2018年度新市镇各村（社区）基本情况统计表

表19

村(社区)	村民小组(个)	户数(户)	人口(人)	耕地面积(亩)	粮食总产量(吨)	人均纯收入(元)	党支部书记	村(居)委会主任
界江	21	945	3615	2756	2904	19810	刘四新	刘跃华
丁家垅	15	589	2572	1700	1505	18232	丁雪龙	丁卫东
罗潭	37	851	3386	3350	2930	17982	罗志(8月止)	巫新云

续表19

村(社区)	村民小组（个）	户数（户）	人口（人）	耕地面积（亩）	粮食总产量（吨）	人均纯收入（元）	党支部书记	村(居)委会主　任
观　背	41	1001	4187	3464.6	3470	18030	颜春生	谭和平
大　同	32	768	3148	2730	2914	18529	王　勇	胡　云
何　岭	49	1268	5328	3984	4085	18277	何凌云	何建成
善　桥	11	714	2819	1068	1150	20450	欧清辉	丁喜鹏
善　化	23	565	3120	2097	3774	17210	罗树勇	旷大成
土　楼	28	626	3628	2337.14	3381	18078	张连方	谭建荣
新虎塘	24	556	2396	1627	1857	17542	彭良仔	谭连生
平　田	34	672	2732	3397	3452	17318	李建国	朱武华
方　溪	23	513	2150	2300	2324	17401	邓国辉	刘飞纲
钟佳桥	30	779	3798	3045	3068	17232	占花兰	刘荣华
协　塘	32	756	3389	3479	3597	18269	阳喜连	王建设
排　楼	28	752	3116	3003	2873	17583	刘亦江	陈善平
福寿湾	25	576	2200	2400.8	2495	17323	刘春雄	陈志11月止
大桥头	18	727	2638	2720	2738	18039	刘新年	吕双胜
光　明	27	732	3092	2154	2379	17851	唐雪刚	周伟民
回　龙	31	783	3454	2655.5	1755	17895	刘爱平	谭跃飞
文　和	19	410	1803	1680	1745	16453	阳爱生	王大力
新　联	15	508	2058	2060	2165	19868	陈松柏	文升平
庚　子	33	704	3067	2682	2223	17810	易炳才	杨福全
新　中	19	2160	5960	2200	1869	18549	易炎炎	易双芬
新　市	14	604	2168	1568	1550	17865	刘北平	刘湘骥
桐　梓	32	752	3106	2974	2855	18578	付正中	刘祥德
桐　树	20	597	2645	1864.4	1602	19758	文建兰	谭海龙
山　门	17	756	3068	2765	2433	18780	付全国	易喜云
合　计	698	20664	84643	68061.44	69093	18174	—	—

（曾　康）

莲塘坳镇

【概况】莲塘坳镇辖16个村、4个社区，319个村（居）民小组，10742户，总人口47742人。土地总面积为269.83平方公里，耕地面积34403亩，林地面积29.5万余亩。全镇有文化站1个，乡村大舞台3个；中小学校15所，其中中学2所，中心完小2所；卫生院3所，医疗点22个，医护人员63名，病床40张。2018年，粮食总产量68.6万吨；实施封山育林，完成新造林及迹地更新造林4200亩，其中油茶500亩、杉树3700亩；完成重金属耕地修复治理14800亩、种植结构调整3700亩。全年完成GDP17.9亿元，同比增长8%；公共财政预算收入3561万元，同比增长8.7%；社会固定资产投入7.3亿元，同比增长8.9%；农村居民人均可支配收入达到31276元、21585元，分别增长8%、7.8%。扎实推进脱贫攻坚工作，全年全镇共258户，735人顺利脱贫，省级贫困村先锋村顺利脱贫摘帽。全面实施镇村容貌秩序规范，加快建设美丽乡村，山田、新华成功创建市美丽乡村示范村。

【产业发展】成功举办第四届湖南油茶文化节暨第二届湘天华杯全球诗词大赛颁奖典礼，拉动旅游消费力。积极申报传统村落，打造特色旅游新景点，幽居泉坪入选中国传统村落名录，旅游开发加快升温。湘天华油茶基地一期工程于2018年10月完工并投入使用，二期工程已投资3000万元，预计2019年投入使用，启动五凌风电等一批重大产业项目；挖掘资源优势，深化产业招商，新增两家规模企业；成立莲塘坳镇商会，实现招商引资5000万元。

【社会事业发展】大力推动教育公益事业发展，积极促成巨田小学教育基金成立；发展优质教育，镇区中学中考成绩喜人，县一中考生录取人数56人，创历史新高。建成文化小广场10个，第一批“门前三小”文化广场示范点银坑长坪服务点已投入使用。着力提升计生管理服务质量，完成优生遗传检测任务400人次，奖励扶助落实到位率100%；全镇社会抚养费立案率100%，结案71例。继续保持湖南省省文明村镇、攸县人口和计划生育工作良好单位等荣誉称号。

【基础建设】深入推进“产业项目建设年”活动，加大力度突击抓好市县重点项目建设。投资7100余万元，永久征地853亩，相继完成了阳升观水库项目进场道路、用电设施和附属工程建设。投资1100余万元，完成了五凌风电项目进场道路建设，加快推进二期工程强化镇村规划管理和提质改造，推进道路、给排水、亮化、绿化等基础设施配套。投入项目资金635万元，扎实推进镇区提质改造和文化广场建设。顺利建成阳升观大道，并运行通车。完成同联普通居民小区开发项目，完成征地65亩，并已实施挂牌出让。改扩建16个村级活动场所。

【综治维稳和安全生产】深入推进综治维稳工作，成功稳控信访老户、群体30余次（批），打击非法上访户3人，息访17人，实现了赴省进京非访零登记。不断深化安全生产监管，组织安全生产专项检查35次，检查生产经营企业单位90次，荣获全市安全生产先进单位称号，有效保障社会大局和谐稳定。荣获攸县政法综治维稳工作红旗单位荣誉称号。

【干部队伍建设】全面落实从严治党主体责任，严格开展“三不党员”清理，严厉惩治“四风陋习”和“雁过拔毛”问题，三公经费大幅下降。深入开展“马上就办，真抓实干”活动，强化执行和落实，提升效率和水平，做到问题及时解决、矛盾及时化解、纠纷及时处理。建立和完善目标管理考核、制定村级“三资管理”制度，大力推行村务公开。落实“一村一策”，完成下洞、星和2个软弱涣散党组织的整顿工作；开展“十联审”工作，累计审查107人、开展谈心谈话300余人次、处理信访件7件，办结问题线索13条、党纪处分10人、组织处理18人。修订完善《干部绩效管理考核方案》，深入推进“周安排、月调度、季测评、年考核”的管理模式，政风行风明显改善。

2018年度莲塘坳镇各村（社区）基本情况统计表

表20

村(社区)	村民小组(个)	户数(户)	人口(人)	耕地面积(亩)	粮食总产量(吨)	人均纯收入(元)	党支部书记	村(居)委会主任
幽居	8	308	1403	1134	1070	1.90	龙金华	周龙华
下洞	13	452	2046	1750	1512	1.93	王国兰(2017年6月起)	刘三阳(履行村主任职务)
下田	7	268	1178	890	964	1.75	宁书文	张雪成(2017年5月起)
高楼	7	387	1623	1143	1190	2.26	吴刘国庆	贺靳装
银坑	26	863	3670	2988	2641	2.12	周冬林	周海斌
枧头	14	396	1748	1542	1436	1.76	王正德	陈寿兰
南水	9	448	2100	1550	1477	2.04	王雄建	王周平

续表20

村(社区)	村民小组(个)	户数(户)	人口(人)	耕地面积(亩)	粮食总产量(吨)	人均纯收入(元)	党支部书记	村(居)委会主 任
阳升观	12	675	3060	1432	1253	2.30	汪正安	钟新华(2017年6月起)
廖 公	13	348	1521	931	620	2.18	廖玉其	谢晓荣
星 和	10	476	1889	1083	966	2.11	蔡建华(第一书记)(2018年3月5日起)	贺牛仔(2017年5月起)
中 江	9	387	1742	1260	704	1.83	吴肖洹	陈才良(2017年5月起)
凉 江	9	487	2198	957	945	1.96	刘会宜(2017年5月起)	文丙端
山 田	19	871	3586	2073	1886	2.20	李立球	刘武冬(2017年5月起)
先 锋	21	387	1837	1224	1136	2.02	张运仔(2017年3月起)	张福兰(2017年5月起)
新 华	28	576	2781	2064	2683	1.59	谭南凯	曾跃志
新 朝	22	628	2679	2344	2247	1.98	朱小毛	尹陈云
沿 龙	17	568	2768	1583	1711	1.72	游玉莲	陈龙元(2017年5月起)
同 联	43	848	3699	2934	2756	1.89	陈建明	单新华
盘 联	10	492	2276	1623	1603	1.77	张新伟(2017年3月起)	张新伟
巨 田	22	877	3938	2897	2936	1.72	张 敏(2017年3月)	张来德(2017年5月起)
合 计	319	10742	47742	33403	31736	1.95		

（皮海彤　谢　敏　陈碧璠）

菜花坪镇

【概况】菜花坪镇辖12个行政村，1个社区，253个村民小组，7799户，总人口3.6万人。土地总面积105平方公里，林地面积8.5万亩，耕地面积2.96万亩，其中水田2.55万亩，旱土0.41万亩；有小Ⅱ型水库共22座。有中学2所，小学8所，在校学生4927人；有卫生院2所，医疗卫生人员62人。2018年，粮食总产量27002吨；完成地区生产总值10.72亿元，税收682万元；实现财政收入1834.65万元，居民人均纯收入24581元。

【特色农业产业发展】始终坚持农业强镇战略，把突破口放在发展特色现代农业上，以花卉、苗木、果蔬为主导产业，着力打造花木之乡、苗木之乡、果蔬之乡。全镇共有23家规模化农产业基地。其中1000亩以上农产业基地6家，即投资近亿元、占地266.67公顷的振源脐橙产业园，投资3000万元、占地333.34公顷的红旺园林，投资4000多万元、占地266.67公顷的亚材林业，投资1.2亿元、占地120公顷的云田花卉，福瑞特枣园和樱花基地。规模以上养殖基地2家，即常年存栏量达5万余尾的叶飞家禽养殖场，年产量突破1万头的亚材生猪养殖场。

【基础建设】结合《株洲市农村村庄规划建设管理条例》，有序推进新农村基础建设。完成山塘清淤4口，造林800多亩；完成芷陂村的安全饮水工程，高和社区的安全饮工程已立项；高标准完成弄塘广场“门前三小”项目建设；实现“三所一队”（看守所、拘留所、武警中队）整体乔迁；对全镇32条道路进行了提质改造，总里程48.7千米；高标准完成弄塘广场“门前三小”项目建设；完成3个村的农村电网提质改造项目。

【社会事业和扶贫攻坚】完成菜花坪敬老院办公楼改造工程；全面完成新建便民服务中心5个，改建便民服务中心3个；完成对菜花坪中学及高和中学教学楼、学生宿舍楼改造。全年实现贫困户劳务输出再就业190人、新增就业人口31人；新农保参保34682人，参保率达

96.2%。全镇建档立卡贫困户426户，1469人，2018年完成脱贫130户453人，全镇现剩余未脱贫49户124人。建立镇级产业帮扶发展基地3个、村级产业帮扶基地13个、易地搬迁户16户、危房改造25户、住房条件改善28户、医疗救助303人、教育助学293人、社会兜底89人。

【乡村环境治理】扎实推进农村环境综合整治。大力推广垃圾分类处理；对全镇31家禽畜养殖场进行全面走访摸排，按要求关停退养3家，整改8家。对两家环保砖厂实行重点监控，强化对企业环保设备日常使用的监管，确保生产期间无污染现象；开展涉及3个村镉污染土壤治理工作；关闭取缔5家砂石采集场，积极落实“河长制”工作职责，对辖区内9条河流累计巡河1734次，现场处置垃圾问题11起。

【综治维稳】开展矛盾纠纷、遗留问题大排查活动14次，共化解各类矛盾纠纷、民事纠纷68余起，2018年度实现了进京赴省零上访。成功调处6起遗留问题、3起跨村林地纠纷。大力开展扫黑除恶专项行动，集中宣传4次，发放“致全镇人民群众开展扫黑除恶专项斗争的一封信”9500余份。

2018年度菜花坪镇各村（社区）基本情况统计表

表21

村(社区)	村民小组(个)	户数(户)	人口(人)	耕地面积(亩)	粮食总产量(吨)	人均纯收入(元)	党支部书记	村(居)委会主　任
菜　花	22	566	2434	2481	2276	15892	陈秋林	—
菜　垅	15	474	1950	1521	1341	15873	王倩姑	张德文
菜　坪	20	436	1882	1576	1446	15879	叫跃进	朱建成
菜　塘	14	329	1459	1463	1357	15881	刘德华	王华仔
大　旺	22	877	3912	2821	2586	15888	单南香	张钦亮
高　和	19	705	3065	2493	2356	15884	贺正初	张桂生
高　联	15	576	2739	2322	2181	15889	陈新文	谭晓彬
高　塘	19	696	2951	2633	2257	15883	易　平	贺礼力
联　龙	23	776	3516	2736	2610	15890	陈国风	张建平
流　塘	25	584	2821	2080	1913	15886	易世清	刘艳华
潘　塘	14	506	2408	1917	1828	15889	侯晓华	易阁杰
苏塘西	23	736	3196	3006	2453	15892	王志刚	刘冬元
芷　陂	14	538	2589	2552	2398	15884	徐国连	周水珍
合　计	254	7799	34922	29601	27002	15885	—	—

（刘　军）

渌田镇

【概况】渌田镇辖14个村（社区），262个村民小组，13394户，总人口48700人；耕地总面积2367.67公顷，土地总面积108平方公里。有小I型水库5座，小II型水库19座，山塘1002口，陂坝49处，电排35处。全镇有中学1所，小学10所，在职教职员工173人，在校学生3458人。有中心卫生院1所，村卫生室15个，执业医生30人，开设病床90张。建有敬老院2所，供养五保对象32人。2018年，实现镇域生产总值16.93亿元，同比增长9.8%；固定资产投资同比增长8.7%，社会消费品零售总额同比增长12%，城乡居民人均可支配收入达到14543元，同比增长9.7%；实现税收497万元，同比增长209.8%。

【基础建设和招商引资】扎实推进基建项目的实施。2018年，火车南站片区完成了货运路安置拆迁的协议签订和棚改评估工作，南站片区部分建设用地的调规。完成了绕镇公路的前期规划设计和土地调规工作，红胜小区的规划、立项及征地工作。瑶前敬老院主体楼封顶并完成外部装修。完成了污水处理厂的重新选址工作，渌田小学扩建征地工作。完成了江口渡改桥项目的规划、申报工作，5个村的农村电网改造项目，新增配变28台。累计投入240余万元进行了4个小型病险水库除险加固；投入300余万元进行了大洲、群新村自来水管网延伸；投入2000余万元进行了农村道路提质改造近50千米；投入30余万元新增错车道71处；投入150余万元完成了陂垅、江联两座危桥改造。积极与广东佛山、新会、东莞、深圳、广州等地渌田籍企业家对接，开展招商座谈会3次。全年共注册企业5家。

【社会事业发展】严控小学"超大班额"，改扩建学校5所；镇办中学中考一中上线23人，渌田籍高考考生一本上线63人，创历史新高。创建"门前三小"示范点2个，送文化下村27场次。深入挖掘渌田文化底蕴，搜集整理十大文化古迹史实，渌田镇成功纳入株洲市古镇名录。完成镇卫生院提质改造，实现村卫生室全面升级。实行孕前健康检查644人次，计生结案153件，社会抚养费征收90余万元。

【就业社保和扶贫攻坚】农村劳动力实现转移就业1033人，城乡低保269户701人，基本养老6352人，专项新型医疗合作40581人；新增重残补贴对象188人，全年发放救助资金270余万元。深入推进"7+6"脱贫攻坚行动，完成649户2300人脱贫退出任务，贫困发生率下降至0.29%。发展产业扶贫基地11个，帮助600名贫困劳动力就业创业；发放各类助学金70.6万元，资助贫困学生543名；完成36户142人易地扶贫搬迁，完成33户危房改造任务，完成49户房屋修缮。

【生态环境建设】完成公路两边绿化6公里，冬季造林600亩。全年拆除违建面积共3460平方米，下达停建通知34份。落实农田镉治理项目共43596亩。共出动防火宣传车10余次，张贴宣传标语100余条。

【综治维稳和安全生产】开展信访积案清零专项活动，积极排查化解各类矛盾纠纷173起，跟踪服务包案各类信访群体，有效处置多起群体事件，成功调处部分历史遗留问题。非访登记较上年同期下降50%以上；赴省进京越级访和集体群访大幅下降。持续推进平安创建活动，强化网格化管理；不断深化社会治安综合治理，严厉打击各类违法犯罪。全年刑事立案33起，其中涉恶2起，刑拘18人，行政拘留49人。扎实开展"强执法，防事故"专项行动，深化道路、交通、消防、易燃易爆、食品药品、公共场合、企业车间等重要领域的检查、执法整治行动，全年共组织安全生产专项检查34次，排查隐患28起，打击处理7人，实现全年零安全生产事故。

【基层党建】加强党员干部政治理论武装，邀请县委讲师团成员授课并组建了镇级宣讲团，积极推动十九大精神和习近平新时代中国特色社会主义思想进机关、进学校、进社区、进屋场。组织镇村干部培训14场次，开展年轻干部谈体会、谈"三观"68人次；严把党员入口关，注重党员年龄结构，全年各支部择优培养入党积极分子共26人，择优发展党员10人，35岁以下8人。抓实党员积分制和民主评议，大联村党员积分制管理经验，市、县组织部门的高度肯定。从严管党治党，全年提醒谈话47人次，诫勉谈话16人次，立案处分13人，免除支部书记1人，将2名参与敲诈勒索的违法犯罪党员开除党籍。

2018年度渌田镇各村（社区）基本情况统计表

表22

村(社区)	村民小组(个)	户数(户)	人口(人)	耕地面积(亩)	粮食总产量(吨)	人均纯收入(元)	党支部书记	村(居)委会主任
存　养	17	696	2755	2369	2191.49	15195	周珍香	周水清
福　田	18	1001	3630	3156	2918.42	15626	刘中全	蔡　青
五　丰	19	814	3062	2460	2270.28	14939	周冬珠	蔡桂林
潞　甫	34	1453	5188	3768	3478.57	16633	蔡石明	蔡冬林

续表22

村(社区)	村民小组(个)	户数(户)	人口(人)	耕地面积(亩)	粮食总产量(吨)	人均纯收入(元)	党支部书记	村(居)委会主任
陂垅	18	868	3308	2686	2478.19	14787	蔡道平	蔡飞跃
楼塘	16	842	3133	2698	2485.66	14198	刘立志	刘立志
渌田	22	1561	4772	2682	2479.49	14790	蔡玉兰	
江口	12	697	2647	1898	1760.24	13581	单新平	刘红文
新江	21	1061	3869	3213	2967.25	12330	陈夏平	徐柏文
江联	11	687	2448	1643	1522.75	14151	单晚发	单晓华
大联	19	883	3323	2425	2242.8	14658	张许生	过腊文
大洲	21	1126	4157	2513	2320.63	15002	文扬莉	过小明
群力	15	724	2760	1976	1828.74	13959	过忙生	刘学桃
群新	19	1003	3647	2028	1876.58	13758	刘黑仔	
合计	262	13416	48699	35515	32821.09	14543		

（李立平）

石羊塘镇

【概况】石羊塘镇辖13个村、1个社区，202个村民小组，8922户，总人口41310人，外出务工劳动者1.9万人；土地总面积82.7平方公里，耕地面积31386亩。境内有小Ⅰ型水库1座，小Ⅱ型水库4座，骨干山塘128口，陂坝86个。全镇有中学1所、小学6所、公办幼儿园1所、民办幼儿园5所；在校中小学生2188人，在职教师职工120人。有乡镇卫生院1所，设床位42张，有职工41人，村级卫生室14所，乡村医生17名；镇卫生院及各村级卫生室诊疗人次5.8万人次。2018年，全镇实现地区生产总值（GDP）22.03亿元，增长9.5%；实现财政收入1872万元，固定资产投资4.79亿元；农民人均纯收入19887元；全镇完成税收487万元，其中国税371万元、地税116万元。石羊塘镇获得湖南省标准化气象灾害防御乡镇及县文明建设先进单位、生态环境保护工作先进单位、招商引资工作先进单位、反邪防邪工作先进单位、计划生育工作优秀单位、城乡同治工作先进单位、先进基层武装部等系列荣誉。镇团委被评为株洲市五四红旗团委。高桥农家书屋获得“第七届全国服务农民、服务基层文化建设先进集体”和“全国示范农家书屋”荣誉称号。

【农业产业发展和招商引资】完成水稻播种1.5万亩，油菜种植1.1万亩，种植连片油茶1500亩；狠挖蚕桑生产潜力，种植面积达1100亩以上。策划乡贤文化农耕文化亲子体验基地，科学规划了省级美丽乡村金坑村的旅游资源，全面提升赏花休闲一日游品质。率先成立“商会”，并组织招商引资工作队，前往广州、深圳、佛山等地，与50名在外知名人士建立联系，共商石羊塘镇发展大计。

【社会救助和保障】全面开展低保评审工作，进村进组进户核查低保户情况；组织12名残疾人参加技能培训，为26名残疾人提供了辅助器材；上报申请大病救助资料共计117人，新增五保对象9人，新增90岁以上老人生活补助29人。为全镇老人和儿童组织体检2次，为全镇已婚妇女进行两癌筛查1次。组织开展“5·29”计生协会系列宣传活动，大力宣传计生政策，出动宣传车1台，制作固定横幅15条，发放宣传资料1.7万余份，提供政策咨询500余人次。安排“生育关怀”资金0.8万元，走访慰问扶贫特困与计生特困家庭户、节育手术后遗症、独生子女失独户15户、流动人口留守贫困学生3户、基层卫计工作者困难家庭2户。

【扶贫攻坚】推进脱贫攻坚，强化结对帮扶，严格落实“五个一”和“三走访三签字”要求；全年开展脱贫攻坚动员会、调度会、推进会等35次，确保政策落实到位。组织业务培训20次，参与集中学习3000余人次。完善637户贫困户的一户一档资料，开展了两轮动态调整，清退不符合贫困条件47人，新识别贫困人口15人。落实帮扶政策，全镇共享受教育补贴415人，雨露计划38人，社会兜底795户，医疗救助实现全覆盖；利用产业帮扶基地，帮扶贫困户291户，全镇193户665个贫困人口实现脱贫摘帽。

【综治维稳和安全生产】扎实开展信访维稳工作。实行开放式接访和信访重点对象责任交办制度，落实了“一月一排查”“一月一例会”制度。开创“乡贤”参与矛盾纠纷调处新模式，全年共调处矛盾纠纷64起，成功率达98%以上。开展综治民调、扫黑除恶、法治禁毒等宣传活动，发放资料2万余份。对重点困难群体、矽肺病患者进行走访，发放资金5万余元，并为矽肺人员开具免费入院治疗单150张。整顿马路市场，党员干部和“新乡贤”带头对马路市场进行文明规劝，有效遏制镇区几十年来马路市场阻碍交通畅通的现象。抓严安全生产。开展安全隐患“大排查大整治大管控”活动，经常性走访企业并进行安全隐患排查，排查重大隐患4个，一般隐患320余个，全年未发生一起安全生产事故。完善应急预案，成功处理莲盛“3·21”事件、杨美与扬花企业升级换地用证事件、安盛与宏翔企业矛盾纠纷事件。实现了安全生产监管网络化管理，全方位对辖区内的安全生产实施监控。

【基础建设】完成谭家垅、老虎岩、市大等8个村（社区）农村综合服务平台新建项目；顺利推进56千米农村道路提质改造项目；投入130万元建设农村安全饮水工程；投入460万元新建、改造灌溉水渠4160米，硬化水渠5600米，维修加固山塘5口。投入230余万元修缮改造“五馆”、打造“五景”，投入30万元对乡贤路进行提质改造。投入70余万元完成敬老院改造。

【生态环境治理】狠抓乡村环境整治。完成绿化造林2000亩，“三边”绿化500亩，义务植树16万余株，紫砂页岩造林1000亩，对老虎岩10公里生态防火线进行绿化，重点整治养殖户，25家养殖户污水排放全部达标。投入15万元打造乡贤路绿色长廊，完成55.3公里农村道路提质改造，投入130万元改善农村安全饮水问题，投入460万元新建、改造、硬化水渠10千米，维修加固山塘5口。开展拆违治违行动，拆除破败空心房230栋，改造农村危旧土坯房86栋。

【基层党建】推进“两学一做”学习教育常态化制度化，加强空中微党课、红星云等学习。严格落实“三会一课”、谈心谈话、民主评议、党员积分制管理等制度，广泛开展批评与自我批评。党委成员带头开展廉政谈话，认真落实党政成员“一岗双责”。严格执行“五个一”制度，联合办公室对各村（社区）值班情况、会风会纪情况进行督查。着力抓好“五化支部”创建，组织村（总）支部书记学习培训20次，对各基层党组织进行了运行力调研，压实“书记抓、抓书记”的党建责任。

【“乡贤文化”建设】开展第二届“寻找身边新乡贤”活动，评选出30名新乡贤，投入230余万元修缮改造“五馆”、打造“五景”，投入30万元对乡贤路进行提质改造，投入130万元制作宣传广告牌、墙体喷绘、展板、文化墙。成立乡贤文化理事会，并组织新乡贤在春暖花开之时开展文明规劝行动，炎炎夏日之时举办少年假期学校，在秋高气爽之时组织“以旧换新，爱润童心”捐书下乡活动，在寒冷的冬季开展扶贫帮困走访活动。

2018年度石羊塘镇各村（社区）基本情况统计表

表23

村(社区)	村民小组(个)	户数(户)	人口(人)	耕地面积(亩)	粮食总产量(吨)	人均纯收入(元)	党支部书记	村(居)委会主任
谭家垅社区	15	770	3690	2864.2	2683	22033	夏耀宗	彭智能
南田	16	726	3329	2905.4	2605	18105	吴俊强	夏湘江
达水桥	9	528	2288	1896.2	1538	19328	皮三乃	郭民凤

续表23

村(社区)	村民小组（个）	户数（户）	人口（人）	耕地面积（亩）	粮食总产量（吨）	人均纯收入（元）	党支部书记	村(居)委会主任
贺家坪	19	668	3082	2834.8	2653	19372	谢文革	贺余良
田　星	27	621	2862	2334.4	2020	20168	何育文	蔡建平
洲上田	20	518	2286	2012.5	1797	18317	贺金春	贺金春
黄家垅	15	665	2996	2729.7	2554	19782	汤德风	汤德风
佳　台	18	828	3890	2640.6	2387	21008	阳明德	彭德瑞
八合冲	14	699	2997	1640	1335	19879	廖泽南	符开生
金　坑	12	569	3098	1435.8	1487	18943	周金华	周晓文
罗家桥	9	565	2587	1548.6	1298	20137	罗正方	符爱斌
老虎岩	8	446	2052	1747.2	1607	22798	廖三明	廖利琼
市　大	9	551	2385	2055.6	1883	18914	陈　志	阳　勇
界　市	11	768	3768	2741.4	2603	19634	周国仔	杨少君
合　计	202	8922	41310	31386.4	28450	19887	—	—

（常瑞芹）

桃水镇

【概况】桃水镇辖13个村，1个居委会，162个村（居）民小组，总人口41729人。土地面积97.7平方公里，耕地面积2.51万亩；林地面积8.47万亩，其中油茶林面积6.13万亩。有小Ⅰ型水库1座，小Ⅱ型水库18座，骨干山塘1286口，陂坝67处。全镇有中学1所，小学5所，在职教职工139人，在校学生2000余人；卫生院1所，敬老院1所，集中供养22人。2018年，镇域生产总值9.64亿元；固定资产投资4.3亿元，增长6.8%；一般财政预算收入1347万元，增长22%；税收收入1400万元，增长252%；城乡居民人均可支配收入22410元，增长8.6%。

【特色农业产业发展】围绕打造桃水“油茶特色小镇”发展思路抓油茶产业发展。引进总部企业18家，在外知名人士返乡创业30人次，争取项目10余个，项目投入资金达1亿元以上。全镇意向签约集中流转油茶林1.3万余亩，发展各类专业合作社106家，培育扶持各类农产品加工企业（大户）40家，其中油茶产业专业合作社15家，扶持株洲市“乡轩山”茶油有限公司建设1000亩高产油茶林示范基地；完成低镉水稻品种种植6605亩，休耕1595亩；调整结构种植优质稻7600亩，苎麻1600亩，优质棉990亩，大豆1400亩，蚕桑100亩；发展青蛙养殖70亩，龙虾养殖80亩；发展竹鼠、肉蛇、黑山羊、珍珠鸡、龙虾等家禽水产养殖大户10多家。全面启动桃水高产油茶科研观光基地、竹泉艾叶康养基地、睦田特色农产品休闲基地。

【社会事业发展和扶贫攻坚】完成公立幼儿园规划设计工作。资助贫困学生213名，发放助学金11.4万元；高考考录一本线45人，同比增加17人；中考考录一中25人，同比增加18人。发展产业扶贫基地14个，联接贫困户373户1350人，吸纳贫困户劳务输出55人。发放扶贫小额贷款345万元。完成危房改造12户，享受低保188户475人，其中兜底26户54人，完善易地搬迁29户。成立留守儿童之家4个，发放各类民政资金466万元，慈善救助78人次。持续推进“7+6”行动，全年脱贫121户457人。

【基础建设】完成国土开发提质改造工程，改造农田395亩；实施增减挂钩占补平衡项目，新增耕地120亩，转换用地指标7万多平方米。争取项目资金400万元新建村级综合服务平台5个、改建4个，全镇14个村（社区）全部完成阵地标准化建设。棚户区（城中村）改造60户面积1.2万平方米。投入60万元完成盘塘村排岭小二型水库硬化工程；投入120万元新建、清淤、扩大、硬化山塘25口、水渠20余千米。投入146万元完成泉塘水库引水渠隧道改造一期工程；实施23公里农村公路提质改造，完成组会车道370处；维修镇区路灯50余盏。投入366万元完成农网改造18500米，新增变压器11台，增容5台。解决睦田片区510余户3200余人的农村安全饮水问题。

【综治维稳和安全生产】 开展“扫黑除恶”专项斗争，刑事打击11人次，行政处罚31人次；劝返老上访户25人次，化解S315等信访案件3起，调处纠纷136起。全面落实安全生产“一单四制”制度，开展安全生产和环境安全“大走访、大检查、大整治”专项行动，走访群众9311户、企业6家，收集问题诉求200条次；信访量明显下降，群众满意度明显上升。开展“强执法防事故”专项行动，共排查重要安全隐患2起，整改销号2起；联合执法检查4次，确保全年没有发生重特大安全责任事故。

【生态环境治理】 稳步推进封山育林，新造油茶林1200亩，低改、垦复8600亩，组织集中销毁松材线虫病松树1401株；拆除历史违章建筑190栋面积1.8万平方米；拆除破败空心房225栋。统筹推进城乡同治、“河长制”等工作，全镇7条河流环保责任落实到人，明确9名河长，39名协管员、巡查员、保洁员。严厉打击“电鱼、炸鱼、毒鱼”等非法行为。完成中央环保督察交办事项1起，省市县督查交办事项件整改6件；排除环保隐患20起，整改16起；关闭、退出畜禽养殖场2家，停业整顿企业3家，治理废弃厂房和生活垃圾4处。

【基层党建】 不断加强党员干部的政治思想教育和党性修养，持续推动“两学一做”学习教育常态化制度化，深入学习贯彻中共十九大精神和习近平新时代中国特色社会主义思想，树牢“四个意识”，坚定“四个自信”，坚决做到“两个维护”。邀请市县专家讲课10余场次，开展党委中心组理论学习12次，组织机关干部集体学习6次，专题学习5次，开展中共十九大精神等演讲比赛3次。充分发挥老干部的作用，组织各类实践经验交流会10余次，党员干部宣讲十九大精神60余次，微宣讲100多场。采用“党建+志愿服务”“党建+扶贫”“党建+维稳”等创新方式开展活动。选拔党建专干14名，委派第一书记5名。发展党员20人，培养后备干部47人。新建“门前三小”9个，举办文体活动10余次，参与人员超万人。探索党员“双十二分制”管理模式，列出党员日常行为“正负面”清单，规范党员日常行为。机关严格执行内务管理办法，实行早晚打卡考勤制度。自觉接受人大和社会监督，有效回应社会关注，干部作风持续改进、工作效能持续提升。

2018年度桃水镇各村（社区）基本情况统计表

表24

村(社区)	村民小组(个)	户数(户)	人口(人)	耕地面积(亩)	粮食总产量(吨)	人均纯收入(元)	党支部书记	村(居)委会主任
小　集	8	580	2567	1650	825	19114	蔡爱文	葛炼钢
竹　泉	12	529	2339	1741	792	17920	尹天度	尹建福
夏　泉	18	692	2703	2390.6	845	19799	欧阳青(10月止) 周青文(10月任副书记)	周青文
湾　田	15	557	2457	1804	902	18638	李介兵	李梅良
褚家桥	12	617	2820	1943.98	850	17000	褚金文	王立雄
谢家坪	13	738	3146	1654	750	19950	谭祖仁	
竹如山	13	688	3288	2148	969	22285	何鸿传(10月止)	肖秋连
桃　水	13	868	3186	1936	1161.6	21625	赵辉(10月止)	胡林生

续表24

村(社区)	村民小组(个)	户数(户)	人口(人)	耕地面积(亩)	粮食总产量(吨)	人均纯收入(元)	党支部书记	村(居)委会主任
盘塘	11	519	2054	1664.29	休耕	16750	吴志阳	刘文跃
睦 塘	12	528	2368	1935	871	17740	谭建平	文大林
老君潭	11	556	2209	1380	621	18630	刘志军 （10月止） 许文桂 （10月任副书记）	潭尧
睦 田	15	726	3328	2193	1069	22580	罗喜芝 （10月止） 何志清 （10月任副书记）	—
清江桥	22	906	4036	2644.58	1164	16300	肖国齐	周凤江
泉塘冲	6	1162	5228	—	—	—	李立雄	易建成
合 计	181	9666	41729	25084.45	10819.6	248331	—	—

（夏 微）

人 物

人物简介

【第七届全国道德模范·助人为乐模范——夏昭炎】夏昭炎，男，汉族，1935年10月出生，攸县石羊塘镇人；湖南科技大学退休教授。2016年入选“中国好人榜之助人为乐身边好人”，2019年获评第七届全国助人为乐模范，株洲市第五届道德模范；其家庭被评为全国“五好”文明家庭。2004年，夏昭炎退休，回到故乡——攸县石羊塘镇谭家垅村。阔别故乡几十年的夏昭然，深感故乡随着经济社会的发展，乡亲们的物质生活水平不断提高的同时；文化生活需求也在不断增长，他们渴望进一步提高文化生活水，丰富精神生活；于是，他毅然决定回家乡农村传播文化。当年，他拿出自己微薄积蓄，成立活动中心、开办学校、创立书屋。2010年春，夏昭炎和老伴杨莲金拿出自己的积蓄，带领村民兴办谭家垅村高桥文化活动中心，开办老年学校和少儿假期学校，并为贫困学生设立高桥奖学基金。为尽快建成村文化活动中心，夏昭炎千方百计，克服困难。在拿出自己的积蓄后还是经费不足的情况下，求助自己的学生，多方筹资把村里闲置的6间老屋买下来，重新修缮后，添置电视机、音响和DVD，分别设立乡村图书室、阅览室、学习室和游艺室。他还向镇中学要来数十张课桌、板凳，搭建起近百米的风雨大棚。有了活动场地后，他组织村民成立文艺队、体育队，由村民自选队长和教练，一到农闲时节，就教村民做保健操，打太极拳，跳广场舞。村民们高兴地说：“现在我们生活真的很开心，很少有人打牌，每天午饭后就赶到这里和大家锻炼，什么高血压、腰椎间盘突出这样的常见病都少了，更可贵的是邻里和睦、儿女放心、身体健康。”针对村里留守孩子多的状况，夫妇俩办起少儿假期学校，为村里的留守孩子免费开设古典文学、语文、数学、音体、智力游乐等课程，把周边村的孩子也吸引来了，最多时候达到80多人。在为留守孩子免费教学中，要求孩子们每读一本完成一篇读书报告，达标者分别授予“小学士”“小硕士”“小博士”称号，获得“三士”的孩子，就能获得奖状和奖品。夏昭炎谆谆教导、鼓励村里的孩子在假期读书，热情关注孩子们的健康成长。10多年来，夏昭炎在家乡崇文兴教、涵育乡风、反哺桑梓，成了家乡新农村建设的热心人、新观念的倡导者和新乡贤的“代言人”。

【中国好人·敬业奉献好人——何建南】何建南，男，53岁，湖南省湘潭市雨湖区人；全省水利系统先进工作者，连续10多年获评局先进个人；2018年11月29日，中央文明办、中国文明网发布2018年“中国好人榜”11月榜单，何建南入选“中国好人榜”，获评“敬业奉献好人”。1989年11月，何建南到攸县网岭镇的酒埠江灌区管理局参加工作，担任巡渠工，主要在渠首所雷塘点负责所在渠段守护任务。从酒埠江镇普安桥渡槽出口到网岭镇皮佳冲的5公里水渠，是一条总干渠，有大小水闸5个，担负着灌溉醴陵、攸县部分乡镇及江西萍乡数万亩农田的任务。这一渠段远离集镇，却是酒埠江灌区最重要、巡查难度最大的渠段，何建南毅然挑起这护渠重担。从此，他是每天一把砍刀、一把锄头、一顶草帽，行走在这段渠道上；他一干就是29年，从来没有一丝一毫的怠慢。他说："渠道的每一个隐患都是一个'定时炸弹'。"他每天除了日常巡护、清理杂草外，还得认真查找每一个安全隐患，生怕因为不仔细酿成大祸。每巡至一个渗水点，他都要仔细观察一番、检查一次、重标一次。"泥土突然变湿润、堤坝出现蚂群……"，凭着多年巡渠的经验，每个细节他都不会放过，消除了不少事故隐患。2016年7月26日，在雷塘点水渠上，记者见到了何建南。从衣着、肤色到举止，他已跟当地村民毫无二致，就连跟记者聊的普通话也带攸县话尾子，整个跟当地人"接轨"了。2017年6月底一天凌晨，因上游持续暴雨，东干渠下游告急，局调度室命令他马上赶到东干闸，把水调往另一条渠道。他立即抄起手电筒，撑着雨伞在暴雨中踏着险峻崎岖不平的渠沿小路，冒着随时可能失足落水被洪水冲走的危险，赶往两公里外的东干闸，及时完成渠道水流调度，确保其安全度汛。2010年以前，因用电线路经常跳闸，开关闸门只能费力地摇长摇柄，一次90分钟以上，每次都累得腰酸背痛、气喘吁吁。2013年的一天傍晚，他巡至皮佳冲时，突见渠道水位急降。凭多年的经验，他知道上游发生了险情，急忙跑过去。果然，上游出现山体滑坡，300多立方米泥石冲进渠道，水渠"梗塞"，浑浊的泥水从渠道两侧外溢，水渠随时可能被冲垮，严重威胁着渠下40多户居民的生命财产安全。他一边向局里汇报，一边不顾天雨路滑，摔倒了又爬起，鞋丢了就光脚跑。艰难地绕道赶往闸门处，及时关闸改流，渠道终于化险为夷。为确保渠道安全，有时一个晚上需要反复调闸四五次。天旱时节，各用水点必须几天轮灌一次。特别是"双抢"，沿线村民对水需求量大，群众一个电话，他总是不论昼夜立即赶到数公里外的水闸放水。即使一个晚上要反复调闸四五次，他也不厌其烦。时间一长，哪里的田地什么时候最缺水，缺多少水?他了然于心。巡渠工作枯燥、寂寞而艰苦。5公里的水渠，每天要走两趟，加上要清除杂草，每天都是起早摸黑。20多年的巡逻，步行距离达9万公里。常年在外忙于工作，却疏忽了家庭。他的爱人、小孩都在湘潭，他两个月才回一趟家，为此家人少不了怨言。仍是每年有320多天坚守在灌区一线。24岁的女儿怎么长大的，何建南没有多少印象，他的深明大义的母亲和妻子为他撑起了家庭，使他能没有牵挂地安心在灌区工作。2017年秋，他父亲重病住院，可正值是该渠段正处于防渗工程的关键阶段，他无法抽身，看望照料；一个月后，父亲病危过世，他才赶回家忍泪含悲。50多岁的何建南仍然默默奉献在艰苦而平凡的岗位，他认真值好每一天、每一次班，巡好每一次渠，让灌区百姓的生产、生活用水得到了保证，从未出现过任何差失，确保了渠道29年未出现过一起水利安全事故。

【湖南好人·助人为乐好人——刘巫祥】刘巫祥，男，1937年出生，攸县黄丰桥镇中洲村人，中共党员。2016年，刘巫祥被评为攸县"十佳乡贤"；2018年7月，入选"2018年6月湖南好人"榜单。80多岁的刘巫祥年轻时因生活困难，只上过几年学，可他酷爱文化知识的学习，有一种可贵的学习精神，更乐于传播文化知识，并将其作为自己晚年的责任和义务。他从2008年起义务担任中洲村"农家书屋"的图书管理员，无论严寒酷暑，天天泡在书屋里，给前来借书看书的村民无偿提供优质服务，帮助村民购书，指导他们读书。他的家离村部农家书屋有一二公里远，他却坚持每天上午8点钟准时到农家书屋值守，每天清扫卫生，给前来借书读书的人提供了一个宜人的阅读环境；他和大家共同约订借阅规章制度，义务管理书屋的事务。同时，主动去向村民和学生宣传，动员他们来借书读书，扩大书屋影响，发挥书屋作用。中洲村处于攸县产煤区，境内有十几座煤窑，有上百名挖煤的工人，这些工人业余时间生活单调、枯燥，刘巫祥便主动走进煤窑，把图书目录送到煤矿工人手中，并给煤矿工人讲读书的种种好处：如读书可以知晓天下大事，读书可以丰富日余生活，学了知识可以教育家人和后一代，比起赌博打牌不知要好多了。刘巫祥还将自己的读书日记给工人们看，动员他们来农家书屋借书读书，并承诺："中洲村农家书屋没有双休日，白天12个小时，随时都可以来借书看书。”在刘巫祥的积极宣传鼓励下，煤矿工人都一改原来打牌或赌博习惯，业余时间都来刘巫祥的农家书屋借书看书。刘巫祥热情接待他们，有时还为他们解决中午的临时就餐问题，还和这些工人结下了深厚的友谊；有些工人遇到什么事情和困难，刘巫祥便力所能及地帮助他们。有一个涟源的外地工人，家属生病，急需一笔钱，可他已经预支了2个月的工资了，钱还是不够用。刘巫祥知道后，把自己积蓄的钱借给了他，令这位工人非常感动。后来，这位工人把钱还给他后，成为中洲村农家书屋的义务宣传员，动员了煤矿上的许多工人到农家书屋借书看书。为教育鼓励村里的小学生读书，刘巫祥每年寒暑假期间都会设立学生借书优惠奖——凡来借书看书的学生都会得到刘巫祥的小奖品——一本他自己编写的《读书指南》。刘巫祥经常主动与前来农家书屋的孩子们交朋友、谈心得，询问他们读书情况，帮助他们解决读书中的困惑问题。曾经有三个小学二年级的学生喜欢贪玩，学习成绩不理想，双休日为避免家长责骂，便到农家书屋，待着不想回家。刘巫祥知道情况后，就耐心地教育引导他：“父母亲的打骂虽然不对，可这是做父母的良苦用心，做孩子的要理解父母，不能与父母亲结怨。”在他的开导下，孩子们心中的疙瘩就这样被解开了，慢慢地改变了贪玩的习性，把精力放到了学习上，学习成绩明显提高了。只上过几年学的刘巫祥，每年要看上百本书。他将自己所阅读过的书中知识，如养殖、种植、教育、治家、养生、保健等知识，分门别类地摘录出来，编成一张张卡片，整合成一本本小册子，有针对性地送给村民和读者。村里的几个种养殖大户，在他的所摘录的知识的指导下，科学地进行猪、鸭、鸡等畜禽的疫病防治，收到了良好的效果。在刘巫祥的积极引导带动下，中洲村到农家书屋看书的人越来越多，村民的读书兴趣越来越浓。刘巫祥勤奋好学、助人为乐、无私奉献，成为村民的榜样，对中洲村村风文明建设起到了引领带动作用。

人物名录

2018年度攸县副县级以上领导名录

表25

姓　名	性　别	民　族	籍　贯	出生时间	文化程度	政治面貌	任职情况
康月林	男	汉族	双峰县	1964年9月	本科	中共党员	县委书记(12月任)
谭润洪	男	汉族	茶陵县	1976年8月	硕士	中共党员	县委书记(9月止)
苏　涛	男	汉族	醴陵市	1971年5月	硕士	中共党员	县委副书记、县长
唐卫湘	男	汉族	新田县	1972年2月	硕士	中共党员	县委副书记
尹诺昂	男	汉族	鸾　山	1962年6月	大专	中共党员	县人大常委会党组书记、主任
吴爱清	男	汉族	莲塘坳	1963年7月	本科	中共党员	县政协党组书记、主席
毛春良	男	汉族	鸾　山	1964年3月	本科、硕士学位	中共党员	县委常委、县委办主任(10月任)
李子善	男	汉族	鸾　山	1964年10月	本科	中共党员	县委常委、常务副县长
陈可勇	男	汉族	江　桥	1964年2月	本科	中共党员	县委常委、政法委书记
曾富勇	男	汉族	宜章县	1973年11月	本科	中共党员	县委常委、人武部部长
刘秀云	男	汉族	醴陵市	1975年6月	本科	中共党员	县委常委、纪委书记、监委主任
陈运发	男	汉族	菜花坪	1963年10月	本科	中共党员	县委常委、统战部长、政协攸县委员会党组副书记(10月任)

续表25

姓　名	性　别	民　族	籍　贯	出生时间	文化程度	政治面貌	任职情况
杨喜兰	女	汉族	石羊塘	1980年6月	本科	中共党员	县委常委、宣传部长
宋长征	男	汉族	衡阳县	1981年4月	硕士	中共党员	县委常委、统战部长，县政协党组副书记（10月止）
李易常	男	汉族	宁乡县	1973年2月	本科	中共党员	县委常委、组织部长
王世杰	男	汉族	祁阳县	1973年7月	硕士	中共党员	攸县人武部政委（12月任）
罗正初	男	汉族	新　市	1963年2月	本科	中共党员	县人大常委会党组副书记、副主任
唐晓明	男	汉族	宁家坪	1963年3月	大专	中共党员	县人大常委会党组成员、副主任
周志强	男	汉族	酒埠江	1966年3月	本科	中共党员	县人大常委会党组成员、副主任
过风文	男	汉族	渌　田	1963年11月	本科	中共党员	县人大常委会党组成员、副主任
刘凯平	男	汉族	黄丰桥	1968年9月	本科	非党	县总工会主席、县人大常委会副主任（不驻会）
陈代陆	男	汉族	新化县	1975年9月	研究生	民进党	县人民政府副县长（12月任）
周文安	男	汉族	石羊塘	1972年12月	本科	中共党员	县人民政府党组成员、副县长
蒋芷境	男	汉族	衡阳县	1972年7月	本科	中共党员	县人民政府党组成员、副县长、县公安局局长
罗　曼	女	汉族	株洲市	1979年3月	研究生	致公党	县人民政府副县长、县红十字会会长（兼）（12月止）
易屹东	男	汉族	株洲市	1973年5月	本科	中共党员	县人民政府党组成员、副县长
唐军全	男	汉族	皇图岭	1977年3月	本科	中共党员	县人民政府党组成员、副县长
刘建华	男	汉族	茶陵县	1967年11月	本科	中共党员	县人民政府党组成员、副县长（挂职）（12月止）
彭顺昌	男	汉族	网　岭	1974年2月	本科	中共党员	县人民政府党组成员、副县长，县政府办党组书记、主任
李良俊	男	汉族	新　市	1962年8月	本科	中共党员	县政协党组副书记、副主席
刘燕舞	女	汉族	丫江桥	1976年9月	本科	非党	县政协副主席（不驻会）、县统计局局长
陈百忠	男	汉族	宁家坪	1967年9月	本科	中共党员	县政协党组成员、副主席
文小凤	女	汉族	联　星	1979年11月	本科	非党	县政协副主席（不驻会）、县工商联主席
胡建雄	男	汉族	江　桥	1971年12月	本科	致公党	县政协副主席（不驻会）（12月提名）、县教育局局长
唐　波	男	汉族	洞口县	1980年8月	大学	中共党员	县人武部副部长
帅团结	男	汉族	醴陵市	1972年11月	本科	中共党员	县人民法院党组书记、院长
陈卫华	男	汉族	茶陵县	1971年7月	本科	中共党员	攸县人民检察院党组书记、检察长
易晓红	女	汉族	丫江桥	1974年1月	本科	中共党员	攸州工业园党工委书记
曾小林	男	汉族	网　岭	1978年8月	研究生	中共党员	攸州工业园党工委副书记、管委会主任，县人民政府党组成员
杨正武	男	汉族	宁家坪	1974年4月	本科	中共党员	县委党校校长
颜学勤	男	汉族	黄丰桥	1963年5月	研究生	非党	市生物工程中专学校校长
蔡德和	男	汉族	网　岭	1968年8月	本科	中共党员	市生物工程中专学校党委书记
皮世平	男	汉族	鸾　山	1963年1月	本科	中共党员	攸州国家森林公园管理局（攸县酒埠江风景名胜区管理局）党组书记、局长

2018年度攸县副县级以上非领导职务人员名录

表26

姓 名	性 别	民 族	籍 贯	出生时间	文化程度	政治面貌	任职情况
杨再江	男	汉族	丫江桥	1967年5月	大专	中共党员	县委副调研员、县政务服务中心党组书记
张益群	男	汉族	渌 田	1962年3月	本科	中共党员	县委副调研员
黄清秀	女	汉族	皇图岭	1959年2月	本科	中共党员	县人大原党组成员、副主任
宾玉良	男	汉族	江 桥	1958年7月	本科	中共党员	县人大原党组成员、副主任(9月退休)
谭小宁	男	汉族	黄丰桥	1960年4月	本科	中共党员	县人大原党组成员、副主任
王卓文	男	汉族	新市镇	1964年8月	本科	中共党员	县人民政府原党组成员、副县长
谭振中	男	汉族	皇图岭	1968年1月	本科	中共党员	县政府副调研员、原县公共资源交易中心党组书记
文谷荣	男	汉族	网 岭	1963年3月	本科	中共党员	县政府副调研员
彭新立	男	汉族	皇图岭	1959年11月	大专	中共党员	县政协原党组副书记、副主席
张建良	男	汉族	莲塘坳	1961年5月	本科	中共党员	县政协原党组成员、副主席
龙志奇	男	汉族	茶陵县	1966年6月	本科	中共党员	副县级干部、县公安局政委

2018年度攸县领导、乡镇(街道)和部门单位负责人名录

中共攸县县委

书 记 谭润洪(9月止) 康月林(12月任)
副书记 苏 涛 唐卫湘
常 委 谭润洪(9月止) 康月林(12月任)
苏 涛 唐卫湘 毛春良(10月任)
李子善 陈可勇 曾富勇 刘秀云
陈运发 杨喜兰 宋长征(10月止)
李易常
委 员 王卓文 文泽宇 毛春良(10月任)
尹诺昂 邓小荣 帅团结 刘 亮
刘丰华 刘秀云 苏 涛 李子善
李奇跃 李易常 杨喜兰 吴伟清
吴爱清 宋长征(10月止)
张益群 陈卫华 陈可勇 陈运发
易屹东 易晓红 周卫国 周文安
贺 彪 袁 峰 徐外平 郭力颖
唐卫湘 唐军全 康月林(12月任)
黄 武 彭顺昌 彭爱斌 蒋芷境
曾小林 曾富勇 谭心飞
谭润洪(9月止) 颜荣华
候补委员 钟怡富 汤水艳 胡芳荣 谭智敏
刘 彦 李福文

攸县人大常委会

主 任 尹诺昂
副主任 罗正初 唐晓明 周志强 过风文
刘凯平
委 员 (按姓氏笔画为序)
王思敏 王铖炜 文日明(2月任)
文建民 邓民慧 吕剑斌
朱冬鸿(2月任) 刘建兵(12月免)
刘建新 刘 源 巫朝英 吴晋宜
张友顺(10月止) 欧国胜 周建东
洪建臣 贺 曦 袁桂华 袁 峰
郭力颖 黄 荣 彭智力 谭勇华

攸县人民政府

县　长　苏　涛
副县长　李子善　陈代陆（12月任）　周文安
　　　　蒋芷境　罗　曼(女)　易屹东　唐军全
　　　　刘建华（挂职）　彭顺昌

政协攸县委员会

主席、党组书记　吴爱清
副书记　宋长征(10月止)　陈运发(10月任)
　　　　李良俊
副主席　李良俊　陈百忠　刘燕舞（兼）
　　　　文小凤（兼）
党组成员　陈百忠　杨　溢
秘书长　杨　溢
常务委员　宋长征　刘曼文　贺晓勇　黎亚敏
　　　　欧阳愚　陈义勇　谭朝云　张耀湘
　　　　文春归　刘凌飞　肖国雄　廖　平
　　　　吴桂华　朱桂华　尹向阳　周　围
　　　　李润洪　皮建武　侯雄伟　卢伟彬
　　　　徐　亮　陈丽萍　张　璐　释慧禅
　　　　卢敬爱　欧阳达龙

武装部、预备役营

1. 武装部

部长、党委副书记　曾富勇
政治委员、党委书记　王世杰
副部长、纪委书记　唐　波
军事科科长　文　雅

2. 预备役二营

团预任副政委兼营教导员　李子善
营　长　汪　卫
副营长　曾小林

中共攸县纪委、监委

书记、主任　刘秀云
常务副书记、副主任　谭心飞
副书记、副主任　陈义勇　文　珠
纪委常委、监委委员　黄志坤　龙小兵　易川皓
纪委常委　蔡水文　王海云(11月任)
县监委委员　袁武军　王飞君

1. 内设机构

办公室主任　尹伟华
党风政风监督室主任　杨　千
案件审理室主任　侯琴莲
案件监督管理室主任　侯正姿
第一纪检监察室主任　刘志国
第二纪检监察室主任　何湘鹏
第三纪检监察室主任　胡增光

2. 派驻纪检监察组长

驻县委办公室纪检监察组组长　王海云(11月止)
驻县委政法委纪检监察组组长　易长春
驻县政府办公室纪检监察组组长　李　敏
驻县财政局纪检监察组组长　邓华艳
驻县民政局纪检监察组组长　易　珂
驻县教育局纪检监察组组长　黄建新
驻县卫生和计划生育局纪检监察组组长　兰　华
驻县食品药品工商质量监督管理局纪检监察组组长　熊军伟
驻县住房和城乡规划建设局纪检监察组组长　彭　辉
驻县农业局纪检监察组组长　张　辉

攸县人民法院

院长、党组书记　帅团结
副书记、副院长　徐红军
副院长　郭团平
党组成员、副院长　刘新文　董　武
党组成员　刘向阳
审判委员会专职委员　苏　凯　王三力
党组成员、工会主席　胡小华

攸县人民检察院

党组书记、检察长　陈卫华
副书记、副检察长　王正良
副检察长　贺望川(10月止)
　　　　钟文灿　李　霜
　　　　尹奇平(12月任)
党组成员　刘德胜

检察委员会委员　刘剑昌　王建平　谭政文　孙洪斌

法警大队大队长　刘雄伟

攸县高新技术产业开发区

党工委书记　易晓红

党工委副书记、管委会主任　曾小林

副主任　丁建钦（5月任）　谭章程(挂职,6月任)

社会事务科科长　易晓蓉

规划建设科科长　易阁峰

招商产业科科长　谭　帅

办公室主任　张　凯

经济发展科科长　李　衔

财务科科长　王自豪

湖南攸州国家森林公园管理局

党组书记、局长　皮世平

副局长　刘伟华　李仁林(挂职,10月任)　陈　吉

办公室主任　邹发喜

公园管理科科长　谢力峰

开发建设科科长　邓志华

资源保护科科长　许良胜

县委工作机构

1. 县委办公室

主　任　陈运发(10月止)　毛春良(10月任)

常务副主任　刘　亮

副主任　何湘成　余　霆

（1）政策研究室

副主任　谢璞芳

（2）保密局

副局长　刘卫华

（3）机要局（密码管理局）

局　长　何湘成

（4）改革办

副主任　欧阳斌

2. 组织部

部　长　李易常

常务副部长　袁　峰

副部长　张耀湘　周世伟　黄　武(兼)　单文革(兼)

(1)党员教育中心

主　任　张耀湘

副主任　李恩云

(2)县非公有制经济组织和社会组织党工委

书　记　周世伟

(3)党建办

主　任　刘陈辉

(4)专家人才服务中心

主　任　易新颜

3. 宣传部

部　长　杨喜兰

常务副部长　文龙彪

副部长　杨玉文　贺　勋

4. 统战部

部　长　宋长征（10月止）　陈运发（10月任）

常务副部长　谭朝云

副部长　谭志军

（1）台湾工作领导小组办公室

主　任　谭志军（兼）

副主任　彭朝敏

5. 政法委员会

书　记　陈可勇

常务副书记　陈　敏

副书记　唐军平　熊　伟

（1）综治办

主　任　唐军平

6. 县机构编制委员会办公室（事业单位登记管理局）

主　任　吴奇兵

副主任　易伍平　丁　戈

局　长　吴奇兵（兼）

副局长　周双庆

7. 县委巡察办：

主　任　易介兵
副主任　王　俊
（1）第一巡察组
组　长　王国荣
副组长　王　彬
（2）第二巡察组
组　长　苏桂喜
副组长　周益康
（3）第三巡察组
组　长　文春归
副组长　傅　钟

县人大各专门委员会及常委会机关

1. 法制委员会（内务司法委员会）

主任委员　王铖炜
副主任委员　刘朝阳
委　员　陈　亮　贺　祥　谭小辉

2. 财政经济委员会（预算工作委员会）

主任委员　黄　荣
副主任委员　杨向红
委　员　朱　蓉　谭　力　谭　晖

3. 城乡建设环境资源保护委员会

主任委员　朱冬鸿
副主任委员　陈　健
委　员　文仕建　刘义芳　刘激扬

4. 办公室

主　任　刘　源
副主任　朱石恩　吴艳辉

5. 选举任免联络工作委员会

主　任　文建民
副主任　徐夫文

6. 农村工作委员会

主　任　洪建臣
副主任　彭湘良

7. 教科文卫工作委员会

主　任　文日明
副主任　罗学锋

县政协机关

1. 办公室

主　任　杨　溢
副主任　苏丽琼

2. 提案工作委员会

主　任　黎亚敏
副主任　段郴钢

3. 学习文史工作委员会

主　任　刘曼文
副主任　刘美兰

4. 经济科技工作委员会

主　任　贺晓勇
副主任　刘熠莅

5. 群团法制联络联谊工作委员会

主　任　欧阳愚
副主任　吴巧红

县政府工作部门

1. 县政府办公室

主任、党组书记　彭顺昌
副主任　刘建兵（挂职,8月任）　邹志斌　文　江　武志勇（挂职）　阳红卫（挂职）　周雪飞（挂职）　文恒平（挂职）　谢泽胜(挂职,9月任)　彭　刚(挂职,9月任)
党组成员、纪检组长（派驻）　李　敏
党组成员　刘　勤
（1）县城乡同治办主任　周雪飞
（2）县征拆征收办主任　杨建龙
（3）县政府法制办副主任　刘　勤（兼）
（4）县政府金融办副主任　唐　桓
（5）县政府督查室主任　文智深
（6）县政府新闻办主任（高配副科）　李　叶
（7）优化办主任　荣艳平

（8）外事侨务办主任　谭　亲
（9）综调室主任　罗延福
（10）政工室主任　谢祈风
（11）机关事务管理室主任　谭建雄
（12）秘书室主任　刘正宇
（13）信息室主任　邓　凯

2. 发展和改革局

局长、党组书记　邓小荣
副局长　杜军民　胡正罡　欧阳娟　刘　波　谭　云

3. 教育局

局　长　胡建雄
党组书记　刘友芳
副局长　贺国惠　侯曼文　曾亚飞
主任督学　丁泽忠
党组成员、纪检组长（派驻）　黄建新

4. 攸县经济科技信息化局

局长、党组书记　李奇跃
副书记、副局长　颜海航
副局长　姚文志　李建成　龙志华　张巧容
党组成员　贺咏梅

5. 公安局

党委（组）书记、局长　蒋芷境
党委（组）副书记、政委　龙志奇
党委（组）副书记、副局长　刘新华
副局长　刘德明　欧国华　吴伟民
副政委　傅洪峰
党组成员　彭傅纲　胡伟民
党组成员、纪检组长（派驻）　易长春
工会主席　杜运华
（1）政工室
主　任　胡伟民（兼）
（2）指挥中心
主　任　刘中海
教导员　贺芳晖
（3）法制办
主　任　周国庆
教导员　刘桂飞
（4）国保大队
大队长　刘桂飞(主持全面工作)
（5）治安大队
大队长　陈方华
教导员　陈武平
（6）刑侦大队
大队长　刘塘良
教导员　周国胜
（7）禁毒大队
大队长　陈建国
教导员　曾玉龙
（8）联星派出所
所　长　易志平
（9）黄丰桥派出所
所　长　谢瑜麟(主持全面工作)
教导员　丁健康
（10）酒埠江派出所
所　长　杨　军（指定负责）
（11）皇图岭派出所
所　长　杨　志
（王万乐主持全面工作）
教导员　陈浩林
（12）新市派出所
所　长　杨伟成(主持全面工作)
教导员　王万乐
（13）网岭派出所
所　长　蔡德文(主持全面工作)
教导员　杨卓泉
（14）菜花坪派出所
所　长　杨文良
（谭毅主持全面工作）
（15）桃水派出所
所　长　刘俊君
（16）森林公安局
局　长　丁武平
教导员　范文辉
（17）消防救援大队（中队）
大队长　吴　聃
代理教导员　马东波（4月任）
助理工程师　罗文明

参　谋　刘礼江　肖林辉
中队指导员　雷文亮
中队长　叶国雄
中队排长　董湘东

6. 民政局

局长、党组书记　李福文
副书记、副局长　钟怡富
副局长　谭建华　付　锋
党组成员、总会计师　周壮姐
党总支(组)委员、纪检组长(派驻)　易　珂
(1) 老龄办
主　任　游小素
(2) 慈善办
主　任　刘亚珍

7. 司法局

局长、党组书记　贺　明
副局长　文志丹　谭　忠

8. 财政局

局长、党组书记　彭爱斌
副局长、副书记　徐剑锋
副局长　陈文平　贺香清
党组成员、总会计师　王爱武
党组成员、纪检组长　邓华艳
(1) 国库集中支付核算中心
主　任　谢亚飞
(2) 乡镇财政服务中心
主　任　王船桥
(3) 非税收入管理局
局　长　陈大平

9. 人力资源和社会保障局

局长、党组书记　黄　武
副局长　罗立新　罗飞斌　徐　翔
党组成员、总会计师　黄　敏
(1) 人力资源服务中心
主　任　邓　萍
(2) 人事考试培训中心
主　任　周文阳
(3) 机关事业社会保险局
局　长　刘晋湘
(4) 社会劳动保险事业管理局
局　长　谢海鸿
(5) 劳动就业管理局
局　长　谢升兰
(6) 城乡居民医保管理服务中心
主　任　段　玉
(7) 工伤保险局
局　长　张湛武
(8) 劳动保障监察大队
队　长　李　刚
(9) 城乡居民养老保险局
局　长　张　旋

10. 国土资源局

局长、党委书记　周卫国
副局长　刘中立　刘桂平
党委委员　肖振军
执法监察大队大队长　文金伟
党委委员、总经济师　王玉梅
党委委员、总工程师　谭敬东
(1) 土地储备中心主任　肖文斌
(2) 不动产登记中心主任　高　方
(3) 联星国土中心所长　彭建宇
(4) 江桥国土中心所长　杨　华
(5) 皇图岭国土中心所长　付旭东
(6) 酒埠江国土中心所长　陈建湘
(7) 丫江桥国土中心所长　杨忠东
(8) 新市国土中心所长　蔡罗生
(9) 莲塘坳国土中心所长　余桂良
(10) 鸾山国土中心所长　王　勇
(11) 黄丰桥国土中心所长　江　澄
(12) 桃水国土中心所长　李志灵
(13) 菜花坪国土中心所长　黄益忠
(14) 网岭国土所所长　贺　勇
(15) 谭桥国土所所长　邹双明
(16) 春联国土所所长　颜海荣

11. 环境保护局

局长、党组书记　左桐林
副局长、副书记　吴建国
副局长　付荣华
党组成员　苏建成　易建刚
(1) 环境监察大队
大队长　谭　辉

12. 住房和城乡规划建设局

局长、党组书记　蔡应物
副局长　荣志刚　谭卫民
　蔡忠良　李　炜
党组成员、纪检组长（派驻）　彭　辉
原纪检组长　朱建桥
总工程师　欧阳金文
（1）自来水公司
经　理　聂平平
党总支书记　王勇华
（2）市政园林管理处
主　任　刘忠良（8月止）
（3）县重点建设工程管理办
主　任　丁卓胜
（4县建设工程质量安全监督管理站
站　长　胡振宇

13. 城市管理和行政执法局

局长、党组书记　谭伟荣
副局长　刘小平　刘建民
党组成员、原纪检组长（派驻）　李祥凤
（1）城管大队
大队长　周宪国
书　记　王周辉
（2）环卫处
主　任　邓　武
（3）拆违控违大队
大队长　陈　琦
书　记　艾陵湘
（4）市政园林管理处
主　任　刘忠良

14. 交通运输局

局长、党组书记　颜荣华（3月止）
　陈晓晖（3月任）
副局长　刘文平　皮晓彬
　刘能文
党组成员、总工程师　单志雄
（1）道路运输管理所
所　长　赵景亮
党支部书记　何三忠

15. 农业局（县委农村工作办公室）

局长（主任）、党组书记　李林华
副主任　李惊雷
副局长　谭国荣　宾运良
　周冬桂　吴爱中
党组成员、纪检组长（派驻）　张　辉
（1）农技推广中心
主　任　罗国武
（2）农业行政执法大队
大队长　吴利辉
（3）能源办
主　任　李　跃
（4）县域经济考核办
主　任　文　媚
（5）农广校
校　长　彭　德

16. 水利局

局长、党组书记　刘　彦
副局长　彭　刚(7月—11月）
总工程师　李　平
防汛抗旱指挥部办公室主任　文阳荣
（1）移民局
局　长　谭振兴
副局长　刘　丹
（2）水土保持局
局　长　欧阳伟平
（3）酒埠江灌区攸县中心所
所　长　刘一夫

17. 林业局

局长、党组书记　何　勇
副局长　谭章程　王　志
　罗爱平(挂职,5月任）
　朱向阳
党组成员、工会主席　朱伟平
（1）防火办公室
主　任　彭早珍
（2）林地林木权属管理办公室
主　任　吴启云
（3）黄丰桥林场
场长、党委书记　郭文平
副场长　易文成
纪委书记　贺文明
工会主席　陈拥军

18. 商务旅游和粮食局

局长、党组书记　李益民
副局长　曾松柏　余　辉　董伟兰　郑　莉　单志明　杨　青

19. 文体广电新闻出版局

局长、党组书记　文志辉
副局长　吴文华　吴　奕
党组成员、原纪检组长　钟喜毛
党组成员、总工程师　文　枫
（1）文物管理局（博物馆）
局（馆）长　朱蔡立
（2）文化市场综合执法大队
队　长　（暂缺）

20. 卫生和计划生育局

局长、党组书记　吴伟清
副局长　刘锋良　李喜红
党组成员、纪检组长（派驻）　兰　华
原党组成员、纪检组长（派驻）肖建勇
（1）计生协会
常务副会长　旷进南
（2）卫生计生综合监督执法局
局　长　周小辉

21. 审计局

局长、党组书记　龙晓辉
副局长　苏红艳　刘剑伟
党组成员、总审计师　王晶霜
（1）县经济责任审计工作领导小组办公室
副主任　闵冬建

22. 攸县食品药品工商质量监督管理局

局长、党组书记　游江龙
副局长　刘建军　唐新飞　皮黎明　彭　滢　彭　炜　李志雄　蔡向阳　易　霖　李汝前　罗志武
党组成员、纪检组长（派驻）　熊军伟
（1）食品药品和质量技术检验检测中心
主　任　吴　冰

23. 安全生产监督管理局

局长、党组书记　刘文勇
副局长　孟跃平　刘宜战　王鸣春

24. 统计局

局　长　刘艳舞
党组书记　张新球
副局长　谭湘伟　邓其华
（1）县经济社会调查中心
主　任　肖　纯
（2）县普查中心
主　任　宾　奇
25、人防办
主任、党组书记　左桐林（代管）
副主任　陈德群

议事协调常设机构

信访局

局长、党组书记　（暂缺，公安局副政委傅洪峰主持全面工作至11月止）
副局长　李志军（11月任，主持全面工作）
副局长　张军平　胡小平（挂职）

县委、县政府直属事业单位、国有企业

1. 县委党校

校长、党组书记　杨正武
副校长　刘夏非　刘　庆　周新平

2. 老干局

局长、党组书记　单文革
副局长　杨先志　文珊蓉

3. 广播电视台

台长、党组书记　文泽宇
副台长　刘良平　易志中
副总编辑　文　凯　刘　峰　杨思敏

4. 档案史志局

局长、党组书记　杨辉球
副书记、副局长　曾建荣
副局长　皮吉凤

5. 市场服务中心、攸县市场建设有限公司

主任、党组书记　谢泽胜
副主任　彭益风　贺战凯　邓卢水
董事长、党组书记　李仁林
总经理　宁宇新
监事会主席、纪检书记　胡爱辉
副总经理　陈望新　黄建辉　陈　华　胡飞岗
党组成员、工会主席　陈国昌

6. 机关事务服务中心

主任、党组书记　廖书虎
副主任　贺早明　谭平华

7. 政务服务中心（优化办）

主　任　文卫平
党组书记　杨再江
副主任　龙　攀　卿媛霞

8. 湖南省攸州投资发展集团有限公司

董事长　罗志勇
党组书记、总经理　易志勇
监事会主席、纪委书记　贺志亚
副总经理　洪　刚　罗湘荣　戴陈亮　夏志鹏
党组成员、总工程师　夏国其
党组成员、工会主席　李传真

9. 湖南省攸州国有资产投资集团有限公司

董事长、党组书记　王　飞
总经理　王　亮
监事会主席　卢　平
副总经理　龙　杰　贺　轼　吴晓明　谢欢华　陈中华
党组成员、工会主席　郭　希

10. 湖南酒仙湖生态旅游开发有限公司

董事长　易大友
董事、总经理　易　溪
董事、常务副总经理　余科建(3-12月陈继平代)
董事、副总经理　刘三如
董事、财务总监　王　虎
副总经理　颜新建

11. 攸县产业发展投资有限公司

董事长、党组书记　陈水根
党组副书记、总经理　谭勇华
监事会主席、纪委书记　王震勇
副总经理　龙小江　贺　勇　李湘华
总工程师　徐东日
党组成员、工会主席　虞智慧

12. 攸县城市建设开发有限公司

党组书记、董事长　王小锋
党组副书记、总经理　卜爱良
副总经理　陈　鹏　夏　秦　彭正义　文　琼
党组成员、纪委书记　刘义芳
党组成员、总工程师　贺　力
党组成员、工会主席　罗里程

13. 湖南酒埠江旅游开发投资有限公司

党组书记、董事长　余科建（11月任）
副书记、总经理　余科建（11月止）
监事会主席、纪委书记　陈继平
党组成员、副总经理　何重明　刘三如　王　凯　管志刚
党组成员、工会主席　蔡德武
副总经理　罗飞志

部门管理机构、其他机构

1. 县委、县政府接待办公室

主任、党组书记　聂双利
副主任　陈新妮　刘　华

2. 城乡环境同治工作办公室

主任、党组书记　周雪飞
副主任　欧阳年春

3. 行业办公室

主任、党组副书记　谭好强
副主任　殷运良　罗延福

4. 交警大队

大队长、党总支书记　彭傅纲
政　委　段新华
副书记　段新华　易前进　刘万生
副大队长　刘万生　文李震

丁晓晖　周佳俊
副政委　张艳龙
纪检员　张艳龙（兼）
党总支委员、工会主席　陈力丁

5. 农业综合开发办公室
主任、党组书记　胡芳荣
副主任　易双平

6. 房产管理局
局长、党组书记　向宋祥
副局长　刘华茂　罗建伟　唐新桥

（1）国有土地房屋征收管理办
主　任　贺凌峰

7. 公路局
局长、党组书记　何再权
副局长　贺　亮　胡勇勇　贺建湘

8. 畜牧水产局
局长、党组书记　符劲松
副局长　洪文献　李卫东　胡志德

（1）动物卫生监督所
所　长　谢二威

9. 农业机械管理局
局长、党组书记　文晓华
副局长　阳春雷　朱文凯　贺志峰

10. 农村经济管理服务站
站长、党组书记　陈　鹏
副站长　刘　晟

11. 煤炭产业服务中心
主任、党组书记　罗立平
副主任　尹建国　董朝辉　刘海涛

12. 供销合作社联合社
理事会主任、党组书记　曾叶新
副主任　何芳华　颜建飞　陈湘落
工会主席　周全丰

13. 国有资产管理服务中心
主任、党组书记　刘湘波
副主任　张夏清　周　武

群团机关

1. 县总工会
主　席　刘凯平
党组书记　夏新文
副主席　朱剑鸿　王娇敏　余　振　洪玉琴(兼)　周利媛(12月任,挂职)

2. 团县委
书记、团机关党支部书记　郭力颖
副书记　杨舟双（11月任)　刘希柯　单　琼(挂职,11月任)　尹晓敏(兼,11月任)　刘　凯(兼,11月任)　旷岳文(兼,11月任)

3. 县妇联
主席、党组书记　朱晶娟
副主席　罗　艳　胡志玲　姚　曜(挂职,11月任)　谭妩媚(兼,11月任)　彭　晶(兼,11月任)　黄湘娟(兼,11月任)

4. 县科协
主席、党组书记　张　凯
副主席　周　阳　肖志勇

5. 县工商联
党组书记　刘建华
主　席　文小凤
副主席　左志强

6. 县残联
理事长、党组书记　欧阳爱平
副理事长　董政荣　余　军

7. 县文联
主席、党组书记　卢飞飞
副主席　唐洪波

8. 攸县红十字会
会　长　罗　曼
党组书记　李伟新

常务副会长　何建岚

垂直管理单位

1. 税务局

局长、党委书记　郭科军
副书记、副局长　喻大明(正科级)
副局长　杨又青　李继良
陈湘德　袁志宏
刘裕前　董运清
陈鹏飞
党委委员、纪检组长　汤　平
工会主席　张咏霞

2. 中国邮政攸县分公司

总经理、党委书记　陈永红
副总经理　郭晓红
李　陵(8月止)
李　杰(9月任)
纪检书记　郭晓红
寄递事业部常务副总经理　阳吉翔(9月任)

3. 中国电信攸县分公司

总经理、党总支书记　刘　泓
副总经理、纪检员　朱军华
副总经理　李　忠

4. 中国移动通信攸县分公司

经理、党支部书记　杨　宇(7月止)
陈　凯(8月任)
副经理　彭琪洛(原名彭武)
李志波

5. 中国联通攸县分公司

总经理　谭　平
副总经理　苏　娟

6. 国网攸县供电分公司

总经理、党委副书记　陈贵斌
党委书记、副总经理　谷湘文
副总经理　刘　鹏　刘安定
纪委书记、工会主席　李彩云

7. 攸县石油公司

经　理　潘　敏
党支部书记　彭　广
副经理　张义清

8. 湖南盐业股份有限公司攸县分公司

总经理、党支部书记　刘正军(3月任)

9. 烟草专卖局（分公司）

局长(经理)、党组书记　熊　伟
副局长　谢众喜(2月任)
党组成员、纪检组长　姜　锴(2月任)
副经理　颜　晗(2月任)

10. 新华书店

经　理　陈　军
副经理　吴艳文　谭素锋

11. 气象局

局长、党组书记　邬四海
副局长　张海燕　严小红

12. 国家统计局攸县调查队

队　长　张建平
纪检员　徐小彦
副队长　练子玉

13. 住房公积金攸县管理部

主　任　邹　秀
副主任　陈国良　尹志强

14. 县人民银行

行长、党组书记　王小明
副行长　刘　琦
黄一飞（10月任）
纪检组长　黄一飞（10月止）

15. 县农业发展银行

行长、党支部书记　陈晓宇
副行长　徐鸿翔
张志强(6月止)

16. 县工商银行

行长、党委书记　朱卫清
副行长　谭加望　张珊海

17. 县农业银行

行长、党委书记　许　盛
副行长　龙建忠　董晓飞
刘　敏
纪委书记　罗　丰

18. 县中国银行

行长、党支部书记　阳桥庆(4月止)
谭小艳(5月任)
副行长　唐鹏立(3月止)

陈海亮（4月任）
潘　轩（挂职，10月任）

中级经理　赵政洪

19. 县建设银行

行　长　龙水平

副行长　刘思婷　肖　哲

20. 县邮政储蓄银行

行　长　苏　彪

21. 县农村商业银行

董事长、党委书记　康见闻（11月止）
郭　平（11月任）

行长、副书记　侯灵武

监事长、纪委书记　谭继荣

副行长　张开荣（11月止）
李　涛
谢越华（11月任）

22. 县长沙银行

行　长　文开云

副行长　王双连

23. 县华融湘江银行

行　长　吴　鹏

副行长　易　奎　葛　斌

24. 县潭农商村镇银行

董事长　胡晗春

行　长　赵孟良

副行长　刘志峰

25. 县人民财产保险公司

经　理　陈福年

副经理　易成毅　陈　鹏

工会主席　陈　鹏

26. 县人寿保险公司

经　理　文　丽

副经理　罗　丹　陈　志

学校、医院

1. 株洲市生物工程中专

校　长　颜学勤

党委书记　蔡德和

副校长　尹　飞　龙志雄
刘志勇　李　敏

2. 攸县一中

校　长　王　廷

党委书记　刘新忠

副校长　江亦成　周建东
刘新苗　余永贵
易吕辉

3. 攸县二中

校　长　陈卫旭

党委书记　刘　杰

副校长　李雄飞　骆会德
尹立忠　李光华

4. 攸县三中

校　长　陈智跃

党委书记　王小林

副校长　刘正茂　刘远见
张卫平　文里果

5. 攸县四中

校　长　刘卓成

党支部书记　吴双平

副校长　彭亚峰　尹国庆
余连生　吴向泽

6. 攸县震林中学

校　长　龙跃平

党支部书记　李建春

副校长　夏振宇　朱桂昭
李飞虎　焦连清

7. 攸县人民医院

院　长　陈福耀

副院长　罗爱平　徐俊余
陈　振

纪委书记　过文贵

工会主席　杨双艳

8. 攸县中医院

院　长　蔡文德

党委书记　陈自力

副院长　黄晶华　文志南
蔡建平　单倚绅

纪委书记　吴韶刚

工会主席　曾引荣

9. 攸县疾病预防控制中心

主任、党支部书记　符三乃

副主任 阙定红 欧阳四新 张加亮
纪检员 胡红亮

乡镇(街道)

1. 江桥街道办

党工委书记 赵爱云
街道办主任 尹建冬
副书记 尹建冬 王治宇
人大工作室主任 宋春美
纪工委书记 尹文林
党工委委员 宋春美 尹文林 刘 毅 阳文华 丁喜艳 丁爱民
街道办副主任 陈喜艳 左智新

2. 联星街道办

党工委书记 贺 彪
街道办主任 夏华光
副书记 夏华光 谭兆贤
人大工作室主任 袁桂华
纪工委书记 刘雪梅
党工委委员 袁桂华 刘雪梅 漆建喜 何玉宇 刘海江 颜国慧
街道办副主任 陈湘兰 汤前望

3. 春联街道办

党工委书记 黄华畅
街道办主任 陈红飞
副书记 陈红飞 戴雅来
人大工作室主任 邓新奇
纪工委书记 蔡 军
党工委委员 邓新奇 蔡 军 彭卫东 齐金平
副主任 刘永丽

4. 谭桥街道办

党工委书记 彭永跃
街道办主任 王 潇
副书记 王 潇 李铁建
人大工作室主任 朱洪亮
纪工委书记 陈三普
党工委委员 朱洪亮 陈三普 粟清兰 江 涛 陈爱琼
街道办副主任 黄立新 李 珍 张新发

5. 鸾山镇

党委书记 王天来
镇 长 蔡爱国
副书记 蔡爱国 皮远康
人大主席 刘韶晖
纪委书记 周新良
党委委员 刘韶晖 周新良 程 伟 陈运兰 何仕勇 颜高飞
副镇长 颜高飞 周利媛 刘 鹏

6. 黄丰桥镇

党委书记 苏爱军
镇 长 丁新立
副书记 丁新立 肖回龙(挂职,联系人大工作)
党委委员 贺诗煌(挂职) 洪 驰(挂职,主管纪检,监察工作) 王国福 易正辉 谭春艳
副镇长 刘小刚 贺亚妮

7. 酒埠江镇

党委书记 谭智敏
镇 长 贺 江
副书记 贺 江 文爱泽
人大主席 贺 亮
纪委书记 罗中爱
党委委员 贺 亮 罗中爱 周江和 钱 娟 卢琰琰
副镇长 谭先德 文 款

8. 网岭镇

党委书记 刘丰华
镇 长 尹朝规
副书记 尹朝规 陈运新
人大主席 李春华

纪委书记	朱泊宇
党委委员	李春华　朱泊宇
	谭首春　朱燕舞
	刘国平　田　华
副镇长	刘深根　宁思旖

9. 皇图岭镇

党委书记	刘友良
镇　长	刘龙亮
副书记	刘龙亮　王伟华
人大主席	陈建勇
纪委书记	易一忠
党委委员	陈建勇　易一忠
	刘胜利　吴　建
	李　华　王陈伟
副镇长	王陈伟　徐小艳

10. 宁家坪镇

党委书记	陈亦武
镇　长	曾能勇
副书记	曾能勇　周志勇
人大主席	彭智力
纪委书记	刘　刚
党委委员	彭智力　刘　刚
	陈建文　邓敏捷
副镇长	刘长力　陈　丽

11. 丫江桥镇

党委书记	张叶喜
镇　长	唐江南
副书记	唐江南　张建堂
人大主席	谢益斌
纪委书记	苏　鹏
党委委员	谢益斌　苏　鹏
	夏峰波　宋文连
	王　治　余双秀
副镇长	黄　智　谢剑飞
	李颖群

12. 新市镇

党委书记	王宜斌
镇　长	吴彩霞
副书记	吴彩霞　蔡金良
人大主席	杨勇鹏
纪委书记	许　峰
党委委员	杨勇鹏　许　峰
	蔡金良　刘小丽
	汤　胜
	许延佳（11月任）
副镇长	汤　胜　王和平
	贺　兰

13. 莲塘坳镇

党委书记	陈晓晖
镇　长	李伟建
副书记	李伟建　邓海龙
人大主席	李赛虎
纪委书记	蔡建华
党委委员	李赛虎　蔡建华
	武志军　周华容
	廖丽平　王　莉
副镇长	颜建华　董湘衡

14. 菜花坪镇

党委书记	欧阳中胜
镇　长	方华容
副书记	方华容　蔡晓华
人大主席	王　斯
纪委书记	文志敏
党委委员	王　斯　文志敏
	旷海燕　丁远大
	刘树德
副镇长	欧　亮　邓文娥

15. 渌田镇

党委书记	刘分粮
镇　长	周天球
副书记	周天球　肖回龙
人大主席	翟谭明
纪委书记	刘朝晖
党委委员	翟谭明　刘朝晖
	王志华　尹国才
	谢珍龙　池彭余
副镇长	刘新良　贺钢梁

16. 石羊塘镇

党委书记	过石基
镇　长	刘　敏
副书记	刘　敏　李玉龙
人大主席	洪　涛

纪委书记	谭 勇
党委委员	洪 涛 谭 勇
	贺诗煌 文 刚
副镇长	罗 悦 杨舟双

17. 桃水镇

党委书记	刘灵宾
镇 长	杨志龙
副书记	杨志龙 刘泽强
人大主席	刘芳军
纪委书记	葛飞伟
党委委员	刘芳军 葛飞伟
	谭湘华 江 亮
	彭振峰 刘谭平
副镇长	刘谭平 邓运湘

荣誉谱

2018年度攸县获得国家、省（部）级荣誉称号

国家园林县城
全国文明城市提名城市
第七届全国服务农民、服务基层文化建设先进集体
全国示范农家书屋
国家级AAAA级景区
省级高新技术产业开发区
湖南省棚户区改造先进单位
湖南省粮食生产标兵县
全省农村集体“三资”管理工作先进县
全省农民权益维护和负担监督管理工作先进县
全省农机工作先进单位
全省人口和计划生育工作良好单位
省食品安全工作先进县
湖南省五化民政建设进步县

2018年度攸县获得（保持）省、市文明建设先进集体名单

一、湖南省文明标兵单位（共计1个）

2018届申报：县检察院

二、湖南省文明村镇（共计4个）

2012届：网岭镇
2014届：酒埠江镇
2016届：莲塘坳镇
2018届申报：皇图岭镇

三、湖南省文明单位（共计12个）

2012届：县检察院　县国税局　县移动公司
2014届：县水利局　县地税局
2016届：县公安局　县民政局　联星街道　国网攸县供电公司
2018届申报：县税务局　县财政局　县林业局

四、市文明建设标兵单位（共计1个）

攸州工业园

五、市文明建设先进单位（共计9个）

县食药工质监管局　县教育局　县文广新局
县国土局　江桥街道　县农业局
县供销社　县华融湘江银行
酒埠江灌区管理局

六、市文明镇（共计2个）

黄丰桥镇　宁家坪镇

七、市文明村（共计7个）

谭桥街道苏洲村　鸾山镇东院村
酒埠江镇木联村　皇图岭镇高新村
宁家坪镇自力村　莲塘坳镇下田村
石羊塘镇罗家桥村

2018年度攸县文明建设红旗单位、先进单位、先进个人及创建全国文明城市先进个人名单

一、县文明建设红旗单位（共计12个）

攸州工业园　县食药工质监管局
县教育局　县文广新局
县国土局　县农业局
县供销社　县华融湘江银行
酒埠江灌区管理局　江桥街道
黄丰桥镇　宁家坪镇

二、县文明建设红旗村（共计7个）

谭桥街道苏洲村　鸾山镇东院村
酒埠江镇木联村　皇图岭镇高新村
宁家坪镇自力村　莲塘坳镇下田村
石羊塘镇罗家桥村

三、县文明建设先进单位（共计60个）

县总工会　县委党校　县发改局
县司法局　县商旅粮局　县安监局
县机关事务服务中心　县调查队
县农商行　春联街道　石羊塘镇
菜花坪镇　湖南旭日陶瓷有限公司
湖南湘东化工机械有限公司
湖南明珠选矿药剂有限责任公司
株洲宏信科技发展有限公司
湖南益力盛电子科技有限公司
攸县湘能矿业有限公司湘东煤矿
县一中　黄丰桥镇中学
皇图岭镇市上坪中学
县卫生计生综合监督执法局
宁家坪镇坪阳庙卫生院
黄丰桥中心卫生院
江桥街道：江桥社区、洪家洲村
联星街道：联西社区、永佳社区、冯家坳村
春联街道：山背社区、盘龙村
谭桥街道：谭桥社区、东联社区
鸾山镇：建新社区　新漕社区
黄丰桥镇：柏市社区　墙背村　东岳山村
杨丰村
酒埠江镇：黄竹村
网岭镇：宝山湖村　江塘村
皇图岭镇：港口村　芳田村　鹏江村
宁家坪镇：联和村　金水村
丫江桥镇：盆上村　新杉岭村
新市镇：新市村　庚子村　善化村
莲塘坳镇：凉江社区　南水村　盘联村
菜花坪镇：联龙村　苏塘西村
渌田镇：新江村
石羊塘镇：老虎岩村
桃水镇：湾田村

四、县文明建设先进个人（共计222人）

王劲松　周冬剑　吴辉兵　廖　青　侯琴莲
谭志军　陈新辉　王志荣　徐夫文　陈利兵
刘昌茂　丁慕蓉　何李瑶　易晓蓉　易阁峰
邓志华　李呈念　贺再华　刘　晖　李建成
宁曼香　余永贵　夏宙安　刘龙德　胡华伟
苏纪荣　罗庆云　朱桂香　刘新连　曾玉龙
谭斌尧　皮岸滨　胡钢建　李福文　刘永康
王爱武　王占友　旷　鹏　李志勇　高　方
邹波兰　杨　斌　肖建雄　谭　婷　王二喜
陈　俭　阳　涛　王会义　贺剑良　文　枫
徐承可　黄晶华　张加亮　易继红　欧阳远华
易才华　黄新春　周斌娥　邓丹成　王军建
彭　滢　邓其华　胡　鑫　郭建龙　邓喜婷
贺建明　刘丽艳　欧阳年春　颜禹平　罗　燕
刘　庆　杨先志　罗建伟　易志中　肖志刚
陈　蓉　刘建伟　刘　伟　徐运南　刘旭其
贺春雷　刘凤媛　李攸莲　单　琼　符　焱
左志强　杜温武　唐洪波　谭建云　颜建飞
周益康　周永青　王小华　占慧玲　曾雪华
夏志鹏　彭正义　王　凯　贺　轼　尹玉梅
李湘华　吴爱中　罗　龙　刘兵韶　廖珍如
刘吉明　宁分配　朱伟平　刘运武　周小峰
张华桥　吴雪亮　吴明旗　蔡继元　符利军
彭尧明　龙　泽　贺光辉　雷文华　彭润明
朱建德　黄晓润　王海燕　贺雪林　文雪荣

刘　剑　汤水艳　文　霞　洪湘军　贺颜胜
朱欠仔　陈三普　王秋林　张新发　粟清兰
刘永丽　汤利华　谭玉梅　谭运珠　曾　华
皮东伟　皮平广　尹祥志　洪德生　王　剑
张开明　邹李成　邓庆云　谭小兰　吴　建
刘建珍　张端华　杨再林　欧阳喜连　占花兰
刘爱平　王　勇　谢雄良　王凯飞　欧清辉
贺一萍　李建国　文建兰　刘新良　谭卫华
谢珍龙　蔡玉兰　肖　思　尹建绍　贺建华
谢冬云　贺　海　王国福　谢雄明　贺德华
夏峰波　文　武　易爱国　龙俐俐　陈志国
胡晓良　陈建明　汪正安　吴刘国庆　龙金华
张　敏　蔡建华　董湘衡　李外娇　张小龙
何育文　谭　归　罗佳继　吴俊强　刘麦秋
赖根新　谢贺清　田岳松　谭先德　贺秋潭
刘　贵　郭辉民　聂　健　曾林春　陈建文
苏文连　贺正初　陈国勇　侯　正　熊　玮
尹徐平　颜成刚　王力雄　薛肖宁　谭祖仁
朱泊宇　杨建平　刘晓辉　朱建武　陈运新
黄景奎　宁思旖

五、创建全国文明城市先进个人（共计30人）

尹伟华　刘海钢　邱宇红　杨　琼　付文华
刘　伊　刘金元　贺海凤　蔡卫红　赵彩安
陈　琳　尹丽荣　左智新　葛东旭　刘　英
王水华　李新良　易三湘　梁中赵　刘华茂
蔡卫东　文　锋　黎　健　王晓东　文　凯
练子玉　彭卫东　贺国胜　严敏芝　罗利辉

攸县第四届道德模范名单

曾庆文　艾　跑　欧阳珍奇　何建南　杨玉香
谢湘萍　龙仁元　王　敏　陈海英　何　义

攸县第二届十佳乡贤名单

杨莲金　陈明非　刘谷其　郭雪梅　阳四清
刘普生　尹桂香　李辉连　刘同生　彭金生

2018年度 全县党建工作先进单位名单

一等奖：网岭镇
二等奖：联星街道　春联街道
三等奖：宁家坪镇　县食药工质监管局

2018年度全县产业发展先进单位和先进个人名单

一、税收总量奖（共计40个）

攸县湘能矿业有限公司
攸县仁形塘矿业有限公司
攸县富新房地产开发有限责任公司
攸县老虎冲矿业有限责任公司
攸县艳塘矿业有限责任公司
攸县上严塘矿业有限公司
攸县青塘冲矿业有限责任公司
攸县黄丰桥永晟矿业有限公司
攸县漕里矿业有限公司
攸县恒运达矿业有限公司
攸县高塘矿业有限责任公司
株洲中南房地产开发有限公司
攸县第二建筑有限责任公司
攸县上升矿业有限责任公司
湖南湘东化工机械有限公司
攸县永祥矿业有限责任公司
湖南湘化机汽轮机有限公司
攸县鸾山镇三联荣祥矿业有限责任公司
株洲湘东建设有限责任公司
株洲市莲银贸易有限责任公司
中国人民财产保险股份有限公司攸县支公司
湖南明珠选矿药剂有限责任公司
华融湘江银行股份有限公司攸县支行
中国农业银行股份有限公司攸县支行
湖南省育鑫建设有限公司
大唐华银攸县能源有限公司

株洲丰茂矿业有限责任公司龙潭里煤矿
湖南逸鸿集团有限公司
湖南旭日陶瓷有限公司
中国邮政集团公司湖南省攸县分公司
国网湖南省电力有限公司攸县供电分公司
株洲市新伟房地产开发有限公司
攸县第一建筑工程有限责任公司
湖南省湘东矿业有限公司
攸县新兴房地产开发有限公司
株洲市兴安贸易有限公司
攸县隆瑞房地产开发有限公司
攸县华源梁氏环保科技有限公司
湖南省烟草公司株洲市公司攸县分公司
湖南攸县农村商业银行股份有限公司

二、企业发展奖（共计5个）

（一）高新技术企业（3个）
湖南明珠选矿药剂有限责任公司
湖南一田农业机械有限公司
湖南惠格生态农业发展有限公司
（二）专利（1个）
湖南明珠选矿药剂有限责任公司
（三）清洁生产企业（1个）
株洲三亿化学建材科技发展有限公司

三、金融机构奖（共计5个）

中国农业银行股份有限公司攸县支行
中国邮政储蓄银行股份有限公司攸县支行
湖南攸县农村商业银行股份有限公司
湖南攸县潭农商村镇银行股份有限公司
华融湘江银行股份有限公司攸县支行

四、电商发展奖（共计3个）

攸县星都物流有限公司
株洲卫兵网络科技有限责任公司
湖南湘溪农业发展有限责任公司

2018年度全县政法、综治、维稳、反邪防邪及扫黑除恶工作先进单位和先进个人名单

一、先进集体（共计90个）

（一）社会治安综合治理工作先进单位（35个）
网岭镇　江桥街道　黄丰桥镇
谭桥街道　桃水镇　春联街道
联星街道　宁家坪镇　县法院
县检察院　县公安局　县司法局
县人社局　县财政局　县住建局
县审计局　县城管局　县文广新局
森管局　县一中　县人民医院
县城建公司　县妇联　县广电台
县交通局　县水利局　县统计局
县农商行　县税务局　县人民银行
县水文局　酒埠江灌区管理局
县移动公司　县烟草局　县邮政局
（二）维稳工作先进单位（5个）
菜花坪镇　鸾山镇　莲塘坳镇
工业园　县食药工质监管局
（三）政法工作先进单位（6个）
县法院民一庭　县公安局菜花坪派出所
县公安局看守所　县检察院侦查监督科
县司法局江桥司法所
县公安局交警大队事故股
（四）反邪防邪工作先进单位（5个）
丫江桥镇　酒埠江镇　石羊塘镇
县公安局国保大队　县公安局新市派出所
（五）扫黑除恶专项斗争工作先进单位（5个）
县纪委监委第二纪检监察室
江桥街道　菜花坪镇
县公安局经侦大队
县公安局春联派出所
（六）平安示范村（社区）（17个）
江桥街道：西阁社区　联星街道：胜利社区
谭桥街道：苏洲村　春联街道：山背社区
鸾山镇：三联村　黄丰桥镇：柏市社区

酒埠江镇：白石冲村　网岭镇：里旺村
皇图岭镇：共和村　宁家坪镇：金水村
丫江桥镇：双江社区　新市镇：善桥社区
莲塘坳镇：廖公村　菜花坪镇：芷陂村
渌田镇：群力村　石羊塘镇：田星村
桃水镇：盘塘村

（七）先进村（社区）（17个）

江桥街道：泥脚巷村　联星街道：文化社区
谭桥街道：东塔社区　春联街道：巨洲村
鸾山镇：建新社区　黄丰桥镇：万新村
酒埠江镇：联塘村　网岭镇：宝山湖村
皇图岭镇：山关村　宁家坪镇：联和村
丫江桥镇：联江村　新市镇：何岭村
莲塘坳镇：下田村　菜花坪镇：菜垅村
渌田镇：陂垅村　石羊塘镇：南田村
桃水镇：泉塘冲社区

二、先进个人（共计82人）

（一）社会治安综合治理工作先进个人（30人）

谭智敏　刘友良　尹建冬　邓新奇　夏峰波
江　亮　谭首春　何　勇　李福文　向宋祥
徐　翔　董攸周　皮秉剑　朱劲松　洪　溪
陈雪干　刘金男　侯曼文　肖建勇　焦卫平
彭　昱　杨再武　王　艳　张爱敏　夏益定
江其武　朱亚伟　刘　贵　王德元　唐　宇

（二）维稳工作先进个人（12人）

刘分粮　蔡金良　江　涛　陈建勇　谭　琪
文爱泽　张军平　陈方华　贺　勋　谭国荣
汤建喜　文靖翔

（三）政法工作先进个人（20人）

刘正刚　汤志伟　周艳齐　傅洪峰　王万乐
胡伟民　单桂恒　蔡德文　陈清明　周莉琼
侯建南　尹立武　彭志敏　徐红军　李铁建
文志丹　王文星　刘　杰　胡志明　王正良

（四）反邪防邪工作先进个人（10人）

黄华畅　王　潇　曾能勇　李赛虎　颜高飞
文　刚　刘　毅　王志华　侯正良　谭　毅

（五）扫黑除恶专项斗争先进个人（10人）

王维维　颜　景　钟文灿　易兴宇　郭　卫
旷桑田　贺马龙　陈水卫　罗武吉　陈鹏飞

2018年度全县民兵调整改革先进单位和先进个人名单

一、先进单位（共计4个）

联星街道　江桥街道　皇图岭镇　黄丰桥镇

二、先进个人（共计4人）

蔡学军　黄午翔　游力君　张黛芝

2018年度全县计划生育工作及计划生育协会开展“创先争优服务大局”活动先进集体和先进个人名单

一、计划生育工作优秀单位（共计9个）

江桥街道　桃水镇　网岭镇
新市镇　谭桥街道　春联街道
石羊塘镇　酒埠江镇　莲塘坳镇

二、计划生育工作良好单位（共计5个）

丫江桥镇　鸾山镇　黄丰桥镇
联星街道　皇图岭镇

三、计划生育综合治理工作优秀单位（共计6个）

县工商联　县民政局　县人社局
县财政局　县教育局　县公安局

四、计划生育综合治理工作良好单位（共计8个）

县食药工质监管局　县移民局
县房产局　县农业局
县住建局　县经科局
县委党校　县广电台

五、计划生育工作模范村（共计14个）

江桥街道：西阁社区
联星街道：文化社区
春联街道：山背社区

谭桥街道：流和社区
鸾 山 镇：龙会村
黄丰桥镇：湖厂村
酒埠江镇：白石冲村
网 岭 镇：沙峰村
皇图岭镇：高枧村
丫江桥镇：源佳村
新 市 镇：新市村
莲塘坳镇：凉江社区
石羊塘镇：黄家垅村
桃 水 镇：湾田村

六、计划生育工作先进村（共计26个）

江桥街道：奥林村　茅坪村
联星街道：万古桥社区
春联街道：春风社区　双丰社区
谭桥街道：谭桥社区　苏洲村
鸾 山 镇：新漕社区
黄丰桥镇：万新桥村
酒埠江镇：柘双村　酒埠江村
网 岭 镇：巷口山村　江塘村
皇图岭镇：长华村
宁家坪镇：金水村
丫江桥镇：万兴村
新 市 镇：平田村　大桥头村
莲塘坳镇：山田村　盘联村
菜花坪镇：高和社区
渌 田 镇：渌田社区
石羊塘镇：南田村　老虎岩村
桃 水 镇：睦塘村　竹如山村

七、计划生育协会开展“创先争优服务大局”活动先进集体（共计6个）

联星街道计生协　酒埠江镇计生协
黄丰桥镇塔前村计生协　菜花坪镇菜垅村计生协
皇图岭镇高新村计生协　石羊塘镇田星村计生协

八、计划生育工作先进个人（共计33人）

蔡卫华　李颖群　陈爱群　李铁建　许良波
宁玛丽　董选平　张新龙　董春梅　吴署明
罗娇兰　谭润娇　李湘凯　童　非　张　华
罗知建　谢正英　王疆丽　李珍媚　朱国英
贺吉辉　旷道容　刘新荣　张松柏　张许生
皮三乃　何雪林　侯海艳　李立球　刘文萍
黄辉媛　彭秋霞　阳欢娥

九、计划生育协会开展“创先争优服务大局”活动先进个人（共计5人）

李春华　贺振军　刘会清　刘洋喜　贺一萍

2018年度全县城乡同治工作先进单位和先进个人名单

一、先进单位（共计2个）

江桥街道　石羊塘镇

二、先进个人（共计19人）

董桂华　张成德　汤书龙　刘秋收　刘晓东
贺后发　易　城　罗　鸫　廖运高　陈祖生
谢剑飞　丁发云　刘　靖　杨祝秋　文中华
陈相东　欧阳青　陈志武　刘继周

2018年度全县食品安全工作先进单位和先进个人名单

一、先进单位（共计13个）

县公安局　县卫计局　县教育局
县农业局　县食药工质监管局
县畜牧局　县市场服务中心
联星街道　春联街道　网岭镇
皇图岭镇　菜花坪镇　新市镇

二、先进个人（共计39人）

彭　炜　刘建军　蔡向阳　杨　重　皮宁新
吴　馗　刘亚运　尹晓松　邓雄亮　易柳军
丁玉峰　蔡卫东　丁智勇　刘　鹏　文正茂
文贵荣　汤　华　易　亮　尹晓海　邓伟华
陈　军　付　刚　皮志刚　欧阳二武　翟谭明
李玉龙　阳文华　文爱泽　陈爱琼　李颖群
彭振锋　廖丽萍　刘良平　周　浩　阙定红

曾松柏　周晓辉　邓　凯　陈双媛

全县创建国家园林城市工作先进单位和先进个人名单

一、先进集体（共计8个）

（一）突出贡献单位（1个）

县市政园林管理处

（二）优秀单位（3个）

县委宣传部　县住建局　县城管局

（三）先进单位（4个）

联星街道　县交警大队　县广电台

县拆违控违办

二、先进个人（共计22人）

易龙剑　丁卓胜　邓　武　刘华茂　刘良平
杨建龙　夏国其　谭政武　贺光辉　陈福乐
吕文成　王爱武　王　志　肖　纯　阳伟成
吴　奕　肖振军　易伍平　陈志明　丁　卉
龙子豪　史艳珠

三、记三等功人员（共计4人）

刘忠良　周宪国　胡任重　佘雅玲

获攸县人民政府2018年度攸县考核记三等功人员名单

（150人）

游江龙　彭爱斌　周爱云　李卫东　谭湘甫
周冬桂　朱剑鸿　何建岚　张华桥　苏建成
谭建华　蔡杰球　陈建斌　皮岸滨　刘中海
朱细平　龙永新　单桂恒　朱伟平　罗万钧
贺香清　陈大平　孟跃平　刘能文　周全丰
吴文华　朱蔡立　钟喜毛　虞智慧　李　刚
黄　敏　李惊雷　吴爱中　刘剑伟　肖建勇
李喜红　邹发喜　巫朝英　程　伟　尹文林
刘　毅　江映华　齐金平　郑　云　朱　希
王　延　彭湘良　宋文连　刘泽强　刘韶辉
文晓华　易志中　谭　忠　曾小军　杨　峰
王小华　张　勇　谭亦敏　刘富宙　易志明
刘昌亚　田　荣　王　华　刘　伟　刘　勤
王二喜　刘华位　谢柯香　王莲湘　朱四新
杨晓峰　曾云平　李志军　刘宜成　颜家雄
吕　勇　夏忠敏　贺清平　张新吾　罗喜华
尹柏刚　龙三元　汤　丽　周　剑　谭　毅
谭　鑫　刘陈微　陈　刚　夏春德　邓　凯
刘正宇　曾　瑜　谢爱祥　洪志伟　王晓东
陈　前　符海艳　丁方平　谭建新　曾连胜
谭良梁　谭念飞　彭　智　夏彩丹　颜华荣
冯立新　陈松青　旷灵勇　刘　成　王会义
廖桂华　蔡征军　旷正茂　杨　景　高　天
陈　勇　李莉桦　董春梅　徐承可　刘亚平
谭慧敏　王思敏　龙晚芳　周维龙　李宗鸿
周忠云　欧红良　皮建平　江文龙　周湘丽
尹小平　何永飞　丁思洋　杨　雯　刘开华
陈绘川　贺文纲　肖仁和　刘铁汉　郭　斌
陈冬元　钮晓彦　尹　平　丁卫国　刘凌虹
李外娇　李建武　刘忠健　谭润兰　邹李成

获攸县人民政府2018年度攸县创建国家园林县城工作受表彰记三等功人员名单

（4人）

刘忠良　周宪国　佘雅玲　胡任重

附 录

中共攸县县委 攸县人民政府 关于全面开展“产业项目建设年”活动加快推动高质量“突围突破”的实施意见

攸发〔2018〕1号

为认真贯彻落实中共十九大和省委、市委经济工作会议精神，加快推动县域发展转型升级，县委、县人民政府决定，全面开展“产业项目建设年”活动，加速推动高质量“突围突破”（以下简称“两突”），并制定如下实施意见。

一、总体目标及要求

紧盯“两突”总目标，紧跟“五区、五转、五动”“五个攸州”总布局，以“产业项目建设年”为总抓手，着力抓产业、兴实业、攻项目，务求“五区”会战连战连胜。强园区方面，力争创建省级高新区，挺进全省20强；活城区方面，加快实现撤县设市，打造湘东南百亿商圈；旺景区方面，成功实现酒埠江风景区AAAA复牌，深度推进AAAAA及国家旅游休闲度假区创建；美社区方面，特色小镇、特色农业园区、特色农业产业取得实质性突破；稳矿区方面，完成新一轮煤矿兼并重组、技改升级，煤矿安全生产水平全面提升，煤炭产业改革深入推进。要按照高质量发展要求，统筹推进各个领域项目建设，实现县域更加富饶、城乡更加美丽、人民更加幸福，全面开启攸县现代化新征程。

二、主要工作及任务

1. **科学构建产业体系。**实施规划引领行动，深度开展产业发展调研，客观审视全县各产业的核心优势、技术高点、产业链条和短板不足，逐一完善产业布局、产业链配套规划，形成具有攸县特色的现代产业体系。分区完善产业发展规划，切实做好园区化工新材、五金制造、新能源等重点产业规划，做好城区互联网金融、商贸经营、物流集散等商圈规划，做好景区以酒埠江为核心的全域旅游规划，做好社区以香干、麻鸭、米粉、油茶为重心的特色农业规划，做好矿区生产、效益更加稳定的煤炭产业规划。依据规划做好产业项目包装，综合运用产业集群包装、产业链包装、园区包装等多种形式，着力从支柱产业中挖掘优质项目，从补链强链中培育关联项目，从产学研结合中扶持科技项目。

2. **着力创建省级高新区**。实施园区升级行动，按照“一区三园”的布局，理顺管理体制，下放行政审批权，推进集权强园，推动园区运营向市场化、专业化方向发展。实行园区创新能力提升“一揽子”计划，注重建设技术创新、科技金融、管理服务等平台，助推产业发展。提升园区承载能力，以满足工业大项目落地需求为目标，全力以赴抓好园区设施配套、土地储备等要素保障工作，力争省级高新技术产业开发区创建一举成功。

3. **广泛开展招商活动**。坚持驻外招商、以商招商、中介招商等模式并重，全面发起“全民大招商”活动，重点对接“湘商会建设新家乡”等行动，加快引进一批在外湘商、株商、攸商和优质产业项目。持续优化招商考核奖惩制度，有效落实招商优惠政策，畅通向商会和在外攸商的政策通报渠道，全面提升系统性、针对性和专业性招商水平。坚持县级领导带头招商，每个县级领导参与一个重点产业的招商，负责一个重点招商项目的跟踪。着力推动重大产业项目、重大科技创新项目、重大产品创新项目、引进“500强”企业、引进科技创新人才“五大”攻坚行动，确保39个省市重大产业项目建设任务有序推进，实现重大科技创新7项、重大产品创新7项，力争引进“500强”企业、湘商企业、上市公司或行业龙头企业15家，引进科技创新人才16名。

4. **深入推进企业帮扶**。在全县梳理筛选一批有基础、有条件、有潜力的重点企业，安排专门领导联系、派驻专门班子结对、实行专门协调调度，做到特事特办、急事急办。认真落实国家、省市降成本方面的具体要求，通过设立产业发展基金，用好用活“助保贷”“续力贷”，推进电力和管道燃气直接交易等多种扶持手段，帮助企业真正降低生产成本、解决资金难题、开拓产品市场，切实为企业减负降压，助企业轻装上阵。坚持办好创业集训营等各类活动，进一步掀起“大众创新、万众创业”新热潮，全面振兴县域实体经济。

5. **全面优化发展环境**。实施环境优化行动，争取特色县域经济等专项扶持政策，落实企业“爱乡回流”、阶段成长特别奖励等产业发展配套政策，持续优化政策环境。大力推进行政审批制度改革，探索建立行政审批专门机构，加快推行集中审批、联审联批等模式，持续优化政务环境。进一步完善“优化项目环境”“企业宁静日”等制度规定，严肃打击吃拿卡要、随意检查、强揽工程等违规违纪行为，确保项目服务“零距离”、项目管理“零缺位”、项目建设“零干扰”、项目推进“零延误”，持续优化政商环境。实施设施配套行动，加快水、电、路、气、通讯等基础设施建设，大力提升学校、医院、文化、商场等公共服务设施配套水平，确保推进配套项目建设30个，完成投资56亿元，为产业发展提供良好基础环境。

三、组织保障及实施

1. **五区全线推进**。坚持把“产业项目建设年”贯穿“两突”工作全程，贯穿“五区”大会战始终。“产业项目建设年”活动，在“两突”战略推进委员会的领导下全面推进。各战区指挥部、工作保障组、职能部门和乡镇（街道）要把产业项目建设作为中心工作，切实加强领导，明确任务，制定方案，持续推进。

2. **五方全面动员**。将“产业项目建设年”作为“两突”大讨论、大调研、大攻坚的重点内容，延伸至基层一线，切实铺开全方位、高规格的工作动员部署和宣传推介，持续扩大“产业项目建设年”活动影响，有效发动县级领导、乡镇街道、县直部门、村（社区）和社会大众五个方面的力量，形成万众一心谋项目、千方百计上项目、众志成城建项目的生动局面。

3. **五联充分引领**。在既有县级领导“五联”的基础上，结合“产业项目建设年”，进一步丰富和拓展工作内容。联战区要更加侧重该区产业发展工作；联项目必须联系一个以上产业项目或招商项目；联企业既要联系一个本土企业解决具体困难，还要联系一个在外攸商企业加强政策对接和招商对接；联乡镇（街道）要更加注重对特色园区、特色产业的培育；联村（社区）要着力引导和推动集体经济发展、“一村一品”、脱贫致富等重点工作。

4. **五问定期调度**。县“两突”战略推进委员会每月就“产业项目建设年”活动发布一次情况通报，每季开展一次集中督查，每半年召开一次现场会议，统筹进行工作调度，协调解决具体问题。“五区”指挥部及各工作组、乡镇（街道）和县直部门单位每季一次述职，对照“五问”（一问干了什么？二问采取了什么措施？三问有什么工作成效？四问有哪些不足之处？五问下一步怎么改进?)，就“产业项目建设年”工作重点汇报。

5. **五分考核奖惩**。将“产业项目建设年”工作纳入分层、分区、分类、分线、分期“五分”考核的重要范畴，结合“五大行动”开展情况，按季考核、严格奖惩、及时兑现。同时，对考核结果实行“三个挂钩”，即与绩酬发放挂钩，与干部使用挂钩，与政绩考核和评先评优紧密挂钩。

附件：

1.2018年县级领导联区安排表

2.2018年县级领导及县直单位联镇、联（驻）村扶贫帮扶工作安排表

3.2018年县级领导联系帮扶十三大产业、招商项目和重点企业安排表

［此件发至各乡镇党委、人民政府，各街道党工委、办事处，县直机关、企事业各单位，各村（社区）党支部、村（社区）委员会］

附表 1

2018 年县级领导联区安排表

区　域	领　　导　　人
强园区	牵头领导：谭润洪 联系领导：陈运发　宋长征　罗正初　文小凤　龙志奇　易晓红　曾小林 指 挥 长：彭顺昌
活城区	牵头领导：苏涛 联系领导：陈可勇　刘秀云　王世杰　过风文　刘建华　刘燕舞 指 挥 长：易屹东
美社区	牵头领导：唐卫湘 联系领导：杨喜兰　唐晓明　罗　曼　陈百忠　王卓文 指 挥 长：周文安
旺景区	牵头领导：尹诺昂 联系领导：李易常　周志强　李良俊　皮世平　杨正武 指 挥 长：唐军全
稳矿区	牵头领导：吴爱清 联系领导：曾富勇　刘凯平　蒋芷境　帅团结　陈卫华 指 挥 长：李子善

附表 2

2018 年县级领导及县直单位联镇、联（驻）村扶贫帮扶工作安排表

联点县领导	工作队长	镇(街道)	村(社区)	类型	办点单位	第一书记	工作队员
谭润洪 陈百忠 王卓文	蔡应物	皇图岭	芳田	省级贫困村	经管站	谭新亮	徐运南　刘南华
			荫泉	扶贫重点村	国投集团	谢欢华	洪凌飞　蔡炜亮
			市上坪	扶贫重点村	住建局	李海波	谭鹏飞　苏浩
			界联	软弱涣散村	信访局	尹爱斌	刘志清
			新乐	软弱涣散村	交警大队	单永彬	张艳龙
			笔和		县二中		骆会德
			麻城		行业办		丁利民
			高枧		团县委、盐业公司		符芳芳
			皇图		农业银行		王精平
苏涛 周志强 皮世平	彭爱斌	酒埠江	大田	省级贫困村	财政局	阳冬良	蔡德飞　杨军辉
			普安桥	扶贫重点村	商旅粮局	余辉	易勇　谢亮
			黄竹	软弱涣散村	森林公园管理局	刘志强	陈慧
			慈联	软弱涣散村	县政府办、县三中	谭建雄	易俊甫
唐卫湘 李良俊 龙志奇	吴伟清	菜花坪	联龙	扶贫重点村	国资中心、县四中	周武	李暑静　陈浩鸿
			高和	软弱涣散村	卫计局	李森健	李星波
			苏塘西	软弱涣散村	政务中心	罗政才	刘晓芳
			潘塘		国税局		刘勇
尹诺昂 王世杰 刘建华	刘彦	谭桥	万美	省级贫困村	人大各委办	刘朝阳	朱石恩　宋宝才
			竹丰	省级贫困村	攸发集团	王小华	丁艾华　毛凤
			大和	扶贫重点村	房产局	谭震伟	何国良　周程
			苏江	软弱涣散村	水利局	阳伟成	廖桂华
吴爱清 刘凯平 刘燕舞	文志辉	新市	排楼	省级贫困村	医保局	李志勇	陈坚强　唐庆仕
			丁家垅	省级贫困村	文广新局	王素华	何江　刘春良
			钟佳桥	扶贫重点村	政协各委办	陈利兵	苏丽琼　段郴钢
			观背	扶贫重点村	农机局	夏飞菲	胡林德　董湘书
			界江	扶贫重点村	统计局	陈剑	谭志国　陈子园
			大桥头	软弱涣散村	档案局	罗炎	刘虹杏
			罗潭	软弱涣散村	总工会	张华桥	朱剑鸿
			大同		新华书店		刘仁勇
			桐梓		地税局		谭庆国
			何岭		文物局		刘春良
			光明		建设银行		刘泽立
			回龙		妇联、消防大队		罗艳
			新虎塘		中国银行		赵政洪

联点县领导	工作队长	镇(街道)	村(社区)	类型	办点单位	第一书记	工作队员
			山门		联通公司		彭丽
			土楼		财险公司		易成毅
李子善 帅团结	龙晓辉	黄丰桥	富头	省级贫困村	法院	罗梦林	罗晓洪 陈 慧
			墙背	扶贫重点村	审计局	朱运兰	刘运武 王 毅
			泉塘	软弱涣散村	旅投公司	彭博	张玉娟
			丰垅	软弱涣散村	煤炭产业服务中心	刘永良	尹建国
			柏市		邮政银行		刘洪谦
			中洲		卫计综合执法监督局		谢益智
陈可勇 罗 曼	游江龙	桃水	小集	省级贫困村	畜牧局	过清明	李卫东 陈 虹
			清江桥	扶贫重点村软弱涣散村	食药工质监管局	彭滢	欧阳丽 何伟平
			桃水	软弱涣散村	疾控中心	刘勇华	晏远诚
			睦田		石油公司		刘建平
			夏泉		政法委		皮秉剑
			褚家桥		县编办		易才华
曾富勇 易屹东 唐 波	周卫国	联星	泰青塘	扶贫重点村软弱涣散村	民政局	蔡杰球	刘金亮 秦 帅
			高车头	软弱涣散村	国土局	张朝阳	王勇军
			高 岸		人武部		文 雅
			大 屋		工商银行		周 晖
刘秀云 文小凤	颜荣华	宁家坪	双 田	省级贫困村	纪委（监察局）	刘爱兵	周仁芳 郑 云
			双 松	省级贫困村	交运局	王志	陈湘江 田 野
			黄 公	扶贫重点村	公路局	宁分配	陈 勇 刘文星
			下 湾	扶贫重点村	工商联	左志强	陈志环 曾 伟
			笔 武	扶贫重点村软弱涣散村	机关事务服务中心	苏定华	郭建龙 陈 然
			金 水	软弱涣散村	巡察办	王俊	洪 婧
			宁家坪		平安保险		陈 红
			大 祥		电力局		彭铁强
			自 力		交通建监局、海事处		张国新
			龙 旺		中华联合保险		卢奕涵
陈运发 杨正武	谭伟荣	石羊塘	贺家坪	省级贫困村	县委党校	刘望京	谭圣辉 陈 娜
			黄家垅	扶贫重点村	县委办	刘吉明	李超云 王劲松
			佳 台	扶贫重点村	城管局	刘小平	谢林芳 夏 昆
			八合冲	软弱涣散村	中医院	吴韶刚	唐华容
			达水桥	软弱涣散村	县一中	余永贵	刘庆华
			界 市		接待办		刘 华
			南 田		住房公积金管理中心		陈国良
			洲上田		残联		谭建云
			田 星		移动公司		刘 伊

联点县领导	工作队长	镇(街道)	村(社区)	类型	办点单位	第一书记	工作队员
			罗家桥		老干局		杨先志
杨喜兰 陈卫华	黄武	春联	春塘龙	扶贫重点村	人社局	周小峰	李爱中文胜
			盘　龙	软弱涣散村	宣传部	何毅	旷小龙
			双　丰		检察院		王建平
宋长征 易晓红	何勇	网岭	武　仓	扶贫重点村	黄丰桥林场	贺文明	文政辉　谭　玲
			宝山湖	扶贫重点村	林业局	朱伟平	朱四新　王二喜
			北　联	软弱涣散村	工业园	邓祖德	刘光华
			巷口山	软弱涣散村	市场服务中心、市建公司	魏三平	王　成
			江　塘		酒埠江灌区管理局		刘伟兰
			伏　陂		发改局		谢锐武
			横　山		统战部		尹润阳
李易常 曾小林	胡建雄	江桥	杨木港	省级贫困村	产投公司	罗志高	虞智慧　李　凤
			桐　坝	扶贫重点村	教育局	江明亮	邓毕竞　罗　政
			龙　湖	软弱涣散村	农综办、职业中专	易双平	龙　钟
			洪家洲	软弱涣散村	组织部	蔡昉	刘陈辉
毛春良 彭顺昌	左桐林	莲塘坳	先　锋	省级贫困村	人民医院	陈振	田丽娟　贺　玲
			下　洞	扶贫重点村软弱涣散村	环保局	付荣华	易　凌　皮文化
			山　田	扶贫重点村	城乡同治办	欧阳年春	刘继周　符小芳
			星　和	软弱涣散村	供销社	周正再	谢　鹏
			新　华		文联		唐洪波
			同　联		震林中学		苏纪荣
			银　坑		气象局		张海燕
			巨　田		农发行		刘朝晖
			阳升观		电信局		谭　欣
罗正初 周文安	李林华	渌田	五　丰	扶贫重点村软弱涣散村	农业局	彭德	陈肃钢　易祖凡
			群　新	扶贫重点村软弱涣散村	市政园林管理处	刘谭三	朱　湘　李小勇
			潞　甫	扶贫重点村	自来水公司	罗鹏	张小刚　刘伟卫
			江　口	扶贫重点村	环卫处	汤中伟	余正勇　罗　丽
			新　江	扶贫重点村	司法局	阳长义	张孟东　刘仁见
			福　田		科协		杜温武
			陂　垅		公共资源交易中心、水文局		罗陵伟
			大　联		农商行		蔡三宁
			渌　田		调查队		徐小彦
			群　力		烟草局		王湘玲
			大　洲		邮政局		李　刚
			存　养		潭农商村镇银行		文　珊
			楼　塘		华融湘江银行		吴楚琪

联　点 县领导	工作队长	镇(街道)	村(社区)	类型	办点单位	第一书记	工作队员
			江联		长沙银行		陈　琼
唐晓明 唐军全	李奇跃	丫江桥	三峰	省级贫困村	经科局	李建成	周爱忠　蔡博勇
			华富	扶贫重点村	妇幼保健院	廖珍如	龙慧君　傅文宁
			联胜	扶贫重点村	城建公司	尹啸	夏　秦　文洁平
唐晓明 唐军全	李奇跃	丫江桥	增佳新	软弱涣散村	人防办	谭艳红	欧阳武
			仙石	软弱涣散村	广电台	贺志华	王海涛
			樟树		寿险公司		罗　丹
			严良		人民银行		陈年章
过凤文 蒋芷境	刘文勇	鸾山	江冲	省级贫困村	安监局	肖包斌	周建武　刘继刚
			南岸	扶贫重点村	公安局	刘乐其	杨远志　侯建伟
			江边	软弱涣散村	森林公安局	阳爱国	黄文建
			上垅	软弱涣散村	税费办	尹波	聂　彬
			东院		民爆公司		谭润森

说明：县级领导联村由联系乡镇（街道）的县级领导结合乡镇意见自主安排到省级贫困村或扶贫重点村、软弱涣散村

附表 3

2018 年县级领导联系帮扶十三大产业、招商项目和重点企业安排表

序号	产业名称	工作目标	招商项目	重点企业及项目	牵头领导	责任领导	责任单位
1	新能源产业	围绕打造新能源产业基地的要求，稳定大唐华银攸县能源公司等骨干企业；以五菱风电场等建设为契机，积极发展太阳能、风能、生物能产业，整合挖掘水电发展潜力，包装、引进一批新能源产业项目和企业，打造百亿产业集群。	皇图岭特色小镇	大唐集团攸县能源有限责任公司	谭润洪	谭润洪 王卓文	县委办
			抽水蓄能电站项目	攸县五凌风电场建设（含太和仙一期风电场）		李良俊	发改局、科协
			生物质发电项目	攸县蓝宇环保能源科技发展有限公司		王卓文	环保局、接待办
			汉能移动能源产业园	株洲市霄湘科技开发有限公司		曾小林	工业园
2	商贸物流产业	加快农批城建设，完善星都物流仓储和农村物流配送网点，巩固湘东汽贸城、义务国际商贸城、家具城集散中心建设成果，加快湘东水果花卉交易市场建设，形成产业发展服务的商贸物流中心。	中国梅花湖项目	农批城	苏　涛	苏　涛 易屹东	政府办、住建局、市场服务中心
			湘东南物流中心建设项目	湘东水果花卉交易市场		易屹东	
				湘东汽贸城		刘燕舞	统计局、政务中心
			物流甩挂中心项目	湖南星都物流有限责任公司			
3	特色农业产业	大力发展特色农业产业园，培育若干家香干生产骨干企业，推进香干产业标准化建设和黄豆生产基地建设；积极推进油茶产业，建设40万亩油茶产业基地，扶持1-3家油茶生产龙头	香干产业园项目	攸县南国红豆食品有限公司	唐卫湘	唐卫湘	农业局、畜牧局
				金威龙红薯生产加工			
				攸县拉子豆制品有限公司		罗　曼	

序号	产业名称	工作目标	招商项目	重点企业及项目	牵头领导	责任领导	责任单位
3	特色农业产业	企业，支持油茶品牌推广；切实发展桑草猪等特色养殖及深加工，鼓励“企业+农户”等产业模式，不断延伸产业链条，打造百亿特色鲜明的农产业集群。	香干产业园项目	攸县鸿华麻鸭业有限责任公司	唐卫湘	罗　曼	
				良强年产20万吨饲料生产线建设			
			油茶冷榨和深加工项目	健坤农产业加工生产线建设项目		周文安	水利局、林业局、经管站
				湖南亚美生物科技有限公司			
				天联苗木生产基地			
				湖南攸县畜牧育种产业园			
				湖南天华油茶科技股份有限公司攸县分公司			
				振源脐橙有限责任公司		唐卫湘 龙志奇	公安局、司法局
			万亩荷花产业园项目	株洲市枫水湾生态农业开发有限公司		唐晓明	农综办、供销社
				株洲祥能新竹林产业园区开发有限公司			
4	旅游康养业	以酒仙湖景区恢复AAAA、创建AAAAA景区为契机，加快风景区景点和配套建设，大力发展乡村休闲旅游，打造成熟的精品旅游线路；以项目为支撑，大力推进酒埠江生态小镇建设，加速完善交通、住宿等基础设施；以文化建设为核心，挖掘优秀文化传统，开发推介特色旅游产品，打造旅游餐饮品牌，实现旅游产业跨越发展，力争旅游综合收入达百亿。	通用航空机场建设项目	湖南酒仙湖生态旅游开发有限公司	尹诺昂	尹诺昂 皮世平	人大各委办
			健康养老产业城项目	湖南省中科雅达生态农业发展有限公司（雷坪峡谷森林康养）		唐军全	森管局、商旅粮局、档案局
			阳升观综合开发项目	宝宁寺佛教文化开发			
			乡村旅游度假休闲项目	花香里文化艺术村及旅游产业项目		李良俊	食药工质监管局
			酒埠江生态新镇综合开发项目	株洲白龙野菜腊焙食品开发有限责任公司		皮世平	森管局
5	新材料产业	着眼形成特色鲜明的新材料产业集群，着力发展陶瓷、水泥、新型建材及环保材料产业，着力培育一批骨干代表性企业，持续引进高水平、有实力的大型企业入驻，以高校和科研机构为支撑，产学研用协同促进的新材料产业体系，打造百亿产业集群。	年产1500T泡沫塑料制品项目	湖南旭日陶瓷有限公司（二期工程、光伏发电工程）	吴爱清	吴爱清 曾小林	政协各委办、国土局
				湖南地博光学材料有限公司			
			塑胶制品生产项目	宏信株洲科技发展有限公司		刘凯平	总工会、文广新局
				湖南澳维环保科技有限公司攸县分公司			
			纺织产业园	湖南远大水泥有限公司		彭顺昌	经科局、财政局、人社局
				湖南恒盛新材料有限公司			
				湖南恒新林业科技有限公司			

序号	产业名称	工作目标	招商项目	重点企业及项目	牵头领导	责任领导	责任单位
				湖南恒旺碳酸钙攸县公司			
6	互联网金融和煤炭产业	发展金融服务、互联网+，创新金融监管模式，引进金融服务、互联网企业100家；围绕矿产产业集群建设的目标，有针对性地开展机械化推进，信息化管理，推动矿产实现正规化生产，推进技术改造，产业升级，强化企业内部管理，劳动定员管理，财务管理，不断延伸产业链条，促进小矿产向大企业管理模式转变。	互联网金融创新呼叫中心项目	湖南攸州互联网金融创新中心	李子善	李子善	法院、检察院、安监局、煤炭产业服务中心、税费办
			煤矿技改升级项目	攸县兴隆矿业有限责任公司兴隆煤矿			
			煤矸石综合利用项目	攸县利木冲矿业有限公司利木冲煤矿		陈卫华	
				柳树冲煤矿		帅团结	
				湖南中元矿业有限公司柳基冲铁矿			
				金融大厦		刘建华	
				攸州在线传媒有限责任公司			
7	房产建筑业	培养一批成长性好、具有市场竞争力的建筑企业，扶持一批发展前景好、重质量讲信誉的房地产开发企业，支持企业做大做强，引导企业树立品牌意识，营造全县建筑企业与房地产开发企业共同促进、共同发展的良好局面，着力打造一批样板、优质、精品项目和高端小区，致力于人民生活质量的改善和提升，建设生态宜居新攸州。	钢板桩产业项目	攸县第一建筑工程有限责任公司	陈可勇	陈可勇	政法委、住建局、房产局
			国家一级建筑企业	攸县隆瑞房地产有限公司			
				株洲湘东建筑有限责任公司		过风文	
				攸县新兴房地产开发有限公司			
8	五金制造产业	引导企业创树品牌，扩大规模，做强五金制造产业。	珠海坚士制锁项目	湖南洣水河电缆有限公司	曾富勇	曾富勇 易晓红	人武部、行业办、工商联
				湖南省酒江电线电缆有限公司			
				湖南省凯峰亚明电线电缆有限公司		文小凤 易晓红	
				株洲市飞宇电器设备有限公司			
9	电子产业	扶持发展电子信息产业，以新型元器件、电子材料等高技术、低污染为切入点，推动企业加大对核心元器件和软件、信息安全系统的开发力度，加快电子信息产业从加工装备电子产品向提供技术服务转变，从低附加值制造环节向高附加值技术服务环节延伸。	FOG、背光工艺制造项目	湖南长明高科实业有限公司（川马电子生产基地）	刘秀云	刘秀云 彭顺昌	县纪委、监察委、巡察办、审计局
				湖南益力盛电子科技有限公司			
			高分子材料生产项目	攸县联诚电子有限公司		蒋芷境	公安局、信访局、县团委
				湖南省冠群电子科技有限公司			
				湖南省天睿精工科技有限公司		龙志奇	

序号	产业名称	工作目标	招商项目	重点企业及项目	牵头领导	责任领导	责任单位
10	装备制造产业	全面对接市轨道交通装备、航空产业基地建设和清水塘产业转型升级，积极打造以湘化机为龙头的化工机械制造业，有针对性的策划、包装、引进一批规模大、税收高的优秀装备制造企业进驻园区，打造百亿产业集群。	年产50万吨再生钢材项目	株洲博世科环保设备制造有限公司	陈运发	陈运发 曾小林	县委办、教育局、农机局、老干局
				攸县一田农业机械厂			
			自动化设备生产项目	湖南点行环保装备科技有限公司			
			汽车配件生产项目	湖南湘东化工机械有限公司		周志强	交通局、残联
				攸县祥塑实业有限公司			
				攸县龙昊重工有限责任公司		陈百忠	公路局、机关事务服务中心
			环保节能减排技术装备项目	湖南帕普泵业有限公司			
			日用品生产项目			易晓红 曾小林	工业园
			电气设备生产项目				
11	生物医药业	力引进一批生产企业和研发机构，重点发展中医药产品、化学药品、生物制药，打造生物医药生产加工基地；充分利用我县丰富的药材资源优势，发展壮大中药材规范化种植基地规模，加快现代中药产业发展；支持现有生物医药企业做强做大，鼓励企业自主创新和引进吸收并举，巩固和提升品牌影响力，打造现代生物医药百亿产业集群。	生物制品研发生产项目	湖南省大豪药业有限责任公司	杨喜兰	杨喜兰	宣传部、广电台
				株洲贾岭药博园中医药文化体验康养中心			
				株洲市湘东氨基酸有限公司			
				湖南省仙泉自然生物科技有限责任公司		曾小林	妇　联
			壳寡糖生产项目	湖南省爱敬堂制药有限公司		毛春良	卫计局、文联
				湖南正源中药饮片有限公司			
			中医药产业园项目	株洲市神农动物药业有限公司		王世杰	民政局、人防办
				株洲市正翔医药有限公司			
12	化工产业	着眼形成特色鲜明的化工、环保产业集群，着力培育一批骨干代表性企业，持续引进高水平、有实力的大型企业入驻，承接高质量化工产业转移，以高校和科研机构为支撑，产学研用协同促进的化工产业体系。	昊华生物制品项目	攸县华升化工有限责任公司	宋长征	宋长征	统战部、编办、国资中心
				湖南宸润环保科技有限公司			
				湖南明珠选矿药剂有限责任公司			
			电解电容生产项目	株洲市安特新材料科技有限公司		杨正武	党校、环保局
				攸县晟煌环保科技有限公司			
				株洲壹诺生物技术有限公司			

序号	产业名称	工作目标	招商项目	重点企业及项目	牵头领导	责任领导	责任单位
	化工产业			株洲英东实业有限公司	宋长征	易晓红 曾小林	工业园、城管局
				湖南宏祥锆业高科有限公司			
13	家具产业	攸县优势，着力在我县打造一个百亿产值家具制造产业园，重点引进在广东从事家具制造的攸县籍老板，鼓励其回乡创业。同时引进其他品牌战略投资者，做大做强家具制造产业园。	家具制造产业园项目	香樟缘实木家具有限公司	李易常	李易常	组织部、工业园、国土局
				攸县旭鑫陶瓷花纸有限公司		罗正初	

中共攸县县委　攸县人民政府
关于落实食品安全党政同责的实施意见

攸发〔2018〕8号

为深入贯彻中共十九大精神，全面落实中央、省市关于加强食品安全工作的决策部署，进一步明确全县各级各部门单位食品安全工作责任，不断提升食品安全治理能力和保障水平。现就落实食品安全党政同责提出如下实施意见。

一、充分认识食品安全党政同责的重大意义

食品安全事关人民身体健康、生命安全，事关全面建成小康社会目标的实现，事关人民日益增长的美好生活需要，确保食品安全是各级党委、政府义不容辞之责。全县各级各部门单位要充分认识落实食品安全党政同责的重大意义，以习近平新时代中国特色社会主义思想为指导，以建设“实力、品质、人文、美丽、创新”五个攸州为目标，以最严谨的标准、最严格的监管、最严厉的处罚、最严肃的问责，加强从“农田到餐桌”全过程食品安全治理，加强对食品安全工作的统筹和组织领导，全力助推我县实现高质量的“产业突围、转型突破”。各级党委、政府主要负责人同为第一责任人，对本地区食品安全工作负全面领导责任。党政其他负责人对职责范围内的食品安全工作负领导责任。党委、政府相关工作部门按照“谁主管谁负责”的原则，履行主管行业领域的食品安全工作责任，主要负责人负总责，其他班子成员对分管领域负具体领导责任。

二、全面落实党委对食品安全工作的领导责任

（一）坚持高位推动。全县各级党委要认真贯彻执行食品安全法律法规和中央、省市关于加强食品安全工作的决策部署和要求，把食品安全工作纳

入党委工作重要议事日程，纳入社会管理综合治理等工作中，加强对领导班子综合考核。领导同级纪律检查机关严肃查处食品安全工作中违纪行为，按照相关规定落实责任追究。

（二）健全领导机制。各级党委主要负责人每年至少召开1次党委常委会会议听取食品安全工作汇报，每年开展1至2次食品安全工作专题调研，推动解决人民群众反映强烈的重点、难点问题。党委班子其他成员要结合分工，深入基层调研指导食品安全工作，督促分管领域落实食品安全工作责任。各级党委每年向上级党委报告一次食品安全工作。

（三）加大工作支持。支持人大及其常委会依法加强对食品安全相关法律法规执行情况的监督检查；支持政府依法履行食品安全监管职责；支持政协对食品安全工作开展民主监督；支持司法机关依法严厉打击食品安全违法犯罪行为，为食品安全监管提供强有力的司法保障；党委工作部门、其他相关团体和组织、社会各界要广泛深入开展食品安全相关活动，形成食品安全社会共治的工作格局。

（四）加强宣教引导。加强食品安全宣传教育培训和舆论引导工作，将食品安全法律法规、重大决策部署、安全形势等纳入党委（党组）理论学习中心组学习计划，引导广大群众安全参与、主动支持食品安全工作，营造全社会共同关注食品安全的良好氛围。

三、全面落实政府对食品安全的属地管理责任

（一）加强统筹规划。各级政府要定期召开专门会议听取食品安全工作汇报，制定实施食品安全专项规划，制定年度食品安全重点工作安排，每年的政府工作报告要对食品安全工作作出明确部署。

（二）加强投入保障。各级政府要建立与本地经济社会发展水平相适应的食品安全监管经费保障机制和稳定的增长机制，确保食品安全监管保障经费稳步增长，切实满足日常监管、监督抽检、风险监测、科普宣教、示范创建、专项整治、应急管理、信息化建设等工作需要，夯实食品安全监管基础，保证监管工作有责任、有岗位、有人员、有手段。加强食品安全行政监督和技术支持能力建设，完善食品药品检验检测体系。探索通过政府购买服务等方式，转变政府职能，提高监管效能。

（三）加强综合治理。加强粮食重金属污染治理、餐厨垃圾处理、食品生产加工小作坊小餐饮和食品摊贩管理、餐饮业质量安全提升、农村食品安全治理等涉及跨领域多部门多环节的重点难点工作以及区域性食品安全风险隐患综合整治的组织协调，明确任务分工，及时跟踪督办。

（四）加强食安委职能建设。县食品安全委员会（以下简称食安委）负责食品安全工作组织协调、动员部署、督办落实和提出意见建议等。每半年至少召开1次食安委全会或专题会议，听取各成员单位述职，研究部署本县食品安全工作。大力加强食安委办公室机构及人员队伍建设，充分发挥其综合统筹、组织协调、督查督办、考核评价等作用。加强乡镇（街道）综合协调机制能力建设，镇长（主任）为食品安全工作第一责任人，明确一名分管领导，适当配备工作人员，具体负责食品安全综合协调工作。

（五）加强应急管理。各乡镇（街道）要完善食品安全事故应急处置预案，加强应急救援演练，建立健全应急救援指挥体系，及时妥善处置突发事件，防范区域性、系统性风险。

四、全面落实党委、政府部门（单位）对食品安全的管理责任

（一）党委有关部门要结合工作职责，将食品安全工作列入重要工作日程。组织部门负责加大对食品监管部门干部配备支持力度。宣传部门负责协调媒体与食安委成员单位等做好食品安全宣传教育工作，加强舆论引导。政法部门负责指导、协调、监督公安机关、检察机关、人民法院、司法行政机关依法打击食品安全犯罪行为和依法查办公职人员在食品安全工作中的职务犯罪行为。编制部门负责根据上级要求，牵头组织食品安全监管体制改革，支持监管部门职能建设。绩效考核部门负责将食品安全工作纳入绩效考核范畴。

（二）政府有关部门要各司其职，全力抓好食品安全工作。食品监管部门负责食品安全综合协调、考核评价、执法监督、行政许可、信息发布、信用建设、应急救援管理、事故调查处理、宣传教

育培训等综合性工作；贯彻落实有关食品法律法规和方针政策，推动落实食品安全企业主体责任；负责食品广告活动的监管，依法查处发布虚假违法食品广告行为；负责做好食品相关产品生产企业的监督管理；依法查处食品相关生产、加工、流通、消费环节的违法行为。教育部门负责督促指导学校食品安全工作的实施和管理；协助相关部门开展学校食品安全监督执法工作。公安部门负责依法查处生产、销售中有毒有害食品、假冒伪劣食品等涉及食品安全的犯罪活动；会同食品安全监管部门建立完善协调办案和案件移送机制。财政部门负责落实食品安全综合协调、监督抽检、风险监测、有奖举报和日常监管等工作经费，并对资金使用情况进行监督。环保部门负责对影响食品安全重大环境问题的统筹协调、监管、处置；负责集中式饮用水水源、食用农产品种植、养殖业基地、食品生产加工企业及小作坊周边污染源的监督管理。民政部门负责养老机构饮用水、商店及食堂食品安全工作的日常监管。住建部门负责建筑工地饮用水、商店及食堂食品安全工作的日常监管。城管部门负责做好城市餐厨废弃物的处置与管理；协助做好食品安全户外公益广告发布与食品安全宣传工作；配合相关部门依法查处非法生产、销售、加工“地沟油”“潲水油”等违法行为。农业部门负责食用农产品从种植环节到进入批发、零售市场或生产加工企业前的质量安全监督管理；依法实施符合安全标准的农产品认证工作；负责农业投入品安全使用执法与监管。畜牧水产部门负责畜禽水产品养殖环节质量安全监督管理；负责兽药、饲料、饲料添加剂等农业投入品质量及使用的监督管理；负责畜禽屠宰环节和生鲜乳收购环节质量安全监督管理；负责生猪定点屠宰行业管理和定点屠宰执法监督管理工作。林业部门负责对初级食用林产品种植、生产、初级加工环节的监督管理；依法打击餐饮环节非法食用野生动物的行为。商旅粮部门负责粮食收购、储存、运输环节和政策性用粮购销的粮食质量及原粮卫生的监督管理；协助对不合格粮油食品进行核查处置。卫计部门负责组织开展食品安全标准宣传贯彻工作；制定食品安全风险监测方案并组织实施；实施对学校集中式供水和二次供水卫生监督检查及餐饮具消毒单位的监督管理。

（三）司法机关要加强食品安全行刑衔接，严惩食品安全违法犯罪行为。审判机关负责依法审理涉及食品安全的刑事案件和民事案件；依法审查、执行有关部门申请法院强制执行涉及食品安全的行政决定。检察机关负责督促食品安全监管部门对涉嫌食品安全犯罪的案件及时移送公安部门；对食品安全监管领域职务犯罪进行立案侦查；执行对食品安全形势案件的批准逮捕、审查起诉和诉讼监督工作；加大对检察机关驻食品监管部门联络室的支持力度。

党委、政府其他部门要落实管行业必须管食品安全的责任，为食品安全提供支持保障，指导督促企事业单位加强食品安全管理，推进食品安全社会共治。

五、建立健全食品安全党政同责的保障机制

（一）建立食品安全“一岗双责”制。全县各级党政负责人及党委、政府工作部门班子成员要切实履行食品安全“一岗双责”责任，着力构建“党委统一领导、政府部署推动、部门依法监管、行业诚信自律、社会各方协同、公众积极参与”的食品安全治理格局。

（二）建立督查督办机制。建立食品安全定期督查和重点工作专项督办机制，县委、县政府督查部门要会同食品安全监管部门，加强对食品安全重大决策部署、重点工作任务落实情况的督查，建立督查整改验收销号制度，强化食品安全责任落实。

（三）建立考核评价机制。建立食品安全考核评价机制，将食品安全工作纳入各级党委、政府及食安委成员单位的绩效考核、党政领导班子和主要领导干部年度考核、社会管理综合治理考核等考核体系。完善考评指标体系及考评方法，积极探索利用第三方评估机构对辖区内食品安全状况进行考评。

（四）建立通报约谈机制。建立警示通报和约谈制度，对未按规定履行食品安全工作职责的，未按要求完成食品安全工作目标任务的，对重大食品安全隐患未能及时发现或者发现后未能及时整改消除的，或者对重大食品安全违法行为未依法查处，造成不良影响的，对责任单位及相关责任人予以警

示、约谈、通报。

（五）建立责任追究机制。建立责任追究制度，对不履行食品安全监管责任，或者阻碍干涉食品安全监管部门履行职责，导致本地本部门发生区域性、系统性食品安全风险和重大食品安全事故的；对应对食品安全突发事件中处置不力，造成重大损失或者恶劣影响的；对隐瞒、谎报、缓报食品安全事故的；对发生特别重大食品安全事故，或者连续发生重大食品安全事故的，依照有关规定给予党纪政纪处分；涉嫌犯罪的，移送司法机关依法处理。

（此件发至各乡镇党委、人民政府，各街道党工委、办事处，县直各单位）

攸县人民政府
关于调整攸县征地补偿区域和标准的通知

攸政发〔2018〕6号

各乡镇人民政府、街道办事处，县直各单位：

为规范征地补偿工作，切实维护被征地农村集体经济组织和农民的合法权益，促进经济社会持续健康发展，根据《湖南省人民政府关于调整湖南省征地补偿标准的通知》（湘政发〔2018〕5号）和《株洲市人民政府关于调整征地补偿标准的通知》（株政发〔2018〕9号）等有关规定，现将我县征地补偿标准进行相应调整，并就有关事项通知如下：

一、征地补偿标准为土地补偿费和安置补助费两项之和，其中土地补偿费占40%、安置补助费占60%。征地补偿标准的10%用于失地农民社会保障。

二、攸县征地补偿标准见附件1。征收水田的，按本标准的1.2倍执行；征收耕地（水浇地、旱地）、草地（除其他草地）、农村道路、水库水面、坑塘水面、沟渠、设施农用地、田坎、建设用地的，按本标准执行；征收园地、林地的，按本标准的0.8倍执行;征收未利用地的，按本标准的0.6倍执行；征收基本农田的，按所在区片水田标准执行。攸县地类补偿标准见附件2。

三、征地补偿区域分为Ⅰ级、Ⅱ级，两个等级，具体区域划分见附件3。

四、青苗（生产）补偿费、生产设施补偿费、苗圃搬迁移植费、迁坟费、造塘建设费标准仍按《攸县实施〈株洲市集体土地征收及房屋拆迁补偿安置办法〉细则》（攸政发〔2017〕11号）文件标准执行。

五、各建设用地项目征地补偿地类严格按照《土地勘测定界技术报告书》成果确认。重金属污染区域土地类别由国土部门确认。

六、本标准自2018年1月1日起施行。《攸县实施〈株洲市集体土地征收及房屋拆迁补偿安置办法〉细则》（攸政发〔2017〕11号）规定的征地补偿标准相关内容与本通知不一致的，以本通知为准。

七、本通知施行前，已发布征地补偿安置方案公告的，补偿安置按公告确定的方案执行。未发布征地补偿安置方案公告的，

按本通知标准执行。

附表：

1. 攸县征地补偿标准表
2. 攸县地类补偿标准表
3. 攸县征地补偿标准等级区域划分表

附表 4

攸县征地补偿标准表

单位：元/亩

区域	补偿标准	
攸县	Ⅰ区	Ⅱ区
	67000	59500

附表 5

攸县地类补偿标准表

单位：元/亩

补偿标准 \ 地类			水田	水浇地、旱土、草地、水塘、道路、沟渠、田坎、设施农用地、建设用地	园地、林地	未利用地
攸县	Ⅰ区征地补偿标准	征地补偿费	72360	60300	48240	36180
		失地农民社会保障费	8040	6700	5360	4020
			80400	67000	53600	40200
	Ⅱ区征地补偿标准	征地补偿费	64260	53550	42840	32130
		失地农民社会保障费	7140	5950	4760	3570
			71400	59500	47600	35700

附表 6

攸县征地补偿标准等级区域划分表

区域等级	区域范围
Ⅰ级	联星街道办事处的文化社区、永佳社区、胜利社区、雪花社区、联星社区、百花社区、富康社区、万古桥社区、高岭社区、联西社区、宋家洲社区
Ⅱ级	江桥街道办事处；联星街道办事处的七里坪社区、候市社区、上云桥村、泰青塘村、冯家坳村、高车头村、高岸村、田富村、候联村、大屋村、沙陵陂村、圳江村；春联街道办事处；谭桥街道办事处；渌田镇；菜花坪镇；新市镇；网岭镇；宁家坪镇；皇图岭镇；丫江桥镇；黄丰桥镇；鸾山镇；酒埠江镇；莲塘坳镇；石羊塘镇；桃水镇。

中共攸县县委办公室　攸县人民政府办公室 印发《关于进一步加强村级财务管理工作的若干规定》的通知

攸办字〔2018〕62号

各乡镇党委、人民政府，各街道党工委、办事处，县直各单位：

《关于进一步加强村级财务管理工作的若干规定》已经县委、县政府同意，现印发给你们，请认真执行。

中共攸县县委办公室

攸县人民政府办公室

2018年6月20日

（此件发至村<社区>党支部、村<社区>委员会）

关于进一步加强村级财务管理工作的若干规定

为切实管理农村集体资产、资金、资源，进一步规范村级财务收支行为，健全村级工程建设管理制度，推进农村基层党风廉政建设，促进农村经济发展，维护社会和谐稳定，结合我县工作实际，就加强村级财务管理提出如下意见：

一、严格村账乡代理的“五个不准”

1. **不准擅自设立账户**。各乡镇（街道）财政所统一设立村账代理中心银行总账户，各村（社区）在银行总账户中设立分账，村级所有收支必须通过代理中心银行总账户实行统一核算。除此之外，不准自行设立任何形式的账户，报账员经核准可开设一个限额内的备用金专项存折（卡），该存折（卡）不得发生非村级备用金收付以外的收支业务。

2. **不准违规使用收款收据**。村级使用的收款收据由经管站到财政所统一领取、审核和缴销，村（社区）到经管站具体填写使用，村级原则上不准领取整本收款收据。村级到外争取资金暂不能确定具体金额时，可到经管站出具临时借条领用收款收据，事毕及时交还并办理好相关手续。凡无据收款或白条收款、自制收据收款，将依法依规追究相关责任人的责任。

3. **不准大额现金结算**。村级日常开支实行备用金管理，备用金限额标准由各乡镇（街道）根据实际需要自行确定，最高不超过2万元，备用金主要用于支付小额的零星开支。单笔支出在3000元以上的大额资金支出必须通过非现金结算，在履行相关审批手续后办理银行转账支付，严禁化整为零。

4. **不准白条付款**。村级除走访慰问贫困户、支付村民小额零星劳务工资等支出事项，其他支出一律凭正式发票或收据才能列支。

5. **不准混淆会计科目核算**。乡镇（街道）代理中心必须使用财政部《会计法》和《村集体经济组织会计制度》规定的会计科目，不准自设一级会计科目。要按照发生的经济业务内容，准确使用相对应的会计科目，不准将不同业务内容和类别的支出事项放在同一会计科目中核算，严禁在会计分录中出现多借多贷。对于上级下拨的财政专项扶贫资金、涉农项目资金以及有具体使用要求的专项资金要专款专用，并通过专用会计科目实行专账核算。

二、严格非生产性开支的“五个标准”

1. **村干部报酬**。村干部基本报酬包括基础部分和绩效部分，基础部分可综合考虑人口规模、工作基础和经济发展水平等因素，绩效部分应根据工作绩效挂钩考核结果确定。严格执行《关于明确在职村干部有关待遇的通知》（攸办字〔2018〕14号）文件规定，具体发放按村民自治程序确定后报乡镇（街道）备案，由村账代理中心统一造表定期打卡发放。村（社区）干部不再列支通讯费、镇（街道）内交通费、餐费、误工费、报刊杂志费和其他津补贴等。

2. **伙食费**。县、乡镇（街道）机关干部下村（社区）检查指导工作或召开会议，原则上不在村里用餐，确因特殊情况需要安排用餐，由乡镇（街道）负责按规定标准列支，村级不得列支。

严格执行“零接待”制度；不准报销烟酒、水果和土特产等发票，不准报销各种招待费和应酬费。

3. **报刊费**。严格执行《农民负担与补贴监督卡》相关规定，任何部门和单位不得以任何名义向村级组织收取各种费用。村级组织订阅报刊实行“限额制”，全年最高限额不超过1000元。

4. **差旅费**。村干部公务外出，需先报乡镇（街道）批准，乡镇（街道）可参照《攸县差旅费管理办法》（攸财发〔2015〕3号）文件制定补贴标准执行。

5. **培训考察费**。上级部门组织的学习培训，按文件规定标准执行。因工作需要，组织村（社区）干部（含党员、组长或村民代表）外出学习考察的，须事先填写外出学习考察审批表，经乡镇（街道）批准并按标准执行。

三、严格村级工程项目建设的“五个统一”

1. **统一立项程序**。村级工程项目建设按照“四议两公开”程序执行，必须召开支村两委或有党员、组长、村民代表和村监委会等相关人员参加的会议。明确项目建设内容、建设规模、资金来源、招投标方式等，按规定向乡镇（街道）履行申报手续（详见附件1）。

2. **统一招投标程序**。5万元以下的工程项目由支村两委等会议决定，村级负责发包；5万—20万元以内的工程项目由村级组织招投标；20万元以上的工程项目（含10万元以上的物资采购项目）由乡镇（街道）组织招投标；100万元以上的工程项目（含30万元以上的物资采购项目）应依法依规在县级以上的招投标机构进行公开招标。严禁将一个工程项目拆分多个项目，严禁未经批准的工程项目擅自动工。所有工程项目由村民监督委员会、党员组长代表、村民代表、乡镇（街道）相关责任人负责加强监管。

3. **统一合同管理**。村级所有的工程项目必须签订规范的工程承包合同，并严格按照合同执行。

4. **统一验收结算**。工程竣工后，由乡镇（街道）三资办、支村两委、村民监督委员会等相关人员组成验收小组对项目进行验收。20万元以下的工程项目由村级负责办理结算，乡镇（街道）三资办负责审核把关；20万—100万元以内的工程项目，由乡镇（街道）三资办负责参与结算，根据需要可聘请具备建筑工程造价咨询资质公司编制竣工结算书；100万元以上的工程项目，必须由具备建筑工程造价咨询公司编制竣工结算书。有特殊要求的工程项目，要聘请监理公司。严禁村级擅自变更工程项目，增加工程造价。

5. **统一工程款项支付**。每次支付工程款项必须开具税务发票。按合同约定，首次付款必须提供立项审批表，中途按施工进度拨付款项时最高不超过工程总额的70%。工程完工后，村级在全面提供工程承包合同、验收报告、竣工结算书以及项目申报审批表、招标文书等相关资料的情况下，由代理中心办理工程结算手续，拨付剩下的工程款项。

四、严格财政专项扶贫资金管理的“五个专门”

1. **专门的科目核算**。财政专项扶贫资金核算，具体明确如下：①在收入类一级会计科目“其他收入”中增设1个二级明细科目“财政专项扶贫资金收入”；②在支出类一级会计科目“其他支出”中增设1个二级明细科目“财政专项扶贫资金支出”；③在二级明细科目“财政专项扶贫资金支出”科目中下设4个三级明细科目：公共公益工程支出、产业扶贫发展支出、贫困走访慰问支出、其他扶贫支出。

2. **专门的使用范围**。财政专项扶贫资金使用范围：①用于修建小型公益性生产设施、小型农村饮水安全配套设施等；②用于扶持贫困村集体经济发展，如光伏产业建设以及培育和壮大油茶等特色优势产业；支持贫困户发展种植业、养殖业和乡村旅游业；支持贫困户就业，接受教育、参加培训给予补助；③对贫困户开展走访慰问，解决日常生活困难等；④其他用于与扶贫工作相关的开支，如扶贫资料、招牌制作、人员培训和扶贫会议等。上级拨付到户的异地搬迁和危房改造等专项扶贫资金应通过“应付账款”科目，不列入财政专项扶贫资金科目中核算。财政专项扶贫资金不得用于下列各项支出：①村级组织日常基本支出；②各种奖金、津贴和福利补助；③修建楼、堂、馆、所；④其他不应在专项扶贫资金中列支的项目。

3. **专门的资料手续**。村级对实施的扶贫项目要建立台账，每个扶贫项目实施前均要按程序办理，规范手续。实施中注重收集相关资料，实施后将相关项目资料整理归档，同时保留相关项目影像资料备查。

4. **专门的公开公示**。村级在年末进行年度决算时，应对专项扶贫资金的收支总额进行专账核算。在村务公开栏或村民主要活动场所将每个扶贫项目的支出情况等进行公开公示，公示内容应包括项目资金来源、支出范围、投资规模、资金用途、受益对象、实施单位（个人）的通讯地址和电话号码、补助标准、审批程序、招投标、实施期限及项目完成情况等，增加财政专项扶贫资金使用的透明度，确保群众的知情权，自觉接受社会和群众监督，公示时间不少于10天。

5. **专门的绩效评价**。实行财政专项扶贫资金使用管理年度绩效评价制度。对每个扶贫项目的扶贫资金的投放、使用、效益进行跟踪，开展综合评价。注重扶贫项目的实际、实用、实效，通过绩效评价，努力提高资金的使用效益。

五、严格其他三资管理的“五个规范”

1. **规范资产资源的经营和处置程序**。村级处置集体资产资源必须向乡镇（街道）进行申报。申报必须填写《资产资源（经营）处置申请审批表》（详见附件2），附村民代表会议记录、村级资产资源处置方案等相关资料。经批复同意后，依法依规按程序组织实施。村级资产资源发包、租赁、处置等签订的相关合同，要统一纳入攸县农村集体三资管理信息化平台，定期对村级所有的合同履行情况进行监督和检查。

2. **规范债权债务管理**。村级要建立债权债务台账，加大清收欠款力度，积极化解债务，杜绝新增债务，每年应将村级债权债务情况向全体村（居）民公开。各乡镇（街道）应将化解村级债务纳入村级班子任期目标和年度绩效考核范畴。村级核销债权，须经村（居）委会提出意见，经村（居）民代表会议同意后，方可办理核销手续。

3. **规范组级收支监管**。组级收入应纳入村级统一的银行集中账户管理，按村设置组级存款明细账。组级征拆款由村级代管，监督组级使用。组级开支实行报账制。上级下拨专项资金或工程款项时，必须履行规范程序，完善相关手续，由3人以上组民代表签字并注明事由。对于需要到户的征拆款，由组级提供分配方案后直接打卡到户。5万元以内的组级工程，由组级发包，村级负责监管；5万—20万元的组级工程，由村级组织招投标；20万元以上的组级工程，由乡镇（街道）组织招投标。其验收结算方式遵照村级工程管理规定执行。组级支付工程款时，需要提供合同、验收单、结算单和税务发票等资料。每年年末，村级指导组级组织一次年度审计，并将审计结果向组民公开，接受组民监督。

4. **规范民主理财监督**。村（居）民监督委员会年初要参与制定本村（社区）财务计划；对村级的重大事项、重大开支和重大工程，事前要积极参与议事和决策，加强监督；每年年终要组织一次财务收支审计，重点审核财务收支项目，否决不合理开支、监督财务计划和各项财务制度的执行。

5. **规范财务档案和公开内容。**各乡镇（街道）必须按“一村一柜”要求，对村级集体签订的各类合同、立项审批表、财务公开表、会计凭证、账簿和报表及其他财务档案等，实现统一管理。村级财务收支应当定期公开，自觉接受全体村（居）民监督。要充分利用好“互联网+监督”村级财务公开平台，按要求每季度及时准确上传公开。凡属于村（居）民关心的重大事项都要及时公开。

攸县人民政府办公室
关于印发《攸县农村饮水安全巩固提升工程建设管理暂行办法》的通知

攸政办发〔2018〕21号

各乡镇人民政府、街道办事处，县直有关部门单位：

《攸县农村饮水安全巩固提升工程建设管理暂行办法》已经县人民政府同意，现印发给你们，请结合实际，认真遵照执行。

攸县人民政府办公室

2018年11月9日

攸县农村饮水安全巩固提升工程建设管理暂行办法

第一章　总则

第一条　为规范农村饮水安全巩固提升工程建设管理，根据湖南省发改委、水利厅、财政厅、卫计委、扶贫办《关于印发〈湖南省“十三五”农村饮水安全巩固提升工程项目实施指导意见〉的通知》（湘发改农〔2016〕918号）和湖南省财政厅、水利厅、发改委《关于印发〈湖南省“十三五”农村饮水安全巩固提升工程财政奖补暂行办法〉的通知》（湘财建〔2016〕73号）等文件精神，结合我县实际，制定本办法。

第二条　本办法所称农村饮水安全巩固提升，是指按照“巩固成果、稳步提升”的原则，以健全机制、强化管护为保障，充分发挥已建工程效益，综合采取改造、配套、升级、联网等方式，进一步提高农村饮水集中供水率、自来水普及率、供水保证率和水质达标率。

第三条　本办法所称自来水入户率，是指工程供水范围内村（组）农村居民自来水入户户数与村（组）农村居民总户数的比例。

第二章　项目申报和审批

第四条　农村饮水安全巩固提升工程由项目所在乡镇（街道）根据县人民政府审定的《攸县“十三五”农村饮水安全巩固提升工程实施方案》分年度向县水利局提出书面申报报告。

第五条　县水利局、发改局根据各乡镇（街道）申报的项目编制年度建设计划，经主管副县长审定后报市水务局及市发改委备案。

第六条 农村饮水安全巩固提升工程的设计文件必须委托具有相应资质的设计单位编制，并按有关规定报批。

第三章 项目实施

第七条 农村饮水安全巩固提升工程建设实行项目法人责任制。新建水厂、单村或联村供水工程和乡镇水厂管网延伸工程的项目法人为项目所在乡镇人民政府（街道办事处）；城市自来水厂管网延伸工程的项目法人为县自来水公司。

第八条 项目法人对辖区内的农村饮水安全巩固提升工程建设管理负总责，加强部门的协调与配合，确保工程的顺利实施。

项目法人负责项目的计划申报、招投标、合同的签订、组织实施、竣工结算、资料的整理和归档以及实施中的矛盾纠纷的调解等工作；

县发改局会同有关部门负责农村饮水安全项目的立项审批、投资计划上报等工作；

县水利局商有关部门负责项目前期规划，项目计划的上报，负责项目设计文本审查，指导项目的实施及竣工结算；

县财政局负责工程项目的预算评审、参与工程的竣工决算；

县住建局负责施工合同的监签、工程变更和隐蔽工程的签证；

县审计局负责完工项目的结算评审。

第九条 列入年度建设计划的项目，由项目法人委托具有相应资质的设计单位编制项目预算和技术设计图纸，项目预算报县财政局进行预算评审。

第十条 农村饮水安全巩固提升工程实行招投标制。新建单村、或联村供水工程单个项目预算评审金额30万元（含）以下的，按政府采购程序确定施工单位，30万元以上200万元（含）以下的，按上级相关规定确定施工单位，200万元以上400万元（含）以下的，采取公开招标的方式确定施工单位施工；乡镇水厂及县城水厂管网延伸工程单个项目预算评审金额30万元（含）以下的，按政府采购程序确定施工单位，30万元以上400万元（含）以下的，由项目法人选择具有相应资质的施工单位施工；单个项目预算评审金额400万元以上的项目采取公开招标的方式确定施工单位施工。

第十一条 农村饮水安全巩固提升工程项目的合同签订、工程变更和隐蔽工程签证按照《攸县政府投资项目管理办法》（攸政办发〔2018〕5号）相关规定执行。

第十二条 农村饮水安全巩固提升工程实行工程监理制，监理单位由县水利局按规定程序采购。

第十三条 农村饮水安全巩固提升项目采购的管材、管件及设备必须符合生活饮用水卫生标准。

第四章 项目资金管理

第十四条 农村饮水安全巩固提升工程奖补资金实行县级报账制，资金的拨付统一按县国库管理制度办理，由县水利局实行专账核算，专款专用。工程项目建设缺口资金由项目法人筹集支付。县发改、财政、审计和监察等部门要加强对资金使用的监督和审计，确保资金的安全和高效。

第十五条 农村饮水安全巩固提升工程投资由中央、地方和受益群众共同负担。农村集中供水工程政府投资主要解决水源工程、水厂及输配水主、支干管网建设。主、支干管网建设终端点的确定按照水利部关于农村饮水安全工程建设有关规定执行。用户入户管网建设费用可通过社会捐资和受益村组“一事一议”等途径统筹解决。需向用户收取入户管网建设费的，由供水单位（工程建设单位）与受益村组（单位）协商确定收费标准，也可报请县价格主管部门会同水行政部门和农民负担监管部门核定一次性收费标准。

第十六条 农村饮水安全巩固提升工程项目资金以奖补方式支付，奖补资金按照“优先扶贫、分类奖补”的原则奖补：

（一）城市自来水厂管网延伸工程核定工程安装不同型号和压力等级的管网长度，按每米管材进行奖补，管网配件和附建按个数和处数进行奖补；

（二）新建单村或联村供水工程按项目结算审定金额的80%—90%奖补，其中自来水入户率≥80%工程按结算审定金额的90%奖补，自来水入户率＜80%工程按结算审定金额的80%奖补；

（三）乡镇自来水厂管网延伸工程与项目自来水入户率挂钩实行奖补。自来水入户率达到85%

以上的，按结算审定金额的95%奖补；自来水入户率达到70%—85%的，按结算审定金额的90%奖补；自来水入户率达到60%—70%的，按结算审定金额的85%奖补；自来水入户率低于60%的，按结算审定金额的80%奖补。

第十七条　农村饮水安全巩固提升工程的自来水入户率由项目所在乡镇和村组上报，由工程验收小组核定。

第十八条　优先解决工程供水范围内建档立卡的贫困户饮水问题，对建档立卡贫困户、兜底低保户入户费予以减免，自来水入户费差额部分可从项目中列支。

第十九条　农村饮水安全巩固提升项目按工程进度拨付工程进度款，工程进度款总额不能超过合同金额的70%，合同签订动工后按合同金额15%预付工程款，预付款支付时需提供财政预算评审书、中标通知书、项目招投标文件、施工合同或政府采购合同、监理单位签证的支付凭证以及发票。工程完成验收合格后，根据核定的奖补标准兑现剩余的奖补金额。

第五章　项目验收

第二十条　由县水利、发改、财政、卫计等相关部门单位及有关专家对农村饮水安全巩固提升工程进行验收。

第二十一条　项目法人自查具备验收规定条件后向县水利局提出验收申请，并按验收要求提供详细资料一套（详见附件），县水利局按照有关程序组织验收。

第二十二条　验收工作小组对项目的组织领导、工程任务完成情况、工程质量、水质、资金管理、运行管理、档案管理等情况进行验收，经验收合格，出具验收鉴定书。

第六章　附则

第二十三条　本办法自公布之日起施行。

附件：

农村饮水安全巩固提升工程验收资料清单

附表 7

农村饮水安全巩固提升工程验收资料清单

序号	报告或资料名称	提供单位
1	验收申请报告	项目法人
2	建设管理工作报告	项目法人
3	监理日志、监理工作报告	监理单位
4	设计工作报告	设计单位
5	施工日志、施工管理工作报告、工程竣工图集	施工单位
6	运行管理工作报告	运行管理单位
7	水质检测报告	项目法人
8	集中供水工程登记卡	项目法人
9	预算造价审定表、施工合同、中标通知书、管材、管件及设备采购合同及产品合格证、涉水产品生产企业卫生许可证及卫生批件、工程完工结算书、工程结算造价审定表、应急供水预案	项目法人